MANUAL DE
PROCESSO PENAL
VOLUME ÚNICO

O GEN | Grupo Editorial Nacional – maior plataforma editorial brasileira no segmento científico, técnico e profissional – publica conteúdos nas áreas de concursos, ciências jurídicas, humanas, exatas, da saúde e sociais aplicadas, além de prover serviços direcionados à educação continuada.

As editoras que integram o GEN, das mais respeitadas no mercado editorial, construíram catálogos inigualáveis, com obras decisivas para a formação acadêmica e o aperfeiçoamento de várias gerações de profissionais e estudantes, tendo se tornado sinônimo de qualidade e seriedade.

A missão do GEN e dos núcleos de conteúdo que o compõem é prover a melhor informação científica e distribuí-la de maneira flexível e conveniente, a preços justos, gerando benefícios e servindo a autores, docentes, livreiros, funcionários, colaboradores e acionistas.

Nosso comportamento ético incondicional e nossa responsabilidade social e ambiental são reforçados pela natureza educacional de nossa atividade e dão sustentabilidade ao crescimento contínuo e à rentabilidade do grupo.

GUILHERME DE SOUZA **NUCCI**

MANUAL DE
PROCESSO PENAL
VOLUME ÚNICO

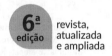

6ª edição revista, atualizada e ampliada

- O autor deste livro e a editora empenharam seus melhores esforços para assegurar que as informações e os procedimentos apresentados no texto estejam em acordo com os padrões aceitos à época da publicação, e todos os dados foram atualizados pelo autor até a data de fechamento do livro. Entretanto, tendo em conta a evolução das ciências, as atualizações legislativas, as mudanças regulamentares governamentais e o constante fluxo de novas informações sobre os temas que constam do livro, recomendamos enfaticamente que os leitores consultem sempre outras fontes fidedignas, de modo a se certificarem de que as informações contidas no texto estão corretas e de que não houve alterações nas recomendações ou na legislação regulamentadora.

- Fechamento desta edição: *14.01.2025*

- O Autor e a editora se empenharam para citar adequadamente e dar o devido crédito a todos os detentores de direitos autorais de qualquer material utilizado neste livro, dispondo-se a possíveis acertos posteriores caso, inadvertida e involuntariamente, a identificação de algum deles tenha sido omitida.

- **Atendimento ao cliente:** (11) 5080-0751 | faleconosco@grupogen.com.br

- Direitos exclusivos para a língua portuguesa
  Copyright © 2025 by
  Editora Forense Ltda.
  Uma editora integrante do GEN | Grupo Editorial Nacional
  Travessa do Ouvidor, 11 – Térreo e 6º andar
  Rio de Janeiro – RJ – 20040-040
  www.grupogen.com.br

- Reservados todos os direitos. É proibida a duplicação ou reprodução deste volume, no todo ou em parte, em quaisquer formas ou por quaisquer meios (eletrônico, mecânico, gravação, fotocópia, distribuição pela Internet ou outros), sem permissão, por escrito, da Editora Forense Ltda.

- Capa: Aurélio Corrêa

- **CIP-BRASIL. CATALOGAÇÃO NA PUBLICAÇÃO**
  SINDICATO NACIONAL DOS EDITORES DE LIVROS, RJ

N876m
6. ed.

    Nucci, Guilherme de Souza, 1962-
    Manual de processo penal : volume único / Guilherme de Souza Nucci. - 6. ed., rev., atual. e ampl. - Rio de Janeiro : Forense, 2025.
    752 p. ; 24 cm.

    Apêndice
    Inclui bibliografia
    ISBN 978-85-3099-641-3

    1. Processo penal - Brasil. 2. Processo penal - Manuais, guias, etc. - Brasil. I. Título.

25-95959
              CDU: 343.1(81)

Gabriela Faray Ferreira Lopes - Bibliotecária - CRB-7/6643

Sobre o Autor

Livre-docente em Direito Penal, Doutor e Mestre em Direito Processual Penal pela PUC-SP. Professor Associado da PUC-SP, atuando nos cursos de Graduação e Pós-graduação (Mestrado e Doutorado). Desembargador na Seção Criminal do Tribunal de Justiça de São Paulo.

www.guilhermenucci.com.br

Sumário

Capítulo I
PROCESSO PENAL NO ESTADO DEMOCRÁTICO DE DIREITO

1. Conceito de processo penal 1
2. O processo penal democrático 2
Síntese 3

Capítulo II
PRINCÍPIOS DO PROCESSO PENAL

1. Introdução 5
2. Princípios regentes: dignidade da pessoa humana e devido processo legal 5
3. Princípios constitucionais explícitos do processo penal 6
   3.1 Concernentes ao indivíduo 6
       3.1.1 Princípio da presunção de inocência 6
             3.1.1.1 Princípios consequenciais da prevalência do interesse do réu (*in dubio pro reo, favor rei, favor inocentiae, favor libertatis*) e da imunidade à autoacusação 7
       3.1.2 Princípio da ampla defesa 8
       3.1.3 Princípio da plenitude de defesa 9
   3.2 Concernente à relação processual 9
       3.2.1 Princípio do contraditório 9
   3.3 Concernentes à atuação do Estado 10

3.3.1	Princípio do juiz natural e imparcial e princípio consequencial da iniciativa das partes	10
3.3.2	Princípio da publicidade	11
3.3.3	Princípio da vedação das provas ilícitas	12
3.3.4	Princípio da economia processual e princípios correlatos e consequenciais da duração razoável do processo e da duração razoável da prisão cautelar	13
3.3.5	Princípios regentes do Tribunal do Júri	14
3.3.5.1	Sigilo das votações	14
3.3.5.2	Soberania dos veredictos	14
3.3.5.3	Competência para o julgamento dos crimes dolosos contra a vida	14
3.3.6	Princípio da legalidade estrita da prisão cautelar	14

4. Princípios constitucionais implícitos do processo penal 15

4.1 Concernente à relação processual 15

4.1.1 Princípio do duplo grau de jurisdição 15

4.2 Concernentes à atuação do Estado 15

4.2.1 Princípio do promotor natural e imparcial 15

4.2.2 Princípio da obrigatoriedade da ação penal pública e princípio consequencial da indisponibilidade da ação penal 16

4.2.3 Princípio da oficialidade 16

4.2.4 Princípio da intranscendência 17

4.2.5 Princípio da vedação do duplo processo pelo mesmo fato 17

5. Princípios meramente processuais penais 18

5.1 Concernentes à relação processual 18

5.1.1 Princípio da busca da verdade real 18

5.1.2 Princípio da oralidade e princípios consequenciais da concentração, da imediatidade e da identidade física do juiz 19

5.1.3 Princípio da indivisibilidade da ação penal privada 19

5.1.4 Princípio da comunhão da prova 20

5.2 Concernentes à atuação do Estado 20

5.2.1 Princípio do impulso oficial 20

5.2.2 Princípio da persuasão racional 20

5.2.3 Princípio da colegialidade 21

Síntese 22

Capítulo III
SISTEMAS DE PROCESSO PENAL

1. Sistema inquisitivo 29

2. Sistema acusatório 30

3. Sistema misto 30

4. Opção do sistema processual brasileiro 31

Síntese 31

Capítulo IV
FONTES DO PROCESSO PENAL E INTERPRETAÇÃO DA LEI PROCESSUAL PENAL

1. Conceito de fonte 33
2. Fontes materiais 33
3. Fontes formais 34
4. Interpretação da lei processual penal 35
Síntese 36

Capítulo V
APLICAÇÃO DA LEI PROCESSUAL PENAL NO ESPAÇO

1. Princípio da territorialidade 37
2. Conceito de tratado e convenção 37
3. Regras de direito internacional 38
4. Exceção à regra da territorialidade 38
5. Conflito entre tratado e direito interno 39
6. Normas internacionais relativas aos direitos humanos fundamentais 40
7. Jurisdição política 41
8. Justiça Especial 41
9. Tribunal de Segurança Nacional 41
10. Legislação especial 42
Síntese 42

Capítulo VI
APLICAÇÃO DA LEI PROCESSUAL PENAL NO TEMPO

1. Regra geral 43
2. Normas processuais penais materiais 44
Síntese 45

Capítulo VII
INQUÉRITO POLICIAL E OUTRAS FORMAS DE INVESTIGAÇÃO

1. Conceito de inquérito policial 47
   1.1 Juiz das garantias 48
      1.1.1 Atribuições do juiz das garantias 49
      1.1.2 Prorrogação do inquérito 53
      1.1.3 Encaminhamento da investigação 54
      1.1.4 Designação do juiz das garantias 55
      1.1.5 Tutela da imagem dos presos 55
2. Polícia judiciária 56
3. Outras investigações criminais 56
4. Início do inquérito policial 57
5. Identificação da espécie de ação penal para efeito de investigação 58
6. *Notitia criminis* 58

7. *Delatio criminis*	58
8. Investigações criminais contra autoridades com prerrogativa de foro	59
9. Requisição, requerimento e representação	59
10. Negativa de cumprimento à requisição	60
11. Conteúdo da requisição, do requerimento e da representação	60
12. Recusa da autoridade policial à instauração do inquérito quando oferecido requerimento do ofendido e a questão da denúncia anônima	61
13. Procedimento da autoridade policial	62
14. Indiciamento e constrangimento ilegal	62
15. Requisição de indiciamento	63
16. Motivação do indiciamento	63
17. O indiciado como objeto da investigação	63
18. Regras do interrogatório	63
19. Identificação criminal: dactiloscópica e fotográfica	64
20. Reconstituição do crime	65
21. Prazo para a conclusão do inquérito	65
22. Contagem dos prazos	66
23. Cômputo do período de prisão temporária	67
24. Prisão preventiva decretada durante o inquérito policial	68
25. Instrumentos do crime e objetos de prova	68
26. Particularidades do inquérito policial	68
26.1 Inquisitivo	68
26.1.1 Situação especial para os agentes de segurança pública	69
26.1.2 Vetos realizados aos §§ 3º, 4º e 5º ao art. 14-A, mas derrubados pelo Parlamento	70
26.2 Sigiloso	71
26.3 Incomunicabilidade do indiciado	73
27. Relatório final	73
28. Indeferimento de novas diligências requeridas pelo Ministério Público	74
29. Inquérito como base da denúncia ou queixa e sua dispensabilidade	74
30. Termo circunstanciado	75
31. Curador	75
32. Arquivamento do inquérito e outras providências	76
32.1 Controle do arquivamento do inquérito policial e de peças de informação	76
32.1.1 Arquivamento de Procedimento Investigatório Criminal (PIC)	77
32.2 Utilização do art. 28 do CPP no caso da suspensão condicional do processo	77
32.3 Requerimento de arquivamento em competência originária	78
32.4 Arquivamento de inquérito de crimes contra a economia popular ou contra a saúde pública	78
32.5 Recurso institucional contra arquivamento promovido pelo Procurador-Geral	78
32.6 Obrigatoriedade de oferecimento de razões e o denominado arquivamento implícito	78

32.7 Arquivamento indireto	79
32.8 Arquivamento requerido pelo Ministério Público Federal	79
32.9 Determinação judicial de retorno dos autos de inquérito à polícia para novas diligências	80
33. Trancamento do inquérito policial	80
34. Prosseguimento das investigações após o encerramento do inquérito	80
35. Acordo de não persecução penal	81
Síntese	83

Capítulo VIII
AÇÃO PENAL

1. Fundamento constitucional	85
2. Conceito de ação penal	86
3. Espécies de ação penal	86
4. Ação penal popular	87
5. Processo, procedimento e pressupostos processuais	88
6. Início da ação penal	88
7. Condições genéricas da ação penal	89
7.1 Possibilidade jurídica do pedido	90
7.2 Interesse de agir	92
7.3 Legitimidade de parte	92
7.4 A justa causa para a ação penal	94
8. Condições específicas da ação penal	94
9. Representação do ofendido	95
10. Requisição do Ministro da Justiça	98
11. Ação penal privada e suas particularidades	99
11.1 Decadência	100
11.2 Renúncia	102
11.3 Perdão	103
11.4 Perempção	105
11.5 Ação privada subsidiária da pública	106
11.6 Espécies de ação privada	108
11.7 Sucessão e menoridade no contexto do oferecimento de queixa	108
11.8 Situação de pobreza e exercício de cidadania	110
12. Conteúdo e formalidades da denúncia ou queixa	110
12.1 Denúncia ou queixa genérica	112
12.2 Denúncia ou queixa alternativa	113
12.3 Concisão da denúncia ou queixa	114
12.4 Retificação da denúncia ou queixa no seu recebimento	114
12.5 Rejeição da denúncia ou queixa pelo juiz e recebimento pelo tribunal	114
12.6 Recebimento ou rejeição parcial da denúncia ou queixa	115
12.7 Poderes especiais para o ingresso de queixa	115
12.8 Exigência de prova pré-constituída para instruir a queixa	116

MANUAL DE PROCESSO PENAL · Nucci

12.9 Aditamento da queixa pelo Ministério Público.. 116

12.10 Intervenção do Ministério Público na ação penal privada 117

12.11 Prazo para o oferecimento de denúncia e modo de contagem....................... 118

13. Reconhecimento da extinção da punibilidade.. 119

13.1 Morte do réu.. 119

13.2 Certidão de óbito falsa 120

Síntese 121

Capítulo IX
AÇÃO CIVIL *EX DELICTO*

1. Conceito... 123
2. Separação da jurisdição... 124
3. Sentença condenatória como título executivo 125
4. Sentença concessiva de perdão judicial.. 126
5. Decisão de extinção da punibilidade pela prescrição ou outra causa......................... 126
6. Revisão criminal.. 126
7. Extensão do ressarcimento do dano... 126
8. Responsabilidade civil de terceiro e devido processo legal 127
9. Excludentes de ilicitude e formação da coisa julgada no cível.................................. 128
10. Existência de sentença absolutória penal... 129
11. Vítima pobre e legitimidade de agir do Ministério Público.. 130

Síntese 130

Capítulo X
JURISDIÇÃO E COMPETÊNCIA

1. Conceito de jurisdição... 131
2. Princípios regentes da jurisdição criminal 132
3. Conceito de competência... 132
4. Competência absoluta e competência relativa 132
5. Quadro geral de competência 133
6. O lugar da infração penal como regra geral para a competência do foro 134

6.1 O domicílio ou residência do réu como foro supletivo 136

6.2 A matéria como regra específica de competência.. 138

6.3 A prerrogativa de foro como regra específica de competência 142

6.3.1 Competência originária decorrente da prerrogativa de função ou da matéria... 143

6.3.2 Notas especiais em relação à competência excepcional de prerrogativa de função 147

6.3.2.1 Magistrados e membros do Ministério Público 147

6.3.2.2 Perpetuação da jurisdição em casos de foro privilegiado......... 147

6.3.2.3 Extensão do foro privilegiado às ações de improbidade administrativa.. 148

6.3.2.4 Exceção da verdade nos crimes contra a honra 148

	6.3.3	Notas especiais em relação à competência excepcional quanto à matéria	149
		6.3.3.1 Pontos relevantes acerca da Justiça Militar	149
		6.3.3.2 A competência especial do juiz da execução penal	150
6.4		A distribuição como alternativa à competência cumulativa supletiva	151
6.5		Conexão e continência como regras de alteração de competência	152
	6.5.1	Conceito de conexão	153
	6.5.2	Conexão material e conexão processual	155
	6.5.3	Conexão e continência no contexto das infrações de menor potencial ofensivo	156
	6.5.4	Espécies de conexão	157
		6.5.4.1 Conexão intersubjetiva por simultaneidade	157
		6.5.4.2 Conexão intersubjetiva por concurso	157
		6.5.4.3 Conexão intersubjetiva por reciprocidade	157
		6.5.4.4 Conexão objetiva	158
		6.5.4.5 Conexão instrumental	158
	6.5.5	Conceito de continência	159
		6.5.5.1 Continência em razão do concurso de pessoas	159
		6.5.5.2 Diferença da continência por concurso de pessoas e da conexão por concurso	159
		6.5.5.3 Continência em razão do concurso formal de crimes	159
	6.5.6	Diferença entre crime único, conexão e continência	160
6.6		A prevenção como critério residual de fixação de competência	160

7. **Regras para a eleição do foro prevalente** 162

7.1		Competência prevalente do júri	163
	7.1.1	Descoberta da conexão ou continência após a prolação da sentença de pronúncia	163
	7.1.2	Conexão e continência, prerrogativa de foro e júri	163
7.2		Jurisdição da mesma categoria	164
7.3		Jurisdição de categoria diversa	165
	7.3.1	Exceção à regra quando a competência for estabelecida pela Constituição	166
7.4		Jurisdição comum e especial	166
	7.4.1	Força atrativa da Justiça Federal em face da Justiça Estadual	166
	7.4.2	Justiça Federal e contravenção penal	167

8. **Exceções à regra da junção dos processos em caso de conexão e continência** 167

8.1	Jurisdição comum e jurisdição militar	167
8.2	Justiça comum e Justiça da Infância e Juventude	168
8.3	Separação dos processos em face da superveniência de doença mental	168
8.4	Impossibilidade de julgamento de réu ausente	169
8.5	Separação dos processos em razão da recusa de jurados	169

9. **Separação facultativa dos processos** 170

9.1	Separação facultativa em caso de tempo ou lugar diferenciado	170

| 9.2 | Separação facultativa em virtude do excessivo número de acusados | 170 |

9.2 Separação facultativa em virtude do excessivo número de acusados 170

9.3 Separação facultativa em face de motivo relevante 171

10. Perpetuação da jurisdição em casos de conexão e continência 171

11. Conexão e continência no contexto das investigações policiais 172

12. Autoridade de jurisdição prevalente 172

13. Regras de aplicação da lei processual penal no espaço 173

13.1 Crimes a bordo de embarcações 173

13.2 Crimes a bordo de aeronaves 174

13.3 Regra residual de competência 175

Síntese 175

Capítulo XI
INCIDENTES PROCESSUAIS

1. Introdução e conceitos 185

2. Questões prejudiciais 186

2.1 Diferença entre questão prejudicial e questão preliminar 186

2.2 Prejudiciais homogêneas e heterogêneas 186

2.3 Prejudiciais obrigatórias e facultativas 186

2.3.1 Prejudiciais obrigatórias 187

2.3.2 Prejudiciais facultativas 188

2.4 Prejudiciais devolutivas e não devolutivas 189

3. Procedimentos incidentes 190

3.1 Exceções 190

3.1.1 Exceções de suspeição e de impedimento 190

3.1.2 Rol de causas de suspeição e de impedimento 191

3.1.3 Afirmação da suspeição ou impedimento de ofício 191

3.1.4 Procedimento para a recusa do juiz 191

3.1.5 Procedimento do juiz 193

3.1.6 Consequências da procedência da exceção 194

3.1.7 Suspeição ou impedimento em tribunal 194

3.1.8 Suspeição ou impedimento de membro do Ministério Público 195

3.1.9 Suspeição ou impedimento de peritos e outros auxiliares 196

3.1.10 Suspeição ou impedimento no Tribunal do Júri 197

3.1.11 Suspeição ou impedimento das autoridades policiais 198

3.1.12 Exceção de incompetência 199

3.1.13 Formalidades para a interposição da exceção de incompetência 199

3.1.14 Exceção de litispendência 200

3.1.15 Formalidades para a interposição da exceção de litispendência 201

3.1.16 Exceção de ilegitimidade de parte 201

3.1.17 Formalidades para a interposição da exceção de ilegitimidade de parte 202

3.1.18 Exceção de coisa julgada 202

3.1.19 Coisa julgada material e coisa julgada formal 203

3.1.20 Coisa julgada e coisa soberanamente julgada 204

	3.1.21 Limites da coisa julgada	204
	3.1.22 Formalidades para a interposição da exceção de coisa julgada	206
	3.1.23 Petição única contendo mais de uma exceção	206
3.2	Incompatibilidades e impedimentos	206
	3.2.1 Consequência do impedimento	208
3.3	Conflito de competência	208
	3.3.1 Conflito de atribuição	209
	3.3.2 Falso conflito de atribuição	210
	3.3.3 Conflito em decorrência de conexão e continência	210
	3.3.4 Procedimento para o conflito de competência	211
	3.3.5 Outras possibilidades de conflito de competência	212
	3.3.6 Desaparecimento do conflito antes do julgamento pelo Tribunal	213
	3.3.7 Suspensão do processo em caso de conflito	213
3.4	Restituição de coisas apreendidas	213
	3.4.1 Procedimento da restituição de coisas apreendidas	215
	3.4.2 Apreensão de coisa adquirida com os proventos da infração	216
	3.4.3 Prazo máximo para requerer a restituição	217
3.5	Medidas assecuratórias	217
	3.5.1 Sequestro	217
	3.5.1.1 Requisito fundamental para o sequestro	218
	3.5.1.2 Procedimento do sequestro	219
	3.5.1.3 Levantamento do sequestro	221
	3.5.2 Especialização de hipoteca legal	221
	3.5.2.1 Procedimento para a especialização	222
	3.5.3 Arresto de bens móveis para garantia de indenização e despesas	223
	3.5.3.1 Procedimento do arresto dos bens móveis	223
	3.5.4 Finalização da especialização e do arresto	224
	3.5.5 Alienação antecipada de bens	224
3.6	Incidente de falsidade	225
	3.6.1 Procedimento do incidente de falsidade	225
	3.6.2 Sobre os termos falsidade e documento	226
	3.6.3 Efeitos limitados da decisão do incidente	227
3.7	Incidente de insanidade mental	227
	3.7.1 Procedimento do incidente de insanidade mental	228
	3.7.2 Internação do indiciado ou acusado em estabelecimento apropriado	229
	3.7.3 Suspensão do processo em caso de superveniência de doença mental	230
3.8	Incidente de ilicitude de prova	230
Síntese		231

Capítulo XII
PROVAS

1.	Conceito e sentido de prova	237
2.	Meios de prova	238

2.1 Prova emprestada	238
2.2 Provas ilícitas	238
3. Finalidade e objeto da prova	239
4. Ônus da prova	240
4.1 Momentos cabíveis para a produção de provas determinadas pelo juiz	241
5. Sistemas de avaliação da prova	242
6. Exame de corpo de delito e perícias em geral	243
6.1 Disposições gerais	243
6.2 Diferença entre corpo de delito e exame de corpo de delito	244
6.2.1 Cadeia de custódia	245
6.3 Confissão e corpo de delito	247
6.4 Formalização do laudo pericial	247
6.5 Necropsia	249
6.6 Exumação e inumação	250
6.7 Exame de corpo de delito em caso de lesões corporais	250
6.8 Exame de local	251
6.9 Exame laboratorial	251
6.10 Perícia em furto qualificado e crimes afins	252
6.11 Laudo de avaliação	253
6.12 Exame de local de incêndio	253
6.13 Exame de reconhecimento de escritos (grafotécnico)	254
6.14 Exame dos instrumentos do crime	255
6.15 Quesitos na realização de perícia	256
6.16 Exame por precatória	256
6.17 Divergência entre peritos e vinculação do juiz à prova pericial	257
6.18 Indeferimento da produção de prova pericial	258
7. Interrogatório	259
7.1 Conceito	259
7.2 Natureza jurídica do interrogatório	259
7.3 Obrigatoriedade do interrogatório	259
7.4 Interrogatório da pessoa jurídica	260
7.5 Presença do defensor	261
7.6 Interrogatório de réu preso	262
7.6.1 Requisitos para a realização do interrogatório por videoconferência	262
7.6.2 Procedimento para o uso da videoconferência	264
7.6.3 Outros atos processuais e videoconferência	264
7.7 Efetividade da ampla defesa e a interferência do defensor antes do interrogatório	265
7.8 Classificação do interrogatório	265
7.9 Direito do acusado ou indiciado ao silêncio	266
7.10 Procedimento do interrogante e do interrogado	267
7.11 Colaboração das partes no interrogatório	267
7.12 Interrogatório em separado	268

7.13 Formas especiais de interrogatório	268
7.14 Curador ao réu menor de 21 anos e outros incapazes	269
7.15 Renovação do interrogatório	270
8. Confissão	270
8.1 Conceito de confissão	270
8.2 Natureza jurídica e objeto da confissão	271
8.3 Espécies de confissão	271
8.4 A delação premiada e suas fontes legais	272
8.5 Critérios de avaliação da confissão e confronto com outras provas	273
8.6 Silêncio como elemento para o convencimento do juiz	273
8.7 Divisibilidade da confissão	273
8.8 Retratabilidade da confissão	274
9. Do ofendido	274
9.1 Conceito de ofendido	274
9.2 Diversidade entre ofendido e testemunha	274
9.3 Obrigatoriedade da sua inquirição	275
9.4 Valor probatório da palavra da vítima	275
9.5 Vítima não comete falso testemunho	276
9.6 Condução coercitiva e processo por desobediência	277
9.7 Comunicação dos atos processuais ao ofendido	277
9.8 Assistência ao ofendido	278
9.9 Preservação da intimidade do ofendido	278
10. Prova testemunhal	279
10.1 Conceito de testemunha	279
10.2 Natureza jurídica	279
10.3 Classificação das testemunhas	279
10.4 Informante ou declarante	280
10.5 Pessoa como testemunha e formalidade do depoimento	280
10.6 Depoimento do menor inimputável comparsa do réu	281
10.7 Corréu como testemunha	282
10.8 Testemunho único	282
10.9 A importância do compromisso	282
10.10 Recusa em depor	283
10.11 Formalidades da colheita do depoimento	284
10.12 Obrigação de depor e possibilidades legais de recusa	285
10.13 Proibição de depor	286
10.14 Impedimento legal para o compromisso	287
10.15 Produção de prova testemunhal pelo juiz e pelo Ministério Público	288
10.16 Colheita dos depoimentos em separado	289
10.17 Finalização do sistema presidencialista de inquirição	289
10.18 Apreciação pessoal da testemunha	291
10.19 Contradita	292
10.20 Influência do acusado na colheita do depoimento	293

10.21	Regularidade da intimação da testemunha	294
10.22	Depoimento por carta precatória, de ordem ou rogatória	295
10.23	Obrigatoriedade de participação do intérprete	298
10.24	Ausência, enfermidade e velhice da testemunha	299
11.	Reconhecimento de pessoas e coisas	299
11.1	Conceito de reconhecimento	299
11.2	Natureza jurídica	299
11.3	Reconhecimento fotográfico	299
11.4	Formalidades para o reconhecimento	300
11.5	Valor do reconhecimento como meio de prova	302
11.6	Reconhecimento informal	302
11.6.1	Reconhecimento por meio de videoconferência	303
11.7	Reconhecimento de coisa	303
11.8	Reconhecimento coletivo ou em grupo	303
11.9	Reconhecimento de imagens e vozes	303
12.	Acareação	304
12.1	Conceito de acareação	304
12.2	Natureza jurídica	304
12.3	Valor da acareação	304
12.4	Admissibilidade da acareação	304
12.5	Objeto da acareação	305
12.6	Requerimento das partes ou procedimento de ofício	305
12.7	Procedimento do magistrado na condução da acareação	305
12.8	Acareação à distância	305
13.	Prova documental	306
13.1	Conceito de documento	306
13.2	Regra para apresentação de documentos no processo	307
13.3	Documentos nominativo e anônimo	307
13.4	Fotografia do documento	308
13.5	Valoração e licitude do documento	308
13.6	Diligência de ofício	308
13.7	Documentos em língua estrangeira e a pública-forma	309
13.8	Finalização do processo e destino dos documentos	310
13.9	Documento e "documentação"	310
14.	Prova indiciária	311
14.1	Conceito de indício	311
14.2	Indução	311
14.3	Integração entre indução e dedução	312
14.4	Valor probatório dos indícios	312
14.5	Diferença entre indício e presunção	312
14.6	Contraindícios	313
15.	Busca e apreensão	313
15.1	Conceito de busca e apreensão	313

15.2 Natureza jurídica	314
15.3 Momentos para a sua realização	314
15.4 Regras especiais de busca e apreensão	314
15.5 Fundamento e proteção constitucional da busca em domicílio	314
15.6 Fundamento e proteção constitucional da busca pessoal	315
15.7 Mandado judicial certo e determinado	316
15.8 Exigência do mandado judicial para a polícia	319
15.8.1 Invasão domiciliar e delito permanente	319
15.9 Requisitos do mandado de busca e provocação para a sua expedição, com destaque para a inviolabilidade do escritório do advogado	319
15.10 Dispensa do mandado de busca pessoal	322
15.11 Formalidades para a realização de busca domiciliar	323
15.12 Locais equiparados a domicílio	325
15.13 Busca em território alheio	325
Síntese	326

Capítulo XIII
AS PARTES NO PROCESSO PENAL

1.	Juiz	331
	1.1 O juiz como sujeito da relação processual	331
	1.2 Sujeitos e partes secundárias na relação processual e terceiros	331
	1.3 Regularidade do processo e princípio do impulso oficial	332
	1.4 Jurisdição como atributo fundamental da função do juiz e impedimentos	332
	1.5 Suspeição do juiz	334
	1.6 Cessação e manutenção do impedimento ou suspeição	337
	1.7 Criação proposital de animosidade por má-fé	337
2.	Ministério Público	337
	2.1 O Ministério Público como sujeito e parte na relação processual	337
	2.2 Impedimento do representante do Ministério Público	339
	2.3 Funções principais no processo penal	340
3.	Acusado	340
	3.1 O acusado como parte na relação processual	340
	3.2 Indisponibilidade do direito de defesa	341
	3.3 Inviabilidade de se exigir a colaboração do réu na produção de prova	341
4.	Defensor	341
	4.1 Critérios para nomeação, situação no processo e autodefesa	341
	4.2 Desligamento da causa, ausência momentânea e defesa *ad hoc*	345
	4.3 Nomeação no termo e impedimento	346
5.	Curador	346
6.	Assistência	347
	6.1 Assistente de acusação	347
	6.2 Intervenção do ofendido	347
	6.3 Intervenção de outras pessoas como assistente de acusação	348

6.4 Intervenção da Ordem dos Advogados do Brasil em processos criminais nos polos ativo e passivo	349
6.4.1 A figura do *amicus curiae* no processo penal	349
6.5 Recebimento da causa no estado em que estiver	349
6.6 Corréu como assistente	350
6.7 Atribuições do assistente	350
6.8 Oposição do Ministério Público à admissão do assistente	351
7. Funcionários da Justiça	352
7.1 Denominação	352
7.2 Suspeição	352
8. Peritos e intérpretes	353
8.1 Perito	353
8.2 Intérprete	353
8.3 Juiz atuando como perito ou intérprete	353
8.4 Disciplina judiciária do perito	353
8.5 Não intervenção das partes na nomeação do perito e sua atuação obrigatória	354
8.6 Impedimento dos peritos	354
8.7 Suspeição dos peritos	355
Síntese	355

Capítulo XIV

PRISÃO E LIBERDADE PROVISÓRIA

1. Conceito de prisão	357
2. Fundamento constitucional da prisão	357
3. Espécies de prisão processual cautelar	357
4. Controle da legalidade da prisão	358
5. Conceito de liberdade provisória	359
6. Fundamento constitucional da liberdade provisória	359
7. Formalidades da prisão	359
7.1 Prisão especial	364
8. Análise das modalidades de prisão cautelar	366
8.1 Prisão temporária	367
8.2 Prisão em flagrante	369
8.2.1 Flagrante facultativo e flagrante obrigatório	371
8.2.2 Flagrante próprio ou perfeito	371
8.2.3 Flagrante impróprio ou imperfeito	372
8.2.4 Flagrante presumido	372
8.2.5 Flagrante preparado ou provocado	373
8.2.6 Flagrante forjado	373
8.2.7 Flagrante esperado	374
8.2.8 Flagrante diferido ou retardado	374
8.2.9 Flagrante nos crimes permanentes e habituais	374
8.2.10 Formalidades para a lavratura do auto de prisão em flagrante	375

| | | Sumário | **XXI** |

8.2.11 Controle jurisdicional da prisão em flagrante 377

8.3 Prisão preventiva 379

    8.3.1 Momento da decretação e período de duração 379

    8.3.2 Requisitos para a decretação da prisão preventiva 381

    8.3.3 Fundamentação da prisão preventiva 384

    8.3.4 Circunstâncias legitimadoras e circunstâncias impeditivas da prisão preventiva 385

    8.3.5 Modificações fáticas da situação determinante da prisão ou da soltura do réu 387

    8.3.6 A apresentação espontânea do acusado 387

8.4 Prisão decorrente de pronúncia 388

8.5 Prisão decorrente de sentença condenatória recorrível 389

8.6 Medidas cautelares alternativas à prisão 391

    8.6.1 Espécies de medidas cautelares 391

    8.6.2 Requisitos para a decretação das medidas cautelares 392

    8.6.3 Aplicação do contraditório e da ampla defesa 393

    8.6.4 Descumprimento da medida cautelar alternativa 394

    8.6.5 A detração no contexto das medidas cautelares alternativas 394

8.7 Prisão domiciliar 395

9. Liberdade provisória 396

9.1 Liberdade provisória com fiança 396

    9.1.1 Hipóteses que vedam a concessão de fiança 398

    9.1.2 Valor da fiança 399

    9.1.3 Condições da fiança 400

    9.1.4 Fiança definitiva 401

    9.1.5 Consequências possíveis da fiança 403

10. Liberdade provisória sem fiança 405

10.1 Inviabilidade de concessão da liberdade provisória e contradição do sistema .. 406

10.2 Definição jurídica do fato e liberdade provisória 408

Síntese 408

Capítulo XV
CITAÇÃO E INTIMAÇÃO

1. Conceito de citação 411

2. Formas de citação 412

2.1 Citação por mandado 412

    2.1.1 Conteúdo do mandado de citação e demais formalidades 414

2.2 Citação do militar 414

2.3 Citação do funcionário público 414

2.4 Citação do réu preso 415

2.5 Citação por edital e por hora certa 415

    2.5.1 Conteúdo do edital 416

3. Suspensão do processo e da prescrição 416

4. Conceito de intimação	419
5. Procedimento para as intimações	419
Síntese	421

Capítulo XVI
SENTENÇA

1. Conceito de sentença	423
2. Outros atos jurisdicionais	423
3. Natureza jurídica da sentença	424
4. Outras classificações	425
5. Conteúdo da sentença	425
6. Modificação da definição jurídica do fato	426
7. Correlação entre acusação e sentença	427
8. Descoberta de elementar que provoque a alteração da definição jurídica do fato	428
9. Independência do juiz para julgar	430
10. Absolvição vinculada	430
11. Elementos da sentença condenatória	432
11.1 Detração e regime inicial de cumprimento da pena	432
12. Publicação e intimação da sentença	433
13. Efeitos da sentença condenatória	434
Síntese	435

Capítulo XVII
PROCEDIMENTOS

1. Processo e procedimento	437
2. Procedimento e devido processo legal	437
3. Procedimento comum e procedimento especial	438
4. Procedimento comum	439
4.1 Procedimento ordinário	439
4.2 Procedimento sumário	444
4.3 Procedimento sumaríssimo	445
5. Procedimentos especiais	446
5.1 Aplicação da Lei 9.099/95 aos procedimentos especiais	446
5.2 Modificações introduzidas pela Lei 10.259/2001 e confusão legislativa: um bom exemplo	447
5.3 Adoção do procedimento previsto na Lei 9.099/95 para os crimes contra idosos	449
5.4 Procedimento dos crimes falimentares	450
5.5 Procedimento dos crimes de responsabilidade dos funcionários públicos	455
5.6 Procedimento dos crimes contra a honra	457
5.7 Procedimento dos crimes contra a propriedade imaterial	460
5.8 Procedimento de restauração de autos extraviados ou destruídos	464
Síntese	467

Capítulo XVIII
TRIBUNAL DO JÚRI

1. O júri na Constituição Federal	485
2. O Tribunal do Júri como órgão do Poder Judiciário	486
3. Competência constitucional para o julgamento dos crimes dolosos contra a vida	487
4. A formação da culpa no procedimento do júri	488
5. O procedimento especial do júri e a fase de avaliação da admissibilidade da acusação	488
6. Pronúncia	491
6.1 Requisitos para a pronúncia	491
6.2 Conteúdo da decisão de pronúncia e sua influência sobre os jurados	493
6.3 Os crimes conexos na pronúncia	493
6.4 Alteração da classificação do crime	494
6.5 Possibilidade de correção da pronúncia	494
7. Impronúncia	495
8. Desclassificação da infração penal	496
9. Absolvição sumária	497
10. Intimação da pronúncia	499
11. Libelo crime-acusatório	499
11.1 Conceito	499
12. Fase de preparação do Plenário	499
12.1 Produção antecipada de provas	500
12.2 Desaforamento	501
12.3 Supressão de nulidade	504
12.4 Providências para o julgamento	504
13. Organização e composição do Tribunal do Júri e função do jurado	506
13.1 Organização do júri	506
13.2 Composição do júri	507
13.3 Função do jurado	507
14. Julgamento em Plenário	511
14.1 Formalidades iniciais	511
14.2 Formação do Conselho de Sentença	513
14.3 Interrogatório do réu	517
14.4 Relatório do processo e leitura de peças	518
14.5 Produção da prova testemunhal, incluída a vítima	519
14.6 Debates	520
14.7 Procedimento para o julgamento	523
14.8 Quesitos e questionário	525
14.8.1 Regras para a redação do questionário	526
14.8.2 O quesito defensivo e a tese da legítima defesa da honra	531
14.9 Votação em sala secreta	533
14.10 Sentença do Juiz Presidente	535

MANUAL DE PROCESSO PENAL · Nucci

14.11 Ata do julgamento 537

14.12 Atribuições do Juiz Presidente do Tribunal do Júri............................. 537

Síntese 538

Capítulo XIX
NULIDADES

1. Conceito 541
2. Atos inexistentes e irregulares... 542
3. Princípios que regem as nulidades 542

    3.1 Não há nulidade sem prejuízo 542

    3.2 Não há nulidade provocada pela parte 543

    3.3 Não há nulidade por omissão de formalidade que só interesse à parte contrária.. 544

    3.4 Não há nulidade de ato irrelevante para o deslinde da causa 544

    3.5 A nulidade de ato processual relevante pode desencadear a dos consequentes. 544

4. Desatendimento de normas constitucionais 545
5. Nulidade em inquérito policial 545
6. Divisão legal entre nulidades absolutas e relativas 546
7. Espécies de nulidade absoluta 546

    7.1 Incompetência.. 546

        7.1.1 Coisa julgada e incompetência 547

        7.1.2 Anulação dos atos decisórios em caso de incompetência territorial....... 548

    7.2 Suspeição e impedimento.. 548

    7.3 Suborno do juiz.. 549

    7.4 Ilegitimidade de parte 549

    7.5 Ausência de denúncia ou queixa e representação 549

    7.6 Ausência do exame de corpo de delito 550

    7.7 Ausência de defesa ao réu e de nomeação de curador...................... 550

    7.8 Falta de citação, ampla defesa e contraditório 551

    7.9 Falta da sentença de pronúncia, do libelo e da entrega da sua cópia........ 552

    7.10 Ausência do réu e realização da sessão 552

    7.11 *Quorum* para a instalação da sessão do júri................................... 552

    7.12 Sorteio do Conselho de Sentença em número legal e incomunicabilidade dos jurados.. 553

    7.13 Inexistência dos quesitos e suas respostas..................................... 553

    7.14 Ausência de acusação e defesa no julgamento pelo Tribunal do Júri....... 553

    7.15 Ausência da sentença 554

    7.16 Ausência de processamento ao recurso de ofício............................ 554

    7.17 Ausência de intimação para recurso 554

    7.18 Falta do *quorum* legal para a decisão 554

    7.19 Quesitos ou respostas deficientes e contradição entre elas............. 554

    7.20 Decisão carente de fundamentação.. 555

8. Espécies de nulidade relativa... 555

8.1 Infringência à regra da prevenção	555
8.2 Falta de intervenção do Ministério Público	556
8.3 Falta de concessão de prazos à acusação e à defesa	556
8.4 Falta de intimação do réu para a sessão de julgamento do júri, quando a lei não permitir que se faça com sua ausência	556
8.5 A não intimação das testemunhas arroladas no libelo e na contrariedade	557
8.6 Ausência da forma legal dos atos processuais	557
9. Momento para arguição das nulidades relativas	557
10. Convalidação das nulidades	558
Síntese	559

Capítulo XX

RECURSOS

1. Conceito de recurso	563
2. Natureza jurídica do recurso	564
3. Características fundamentais dos recursos	564
4. Efeitos dos recursos	565
5. Recurso de ofício	565
6. Particularidades gerais e aspectos formais dos recursos	566
6.1 Desvio da administração pública no processamento do recurso	566
6.2 Impossibilidade de desistência do recurso do Ministério Público	567
6.3 Múltipla legitimidade recursal	567
6.4 Interesse recursal	568
6.5 Pressupostos de admissibilidade dos recursos	569
6.6 Impedimentos ao processamento ou conhecimento dos recursos	570
6.7 Princípio da fungibilidade dos recursos	571
7. Recurso em sentido estrito	571
7.1 Conceito	571
7.2 Cabimento	571
7.3 Processamento do recurso em sentido estrito	580
8. Correição parcial	582
8.1 Conceito	582
8.2 Natureza jurídica da correição	582
8.3 Processamento	583
9. Reclamação	584
9.1 Conceito de reclamação	584
9.2 Fundamento constitucional	584
9.3 Processamento da reclamação	585
10. Agravo em execução criminal	585
10.1 Conceito de agravo em execução criminal	585
10.2 Rito do agravo	586
11. Apelação	587
11.1 Conceito de apelação	588

11.2 Hipóteses de cabimento da apelação	588
11.3 Legitimidade recursal do Ministério Público e de terceiros	593
11.4 Processamento da apelação	595
11.5 Trâmite no tribunal	598
12. Agravo nos tribunais	601
12.1 Conceitos	601
12.2 Processamento	601
13. Embargos de declaração	602
13.1 Conceito e extensão	602
13.2 Processamento dos embargos de declaração	603
14. Carta testemunhável	604
14.1 Conceito e natureza jurídica	604
14.2 Cabimento e processamento da carta testemunhável	605
15. Embargos infringentes e de nulidade	606
15.1 Conceito	606
15.2 Processamento	607
16. Recursos extraordinário e especial	607
16.1 Conceito de recurso extraordinário	607
16.2 Conceito de recurso especial	609
16.3 Distinção peculiar na aplicação do recurso especial e do extraordinário	609
16.4 Reexame de matéria de fato	609
16.5 Prazo e forma para a interposição dos recursos especial e extraordinário	610
16.6 Súmulas do STF e do STJ regulando a matéria	611
17. Recurso ordinário constitucional	613
18. Embargos de divergência	614
19. Normas disciplinadoras da competência recursal	614
Síntese	615

Capítulo XXI
AÇÕES DE IMPUGNAÇÃO

1. Introdução	619
2. Revisão criminal	619
2.1 Conceito de revisão criminal e natureza jurídica	619
2.2 Polos ativo e passivo na revisão criminal	620
2.3 Revisão criminal em confronto com outros princípios constitucionais	622
2.4 Hipóteses para o cabimento da revisão criminal	623
2.5 Ônus da prova, oportunidade e reiteração do pedido	625
2.6 Órgão competente para o julgamento da revisão criminal e processamento	627
2.7 Indenização pelo erro judiciário	630
3. *Habeas corpus*	632
3.1 Conceito de *habeas corpus*	632
3.2 Origem no Brasil	633
3.3 Ampliação do seu alcance	633

3.4	Natureza jurídica	634
3.5	Espécies de *habeas corpus* e restrições à sua utilização	634
3.6	Direito líquido e certo e hipóteses de cabimento	635
3.7	Competência para conhecer do *habeas corpus*	637
	3.7.1 Regras gerais	637
	3.7.2 Competência constitucional do Supremo Tribunal Federal	638
	3.7.3 Competência constitucional do Superior Tribunal de Justiça	639
	3.7.3.1 Prequestionamento em *habeas corpus*	640
	3.7.4 Competência constitucional do Tribunal Regional Federal e dos juízes federais	640
	3.7.5 Competência constitucional do Tribunal do Estado	640
	3.7.5.1 Promotor de justiça como autoridade coatora	641
3.8	Legitimidade ativa e passiva	641
	3.8.1 *Habeas corpus* coletivo	644
3.9	Formalidades e condições da impetração	646
3.10	Concorrência do *habeas corpus* com outra ação ou investigação	648
3.11	A medida liminar em *habeas corpus* e outras providências cautelares	648
3.12	Processamento do *habeas corpus*	650
4.	Mandado de segurança	652
4.1	Conceito	652
4.2	Admissibilidade do mandado de segurança em matéria criminal	652
	4.2.1 Competência constitucional do Supremo Tribunal Federal	653
	4.2.2 Competência constitucional do Superior Tribunal de Justiça	654
	4.2.3 Competência constitucional do Tribunal Regional Federal e dos juízes federais	654
	4.2.4 Competência constitucional do Tribunal do Estado	654
4.3	Alguns aspectos do processamento	654
	4.3.1 Medida liminar	654
	4.3.2 Sujeitos ativo e passivo	654
	4.3.3 Petição inicial	655
	4.3.4 Litisconsórcio necessário	655
	4.3.5 Direito líquido e certo	655
	4.3.6 Prazo para ajuizamento	655
	4.3.7 Custas, despesas e honorários	655
	4.3.8 Efeitos da sentença sobre a liminar	656
	4.3.9 Participação do Ministério Público	656
	4.3.10 Recursos cabíveis	656
Síntese		656

Capítulo XXII
REABILITAÇÃO

1.	Conceito de reabilitação	659
2.	Procedimento	659

3. Recurso de ofício.. 660
4. Comunicação ao Instituto de Identificação.. 660
5. Revogação da reabilitação.. 661
Síntese 661

Capítulo XXIII
RELAÇÕES JURISDICIONAIS
COM AUTORIDADES ESTRANGEIRAS

1. Fundamento constitucional... 663
2. Regras especiais... 663
3. Homologação de sentença estrangeira para efeitos penais.............................. 665
   3.1 Formalidades para a homologação... 666
4. Carta rogatória 667
   4.1 Conceito de carta rogatória... 667
   4.2 Outras diligências.. 668
   4.3 Carta rogatória vinda do exterior... 668
Síntese 669

Capítulo XXIV
DISPOSIÇÕES GERAIS
DO PROCESSO PENAL

1. Audiências dos juízos (ou Varas) e sessões dos tribunais............................... 671
2. Publicidade dos atos processuais em geral 671
3. Comportamento em audiências... 672
4. Realização dos atos processuais 673
5. Conceito de prazo e contagem 674
6. Retirada dos autos de cartório.. 677
7. Custas nos processos criminais... 678
8. Estatísticas criminais 679
Síntese 680

BIBLIOGRAFIA... 681

APÊNDICE – Casos Práticos... 709

OBRAS DO AUTOR 723

Capítulo I

Processo Penal no Estado Democrático de Direito

1. CONCEITO DE PROCESSO PENAL

Cometida a infração penal, nasce para o Estado o direito-dever de punir (pretensão punitiva), consubstanciado na legislação material, com alicerce no seguinte direito fundamental (princípio da legalidade): *não há crime sem prévia lei que o defina, nem pena sem prévia lei que a comine.*

O Direito Penal, formador do corpo de leis voltado à fixação dos limites do poder punitivo estatal, somente se realiza, no Estado Democrático de Direito, por meio de regras previamente estabelecidas, com o fim de cercear os eventuais abusos cometidos pelo Estado. Vale ressaltar constituir a principal meta do Direito Penal tutelar a liberdade, impondo regras precisas e detalhadas, para que se possa cerceá-la. Logo, não se trata de um ramo jurídico encarregado unicamente da punição, como pensam alguns. Ao contrário, seus instrumentos jurídicos constituem o molde ideal do Estado Democrático de Direito para *punir com equilíbrio*, visando ao bem-estar da sociedade e, também, daquele que sofreu a sanção.

O Direito Processual Penal é o corpo de normas jurídicas com a finalidade de regular o modo, os meios e os órgãos encarregados de punir do Estado, realizando-se por intermédio do Poder Judiciário, constitucionalmente incumbido de aplicar a lei ao caso concreto. É o ramo das ciências criminais cuja meta é permitir a aplicação de vários dos princípios constitucionais, consagradores de garantias humanas fundamentais, servindo de anteparo entre a pretensão punitiva estatal, advinda do Direito Penal, e a liberdade do acusado, direito individual.

2. O PROCESSO PENAL DEMOCRÁTICO

Não se concebe o estudo do processo penal brasileiro dissociado de uma visão abertamente constitucional, inserindo-o, como merece, no contexto dos direitos e garantias fundamentais, autênticos freios aos excessos do Estado contra o indivíduo, parte verdadeiramente mais fraca nesse embate.

Por isso, compreender e captar o significado da Constituição Federal na estrutura do ordenamento jurídico, bem como conhecê-la e analisá-la à luz da democracia tem como consequência ideal e natural a construção e o fortalecimento do Estado Democrático de Direito.

Logo, não se deve visualizar a relação do Processo Penal e do Direito Constitucional, como se fossem ciências correlatas ou um corpo de normas de igual valor. Deve-se partir da visão constitucional de Direito e Democracia, diferençando direitos e garantias fundamentais, para atingir, a partir disso, uma correta e ampla visão do processo penal.

O Código de Processo Penal (Decreto-lei 3.689, de 3 de outubro de 1941) nasceu sob o Estado Novo, em plena ditadura da era Vargas, não podendo servir de base à construção de um corpo de normas jurídicas aplicável *de per si*, ignorando-se as constantes e sucessivas mutações da ordem constitucional brasileira, até culminar com a Constituição de 1988, nitidamente uma das mais democráticas que já tivemos.

É preciso colocar um limite no estudo do processo penal à luz de outras ciências, como o processo civil ou como mero apêndice do Direito Penal, bem como equiparando-o, como já se disse indevidamente, ao Direito Constitucional.

O processo penal lida com liberdades públicas, direitos indisponíveis, tutelando a dignidade da pessoa humana e outros interesses dos quais não se pode abrir mão, como a vida, a liberdade, a integridade física e moral, o patrimônio etc. Ensina Eugênio Pacelli de Oliveira que "depois de longa e sofrida vigência de uma codificação caduca em seus pontos estruturais – o CPP de 1941 – a Constituição de 1988 não poderia ser mais bem-vinda. E, por todas as suas virtudes, na instituição de garantias individuais e no estabelecimento de uma ordem jurídica fundada na afirmação e proteção dos direitos fundamentais, há de se manter bem viva" (*Processo e hermenêutica na tutela penal dos direitos fundamentais*, p. 23).

Considerando-se que, no direito constitucional brasileiro, prevalece a meta de cumprir e fazer cumprir os postulados do Estado Democrático de Direito, necessita-se captar as principais características dos direitos e garantias humanas fundamentais, aplicando-se cada uma das que se ligam à matéria processual penal ao direito infraconstitucional, previsto no Código de Processo Penal, que, à luz da Constituição de 1988, deve necessariamente adaptar-se.

Por outro lado, torna-se essencial o estudo dos princípios constitucionais do processo penal, alguns explícitos, outros implícitos, mas todos conferindo a forma sobre a qual se deve buscar construir o caminho indispensável à constituição da culpa do réu.

Em suma, "não há verdadeira democracia, nem liberdade, onde o processo penal não seja devidamente respeitado" (*Shaughnessy v. United States ex rel. Mezei*, 345 U.S. 206, 224, 1953, traduzi). Assim se pronunciou o magistrado William Douglas, no caso *Joint Anti-Fascist Refugee Committee v. McGrath*, 341 U.S. 123, 179, em 1951: "Não é por acaso que a maioria dos preceitos da Declaração de Direitos (*Bill of Rights*) são processuais. É o processo que espelha a grande diferença entre a regra ditada pelo Direito e a regra ditada pelo capricho ou pelo impulso. A firme observância ao estrito processo salvaguarda com a maior confiança que haverá justiça igualitária diante da lei" (Andrews, *Human rights in criminal procedure*, p. 261, tradução livre).

 SÍNTESE

Direito Processual Penal: é o corpo de normas jurídicas cuja finalidade é regular a persecução penal do Estado, através de seus órgãos constituídos, para que se possa aplicar a norma penal, realizando-se a pretensão punitiva no caso concreto.

Processo Penal democrático: cuida-se da visualização do processo penal a partir dos postulados estabelecidos pela Constituição Federal, no contexto dos direitos e garantias humanas fundamentais, adaptando o Código de Processo Penal a essa realidade, ainda que, se preciso for, deixe-se de aplicar legislação infraconstitucional defasada e, por vezes, nitidamente inconstitucional.

Capítulo II
Princípios do Processo Penal

1. INTRODUÇÃO

O *princípio jurídico* significa um postulado que se irradia por todo o sistema de normas, fornecendo um padrão de interpretação, integração, conhecimento e aplicação do direito positivo, estabelecendo uma meta maior a seguir. Cada ramo do Direito possui princípios próprios, informando todo o sistema, com previsão explícita no ordenamento ou constando de modo implícito; nesse caso, resulta da conjugação de vários dispositivos legais, de acordo com a cultura jurídica formada com o passar dos anos de estudo de determinada matéria. O processo penal não foge à regra, erguendo-se em torno de princípios, que, por vezes, suplantam a própria literalidade da lei. Na Constituição Federal, encontra-se a maioria desses princípios diretivos do processo penal brasileiro, alguns explícitos, outros implícitos.

O estudo dos princípios com os seus vários matizes conduz a um sistema lógico e harmônico, favorecendo a interpretação e a integração das normas processuais penais. Por derradeiro, não se pode olvidar, na interligação global dos princípios constitucionais penais e processuais penais, a existência de dois princípios regentes, essenciais para a compreensão sistêmica de todos os comandos garantistas das ciências criminais. Serão os primeiros a ser estudados, no tópico a seguir.

2. PRINCÍPIOS REGENTES: DIGNIDADE DA PESSOA HUMANA E DEVIDO PROCESSO LEGAL

O conjunto dos princípios constitucionais forma um sistema próprio, com lógica e autorregulação. Por isso, torna-se imperioso destacar dois aspectos: a) há integração entre os princípios constitucionais penais e os processuais penais; b) coordenam o sistema de princípios os mais relevantes para a garantia dos direitos humanos fundamentais: a dignidade da pessoa humana e o devido processo legal.

Estabelece o art. 1.º, III, da Constituição Federal: "A República Federativa do Brasil, formada pela união indissolúvel dos Estados e Municípios e do Distrito Federal, constitui-se em Estado Democrático de Direito e tem como fundamentos: (...) III – a dignidade da pessoa humana". No art. 5.º, LIV, da Constituição Federal, encontra-se: "ninguém será privado da liberdade ou de seus bens sem o devido processo legal".

Nada se pode tecer de justo e realisticamente isonômico que passe ao largo da dignidade humana, base sobre a qual todos os direitos e garantias individuais são erguidos e sustentados. Ademais, inexistiria *razão de ser* a tantos preceitos fundamentais não fosse o nítido suporte prestado à dignidade humana.

Há dois prismas para o princípio constitucional regente da dignidade da pessoa humana: objetivo e subjetivo. Sob o aspecto objetivo, significa a garantia de um *mínimo existencial* ao ser humano, atendendo as suas necessidades básicas, como moradia, alimentação, educação, saúde, lazer, vestuário, higiene, transporte e previdência social, nos moldes fixados pelo art. 7.º, IV, da CF. Sob o aspecto subjetivo, trata-se do sentimento de respeitabilidade e autoestima, inerentes ao ser humano, desde o nascimento, em relação aos quais não cabe qualquer espécie de renúncia ou desistência.

O Processo Penal constitui o amálgama do Direito Penal, pois permite a aplicação justa das normas sancionadoras. A regulação dos conflitos sociais, por mais graves e incômodos, depende do respeito aos vários direitos e garantias essenciais à formação do cenário ideal para a punição equilibrada e consentânea com os pressupostos do Estado Democrático de Direito, valorizando-se, acima de tudo, a dignidade humana.

O devido processo legal deita suas raízes no princípio da legalidade, garantindo ao indivíduo que somente seja processado e punido se houver lei penal anterior definindo determinada conduta como crime, cominando-lhe pena. Além disso, modernamente, representa a união de todos os princípios penais e processuais penais, indicativo da regularidade ímpar do processo criminal.

Associados, os princípios constitucionais da dignidade humana e do devido processo legal entabulam a regência dos demais, conferindo-lhes unidade e coerência. Consultar o nosso *Princípios constitucionais penais e processuais penais* para maiores esclarecimentos.

3. PRINCÍPIOS CONSTITUCIONAIS EXPLÍCITOS DO PROCESSO PENAL

3.1 Concernentes ao indivíduo

3.1.1 *Princípio da presunção de inocência*

Conhecido, igualmente, como princípio do estado de inocência (ou da não culpabilidade), significa que todo acusado é presumido inocente, até que seja declarado culpado por sentença condenatória, com trânsito em julgado. Encontra-se previsto no art. 5.º, LVII, da Constituição.

Tem por objetivo garantir, primordialmente, que o ônus da prova cabe à acusação e não à defesa. As pessoas nascem inocentes, sendo esse o seu *estado natural*, razão pela qual, para quebrar tal regra, torna-se indispensável ao Estado-acusação evidenciar, com provas suficientes, ao Estado-juiz, a culpa do réu.

Por outro lado, confirma a excepcionalidade e a necessariedade das medidas cautelares de prisão, já que indivíduos inocentes somente podem ser levados ao cárcere quando realmente for útil à instrução e à ordem pública. A partir disso, deve-se evitar a vulgarização das prisões provisórias, pois muitas delas terminam por representar uma nítida – e indevida – antecipação de pena, lesando a presunção de inocência.

No mesmo prisma, evidencia que outras medidas constritivas aos direitos individuais devem ser excepcionais e indispensáveis, como ocorre com a quebra dos sigilos fiscal, bancário e telefônico (direito constitucional de proteção à intimidade), bem como com a violação de domicílio em virtude de mandado de busca (direito constitucional à inviolabilidade de domicílio).

Integra-se ao princípio da prevalência do interesse do réu (*in dubio pro reo*), garantindo que, em caso de dúvida, deve sempre prevalecer o estado de inocência, absolvendo-se o acusado.

Tem por finalidade servir de obstáculo à autoacusação, consagrando o direito ao silêncio. Afinal, se o estado natural é de inocência, ninguém pode ser obrigado a produzir prova contra si mesmo.

Por derradeiro, reforça o princípio penal da intervenção mínima do Estado na vida do cidadão, uma vez que a reprovação penal deve dar-se apenas quando absolutamente indispensável. Criminalizar todo e qualquer ilícito, transformando-se em infração penal, não condiz com a visão democrática do Direito Penal. O estado de inocência somente merece ser alterado para o de culpado quando se tratar de delitos realmente importantes – e não singelas insignificâncias ou bagatelas.

Com base nesse princípio, o STF decidiu, por meio de julgamento realizado em Plenário, por maioria de votos (6 x 5), ser inconstitucional prender alguém, obrigando-o cumprir a pena, após o julgamento em segundo grau. É preciso o trânsito em julgado da decisão para encaminhar o acusado ao cumprimento da sanção penal, ocasião em que cessa a presunção de inocência (ADC 43, 44 e 54, rel. Marco Aurélio, 07.11.2019).

3.1.1.1   Princípios consequenciais da prevalência do interesse do réu
(*in dubio pro reo, favor rei, favor inocentiae, favor libertatis*) e da
imunidade à autoacusação

O primeiro deles espelha que, na relação processual, em caso de conflito entre a inocência do réu – e sua liberdade – e o poder-dever do Estado de punir, havendo dúvida razoável, deve o juiz decidir em favor do acusado. Exemplo disso está na previsão de absolvição quando não existir prova suficiente da imputação formulada (art. 386, VII, CPP).

Por outro lado, quando dispositivos processuais penais forem interpretados, apresentando dúvida razoável quanto ao seu real alcance e sentido, deve-se optar pela versão mais favorável ao acusado, que, como já se frisou, é presumido inocente até que se demonstre o contrário. Por isso, a sua posição, no contexto dos princípios, situa-se entre aqueles vinculados ao indivíduo, sendo, ainda, considerado como constitucional implícito. Na realidade, ele se acha conectado ao princípio da presunção de inocência (art. 5.º, LVII, CF), constituindo autêntica *consequência* em relação ao fato de que todos os seres humanos nascem livres e em estado de inocência. Alterar esse estado dependerá de prova idônea, produzida pelo órgão estatal acusatório, por meio do devido processo legal, gerando certeza no espírito do julgador.

A imunidade à autoacusação significa que ninguém está obrigado a produzir prova contra si mesmo *(nemo tenetur se detegere)*. Trata-se de decorrência natural da conjugação dos princípios constitucionais da presunção de inocência (art. 5.º, LVII) e da ampla defesa (art. 5.º, LV) com o direito humano fundamental de poder o réu manter-se calado diante de qualquer acusação (art. 5.º, LXIII). Se o indivíduo é inocente, até que seja provada sua culpa, possuindo o direito de produzir amplamente prova em seu favor, bem como se pode permanecer em silêncio sem qualquer tipo de prejuízo à sua situação processual, é mais do que óbvio não estar obrigado, em hipótese alguma, a produzir prova contra si mesmo.

O Estado é a parte mais forte na persecução penal, possuindo agentes e instrumentos aptos a buscar e descobrir provas contra o autor da infração penal, prescindindo, pois, de sua colaboração. Seria a admissão de falência de seu aparato e fraqueza de suas autoridades se dependesse do suspeito para colher elementos suficientes a sustentar a ação penal.

3.1.2 Princípio da ampla defesa

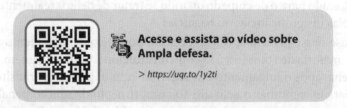

Acesse e assista ao vídeo sobre Ampla defesa.
> https://uqr.to/1y2ti

Ao réu é concedido o direito de se valer de amplos e extensos métodos para se defender da imputação feita pela acusação. Encontra fundamento constitucional no art. 5.º, LV. Considerado, no processo, parte hipossuficiente por natureza, uma vez que o Estado é sempre mais forte, agindo por órgãos constituídos e preparados, valendo-se de informações e dados de todas as fontes às quais tem acesso, merece o réu um tratamento diferenciado e justo, razão pela qual a *ampla* possibilidade de defesa se lhe afigura a compensação devida pela força estatal.

A ampla defesa gera inúmeros direitos exclusivos do réu, como é o caso de ajuizamento de revisão criminal – instrumento vedado à acusação –, bem como a oportunidade de ser verificada a eficiência da defesa pelo magistrado, que pode desconstituir o advogado escolhido pelo réu, fazendo-o eleger outro ou nomeando-lhe um dativo, entre outros.

3.1.3 Princípio da plenitude de defesa

No Tribunal do Júri, busca-se garantir ao réu não somente uma defesa *ampla*, mas plena, completa, a mais próxima possível da perfeição profissional (art. 5.º, XXXVIII, *a*, CF).

Vale ressaltar que o texto constitucional mencionou, além da plenitude de defesa, o princípio da ampla defesa, voltado aos acusados em geral (art. 5.º, LV, CF), razão pela qual é preciso evidenciar a natural diversidade existente entre ambos.

A lei, de um modo geral, não contém palavras inúteis, muito menos a Constituição Federal. Portanto, inexiste superfetação na dupla previsão dos referidos princípios, destinando-se cada qual a uma finalidade específica. Enquanto aos réus em processos criminais comuns assegura-se a *ampla defesa*, aos acusados e julgados pelo Tribunal do Júri garante-se a *plenitude de defesa*.

Os vocábulos são diversos e, também, o seu sentido. *Amplo* quer dizer vasto, largo, muito grande, rico, abundante, copioso; *pleno* significa repleto, completo, absoluto, cabal, perfeito. O segundo é, evidentemente, mais forte que o primeiro. Assim, no processo criminal, perante o juiz togado, tem o acusado assegurada a ampla defesa, isto é, vasta possibilidade de se defender, propondo provas, questionando dados, contestando alegações, enfim, oferecendo os dados técnicos suficientes para que o magistrado possa considerar equilibrada a demanda, estando de um lado o órgão acusador e de outro uma defesa eficiente.

Por outro lado, no Tribunal do Júri, onde as decisões são tomadas pela íntima convicção dos jurados, sem qualquer fundamentação, onde prevalece a oralidade dos atos e a concentração da produção de provas, bem como a identidade física do juiz, torna-se indispensável que a defesa atue de modo completo e perfeito – logicamente dentro das limitações impostas pela natureza humana. A intenção do constituinte foi aplicar ao Tribunal Popular um método que privilegie a defesa, em caso de confronto inafastável com a acusação, homenageando a sua plenitude.

Admitindo, igualmente, a diferença mencionada entre a *ampla defesa* e a *plenitude de defesa*, estão as posições de Antonio Scarance Fernandes (*Processo penal constitucional*, p. 162-163), Gustavo Henrique Righi Ivahy Badaró (*As reformas no processo penal*, Moura, Maria Thereza (coord.), p. 189), André Nicolitt (*Manual de processo penal*, p. 130).

3.2 Concernente à relação processual

3.2.1 Princípio do contraditório

Quer dizer que a toda alegação fática ou apresentação de prova, feita no processo por uma das partes, tem o adversário o direito de se manifestar, havendo um perfeito equilíbrio na relação estabelecida entre a pretensão punitiva do Estado e o direito à liberdade e à manutenção do estado de inocência do acusado (art. 5.º, LV, CF).

Cuida-se de princípio ligado, essencialmente, à relação processual, servindo tanto à acusação quanto à defesa.

Excepcionalmente, o contraditório pode ser exercitado quando houver alegação de direito. Nesse caso, deve-se verificar se a questão invocada pode colocar fim à demanda. Exemplo disso é a alegação de ter havido *abolitio criminis* (quando lei nova deixa de considerar crime determinada conduta), que deve provocar a oitiva da parte contrária, pois o processo pode findar em função da extinção da punibilidade.

No mais, se uma parte invoca uma questão de direito, não há sempre necessidade de ouvir a parte contrária, bastando que o juiz aplique a lei ao caso concreto. Aliás, é o que ocorre nos memoriais: primeiro manifesta-se a acusação; depois, fala a defesa, não sendo necessário ouvir novamente o órgão acusatório, embora possam ter sido invocadas questões de direito, analisando a prova produzida.

3.3 Concernentes à atuação do Estado

3.3.1 *Princípio do juiz natural e imparcial e princípio consequencial da iniciativa das partes*

O Estado, na persecução penal, deve assegurar às partes, para julgar a causa, a escolha de um juiz previamente designado por lei e de acordo com as normas constitucionais (art. 5.º, LIII, CF: "Ninguém será processado nem sentenciado senão pela autoridade competente"). Evita-se, com isso, o juízo ou tribunal de exceção (art. 5.º, XXXVII, CF), que seria a escolha do magistrado encarregado de analisar determinado caso, após a ocorrência do crime e conforme as características de quem será julgado, afastando-se dos critérios legais anteriormente estabelecidos. A preocupação maior desse princípio é assegurar a imparcialidade do juiz, visto que, num Estado Democrático de Direito, é inconcebível que os julgamentos se materializem de forma parcial, corrupta e dissociada do equilíbrio que as partes esperam da magistratura.

Se as regras processuais puderem construir um sistema claro e prévio à indicação do juiz competente para o julgamento da causa, seja qual for a decisão, haverá maior aceitação pelas partes, bem como servirá de legitimação para o Poder Judiciário, que, no Brasil, não é eleito pelo povo.

Isso não significa que eventuais alterações de competência, válidas para todas as pessoas, não possam ser imediatamente incorporadas e aplicadas. Não se ofende o princípio do juiz natural se, criada uma Vara nova, especializada em determinada matéria, vários processos para ela são encaminhados, desvinculando-se de outros juízos onde tramitavam. A medida é geral e abrangente, tomada em nome do interesse público, sem visar qualquer réu específico.

É certo que o princípio do juiz natural tem por finalidade, em último grau, assegurar a atuação de um juiz imparcial na relação processual. Entretanto, por mais cautela que se tenha na elaboração de leis, é possível que um determinado caso chegue às mãos de magistrado parcial. Essa falta de isenção pode decorrer de fatores variados: corrupção, amizade íntima ou inimizade capital com alguma das partes, ligação com o objeto do processo, conhecimento pessoal sobre o fato a ser julgado etc.

Nota-se, portanto, não bastar ao processo penal o juiz natural. Demanda-se igualmente o juiz imparcial, motivo pelo qual o Código de Processo Penal coloca à disposição do interessado as exceções de suspeição e de impedimento, para buscar o afastamento do magistrado não isento.

Esse princípio é constitucionalmente assegurado, embora de maneira implícita. Ingressa no sistema pela porta do art. 5.º, § 2.º, da Constituição ("Os direitos e garantias expressos nesta Constituição não excluem outros decorrentes do regime e dos princípios por ela adotados, ou dos tratados internacionais em que a República Federativa do Brasil seja parte"). Não somente o princípio do juiz imparcial decorre do juiz natural, afinal, este sem aquele não tem finalidade útil, como também é fruto do Pacto de São José da Costa Rica (Convenção Americana sobre Direitos Humanos, aprovada pelo Decreto 678/92), firmado pelo Brasil e, em vigor, desde 1992. Verifica-se no art. 8.º, item 1, o seguinte: "Toda pessoa tem o direito de ser ouvida, com as devidas garantias e dentro de um prazo razoável, por um juiz ou tribunal competente, independente e *imparcial*, estabelecido anteriormente por lei, na apuração de qualquer acusação penal formulada contra ela, ou para que se determinem seus direitos ou obrigações de natureza civil, trabalhista, fiscal ou de qualquer outra natureza" (destaque nosso).

Por outro lado, para não perder a sua imparcialidade, não pode o juiz agir de ofício para dar início à ação penal. Cabe ao titular da ação penal, que é o Ministério Público (art. 129, I, CF), como regra, essa providência. Não propondo a ação penal, no prazo legal, pode o particular ofendido tomar a iniciativa (art. 5.º, LIX, CF). A conjugação das referidas normas constitucionais demonstra a sua previsão implícita na Carta Magna. E mais: deve o magistrado julgar o pedido nos estritos limites em que foi feito, não podendo ampliar a acusação, piorando a situação do réu, sem aditamento à denúncia, promovido por quem de direito (consultar o art. 384, do CPP).

A reforma da Lei 13.964/2019 introduziu a figura do juiz das garantias, que tem por finalidade, justamente, assegurar, cada vez mais, o *juiz imparcial*. Consultar o capítulo próprio.

3.3.2   *Princípio da publicidade*

Encontra previsão constitucional nos arts. 5.º, LX, XXXIII, e 93, IX, da Constituição Federal. Quer dizer que os atos processuais devem ser realizados publicamente, à vista de quem queira acompanhá-los, sem segredos e sem sigilo. É justamente o que permite o controle social dos atos e decisões do Poder Judiciário.

Ocorre que, em algumas situações excepcionais, a própria Constituição ressalva a possibilidade de se restringir a publicidade. Quando houver interesse social ou a intimidade o exigir, o juiz pode limitar o acesso à prática dos atos processuais, ou mesmo aos autos do processo, apenas às partes envolvidas (art. 5.º, LX, CF). Conforme o caso, até mesmo o réu pode ser afastado da sala, permanecendo o seu advogado. Note-se, no entanto, que jamais haverá sigilo total, fazendo com que o magistrado conduza o processo sem o acesso dos órgãos de acusação e defesa, bem como jamais realizará um ato processual válido sem a presença do promotor e do defensor.

Por isso, vale sustentar a divisão entre *publicidade geral* e *publicidade específica*. A primeira é o acesso aos atos processuais e aos autos do processo a qualquer pessoa. A segunda situação é o acesso restrito aos atos processuais e aos autos do processo às partes envolvidas, entendendo-se o representante do Ministério Público (se houver, o advogado do assistente de acusação) e o defensor. Portanto, o que se pode restringir é a publicidade geral, jamais a específica.

A partir da Emenda Constitucional 45/2004 (Reforma do Judiciário), modificou-se a redação do art. 93, IX, mencionando-se ser a publicidade a regra e o sigilo, a exceção, neste caso quando houver interesse relacionado à intimidade de alguém, sem que haja prejuízo ao *interesse público à informação*. Aparentando contradição, a referida norma assegura a publicidade, garante o sigilo para preservar a intimidade, mas faz a ressalva de que, acima de tudo, estaria o direito à informação. Por outro lado, o art. 5.º, LX, enaltece a publicidade, mas fixa como exceções a preservação da intimidade e a exigência do interesse social. Para argumentar, afastando-se o aspecto da preservação da intimidade, pode o juiz decretar sigilo por conta exclusiva do interesse social? Afinal, isso poderia ocorrer na apuração de crime de enorme repercussão ou envolvendo o crime organizado. Cremos que sim. O conflito entre o disposto no art. 5.º, LX, e o art. 93, IX (com nova redação) é apenas aparente. Em primeiro lugar, continua em vigor a garantia fundamental da publicidade, com as exceções do art. 5.º, LX, que são a preservação da intimidade e o interesse da sociedade. Em segundo lugar, o art. 93, IX, passa a referir-se expressamente à preservação da intimidade (que antes não havia), ressalvado o interesse público à informação, entendendo-se apenas que não deve o juiz exagerar na dose de interpretação do que vem a ser *intimidade* para não prejudicar o direito da sociedade de acompanhar o que se passa no processo.

3.3.3 *Princípio da vedação das provas ilícitas*

Dispõe o art. 5.º, LVI, da Constituição Federal que "são inadmissíveis, no processo, as provas obtidas por meios ilícitos". No Código de Processo Penal, encontra-se o art. 155, parágrafo único, preceituando que "somente quanto ao estado das pessoas serão observadas as restrições" à prova estabelecidas na lei civil.

Aparentemente, o disposto na lei processual civil é mais rigoroso do que o estabelecido pela processual penal, embora todas as normas devam ser interpretadas em consonância com o texto constitucional, além do que é admissível a interpretação analógica e a aplicação dos princípios gerais de direito em processo penal (art. 3.º, CPP).

Em síntese, portanto, pode-se concluir que o processo penal deve formar-se em torno da produção de provas legais e legítimas, inadmitindo-se qualquer prova obtida por meio ilícito. Cumpre destacar quais são as provas permitidas e as vedadas pelo ordenamento jurídico.

O conceito de ilícito advém do latim (*illicitus = il + licitus),* possuindo dois sentidos: a) sob o significado restrito, quer dizer o proibido por lei; b) sob o prisma amplo, tem, também, o sentido de ser contrário à moral, aos bons costumes e aos princípios gerais de direito. Constitucionalmente, preferimos o entendimento amplo do termo *ilícito*.

O *gênero* é a ilicitude – assim em Direito Penal, quanto nas demais disciplinas, inclusive porque foi o termo utilizado na Constituição Federal – significando o que *é contrário ao ordenamento jurídico*, contrário ao Direito de um modo geral, que envolve tanto o ilegal, quanto o ilegítimo, isto é, tanto a infringência às normas legalmente produzidas, de direito material e processual, quanto aos princípios gerais de direito, aos bons costumes e à moral.

Em conclusão, o ilícito envolve o ilegalmente colhido (captação da prova ofendendo o direito material, *v.g.*, a escuta telefônica não autorizada) e o ilegitimamente produzido (fornecimento indevido de prova no processo, *v.g.*, a prova da morte da vítima através de simples confissão do réu). Se houver a inversão dos conceitos, aceitando-se que ilicitude é espécie de ilegalidade, então a Constituição estaria vedando somente a prova produzida com infringência à norma de natureza material e liberando, por força da natural exclusão, as provas ilegítimas, proibidas por normas processuais, o que se nos afigura incompatível com o espírito desenvolvido em todo o capítulo dos direitos e garantias individuais.

A reforma introduzida pela Lei 11.690/2008 optou pela ampliação do conceito de ilícito: "são inadmissíveis, devendo ser desentranhadas do processo, as provas ilícitas, assim entendidas as obtidas em violação a normas constitucionais ou legais" (art. 157, *caput*, CPP). Vê-se, pois, que ilícito é gênero. Violações de normas constitucionais ou de legislação ordinária fazem nascer suas espécies. Em suma, são ilícitas as provas obtidas em afronta a normas penais ou processuais penais.

3.3.4 Princípio da economia processual e princípios correlatos e consequenciais da duração razoável do processo e da duração razoável da prisão cautelar

É incumbência do Estado procurar desenvolver todos os atos processuais no menor tempo possível, dando resposta imediata à ação criminosa e poupando tempo e recursos das partes.

A edição da Emenda Constitucional 45/2004 (Reforma do Judiciário) tornou o princípio explícito, dentre as garantias individuais, passando a figurar no art. 5.º, LXXVIII: "a todos, no âmbito judicial e administrativo, são assegurados a razoável duração do processo e os meios que garantam a celeridade de sua tramitação".

Em decorrência de contemporâneas posições doutrinárias e jurisprudenciais, emerge outro princípio constitucional, embora implícito, dentre as garantias fundamentais: a duração razoável da prisão cautelar. Observa-se, como fruto natural dos princípios constitucionais explícitos da presunção de inocência, da economia processual e da estrita legalidade da prisão cautelar, ser necessário consagrar, com *status* constitucional, a meta de que ninguém poderá ficar preso, provisoriamente, por prazo mais extenso do que for absolutamente imprescindível para o escorreito desfecho do processo. Essa tem sido a tendência dos tribunais pátrios, em especial do Supremo Tribunal Federal.

De fato, não se torna crível que, buscando-se respeitar o estado de inocência, conjugado com o direito ao processo célere, associando-se a todas as especificações para se realizar, legitimamente, uma prisão cautelar, possa o indiciado ou réu permanecer semanas, meses, quiçá anos, em regime de restrição de liberdade, *sem culpa formada*. Ingressa, nesse cenário, o critério da razoabilidade, devendo o magistrado avaliar, no caso concreto, o que ultrapassa a medida do bom senso.

3.3.5 Princípios regentes do Tribunal do Júri

3.3.5.1 Sigilo das votações

Está previsto no art. 5.º, XXXVIII, *b*, da Constituição Federal, significando que os jurados devem proferir o veredicto em votação situada em sala especial, assegurando--lhes tranquilidade e possibilidade para reflexão, com eventual consulta ao processo e perguntas ao magistrado. Estarão presentes apenas as partes (embora, no caso do réu, representado por seu defensor) e os funcionários da Justiça, sob a presidência do Juiz de Direito.

Atualmente, nem mesmo é necessária a divulgação do *quorum* completo da votação, preservando-se, pois, o sigilo previsto na Constituição Federal (art. 483, §§ 1.º e 2.º, CPP).

3.3.5.2 Soberania dos veredictos

Conforme disposto no art. 5.º, XXXVIII, *c*, da Constituição Federal, proferida a decisão final pelo Tribunal do Júri, não há possibilidade de ser alterada pelo tribunal togado, quanto ao mérito. No máximo, compatibilizando-se os princípios regentes do processo penal, admite-se o duplo grau de jurisdição. Ainda assim, havendo apelação, se provida, o tribunal determina novo julgamento, porém, o órgão julgador, quanto ao mérito da imputação, será, novamente, o Tribunal Popular.

3.3.5.3 Competência para o julgamento dos crimes dolosos contra a vida

A previsão encontra-se no art. 5.º, XXXVIII, *d*, da Constituição Federal, *assegurando* a competência *mínima* para o Tribunal do Júri. Nada impede que o legislador ordinário promova a inserção, em normas processuais, de outros casos a serem julgados pelo Tribunal Popular. Aliás, lembremos que, atualmente, o Júri já julga outras infrações penais, desde que conexas com os delitos dolosos contra a vida.

3.3.6 Princípio da legalidade estrita da prisão cautelar

O sistema processual, constitucionalmente estabelecido, acrescenta e ressalta que, no Brasil, a prisão de qualquer pessoa necessita cumprir requisitos formais estritos.

Por isso, estabelece-se o seguinte: a) "ninguém será preso senão em flagrante delito ou por ordem escrita e fundamentada de autoridade judiciária competente, salvo nos casos de transgressão militar ou crime propriamente militar, definidos em lei" (art. 5.º, LXI, CF); b) "a prisão de qualquer pessoa e o local onde se encontre serão comunicados imediatamente ao juiz competente e à família do preso ou à pessoa por ele indicada" (art. 5.º, LXII, CF); c) "o preso será informado de seus direitos, entre os quais o de permanecer calado, sendo-lhe assegurada a assistência da família e de advogado" (art. 5.º, LXIII, CF); d) "o preso tem direito à identificação dos responsáveis por sua prisão ou por seu interrogatório policial" (art. 5.º, LXIV, CF); e) "a prisão ilegal será imediatamente relaxada pela autoridade judiciária" (art. 5.º, LXV, CF); f) "ninguém será levado à prisão ou nela mantido, quando a lei admitir a liberdade provisória, com ou sem fiança" (art.

5.º, LXVI, CF); g) "o civilmente identificado não será submetido a identificação criminal, salvo nas hipóteses previstas em lei" (art. 5.º, LVIII, CF).

4. PRINCÍPIOS CONSTITUCIONAIS IMPLÍCITOS DO PROCESSO PENAL

4.1 Concernente à relação processual

4.1.1 Princípio do duplo grau de jurisdição

Tem a parte o direito de buscar o reexame da causa por órgão jurisdicional superior. O princípio é consagrado na própria Constituição quando se tem em mira a estrutura do Poder Judiciário em instâncias, bem como a expressa menção, *v.g.*, feita no art. 102, II, da CF, referente ao Supremo Tribunal Federal, cabendo-lhe julgar em *recurso ordinário*: "a) o *habeas corpus*, o mandado de segurança, o *habeas data* e o mandado de injunção decididos em única instância pelos Tribunais Superiores, se denegatória a decisão; b) o crime político". Ora, se uma pessoa, condenada na Justiça Federal de primeiro grau por delito político tem o direito constitucional de recorrer *ordinariamente* ao STF, por que outros réus não teriam o mesmo direito? Assim, a garantia do duplo grau de jurisdição é, sem dúvida, princípio básico no processo penal.

Por outro lado, há expressa disposição no Pacto de São José da Costa Rica (art. 8, item 2, *h*) a respeito do direito de recurso contra sentença a juiz ou tribunal superior. Os tratados internacionais, versando sobre direitos humanos, devem ingressar no ordenamento jurídico brasileiro com *status* de norma constitucional, como autorizam os §§ 2.º e 3.º do art. 5.º, da Constituição Federal. Acrescente-se, ainda, que, após a edição da Emenda 45/2004, prevê-se o seguinte: "Os tratados e convenções internacionais sobre direitos humanos que forem aprovados, em cada Casa do Congresso Nacional, em dois turnos, por três quintos dos votos dos respectivos membros, serão equivalentes às emendas constitucionais" (art. 5.º, § 3.º, CF). Tal dispositivo somente reforça a tese de que as normas sobre direitos humanos, constantes em tratados e convenções internacionais, devem ter *status* constitucional.

4.2 Concernentes à atuação do Estado

4.2.1 Princípio do promotor natural e imparcial

Significa que o indivíduo deve ser acusado por órgão imparcial do Estado, previamente designado por lei, vedada a indicação de acusador para atuar em casos específicos. Não está esse princípio expressamente previsto na Constituição, embora se possa encontrar suas raízes na conjugação de normas constitucionais e infraconstitucionais.

A inamovibilidade do promotor está prevista no art. 128, § 5.º, I, *b*, da Constituição, o que sustenta um acusador imparcial, visto não ser possível alterar o órgão acusatório, conforme interesses particulares.

Ademais, a Lei Orgânica Nacional do Ministério Público (Lei 8.625/93) prevê a admissibilidade de designação de promotores de justiça para casos expressamente previstos e não para satisfazer qualquer vontade específica do Procurador-Geral de Justiça (art. 10, IX).

A questão não é pacífica. Há os defensores da inexistência do princípio do promotor natural, baseando-se na unidade e na indivisibilidade do Ministério Público. Portanto, quando um promotor se manifesta, quem, em verdade, o faz é a instituição, pouco importando se este ou aquele membro.

O Supremo Tribunal Federal não possui posição fechada e tranquila nesse campo. Houve época em que sustentou a existência do promotor natural; atualmente, há julgados defendendo a sua inaplicabilidade.

4.2.2 Princípio da obrigatoriedade da ação penal pública e princípio consequencial da indisponibilidade da ação penal

Decorre da conjunção do princípio da legalidade penal associado aos preceitos constitucionais que conferem a titularidade da ação penal exclusivamente ao Ministério Público e, em caráter excepcional, ao ofendido.

Dispõe a legalidade não haver crime sem prévia lei que o defina, nem pena sem prévia lei que a comine, razão pela qual podemos deduzir que, havendo tipicidade incriminadora, é imperiosa a aplicação da sanção penal a quem seja autor da infração penal. Não se trata de mera faculdade do Poder Judiciário aplicar a lei penal ao caso concreto, embora saibamos que, atento ao princípio do devido processo legal, não poderá haver sanção sem que exista processo. Ora, se o Ministério Público é o titular exclusivo da ação penal, nos casos de crimes de ação pública, a única maneira viável de se aplicar a pena é através da materialização do processo criminal, exigindo-se a atuação do Estado-acusação.

O princípio da obrigatoriedade da ação penal significa não ter o órgão acusatório, nem tampouco o encarregado da investigação, a *faculdade* de investigar e buscar a punição do autor da infração penal, mas o dever de fazê-lo. Ocorrida a infração penal, ensejadora de ação pública incondicionada, deve a autoridade policial investigá-la e, em seguida, havendo elementos (prova da materialidade e indícios suficientes de autoria), é obrigatório que o representante do Ministério Público apresente denúncia.

Não há, como regra, no Brasil, o *princípio da oportunidade* no processo penal, que condicionaria o ajuizamento da ação penal ao critério discricionário do órgão acusatório – exceção feita à ação privada e à pública condicionada. Ressalte-se que, neste último caso, trata-se da incidência de ambos os princípios, ou seja, oportunidade para o oferecimento da representação e obrigatoriedade quando o Ministério Público a obtém.

Como decorrência desse princípio temos o da *indisponibilidade da ação penal*, significando que, uma vez ajuizada, não pode dela desistir o promotor de justiça (art. 42, CPP). Logicamente, hoje, já existem exceções, abrandando o princípio da obrigatoriedade, tal como demonstra a suspensão condicional do processo, instituto criado pela Lei 9.099/95, bem como a possibilidade de transação penal, autorizada pela própria Constituição (art. 98, I). A Lei 13.964/2019 introduziu, também, o acordo de não persecução penal, atenuando a obrigatoriedade da ação penal.

4.2.3 Princípio da oficialidade

Expressa ser a persecução penal uma função primordial e obrigatória do Estado. As tarefas de investigar, processar e punir o agente do crime cabem aos órgãos constituídos do Estado, através da polícia judiciária, do Ministério Público e do Poder Judiciário.

A Constituição Federal assenta as funções de cada uma das instituições encarregadas de verificar a infração penal, possibilitando a aplicação da sanção cabível.

À polícia judiciária cumpre investigar (art. 144, § 1.º, I, II, IV, e § 4.º); ao Ministério Público cabe ingressar com a ação penal e provocar a atuação da polícia, requisitando diligências investigatórias e a instauração de inquérito policial, fiscalizando-a (art. 129, I e VIII); ao Poder Judiciário cumpre a tarefa de aplicar o direito ao caso concreto (art. 92 e ss.).

Não há possibilidade de se entregar ao particular a tarefa de exercer qualquer tipo de atividade no campo penal *punitivo*. Tanto é realidade que o ofendido pode ajuizar ação penal privada, substituindo o Estado, mas, havendo condenação definitiva, não lhe cabe promover a execução do julgado (quando se faz valer a punição). É tarefa do Ministério Público.

4.2.4 Princípio da intranscendência

Assegura que a ação penal não deve transcender da pessoa a quem foi imputada a conduta criminosa. É decorrência natural do princípio penal de que a responsabilidade é pessoal e individualizada, não podendo dar-se sem dolo e sem culpa (princípio penal da culpabilidade, ou seja, não pode haver crime sem dolo e sem culpa), motivo pelo qual a imputação da prática de um delito não pode ultrapassar a pessoa do agente, envolvendo terceiros, ainda que possam ser consideradas civilmente responsáveis pelo delinquente. Exemplo disso seria denunciar o patrão porque o empregado, dirigindo veículo da empresa de forma imprudente, atropelou e causou a morte de alguém. Civilmente, é responsável pelo ato do preposto; jamais criminalmente.

O princípio da intranscendência auxilia em vários aspectos, particularmente na verificação da regularidade da composição da peça acusatória, para que se volte, em específico, ao autor do crime. Note-se o problema gerado pela denominada *denúncia genérica*, que pode abranger vários acusados, sem que se tenha efetiva prova do dolo ou da culpa de todos. Se isso ocorrer, aplicando-se a intranscendência, há de se afastar os denunciados cuja responsabilidade pessoal não tenha ficado evidenciada.

4.2.5 Princípio da vedação do duplo processo pelo mesmo fato

Demonstra que não se pode processar alguém duas vezes com base no mesmo fato, impingindo-lhe dupla punição (*ne bis in idem*). Seria ofensa direta ao princípio constitucional da legalidade penal (não há crime sem lei anterior que o defina, não há pena sem lei anterior que a comine), pois a aplicação de uma sanção penal exclui, como decorrência lógica, a possibilidade de novamente sancionar o agente pelo mesmo fato. Afinal, o tipo penal é um só, não existindo possibilidade de se duplicar a sanção.

Por outro lado, seria nitidamente lesivo à dignidade da pessoa humana ser ela punida duas vezes pela mesma conduta, o que evidenciaria não ter fim o poder estatal, firmando autêntico abuso de direito.

Ademais, se for absolvido, outro processo, com base no mesmo fato, firmaria igual abuso. Nesse ponto, cuida-se de previsão feita no art. 8.º, 4, da Convenção Americana sobre Direitos Humanos (promulgada pelo Decreto 678/92): "O acusado absolvido por sentença transitada em julgado não poderá ser submetido a novo processo pelos mesmos fatos". Logo, esse preceito deve ser considerado assimilado constitucionalmente pela via do art. 5.º, § 2.º, da Constituição Federal.

Conecta-se com o princípio penal da vedação da dupla punição em relação ao mesmo fato.

5. PRINCÍPIOS MERAMENTE PROCESSUAIS PENAIS

5.1 Concernentes à relação processual

5.1.1 Princípio da busca da verdade real

A análise desse princípio inicia-se pelo conceito de verdade, sempre de caráter relativo, até findar com a conclusão de que há impossibilidade real de se extrair, nos autos, o fiel retrato da realidade do crime. Diante disso, jamais, no processo, pode assegurar o juiz ter alcançado a *verdade objetiva*, aquela que corresponde perfeitamente com o acontecido no plano real. Tem, isto sim, o magistrado uma crença segura na verdade, que transparece através das provas colhidas e, por tal motivo, condena ou absolve.

Pode-se citar a lição de ROGÉRIO LAURIA TUCCI acerca de verdade material: "trata-se, com efeito, de atividade concernente ao poder instrutório do magistrado, imprescindível à formação de sua convicção, de que, inequivocamente, se faz instrumento; e à qual se agrega, em múltiplas e variadas circunstâncias, aquela resultante do poder acautelatório, por ele desempenhado para garantir o desfecho do processo criminal" (*Do corpo de delito no direito processual penal brasileiro*, p. 88). Nas palavras de RENATO MARCÃO, "ao contrário do que ocorre no direito processual civil, em que vige o princípio da *verdade formal* e a revelia autoriza presumir verdadeiros os fatos alegados pelo autor, no processo penal prevalece o interesse público, e a prestação jurisdicional busca reconstruir a verdade real, empírica, e assim esclarecer, com a maior precisão possível, a maneira como os fatos imputados verdadeiramente se deram" (*Curso de processo penal*, p. 72).

O princípio da verdade real significa, pois, que o magistrado *deve* buscar provas, tanto quanto as partes, não se contentando com o que lhe é apresentado, simplesmente. Mas deve fazê-los apenas durante a instrução. Note-se o disposto nos arts. 209 ("o juiz, *quando julgar necessário*, poderá ouvir outras testemunhas, além das indicadas pelas partes", grifamos), 234 ("se o juiz tiver notícia da existência de documento relativo a ponto relevante da acusação ou da defesa, providenciará, *independentemente de requerimento de qualquer das partes*, para sua juntada aos autos, se possível", grifo nosso), 147 ("o juiz poderá, *de ofício*, proceder à verificação da falsidade", grifamos), 156 ("a prova da alegação incumbirá a quem a fizer, sendo, porém, facultado ao juiz *de ofício*: (...) II – determinar, no curso da instrução, ou antes de proferir sentença, a realização de diligências para *dirimir dúvida* sobre ponto relevante", grifamos), 566 ("não será declarada a nulidade de ato processual que não houver influído na apuração da *verdade substancial* ou na decisão da causa", destaque nosso) do Código de Processo Penal, ilustrativos dessa colheita de ofício e da expressa referência à busca da verdade real.

Não questionamos ser a verdade uma e sempre relativa, consistindo busca inviável, no processo, encontrar a *realidade* dos fatos tal como ocorreram. A verdade é apenas uma noção ideológica da realidade, motivo pelo qual o que é verdadeiro para uns, não o é para outros. O que a distinção almeja atingir é a demonstração de finalidades diversas existentes nos âmbitos civil e penal do processo. Enquanto na esfera cível o magistrado é mais um espectador da produção da prova, no contexto criminal, deve atuar como autêntico copartícipe na busca dos elementos probatórios. Lembremos da criação do juiz das garantias, que fiscalizará a investigação criminal e não poderá determinar a produção de nenhum tipo de prova.

A mostra realística de que o processo civil preza a verdade formal, em detrimento da verdade real, é o disposto art. 348 do CPC: "se o réu não contestar a ação, o juiz, verificando a inocorrência do efeito da revelia previsto no art. 344, ordenará que o autor especifique as provas que pretenda produzir, se ainda não as tiver indicado". Tal situação jamais ocorre no processo penal, no qual prevalece a verdade real, que é a situada o mais próximo possível da realidade. Não se deve contentar o juiz com as provas trazidas pelas partes, mormente se detectar outras fontes possíveis de buscá-las.

5.1.2 Princípio da oralidade e princípios consequenciais da concentração, da imediatidade e da identidade física do juiz

A palavra oral deve prevalecer, em algumas fases do processo, sobre a palavra escrita, buscando enaltecer os princípios da concentração, da imediatidade e da identidade física do juiz.

Os princípios só se consolidavam no julgamento em plenário do Tribunal do Júri, quando se dava o predomínio da palavra oral sobre a escrita e todos os atos eram realizados de forma concentrada, julgando os jurados logo após terem acompanhado a colheita da prova.

Atualmente, com a edição das Leis 11.689/2008 e 11.719/2008, consolidam-se os princípios da oralidade, da concentração, da imediatidade e da identidade física do juiz (arts. 399, § 2.º, 400, § 1.º, 411, § 2.º, CPP).

Os princípios que decorrem da oralidade são os seguintes: *concentração* (toda a colheita da prova e o julgamento devem dar-se em uma única audiência ou no menor número delas); *imediatidade* (o magistrado deve ter contato direto com a prova produzida, formando mais facilmente sua convicção); *identidade física do juiz* (o magistrado que preside a instrução, colhendo as provas, deve ser o que julgará o feito, vinculando-se à causa).

5.1.3 Princípio da indivisibilidade da ação penal privada

Significa que não pode o ofendido, ao valer-se da queixa-crime, eleger contra qual dos seus agressores – se houver mais de um – ingressará com ação penal. Esta é *indivisível*. Se o Estado lhe permitiu o exercício do direito de ação – lembrando-se sempre que o direito de *punir* é monopólio estatal e não é transmitido ao particular nesse caso – torna-se natural a exigência de que não *escolha* quem será acusado, evitando-se barganhas indevidas e vinganças mesquinhas contra um ou outro.

Por isso, o art. 48 do Código de Processo Penal preceitua que a queixa contra um dos autores do crime obrigará ao processo de todos, zelando o Ministério Público para que o princípio da *indivisibilidade* seja respeitado. Esse princípio somente ocorre com destaque na ação penal privada, regida que é pelo critério da *oportunidade*.

Não há o menor sentido em se sustentar a prevalência da indivisibilidade também na ação penal pública, pois esta é norteada pela obrigatoriedade. Assim, quando o promotor toma conhecimento de quais são os autores do crime, *deve* ingressar com ação penal contra todos, não porque a ação penal pública é indivisível, mas porque é obrigatória. Nessa ótica, confira-se a lição de AFRÂNIO SILVA JARDIM: "A indivisibilidade da ação penal pública é uma consequência lógica e necessária do princípio da obrigatoriedade, podendo-se dizer que este abrange aquele outro princípio" (*Ação penal pública*, p. 136).

5.1.4 Princípio da comunhão da prova

Significa que a prova, ainda que produzida por iniciativa de uma das partes, pertence ao processo e pode ser utilizada por todos os participantes da relação processual, destinando-se a apurar a verdade dos fatos alegados e contribuindo para o correto deslinde da causa pelo juiz.

Realmente, não há *titular* de uma prova, mas mero proponente. As testemunhas de acusação, por exemplo, não são arroladas pelo promotor unicamente para prejudicar o réu; do mesmo modo, as testemunhas de defesa não estão obrigadas a prestar declarações integralmente favoráveis ao acusado. Inserida no processo, a prova tem a finalidade de evidenciar a verdade real, não mais servindo ao interesse de uma ou de outra parte.

5.2 Concernentes à atuação do Estado

5.2.1 Princípio do impulso oficial

Uma vez iniciada a ação penal, por iniciativa do Ministério Público ou do ofendido, deve o juiz movimentá-la até o final, conforme o procedimento previsto em lei, proferindo decisão. Liga-se, basicamente, aos *princípios da obrigatoriedade e da indeclinabilidade* da ação penal, que prevê o exercício da função jurisdicional, até sentença final, sem que o magistrado possa furtar-se a decidir, bem como vedando-se a desistência da ação penal pelo Ministério Público.

Impede-se, com isso, a paralisação indevida e gratuita da ação penal, incompatível com o Estado Democrático de Direito, pois o processo fica em aberto, caso as partes não provoquem o seu andamento, havendo prejuízo para a sociedade, que deseja ver apurada a infração penal e seu autor e, também, ao réu, contra quem existe processo criminal em andamento, configurando constrangimento natural. Registre-se o disposto no art. 251 do Código de Processo Penal: "Ao juiz incumbirá prover à *regularidade do processo* e manter a ordem no curso dos respectivos atos, podendo, para tal fim, requisitar a força pública" (grifamos).

Notemos que, também no caso de ação penal privada, regida pelo princípio da oportunidade, prevalece o impulso oficial, não se admitindo a paralisação do feito, sob pena de perempção, julgando-se extinta a punibilidade do acusado (art. 60, CPP). Justifica-se tal postura pelo fato de que a ação penal, embora de natureza privada e de livre propositura pelo ofendido, quando ajuizada, não pode perpetuar-se, sob pena de servir de constrangimento indefinido ao querelado.

5.2.2 Princípio da persuasão racional

Acesse e assista ao vídeo sobre Persuasão racional na prova.
> https://uqr.to/1y2tj

Significa que o juiz forma o seu convencimento de maneira livre, embora deva apresentá-lo de modo fundamentado ao tomar decisões no processo. Trata-se da conjunção do disposto no art. 93, IX, da Constituição ("todos os julgamentos dos órgãos do Poder Judiciário serão públicos, e *fundamentadas todas as decisões*, sob pena de nulidade...", grifamos) com os arts. 155, *caput* ("o juiz formará sua convicção pela livre apreciação da prova...") e 381, III ("a sentença conterá: (...) III – a indicação dos motivos de fato e de direito em que se fundar a decisão") do Código de Processo Penal.

Exceções à regra certamente existem. A primeira delas encontra-se no Tribunal do Júri, onde os jurados decidem a causa livremente, sem apresentar suas razões, pois a votação é sigilosa e eles permanecem incomunicáveis até o fim da sessão. A outra diz respeito a determinadas normas processuais, que impõem um específico modo de provar algo, não permitindo ao juiz que forme livremente sua convicção. Exemplos: a) a inimputabilidade do agente depende, necessariamente, de exame pericial, pois somente o médico pode atestar a existência de doença mental; b) os crimes que deixam vestígios materiais demandam a realização de exame pericial; c) prova-se a morte do agente, para fim de extinção da punibilidade, com a apresentação da certidão de óbito.

5.2.3 Princípio da colegialidade

Cuida-se de decorrência lógica do princípio constitucional implícito do *duplo grau de jurisdição*, significando que a parte tem o direito de, recorrendo a uma instância superior ao primeiro grau de jurisdição, obter um julgamento proferido por órgão colegiado. A ideia é promover a reavaliação por um grupo de magistrados, não mais se entregando a causa a um juiz único. Esta já foi a tarefa do magistrado de primeira instância, que, como regra, recebe a peça acusatória, instrui o feito, profere as decisões necessárias para a colheita da prova e determina as medidas cautelares de urgência. Após, prolatando sua sentença – condenatória ou absolutória – em função de sua persuasão racional, não teria sentido haver um recurso para que outro juiz, isoladamente, sem debater a causa, reavaliasse a decisão de seu colega.

Não importaria, simplesmente, alegar que o recurso seguiria a um magistrado mais antigo e, em tese, mais experiente e erudito, pois o relevante consiste em proporcionar a discussão de teses, a contraposição de ideias, enfim, o nobre exercício do convencimento e da evolução da aplicação do Direito. Somente em um colegiado há debate. O juiz, em sua atividade individual, reflete e chega a um veredicto, porém, inexiste a troca de ideias e experiências. O foco do processo é um só, pois há somente um magistrado avaliando. Por mais que leia e se informe, captará a realidade processual por um ângulo exclusivo.

A meta consistente em se manter as principais e derradeiras decisões em órgãos jurisdicionais colegiados é salutar e positiva, constituindo um princípio processual dos mais proeminentes. É o que se pode verificar em julgamentos coletivos quando um componente de determinada turma, câmara ou plenário altera seu voto ao ouvir a exposição de outro magistrado. Nada mais ilustrativo; nada mais criativo; nada mais do que a demonstração de respeito aos interesses colocados em litígio. Em especial, no contexto criminal, onde direitos fundamentais, como a liberdade, estão quase sempre em jogo.

Nesse sentido, conferir o conceito de acórdão disposto no CPC/2015: "Art. 204. Acórdão é o julgamento *colegiado* proferido pelos tribunais" (grifamos).

SÍNTESE

Princípio jurídico: é um postulado que se irradia por todo o sistema de normas, fornecendo um padrão de interpretação, integração, conhecimento e aplicação do direito positivo, estabelecendo uma meta maior a seguir.

Dignidade da pessoa humana: é um princípio regente, base e meta do Estado Democrático de Direito, regulador do mínimo existencial para a sobrevivência apropriada, a ser garantido a todo ser humano, bem como o elemento propulsor da respeitabilidade e da autoestima do indivíduo nas relações sociais.

Devido processo legal: cuida-se de princípio regente, com raízes no princípio da legalidade, assegurando ao ser humano a justa punição, quando cometer um crime, precedida do processo penal adequado, o qual deve respeitar todos os princípios penais e processuais penais.

Presunção de inocência: significa que todo indivíduo é considerado inocente, como seu estado natural, até que ocorra o advento de sentença condenatória com trânsito em julgado.

Prevalência do interesse do réu (*in dubio pro reo*): em caso de razoável dúvida, no processo penal, deve sempre prevalecer o interesse do acusado, pois é a parte que goza da presunção de inocência.

Imunidade à autoacusação: significa que ninguém é obrigado a produzir prova contra si mesmo (*nemo tenetur se detegere*), já que o estado natural do ser humano é de inocência, até prova em contrário, produzida pelo Estado-acusação, advindo sentença penal irrecorrível. Daí decorre, por óbvio, o direito de permanecer em silêncio, seja na polícia ou em juízo.

Ampla defesa: o réu deve ter a mais extensa e vasta possibilidade de provar e ratificar o seu estado de inocência, em juízo, valendo-se de todos os recursos lícitos para tanto.

Plenitude de defesa: cuida-se de um reforço à ampla defesa, que se dá no contexto do Tribunal do Júri, para assegurar ao réu a mais perfeita defesa possível, garantindo-se rígido controle da qualidade do aspecto defensivo, visto estar o acusado diante de jurados leigos, que decidem, sigilosamente, sem motivar seu veredicto.

Contraditório: a parte, no processo, tem o direito de tomar conhecimento e rebater as alegações fáticas introduzidas pelo adversário, além de ter a possibilidade de contrariar as provas juntadas, manifestando-se de acordo com seus próprios interesses.

Juiz natural e imparcial: toda pessoa tem o direito inafastável de ser julgada, criminalmente, por um juízo imparcial, previamente constituído por lei, de modo a eliminar a possibilidade de haver tribunal de exceção.

Iniciativa das partes: assegurando-se a imparcialidade do juiz, cabe ao Ministério Público e, excepcionalmente, ao ofendido, a iniciativa da ação penal.

Publicidade: significa que os julgamentos e demais atos processuais devem ser realizados e produzidos, como regra, publicamente, possibilitando-se o acompanhamento de qualquer pessoa, a fim de garantir a legitimidade e a eficiência do Poder Judiciário.

Vedação das provas ilícitas: consagrando-se a busca pelo processo escorreito e ético, proíbe-se a produção de provas ilícitas, constituídas ao arrepio da lei, com o fim de produzir efeito de convencimento do juiz, no processo penal.

Economia processual: é direito individual a obtenção da razoável duração do processo, combatendo-se a lentidão do Poder Judiciário, visto que a celeridade é uma das metas da consecução de justiça.

Duração razoável da prisão cautelar: a liberdade é a regra, no Estado Democrático de Direito, constituindo a prisão, exceção. Por isso, quando se concretiza a prisão cautelar, torna-se fundamental garantir a máxima celeridade, pois se está encarcerando pessoa considerada inocente, até prova definitiva em contrário.

Sigilo das votações: cuida-se de tutela específica do Tribunal do Júri, buscando-se assegurar a livre manifestação do jurado, na sala secreta, quando vota pela condenação ou absolvição do réu, fazendo-o por intermédio de voto indevassável.

Soberania dos veredictos: considerando-se que o Tribunal Popular não é órgão consultivo, torna-se essencial assegurar a sua plenitude, quanto à decisão de mérito. Nenhum órgão do Poder Judiciário togado pode sobrepor-se à vontade do povo, em matéria criminal, pertinente ao júri.

Competência para os crimes dolosos contra a vida: garantindo-se a competência mínima, sob mando constitucional, ao Tribunal do Júri, dele não se pode subtrair o julgamento dos delitos dolosos contra a vida, que são basicamente os seguintes: homicídio, participação em suicídio, infanticídio e aborto.

Legalidade estrita da prisão cautelar: significa que a prisão processual ou provisória constitui uma exceção, pois é destinada a encarcerar pessoa ainda não definitivamente julgada e condenada; demanda, então, estrita observância de todas as regras constitucional e legalmente impostas para a sua concretização e manutenção.

Duplo grau de jurisdição: no processo penal, todo acusado tem o direito de recorrer a instância superior, obtendo, ao menos, uma segunda possibilidade de julgamento, confirmando ou reformando a decisão tomada em primeiro grau. Cuida-se de autêntica *segunda chance* para alcançar a mantença do estado de inocência.

Promotor natural e imparcial: não somente o órgão estatal julgador deve ser imparcial, pois o Estado-acusação cumpre papel de destaque na apuração e punição dos crimes, razão pela qual se espera uma atuação justa e desvinculada de interesses escusos e partidários.

Obrigatoriedade da ação penal: trata-se de princípio ligado à ação penal pública, em que a titularidade cabe ao Ministério Público, instituição fundamental à realização de justiça. Consagrando-se a atuação imparcial do Estado-acusação, é obrigatório o ajuizamento de ação penal, quando há provas suficientes para tanto.

Indisponibilidade da ação penal: é o corolário natural da obrigatoriedade da ação penal pública, pois, uma vez ajuizada, não mais se pode dela desistir, devendo o Estado-acusação levar até o fim a pretensão punitiva, obtendo-se uma decisão de mérito definitiva.

Oficialidade: significa que o monopólio punitivo é exclusivo do Estado, motivo pelo qual os atos processuais são oficiais e não há qualquer possibilidade de justiça privada na seara criminal.

Intranscendência: quer dizer que nenhuma acusação pode ser feita a pessoa que não seja autora de infração penal; conecta-se com os princípios penais da responsabilidade pessoal e da culpabilidade.

Vedação do duplo processo pelo mesmo fato (*bis in idem*): é a garantia de que ninguém pode ser processado duas ou mais vezes com base em idêntica imputação, o que implicaria em claro abuso estatal e ofensa à dignidade humana.

Busca da verdade real: no processo penal, impera a procura pela verdade (noção ideológica da realidade) mais próxima possível do que, de fato, aconteceu, gerando o dever das partes e do juiz de buscar a prova, sem posição inerte ou impassível.

Oralidade: significa que a palavra oral deve prevalecer sobre a escrita, produzindo celeridade na realização dos atos processuais e diminuindo a burocracia para o registro das ocorrências ao longo da instrução.

Concentração: almeja-se que a instrução processual seja centralizada numa única audiência ou no menor número delas, a ponto de gerar curta duração para o processo.

Imediatidade: significa que o juiz deve ter contato direto com a prova colhida, em particular, com as testemunhas, de modo a formar o seu convencimento mais facilmente.

Identidade física do juiz: interligando-se com a busca da verdade real, demanda-se que o magistrado encarregado de colher a prova seja o mesmo a julgar a ação, pois teve contato direto com as partes e as testemunhas.

Indivisibilidade da ação penal privada: constituindo a ação punitiva um monopólio do Estado, quando se transfere ao ofendido a possibilidade de ajuizar a ação penal privada, deve fazê-lo contra todos os coautores, não podendo eleger uns em detrimento de outros.

Comunhão da prova: significa que a prova produzida, nos autos, pela acusação e pela defesa, é comum ao resultado da demanda, fornecendo todos os elementos necessários à formação do convencimento do julgador.

Impulso oficial: cabe ao juiz a condução do processo criminal, jamais permitindo a indevida e injustificada paralisação do curso da instrução.

Persuasão racional: é o sistema de avaliação das provas escolhido pela legislação processual penal, em que o juiz forma o seu convencimento pela livre apreciação das provas coletadas, desde que o faça de maneira motivada.

Colegialidade: significa que os órgãos judiciais superiores, que servem para concretizar o duplo grau de jurisdição, devem ser formados por colegiados, não mais permitindo que uma decisão de mérito seja tomada por um magistrado único.

Princípios do Processo Penal

I) Princípios regentes

1. Devido processo legal – art. 5.º, LIV, CF
2. Dignidade da pessoa humana – art. 1.º, III, CF

II) Constitucionais processuais (explícitos)

1. Concernentes ao indivíduo
   - 1.1 Presunção de inocência – art. 5.º, LVII, CF (conectado à prevalência do interesse do réu e à imunidade à autoacusação)
   - 1.2 Ampla defesa – art. 5.º, LV, CF
   - 1.3 Plenitude de defesa – art. 5.º, XXXVIII, *a*, CF

2. Concernente à relação processual
   - 2.1 Contraditório – art. 5.º, LV, CF

3. Concernentes à atuação do Estado
   - 3.1 Juiz natural e imparcial – art. 5.º, LIII e XXXVII, CF (vedação ao juízo ou tribunal de exceção) (conectado à iniciativa das partes)
   - 3.2 Publicidade – art. 5.º, XXXIII, LX e 93, IX, CF
   - 3.3 Vedação das provas ilícitas – art. 5.º, LVI, CF
   - 3.4 Economia processual – art. 5.º, LXXVIII, CF (conectado à duração razoável do processo e à duração razoável da prisão cautelar)
   - 3.5 Regentes do Tribunal do Júri
     - 3.5.1 Sigilo das votações – art. 5.º, XXXVIII, *b*
     - 3.5.2 Soberania dos veredictos – art. 5.º, XXXVIII, *c*
     - 3.5.3 Competência para julgamento dos crimes dolosos contra vida – art. 5.º, XXXVIII, *d*
   - 3.6 Legalidade estrita da prisão cautelar – art. 5.º, LXI, LXII, LXIII, LXIV, LXV, LXVI, todos da CF

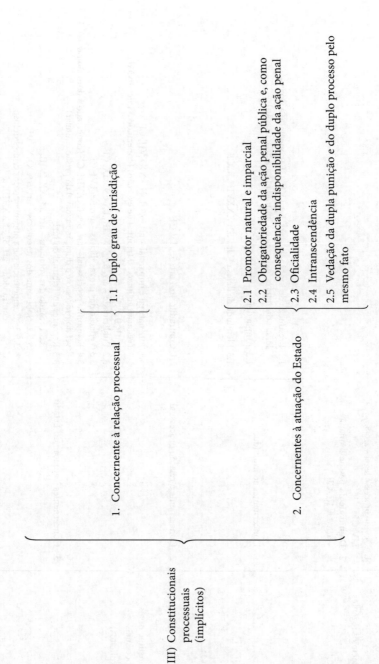

III) Constitucionais processuais (implícitos)

1. Concernente à relação processual
   1.1 Duplo grau de jurisdição

2. Concernentes à atuação do Estado
   2.1 Promotor natural e imparcial
   2.2 Obrigatoriedade da ação penal pública e, como consequência, indisponibilidade da ação penal
   2.3 Oficialidade
   2.4 Intranscendência
   2.5 Vedação da dupla punição e do duplo processo pelo mesmo fato

IV) Meramente processuais (explícitos ou implícitos, conforme o caso)

1. Concernentes à relação processual
   1.1 Busca da verdade real ou material
   1.2 Oralidade (conectado à concentração, imediatidade e identidade física do juiz)
   1.3 Indivisibilidade da ação penal privada
   1.4 Comunhão da prova

2. Concernentes à atuação do Estado
   2.1 Impulso oficial
   2.2 Persuasão racional
   2.3 Colegialidade

Capítulo III

Sistemas de Processo Penal

Para se realizar uma investigação, seguindo-se o consequente processo-crime, resultando em uma condenação, pode-se utilizar variados sistemas.

Historicamente, há, como regra, três sistemas regentes do processo penal: a) *inquisitivo*; b) *acusatório*; c) *misto*. Entretanto, convém, desde logo, mencionar que, na atualidade, eles jamais conseguiram ser adotados, integral e individualmente, por um único ordenamento jurídico. Há vantagens de um que, associadas aos aspectos positivos de outro, constroem o mais apurado método de persecução penal.

1. SISTEMA INQUISITIVO

É caracterizado pela concentração de poder nas mãos do julgador, que exerce, também, a função de acusador, a confissão do réu é considerada a rainha das provas, não há debates orais, predominando procedimentos exclusivamente escritos, os julgadores não estão sujeitos à recusa, o procedimento é sigiloso, há ausência de contraditório e a defesa é meramente decorativa.

Esse sistema foi utilizado com sucesso em parte da Idade Média para combater os abusos cometidos pelos senhores feudais e pela aristocracia em detrimento de vassalos e pessoas pobres. Diante disso, os reis podiam enviar os juízes inquisidores, em seu nome, com poder suficiente para se voltar contra os ricos, autores de delitos graves, que não podiam ser tratados com absoluta igualdade. Aliás, aplicava-se a ideia da isonomia – tratar desigualmente os desiguais.

Atuando contra ricos e poderosos, o processo penal jamais poderia lastrear-se, à época, em plena igualdade. Eis o motivo pelo qual o juiz inquisidor consegue amealhar provas, sem que as testemunhas se furtassem aos depoimentos, com temor de represálias, fazendo-o de maneira sigilosa, até que ficasse pronta a instrução. Assim, vítimas pobres poderiam ver a justiça ser realizada mesmo quando seus algozes fossem nobres ou afortunados.

Por óbvio, o sistema inquisitivo, mesmo servindo a um lado positivo, apresentou várias falhas e deu ensejo a abusos. Um dos principais custos do referido sistema deu-se, justamente, no âmbito da inquisição promovida pela Igreja, à cata de hereges. Em lugar de combater a injustiça social, terminou por promover uma autêntica *caça às bruxas* (literalmente), sem a menor chance de defesa.

O advento da Revolução Francesa, com as ideias iluministas, torna o sistema inquisitivo incompatível com a *nova realidade*. Isso jamais significou que seus postulados fossem completamente despropositados e inválidos para garantir a eficiência de uma investigação criminal. Tanto é verdade que, no mundo atual, vê-se o sistema inquisitivo permear a persecução penal em vários momentos. No caso do Brasil, é o sistema eleito para a investigação do delito, antes que a peça acusatória seja apresentada em juízo.

2. SISTEMA ACUSATÓRIO

Possui nítida separação entre o órgão acusador e o julgador, há liberdade de acusação, reconhecido o direito ao ofendido e a qualquer cidadão, predomina a liberdade de defesa e a isonomia entre as partes no processo, vigora a publicidade do procedimento, o contraditório está presente, existe a possibilidade de recusa do julgador, há livre sistema de produção de provas, predomina maior participação popular na justiça penal e a liberdade do réu é a regra.

Pode-se apontar a prevalência do sistema acusatório na época romana antiga, ao mesmo tempo em que se pode encontrá-lo na legislação atual de vários países. Não é uma criação inédita do Iluminismo, tampouco um sistema infalível. Mesmo os ordenamentos jurídicos mais modernos, que adotam a prática acusatória como regra, terminam por acolher alguns aspectos do inquisitivo, no mínimo para a primeira fase da colheita da prova, pois mais eficiente e célere.

3. SISTEMA MISTO

Surgido após a Revolução Francesa, uniu as virtudes dos dois anteriores, caracterizando-se pela divisão do processo em duas grandes fases: a instrução preliminar, com os elementos do sistema inquisitivo, e a fase de julgamento, com a predominância do sistema acusatório. Num primeiro estágio, há procedimento secreto, escrito e sem contraditório, enquanto, no segundo, presentes se fazem a oralidade, a publicidade, o contraditório, a concentração dos atos processuais, a intervenção de juízes populares e a livre apreciação das provas.

Conforme bem atesta Gilberto Lozzi, na realidade, não existe um processo acusatório puro ou um processo inquisitório puro, mas somente um processo misto, de onde se possa perceber a predominância do sistema acusatório ou do inquisitivo (*Lezioni di procedura penale*, p. 5). Essa é, sem dúvida, a realidade da maioria dos ordenamentos jurídicos do mundo atual.

4. OPÇÃO DO SISTEMA PROCESSUAL BRASILEIRO

O sistema adotado no Brasil ainda é o misto. Na Constituição Federal de 1988, foram delineados vários princípios processuais penais, que apontam para um sistema acusatório; entretanto, como mencionado, *indicam* um sistema acusatório, mas não o impõem, pois quem cria, realmente, as regras processuais penais a seguir é o Código de Processo Penal.

De outra parte, encontram-se na Constituição as normas prevendo a existência da polícia judiciária, encarregada da investigação criminal. Para essa fase, por óbvio, os postulados acusatórios não se aplicam. Porém, com a reforma trazida pela Lei 13.964/2019, alguns pontos foram alterados na captação de provas durante a investigação criminal.

Em primeiro lugar, o art. 3º-A do CPP mencionou, expressamente, que o processo penal "terá estrutura acusatória, vedadas a iniciativa do juiz na fase de investigação e a substituição da atuação probatória do órgão de acusação". Criou-se, ainda, a figura do juiz das garantias (art. 3º-B, CPP) com várias atribuições, mas com a principal delas: controlar a legalidade da investigação criminal e salvaguardar os direitos individuais. Enfim, torna-se o fiscal da atividade investigatórias de outros órgãos públicos.

Entretanto, após decisão do Supremo Tribunal Federal, não se afastam do juiz da instrução e julgamento os autos do inquérito policial (ou de qualquer outra investigação) e, com isso, mantém-se a sua competência para receber a denúncia ou queixa, bem como poderá analisar o conteúdo da investigação para formar o seu convencimento quanto ao mérito.

Não se atingiu um sistema puro, mas mitigado, pois continuam todos os poderes instrutórios do magistrado, durante o processo, agindo de ofício em variadas situações. É preciso refletir e verificar qual é o mais adequado sistema processual penal, de índole acusatória, respeitadas as peculiaridades, para o Brasil.

A figura do juiz das garantias, prevista nos arts. 3º-A a 3º-F, do CPP, entra em vigor, a partir do julgamento realizado pelo STF, em 24 de agosto de 2023. Consultar o Capítulo VII, item 1.1.

📄 SÍNTESE

Sistema inquisitivo: ausência de contraditório e ampla defesa; sigilo no procedimento; ausência ou limitação de recursos; inviabilidade de recusa do órgão investigador/julgador; confusão no mesmo órgão das funções acusatória e julgadora; predomínio da linguagem escrita.

Sistema acusatório: enaltecimento do contraditório e da ampla defesa; publicidade dos atos; duplo grau de jurisdição assegurado; possibilidade de recusa do julgador; impossibilidade de confusão no mesmo órgão de acusador e juiz.

Sistema misto: início da investigação contando com os princípios regentes do sistema inquisitivo; processo-crime instruído pelos princípios condutores do sistema acusatório; predomínio da linguagem oral.

Capítulo IV

Fontes do Processo Penal e Interpretação da Lei Processual Penal

1. CONCEITO DE FONTE

Fonte é o lugar de onde algo se origina. Em Direito, analisamos dois enfoques: fontes criadoras e fontes de expressão da norma. As primeiras são chamadas de fontes materiais; as segundas, fontes formais.

2. FONTES MATERIAIS

O Direito Processual Penal possui âmbito nacional, cabendo à União legislar e criar normas de processo (art. 22, CF: "Compete privativamente à União legislar sobre: I – direito civil, comercial, penal, *processual*, eleitoral, agrário, marítimo, aeronáutico, espacial e do trabalho", grifamos). Por isso, está em vigor o Decreto-lei 3.689, de 3 de outubro de 1941 (Código de Processo Penal) para aplicação em todos os Estados brasileiros.

Como exceção, prevê o parágrafo único do referido art. 22 a possibilidade de haver lei complementar, editada pela União, autorizando os Estados a legislar sobre questões específicas das matérias relacionadas nesse artigo, entre elas, direito processual penal. Não se tem notícia de que isso tenha sido feito recentemente no Brasil.

Ressaltemos, ainda, a competência da União (Presidente da República referendado pelo Congresso Nacional) para celebrar tratados e convenções internacionais, fontes criadoras de normas processuais penais (aliás, o que vem ressaltado no art. 1.º, I, do CPP). A Convenção Americana dos Direitos Humanos (Decreto 678/92) criou pelo menos três regras (verdadeiras garantias humanas fundamentais) de processo penal: o direito ao julgamento por um juiz ou tribunal imparcial (Art. 8, n. 1), o direito ao duplo grau de jurisdição (Art. 8, n. 2, *h*) e a vedação ao duplo processo pelo mesmo fato (Art. 8, n. 4).

Por outro lado, deve-se destacar o disposto no art. 24 da Constituição: "Compete à União, aos Estados e ao Distrito Federal legislar *concorrentemente* sobre: I – direito tributário, financeiro, *penitenciário*, econômico e urbanístico; (...) IV – custas dos *serviços forenses*; (...) X – criação, funcionamento *e processo* do juizado de pequenas causas; XI – *procedimentos em matéria processual*" (grifamos).

Vale ressaltar, ainda, que a Constituição Federal autorizou os Estados a editar lei de organização judiciária própria (art. 125: "Os Estados organizarão sua Justiça, observados os princípios estabelecidos nesta Constituição. § 1.º A competência dos tribunais será definida na Constituição do Estado, sendo a lei de organização judiciária de iniciativa do Tribunal de Justiça"), o que termina por influir nas normas gerais acerca de competência.

Outro aspecto importante é destacar a força dos Regimentos Internos dos Tribunais para cuidar de rito e processamento de recursos, por vezes com possibilidade de criar determinados tipos de recurso e trâmite interno, como ocorre com o denominado *agravo regimental*.

Em suma, normas processuais penais – diversamente das normas penais, cujo âmbito de criação é limitado à União e excepcionalmente ao Estado, se autorizado por lei complementar – têm mais opções no campo das fontes materiais.

E, após a Emenda Constitucional 45/2004, autorizou-se o STF a editar súmulas vinculantes, que passam a ter *força* de lei. Logo, temos novas fontes material e formal.

3. FONTES FORMAIS

O Direito Processual Penal se expressa, como regra, por lei ordinária, editada pela União. Excepcionalmente, podemos encontrar regras de processo penal em leis complementares e, em tese, até em emendas à Constituição. Afinal, essas fontes normativas, embora não sejam o palco ideal para cuidar de processo, estão hierarquicamente acima da lei ordinária e provêm do Congresso Nacional. Por isso, nada impediria que criassem alguma norma processual penal. Lembremos que a Constituição Federal contém vários dispositivos tratando de matéria concernente a essa área, como a norma do art. 5.º, LVIII, cuidando da identificação criminal ("o civilmente identificado não será submetido a identificação criminal, salvo nas hipóteses previstas em lei") ou ainda tratando do direito ao silêncio (art. 5.º, LXIII), da liberdade provisória (art. 5.º, LXVI), dentre outros.

Além das leis em geral, há os tratados e convenções, aprovados por decreto legislativo e promulgados por decreto, servindo de fonte de expressão do direito processual penal.

Não estando a norma processual penal vinculada estreitamente ao princípio da legalidade penal (não há crime sem lei que o defina, nem pena sem lei que a comine), é viável admitir que outras fontes de expressão sejam incluídas nesse contexto, denominadas *fontes indiretas*.

Os costumes (regras habitualmente praticadas, que se incorporam ao ordenamento jurídico, tornando-se obrigatórias, embora não previstas em lei) podem servir de base para expressar normas processuais penais. Lembre-se o uso tradicional das vestes talares, tradicionalmente utilizadas por magistrados em sessões de julgamento e por todos os operadores do direito (juiz, promotor e advogado) no plenário do Júri e nas Câmaras, Turmas ou Plenários de instâncias judiciais variadas. A quebra do costume pode inviabilizar um julgamento ou cercear o exercício de um direito (ex.: um advogado não seria admitido a fazer sustentação oral no tribunal vestindo-se informalmente, como se estivesse em atividade esportiva).

Os princípios gerais de direito (postulados éticos que inspiram a formação de normas e a aplicação da legislação ao caso concreto, sem expressa previsão legal) também podem contribuir para o cenário do processo penal. Exemplo: ninguém pode beneficiar-se da própria torpeza ou má-fé. Esse princípio geral de direito pode dar margem ao juiz para resolver situações de conflito geradas pela defesa que, interessada na prescrição, arrola pessoas em outros Estados da Federação, sem justificar a medida, somente para prorrogar indefinidamente a instrução, expedindo-se sistematicamente precatórias para ouvi-las, sem êxito imediato. Se o magistrado fixar prazo para o cumprimento das precatórias, não admitindo prorrogação, fundado nesse, atuará em homenagem à ética que deve reger os atos processuais.

A analogia é um processo de integração da norma, por um método de semelhança, voltado ao suprimento de lacunas. Assim, inexistindo lei específica para regular determinada situação, podemos usar outra, análoga, para solucionar o impasse. Voltaremos a tratar do tema no contexto da interpretação, pois muitos admitem que a analogia é, não somente fonte de expressão do direito processual penal, mas elemento de suprimento de lacunas, logo, de interpretação.

4. INTERPRETAÇÃO DA LEI PROCESSUAL PENAL

Interpretar a lei é atividade inerente a todo operador do direito, especialmente pelo fato de que o legislador nem sempre é feliz ao editar normas, valendo-se de termos dúbios, contraditórios, obscuros e incompletos. Não se trata de processo de criação de norma, nem de singelo suprimento de lacuna, mas de dar o real significado a uma lei.

Em processo penal, qualquer forma de interpretação é válida: literal (espelha-se no exato significado das palavras constantes do texto legal); restritiva (restringe-se o alcance dos termos utilizados na lei para atingir seu real significado); extensiva (alarga-se o sentido dos termos legais para dar eficiência à norma); analógica (vale-se o intérprete de um processo de semelhança com outros termos constantes na mesma norma para analisar o conteúdo de algum termo duvidoso ou aberto) ou teleológica-sistemática (busca-se compor o sentido de determinada norma em comparação com as demais que compõem o sistema jurídico no qual está inserida).

O art. 3.º do Código de Processo Penal é claro ao autorizar a interpretação extensiva (logo, as demais formas, menos expansivas, estão naturalmente franqueadas), bem como a analogia (processo de integração da norma, suprindo lacunas).

Somente para exemplificar, utilizando-se a interpretação extensiva podemos corrigir um aspecto da lei, que disse menos do que deveria ter previsto: quando se cuida das causas de suspeição do juiz (art. 254), deve-se incluir também o *jurado*, que não deixa de ser um magistrado, embora leigo. Outra ilustração: onde se menciona no Código de Processo Penal a palavra *réu*, para o fim de obter liberdade provisória, é natural incluir-se *indiciado*. Amplia-se o conteúdo do termo para alcançar o autêntico sentido da norma.

Como exemplo de interpretação analógica, vê-se o caso do art. 254, II, do Código de Processo Penal, cuidando das razões de suspeição do juiz, ao usar na própria lei a expressão "estiver respondendo a processo por fato análogo".

 SÍNTESE

Fontes materiais: constituem a base criadora do processo penal, isto é, a União, principalmente, mas também os Estados, se autorizados a fazê-lo por lei complementar editada pela União, além de outros campos especificamente destinados pela Constituição, como a edição de leis de organização judiciária e legislação concorrente de direito penitenciário, procedimentos e processo de juizados especiais criminais.

Fontes formais: são as maneiras de expressão do processo penal, que se concentram basicamente na lei, mas admitem outras formas, como os costumes, os princípios gerais de direito, a analogia e os tratados e convenções.

Interpretação: é a extração do real conteúdo da norma, buscando dar sentido lógico à sua aplicação.

Analogia: é um processo de suprimento de lacuna, valendo-se o intérprete de situação similar, em que há previsão legal; desse modo, utiliza-se a lei vigente para o caso semelhante no julgamento de situação lacunosa análoga.

Capítulo V
Aplicação da Lei Processual Penal no Espaço

1. PRINCÍPIO DA TERRITORIALIDADE

Significa a aplicação da lei processual penal brasileira a todo delito ocorrido em território nacional (art. 1.º, CPP), da mesma forma que se utiliza em Direito Penal (art. 5.º, CP). É regra que assegura a soberania nacional, tendo em vista não haver sentido aplicar normas procedimentais estrangeiras para apurar e punir um delito ocorrido dentro do território brasileiro. O direito alienígena é composto pela vontade de outro povo, razão pela qual os magistrados, em nosso país, não cumprem e não devem, de fato, seguir legislação que não seja fruto do exclusivo desejo da nação brasileira.

Um dos fatores de afastamento da aplicação da lei processual penal é a ressalva feita aos tratados, convenções e regras de direito internacional (art. 1.º, I, CPP). Além disso, prevê o art. 5.º, § 4.º, da Constituição Federal (Emenda Constitucional 45/2004) que "o Brasil se submete à jurisdição de Tribunal Penal Internacional a cuja criação tenha manifestado adesão". Significa, pois, que, apesar de um delito ser cometido no país, havendo interesse do Tribunal Penal, podemos entregar o agente à jurisdição estrangeira (exceto quando se tratar de brasileiro, pois o próprio art. 5.º, LI, a veda, constituindo norma específica em relação ao § 4.º).

2. CONCEITO DE TRATADO E CONVENÇÃO

Expõe a convenção sobre direito dos tratados, finalizada em Viena, em 1969, como ensina Celso D. de Albuquerque Mello, que "tratado significa um acordo internacional concluído entre Estados em forma escrita e regulado pelo Direito Internacional, consubstanciado em um único instrumento ou em dois ou mais instrumentos conexos qualquer que seja a sua designação específica" (*Curso de direito internacional público*, v. 1, p. 133). Para FRANCISCO REZEK, trata-se de "todo acordo formal concluído entre sujeitos de direito internacional público, e destinado a produzir efeitos jurídicos" (*Direito internacional público*, p. 14).

Debate-se, outrossim, se tratado e convenção são termos correlatos ou diferenciados, até porque os textos legais, no Brasil, utilizam ambos, como é o caso do inciso I do art. 1.º do Código de Processo Penal. Para REZEK são termos correlatos, indevidamente utilizados no mesmo contexto – como ocorre na lei processual penal – dando a ideia de que cuidam de coisas diversas (ob. cit., p. 15). Para ALBUQUERQUE MELLO, no entanto, pode-se fazer a seguinte diferença entre ambos: "tratado é utilizado para os acordos solenes, por exemplo, tratados de paz; convenção é o tratado que cria normas gerais, por exemplo, convenção sobre mar territorial" (ob. cit., p. 133). A tradição dos textos legislativos brasileiros tem, realmente, utilizado os dois termos, como se vê, também, no art. 5.º do Código Penal, razão pela qual nada impede que possamos nos valer do sentido exposto por ALBUQUERQUE MELLO, embora cientes de que tratado é a essência do conceito.

3. REGRAS DE DIREITO INTERNACIONAL

Regem, ainda, o direito internacional e, consequentemente, podem ser consideradas para a aplicação excepcional em território brasileiro, como prevê o referido inciso I do art. 1.º do CPP, as demais regras de direito internacional, não abrangidas pelos tratados, como os costumes – vigentes em muitos aspectos referentes ao domínio do mar, relativos à guerra e a outros conflitos –, os princípios gerais de direito internacional, aceitos pela grande maioria das nações, na aplicação do seu direito interno, além de se poder incluir, ainda, as decisões tomadas pelas organizações internacionais (cf. FRANCISCO REZEK, *Direito internacional público*, p. 122-146).

4. EXCEÇÃO À REGRA DA TERRITORIALIDADE

Caso o Brasil firme um tratado, uma convenção ou participe de uma organização mundial qualquer, cujas regras internacionais a norteiem, deve a lei processual penal pátria ser afastada para que outra, proveniente dessas fontes, em seu lugar, seja aplicada.

É o que ocorre com os diplomatas, que possuem imunidade em território nacional, quando estiverem a serviço de seu país de origem. Assinou o Brasil a Convenção de Viena, em 1961, referendada pelo Decreto 56.435/65, concedendo imunidade de jurisdição aos diplomatas, razão pela qual se qualquer deles cometer um crime em solo nacional, aqui não será punido, o que representa a inaplicabilidade do disposto no Código de Processo Penal.

O mesmo se dá com o cônsul, também imune da jurisdição brasileira, desde que cometa infração pertinente ao exercício das suas funções e no território do seu consulado. É o disposto na Convenção de Viena, assinada em 1963, promulgada pelo Decreto 61.078/67.

Mencione-se, ainda, que, além de determinadas situações estarem previstas expressamente na Constituição Federal, estão disciplinadas também por tratados e convenções internacionais, fazendo com que um delito ocorrido fora do território nacional possa contar com a aplicação da lei brasileira, o que foge à regra da territorialidade. É o que se dá no tocante ao cumprimento de cartas rogatórias – embora dependentes do *exequatur* do Superior Tribunal de Justiça – provenientes de Justiça estrangeira, à homologação de sentença estrangeira, que pode implicar o cumprimento, no Brasil, de decisão de magistrado alienígena, e ao processo de extradição, que se instaura no Pretório Excelso a pedido de Estado estrangeiro, para que o Brasil promova a entrega de pessoa acusada ou condenada por determinado delito, cometido no exterior, a fim de ser processada ou para que cumpra pena. São hipóteses em que as normas processuais penais brasileiras deixam de ser aplicadas para que tratados ou convenções – e mesmo o disposto na Constituição Federal e nos Regimentos Internos do Supremo Tribunal Federal e do Superior Tribunal de Justiça – sejam sobrepostos.

5. CONFLITO ENTRE TRATADO E DIREITO INTERNO

A doutrina especializada em direito internacional expõe a dicotomia existente entre as teorias dualista e monista acerca das relações entre o direito internacional e o direito interno dos países.

Pela teoria dualista, menos aplicada atualmente, há duas ordens jurídicas diversas: a internacional e a interna. Por isso, para que um tratado possa ser admitido, como lei interna, em determinado país, é preciso que ele seja "transformado" em direito interno.

Pela teoria monista, não há duas ordens jurídicas, mas apenas uma. Os adeptos desta teoria, hoje majoritária, divergem quanto à primazia do direito internacional sobre o direito interno. Sustentam alguns que o tratado jamais pode contrariar a lei interna do país, especialmente a Constituição, em homenagem à soberania nacional. Outros, no entanto, concedem primazia absoluta à ordem jurídica internacional, inclusive, se for preciso, sobrepondo-se à própria Constituição. Explica Albuquerque Mello que há inúmeras teorias "conciliadoras", buscando, ora a primazia do direito internacional, ora a sobreposição do direito interno.

O Brasil, embora adote a teoria monista, deixou clara a sua preferência pelo direito interno sobre o direito internacional, especialmente pela posição do Supremo Tribunal Federal, adotada em *leading case* de 1978, quando afirmou que lei federal posterior afasta a aplicação de tratado anterior. E, atualmente, é o que continua prevalecendo na jurisprudência dos tribunais. Em nosso país, o tratado jamais pode atentar contra a Constituição Federal e pode ser afastado por lei federal mais recente. Caso seja o tratado o mais novo, no entanto, afeta a aplicação de lei federal. Note-se, inclusive, que a Constituição prevê competência ao Supremo Tribunal Federal para julgar, em recurso extraordinário, as causas decididas em única ou última instância, quando a decisão "declarar a inconstitucionalidade de tratado ou lei federal" (art. 102, III, *b*), o que demonstra a equiparação de um e outro, ambos submetidos ao texto constitucional.

Apoia essa tese, FRANCISCO REZEK, afirmando não haver, em direito internacional positivo, norma alguma assegurando a primazia do tratado sobre o direito interno, logo, somente leis anteriores podem ser afastadas pelo tratado mais recente (*Direito internacional público*, p. 103-104). Acompanham esse posicionamento Luiz Alberto David Araújo, Clèmerson Merlin Clève, Manoel Gonçalves Ferreira Filho (citações feitas por Sylvia Steiner, *A Convenção Americana Sobre Direitos Humanos e sua integração ao processo penal brasileiro*, p. 74) e Luís Roberto Barroso (*Interpretação e aplicação da Constituição*, p. 31-32). Mas, não faltam críticas a essa postura. Albuquerque Mello, defensor da primazia do tratado sobre a ordem jurídica interna, indaga: "Qual o valor de um tratado se um dos contratantes por meio de lei interna pode deixar de aplicá-lo?". E sobre a decisão do STF, de 1978, sustenta que "sendo o Estado sujeito de Direito Interno e de Direito Internacional, é uma mesma pessoa, não se podendo conceber que ele esteja submetido a duas ordens jurídicas que se chocam. É o Direito na sua essência um só. A ordem internacional acarreta a responsabilidade do Estado quando ele viola um de seus preceitos e o Estado aceita essa responsabilidade, como não poderia deixar de ser. Da constatação deste simples fato podemos observar que o Estado sujeito de direito das duas ordens jurídicas dá primazia ao Direito Internacional" (*Curso de direito internacional público*, v. 1, p. 75).

Em conclusão, conforme entendimento adotado pelo STF, o tratado somente é aplicado com primazia sobre leis federais, no Brasil, se for mais recente, jamais podendo entrar em conflito com a Constituição Federal (checar a exceção no próximo item).

6. NORMAS INTERNACIONAIS RELATIVAS AOS DIREITOS HUMANOS FUNDAMENTAIS

Quando normas de proteção aos direitos humanos constam de tratado assinado pelo Brasil devem ingressar, no direito interno, com *status* de norma constitucional, em face do disposto no art. 5.º, § 2.º, da CF. Nessa ótica, diz Sylvia Steiner que "no direito brasileiro, também não vemos espaço para controvérsias. O § 2.º do art. 5.º da CF nos parece claro na determinação da inserção no rol de direitos e garantias previstos no seu próprio corpo, das normas internacionais de proteção aos direitos fundamentais. A incorporação pelo texto constitucional dessas normas internacionais é inequívoca" (*A Convenção Americana Sobre Direitos Humanos e sua integração ao processo penal brasileiro*, p. 86). E conclui: "Exatamente em razão do fato de as normas de proteção e garantia de direitos fundamentais terem *status* constitucional, devem a doutrina e, principalmente, a jurisprudência, cuidar de resolver eventuais conflitos ou antinomias que possam surgir entre normas decorrentes da incorporação dos tratados e dispositivos elencados no texto constitucional. Assim, relevando-se a fonte, deve a solução atender aos princípios da equidade, interpretando-se as normas em conflito de forma a prevalecer no caso concreto a que for mais favorável ao indivíduo, a que decorra de princípios, ou a que amplie os direitos, tudo para se preservar o próprio sistema de proteção aos seres humanos" (op. cit., p. 91).

A introdução do § 3.º ao art. 5.º da Constituição Federal ("Os tratados e convenções internacionais sobre direitos humanos que forem aprovados, em cada Casa do Congresso Nacional, em dois turnos, por três quintos dos votos dos respectivos membros, serão equivalentes às emendas constitucionais") permite, a partir de agora, reforçar o entendimento supraexposto. Entretanto, embora defendamos que todo tratado ou convenção em vigor atualmente, cuidando de direitos humanos, deva ter *status* constitucional, é possível que o Supremo Tribunal Federal somente venha a reconhecê-los com tal amplitude se cumprido o disposto no referido § 3.º do art. 5.º.

Em suma, os tratados e convenções sobre direitos humanos em vigor no Brasil continuam a fomentar o debate (tem ou não *status* constitucional?), mas certamente os próximos deverão ser submetidos à votação qualificada nas duas Casas do Congresso e terão, com certeza, força de norma constitucional.

7. JURISDIÇÃO POLÍTICA

Trata-se de outra exceção ao princípio, segundo o qual, aos crimes cometidos no território nacional, devem ser aplicadas as normas processuais penais brasileiras. A jurisdição, como regra, é o poder de aplicar a lei ao caso concreto conferida às autoridades judiciárias, embora exista, na própria Constituição Federal, exceção, consistente na jurisdição política.

Assim, para julgar determinados crimes de responsabilidade, não se invoca o Poder Judiciário, mas sim órgãos do Poder Legislativo. É o que ocorre quando se atribui ao Senado Federal a competência para julgar o Presidente e o Vice-Presidente da República, bem como os Ministros de Estados e os Comandantes da Marinha, do Exército e da Aeronáutica nos delitos da mesma natureza conexos àqueles (art. 52, I, CF), os Ministros do Supremo Tribunal Federal, os membros dos Conselhos Nacionais da Justiça e do MP, o Procurador-Geral da República e o Advogado-Geral da União, também nos crimes de responsabilidade (art. 52, II, CF). Outras exceções podem ser detectadas na legislação brasileira.

8. JUSTIÇA ESPECIAL

A Justiça Militar integra o rol das jurisdições consideradas especiais, que cuidam de matéria específica, razão pela qual possui regras próprias, tanto no tocante ao direito material, quanto no que se refere ao direito processual. O Código Penal Militar define os crimes militares (Dec.-lei 1.001/69) e o Código de Processo Penal Militar (Dec.-lei 1.002/69) os procedimentos de um modo geral para apurá-los, punindo seus autores.

Note-se que nem sempre uma Justiça Especial vale-se inteiramente de regras processuais próprias. A Justiça Eleitoral, na esfera criminal, atuará segundo o disposto no Código Eleitoral (Lei 4.737/65 – arts. 355 a 364), embora com a seguinte ressalva a respeito da aplicação subsidiária do Código de Processo Penal: "Art. 364. No processo e julgamento dos crimes eleitorais e dos comuns que lhes forem conexos, assim como nos recursos e na execução, que lhes digam respeito, aplicar-se-á, como lei subsidiária ou supletiva, o Código de Processo Penal".

9. TRIBUNAL DE SEGURANÇA NACIONAL

Mencionado no art. 1.º, IV, do Código de Processo Penal, não mais existe em nosso ordenamento jurídico. Era previsto no art. 122, n. 17, da Constituição de 1937: "Os crimes que atentarem contra a existência, a segurança e a integridade do Estado, a guarda e o emprego da economia popular serão submetidos a processo e julgamento perante Tribunal especial, na forma que a lei instituir".

Os crimes contra a segurança nacional eram previstos na Lei 7.170/83 e julgados pela Justiça Federal Comum (art. 109, IV, CF), pois considerados delitos políticos. A referida lei foi revogada e novos tipos penais foram criados no Código Penal (arts. 359-I a 359-T). Eventualmente, no entanto, o civil que cometa crime contra a segurança do Estado, voltado às instituições militares, poderá responder junto à Justiça Militar Federal. É o que dispõe o art. 82, § 1.º, do Código de Processo Penal Militar (Dec.-lei 1.002/69). A competência, portanto, não pode ser firmada unicamente com base no art. 109, IV, da Constituição Federal, que remete o julgamento dos crimes políticos para a Justiça Federal, pois há determinados delitos dessa natureza que ofendem igualmente as instituições militares, deslocando-se para a justiça especial, prevalente sobre a comum, que é a Federal.

10. LEGISLAÇÃO ESPECIAL

Quando lei especial regular um procedimento diverso do previsto no Código de Processo Penal, pelo princípio da especialidade, aplica-se aquela e somente em caráter subsidiário este último. Ilustrando: Lei de Drogas (Lei 11.343/2006), Lei de Abuso de Autoridade (Lei 13.869/2019) etc.

 SÍNTESE

Princípio da territorialidade: é a aplicação da lei processual penal a todo crime ocorrido em território nacional.

Exceção à regra da territorialidade: os tratados e convenções subscritos pelo Brasil podem excepcionar a aplicação da lei brasileira a crime cometido no território nacional, como ocorre com a Convenção de Viena em relação às imunidades diplomáticas. Diplomatas estrangeiros, que praticam infrações penais no Brasil, estão imunes à jurisdição nacional.

Conflito entre tratado e direito interno: segundo jurisprudência atual do Supremo Tribunal Federal, o tratado situa-se acima das leis e abaixo da Constituição Federal, razão pela qual, no conflito entre ambos, deve prevalecer o tratado sobre as leis e a Constituição sobre o tratado.

Capítulo VI

Aplicação da Lei Processual Penal no Tempo

1. REGRA GERAL

Aplica-se a lei processual penal tão logo entra em vigor e, usualmente, quando é editada, não possui *vacatio legis* (período próprio para o conhecimento do conteúdo de uma norma pela sociedade em geral, antes de entrar em vigor) por se tratar de norma que não implica a criminalização de condutas.

Passa, assim, a valer imediatamente, colhendo processos em pleno desenvolvimento, embora não afete atos já realizados sob a vigência de lei anterior. Exemplificando: se uma lei processual recém-criada fixa novas regras para a citação do réu ou para a intimação de seu defensor, o chamamento já realizado sob a égide da antiga norma é válido e não precisa ser refeito. As intimações futuras passam imediatamente a ser regidas pela lei mais recente.

Exceção existe quanto ao transcurso de prazo já iniciado, que corre, como regra, pela lei anterior. É o conteúdo do art. 3.º da Lei de Introdução ao Código de Processo Penal (Decreto-lei 3.931, de 11 de dezembro de 1941): "O prazo já iniciado, inclusive o estabelecido para a interposição de recurso, será regulado pela lei anterior, se esta não prescrever prazo menor do que o fixado no Código de Processo Penal". Embora se possa argumentar que tal disposição tinha por objetivo promover a transição da legislação anterior para o previsto no atual CPP, é certo que a regra é legítima para qualquer caso de alteração de prazo. Ilustrando: o réu, intimado da sentença condenatória, tem cinco dias para oferecer recurso. Se nova lei entrar em vigor, alterando esse prazo para dois dias, é óbvio que seu direito não será prejudicado. Continua ele com os cinco dias da lei anterior para apelar.

2. NORMAS PROCESSUAIS PENAIS MATERIAIS

São aquelas que, apesar de estarem no contexto do processo penal, regendo atos praticados pelas partes durante a investigação policial ou durante o trâmite processual, têm forte conteúdo de Direito Penal. E referido conteúdo é extraído da sua inter-relação com as normas de direito material, isto é, são normalmente institutos mistos, previstos no Código de Processo Penal, mas também no Código Penal, tal como ocorre com a perempção, o perdão, a renúncia, a decadência, entre outros.

Uma vez que as regras sejam modificadas, quanto a um deles, podem existir reflexos incontestes no campo do Direito Penal. Imagine-se que uma lei crie causa de perempção. Apesar de dizer respeito a situações futuras, é possível que, em determinado caso concreto, o querelado seja beneficiado pela norma processual penal recém-criada. Deve ela ser retroativa para o fim de extinguir a punibilidade do acusado, pois é nítido o seu efeito no direito material (art. 107, IV, CP).

Além dos institutos com dupla previsão (penal e processual penal), existem aqueles vinculados à prisão do réu, devendo ser considerados normas processuais penais materiais, uma vez que se referem à liberdade do indivíduo. A finalidade precípua do processo penal é garantir a correta aplicação da lei penal, permitindo que a culpa seja apurada com amplas garantias para o acusado, não tendo cabimento cuidar-se da *prisão cautelar* totalmente dissociada do contexto de direito material. A prisão cautelar somente tem razão de existir, a despeito do princípio da presunção de inocência, porque há pessoas, acusadas da prática de um crime, cuja liberdade poderá colocar em risco a sociedade, visando-se, com isso, a dar sustentação a uma eventual futura condenação. É o verificado pelo próprio sistema ao autorizar a decretação de prisões cautelares, cujo sentido se dá na medida em que pode o acusado ser à frente apenado com pena privativa de liberdade.

Não teria o menor sentido decretar a prisão preventiva de um réu por contravenção penal ou por delito cuja pena cominada é de multa, por exemplo. Assim, lidando-se com o tema da prisão, é indispensável a consideração das normas processuais de conteúdo material. Havendo qualquer mudança legal, benéfica ao réu, podem elas retroagir para abranger situações ocorridas antes da sua existência, desde que isso contribua para garantir a liberdade do réu.

O art. 2.º da Lei de Introdução ao Código de Processo Penal determina a aplicação dos dispositivos mais favoráveis ao réu, no concernente à prisão preventiva e à fiança, quando houver a edição de lei nova que colha situação processual em desenvolvimento. Concordamos com a lição de MIRABETE ao comentar essa norma: "Tal dispositivo, segundo entendemos, continua em vigor, aplicando-se a todas as modificações introduzidas no Código de Processo Penal de 1941, relativamente a tais matérias. Embora o citado Decreto-lei visasse especialmente a transição da lei anterior para o Código de Processo Penal, não foi ele revogado, sendo aplicável às modificações desse estatuto. Essa sempre foi a orientação seguida pelo STF quanto à aplicação do art. 13 da LICPP"

(*Código de Processo Penal interpretado*, p. 32). Em entendimento diverso, está a posição de TOURINHO FILHO: "Se a lei nova instituir ou excluir fiança, instituir ou excluir prisão preventiva etc., tal norma terá incidência imediata, a menos que o legislador, expressamente, determine tenha a lei mais benigna ultra-atividade ou retroatividade" (*Código de Processo Penal comentado*, v. 1, p. 22).

A modificação nas normas processuais pode afetar, por exemplo, o instituto da prisão preventiva, estabelecendo nova hipótese para sua decretação. Ilustrando: o réu responde ao processo em liberdade, porque não existia razão para detê-lo cautelarmente; diante da nova hipótese – como ocorreu com a introdução, no art. 312, da *garantia da ordem econômica* –, em que pese ter ele *causado* (no passado, portanto, antes da nova lei) abalo à ordem econômica, não deve o juiz decretar a sua prisão preventiva sem que surja fato novo. Se o fizer, a pretexto da lei processual ter vigência imediata, estará, em verdade, tornando-a retroativa, para abranger situação ocorrida no passado. Entretanto, se, a partir da sua edição, o réu tornar a provocar algum abalo à ordem econômica, a prisão cautelar passa a ter sentido, podendo ser decretada.

 SÍNTESE

Aplicação da nova lei processual penal: faz-se de imediato, como regra.

Exceções: respeita-se o transcurso de prazo já iniciado sob a égide da lei anterior; aplica-se a lei processual penal material retroativamente, se necessário for, para beneficiar o acusado.

Lei processual penal material: cuida-se de norma de processo penal, porém com reflexo no âmbito do direito penal, devendo respeitar as regras atinentes à norma de direito material, retroagindo para beneficiar o acusado.

Capítulo VII
Inquérito Policial e Outras Formas de Investigação

1. CONCEITO DE INQUÉRITO POLICIAL

 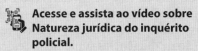

Acesse e assista ao vídeo sobre Natureza jurídica do inquérito policial.

> https://uqr.to/1y2tk

O inquérito policial é um procedimento preparatório da ação penal, de caráter administrativo, conduzido pela polícia judiciária e voltado à colheita preliminar de provas para apurar a prática de uma infração penal e sua autoria. Nessa ótica, confira-se o disposto pelo art. 2.º, § 1.º, da Lei 12.830/2013, cuidando da finalidade do inquérito: "a apuração das circunstâncias, da materialidade e da autoria das infrações penais".

Seu objetivo precípuo é servir de lastro à formação da convicção do representante do Ministério Público (*opinio delicti*), mas também colher provas urgentes, que podem desaparecer, após o cometimento do crime. Não se pode olvidar, ainda, servir o inquérito à composição das indispensáveis provas pré-constituídas que servem de base à vítima, em determinados casos, para a propositura da ação penal privada.

A denominação *inquérito policial*, no Brasil, surgiu com a edição da Lei 2.033, de 20 de setembro de 1871, regulamentada pelo Decreto-lei 4.824, de 22 de novembro de 1871, encontrando-se no art. 42 daquela Lei a seguinte definição: "O inquérito policial consiste em todas as diligências necessárias para o descobrimento dos fatos criminosos, de suas circunstâncias e de seus autores e cúmplices, e deve ser reduzido a instrumento escrito". Passou a ser função da polícia judiciária a sua elaboração. Apesar de seu nome ter sido mencionado pela primeira vez na referida Lei 2.033/71, suas funções, que são da natureza do processo criminal, existem de longa data e tornaram-se especializadas com a aplicação efetiva do princípio da separação da polícia e da judicatura. Portanto, já havia no Código de Processo de 1832 alguns dispositivos sobre o procedimento informativo, mas não havia o *nomen juris* de inquérito policial (cf. TOURINHO FILHO, *Processo penal*, v. 3, p. 175-176; CANUTO MENDES DE ALMEIDA, *Princípios fundamentais do processo penal*, p. 62).

É importante repetir que sua finalidade precípua é a investigação do crime e a descoberta do seu autor, com o fito de fornecer elementos para o titular da ação penal promovê-la em juízo, seja ele o Ministério Público, seja o particular, conforme o caso.

O inquérito é um meio de afastar dúvidas e corrigir o prumo da investigação, evitando-se o indesejável erro judiciário. Se, desde o início, o Estado possuir elementos confiáveis para agir contra alguém na esfera criminal, torna-se mais raro haver equívocos na eleição do autor da infração penal. Por outro lado, além da segurança, fornece a oportunidade de colher provas que não podem esperar muito tempo, sob pena de perecimento ou deturpação irreversível (ex.: exame do cadáver ou do local do crime).

1.1 Juiz das garantias

A partir da Lei 13.964/2019, inseriu-se, no processo penal brasileiro, o juiz das garantias, responsável por fiscalizar a investigação criminal, controlar a sua legalidade e salvaguardar os direitos individuais do investigado (art. 3º-B, *caput*, CPP). É relevante mencionar o conteúdo do art. 3º-A do CPP: "o processo penal terá estrutura acusatória, vedadas a iniciativa do juiz na fase de investigação e a substituição da atuação probatória do órgão de acusação". Ressalte-se o julgamento do STF (ADI 6.298, 6.299, 6.300, 6.305-DF, Plenário, rel. Luiz Fux, 24.8.2023) no tocante a este artigo: o magistrado pode determinar a realização de diligências suplementares, com o objetivo de dirimir dúvida sobre alguma questão relevante para o julgamento do mérito da causa, desde que o faça pontualmente e dentro dos limites legais. Isso significa que o juiz das garantias não deve *iniciar* investigação, como regra, tampouco o magistrado da instrução pode *substituir* qualquer das partes na produção de provas, mas pode complementá-las.

Esse magistrado terá atuação até o oferecimento (na lei, consta o *recebimento*, mas o STF alterou isso) da denúncia ou queixa, mas jamais julgará o processo-crime. Busca-se, com isso, o fortalecimento do sistema acusatório, adaptado à realidade brasileira, conforme decisão tomada pelo STF. Aliás, nesse julgamento, determinou-se que os tribunais implementassem o juiz das garantias no prazo de 12 meses, a contar da publicação da ata (31.8.2023); esse prazo poderá ser prorrogado uma única vez, por no máximo 12 meses, com a fiscalização do Conselho Nacional de Justiça.

 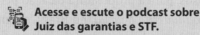

1.1.1 Atribuições do juiz das garantias

São as seguintes:

a) receber a comunicação imediata da prisão, nos termos do inciso LXII do *caput* do art. 5º da Constituição Federal (art. 3º-B, I, CPP). A comunicação da prisão consta do inciso LXII do art. 5º da Constituição Federal: "a prisão de qualquer pessoa e o local onde se encontre serão comunicados imediatamente ao juiz competente e à família do preso ou à pessoa por ele indicada". Entende-se, pelo termo *imediatamente* o prazo máximo de 24 horas. Trata-se da garantia de que ninguém será (ou ficará) ilegalmente detido. Para tanto, dentro da normalidade, refere-se essa comunicação à lavratura do auto de prisão em flagrante pelo delegado. Afinal, quando alguém é encontrado em plena prática do delito, pode ser preso por qualquer pessoa, mas, como regra, é preso pela polícia e levado à presença da autoridade policial, que, encontrando presentes os requisitos legais, determina a lavratura do auto de prisão em flagrante. Esse auto será comunicado ao juiz das garantias;

b) receber o auto da prisão em flagrante para o controle da legalidade da prisão, observado o disposto no art. 310 do CPP (art. 3º-B, II, CPP). Chegando às suas mãos uma cópia do auto de prisão em flagrante, o juiz das garantias deve verificar se os requisitos da referida prisão em flagrante encontram-se presentes. Os elementos intrínsecos à prisão em flagrante estão previstos no art. 302 do Código de Processo Penal. Porém, deve analisar, também, os requisitos extrínsecos ao flagrante, previstos no art. 304 do CPP. Se tudo estiver regular, o juiz não relaxará o flagrante (o que implicaria a soltura do investigado). Seguirá duas outras opções, expostas pelo art. 310 do CPP: a) pode converter a prisão em flagrante em preventiva, se presentes os elementos do art. 312 do CPP e se não forem suficientes as medidas cautelares do art. 319; b) pode conceder liberdade provisória, com ou sem fiança;

c) zelar pela observância dos direitos do preso, podendo determinar que este seja conduzido à sua presença, a qualquer tempo (art. 3º-B, III, CPP). Deve o juiz das garantias verificar se todos os direitos do preso foram respeitados; por outro lado, a parte final deste inciso não guarda harmonia com a previsão, hoje constante em lei, da audiência de custódia. Na realidade, o juiz das garantias *deve* ouvir o preso na referida audiência, não se tratando de uma faculdade;

d) ser informado sobre a instauração de qualquer investigação criminal (art. 3º-B, IV, CPP). Em nossa visão, esta é uma das principais atribuições do juiz das garantias, refletindo em *direito do investigado,* vale dizer, não deve existir *investigação sigilosa*, de modo a impedir que o suspeito possa acompanhá-la por meio de seu defensor. O inquérito policial já tem as suas formalidades: registra-se e deve ser acompanhado pelo juiz e pelo promotor. Porém, as investigações criminais realizadas pelo Ministério Público, não regulamentadas em lei, não podem mais transcorrer sem a informação de sua existência ao juiz das garantias. E essa foi a conclusão a que chegou o STF atribuindo *interpretação conforme* (significa a visão do STF acerca do conteúdo da norma) a esse inciso para que todos os procedimentos investigatórios do Ministério Público sejam submetidos ao juiz das garantias no prazo de até 90 dias, contados da publicação da ata do julgamento, sob pena de nulidade, mesmo que esse juízo ainda não esteja implantado (segue, então, ao magistrado encarregado de fiscalizar os inquéritos policiais);

e) decidir sobre o requerimento de prisão provisória ou outra medida cautelar, observado o disposto no § 1º deste artigo (art. 3º-B, V, CPP). A primeira parte deste inciso remete ao que sempre foi praticado, ou seja, qualquer prisão provisória (temporária ou preventiva) e outras medidas cautelares (art. 319, CPP) somente são decretadas pelo Poder Judiciário. Ressalta-se, ainda, que a decretação de prisão ou outra medida cautelar depende de requerimento da parte legitimada a fazê-lo. A segunda parte refere-se ao § 1º do art. 3º-B, nos seguintes termos: "o preso em flagrante ou por força de mandado de prisão provisória será encaminhado à presença do juiz de garantias no prazo de 24 (vinte e quatro) horas, momento em que se realizará audiência com a presença do Ministério Público e da Defensoria Pública ou de advogado constituído, vedado o emprego de videoconferência". O STF atribuiu *interpretação conforme* para assegurar que o prazo de 24 horas pode ser ultrapassado se houver impossibilidade fática, além de ser possível utilizar, em caráter excepcional, a videoconferência, desde que se consiga verificar a integridade do preso e os seus direitos;

f) prorrogar a prisão provisória ou outra medida cautelar, bem como substituí-las ou revogá-las, assegurado, no primeiro caso, o exercício do contraditório em audiência pública e oral, na forma do disposto neste Código ou em legislação especial pertinente (art. 3º-B, VI, CPP). Este dispositivo nos parece exagerado, podendo causar diversos problemas. Decretada a prisão preventiva, até que seja revogada, está em vigor. Porém, a prisão temporária (5 dias ou 30 dias) pode ser prorrogada (por mais 5 dias ou por mais 30 dias). Cabe ao juiz decidir pela prorrogação ou não. Porém, feito o pedido pelo órgão acusatório ou realizada a representação pela autoridade policial, o magistrado deve decidir a respeito. E rápido. Como marcar audiência para ouvir as razões das pessoas interessadas (órgão acusatório, autoridade policial e investigado) em curto espaço de tempo? Note-se um exemplo prático: decretada a prisão temporária por 5 dias, chegando ao final, pede-se a prorrogação por outros cinco dias. É totalmente inviável marcar uma audiência para discutir se cabe ou não a prorrogação. Em suma, é impraticável. Pode-se até admitir que a prorrogação de 30 dias comportaria uma audiência, mas a de 5 dias é insolúvel. Diante disso, sugere-se que o juiz prorrogue a prisão temporária e marque audiência, intimando-se as partes por meios eletrônicos. Assim, enquanto decorre o prazo, faz-se a referida audiência. Será meramente formal, sem valor substancial. De qualquer forma, o STF indicou que o exercício do contraditório será *preferencialmente* em audiência pública e oral, o que demonstra a viabilidade de se excepcionar esse ato;

g) decidir sobre o requerimento de produção antecipada de provas consideradas urgentes e não repetíveis, assegurados o contraditório e a ampla defesa em audiência pública e oral (art. 3º-B, VII, CPP). Este dispositivo revoga, por incompatibilidade e por ser norma mais recente, o disposto pelo art. 156, I, do CPP Só cabe a produção antecipada de provas quando requerida pela parte interessada (órgão acusatório, autoridade policial ou investigado). O juiz das garantias defere a produção de provas a ser realizada em audiência, sob o crivo do contraditório e da ampla defesa;

h) prorrogar o prazo de duração do inquérito, estando o investigado preso, em vista das razões apresentadas pela autoridade policial e observado o disposto no § 2º deste artigo (art. 3º-B, VIII, CPP). A previsão é feita apenas quanto ao prolongamento de investigação cuidando de investigado preso. Se este estiver solto, pode-se prorrogar sem maiores formalidades. No entanto, caso haja prolongamento de investigação de pessoa presa, admite-se a referida prorrogação por no máximo 15 dias, nos termos do § 2º deste artigo. Porém, alguns pontos polêmicos surgem a partir disso. Em primeiro lugar, havendo prisão em flagrante, na audiência de custódia, o juiz a converte em preventiva; conforme prevê o art. 10 do CPP, o inquérito deve terminar em dez dias, sob pena de gerar constrangimento ilegal; a nova norma, introduzida pela Lei 13.964/2019, permite que o juiz das garantias prorrogue a finalização da investigação de pessoa presa, uma só vez, por *até* 15 dias (e não necessariamente 15 dias). Assim sendo, em casos comuns, o inquérito pode durar até 25 dias; a partir daí, a prisão deve ser imediatamente relaxada. As regras contidas em leis especiais, segundo entendemos, permanecem válidas, como é o caso da prisão temporária voltada a crimes hediondos e equiparados, cujo prazo de prisão é de 30 dias, prorrogáveis por outros 30. Temos sustentado que, finalizado tal prazo, é fundamental ter findado o inquérito, sendo incompreensível ingressar com a prisão preventiva (outra modalidade de prisão cautelar, mas que estaria sustentando o mesmo inquérito), concedendo, então, mais dez dias e, agora, pior ainda, outros 15 dias. O investigado ficaria preso, sem denúncia formalizada, por 85 dias; completar-se-ia a situação inadequada se o órgão acusatório requeresse o arquivamento, por falta de provas suficientes ou outra causa (o que não é alternativa impossível de ocorrer). O STF atribuiu *interpretação conforme* a esse § 2º para assentar que o magistrado, de forma fundamentada, pode autorizar novas prorrogações (registre-se: mais de uma) do inquérito (ou outro procedimento investigatório), havendo elementos concretos e complexidade da investigação. Se o prazo não for respeitado, não gera automática revogação da prisão, devendo-se instar o juiz a avaliar os motivos que a ensejaram. Essa abertura não deixa de ser preocupante, visto não haver, ainda, processo instaurado contra o preso, mas uma mera investigação, de modo que deveria existir um teto fixo para, ao menos, essa fase; afinal, a prorrogação indeterminada de prisão cautelar, na investigação, pode redundar em arquivamento do inquérito ou até rejeição da peça acusatória por falta de provas;

i) determinar o trancamento do inquérito policial quando não houver fundamento razoável para sua instauração ou prosseguimento (art. 3º-B, IX, CPP). Se uma investigação criminal é instaurada contra alguém, sem justa causa, cabe ao investigado impetrar *habeas corpus*, que será julgado pelo juiz. Porém, ficou registrado caber ao magistrado das garantias apreciar o pedido (ou agir de ofício) para *trancar* (determinar o arquivamento) o inquérito policial. Não houve previsão expressa, na lei, para o trancamento de investigação criminal instaurada pelo Ministério Público; no entanto, considerando-se que essa investigação será comunicada ao juiz das garantias, o STF incluiu este inciso IX junto com o julgamento do inciso IV, indicando que é viável ao juízo das garantias trancar o procedimento investigatório criminal do MP, caso não tenha justa causa;

j) requisitar documentos, laudos e informações ao delegado de polícia sobre o andamento da investigação (art. 3º-B, X, CPP). *Requisitar* significa exigir legalmente alguma coisa. Não é uma ordem emanada de um ente superior a um inferior. Cuida-se de ordem com fundamento legal. Portanto, como sempre ocorreu, cabe ao juiz fiscalizador do inquérito requisitar o que for preciso para instruir os autos: documentos, laudos e outras informações;

k) decidir sobre os requerimentos de interceptação telefônica, do fluxo de comunicações em sistemas de informática e telemática ou de outras formas de comunicação; afastamento dos sigilos fiscal, bancário, de dados e telefônico; busca e apreensão domiciliar; acesso a informações sigilosas; outros meios de obtenção da prova que restrinjam direitos fundamentais do investigado (art. 3º-B, XI, CPP). Cabe, exclusivamente, ao Judiciário, em fase de investigação, decidir acerca desses temas, que consistem em *reserva de jurisdição*;

l) julgar o *habeas corpus* impetrado antes do oferecimento da denúncia. O investigado pode impetrar HC para trancar o inquérito policial ou utilizar o remédio heroico para qualquer outro fim, desde que se tenha como autoridade coatora a figura do delegado (ex.: contrapor-se a um indiciamento indevido). Quanto ao HC impetrado contra membro do MP, embora exista controvérsia, tem prevalecido o entendimento de que a impetração seria dirigida ao tribunal, tendo em vista ter a autoridade coatora foro privilegiado e poder-se-ia cuidar de abuso de autoridade. No entanto, o STF incluiu o inciso IX na mesma decisão em que submeteu a investigação do MP ao juiz das garantias (ao cuidar do inciso IV), podendo-se extrair a viabilidade de impetração de HC para trancar o procedimento investigatório criminal do Ministério Público diretamente ao magistrado das garantias; afinal, se este detectar algum elemento indicativo de abuso de autoridade pode transmitir as peças cabíveis ao Procurador-Geral de Justiça (ou órgão similar) para as providências cabíveis;

m) determinar a instauração de incidente de insanidade mental. O que era da atribuição do delegado (art. 6º, VII, CPP), passou à competência do juiz das garantias. Havendo suspeita de insanidade do investigado, o magistrado determina a instauração de incidente e, considerando-se a hipótese, de um laudo afirmativo, comprovando a insanidade, pode caber a medida cautelar descrita no art. 319, VII: "internação provisória do acusado nas hipóteses de crimes praticados com violência ou grave ameaça, quando os peritos concluírem ser inimputável ou semi-imputável (art. 26 do Código Penal) e houver risco de reiteração";

n) na lei, constou caber ao juiz das garantias decidir sobre o recebimento da denúncia ou queixa, nos termos do art. 399 do CPP. O STF proclamou a inconstitucionalidade do inciso XIV e atribuiu *interpretação conforme* para assentar a cessação da competência do juiz das garantias após o oferecimento da peça acusatória. Essa decisão encontra-se em sintonia com a declaração de inconstitucionalidade dos §§ 3º e 4º do art. 3º-C, permitindo que os autos da investigação sejam remetidos ao juiz da instrução. Assim, cabe a este examinar as provas da fase investigatória e decidir se recebe ou não a denúncia ou queixa;

o) assegurar prontamente, quando se fizer necessário, o direito outorgado ao investigado e ao seu defensor de acesso a todos os elementos informativos e provas produzidos no âmbito da investigação criminal, salvo no que concerne, estritamente, às diligências em andamento. Como regra, o inquérito policial – e outras investigações

Capítulo VII • Inquérito Policial e Outras Formas de Investigação | **53**

– costuma ser uma colheita de provas de maneira sigilosa; afinal, não existe contraditório e ampla defesa nessa fase. Entretanto, segundo este dispositivo, assegura-se ao investigado acesso às provas colhidos durante a investigação criminal, exceto, por óbvio, às diligências em andamento. Não seria crível que uma escuta telefônica, judicialmente autorizada, tivesse ampla publicidade, pois redundaria em total fracasso. Portanto, o investigado, por seu defensor, poderá acessar as provas já produzidas, mas não as que estão em andamento;

p) deferir pedido de admissão de assistente técnico para acompanhar a produção da perícia. Na reforma processual penal, em 2008, admitiu-se, finalmente, a presença de assistentes técnicos da defesa – como sempre existiu no cível – durante a produção de provas periciais criminais. Afinal, muitas provas são irrepetíveis;

q) decidir sobre a homologação de acordo de não persecução penal ou os de colaboração premiada, quando formalizados durante a investigação. O dispositivo está correto e em sintonia com o propósito do juiz das garantias. Esse novo instituto de processual penal – acordo de não persecução penal – precisa ser decidido antes do advento de uma denúncia. Logo, cabe ao juiz das garantias. Por outro lado, a colaboração premiada também ocorre, majoritariamente, na fase da investigação criminal. Portanto, precisa ser conferida e aceita (ou não) pelo juiz das garantias. De fato, o juiz instrutor do feito não tem que se imiscuir nos acordos ocorridos antes da instrução e nem mesmo no que se refere à delação premiada;

r) outras matérias inerentes às atribuições definidas no *caput* deste artigo. Por cautela, deixou-se uma norma aberta, o que é razoável, para prever que cabe ao juiz das garantias qualquer outra decisão inerente a matéria jurisdicional. Exemplos disso: o deferimento e acompanhamento da ação controlada e da infiltração de agentes (arts. 8º e 10, respectivamente, da Lei 12.850/2013).

1.1.2 Prorrogação do inquérito

Havendo prisão em flagrante ou decretada a prisão preventiva, o inquérito deve estar concluído em 10 dias, sob pena de gerar constrangimento ilegal, provocando a soltura do investigado. A prisão temporária não ingressa neste contexto porque ela sempre tem prazo certo.

Porém, o art. 3º-B, § 2º, do CPP, abriu a possibilidade de prorrogação da prisão por até 15 dias, pelo juiz das garantias, mediante representação da autoridade policial, ouvido o Ministério Público. Essa prorrogação necessita ser indispensável para a investigação e acontecerá uma única vez, caso fosse seguida a literalidade da lei. Passada a prorrogação, caso o inquérito não tivesse sido concluído, emergiria o constrangimento ilegal e a prisão deveria ser imediatamente relaxada. O STF permitiu *novas prorrogações* do inquérito, desde que haja elementos concretos justificadores e investigação complexa, por decisão fundamentada do juiz das garantias. Por outro lado, também decidiu que a inobservância desse prazo não gera, *automaticamente*, a revogação da prisão preventiva, devendo ser instado o magistrado a se pronunciar sobre os motivos que a determinaram. Como analisamos linhas acima (item 1.1.1, letra *h*), a prorrogação de prisão cautelar durante a investigação, sem um prazo determinado, pode gerar um período muito extenso de segregação, sem nem mesmo haver ação penal ajuizada, o que não nos parece seja o ideal.

1.1.3 Encaminhamento da investigação

O juiz das garantias tem competência para fiscalizar as investigações que cuidem de todas as infrações penais, exceto as que figuram como de menor potencial ofensivo, pois, nesta hipótese, o termo circunstanciado segue ao Juizado Especial Criminal, nos moldes estabelecidos pela Lei 9.099/95. O STF atribuiu *interpretação conforme* ao art. 3º-C, *caput*, primeira parte para excluir da competência do juízo das garantias, também, os processos de competência originária dos tribunais (casos de autoridades com foro privilegiado), os processos da competência do tribunal do júri e os casos de violência doméstica e familiar. Parece-nos correta a exclusão dos processos de competência originária, pois são regidos por lei especial (Lei 8.038/90) e os que envolvem violência doméstica e familiar, visto terem sido criadas inúmeras Varas privativas para o tema, com competência cumulativa – cível e criminal – dos magistrados. No entanto, os processos de competência do júri contêm a investigação e o juízo de formação da culpa nos mesmos termos de qualquer outra infração penal comum, de modo que poderiam ter sido incluídos no âmbito das atribuições do juiz das garantias. A segunda parte do *caput* foi declarada inconstitucional ("recebimento da denúncia ou queixa na forma do art. 399 deste Código"), assentando-se que a competência do magistrado das garantias cessa com o oferecimento da peça acusatória. Na linha desse entendimento, o STF considerou inconstitucionais os termos "recebida" e "recebimento" dos §§ 1º e 2º, respectivamente, do art. 3º-C, assentando que em seu lugar sejam considerados os termos "oferecida" e "oferecimento".

Permanecem vigentes os conteúdos dos mencionados §§ 1º e 2º, na parte referente a competir ao juízo da instrução e julgamento resolver todas as questões pendentes (por exemplo: eventual necessidade de busca e apreensão para complementar a prova produzida na fase investigatória) assim que a peça acusatória for recebida por ele. E, também, deve esse juízo reexaminar a necessidade das medidas cautelares em curso, no prazo máximo de 10 dias (ex.: prisão preventiva em curso). Esse prazo não é fatal, vale dizer, se for ultrapassado não gera automaticamente qualquer constrangimento ilegal, devendo-se provocar o juízo a se manifestar.

Os §§ 3º e 4º foram declarados inconstitucionais, com redução de texto, para assentar que os autos da investigação (inquérito policial ou procedimento investigatório criminal do MP) serão remetidos ao juiz da instrução e julgamento; portanto, nesse cenário, continua a vigorar o mesmo sistema adotado pelo CPP, mesmo antes da Lei 13.964/2019 (pacote anticrime). Essa decisão perpetua a aplicação, por inteiro, do art. 155 do CPP, permitindo que o magistrado, ao julgar o mérito da causa, utilize provas produzidas na fase investigatória (não somente as consideradas irrepetíveis, como as periciais), desde que não o faça de modo exclusivo.

O STF declarou a inconstitucionalidade do art. 3º-D, que vedava ao juiz das garantias, na fase do inquérito, qualquer ato típico de investigação, o que, na prática, indica exatamente o oposto, vale dizer, a viabilidade de que isso possa ser realizado. Cabe argumentar que essa possibilidade investigatória entraria em choque com o disposto no art. 3º-A do CPP, mas é viável sustentar que o magistrado das garantias pode atuar supletivamente, quanto à formação da prova durante o inquérito. Além disso, possibilita que o juiz requisite a instauração de inquérito para apurar qualquer crime que lhe tenha chegado ao conhecimento.

1.1.4 Designação do juiz das garantias

A Lei 13.964/2019 criou a função de juiz das garantias, mas não o cargo. Nem seria cabível fazê-lo, pois é da alçada de lei de organização judiciária específica. Portanto, cuida-se de uma atividade do Tribunal ao qual pertença o magistrado de primeira instância a ser *designado* como juiz das garantias. O Supremo Tribunal Federal não permitiu que a mera designação (passível de revogação a qualquer momento por ato discricionário de quem a fez, como regra, a Presidência do Tribunal) fosse mantida e atribuiu *interpretação conforme* ao art. 3º-E para assentar que o magistrado das garantias será *investido* na função. Isso significa que a União e os Estados (incluindo o Distrito Federal) devem providenciar a criação do cargo respectivo, para ser provido por *investidura* (promoção ou remoção), assegurando-se a sua inamovibilidade, uma das garantias constitucionais da magistratura.

Se assim for feito, não há necessidade de se observar *critérios objetivos*, a serem divulgados de maneira periódica pelo tribunal, pois a investidura assegura a objetividade natural inerente ao cargo.

1.1.5 Tutela da imagem dos presos

Há muitos anos possibilita-se que a imprensa filme e divulgue a imagem das pessoas presas. Mesmo quando a Lei de Abuso de Autoridade anterior estava em vigor, isto se fazia. Confira-se a Lei 4.898/65: art. 4º "(...) b) submeter pessoa sob sua guarda ou custódia a vexame ou a constrangimento não autorizado em lei". Nunca houve processo-crime de abuso de autoridade, de que se tenha notícia, para apurar isso.

Atualmente, com o advento da Lei 13.869/2019 (Abuso de Autoridade), tornou-se *menos rigorosa* a avaliação desse episódio, pois somente se pune a autoridade que agir com violência ou grave ameaça ao preso, para que este seja exibido à curiosidade pública (art. 13, I e II, Lei 13.869/2019).

Seja como for, o STF atribuiu *interpretação conforme* ao art. 3º-F do CPP para assentar que a divulgação de informações sobre a prisão e a identidade do preso concerne às autoridades policiais, ao Ministério Público e à magistratura, sempre garantindo a efetividade da persecução penal, o direito à informação e a dignidade da pessoa detida. Se isto não se concretizar, haverá responsabilização civil, administrativa e penal.

Parece-nos que a regulamentação (art. 3º-F, parágrafo único), a ser feita em 180 dias, deve ser realizada para ter o mesmo perfil, nacionalmente, pelo Conselho Nacional de Justiça e pelo Conselho Nacional do Ministério Público.

2. POLÍCIA JUDICIÁRIA

Preceitua o art. 144 da Constituição Federal ser a segurança pública um dever do Estado, valendo-se este da polícia para a preservação da ordem pública, da incolumidade das pessoas e do patrimônio. Os órgãos policiais são constituídos da polícia federal, da polícia rodoviária federal, da polícia ferroviária federal, das polícias civis, das polícias militares, dos corpos de bombeiros militares, das polícias penais federal, estaduais e distrital. Além disso, cabe à polícia federal, órgão mantido pela União, "apurar infrações penais contra a ordem política e social ou em detrimento de bens, serviços e interesses da União ou de suas entidades autárquicas e empresas públicas, assim como outras infrações cuja prática tenha repercussão interestadual ou internacional e exija repressão uniforme, segundo se dispuser em lei" (art. 144, § 1.º, I, CF) e "exercer, com exclusividade, as funções de polícia judiciária da União" (art. 144, § 1.º, IV, CF).

Quanto à polícia civil, menciona a Carta Magna o seguinte: "às polícias civis, dirigidas por delegados de polícia de carreira, incumbem, ressalvada a competência da União, as funções de polícia judiciária e a apuração de infrações penais, exceto as militares" (art. 144, § 4.º, CF).

Portanto, cabe aos órgãos constituídos das polícias federal e civil conduzir as investigações necessárias, colhendo provas pré-constituídas para formar o inquérito, que servirá de base de sustentação a uma futura ação penal. A denominação *polícia judiciária* tem sentido na medida em que não se cuida de uma atividade policial ostensiva (típica da Polícia Militar para a garantia da segurança nas ruas), mas investigatória, cuja função se volta a colher provas para o órgão acusatório e, na essência, para o Judiciário avaliar no futuro.

A presidência do inquérito cabe à autoridade policial, embora as diligências realizadas possam ser acompanhadas pelo representante do Ministério Público, que detém o controle *externo* da polícia.

3. OUTRAS INVESTIGAÇÕES CRIMINAIS

Podem ser presididas, conforme dispuser a lei, por outras autoridades. É o que se dá, por exemplo, quando um juiz é investigado. Segundo dispõe o art. 33, parágrafo único, da Lei Complementar 35/79, "quando, no curso de investigação, houver indício da prática de crime por parte do magistrado, a autoridade policial, civil ou militar, remeterá os respectivos autos ao Tribunal ou Órgão Especial competente para o julgamento, a fim de que prossiga na investigação". Os Regimentos Internos dos tribunais especificam como se realiza a investigação. Ressalte-se que o juiz das garantias não será aplicado quando a investigação criminal se dê em órgão colegiado, embora conduzido por um relator. Afinal, o colegiado será a garantia de imparcialidade para o julgamento.

Outras investigações legalmente previstas existem, como as realizadas por Comissões Parlamentares de Inquérito (CPI), pelas autoridades florestais, por agentes da Administração (sindicâncias e processos administrativos), pelo promotor de justiça, presidindo o inquérito civil, entre outras. Não é possível admitir-se a produção de provas por quem não está autorizado legalmente a colher elementos para dar fundamento à ação penal, como, por exemplo, colher "declarações de pessoas" em cartórios extrajudiciais, conduzidos por tabeliães e notários, que não têm atribuição legal para isso.

Sobre a possibilidade de o Ministério Público investigar, o tema é, sem dúvida, controverso, comportando várias visões a respeito, mas críamos inviável que o promotor investigasse sozinho, por absoluta falta de fiscalização. Com a criação do juiz das garantias, todas as investigações lhe serão comunicadas e fiscalizadas, especialmente no tocante à legalidade.

Assim sendo, parece-nos, em grande parte, resolvido o problema da *investigação inquisitiva e totalmente sigilosa* do MP. Esperamos que o STF considere *constitucional* a figura do juiz das garantias, que está em processo de julgamento.

Validando a investigação realizada pelo Ministério Público, mas em casos *excepcionais*, confira-se: STF: "Em síntese, reafirmo que é legítimo o exercício do poder de investigar por parte do Ministério Público, porém, essa atuação *não pode ser exercida de forma ampla e irrestrita, sem qualquer controle, sob pena de agredir, inevitavelmente, direitos fundamentais.* A atividade de investigação, seja ela exercida pela Polícia ou pelo Ministério Público, merece, por sua própria natureza, *vigilância e controle.* A atuação do *Parquet* deve ser, necessariamente, *subsidiária,* ocorrendo, apenas, quando não for possível, ou recomendável, se efetivem pela própria polícia, em *hipóteses específicas,* quando, por exemplo, se verificarem situações de *lesão ao patrimônio público, de excessos cometidos pelos próprios agentes e organismos policiais* (*v.g.* tortura, abuso de poder, violências arbitrárias, concussão, corrupção), de *intencional omissão da Polícia* na apuração de determinados delitos ou se configurar o deliberado *intuito da própria corporação policial de frustrar,* em função da qualidade da vítima *ou* da condição do suspeito. Deve-se, ainda, observar: a) pertinência do sujeito investigado com a base territorial e com a natureza do fato investigado; b) formalizar o ato investigativo, delimitando seu objeto e razões que o fundamentem; c) comunicação imediata e formal ao Procurador-Chefe ou Procurador-Geral; d) autuação, numeração e controle de distribuição; e) publicidade de todos os atos, salvo sigilo decretado de forma fundamentada; f) juntada e formalização de todos os atos e fatos processuais, em ordem cronológica, principalmente diligências, provas coligidas, oitivas; g) assegurar o pleno conhecimento dos atos de investigação à parte e ao seu advogado, como bem afirmado na Súmula Vinculante 14; h) observar os princípios e regras que orientam o inquérito e os procedimentos administrativos sancionatórios; i) assegurar a ampla defesa e o contraditório, este ainda que de forma diferida, ou seja, respeitadas as hipóteses de diligências em curso e com potencial prejuízo acaso antecipado o conhecimento; j) prazo para conclusão e controle judicial no arquivamento" (RHC 97.926/GO, 2.ª T., rel. Gilmar Mendes, 02.09.2014, v.u.).

4. INÍCIO DO INQUÉRITO POLICIAL

Há, basicamente, cinco modos de dar início ao inquérito: a) *de ofício,* quando a autoridade policial, tomando conhecimento da prática de uma infração penal de ação pública incondicionada (as ações públicas condicionadas e as ações privadas dependem de provocação do ofendido), instaura a investigação para verificar a existência do crime ou da contravenção penal e sua autoria; b) *por provocação do ofendido*, quando a pessoa que teve o bem jurídico lesado reclama a atuação da autoridade; c) *por delação de terceiro*, quando qualquer pessoa do povo leva ao conhecimento da autoridade policial a ocorrência de uma infração penal de iniciativa do Ministério Público; d) *por requisição da autoridade competente*, quando o juiz ou o Promotor de Justiça (ou Procurador da República) exigir, legalmente, que a investigação policial se realize, porque há provas suficientes a tanto; e) *pela lavratura do auto de prisão em flagrante*, nos casos em que o agente é encontrado em qualquer das situações descritas no art. 302 do Código de Processo Penal ("está cometendo a infração penal"; "acaba de cometê-la"; "é perseguido, logo após, pela autoridade, pelo ofendido ou por qualquer pessoa, em situação que faça presumir ser autor da infração"; "é encontrado, logo depois, com instrumentos, armas, objetos ou papéis que façam presumir ser ele autor da infração").

5. IDENTIFICAÇÃO DA ESPÉCIE DE AÇÃO PENAL PARA EFEITO DE INVESTIGAÇÃO

A regra no processo penal é a seguinte: se a ação é pública incondicionada (o Ministério Público pode agir sem qualquer tipo de autorização e sempre que houver prova suficiente da ocorrência de uma infração penal), o tipo penal incriminador, previsto no Código Penal, nada menciona a respeito. Do contrário, se a ação é pública condicionada, estará expresso: "somente se procede mediante representação" ou "mediante requisição". Caso seja privada, estará mencionado: "somente se procede mediante queixa". Tornaremos a esse ponto no capítulo referente à ação penal.

É importante destacar que, em se tratando de ação pública condicionada e de ação privada, o inquérito somente pode iniciar-se igualmente se houver provocação do ofendido (representação para a ação pública condicionada; requerimento para a ação privada) ou do Ministro da Justiça (requisição).

6. *NOTITIA CRIMINIS*

É a ciência da autoridade policial da ocorrência de um fato criminoso, podendo ser: a) *direta*, quando o próprio delegado, investigando, por qualquer meio, descobre o acontecimento; b) *indireta*, quando a vítima provoca a sua atuação, comunicando-lhe a ocorrência, bem como quando o promotor ou o juiz requisitar a sua atuação. Nesta última hipótese (indireta), cremos estar inserida a prisão em flagrante. Embora parte da doutrina denomine essa forma de *notitia criminis* de coercitiva, não deixa ela de ser uma maneira indireta da autoridade policial tomar conhecimento da prática de uma infração penal.

7. *DELATIO CRIMINIS*

É a denominação dada à comunicação feita por qualquer pessoa do povo à autoridade policial (ou a membro do Ministério Público ou juiz) acerca da ocorrência de infração penal em que caiba ação penal pública incondicionada (art. 5.º, § 3.º, CPP). Pode ser feita oralmente ou por escrito. Caso a autoridade policial verifique a procedência da informação, mandará instaurar inquérito para apurar oficialmente o acontecimento.

8. INVESTIGAÇÕES CRIMINAIS CONTRA AUTORIDADES COM PRERROGATIVA DE FORO

Determinadas autoridades (conforme será estudado no capítulo relativo à competência) detêm foro privilegiado, isto é, somente podem ser investigadas e processadas em determinados tribunais. Dessa forma, não pode a autoridade policial instaurar inquérito e colher provas diretamente; caso, durante uma investigação qualquer, encontre indícios de participação de pessoa com prerrogativa de foro, deverá remeter os autos do inquérito ao juízo competente. Exemplos: deputados e senadores são processados no Supremo Tribunal Federal. O delegado não pode instaurar inquérito contra essas autoridades sem a fiscalização e autorização do Pretório Excelso, com acompanhamento da Procuradoria-Geral da República. Assim, exemplificando, ao tomar conhecimento da prática de crime de autoria de um deputado federal, o delegado deve enviar os autos ao STF. A partir daí, um dos Ministros dessa Corte, encarregado de acompanhar o caso, determina que a Polícia Federal realize diligências investigatórias, mas sob sua fiscalização direta, bem como do Ministério Público Federal.

Uma questão a despertar debate é a situação de um parlamentar que, findando seu mandato em certa Casa Legislativa, é eleito para outro cargo, embora em Parlamento diferente, onde também existe foro por prerrogativa de foro. É o que se denomina "mandatos cruzados". Parece-nos uma decorrência lógica, embora não fosse o ideal, do foro especial que este seja mantido quando o parlamentar migra de um mandato a outro, desde que ambos tenham a mesma prerrogativa.

Ilustrando, se o deputado estadual (foro competente é o Tribunal de Justiça de seu Estado) comete um delito, no exercício da função e, após, é eleito para a Câmara dos Deputados, não pode ser processado na justiça de primeiro grau. Deve prevalecer o foro estadual privilegiado. Noutros termos, o parlamentar saiu do âmbito estadual e seguiu para o federal; em ambos, há foro por prerrogativa de função. Como o crime foi cometido na época da legislatura estadual deve ser processado no Tribunal de Justiça.

9. REQUISIÇÃO, REQUERIMENTO E REPRESENTAÇÃO

Requisição é a exigência para a realização de algo, fundamentada em lei. Assim, não se deve confundir *requisição* com *ordem*, pois nem o representante do Ministério Público, nem tampouco o juiz, são superiores hierárquicos do delegado, motivo pelo qual não lhe podem dar ordens. Requisitar a instauração do inquérito significa um requerimento lastreado em lei, fazendo com que a autoridade policial cumpra a norma e não a vontade particular do promotor ou do magistrado. Aliás, dá-se o mesmo quando o tribunal requisita do juiz de primeiro grau informações em caso de *habeas corpus*. Não está emitindo ordem, mas exigindo que a lei seja cumprida, ou seja, que o magistrado informe à Corte o que realizou, dando margem à interposição da impugnação.

Requerimento é uma solicitação, passível de indeferimento, razão pela qual não tem a mesma força de uma requisição. É lógico que muitos requerimentos, quando não acolhidos, podem acarretar o direito de interposição de recurso, embora quem o rejeite possa fazê-lo dentro de uma avaliação discricionária. A parte faz um requerimento ao juiz, pleiteando a produção de uma prova, por exemplo. O magistrado pode acolher ou indeferir, livremente,

MANUAL DE PROCESSO PENAL · **Nucci**

ainda que o faça fundamentando. Nesse caso, no momento propício, pode o interessado reclamar ao tribunal a realização da prova, mas nada obriga o juiz a produzi-la.

Representação é a exposição de um fato ou ocorrência, sugerindo ou solicitando providências, conforme o caso. Trata-se do ato da autoridade policial, como regra, explicando ao juiz a necessidade de ser decretada uma prisão preventiva ou mesmo de ser realizada uma busca e apreensão. Pode não ser atendida. Por outro lado, pode cuidar-se do ato do ofendido que, expondo à autoridade competente o crime do qual foi vítima, pede providências. Nesse caso, recebe a denominação de *delatio criminis* postulatória. A representação não precisa ser formal, vale dizer, concretizada por termo escrito e expresso nos autos do inquérito ou do flagrante. A jurisprudência tem aceitado, com razão, a representação informal, que é a manifestação da vontade do ofendido de ver investigado e processado o seu agressor sem que tenha manifestado por termo o seu intento. Destarte, em um depoimento, por exemplo, pode ficar clara a vontade da vítima de *representar*, razão pela qual pode a autoridade policial agir sem mais delongas.

Difere a representação do requerimento pelo fato de que este é apresentado pela parte interessada, enquanto aquela é oferecida por autoridade ou pessoa desinteressada no deslinde da causa (investigação ou processo). Registre-se: ainda que realizada pelo ofendido, não tem esse, no caso de ação pública, interesse direto no deslinde da causa, uma vez que não é parte (autor da ação penal será o Ministério Público).

10. NEGATIVA DE CUMPRIMENTO À REQUISIÇÃO

É possível que a autoridade policial refute a instauração de inquérito requisitado por membro do Ministério Público ou por Juiz de Direito, desde que se trate de exigência manifestamente ilegal. A requisição deve lastrear-se na lei; não tendo, pois, supedâneo legal, não deve o delegado agir, pois, se o fizesse, estaria cumprindo um desejo pessoal de outra autoridade, não se coadunando com a sistemática processual penal.

A Constituição, ao prever a possibilidade de requisição de inquérito, pelo promotor, preceitua que ele indicará os fundamentos jurídicos de sua manifestação (art. 129, VIII). Diga-se o mesmo das decisões tomadas pelo magistrado, que necessitam ser fundamentadas (art. 93, IX, CF). Logo, quando for incabível o cumprimento, por manifesta ilegalidade, não é caso de ser *indeferida* a requisição, mas simplesmente o delegado oficia, em retorno, comunicando as razões que impossibilitam o seu cumprimento.

11. CONTEÚDO DA REQUISIÇÃO, DO REQUERIMENTO E DA REPRESENTAÇÃO

Requisições dirigidas à autoridade policial, exigindo a instauração de inquérito contra determinada pessoa, ainda que aponte o crime, em tese, necessitam conter dados suficientes que possibilitem ao delegado tomar providências e ter um rumo a seguir. Não é cabível um ofício genérico, requisitando a instauração de inquérito contra Fulano, apenas apontando a prática de um delito em tese. A requisição deve sustentar-se em fatos, ainda que possa ser desprovida de documentos comprobatórios. Caso o delegado, de posse de um ofício de requisição, contendo a descrição pormenorizada (ou instruído com peças suficientes para a constatação do ocorrido) de um fato criminoso, recuse-se a instaurar inquérito, responderá funcional e, conforme o caso, criminalmente pelo desatendimento. Entretanto, instaurando, conforme legalmente exigido, não poderá ser considerado autoridade coatora, em caso de revolta do indiciado. Este necessita voltar-se contra a autoridade que encaminhou a requisição. Caso, no entanto, a autoridade policial instaure uma investigação totalmente descabida (ex.: inquérito para apurar o não pagamento de dívida civil), embora cumprindo requisição, poderá responder, juntamente com a autoridade que assim exigiu, por abuso de autoridade. Note-se que eventual *habeas corpus* para trancar o inquérito, indevidamente instaurado, por requisição de juiz ou promotor, deve ser ajuizado no tribunal, mas a responsabilidade pelo ato manifestamente ilegal será tanto de quem requisitou quanto de quem indevidamente cumpriu. Justifica-se essa postura pelo fato do delegado não ser um leigo, mas um bacharel concursado, com conhecimento específico na área, não devendo seguir exigências ilegais, salvo se com elas compactuar, o que o torna coautor do abuso.

Dá-se o mesmo com o requerimento e com a representação. Aliás, no tocante ao requerimento, preceitua o Código de Processo Penal que ele conterá, sempre que possível, "a narração do fato, com todas as circunstâncias", "a individualização do indiciado ou seus sinais característicos e as razões de convicção ou de presunção de ser ele o autor da infração, ou os motivos de impossibilidade de o fazer" e "a nomeação das testemunhas, com indicação de sua profissão e residência" (art. 5.º, § 1.º).

Não fosse assim e inquéritos seriam instaurados levianamente, o que não se coaduna com os princípios garantistas da Constituição Federal, vedando abusos do Estado contra o indivíduo.

12. RECUSA DA AUTORIDADE POLICIAL À INSTAURAÇÃO DO INQUÉRITO QUANDO OFERECIDO REQUERIMENTO DO OFENDIDO E A QUESTÃO DA DENÚNCIA ANÔNIMA

Diz a lei caber recurso ao chefe da Polícia, que, atualmente, considera-se o Delegado-Geral de Polícia, superior máximo *exclusivo* da Polícia Judiciária. Há quem sustente, no entanto, cuidar-se do Secretário da Segurança Pública. Entretanto, de uma forma ou de outra, quando a vítima tiver seu requerimento indeferido, o melhor percurso a seguir é enviar seu inconformismo ao Ministério Público, que poderá requisitar a instauração do inquérito, o que, dificilmente, deixará de ser cumprido pela autoridade policial.

Destaquemos, ainda, ser o anonimato uma forma inadmissível e insuficiente para a instauração de inquérito, ao menos na modalidade da *delatio criminis*. Ao encaminhar a comunicação por escrito, deve a pessoa identificar-se. Se a forma escolhida for oral, a autoridade policial colherá, no ato, os dados identificadores do indivíduo. Lembra, com precisão, Tourinho Filho que a comunicação falsa de delito pode dar ensejo à configuração de um crime, motivo pelo qual não se deve aceitar a *delatio* anônima (*Código de Processo Penal comentado*, v. 1, p. 35).

Entretanto, somos levados a acreditar que as denúncias anônimas podem e devem produzir efeito. Não nos esqueçamos que a autoridade policial pode investigar algo de ofício e, para tanto, caso receba uma comunicação não identificada, relatando a ocorrência de um delito de ação pública incondicionada, pode dar início à investigação e, com mínimos – mas suficientes – elementos em mãos, instaurar o inquérito. Embora não se tenha configurado uma autêntica *delatio criminis*, do mesmo modo o fato pode ser averiguado.

Em verdade, há diferença entre *investigar* e *instaurar investigação criminal*. A primeira modalidade é informal; a segunda, formal. Por isso, o serviço denominado *disque-denúncia* tem prestado relevantes feitos à sociedade, pois incentiva pessoas a indicar à polícia autores de crimes e a própria ocorrência de infrações penais. Tais *delatores* ficam anônimos para sua própria proteção. Porém, não são tais informes os elementos suficientes para *instaurar* inquérito e, pior, indiciar alguém. A polícia pode utilizar as informações prestadas anonimamente para buscar, com legitimidade, a prova adequada para sustentar a abertura oficial do inquérito e eventual indiciamento do suspeito.

13. PROCEDIMENTO DA AUTORIDADE POLICIAL

Quando a *notitia criminis* lhe chega ao conhecimento, deve o delegado: a) "dirigir-se ao local, providenciando para que não se alterem o estado e conservação das coisas, até a chegada dos peritos criminais"; b) "apreender os objetos que tiverem relação com o fato, após liberados pelos peritos criminais"; c) "colher todas as provas que servirem para o esclarecimento do fato e suas circunstâncias"; d) "ouvir o ofendido"; e) "ouvir o indiciado"; f) "proceder a reconhecimento de pessoas e coisas e a acareações"; g) "determinar, se for caso, que se proceda a exame de corpo de delito e a quaisquer outras perícias"; h) "ordenar a identificação do indiciado pelo processo datiloscópico, se possível, e fazer juntar aos autos sua folha de antecedentes"; i) "averiguar a vida pregressa do indiciado, sob o ponto de vista individual, familiar e social, sua condição econômica, sua atitude e estado de ânimo antes e depois do crime e durante ele, e quaisquer outros elementos que contribuírem para a apreciação do seu temperamento e caráter" (art. 6.º, CPP).

14. INDICIAMENTO E CONSTRANGIMENTO ILEGAL

Indiciado é a pessoa eleita pelo Estado-investigação, dentro da sua convicção, como autora da infração penal. Ser indiciado, isto é, apontado como autor do crime pelos indícios colhidos no inquérito policial, implica um constrangimento natural, pois a folha de antecedentes receberá a informação, tornando-se permanente, ainda que o inquérito seja, posteriormente, arquivado. Assim, o indiciamento não é um ato discricionário da autoridade policial, devendo basear-se em provas suficientes para isso.

É cabível o *habeas corpus*, dirigido ao juiz de direito da Comarca, caso alguém se sinta injustamente convocado à delegacia para ser indiciado. Nessa hipótese, o magistrado pode fazer cessar a coação, se ilegal, impedindo o indiciamento ou mesmo determinando o trancamento da investigação. É conduta excepcional, pois o Estado tem o dever de investigar toda e qualquer infração penal, razão pela qual somente em último caso obriga-se à cessação precoce do inquérito. Sustentamos que a autoridade policial deve ser clara ao convocar alguém a ir à delegacia para ser ouvido e indiciado, quando já sabe, de antemão, que tal conduta será adotada. Excepcionalmente, ouvindo várias pessoas no mesmo dia, pode a autoridade policial formar sua convicção no ato e resolver indiciar um dos sujeitos inquiridos. Nessa hipótese, resta ao indiciado recorrer ao juiz, através do *habeas corpus* para fazer cessar os efeitos do indiciamento ou mesmo para trancar a investigação, se for o caso.

15. REQUISIÇÃO DE INDICIAMENTO

Cuida-se, em nosso entendimento, de procedimento equivocado, pois indiciamento é ato exclusivo da autoridade policial, que forma o seu convencimento sobre a autoria do crime, elegendo, formalmente, o suspeito de sua prática. Assim, não cabe ao promotor exigir, através de requisição, que alguém seja indiciado pela autoridade policial, porque seria o mesmo que demandar à força que o presidente do inquérito conclua ser aquele o autor do delito. Ora, querendo, pode o promotor denunciar qualquer suspeito envolvido na investigação criminal, cabendo-lhe, apenas, requisitar do delegado a "qualificação formal, a identificação criminal e o relatório sobre sua vida pregressa".

No sentido que defendemos, estabelece o art. 2.º, § 6.º, da Lei 12.830/2013 o seguinte: "o indiciamento, privativo do delegado de polícia, dar-se-á por ato fundamentado, mediante análise técnico-jurídica do fato, que deverá indicar a autoria, materialidade e suas circunstâncias".

16. MOTIVAÇÃO DO INDICIAMENTO

A Lei 12.830/2013 (art. 2.º, § 6.º) passa a exigir que a autoridade policial, providenciando o indiciamento do suspeito, esclareça, nos autos do inquérito, as razões que a levaram àquela eleição. Afinal, como o indiciamento é ato constrangedor, deve tratar-se de ato motivado, permitindo à parte prejudicada (indiciado) questioná-lo, impetrando *habeas corpus*.

17. O INDICIADO COMO OBJETO DA INVESTIGAÇÃO

A posição ocupada pelo indiciado durante o desenvolvimento do inquérito policial não é a de *sujeito* (como no processo), mas de *objeto*, no sentido de não participar ativamente da investigação; ao contrário, ele é investigado pelos órgãos policiais ou pelo Ministério Público. Após a edição da Lei 13.964/2019, com a criação do juiz das garantias, cuja competência envolve a fiscalização de toda investigação criminal, busca-se proteger a figura do investigado contra eventuais abusos persecutórios, zelando pelos seus direitos individuais e pela sua imagem, vedada a sua divulgação quando for preso.

Parece-nos uma alteração no campo investigatório, fortalecendo o investigado como um sujeito de direitos. Mesmo que ele não tenha, nessa fase, ampla defesa e contraditório, vale-se do direito de constituir defensor e acompanhar de maneira mais ativa o que se apura contra ele. Isso não o transforma em parte nem o torna sujeito da relação procedimental, que é meramente investigatória.

18. REGRAS DO INTERROGATÓRIO

Vale-se o delegado dos mesmos critérios do juiz de direito, conforme previsão feita nos arts. 185 a 196 do Código de Processo Penal, com as adaptações naturais, uma vez que o indiciado não é ainda réu em ação penal. Lembremos, no entanto, que se deve respeitar e aplicar o direito ao silêncio, constitucionalmente assegurado ao investigado (art. 5.º, LXIII, CF).

64 MANUAL DE PROCESSO PENAL · Nucci

Com a edição da Lei 10.792/2003, os arts. 185 a 196 sofreram alterações, embora muitas dessas modificações sejam aplicáveis somente ao processo e não à fase do inquérito. Exemplos: não é obrigatória a presença de defensor no interrogatório feito na polícia (art. 185, CPP), nem tampouco há o direito de interferência, a fim de obter esclarecimentos (art. 188, CPP), pois tais disposições dizem respeito ao direito à ampla defesa, que não vigora na fase inquisitiva do inquérito.

19. IDENTIFICAÇÃO CRIMINAL: DACTILOSCÓPICA E FOTOGRÁFICA

A identificação criminal é a individualização física do indiciado, para que não se confunda com outra pessoa, por meio da colheita das impressões digitais, da fotografia e da captação de material biológico para exame de DNA.

A Constituição Federal, no art. 5.º, LVIII, preceituou que "o civilmente identificado não será submetido a identificação criminal, salvo nas hipóteses previstas em lei".

Trata-se de norma de indevida inserção na Carta Magna, que, à época da sua elaboração, teve por finalidade corrigir a publicidade que se costumava dar ao fato de determinada pessoa – especialmente as conhecidas do grande público – ser criminalmente identificada, como se isso fosse inconveniente e humilhante. A norma tem contorno de direito individual, unicamente porque o constituinte assim desejou (formalmente constitucional), mas não é matéria para constar em uma Constituição Federal. É certo que muitos policiais exorbitaram seus poderes e, ao invés de garantir ao indiciado uma colheita corriqueira do material datiloscópico, transformaram delegacias em lugares de acesso da imprensa, com direito à filmagem e fotos daquele que seria publicamente indiciado, surpreendido na famosa situação de "tocar piano".

Por conta da má utilização do processo de identificação criminal, terminou-se inserindo na Constituição uma cláusula pétrea que somente problemas trouxe, especialmente ao deixar de dar garantia ao processo penal de que se está acusando a pessoa certa. Bastaria, se esse era o desejo, que uma lei fosse editada, punindo severamente aqueles que abusassem do poder de indiciamento, especialmente dando publicidade indevida ao ato, para a resolução do problema. Ao contrário disso, preferiu-se o método mais fácil, porém inconveniente: quem já possuísse identificação civil não mais seria identificado criminalmente, gerando muitos erros judiciários, hoje amplamente divulgados e comprovados, pois a subtração de documentos civis (RG) alheios tornou-se comum e criminosos passaram a apresentar aos delegados falsificações perfeitas, colocando, em seus lugares, pessoas inocentes.

Enfim, embora a Constituição tenha aberto a oportunidade de se prever a amplitude da identificação criminal, mencionando que isso se daria "nas hipóteses previstas em lei", houve um lapso de doze anos para que, finalmente, a primeira lei fosse editada no ano de 2000.

Atualmente, diante do texto da Lei 12.037, de 1.º de outubro de 2009, modificada pela Lei 12.654/2012, vê-se que não seria necessário constar do texto constitucional tal dispositivo, bastando previsão do assunto em legislação infraconstitucional.

A identificação criminal envolve o processo dactiloscópico e o fotográfico (art. 5.º). Prevê-se, igualmente, a possibilidade de coleta de material biológico para a obtenção de perfil genético (art. 5.º, parágrafo único).

20. RECONSTITUIÇÃO DO CRIME

Em casos específicos, pode tornar-se importante fonte de prova, até mesmo para aclarar ao juiz (e aos jurados, no Tribunal do Júri) como se deu a prática da infração penal (art. 7.º, CPP). A simulação é feita utilizando o réu, a vítima e outras pessoas convidadas a participar, apresentando-se, em fotos e esquemas, a versão oferecida pelo acusado e a ofertada pelo ofendido ou outras testemunhas. Assim, visualizando o sítio dos acontecimentos, a autoridade judiciária, o representante do Ministério Público e o defensor poderão formar, com maior eficácia, suas convicções.

Ressalte-se, no entanto, não estar o réu obrigado a participar da reconstituição do crime, pois ninguém é obrigado a produzir prova contra si. Somente o fará se houver interesse da defesa. Essa situação é viável, quando, por exemplo, o acusado tiver interesse em demonstrar como teria atuado em legítima defesa.

Veda-se a reconstituição do crime que ofenda a moralidade (regras éticas de conduta, espelhando o pudor social) e a ordem pública (segurança e paz sociais). Não se fará reconstituição de um crime sexual violento, usando vítima e réu, por exemplo, o que contraria a moralidade, nem tampouco a reconstituição de uma chacina, num lugar onde a população ainda está profundamente revoltada com o crime, podendo até buscar o linchamento do réu. Aliás, mesmo que não estivesse expresso no art. 7.º, em virtude do princípio constitucional da dignidade da pessoa humana, inexistiria cabimento para promover uma reconstituição de delito, afetando aspectos morais, éticos e íntimos dos envolvidos.

21. PRAZO PARA A CONCLUSÃO DO INQUÉRITO

Como regra, há o prazo de 30 dias para a conclusão do inquérito policial, na esfera estadual. Entretanto, em face do acúmulo de serviço, torna-se inviável o cumprimento do referido prazo, motivo pelo qual a autoridade policial costuma solicitar a dilação ao juiz, ouvindo-se o representante do Ministério Público. Em suma, quando o indiciado está solto, termina não existindo prazo certo para o término da investigação, embora sempre haja o controle judicial do que está sendo realizado pela polícia.

Quando o indiciado está preso em flagrante ou preventivamente, deve ser cumprido à risca o prazo de dez dias (art. 10, CPP), pois há restrição ao direito fundamental à liberdade. Note-se que o decêndio é o mesmo tanto no caso de prisão em flagrante, quanto no momento em que, durante a fase de investigação, representar a autoridade policial pela preventiva, sendo esta deferida pelo magistrado. É importante destacar que diligências complementares, eventualmente necessárias para a acusação, não são suficientes para interromper esse prazo de dez dias – ou outro qualquer estipulado em lei especial – devendo o juiz, se deferir a sua realização, determinar a remessa dos autos de volta à polícia, relaxar a prisão e colocar o suspeito em liberdade. Outra alternativa, contornando o relaxamento, é o oferecimento de denúncia pelo órgão acusatório, desde que haja elementos suficientes, com formação de autos suplementares do inquérito, retornando estes à delegacia para mais algumas diligências complementares.

A jurisprudência tem admitido, no entanto, a compensação de prazo, quando evidenciado não ter havido prejuízo ao indivíduo preso. Portanto, se o delegado tem dez dias para concluir o inquérito e o promotor, cinco dias para oferecer a denúncia, há um percurso necessário de quinze dias para a ação penal ter início. Logo, caso a autoridade policial remeta o inquérito no 11.º dia ao fórum, mas, em compensação o promotor denunciar no 12.º dia, encontra-se um ganho de três dias, não se justificando, pois, a materialização de constrangimento ilegal. Parece-nos sensato o raciocínio, uma vez que o Estado-investigação e o Estado-acusação, juntos, possuem 15 dias para manter o réu preso, caso o juiz não o libere antes (através de liberdade provisória), até que a ação penal comece.

Há outros prazos para a conclusão do inquérito. Na hipótese de réu preso, tem a autoridade policial federal o prazo de 15 dias para concluir o inquérito (Lei 5.010/66, que organiza a Justiça Federal de primeira instância), sujeito à prorrogação por outros 15 dias, se necessário (art. 66: "O prazo para conclusão do inquérito policial será de quinze dias, quando o indiciado estiver preso, podendo ser prorrogado por mais quinze dias, a pedido, devidamente fundamentado, da autoridade policial e deferido pelo Juiz a que competir o conhecimento do processo. Parágrafo único. Ao requerer a prorrogação do prazo para conclusão do inquérito, a autoridade policial deverá apresentar o preso ao Juiz").

Outro prazo é o previsto na Lei de Drogas (Lei 11.343/2006), que é de 30 dias, em caso de indiciado preso, bem como de 90 dias, quando solto (art. 51, *caput*). Esses prazos podem ser duplicados pelo juiz, ouvindo-se, previamente, o Ministério Público, mediante pedido justificado da autoridade policial (art. 51, parágrafo único). Está-se, basicamente, no cenário do tráfico ilícito de drogas, não se aplicando tais previsões ao usuário de substância entorpecente, que não mais pode ser preso (art. 28 c.c. art. 48, Lei 11.343/2006).

Preceitua a Lei 1.521/51 (Crimes contra a Economia Popular) que o prazo de conclusão do inquérito é sempre de 10 dias (art. 10, § 1.º), esteja o sujeito preso ou solto, possuindo o promotor apenas 2 dias para oferecer denúncia (art. 10, § 2.º).

O inquérito militar tem, segundo o Código de Processo Penal Militar, o prazo de 20 dias para ser concluído, se o réu estiver preso, ou 40 dias (art. 20, *caput*), prorrogáveis por outros 20, se estiver solto (art. 20, § 1.º).

Quando se tratar de crimes de competência originária dos tribunais (foro especial por prerrogativa de função), cujo procedimento está previsto na Lei 8.038/90, estando o réu preso, o Ministério Público tem o prazo de 5 dias para oferecer denúncia (art. 1.º, § 2.º, *a*); caso esteja solto, o prazo é de 15 dias (art. 1.º, *caput*). Lembremos, ainda, que a Lei 8.658/93 prevê (art. 1.º) a aplicação dos arts. 1.º a 12 da Lei 8.038/90 às ações penais de competência originária dos Tribunais de Justiça dos Estados e do Distrito Federal, e dos Tribunais Regionais Federais.

22. CONTAGEM DOS PRAZOS

Os dispositivos que disciplinam o prazo de duração do inquérito policial, diante da prisão do suspeito (ou indiciado), consistem em normas processuais penais materiais, que lidam com o direito à liberdade, logo, não deixam de ter cristalino fundo de direito material. Por isso, entendemos deva ser contado como se faz com qualquer prazo penal, nos termos do art. 10 do Código Penal, incluindo-se o primeiro dia (data da prisão) e excluindo o dia final. Assim, se alguém, por exemplo, for preso em flagrante no dia 10, tem a polícia judiciária até o dia 19, no final do expediente, para remeter o inquérito a juízo. Outra solução implicaria a dilação do prazo, como se fosse um simples prazo processual, situação inadmissível para quem se encontra cautelarmente detido.

Não se usa, por óbvio, a contagem processual, que prorroga o prazo a vencer em final de semana ou feriado para o dia útil subsequente, devendo a autoridade policial cuidar de antecipar a entrega dos autos à Vara competente, antes de adentrar data prevendo o fechamento do fórum, sob pena de configuração do constrangimento ilegal. Não se utiliza, tampouco, a prorrogação do início da contagem de um sábado, quando o sujeito foi preso em flagrante, para a segunda-feira, quando há expediente forense. O prazo, nesta hipótese, começa a contar no próprio sábado. Aliás, como bem ressalta Tourinho Filho, outro entendimento colocaria em choque a prisão em flagrante e a prisão preventiva, pois esta última prevê, claramente, que o prazo começa a ser contado a partir do dia em que se executar a prisão (*Código de Processo Penal comentado*, v. 1, p. 52).

23. CÔMPUTO DO PERÍODO DE PRISÃO TEMPORÁRIA

Sobre a prisão temporária, consultar o capítulo próprio, com definição e casos de aplicação. No tocante ao prazo de dez dias para findar o inquérito de réu preso, cremos incluir-se nesse montante o tempo de prisão temporária. Essa espécie de prisão possui o prazo de cinco dias, prorrogáveis por outros cinco, totalizando dez (art. 2.º, *caput*, da Lei 7.960/89), exatamente o previsto para um indiciado ficar preventivamente preso durante o inquérito, antes da denúncia.

Além disso, a possibilidade de decretação da prisão preventiva durante a investigação foi inserida na lei quando inexistia a temporária. Atualmente, dispondo a polícia judiciária desta última, cremos estar praticamente encerrada a possibilidade de se decretar a preventiva durante o inquérito, salvo raríssimas exceções (como, por exemplo, quando já houver elementos suficientes para a direta decretação da preventiva de pessoa solta para, em seguida, haver o oferecimento de denúncia, dispensando-se a temporária).

Em se tratando de crime hediondo, no entanto, a prisão temporária é de trinta dias, prorrogável por igual período, em caso de imperiosa necessidade (art. 2.º, § 4.º, da Lei 8.072/90). Ora, nessa situação, manifestamente excepcional, não tem cabimento, além dos trinta dias (podendo tornar-se sessenta), permitir mais dez, decorrentes da preventiva. Logo, não há cabimento para a decretação desta última modalidade de prisão cautelar ao final da temporária. Simplesmente, deve-se considerar inexistente a possibilidade de se decretar a prisão preventiva durante o inquérito de pessoa já detida por trinta ou sessenta dias, em virtude de temporária.

Pode-se considerar, entretanto, possível a seguinte situação: de início, o suspeito fica temporariamente preso. Libertado, continuam as investigações, para, ao final do inquérito, a autoridade policial representar pela decretação da preventiva. Decretada esta, tem o Estado dez dias para iniciar a ação penal.

24. PRISÃO PREVENTIVA DECRETADA DURANTE O INQUÉRITO POLICIAL

Os requisitos para a decretação da preventiva estão previstos no art. 312 do Código de Processo Penal, abrangendo prova da materialidade e indícios suficientes de autoria, além de outros. Ora, esses dois são justamente os necessários para o recebimento da denúncia, motivo pelo qual, existindo a prisão temporária para garantir investigações policiais eficientes e dinâmicas, torna-se rara a oportunidade de decretação da prisão preventiva com retorno dos autos à delegacia para a conclusão do inquérito.

O juiz deve vedar excessos nesse campo, isto é, se o promotor detém elementos suficientes para denunciar, não há cabimento em pedir a preventiva – ou concordar com o solicitado pela autoridade policial – e, ao mesmo tempo, pedir o retorno do inquérito para prosseguimento da investigação. Deve denunciar e, sendo o caso, requisitar, em autos apartados, uma diligência a mais, que julgar imprescindível, ao delegado.

25. INSTRUMENTOS DO CRIME E OBJETOS DE PROVA

Os instrumentos do crime são todos os objetos ou aparelhos usados pelo agente para cometer a infração penal (armas, documentos falsos, cheques adulterados, facas etc.) e os objetos de interesse da prova são todas as coisas que possuam utilidade para demonstrar ao juiz a realidade do ocorrido (livros contábeis, computadores, carro do indiciado ou da vítima contendo vestígios de violência etc.).

Ao mencionar a lei (art. 11, CPP) que os instrumentos e os objetos *acompanharão* os autos do inquérito, quer-se dizer que devem ser remetidos ao fórum, para a exibição ao destinatário final da prova, ao juiz ou aos jurados, conforme o caso. Além disso, eles ficam à disposição das partes para uma contraprova, caso a realizada na fase extrajudicial seja contestada.

26. PARTICULARIDADES DO INQUÉRITO POLICIAL

26.1 Inquisitivo

O inquérito é, por sua própria natureza, inquisitivo, ou seja, não permite ao indiciado ou suspeito a ampla oportunidade de defesa, produzindo e indicando provas, oferecendo recursos, apresentado alegações, entre outras atividades que, como regra, possui durante a instrução judicial. Não fosse assim e teríamos duas instruções idênticas: uma, realizada sob a presidência do delegado; outra, sob a presidência do juiz. Tal não se dá e é, realmente, desnecessário. O inquérito destina-se, fundamentalmente, ao órgão acusatório, para formar a sua convicção acerca da materialidade e da autoria da infração penal, motivo pelo qual não necessita ser contraditório e com ampla garantia de defesa eficiente. Esta se desenvolverá, posteriormente, se for o caso, em juízo.

A vantagem e a praticidade de ser o inquérito inquisitivo concentram-se na agilidade que o Estado possui para investigar o crime e descobrir a autoria. Fosse contraditório, tal como o processo, poderia não apresentar resultado útil. Portanto, deve-se buscar a exata medida para considerar o inquérito inquisitivo, embora sem que possua caráter determinante ao magistrado no momento da sentença.

26.1.1 Situação especial para os agentes de segurança pública

A Lei 13.964/2019 incluiu o art. 14-A no Código de Processo Penal, prevendo a possibilidade de agentes policiais (art. 144, CF), quando investigados por fatos relacionados ao uso da força letal (homicídio) praticados no exercício profissional, mesmo quando agirem nas hipóteses do art. 23 do Código Penal, serem citados, para tomar conhecimento da investigação. *In verbis*: "nos casos em que servidores vinculados às instituições dispostas no art. 144 da Constituição Federal figurarem como investigados em inquéritos policiais, inquéritos policiais militares e demais procedimentos extrajudiciais, cujo objeto for a investigação de fatos relacionados ao uso da força letal praticados no exercício profissional, de forma consumada ou tentada, incluindo as situações dispostas no art. 23 do Decreto-Lei nº 2.848, de 7 de dezembro de 1940 (Código Penal), o indiciado poderá constituir defensor".

Devem constituir defensor ou a instituição à qual pertençam assim o fará. O mesmo direito foi criado aos servidores militares (polícia e bombeiros), conforme art. 16-A do Código de Processo Penal Militar.

Concede-se um especial privilégio aos agentes da segurança pública. Entretanto, a norma do art. 14-A tem falhas. A referência ao art. 23 do CP, em casos de morte de alguém perseguido pela polícia, não é correta. Em primeiro lugar, vale lembrar que não se pode usar força letal (mortal) no exercício de direito (não há o direito de matar) ou no estrito cumprimento do dever legal (não há o dever de matar). Quando se inclui o estado de necessidade, pode-se dizer, simplesmente, que agentes da segurança raramente encaixam-se nessa excludente; afinal, qualquer um pode matar em estado de necessidade, desde que sejam preenchidos os elementos do art. 24 do Código Penal. Diante disso, 99% das apurações consistem em ter havido legítima defesa, ou não.

Esse privilégio significa o direito de ter, desde a fase inicial investigatória, um defensor. Registre-se o disposto no § 1º do art. 14-A: "para os casos previstos no *caput* deste artigo, o investigado deverá ser citado da instauração do procedimento investigatório, podendo constituir defensor no prazo de até 48 (quarenta e oito) horas a contar do recebimento da citação".

Valemo-nos do termo *privilégio* (vantagem, concessão especial) porque todos os demais investigados, por qualquer outro delito, não são "citados" para acompanhar os atos investigatórios, inclusive com uma defesa obrigatória. Embora se diga que os servidores *podem* constituir defensor, na verdade, *devem*, porque, se não o fizerem, a instituição à qual pertencem será alertada para que o faça. Dispõe o art. 14-A, § 2º: "esgotado o prazo disposto no § 1º deste artigo com ausência de nomeação de defensor pelo investigado, a autoridade responsável pela investigação deverá intimar a instituição a que estava vinculado o investigado à época da ocorrência dos fatos, para que essa, no prazo de 48 (quarenta e oito) horas, indique defensor para a representação do investigado".

De qualquer forma, se o disposto no art. 14-A, § 2º, não for cumprido, não há nenhuma possibilidade jurídica de gerar qualquer nulidade, tendo em vista que inexiste o andamento de processo, respeitando-se a regra: não se proclama nulidade em investigação criminal. Por outro lado, inexiste, igualmente, a viabilidade de se suspender o curso do inquérito. Se a instituição não providenciar o defensor, cuida-se de falha no

70 | MANUAL DE PROCESSO PENAL · NUCCI

âmbito da Administração e nesse campo deve ser apurada. A suspensão do andamento do inquérito não deve ocorrer e cabe ao Ministério Público zelar para tal não aconteça. O advento da prescrição, caso esse andamento seja suspenso, é da responsabilidade de quem preside a investigação. Qualquer entendimento em sentido contrário, levaria à consequência de ser o inquérito um *autêntico processo*, com *ampla defesa e contraditório*, contrariando tudo o que até hoje se entende por investigação pré-processual. Além disso, se esse entendimento fosse consagrado iria ferir diretamente o princípio da igualdade, visto que nenhum outro investigado teria tais "direitos inalienáveis".

26.1.2 Vetos realizados aos §§ 3º, 4º e 5º ao art. 14-A, mas derrubados pelo Parlamento

Consta do § 3º o seguinte: "havendo necessidade de indicação de defensor nos termos do § 2º deste artigo, a defesa caberá preferencialmente à Defensoria Pública, e, nos locais em que ela não estiver instalada, a União ou a Unidade da Federação correspondente à respectiva competência territorial do procedimento instaurado deverá disponibilizar profissional para acompanhamento e realização de todos os atos relacionados à defesa administrativa do investigado". O teor do § 4º é o seguinte: "a indicação do profissional a que se refere o § 3º deste artigo deverá ser precedida de manifestação de que não existe defensor público lotado na área territorial onde tramita o inquérito e com atribuição para nele atuar, hipótese em que poderá ser indicado profissional que não integre os quadros próprios da Administração". O conteúdo do § 5º é: "na hipótese de não atuação da Defensoria Pública, os custos com o patrocínio dos interesses dos investigados nos procedimentos de que trata este artigo correrão por conta do orçamento próprio da instituição a que este esteja vinculado à época da ocorrência dos fatos investigados".

As razões para os três vetos aos §§ 3º, 4º e 5º foram as seguintes: "a propositura legislativa, ao prever que os agentes investigados em inquéritos policiais por fatos relacionados ao uso da força letal praticados no exercício profissional serão defendidos prioritariamente pela Defensoria Pública e, nos locais em que ela não tiver instalada, a União ou a Unidade da Federação correspondente deverá disponibilizar profissional, viola o disposto no art. 5º, inciso LXXIV, combinado com o art. 134, bem como os arts. 131 e 132, todos da Constituição da República, que confere à Advocacia-Geral da União e às Procuradorias dos Estados e do Distrito Federal, também Função Essencial à Justiça, a representação judicial das respectivas unidades federadas, e destas competências constitucionais deriva a competência de representar judicialmente seus agentes públicos, em consonância com a jurisprudência do Supremo Tribunal (v.g. ADI 3.022, rel. min. Joaquim Barbosa, j. 2-8-2004, P, DJ de 4-3-2005)".

Por um lado, o veto foi bem aplicado porque à Defensoria Pública cabe defender os necessitados, mormente quando criminalmente acusados, sejam eles quem forem, nos termos do art. 134 da Constituição Federal: "a Defensoria Pública é instituição permanente, essencial à função jurisdicional do Estado, incumbindo-lhe, como expressão e instrumento do regime democrático, fundamentalmente, a orientação jurídica, a promoção dos direitos humanos e a defesa, em todos os graus, judicial e extrajudicial, dos direitos individuais e coletivos, *de forma integral e gratuita, aos necessitados*, na forma do inciso LXXIV do art. 5º desta Constituição Federal (grifamos)". Portanto, nesse prisma, foi corretamente citada a decisão do STF, com a seguinte ementa: "1. Norma estadual que atribui à Defensoria Pública do estado a defesa judicial de servidores públicos estaduais processados civil ou criminalmente em razão do regular exercício do cargo extrapola o modelo da Constituição Federal (art. 134), o qual restringe as atribuições da Defensoria Pública à assistência jurídica a que se refere o art. 5º, LXXIV. 2. Declaração de inconstitucionalidade da expressão 'bem como assistir, judicialmente, aos servidores estaduais processados por ato praticado em razão do exercício de suas atribuições funcionais', contida na alínea *a* do Anexo II da Lei Complementar estadual 10.194/1994, também do estado do Rio Grande do Sul. Proposta acolhida, nos termos do art. 27 da Lei 9.868, para que declaração de inconstitucionalidade tenha efeitos a partir de 31 de dezembro de 2004. 3. Rejeitada a alegação de inconstitucionalidade do art. 45 da Constituição do Estado do Rio Grande do Sul. 4. Ação julgada parcialmente procedente" (ADI 3.022-RS, Pleno, rel. Joaquim Barbosa, 02.08.2004, com votação unânime para a declaração de inconstitucionalidade).

Em suma, quando agentes da segurança pública forem acusados de crimes, cometidos no exercício profissional, com uso de força letal (como, por exemplo, homicídio), somente seriam defendidos pela Defensoria Pública se fossem considerados pessoas economicamente necessitadas, impossibilitadas de contratar um advogado. Porém, não poderia constar de lei, como regra, o patrocínio dessa defesa pela instituição indicada.

Sob outro aspecto, o veto dava a entender que o servidor público, atuando como agente de segurança, acusado de um crime, nos termos já explicitados, poderia ser defendido pela Advocacia da União, o que representaria uma ilogicidade, visto que esta não se destina a defesas criminais. Registre-se o disposto pelo art. 131 da Constituição Federal: "a Advocacia-Geral da União é a instituição que, diretamente ou através de órgão vinculado, representa a União, judicial e extrajudicialmente, cabendo-lhe, nos termos da lei complementar que dispuser sobre sua organização e funcionamento, as atividades de consultoria e assessoramento jurídico do Poder Executivo". A responsabilidade criminal é pessoal, de modo que a Advocacia da União não representa pessoas físicas, que teriam cometido um delito, mas a União, em seus interesses, quando cobrados em juízo. Portanto, os agentes de segurança pública não devem ser defendidos, como regra, pela Defensoria Pública, motivo pelo qual o veto merece ser mantido. Porém, também não serão defendidos por advogados da União e, por óbvio, muito menos por Procuradores da Fazenda, cuja atribuição é cobrar dívidas tributárias.

O veto foi derrubado pelo Congresso Nacional, permanecendo os referidos parágrafos.

26.2 Sigiloso

O inquérito policial, por ser peça de natureza administrativa, inquisitiva e preliminar à ação penal, deve ser sigiloso, não submetido, pois, à publicidade regente do processo. Não cabe a incursão na delegacia, de qualquer do povo, desejando acesso aos autos do inquérito policial, a pretexto de fiscalizar e acompanhar o trabalho do Estado--investigação, como se pode fazer quanto ao processo-crime em juízo.

As investigações já são acompanhadas e fiscalizadas por órgãos estatais, dispensando-se, pois, a publicidade. Nem o indiciado, pessoalmente, aos autos têm acesso. É certo que, inexistindo inconveniente à "elucidação do fato" ou ao "interesse da sociedade", pode a autoridade policial, que o preside, permitir o acesso de qualquer interessado na consulta aos autos do inquérito. Tal situação é relativamente comum, por exemplo, em se tratando de repórter desejoso de conhecer o andamento da investigação ou mesmo do ofendido ou seu procurador. Assim, também não é incomum o próprio delegado, pretendendo deixar claro o caráter confidencial de certa investigação, decretar o estado de sigilo. Quando o faz, afasta dos autos o acesso de qualquer pessoa.

Entretanto, ao advogado não se pode negar acesso ao inquérito, pois o Estatuto da Advocacia é claro nesse sentido: Lei 8.906/94, art. 7.º – "São direitos do advogado: (...) XIV – examinar em qualquer instituição responsável por conduzir investigação, mesmo sem procuração, autos de flagrante e de investigações de qualquer natureza, findos ou em andamento, ainda que conclusos à autoridade, podendo copiar peças e tomar apontamentos, em meio físico ou digital".

Em síntese, o sigilo não é, atualmente, de grande valia, pois, se alguma investigação em segredo precisar ser feita ou estiver em andamento, pode o suspeito, por intermédio de seu advogado, acessar os autos e descobrir o rumo do inquérito.

Atualmente, a questão consta da Súmula Vinculante 14 do STF: "é direito do defensor, no interesse do representado, ter acesso amplo aos elementos de prova que, já documentados em procedimento investigatório realizado por órgão com competência de polícia judiciária, digam respeito ao exercício do direito de defesa".

Além da consulta aos autos, pode o advogado participar, apenas acompanhando, da produção das provas orais. É consequência natural da sua prerrogativa profissional examinar os autos do inquérito, copiar peças e tomar apontamentos. Pode, pois, verificar o andamento da instrução, desde que tenha sido constituído pelo indiciado; este, a despeito de ser objeto da investigação e não sujeito de direitos na fase pré-processual, tem o específico direito de tomar conhecimento das provas levantadas contra a sua pessoa, corolário natural do princípio constitucional da ampla defesa.

Nem se diga que este princípio somente se concretiza na fase processual, pois se sabe ser o inquérito o momento único para a produção de determinadas provas, que não mais se repetem (vide o exemplo das periciais). Não se olvide, ainda, o costume praticamente generalizado dos juízes e tribunais de levarem em conta até mesmo os depoimentos de testemunhas e reconhecimentos de pessoas e coisas produzidos na fase extrajudicial ao julgarem o feito. Aliás, não há fundamento para a exclusão do advogado da produção da prova oral, embora no seu desenvolvimento não possa intervir – fazendo reperguntas às testemunhas, por exemplo –, mas somente acompanhar, porque os atos dos órgãos estatais devem ser pautados pela moralidade e pela transparência.

Por certo, o inquérito é sigiloso (ausente a publicidade a qualquer pessoa do povo), não significando a exclusão da participação do advogado como ouvinte e fiscal da regularidade da produção das provas, caso deseje estar presente.

As provas de natureza sigilosa, quanto à sua produção, como uma interceptação telefônica, por exemplo, não comportam o acompanhamento do advogado. Este somente tomará conhecimento quando finda e juntada aos autos do inquérito.

26.3 Incomunicabilidade do indiciado

Cremos estar revogada essa possibilidade pela Constituição Federal de 1988. Note-se que, durante a vigência do Estado de Defesa, quando inúmeras garantias individuais estão suspensas, não pode o preso ficar incomunicável (art. 136, § 3.º, IV, CF), razão pela qual, em estado de absoluta normalidade, quando todos os direitos e garantias devem ser fielmente respeitados, não há motivo plausível para se manter alguém incomunicável. Além disso, do advogado jamais se poderá isolar o preso (Lei 8.906/94, art. 7.º, III). Logo, ainda que se pudesse, em tese, admitir a incomunicabilidade da pessoa detida, no máximo, seria evitar o seu contato com outros presos ou com parentes e amigos.

Há outra posição na doutrina, admitindo a vigência da incomunicabilidade e justificando que o art. 136, § 3.º, IV, da Constituição, voltou-se unicamente a presos políticos e não a criminosos comuns. Aliás, como é o caso da previsão feita pelo Código de Processo Penal (art. 21).

Preferimos a primeira posição, aliás a incomunicabilidade somente teria sentido, para garantir efetivamente uma investigação sem qualquer contaminação exterior, se o detido pudesse ficar em completo isolamento. Ora, não sendo possível fazê-lo no que concerne ao advogado, fenece o interesse para outras pessoas, pois o contato será, de algum modo, mantido. Pela revogação da incomunicabilidade: TOURINHO FILHO (*Código de Processo Penal comentado*, v. 1, p. 66) e MIRABETE (*Código de Processo Penal interpretado*, p. 62-63). Pela manutenção do dispositivo: Damásio Evangelista de Jesus (*Código de Processo Penal anotado*, p. 17), Vicente Greco Filho (*Manual de processo penal*, p. 86).

27. RELATÓRIO FINAL

A autoridade policial deve, ao encerrar as investigações, relatar tudo o que foi feito na presidência do inquérito, de modo a apurar – ou não – a materialidade e a autoria da infração penal. Tal providência é sinônimo de transparência na atividade do Estado-investigação, comprobatória de que o princípio da obrigatoriedade da ação penal foi respeitado, esgotando-se tudo o que seria possível para colher provas destinadas ao Estado-acusação. Ainda assim, pode o representante do Ministério Público não se conformar, solicitando ao juiz o retorno dos autos à delegacia, para a continuidade das investigações, devendo, nesse caso, indicar expressamente o que deseja. Se a autoridade policial declarou encerrados os seus trabalhos, relatando o inquérito, não é cabível que os autos retornem para o prosseguimento, sem que seja apontado o caminho desejado.

Por outro lado, a falta do relatório constitui mera irregularidade, não tendo o promotor ou o juiz o poder de obrigar a autoridade policial a concretizá-lo. Trata-se de falta funcional, passível de correção disciplinar. É natural que, determinando a lei que o relatório seja feito, a autoridade policial deve prezar a sua função, concretizando-o, o que não impede, em absoluto, ainda que o faça de modo muito resumido ou confuso, o prosseguimento do feito. Aliás, é o mais adequado, pois o relatório não tem nenhuma utilidade probatória para a instrução do processo, destinando-se ao esclarecimento do promotor acerca do que foi feito pelo Estado-investigação.

Pensamos ser inadequado determinar o retorno dos autos do inquérito à polícia judiciária somente porque o delegado declarou encerrada a investigação sem empreender o relatório *minucioso* a respeito do caso. Prossegue-se, com ofício comunicativo à Corregedoria da Polícia, para as providências cabíveis. Processualmente, não deve ter maiores reflexos.

28. INDEFERIMENTO DE NOVAS DILIGÊNCIAS REQUERIDAS PELO MINISTÉRIO PÚBLICO

O juiz não deve indeferir o requerimento formulado pelo representante do Ministério Público, quando solicitar novas diligências para formar o seu convencimento, ainda que a autoridade policial já tenha apresentado o relatório final. Afinal, sendo ele o titular da ação penal, pode necessitar de outras colheitas, antes de ofertar a denúncia ou proporcionar o arquivamento.

Entretanto, cremos ser mais rápido, quando for possível, que o promotor, indeferido o retorno dos autos do inquérito à polícia judiciária, por intransigência do juiz, requisite diretamente à autoridade policial a diligência almejada. Nessa situação, a sociedade sai ganhando e o inquérito tem sua conclusão apressada, ao invés de se interpor demorada correição parcial. Excepcionalmente, quando a diligência necessária não prescindir dos autos, que estão em cartório, outro remédio não cabe senão o recurso ao tribunal. Se os indeferimentos forem sucessivos, por mero capricho do juiz, a questão desloca-se para a esfera correcional, cabendo representação do promotor junto à Corregedoria-Geral da Justiça. O mais importante é assegurar à sociedade a conclusão célere da investigação, com início da ação penal, ultrapassando-se as fronteiras das suscetibilidades pessoais.

Por outro lado, quando o magistrado notar que o promotor está apenas ganhando tempo, requerendo diligência inútil, deve oficiar ao Procurador-Geral da Justiça, comunicando a ocorrência para as providências funcionais pertinentes. Indeferir a solicitação, no entanto, buscando obrigar o promotor a denunciar, é o caminho menos indicado, pois mais arrastado.

29. INQUÉRITO COMO BASE DA DENÚNCIA OU QUEIXA E SUA DISPENSABILIDADE

A natureza do inquérito, como já se viu, é dar segurança ao ajuizamento da ação penal, impedindo que levianas acusações tenham início, constrangendo pessoas e desestabilizando a justiça penal. Por isso, ao oferecer a denúncia, deve o representante do Ministério Público – valendo o mesmo para a vítima – ter como suporte o inquérito policial, produzido pela polícia judiciária, na sua função de Estado-investigação, órgão auxiliar do Poder Judiciário nessa tarefa.

Eventualmente, é possível dispensar o inquérito, desde que o acusador possua provas suficientes e idôneas para sustentar a denúncia ou a queixa, embora hipótese rara. As situações em que o inquérito policial deixa de ser feito são representadas pela realização de outros tipos de investigação oficial – como sindicâncias, processos administrativos, inquéritos militares, inquéritos parlamentares, incidentes processuais –, bem como pela possibilidade, não comum, de se conseguir ajuizar a demanda simplesmente tendo em mãos documentos, legalmente constituídos.

30. TERMO CIRCUNSTANCIADO

É um substituto do inquérito policial, realizado pela polícia, nos casos de infrações de menor potencial ofensivo (contravenções penais e crimes a que a lei comine pena máxima não superior a dois anos, cumulada ou não com multa). Assim, tomando conhecimento de um fato criminoso, a autoridade policial elabora um termo contendo todos os dados necessários para identificar a ocorrência e sua autoria, encaminhando-o imediatamente ao Juizado Especial Criminal, sem necessidade de maior delonga ou investigações aprofundadas.

É o que dispõe a Lei 9.099/95, no art. 77, § 1.º: "Para o oferecimento da denúncia, que será elaborada com base no termo de ocorrência referido no art. 69 desta Lei, *com dispensa do inquérito policial*, prescindir-se-á do exame do corpo de delito quando a materialidade do crime estiver aferida por boletim médico ou prova equivalente" (grifamos).

31. CURADOR

Tratava-se da pessoa que tinha por função proteger e orientar o menor de 21 anos, tanto no interrogatório da fase policial quanto no interrogatório prestado em juízo, suprindo-lhe as naturais deficiências trazidas pela imaturidade e zelando para que não houvesse qualquer arbítrio ou coação indevida contra sua pessoa. Estava vinculado à defesa do menor e não podia depor contra seus interesses, revelando dados sigilosos, protegidos por lei.

Preceitua a Lei 10.406, de 10.01.2002 (Código Civil), no art. 5.º, *caput*, que "a menoridade cessa aos dezoito anos completos, quando a pessoa fica habilitada à prática de todos os atos da vida civil". Nota-se que a evolução da sociedade, dos seus hábitos e costumes está a evidenciar a desnecessidade de se tutelar o maior de 18 anos e menor de 21 anos com as cautelas antes exigidas pela sua pretensa inexperiência e ingenuidade.

Sabe-se que a pessoa, ao atingir os 18 anos, atualmente, encontra-se perfeitamente habilitada para desempenhar todos os atos da vida civil e penal: pode celebrar, sozinha, um contrato de compra e venda de bens móveis ou imóveis, como também responder penalmente pelas infrações penais praticadas. Logo, inexiste qualquer fundamento lógico para se manter a figura do curador, no contexto do processo penal. Relembre-se, ainda, que o curador só prestou desserviços ao acusado menor de 21 anos, pois, lamentavelmente, havia farta jurisprudência aceitando o seu depoimento em juízo para confirmar a confissão extrajudicial do réu, validando, pois, uma condenação.

Portanto, atingida a maioridade civil aos 18 anos, não se deve mais considerar *menor* a pessoa que tenha menos de 21 anos, necessitando, pois, de curador.

32. ARQUIVAMENTO DO INQUÉRITO E OUTRAS PROVIDÊNCIAS

Encerradas as investigações policiais e remetidos os autos do inquérito policial ao Ministério Público, há quatro providências que o titular da ação penal pode tomar: a) oferecer denúncia; b) requerer a extinção da punibilidade (por exemplo, pela ocorrência de prescrição); c) requerer o retorno dos autos à polícia judiciária para a continuidade da investigação, indicando as diligências a realizar; d) proporcionar o arquivamento.

Somente o Ministério Público, titular da ação penal, órgão para o qual se destina o inquérito policial, pode providenciar o seu arquivamento, dando por encerradas as possibilidades de investigação. Não é atribuição da polícia judiciária dar por findo o seu trabalho, nem do juiz concluir pela inviabilidade do prosseguimento da colheita de provas.

Confrontando-se a Lei 13.964/2019, que introduziu alterações ao art. 28 do CPP, com a decisão tomada pelo STF, em agosto de 2023, tem-se o seguinte quadro: o membro do Ministério Público manifesta-se pelo arquivamento do inquérito policial e submete o seu parecer ao juiz das garantias, que poderá não concordar, se considerar hipótese de patente ilegalidade ou teratologia o ato de arquivamento. Assim ocorrendo, o magistrado determina a subida dos autos da investigação ao Procurador-Geral de Justiça para deliberar a respeito (ou órgão similar do MP). Se o Procurador-Geral concordar com a manifestação de arquivamento, deve homologá-la, findando o caso. Se não aquiescer, designará outro membro do MP para ofertar a denúncia. É possível, ainda, que o próprio promotor se manifeste pelo arquivamento e submeta o seu parecer ao órgão superior do Ministério Público.

O arquivamento da investigação será comunicado à vítima, ao investigado e à autoridade policial; a pessoa ofendida (ou seu representante legal) poderá não concordar e submeter o caso ao Procurador-Geral de Justiça (ou órgão superior do MP) para o mesmo objetivo retratado no parágrafo anterior (art. 28, § 1º, CPP).

É relevante destacar, ainda, que "nas ações penais relativas a crimes praticados em detrimento da União, Estados e Municípios, a revisão do arquivamento do inquérito policial poderá ser provocada pela chefia do órgão a quem couber a sua representação judicial", porque há interesse público envolvido (art. 28, § 2º, CPP).

32.1 Controle do arquivamento do inquérito policial e de peças de informação

Como exposto anteriormente, o STF manteve o controle judicial em relação a todas as investigações criminais – da polícia judiciária ou do Ministério Público – de modo que o arquivamento, também, não lhe pode ser subtraído.

Como regra, o promotor se manifesta pelo arquivamento e, caso o magistrado das garantias acate, determina o fim da investigação. Não acolhendo, pode remeter os autos à avaliação da superior instância do Ministério Público, que terá a última palavra.

É relevante destacar que o membro do MP de primeira instância não é obrigado, conforme decidiu o STF, a remeter todas as suas manifestações de arquivamento de peças de investigação ao Procurador-Geral de Justiça (ou órgão similar). Cuida-se de uma faculdade fazê-lo.

Em síntese, as investigações criminais (polícia ou MP) são fiscalizadas pelo juiz das garantias e, concluídas sem sucesso, o seu arquivamento será submetido ao crivo tanto do magistrado quanto da vítima. Qualquer deles pode sujeitar ao Procurador-Geral de Justiça (ou órgão equivalente) a reavaliação. É opção do membro do Ministério Público, igualmente, remeter os autos do procedimento investigatório para homologação de seu organismo superior.

32.1.1   Arquivamento de Procedimento Investigatório Criminal (PIC)

O PIC será comunicado ao juiz das garantias e por ele fiscalizado. Ao final, para ser encerrado, sem apresentação de denúncia, portanto, arquivado, deve submeter a sua manifestação nesse sentido ao juiz, cientificando a vítima e o investigado. Pode, ainda, sujeitá-lo diretamente ao órgão superior do MP para homologação.

Note-se que, tal como o inquérito policial, o magistrado, considerando o arquivamento incabível, pode submeter a investigação ao Procurador-Geral de Justiça (ou órgão similar), que terá a palavra final. Igualmente, a vítima pode insurgir-se e pleitear a manifestação do órgão ministerial superior.

32.2   Utilização do art. 28 do CPP no caso da suspensão condicional do processo

Estabelece a Lei 9.099/95 (art. 89) a possibilidade de o representante do Ministério Público propor, para crimes cuja pena mínima cominada for igual ou inferior a um ano, a suspensão do processo, por dois a quatro anos, fixadas determinadas condições (§ 1.º do referido art. 89), desde que haja merecimento do acusado. É o que se denomina *sursis* processual.

Nasceu, no entanto, uma polêmica a respeito de ser esta proposta de suspensão do processo uma faculdade do promotor ou um direito do réu. Adotando-se a primeira posição, quando não concordar com a recusa do Ministério Público em ofertar a proposta, o juiz deve valer-se, por analogia, do disposto no art. 28 do CPP, enviando os autos ao órgão superior do MP (atualmente, o Procurador-Geral de Justiça para o âmbito estadual; para Câmaras Criminais, no cenário federal) para analisar o caso e, se este entender cabível, poder formulá-la em lugar do promotor de 1.º grau. Acolhendo-se a segunda, poderia o juiz fixar, desde logo, a suspensão condicional do processo, ainda que o membro do Ministério Público não concordasse.

A melhor corrente, em nosso entendimento, é a primeira, uma vez ter sido a lei bem clara ao estipular que o benefício (*sursis* processual) somente pode existir se o promotor propuser a concessão. Logo, trata-se, em verdade, de um acordo entre as partes, não podendo o juiz substituir a vontade do titular da ação penal, atuando como se fosse parte parcial. Atualmente, a questão encontra amparo na Súmula 696 do Supremo Tribunal Federal: "Reunidos os pressupostos legais permissivos da suspensão condicional do processo, mas se recusando o Promotor de Justiça a propô-la, o juiz, dissentindo, remeterá a questão ao Procurador-Geral,[órgão superior do MP] aplicando-se por analogia o art. 28 do Código de Processo Penal".

32.3 Requerimento de arquivamento em competência originária

Quando o inquérito é controlado diretamente pelo Procurador-Geral de Justiça (ou da República, conforme o caso), por se tratar de feito de competência originária (o processo inicia-se diretamente em grau jurisdicional superior, não passando pela 1.ª instância, porque os investigados têm foro privilegiado), requer-se o arquivamento ao tribunal.

32.4 Arquivamento de inquérito de crimes contra a economia popular ou contra a saúde pública

Segue-se o disposto no art. 7.º da Lei 1.521/51, submetendo o juiz a decisão ao segundo grau de jurisdição obrigatoriamente (é o que se denomina *recurso de ofício*). Dando provimento ao recurso, o tribunal determina a remessa dos autos ao Procurador-Geral, que decidirá a respeito do acerto ou desacerto do promotor. Pode insistir no arquivamento, devendo o juiz acatar o sugerido, como pode ainda designar membro do Ministério Público para denunciar o indiciado.

Não pode o tribunal determinar que o promotor denuncie, pois isso fere a titularidade da ação penal, não pertencente ao Poder Judiciário. Entendeu o legislador, nesse caso, que deveria haver um controle a mais no tocante ao arquivamento de autos de inquérito e, também, no que toca às absolvições proferidas. Exclui-se do contexto dos crimes contra a saúde pública, para o fim de submeter o arquivamento de inquérito a segundo grau de jurisdição, todas as infrações penais referentes a drogas ilícitas, pois regidas por lei especial (Lei 11.343/2006).

32.5 Recurso institucional contra arquivamento promovido pelo Procurador-Geral

Preceitua o art. 12, XI, da Lei 8.625/93 (Lei Orgânica Nacional do Ministério Público), que cabe ao Colégio de Procuradores de Justiça "rever, mediante requerimento de legítimo interessado, nos termos da Lei Orgânica, decisão de arquivamento de inquérito policial ou peças de informações determinadas pelo Procurador-Geral de Justiça, nos casos de sua atribuição originária".

32.6 Obrigatoriedade de oferecimento de razões e o denominado arquivamento implícito

Cabe ao representante do Ministério Público oferecer as razões suficientes para sustentar o seu pedido de arquivamento. Sem elas, devem os autos retornar ao promotor, a mando do órgão superior do MP (hoje, ainda, o Procurador-Geral de Justiça no cenário estadual), para que haja a regularização. O mesmo procedimento deve ser adotado, quando há vários indiciados e o órgão acusatório oferece denúncia contra alguns, silenciando no tocante aos outros.

Não existe, tecnicamente, pedido de arquivamento *implícito* ou *tácito*. É indispensável que o promotor se manifeste claramente a respeito de cada um dos indiciados, fazendo o mesmo no tocante a cada um dos delitos imputados a eles durante o inquérito.

Assim, não pode, igualmente, denunciar um por crime e calar quanto a outro ou outros. Recusando-se a oferecer suas razões, devem os autos ser remetidos ao órgão superior do MP (hoje, o Procurador-Geral de Justiça, em nível estadual) para as medidas administrativas cabíveis, pois o promotor não estaria cumprindo, com zelo, a sua função.

Segundo nos parece, defende-se o *arquivamento implícito* – hipótese legalmente inexistente – para contornar um erro do órgão do Ministério Público. Considerando-se que o promotor *deve* propor ação penal contra os indiciados cujo inquérito apresenta provas suficientes e *não deve* fazê-lo no tocante àqueles, cujas provas são insuficientes, neste último caso, *deve* requerer o arquivamento em caráter formal. Afinal, são *indiciados* e não podem ter a sua situação irresolvida. Portanto, em lugar de se *presumir* ter havido arquivamento *implícito*, cabe ao órgão superior do MP (atualmente, o Procurador-Geral de Justiça, nos Estados) exigir do membro do Ministério Público uma única solução: acionar ou arquivar (explicitamente).

Sob outro aspecto, quem não foi indiciado no inquérito está fora do âmbito de consideração final do Ministério Público, vale dizer, inexiste necessidade de se arquivar a investigação em relação a ele. Diante dessa pessoa, que pode ter sido mero *averiguado*, não há que se falar nem mesmo em *arquivamento implícito*.

32.7 Arquivamento indireto

Seria, segundo parcela da doutrina, a hipótese de o promotor deixar de oferecer denúncia por entender que o juízo é incompetente para a ação penal. Cremos que tal situação é inadmissível, pois o Ministério Público deve buscar, sempre que possível, a solução cabível para superar obstáculos processuais. Assim, caso entenda ser o juízo incompetente, mas havendo justa causa para a ação penal (materialidade e indícios de autoria), deve solicitar a remessa dos autos ao magistrado competente e não simplesmente deixar de oferecer denúncia, restando inerte.

Caso o juiz, após o pedido de remessa, julgue-se competente, poderá invocar o preceituado no art. 28, para que o órgão superior do MP se manifeste. Entendendo este ser o juízo competente, designará outro promotor para oferecer denúncia. Do contrário, insistirá na remessa. Caso, ainda assim, o magistrado recuse-se a fazê-lo, cabe ao Ministério Público providenciar as cópias necessárias para provocar o juízo competente. Assim providenciando, haverá, certamente, a suscitação de conflito de competência, se ambos os juízes se proclamarem competentes para julgar o caso. Logo, a simples inércia da instituição, recusando-se a denunciar, mas sem tomar outra providência não deve ser aceita como *arquivamento indireto*.

32.8 Arquivamento requerido pelo Ministério Público Federal

Cabe a um órgão colegiado a análise do pedido de arquivamento feito por procurador da república e rejeitado por juiz federal. Sobre o tema, consultar a Lei Complementar 75/93.

32.9 Determinação judicial de retorno dos autos de inquérito à polícia para novas diligências

É inviável que o juiz, discordando do pedido de arquivamento do promotor, determine que a polícia judiciária faça novas diligências, ao invés de remeter o caso à apreciação do Procurador-Geral de Justiça. Não sendo ele o titular da ação penal, não lhe cabe discernir acerca das provas suficientes para o oferecimento de denúncia. Cabe correição parcial contra decisão que determine o retorno à delegacia para novas diligências, após pedido de arquivamento formulado pelo promotor. O investigado tem a opção de ingressar com *habeas corpus* para cessar o constrangimento ilegal.

33. TRANCAMENTO DO INQUÉRITO POLICIAL

Admite-se que, valendo-se do *habeas corpus*, a pessoa eleita pela autoridade policial como suspeita possa recorrer ao Judiciário para fazer cessar o constrangimento a que está exposto, pela mera instauração de investigação infundada. O inquérito é um mecanismo de exercício de poder estatal, valendo-se de inúmeros instrumentos que certamente podem constranger quem não mereça ser investigado. O indiciamento, como já se viu, é mais grave ainda, pois faz anotar, definitivamente, na folha de antecedentes do sujeito a suspeita de ter ele cometido um delito.

Por tal razão, quando se perceber nítido abuso na instauração de um inquérito (por exemplo, por fato atípico) ou a condução das investigações na direção de determinada pessoa sem a menor base de prova, é cabível o trancamento da atividade persecutória do Estado. Entretanto, é hipótese excepcional, uma vez que investigar não significa processar, não exigindo, pois, justa causa e provas suficientes para tanto. Coíbe-se o abuso e não a atividade regular da polícia judiciária.

34. PROSSEGUIMENTO DAS INVESTIGAÇÕES APÓS O ENCERRAMENTO DO INQUÉRITO

A decisão que determina o arquivamento do inquérito não gera situação consolidada, podendo ser revista a qualquer tempo, inclusive porque novas provas podem surgir. Ocorre que a autoridade policial, segundo o preceituado em lei, independentemente da instauração de outro inquérito, pode proceder a *novas pesquisas*, o que significa sair em busca de provas que surjam e cheguem ao seu conhecimento.

Para reavivar o inquérito policial, desarquivando-o, cremos ser necessário que as provas coletadas sejam substancialmente novas – aquelas realmente desconhecidas anteriormente por qualquer das autoridades –, sob pena de se configurar um constrangimento ilegal. Nesse sentido, a Súmula 524 do Supremo Tribunal Federal: "Arquivado o inquérito policial, por despacho do juiz, a requerimento do Promotor de Justiça, não pode a ação penal ser iniciada, sem novas provas".

Entretanto, se o arquivamento ocorrer com fundamento na atipicidade da conduta é possível gerar coisa julgada material. A conclusão extraída pelo Ministério Público (órgão que requer o arquivamento), encampada pelo Judiciário (órgão que determina o arquivamento), de se tratar de fato atípico (irrelevante penal) deve ser considerada definitiva. Não há sentido em sustentar que, posteriormente, alguém possa conseguir *novas provas* a respeito de fato já declarado penalmente irrisório.

Em nosso ponto de vista, o mesmo deveria ocorrer se o arquivamento se der por exclusão da ilicitude ou da culpabilidade, afirmando o Ministério Público ao juiz que deixa de denunciar o indiciado ou investigado, tendo em vista inexistir crime. Da mesma forma que a solução acerca da *atipicidade*, cremos estar formada a coisa julgada material, em caso de arquivamento, sem possibilidade de continuidade das investigações no futuro.

35. ACORDO DE NÃO PERSECUÇÃO PENAL

A Lei 13.964/2019 inseriu a possibilidade de haver o acordo de não persecução penal (art. 28-A, CPP), associando-se a outros institutos benéficos ao investigado pela prática de infração penal, como o *sursis* processual e a transação para infrações de menor potencial ofensivo.

Esse acordo pode ser realizado, por proposta do Ministério Público, se o investigado confessar formal e detalhadamente a prática do crime, sem violência ou grave ameaça à pessoa, com pena mínima inferior a quatro anos.

Sendo um benefício, não nos parece que deva o investigado confessar amplamente o crime para fazer o acordo. Afinal, se, depois, não for cumprido, o MP pode denunciá-lo e a confissão já terá sido realizada. Ninguém é obrigado a produzir prova contra si mesmo.

São condições para o pacto: a) reparação do dano ou restituição da coisa à vítima, salvo quando não puder fazê-lo; b) renunciar voluntariamente a bens e direitos apontados pelo Ministério Público como instrumento, produto ou proveito do delito; c) prestar serviços à comunidade, por período correspondente à pena mínima cominada à infração penal, diminuída de um a dois terços; d) pagar prestação pecuniária a entidade pública ou de interesse social; e) cumprir, por prazo determinado, outra condição indicada pelo Ministério Público (cláusula aberta que pode trazer problemas pela ausência de especificação).

Quanto à renúncia a bens e direitos, envolve, basicamente, a *voluntariedade* (atividade realizada livremente, sem qualquer coação) em *renunciar* (desistir da propriedade ou posse de algo) a bens e direitos, que consistam, conforme indicados pelo MP, instrumentos (mecanismos usados para a prática do delito), produto (objeto ou direito resultante diretamente do cometimento do crime) ou proveito (tudo o que resulta de lucro advindo do delito, de maneira indireta) do crime. Como quem indica quais são os bens e direitos a serem renunciados é o Ministério Público, pode ser que não haja acordo. Portanto, segundo cremos, antes de estabelecer qualquer confissão expressa e por escrito, é preciso que o *Parquet* aponte quais são os bens e direitos a serem perdidos. Não compensando ao agente, é melhor não confessar e não realizar o acordo de não persecução penal.

Quanto à cláusula prevista no inciso V do art. 28-A, deve-se frisar que a abertura nunca deu certo a uma condição para se fixar qualquer coisa. Note-se o disposto no art. 79 do Código Penal: "a sentença poderá especificar outras condições a que fica subordinada a suspensão, desde que adequadas ao fato e à situação pessoal do condenado". O referido art. 79 refere-se à suspensão condicional da pena. É muito raro criar-se condição advinda da mente do juiz que fosse razoável e aceita pelo Tribunal. Portanto, dentro do princípio da legalidade, esperamos que o membro do Ministério Público não cometa os mesmos erros que juízes já realizaram por conta do art. 79 do CP.

Quando for apurada a pena mínima, para efeito desse acordo, deve-se levar em consideração as causas de aumento e diminuição conforme o caso concreto (art. 28-A, § 1º, CPP).

Veda-se o acordo nos seguintes casos: a) quando for cabível transação penal, pois, nesta hipótese, trata-se de infração de menor potencial ofensivo, cuja competência é do JECRIM; b) se o investigado for reincidente ou houver provas suficientes de que é criminoso habitual, reiterado ou profissional, salvo em infrações de menor potencial ofensivo; c) ter sido o investigado beneficiado nos 5 anos anteriores ao cometimento da infração em acordo de não persecução penal, transação penal ou suspensão condicional do processo; d) nos delito que envolvam violência doméstica ou familiar, ou praticados contra a mulher (art. 28-A, § 2º, CPP).

O acordo será feito por escrito e assinado pelo membro do MP, pelo investigado e pelo defensor. A homologação desse acordo deve ser feita em audiência, privilegiando-se o princípio da oralidade; o magistrado deve apurar a voluntariedade do investigado, ouvindo-o formalmente, na presença do seu defensor.

Caso o juiz das garantias considerar alguma cláusula inadequada, insuficiente ou abusiva, deve devolver os autos do Ministério Público, a fim de que este reformule a proposta, contando com a aceitação do investigado e seu defensor.

Quando homologado judicialmente, os autos serão encaminhados à execução, no juízo das execuções penais. Recusada a homologação, cabe recurso em sentido estrito pelo Ministério Público.

A vítima será cientificada do acordo homologado e, também, se houver o descumprimento. É mais um ponto no qual se inclui o ofendido no processo penal, em vez de extirpá-lo disso.

Se o acordo não for cumprido, o MP comunica ao juízo para fins de decretação da rescisão e, na sequência, haver oferecimento de denúncia. Se houve o descumprimento, é natural que o Ministério Público não oferte o benefício da suspensão condicional do processo. Quando cumprido, julga-se extinta a punibilidade do investigado.

Esse acordo não gera antecedente criminal e nem constará dos registros, a não ser para evitar outro acordo no período de 5 anos após o primeiro.

A recusa do membro do Ministério Público, atuante em primeiro grau, pode gerar recurso nos moldes do art. 28 ao órgão superior do MP (art. 28-A, § 14, CPP).

SÍNTESE

Inquérito policial: procedimento administrativo realizado pela polícia judiciária para servir de sustentação à denúncia ou queixa, conferindo justa causa à ação penal.

Finalidade: formar a convicção do órgão acusatório (Ministério Público, na ação penal pública, ou do ofendido, através de seu advogado, na ação penal privada) e colher provas urgentes e perecíveis, estas passíveis de uso durante a instrução em juízo.

Fundamento: evitar acusações levianas, garantindo a dignidade da pessoa humana, bem como agilizar o trabalho do Estado na busca de provas da existência do crime e de seu autor.

Características principais: inquisitivo e sigiloso.

Juiz das garantias: figura criada pela Lei 13.964/2019 para fiscalizar todas a investigações criminais, controlando a sua legalidade. Não pode ter nenhuma atividade investigatória e fica encarregado de receber ou rejeitar a peça acusatória. Depois disso, se aceita a denúncia ou queixa, ingressa o juiz da instrução, que julgará o mérito da demanda. Por ora, liminar do STF suspendeu a eficácia do juiz das garantias até que o Plenário da Corte analise o mérito da causa (ADI n. 6.299-DF).

Polícia judiciária: é o organismo policial – estadual ou federal – não militarizado, encarregado da investigação criminal, promovendo a formação do inquérito, identificando-se a ocorrência de um crime e de seu autor.

Indiciamento: é o ato formal que permite à autoridade policial apontar o suspeito da prática de um crime, colhendo a sua qualificação e identificando-o.

Qualificação: é o conjunto dos dados pessoais do indiciado, que permite individualizá-lo, tais como nome, pais, nacionalidade, profissão, endereço, números de registros, dentre outros.

Identificação criminal: trata-se da identificação da pessoa humana por caracteres físicos indiscutíveis, como a impressão dactiloscópica, a fotografia, a colheita de material genético, entre outros.

Acordo de não persecução penal: torna-se mais um benefício ao investigado, que prefere não litigar para provar sua eventual inocência, aceitando algumas condições, após preencher determinados requisitos, a fim de não ser denunciado pelo MP, nem ser condenado pelo juiz.

Capítulo VIII
Ação Penal

 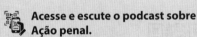

Acesse e escute o podcast sobre Ação penal.

> *https://uqr.to/1y2tm*

1. FUNDAMENTO CONSTITUCIONAL

O acesso ao Poder Judiciário é direito humano fundamental, dispondo o art. 5.º, XXXV, da Constituição Federal, que "a lei não excluirá da apreciação do Poder Judiciário lesão ou ameaça a direito", assegurando-se a todo indivíduo a possibilidade de reclamar do juiz a prestação jurisdicional toda vez que se sentir ofendido ou ameaçado.

Por outro lado, o inciso LIX, do mesmo artigo constitucional, preceitua que "será admitida ação privada nos crimes de ação pública, se esta não for intentada no prazo legal", demonstrando que, a despeito de a ação penal, na esfera criminal, ser da titularidade de um órgão estatal (Ministério Público), é natural que, não agindo o Estado, quando lhe competir fazê-lo, resta ao particular-ofendido (ou seus sucessores, conforme prevê o art. 31, CPP) ingressar em juízo, pois nenhuma lesão será excluída da apreciação do magistrado.

2. CONCEITO DE AÇÃO PENAL

É o direito do Estado-acusação ou do ofendido de ingressar em juízo, solicitando a prestação jurisdicional, representada pela aplicação das normas de direito penal ao caso concreto. Por meio da ação, tendo em vista a existência de uma infração penal precedente, o Estado consegue realizar a sua pretensão de punir o infrator.

Do crime nasce a pretensão punitiva estatal, mas não o direito de ação, que preexiste à prática da infração penal, aliás, como demonstra o direito constitucional (art. 5.º, XXXV, CF). Entretanto, não há possibilidade de haver punição, na órbita penal, sem o devido processo legal, isto é, sem que o Estado ou a parte ofendida, exercitando o direito de ação, proporcione ao acusado o direito ao contraditório e à ampla defesa. Até mesmo quando a Constituição autoriza a possibilidade de transação, em matéria penal, para as infrações de menor potencial ofensivo, pode-se falar em direito de ação, tendo em vista ser o fato criminoso levado ao conhecimento do Poder Judiciário, necessitando da homologação de eventual proposta de acordo feita pelo Ministério Público ao infrator. Além disso, há a fiscalização do cumprimento do acordo, representando, também, a movimentação persecutória do Estado. Em última análise, nos casos encaminhados ao Juizado Especial Criminal, satisfaz o Estado a sua pretensão punitiva, pois o autor de crime ou contravenção termina respondendo pelo que realizou ilicitamente, causando lesão ou ameaça a direito de terceiro.

3. ESPÉCIES DE AÇÃO PENAL

A classificação mais comum das ações penais se faz com base na titularidade do seu exercício, pois é dessa forma que o Código Penal cuida do assunto. No art. 100, estabelece a regra (a ação penal é pública), bem como a exceção (a ação penal é privativa do ofendido quando a lei expressamente indicar). No § 1.º do mesmo artigo, fixa a subdivisão das ações públicas, indicando a regra (a ação será promovida pelo Ministério Público independentemente de qualquer autorização da parte ofendida ou de outro órgão estatal), bem como a exceção (a ação será promovida pelo Ministério Público caso haja autorização do ofendido ou do Ministro da Justiça).

Em suma, pode-se dizer que as ações são: a) públicas, quando promovidas pelo Ministério Público, subdivididas em: a.1) incondicionadas, quando propostas sem necessidade de representação ou requisição; a.2) condicionadas, quando dependentes da representação do ofendido ou de requisição do Ministro da Justiça.

A petição inicial da ação penal, quando proposta pelo Ministério Público, chama-se denúncia; no caso de se tratar de ação penal privada, proposta pelo ofendido, denomina-se queixa (art. 100, § 2.º, CP).

Na essência, o Código Penal não deveria ter cuidado do tema *ação penal*, próprio de ser trabalhado no contexto do processo penal, como, aliás, se encontra no art. 24 do CPP ("nos crimes de ação pública, esta será promovida por denúncia do Ministério Público, mas dependerá, quando a lei o exigir, de requisição do Ministro da Justiça, ou representação do ofendido ou de quem tiver qualidade para representá-lo"). Entretanto, deslocou-se a questão para o âmbito do Direito Penal, em razão do critério de identificação das ações penais, se públicas (incondicionadas ou condicionadas) ou privadas.

Esse critério concentra-se no seguinte: deve-se analisar o tipo penal incriminador existente na Parte Especial do Código Penal (ou em legislação especial); caso não se encontre nenhuma referência à necessidade de representação ou requisição, bem como à possibilidade de oferecimento de queixa, trata-se de ação penal pública incondicionada. Por outro lado, deparando-se com os destaques "somente se procede mediante representação" (ex.: art. 153, § 1.º, CP) ou "procede-se mediante requisição do Ministro da Justiça" (ex.: art. 145, parágrafo único, CP), está-se diante de ação penal pública condicionada. E caso se encontre a especial referência "somente se procede mediante queixa" (ex.: art. 145, *caput*, CP), evidencia-se a ação penal privada.

Em nosso entendimento, melhor teria sido o Código de Processo Penal regular a matéria, indicando critérios próprios para que se pudesse identificar se a ação penal é pública (incondicionada ou condicionada) ou privada. Não é demais ressaltar que o legislador buscou esse caminho, embora parcialmente, ao estipular: "seja qual for o crime, quando praticado em detrimento do patrimônio ou interesse da União, Estado e Município, a ação penal será pública" (art. 24, § 2.º, CPP).

4. AÇÃO PENAL POPULAR

Não há essa possibilidade no processo penal brasileiro, desde que se entenda *ação penal popular* como o direito de qualquer pessoa do povo de promover ação penal visando à condenação do autor da infração penal (aliás, como ocorre na esfera cível com a ação popular). Para tanto, no Brasil, somente o Ministério Público e o ofendido estão legitimados a fazê-lo. Logicamente, caso se conceda a conotação de ação penal a qualquer pedido de tutela jurisdicional feito a juízo criminal, podemos incluir nesse cenário o *habeas corpus*, pois qualquer pessoa do povo está legitimada a ingressar com essa ação constitucional voltada à preservação da liberdade de locomoção.

Historicamente, no entanto, a ação penal popular tem o significado de permitir a qualquer pessoa denunciar crimes de terceiros, exigindo punição. Logo, não há no direito brasileiro. Há posição doutrinária sustentando que a ação desencadeada para apurar crime de responsabilidade, nos termos do art. 14 da Lei 1.079/50, permitindo a qualquer cidadão denunciar o Presidente da República ou Ministros de Estado perante a Câmara dos Deputados, configura ação penal popular (ADA PELLEGRINI GRINOVER, ANTONIO MAGALHÃES GOMES FILHO e ANTONIO SCARANCE FERNANDES, *As nulidades no processo penal*, p. 68). Esclarece, no entanto, ROGÉRIO LAURIA TUCCI que a *denúncia* de qualquer do povo contra agentes políticos não passa de uma *notitia criminis* (comunicação da ocorrência de um delito), uma vez que a proposição acusatória depende de órgão fracionário do Poder Legislativo (*Teoria do direito processual penal*, p. 156).

Realmente, se qualquer pessoa *denunciar* o Presidente da República, por crimes de responsabilidade, somente se os órgãos internos da Câmara dos Deputados derem prosseguimento à delação feita instaurar-se-á processo para apurar o delito apontado. São inúmeros os casos de *denúncia* apresentada, que não são processados por questões políticas, razão pela qual não se pode deduzir a existência de ação penal popular. Aliás, no caso da ação civil popular, não há como deixar de apreciar o pedido do autor, o que inexiste no caso da Lei 1.079/50.

5. PROCESSO, PROCEDIMENTO E PRESSUPOSTOS PROCESSUAIS

Viabiliza-se a ação penal por meio do processo, que segue um procedimento. O *processo* é um instrumento de realização do direito de pedir ao Poder Judiciário a aplicação do direito material ao caso concreto, formatando-se pelos aspectos externo e interno. Externamente, o processo é uma sucessão ordenada de atos dirigida à sentença. Internamente, cuida-se de uma relação estabelecida entre as partes contrapostas – acusação e réu – e o Estado-juiz.

O *procedimento* é a forma e o ritmo dado à sucessão dos atos que buscam a sentença. Pode ser considerado comum ou especial, como veremos no capítulo próprio, significando um andamento mais célere ou mais lento, com várias audiências ou uma única, enfim, espelha a maneira pela qual se dará o desenvolvimento do processo.

Os *pressupostos processuais* são os requisitos necessários para a existência e a validade da relação processual, permitindo que o processo possa atingir o seu fim. Como pressuposto de existência, pode-se citar a constatação da jurisdição, uma vez que apresentar a causa a uma pessoa não integrante do Poder Judiciário nada resolve em definitivo. Como pressuposto de validade, pode-se mencionar a inexistência de suspeição do magistrado, bem como a sua competência para decidir a causa, além da ausência de litispendência e coisa julgada. A Lei 11.719/2008 inseriu, dentre os motivos para a rejeição da denúncia ou queixa, a falta de pressuposto processual (art. 395, II, CPP). Devemos relembrar que alguns dos pressupostos processuais podem ser supridos e sanados, não implicando, necessariamente, a rejeição da peça acusatória.

6. INÍCIO DA AÇÃO PENAL

Dá-se pelo oferecimento da denúncia ou da queixa, independentemente do recebimento feito pelo juiz. Essa afirmativa decorre de vários aspectos, dentre os quais a própria redação do art. 24 do Código de Processo Penal, isto é, a ação será *promovida* (promover = originar, dar impulso, dar causa a alguma coisa, gerar) por denúncia. E o texto constitucional, editado após o Código de Processo Penal, não foge à regra, mencionando que é função institucional do Ministério Público *promover* (dar causa), privativamente, a ação penal pública (art. 129, I, CF). Por vezes, há confusão entre o início da ação penal e seu regular exercício. Ao receber a denúncia ou queixa, o juiz – que não é titular do direito de ação, motivo pelo qual não poderia iniciá-la – nada mais faz do que reconhecer a regularidade do exercício desse direito, podendo-se, então, buscar, através da dilação probatória, a decisão de mérito.

Ao rejeitar a denúncia ou queixa, o Judiciário respondeu à ação da parte, prestou satisfação e aplicou o direito ao caso concreto. Aliás, bem expôs TORNAGHI que "o ato de rejeição faz surgir uma relação entre o juiz e o Ministério Público, mas não vincula o acusado. Não dá, pois, nascimento à *relação processual angular*" (*Curso de processo penal*, v. 1, p. 56, grifamos), o que significa uma relação de ordem jurisdicional entre juiz e promotor e não meramente administrativa, como seria de se supor caso não houvesse ainda ação penal (ou melhor, *direito à jurisdição*, nas palavras de ROGÉRIO LAURIA TUCCI, *Teoria do direito processual penal*, p. 79-81).

Rejeitada a peça acusatória, há possibilidade de interposição de recurso em sentido estrito (art. 581, I, CPP), provocando o tribunal a *dizer* o direito igualmente. Ressalte-se, desde logo, ser o *recurso* nada mais do que o prolongamento do direito de ação, pois pleiteia a parte vencida a revisão do julgado por órgão jurisdicional superior. Se não for dado provimento ao recurso, aplicou-se do mesmo modo a lei ao caso concreto, respondendo ao pleito do interessado.

Outro aspecto a salientar é que, oferecida a denúncia, já não cabe retratação da representação da vítima (art. 25, CPP), tendo em vista ter sido *iniciada* a ação penal. Não poderia, ainda, o representante do Ministério Público oferecer a denúncia e, antes de ser a peça recebida pelo juiz, desistir, pois estaria ferindo o disposto no art. 42 do CPP, como consequência lógica do início da ação penal.

Ainda citando o ensinamento de ESPÍNOLA FILHO nesse contexto: "O pedido de arquivamento, depois de *apresentada* a denúncia, é impossível, traduzindo a desistência da ação penal, que se veda ao Ministério Público" (op. cit., p. 429).

Por derradeiro, no caso da queixa, o início da ação penal serve para interromper a decadência.

Quando o magistrado recebe a denúncia ou a queixa, tem-se por *ajuizada* a ação penal, vale dizer, encontra-se em termos para estabelecer a relação processual completa, chamando-se o réu a juízo. Serve, nesta última hipótese, para interromper a prescrição.

7. CONDIÇÕES GENÉRICAS DA AÇÃO PENAL

A ação penal pública inicia-se com o oferecimento da denúncia. A privada, por seu turno, com o oferecimento da queixa. Considera-se ajuizada a demanda quando o juiz recebe a peça inicial. Aperfeiçoa-se, a partir daí, a relação processual, pois o réu é citado, passando a integrar necessariamente o processo. Ainda que o acusado não o faça pessoalmente, valendo-se do seu direito ao silêncio e deixando de comparecer para ser interrogado, bem como não indicando advogado para patrocinar sua defesa, o juiz nomeará defensor dativo, preservando-se, em qualquer hipótese, o contraditório e a ampla defesa.

Para que ocorra, legitimamente, o recebimento da denúncia ou da queixa, é fundamental a verificação das condições da ação, vale dizer, se estão presentes os requisitos mínimos indispensáveis para a formação da relação processual que irá, após a colheita da prova, redundar na sentença, aplicando-se a lei penal ao caso concreto.

90 | MANUAL DE PROCESSO PENAL · NUCCI

Por vezes, inexiste razão para o ajuizamento da ação penal, muito embora o Judiciário jamais possa impedir o órgão acusatório (Ministério Público ou querelante, que é o ofendido) a apresentar seu pleito (oferecer denúncia ou queixa). E se inexistir motivo fundamentado para o processo seguir seu curso, pois, na esfera criminal, é sempre um constrangimento grave ser *acusado* formalmente da prática de uma infração penal, deve o juiz rejeitar a denúncia ou queixa.

Seus parâmetros para impedir o ajuizamento da ação penal baseiam-se nas condições da ação, que são os requisitos exigidos pela lei para que o órgão acusatório, por meio da ação penal, obtenha do Poder Judiciário uma análise da imputação formulada na denúncia ou na queixa, proferindo decisão de mérito, acolhendo ou rechaçando a pretensão punitiva estatal. Chamam-se *genéricas* as condições válidas para toda e qualquer ação penal. As denominadas *específicas* serão analisadas em tópico separado.

O conteúdo da denúncia ou queixa (a ser mais bem desenvolvido em tópico próprio) é uma imputação, ou seja, a atribuição a alguém da prática de um crime ou contravenção. Para que o juiz possa colher provas e decidir acerca da imputação – se correta ou incorreta, verdadeira ou falsa – torna-se indispensável que analise, previamente, os requisitos para o ajuizamento da ação penal.

São eles: a) possibilidade jurídica do pedido; b) interesse de agir; c) legitimidade de parte. O art. 43 do Código de Processo Penal os previa, embora não o fizesse de maneira ordenada, nem tampouco os denominasse com nomenclatura adequada.

A partir da Lei 11.719/2008 revogou-se o referido art. 43 e o seu conteúdo foi transferido, com alterações, para o art. 395 do CPP.

De maneira ampla, passou-se a prever, como causas para a rejeição da denúncia ou queixa, o seguinte: a) inépcia da denúncia ou queixa; b) ausência de pressuposto processual; c) falta de condição para o exercício da ação penal; d) ausência de justa causa para o exercício da ação penal.

Quanto às condições genéricas da ação, continuamos a sustentar serem as três já indicadas (possibilidade jurídica do pedido, interesse de agir e legitimidade de parte).

7.1 Possibilidade jurídica do pedido

Significa ter o Estado a possibilidade, em tese, de obter a condenação do réu, motivo pelo qual é indispensável que a imputação diga respeito a um fato considerado criminoso.

Demanda-se, assim, que a imputação diga respeito a um fato típico, antijurídico e culpável. Se, à primeira vista, lendo o inquérito, que acompanha a denúncia, não vislumbra o juiz qualquer desses elementos, deve rejeitar a peça acusatória. O pedido é juridicamente impossível, pois não se pode pedir a condenação de alguém por ter praticado conduta penalmente irrelevante.

Há tendência doutrinária no prisma de não mais considerar útil esse entendimento, ou seja, a possibilidade jurídica do pedido – tal como utilizado o conceito no processo civil – deveria ser deixada de lado no processo penal. A justificativa, dentre outras, é que o direito de punir do Estado fundamenta-se, precipuamente, no princípio da legalidade (não há crime sem lei que o defina, não há pena sem lei que a comine, conforme art. 5.º, XXXIX, CF), de modo que, nas palavras de Maria Thereza Rocha de Assis Moura, torna-se desnecessária "para o processo penal, a discussão acerca da possibilidade jurídica como condição da ação e sua identidade ou não com a tipicidade. Esta – não há como deixar de reconhecer – integra o juízo de legitimidade da acusação. E, uma vez ausente, possibilita o trancamento da ação penal por falta de justa causa" (*Justa causa para a ação penal – doutrina e jurisprudência*, p. 188-189). Em síntese, seria mais um problema atinente à justa causa para a ação penal do que, propriamente, um tópico destacado e intitulado *possibilidade jurídica do pedido*.

Parece-nos válida essa afirmativa, reduzindo-se no princípio da legalidade o cerne da acusação legítima, embora não se possa perder de vista o caráter prático da consideração de existência dessa condição da ação penal. Afinal, o pedido formulado pelo órgão acusatório é sempre genérico, baseando-se na condenação do réu, para que uma justa sanção penal lhe seja aplicada. Somente há possibilidade de se permitir o ajuizamento da ação penal, inicialmente, produzindo-se prova ao longo da instrução, caso o pedido seja juridicamente viável, significando dizer que o fato é, em tese, considerado crime.

Havendo demonstração de que não se trata de infração penal, desrespeitado está o princípio da legalidade e é impossível o pedido feito. Pode-se, também, dizer que, nessa hipótese, estaria o juiz produzindo um autêntico julgamento de mérito (afastando a imputação formulada pela acusação), mas o importante é a existência de estágios no processo penal – o que não há, no processo civil –, razão pela qual os institutos precisam ser adaptados a um e outro.

Para haver ação penal, é fundamental existir, ao menos em tese e de acordo com uma demonstração prévia e provisória, uma infração penal. Logicamente, nada impede que, diante do mecanismo existente de produção de prova pré-constituída (inquérito policial ou procedimento legal que o substitua) – para garantia do próprio indiciado –, verifique o juiz não haver possibilidade para o pedido formulado, rejeitando desde logo a denúncia. Invadiu o mérito, porque o primeiro estágio da persecução penal (investigação) trouxe provas suficientes da inviabilidade de realização do segundo estágio, isto é, do ajuizamento da ação, com todo o constrangimento acarretado pela situação ao réu.

A possibilidade jurídica do pedido liga-se apenas à viabilidade de ajuizamento da ação penal para que, ao final, seja produzido um juízo de mérito pelo magistrado, não significando que não possa haver, desde logo, quando for possível, a antecipação dessa avaliação de mérito, encerrando-se de vez a questão, quando as provas permitirem, no interesse do próprio indivíduo.

Acrescente-se, ainda, existir a possibilidade legal de, ultrapassada a fase de recebimento da denúncia ou queixa, o juiz absolver sumariamente o réu, após a apresentação da defesa prévia, dentre outras, pela razão de o fato narrado evidentemente não constituir crime (art. 397, III, CPP).

Por derradeiro, não nos parece correta a visão daqueles que pretendem, no requisito pertinente à possibilidade jurídica do pedido, circunscrever a narrativa do fato ao mero juízo de tipicidade. O Código de Processo Penal faz referência, no campo da absolvição sumária, ao *fato narrado evidentemente não constituir crime* (art. 397, III). Ora, para ser considerado como tal é indispensável a avaliação da tipicidade, ilicitude e culpabilidade.

Ausente um desses elementos o fato nitidamente não é *crime*. E, verificada tal situação, tão logo seja oferecida a peça acusatória, deve-se rejeitá-la.

Exemplificando: caso o promotor apresente denúncia expondo fato que evidencie, desde logo, uma situação de legítima defesa, amparada pelas provas colhidas no inquérito, o magistrado está autorizado a concluir ser o pedido juridicamente impossível, pois o Estado não possui pretensão de punir quem agiu licitamente.

A exceção fica por conta da possibilidade jurídica de aplicação de medida de segurança. Nesse caso, o órgão acusatório pode apresentar ao juiz denúncia onde narre fato praticado por pessoa mentalmente enferma – com insanidade já constatada no curso do inquérito policial – pedindo que, após o devido processo legal, garantindo ao réu a ampla possibilidade de defesa, direito inerente à sua condição de ser humano, independentemente da sua sanidade, seja ele absolvido para a aplicação da medida de segurança cabível. O fato, embora não seja crime (falta o elemento *culpabilidade*), viabiliza a ação penal para que outro tipo de sanção seja aplicado.

O ideal seria o Código de Processo Penal dispor mais adequadamente a respeito da decisão que aplica medida de segurança, pois, como se encontra atualmente, verifica-se uma sentença denominada *absolutória imprópria* (art. 386, parágrafo único, III, CPP), quando, em verdade, poderia ser condenatória para o cumprimento de sanção penal de natureza diversa da pena.

7.2 Interesse de agir

Detecta-se o interesse de agir do órgão acusatório quando houver necessidade, adequação e utilidade para a ação penal.

A necessidade de existência do *devido processo legal* para haver condenação e consequente submissão de alguém à sanção penal é condição inerente a toda ação penal. Logo, pode-se dizer que é presumido esse aspecto do interesse de agir.

Quanto à adequação, o órgão acusatório precisa promover a ação penal nos moldes procedimentais eleitos pelo Código de Processo Penal, bem como com supedâneo em prova pré-constituída. Sem o respeito a tais elementos, embora a narrativa feita na denúncia ou queixa possa ser considerada juridicamente possível, não haverá interesse de agir, tendo em vista ter sido desrespeitado o interesse-adequação.

Quanto ao interesse-utilidade, significa que a ação penal precisa apresentar-se útil para a realização da pretensão punitiva do Estado. Vislumbrando-se, por exemplo, a ocorrência de causa extintiva da punibilidade, é natural deixar o processo de interessar ao Estado, que não mais possui pretensão de punir o autor da infração penal.

7.3 Legitimidade de parte

Ingressando ação penal, deve o juiz certificar-se da legitimidade da parte nos dois polos: ativo e passivo. E mais, necessita verificar a legitimidade para a causa (*ad causam*) e a legitimidade para o processo (*ad processum*).

Quanto à legitimidade para a causa, no polo ativo deve figurar o titular da ação penal: Ministério Público (ação penal pública) ou ofendido (ação penal privada), que pode ser representado ou sucedido por outra pessoa na forma da lei (arts. 30 e 31, CPP). No polo passivo, em face do princípio da intranscendência, deve estar a pessoa contra a qual pesa a imputação, vale dizer, não é parte legítima passiva aquele que não praticou a conduta típica, nem de qualquer forma auxiliou à sua realização.

No tocante à legitimidade para o processo, no polo ativo deve estar o membro do Ministério Público que possua, legalmente, atribuição para tanto (princípio do promotor natural) ou o ofendido, devidamente representado por advogado (caso não esteja atuando em causa própria, isto é, se a própria vítima possuir habilitação profissional), se maior de 18 anos, bem como o ofendido, assistido por seu representante legal (pai, por exemplo), se menor de 18 anos, devidamente representado pelo advogado.

Excepcionalmente, pode haver legitimidade ativa para a causa concorrente, ou seja, mais de uma parte está autorizada legalmente a agir. Logicamente, não podendo haver duas ações penais idênticas contra o mesmo réu, quem o fizer em primeiro lugar, afasta o outro. É o que acontece quando o membro do Ministério Público ultrapassa o prazo legal para o oferecimento de denúncia (art. 46, CPP), legitimando o ofendido a ingressar com queixa-crime (art. 29, CPP). Se este não o fizer, continua autorizado a oferecer denúncia o promotor, figurando, pois, uma legitimação concorrente.

Outra exceção, não convincente, no entanto, é a possibilidade de o funcionário público, ofendido em sua honra no exercício da função, que deveria *sempre*, quando desejasse ver processado o ofensor, representar ao Ministério Público, para que este promovesse a ação penal pública (art. 145, parágrafo único, CP), valer-se de ação penal privada, ficando a seu critério a escolha. Assim, tem entendido o Supremo Tribunal Federal caber ao funcionário optar entre provocar o Ministério Público para que a ação seja proposta ou contratar ele mesmo um advogado para ingressar com queixa. Em nosso *Código Penal comentado* (nota 73 ao art. 145), criticamos essa possibilidade e mencionamos julgados num e noutro sentido, pois não nos parece indicada essa eleição – e nítida exceção –, não admitida em outros casos. Entretanto, o Supremo Tribunal Federal, consolidando sua posição, editou a Súmula 714: "É concorrente a legitimidade do ofendido, mediante queixa, e do Ministério Público, condicionada à representação do ofendido, para a ação penal por crime contra a honra de servidor público em razão do exercício de suas funções".

Destaca o art. 37 do Código de Processo Penal expressamente que a pessoa jurídica pode figurar no polo ativo da ação penal, ajuizando queixa no caso de ação penal privada (ex.: pessoa jurídica como vítima de calúnia – art. 138, CP, quando se tratar de delito ambiental) ou no caso de ação penal pública, quando ficar inerte o Ministério Público. É a hipótese da ação penal privada subsidiária da pública (ex.: pessoa jurídica é vítima de furto, não atuando a tempo o promotor). Prevê, ainda, o mesmo dispositivo que a ação penal pode ser ajuizada diretamente pela pessoa jurídica, através da queixa, mas nada dispõe a respeito da possibilidade de a pessoa jurídica representar, legitimando o Ministério Público a agir. Nada impede que, aplicando-se a analogia, chegue-se a idêntica possibilidade (ex.: pessoa jurídica sofre furto de coisa comum – art. 156, CP).

Como regra, as pessoas jurídicas, ao se constituírem, deixam claro, no contrato social ou nos estatutos, quem vai representá-las em juízo. Não havendo essa previsão,

MANUAL DE PROCESSO PENAL · **Nucci**

pode valer-se da ação penal, agindo em nome da empresa, qualquer diretor ou sócio-gerente, com poderes de administração.

7.4 A justa causa para a ação penal

Embora grande parte da doutrina venha confundindo a justa causa simplesmente com o interesse de agir, parece-nos correta a lição de Maria Thereza Rocha de Assis Moura, sustentando que a justa causa, em verdade, espelha uma *síntese* das condições da ação. Inexistindo uma delas, não há justa causa para a ação penal (*Justa causa para a ação penal – doutrina e jurisprudência*, p. 221).

Portanto, sob esse prisma, soa-nos ilógica a atual disposição do art. 395 do CPP. Deve-se rejeitar a denúncia ou queixa se faltar condição para o exercício da ação penal (inciso II) ou faltar justa causa para o exercício da ação penal (inciso III). Ora, um inciso se subsume no outro. Se faltar justa causa significa não haver alguma das condições para o exercício da ação penal. E, por outro prisma, inexistindo qualquer das condições para o exercício da ação penal, não há justa causa.

8. CONDIÇÕES ESPECÍFICAS DA AÇÃO PENAL

Determinadas ações penais, como é o caso, ilustrando, das públicas condicionadas, dependem do preenchimento de certos requisitos que vão além dos genéricos. Neste caso, para que o Ministério Público possa oferecer denúncia, torna-se fundamental constatar a existência de representação do ofendido ou de requisição do Ministro da Justiça, conforme o caso. Inexistente a representação, quando a lei assim demandar, falta condição específica para a ação penal, cabendo a rejeição da denúncia.

Na verdade, se refletirmos bem, as condições específicas da ação penal não passam de uma particular possibilidade jurídica do pedido. O Ministério Público somente encontra viabilidade para demandar do Poder Judiciário a apreciação do seu pedido condenatório, diante da imputação de um crime a alguém, quando a vítima oferece sua *autorização*. Sem esta manifestação de vontade, é juridicamente impossível que o pedido seja apreciado, logo, que a ação penal seja ajuizada.

As condições específicas da ação penal também são denominadas de *condições de procedibilidade*, aplicáveis a alguns crimes apenas. Exemplos: existência de representação da vítima ou requisição do Ministro da Justiça (ação pública condicionada); ingresso do estrangeiro no território nacional, no caso de extraterritorialidade condicionada; efetivação da prisão, no caso do processo de extradição etc. Elas são, na essência, condições referentes à possibilidade jurídica do pedido. Assim, quando não está presente uma condição de procedibilidade, significa que inexiste possibilidade jurídica para ser ajuizada ação penal. Nessa visão: Vicente Greco Filho, *Manual de processo penal*, p. 99; Ada Pellegrini Grinover, Antonio Magalhães Gomes Filho e Antonio Scarance Fernandes, *As nulidades no processo penal*, p. 64 e 67. Esclarece Hélio Tornaghi, quanto ao significado da expressão *condições de procedibilidade*, que teria sido criada por autores que sustentam não fazerem elas parte do tipo, não constituindo elemento do crime, embora seja exigida para o início da ação penal (*A relação processual penal*, p. 246).

9. REPRESENTAÇÃO DO OFENDIDO

A representação da vítima faz parte do contexto das condições específicas da ação penal, constituindo uma autêntica *delatio criminis* postulatória, pois quem formula a representação não somente informa a ocorrência de um crime à autoridade, mas também pede que seja instaurada a persecução penal (Cf. Frederico Marques, *Elementos de direito processual penal*, v. 1, p. 316; ROGÉRIO LAURIA TUCCI, *Teoria do direito processual penal*, p. 125). Pode ser oferecida por procurador do ofendido, desde que tenha poderes especiais, não necessitando ser advogado, mas apenas pessoa maior de 18 anos.

Demonstra o Código de Processo Penal que a representação pode ser ofertada perante autoridade policial, promotor ou magistrado não competente para investigar, oferecer ou receber a denúncia, o que se afigura razoável, pois a manifestação de vontade da vítima é somente uma condição de procedibilidade e não a petição inicial, que inaugura um processo. Logo, se está depondo, acerca de fato diverso, contra réu diferente do agressor, é possível oferecer sua representação contra outra pessoa. O juiz colhe os dados e oficia ao magistrado competente para apurar o caso. Este, por sua vez, deverá requisitar inquérito ou enviar o material recebido diretamente ao promotor para as providências cabíveis. O mesmo se dá com o delegado da Comarca onde mora a vítima, por exemplo. Ouvindo-a, remete as peças para a autoridade policial do lugar da infração, competente para instaurar o inquérito.

A representação não exige rigorismo formal, ou seja, um termo específico em que a vítima declare expressamente o desejo de representar contra o autor da infração penal. Basta que, nas declarações prestadas no inquérito, por exemplo, fique bem claro o seu objetivo de dar início à ação penal, legitimando o Ministério Público a agir. Outra situação possível: o ofendido pode comparecer à delegacia, registrar a ocorrência e manifestar expressamente, no próprio boletim, o seu desejo de ver o agressor processado. Entretanto, para que dúvida não paire, o ideal é colher a expressa intenção do ofendido por termo, como deixa claro o § 1.º do art. 39 do CPP. Deve a representação conter todos os dados do fato delituoso e do seu autor para a autoridade – em regra, a policial, uma vez que as pessoas, de um modo geral, não têm acesso direto ao promotor e ao juiz no fórum, além do que, para a ação penal, o inquérito servirá de fundamento.

Existe possibilidade de apresentação de representação oral, devendo o interessado comparecer na delegacia de polícia, manifestando, verbalmente, à autoridade policial, seu desejo de ver processado determinado autor de fato criminoso do qual tenha sido vítima. É preciso, pois, que o delegado reduza esse intento por escrito, fazendo-o por termo, colhendo a assinatura do representante. Em juízo, pode o magistrado fazer o mesmo, o que, no entanto, é mais raro. Quando a representação é formulada em um depoimento prestado, já se está reduzindo a termo as declarações, sendo providência inútil elaborar outro termo somente para contê-la.

Finalmente, se o representante se dirigir diretamente ao Ministério Público, pode o próprio promotor colher as declarações, reduzindo-as a termo, sem necessidade de que isso seja feito pela autoridade policial ou judiciária, como está a indicar esta norma processual penal. Por outro lado, admite-se seja feita por escrito, sem necessidade de redução a termo, quando contiver a assinatura do representante, com firma reconhecida, contendo, logicamente, todos os dados do fato e do seu autor.

Quanto à amplitude da representação, uma vez que o ofendido manifestou à autoridade policial, ao promotor ou ao juiz a sua vontade de ver processar o seu agressor, narrando determinados fatos, não pode o órgão acusatório, posteriormente, descobrindo outros fatos criminosos relacionados ao primeiro, também de ação pública condicionada, *alargar* o seu âmbito, legitimando-se a denunciar o agente por mais delitos do que constava na representação original. Seria contornar o caráter da ação penal, que é *condicionado* à representação, dando-lhe aspecto de ação pública incondicionada (Cf. ROGÉRIO LAURIA TUCCI, *Teoria do direito processual penal*, p. 132).

Porém, apresentada a representação contra um dos coautores ou partícipes, autoriza o Ministério Público a oferecer denúncia contra todos os agentes. Decorre tal situação da obrigatoriedade da ação penal pública, razão pela qual não se pode escolher qual dos vários coautores merece e qual não merece ser processado. Parte da doutrina invoca a indivisibilidade da ação penal para justificar tal situação, embora prefiramos sustentar a existência da obrigatoriedade. O promotor, dispondo de autorização para agir contra um, em crime de ação pública condicionada, está, automaticamente, legitimado a apurar os fatos e agir contra todos.

Pensamos que a indivisibilidade da ação penal é mais apropriada para o contexto da ação privada, quando a vítima pode optar, livremente, entre ajuizá-la ou não, prevalecendo o princípio da oportunidade. E, nesta situação, porque a eleição é feita pela parte ofendida, atendendo a critérios discricionários, impõe o Estado que, promovida contra um, seja também ajuizada contra os outros, para que não haja a indevida prevalência da vingança ou de acordos despropositados e desonestos. O promotor, por sua vez, devendo sempre agir contra todos os que cometem delitos de ação pública, legitimado a fazê-lo contra um, está obrigado a agir contra os demais.

Quando o ofendido é menor de 18 anos, não possuindo capacidade postulatória, são outras as pessoas que, legalmente, podem manifestar a vontade em seu lugar: ascendente, tutor ou curador, conforme art. 24, *caput*, parte final, do CPP.

Em caso de morte ou ausência do ofendido, prevê o art. 24, § 1.º, do Código de Processo Penal, poder o membro de sua família (cônjuge, ascendente, descendente ou irmão) assumir a posição de parte interessada, na ordem de preferência dada pela lei, para apurar o fato delituoso e sua autoria. O mesmo se diga com relação ao ofendido declarado ausente por decisão judicial, conforme dispositivos específicos do Código Civil.

Desaparecendo uma pessoa de seu domicílio, sem que dela se tenha notícia, se não houver deixado procurador ou representante e visando à administração dos bens, o juiz, a requerimento de qualquer interessado ou do Ministério Público, declarando a ausência, pode nomear-lhe curador (art. 22, CC). Identicamente, quando o ausente deixar mandatário que não queira ou não possa exercer ou continuar no exercício do mandato, bem como se seus poderes forem insuficientes (art. 23, CC). Passado um ano da arrecadação dos bens do ausente, ou, caso tenha deixado representante ou procurador, três anos, sem que se saiba do seu paradeiro, podem os interessados requerer a declaração de ausência e a abertura provisória da sucessão (art. 26, CC). Dez anos depois de passar em julgado a sentença que concede a abertura da sucessão provisória, ainda sem notícia, podem os interessados requerer a transformação da sucessão provisória em definitiva (art. 37, CC), o que também ocorrerá se ficar demonstrado que o ausente conta 80 anos de idade e datam de 5 anos as últimas notícias suas (art. 38, CC). Preleciona, ainda, o art. 6.º do Código Civil que a existência da pessoa natural termina com a morte. Presume-se esta, no entanto, no caso da ausência e, também, quando for extremamente provável a morte de quem estava em perigo de vida (art. 7.º, I, CC), bem como quando alguém, desaparecido em campanha ou feito prisioneiro, não for encontrado até dois anos após o término da guerra (art. 7.º, II, CC).

A ordem de preferência para apresentação da representação é a seguinte: cônjuge, ascendente, descendente e irmão. Entretanto, parece-nos razoável o entendimento de que, não desejando representar o cônjuge, por exemplo, possa fazê-lo o pai da vítima falecida. E assim sucessivamente. Em caso de discordância – se deve ou não haver a representação –, parece-nos deva prevalecer a vontade daquele que deseja a representação. Não teria sentido que a lei tivesse estipulado uma ordem de sucessão rígida, entregando ao cônjuge, em primeira e última análise, a conveniência da representação. Depois, aos pais; em seguida, aos filhos; finalmente, aos irmãos.

Quanto ao prazo de representação dos sucessores, utiliza-se o mesmo critério para o início da ação penal privada (consultar o item 11.7 infra).

A representação, que é a comunicação de um crime à autoridade competente, solicitando providências para apurá-lo e punir o seu autor, deve ser feita pela vítima, seu representante legal ou sucessor, como já exposto. Uma vez realizada, autoriza a instauração de inquérito policial para investigar o fato criminoso. Entretanto, é viável a ocorrência de retratação, isto é, pode o ofendido ou seu representante legal, *antes* do oferecimento da denúncia, voltar atrás retirando a autorização dada ao Ministério Público.

Não deixa de ser válida, para tanto, a retratação tácita, que ocorre no momento em que a vítima se reconcilia com o agressor, demonstrando implicitamente não ter mais interesse na sua punição. Esta não é posição pacífica, no entanto. Há jurisprudência em sentido contrário, desautorizando a retratação tácita, já que não prevista expressamente essa forma em lei.

Questão interessante é a possibilidade de ocorrência da retratação da retratação, que significa, na prática, o oferecimento de nova representação após ter o ofendido voltado atrás quanto à primeira. Trata-se de hipótese possível de ocorrer. Imagine-se a vítima que, após ter ofertado representação, arrependeu-se. Ocorre que, ainda dentro do prazo de seis meses (prazo decadencial, conforme art. 38, CPP), volta atrás e resolve oferecer nova representação. Deve ser recebida, pois não há vedação legal para isso, razão pela qual, dentro dos limites do razoável, sem que se valha a vítima da lei para extorquir o autor da infração penal, enfim, dentro do que se afigura justo, é possível que haja a retratação da retratação. Nessa ótica: Mirabete (*Código de Processo Penal interpretado*, p. 69), Rogério Lauria Tucci (*Teoria do direito processual penal*, p. 131), Damásio Evangelista de Jesus (*Código de Processo Penal anotado*, p. 25), Nestor Távora e Rosmar Rodrigues Alencar (*Curso de direito processual penal*, p. 216), Renato Marcão (*Curso de processo penal*, p. 143).

Cremos, no entanto, que a retratação da retratação pode ser considerada inviável se ficar evidenciada a má-fé do ofendido, que vem ameaçando o agente e conseguindo vantagens, graças à possibilidade de "ir e vir" no seu desejo de representar.

Contrariamente, está a posição de Tourinho Filho, dizendo que a retratação da representação equivale a uma autêntica renúncia ou perdão, de modo que extinta estaria a punibilidade do agente, não se podendo voltar atrás (*Código de Processo Penal comentado*, v. 1, p. 85).

Vale destacar, por fim, que a representação confere ao promotor autorização para agir e não obrigatoriedade. Assim, caso inexistam provas suficientes para a propositura da ação penal, após esgotarem-se os meios investigatórios, pode o representante do Ministério Público requerer o arquivamento. Determinado este, não tem a vítima o direito de ingressar com ação privada subsidiária da pública, uma vez que o promotor cumpriu sua função a tempo.

10. REQUISIÇÃO DO MINISTRO DA JUSTIÇA

Para alguns poucos casos, previu-se que haja a participação discricionária de órgão do Poder Executivo, conferindo autorização para a atuação do Ministério Público, diante da complexidade do tema e da conveniência política de se levar o caso à apreciação do Poder Judiciário. Portanto, a requisição é a *exigência legal* que o Ministro da Justiça encaminha ao Ministério Público de que seja apurada a prática de determinada infração penal e sua autoria.

Não deixa de ser uma *delatio criminis* postulatória (cf. ROGÉRIO LAURIA TUCCI, *Teoria do direito processual penal*, p. 124). Trata-se de uma condição para o exercício do direito de ação (art. 395, II, CPP). É o que acontece, ilustrativamente, quando há crime contra a honra do Presidente da República ou de chefe de governo estrangeiro (art. 145, parágrafo único, 1.ª parte, do CP). Observe-se que, feita a requisição, isso não significa que o Ministério Público agirá automaticamente. Havendo provas suficientes a fundamentar a ação penal, segundo o princípio da obrigatoriedade, deve o Ministério Público ofertar denúncia; porém, havendo falta de justa causa para o início da ação, deve ser requerido o arquivamento da requisição e das provas que a acompanharam ou do inquérito, caso este tenha sido instaurado por conveniência da formação da *opinio delicti* do órgão acusatório. Diante do silêncio da lei, a qualquer tempo, enquanto não estiver extinta a punibilidade do agente (como pode ocorrer com o advento da prescrição), pode o Ministro da Justiça encaminhar a requisição ao Ministério Público.

Quanto à possibilidade de retratação da requisição, cremos admissível. É verdade que a lei menciona ser retratável, até a oferta de denúncia, apenas a representação (art. 25, CPP), embora não vejamos qualquer óbice de se aplicar, por analogia, o mesmo dispositivo à requisição. Note-se que esta é apresentada em função de ato puramente discricionário e da conveniência política do Poder Executivo, razão pela qual, sob o mesmo argumento, poderia haver a retratação, desde que a denúncia não tenha sido oferecida e até que haja a extinção da punibilidade do agente. Se o particular pode retratar-se da representação já formulada, não há impedimento algum para que o

Ministro da Justiça faça o mesmo. Ademais, até o Ministro da Justiça pode deixar o cargo, razão pela qual a orientação de provocar a retratação pelo novo titular da Pasta deve prevalecer.

Confira-se a lição de CARLOS FREDERICO COELHO NOGUEIRA: "Com efeito, tratando-se a requisição do Ministro de um ato administrativo discricionário, não há motivos para se fixar sua irrevogabilidade ou sua irretratabilidade. Se o MJ não é obrigado a requisitar a ação penal ao Ministério Público não é obrigado a mantê-la depois de apresentada. Se tem o juízo de conveniência e oportunidade para requisitar a ação penal também o tem para retirar sua requisição" (*Comentários ao Código de Processo Penal*, p. 461-462). Contrariamente: MIRABETE (*Código de Processo Penal interpretado*, p. 66); FREDERICO MARQUES (*Elementos de direito processual penal*, v. 1, p. 316), ROGÉRIO LAURIA TUCCI (*Teoria do direito processual penal*, p. 124) e TOURINHO FILHO, sustentando que "um ato administrativo, como é a requisição, partindo do Governo, através do Ministro da Justiça, há de ser, necessariamente, um ato que se revista de seriedade. Dispondo de larga margem de tempo para encaminhá-la ao Ministério Público, de certo terá oportunidade para julgar das suas vantagens ou desvantagens. Assim, sua revogação ou retratação demonstraria que a prematura requisição foi fruto de irreflexão, de leviana afoiteza, o que não se concebe nem se deve conceber..." (*Código de Processo Penal comentado*, v. 1, p. 86).

11. AÇÃO PENAL PRIVADA E SUAS PARTICULARIDADES

O Estado legitima o ofendido a agir em seu nome, ingressando com ação penal e pleiteando a condenação do agressor, em hipóteses excepcionais. Verificamos em todas elas que há o nítido predomínio do interesse particular sobre o coletivo. É certo que, havendo um crime, surge a pretensão punitiva estatal, mas não menos verdadeiro é que existem certas infrações penais cuja apuração pode causar mais prejuízo à vítima do que se nada for feito. O critério, portanto, para se saber se o Estado vai ou não exercer a sua força punitiva depende exclusivamente do maior interessado.

Como exemplo, analisemos os crimes contra a honra, tipicamente de ação privada. Cometida a injúria, interessa ao ofendido que o Estado atue, punindo o ofensor? Em jogo está o bem jurídico *honra subjetiva* (autoestima, amor-próprio), algo cristalinamente individual. A existência da figura típica do crime de injúria é necessária, pois se evita, com isso, a realização de *justiça pelas próprias mãos*, ou seja, se o ofendido realmente desejar providências punitivas, não será ele a realizá-las, mas o Estado, oficialmente, após o devido processo legal. Ocorre que, por se tratar de ofensa, a mera existência do processo-crime que, por natureza e regra é público, pode provocar maior alarde e mais desgaste emocional à vítima do que simplesmente o esquecimento do acontecido.

Em suma, andou bem o legislador ao permitir que, em determinados casos, o ofendido tenha a iniciativa exclusiva da ação penal. Mas tomou suas cautelas. O direito de ação não se tornou livre, sem controle, arbitrário. É regido por regras e freios, que veremos a seguir: decadência, renúncia, perdão e peremação.

11.1 Decadência

É a perda do direito de agir, pelo decurso de determinado lapso temporal, estabelecido em lei, provocando a extinção da punibilidade do agente. Na realidade, enquanto a decadência faz perecer o direito de ação, que, indiretamente, atinge o direito de punir do Estado, já que este não pode prescindir do *devido processo legal* para aplicar sanção penal a alguém, a prescrição, quando ocorre, atinge diretamente o direito de punir estatal.

A decadência envolve todo tipo de ação penal privada (exclusiva ou subsidiária), abrangendo também o direito de representação, que ocorre na ação penal pública condicionada. No caso da ação privada subsidiária da pública, como já visto, deve-se destacar que o particular ofendido pode decair do seu direito de apresentar queixa, tão logo decorra o prazo de seis meses, contado a partir da finalização do prazo legal para o Ministério Público oferecer denúncia, embora não afete o direito do Estado-acusação, ainda que a destempo, de oferecer denúncia. O prazo decadencial fixado, como regra, é de seis meses, embora existam outros especiais: a) seis meses, a partir do trânsito em julgado da sentença que, por motivo de erro ou impedimento, anule o casamento – art. 236, parágrafo único, CP; b) 30 dias, a contar da homologação do laudo (art. 529, *caput*, CPP), é o prazo para a queixa no caso de crime contra a propriedade imaterial, embora incida também o prazo de seis meses, antes de principiar o de 30 dias.

A contagem do prazo decadencial, embora seja um prazo processual, que cuida do exercício do direito de ação, possui nítidos reflexos no direito penal, uma vez que é capaz de gerar a extinção da punibilidade. Portanto, conta-se nos termos do art. 10 do Código Penal, incluindo-se o dia do começo e excluindo-se o dia final, valendo-se a contagem do calendário comum. Exemplificando, se alguém toma conhecimento da autoria do crime de calúnia, no dia 10 de março, vence o prazo para apresentar queixa no dia 9 de setembro. Não há interrupção por força de feriados, fins de semana, férias forenses ou qualquer outro motivo de força maior.

O marco inicial da decadência é o dia em que a vítima souber quem é o autor do crime. O mesmo critério deve ser aplicado aos sucessores do ofendido, caso este morra ou seja considerado ausente. Havendo dúvida, resolve-se em favor do ajuizamento da ação. Note-se que, por vezes, a lei pode estabelecer outro critério especial, como ocorre no caso do crime de induzimento a erro essencial e ocultação de impedimento, previsto no art. 236 do Código Penal. Preceitua o parágrafo único que "a ação penal depende de queixa do contraente enganado e não pode ser intentada senão depois de transitar em julgado a sentença que, por motivo de erro ou impedimento, anule o casamento".

Ocorre a finalização de cômputo do prazo decadencial quando há o oferecimento de queixa ao juízo. Prescinde-se de despacho judicial ou recebimento da queixa, bastando a distribuição no fórum. É a melhor solução, mormente nos dias de hoje, em que há excesso de serviço em todos os setores do Poder Judiciário e somente para a queixa ser encaminhada à Vara eleita pela distribuição, com registro, autuação, e envio dos autos à decisão do magistrado, há tempo suficiente para completar o prazo decadencial, mormente quando a ação é protocolada nos dias finais.

A demora na conclusão do inquérito – que também pode ser indispensável para a propositura da ação penal privada – não interrompe a decadência. Todavia, constatada a lentidão da polícia judiciária, sem qualquer responsabilidade do querelante, cremos razoável admitir-se que haja o oferecimento da queixa, interrompendo-se o prazo decadencial, desde que se ofereça prova de que o inquérito está sendo realizado e, em breve, será finalizado. O juiz, então, passa a controlar o prazo do inquérito, exigindo a sua conclusão para que possa apreciar se recebe ou rejeita a queixa. Privar a vítima do direito de ação por conta da inépcia do próprio Estado é tão injusto quanto fazer o juiz receber contra o querelado uma queixa desprovida de fundamento.

Se a queixa for oferecida a juiz incompetente, em função do território (competência relativa) e não em razão da matéria ou do privilégio de foro (competência absoluta), cremos razoável ter força para interromper o prazo decadencial, desde que seja o próprio juiz a remeter os autos a outro magistrado, sem que o processo finde. Caso a parte desista da ação, propondo outra no foro correto, é preciso estar dentro do prazo de seis meses, pois nova demanda está sendo ajuizada e a interrupção perdeu efeito.

No contexto do crime continuado, deve-se contar o prazo decadencial individualmente, ou seja, com relação a cada um dos delitos cometidos, sem a visão do conjunto, do mesmo modo que se computa a prescrição, conforme estipula o art. 119 do Código Penal. Quanto ao delito permanente, o ideal é computar o prazo decadencial da data em que o ofendido souber quem é o autor do delito e não da data em que cessar a permanência, que é o critério usado para o cômputo do prazo prescricional (art. 111, III, CP). Se decorrerem os seis meses, extingue-se a punibilidade, mas se o delito persistir após esse prazo é natural que, sendo permanente, continua a viabilidade de a ação penal ser ajuizada, embora somente com relação aos fatos posteriores aos seis meses vencidos. Em face do crime habitual (reiteração de atos que, individualmente considerados, não têm relevância, configurando-se somente quando, numa visão de conjunto, forma-se a habitualidade, demonstrativa do estilo de vida do agente, como, por exemplo, o curandeirismo – art. 284, CP), torna-se difícil para a vítima saber quando o crime está consumado ou não, embora se possa ter noção de quem é o seu autor. Assim, cabe-lhe, em seis meses, contados dessa ciência, ingressar com a ação penal. Para ter certeza de que há materialidade, deve requerer a instauração de inquérito policial para apurar a infração. Não há razão para computar os seis meses somente a partir do momento em que cessar a conduta reiterada e habitual do agente, se a autoria já era previamente conhecida.

Mencionamos linhas atrás que o menor de 18 anos não tem legitimidade para ingressar sozinho em juízo. Assim, caso seja vítima de delito de ação privada, deve contar com a atuação do seu representante legal ou do curador especial. E assim sendo, é possível que o prazo decadencial tenha início quando o ofendido ainda não tem 18 anos, mas seu representante legal já tomou ciência de quem é o autor da infração penal. Nessa situação é preciso cautela. Se o prazo de decadência iniciou e terminou quando a vítima tinha menos de 18 anos, não sendo legitimada a agir, mas somente o seu representante, que ficou inerte, há que se computar o seu prazo integral de seis meses, a contar da data em que atingir a capacidade processual penal. Isto porque os prazos são independentes: um para o representante e outro para o menor ofendido. Assim, ao completar 18 anos, tem reavivado o prazo decadencial finalizado para o seu representante.

Outro prisma: se o ofendido completa 18 anos na vigência do prazo decadencial, já iniciado no tocante ao seu representante legal (tinha 17 anos e 9 meses na época do crime), recebe os 6 meses integrais, para poder representar ou ajuizar queixa contra o ofensor. Isso se dá – ressalte-se novamente – porque os prazos são independentes. Completando 18 anos na vigência do período decadencial é justo que possua os 6 meses completos, visto que, anteriormente, não podia agir. Nessa ótica: Mirabete, *Código de Processo Penal interpretado*, p. 87. Em sentido contrário, defendendo prazo único para os dois: Tourinho Filho (*Código de Processo Penal comentado*, v. 1, p. 104).

11.2 Renúncia

Renunciar significa desistir ou abdicar de algo. No contexto processual penal, demonstra que a vítima se recusa a tomar providência contra o seu agressor, em se tratando de crime de ação penal privada.

A renúncia ocorre *sempre antes* do ajuizamento da ação. Se a desistência vier depois, chama-se perdão (ver próximo tópico – 11.3). Por variadas razões pode assim agir o ofendido: porque julga inconveniente o processo, porque perdoou a atitude do ofensor ou ainda por qualquer outro motivo que lhe evidencia a inutilidade do processo contra o autor da infração penal.

Logicamente, pode simplesmente deixar escoar o prazo decadencial – como regra, seis meses –, para viabilizar a extinção da punibilidade, embora possa, antes disso, de maneira expressa ou tácita, demonstrar nitidamente que nada fará contra o agressor. Assim, renunciando com relação a um, beneficiados estarão os outros eventuais coautores, em homenagem à indivisibilidade da ação penal privada. A punibilidade de todos se extingue. Trata-se de ato unilateral do ofendido, que não depende de aceitação do ofensor.

A renúncia pode ser expressa ou tácita. Se o fizer de maneira expressa, pode tanto ingressar com petição, ainda durante a fase do inquérito policial, deixando claro que desiste de agir contra o ofensor (art. 104, CP), como pode dirigir uma carta ao agressor demonstrando seu intuito. Exige a lei que o ofendido apresente declaração assinada por si ou por procurador com poderes especiais (não é necessário ser advogado).

Por outro lado, de modo tácito, o ofendido pode reconciliar-se com o agressor, deixando isso evidente através de atitudes e gestos, como, por exemplo, convidá-lo para ser padrinho de seu casamento (art. 104, parágrafo único, CP).

No primeiro caso (petição ou carta), deixou nítida a intenção (renúncia expressa); no segundo (gestos), mostrou o intuito implicitamente, pois tomou atitude incompatível com o desejo de processar alguém (renúncia tácita). A lei deixa claro que a renúncia não implica em abdicação do direito de recebimento da indenização civil do dano causado pelo crime (art. 104, parágrafo único, *in fine*, CP).

Entretanto, no caso de infrações de menor potencial ofensivo, o acordo para a composição dos danos civis implica em renúncia, nos termos do art. 74, parágrafo único, da Lei 9.099/95: "Tratando-se de ação penal de iniciativa privada ou de ação penal pública condicionada à representação, o acordo homologado acarreta a renúncia ao direito de queixa ou representação".

Para a demonstração da ocorrência de renúncia tácita, são admitidos todos os meios de prova lícitos. Normalmente, se há renúncia tácita – como na hipótese de a vítima convidar o agressor para ser seu padrinho de casamento – não haverá oferecimento de queixa. Mas, na eventualidade de, ainda assim, a queixa ser apresentada no prazo de seis meses, pode o agente demonstrar ter havido renúncia tácita, contando com o depoimento das pessoas que compareceram à cerimônia, além de fotos, filmes etc.

Pode, ainda, a renúncia ser considerada procedimental (ocorre no bojo de algum procedimento, como o inquérito) ou extraprocedimental (quando se viabiliza fora dele, como no envio de uma carta).

Quando se configurar a renúncia, havendo inquérito, o juiz cuidará de findar a investigação, julgando extinta a punibilidade do agente. Inexistindo inquérito, pode-se provocar o juiz apenas com o fito de julgar extinta a punibilidade, embora o mais comum seja simplesmente nada fazer, deixando-se de registrar a ocorrência do fato delituoso.

11.3 Perdão

Perdoar significa desculpar ou absolver. No caso da ação penal privada exclusiva, equivale à desistência da demanda, o que somente pode ocorrer quando a ação já está iniciada. É ato bilateral, exigindo, pois, a concordância do agressor (querelado). Enquanto a queixa não for ofertada, é caso de renúncia; após, fala-se em perdão. O art. 105 do Código Penal é expresso ao mencionar que o perdão *obsta ao prosseguimento* da ação, subentendendo-se que deve ela estar iniciada.

A aceitação do perdão pode ser feita por procurador com poderes especiais, não havendo necessidade de ser o advogado do querelado, bastando que seja pessoa consti-tuída como procuradora, com poderes especiais para aceitar o perdão ofertado (art. 55, CPP). O defensor dativo e o advogado, sem tais poderes específicos, não podem acolher o perdão do querelante.

Cremos que, assim como a renúncia, deveria ser ato unilateral, pois, perdendo o interesse em prosseguir na demanda, de nada adianta haver continuidade, caso o que-relado recuse o perdão. Aliás, ressalte-se que o querelante (vítima) pode incorrer em perempção (ver tópico 11.4 abaixo), razão pela qual, de um modo ou de outro, pode provocar a extinção da punibilidade do querelado.

O limite para a ocorrência do perdão é o trânsito em julgado da sentença conde-natória (art. 106, § 2.º, do CP).

Pode dar-se o perdão de forma expressa ou tácita. No primeiro caso, é viável a sua concessão no processo ou fora dele. Caso se trate de perdão processualmente concedido, instrumentaliza-se por petição, assinada pelo ofendido ou por procurador com poderes especiais. Assim fazendo, intima-se o querelado a se manifestar em três dias, cientifi-cando-se que o seu silêncio importará em aceitação (art. 58, CPP). Essa intimação deve ser pessoal, exceto quando a procuração outorgada ao advogado do querelado traga poderes específicos para aceitar perdão eventualmente oferecido, situação que viabiliza a intimação do defensor para o ato.

Na situação de perdão concedido fora do processo, deve o querelante firmar um termo, demonstrativo da desistência da ação, o que faz pessoalmente ou por procurador com poderes especiais. Do mesmo modo que o perdão pode ser extraprocessual, é possível que a aceitação também ocorra fora dos autos do processo. Imagine-se que o querelante manifesta o perdão nos autos. Intimado o querelado, ao invés de oferecer resposta no processo, encaminha carta, assinada de próprio punho, diretamente ao querelante, aceitando o perdão. A juntada aos autos da referida carta do querelado, autoriza o juiz a julgar extinta a punibilidade.

Na segunda hipótese (perdão tácito), o querelante toma atitudes incompatíveis com o seu desejo de ver processado o agressor, como, por exemplo, tornando a conviver intimamente com o querelado durante o trâmite processual (art. 106, § 1.º, CP). Para a prova da ocorrência do perdão tácito valem todos os meios lícitos de prova (art. 57, CPP). Vale ressaltar que o convívio social ou comercial não equivale a perdão (assim como não significa renúncia, caso a ação ainda não tenha sido proposta). Normas de boa educação, como dar "bom dia" ou "boa tarde", bem como se sentar à mesa de uma reunião de negócios, discutindo assuntos profissionais não significam que houve reconciliação entre agressor e ofendido.

Em razão da indivisibilidade da ação penal privada, desejando perdoar um dos agressores, está o querelante abrindo oportunidade para que todos os coautores dele se beneficiem. Entretanto, como o perdão é bilateral, exigindo aceitação do querelado, é possível que um coautor aceite e outro não, razão pela qual, em relação a este, não produz efeito (art. 51, CPP, e art. 106, I e III, CP).

Por outro lado, quando houver mais de um ofendido, ainda que um deles perdoe, tal situação não afasta dos demais o direito de processar o agressor (art. 106, II, CP). Frise-se, também, que, havendo vários delitos de ação privada tramitando com as mesmas partes, o perdão concedido pelo querelante ao querelado em um só dos processos, não se estende aos demais, que podem prosseguir normalmente.

Lembremos que a ação privada subsidiária da pública não comporta perdão, pois o titular, em última análise, é o Ministério Público (vide art. 29, CPP). Se o particular assume o polo ativo diante da inércia do órgão acusatório estatal, como mero substituto processual, caso tenha intenção de abandonar a causa ou perdoar o ofensor, torna a assumir a titularidade o Promotor de Justiça ou o Procurador da República.

A legitimidade para perdoar é sempre do ofendido maior de 18 anos, não mais encontrando aplicação os arts. 52 e 54 do Código de Processo Penal – que ainda faz referência à legitimidade concorrente do menor de 21 e maior de 18 anos e seu representante legal – após a edição do atual Código Civil (Lei 10.406/2002), pois a pessoa é maior, para todos os fins civis, aos 18, não mais possuindo representante legal.

Quando se tratar de querelado inimputável ou semi-imputável, constatada tal situação durante o curso do processo, o juiz determina a instauração de incidente de insanidade mental. Terá o querelado, então, um curador. Cabe a este aceitar o perdão. Pode ocorrer que, mesmo antes do incidente, já se saiba ser o querelado doente mental ou retardado, estando na ação representado por alguém. Nesse caso, ao representante legal transfere-se a aceitação do perdão. Uma terceira hipótese pode ocorrer: o incidente não está instaurado, razão pela qual não há curador nomeado e os interesses do querelado colidem com os de seu representante legal, que pode ser ligado, por exemplo, ao querelante. Cumpre, então, ao juiz nomear curador para agir em lugar do querelado.

11.4 Perempção

O termo advém do verbo *perimir*, que significa colocar um termo ou extinguir. Dá-se a extinção da punibilidade do querelado, nos casos de ação penal exclusivamente privada, quando o querelante, por desídia, demonstra desinteresse pelo prosseguimento da ação. Assim, o juiz, considerando as hipóteses retratadas no art. 60 do Código de Processo Penal, reconhece a perempção e coloca fim ao processo. Funciona como autêntica penalidade imposta ao negligente querelante, incapaz de conduzir corretamente a ação penal, da qual é titular.

Havendo mais de um querelante, a inércia de um não pode prejudicar os demais. Assim, caso um deles deixe perimir a ação penal, pode esta prosseguir em relação aos outros.

Há cinco situações que levam à perempção. A primeira delas é a paralisação do feito por mais de trinta dias (art. 60, I, CPP). Nesse caso, torna-se curial considerar que o querelante deve impulsionar o andamento processual, promovendo os atos processuais que lhe competem, pois, não o fazendo, está demonstrando negligência, passível de penalização. Exemplificando: deve o querelante indicar o paradeiro do querelado para citação. Intimado a fazê-lo, deixa transcorrer mais de 30 dias sem qualquer resposta. É caso de perempção. Entendemos que, na hipótese de paralisação do feito, não basta a intimação do advogado, devendo ser intimado pessoalmente o próprio querelante. Assim fazendo, não se penalizará o querelante por eventual inépcia do seu procurador.

Eventualmente, havendo atraso justificado, não se deve considerar perempta a ação penal. Problemas de toda ordem podem atingir o normal curso do processo, como, por exemplo, a greve dos funcionários do Judiciário.

Por outro lado, é inadmissível a soma dos períodos de inatividade do querelante. Caso ele deixe de dar andamento ao feito por várias vezes, embora em nenhuma delas, individualmente considerada, tenha ultrapassado os trinta dias, é incabível o reconhecimento da perempção. Assim a lição de ESPÍNOLA FILHO: "Os termos claros da lei, exigindo, para a perempção, o estacionamento da causa, durante 30 dias seguidos, significam que, em absoluto, não é lícito adicionar os lapsos de tempo inferiores a um mês, durante os quais esteve o processo parado, para, em vista da soma de tempo, embora infinitamente superior a 30 dias, pleitear a perempção da ação penal" (*Código de Processo Penal brasileiro anotado*, v. 1, p. 471).

A segunda hipótese para a perempção é o falecimento ou a incapacidade do querelante, obstando o prosseguimento do processo, sem que, no prazo de sessenta dias, alguma das pessoas encarregadas da sua substituição compareça em juízo para fazê-lo: cônjuge, ascendente, descendente ou irmão (art. 60, II, CPP). Não há necessidade de intimação dos parentes, pois o referido prazo de sessenta dias começa a correr tão logo ocorra a morte do querelante ou sua incapacidade seja reconhecida. Seria ilógico e, por vezes, impossível ao juiz buscar parentes do ofendido para dar prosseguimento à ação penal. Se mais de um legitimado comparecer, observar-se-á a ordem prevista no art. 31 do CPP e supraexposta.

A terceira situação apta a desencadear a perempção é o não comparecimento, injustificado, do querelante a ato processual indispensável (art. 60, III, CPP). Somente se reconhece a perempção, no entanto, quando a presença do querelante não puder ser substituída pela do seu advogado. Imagine-se que o juiz deseja ouvir o querelante, por algum motivo importante para a busca da verdade real, durante a instrução. Se, intimado, ele não comparece, impossibilitando a realização da audiência, é caso de perempção.

Quanto ao comparecimento à audiência de conciliação prevista no art. 520 do Código de Processo Penal, exige-se que o juiz, antes de receber a queixa, promova a oportunidade – através dessa audiência – para as partes se reconciliarem, fazendo-as comparecer a juízo, quando deverá ouvi-las, separadamente, a fim de buscar a reaproximação. Nesse caso, intimado o querelante e não havendo o seu comparecimento pessoal, pode ser caso de perempção, salvo se peticionar, por seu advogado – ou de outra forma deixar claro – que não deseja a reconciliação. Deve fazê-lo antecipadamente, isto é, antes da audiência realizar-se. Embora essa seja a posição majoritária na doutrina e na jurisprudência, defendemos que o não comparecimento deveria implicar unicamente a demonstração de que o querelante não deseja a reconciliação.

A quarta possibilidade de ocorrência de perempção é a ausência do pedido de condenação nas alegações finais do querelante (art. 60, III, parte final, CPP). Do contrário, constata-se que está sendo negligente ou que não mais crê na culpa do querelado. De uma forma ou de outra é caso de perempção. Logicamente, deve-se ter cuidado nessa avaliação, pois nem sempre as alegações finais trazem claramente o pedido de condenação, que, no entanto, pode ser nitidamente deduzido do modo pelo qual a parte expõe o seu raciocínio e analisa as provas dos autos. Se, expressamente, pedir a absolvição do querelado, outra não é a hipótese senão o reconhecimento da perempção. Note-se a diferença existente entre a ação penal privada, regida pelo princípio da oportunidade, e a ação penal pública, cujo princípio regente é o da obrigatoriedade, salientando que, neste último caso, ainda que o órgão acusatório peça a absolvição, o juiz está autorizado a condenar (art. 385, CPP).

A quinta hipótese de perempção é a extinção de pessoa jurídica, quando for a querelante, sem deixar sucessora disposta a assumir o polo ativo da demanda (art. 60, IV, CPP).

11.5 Ação privada subsidiária da pública

Trata-se de autorização constitucional fornecida pelo art. 5.º, LIX, possibilitando que a vítima ou seu representante legal ingresse, diretamente, com ação penal, através do oferecimento de queixa, quando o Ministério Público, nos casos de ações públicas, deixe de fazê-lo no prazo legal (art. 46, CPP).

A hipótese prevista no art. 29 do Código de Processo Penal é de uso raríssimo no cotidiano forense. Não pelo fato de o Ministério Público nunca atrasar no oferecimento de denúncia, mas porque a vítima, dificilmente, acompanha o desenrolar do inquérito, através de seu advogado. Por outro lado, quando há interesse em oferecer queixa, porque o prazo está vencido, havendo pleito nesse sentido, solicitando a entrega do inquérito – que pode estar em poder do Ministério Público, já fora do prazo – acaba-se por provocar a atuação do órgão acusatório estatal. Logo, o ofendido tem um instrumento útil à disposição, para controlar abusos do Estado-acusação, quando houver demora excessiva para dar início à ação penal, embora não haja notícia de sua utilização frequente.

Para valer-se da ação penal privada subsidiária da pública, tem o ofendido o prazo de seis meses, a contar do esgotamento do prazo para o Ministério Público oferecer a denúncia (art. 38, *caput*, 2.ª parte, c/c art. 46, *caput*, do CPP). Tal prazo não atinge o Estado-acusação, que mantém o dever de denunciar, até que ocorra a prescrição.

Vale esclarecer ser inaceitável que o ofendido, porque o inquérito foi arquivado, por iniciativa do Ministério Público, ingresse com ação penal privada subsidiária da pública. A titularidade da ação penal não é, nesse caso, da vítima e a ação privada, nos termos do art. 29, somente é admissível quando o órgão acusatório estatal deixa de intentar a ação penal, no prazo legal, mas não quando age, pedindo o arquivamento.

Há, pois, diferença substancial entre não agir e manifestar-se pelo arquivamento, por crer inexistir fundamento para a ação penal. É a lição de ESPÍNOLA FILHO: "Muito razoável é que, firmado o sistema de preferência da iniciativa do Ministério Público, para movimentar, afastando a da parte ofendida, a ação penal referente a crimes, que toleram a denúncia, seja atribuída ao ofendido, ou a quem o represente, a função de vigilância e fiscalização do cumprimento da precípua missão da promotoria pública. E, pois, uma vez decorridos os prazos fixados em lei, *sem ser oferecida a denúncia, ou requerido o arquivamento*, a omissão da ação promovida pelo órgão público dá liberdade à parte privada para formular a sua queixa" (*Código de Processo Penal brasileiro anotado*, v. I, p. 369, grifo nosso).

Entende MIRABETE, por sua vez, que cabe ação privada, quando foi proposto pedido de arquivamento pelo Ministério Público, mas ainda não apreciado pelo juiz ou se houve pedido de arquivamento implícito quanto a determinado crime (*Código de Processo Penal interpretado*, p. 74), com o que não concordamos pelo fato de que, nessas hipóteses, há duas impropriedades, em nossa visão: em primeiro lugar, o promotor, ao proporcionar o arquivamento, embora ainda não apreciado pelo magistrado [há liminar do STF suspendendo a eficácia da atual redação do art. 28 do CPP; superada essa liminar, quem fará o controle do arquivamento não será o magistrado, mas órgão superior do próprio MP], manifestou-se, não quedando inerte. Logo, se não concordar com esse pedido, o inquérito deve ser remetido ao Procurador-Geral e não simplesmente aceita a ação privada em seu lugar. Em segundo lugar, não entendemos viável o pedido de arquivamento implícito, pois todas as decisões tomadas pelo Ministério Público devem ser fundamentadas, não se podendo falar em pedido tácito. Aliás, o texto legal faz referência ao dever de, feito o pedido de arquivamento, expor o órgão acusatório as suas "razões" para o arquivamento, logo, nada é implícito.

Hipótese viável é o oferecimento de queixa-crime após o pedido de novas diligências feito pelo membro do Ministério Público, quando existam provas suficientes para dar início à ação penal e detectando-se conteúdo nitidamente protelatório no pleito formulado, até porque pode já estar o órgão acusatório estatal fora do prazo legal.

É lógico que, como regra, se o membro do Ministério Público ainda não formou sua convicção para dar início à ação penal, deve-se permitir que requeira o retorno dos autos do inquérito à delegacia para novas diligências. Não cabe, pois, ação privada subsidiária da pública. Ocorre que o art. 16 do CPP estabelece que o Ministério Público não pode requerer a devolução do inquérito à autoridade policial para novas diligências, *salvo quando estas forem imprescindíveis* ao oferecimento da denúncia. Assim, quando o retorno à delegacia constituir pedido manifestamente protelatório, que tem por finalidade burlar o esgotamento do prazo para o oferecimento de denúncia, cremos ser viável que a vítima oferte a queixa, valendo-se do inquérito perfeitamente formado e com provas suficientes a sustentar a ação penal. O juiz deve permitir a assunção da vítima ao polo ativo, oficiando, ainda assim, ao Procurador-Geral para comunicar a desídia do promotor.

Oferecida queixa pelo ofendido, as atribuições do Ministério Público passam a ser aditar (complementar, adicionar algum elemento) a inicial, para incluir circunstância constante das provas do inquérito, componente da figura típica, mas não descrita na peça inaugural privada, bem como para incluir algum indiciado olvidado; pode repudiar a queixa, oferecendo *denúncia substitutiva*, quando verificar que a peça ofertada pela vítima é inepta e não preenche os requisitos legais. Nessa hipótese, não se trata de atitude discricionária do promotor, ou seja, não pode simplesmente repudiar a queixa, substituindo-a pela denúncia, por mero capricho. Pode, ainda, intervir em todos os termos do processo, aliás, deve, pois o direito de punir continua pertencendo ao Estado e somente a iniciativa da ação penal é que passou ao particular. Pode fornecer elementos de prova, interpor recurso e retomar a ação principal, se houver negligência do particular (ver art. 60, CPP). É um autêntico assistente litisconsorcial.

Na ação penal privada subsidiária da pública é inadmissível a ocorrência do perdão ofertado pelo querelante. Conforme art. 105 do Código Penal, somente cabe perdão nas ações exclusivamente privadas. Se o fizer, demonstra sua indisposição a conduzir a ação penal, devendo o Ministério Público retomar o seu lugar como parte principal.

11.6 Espécies de ação privada

Divide-se, fundamentalmente, em duas: a) exclusivamente privada, quando somente a vítima, seu representante legal ou as pessoas autorizadas em lei (art. 31, CPP) podem ingressar com a ação penal. Dentro dessa modalidade, há alguns casos em que a legitimidade ativa é privativa da pessoa ofendida, não admitindo que sucessores assumam o polo ativo. Cuida-se da denominada ação *personalíssima*, como ocorre com o induzimento a erro essencial e ocultação de impedimento (art. 236, parágrafo único, CP); b) ação privada subsidiária da pública, quando o ofendido, porque o Ministério Público, sem agir como deveria, deixa escoar o prazo para o oferecimento da denúncia, age em seu lugar, apresentando queixa, conforme já exposto.

11.7 Sucessão e menoridade no contexto do oferecimento de queixa

Nos exatos moldes da possibilidade de oferecimento de representação em caso de ofendido morto ou ausente (ver o item 9 supra, referente à representação), admite a lei processual penal (art. 31) que assuma o polo ativo, apresentando queixa em lugar da vítima, seus familiares, na seguinte ordem: cônjuge, ascendente, descendente e irmão.

O prazo decadencial, que, como regra, é de seis meses para o ofendido, contado da data em que souber quem é o autor da infração penal, para os sucessores deve começar a contar a partir do mesmo momento, isto é, do dia em que cada qual souber a autoria do crime.

Há quem defenda ser o prazo decadencial uno, motivo pelo qual deveria ser computado sempre a partir do instante em que o ofendido souber da autoria da infração, independentemente dos seus sucessores. Pensamos que essa unidade somente se dá caso a vítima, tendo ciência da autoria, deixe transcorrer os seis meses sem qualquer providência e ocorra a decadência. Nessa hipótese, falecendo após a concretização da perda do prazo para o início da ação penal, não há que se falar em transmissão aos seus sucessores.

A ideia norteadora do art. 31 do Código de Processo Penal é muito simples: se o ofendido não sabia quem o difamou, por exemplo, falecendo nessa situação de ignorância, é justo que, descoberta a autoria após a morte, seus familiares possam ingressar com a ação penal. Mas se o prazo nasceu e se encerrou para a vítima, em vida, nada resta aos sucessores. Por outro lado, se durante o decurso da decadência, morre o ofendido, o prazo de seis meses está íntegro para cada um dos sucessores, conforme saibam – cada um deles – da autoria da infração penal. Logicamente, se todos já tinham conhecimento da autoria, esse prazo teve início na época em que o ofendido estava vivo, aproveitando-se, então, a parte final. Exemplo: todos sabem que "A" difamou "B". Após três meses, "B" falece. Seus sucessores têm mais três meses para ingressar com ação penal.

Lembremos que, desinteressando-se o cônjuge, passa-se o direito ao ascendente e assim sucessivamente. Caso haja divergência entre os sucessores, deve prevalecer a vontade de quem deseja iniciar a ação penal. Tem o grupo de pessoas legitimadas a agir em nome do ofendido – cônjuge, ascendente, descendente e irmão – o direito de prosseguir no polo ativo da ação, caso um deles desista de fazê-lo ou abandone a causa. Há um prazo de 60 dias, para que tal se dê (art. 60, II, CPP). Não há necessidade de intimação dos demais familiares para que se valham dessa possibilidade. Cabe-lhes, havendo real interesse na condução da causa, acompanhar o desenvolvimento do processo.

Quanto à previsão legal de sucessão do ofendido pela pessoa do cônjuge, admitindo-se analogia no Código de Processo Penal (art. 3.º), podemos incluir nesse contexto o companheiro (ou companheira) em situação de união estável. Há posição em sentido contrário, admitindo unicamente o cônjuge: Tourinho Filho (*Código de Processo Penal comentado*, v. 1, p. 99), Mirabete (*Código de Processo Penal interpretado*, p. 78).

Há possibilidade do ofendido ser menor de 18 anos – sem legitimação para agir no processo penal – ou mentalmente enfermo ou retardado, sem a devida representação legal. Nessa situação, para evitar que fique privado de seu direito de acionar criminalmente quem o ofendeu, deve o juiz, por ato de ofício ou mediante provocação do promotor, nomear à vítima um curador especial. Normalmente, essa nomeação termina recaindo, quando não conhecido nenhum parente próximo, em um advogado da confiança do juízo, para que este represente os interesses do incapaz. O curador pode ser qualquer pessoa, com mais de 18 anos, da confiança do juiz. A despeito da nomeação, não está obrigado a agir, porque pode não haver prova suficiente para isso, embora deva usar todos os instrumentos à disposição para verificar o que seria melhor aos interesses do incapaz.

O mesmo caminho deve ser trilhado em se tratando de representação, quando envolver o interesse de pessoa incapaz.

Por vezes, o referido incapaz tem representante legal, mas este tem interesse conflitante com o do representado, podendo ser de variadas ordens. Pode ocorrer do representante ser coautor ou partícipe do crime de ação privada cometido contra o incapaz, ou até mesmo muito amigo, ou intimamente relacionado com o autor. Imagine-se a mãe de um rapaz de 17 anos, vítima de difamação por parte de seu padrasto. Pode ela, para preservar a sua ligação amorosa, não se interessar em promover a queixa, motivo pelo qual o juiz, intervindo, nomeia um curador especial para zelar pelos interesses do incapaz.

11.8 Situação de pobreza e exercício de cidadania

Estabelece o art. 5.º, LXXIV, da Constituição Federal, que "o Estado prestará assistência jurídica integral e gratuita aos que comprovarem insuficiência de recursos". Assim, tendo em vista que, para o ajuizamento da ação privada, é indispensável o concurso do advogado, é preciso que o Estado proporcione à pessoa pobre a atuação desse profissional. É possível a existência de órgão especializado para patrocinar os interesses daqueles que apresentarem insuficiência de recursos, mas, não havendo, o juiz deve nomear profissional de sua confiança para o ajuizamento da ação. A remuneração do profissional será feita pelo Estado.

Não se exige, para tanto, situação de miserabilidade, mas apenas de pobreza, ou seja, significa que a pessoa vale-se de parcos recursos para sobreviver, embora possa até possuir imóvel e/ou carro, não devendo privar-se do seu sustento cotidiano (alimentação, educação, vestuário etc.) para assumir a contratação de advogado. O Estado encarrega-se disso.

Há muito já não se exige o atestado de pobreza emitido por delegados de polícia, bastando uma simples declaração, de próprio punho do interessado, afirmando sua condição de pobreza, para o fim de sustentar a demanda – como se diz no jargão forense: "pobreza, na acepção jurídica do termo". Aliás, há determinados indivíduos que, pela própria condição e profissão, demonstram o estado de pobreza por si só.

12. CONTEÚDO E FORMALIDADES DA DENÚNCIA OU QUEIXA

Denúncia é a petição inicial, contendo a acusação formulada pelo Ministério Público, contra o agente do fato criminoso, nas ações penais públicas. *Queixa* é a petição inicial, contendo a acusação formulada pela vítima, através de seu advogado, contra o agente do fato delituoso, nas ações penais privadas.

O art. 41 do Código de Processo Penal estipula quais são os elementos da denúncia ou da queixa: a) exposição do fato criminoso, com todas as suas circunstâncias; b) qualificação do acusado ou esclarecimentos pelos quais se possa identificá-lo; c) classificação do crime; d) rol de testemunhas.

A exposição do fato criminoso com todas as circunstâncias diz respeito à narrativa do tipo básico (figura fundamental do delito) e do tipo derivado (circunstâncias que envolvem o delito na forma de qualificadoras ou causas de aumento). É dever do órgão acusatório promover a imputação completa, embora possa deixar de lado as circunstâncias genéricas de elevação da pena. Exemplificando: no caso de um homicídio, o fato criminoso é "matar alguém" (art. 121, *caput*, CP), enquanto as circunstâncias qualificadoras estão no § 2.º do referido art. 121, ou seja, "motivo fútil", "meio insidioso ou cruel" etc. As circunstâncias genéricas (agravantes), previstas no art. 61 do Código Penal, como reincidência, embriaguez preordenada etc. podem ficar fora da imputação feita na peça acusatória. Em suma, ao denunciar o acusado, torna-se indispensável que o promotor narre ao magistrado o fato principal (como o agente matou a vítima) e as qualificadoras envolvidas (em que consistiu a motivação considerada fútil, como se deu a crueldade na execução etc.). Esse é o conteúdo do *fato criminoso* com *todas as suas circunstâncias* previsto no art. 41 do CPP.

Quanto à qualificação do acusado, pode ocorrer que ele não tenha o nome ou os demais elementos que o qualificam devidamente conhecidos e seguros. Há quem possua dados incompletos, não tenha nem mesmo certidão de nascimento, ou seja, alguém que, propositadamente, carregue vários nomes e qualificações. Contenta-se a ação penal com a determinação física do autor do fato, razão pela qual se torna imprescindível a sua identificação dactiloscópica e fotográfica, o que, atualmente, é expressamente previsto na Lei 12.037/2009. O art. 259 do Código de Processo Penal deixa claro que a "impossibilidade de identificação do acusado com o seu verdadeiro nome ou outros qualificativos não retardará a ação penal, quando certa a identidade física".

Em relação à classificação do crime, pode-se dizer que é a tipicidade ou definição jurídica do fato. O promotor, autor da denúncia, após descrever pormenorizadamente o fato delituoso praticado pelo agente, finda a peça inicial oferecendo a classificação, isto é, a sua visão a respeito da tipicidade. Manifesta qual é a definição jurídica do ocorrido, base sobre a qual será proferida eventual decisão condenatória. Trata-se de um juízo do órgão acusatório, que não vincula nem o juiz, nem a defesa. Portanto, tendo em vista que o acusado se defende dos fatos alegados, pode o defensor solicitar ao magistrado o reconhecimento de outra tipicidade, o mesmo podendo fazer o juiz de ofício, ao término da instrução, nos termos do art. 383 do CPP.

Se houver algum erro quanto à classificação, é irrelevante, pois o réu se defende dos fatos alegados. Assim, caso o promotor narre fatos relativos a um roubo, mas ofereça a classificação com base no art. 155 do Código Penal, que cuida do furto, a denúncia não é inválida, nem prejudica o correto desenvolvimento do processo. Corrige-se a definição jurídica por ocasião da sentença.

Mais uma vez, torna-se importante destacar que o acusado terá a ampla defesa assegurada desde que os fatos, com todas as circunstâncias que os envolvem, estejam bem descritos na denúncia. O Estado-acusação afirma ter alguém cometido condutas, que geraram resultados. Ao final, declara o promotor os artigos nos quais vê inseridos tais fatos. O réu deve apresentar sua defesa quanto aos fatos e não quanto à tipificação feita, uma vez que, como leigo que é e estando assegurada a autodefesa, não tem obrigação de conhecer a lei penal. Por sua vez, a defesa técnica prescinde da classificação feita pelo promotor, pois deve conhecer o direito material o suficiente para ater-se aos fatos alegados, apresentando ao juiz a tipificação que entende mais correta. O mesmo se diga do magistrado, que não se atém ao resultado da definição jurídica feita pelo órgão acusatório, podendo alterá-la quando chegar o momento adequado (art. 383, CPP).

Finalmente, o rol de testemunhas é facultativo. A obrigatoriedade, nesse cenário, que vincula o órgão acusatório, é o oferecimento do rol na denúncia, razão pela qual, não o fazendo, perde a oportunidade de requerer a produção de prova testemunhal.

Quando, além de testemunhas, o órgão acusatório pretender apontar qual é o ofendido (ou mais de um, se for o caso) a ser ouvido, deve fazê-lo à parte do rol. Afinal, há um número específico de testemunhas (no procedimento comum, para crimes apenados com reclusão, por exemplo, é de oito para cada parte, conforme art. 401, CPP) e a vítima não faz parte desse montante.

Porém, os tribunais têm aceitado um número superior ao fixado em lei, interpretando caber, no procedimento ordinário, oito testemunhas para cada fato, tanto para a acusação quanto para a defesa; no sumário, cinco para cada fato; no sumaríssimo, três para cada fato.

A falta de assinatura da peça inicial pode não ser defeito essencial. Quanto à denúncia, tendo em vista que o representante do Ministério Público é órgão oficial conhecido dos serventuários, e, consequentemente, terá vista aberta para sua manifestação, a falta de assinatura é mera irregularidade, não impedindo o seu recebimento, especialmente se for imprescindível para evitar a prescrição. Quanto à queixa, entretanto, temos que não pode prescindir da assinatura, pois é ato fundamental de manifestação da vontade da vítima, que dá início à ação penal dando entrada no distribuidor, como regra. Logo, cabe ao juiz, quando a recebe, analisar quem a fez, se realmente a fez e se tinha poderes ou capacidade para tanto. Não deve recebê-la sem a assinatura, ainda que isso possa acarretar a decadência.

Outras deficiências de denúncia ou queixa podem ser supridas a todo tempo, antes da sentença final de primeiro grau (art. 569, CPP), desde que a falha não prejudique a defesa do acusado. No caso da queixa, no entanto, eventuais deficiências que a comprometam devem ser sanadas antes dos seis meses que configuram o prazo decadencial. Do contrário, estar-se-ia criando um prazo bem maior do que o previsto em lei para que a ação penal privada se iniciasse validamente.

A inépcia da peça acusatória ficará evidente caso os requisitos previstos no art. 41 do CPP não sejam fielmente seguidos. Na realidade, a parte principal da denúncia ou queixa, que merece estar completa e sem defeitos, é a exposição do fato criminoso, com todas as suas circunstâncias. Afinal, é o cerne da imputação, contra o qual se insurge o réu, pessoalmente, em autodefesa, bem como por intermédio da defesa técnica.

Se for constatada a falta de aptidão da inicial acusatória deve o juiz rejeitá-la de início (art. 395, I, CPP).

12.1 Denúncia ou queixa genérica

Como regra, tanto a denúncia quanto a queixa precisam conter minuciosamente descrita a imputação formulada contra alguém, possibilitando, pois, o exercício do contraditório e da ampla defesa. Além disso, quando houver mais de um acusado, é preciso que a acusação indique, com precisão, a realização de cada um, evitando-se a denominada *denúncia (ou queixa) genérica*. A descrição imprecisa e vaga, sem haver necessidade, torna a denúncia ou queixa inepta.

Incide a hipótese de denúncia genérica nos casos de crimes econômico-financeiros, quando o Estado-acusação, sem saber exatamente quais dos responsáveis pela empresa cometeu o delito, denuncia todos os dirigentes, bastando que estejam constando no contrato social. Essa peça acusatória é inepta, pois inexiste possibilidade de se acusar indistintamente pessoas, sem prova segura de serem autoras da infração penal. Ilustrando, se há dez diretores, quatro dos quais estão envolvidos no crime, não há cabimento no oferecimento de *denúncia genérica* contra os dez, a pretexto de que, quando se defenderem, terminarão por apontar os verdadeiros *culpados*.

Excepcionalmente, no entanto, tem-se admitido ofereça o promotor uma denúncia genérica, em relação aos coautores e partícipes, quando não se conseguir, por absoluta impossibilidade, identificar claramente a conduta de cada um no cometimento da infração penal. Porém, há provas suficientes de que todos tomaram parte na prática do delito. Ilustrando, se vários indivíduos ingressam em um bar desferindo tiros contra os presentes para matá-los, pode tornar-se tarefa impossível à acusação determinar exatamente o que cada um fez, isto é, quais e quantos tiros foram disparados por A e quem ele efetivamente atingiu. O mesmo em relação a B, C ou D. Além disso, pode ser inviável apontar o autor do disparo e aquele que apenas recarregava a arma para outros tiros serem dados. O primeiro seria o autor e o segundo, o partícipe. Nessa hipótese, cabe o oferecimento de denúncia genérica, sem apontar, separadamente, a conduta atribuível a cada um dos acusados.

Se vedássemos o ingresso da ação penal somente porque a conduta de cada coautor (ou partícipe) não ficou nitidamente demonstrada, haveria impunidade, situação indesejável. Diante disso, acolhe-se a denúncia genérica quando há provas contra todos os acusados, embora não se saiba, com precisão, qual a conduta de cada um.

Entretanto, se as condutas estiverem bem definidas no inquérito, cabe ao promotor individualizá-las corretamente na denúncia, para que esta não se torne inepta.

12.2 Denúncia ou queixa alternativa

Além disso, há que se avaliar ainda a chamada *denúncia (ou queixa) alternativa*, envolvendo a possibilidade de apresentação ao juiz de alternância de imputações. O ideal, caso o órgão acusatório esteja em dúvida quanto a determinado fato ou quanto à classificação que mereça, deve fazer sua opção antes do oferecimento, mas jamais apresentar ao juiz duas versões contra o mesmo réu, deixando que uma delas prevaleça ao final.

Tal medida impossibilita a ideal e ampla defesa pelo acusado, que seria obrigado a apresentar argumentos em vários sentidos, sem saber, afinal, contra qual conduta efetivamente se volta o Estado-acusação. Exemplo: se, descrita uma situação fática qualquer, justificadora de um homicídio, houver dúvida se constitui motivo fútil ou torpe, é preciso que o promotor opte entre um ou outro, indicando-o na denúncia. Não tem sentido, entretanto, denunciar o réu por homicídio cometido por motivo fútil ou torpe. Por força dessa dubiedade a defesa fica prejudicada, especialmente a autodefesa. Assim ocorrendo, configura-se a inépcia da inicial, devendo ser rejeitada (art. 395, I, CPP).

Excepcionalmente, pode-se acatar a hipótese de denúncia alternativa quando o fato principal é certo, embora o secundário seja duvidoso. Exemplo disso seria atribuir ao réu a prática do delito com dolo, restando dúvida se na forma direta ou eventual.

12.3 Concisão da denúncia ou queixa

É medida que se impõe para não tornar a peça inicial do processo penal uma autêntica alegação final, avaliando provas e sugerindo jurisprudência a ser aplicada. Diferentemente da área cível, no processo criminal, a denúncia ou queixa deve primar pela concisão, limitando-se a apontar os fatos cometidos pelo autor (denunciado ou querelado), sem juízo de valoração ou apontamentos doutrinários e jurisprudenciais.

A peça deve indicar o que o agente fez, para que ele possa se defender. Se envolver outros argumentos, tornará impossível o seu entendimento pelo réu, prejudicando a ampla defesa. Ensina ESPÍNOLA FILHO que "a peça inicial deve ser sucinta, limitando-se a apontar as circunstâncias que são necessárias à configuração do delito, com a referência apenas a fatos acessórios, que possam influir nessa caracterização. E não é na denúncia, nem na queixa, que se devem fazer as demonstrações da responsabilidade do réu, o que deve se reservar para a apreciação final da prova, quando se concretiza (ou não) o pedido de condenação" (*Código de Processo Penal Brasileiro anotado*, v. 1, p. 418).

Peças longas, contendo exposição doutrinária e citação de jurisprudência, terminam por prejudicar a autodefesa, constituindo-se inicial inepta, merecedora de rejeição (art. 395, I, CPP).

12.4 Retificação da denúncia ou queixa no seu recebimento

Se fosse admitida tal hipótese, tratar-se-ia de um indevido prejulgamento, tornando parcial o juízo, além do que a titularidade da ação penal é exclusivamente do Ministério Público ou do ofendido, conforme o caso. Assim, não cabe ao magistrado, recebendo a peça acusatória, pronunciar-se, por exemplo, da seguinte forma: "Recebo a denúncia por extorsão, com base no art. 158 do Código Penal, e não como roubo (art. 157, CP), como descrito pelo promotor".

Caso a denúncia ou a queixa esteja mal redigida, dando a entender tratar-se de extorsão, quando, na realidade, é um roubo, o caminho mais indicado é a rejeição para que outra seja oferecida. Afinal, tal medida preserva o direito de defesa, evitando que o acusado seja prejudicado ao impugnar fatos duvidosos e mal expostos.

Entretanto, se o órgão acusatório descreveu uma situação de modo detalhado que o promotor entendeu merecer a classificação de roubo, ainda que ao magistrado pareça ser uma extorsão, deve receber a denúncia para que, ao final, já na sentença, promova, se for o caso, a devida retificação.

12.5 Rejeição da denúncia ou queixa pelo juiz e recebimento pelo tribunal

Dependendo do caso concreto, não pode ser recebida pelo tribunal, julgando recurso em sentido estrito, a denúncia ou queixa rejeitada pelo juiz, sob pena de supressão de instância. Essa situação ocorreria caso o magistrado se desse por incompetente e não recebesse a denúncia ou queixa, substituindo-o, então, o tribunal. O correto é, se for o indicado, dar provimento ao recurso, para que os autos retornem à origem a fim de o magistrado receber a denúncia ou queixa.

Entretanto, se o juiz rejeita a denúncia ou queixa, porque achou incabível o ajuizamento da ação penal, é perfeitamente viável que o tribunal a receba. É o disposto atualmente na Súmula 709 do Supremo Tribunal Federal: "Salvo quando nula a decisão de primeiro grau, o acórdão que provê o recurso contra a rejeição da denúncia vale, desde logo, pelo recebimento dela".

12.6 Recebimento ou rejeição parcial da denúncia ou queixa

Cremos ser viável tal situação, desde que não implique um juízo indevido de antecipação do mérito. A hipótese não é legalmente rechaçada, razão pela qual é viável sustentar ter o juiz liberdade para acolher alguns dos fatos narrados pela acusação, com respaldo no inquérito, afastando outros, sem implicar prejulgamento.

Não estaria o magistrado antecipando o veredicto, nem se substituindo ao acusador, pois não estaria classificando os fatos expostos, inserindo-os neste ou naquele tipo incriminador, mas somente permitindo o início da ação penal com base em acusação plausível.

Deve-se salientar, no entanto, que a denúncia ou queixa é uma peça técnica, visando à exposição de fatos, de modo a permitir a ampla defesa ao acusado, não podendo ser recortada pelo juiz no momento do recebimento, se a providência retirar sentido aos fatos imputados pela acusação. Tornar-se-ia peça ininteligível, merecendo ser rejeitada no seu todo.

Necessita-se evitar, ainda, a todo custo, a antecipação de convicção do magistrado, que haverá de explicar, minuciosamente, a razão de estar aceitando determinado trecho da denúncia, mas não outro. Se existe o inquérito policial para dar fundamento à denúncia ou queixa, cabe a quem faz a imputação atrelar-se rigidamente a ele, não ampliando em demasia o conteúdo da peça inicial, inserindo crime inexistente, qualificadora ou causa de aumento não evidenciada ou comprovada indiciariamente.

Entretanto, se durante a instrução surgir prova nova, indicando a existência de novo delito ou circunstância agravante, pode haver aditamento da peça. E, por fim, a rejeição parcial da denúncia é viável, quando o órgão acusatório imputa ao réu vários fatos delituosos, verificando o juiz que alguns deles constituem meras repetições de outros, já descritos. Assim, evitando-se o inaceitável *bis in idem*, pode-se afastar a imputação, na parte repetida, acolhendo-se os demais fatos.

12.7 Poderes especiais para o ingresso de queixa

A queixa pode ser oferecida por procurador com poderes especiais (art. 44, CPP). Embora a maioria da doutrina interprete esse termo (*procurador*) como o advogado do querelante, exigindo, então, que a procuração seja outorgada com poderes específicos, cremos que se deve ampliar o sentido para abranger a nomeação, por mandato, de qualquer pessoa capaz que possa representar o querelante, contratando advogado, inclusive, para o ajuizamento da ação penal.

116 MANUAL DE PROCESSO PENAL · Nucci

O importante é que a vítima se responsabilize, sempre e claramente, pelos termos em que é oferecida a queixa, seja quando constitui pessoa para representar seus interesses, seja quando constitui diretamente advogado para fazê-lo. Caso o ofendido seja advogado, pode ingressar sozinho com a queixa.

Optando pela contratação de advogado, é preciso que a procuração contenha *poderes especiais*, indicando exatamente o fato a ser imputado e contra quem, valendo, no entanto, a substituição dessa exposição pela assinatura aposta pela vítima diretamente na queixa, junto com seu advogado. A referência ao crime, constante da procuração, deve consistir no resumo do fato, sob duas ressalvas: a) não deve calcar-se unicamente no artigo de lei no qual está incurso o denunciado; b) não precisa ser detalhado a ponto de narrar integralmente o fato.

12.8 Exigência de prova pré-constituída para instruir a queixa

Do mesmo modo que o Estado-acusação deve fundamentar a denúncia no inquérito (ou outro procedimento legal), conseguindo prova pré-constituída dos fatos imputados, para dar justa causa à ação penal, também a vítima deve oferecer queixa calcada na mesma segurança.

Não tem cabimento o ofendido apresentar queixa se nem mesmo sabe quem é o autor da infração penal ou o que ele fez. Assim, torna-se imperiosa a instauração de inquérito para apurar a materialidade e a autoria da infração. Nessa hipótese, o indivíduo solicita a produção de diligências e, quando as tiver, poderá ingressar com a queixa.

No caso do advogado, duas são as hipóteses: a) ele é contatado pela vítima logo que esta toma conhecimento do crime contra ela cometido e, ofertando procuração para em seu nome agir, o causídico requer a instauração de inquérito para apurar a materialidade e a autoria. Nesse caso, não há necessidade de poderes específicos, pois a menção do autor e dos detalhes do fato ainda inexistem; b) ele é contatado pela vítima quando as provas pré-constituídas já estão formadas, razão pela qual o ingresso da queixa depende somente da outorga da procuração com poderes especiais. Nesse caso, é natural que o nome do querelado e os detalhes do fato já sejam conhecidos.

12.9 Aditamento da queixa pelo Ministério Público

Essa hipótese é prevista no art. 45 do Código de Processo Penal ("a queixa, ainda quando a ação penal for privativa do ofendido, poderá ser aditada pelo Ministério Público, a quem caberá intervir em todos os termos subsequentes do processo") e serve para corrigir eventuais falhas formais da peça apresentada.

A liberdade do Estado-acusação é ampla quando se tratar de queixa proveniente de ação privada subsidiária da pública, podendo até incluir coautores. Mas não pode o promotor substituir-se ao ofendido no desejo de processar este ou aquele agressor, quando a ação penal for exclusivamente privada. Assim, caso a vítima tenha oferecido queixa contra um coautor, deixando de fora outro, o Ministério Público, zelando pela indivisibilidade da ação penal, proporá ao querelante que faça o aditamento, sob pena de implicar renúncia do direito de queixa contra um deles, passível de extensão aos demais. Não há cabimento no aditamento feito pelo Estado-acusação para incluir coautor, a pretexto de zelar pela indivisibilidade, pois estará, isto sim, substituindo a vítima no interesse e na legitimidade de agir.

Em sentido contrário, crendo ser permitido que o Ministério Público adite a queixa para incluir corréu, está o magistério de Tourinho Filho, justificando não estar sendo ferido o princípio da oportunidade: "Tal princípio confere ao ofendido julgar da conveniência ou inconveniência quanto à propositura da ação penal. Se ele ofertou queixa, é sinal de que julgou conveniente fazê-lo. Mas, como o Estado não lhe confere o direito de vingança, cumpria-lhe oferecer queixa em relação a todos quantos participaram do crime. A oportunidade não significa direito de escolha do ofendido. Ou o faz em relação a todos, ou não faz em relação a nenhum deles. Se ofertar queixa apenas quanto a um, caberá ao Ministério Público, no prazo de três dias, aditar a acusação privada" (*Código de Processo Penal comentado*, v. 1, p. 123-124).

Com esse entendimento não podemos concordar. É fato que o ofendido não pode escolher contra quem vai ingressar com a ação penal, sendo mais de um o ofensor, sob pena de se chancelar a vingança privada, mas também não é da esfera do Ministério Público escolher por ele. Há mera presunção de que, se ajuizou ação penal contra um, é porque quer fazê-lo contra todos. Imagine-se que a vítima queira processar somente Fulano, mas tenha perdoado Beltrano, coautores na ofensa. Se o promotor aditar a queixa, estará incluindo Beltrano *contra a vontade* do ofendido. Assim, o mais indicado é levar a vítima a promover o aditamento. Caso não o faça, sofrerá as consequências disso. No prisma que defendemos: Mirabete (*Código de Processo Penal interpretado*, p. 109).

Demercian e Maluly sustentam posição intermediária: "Quanto à inclusão de corréu, no entanto, o critério é distinto. Se ficar demonstrado nos autos que a omissão do querelante foi intencional, velando pelo princípio da indivisibilidade (art. 48, CPP), deve o Promotor de Justiça requerer ao juízo o reconhecimento da renúncia tácita em relação ao querelado (art. 49, c/c art. 57, CPP). De outra parte, se a omissão decorreu de deficiente avaliação dos indícios de autoria ou, ainda, do desconhecimento da identidade do coautor ou partícipe, nesse caso terá inteira aplicação o disposto nos arts. 46, § 2.º, e 48, do CPP, e o aditamento será legítimo" (*Curso de processo penal*, p. 133).

Concordamos com esse ponto de vista, embora nem sempre se possa apurar, apenas pela leitura do inquérito e da queixa, qual foi a intenção do ofendido ao não incluir determinada pessoa – coautora do crime – na queixa. Se, eventualmente, ficar nítida a ocorrência de renúncia tácita, opinará o Ministério Público pela extinção da punibilidade de todos. Se ficar clara a ocorrência de mero esquecimento de um dos coautores, porque a vítima avaliou, de modo deficiente, os indícios de autoria, certamente o promotor poderá aditar a queixa, mesmo porque estará somente corrigindo um vício formal. Entretanto, se nada disso ficar claro, o mais indicado é que requeira ao juiz a intimação do ofendido para, querendo, oferecer aditamento para incluir determinado coautor. A resposta da vítima será crucial para avaliar se houve renúncia tácita ou simples esquecimento.

12.10 Intervenção do Ministério Público na ação penal privada

Embora parte da doutrina sustente que o Ministério Público somente intervém, obrigatoriamente, na ação penal privada quando se tratar da subsidiária da pública, sendo facultativa a sua participação no caso de ação exclusivamente privada, ousamos discordar. Lembremos que a pretensão punitiva é *monopólio* do Estado, jamais sendo passada ao particular. Tanto é verdade que o Estado é sujeito passivo formal ou constante de todos os delitos, inclusive os de ação privada exclusiva.

E mais: havendo condenação em ação privada, quem executa a pena é o Estado, pois é o titular absoluto do direito de punir. Portanto, vemos lógica na intervenção obrigatória do Ministério Público em todas as ações, públicas ou privadas. No caso da privada exclusiva, necessita funcionar como *custos legis*, zelando pelo seu correto desenvolvimento, uma vez que a pretensão punitiva pertence ao Estado. Embora o art. 564, III, *d*, do Código de Processo Penal, estabeleça como causa de nulidade somente a ausência do Ministério Público nas ações públicas, queremos crer que esta é hipótese de nulidade absoluta, enquanto no outro caso (das ações privadas), de nulidade relativa. Assim, se o juiz não conceder vista ao representante do Ministério Público na ação privada subsidiária ou exclusiva pode este arguir nulidade do feito, demonstrando o prejuízo havido.

12.11 Prazo para o oferecimento de denúncia e modo de contagem

O art. 46, *caput*, do Código de Processo Penal estabelece o prazo de cinco dias para o oferecimento de denúncia em caso de indiciado preso, bem como de quinze dias, quando se tratar de indiciado solto.

Quanto ao prazo para denunciar réu solto, inexiste questão a debater, pois se cuida de um prazo impróprio, isto é, aquele que, não sendo cumprido, deixa de provocar sanção ou consequência processual. Logo, pode o membro do Ministério Público denunciar o indiciado a qualquer tempo, desde que não ocorrida a prescrição, mesmo que já tenha decorrido o prazo de quinze dias. Aliás, ultrapassar o prazo de quinze dias, pode dar ensejo ao ajuizamento de queixa por parte do ofendido (art. 29, CPP).

No tocante ao prazo de cinco dias, há maior rigor. Caso não seja observado pelo órgão acusatório, enseja o constrangimento ilegal e a determinação de soltura do indiciado preso pelo magistrado.

É certo que os cinco dias para oferecer denúncia constituem prazo processual, mas de caráter especial, não somente por lidar com a liberdade de alguém, como também porque há regra específica no referido art. 46, *caput*. Concordamos com aqueles que dizem ser lógico computar-se, como primeiro dia do prazo, aquele em que foi aberta vista ao promotor. Nessa ótica, Tourinho Filho (*Código de Processo Penal comentado*, v. 1, p. 125); Espínola Filho, invocando a regra específica do art. 800, § 2.º, do CPP (*Código de Processo Penal brasileiro anotado*, v. 1, p. 439). Contrariamente, está a posição de Mirabete, alegando que o dia do recebimento dos autos é o termo inicial dos cinco dias, que necessitam ser computados na forma do art. 798, § 1.º, do Código de Processo Penal (*Código de Processo Penal interpretado*, p. 111).

A despeito da discussão, se o prazo findar em um feriado ou final de semana, prorroga-se para o dia útil imediato, seja qual for a forma de contagem (incluindo-se ou não o dia do recebimento dos autos do inquérito).

Por outro lado, havendo motivo de força maior que impeça o cumprimento fiel do prazo estipulado para a apresentação de denúncia de indiciado preso (ex.: fechamento do fórum por conta de greve de funcionários ou por causa de algum acidente ou obra urgente), deve haver uma prorrogação na contagem, como prevê o art. 798, § 4.º, do Código de Processo Penal.

Se existirem indiciados presos e soltos, conta-se o prazo como se presos todos estivessem, isto é, cinco dias.

13. RECONHECIMENTO DA EXTINÇÃO DA PUNIBILIDADE

Dispõe o art. 61 do Código de Processo Penal que, em qualquer fase do processo, se o juiz reconhecer hipótese para a decretação da extinção da punibilidade do réu ou querelado deve fazê-lo de ofício. Quando, no entanto, tratar-se de requerimento do Ministério Público, do querelante ou do réu (inclua-se também o querelado), o juiz manda autuá-lo em apartado, ouvindo a parte contrária. Caso seja necessário, pode determinar a produção de prova, proferindo então a decisão cabível.

Naturalmente, pode ocorrer uma situação de perdão tácito, por exemplo. Nesse caso, a pedido do Ministério Público (que atua na ação penal privada como *custos legis*) ou do querelado, instaura-se o incidente para apurar se é verdadeiro o fato alegado. Comprovado, o magistrado julga extinta a punibilidade. Do contrário, prossegue na demanda principal. Vale ressaltar, entretanto, que os autos apartados nem mesmo são necessários, podendo-se produzir a prova nos autos do processo principal. Afinal, antes de continuar a instruir a demanda, surgindo questão que diga respeito à extinção da punibilidade deve esta ser decidida em primeiro plano.

13.1 Morte do réu

Nesse caso, segue-se o disposto no art. 62 do Código de Processo Penal, pois o juiz, somente à vista da certidão de óbito, ouvido o Ministério Público, deve declarar extinta a punibilidade.

O princípio de que a "morte tudo resolve" (*mors omnia solvit*) provoca a perda do poder punitivo do Estado (art. 107, I, CP). Por cautela, estipula o Código de Processo Penal que deve haver a exibição de certidão de óbito, razão pela qual não concordamos com a posição daqueles que admitem a extinção da punibilidade pela simples consideração de um juiz, na esfera cível, da morte presumida (art. 6.º, CC). Havendo ausência do réu, ainda que o magistrado transmita os bens aos herdeiros, inexistindo certeza do óbito, como exige este artigo, cremos que não pode haver a decretação da extinção da punibilidade. Aguarda-se, se for o caso, a prescrição. Exceção feita à morte trágica, ocorrida em acidente, cujo procedimento de reconhecimento de sua existência, na Vara dos Registros Públicos, tem o condão de fazer expedir a certidão de óbito (art. 88, Lei 6.015/73).

É certo que a Lei 10.406/2002 (Código Civil) acrescentou outras hipóteses de declaração de morte presumida, como ocorre no art. 7.º ("Pode ser declarada a morte presumida, sem decretação de ausência: I – se for extremamente provável a morte de quem estava em perigo de vida; II – se alguém, desaparecido em campanha ou feito prisioneiro, não for encontrado até dois anos após o término da guerra. Parágrafo único. A declaração da morte presumida, nesses casos, somente poderá ser requerida depois de esgotadas as buscas e averiguações, devendo a sentença fixar a data provável do falecimento").

Nesses casos, diversamente da ausência, em que se presume a morte somente pelo fato de alguém desaparecer por certo tempo de seu domicílio, sem deixar notícia ou paradeiro, busca o juiz cível – como se faz, aliás, na Vara dos Registros Públicos em caso de morte trágica – o paradeiro de pessoas que estavam em perigo de vida, cuja morte é *extremamente* provável ou quando desapareceram em campanha ou foram feitas prisioneiras, sem que fossem encontradas, até dois anos após a guerra, fixando a sentença a provável data do falecimento. Parece-nos, pois, que, registrada a decisão, pode-se dar o mesmo efeito da certidão de óbito, declarando-se extinta a punibilidade.

13.2 Certidão de óbito falsa

Caso seja declarada extinta a punibilidade do réu porque foi apresentada ao juiz certidão de óbito falsa, inexiste qualquer possibilidade de reabertura do caso. Nada mais pode ser feito, a não ser processar quem falsificou e utilizou o documento. Outra solução importaria em autêntica revisão criminal em favor da sociedade, o que é vedado em processo penal. Desejasse o legislador e poderia ter feito constar no Código de Processo Penal especial licença para reabrir o caso, quando a certidão de óbito utilizada for considerada falsa. Maiores detalhes são levados em nosso *Código Penal comentado*, nota 11 ao art. 107.

Outra não é a posição da ampla maioria da doutrina brasileira. Por todos, confira-se a lição de Carlos Frederico Coelho Nogueira: "Assim sendo, se, depois de transitar em julgado a sentença que declarou extinta a punibilidade pela morte do acusado, se descobrir estar ele vivo, não será possível rescindir a *res judicata* com o prosseguimento do feito extinto e não será por igual possível o oferecimento de nova denúncia ou de nova queixa contra o mesmo sujeito pelo mesmo fato delituoso. Se vier a ser instaurado novo processo será absolutamente nulo, por ofensa à coisa julgada. (...) Quando muito, o acusado e – conforme o caso – seu defensor poderão ser processados pelo crime de *uso de documento falso* (art. 304 do Código Penal) e nada mais..." (*Comentários ao Código de Processo Penal*, v. 1, p. 760-761).

SÍNTESE

Ação penal: direito constitucional e abstrato de invocar o Estado-juiz a aplicação da lei penal ao caso concreto.

Finalidade: formar o devido processo legal, que é meio indispensável para sustentar a condenação criminal de alguém, assegurados o contraditório e a ampla defesa.

Espécies: conforme o polo ativo, divide-se em ação penal pública, cuja titularidade é do Ministério Público, e ação penal privada, a ser proposta pelo ofendido ou seu representante legal, como regra. No caso da ação penal pública, subdivide-se em pública incondicionada (não dependente de qualquer manifestação de vontade de terceiro) e condicionada (dependente da manifestação de vontade do ofendido ou do Ministro da Justiça). A ação penal privada subdivide-se em exclusiva (titularidade do ofendido, seu representante legal ou sucessores), personalíssima (titularidade somente do ofendido ou seu representante legal) e subsidiária da pública (assume o ofendido o polo ativo em face da inércia do órgão do Ministério Público).

Princípios regentes: obrigatoriedade conduz a ação penal pública, uma vez que o Ministério Público, havendo provas suficientes e preenchidas as condições legais, *deve* promover o seu ajuizamento; oportunidade e indivisibilidade regulam a ação penal privada, pois o ofendido *pode* promover o seu ajuizamento, ficando ao seu inteiro critério fazê-lo ou não; caso opte pela ação penal, *deve* promovê-la contra todos os eventuais coautores e partícipes, não sendo viável eleger contra quem irá atuar.

Limitações ao direito de ação do ofendido: tendo em vista que se trata de um direito excepcional, pois, como regra, a titularidade da ação penal é do Ministério Público, o particular, quando autorizado a fazê-lo, encontra limites nos institutos da decadência (tem um prazo fatal para dar início à ação penal, que é, em regra, de seis meses, a contar da data em que souber quem é o autor da infração penal); renúncia e perdão (pode desistir de promover a ação, antes ou depois de iniciada, implicando a extinção da punibilidade do querelado); perempção (a negligência na condução da demanda implica em perda do direito de ação, extinguindo-se igualmente a punibilidade do querelado).

Condições da ação penal: são os requisitos exigidos por lei para que o juiz aprecie o mérito da imputação, ou seja, para que acolha ou rejeite o pedido do autor, afirmando ou afastando a pretensão punitiva do Estado. Dividem-se em genéricas (possibilidade jurídica do pedido, interesse de agir e legitimidade de parte) e específicas (também chamadas de condições de procedibilidade, que variam conforme o delito praticado).

Petição inicial: denúncia é a peça apresentada pelo Ministério Público contendo a imputação contra o agente; queixa é a peça oferecida pelo ofendido descrevendo a imputação contra o autor do delito.

Conteúdo da peça acusatória: *deve* haver a exposição do fato criminoso (tipo básico) com todas as suas circunstâncias (tipo derivado), a qualificação do acusado ou elementos que possam identificá-lo, bem como a classificação do crime; *pode* haver o rol das testemunhas.

Classificação das ações penais

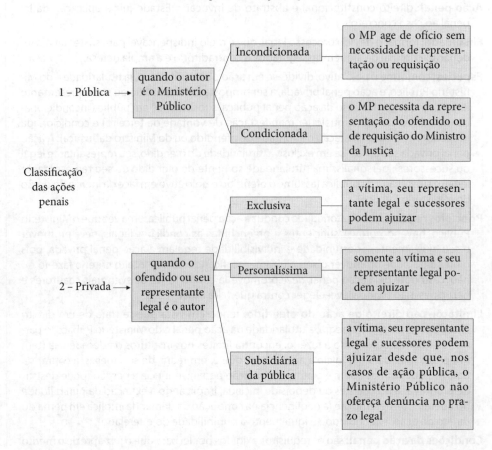

Capítulo IX

Ação Civil *Ex Delicto*

1. CONCEITO

Trata-se da ação ajuizada pelo ofendido, na esfera cível, para obter indenização pelo dano causado pela infração penal, quando existente. Há delitos que não provocam prejuízos, passíveis de indenização – como ocorre nos crimes de perigo, como regra. O dano pode ser material ou moral, ambos sujeitos à indenização, ainda que cumulativa.

A legislação criminal cuida, com particular zelo, embora não com a amplitude merecida, do ressarcimento da vítima, buscando incentivá-lo, sempre que possível.

O Código Penal estabelece como efeito da condenação a obrigação de reparar o dano (art. 91, I). Firma, ainda, uma causa de diminuição da pena, caso o agente repare o dano ou restitua a coisa ao ofendido (art. 16). Estabelece como atenuante genérica a reparação do dano (art. 65, III, *b*). Incentiva-a para a substituição das condições genéricas da suspensão condicional da pena por condições específicas (art. 78, § 2.º). Fixa como condição para a concessão do livramento condicional a reparação do dano, salvo impossibilidade efetiva de fazê-lo (art. 83, IV). Enaltece-a, como condição para a reabilitação (art. 94, III). Permite a extinção da punibilidade no caso de peculato culposo cujo dano é devidamente ressarcido (art. 312, § 3.º). E não olvidemos o conteúdo da Súmula 554 do Supremo Tribunal Federal, ainda em vigor, que estabelece o seguinte: "O pagamento de cheque emitido sem provisão de fundos, após o recebimento da denúncia, não obsta ao prosseguimento da ação penal", significando que, antes da propositura, o pagamento retira a justa causa para a ação penal.

MANUAL DE PROCESSO PENAL · **Nucci**

O Código de Processo Penal, por sua vez, no Título IV do Livro I, ao cuidar da ação civil, proporciona meios mais eficazes para a vítima buscar reparação. Além disso, garante a utilização do sequestro (art. 125), da busca e apreensão (art. 240), do arresto (art. 136) e da hipoteca legal (art. 134). Assim, também, dispõe a Lei de Lavagem de Dinheiro (Lei 9.613/98), incrementando o sequestro dos bens, valores ou direitos oriundos dos crimes que deram origem à lavagem, ainda que a ordem de apreensão provenha do estrangeiro (art. 8.º).

2. SEPARAÇÃO DA JURISDIÇÃO

Privilegia o nosso sistema a separação da jurisdição, fazendo com que a ação penal se destine à condenação do agente pela prática da infração penal e a ação civil tenha por finalidade a reparação do dano, quando houver. Note-se o disposto no art. 935 do Código Civil: "A responsabilidade civil é independente da criminal, não se podendo questionar mais sobre a existência do fato, ou sobre quem seja o seu autor, quando estas questões se acharem decididas no juízo criminal".

Apesar da consagração da separação, prevalece a justiça penal sobre a civil, quando se tratar da indenização de crime e aquela julgar que inexistiu o fato ou tiver afastado a autoria. É tempo, no entanto, de repensar esse sistema, permitindo-se que o juiz, na esfera penal, possa estabelecer, no mesmo processo onde há a condenação, a indenização civil completa e necessária à vítima. Privilegiar-se-ia a economia processual, protegendo-se com maior eficácia o ofendido e evitando-se que este, cético com a lentidão e o alto custo da Justiça brasileira, prefira o prejuízo à ação civil *ex delicto*.

Amplia-se, ainda, a possibilidade de indenização diretamente no juízo criminal, como se observa pela leitura dos arts. 74 e 75 da Lei 9.099/95. Nas infrações de menor potencial ofensivo – cuja pena máxima em abstrato não ultrapassa dois anos, cumulada ou não com multa, e nas contravenções penais (art. 61, Lei 9.099/95) –, é possível haver a composição dos danos civis, homologada pelo juiz, valendo como título a ser executado no cível (art. 74 da referida Lei). Tratando-se de infrações sujeitas à representação da vítima ou de iniciativa privada, o acordo homologado provoca a renúncia à queixa ou ao direito de representação.

Outro exemplo importante advém da Lei 11.340/2006, que cuida da violência doméstica e familiar contra a mulher, determinando a criação dos Juizados de Violência Doméstica e Familiar contra a Mulher, com competência cumulativa cível e criminal (art. 14). Assim, se o marido agredir a esposa, no mesmo juízo, pode ser processado e condenado criminalmente, bem como pode ser decretada a separação de corpos, como medida cautelar, com fixação de alimentos provisionais ou provisórios e regulamentação de visitas aos filhos (art. 22, IV e V, c/c art. 23, I a V).

Finalmente, a reforma trazida pela Lei 11.719/2008, alterando os arts. 63, parágrafo único, e 387, IV, do Código de Processo Penal, passou a permitir que o juiz criminal fixasse a indenização para a reparação do dano decorrente da infração penal, na sentença condenatória.

Entretanto, a modificação ainda foi tímida. Mencionou-se o seguinte: "Transitada em julgado a sentença condenatória, a execução poderá ser efetuada pelo valor fixado nos termos do inciso IV do *caput* do art. 387 deste Código sem prejuízo da liquidação para a apuração do dano efetivamente sofrido" (art. 63, parágrafo único, CPP). No referido art. 387, IV, estabeleceu-se que, na sentença condenatória, o juiz "fixará valor mínimo para reparação dos danos causados pela infração, considerando os prejuízos sofridos pelo ofendido".

Nota-se não ter sido previsto nenhum procedimento para a apuração dos danos, nem o seu grau de abrangência (material ou moral). Nada se mencionou acerca da legitimidade ativa para pleitear a reparação dos danos: somente a vítima ou também o Ministério Público, atuando em seu nome? Poderia o juiz, de ofício, fixar a indenização, sem que ninguém tenha solicitado? Enfim, são questões que poderiam ter sido esclarecidas pelo bem do novo instituto, sob pena de não se concretizar a almejada junção da jurisdição. De todo modo, parece-nos que somente o ofendido poderia solicitar a indenização e o juiz não teria condições de fixá-la de ofício, sem nenhum pedido. Afinal, não tendo havido requerimento expresso, inexistiria discussão nos autos em relação ao valor, motivo pelo qual seria incabível a fixação de um montante qualquer, que não foi objeto de debate entre as partes interessadas.

Outro ponto que reputamos fraco é a previsão de fixação de *valor mínimo* para a reparação dos danos, permitindo que o interessado possa ingressar na esfera cível a fim de apurar o prejuízo efetivamente sofrido. O correto seria o estabelecimento de um valor real, debatido no processo criminal, a fim de não sobrecarregar a esfera cível com nova discussão a respeito do mesmo tema. Ademais, se o ofendido conseguir um valor mínimo qualquer, sem atingir o efetivamente devido, poderá sentir-se duplamente enganado. O Judiciário fixa-lhe um valor pífio, que não o deixa satisfeito, embora se sinta desmotivado para, novamente, demandar no cível outros valores.

Não se deve implementar uma modificação *pela metade*. O ideal é que a reparação civil possa ser apurada no processo criminal de maneira ampla, sem abertura para, depois, renovar-se o debate no cível. Por isso, pode envolver o dano moral, eventualmente, advindo pela prática do delito.

Pensamos deverem os juízes criminais, se instados pela vítima a promover a discussão da indenização civil, buscar atingir o valor real – e não somente o mínimo – deixando consignado, em suas sentenças, tal situação. Com isto, pode-se argumentar ter-se formado coisa julgada material, vedando-se o acesso à órbita civil, evitando-se a sobrecarga inútil de serviço.

3. SENTENÇA CONDENATÓRIA COMO TÍTULO EXECUTIVO

Transitando em julgado e tornando-se, pois, definitiva, pode a sentença ser levada ao juízo cível para que a vítima obtenha a reparação do dano (art. 63, CPP). Não mais se discutirá se esta é devida (*an debeatur*), mas tão somente o quanto é devido pelo réu (*quantum debeatur*). Facilita-se o processo, impedindo-se o reinício da discussão em torno da culpa, merecendo debate somente o valor da indenização, o que é justo, pois o retorno ao debate a respeito da ocorrência do crime ou não somente iria causar o desprestígio da Justiça.

Se a indenização civil for fixada, pelo juiz criminal, de maneira ampla e definitiva, cremos ser indevida a liquidação na órbita do juízo cível. Entretanto, se não for estabelecida a reparação ou se apenas cuidar do valor mínimo, torna-se possível renovar a discussão no cível.

4. SENTENÇA CONCESSIVA DE PERDÃO JUDICIAL

Entendemos que se trata de decisão de natureza condenatória, pois não se perdoa quem é inocente, mas sim aquele que é culpado, embora não mereça sofrer a imposição de pena. A despeito disso, está em vigor a Súmula 18 do Superior Tribunal de Justiça, considerando-a meramente declaratória, sem qualquer efeito condenatório. Pensamos, no entanto, como já expusemos na nota 30 ao art. 107 do nosso *Código Penal comentado*, que pode ela ser executada, como título, no cível. Entretanto, para quem optar pelo fiel cumprimento ao disposto na referida Súmula do STJ, será imprescindível reiniciar toda a discussão acerca da culpa do réu, beneficiário do perdão judicial, na esfera cível, para que possa haver indenização.

5. DECISÃO DE EXTINÇÃO DA PUNIBILIDADE PELA PRESCRIÇÃO OU OUTRA CAUSA

Tratando-se da prescrição da pretensão punitiva, não possui efeito algum a eventual sentença condenatória, que já tenha sido prolatada. Assim, o reconhecimento de prescrição, cujo lapso completou-se antes do trânsito em julgado de sentença condenatória, afasta a formação de título executivo judicial.

Quando, no entanto, se tratar de prescrição da pretensão executória, ou seja, o lapso temporal completou-se depois do trânsito em julgado da sentença condenatória, permanecem os efeitos secundários da sentença – como maus antecedentes, a possibilidade de gerar reincidência, além da formação do título executivo judicial. O mesmo se aplica a outras causas de extinção da punibilidade, levando-se em conta se ocorreram antes ou depois da sentença definitiva.

6. REVISÃO CRIMINAL

Havendo o ajuizamento de revisão criminal, caso seja julgada procedente, tem o condão de eliminar o título executivo, que é a sentença condenatória proferida anteriormente. Logo, se ainda não iniciada a execução, não mais pode ocorrer; caso tenha começado, deverá o juiz extingui-la por inexigibilidade do título. E, derradeiramente, se já tiver sido paga a indenização – uma vez que não houve processo de conhecimento para apurar a culpa na esfera cível – caberia ação de restituição, onde se poderia então debater a culpa do pretenso autor de ato ilícito.

7. EXTENSÃO DO RESSARCIMENTO DO DANO

Tem um sentido amplo a reparação do dano provocado pelo crime, implicando não somente restituição da coisa – quando for possível –, mas também pagamento do prejuízo causado, abrangendo os lucros cessantes. Lembremos, ainda, que há prejuízos que não podem ser quantificados em dinheiro, pela falta de correspondência ao patrimônio, merecendo, então, que a indenização se dê pelo dano moral causado.

O art. 64 do Código de Processo Penal deixa bem claro o direito do ofendido de pleitear diretamente no juízo cível a reparação do dano, independentemente de haver sentença condenatória com trânsito em julgado, o que demonstra sem equívoco a separação da jurisdição. Pode ocorrer, portanto, duplicidade de ações discutindo o mesmo fato, embora em searas diferentes: uma, no juízo penal; outra, na órbita civil. Se tal se der, naturalmente, o juízo criminal deve abster-se de fixar qualquer valor de indenização civil na sentença condenatória. Afinal, haveria litispendência nesse campo.

Por cautela, o parágrafo único do referido artigo preceitua que, proposta a ação penal, o juiz da ação civil *poderá* suspender o curso desta até o julgamento definitivo daquela. Pensamos que o melhor caminho será sempre a suspensão da demanda civil, aguardando-se o término da penal, a fim de evitar decisões conflitantes. Seria indesejável que o juiz cível condene alguém a indenizar outrem pela prática de um delito quando, na esfera penal, está-se julgando inexistente o fato, por exemplo.

8. RESPONSABILIDADE CIVIL DE TERCEIRO E DEVIDO PROCESSO LEGAL

Debate-se se a sentença condenatória penal definitiva pode servir de título executivo para cobrar do responsável civil, que não tomou parte no processo criminal, os danos provocados pela prática do delito.

Há quem sustente que sim, uma vez que o art. 64 prevê exatamente a hipótese de se utilizar o título formado contra o autor do crime ou, *sendo o caso*, contra o responsável civil. Entretanto, pensamos ser melhor a outra posição, que homenageia o devido processo legal. Não pode responder, como fato incontroverso e definitivo, aquele que não participou da ação penal. Assim, caso o empregado de alguém cometa, no exercício da função, um ilícito penal qualquer, a vítima não pode valer-se da sentença condenatória para, formando o título executivo, exigir, no cível, indenização do seu patrão. Desejando, pode ingressar com ação contra o próprio autor do delito, mas, caso queira – ou necessite – voltar-se contra o empregador, deve mover ação de conhecimento, permitindo a este a ampla defesa, assegurada a qualquer pessoa.

Mais uma vez, este é o inconveniente da separação da jurisdição. Se o juiz penal pudesse decidir acerca da responsabilidade penal e, também, da civil, logo poderia ser chamado o patrão a integrar a ação penal, querendo, tornando possível a condenação a quem efetivamente possa indenizar o dano causado.

Para evitar, no entanto, conflitos indesejáveis, a ação de conhecimento, movida na esfera cível, contra o patrão – ou outro responsável civil qualquer – deveria ter estreito âmbito de discussão, pois a culpa do referido responsável civil atualmente é objetiva, não mais se admitindo debate em torno da culpa *in vigilando* (se o patrão exerceu ou não corretamente seu poder de fiscalização sobre o empregado) ou *in eligendo* (se o patrão escolheu bem ou não seu funcionário). Restaria discutir se havia ou não relação de emprego entre o autor do crime (funcionário) e o réu na ação civil (patrão); poder-se-ia, ainda, debater se o empregado estava, no momento do crime, exercendo atividade particular – o que eximiria seu patrão de qualquer responsabilidade. No caso de outros responsáveis (pais, tutores, curadores, donos de hotéis e similares, partici-

128 | MANUAL DE PROCESSO PENAL · Nucci

pantes nos produtos do crime) dever-se-ia observar a mesma estreiteza na discussão da causa cível.

9. EXCLUDENTES DE ILICITUDE E FORMAÇÃO DA COISA JULGADA NO CÍVEL

Há quatro excludentes de ilicitude mencionadas na Parte Geral do Código Penal (art. 23): estado de necessidade, legítima defesa, exercício regular de direito e estrito cumprimento do dever legal. Servem para afastar, quando reconhecidas, a antijuridicidade do fato típico. Entretanto, a afirmação do art. 65 do Código de Processo Penal ("faz coisa julgada no cível a sentença penal que reconhecer ter sido o ato praticado em estado de necessidade, em legítima defesa, em estrito cumprimento de dever legal ou no exercício regular de direito"), apesar de verdadeira, não provoca, como consequência, a impossibilidade de ajuizamento de ação civil, em algumas situações, como veremos a seguir.

É bem verdade que o juiz civil não pode tornar a discutir o caráter delituoso de determinado fato, pois já se excluiu essa possibilidade no juízo criminal, fazendo coisa julgada na esfera cível. Entretanto, pode conceder a indenização por outros motivos, afinal, nem tudo o que é penalmente lícito, também o será civilmente.

Dispõe o art. 188 do Código Civil que, "não constituem atos ilícitos: I – os praticados em legítima defesa ou no exercício regular de um direito reconhecido; II – a deterioração ou destruição da coisa alheia, ou a lesão a pessoa, a fim de remover perigo iminente. Parágrafo único. No caso do inciso II, o ato será legítimo somente quando as circunstâncias o tornarem absolutamente necessário, não excedendo os limites do indispensável para a remoção do perigo". Logo, a princípio, reconhecida a legítima defesa, o exercício regular de direito e o estrito cumprimento do dever legal, não cabe mais ao juiz civil debater a respeito. E mais: quanto à pessoa contra quem valeu-se alguém do exercício de direito ou do sujeito contra o qual valeu-se alguém do estrito cumprimento do dever legal, inexiste direito à reparação do dano. Assim, exemplificando: não constitui ato ilícito penal ou civil matar ou ferir aquele que desfere agressão injusta, atual ou iminente, contra a integridade física (legítima defesa); não constitui ato ilícito penal ou civil lesionar ou constranger alguém a sair de um lugar público, onde está nitidamente perturbando a ordem (exercício regular de direito); não constitui ato ilícito penal ou civil o policial prender alguém, valendo-se da violência que for necessária, quando está com prisão legalmente decretada (estrito cumprimento do dever legal).

No caso do estado de necessidade, entretanto, há maiores restrições. Tratando-se do estado de necessidade defensivo, isto é, voltar-se contra animal ou coisa que gera o perigo atual, necessário de ser afastado, não cabe indenização alguma, desde que, para a remoção do perigo não se atinja inocente. Exemplo: matar o cão que escapou na via pública e ameaça morder pessoas. O dono do animal nada pode reclamar. Tratando-se do estado de necessidade agressivo, ou seja, voltar-se contra pessoa, animal ou coisa de onde não provém o perigo atual, mas cuja lesão torna-se indispensável para salvar o agente do fato necessário, é cabível falar em indenização. Exemplo: aquele que matar um animal, que está dentro do quintal da casa do seu proprietário, porque invadiu o domicílio para fugir de um assalto, penalmente não responde, mas civilmente deve indenizar ao dono do imóvel os prejuízos causados, inclusive a morte do cão.

É justamente o que preceitua o inciso II do art. 188, em combinação com os arts. 929 e 930 do Código Civil. Confira-se: "Art. 929. Se a pessoa lesada, ou o dono da coisa, no caso do inciso II do art. 188, não forem culpados do perigo, assistir-lhes-á direito à indenização do prejuízo que sofreram. Art. 930. No caso do inciso II do art. 188, se o perigo ocorrer por culpa de terceiro, contra este terá o autor do dano ação regressiva para haver a importância que tiver ressarcido ao lesado. Parágrafo único. A mesma ação competirá contra aquele em defesa de quem se causou o dano (art. 188, inciso I)". Conforme o disposto no art. 930, usando o exemplo já mencionado, o matador do cão no quintal deve indenizar o seu proprietário e, depois, querendo, voltar-se contra o assaltante que o perseguia.

Outra hipótese possível é haver *aberratio ictus* (erro na execução, conforme art. 73 do Código Penal), no contexto da legítima defesa. Se o agredido, para defender-se de determinada pessoa, terminar ferindo terceiro inocente, também fica obrigado a indenizá-lo, voltando-se, depois, em ação regressiva, contra o agressor.

10. EXISTÊNCIA DE SENTENÇA ABSOLUTÓRIA PENAL

Não é garantia de impedimento à indenização civil. Estipula o art. 386 do Código de Processo Penal várias causas aptas a gerar absolvições. Algumas delas tornam, por certo, inviável qualquer ação civil *ex delicto*, enquanto outras, não.

Não produzem coisa julgada no cível, possibilitando a ação de conhecimento para apurar culpa: a) absolvição por não estar provada a existência do fato (art. 386, II, CPP); b) absolvição por não constituir infração penal o fato (art. 386, III, CPP; art. 67, III, CPP); c) absolvição por não existir prova de ter o réu concorrido para a infração penal (art. 386, V, CPP); d) absolvição por insuficiência de provas (art. 386, VII, CPP); e) absolvição por excludentes de culpabilidade e algumas de ilicitude, estas últimas já vistas no tópico anterior (art. 386, VI, CPP); f) decisão de arquivamento de inquérito policial ou peças de informação (art. 67, I, CPP); g) decisão de extinção da punibilidade (art. 67, II, CPP). Em todas essas situações o juiz penal não fechou questão em torno do fato existir ou não, nem afastou, por completo, a autoria em relação a determinada pessoa, assim como não considerou lícita a conduta. Apenas se limitou a dizer que não se provou a existência do fato – o que ainda pode ser feito no cível; disse que não é o fato infração penal – mas pode ser ilícito civil; declarou que não há provas do réu ter concorrido para a infração penal – o que se pode apresentar na esfera cível; disse haver insuficiência de provas para uma condenação, consagrando o princípio do *in dubio pro reo* – embora essas provas possam ser conseguidas e apresentadas no cível; absolveu por inexistir culpabilidade – o que não significa que o ato é lícito; arquivou inquérito ou peças de informação – podendo ser o fato um ilícito civil; julgou extinta a punibilidade – o que simplesmente afasta a pretensão punitiva do Estado, mas não o direito à indenização da vítima.

Fazem coisa julgada no cível: a) declarar o juiz penal que está provada a inexistência do fato (art. 386, I, CPP); b) considerar o juiz penal que o réu não concorreu para a infração penal (art. 386, IV, CPP). Reabrir-se o debate dessas questões na esfera civil, possibilitando decisões contraditórias, é justamente o que quis a lei evitar (art. 935, CC, 2.ª parte).

11. VÍTIMA POBRE E LEGITIMIDADE DE AGIR DO MINISTÉRIO PÚBLICO

Segundo o art. 32, § 1.º, do Código de Processo Penal, considera-se pobre aquele que não pode prover às despesas do processo, sem privar-se dos recursos indispensáveis à sua manutenção ou de sua família. Prova-se a pobreza pela simples apresentação de declaração de próprio punho.

A partir disso, sempre no espírito de preservar os direitos dos hipossuficientes, o Estado busca garantir o acesso à Justiça, ainda que seja, nesse caso, na esfera cível, da pessoa pobre, que não pode custear as despesas do processo nem o patrocínio de advogado.

Por isso, seja para ingressar com execução de título judicial, valendo-se de sentença condenatória definitiva, seja para ajuizar ação de conhecimento, buscando o ressarcimento, legitima-se o Ministério Público a fazê-lo (art. 68, CPP).

Pode o interessado, também, valer-se do serviço de assistência judiciária, proporcionado pelo próprio Estado, através de convênios com a Ordem dos Advogados do Brasil. A legitimidade do representante do Ministério Público, no entanto, é sustentável até que a Defensoria Pública seja efetivamente organizada, para a defesa e orientação jurídica dos necessitados, em todos os graus, por todos os Estados brasileiros.

 SÍNTESE

Ação civil *ex delicto*: é a ação proposta no juízo cível para requerer indenização em razão da prática de uma infração penal.

Natureza do processo: trata-se de um processo de execução, pois a sentença condenatória produz um título executivo (art. 91, I, do Código Penal), que pode ser diretamente cobrado na órbita civil, debatendo-se somente o quanto é devido.

Outra possibilidade de processo: pode-se ajuizar, antes mesmo de finda a ação penal, uma ação civil de reparação do dano provocado pelo crime, embora, nessa situação, seja conveniente que o juiz da ação civil suspenda o curso do processo aguardando-se a solução da esfera criminal, evitando-se decisões conflitantes.

Exclusão da responsabilidade civil: quando o juízo penal afirmar a inexistência do fato ou considerar que o réu não foi o autor da infração penal, cessa a possibilidade de ingresso na esfera civil. Por outro lado, em algumas situações de exclusão da antijuridicidade – legítima defesa, exercício regular de direito e estrito cumprimento do dever legal – o mesmo ocorre. Quanto ao estado de necessidade, depende do caso concreto.

Capítulo X

Jurisdição e Competência

1. CONCEITO DE JURISDIÇÃO

É o poder atribuído, constitucionalmente, ao Estado para aplicar a lei ao caso concreto, compondo litígios e resolvendo conflitos.

Como regra, a atividade jurisdicional é exclusiva dos integrantes do Poder Judiciário, embora a própria Constituição Federal estabeleça exceção ao possibilitar ao Senado Federal que processe *e julgue* o Presidente da República, o Vice-Presidente, os Ministros do Supremo Tribunal Federal, o Procurador-Geral da República, o Advogado-Geral da União, os membros do Conselho Nacional de Justiça e do Conselho Nacional do Ministério Público, os Ministros de Estado e os Comandantes da Marinha, do Exército e da Aeronáutica nos crimes de responsabilidade (nos casos dos Ministros de Estado e dos Comandantes, quando se tratar de crime conexo aos do Presidente ou do Vice-Presidente), conforme art. 52, I e II.

Nessa esteira, as Constituições Estaduais têm estabelecido regras semelhantes, fixando a competência de tribunais especiais para julgar o Governador, o Vice-Governador, os Secretários de Estado, o Procurador-Geral de Justiça e o Procurador-Geral do Estado nos crimes de responsabilidade. Destaque-se, ainda, que os Prefeitos Municipais devem ser julgados, nos crimes de responsabilidade previstos no art. 4.º do Decreto-lei 201/67, pela Câmara Municipal.

Em suma, todo juiz, investido na sua função, possui jurisdição, que é a atribuição de compor os conflitos emergentes na sociedade, valendo-se da força estatal para fazer cumprir a decisão compulsoriamente. Detendo o Estado o monopólio da distribuição

MANUAL DE PROCESSO PENAL · Nucci

de justiça, na esfera penal, evitando-se, com isso, os nefastos resultados da autotutela, que pode tender a excessos de toda ordem, gerando maior insegurança e revolta no seio social, exerce o Poder Judiciário a jurisdição em caráter substitutivo às partes.

2. PRINCÍPIOS REGENTES DA JURISDIÇÃO CRIMINAL

São os seguintes: a) indeclinabilidade: o juiz não pode abster-se de julgar os casos que lhe forem apresentados; b) improrrogabilidade: as partes, mesmo que entrem em acordo, não podem subtrair ao juízo natural o conhecimento de determinada causa, na esfera criminal; c) indelegabilidade: não pode o juiz transmitir o poder jurisdicional a quem não o possui; d) unidade: a jurisdição é única, pertencente ao Poder Judiciário, diferenciando-se apenas no tocante à sua aplicação e ao grau de especialização, podendo ser civil – federal ou estadual; penal – federal ou estadual; militar – federal ou estadual; eleitoral ou trabalhista.

3. CONCEITO DE COMPETÊNCIA

Trata-se da delimitação da jurisdição, ou seja, o espaço dentro do qual pode determinada autoridade judiciária aplicar o direito aos litígios que lhe forem apresentados, compondo-os. O Supremo Tribunal Federal tem competência para exercer sua jurisdição em todo o Brasil, embora, quanto à matéria, termine circunscrito a determinados assuntos. Não pode, por exemplo, o Ministro homologar uma separação consensual de casal proveniente de qualquer parte do país, embora possa, conforme o caso, apreciar um *habeas corpus* de pessoa presa em qualquer ponto do território brasileiro. O juiz de uma pequena cidade pode tanto homologar a separação consensual de um casal residente no mesmo local, quanto analisar uma prisão ilegal realizada por autoridade policial da sua Comarca. Não pode, no entanto, julgar casos pertinentes à Comarca vizinha.

Enfim, jurisdição todo magistrado possui, embora a competência, devidamente fixada em normas constitucionais e através de leis, seja diferenciada (cf. ATHOS GUSMÃO CARNEIRO, *Jurisdição e competência*, p. 45).

4. COMPETÊNCIA ABSOLUTA E COMPETÊNCIA RELATIVA

Chama-se *absoluta* a hipótese de fixação de competência que não admite prorrogação, isto é, deve o processo ser remetido ao juiz natural determinado por normas constitucionais ou processuais penais, sob pena de nulidade do feito.

Encaixam-se nesse perfil a competência em razão da matéria (ex.: federal ou estadual; cível ou criminal; matéria criminal geral ou especializada, como o júri etc.) e a competência em razão da prerrogativa de função (ex.: julgamento de juiz de direito deve ser feito pelo Tribunal de Justiça; julgamento de Governador deve ser feito pelo Superior Tribunal de Justiça etc.).

Chama-se *relativa* a hipótese de fixação de competência que admite prorrogação, ou seja, não invocada a tempo a incompetência do foro, reputa-se competente o juízo que conduz o feito, não se admitindo qualquer alegação posterior de nulidade. É o caso da competência territorial, tanto pelo lugar da infração quanto pelo domicílio ou residência do réu.

A divisão entre competência absoluta e relativa – a primeira improrrogável, enquanto a segunda admitindo prorrogação – é dada pela doutrina e confirmada pela jurisprudência, embora não haja expressa disposição legal a respeito.

5. QUADRO GERAL DE COMPETÊNCIA

Para um estudo a respeito de competência, torna-se indispensável considerar que existem vários textos normativos disciplinando a matéria. Portanto, deve-se consultar não somente o Código de Processo Penal, mas também a Constituição Federal, a Lei de Organização Judiciária do Estado e os Regimentos Internos dos Tribunais. Com isso, tem-se um quadro amplo e correto da competência.

Por outro lado, é valioso lembrar que, no contexto penal, a regra principal é garantir a punição do autor da infração penal no lugar onde ela se realizou, até porque, assim fazendo, mantém-se acesa uma das funções e finalidades da pena, que é o seu caráter intimidatório geral, ou seja, pune-se o criminoso para sinalizar à sociedade o mal que pode advir da prática do delito. E mesmo para aqueles que consideram somente o caráter preventivo geral positivo, isto é, que a pena é aplicada somente para reafirmar a efetividade e vigência do Direito Penal, não deixa de ser fundamental assegurar que tal se dê no local onde a infração penal concretizou-se. Afinal, onde houve o abalo causado pelo delito, busca-se aplicar a lei penal, reativando os valores positivos do Direito. De nada adiantaria punir o autor de um furto na cidade de Manaus em uma Vara Criminal do Rio de Janeiro, distante, pois, do lugar onde a ordem jurídica foi efetivamente lesada.

Em suma, busca-se, em primeiro plano, o lugar da infração penal (*ratione loci*). E, a partir disso, visualiza-se o contexto das exceções à regra: a) quando houver matéria especial a ser cuidada (*ratione materiae*), levando-se em conta a natureza da infração (é o que ocorre com a Justiça Militar ou Eleitoral, para crimes militares ou eleitorais); b) quando houver privilégio especial em função da pessoa a ser julgada (*ratione personae*), como ocorre no julgamento de altas autoridades.

Tendo em vista que, muitas vezes, desconhece-se o local da infração, elegeu-se uma segunda regra geral, embora *supletiva*, que é o lugar do domicílio ou residência do réu (este foro pode ser o da eleição do querelante nos crimes de ação privada, conforme art. 73, CPP).

A partir do estabelecimento da competência inicial, em razão do lugar da infração penal ou do domicílio/residência do réu, passa-se ao critério da seleção sorteada do magistrado, usando-se a distribuição. Há também exceções com relação à escolha fortuita do juiz: a) em função da matéria debatida, o que se extrai através da natureza da infração penal. É o caso do delito contra a vida, que segue diretamente para a Vara privativa do Júri – quando existente; b) em função da conexão ou da continência, motivos que favorecem a colheita da prova, evitando decisões contraditórias; c) em razão da prevenção, isto é, quando, por situação pretérita, algum juiz já tomou conhecimento de matéria relevante do processo.

Por derradeiro, não havendo condições de determinar o lugar da infração ou do domicílio do réu, porque a infração penal desenvolveu-se em várias localidades, ou porque há incerteza quanto às divisas da Comarca, usa-se a regra subsidiária da prevenção, que é *residual* (cf. ESPÍNOLA FILHO, *Código de Processo Penal brasileiro anotado*, v. 2, p. 70-71).

6. O LUGAR DA INFRAÇÃO PENAL COMO REGRA GERAL PARA A COMPETÊNCIA DO FORO

O lugar da infração é, como regra, o foro competente para ser julgada a causa, pois é o local onde a infração penal ocorreu, atingido o resultado, perturbando a tranquilidade social e abalando a paz e o sossego da comunidade (*ratione loci*), como previsto no art. 70 do Código de Processo Penal.

Quando se tratar de tentativa, verifica-se o foro competente no local onde se deu o último ato executório.

Trata-se de competência territorial, logo, relativa, vale dizer, passível de prorrogação, caso não seja arguida a tempo.

Adotou o processo penal brasileiro a teoria do resultado, vale dizer, é competente para apurar a infração penal, aplicando a medida cabível ao agente, o foro onde se deu a consumação do delito. Outras teorias, embora não acolhidas, existem a respeito: teoria da atividade, que leva em conta o lugar onde ocorreu a ação, pouco importando o local do resultado; teoria da ubiquidade, que considera como lugar do crime tanto o da ação quanto o do resultado, indiferentemente.

Menciona-se a existência de um conflito entre o referido art. 70 do Código de Processo Penal com o art. 6.º do Código Penal, uma vez que este último preceitua ser considerado lugar do crime tanto o local onde se deu a ação ou omissão, no todo ou em parte, quanto o ponto onde se verificou ou deveria ter-se verificado o resultado. Assim, alguns chegaram a sustentar que, por ser lei mais nova (a última modificação da sua Parte Geral deu-se em 1984), o Código Penal teria revogado tacitamente o art. 70 do Código de Processo Penal, que acolhe a teoria do resultado.

Não é essa a posição majoritária, que vê no referido art. 6.º apenas um dispositivo para a aplicação da norma penal no espaço, isto é, quando o crime atingir mais de uma nação. Assim, reserva-se a teoria da ubiquidade, adotada pelo Código Penal, para a hipótese do delito que se iniciou em um país estrangeiro e findou no Brasil ou vice-versa (é o chamado *crime à distância*). Com isso, resguarda-se a soberania brasileira para levar o agente a julgamento, desde que qualquer parte da infração penal tenha tocado solo nacional, constituindo um prestígio ao princípio da territorialidade. No mais, levando-se em consideração apenas delitos praticados, integralmente, dentro do território brasileiro, aplica-se o art. 70. O ideal seria que o legislador tivesse deixado bem clara essa posição, ao cuidar da redação do art. 6.º do Código Penal, ao invés de deixar ao intérprete a tarefa de conciliar as normas em conflito meramente aparente.

Crimes plurilocais são aqueles cuja ação ou omissão se dá num determinado lugar e o resultado termina ocorrendo em outro. Firma-se a competência, como já mencionado, pelo foro do local da consumação (resultado). Observe-se que tal regra somente tem pertinência aos crimes materiais, isto é, aqueles que possuem resultado naturalístico e pode haver clara dissociação entre ação ou omissão e resultado.

Não teria sentido chamar de plurilocal a infração penal de mera atividade (crimes formais ou de mera conduta), visto que o resultado se dá justamente no instante da prática da ação ou omissão. É o que ocorre no tocante ao delito de difamação, que é formal. Consuma-se quando o agente dá conhecimento a terceiro sobre fato ofensivo à reputação da vítima.

Deve-se respeitar uma ressalva corretamente feita pela jurisprudência. O homicídio, embora seja crime material, cuja conduta de lesionar a integridade física pode ocorrer em determinada cidade e o resultado morte, em outra, deve ser apurado e o agente processado no lugar da ação ou omissão. Se a regra do art. 70 do CPP fosse fielmente seguida, o correto seria a ocorrência do trâmite processual no local onde se deu a morte da vítima; entretanto, seguindo-se o princípio da busca da verdade real, torna-se mais segura a colheita da prova no lugar da conduta. Em sentido contrário, alegando que tal posição fere frontalmente o disposto em lei, está a opinião de MIRABETE (*Código de Processo Penal interpretado*, p. 142). TOURINHO, por sua vez, afirma ser ilegal adotar essa postura, embora seja a mais lógica (*Código de Processo Penal comentado*, v. 1, p. 181).

Crimes qualificados pelo resultado são os que possuem um fato-base definido como crime, acrescido de um evento superveniente que os qualifica, aumentando-lhes a pena em razão de sua gravidade objetiva, existindo entre eles um nexo de ordem física e subjetiva. Note-se que são formas possuidoras de duplo resultado (ex.: estupro seguido de morte, roubo seguido de morte etc.). Fixa-se a competência pelo lugar onde ocorreu o resultado qualificador. Entretanto, baseado na mesma jurisprudência que estabelece, ao contrário do estipulado pelo art. 70 do Código de Processo Penal, como foro competente para apurar a infração penal aquele onde ocorreu a ação delituosa, lugar de maior facilidade de busca da prova, podemos admitir que, conforme o caso, o delito qualificado pelo resultado siga a mesma regra, isto é, caso a conduta (roubo, por exemplo) desenvolva-se em uma cidade, mas o ofendido venha a morrer em outra localidade – para onde apenas foi levado, objetivando-se o tratamento dos ferimentos sofridos –, o melhor é que o crime seja apurado no foro do desenvolvimento da conduta.

Alguma dúvida suscitava o crime de fraude no pagamento por meio de cheque sem provisão de fundos ou mesmo cheque falsificado. Por isso, considerando o delito material e levando em conta que o prejuízo se concretiza no lugar onde se deu a recusa ao pagamento (como regra, onde fica o estabelecimento bancário que assim agiu), houve a edição de duas Súmulas: Súmula 521 do Supremo Tribunal Federal: "O foro competente para o processo e julgamento dos crimes de estelionato, sob a modalidade da emissão dolosa de cheque sem provisão de fundos, é o do local onde se deu a recusa do pagamento pelo sacado"; Súmula 244 do Superior Tribunal de Justiça: "Compete ao foro do local da recusa processar e julgar o crime de estelionato mediante cheque sem provisão de fundos". Quanto ao foro competente para apurar o crime de estelionato cometido por meio de cheque falsificado, preceitua a Súmula 48 do Superior Tribunal de Justiça: "Compete ao juízo do local da obtenção da vantagem ilícita processar e julgar crime de estelionato cometido mediante falsificação de cheque".

Atualmente, nos termos do art. 70, § 4.º, do Código de Processo Penal, "nos crimes previstos no art. 171 do Decreto-Lei 2.848, de 7 de dezembro de 1940 (Código Penal), quando praticados mediante depósito, mediante emissão de cheques sem suficiente provisão de fundos em poder do sacado ou com o pagamento frustrado ou mediante transferência de valores, a competência será definida pelo local do domicílio da vítima, e, em caso de pluralidade de vítimas, a competência firmar-se-á pela prevenção". Portanto, para facilitar a apuração do delito e, também, favorecer a vítima desse tipo de crime, a Lei 14.155/2021 inseriu o referido § 4.º para que o estelionato, mediante cheque sem fundos ou com pagamento frustrado, deve ser apurado no foro onde reside a pessoa ofendida (havendo várias vítimas, pelo critério da prevenção, no local onde houver a prolação do primeiro ato jurisdicional). Supera-se, por força de lei, as mencionadas súmulas.

Outro ponto que merece destaque refere-se ao foro competente para infrações de menor potencial ofensivo. Menciona o art. 63 da Lei 9.099/95, que "a competência do Juizado será determinada pelo lugar em que foi praticada a infração penal". Surgiu, então, a polêmica doutrinária acerca do foro competente para apurar a infração, tendo em vista a dubiedade do termo "praticada". Alguns preferem interpretá-lo como o lugar onde ocorreu a ação ou omissão (ADA PELLEGRINI GRINOVER, ANTONIO MAGALHÃES GOMES FILHO, ANTONIO SCARANCE FERNANDES e LUIZ FLÁVIO GOMES, *Juizados Especiais Criminais*: comentários à Lei 9.099, de 26.09.1995, p. 81), outros veem como certo o local onde ocorreu o resultado, crendo que o termo "praticada" é sinônimo de "consumada" (TOURINHO FILHO, *Código de Processo Penal comentado*, v. 1, p. 179; ROLDÃO OLIVEIRA DE CARVALHO e ALGOMIRO CARVALHO NETO, *Comentários à Lei 9.099, de 26 de setembro de 1995*, p. 127).

Posicionamo-nos pela teoria da ubiquidade, podendo ser tanto o lugar da ação ou omissão quanto o lugar do resultado. O termo "praticar" quer dizer tanto "levar a efeito" ou "realizar" – que daria o sentido de *consumação* –, quanto "executar" – conferindo a impressão de ser *ação*, motivo pelo qual o melhor a fazer é acolher a teoria mista, aceitando como foro competente ambos os lugares, certamente quando a infração penal comportar essa divisão entre ação e resultado. Havendo conflito, dirime-se pela prevenção, ou seja, torna-se competente o primeiro juiz que conhecer do feito. No mesmo sentido que defendemos está a posição adotada por PEDRO HENRIQUE DEMERCIAN e JORGE ASSAF MALULY (*Curso de processo penal*, p. 188); MARINO PAZZAGLINI FILHO, ALEXANDRE DE MORAES, GIANPAOLO POGGIO SMANIO e LUIZ FERNANDO VAGGIONE (*Juizado Especial Criminal* – Aspectos práticos da Lei 9.099/95, p. 28); MIRABETE (A competência dos juizados especiais criminais, p. 145).

6.1 O domicílio ou residência do réu como foro supletivo

Subsidiariamente, quando não se tem certeza do lugar onde a infração se consumou, utiliza-se a regra do domicílio ou residência do acusado (*ratione loci*). Por isso, é o chamado *foro supletivo* ou *foro subsidiário*.

O domicílio do réu é a residência com ânimo permanente e definitivo, portanto o lugar onde a pessoa mantém o seu centro principal de atividades, negócios e, principalmente, sua família. Dispõe o art. 70 do Código Civil que "o domicílio da pessoa natural é o lugar onde ela estabelece a sua residência com ânimo definitivo". Caso a pessoa tenha várias moradas, onde igualmente fixe seu centro de ocupações habituais, estabelece o art. 71 do Código Civil que qualquer delas pode ser considerada seu domicílio. Finalmente, quando não tiver a pessoa residência habitual, por ser um viajante solteiro, sem vínculo familiar, considera-se seu domicílio o lugar onde for encontrada (art. 73, CC).

Como lembra TORNAGHI, "a palavra domicílio, de *domicilium, ii*, e, esta de *domus, us*, casa, está a indicar não só o local, mas também a assistência permanente nele e, portanto, as relações de direito entre o sujeito e o lugar. O domicílio é o mais alto grau de vinculação da pessoa ao âmbito geográfico-humano em que vive". Adverte, ainda, o autor, que o Código de Processo Penal deixou de prever a hipótese do réu que tenha mais de um domicílio, razão pela qual aplica-se, por analogia, o constante no art. 72, § 1.º, para a hipótese da residência, isto é, a competência firmar-se-á pela prevenção. O mesmo se diga com relação à situação do processo que tenha vários corréus, cada qual com um domicílio diferente. Deve-se aplicar a regra da prevenção (*Compêndio de processo penal*, t. I, p. 318).

A residência do réu é o lugar onde a pessoa habita, embora com irregularidade e sem o caráter de permanência, justamente os aspectos que a diferenciam de domicílio. Concordamos com a crítica feita por TORNAGHI de que o Código de Processo Penal terminou, implicitamente, equiparando os conceitos de *domicílio* e *residência* para fins de investigação criminal (*Compêndio de processo penal*, t. I, p. 318). Deveria, no entanto, ter deixado isso claro e não apenas usado, no *caput*, a fórmula genérica e alternativa: "a competência regular-se-á pelo domicílio *ou* residência do réu".

Tanto é realidade a pouca importância do termo para essa finalidade que, no § 1.º do art. 72 do CPP, estabelece-se que a existência de mais de uma residência (esquecendo-se da hipótese de haver mais de um domicílio) indicará o uso da prevenção.

Como não houve a expressa equiparação, o melhor é interpretar que fixa o foro o lugar do domicílio; na falta deste, leva-se em conta a residência. Havendo um ou mais domicílios (ou residências), resolve-se pela prevenção.

Outra situação de utilização da prevenção para solucionar conflito surgido entre vários juízos, que poderiam conhecer do feito, é a hipótese do acusado que não tem residência fixa – pode ser um andarilho, um sem-teto, um viajante ou um desocupado aventureiro –, razão pela qual ignora-se onde possa ser encontrado (art. 72, § 2.º, CPP).

O Código Civil estabelece que, a pessoa sem residência habitual, andando de um lugar para outro, tem seu domicílio no local onde puder ser encontrada (art. 73). Ocorre que, para efeito de aplicação do referido § 2.º do art. 72 do Código de Processo Penal, o sentido da inexistência de residência certa liga-se ao fato de não se poder localizá-lo, de modo que é inútil buscar a aplicação do referido art. 73 da Lei civil. Por outro lado, há uma segunda situação de relevo, que é a ignorância do seu paradeiro. Assim, pode até possuir residência conhecida, mas estar há muito afastado dela, não mais sendo localizado. Por isso, aplica-se a regra da prevenção, que funciona como foro subsidiário ou supletivo.

Lembremos que, a despeito de ser regra geral para a fixação do foro competente o do lugar da infração penal, tal não se aplica necessariamente nos casos de ação exclusivamente privada, pois o interesse público, nesses casos, é secundário; tanto é verdade que a iniciativa da ação penal pertence ao particular.

Logo, o abalo trazido pela infração penal não tem o mesmo diapasão do crime de ação pública, deixando-se ao critério do querelante a eleição do foro (art. 73, CPP). Note-se que, para o querelado, não há qualquer prejuízo: ou se escolhe o foro do lugar da infração penal – que é, de fato, a regra geral – ou opta o particular pelo foro de domicílio/residência do agente, que somente lhe facilita a promoção da defesa. Trata-se, entretanto, de mais uma exceção ao princípio geral da fixação da competência em matéria processual penal.

Relembrando, a Lei 14.155/2021 incluiu o § 4.º ao art. 70, nos seguintes termos: "nos crimes previstos no art. 171 do Decreto-Lei nº 2.848, de 7 de dezembro de 1940 (Código Penal), quando praticados mediante depósito, mediante emissão de cheques sem suficiente provisão de fundos em poder do sacado ou com o pagamento frustrado ou mediante transferência de valores, a competência será definida pelo *local do domicílio da vítima*, e, em caso de pluralidade de vítimas, a competência firmar-se-á pela prevenção" (grifamos).

6.2 A matéria como regra específica de competência

Por vezes, a lei deixa de considerar principal o critério do lugar da infração ou do domicílio do réu para eleger princípio diverso, que é o da natureza da infração penal. É a competência em razão da matéria (*ratione materiae*).

Vários juízes de um local poderiam ser competentes, mas deixa de haver coincidência quando um deles desponta como apto a cuidar do processo em razão da natureza da infração. Exemplo disso é a existência da Justiça Militar. Quando um crime militar ocorre, segue diretamente o processo para essa Vara, nem havendo necessidade de se fazer outras verificações. Se, porventura, houver mais de uma Vara competente na Comarca ou Região, utiliza-se, então, o critério geral, que é o do lugar da infração ou do domicílio do réu.

Ao cuidarmos da fixação da competência em razão da natureza da matéria, deve-se analisá-la sob dois ângulos diversos:

a) primeiramente, essa matéria (*ratione materiae*) serve para afastar a incidência da regra geral, que é o foro do lugar da infração penal. Assim, havendo a prática de um crime militar, por exemplo, elege-se o foro independentemente de ferir, eventualmente, o local do crime, pois deve ele ser julgado na Justiça Militar, nem sempre existente na Comarca onde se deu a infração. Diga-se o mesmo do delito eleitoral, que pode ser julgado por um juízo diverso da sua Comarca de origem, por critérios de organização da Justiça Eleitoral;

b) secundariamente, quando se utiliza, antes, o critério do lugar da infração penal ou do domicílio do réu, passa-se a verificar a natureza da matéria, a fim de, dentro da Comarca eleita, escolher o juízo competente. Um roubo praticado na

Comarca de São Paulo, por exemplo, deve ser julgado por uma das Varas Centrais, ainda que a região de seu cometimento seja da esfera de abrangência de um foro regional. O assunto é reservado ao foro central. Ressalva-se, ainda, a competência das Varas do Júri, que preferem, sempre, em confronto com as demais, quando se tratar de delitos dolosos contra a vida. Trata-se de competência absoluta, não sujeita à prorrogação, como regra.

A competência privativa da Vara do Júri encontra respaldo constitucional (art. 5.º, XXXVIII, *d*), cabendo-lhe julgar os delitos dolosos contra a vida, que são os tipos penais previstos no Capítulo I, do Título I, da Parte Especial do Código Penal, abrangendo as formas de homicídio simples, privilegiado e qualificado (art. 121, *caput*, §§ 1.º e 2.º), induzimento, instigação ou auxílio a suicídio ou automutilação (art. 122), infanticídio (art. 123) e as modalidades de aborto (arts. 124 a 127). Por isso, outras variações de infrações penais que possam atentar, de qualquer modo, contra a vida, não são consideradas da competência do júri, como é o caso do latrocínio, do estupro seguido de morte, da lesão corporal seguida de morte, dentre outros. Assim também o disposto na Súmula 603 do Supremo Tribunal Federal: "A competência para o processo e julgamento de latrocínio é do Juiz singular e não do Tribunal do Júri". Maiores detalhes sobre o tema, expusemos em nosso *Tribunal do Júri*, item 1.1.5.

Entendemos ser mínima a competência para os crimes dolosos contra a vida, nada impedindo que a lei ordinária aumente a possibilidade do júri julgar outros delitos. Note-se que a Constituição (art. 5.º, XXXVIII) preleciona que é reconhecida a instituição do júri, com a organização que lhe der a lei, *assegurados*, dentre outros, a competência para o julgamento dos crimes dolosos contra a vida. Logo, não se trata de impor uma competência exclusiva, mas sim evitar que o legislador ordinário esvaziasse a atribuição do Tribunal do Júri, retirando-lhe, cada vez mais, sua atribuição.

O motivo principal para que o constituinte elegesse um gênero de crimes a ser julgado pelo Tribunal do Júri deveu-se ao fato de que, em outros países, quando não especificada na Constituição essa competência mínima, a tendência sempre foi reduzir, gradativamente, a participação do júri no sistema judiciário, de modo a conduzi-lo a um papel decorativo. Com a exceção dos Estados Unidos, único país do mundo onde a instituição ainda possui certa força, mesmo porque consta como garantia humana fundamental na Constituição e também pelo fato de se lidar com direito consuetudinário, os demais sistemas jurídicos, que preveem o tribunal popular, vêm tornando cada vez menor a sua esfera de competência.

Aliás, sendo o júri uma garantia fundamental, consistente no devido processo legal para a punição do homicida, portanto cláusula pétrea, não pode ser extirpado do nosso sistema judiciário, embora possa ter a sua competência ampliada, pois isso não afetaria o seu funcionamento, nem a sua existência. Nessa ótica, estão os magistérios de Luiz Alberto David Araújo e Vidal Serrano Nunes Júnior (*Curso de direito constitucional*, p. 125), Alexandre de Moraes, que também cita Celso Bastos e Pontes de Miranda (*Direito constitucional*, p. 104).

Acrescente-se, por derradeiro, que, fosse a sua competência exclusiva para os delitos dolosos contra a vida, não teria cabimento o disposto no art. 78, I, do Código de Processo Penal, que prevê o julgamento de delitos conexos ou frutos da continência pelo Tribunal do Júri, ainda que não sejam originariamente da sua competência. Vemos, cotidianamente, jurados deliberando sobre outros delitos, que não os dolosos contra a vida, tais como roubo, furto, estupro, desacato, resistência, entre outros.

Tipicamente, conhece-se o júri no âmbito da Justiça Estadual, tendo em vista que os crimes dolosos contra a vida dificilmente costumam envolver matéria afeita a magistrado federal. Entretanto, é possível que tal ocorra, como, por exemplo, o homicídio de delegado federal que investiga corrupção na polícia federal, bem como a prática de um aborto dentro de uma aeronave. Nessas situações, há previsão legal para que o júri seja instalado na esfera federal, como dispõe o art. 4.º, do Decreto-lei 253/67: "Nos crimes de competência da Justiça Federal, que devem ser julgados pelo Tribunal do Júri, observar-se-á o disposto na legislação processual cabendo a sua presidência ao Juiz a que competir o processamento da respectiva ação penal". Lembremos que, na hipótese ventilada, estamos tratando de justiça comum, embora os bens jurídicos protegidos tenham esferas de competência diversas (estadual ou federal).

Da mesma forma que ocorre com a Justiça Eleitoral, há previsão expressa e destacada na Seção VII do capítulo do Poder Judiciário, na Constituição Federal, a respeito da Justiça Militar, o que a torna especial em relação ao Tribunal do Júri, da Justiça comum.

Diz o art. 124, que "à Justiça Militar compete processar e julgar os crimes militares definidos em lei". No parágrafo único, menciona que a lei deverá dispor sobre a organização, o funcionamento e a competência da Justiça Castrense. Na Constituição Estadual de São Paulo especifica-se que cabe aos Conselhos de Justiça Militar processar e julgar os policiais militares nos crimes militares definidos em lei. Atualmente, com a introdução do § 5.º ao art. 125 da Constituição Federal (Emenda Constitucional 45/2004), tem-se que "compete aos Juízes de Direito do juízo militar processar e julgar, singularmente, os crimes militares cometidos contra civis e as ações judiciais contra atos disciplinares militares, cabendo ao Conselho de Justiça, sob a presidência de Juiz de Direito, processar e julgar os demais crimes militares". Portanto, qualquer militar – seja ele ligado às Forças Armadas, seja à Polícia Militar Estadual – deve ser julgado pela Justiça Militar.

São delitos militares os previstos no art. 9.º do Código Penal Militar (Decreto-lei 1.001/69).

O mesmo vem disposto no art. 125, § 4.º, parte final, da Constituição (Emenda Constitucional 45/2004). Quanto aos delitos cometidos por militar, fora de serviço, com arma da corporação, passaram a ser da competência da Justiça Comum, porque a Lei 9.299/96 revogou a alínea *f* do art. 9.º do CPM, que cuidava do tema.

Diante disso, *resta ao júri* julgar o *militar*, por expressa disposição legal, quando cometa o *delito doloso contra a vida de civil*. Para os crimes militares em tempo de guerra, remetemos o leitor ao art. 10 do Código Penal Militar.

Note-se, pois, que civis somente podem responder perante a Justiça Militar, desde que se trate de delito contra a segurança nacional e contra as instituições militares, cuja alçada é da Justiça Militar Federal. Assim, não há nenhum caso de civil respondendo perante a Justiça Militar Estadual, especificamente pelo fato de ter a Constituição Federal estreitado a sua esfera de atuação. Diz o art. 125, § 4.º, que "compete à Justiça Militar estadual processar e julgar os militares dos Estados, nos crimes militares definidos em lei e as ações judiciais contra atos disciplinares militares, ressalvada a competência do júri quando a vítima for civil, cabendo ao tribunal competente decidir sobre a perda do posto e da patente dos oficiais e da graduação das praças".

Caso civis cometam algum crime vinculado por conexão ou continência ao delito militar, responderão, quando for o caso, perante a Justiça Comum (art. 79, I, CPP; art. 102, *a*, CPPM). Nessa linha, veja-se o magistério de JORGE ALBERTO ROMEIRO: "Não são os civis processados e julgados pela Justiça Militar estadual pelos crimes militares que praticam contra as corporações da polícia militar e do corpo de bombeiros dos Estados. Nesses casos, são os civis processados e julgados na Justiça comum estadual pelos crimes correspondentes aos do CPM, que a rigor teriam praticado contra as ditas corporações militares estaduais" (*Curso de direito penal militar*, p. 83).

Ainda no cenário do Tribunal do Júri, convém destacar as duas hipóteses de desclassificação:

a) quando o juiz de Vara privativa do júri verificar, por ocasião do julgamento da admissibilidade da acusação, que não se trata de crime doloso contra a vida, deverá alterar a classificação, deixando de ser competente para prosseguir no processamento do feito, enviando-o ao juiz singular (art. 74, § 3.º, CPP);

b) quando os jurados, no Tribunal do Júri, concluírem que a infração não é de sua competência, ao invés de o juiz presidente remeter o feito ao juízo singular, deve ele mesmo julgar, até por uma questão de economia processual, tendo em vista que houve uma longa trajetória para que o feito atingisse a fase de decisão em plenário. Pode, por exemplo, o júri decidir que não é crime doloso contra a vida e sim uma lesão corporal grave. Cabe ao magistrado presidente decidir o caso (art. 74, § 3.º, CPP).

Os crimes contra criança ou adolescente devem ser apurados, quando existentes, em varas especializadas (art. 23, Lei 13.431/2017). Atualmente, há uma tendência do Parlamento em criar varas especializadas em torno de diversos temas na área criminal, portanto, competência em razão da matéria, logo, de natureza absoluta. A edição de leis específicas lidando com a violência doméstica e familiar contra a mulher (inicialmente, a Lei 11.340/2006 – Lei Maria da Penha, seguida de outras que a modificaram e trouxeram complementos) foi uma das pioneiras nesse cenário. Existem inúmeras Varas de Violência Doméstica e Familiar, devendo-se salientar que o número elevado de delitos contra a mulher, especialmente em contexto doméstico e familiar, tem sido exposto cada vez mais, demonstrando a considerável incidência de infrações dessa natureza. Justifica-se a especialização porque há diversos tópicos a serem decididos no mesmo cenário, como medidas de natureza civil, além de suportes de índole psicológica e assistencial, sendo propício que o mesmo juiz possa apreciar todas as questões. Emergem leis especializadas – *v.g.* Leis 13.431/2017 e 14.344/2022 – estabelecendo medidas protetivas às crianças e adolescentes, bem como instituindo figuras delitivas e recomendando a instalação de varas especializadas nesse contexto. Portanto, uma vez criados os Juizados de Delitos Infantojuvenis, pelas normas de organização judiciária do Estado, passam a ter competência privativa para apurar e processar os crimes cometidos contra a criança ou adolescente.

Complementando este tópico, checar o quadro geral exposto no item 6.3.1.

6.3 A prerrogativa de foro como regra específica de competência

Assim como a conexão e a continência, quando houver prerrogativa de função, isto é, a existência da eleição legal de um foro privilegiado para julgar determinado réu, que cometeu a infração penal investido em função especial, relevam-se as demais regras naturais de fixação da competência, passando-se a respeitar o foro específico, que diz respeito à qualidade da pessoa em julgamento (*ratione personae*).

Assim, se um Prefeito de distante cidade do interior pratica um delito será julgado no Tribunal de Justiça, na capital do Estado, e não no lugar onde o abalo gerado pelo crime emergiu. A doutrina, de maneira geral, justifica a existência do *foro privilegiado* como maneira de dar especial relevo ao cargo ocupado pelo agente do delito e jamais pensando em estabelecer desigualdades entre os cidadãos. Entretanto, não estamos convencidos disso. Se todos são iguais perante a lei, seria preciso uma particular e relevante razão para afastar o criminoso do seu juiz natural, entendido este como o competente para julgar todos os casos semelhantes ao que foi praticado.

Não vemos motivo suficiente para que o Prefeito seja julgado na Capital do Estado, nem para que o juiz somente possa sê-lo pelo Tribunal de Justiça ou o desembargador pelo Superior Tribunal de Justiça e assim por diante. Se à Justiça Cível todos prestam contas igualmente, sem qualquer distinção, natural seria que a regra valesse também para a Justiça Criminal. O fato de se dizer que não teria cabimento um juiz de primeiro grau julgar um Ministro de Estado que cometa um delito, pois seria uma "subversão de hierarquia" não é convincente, visto que os magistrados são todos independentes e, no exercício de suas funções jurisdicionais, não se submetem a ninguém, nem há hierarquia para controlar o mérito de suas decisões. Logo, julgar um Ministro de Estado ou um cidadão qualquer exige do juiz a mesma imparcialidade e dedicação, devendo-se clamar pelo mesmo foro, levando em conta o lugar do crime e não a função do réu.

Enfim, a autoridade julgada pelo magistrado de 1.º grau sempre pode recorrer, havendo ou não equívoco na decisão, motivo pelo qual é incompreensível que o foro privilegiado se mantenha no Brasil. Por que não haveria sentido, como muitos afirmam, que um juiz julgasse um Ministro do Supremo Tribunal Federal? Não está julgando o cargo, mas sim a pessoa que cometeu um delito. Garantir que haja o foro especial é conduzir justamente o julgamento para o contexto do cargo e não do autor da infração penal. Por acaso teria o Judiciário maior zelo para condenar um Presidente da República do que um brasileiro comum? Pensamos que jamais deveria agir com tal postura discriminatória, o que justifica deverem todos ser julgados pelo magistrado do lugar da infração ou do domicílio do réu, excetuados apenas os casos de matérias específicas.

Atualmente, as autoridades que possuem foro privilegiado são processadas em tribunais indicados pela Constituição ou por lei específica, pelos delitos cometidos durante o exercício do cargo, função ou mandato e em razão deste. Crimes alheios a esse período não ingressam no cenário do foro por prerrogativa de função, excetuando-se, por ora, os cometidos por magistrados, que devem ser sempre julgados pelo foro indicado constitucionalmente.

6.3.1 Competência originária decorrente da prerrogativa de função ou da matéria

Desde logo, torna-se importante apresentar um quadro geral da divisão judiciária, estabelecida por normas constitucionais e infraconstitucionais, com relação aos julgamentos afetos a Cortes Especiais, tanto em relação à prerrogativa de função como em relação à matéria em julgamento:

1 – *Supremo Tribunal Federal*:

a) nas *infrações penais comuns*: Presidente da República, Vice-Presidente, membros do Congresso Nacional, seus próprios Ministros e o Procurador-Geral da República. Cabe ao Supremo Tribunal Federal processar e julgar, nas infrações penais comuns, o Advogado-Geral da União, conforme decisão proferida, por maioria de votos (contrários os Ministros Celso de Mello e Marco Aurélio), no Inquérito 1.660-DF, cujo relator é o Ministro Sepúlveda Pertence, em 6 de setembro de 2000;

b) nas *infrações penais comuns e crimes de responsabilidade* em competência originária: Ministros de Estado e Comandantes da Marinha, do Exército e da Aeronáutica (salvo quando os crimes de responsabilidade por eles cometidos forem conexos com os mesmos cometidos pelo Presidente ou Vice-Presidente da República, sendo todos julgados pelo Senado Federal), membros dos Tribunais Superiores, integrantes do Tribunal de Contas da União e os chefes de missão diplomática de caráter permanente;

2 – *Superior Tribunal de Justiça*:

a) nas *infrações penais comuns*: Governadores dos Estados e do Distrito Federal;

b) nas *infrações penais comuns e nos crimes de responsabilidade*: desembargadores dos Tribunais de Justiça dos Estados e do Distrito Federal, membros dos Tribunais de Contas dos Estados e do Distrito Federal, integrantes dos Tribunais Regionais Federais, dos Tribunais Regionais Eleitorais e do Trabalho, membros dos Conselhos ou Tribunais de Contas dos Municípios e do Ministério Público da União, oficiantes nesses tribunais;

3 – *Superior Tribunal Militar*: nos crimes militares, os oficiais generais das Forças Armadas; bem como *habeas corpus*, mandado de segurança etc.;

4 – *Tribunais Regionais Federais*: nas *infrações penais comuns e de responsabilidade*: juízes federais da área da sua jurisdição, incluídos os magistrados da Justiça Militar e da Justiça do Trabalho, bem como os membros do Ministério Público da União (exceto o que concerne à Justiça Eleitoral) e Prefeitos (quando cometerem crimes da esfera federal);

5 – *Tribunais Regionais Eleitorais*: nas *infrações eleitorais*: juízes e promotores eleitorais, bem como Deputados estaduais e Prefeitos;

6 – *Tribunais de Justiça dos Estados e do Distrito Federal*: nas *infrações penais comuns e de responsabilidade*: juízes de direito e membros do Ministério Público (exceto o que concerne à Justiça Eleitoral), conforme previsto na Constituição Federal (art. 96, III).

Compete, ainda, ao Tribunal de Justiça, julgar, conforme disposto na Constituição do Estado de São Paulo e de acordo com autorização dada pela Constituição Federal para dispor a esse respeito (art. 125, § 1.°):

144 MANUAL DE PROCESSO PENAL · **Nucci**

a) nas *infrações penais comuns*: o Vice-Governador, os Secretários de Estado, os Deputados Estaduais, o Procurador-Geral de Justiça, o Procurador-Geral do Estado, o Defensor Público Geral e os Prefeitos Municipais. Note-se que o Prefeito deve ser julgado pelo Tribunal de Justiça, de acordo com o art. 29, X, da Constituição Federal. Por isso, deveria ser competência do Pleno ou do Órgão Especial, como ocorre com os juízes e promotores. Entretanto, assim não tem ocorrido e os Prefeitos são julgados pelas Câmaras. Deve-se tal situação ao excessivo número de processos contra os chefes do Executivo Municipal que, se fossem julgados pelo Pleno, iriam congestionar a pauta. Por outro lado, quando o Prefeito cometer crime federal, deve ser julgado pelo Tribunal Regional Federal; quando cometer crime eleitoral, pelo Tribunal Regional Eleitoral. Assim já decidiu o Supremo Tribunal Federal: Súmula 702: "A competência do Tribunal de Justiça para julgar prefeitos restringe-se aos crimes de competência da Justiça Comum estadual; nos demais casos, a competência originária caberá ao respectivo tribunal de segundo grau"; Súmula 703: "A extinção do mandato do prefeito não impede a instauração de processo pela prática dos crimes previstos no art. 1.º do Decreto-lei 201/67";

b) nas *infrações penais comuns e nos crimes de responsabilidade*: os Juízes do Tribunal de Justiça Militar, os Juízes de Direito e os Juízes auditores da Justiça Militar Estadual, os membros do Ministério Público, exceto o Procurador-Geral de Justiça, o Delegado Geral da Polícia Civil e o Comandante Geral da Polícia Militar. Não mais se faz referência ao Juiz do Tribunal de Alçada, pois este foi extinto pelo art. 4.º da Emenda Constitucional 45/2004;

7 – *Tribunal de Justiça Militar do Estado*: nos *crimes militares,* o Chefe da Casa Militar e o Comandante Geral da Polícia Militar;

8 – *Justiça Especial de primeiro grau*:

8.1 – *Conselhos de Justiça Militar Federal*: divididos em:

a) *Conselho Especial de Justiça* (composto por Juiz-Auditor e quatro juízes militares, sob a presidência, dentre os magistrados da Corte, de um oficial-general ou superior de posto mais elevado do que o dos demais, ou o de maior antiguidade, no caso de igualdade): nos crimes militares, os oficiais das Forças Armadas, exceto oficiais-generais;

b) *Conselho Permanente de Justiça* (composto por um Juiz-Auditor, um oficial superior, mais três oficiais de posto até capitão-tenente ou capitão): nos crimes militares, todos os integrantes das Forças Armadas, que não sejam oficiais;

8.2 – *Conselhos de Justiça Militar Estadual,* permanente ou especial: nos crimes militares, os policiais militares.

A Justiça Militar Estadual de São Paulo é regida pela Lei 5.048/58. Os Conselhos de Justiça são divididos em:

a) *especial*, órgão composto pelo juiz auditor e por quatro juízes militares de patente superior a do acusado, ou da mesma graduação, para o fim de processar e julgar oficiais;

b) *permanente*, órgão composto pelo juiz auditor e por quatro juízes militares, um dos quais deve ser oficial superior, para processar e julgar inferiores e praças.

Com a Reforma do Judiciário, promovida pela Emenda Constitucional 45/2004, introduziu-se o § 5.º ao art. 125 da Constituição, de forma a estipular que o juiz de direito passa a presidir os Conselhos de Justiça estaduais e não mais o militar. Por outro lado, quando o policial militar, não importando a patente, cometer crime contra civil será julgado pelo juiz auditor, singularmente, não mais pelo Conselho de Justiça.

9 – *Juízes Eleitorais*: nos crimes eleitorais, qualquer pessoa;

10 – *Justiça Comum de primeiro grau*:

10.1 – *Juízes federais*:

a) crimes (não abrange contravenções – Súmula 38, STJ –, nem delitos militares ou eleitorais) praticados em detrimento de bens, serviços e interesses da União, de suas entidades autárquicas ou empresas públicas. Note-se que não abrange delito cometido contra bem, serviço ou interesse de sociedade de economia mista (Súmula 42, STJ). Há que se ressaltar ainda o previsto na Súmula 147, STJ, no sentido de que é competente a Justiça Federal para processar e julgar crimes cometidos contra funcionário público federal, no exercício das funções. Mas, o contrário não se dá. O funcionário público federal, ainda que no exercício da função, cometendo crime da esfera da Justiça Estadual, por este juízo será julgado. Lembramos, ainda, que a Súmula 91 do Superior Tribunal de Justiça foi cancelada pela 3.ª Seção, no dia 08.11.2000. Essa Súmula dispunha que cabia à Justiça Federal julgar os crimes cometidos contra a fauna. Atualmente, deve-se verificar o local onde foi cometido o delito: se ocorrer em área de proteção ambiental da União, continua a ser da competência da Justiça Federal; entretanto, se acontecer em área de proteção do Estado, o delito é da competência da Justiça Estadual;

b) crimes políticos (arts. 359-I a 359-T do Código Penal). Ressalte-se que o 2.º grau de jurisdição é o Supremo Tribunal Federal, em recurso ordinário (art. 102, II, *b*, CF);

c) crimes previstos em tratado ou convenção internacional, quando teve a execução iniciada no Brasil, consumando-se ou devendo consumar-se no exterior, ou vice-versa (são os chamados crimes à distância). Checar o disposto na Súmula 522, STF: "Salvo ocorrência de tráfico para o exterior, quando, então, a competência será da Justiça Federal, compete à Justiça dos Estados o processo e o julgamento dos crimes relativos a entorpecentes";

d) crimes contra a organização do trabalho, quando envolver interesses coletivos dos trabalhadores. São da competência da Justiça Federal: arts. 201, 202, 204, 206 e 207 do Código Penal. É da competência da Justiça Estadual o delito previsto no art. 205 do Código Penal. Podem ser, conforme o caso, de uma ou outra Justiça: arts. 197, 198, 199, 200 e 203 do Código Penal;

e) crimes contra o sistema financeiro e a ordem econômico-financeira, nos casos apontados por lei (como previsto na Lei 7.492/86);

f) crimes cometidos a bordo de navios, considerados estes as embarcações de grande cabotagem, e aeronaves (excetuados os da Justiça Militar);

g) crimes de ingresso, reingresso e permanência irregular de estrangeiro no Brasil: art. 338 do Código Penal e Lei da Migração;

146 | MANUAL DE PROCESSO PENAL · Nucci

h) crimes cometidos contra comunidades indígenas. O STF tem sustentado caber ao juízo federal singular o julgamento de genocídio contra índios, ainda que envolva a morte das vítimas, ou seja, não se deve encaminhar o caso ao Tribunal do Júri. A esta Corte Popular somente seguiria o caso se houvesse conexão com delito doloso contra a vida, praticado separadamente do crime de genocídio (RE 351487-RR, Pleno, rel. Cezar Peluso, 03.08.2006, m.v., *Informativo* 434, embora antigo, o tema abordado é relevante). Temos posição diversa. Se houver morte dolosa de índios, parece-nos ser competente o Tribunal do Júri Federal, conforme expusemos nas notas 2 e 3 ao art. 1.º do Título "Genocídio" em nosso *Leis penais e processuais penais comentadas – vol. 2*. Note-se que delitos cometidos contra um só índio – ou quando o índio é o autor – são da competência da Justiça Comum Estadual (Súmula 140, STJ);

i) cumprimento de cartas rogatórias e sentenças estrangeiras homologadas pelo Superior Tribunal de Justiça;

j) as causas relativas a direitos humanos a que se refere o § 5.º do art. 109. Estipula esse parágrafo: "Nas hipóteses de grave violação de direitos humanos, o Procurador-Geral da República, com a finalidade de assegurar o cumprimento de obrigações decorrentes de tratados internacionais de direitos humanos dos quais o Brasil seja parte, poderá suscitar, perante o Superior Tribunal de Justiça, em qualquer fase do inquérito ou processo, incidente de deslocamento de competência para a Justiça Federal".

k) Súmula Vinculante 36: "Compete à Justiça Federal comum processar e julgar civil denunciado pelos crimes de falsificação e de uso de documento falso quando se tratar de falsificação da Caderneta de Inscrição e Registro (CIR) ou de Carteira de Habilitação de Arrais-Amador (CHA), ainda que expedidas pela Marinha do Brasil".

A nova hipótese, estabelecida pela Emenda Constitucional 45/2004 (Reforma do Judiciário), deve ser analisada com cuidado e critério, afinal, qualquer homicídio realizado no Brasil é uma questão a envolver direito humano fundamental, pois houve lesão ao bem jurídico *vida*, protegido pelo art. 5.º, *caput*, da Constituição. E outros delitos ingressariam no mesmo perfil. Portanto, o deslocamento de um crime para a Justiça Federal somente pode dar-se quando realmente houver *grave* violação de direitos humanos, de caráter coletivo, como, por exemplo, um massacre produzido por policiais contra vários indivíduos, causando repercussão internacional. Tal medida teria a finalidade de assegurar o desligamento do caso das questões locais, mais próprias da Justiça Estadual, levando-o para a esfera federal, buscando, inclusive, elevar a questão à órbita de interesse nacional e não somente regional.

10.2 – *Juízes estaduais:* detêm competência residual, isto é, todas as demais infrações não abrangidas pela Justiça Especial (Eleitoral e Militar) e pela Justiça Federal, que é especial em relação à Estadual.

11 – *Justiça Política*, composta pelos seguintes órgãos:

a) *Senado Federal:* julga os crimes de responsabilidade do Presidente e Vice-Presidente da República, Ministros de Estado e Comandantes da Marinha, do Exército e da Aeronáutica (os Ministros e Comandantes, quando cometerem delitos conexos com os do Presidente ou Vice), dos Ministros do Supremo Tribunal Federal, do Procurador-

-Geral da República, do Advogado-Geral da União e membros do Conselho Nacional de Justiça e do Conselho Nacional do Ministério Público;

b) *Tribunal Especial* (constituído por cinco Deputados, escolhidos pela Assembleia, e cinco Desembargadores, sorteados pelo Presidente do Tribunal de Justiça, que também o presidirá, conforme previsto no art. 78, § 3.º, da Lei 1.079/50): nos *crimes de responsabilidade*, o Governador, o Vice-Governador, e os Secretários de Estado, nos crimes da mesma natureza conexos com aqueles, bem como o Procurador-Geral de Justiça e o Procurador-Geral do Estado. Observe-se que a Constituição do Estado de São Paulo estabelece que o referido Tribunal Especial seja constituído por sete Deputados e sete Desembargadores, conduzido pelo Presidente do Tribunal de Justiça (art. 49, § 1.º), bem como fixa a definição dos delitos de responsabilidade;

c) *Câmara Municipal:* nos *crimes de responsabilidade*, os Prefeitos Municipais (art. 4.º do Dec.-lei 201/67).

6.3.2 Notas especiais em relação à competência excepcional de prerrogativa de função

6.3.2.1 Magistrados e membros do Ministério Público

Devem ser julgados pelo Tribunal ao qual estão vinculados, pouco importando a natureza do crime que cometam e o lugar da infração, seguindo-se a competência estabelecida na Constituição Federal. Assim, caso um juiz estadual cometa um delito de competência da Justiça Federal será julgado pelo Tribunal de Justiça do seu Estado. O mesmo se dá com o juiz federal que cometa um crime da esfera estadual: será julgado pelo Tribunal Regional Federal da sua área de atuação. Frise-se que pouco importa o lugar da infração penal. Se um juiz estadual de São Paulo cometer um delito no Estado do Amazonas, será julgado pelo Tribunal de Justiça de São Paulo.

6.3.2.2 Perpetuação da jurisdição em casos de foro privilegiado

Quando a autoridade detentora da prerrogativa de foro cometia um crime, durante o exercício das suas funções, ainda que deixasse o cargo, continuaria a ter o direito de ser julgada pela Corte Superior, conforme estabelecia o teor da Súmula 394 do STF: "Cometido o crime durante o exercício funcional, prevalece a competência especial por prerrogativa de função, ainda que o inquérito ou a ação penal sejam iniciados após a cessação daquele exercício".

Essa Súmula, no entanto, foi cancelada por decisão do Pleno do STF. Assim, quando estava em vigor, exemplificando, se um senador cometesse um crime durante o exercício do mandato e seu processo tivesse início no STF, caso deixasse o cargo, continuaria a ser julgado pelo mesmo Tribunal.

Inconformada com o afastamento do privilégio, a classe política providenciou a ressurreição da Súmula 394, por meio da Lei 10.628/2002, que acrescentou o § 1.º ao art. 84 do Código de Processo Penal. Entretanto, o Supremo Tribunal Federal considerou inconstitucionais os §§ 1.º e 2.º do art. 84, do CPP.

Em síntese, até o momento, a autoridade com foro privilegiado só terá direito a ele se cometer o crime durante o exercício do cargo, função ou mandato e em razão

148 | MANUAL DE PROCESSO PENAL · Nucci

deste. Mesmo assim, caso seja processada após o término da função pública, não há foro especial. No entanto, a questão retornou à apreciação do STF e se encontra em análise, com a proposta de resgatar a tese antes constante na Súmula 394, mencionada anteriormente.

6.3.2.3 Extensão do foro privilegiado às ações de improbidade administrativa

A mesma Lei 10.628/2002, que estendeu as graças do foro por prerrogativa de função às autoridades que já tivessem deixado o cargo, desde que o delito tivesse sido cometido durante o exercício funcional, como expusemos no tópico anterior, acrescentou, ainda, o § 2.º ao art. 84 do Código de Processo Penal, que ampliava o privilégio às ações civis, quando se tratasse de condutas de improbidade administrativa, visando à aplicação de medidas de reparação dos danos causados à Administração, bem como possibilitando a perda do cargo e o impedimento do exercício por determinado período, sem prejuízo das medidas penais.

A norma, neste caso, era inconstitucional, pois criava-se o foro privilegiado, para ações civis, através de mera lei ordinária. Somente a Constituição pode estabelecer normas que excepcionem o direito à igualdade perante a lei, aplicável a todos os brasileiros. Em matéria penal, existem dispositivos constitucionais cuidando do tema, o que não ocorre na área cível. Portanto, a previsão feita neste artigo não poderia ser acolhida. Ademais, tornava-se insustentável dar à ação de improbidade administrativa o caráter penal, isto é, transformar "à força" o que é civil em matéria criminal, somente para justificar o foro privilegiado. Se tal medida fosse viável, não mais seria possível aplicar o disposto na Lei 8.429/92 (Lei de Improbidade Administrativa), pois não há tipos penais incriminadores, descrevendo taxativamente as condutas delituosas, o que feriria o princípio da legalidade (art. 5.º, XXXIX, CF).

Dessa forma, não bastaria o deslocamento da competência para Tribunais Superiores, mas, sim, deveriam ser trancadas todas as ações em andamento por nítida inconstitucionalidade, o que seria ilógico e incabível. Logo, parece-nos que as ações por improbidade administrativa têm caráter civil, e implicam medidas reparatórias e preventivas de ordem civil e administrativa, não se deslocando à esfera penal. Assim sendo, caso o legislador quisesse criar mais privilégios, distinguindo determinados brasileiros de outros, o mais indicado seria por Emenda à Constituição.

Conforme expusemos no item anterior, o Supremo Tribunal Federal declarou a inconstitucionalidade do art. 84, §§ 1.º e 2.º, do CPP, em 15 de setembro de 2005. Logo, as ações de improbidade administrativa continuam a tramitar em primeira instância, não havendo foro privilegiado para qualquer autoridade.

6.3.2.4 Exceção da verdade nos crimes contra a honra

Quando se apurar o delito de calúnia (art. 138, CP), é possível a apresentação, pelo acusado, de exceção da verdade, na forma do disposto no art. 138, § 3.º, do Código Penal: "Admite-se a prova da verdade, salvo: I – se, constituindo o fato imputado crime de ação privada, o ofendido não foi condenado por sentença irrecorrível; II – se o fato é imputado a qualquer das pessoas indicadas no n. I do art. 141; III – se do crime imputado, embora de ação pública, o ofendido foi absolvido por sentença irrecorrível".

Assim, é viável que a pessoa acusada de ter imputado falsamente a outrem um fato definido como crime possa provar que falou a verdade. E, se isto ocorrer, quem merece ser processado é o autêntico agente do crime.

Tratando-se de foro privilegiado, apresentada a exceção da verdade, desloca-se o julgamento para a Corte Especial, já que existe a prerrogativa de função (art. 85, CPP). Exemplo: um Juiz de Direito ingressa com ação penal contra determinada pessoa que o acusa de ter recebido, em função do cargo, indevidamente, uma soma em dinheiro. O acusado, em sua defesa, levanta a exceção da verdade. Desloca-se o julgamento para o Tribunal de Justiça, tendo em vista que o magistrado possui foro privilegiado. Se o Tribunal considerar pertinente a exceção, o juiz será posteriormente julgado por corrupção e o acusado da prática de calúnia, absolvido. Caso julgue improcedente, torna à instância original para, havendo provas, ser o acusado devidamente condenado pelo juiz natural da causa.

6.3.3 Notas especiais em relação à competência excepcional quanto à matéria

6.3.3.1 Pontos relevantes acerca da Justiça Militar

a) a Justiça Militar Estadual não tinha competência para julgar atos de natureza disciplinar, ocupando-se exclusivamente do julgamento de crimes. Passa a ter competência para julgar ações judiciais contra atos disciplinares militares (art. 125, §§ 4.º e 5.º, CF);

b) a Justiça Militar Federal não tem competência para julgar atos de natureza civil praticados contra militar, ainda que este esteja no exercício da sua função. Não se caracteriza, nessa hipótese, crime militar, por ausência de conformação aos tipos penais previstos no Código Penal Militar, motivo pelo qual se cuida de processo da Justiça Federal comum, usando-se o disposto na Súmula 147 do STJ. O mesmo se aplica, naturalmente, ao civil que cometa crime contra policial militar no exercício da função: será julgado pela Justiça Estadual Comum, não somente porque o ato é de natureza civil e não constitui delito militar, mas também porque a Justiça Militar Estadual jamais julga civil, conforme expomos na próxima alínea;

c) a Justiça Militar Estadual não tem competência para julgar crimes praticados por civil, ainda que este atente contra as instituições militares ou contra militares no exercício das suas funções. Tal conclusão se extrai da interpretação feita ao art. 125, § 4.º, da Constituição Federal: "Compete à Justiça Militar estadual processar e julgar os militares dos Estados, nos crimes militares definidos em lei e as ações judiciais contra atos disciplinares militares, ressalvada a competência do júri quando a vítima for civil, cabendo ao tribunal competente decidir sobre a perda do posto e da patente dos oficiais e da graduação das praças". Assim, ficou nítida a competência *exclusiva* da Justiça Militar Estadual para o julgamento de militares, mas jamais de civis. Estes devem ser julgados pela Justiça Estadual Comum, a teor da Súmula 53 do STJ.

6.3.3.2 A competência especial do juiz da execução penal

Interpretando-se o disposto nos arts. 2.º, 65 e 66 da Lei 7.210/84, deve-se concluir ser competente para conduzir o processo de execução do condenado o magistrado responsável pela Vara das Execuções Criminais do lugar onde está ocorrendo o cumprimento da pena.

A parte final do art. 65 tem aplicação restrita. Diz o referido artigo que "a execução penal competirá ao juiz indicado na lei local de organização judiciária e, *na sua ausência, ao da sentença*" (grifamos). Significa que o juiz competente é sempre, onde houver, o da execução penal. Caso, em situação excepcional, o sentenciado esteja na mesma cidade do juiz prolator da decisão que o condenou e, nesse lugar, não haja Vara privativa de execução penal, torna-se competente o juiz da sentença.

Entretanto, se mudar de cidade, os autos de execução devem segui-lo, cabendo ao magistrado do local onde estiver cumprindo pena promover a execução. Embora seja posição dominante na jurisprudência, o Tribunal de Justiça de São Paulo faz uma ressalva: quando houver transferência provisória do condenado para outra Comarca, a execução não deve acompanhá-lo. Pensamos que o meio-termo é o mais adequado. Se o sentenciado se desloca em definitivo para outro lugar, os autos da execução devem acompanhá-lo, mas se vai provisoriamente para outro presídio ou local, pode-se continuar a execução na Vara inaugural. Ex.: o condenado é apenado em São Paulo, onde se encontra detido. O processo de execução encontra-se na Vara das Execuções Criminais da Capital. Se for transferido para Santos, somente para acompanhar a instrução de um processo, é natural que o processo permaneça em São Paulo, para onde deve voltar. Entretanto, se ficar em Santos, por tempo superior ao razoável, deve o magistrado de São Paulo para lá remeter a execução.

Lembremos, ainda, que as pessoas beneficiárias do foro privilegiado em razão da prerrogativa de função, uma vez condenadas, também terão a execução da sua pena providenciada no mesmo foro. Assim, exemplificando: caso um deputado federal seja condenado a cumprir pena pelo STF, cabe ao mesmo órgão do Judiciário cuidar da execução, concedendo os benefícios cabíveis, até que possa ser julgada extinta a punibilidade.

Outro aspecto importante a destacar é a competência do juiz da execução penal para a aplicação da nova lei penal considerada benéfica, cumprindo-se o disposto no art. 5.º, XL, da Constituição Federal, e no art. 2.º, parágrafo único, do Código Penal. Não importa se a condenação anterior foi estabelecida pelo juízo de 1.º grau ou por qualquer Tribunal. É o teor da Súmula 611 do STF: "Transitada em julgado a sentença condenatória, compete ao juízo das execuções a aplicação de lei mais benigna". No mesmo sentido, dispõe o art. 66, I, da Lei 7.210/84 (Lei de Execução Penal).

Atualmente, entende-se que constitui direito do sentenciado, quando a decisão condenatória já transitou em julgado para o Ministério Público – ao menos no tocante à pena –, obter a progressão de regime, enquanto aguarda o deslinde de eventual recurso interposto pela defesa (cf. Súmula 716 do STF). Ocorre que o Superior Tribunal de Justiça, julgando conflitos de competência, havia estabelecido, como juízo natural, na falta de expressa disposição legal, o da condenação. A despeito disso, no Estado de São

Paulo, no entanto, o Conselho Superior da Magistratura editou o Provimento 653/99, disciplinando que, havendo condenação, deve o magistrado, ingressando recurso de qualquer das partes, expedir a guia de recolhimento provisória, remetendo-a para a Vara das Execuções Criminais, que passou a ser o juízo competente para a execução provisória da pena. Consolidando a posição, o Conselho Nacional de Justiça tem Resolução editada nesse sentido.

Esta última, realmente, é a melhor posição, pois o juízo das execuções penais é o único verdadeiramente aparelhado para verificar a situação global do condenado, até pelo fato de ter acesso a todas as execuções que porventura possuir. Tem facilidade de determinar a elaboração dos laudos cabíveis para checar a possibilidade de progressão ou livramento condicional, bem como melhor conhecimento para decidir a respeito, diante do seu grau de especialização. Deixar que o juiz da condenação conduza a execução provisória poderia levar ao atraso do processamento dos benefícios, além de obrigá-lo a produzir laudos e incidentes com os quais não está habituado a trabalhar.

Por outro lado, se tiver notícia da existência de outras execuções contra o condenado, deverá solicitar peças ao juízo das execuções penais, para conferir se, contando-se com a soma de suas penas, pode, de fato, progredir. Enfim, parece-nos inadequado que a execução provisória seja feita no juízo da condenação.

No caso dos Juizados Especiais Criminais (JECRIM), conforme disposto no art. 86 da Lei 9.099/95, cabe a execução da pena ao "órgão competente, nos termos da lei". Esse órgão seria, até a criação e funcionamento dos Juizados Especiais Criminais, o juízo das execuções criminais. Essa vinha sendo a orientação do Tribunal de Justiça de São Paulo. Atualmente, no entanto, grande parte dos Estados da Federação, inclusive São Paulo, vem providenciando a instalação dos Juizados Especiais Criminais, motivo pelo qual, quando houver, é o competente para a execução da pena. E o recurso deve ser dirigido às Turmas Recursais Criminais, caso existam, sem necessidade de se remeter o feito ao Tribunal de Justiça.

6.4 A distribuição como alternativa à competência cumulativa supletiva

Quando há mais de um juiz na Comarca, igualmente competente para julgar matéria criminal, sem haver qualquer distinção em razão da natureza da infração, atinge-se o critério da fixação da competência por *distribuição*. Assim, através de um processo seletivo casual, determinado pela sorte, escolhe-se o magistrado competente.

O critério da sorte não pode ser substituído por qualquer outro que implique juízo de valor, pois, se assim for, estará a parte interessada e parcial escolhendo o magistrado que vai decidir o caso, fazendo naufragar o princípio do juiz natural.

Registre-se que o inquérito, quando não finda no prazo legal, havendo necessidade de outras investigações, com retorno à polícia judiciária, deve ser distribuído no fórum, a fim de se solicitar ao juiz a prorrogação. Essa distribuição previne o juízo (art. 75, parágrafo único, CPP).

Dá-se o mesmo quando houver necessidade de decisão do magistrado a respeito de qualquer outra matéria, como, por exemplo, a decretação de medidas cautelares

MANUAL DE PROCESSO PENAL · Nucci

(prisão preventiva, quebra de sigilo fiscal ou bancário, interceptação telefônica) ou para a concessão de liberdade provisória.

Excepcionalmente, realizam os tribunais e os juízos de 1.º grau uma alteração no critério de distribuição, deixando de sortear a Vara ou o relator para determinado caso, quando houver necessidade de se proceder a uma compensação.

Por vezes, em virtude de falha anterior de distribuição, um magistrado recebe mais processos do que deveria. Corrige-se isso, encaminhando-se a outro juiz, na mesma Comarca, os processos futuros que derem entrada no cartório do distribuidor, sem sorteio. O mesmo ocorre no Tribunal, quando um relator recebe, por exemplo, um processo complexo demais, com inúmeros volumes, razão pela qual deixa de receber processos novos por algum tempo, o que, em si, significa uma alteração do critério de distribuição. Pode, ainda, ocorrer a distribuição por dependência, isto é, um juízo encontra-se prevento para conhecer determinado feito, havendo o ingresso de outra ação, conexa à primeira. Distribui-se, diretamente, ao juízo competente, sem necessidade de novo sorteio.

6.5 Conexão e continência como regras de alteração de competência

A conexão e a continência são institutos que visam, como regra, à alteração da competência e não à sua fixação inicial. Abstraídas ambas, o feito poderia ser julgado por determinado juiz, escolhido pelas regras expostas nos incisos anteriores. Entretanto, quando houver alguma razão particular, de forma a facilitar a colheita da prova e fomentar a economia processual, bem como para evitar decisões contraditórias, permite a lei que a competência seja modificada. Não é por isso que se fere o princípio constitucional do juiz natural, uma vez que as regras de alteração estão previstas claramente em lei e valem para todos os jurisdicionados e acusados, de modo que se torna um critério objetivo e não puramente casuístico.

Conforme nossa posição, sustentando que a conexão e a continência são regras de modificação de competência – e nunca de fixação –, encontra-se o art. 54 do CPC: "a competência relativa poderá *modificar-se* pela conexão ou pela continência, observado o disposto nesta Seção" (grifo nosso).

Eventualmente, como exceção à regra, a conexão e a continência podem ser utilizadas para fixação inicial da competência, desde que já se saiba de antemão que um processo se liga a outro, sendo um deles já distribuído. Dessa forma, quando se distribuir o segundo, pode-se requerer ao juiz que determine a remessa para a mesma Vara, por existência de conexão ou continência. Exemplo: "A" responde a processo por lesão corporal grave cometida em um estádio de futebol, por conta de confronto entre torcidas organizadas. O processo corre na 1.ª Vara da Comarca, onde existem três Varas Criminais. Assim, quando houver a distribuição do processo contra "B", também por lesão corporal grave cometida no mesmo lugar, à mesma hora (art. 76, I, CPP), seguirá igualmente para a 1.ª Vara.

Ainda no tocante à modificação ou à fixação da competência por conexão e continência, ensina Vicente Greco Filho o seguinte: "É costume dizer-se que a conexão e a continência modificam a competência. Essa afirmação, porém, somente é válida no que concerne à competência em abstrato, ou seja, no caminho que se desenvolve antes da fixação definitiva, em concreto. O desaforamento, sim, modifica a competência em concreto, depois de definida. A conexão e a continência atuam antes dessa definição" (*Manual de processo penal*, p. 145).

Segundo nos parece, a questão deve ser desdobrada em dois ângulos: *lato* e *stricto sensu*. Em sentido amplo, é bem verdade que a conexão e a continência não modificam a competência, uma vez que elas estariam *inseridas* nas regras fixadoras da competência. É o que demonstra o art. 69, V, do CPP.

Assim, caso um juiz remeta a outro um determinado processo porque descobre ser ele o juiz natural da causa, por conta da conexão, estaria livrando-se de feito que não lhe compete julgar. Mas, em sentido estrito, há, na realidade, uma alteração de competência, pois elege-se como regra o juiz natural pelos seguintes critérios: em razão do território, da matéria ou da função. Essas são as normas gerais impostas pelo Código de Processo Penal e pela própria Constituição.

Portanto, quando um juiz está processando "A", por ter ele cometido receptação na cidade "X", é o competente para apurar o caso, segundo o território, a matéria e a função. Mas, quando se descobre que há um latrocínio sendo apurado na Comarca "Y", dizendo respeito à receptação cometida por "A", pode-se remeter o processo da Comarca "X" para a "Y" por razões de ordem prática, inspirados no inciso III do art. 76. Modifica-se, com isso, a competência, pois estritamente falando, retira-se o processo de um juiz passando-o a outro. O magistrado que apura o latrocínio não deveria cuidar da receptação, ocorrida em outra Comarca. Altera-se a regra geral, por conta da exceção estabelecida pela conexão ou pela continência.

Em suma: *lato sensu*, a conexão e a continência fazem parte das regras de fixação de competência, embora, *stricto sensu*, elas modifiquem as convencionais regras de escolha do juiz natural, por atenderem a critérios de ordem puramente instrumental, como vimos em item anterior. Aliás, se a competência deixar de ser alterada em função da conexão ou da continência, a nulidade é apenas relativa, dependente, pois, da prova do prejuízo.

Anotemos, ainda, que o desaforamento também está previsto em lei, razão pela qual, *lato sensu*, não é modificação de competência, mas sim a transferência para o juiz imparcial, idealmente eleito pela Constituição para julgar o caso. *Stricto sensu*, no entanto, está-se alterando a competência do juiz que já fora escolhido pelas regras convencionais para compor o litígio.

6.5.1 Conceito de conexão

Trata-se de ligação, nexo ou união, segundo o vernáculo. No processo penal, no entanto, ganha contornos especiais, querendo significar o liame existente entre infrações, cometidas em situações de tempo e lugar que as tornem indissociáveis, bem como a união entre delitos, uns cometidos para, de alguma forma, propiciar, fundamentar ou assegurar outros, além de poder ser o cometimento de atos criminosos de vários agentes reciprocamente. Enfim, o vínculo surge, também, quando a produção escorreita e econômica das provas assim exige.

Embora a doutrina seja praticamente unânime em apoiar as causas de determinação da competência por conexão, buscando fundamentá-las da melhor forma possível, queremos crer que a única, sólida e viável razão para a junção de fatos num único processo, a fim de obterem uma apreciação unitária, é uma *produção de provas* mais eficaz. Assim, das várias hipóteses aventadas no art. 76 do CPP, entendemos devesse subsistir, verdadeiramente, somente uma delas, que está prevista no inciso III: "Quando a prova de uma infração ou de qualquer de suas circunstâncias elementares influir na prova de outra infração".

Aliás, analisando-se as situações anteriores (incisos I e II), não vislumbramos hipótese em que as infrações sejam conexas e que a prova de uma deva influenciar direta e necessariamente na prova da outra ou de outras.

Se as infrações são cometidas no mesmo lugar, ao mesmo tempo, por pessoas reunidas, como ocorre com um saque a um estabelecimento comercial, estabelece-se a conexão com base no inciso I, primeira parte, de acordo com a lei processual penal. Ocorre que, mais uma vez, o fundamento para isso ocorrer não é, em nosso entender, a existência de uma conexão ontológica entre os delitos, visto que um autor pode nunca ter visto o outro e as infrações, portanto, seguirem distintas em todo o seu percurso (exemplo disso seria o agente que entra pelo teto e o outro pelos fundos, cada qual subtraindo um setor da loja), mas, para a apuração e produção de laudos, colheita de depoimentos testemunhais, inclusive do representante da vítima, é válido que se unam os processos. Assim, os ladrões "C" e "D", que nunca se viram, nem no momento do delito, somente poderiam ser processados juntos por mera comodidade na produção probatória, quando fosse o caso.

Se, eventualmente, a prova de uma infração ou de qualquer de suas circunstâncias não servir para influir na prova da outra infração, qual a vantagem da conexão? Caso "D" seja condenado e "C" absolvido, embora tenham cometido duas infrações ao mesmo tempo, no mesmo lugar, sem se conhecerem e em andares diferentes de idêntica loja, qual o prejuízo para a credibilidade da Justiça? Suponhamos que, no setor onde "D" estava, havia câmeras de vigilância, que gravaram suas ações, enquanto na parte onde "C" agiu, não. Natural será que possa existir falta de provas para um e suficiência probatória para o outro. Assim, a conexão determinada pelo inciso I, primeira parte, sob o fundamento de evitar "julgamentos contraditórios" não teria trazido benefício algum ao processo.

Por outro lado, caso "F" agrida "G", que, em retorno, faz o mesmo, a produção da prova em conjunto é salutar, mas pode perfeitamente resolver-se pelo disposto no inciso III, afinal a prova de uma infração termina influindo na prova da outra. A tentativa da doutrina de justificar a existência de todas as hipóteses do art. 76, por vezes, não é razoável. Exemplificando a situação prevista no inciso I, segunda parte (conexão intersubjetiva por concurso), ou seja, várias pessoas em concurso, embora diverso o tempo e o lugar, narra Tourinho Filho o seguinte: "Se duas ou mais pessoas planejam assaltar um banco na Capital paulista, ficando o agente A incumbindo de furtar um carro veloz para a fuga, o agente B, de conseguir as armas, o agente C, de ficar de sentinela e, finalmente, o agente D, de estourar o cofre se preciso, evidente que todos esses fatos reclamam unidade de processo e julgamento" (*Código de Processo Penal comentado*,

v. 1, p. 194-195). Ora, quanto a "A" e "B", que teriam praticado *furto de automóvel*, o primeiro, e *compra ilegal de arma*, o segundo, pode-se incluir tais fatos na apuração do delito de roubo contra a agência bancária, por conexão, mas, no tocante a "C" e "D", não cometeram eles infrações conexas. Lembremos que "A", "B", "C" e "D" são coautores/partícipes no roubo, logo, existe continência e não conexão, razão pela qual os quatro serão processados juntos com base no art. 77, I, do CPP, e não por conta do art. 76, I.

Mais uma vez, se existisse somente o inciso III do art. 76, seria a norma suficiente para determinar a apuração do furto do carro e da compra ilícita de armas juntamente com o roubo para facilitar a produção das provas das infrações penais – e caso fosse preciso. Em suma: parece-nos que o inciso III seria capaz de resolver todos os problemas de conexão, inexistindo razão substancial para a previsão feita nos incisos anteriores.

6.5.2 Conexão material e conexão processual

Busca a doutrina distinguir a conexão material – inspirada em fundamentos encontrados no direito penal – da conexão instrumental – com base exclusiva em fundamentos de ordem processual. Ensina Tornaghi que é *substantiva* (ou material) quando "os próprios crimes são conexos" e é meramente *processual* (ou instrumental), quando não há nexo entre os delitos, mas a comprovação de uns termina refletindo na de outros (*Compêndio de processo penal*, t. I, p. 327).

Assim não conseguimos visualizar. A conexão deve ser chamada de material ou substantiva, quando efetivamente tiver substrato penal, ou seja, quando, no caso concreto, puder provocar alguma consequência de ordem penal. No mais, ela será sempre instrumental – útil à colheita unificada da prova. Observamos o seguinte: se "A" mata "B" porque este viu o seu assalto, trata-se da hipótese do inciso III do art. 76, por exclusão. Afinal, os outros dois incisos exigem a prática de várias infrações por *vários autores* (nesta hipótese, existe somente um agente para o roubo e para o homicídio). E, ainda assim, embora esteja o caso situado no inciso III, cremos ser hipótese de conexão material, dentro do raciocínio supraexposto, porque o art. 121, § 2.º, V, do CP, prevê uma qualificadora específica para quem comete o homicídio a fim de assegurar a ocultação ou impunidade de crime anterior.

Por outro lado, quando várias pessoas cometem vários delitos num mesmo lugar, à mesma hora, parece-nos ser uma pura conexão processual, existente para facilitar a colheita da prova, pois não se visualiza nisso qualquer liame de direito material. Entretanto, esta última situação tem sido doutrinariamente considerada de natureza material. O que um furto tem a ver com outro, se ambos foram cometidos por pessoas diferentes, que nem ao menos se conheciam? Não há substrato suficiente para denominá-la de substantiva ou material.

Em síntese: defendemos que a conexão é material (com substrato no direito penal) ou instrumental (com fundamento exclusivo no processo penal, para a utilidade da colheita de provas), quando se apure tal situação no caso concreto, sem haver uma prévia classificação dos incisos I, II e III do art. 76.

Registremos, ainda, que não há razão para a reunião dos processos, quando um deles já conta com julgamento, uma vez que o objetivo maior – justamente evitar o

156 | MANUAL DE PROCESSO PENAL · Nucci

julgamento conflituoso – não é mais possível de ser atingido. Segue-se a Súmula 235 do Superior Tribunal de Justiça: "A conexão não determina a reunião dos processos, se um deles já foi julgado".

6.5.3   Conexão e continência no contexto das infrações de menor potencial ofensivo

Não deve haver junção de processos, tendo em vista que a competência do Juizado Especial Criminal é estabelecida na Constituição Federal, sendo especial em relação à Justiça Comum (art. 98, I).

Por outro lado, poder-se-ia sustentar que o JECRIM deveria atrair as demais infrações, o que, no entanto, não é possível, pois a Constituição Federal não prevê a possibilidade de ampliação da competência. Aliás, seria inadmissível que o procedimento célere e específico das infrações de menor potencial ofensivo pudesse abrigar o julgamento de outros feitos, que demandam maior dilação instrutória. Por isso, devendo-se respeitar a competência especial do JECRIM e não havendo possibilidade de junção dos processos, impõe-se a separação dos julgamentos.

A despeito disso, a Lei 11.313/2006 deu nova redação ao art. 60 da Lei 9.099/95, sugerindo a possibilidade de prorrogação de competência em casos de conexão e continência de infrações de menor potencial ofensivo com outras, consideradas comuns. *In verbis*: "O Juizado Especial Criminal, provido por juízes togados ou togados e leigos, tem competência para a conciliação, o julgamento e a execução das infrações penais de menor potencial ofensivo, respeitadas as regras de conexão e continência. Parágrafo único. Na reunião de processos, perante o juízo comum ou o tribunal do júri, decorrentes da aplicação das regras de conexão e continência, observar-se-ão os institutos da transação penal e da composição dos danos civis". Portanto, em interpretação literal, quer-se dizer o seguinte: o JECRIM é competente para conhecer, julgar e executar todas as infrações de menor potencial ofensivo, exceto se houver conexão ou continência. Nessas duas hipóteses, a infração de menor potencial ofensivo seria julgada por Vara comum (inclusive no tribunal do júri), desde que o magistrado aplique a transação penal e a composição dos danos civis, quando cabíveis. Sustentamos a inconstitucionalidade dessa alteração legislativa em nosso *Leis penais e processuais penais comentadas* – vol. 2 (notas 16 e 17 ao art. 60 da Lei 9.099/95).

Afinal, não há sentido algum para tal modificação. A competência do JECRIM advém da Constituição Federal. Inexiste viabilidade jurídica para a legislação ordinária alterá-la. Portanto, se há ou não conexão ou continência com outra infração penal comum, pouco importa. O delito comum deve ser julgado pela Vara igualmente comum. A infração de menor potencial ofensivo segue ao seu juiz natural, o JECRIM. Nem se pense na hipótese de inserir na competência do JECRIM, por conexão ou continência, a infração penal comum. No mesmo sentido, não é possível ampliar a competência do Juizado por lei ordinária. Ademais, poderia ferir o princípio constitucional da ampla defesa, uma vez que o rito do JECRIM é sumaríssimo.

6.5.4 Espécies de conexão

6.5.4.1 Conexão intersubjetiva por simultaneidade

Cuida-se da hipótese de vários agentes cometerem infrações diversas, embora sejam estas praticadas ao mesmo tempo, no mesmo lugar. A simultaneidade dos fatos e da atuação dos autores faz com que seja conveniente uma apuração conjunta, por juiz único. Como já mencionamos, somente tem sentido esta situação de reunião, por conta da melhor apuração probatória do ocorrido, evitando que a mesma prova seja valorada diferentemente por magistrados diversos. Exemplo: o saque simultâneo a um mesmo estabelecimento comercial, cometido por várias pessoas, que nem se conhecem.

6.5.4.2 Conexão intersubjetiva por concurso

É a situação de vários agentes que cometem infrações penais em tempo e lugar diferentes, embora umas sejam destinadas, pelo liame subjetivo que liga os autores, a servir de suporte às seguintes.

Trata-se de uma espécie de concurso de agentes dilatado no tempo, envolvendo infrações diversas. O autêntico concurso de pessoas, previsto no Código Penal, envolve o cometimento de um único delito por vários autores, enquanto, no caso em comento, cuida-se da hipótese de delinquentes conluiados, pretendendo cometer crimes seguidos.

Voltemos os olhos ao exemplo de dois indivíduos que se unam para a prestação de auxílio mútuo: enquanto o primeiro furta um documento, o segundo o falsifica para, futuramente, tornar-se viável a prática de um estelionato por um terceiro. Pensamos ser despicienda esta hipótese, pois poderia encaixar-se, com facilidade, na situação do inciso II ou do inciso III, do art. 76, e até do art. 77, I, do CPP. Ainda que se diga que os agentes, conluiados, cometeram infrações diferentes, em épocas e lugares diversos, eles podem perfeitamente ser coautores ou partícipes de todos os crimes. No exemplo que mencionamos, é possível existir um crime único, que é o estelionato, absorvendo os demais e considerando os três agentes coautores ou partícipes do delito-fim.

Se tomarmos outros exemplos proporcionados pela doutrina, como o da associação criminosa que se organiza para que cada membro cometa um delito em época e lugar diversos, ainda assim, se estão todos ajustados em tudo o que vão desenvolver, para cada delito cometido, há concurso de pessoas. Cada infração, de *per si*, é continente, pois todos os autores podem ser acusados da prática de todas elas (art. 77, I, CPP). A apuração de todas no mesmo feito justifica-se pela continência, em última análise, combinada com a conexão.

6.5.4.3 Conexão intersubjetiva por reciprocidade

Trata-se da situação dos agentes que cometem crimes uns contra os outros. Estando imersos no mesmo cenário, é conveniente que haja a reunião dos processos para um só julgamento (art. 76, I, CPP). Se "A" desfere um tiro em "B", com finalidade de matá-lo, possuindo "B" a mesma intenção no revide, nenhum dos dois podendo falar em legítima defesa, são delinquentes, cujo veredicto merece ser proferido em conjunto. Afinal, as testemunhas e as demais provas devem ser as mesmas.

6.5.4.4 Conexão objetiva

Chamada pela doutrina também de *conexão consequencial, lógica* ou *teleológica*, demonstra que há vários autores cometendo crimes para facilitar ou ocultar outros, bem como para garantir a impunidade ou a vantagem do que já foi feito (art. 76, II, CPP).

A diferença entre esta hipótese e a conexão por concurso do inciso I está no fato de que, no caso do inciso I, as infrações são previamente organizadas, pelo conluio dos agentes, a desenvolverem-se em tempo e lugares diversos, embora beneficiando-os de alguma forma. No caso deste inciso, as infrações são ligadas por objetividade, isto é, os autores não estavam previamente conluiados, mas terminaram auxiliando-se em seguida. Pode acontecer de um assaltante levar dinheiro do banco e, notando que uma testemunha o viu, narre a situação ao seu irmão, que, por conta própria, para assegurar a impunidade do delito praticado pelo familiar, resolva matá-la. Assim, embora não tenha havido conluio prévio entre "A" (autor do roubo) e "B" (irmão-homicida), as infrações se ligaram objetivamente porque o resultado de uma terminou por servir à garantia de impunidade da outra.

Pensamos que, nesta hipótese, também se exige a existência de várias pessoas, pois o inciso II menciona expressamente, "se, *no mesmo caso*, houverem sido umas praticadas para facilitar ou ocultar as outras (...)". *Mesmo caso* quer dizer a existência de várias pessoas cometendo delitos no mesmo lugar e ao mesmo tempo ou em lugares diversos e diferente tempo. Logo, quando uma só pessoa cometer o roubo e depois matar a vítima para não ser reconhecida, por exemplo, trata-se da conexão inspirada no inciso III e não neste inciso. Há posição em sentido contrário, admitindo a hipótese de haver um só autor, cometendo vários crimes, uns para assegurar os outros, devendo todos os fatos ser objeto de um único processo, não com base na conexão instrumental, mas fundado na objetiva (por todos, TOURINHO FILHO, *Código de Processo Penal comentado*, v. 1, p. 195).

6.5.4.5 Conexão instrumental

É o nome dado à autêntica forma de conexão processual. Denomina-se, também, *conexão ocasional*, significando que todos os feitos somente deveriam ser reunidos se a prova de uma infração servisse, de algum modo, para a prova de outra, bem como se as circunstâncias elementares de uma terminassem influindo para a prova de outra (art. 76, III, CPP).

Assim, caso "A" cometa uma receptação, desconhecendo o autor do furto, mas certo da origem ilícita do bem, descoberto o ladrão, é conveniente unir-se o julgamento do autor do furto e do acusado pela receptação, pois a prova de um crime certamente servirá para influenciar a do outro. É também a hipótese que justifica haver um único processo para o autor do homicídio que, após, resolve ocultar o corpo da vítima, sendo julgado como incurso nos arts. 121 e 211, ambos do Código Penal.

6.5.5 Conceito de continência

Continência provém de *continente*, aquilo que contém ou tem capacidade para conter algo. No contexto processual penal, significa a hipótese de um fato criminoso conter outros, tornando todos uma unidade indivisível. Assim, pode ocorrer continência no concurso de pessoas, quando vários agentes são acusados da prática de uma mesma infração penal e, também, quando houver concurso formal (art. 70, CP), com seus desdobramentos previstos nas hipóteses de *aberratio* (arts. 73 e 74, CP).

Cremos que a continência, em razão do disposto no direito penal, é fundamental para a avaliação unificada dos fatos criminosos gerados por um ou mais autores. Não teria, de fato, cabimento julgar os coautores em processos distintos, visto que cometem o mesmo delito. O mesmo se diga do concurso formal, quando uma pessoa, através de uma única ação, atinge mais de um resultado criminoso.

6.5.5.1 Continência em razão do concurso de pessoas

Justifica-se a junção de processos contra diferentes réus, desde que eles tenham cometido o crime em conluio, com unidade de propósitos, tornando único o fato a ser apurado. É o que a doutrina chama de continência por *cumulação subjetiva*, tendo em vista tratar-se de vários autores praticantes do mesmo fato delituoso (art. 77, I, CPP). Não se trata somente de uma causa inspirada na economia processual, mas também na tentativa de evitar decisões contraditórias, que nada contribuem para a credibilidade da Justiça.

6.5.5.2 Diferença da continência por concurso de pessoas e da conexão por concurso

Esta última cuida de vários agentes cometendo vários fatos criminosos, sendo útil tanto para a produção da prova quanto para a avaliação do juiz, que os processos sejam reunidos, embora não se trate de fenômeno único, vale dizer, não se trata propriamente de ligação de direito material.

No caso da continência, como já se disse, o fato é um só e há vários agentes que o cometem, sendo extremamente útil e válido que a prova seja colhida por um único magistrado, que a avaliará de uma vez, tornando menos provável a hipótese de um erro judiciário. Aplica-se, nesse caso, regra de direito penal.

6.5.5.3 Continência em razão do concurso formal de crimes

A hipótese liga-se aos arts. 70, 73, segunda parte, e 74, segunda parte, do Código Penal, todos referindo-se ao concurso formal. O art. 70 é o concurso formal propriamente dito, que é a prática de uma única conduta (ação ou omissão) pelo agente, provocando a realização de dois ou mais crimes. O art. 73, segunda parte (*aberratio ictus*), determina a aplicação do concurso formal, quando o agente, por erro na execução, termina atingindo não somente a pessoa desejada, mas também outra não visada (trata-se de uma conduta com dois resultados). O art. 74, segunda parte (*aberratio criminis*), prevê a aplicação do concurso formal, quando o agente, por erro na execução, atinge não somente o resultado desejado, mas ainda outro, fora da sua expectativa inicial (ex.: pretendendo atingir um veículo estacionado com um tiro, termina atingindo também uma pessoa que passa ao lado).

Em todos os casos, está-se diante de concurso formal, razão pela qual, na essência, o fato a ser apurado é um só, embora existam dois ou mais resultados. A conduta do agente é única, merecendo a apuração por um só magistrado, evitando-se com isso qualquer tipo de erro judiciário, inclusive no tocante à aplicação da pena. Não teria, por certo, cabimento julgar o autor de um único tiro, que atingiu duas vítimas, em dois processos distintos, mesmo porque determina a lei que deve ser aplicada a pena do crime mais grave, aumentada de um sexto até a metade. Maiores detalhes sobre o concurso formal e sobre as situações de *aberratio*, ver o nosso *Código Penal comentado*, notas 107 a 110 ao art. 70, notas 131 ao art. 73 e 135 ao art. 74. Neste caso, a união é fundamental. É o que a doutrina chama de continência por *cumulação objetiva*.

6.5.6 *Diferença entre crime único, conexão e continência*

Ensina Tornaghi que, havendo *vários fatos*, mas a prática de *um só delito* (como ocorre nos casos de crime continuado, crime progressivo, crime plurissubsistente), temos a hipótese de *crime único*; existindo *vários fatos*, embora detecte-se o cometimento de *inúmeros delitos,* desde que haja, entre eles, elementos em comum, temos a *conexão*; havendo *fato único*, porém com a prática de *vários crimes*, aponta-se para a *continência*.

6.6 A prevenção como critério residual de fixação de competência

Não sendo possível utilizar os vários outros critérios para estabelecer a competência do juiz, porque há mais de um que, pela situação gerada, poderia conhecer do caso, deve-se aplicar o critério da *prevenção* (é o conhecimento, em primeiro lugar, de uma questão jurisdicional, proferindo qualquer decisão a seu respeito).

Dessa forma, quando a infração se espalhar por mais de um local, não se encontrando o domicílio do réu, inexistindo o critério da natureza do delito, nem tampouco houver condições de se distribuir o feito, visto que os magistrados estão em Comarcas diversas, além de não estar presente regra alguma de conexão ou continência, deve-se usar a regra residual: quem primeiro conhecer do feito, é competente para julgá-lo (art. 83, CPP).

Entretanto, convém mencionar a lição de Frederico Marques, diferenciando o critério da prevenção sob duas óticas:

a) quando não se souber onde se deu a consumação do delito, bem como quando não se tiver ciência do local de domicílio ou residência do réu, a prevenção funciona como foro subsidiário (art. 72, § 2.º, CPP);

b) quando houver incerteza entre os limites territoriais de duas ou mais Comarcas, bem como quando não se souber onde foi cometido exatamente o delito e, ainda, quando se tratar de infração continuada ou permanente, a prevenção serve como regra de fixação da competência (arts. 70, § 3.º, e 71, CPP) (*Da competência em matéria penal*, p. 206).

Havendo incerteza no tocante ao limite territorial entre duas ou mais Comarcas, ou mesmo quando incerta a competência por ter sido a infração consumada ou tentada nas divisas de duas ou mais Comarcas, resolve-se pela prevenção (art. 70, § 3.º, CPP). E nesse aspecto, pode ocorrer a situação denominada *perpetuação da jurisdição* (o ideal seria falar *perpetuação da competência*), significando que, uma vez iniciada a ação penal em determinado foro, mesmo que alterada a competência por regra de organização judiciária posterior, firma-se a competência do juiz prevento.

Assim, caso o réu esteja sendo processado em determinada Comarca "Y", que abrange o Município "X", ainda que, futuramente, este Município torne-se Comarca autônoma, continua o processo a correr na Comarca "Y".

Verifica-se, no entanto, que a *perpetuatio jurisdictionis* não se aplica, quando houver alteração da matéria. Destarte, imagine-se que o processo supramencionado está correndo na Comarca "Y", em Vara de competência cumulativa e não especializada. Caso a lei posterior de organização judiciária crie, na Comarca "X", uma Vara privativa, cuidando somente da matéria objeto do feito, deve-se proceder à imediata remessa do processo para a Vara criada. Tal se dá porque a competência territorial é prorrogável e relativa, o que não ocorre com a competência em razão da matéria. Portanto, criada em determinada Comarca, em outro exemplo semelhante, uma Vara privativa do júri, todos os feitos que correm nas demais Varas criminais comuns serão para a recém-criada Vara remetidos.

Vale, igualmente, a regra da prevenção para os casos de crime continuado e de delito permanente (art. 71, CPP). Crime continuado é uma ficção jurídica, criada para beneficiar o agente que comete mais de uma ação ou omissão, com mais de um resultado, mas que, por circunstâncias objetivas fixadas em lei, fazem com que as condutas subsequentes sejam consideradas uma continuação da primeira.

Na legislação brasileira (art. 71, CP), o cometimento de crimes da mesma espécie, em condições próximas de tempo e lugar, bem como com maneiras de execução semelhantes, torna as sequenciais um desdobramento da primeira. Exemplo disso é o do indivíduo que furta todas as casas de um mesmo quarteirão, no prazo de uma semana, utilizando o mesmo método de execução.

Evitando-se a aplicação de uma pena somada, que seria exorbitante, a Lei permite que o juiz estabeleça uma só, aumentada de um sexto até dois terços. Mais detalhes quanto ao conceito, à natureza jurídica e elementos, ver nosso *Código Penal comentado*, notas 112 a 118 ao art. 71. Como o crime continuado possui várias ações, desenvolvidas em lugares diferentes, é possível que o agente ultrapasse as fronteiras de um mesmo foro, atingindo a esfera de competência de outros magistrados. Nessa hipótese, como a execução abrangeu vários lugares, qualquer deles torna-se competente para apurar a infração penal, firmando-se a competência pela regra da prevenção.

O crime permanente é aquele que se consuma através de uma única conduta, embora a situação antijurídica criada prolongue-se no tempo até quando queira o agente, significando, pois, a consumação estendida no tempo. Exemplo disso é o sequestro ou cárcere privado, que priva a liberdade da vítima até quando o agente a solte. Enquanto está em poder do sequestrador, encontra-se o delito em plena consumação. Por isso, é possível que se estenda por vários lugares, imaginando-se a hipótese do ofendido que é colocado em vários cativeiros, até lograr alcançar a sua liberdade. Qualquer dos lugares por onde passou, justamente por estar em franca consumação o delito, é foro competente para apurar o ocorrido. Assim, firma-se a competência pela prevenção.

Nesse tema, torna-se conveniente estabelecer a distinção entre juízes *igualmente competentes* e juízes com *jurisdição cumulativa*. Ensina TOURINHO FILHO, com precisão, que os magistrados *igualmente competentes* são os que possuem idêntica competência, tanto em razão da matéria quanto em razão do lugar (é o que ocorre quando há vários juízes criminais numa mesma Comarca, onde haveria necessidade de se distribuir o processo para descobrir o competente). São juízes com *jurisdição cumulativa* aqueles aptos a julgar a mesma matéria, mas que se localizam em foros diferentes (é o que se dá com o crime continuado, que transcorre em várias Comarcas próximas, pois qualquer dos magistrados poderia julgá-lo). Assim, o legislador não usou gratuitamente os dois termos no art. 83 do CPP (*Código de Processo Penal comentado*, v. 1, p. 212-213).

Em resumo, façamos a enumeração dos casos de aplicação da prevenção:

a) crimes ocorridos na divisa de duas ou mais jurisdições, sendo o limite entre elas incerto ou, ainda que seja certo, não se saiba precisar exatamente o sítio do delito ou, também, quando a infração atingiu mais de uma jurisdição (art. 70, § 3.º);

b) crimes continuados ou permanentes, cuja execução se prolonga no tempo, podem atingir o território de mais de uma jurisdição (art. 71);

c) quando o réu não possui domicílio certo ou tiver mais de uma residência (art. 72, § 1.º) ou mesmo quando não for conhecido seu paradeiro (art. 72, § 2.º), não tendo sido a competência firmada pelo lugar da infração (art. 72, *caput*);

d) havendo mais de um juiz competente, no concurso de jurisdições, sem possibilidade de aplicação dos critérios desempatadores do art. 78, II, *a* e *b* (art. 78, II, *c*).

A Lei 14.155/2021 incluiu o § 4º ao art. 70, nos seguintes termos: "nos crimes previstos no art. 171 do Decreto-Lei nº 2.848, de 7 de dezembro de 1940 (Código Penal), quando praticados mediante depósito, mediante emissão de cheques sem suficiente provisão de fundos em poder do sacado ou com o pagamento frustrado ou mediante transferência de valores, a competência será definida pelo local do domicílio da vítima, e, em caso de pluralidade de vítimas, a competência *firmar-se-á pela prevenção*" (grifamos).

7. REGRAS PARA A ELEIÇÃO DO FORO PREVALENTE

Havendo conexão ou continência, impõe-se a junção dos processos (*simultaneus processus*) pelas várias razões já expostas (economia processual na colheita das provas, evitar decisões conflitantes etc.). Cumpre, no entanto, saber qual é o foro que possui força de atração, isto é, o que deve prevalecer sobre os demais, atraindo o julgamento dos fatos delituosos para si.

É a hipótese de *prorrogação de competência*, tornando-se competente o juízo que, originariamente, não seria, caso se levasse em conta o lugar da infração, o domicílio do réu, a natureza da infração e a distribuição. O efeito da prorrogação, como adverte

Bento de Faria, é apenas sujeitar os acusados a um só juízo, a fim de serem julgados por uma só sentença, sem qualquer alteração da natureza das infrações penais cometidas (*Código de Processo Penal*, v. 1, p. 193).

7.1 Competência prevalente do júri

Note-se, inicialmente, que o art. 78, I, do Código de Processo Penal considera o Tribunal do Júri como órgão do Poder Judiciário, pois menciona que, havendo concorrência entre a sua competência e a de *outro órgão da jurisdição comum*, prevalecerá a do júri. Este é mais um argumento para sustentar que o Tribunal Popular é órgão de primeiro grau do Poder Judiciário, embora especial, a despeito de algumas opiniões em sentido diverso dizendo que se trata de órgão de natureza política.

Tal dispositivo é correto e está de acordo com o estipulado na Constituição Federal. Se o júri tem competência para o julgamento dos crimes dolosos contra a vida (art. 5.º, XXXVIII, *d*), constituindo o devido processo legal para levar à punição o homicida, havendo conexão ou continência, é natural que atraia para si o julgamento de outras infrações penais.

A lei processual, ao ampliar a competência do júri para julgar as infrações conexas e originárias da continência, não está ferindo dispositivo constitucional, que prevê somente a competência mínima do Tribunal Popular, nada impedindo que seja ela aumentada.

7.1.1 *Descoberta da conexão ou continência após a prolação da sentença de pronúncia*

Utilizando o disposto no art. 421, § 2.º, do Código de Processo Penal, por analogia, o juiz deve providenciar a modificação da pronúncia, abrindo vista às partes para manifestação, levando em conta a possibilidade de aditamento da denúncia pelo Ministério Público que, segundo cremos, precisa acolher a nova infração conexa ou continente, pois é o titular da ação penal, bem como dando-se oportunidade à defesa para oferecer as provas e os argumentos que desejar.

Após, nova pronúncia será oferecida para acolher, no mesmo contexto, as infrações conexas ou continentes. É a lição de FREDERICO MARQUES: "Entendemos que, nessa hipótese" – quando o juízo prevalente for o júri e já houver sentença de pronúncia – "o presidente do Júri deverá avocar o processo, para a unificação ulterior, dando nova sentença de pronúncia, se se tratar de continência de causa ou indivisibilidade de infração. É o que autoriza, por analogia, o art. 416 [atual art. 421, § 2.º] do Código. Em se tratando de conexão, haverá o motivo relevante a que alude o art. 80, para a separação dos processos, salvo se as infrações não tiverem sido cometidas em tempo e lugar diferentes, quando então se procederá como nos casos de continência" (*A instituição do júri*, p. 287).

7.1.2 *Conexão e continência, prerrogativa de foro e júri*

Havendo conexão ou continência entre infrações penais, envolvendo a prerrogativa de foro e o Tribunal do Júri, a cada agente deverá ser destinado o seu juízo competente.

164 | MANUAL DE PROCESSO PENAL · **Nucci**

Assim, caso um promotor e um cidadão comum matem alguém, embora haja nítida continência, não se aplicará a regra do foro prevalente, ou seja, o do júri.

Quando houver foro privilegiado, assegurado na Constituição Federal, sendo também o do Tribunal do Júri um foro garantido pela Carta Magna, é preciso desmembrar o feito – ficando em segundo plano a regra da conexão ou continência – para dar-se ao promotor o Tribunal de Justiça, que o julgará, e ao cidadão não privilegiado, o Tribunal Popular. Respeita-se, com isso, o foro constitucionalmente previsto, em prejuízo de uma regra fixada em legislação ordinária, que é a junção dos feitos pela conexão ou continência.

7.2 Jurisdição da mesma categoria

Mencionou-se no início deste capítulo que jurisdição é um conceito único, significando a possibilidade que membros do Poder Judiciário possuem para aplicar o direito ao caso concreto, compondo litígios. Entretanto, por uma questão prática e até mesmo didática, separa a lei e a doutrina a jurisdição em categorias, chamando-a de superior e inferior, comum e especial, estadual e federal, entre outras.

No caso presente (art. 78, II, CPP), considera-se *jurisdição da mesma categoria* aquela que une magistrados aptos a julgar o mesmo tipo de causa. Assim, por exemplo, juízes de primeiro grau (mesmo que sejam de entrâncias diversas) possuem idêntica jurisdição, diversificando-se a eleição do foro apenas pelas regras de competência, tais como lugar do crime ou domicílio do réu, natureza da infração e distribuição.

Ocorre, porém, que pode haver um conflito real entre esses magistrados. Imagine-se que um furto e uma receptação foram apurados em diversas delegacias, razão pela qual terminaram sendo distribuídos para juízos diversos, numa mesma Comarca. Havendo entre eles conexão instrumental, torna-se viável que sejam julgados por um único juiz. Como ambos são de idêntica jurisdição, estabelecem-se regras para a escolha do foro prevalente, que são as seguintes:

a) *foro onde foi cometida a infração mais grave* (art. 78, II, *a*, CPP): tendo em vista que o primeiro critério de escolha é o referente ao lugar da infração, é possível que existam dois delitos sendo apurados em foros diferentes, já que as infrações originaram-se em locais diversos – como o exemplo retro mencionado do furto e da receptação. Assim, elege-se qual é o mais grave deles para a escolha do foro prevalente: se for um furto qualificado e uma receptação simples, fixa-se o foro do furto (pena mais grave) como competente;

b) *foro onde foi cometido o maior número de infrações* (art. 78, II, *b*, CPP): imagine-se que três furtos simples estejam sendo apurados na Comarca "X", enquanto uma receptação simples – referente aos três furtos – esteja tramitando na Comarca "Y". Embora a pena do furto e da receptação sejam idênticas, o julgamento dos quatro crimes deve ser realizado na Comarca "X", que possui o maior número de infrações. A regra é correta, pois o crime deve ser apurado no local onde foi cometido, que é onde causou o maior abalo à comunidade. Ora, é natural que a Comarca onde houve o maior número de delitos tenha sofrido maior perturbação, razão por que atrai o crime praticado em lugar vizinho;

Capítulo X • Jurisdição e Competência | 165

c) *foro residual estabelecido pela prevenção* (art. 78, II, *c*, CPP): como sempre, a prevenção visa à solução dos problemas de conflito de competência, cujas regras específicas são insuficientes. Neste caso, havendo magistrados de igual jurisdição em confronto e não sendo possível escolher pela regra da gravidade do crime (ex.: furto simples e receptação simples), nem pelo número de delitos (ambas as Comarcas possuem um só feito), elege-se o juiz pela prevenção, isto é, aquele que primeiro conhecer de um dos processos torna-se competente para julgar ambos, avocando da Comarca ou Vara vizinha o outro.

7.3 Jurisdição de categoria diversa

Envolve este o art. 78, III, do CPP, a clássica divisão legal entre *jurisdição superior* e *inferior*, visando à separação entre magistrados que têm poder recursal sobre outros, isto é, chama-se superior o poder jurisdicional reservado a tribunais que podem rever as decisões de outras cortes e, também, de juízes monocráticos (Supremo Tribunal Federal, Superior Tribunal de Justiça, Tribunal Superior Eleitoral, Superior Tribunal Militar e Tribunal Superior do Trabalho). Considera-se de jurisdição inferior os tribunais que não podem rever as decisões de outras cortes (Tribunal de Justiça e Tribunal Regional Federal), embora, entre os órgãos de jurisdição inferior haja ainda a divisão entre grau superior e inferior, considerando-se de 2.º grau as Cortes estaduais ou regionais e de 1.º grau os juízes de primeira instância.

Assim, havendo concurso entre as jurisdições superior e inferior é natural que a superior – que possui poder revisional sobre as decisões da inferior – termine por avocar os feitos conexos ou continentes. Exemplificando: se determinado réu, por prerrogativa de função, deve ser julgado no Supremo Tribunal Federal, mas cometeu o delito em coautoria com outra pessoa, que não detém a mesma prerrogativa, ambos serão julgados no Pretório Excelso, em face da continência.

Há polêmica, neste aspecto, levantada por parte da doutrina, com a qual não concordamos. Explica TOURINHO FILHO que a pessoa com foro privilegiado, cometendo o crime juntamente com outra que não o possua, deveria ser julgada em foro diferenciado (*Código de Processo Penal comentado*, v. 1, p. 199). Assim, caso seja da competência do Supremo Tribunal Federal o julgamento do réu que detém prerrogativa de foro, o coautor mereceria ser julgado na Justiça de primeiro grau, pois a Constituição não prevê a extensão da competência do Supremo Tribunal Federal para analisar o caso daquele que não possui privilégio algum. Entretanto, os defensores dessa ideia admitem que a posição jurisprudencial, inclusive do Supremo Tribunal Federal, é no sentido oposto.

Parece-nos incabível que a Constituição Federal deva descer a tais detalhes, fixando regras de conexão, continência e prorrogação de competência, algo naturalmente atribuído à lei processual penal. Por isso, não vemos qualquer inconveniente em privilegiar o foro porque a função exercida por um dos réus assim determina, seguindo-se preceito constitucional, estendendo-se aos coautores o mesmo foro, por força, agora, do disposto no Código de Processo Penal. Respeita-se com tal regra os dois textos normativos, sem qualquer perda. Dizer que o Supremo Tribunal Federal não tem competência para julgar a pessoa sem prerrogativa especial de foro não é verdade absoluta, uma vez que qualquer caso pode atingir o Pretório Excelso, em grau de recurso, justamente o que ocorre, cotidianamente, com o *habeas corpus*. Termina, pois, a Suprema Corte decidindo casos de crimes comuns, cometidos por pessoas sem prerrogativa de foro.

Ademais, se a competência do Tribunal Superior é mais ampla, nada impede que julgue casos inicialmente pertinentes a outros juízos. O contrário é inadmissível, pois se o juiz de primeiro grau não tem jamais competência para julgar, criminalmente, um deputado federal, por exemplo, ainda que houvesse conexão não poderia ele avocar os feitos, chamando a si o julgamento.

O Supremo Tribunal Federal, consolidando sua posição no sentido que defendemos, editou a Súmula 704: "Não viola as garantias do juiz natural, da ampla defesa e do devido processo legal a atração por continência ou conexão do processo do corréu ao foro por prerrogativa de função de um dos denunciados".

7.3.1 Exceção à regra quando a competência for estabelecida pela Constituição

É possível que exista um conflito entre órgão de jurisdição superior e órgão de jurisdição inferior, mas como ambas as esferas de competência estão fixadas na Constituição Federal, deve-se respeitar o juiz natural, conforme a qualificação de cada infrator. Exemplo disso é o crime contra a vida cometido por um Governador de Estado juntamente com outra pessoa qualquer. O Chefe do Executivo estadual deve ser julgado pelo Superior Tribunal de Justiça (art. 105, I, *a*, CF), enquanto a outra pessoa, embora tenha agido em coautoria, deve ser julgada pelo Tribunal do Júri (art. 5.º, XXXVIII, *d*, CF). Respeita-se, com isso, o estabelecido pela Carta Magna para os dois acusados.

7.4 Jurisdição comum e especial

Comum é a jurisdição estabelecida como regra geral para todos os casos que não contiverem regras especiais, em razão da matéria tratada. É a esfera residual. *Especial* é a jurisdição que cuida de assuntos específicos, previamente estabelecidos na Constituição Federal. Assim, são especiais, em matéria criminal, a Justiça Eleitoral e a Justiça Militar. Quando houver conflito entre elas e a jurisdição comum, prevalecerá a força atrativa da especial (art. 78, IV, CPP). Exemplificando, caso exista um crime eleitoral conexo com um crime comum, ambos serão julgados na Justiça Eleitoral.

7.4.1 Força atrativa da Justiça Federal em face da Justiça Estadual

Cumpre ressaltar, a despeito de vozes em contrário, que, apesar de ser a Justiça Federal considerada comum, ela é *especial* em relação à Justiça Estadual, esta sim residual.

O art. 109 da Constituição Federal estabelece a competência dos juízes federais, razão pela qual o restante dos delitos fica a cargo dos magistrados estaduais. Destarte, no conflito entre crime federal e delito estadual, havendo conexão ou continência, devem eles seguir para a Justiça Federal. Note-se que a competência desta última é estabelecida pela Carta Magna, razão pela qual não se pode afastá-la. E, em homenagem às regras fixadas pelo Código de Processo Penal, no campo da conexão e da continência, que visam à melhor colheita da prova e apreciação do seu conjunto pelo juiz, deve o processo deslocar-se para a esfera federal. É o conteúdo da Súmula 122 do Superior Tribunal de Justiça: "Compete à Justiça Federal o processo e julgamento unificado dos crimes conexos de competência federal e estadual, não se aplicando a regra do art. 78, II, *a*, do Código de Processo Penal".

7.4.2 Justiça Federal e contravenção penal

Ainda que seja considerada Justiça especial em relação à Estadual, devendo deliberar sobre infrações penais de interesse da União, a Constituição Federal excepcionou-lhe a competência para o julgamento de contravenções penais (art. 109, IV). Nesse sentido está a Súmula 38 do Superior Tribunal de Justiça: "Compete à Justiça Estadual Comum, na vigência da Constituição de 1988, o processo por contravenção penal, ainda que praticada em detrimento de bens, serviços ou interesse da União ou de suas entidades".

8. EXCEÇÕES À REGRA DA JUNÇÃO DOS PROCESSOS EM CASO DE CONEXÃO E CONTINÊNCIA

8.1 Jurisdição comum e jurisdição militar

Haverá a separação dos processos, quando estiverem envolvidos, ainda que no mesmo contexto, crime comum e crime militar, ou quando houver coautoria entre militar e civil para a prática de um único delito, conforme o caso (art. 79, I, CPP).

Existem, no entanto, regras especiais a observar:

a) lembremos que civis podem ser julgados pela Justiça Militar Federal quando cometerem crimes militares previstos no Código Penal Militar, desde que contra as instituições militares federais. A competência constitucional estabelecida para a Justiça Militar Federal não exclui civis, como já visto em tópico anterior. Nessa hipótese, ambos (civil e militar) seriam julgados, quando forem coautores, na esfera militar. Por outro lado, se o civil comete crime comum e o militar, delito militar, embora conexos, haverá separação dos processos. E mais: caso o civil cometa crime militar (contra a Segurança Nacional ou as instituições militares federais) e o militar, crime comum, embora conexos, também ocorrerá a separação dos processos, em hipótese rara, que leva o civil para a Justiça Militar Federal e o militar para a Justiça comum. Está revogado, implicitamente, pela Constituição de 1988 (art. 124, *caput*), o disposto no art. 102, parágrafo único, do Código de Processo Penal Militar, que previa o julgamento do militar pela Justiça Castrense, embora cometesse delito comum conexo a crime militar. Ressalve-se, no entanto, o cometimento de crime por civil contra as instituições militares estaduais: a competência será da Justiça Estadual (Súmula 53, STJ: "Compete à Justiça Comum Estadual processar e julgar civil acusado de prática de crime contra instituições militares estaduais"). Assim, conclui-se que a Justiça Militar Estadual jamais julga um civil, impondo-se a regra geral da separação dos processos. Aplica-se, sempre, a Súmula 90 do Superior Tribunal de Justiça: "Compete à Justiça Estadual Militar processar e julgar o policial militar pela prática de crime militar, e à Comum pela prática de crime comum simultâneo àquele";

168 | MANUAL DE PROCESSO PENAL · Nucci

b) todos os militares que cometam crimes dolosos contra vida de civil devem ser julgados pela Justiça Comum, como fixado pela Lei 9.299/96;

c) caso um militar cometa, juntamente com um civil, um delito comum, deve ser julgado pela Justiça Comum, uma vez que o fato não encontra previsão no Código Penal Militar. A competência é em razão do crime e não da pessoa do militar (não se trata de prerrogativa de função). É o que ocorre com policiais militares que cometem crimes de abuso de autoridade (cf. GILBERTO PASSOS DE FREITAS e VLADIMIR PASSOS DE FREITAS, *Abuso de autoridade*, p. 20), que promovem ou facilitam a fuga de presos de estabelecimento penal (Súmula 75, STJ: "Compete à Justiça Comum Estadual processar e julgar o policial militar por crime de promover ou facilitar a fuga de preso de estabelecimento penal"), que se envolvem em delitos de trânsito (Súmula 6, STJ: "Compete à Justiça Comum Estadual processar e julgar delito decorrente de acidente de trânsito envolvendo viatura de Polícia Militar, salvo se autor e vítima forem policiais militares em situação de atividade");

d) o militar estadual, autor de infração militar, deve ser julgado pela Justiça Militar, ainda que no Estado onde a cometeu, que não é o seu, inexista Justiça Castrense (Súmula 78, STJ: "Compete à Justiça Militar processar e julgar policial de corporação estadual, ainda que o delito tenha sido praticado em outra unidade federativa").

8.2 Justiça comum e Justiça da Infância e Juventude

Estabelece o art. 228 da Constituição Federal, que os menores de dezoito anos são penalmente inimputáveis, sujeitos às normas da legislação especial. Esta legislação está consubstanciada no Estatuto da Criança e do Adolescente (Lei 8.069/90), que preceitua, no art. 104: "São penalmente inimputáveis os menores de dezoito anos, sujeitos às medidas previstas nesta Lei. Parágrafo único. Para os efeitos desta Lei, deve ser considerada a idade do adolescente à data do fato".

A regra do Código de Processo Penal (art. 79, II) é salutar, tendo por fim evitar qualquer dúvida acerca da competência para deliberar a respeito de fatos criminosos envolvendo o concurso de agentes entre maiores e menores ou a conexão. Nem o maior poderá ser julgado pelo juízo da infância e da juventude, embora haja continência ou conexão, nem o menor seguirá para a esfera comum. Não é a inimputabilidade a causa exclusiva para a separação dos processos, pois, no caso do doente mental, também considerado inimputável, o julgamento é afeto ao juiz criminal comum. Embora ao imputável seja aplicada pena e ao inimputável, medida de segurança, há um só foro competente para ambos.

8.3 Separação dos processos em face da superveniência de doença mental

Não se trata de hipótese de separação inicial dos processos, mas de uma providência que tem por fim evitar o tumulto processual e uma instrução complicada. Se a conexão e a continência, como vimos sustentando, têm como finalidade precípua garantir que as decisões, referentes a processos conexos ou a réus envolvidos no mesmo fato, sejam uniformes, valendo-se da mesma prova, deve essa regra ceder quando não houver mais conveniência na união dos feitos.

Assim ocorre quando um dos corréus vem a sofrer de doença mental, após a data do crime – portanto, não é caso de ser considerada a sua inimputabilidade –, implicando a suspensão do processo até que se recupere e possa acompanhar a instrução (art. 152, *caput,* CPP). A medida tem por fim acautelar a ampla defesa e a possibilidade efetiva do contraditório. Por isso, não tem cabimento a suspensão do processo atingir a todos os demais acusados que, por força da conexão ou da continência, estejam reunidos na mesma relação processual.

Quando, por outro lado, a enfermidade mental estiver presente à data do fato criminoso para um dos corréus, um único processo pode prosseguir contra todos, instaurando-se, no tocante ao doente, o incidente de insanidade mental. Pode ocorrer, no entanto, que o juiz decida, assim mesmo, separar os processos, porque o incidente, que suspende a instrução, pode prejudicar o célere trâmite do feito, afetando, por exemplo, o corréu que estiver preso.

8.4 Impossibilidade de julgamento de réu ausente

Havendo unidade de processo, mas se um dos corréus está foragido, é preciso verificar se a lei autoriza o prosseguimento do feito.

Existe, basicamente, uma hipótese em que o julgamento não é possível, paralisando-se o trâmite processual até que a pessoa seja encontrada: na fase da citação, nos termos do art. 366 do CPP, sendo ela realizada por edital e não constituindo o réu um advogado, que possa defendê-lo, é considerado ausente e o processo deve ser suspenso.

Assim, havendo coacusado presente e regularmente citado, deve o juiz separar o curso do feito, dando prosseguimento somente quanto a quem está ciente da ação penal. Note-se que a ausência, por si só, não é suficiente para determinar a separação do processo. Caso o réu seja citado pessoalmente e não se apresente para interrogatório, nem contrate advogado, a ele será nomeado um defensor dativo, prosseguindo-se até final julgamento, havendo ou não corréus (art. 367, c/c art. 261, CPP). Logo, desnecessária será a separação.

8.5 Separação dos processos em razão da recusa de jurados

Estabelece o art. 469, § 1.º, do Código de Processo Penal que "a separação dos julgamentos somente ocorrerá se, em razão das recusas, não for obtido o número mínimo de 7 (sete) jurados para compor o Conselho de Sentença".

Portanto, havendo no Tribunal do Júri a possibilidade de existirem as recusas peremptórias, dadas sem qualquer motivação, no procedimento de seleção dos jurados que irão compor o Conselho de Sentença, é preciso verificar se não haverá necessidade de separar o processo por conta da disparidade de recusas, capazes de provocar o denominado *estouro de urna* (inexistência do número mínimo de sete para o Conselho

MANUAL DE PROCESSO PENAL · **Nucci**

de Sentença). Outros detalhes sobre essa possibilidade de separação estão expostos no Capítulo XVIII, subitem 14.2.

9. SEPARAÇÃO FACULTATIVA DOS PROCESSOS

Tendo em vista que a conexão e a continência, como já afirmado, têm por finalidade garantir a união dos processos para uma melhor apreciação da prova pelo juiz, evitando-se decisões conflituosas, pode ocorrer a inconveniência dessa junção, seja porque torna mais difícil a fase probatória, seja pelo fato de envolver muitos réus – uns presos e outros soltos – e até por razões outras que somente o caso concreto pode determinar.

9.1 Separação facultativa em caso de tempo ou lugar diferenciado

Essa hipótese (art. 80, primeira parte, CPP) deve ser aplicada com cautela, pois é incabível para determinadas situações. O art. 76 do CPP expõe as hipóteses de conexão. No inciso I, primeira parte, fala-se expressamente na ocorrência de duas ou mais infrações praticadas ao mesmo tempo, por várias pessoas reunidas, o que afastaria a possibilidade de se separar o processo (tempo e lugar idênticos). Na segunda parte do inciso I, quando se menciona apenas a prática das infrações em concurso, é possível haver tempo e lugar diferenciados, cabendo, pois, a separação. Na terceira parte, do mesmo inciso, cremos ser inviável a separação, pois é a prática de infrações por pessoas que agem umas contra as outras, pressupondo-se que estejam no mesmo lugar e ao mesmo tempo. Afinal, se não fosse assim, nem se falaria em conexão.

Quanto ao inciso II do art. 76, nota-se a possibilidade de separação, pois os crimes praticados para facilitar, ocultar, garantir a impunidade ou a vantagem podem ser cometidos em lugares e em momentos diferentes.

O inciso III do art. 76 evidencia a autêntica forma de conexão, a nosso ver, que é a instrumental. Quanto a esta, cabe separação facultativa, pois o tempo e lugar podem ser diversos.

Na situação da continência, parece-nos inconveniente a separação, pois ainda que existam circunstâncias de tempo e lugar diferentes, estando presente a coautoria, torna-se imperioso o julgamento conjunto. Visualizemos a hipótese do sujeito que paga outro para matar a vítima em lugar bem distante e muito tempo depois. Mandante e executor merecem ser julgados no mesmo processo para evitar decisões conflitantes. O mesmo se diga do caso referente ao concurso formal, pois se trata do mesmo fato, logo, cometido em tempo e lugar idênticos.

9.2 Separação facultativa em virtude do excessivo número de acusados

Trata-se de uma hipótese válida para todos os casos de conexão e continência (art. 80, segunda parte, CPP). É preciso, no entanto, fazer uma observação quanto a esta opção legislativa. Determina a norma que possa haver a separação quando o número de réus for excessivo *e* houver prorrogação indevida da prisão cautelar de alguns deles ou de todos.

Assim, é um binômio: o *número elevado de réus* faz com que a instrução seja lenta, pela própria *natureza dos prazos e das provas a serem produzidas, o que pode tornar extensa* a duração da prisão cautelar decretada contra uns ou contra todos. Resolve-se, então, pela separação.

Quando o número excessivo prejudicar, por si só, o andamento do processo, embora todos estejam em liberdade, deve-se aplicar a terceira hipótese do art. 80 ("outro motivo relevante"). Imagine-se um feito com cem réus, em que somente para a apresentação de alegações finais é possível levar mais de um ano, intimando-se cada um dos defensores e permitindo-se a retirada dos autos de cartório para estudo.

9.3 Separação facultativa em face de motivo relevante

Andou bem o Código de Processo Penal ao preceituar que fica ao critério do juiz a separação dos processos, por qualquer *motivo relevante*, impossível de ser previsto prévia e expressamente em lei, mas que pode conturbar mais do que auxiliar na produção das provas.

O exemplo que mencionamos no tópico anterior é significativo: um processo com inúmeros réus pode arrastar-se por anos, sem vantagem alguma para o contexto probatório. Por outro lado, outras razões podem levar à separação dos feitos, como a necessidade de produção de determinada prova, que somente interessa a um dos réus. Ilustrando: um acusado pode ter arrolado uma testemunha de antecedentes, que considere de suma importância para sua defesa, embora os corréus não tenham o menor interesse em aguardar o extenso período para que ela seja ouvida. Há pessoas, acusadas da prática de crimes, que desejam um julgamento rápido, até mesmo para atingirem mais celeremente a absolvição. Por outro lado, pode estar próximo da prescrição da pretensão punitiva, de modo que a prova interessante somente para um réu, deferida pelo juiz, pode não ter a menor importância para os outros, razão pela qual impõe-se, por motivo relevante, a separação.

10. PERPETUAÇÃO DA JURISDIÇÃO EM CASOS DE CONEXÃO E CONTINÊNCIA

É possível que vários processos sejam reunidos em virtude de conexão ou continência, mas, ao julgar o feito, conclua-se pela incompetência do juízo que exerceu a força atrativa, seja porque houve absolvição no tocante à infração que atraiu a competência, seja porque ocorreu a desclassificação para outra, que não seria originariamente desse magistrado.

A essa altura, colhida a prova toda, não tem mais cabimento devolver o conhecimento do processo a juízo diverso, impondo-se o julgamento pelo que conduziu a instrução. Ilustrando e valendo-se de situação já mencionada anteriormente, é possível que o juízo da Comarca "X", onde foram cometidos três furtos simples, atraia o julgamento da conexa receptação, cometida na Comarca "Y". Ainda que o juiz da Comarca "X" absolva o réu "A" pela prática dos três furtos, pode condenar o acusado "B" pela receptação, não tendo a menor valia, inclusive por economia processual, determinar a remessa dos autos ao

MANUAL DE PROCESSO PENAL · Nucci

juízo originário da Comarca "Y", que seria o competente para apurar e julgar o delito de receptação, ocorrido em seu território.

11. CONEXÃO E CONTINÊNCIA NO CONTEXTO DAS INVESTIGAÇÕES POLICIAIS

A lei é clara ao disciplinar as hipóteses de unidade de processos, não fazendo qualquer referência ao inquérito policial. Por isso, é correta, como regra, a observação feita por BENTO DE FARIA de que inquéritos, instaurados por diferentes autoridades policiais, ainda que vinculados pela conexidade, podem prosseguir normalmente o seu curso, sem necessidade de junção (*Código de Processo Penal*, v. 1, p. 194). Entretanto, sendo útil ao esclarecimento e busca da verdade real, pode-se providenciar a sua união em uma só delegacia ou departamento policial, desde que conte com a autorização judicial, ouvindo-se antes o Ministério Público.

12. AUTORIDADE DE JURISDIÇÃO PREVALENTE

Estipula o art. 82 do Código de Processo Penal que, detectada a conexão ou continência, se forem instaurados processos diferentes, deve a *autoridade de jurisdição prevalente* avocar os processos que corram em outros juízos, salvo se já houver sentença definitiva, para haver um julgamento único. Quem o fará é o juiz que, segundo a lei, deve julgar os casos conexos ou continentes. Não se refere o artigo, naturalmente, a magistrado de jurisdição de maior valor, pois *jurisdição*, como possibilidade de aplicar o direito ao caso concreto, todos os juízes possuem. Cabe à lei disciplinar qual juízo deve avocar, isto é, chamar a si o julgamento dos processos que, por conexão ou continência, merecem ser avaliados em conjunto. Exemplo: se a 1.ª Vara Criminal da Comarca tem o maior número de processos contra o réu "X", deve avocar o único processo conexo contra ele ajuizado na 2.ª Vara Criminal.

Por outro lado, *sentença definitiva* é a decisão de mérito que comporta apelação, pois encerrou, em primeiro grau, o litígio. Não se deve ver nessa expressão a sentença *com trânsito em julgado*. A finalidade é diferençar a sentença definitiva, que delibera sobre o mérito da pretensão punitiva estatal, daquela que decide somente uma fase do processo, como ocorre com a sentença de pronúncia.

Não sendo possível a reunião dos processos antes da prolação da decisão definitiva, pode-se empreender a soma ou unificação das penas na fase de execução. A soma se dará no caso de concurso material (art. 69, CP) e a unificação pode decorrer tanto do concurso formal (art. 70, CP) quanto do crime continuado (art. 71, CP).

Cabe ao juiz da execução penal cuidar do processo de soma ou unificação das penas do condenado, o que é lógico, pois é o detentor de todas as execuções que correm contra a mesma pessoa, razão pela qual pode visualizar amplamente o quadro das suas condenações. Por vezes, há casos de crimes continuados ou mesmo de concurso formal não constatados antes do término das instruções dos processos individualmente instaurados e julgados. Cabe, pois, a unificação na fase executória. E mesmo no caso de simples concurso material de infrações, para efeito de progressão, livramento condicional e recebimento de outros benefícios, torna-se imperiosa a soma das penas para que o condenado possa obtê-los. É o que dispõe o art. 66, III, *a*, da Lei de Execução Penal.

13. REGRAS DE APLICAÇÃO DA LEI PROCESSUAL PENAL NO ESPAÇO

Há delitos que podem ser cometidos no exterior e, ainda assim, haverá interesse punitivo do Brasil. É o que se chama de *extraterritorialidade*, ou seja, a aplicação da lei penal brasileira a crimes cometidos fora do território nacional. Os casos de interesse para ocorrer tal aplicação estão enumerados no art. 7.º do Código Penal. Exemplificando: crimes contra a vida ou a liberdade do Presidente da República.

Lembremos, ainda, que devemos analisar se é competente a Justiça Federal ou a Estadual conforme a espécie de infração penal cometida, seguindo-se as regras gerais de competência e o disposto no art. 109 da Constituição Federal. Assim, caso o agente promova um roubo contra determinada embaixada brasileira no exterior, competente é a Justiça Federal (interesse da União). Por outro lado, se um funcionário público estadual pratica crime contra autarquia estadual, cabe o julgamento à Justiça Estadual.

Se o crime for cometido por brasileiro contra estrangeiro (logo, o bem jurídico lesado não é nacional), cabe, via de regra, à Justiça Estadual o julgamento. Exemplo: "A" mata "B" no exterior. Deve ser julgado pela Vara do Júri da esfera estadual.

O art. 88 do Código de Processo Penal fixa a competência do juízo da Capital do Estado onde houver por último residido o acusado. Caso ele nunca tenha residido no Brasil, deve-se julgá-lo na Capital, isto é, no Distrito Federal.

13.1 Crimes a bordo de embarcações

Os crimes cometidos a bordo de embarcações comportam uma análise diferenciada. Se as embarcações forem brasileiras de natureza pública, onde quer que estejam, considera-se o seu interior território nacional. Portanto, crimes cometidos a bordo interessam ao Brasil punir, valendo-se do princípio da territorialidade (art. 5.º, § 1.º, CP). Entretanto, se forem estrangeiras de natureza pública, mesmo que estejam em território nacional, considera-se território estrangeiro o seu interior, razão pela qual somente haverá interesse do Brasil em punir o crime cometido a bordo nas hipóteses de extraterritorialidade enumeradas no art. 7.º do Código Penal.

Outros critérios ainda existem. Se forem embarcações privadas brasileiras em território nacional, aplica-se o princípio da territorialidade (art. 5.º, *caput*, CP), havendo sempre interesse para punir o crime cometido a bordo. Caso sejam embarcações privadas estrangeiras em território nacional, aplica-se o disposto no art. 5.º, § 2.º, do Código Penal, que também é o princípio da territorialidade, ou seja, há interesse em punir a infração cometida a bordo.

Sob outro prisma, cuidando-se de embarcações privadas brasileiras, em alto-mar, considera-se o seu interior como extensão do território brasileiro, havendo interesse do Brasil em punir o crime cometido a bordo (art. 5.º, § 1.º, CP).

De qualquer modo, interessa, como foro competente, o primeiro local de parada após o crime. Caso a embarcação siga viagem e termine em solo estrangeiro, havendo interesse do Brasil em punir o delinquente, o foro competente será do local de sua partida. Ilustrando: embarcação brasileira vem para o Brasil proveniente da Europa, estando em alto-mar. Se um crime a bordo for praticado, deve ser apurado no foro do lugar onde primeiro aportar o navio. Entretanto, se a embarcação brasileira estiver seguindo viagem para a Europa, estando em alto-mar e ocorrendo crime a bordo, inexistindo regresso a porto do Brasil, ocorrerá a apuração do delito no foro do lugar de onde partiu o navio.

Disciplina a Constituição Federal que cabe à Justiça Federal processar e julgar os crimes cometidos a bordo de navios (art. 109, IX). Entendem o Supremo Tribunal Federal e o Superior Tribunal de Justiça que *navios* são embarcações de grande cabotagem ou de grande capacidade de transporte de passageiros, aptas a realizar viagens internacionais. Logo, somente as embarcações de grande porte envolvem a órbita federal. As demais (lanchas, botes, iates etc.) ficam na esfera da justiça estadual.

13.2 Crimes a bordo de aeronaves

É preciso distinguir os tipos de aeronaves. Se forem brasileiras de natureza pública, onde quer que estejam, considera-se o seu interior território nacional. Portanto, crimes cometidos a bordo interessam ao Brasil punir, valendo-se do princípio da territorialidade (art. 5.º, § 1.º, CP). Caso sejam estrangeiras de natureza pública, mesmo que estejam em território nacional, considera-se território estrangeiro o seu interior, razão pela qual somente haverá interesse do Brasil em punir o crime cometido a bordo nas hipóteses de extraterritorialidade enumeradas no art. 7.º do Código Penal.

Entretanto, se forem aeronaves brasileiras privadas em território nacional, aplica--se o princípio da territorialidade (art. 5.º, CP), havendo sempre interesse para punir o crime cometido a bordo. Cuidando-se de aeronaves estrangeiras privadas em território nacional, aplica-se o disposto no art. 5.º, § 2.º, do Código Penal, que é o princípio da territorialidade, ou seja, há interesse em punir a infração cometida a bordo.

Se forem aeronaves brasileiras privadas, sobrevoando alto-mar, considera-se o seu interior como extensão do território brasileiro, havendo interesse do Brasil em punir o crime cometido a bordo (art. 5.º, § 1.º, CP).

Em qualquer hipótese, interessa, como foro competente, o primeiro local de parada após o crime. Caso a aeronave siga viagem e termine em solo estrangeiro, havendo interesse do Brasil em punir o delinquente, o foro competente será o do local de sua partida. Ver os exemplos dados no tópico supra quanto às embarcações.

Nesses casos, será sempre competência da Justiça Federal, pois o art. 109, IX, da Constituição, mencionou apenas os crimes cometidos a bordo de aeronaves, sem especificar a dimensão (pequeno, médio ou grande porte).

13.3 Regra residual de competência

Como sempre ocorre, não havendo condições de firmar a competência pela regra usual e principal, prevista em lei, por falta de dados, estabelece-se o juízo pela prevenção, isto é, pelo primeiro magistrado que tomar conhecimento do caso, proferindo alguma decisão no processo ou a ele relacionado. Pode ocorrer que um avião caia em alto-mar, não se sabendo o local de sua partida no Brasil. Logo, não se tem o lugar da partida, nem o do pouso, fixando-se a competência pela prevenção.

📄 SÍNTESE

Jurisdição: é o poder estatal de aplicação da lei ao caso concreto, constitucionalmente entregue como regra ao Poder Judiciário.

Competência: é o limite de atuação desse poder estatal, delimitando, pois, a jurisdição, conforme regras constitucionais e processuais, sempre voltadas à garantia do juiz natural, evitando-se o juízo de exceção.

Regras fundamentais de competência: elege-se, como parâmetro, o lugar do crime, pois é o local onde a sociedade sofreu o abalo decorrente do cometimento da infração penal. Excepciona, às vezes, esse parâmetro a natureza da matéria discutida no processo (militar ou eleitoral) ou a prerrogativa de função (foro privilegiado). Por outro lado, quando não se souber (ou for duvidoso) o lugar do delito, pode-se optar pelo foro de domicílio ou residência do réu. Eleito um (lugar da infração) ou outro (domicílio do réu), havendo mais de um juiz, segue-se o critério da distribuição (sorteio aleatório entre as Varas ou magistrados). Excepciona-se a distribuição, devendo o processo seguir para juiz certo em caso de conexão ou continência ou mesmo de prevenção.

Conexão: é a vinculação dos crimes diante do modo pelo qual foram cometidos, bem como do lugar e do tempo, levando à reunião dos processos que os apuram em um só juízo, tanto por economia processual na colheita da prova como para evitar decisões conflitantes.

Continência: é a relação de conteúdo detectada entre crimes, seja porque há vários agentes cometendo uma só infração (concurso de pessoas), seja porque existe um só fato, que congrega dois ou mais resultados (concurso formal), levando à reunião dos processos que apuram tais delitos (ou fatos), para que exista uma solução uniforme, evitando-se o risco de decisões conflitantes e em desacordo com as normas penais.

Prevenção: é o conhecimento, em primeiro lugar, por um determinado juízo, de um processo que poderia, em tese, ser cabível também a outros magistrados, fazendo com que se fixe a competência.

Prerrogativa de função: trata-se do direito de determinadas pessoas, por ocuparem cargos ou funções públicas, no momento do cometimento do delito, de serem julgadas por foro especial, estabelecido constitucionalmente.

Perpetuação da jurisdição: significa que uma ação penal, quando iniciada em certo juízo, nele se mantém (perpetua-se), ainda que as regras de competência se alterem ou os motivos que, inicialmente, encaminharam a demanda para lá cessem.

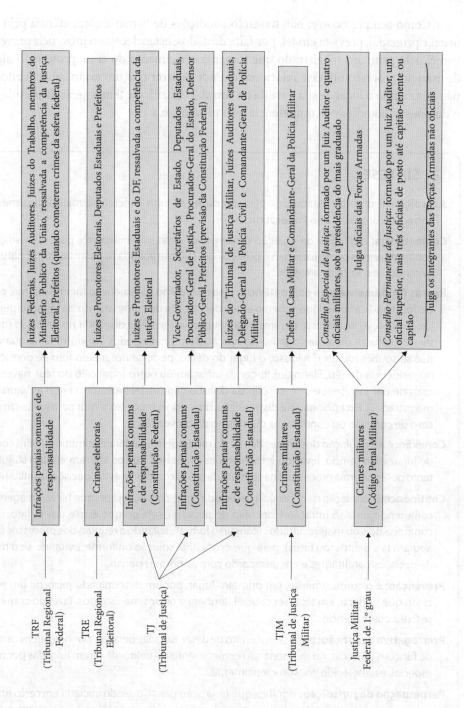

Capítulo X • Jurisdição e Competência | 177

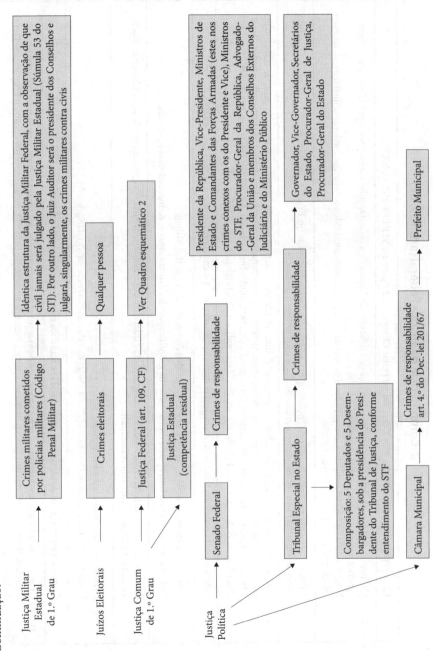

Continuação:

- Justiça Militar Estadual de 1.º Grau → Crimes militares cometidos por policiais militares (Código Penal Militar) → Idêntica estrutura da Justiça Militar Federal, com a observação de que civil jamais será julgado pela Justiça Militar Estadual (Súmula 53 do STJ). Por outro lado, o Juiz Auditor será o presidente dos Conselhos e julgará, singularmente, os crimes militares contra civis

- Juízos Eleitorais → Crimes eleitorais → Qualquer pessoa

- Justiça Comum de 1.º Grau → Justiça Federal (art. 109, CF) → Ver Quadro esquemático 2
  → Justiça Estadual (competência residual)

- Justiça Política:
  - Senado Federal → Crimes de responsabilidade → Presidente da República, Vice-Presidente, Ministros de Estado e Comandantes das Forças Armadas (estes nos crimes conexos com os do Presidente e Vice), Ministros do STF, Procurador-Geral da República, Advogado-Geral da União e membros dos Conselhos Externos do Judiciário e do Ministério Público
  - Tribunal Especial no Estado → Crimes de responsabilidade → Governador, Vice-Governador, Secretários do Estado, Procurador-Geral de Justiça, Procurador-Geral do Estado
    - Composição: 5 Deputados e 5 Desembargadores, sob a presidência do Presidente do Tribunal de Justiça, conforme entendimento do STF
  - Câmara Municipal → Crimes de responsabilidade art. 4.º do Dec.-lei 201/67 → Prefeito Municipal

2. Competência da Justiça Federal (art. 109, CF)

1 –	Crimes políticos : arts. 359-L a 359-T do Código Penal. O órgão de 2.º grau é o STF (art. 102, II, *b*, CF).
2 –	Crimes praticados em detrimento de bens, serviços ou interesse da União, de suas autarquias ou empresas públicas, exceto contravenções penais e matéria militar e eleitoral. Nota: Súmula 147, STJ: Compete à Justiça Federal processar e julgar os crimes cometidos contra funcionário público federal, quando relacionados com o exercício da função.
3 –	Crimes previstos em tratados e convenções internacionais, quando iniciados no Brasil e finalizados no exterior (ou quando deveriam finalizar) ou reciprocamente. São os chamados crimes à distância.
4 –	Crimes contra a organização do trabalho: apenas os delitos de interesse coletivo, ou seja, contra a organização geral do trabalho ou direito dos trabalhadores considerados coletivamente. Análise dos tipos penais do Código Penal: art. 197 (Estadual ou Federal), art. 198 (Estadual ou Federal), art. 199 (Estadual ou Federal), art. 200 (Estadual ou Federal), art. 201 (Federal), art. 202 (Federal), art. 203 (Estadual ou Federal), art. 204 (Federal), art. 205 (Estadual), art. 206 (Federal), art. 207 (Federal).
5 –	Crimes contra o sistema financeiro e a ordem econômico-financeira, nos casos previstos em lei. Ver Lei 7.492/86.
6 –	Crimes cometidos a bordo de aeronaves e navios, salvo competência da Justiça Militar. Nota: navio é, para esse fim, apenas embarcação de grande capacidade de transporte de mercadorias e pessoas.
7 –	*Habeas corpus* em matéria criminal de sua competência e quando o constrangimento tiver origem em ato de autoridade não sujeita a outra jurisdição (competência residual).
8 –	Crimes contra comunidades indígenas. Nota: quando o crime for praticado contra um indígena é da competência estadual (Súm. 140, STJ).
9 –	Cumprir cartas rogatórias (após *exequatur* do STJ) e sentença estrangeira (após homologação do STJ).
10 –	Crimes contra os direitos humanos com a finalidade de assegurar o cumprimento das obrigações decorrentes de tratados internacionais de direitos humanos dos quais o Brasil seja parte, desde que autorizado pelo STJ, mediante provocação do Procurador-Geral da República.

3. Fixação da competência

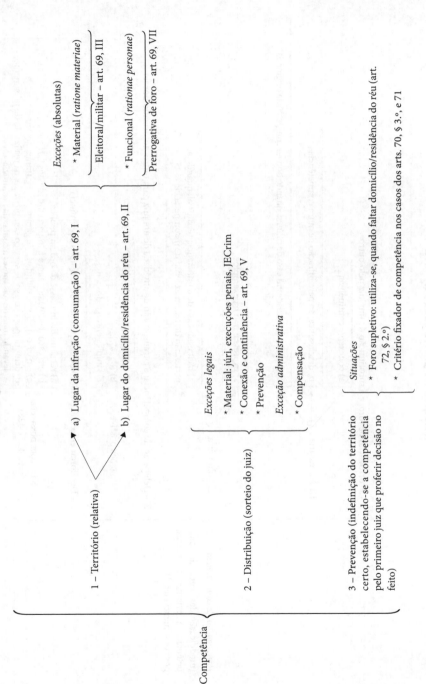

Competência
- 1 – Território (relativa)
  - a) Lugar da infração (consumação) – art. 69, I
  - b) Lugar do domicílio/residência do réu – art. 69, II

  Exceções (absolutas)
  - * Material (*ratione materiae*)
    - Eleitoral/militar – art. 69, III
  - * Funcional (*rationae personae*)
    - Prerrogativa de foro – art. 69, VII

- 2 – Distribuição (sorteio do juiz)

  Exceções legais
  - * Material: júri, execuções penais, JECrim
  - * Conexão e continência – art. 69, V
  - * Prevenção

  Exceção administrativa
  - * Compensação

- 3 – Prevenção (indefinição do território certo, estabelecendo-se a competência pelo primeiro juiz que proferir decisão no feito)

  Situações
  - * Foro supletivo: utiliza-se, quando faltar domicílio/residência do réu (art. 72, § 2.º)
  - * Critério fixador de competência nos casos dos arts. 70, § 3.º, e 71

4. Regras de prorrogação de foro

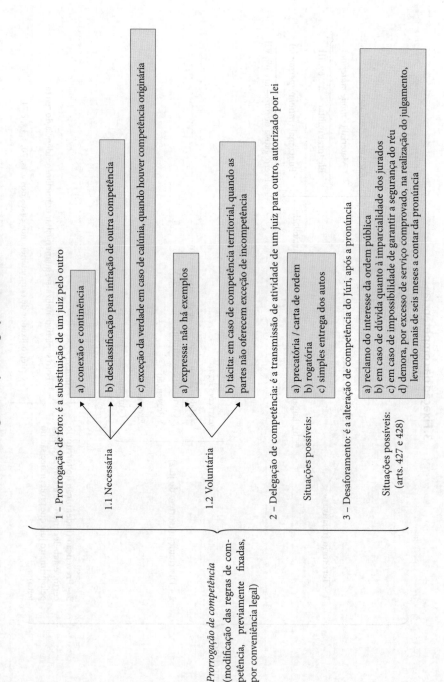

Capítulo X • Jurisdição e Competência

5. Fixação ou alteração de competência em virtude de conexão

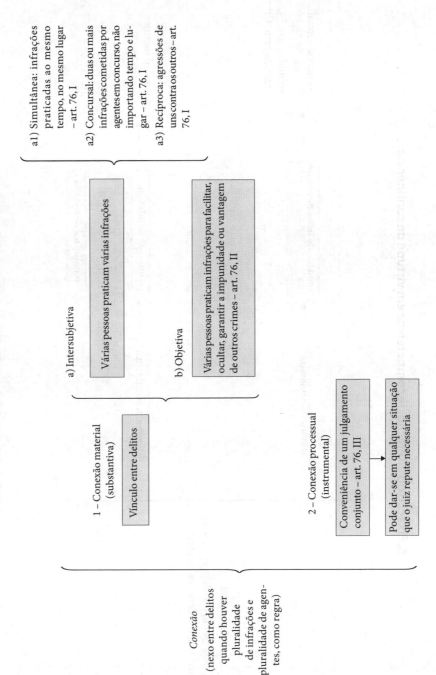

6. Fixação ou alteração de competência em virtude de continência

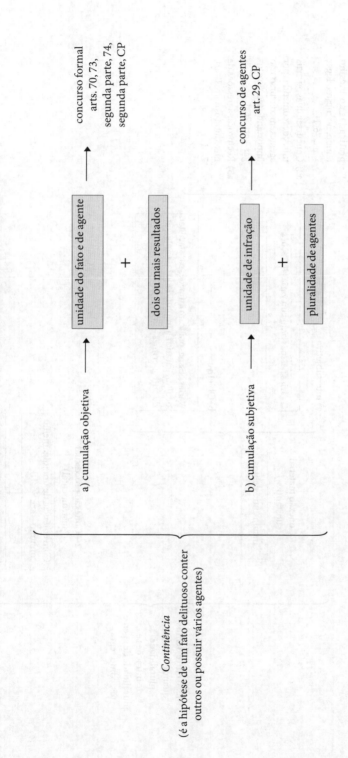

7. Regras para eleição de foro prevalente em caso de conexão ou continência

1 – Júri x outro órgão da Justiça comum = Júri – art. 78, I

2 – Juízes de igual categoria – art. 78, II

    Opções em ordem de preferência:

      a) juízo que apura a infração mais grave

      b) juízo que apura o maior número de infrações

      c) prevenção

3 – Juiz Federal x Juiz Estadual = Juiz Federal (Súmula 122, STJ)

4 – Juízo superior x Juízo inferior = Juízo superior – art. 78, III

5 – Justiça comum x Justiça especial = Justiça especial – art. 78, IV

Exceções

a) Júri e prerrogativa de foro: separação dos processos, se for o caso. Ver nota 5-A ao art. 84 do nosso *Código de Processo Penal comentado*

b) Júri e Justiça Eleitoral: separação dos processos

c) Júri e Justiça Militar: separação dos processos

8. Regras de separação dos processos

Separação obrigatória

1 – Justiça Militar x Justiça Comum – art. 79, I

2 – Justiça da Infância e da Juventude x Justiça Comum – art. 79, II

3 – Ocorrência de superveniente doença mental – art. 79, § 1.º c/c o art. 152

4 – Caso de réu foragido, quando não se permitir julgamento à revelia

    art. 79, § 2.º ⟶ c/c o art. 366

5 – Recusas no Júri – art. 79, § 2.º c/c o art. 469

Separação facultativa – art. 80

1 – Caso de crimes ocorridos em tempo e lugar diferentes

2 – Quando houver número excessivo de réus presos

3 – Por qualquer outro motivo relevante

Capítulo XI

Incidentes Processuais

1. INTRODUÇÃO E CONCEITOS

Incidentes processuais são as questões e os procedimentos secundários, que incidem sobre o procedimento principal, merecendo solução antes da decisão da causa ser proferida.

Dividem-se em *questões prejudiciais* e *procedimentos incidentes* (o Código de Processo Penal valeu-se equivocadamente da expressão *processos incidentes,* embora o ideal tivesse sido a utilização de *procedimentos incidentes*, pois o processo continua o mesmo, propiciando-se, apenas, o surgimento de procedimentos novos e secundários, voltados a resolver matérias igualmente secundárias).

As questões prejudiciais são os pontos fundamentais, vinculados ao direito material, que necessitam ser decididos antes do mérito da causa, porque a este se ligam. Em verdade, são impedimentos ao desenvolvimento regular do processo. Ex.: num caso de esbulho possessório (art. 161, § 1.º, II, CP), debate-se a legítima posse, que pode estar em discussão na esfera cível, motivo pelo qual o juiz criminal deve aguardar o deslinde da outra, para então julgar o mérito da sua causa.

Os procedimentos incidentes são os interpostos ao longo da causa principal, que demandam solução pelo próprio juiz criminal, antes que o mérito seja conhecido e decidido. Correm ao largo do procedimento principal para não o tumultuar, embora com ele tenham íntima ligação. Ex.: arguindo-se o impedimento ou a suspeição do promotor, deve-se decidir essa questão antes do mérito ser julgado.

Os procedimentos incidentes previstos no Código de Processo Penal são: exceções, incompatibilidades e impedimentos, conflitos de jurisdição, restituição de coisas apreendidas, medidas assecuratórias, incidente de falsidade e incidente de insanidade mental. Em legislação especial, pode haver inúmeros outros. Exemplos: o incidente de interceptação telefônica (art. 8.º, Lei 9.296/96), bem como o incidente de inutilização do material coletado (art. 9.º, Lei 9.296/96).

2. QUESTÕES PREJUDICIAIS

2.1 Diferença entre questão prejudicial e questão preliminar

Enquanto a primeira constitui matéria intimamente ligada ao mérito da causa, necessitando ser julgada antes desta, a segunda diz respeito ao próprio processo e seu regular desenvolvimento, devendo ser resolvida tão logo seja invocada. Exemplos das preliminares: decisão acerca de uma alegação de cerceamento de defesa, formulada pelo réu, ou mesmo a alegação de suspeição do magistrado. Embora as preliminares também necessitem ser conhecidas antes do mérito, elas não possuem valor próprio. Como ensina BENTO DE FARIA "não se confundem as *prejudiciais* com as *questões prévias* ou *preliminares*, que não têm valor próprio, nem existência independente; são estranhas ao delito e respeitam unicamente a admissibilidade da ação" (*Código de Processo Penal*, v. 1, p. 207). Note-se que há questões prévias, passíveis de gerar um processo incidente (exceções, impedimentos etc.) e as que podem ser decididas no próprio processo principal (cerceamento de defesa ou acusação, nulidades etc.).

2.2 Prejudiciais homogêneas e heterogêneas

As homogêneas dizem respeito à matéria da causa principal, que é penal (ex.: decisão sobre a exceção da verdade no crime de calúnia). Outra ilustração de questão prejudicial homogênea, em nosso entender, é a suspensão do curso do processo que apura o crime de falso testemunho até o julgamento definitivo do feito onde o falso foi cometido.

As heterogêneas vinculam-se a outras áreas do direito, devendo ser decididas por outro juízo (ex.: decisão sobre a posse, na esfera cível, antes de decidir a respeito do esbulho, previsto no art. 161, § 1.º, II, CP). Outro caso de questão prejudicial heterogênea, encontra-se disposto no art. 205 da Lei 9.279/96, prevendo a possibilidade de se alegar, como defesa na ação penal por crime contra a propriedade imaterial, a nulidade da patente ou do registro em que se fundar a referida demanda. Assim fazendo, o juiz pode paralisar o processo criminal até que a questão seja solucionada na ação própria, na esfera cível.

2.3 Prejudiciais obrigatórias e facultativas

São obrigatórias as que impõem a suspensão do processo criminal, enquanto se aguarda a decisão a ser proferida por juízo cível (art. 92, CPP). São facultativas aquelas que permitem ao juiz criminal, segundo seu prudente critério, suspender o feito, aguardando solução em outra esfera (art. 93, CPP).

2.3.1 Prejudiciais obrigatórias

São aquelas que se referem ao estado civil das pessoas, obrigando o juiz criminal a aguardar a solução da questão na órbita cível (art. 92, CPP). Logicamente, a avaliação sobre o obstáculo surgido para o julgamento da causa penal cabe ao magistrado, que somente deverá suspender o feito caso repute *séria* e *fundada* a controvérsia existente. Exemplo de ponto a ser ultrapassado sem a suspensão do processo é a discussão sobre a filiação exclusivamente voltada à avaliação da agravante prevista no art. 61, II, *e*, do Código Penal (crime praticado contra ascendente ou descendente). Note-se que o art. 92 do Código de Processo Penal menciona controvérsia pertinente à *existência* da infração e não a circunstâncias do crime, influenciadoras, apenas, na fixação da pena.

Pode ser decretada a suspensão de ofício ou a requerimento da parte (art. 94, CPP).

Quanto ao estado civil das pessoas, explica MIRABETE, ser o "complexo de suas qualidades referentes à ordem pública, à ordem privada e à ordem física do ser humano. Refere-se, assim, à cidadania, à família, e à capacidade civil" (*Código de Processo Penal interpretado*, p. 179). Exemplo tradicional é o da bigamia, quando se discute a validade do casamento na esfera cível. É natural que essa seja uma questão prejudicial séria e fundada, portanto, que determina a suspensão obrigatória do processo criminal, uma vez que não teria sentido condenar-se alguém por bigamia, caso o juízo civil anule um dos casamentos. A cidadania diz respeito à esfera política; a família, à esfera propriamente civil e a capacidade, à maturidade ou à sanidade, embora, neste último, não se inclua a sanidade mental no momento da prática da infração penal, pois deve ser apurada por incidente à parte (incidente de insanidade mental).

Não se refere a lei ao inquérito policial, razão pela qual este pode prosseguir até o seu término, propiciando ao promotor o oferecimento da denúncia, com o recebimento pelo juiz. Somente após é que se pode debater a suspensão do processo.

O prazo da suspensão do processo é indefinido, aguardando-se o término da solução da controvérsia na esfera cível, com o trânsito em julgado da decisão. Existindo necessidade e urgência, pode o juiz criminal ouvir testemunhas (pessoas de muita idade, por exemplo) e determinar outras provas que não podem aguardar (como ocorre com os exames periciais em geral).

Dispõe o art. 116, I, do Código Penal, que o curso da prescrição ficará suspenso até que o processo principal retome o seu curso. Lembremos que suspender a prescrição não é o mesmo que interrompê-la. Neste último caso, o lapso prescricional já decorrido volta à estaca zero, enquanto na hipótese de suspensão, o período já computado é mantido, tornando a correr desse patamar, quando o processo voltar a andar.

A decisão que determinar a suspensão comporta recurso em sentido estrito (art. 581, XVI, CPP). Quando houver o indeferimento da suspensão, não cabe recurso, embora possa estar o juiz gerando uma nulidade insanável, passível de reconhecimento posteriormente.

Quando houver decisão com trânsito em julgado na esfera cível, a questão não mais poderá ser discutida no juízo criminal. Assim, no exemplo da bigamia, caso um dos casamentos seja anulado, não mais se verifica a tipicidade do delito do art. 235 do Código Penal, sendo impossível prova nesse sentido no processo-crime. Note-se, inclusive, o cuidado da lei penal com tal questão ao prever no § 2.º, do referido art. 235, que "anulado por qualquer motivo o primeiro casamento, ou o outro por motivo que não a bigamia, considera-se inexistente o crime".

O art. 92, parágrafo único, do CPP, buscou legitimar o Ministério Público para a propositura da ação civil necessária a dirimir a controvérsia relativa ao estado das pessoas. Trata-se de um corolário do princípio da obrigatoriedade da ação penal. Se esta há de ser ajuizada necessariamente, quando for pública e os requisitos legais estiverem presentes, é natural que mereça chegar ao final, por estar em jogo o interesse público. Por isso, o órgão acusatório não fica adstrito a quem quer que seja para promover a indispensável ação civil, a fim de resolver, o mais breve possível, a questão prejudicial obrigatória que impede o curso da ação penal.

Do mesmo modo, caso seja necessário, pode o querelante ajuizar ação civil para discutir, o mais celeremente possível, a questão prejudicial obrigatória, que, de algum modo, provoque a suspensão do curso da ação penal.

2.3.2 *Prejudiciais facultativas*

Outra hipótese de questão prejudicial ao julgamento do mérito da causa criminal pode surgir, desde que o reconhecimento da existência da infração penal depender de *questão diversa da prevista no artigo anterior*, isto é, toda e qualquer questão diferente do estado das pessoas, sendo igualmente da competência do juízo cível a sua apreciação (art. 93, CPP). Neste caso, no entanto, é preciso ponderar dois aspectos fundamentais: a) para ocorrer a suspensão do processo criminal torna-se indispensável que a ação civil já esteja ajuizada; b) a questão em debate no cível deve ser de difícil solução, não versando sobre direito cuja prova é limitada pela lei civil.

Pode ser decretada a suspensão de ofício ou a requerimento das partes (art. 94, CPP).

São questões diversas do estado das pessoas todas as demais matérias que digam respeito ao julgamento da causa criminal, como as discussões sobre propriedade, posse, relações contratuais ou empregatícias etc.

O art. 93 do CPP preceitua ser facultativa a suspensão do processo nesses casos, embora deva sempre o juiz criminal ter sensibilidade para suspender o curso do feito, evitando, com isso, a prolação de decisões contraditórias. Eventualmente, acreditando dispor de provas suficientes para julgar o caso, pode determinar o prosseguimento da ação penal, alcançando uma decisão de mérito. Se, no entanto, decidir suspender o curso do processo, precisa tomar tal decisão fundamentado em questão controversa da qual dependa a prova da *existência* da infração penal e não simplesmente algo que envolva circunstância do crime, muito mais ligada à aplicação da pena do que a constatação da tipicidade.

A limitação da prova no campo do Direito Civil diz respeito a determinados assuntos apenas, como o casamento, que não se demonstra por testemunhas, mas somente por certidão, razão pela qual é indevida a suspensão do feito criminal, caso seja esse o intuito do proponente ao ajuizar a ação civil.

Se for determinada a suspensão do processo, cabe recurso em sentido estrito (art. 581, XVI, CPP). O indeferimento da suspensão não comporta recurso, embora, em algumas situações, possa gerar nulidade insanável, a ser decidida posteriormente.

Não se suspende jamais a investigação policial, que deve terminar, propiciando ao órgão acusatório oferecer a denúncia ou queixa. Após o recebimento desta, discute-se a proposta de suspensão do feito.

Diversamente da suspensão obrigatória (art. 92, CPP), no caso de suspensão facultativa (art. 93, CPP), a lei impõe a inquirição das testemunhas e a realização de outras provas de natureza urgente. E, na primeira situação (suspensão obrigatória), o juiz somente promoverá a inquirição das testemunhas e a realização de outras provas consideradas urgentes se entender necessário.

A decisão, com trânsito em julgado, proferida na esfera cível vincula o magistrado na órbita criminal. Ainda que se trate de questão facultativa, uma vez que o juiz penal determinou a suspensão, a decisão proferida no cível estreita a análise do mérito da ação penal.

O prazo da suspensão do processo criminal deve ser fixado pelo juiz, dentro do seu prudente critério (no processo civil, fixa-se o prazo máximo de um ano, (art. 313, § 5.º do CPC). Atualmente, tendo em vista a lentidão da Justiça em vários de seus órgãos, é preciso particular atenção para o prazo de suspensão não ser muito breve, a fim de não se frustrar a intenção legal de manter o processo paralisado, até que o juízo cível decida o caso, evitando-se decisões contraditórias.

A prorrogação do prazo de suspensão é admissível, desde que impere a razoabilidade, fixando a lei a condição de que o atraso não seja imputável à parte interessada (art. 93, § 1.º, CPP). Caso o feito cível não haja terminado, havendo atraso injustificável, imputado à parte, por exemplo, pode o juiz criminal prosseguir no desenvolvimento do processo, julgando o mérito, de forma ampla, abrangendo as questões de direito e de fato. Embora não seja o ideal, pois o juízo civil pode, ainda, proferir a decisão e ser esta contraditória com a anteriormente prolatada na órbita penal, tratando-se de questão prejudicial facultativa, é melhor que o processo-crime termine, do que se aguardar por longo período a solução do órgão jurisdicional civil.

A intervenção do Ministério Público na causa cível é assegurada, visando-se a promoção do rápido desenvolvimento do processo (art. 93, § 3.º, CPP). Cremos estar garantida, de igual modo, a intervenção do querelante na demanda cível, pois é de seu interesse que esta seja rapidamente concluída, para que o feito criminal torne a ter andamento.

2.4 Prejudiciais devolutivas e não devolutivas

Classifica TOURINHO FILHO as prejudiciais em devolutivas absolutas, aquelas que, obrigatoriamente, serão dirimidas pelo juízo cível, bem como em devolutivas relativas, as que podem ser julgadas no juízo cível ou no criminal. Menciona, ainda, as prejudiciais não devolutivas, ou seja, devem ser apreciadas pelo próprio juiz crimi-

190 | MANUAL DE PROCESSO PENAL · Nucci

nal, citando, como exemplo, a apreciação do furto, como prejudicial da avaliação da receptação (*Código de Processo Penal comentado*, v. 1, p. 247).

3. PROCEDIMENTOS INCIDENTES

3.1 Exceções

São as defesas indiretas apresentadas por qualquer das partes, com o intuito de prolongar o trâmite processual, até que uma questão processual relevante seja resolvida, bem como com a finalidade de estancar, definitivamente, o seu curso, porque processualmente incabível o prosseguimento da ação. Exemplos: exceção de suspeição ou de impedimento, exceção da verdade, exceção de litispendência, entre outras.

Explicando a origem do termo *exceção*, diz Tornaghi que "regularmente, o juiz defere o pedido do autor quando ele tem *razão*, isto é, quando realmente tem o direito que diz ter. *Excepcionalmente*, entretanto, certas circunstâncias podem levar o julgador a repelir a demanda, embora fundada em direito do autor. Tais circunstâncias chamam-se, por isso, exceções" (*Compêndio de processo penal*, t. I, p. 47).

Quando reconhecida a exceção de ofício pelo juiz, cremos tratar-se simplesmente de um incidente processual, ou seja, uma questão que merece ser decidida antes de se analisar o mérito da causa. Justamente porque exceção seria apenas uma defesa interposta pela parte contra o processo, para que seja regularizado ou extinto, quando a exceção admite que o magistrado dela tome conhecimento de ofício, parte da doutrina costuma chamá-la de *objeção*, como ocorre com a exceção de impedimento, de coisa julgada, de incompetência etc.

Dividem-se em exceções dilatórias e peremptórias. As primeiras são as que prorrogam a decisão de mérito da causa, até que seja resolvida uma questão processual (ex.: exceção de suspeição ou de incompetência). As segundas são as que põem fim ao processo (ex.: exceção de coisa julgada ou de litispendência), justamente porque falta alguma condição à ação ou pressuposto processual.

O rol das exceções está previsto no art. 95 do Código de Processo Penal: a) suspeição; b) incompetência do juízo; c) litispendência; d) ilegitimidade de parte; e) coisa julgada.

3.1.1 Exceções de suspeição e de impedimento

Qualquer das duas diz respeito à defesa aposta pela parte interessada contra a parcialidade do juiz. Dividem-se em *exceção de suspeição*, quando há um vínculo do julgador com uma das partes (amizade íntima, inimizade capital, sustentação de demanda por si ou por parente, conselhos emitidos, relação de crédito ou débito, tutela ou curatela, sociedade) ou um vínculo com o assunto debatido no feito (por si ou por parente seu que responda por fato análogo), bem como em *exceção de impedimento*, não mencionada expressamente no Código de Processo Penal com essa desinência, representando um vínculo, direto ou indireto, com o processo em julgamento (tenha por si ou parente seu atuado no feito, embora em outra função, tenha servido como testemunha, tenha funcionado como juiz em outra instância, tenha por si ou por parente interesse no deslinde da causa). As causas de suspeição estão enumeradas no art. 254, enquanto as de impedimentos estão nos arts. 252 e 253 do Código de Processo Penal.

3.1.2 Rol de causas de suspeição e de impedimento

Há quem sustente ser uma enumeração taxativa (arts. 252 a 254, CPP), embora, em homenagem ao princípio da imparcialidade do julgador, constitucionalmente assegurada, cremos que se possa ampliá-lo quando ficar evidente o comprometimento do magistrado para apreciar a causa. Exemplo disso seria o juiz traumatizado por ter sido vítima de um crime grave qualquer, podendo a parte interessada invocar a exceção de suspeição para afastá-lo do feito, na medida em que não atuará com a devida imparcialidade.

3.1.3 Afirmação da suspeição ou impedimento de ofício

Deve o juiz, quando constatar que alguma das circunstâncias legais está presente, declarar-se suspeito ou impedido de julgar a causa, remetendo o processo ao seu substituto legal, conforme dispõe a organização judiciária. Necessita fazê-lo por escrito, nos autos e com fundamentos, para que não se burle o princípio constitucional do juiz natural.

Eventualmente, admite-se que ocorra a afirmação de suspeição por razões de foro íntimo, mas, nessa hipótese, deve ser comunicado o motivo, seja qual for, ao Conselho Superior da Magistratura, reservadamente, para que o órgão disciplinar aprove ou não o fundamento invocado. Evita-se, com isso, que o magistrado abuse desse direito, passando processos complexos, ou que não lhe são agradáveis de julgar, ao seu substituto legal. Pode, pois, o Conselho Superior da Magistratura não aprovar o fundamento invocado, determinando que o juiz julgue a causa.

O substituto legal (art. 97, CPP) é encontrado conforme a lei de organização judiciária local. Havendo lacuna por parte desta, deve o tribunal, por provimento, disciplinar a matéria.

Não existe recurso previsto para a hipótese de afirmação de suspeição ou impedimento de ofício, embora possa a parte representar o magistrado, caso o motivo invocado seja evidentemente infundado, demonstrando a sua falta de vontade de cumprir com sua função jurisdicional.

Pode haver conflito entre juízes, devendo o magistrado que receber os autos do processo daquele que se proclamou suspeito ou impedido suscitá-lo, quando perceber inexistir fundamento legal para o afastamento do primeiro juiz. Como já mencionado, podem as partes representar disciplinarmente o magistrado que age sem razão legal.

Cremos ser hipótese legalmente admissível a apresentação de exceção de suspeição ou de impedimento durante a fase do inquérito policial, já que o juiz e o promotor exercem papel fiscalizador fundamental durante a investigação, necessitando agir com imparcialidade.

3.1.4 Procedimento para a recusa do juiz

Se o motivo de suspeição é conhecido da parte, antes mesmo da ação penal ter início, deve o promotor ou o querelante apontá-lo por ocasião do oferecimento da denúncia ou da queixa e o réu pode fazê-lo no momento do interrogatório ou até a apresentação da defesa prévia, sob pena de preclusão. Se o fundamento da recusa for desvendado posteriormente, deve a parte interessada alegá-lo na primeira oportunidade em que se manifestar nos autos. Fora daí, deve a exceção ser considerada intempestiva, não merecendo ser conhecida.

Conforme estipulado no art. 98 do Código de Processo Penal, deve ser apresentada a exceção em petição específica para essa finalidade, das seguintes maneiras:

a) quando se tratar do Promotor de Justiça, sendo ele a parte diretamente interessada, basta a sua assinatura;

b) quando se cuidar do querelante ou do querelado, deve assinar a petição juntamente com seu advogado ou permitir que este assine sozinho a exceção, desde que possua procuração com poderes específicos para tanto;

c) quando se tratar de procurador do querelante, que tenha ingressado com queixa em seu nome, deve ele ter poderes específicos para interpor a exceção. Na procuração, não há necessidade de constar um resumo dos fatos envolvendo o excepto, mas sim os poderes para apresentar a peça contra o magistrado.

A suspeição, em regra, envolve acusação grave, imputando-se ao juiz, quando este não a afirmou de ofício, uma conduta parcial qualquer. Por tal razão, vincula o autor às alegações formuladas, de caráter pessoal, contra a autoridade judiciária, podendo ocorrer, inclusive, crime contra a honra. Pensamos ser sempre cauteloso que o advogado, em vez de procuração com poderes especiais, colha a assinatura do patrocinado na petição de exceção, evitando futura alegação de excessos não consentidos. O advogado nomeado pelo Estado para patrocinar interesse de qualquer das partes (querelante – vide art. 32, *caput* – ou querelado – arts. 261 e 263, CPP), por não possuir procuração, deve colher a assinatura do patrocinado.

Deve a parte indicar a prova que pretende produzir ou oferecer a que já se encontra pronta. Portanto, documentos já obtidos devem ser juntados aos autos da exceção e os que precisarem ser requisitados necessitam ser apontados. As testemunhas constarão do rol. Trata-se de um incidente processual, portanto, cabível a produção de prova. Aliás, justamente por isso, não se discute suspeição ou impedimento em *habeas corpus*.

O número de testemunhas não é especificado no Código de Processo Penal, podendo-se usar, por analogia, o número de três para cada fato que se pretende provar. No CPC, vide art. 357, § 6.º.

Lembremos, ainda, que a parte passiva da exceção é o juiz e não a Vara, justamente porque essa forma de defesa é pessoal.

O assistente de acusação, segundo nos parece, pode propor a exceção de suspeição ou de impedimento, desde que a vítima assine a petição em conjunto com o procurador ou este possua poderes especiais. Apesar de o art. 271 do Código de Processo Penal não estipular, expressamente, essa possibilidade, partilhamos do entendimento daqueles que sustentam dever o ofendido ser verdadeiramente admitido, no processo penal, como parte interessada no deslinde da causa, não somente para assegurar uma mera indenização civil dos danos causados, mas para ver realizada justiça ao caso concreto.

Assim, é natural poder a vítima propor a exceção, uma vez que, sendo o juiz parcial, a ninguém interessa mantê-lo.

3.1.5 Procedimento do juiz

Pode o magistrado, tão logo receba a exceção aposta pela parte interessada, declarar-se suspeito ou impedido, admitindo o conteúdo da petição apresentada. E é melhor que o faça desde logo, evitando-se a dilação probatória, especialmente nos casos em que os motivos alegados são verdadeiros. Enviará, então, os autos ao seu substituto legal.

Determina o art. 99 do CPP que a marcha do processo seja sustada, o que é natural, uma vez que não mais funcionará nos autos o juiz exceto. Assim, até que o outro magistrado receba a incumbência de dirigir o feito, estará este paralisado.

Entretanto, o reconhecimento feito pelo juiz contra o qual foi apresentada a exceção não significa que a parte contrária deva aceitar os argumentos invocados e a decisão prolatada. Embora não haja recurso contra essa decisão, pode haver representação contra o julgador que, indevidamente, deu-se por suspeito ou impedido. Anote-se, ainda, que o magistrado receptor do processo pode suscitar conflito.

Quando o juiz não acolhe, de pronto, os argumentos da parte, afirmando sua suspeição ou impedimento, deve defender-se, em três dias, determinando a autuação da petição em apenso, fornecendo a sua versão acerca dos fatos alegados, bem como, se for o caso, oferecendo rol de testemunhas e juntando documentos (art. 100, CPP). Após, os autos seguem ao Tribunal de Justiça. Em São Paulo, serão julgados pela Câmara Especial.

Esclarece TOURINHO FILHO, comentando a menção à figura do *juiz*, feita no art. 100 do CPP, como apto a instruir e julgar a exceção contra magistrado, que "quando o CPP entrou em vigor, nos idos de 1942, havia entre nós órgãos jurisdicionais hierarquicamente inferiores aos Juízes de Direito. Eram os Pretores, os Juízes municipais e os Juízes preparadores. Quando se arguia a suspeição de um desses órgãos, o julgamento competia ao Juiz de Direito. Isto explica, também, as regras dos arts. 582, 591 e 592, todos do CPP" (*Código de Processo Penal comentado*, v. 1, p. 264). Atualmente, no entanto, somente o tribunal julga a exceção.

A suspensão do trâmite processual somente pode ocorrer se a parte contrária, tomando conhecimento da arguição, reconhecer a procedência do alegado. Nessa situação, o tribunal *pode* (faculdade) suspender o curso do processo, porque grandes são as chances de anulação dos atos praticados por magistrado suspeito ou impedido (art. 102, CPP).

A lei processual penal prevê a possibilidade de se determinar a instrução da exceção de suspeição (ou de impedimento), colhendo-se prova contra o magistrado, desde que se reconheça a *relevância da arguição* (art. 100, § 1.º, CPP). Esta é a adequação entre o alegado pela parte e os requisitos expostos em lei para o reconhecimento da suspeição ou do impedimento.

Por vezes, a parte argui a suspeição do magistrado, sem qualquer base legal, demonstrando ser irrelevante o seu reclamo. Portanto, o tribunal somente determinará a citação das partes, com a consequente produção de provas, caso realmente seja adequada a alegação à pretensão de afastamento do magistrado. Não é raro acontecer de determinada parte insurgir-se contra o juiz, porque este é extremamente liberal ou muito rigoroso (o

MANUAL DE PROCESSO PENAL · **Nucci**

que acontece quando o magistrado determina a soltura ou a prisão do réu, desagradando o interessado), o que é manifestamente inadequado para a oposição de exceção.

Quando o tribunal determinar a produção de provas, pode o relator conduzir pessoalmente a instrução do incidente processual, embora, com maior frequência, termine valendo-se da carta de ordem, determinando que algum magistrado de primeiro grau, normalmente da área onde se encontram as testemunhas, proceda à inquirição. Finda a colheita da prova, segue-se o julgamento, sem alegações finais.

Outra hipótese é a rejeição liminar da exceção, caso o relator verifique a manifesta improcedência da exceção, embora, na maioria das vezes, prefira levar o caso à Câmara, sem qualquer dilação probatória, para que haja o afastamento da exceção. É que, se rejeitada desde logo pelo desembargador relator, cabe agravo regimental para a Câmara, motivo pelo qual é mais seguro levar o caso ao conhecimento desta.

3.1.6 Consequências da procedência da exceção

Impõe-se, de acordo com o disposto no art. 564, I, do Código de Processo Penal, que, em caso de suspeição, sejam os atos praticados no processo principal considerados nulos. É verdade que, para tanto, torna-se necessário não ter ficado paralisado o feito. Qualquer decisão ou despacho proferido por juiz suspeito, a partir do instante em que nasceu a causa de suspeição ou de impedimento, é de ser renovado por seu substituto legal. Note-se que a nulidade não surge no momento em que foi revelada durante a instrução, mas no instante em que ela foi gerada. Ilustrando: se o juiz é amigo íntimo do réu, refaz-se o processo desde o princípio. Se o magistrado, no entanto, aconselhou uma das partes durante a instrução, ocorre a partir desse momento.

O disposto no art. 101 do CPP, mencionando dever o magistrado pagar as custas, quando seu erro for considerado inescusável, deve ser visto com cautela. Somente em caso de evidente má-fé, utiliza-se o dispositivo.

Apurada a evidente malícia do excipiente, caso seja rejeitada a exceção, deveria ser condenado a uma multa (art. 101, CPP), que, hoje, entretanto, inexiste (duzentos mil-réis a dois contos de réis).

3.1.7 Suspeição ou impedimento em tribunal

Há possibilidade de recusa de magistrado de qualquer grau de jurisdição: Supremo Tribunal Federal, Superior Tribunal de Justiça, Tribunal Superior Eleitoral e Superior Tribunal Militar, Tribunais de Justiça, Tribunais Regionais Federais, Tribunais Regionais Eleitorais, Tribunais de Justiça Militar e Turmas Recursais. Aliás, nada mais lógico, uma vez que os princípios do juiz natural e do juiz imparcial são constitucionalmente assegurados para que as partes tenham, sempre, um julgamento idôneo e justo em qualquer instância.

Da mesma forma que faz o magistrado de 1.º grau, deve o Ministro, Desembargador ou Juiz de instância superior declarar as razões de sua suspeição ou impedimento, para gerar um afastamento transparente e confiável, prestigiando, pois, o princípio constitucional do juiz imparcial. Na prática, a afirmação, no entanto, de suspeição por motivo de foro íntimo termina não passando por crivo de órgão superior, como ocorre com o juiz de 1.º grau.

O Regimento Interno dos tribunais disciplina qual é o magistrado substituto de quem se declara suspeito ou impedido. Quando o fato se dá na Turma ou Câmara, normalmente, há mais juízes que a compõem, embora não participem de determinado julgamento. Será um deles que receberá o feito, na ordem estabelecida regimentalmente. No Estado de São Paulo, é o juiz mais antigo componente da turma.

Quando se tratar do magistrado relator, para o qual foi sorteado o feito, necessária se faz nova distribuição, impondo-se, por isso, que ele retorne os autos para a modificação da competência. Há, sempre, nos tribunais o magistrado encarregado da distribuição, conforme prevê o Regimento Interno. No Estado de São Paulo, por exemplo, podem os autos retornar ao Presidente, ao Vice-Presidente ou a um dos demais Presidentes das Seções Criminal, de Direito Privado e de Direito Público, para que outra distribuição seja realizada.

Conforme o caso, além do relator e do revisor, há o denominado *terceiro juiz* ou *vogal*, que irá votar, embora não relate o feito, nem dele tenha vista, como ocorre com o revisor. Esse magistrado, na sessão pública de julgamento, dar-se-á por suspeito ou impedido, registrando-se na ata a declaração que fizer. Em julgamentos envolvendo órgãos colegiados maiores, como, por exemplo, o Órgão Especial do Tribunal de Justiça, não se chama esse magistrado de *terceiro juiz*, embora também não seja ele nem relator, nem revisor, mas apenas um dos vários que irão apreciar o feito. Procede-se, no entanto, do mesmo modo.

Como regra, a exceção de suspeição ou de impedimento ofertada contra o Presidente do tribunal será apreciada pelo Vice-Presidente, nos termos do Regimento Interno. Se não for rejeitada liminarmente, assume ele a condução do feito, designando dia e hora para julgamento, bem como deverá presidi-lo (art. 103, § 5.º, CPP).

O processamento da exceção se dá nos termos previstos para o magistrado de primeiro grau, com as modificações previstas pelo Regimento Interno de cada tribunal.

No caso do Tribunal de Justiça de São Paulo, ilustrando, dirige-se a petição, assinada pela parte ou por procurador com especiais poderes, ao Presidente da Corte, que poderá rejeitar, liminarmente o seu processamento, se manifesta a improcedência da arguição. Dessa decisão, cabe agravo regimental para o Órgão Especial.

Acolhendo a exceção, será enviada ao desembargador exceto, que poderá aceitar ou recusar os motivos alegados. Aceitando, os autos transmitem-se ao substituto legal. Recusando a exceção, em decisão fundamentada, encaminhará os autos de volta ao Presidente, relator nato do incidente. Provas poderão ser produzidas, a critério do relator.

Julgará a exceção o Tribunal Pleno ou o Órgão Especial, onde houver. Julgada procedente, o desembargador será condenado nas custas (se houver), em caso de erro inescusável, remetendo-se os autos ao seu substituto legal ou procedendo-se a nova distribuição (quando se tratar do relator).

Havendo malícia por parte do arguente, será ele condenado a ressarcir o dano processual.

3.1.8   *Suspeição ou impedimento de membro do Ministério Público*

Admite-se a exceção, tendo em vista que o órgão do Ministério Público, atuando como parte ou como fiscal da lei, deve agir com imparcialidade (art. 104, CPP). Defende, afinal, interesse que não lhe é próprio ou particular, mas de toda a sociedade, razão pela qual a vinculação de suas atitudes à correta aplicação da lei ao caso concreto é, não somente desejável, como exigível. Por isso, a parte interessada pode buscar o afastamento do promotor, valendo-se, para tanto, das mesmas razões que a lei prevê para o magistrado (art. 258 c/c arts. 252 e 254, CPP).

Interposta a exceção, deve o juiz encaminhá-la ao promotor (ou Procurador da República), para que responda. Se afirmar a causa de impedimento ou suspeição, os autos devem ser encaminhados ao seu substituto legal. Caso recuse as razões oferecidas, julgará o juiz, que pode, querendo, produzir provas.

A decisão tomada pelo magistrado, afastando o promotor (ou Procurador da República) ou mantendo-o nos autos não se submete a recurso, embora possa, no futuro, ser alegada nulidade, quando do julgamento de eventual apelação, caso fique demonstrada a ocorrência de prejuízo à parte. Outra solução, isto é, a inadmissibilidade de questionamento posterior da afirmação – ou rejeição – da suspeição ou do impedimento do órgão do Ministério Público, tornaria letra morta o disposto neste artigo, além de sujeitar a parte a uma acusação parcial – ou retirar-lhe acusador imparcial, conforme o caso – o que é incompatível com os princípios que regem o devido processo legal.

Por outro lado, caso o promotor (ou Procurador da República) se dê por suspeito ou impedido, seguem os autos ao seu substituto legal, mas o juiz pode, discordando do ocorrido, comunicar o fato ao Procurador-Geral de Justiça (ou Procurador-Geral da República) para as providências cabíveis. Os atos praticados pelo promotor (ou procurador da República) considerado suspeito ou impedido não são anulados, nem o processo tem o curso suspenso, enquanto se decide a exceção. Aliás, justamente por isso, impõe a lei (art. 104, CPP) que haja rápida instrução para mantê-lo ou afastá-lo.

3.1.9 Suspeição ou impedimento de peritos e outros auxiliares

Como especialistas em determinados assuntos, auxiliando o magistrado a decidir a causa, é natural que lhes seja exigida imparcialidade no desempenho de suas funções. Não são poucas as vezes em que a decisão do juiz é baseada, fundamentalmente, no laudo pericial apresentado, até porque outra não pode ser a fonte de conhecimento do julgador, diante da especialização do tema.

Por isso, embora a lei não estipule expressamente, convém ao perito, considerando-se impedido ou suspeito, declinar da nomeação, devendo o juiz aceitar a recusa, tendo em vista o interesse maior da produção isenta da prova.

Quando não o fizer, pode alguma das partes recusá-lo, ingressando com a exceção pertinente (art. 105, CPP). Embora diga a lei que o magistrado decidirá de plano, em face da matéria ventilada e da prova oferecida, nada impede que ouça o experto e, se for o caso, produza alguma outra prova, como a testemunhal.

O processo não é paralisado enquanto o incidente se desenvolve. Do decidido pelo juiz, não cabe recurso. Entretanto, se o perito for mantido, sendo ele suspeito ou impedido, poderá provocar, no futuro, a arguição de nulidade, demonstrando o prejuízo sofrido pela parte, em apelação ou outro recurso cabível.

Aos peritos, segundo dispõe o art. 280 do Código de Processo Penal, aplicam-se as causas de suspeição dos juízes, às quais acrescentamos, quando pertinentes, as de impedimento (arts. 252 e 254, CPP).

Os intérpretes são equiparados, para todos os efeitos, aos peritos (art. 281, CPP), razão pela qual também devem agir com imparcialidade no seu trabalho. Podem afirmar, assim que nomeados, a suspeição ou o impedimento, devendo o juiz substituí-los. Caso não o façam, podem ser recusados por qualquer das partes, nos mesmos moldes aventados para os peritos.

Embora disponha o art. 274 do CPP que o aplicável sobre a suspeição de juízes deve ser estendido aos serventuários e funcionários da justiça, no que for compatível, parece-nos exagerada tal disciplina. Não tomam eles nenhuma providência decisória, nem são auxiliares do juiz para decidir a causa. Não promovem a ação penal, nem a fiscalizam. Logo, ainda que um escrevente seja amigo íntimo ou inimigo capital do réu, por exemplo, nenhum prejuízo daí poderia advir.

É certo que os funcionários lavram certidões, expedem ofícios e executam atos determinados pelo juiz, mas isso é apenas a formalização de decisões previamente tomadas. Se as certidões forem falsas, os ofícios atrasados, ou os fatos do processo revelados a terceiros, pode o funcionário ser punido administrativa e criminalmente, embora pouca influência tenha na causa. Mesmo o oficial de justiça, que deve lavrar certidões gozando de fé pública, ainda que vinculado a uma das partes, por relações de amizade, por exemplo, pode ser afastado por simples ato administrativo do juiz corregedor do ofício, não merecendo haver questionamento jurisdicional nos autos, quanto à sua atuação. Assim, parece-nos exagerada a possibilidade de interposição de exceção para afastar funcionários ou serventuários. Mas, como a lei prevê essa alternativa, segue-se o mesmo procedimento já descrito para o perito.

3.1.10 Suspeição ou impedimento no Tribunal do Júri

Estipula o art. 106 do Código de Processo Penal, corretamente, que as exceções contra jurados devem ser apresentadas oralmente, porque o momento para fazê-lo é por ocasião do sorteio, em plenário.

As partes sabem, de antemão, quais são os jurados convocados para a sessão, razão pela qual, se algum deles for suspeito ou impedido, deve o interessado colher prova disso e levar para o plenário.

Instalada a sessão, iniciado o sorteio para a escolha do Conselho de Sentença, retirando o nome do jurado da urna, o juiz presidente deverá fazer a leitura em voz alta. Nesse momento, a parte interessada pede a palavra e argui a suspeição ou o impedimento. O juiz ouve, de imediato, o jurado. Se este recusar o motivo alegado, deve a parte oferecer ao magistrado as provas que detiver. Cuidando-se de documentos, deles terá vista a parte contrária, que poderá tecer considerações, em homenagem ao contraditório.

Quando for necessário ouvir testemunhas, o arguente já as deve ter no plenário, passando-se a essa inquirição. Se as testemunhas não forem apresentadas, afasta-se essa prova. Comprovada a suspeição ou o impedimento, em recusa motivada, o jurado será afastado, constando-se o ocorrido em ata. Não comprovada, será ele admitido no Conselho de Sentença, embora possa a parte preferir recusá-lo imotivadamente (recusa peremptória). Aliás, é mais prudente que o faça dessa forma. Imagine-se a parte que esgota as recusas imotivadas (em número de três) e, depois, resolve fazer uma recusa motivada contra algum jurado. Se não conseguir afastar o juiz leigo, poderá ter no Conselho de Sentença uma pessoa que, porventura, não será completamente imparcial para julgar o caso, já que a recusa pode ferir suscetibilidades, mormente quando o jurado não reconhece sua suspeição ou impedimento.

As causas de suspeição e de impedimento são as mesmas dos Juízes de Direito. Da decisão tomada pelo juiz presidente, não cabe recurso. Em eventual apelação, no entanto, pode a parte que recusou o jurado, mas não conseguiu afastá-lo, disso reclamar, pleiteando o reconhecimento da nulidade, consistente na parcialidade do julgador.

É possível o reconhecimento da suspeição ou do impedimento pelo próprio jurado, no momento em que for sorteado, ciente que está dos motivos de suspeição e impedimento, lidos pelo juiz antes da formação do Conselho de Sentença.

Deve o magistrado sortear outro, desde que os motivos apresentados sejam plausíveis e as partes assim admitirem. Fosse uma mera alegação o conteúdo suficiente para o afastamento e todos os jurados que não desejassem participar da sessão poderiam considerar-se suspeitos ou impedidos.

Além disso, é possível ocorrer do juiz presidente e do promotor não fazerem parte do processo até o julgamento em plenário. Assim, caso sejam designados especificamente para a sessão de julgamento, podem ser recusados, pela parte interessada, no momento da abertura dos trabalhos.

Segue-se, então, oralmente, o mesmo procedimento previsto para os jurados. O exceto deve aceitar ou não a causa de suspeição que lhe foi imputada. Afastando-se do feito, o julgamento será adiado, solicitando-se substituto legal. Recusando a arguição, a parte requerente deve apresentar, de pronto, as provas, para que o juiz decida de plano. Se houver afastamento da suspeição levantada, o julgamento ocorrerá, pois não há recurso nesse momento, embora possa a parte voltar ao assunto na apelação, aventando a ocorrência de nulidade e demonstrando o prejuízo.

3.1.11 Suspeição ou impedimento das autoridades policiais

Expressamente, a lei menciona não ser cabível a exceção contra as autoridades policiais, quando presidem o inquérito (art. 107, CPP). Entretanto, em aparente contradição, prevê que elas devem declarar-se suspeitas, ocorrendo motivo legal.

Ora, se a parte interessada não pode reclamar da presidência do inquérito policial ser feita por autoridade suspeita, por que haveria a lei de recomendar que esta assim o declare? Pensamos que, sendo o inquérito peça de investigação, mas onde se produzem importantíssimas provas – como as periciais, não renovadas ao longo da instrução em juízo – deveria ser admitida a exceção de suspeição ou de impedimento.

Diz-se que o inquérito é meramente informativo ao promotor, embora se constate, na prática, muitos juízes levando em consideração o que lá foi produzido. Há casos em que o magistrado, baseando-se no princípio da livre convicção, na avaliação das provas, acredita muito mais na versão oferecida por uma testemunha na fase policial, do que o alegado pela mesma testemunha em juízo. E mais: uma autoridade suspeita pode fraquejar na investigação, para que nada seja descoberto contra determinado indiciado ou pode buscar provas exclusivamente contra certo indiciado, abandonando outros suspeitos, cujos nomes lhe chegam ao conhecimento, somente para prejudicar o desafeto.

Enfim, não vemos sentido para uma autoridade policial suspeita não poder ser afastada pelo juiz, fiscal da investigação, quando alguém se sentir prejudicado. Mais correto é a afirmação de que a autoridade *deve* declarar-se suspeita, havendo motivo legal. Entretanto, não é suficiente deixar-se ao critério da autoridade policial fazê-lo. Cremos, pois, que, havendo motivação para a consideração da suspeição do delegado, não podendo o magistrado afastá-lo, por falta de previsão legal, deve a parte interessada solicitar o afastamento da autoridade policial ao Delegado Geral de Polícia ou, sendo o pleito recusado, ao Secretário da Segurança Pública. A questão torna-se, então, administrativa, pois existe recomendação legal para que o afastamento ocorra. Por ordem superior, tal pode ocorrer.

3.1.12 Exceção de incompetência

É a defesa indireta que a parte pode interpor contra o juízo, alegando sua incompetência para julgar o feito, fundamentada no princípio constitucional do juiz natural. Embora todo magistrado possua jurisdição, a delimitação do seu exercício é dada pelas regras de competência, que devem ser respeitadas. Não fosse assim e qualquer juiz decidiria qualquer matéria, infringindo-se o espírito da Constituição, que garantiu expressamente a divisão dos órgãos judiciários, cada qual atuando na sua esfera de competência.

3.1.13 Formalidades para a interposição da exceção de incompetência

Menciona o art. 108 do Código de Processo Penal que a exceção de incompetência pode ser oposta verbalmente ou por escrito, embora o mais comum seja a utilização da petição escrita, juntada aos autos, pelo interessado.

O momento para argui-la é a primeira oportunidade que a parte possui para manifestar-se nos autos. Logo, na maioria dos casos será no instante da defesa prévia. Cumpre ao réu fazê-lo em peça separada da defesa prévia, pois a exceção correrá em apenso aos autos principais. A não apresentação da declinatória no prazo implica aceitação do juízo, prorrogando-se a competência quando se tratar de competência territorial, que é relativa.

No caso de competência absoluta, em razão da matéria ou da prerrogativa de função, não há preclusão. A qualquer momento a questão pode ser novamente ventilada.

Quanto ao promotor, sendo ele o titular da ação penal, é natural que ofereça a denúncia no foro que considera competente para conhecer da causa. O mesmo se diga do querelante, no tocante à queixa-crime. Portanto, não lhes cabe, como regra, ingressar com exceção de incompetência. Veremos hipótese excepcional abaixo.

Aliás, se a matéria tiver que ser ventilada, por ocasião da distribuição do inquérito, que pode acabar por prevenir o juiz (art. 75, parágrafo único, CPP), deve o representante do Ministério Público questionar a incompetência do juízo diretamente a este. Pode fazê-lo, ainda, por ocasião do oferecimento da denúncia. Aceita a argumentação, remeter-se-ão os autos ao juízo natural. Recusada, não cabe recurso, embora posteriormente possa ser questionada a decisão, pois fonte de nulidade (art. 564, I, CPP).

É possível, no entanto, que o Ministério Público provoque o outro juiz a se manifestar – aquele que entende competente para conhecer do feito –, instaurando-se um conflito positivo de competência, que será visto oportunamente. Essa provocação pode ocorrer, instaurando-se igualmente inquérito na outra Comarca, o que poderá redundar em outro processo, razão por que criado estará o conflito positivo de competência.

Lembremos que, tão logo o magistrado tome conhecimento de denúncia ou queixa, é ele o primeiro juiz de sua própria competência. Entendendo não ser o indicado pela lei para julgar o feito, deve remeter os autos a quem considerar competente. Eventualmente, feita a remessa e não aceita a competência pelo juízo receptor, instala-se assim um conflito negativo de competência, que será visto posteriormente.

Caso o juízo receptor aceite a competência, ainda assim a parte interessada pode ingressar com a exceção de incompetência, se entender que o primeiro magistrado era o competente para decidir a causa. Justamente nessa situação não se pode extrair do Ministério Público a possibilidade de ingressar com a exceção de incompetência, afinal, a remessa do processo a outro juízo não se deveu a pedido seu, mas a ato de ofício do magistrado. Portanto, se for do seu entendimento que o primeiro juiz era o competente, cabe-lhe a interposição da referida exceção.

Não sendo o Ministério Público o excipiente, deve ser ouvido, previamente, seja na condição de titular da ação penal, seja na de fiscal da lei (neste caso, quando a ação for privada).

A aceitação da exceção, considerando-se incompetente o juiz, propicia a qualquer das partes, a utilização de recurso em sentido estrito (art. 581, II, CPP). A não aceitação faz com que o juiz seja mantido no processo, embora possa o interessado impetrar *habeas corpus*, pois configura constrangimento ilegal ao réu ser julgado por magistrado incompetente.

Como já mencionamos anteriormente, caso o juiz acolha os argumentos do excipiente, remeterá os autos ao juízo considerado competente. Se este não acolher os motivos do magistrado, que lhe encaminhou os autos, suscitará conflito negativo de competência. Todavia, se aceitar, deverá renovar os atos decisórios, porventura praticados, ratificando os demais e determinando o prosseguimento do feito. Logicamente, querendo, pode o juiz que recebeu os autos renovar todos os atos praticados anteriormente no juízo incompetente.

Em derradeira observação, vale ressaltar que o art. 109 do CPP abre a possibilidade de reconhecimento da incompetência do juízo em qualquer fase do processo. Tal situação pode dar-se quando, colhendo provas, o magistrado percebe estar lidando com processo alheio à sua competência. Exemplificando: em Vara Criminal, o juiz, após ouvir as testemunhas de acusação, constata que a morte da vítima não adveio do roubo, mas de divergências anteriores entre acusado e ofendido, não constituindo um latrocínio, mas sim um homicídio seguido de furto. Reconhece, então, sua incompetência, determinando, de imediato, a remessa dos autos à Vara do Júri. Contra a decisão que reconhece a incompetência, cabe recurso em sentido estrito (art. 581, II, CPP).

3.1.14   *Exceção de litispendência*

É a defesa indireta, apresentada por qualquer das partes, demonstrando a determinado juízo que há causa idêntica em andamento em outro foro, ainda pendente de julgamento, razão pela qual o processo deve ser extinto.

Não é cabível que o Estado deduza a pretensão punitiva contra o réu em duas ações penais de igual objeto, fundadas no mesmo fato criminoso. Leva-se em consideração, para verificar a hipótese de litispendência, se o acusado nas duas ou mais ações é o mesmo e se a imputação coincide, pouco importando quem incorpore a acusação.

Tendo em vista que a *exceção* é medida cuja finalidade é obstaculizar o andamento de determinado processo, não se pode utilizá-la para impedir o trâmite de um inquérito, que tenha por base exatamente o mesmo fato e idêntico réu, já denunciado. Para tanto, utiliza-se o *habeas corpus*, trancando-se a investigação policial repetitiva.

Segundo cremos, a litispendência está caracterizada a partir do ajuizamento da segunda demanda, sendo prescindível a citação do réu, pois o Código de Processo Penal silenciou a esse respeito. É admissível supor que, havendo dois processos em trâmite, contra o mesmo réu, um deles deve ser extinto – com ou sem citação válida.

3.1.15   Formalidades para a interposição da exceção de litispendência

Podem as partes fazê-lo a qualquer tempo, pois, como ocorre no caso de incompetência absoluta, a matéria não preclui, diante do interesse público envolvido.

Há, também, possibilidade de declaração de ofício pelo juiz, evitando-se que o réu enfrente duas ações idênticas simultaneamente. Para a escolha de qual deve prevalecer, são levados em consideração os critérios da prevenção ou da distribuição. Assim, se um juiz se tornou prevento em primeiro lugar, porque decretou uma preventiva ainda na fase do inquérito, ele é o competente para processar o réu. Caso não tenha havido motivo para a prevenção, utiliza-se o critério da distribuição, prevalecendo o juízo que preceder o outro. Quando o magistrado, sem o ingresso da exceção, termina um processo, reconhecendo de ofício a litispendência, o recurso cabível é a apelação (art. 593, II, CPP).

Em petição à parte, argui-se a exceção, podendo fazê-lo qualquer das partes, sempre determinando o juiz a oitiva da outra (art. 110, CPP). Admite-se a suscitação verbalmente, também, embora seja raro. Cabe recurso em sentido estrito, quando o juiz a acolher (art. 581, III, CPP), mas não quando julgá-la improcedente. Entretanto, por configurar nítido constrangimento ilegal o andamento concomitante de duas ações penais, pode ser impetrado *habeas corpus* para o trancamento de uma delas.

3.1.16   Exceção de ilegitimidade de parte

É a defesa indireta contra o processo, pretendendo extingui-lo ou retardar o seu andamento, até que um defeito na legitimidade de parte seja corrigido.

Assim, quando faltar legitimidade *ad causam*, ou seja, para que a ação penal seja proposta, tanto por quem a inicia (legitimidade ativa), como contra quem ela é iniciada (legitimidade passiva), pode a parte interessada propor exceção de ilegitimidade de parte. Agirá desse modo, por certo, se o juiz não percebeu o equívoco e recebeu a denúncia, uma vez que o ideal seria a rejeição da peça acusatória inicial (art. 395, II, CPP).

Ocorre o mesmo quando faltar legitimidade *ad processum*, isto é, não estiver presente um pressuposto de validez do processo, que é a capacidade para estar em juízo.

Exemplificando: se o Ministério Público move ação contra o pai, por crime cometido por seu filho, é natural que, recebida a denúncia, possa o réu propor a exceção de ilegitimidade de parte (*ad causam*). Caso o menor de 18 anos ingresse, sem assistência de seu representante legal, com queixa-crime contra alguém em crime de ação privada, falta capacidade para estar em juízo, admitindo-se a exceção de ilegitimidade de parte (*ad processum*).

3.1.17 Formalidades para a interposição da exceção de ilegitimidade de parte

Podem as partes ingressar com a exceção de ilegitimidade de parte a qualquer tempo, pois a matéria não está sujeita à preclusão, diante do interesse público envolvido.

O reconhecimento de ofício pelo juiz é viável e, conforme o caso, pode acarretar a anulação do processo desde o início – quando for constatada, por exemplo, a ilegitimidade de parte *ad causam* – para a correção do erro.

Quando se verifica a ilegitimidade *ad processum*, o processo pode ou não ser anulado desde o princípio, conforme seja possível ou impossível a retificação do equívoco. O juiz pode, ainda, determinar a exclusão de certo réu, prosseguindo a ação contra os demais. Em todos esses casos, se anulado o processo desde o início, com relação a um ou mais réus, cabe recurso em sentido estrito, pois é o equivalente a ter sido rejeitada a denúncia ou queixa, conforme lição de Tourinho Filho (*Código de Processo Penal comentado*, v. 1, p. 285). No mais, caso não seja o processo anulado desde o início, a decisão é irrecorrível. Havendo nítido tumulto no trâmite processual, pode-se usar a correição parcial.

O procedimento é o mesmo da exceção de incompetência (art. 110, CPP). Em petição à parte, argui-se a exceção, podendo fazê-lo qualquer das partes, sempre determinando o juiz a oitiva da outra. Admite-se a suscitação verbalmente, também, embora seja raro. Cabe recurso em sentido estrito, quando o juiz a acolher (art. 581, III, CPP), mas não quando julgá-la improcedente. Entretanto, por configurar nítido constrangimento ilegal o andamento de ação penal, com parte ilegítima, pode ser impetrado *habeas corpus* para fazer cessar o abuso.

3.1.18 Exceção de coisa julgada

É a defesa indireta contra o processo, visando a sua extinção, tendo em vista que idêntica causa já foi definitivamente julgada em outro foro. Ninguém pode ser punido ou processado duas vezes pelo mesmo fato, razão pela qual, havendo nova ação, tendo por base idêntica imputação de anterior, já decidida, cabe a arguição de exceção de coisa julgada.

Definindo a coisa julgada material, preceitua o art. 502 do CPC: "denomina-se coisa julgada material a autoridade que torna imutável e indiscutível a decisão de mérito não mais sujeita a recurso".

Como bem alerta Tornaghi, o fundamento da coisa julgada "não é a presunção ou a ficção de acerto do juiz, mas uma razão de pura conveniência" (*Compêndio de processo penal*, t. I, p. 107). Assim, reconhece-se a imutabilidade de uma decisão para que a insegurança na solução de determinado conflito não se perpetue. O mal de uma injustiça imutável pode ser menor do que a busca incessante de uma justiça, no fundo, igualmente impalpável e sempre discutível. É bem verdade que, no processo penal, se abre a possibilidade de revisão da coisa julgada, quando se tratar de erro judiciário, em favor do réu. Isso em virtude dos valores que estão em confronto: segurança do julgado e direito à liberdade, prevalecendo este último.

A coisa julgada difere da preclusão, pois enquanto esta é a imutabilidade de matéria secundária do processo, a primeira diz respeito à matéria principal, provocando o encerramento do feito. Pode, neste caso, gerar coisa julgada material ou formal, conforme veremos em tópico abaixo.

Assemelha-se a preclusão à coisa julgada formal, em certos aspectos. Exemplificando: se contra a decisão de impronúncia nenhum recurso é interposto, diz-se que ocorreu preclusão consumativa ou máxima, justamente a coisa julgada formal. O mérito não foi julgado, podendo ser reaberta a discussão, se surgirem novas provas. Caso a questão seja renovada, outra denúncia deve ser apresentada, instaurando-se novo processo. Por outro lado, se a parte deixa de impugnar a incompetência em razão do território, diz-se que houve apenas preclusão, prorrogando-se a competência do juízo. Não se fala em coisa julgada formal, pois o processo não se encerrou. Rigorosamente falando, portanto, a autêntica coisa julgada é a material, pois a chamada coisa julgada formal não passa de uma modalidade de preclusão. Como assinala FREDERICO MARQUES, a preclusão "é um fato impeditivo destinado a garantir o avanço progressivo da relação processual e a obstar o seu recuo para fases anteriores do procedimento", sendo também "a perda de uma faculdade ou de um direito processual que, por se haver esgotado ou por não ter sido exercido em tempo oportuno, fica praticamente extinto" (*Elementos de direito processual penal*, v. 3, p. 88).

3.1.19 Coisa julgada material e coisa julgada formal

Cuida-se da coisa julgada *material*, quando o mérito da causa foi decidido, reconhecendo ou afastando a pretensão punitiva do Estado, não havendo mais a possibilidade de interposição de qualquer recurso, razão pela qual se torna imutável. Exemplificando: se o réu é absolvido da prática de um estelionato, transitada esta decisão em julgado, pelo mesmo fato não pode ser novamente processado.

Diferentemente, a coisa julgada *formal* é somente a imutabilidade da decisão final de um processo, em virtude da preclusão das vias de impugnação, embora se possa ajuizar outra ação, conforme previsão legal. Ex.: se o réu é impronunciado pela prática de um homicídio, havendo novas provas, pode ser novamente processado, ajuizando-se ação distinta contra ele. Note-se que a parte da decisão a se tornar imutável é o dispositivo da sentença, isto é, o comando emanado do Estado-juiz, julgando procedente ou improcedente a denúncia ou a queixa, mas não a sua fundamentação, que envolve unicamente o raciocínio utilizado pelo magistrado.

Por vezes, no entanto, é preciso levar em conta a motivação da sentença para se compreender o sentido e o alcance do dispositivo, gerando coisa julgada, ou não, quanto à totalidade dos fatos contidos na imputação. Exemplo disso seria a absolvição do réu pela ocorrência de legítima defesa. É preciso examinar a fundamentação para saber exatamente quais fatos foram considerados absorvidos pela excludente. Leva-se em conta, para a análise da exceção de coisa julgada, como se faz na litispendência, se o fato criminoso imputado (não a classificação feita) e o réu são exatamente os mesmos de ação anterior.

3.1.20 Coisa julgada e coisa soberanamente julgada

Os termos são utilizados para demonstrar que a *coisa julgada*, no processo penal, cuidando-se de sentença condenatória ainda pode ser alterada pela ação rescisória, que se chama *revisão criminal*. Entretanto, a *coisa soberanamente julgada*, no caso de sentença absolutória, jamais pode ser alterada, por qualquer tipo de ação ou recurso. É a nomenclatura utilizada por Pimenta Bueno e adotada, também, por Frederico Marques (*Elementos de direito processual penal*, v. 3, p. 82).

3.1.21 Limites da coisa julgada

São de ordem subjetiva e objetiva. Quanto à primeira, temos que, como regra, a coisa julgada somente pode produzir efeito em relação às partes envolvidas no processo. O Estado, como titular único do direito de punir, é sempre envolvido pela coisa julgada. Quanto ao polo passivo, havendo mais de um réu, é possível que a coisa julgada estenda ou não os seus efeitos aos demais, conforme o caso.

Destarte, decidida a causa em relação a um corréu, inocentando-o por falta de provas, por exemplo, isto não significa que outro concorrente do delito não possa ser julgado, pelo mesmo fato, posteriormente, sendo condenado. O fato criminoso é o mesmo, mas as provas foram produzidas em processos distintos, tendo repercussão diversa em cada um deles. Mas, conforme a situação, a decisão proferida em relação a um corréu, pode abranger pessoa que não faz parte do processo. Ilustrando: duas pessoas foram autoras de um determinado crime; uma, identificada, é denunciada, mas, durante o processo, ocorre a *abolitio criminis* (o fato deixa de ser considerado delito), extinguindo-se a sua punibilidade. Essa decisão, por óbvio, faz coisa julgada, também, no tocante ao outro, ainda que posteriormente ele seja identificado, pois se trata de causa de extinção da punibilidade de fundo objetivo, logo, comunicável aos coautores.

Quanto ao aspecto objetivo, é natural poderem existir outros fatos, julgados por diversos magistrados, que envolvam questões incidentais no processo, mas não a imputação principal. Essas decisões de outros feitos não proporcionam a formação da coisa julgada. Assim, em matéria de questões prejudiciais, por exemplo, apreciadas por diferentes juízos, não se pode invocar a coisa julgada, para evitar que a decisão seja proferida em determinado processo-crime em andamento. Exemplo: se o juiz cível não anular um casamento de pessoa acusada de bigamia, havendo o trânsito em julgado dessa decisão, ainda assim não se pode aventar coisa julgada na esfera criminal.

Acrescente-se, ainda, que o fato principal deve ser avaliado concretamente, segundo a imputação feita, não se levando em conta a classificação apresentada pelo órgão acusatório, até mesmo por que o juiz pode alterá-la (art. 383, CPP, a chamada *emendatio libelli*).

Outros reflexos dos limites objetivos da coisa julgada podem ser encontrados, por exemplo, nos casos de crime continuado, permanente e habitual.

Sabemos que o crime continuado é uma ficção jurídica, voltada a beneficiar o acusado, considerando-se que várias infrações penais da mesma espécie, praticadas em circunstâncias de tempo, lugar e modo de execução semelhantes, possam constituir um único crime em continuidade delitiva.

Com tal reconhecimento, as penas dos vários delitos serão drasticamente reduzidas, pois prevê o art. 71 do Código Penal que o magistrado aplique somente a pena do crime mais grave ou, se idênticos, apenas uma delas, acrescida de um sexto até dois terços. Logo, se houver, por exemplo, processo criminal pela prática de três furtos, olvidando-se um quarto, ainda não descoberto, mas na mesma continuidade delitiva dos primeiros, após a condenação, pode ser iniciado novo processo pela prática do quarto furto, aplicando-se a pena isoladamente. Note-se que o fato é novo e diverso daqueles que foram antes julgados, não se podendo invocar *coisa julgada*.

Entretanto, por ficção jurídica, voltada à aplicação da pena, deverá ser incluído posteriormente dentre os demais, o que se faz na execução penal, por meio da unificação das penas. Em suma, ainda que presente a coisa julgada material no primeiro processo (onde constaram os três furtos), não se pode afastar a instauração de ação penal contra o réu pelo quarto furto.

Na hipótese de crime permanente, temos uma só infração penal, embora com o prolongamento da consumação no tempo. Assim, cuida-se, em verdade, de fato único. Julgado este, não se pode instaurar processo criminal contra o réu por qualquer questão a ele relativa. Ilustrando: se um sequestro se arrastar por várias cidades, já que os agentes mudam a vítima de cativeiro toda semana, até serem descobertos, uma vez processados em uma determinada Comarca, não podem, posteriormente, ser novamente processados em Comarca diversa, a pretexto de que o sequestro lá também ocorreu. Há coisa julgada material impedindo a instauração da ação penal. Esse limite não pode ser ultrapassado.

Quando estivermos diante do crime habitual, delito que criminaliza um estilo de vida inaceitável do agente, encontramos várias ações que, isoladamente, não possuem relevância penal, por serem fatos atípicos, mas, vistas no conjunto, permitem a constituição da tipicidade. Exemplo: curandeirismo (art. 284, CP).

Por isso, até que seja oferecida denúncia, caso o agente perpetue na prática do delito, há apenas um fato a ser apurado. Quando a acusação propuser a ação penal, pode o agente continuar a exercitar a mesma conduta, dando início, pois, a uma nova fase de formação de delito habitual. Por esse novo fato nascente, pode ser processado no futuro, sem que haja a possibilidade de alegar coisa julgada. Seria, na verdade, a hipótese do crime habitual continuado, cujas penas poderiam ser unificadas durante a execução penal. Mas, por ação anterior, embora não incluída na denúncia do primeiro processo, não pode ser processado, pois faz parte do todo que compõe a infração penal habitual.

Finalmente, nesse contexto, vale lembrar a relação existente entre coisa julgada e conflito aparente de normas. Este último é a hipótese de incidência sobre um determinado fato de duas ou mais normas penais, aparentemente gerando um conflito, mas que, com a utilização de certos critérios, vê-se aplicável somente uma delas. Ex.: se a mãe mata seu filho, recém-nascido, temos, em tese, um homicídio, que, no entanto, pode também se configurar em infanticídio, pela aplicação do critério da especialidade. Logo, valendo-se do art. 123 do Código Penal (infanticídio) está, logicamente, afastada a incidência do art. 121 (homicídio). Portanto, caso a mulher seja absolvida pelo infanticídio, jamais poderá ser novamente processada pelo mesmo fato, ainda que se alegue ter ocorrido homicídio, outra figura típica.

Ocorre o mesmo na aplicação dos critérios da subsidiariedade e da absorção. No caso do primeiro, se houve processo pelo crime mais grave (tentativa de homicídio, por exemplo), absolvido ou condenado o réu por isso, não poderá ser novamente acusado da prática de exposição a perigo de vida (delito subsidiário, previsto no art. 132, CP), quando se tratar do mesmo fato. No caso de absorção, se o acusado é processado por homicídio e absolvido, não poderá ser novamente acusado da prática de porte ilegal de arma, referentemente ao idêntico fato, já que este crime foi absorvido pelo primeiro.

3.1.22 Formalidades para a interposição da exceção de coisa julgada

Podem as partes fazê-lo a qualquer tempo. Como no caso de incompetência absoluta, a matéria não preclui, diante do interesse público envolvido.

O reconhecimento da existência de coisa julgada de ofício pelo magistrado é viável. Como já visto anteriormente, há nítido interesse público em evitar que uma segunda ação penal contra o mesmo réu, cuidando de idêntica imputação, tenha andamento, uma vez que a primeira já conta com decisão de mérito, com trânsito em julgado. Quando o magistrado, sem o ingresso da exceção, termina um processo, por reconhecer a existência de coisa julgada, o recurso cabível é a apelação (art. 593, II, CPP).

Em petição à parte, argui-se a exceção, podendo fazê-lo qualquer das partes, sempre determinando o juiz a oitiva da outra. Admite-se a suscitação verbal, o que não é comum. Cabe recurso em sentido estrito, quando o juiz a acolher (art. 581, III, CPP), mas não quando julgá-la improcedente. Entretanto, por configurar nítido constrangimento ilegal o andamento de nova ação penal, após a matéria já ter sido decidida anteriormente, pode ser impetrado *habeas corpus* para o seu trancamento.

3.1.23 Petição única contendo mais de uma exceção

Se a parte desejar invocar várias causas de defesa indireta contra o processo, segundo dispõe o art. 110, § 1.º, do Código de Processo Penal, deve fazê-lo em uma única peça à parte, articulando, separadamente, cada uma delas.

O juiz, então, terá uma visão de conjunto de todas as exceções, podendo tomar o melhor caminho para solucionar as questões, ou seja, remete o processo para outro foro, extingue o feito ou mantém-se no caso, rejeitando todas elas.

Lembremos, ainda, que as exceções são processadas em autos apartados, não suspendendo, em regra, o andamento da ação principal (art. 111, CPP).

3.2 Incompatibilidades e impedimentos

Incompatibilidade é falta de harmonização ou qualidade do que é inconciliável. Utiliza-se o termo, no Código de Processo Penal, para designar a situação de suspeição, uma vez que o juiz, o promotor, o serventuário ou funcionário, o perito ou o intérprete suspeito torna-se *incompatível* com o processo, no qual funciona, baseado no princípio de imparcialidade e igualdade de tratamento, que deve reger o *devido processo legal*, mecanismo seguro de distribuição de justiça às partes.

Assim, o art. 112 do CPP, ao cuidar da incompatibilidade, nada mais faz do que ressaltar o dever do juiz, do órgão do Ministério Público e de outros envolvidos com o processo de se retirarem do mesmo, tão logo constatem uma das situações de suspeição (art. 254, CPP). No sentido, por nós afirmado, de que *incompatibilidade* se vincula às causas de suspeição, está o magistério de Tornaghi (*Compêndio de processo penal*, t. I, p. 72). Em sentido contrário, argumentando que incompatibilidade e impedimento têm o mesmo significado e é despicienda a sua distinção, encontramos a posição de Tourinho Filho (*Código de Processo Penal comentado*, v. 1, p. 299).

Em nosso entendimento, incompatibilidade é a afirmação, sem provocação da parte interessada, da suspeição. Quando o juiz, por exemplo, se declara suspeito, retirando-se dos autos, está reconhecendo uma incompatibilidade. Se a parte o considera suspeito e pretende afastá-lo da decisão da causa, ingressa com uma exceção de suspeição.

Tratando da mesma situação – suspeição – em capítulos diferenciados, o Código de Processo Penal fornece ao termo *incompatibilidade* a força de declaração de ofício, bem como ao de *exceção de suspeição*, a significação de defesa, proposta pela parte interessada. Assim, não há "exceção de incompatibilidade" – mas apenas afirmação de ofício de incompatibilidade, fundada na suspeição –, nem tampouco "exceção de suspeição afirmada de ofício" – mas, sim, arguição apresentada pela parte interessada para afastar o órgão suspeito.

Impedimento é obstáculo ou embaraço ao exercício da função no processo. Não deixa de ser, em última análise, uma incompatibilidade, que torna o juiz, o promotor, o serventuário ou funcionário, o perito ou o intérprete suspeito de exercer sua atividade em determinado feito. Entretanto, trata-se de uma incompatibilidade mais grave, impeditiva do exercício da função, levando à inexistência do ato praticado.

Enquanto a suspeição pode ser vencida, caso as partes aceitem o juiz, por exemplo, ainda que seja ele amigo íntimo do réu, o impedimento não provoca o mesmo efeito. A qualquer tempo, verificada a situação de impedimento, o processo pode ser integralmente refeito, a partir do momento em que a pessoa impedida funcionou. O impedimento pode – e deve – ser proclamado de ofício pelo impedido. Não sendo, prevê o art. 112 a possibilidade de a parte interessada arguir a *exceção de impedimento*, cujo procedimento é idêntico ao da *exceção de suspeição*.

Deve o juiz, o órgão do Ministério Público, o serventuário ou funcionário, o perito ou intérprete afirmar, nos autos, qual o motivo da incompatibilidade (suspeição) ou do impedimento, que o faz retirar-se do processo. A parte tem o direito de saber a razão do afastamento de determinada pessoa das suas funções, até para se poder constatar possíveis condutas ilegais, desvios funcionais e até o crime de prevaricação. Ressalva-se a possibilidade de o juiz manifestar-se suspeito por motivo de foro íntimo, cujas razões serão esclarecidas ao Conselho Superior da Magistratura, em caráter reservado. Entretanto, nos autos, deve afirmar que o motivo é "de foro íntimo".

3.2.1 Consequência do impedimento

Sustenta parte da doutrina, corretamente em nosso ponto de vista, que o impedimento é causa grave de vício do ato praticado, maculando-o por completo, o que leva à constatação de sua inexistência.

Tomando como exemplo o impedimento do magistrado, diz FREDERICO MARQUES: "o impedimento priva o juiz da *jurisdictio* e torna inexistentes os atos que praticar; e isso, 'ainda que não haja oposição ou recusação da parte'. Daí o motivo de ter o Código de Processo Penal feito menção ao juiz suspeito, no citado art. 564, I, e nada ter dito do juiz impedido" (*Elementos de direito processual penal*, v. 2, p. 373). E mais adiante continua: "De um modo geral, a lei não diz quando o ato se considera inexistente. O intérprete é que, diante de uma situação concreta, verificará, com os conceitos doutrinários, se ocorre o fenômeno.

3.3 Conflito de competência

Acesse e escute o podcast sobre Conflito de competência.
> https://uqr.to/1y2tp

Constituindo a competência a medida da jurisdição, que todo magistrado possui ao ser investido no cargo, chama-se *conflito de competência* quando dois ou mais juízes entendem, para a mesma causa, ser competentes para apreciá-la ou, ainda, quando nenhum juiz a chama para si. A primeira situação é denominada de conflito *positivo*; a segunda, conflito *negativo* (art. 113, CPP).

O Código de Processo Penal vale-se da expressão *conflito de jurisdição*, que reputamos errônea, uma vez que não se trata de confronto de jurisdição, já que esta é inerente à função de qualquer magistrado. Discute-se, em verdade, qual é a medida do exercício jurisdicional, justamente o que é dado pela competência.

Parte da doutrina prefere denominar de *conflito de jurisdição* aquele que se estabelece entre juízes de diferentes órgãos, como ocorreria entre o juiz federal e o juiz estadual, deixando a expressão *conflito de competência* para aquele que se fundamenta entre magistrados do mesmo órgão, como ocorreria entre juízes estaduais de determinada Comarca (cf. TOURINHO FILHO, *Código de Processo Penal comentado*, v. 1, p. 301). Não pensamos desse modo, pois a própria Constituição Federal utilizou unicamente o termo *conflito de competência*. É o que se vê nos arts. 102, I, *o*, 105, I, *d*, e 108, I, *e*, da CF. No sentido que sustentamos estão os magistérios de VICENTE GRECO FILHO (*Manual de processo penal*, p. 159); DEMERCIAN e MALULY (*Curso de processo penal*, p. 214-215).

Em posição intermediária, afirmando que o Código de Processo Penal equiparou a expressão *conflito de jurisdição* a *conflito de competência*, está a visão de FREDERICO MARQUES: "Na terminologia da legislação pátria, a expressão usada para se resolverem conflitos de competência é também a de conflito de jurisdição. O nosso legislador distinguiu do conflito de jurisdição tão somente o conflito de atribuições, para designar, com este nome, aquele surgido entre autoridades judiciárias e autoridades administrativas" (*Da competência em matéria penal*, p. 395). E o próprio autor admite que, tratando-se de diferentes juízes e tribunais, cuidando de matérias específicas – como a Justiça Militar, a Justiça Eleitoral etc. –, faltaria jurisdição ao magistrado pertencente a uma carreira, estando em exercício em Vara específica, no que concerne a matéria de apreciação privativa de juiz de outra carreira. Dessa forma, o juiz militar não teria *jurisdição* para julgar casos criminais comuns, enquanto o magistrado estadual não teria *jurisdição* para apreciar delitos da órbita federal.

Ensina, ainda, referindo-se à possibilidade de se falar em conflito de jurisdição: "Adotada essa distinção" – entre conflitos de jurisdição e de competência – "só existirá conflito de jurisdição quando a controvérsia, negativa ou positiva, surgir entre tribunais adstritos a diferentes setores jurisdicionais; quando, porém, dois ou mais tribunais de idêntica ordem jurisdicional pretendem conhecer de determinado litígio ou causa, ou, pelo contrário, abster-se de conhecê-lo, haverá conflito de competência" (op. cit., p. 41-43).

A posição exposta nos parece sensata, com algum acréscimo. Partindo-se do princípio de que todo magistrado, investido na sua função regularmente, tem jurisdição, tudo se poderia reduzir a conflito de competência, embora tenha preferido a legislação processual penal pátria distinguir a jurisdição em setores, alcunhando-os de comum ou especial, superior ou inferior e assim sucessivamente. Por isso, cremos válida a possibilidade de diferençar o conflito de jurisdição – quando os magistrados pertencem a carreiras diversas e cuidam, cada qual, de matéria específica – do conflito de competência – quando os juízes são da mesma carreira, sem nenhuma especificidade.

3.3.1   Conflito de atribuição

É o conflito existente entre autoridades administrativas ou entre estas e autoridades judiciárias. Quando se trata de autoridades do mesmo Estado, envolvendo juízes, cabe ao Tribunal de Justiça dirimi-los (ex.: entre Delegado de Polícia e Juiz de Direito). Não havendo magistrado incluído, cabe à própria instituição à qual pertencem as autoridades que entram em conflito resolver a controvérsia (ex.: entre Promotores de Justiça dirime o conflito o Procurador-Geral de Justiça).

Se disser respeito a autoridades administrativas diversas (ex.: entre Delegado de Polícia e Promotor de Justiça), espera-se que haja provocação do Judiciário, quando então será dirimido, por força de decisão jurisdicional (ex.: delegado instaura inquérito policial e promotor instaura procedimento investigatório sobre o mesmo fato; aguarda-se que o investigado ingresse com *habeas corpus* para buscar o trancamento de um deles, quando houver constrangimento ilegal, por abuso na atividade investigatória do Estado). Entretanto, quando envolver autoridades administrativas e judiciárias da União (ex.: delegado federal e juiz federal), ou autoridades judiciárias de um Estado e administrativas de outro (ex.: juiz estadual e delegado federal) ou do Distrito Federal, ou entre as deste e a da União, cabe ao Superior Tribunal de Justiça resolvê-los (art. 105, I, *g*, CF).

3.3.2 Falso conflito de atribuição

É o denominado conflito entre membros do Ministério Público que, durante uma investigação policial, entendem que não são competentes para denunciar o indiciado. Haveria, aí, um conflito negativo de atribuições, mas que simboliza um *falso conflito*, pois há sempre um juiz responsável por cada um dos inquéritos, razão pela qual, se encamparem os entendimentos dos promotores ou procuradores com os quais oficiam, estará instaurado verdadeiro conflito de competência, a ser dirimido pelo Tribunal Superior.

Com precisão, exemplifica TOURINHO FILHO: "A nosso ver, deverá ser assim. Inclusive por economia processual (...) Suponha-se, de acordo com a tese contrária, devessem os autos ser remetidos à Procuradoria-Geral, e esta, 'solucionando' a controvérsia, nos moldes do art. 28 deste diploma, afirmasse que a competência é do juízo onde o membro do Ministério Público suscitante oficia. Chegando os autos à Comarca e oferecida denúncia, o Juiz, coerente com o seu posicionamento anterior, dê-se por incompetente, remetendo o feito àquele que, no seu entender, era o competente. Este, por seu turno, insista na sua manifestação ao acolher o anterior pronunciamento do Promotor de Justiça. Em face disso, suscita-se o conflito, mesmo porque o parecer da Procuradoria, exceto nos casos de pedido de arquivamento, não vincula o Magistrado" (*Código de Processo Penal comentado*, v. 1, p. 303).

Aliás, sempre que o juiz acolhe pedido ou parecer do Ministério Público, para qualquer finalidade, está, em última análise, decidindo – seja na esfera administrativa ou jurisdicional, conforme o caso –, tornando-se responsável pelo ato praticado. É impossível outra análise, sob pena de se dizer que o magistrado funciona como mero cumpridor de decisões do órgão do Ministério Público, o que é inadmissível.

Outro falso conflito ocorreria entre Promotor de Justiça e Procurador da República. Deve ser, na realidade, dirimido pelo Poder Judiciário, quando os respectivos juízes forem provocados. Assim, caso o promotor ingresse com ação perante o juiz estadual e o procurador, perante o federal, instaura-se o conflito de competência, a ser solucionado pelo Superior Tribunal de Justiça. É o que esta Corte vem decidindo. Porém, há decisão em sentido diverso, emanada do Supremo Tribunal Federal, estipulando caber ao próprio Pretório Excelso dirimir o conflito entre os Ministérios Públicos Federal e Estadual, desde que não configurado conflito de competência entre juízes.

3.3.3 Conflito em decorrência de conexão e continência

Havendo conexão, o juiz prevento deve avocar o outro processo, que tramita em Vara diversa. Caso o juiz desta discorde, suscitará conflito de competência, alegando que não há conexão alguma ou que ele é o juízo competente para julgar ambos.

A mesma situação se dá se houver continência (concurso formal ou concurso de pessoas). Imagine-se que dois coautores estão sendo processados em diferentes juízos. Cabe a unidade do feito, embora, se os juízes não se entenderem quanto à necessidade de junção ou apresentarem divergência, quanto ao juízo competente para o julgamento conjunto, o conflito estará instaurado.

O art. 114, II, do CPP menciona, ainda, a possibilidade de separação dos processos, podendo tal situação ocorrer se um magistrado, verificando não ter havido conexão ou continência, determinar a separação do feito, encaminhando-se um deles para conhecimento de outro juízo. Caso este entenda não ser competente, pois o correto seria a manutenção da união, suscitará conflito.

Vale lembrar que não há possibilidade de existência de conflito de competência quando houver um processo em andamento e outro, findo. Afinal, a finalidade da conexão ou da continência é provocar a junção dos feitos, o que é impossível nessa hipótese, pois um deles já foi extinto. Nessa ótica: Espínola Filho (*Código de Processo Penal brasileiro anotado*, v. 3, p. 338) e Bento de Faria (*Código de Processo Penal*, v. 1, p. 225).

3.3.4 Procedimento para o conflito de competência

Dispõe o art. 115 do Código de Processo Penal que o conflito pode ser suscitado pela parte interessada, pelos órgãos do Ministério Público e por qualquer dos juízes ou tribunais em causa.

Qualquer das partes envolvidas no litígio tem interesse em provocar a instauração de um conflito de competência, até porque, havendo dois processos, que merecem ser unidos por conexão, por exemplo, sem interesse dos magistrados em fazê-lo, é preciso que o tribunal seja chamado a resolver a divergência. Como ensina Espínola Filho, "é do maior interesse, tanto particular das partes na causa, quanto público, que a apuração dos fatos se faça perante autoridade judiciária competente, a qual efetive a sua subsunção à norma jurídica que os disciplina" (*Código de Processo Penal brasileiro anotado*, v. 3, p. 348). Inclui-se, nesse campo, também o assistente de acusação, cujo interesse é evidente, embora haja omissão do art. 271 do Código de Processo Penal. Como vimos defendendo, é preciso ampliar as possibilidades de atuação da vítima no processo penal e não as restringir.

O Ministério Público, atuando como parte, inclui-se na hipótese do inciso I do art. 115, mas, caso oficie como fiscal da lei, pode, igualmente, provocar o conflito, pois sua função é indicativa de que a vontade da lei deve ser fielmente seguida.

É válido, por derradeiro, que qualquer magistrado ou tribunal, na trilha do interesse público que domina o tema, suscite o conflito, a fim de ser dirimido pelo órgão competente.

Os magistrados em geral suscitam conflito na forma de representação (exposição de um ponto de vista, solicitando resolução por quem de direito), já que não há sentido em *requerer* providências ao tribunal (quem *requer* é parte interessada, não se aplicando ao juiz).

A parte interessada apresenta o conflito por petição, na forma de requerimento fundamentado, que será devidamente autuado, instruído com documentos e dirigido ao Presidente do tribunal competente, conforme o previsto na Constituição Federal para dirimir conflitos de competência.

Em seguida, obedece-se à lei, normalmente de organização judiciária, que prevê o órgão competente interno do tribunal para julgar os conflitos de competência.

Como síntese, temos:

a) Supremo Tribunal Federal: cabe-lhe dirimir os conflitos de competência entre o Superior Tribunal de Justiça e quaisquer tribunais, entre tribunais superiores, ou entre estes e outro tribunal qualquer (art. 102, I, *o*, CF);

b) Superior Tribunal de Justiça: cabe-lhe resolver os conflitos de competência entre quaisquer tribunais, não abrangidos, naturalmente, pela competência do Supremo Tribunal Federal, bem como os conflitos entre tribunal e juiz a ele não vinculado e entre juízes vinculados a diferentes tribunais (art. 105, I, *d*, CF);

c) Tribunal Regional Federal: cabe-lhe julgar os conflitos de competência entre juízes federais a ele vinculados (art. 108, I, *e*, CF);

d) Tribunal de Justiça dos Estados: cabe-lhe dirimir conflitos de competência entre os juízes estaduais a ele vinculados. No Estado de São Paulo, a competência é da Câmara Especial, composta pelo Vice-Presidente, Presidente da Seção Criminal, Presidente da Seção de Direito Privado, Presidente da Seção de Direito Público e Decano (mais antigo do tribunal).

Cabe ao relator fazer vir aos autos do conflito as informações das autoridades envolvidas, salvo quando elas já tiverem sido apresentadas (art. 116, § 4.º, CPP). É o que ocorre quando há conflito negativo de competência, em que ambos os juízes oferecem seus pontos de vista a respeito. No caso de conflito positivo, se foi suscitado pela parte, deve-se ouvir os juízes envolvidos. Caso tenha sido suscitado por um dos juízes, ouve-se o outro.

Os conflitos devem ser decididos em breve espaço de tempo, possibilitando que o processo retome o seu curso normal. O Regimento Interno dos tribunais costuma prever a distribuição preferencial para o conflito de competência.

Estabelece o art. 117 do Código de Processo Penal que o Supremo Tribunal Federal – podendo-se incluir o Superior Tribunal de Justiça, que somente foi criado pela Constituição de 1988 – pode avocar processos de outros tribunais para fazer valer a sua competência de dirimir conflitos, estipulando o juízo competente.

Avocar é a possibilidade de chamar a si o julgamento de uma causa. Portanto, se algum tribunal superior constatar que um processo está tramitando indevidamente em uma Vara de primeira instância ou mesmo em tribunal estadual ou regional, pode avocá-lo.

Lembremos que não houve revogação do art. 117 do CPP, como apregoam alguns, uma vez que a avocatória, antes constante da Constituição Federal – e hoje não mais existente – era outro instituto, que não dizia respeito exclusivo à matéria de competência.

3.3.5 Outras possibilidades de conflito de competência

Quando houver conflito entre órgãos colegiados do mesmo tribunal, deve o Regimento Interno do tribunal indicar o órgão responsável para o julgamento. Como exemplo, pode-se citar o art. 13, I, *e*, do Regimento Interno do Tribunal de Justiça de São Paulo: "Compete ao Órgão Especial processar e julgar, originariamente: (...) I, *e*: 'os conflitos de competência entre órgãos do Tribunal pertencentes a Seções diversas'".

O conflito formado entre juiz de direito e juiz auditor da Justiça Militar, considerando-se que ambos são magistrados da Justiça Estadual, pode apresentar duas situações:

a) caso haja Tribunal de Justiça Militar no Estado, como é o caso de São Paulo, por exemplo, o juiz auditor é considerado magistrado vinculado a Corte diversa da que pertence o juiz de direito. Portanto, quem dirime o conflito é o Superior Tribunal de Justiça;

b) caso inexista Tribunal de Justiça Militar, ambos os magistrados se ligam à mesma Corte, que é o Tribunal de Justiça, órgão que deve resolver o conflito.

3.3.6 Desaparecimento do conflito antes do julgamento pelo Tribunal

Quando o conflito está instaurado e é levado ao tribunal, caso um dos juízes nele envolvido reconheça a sua competência ou incompetência, fazendo cessar as razões que os fizeram conflitar, não parece ajustada a hipótese de sua extinção, com o não conhecimento pelo órgão *ad quem*.

Defende a tese do desaparecimento do conflito, BENTO DE FARIA (*Código de Processo Penal*, v. 3, p. 226), mas, contrário a esse entendimento, com o que concordamos, está a lição de ESPÍNOLA FILHO: "Animamo-nos a dissentir de tão grande autoridade, ante a não reprodução, no nosso Código, de dispositivo análogo ao do italiano. Se a verdadeira finalidade do conflito de jurisdição é a determinação do juízo realmente competente, e não, apenas, decidir o choque de opiniões entre duas autoridades judiciárias, e, por isso mesmo, o magistrado brasileiro ensinou, com grande rigor de observação, poder 'suceder que nenhuma das autoridades judiciárias em conflito seja realmente competente, mas sim outra, que não interveio; neste caso, a economia do processo justifica seja declarada a sua competência, ainda quando não figure entre os juízes suscitados'; não vemos razão alguma a aconselhar se retire, porque chegaram a acordo os juízes antes em divergência, a possibilidade de vir o tribunal, apto a solucionar de vez, a questão de competência, a dizer qual é o juiz competente, não estando excluída a hipótese de ser um terceiro e não um dos que, a princípio em divergência, uniformizaram os seus pontos de vista. É certo, poderá invocar-se a lógica, para repelir a subsistência de um conflito, após estabelecido o acordo. Mas, não será por amor às coerências puramente teóricas, que se deverá desatender às realidades práticas. O incidente existiu, determinando uma provocação do poder competente, que é de toda conveniência se efetive. Diferente é o caso, se a divergência desapareceu antes de suscitado o conflito, pois, então, este não chegou a tomar corpo, tecnicamente" (*Código de Processo Penal brasileiro anotado*, v. 2, p. 339-340).

3.3.7 Suspensão do processo em caso de conflito

É natural que, havendo conflito negativo de competência (não há juiz interessado em julgar a causa), fique o processo paralisado, até que se decida quem deve dele cuidar. Para as providências urgentes, pode o relator designar o juízo competente provisoriamente.

Em situação de conflito positivo de competência (existe mais de um juiz apto para a causa), deve-se ressaltar que o processo continua em andamento, conduzido pelo magistrado que se considerou competente a tanto e tem os autos em mãos.

Entretanto, conforme o caso, pode o relator, para evitar prejuízo maior e até por economia processual, determinar a suspensão do andamento (art. 116, § 2.º, CPP). Nada impede que haja expresso pedido da parte interessada para essa providência.

3.4 Restituição de coisas apreendidas

É o procedimento legal de devolução a quem de direito de objeto apreendido, durante diligência policial ou judiciária, não mais interessante ao processo criminal. Pode constituir-se em procedimento incidente, quando houver litígio ou dúvida sobre a propriedade da coisa.

Coisas apreendidas são aquelas que, de algum modo, interessam à elucidação do crime e de sua autoria, podendo configurar tanto elementos de prova, quanto elementos sujeitos a futuro confisco, pois coisas de fabrico, alienação, uso, porte ou detenção ilícita, bem como as obtidas pela prática do delito.

Menciona o art. 6.º, II e III, do Código de Processo Penal, que a autoridade deverá, tão logo tenha conhecimento da prática da infração penal, dirigir-se ao local e providenciar a apreensão dos objetos relacionados com o fato, além de colher as provas que servirem ao seu esclarecimento e de suas circunstâncias. O art. 11 do mesmo Código prevê que, findo o inquérito, acompanharão os autos, quando encaminhados ao fórum, os instrumentos do crime e os objetos que interessarem à prova.

No campo das provas, a medida cautelar de busca e apreensão (art. 240, CPP), deferida pelo juiz, autoriza a apreensão de coisas achadas ou obtidas criminosamente, além de armas e instrumentos para o cometimento de infrações penais, bem como objetos indispensáveis à prova de fatos referentes ao processo. Nesse procedimento de recolhimento de coisas em geral, é possível que terceiros de boa-fé sejam prejudicados e mesmo o acusado, quando objetos de pouco ou nenhum interesse para a causa sejam apreendidos. Por isso, instaura-se o incidente processual denominado *restituição de coisas apreendidas* para a liberação do que foi recolhido pelo Estado.

O fator limitativo da restituição das coisas apreendidas é o interesse gerado para o processo (art. 118, CPP). Portanto, enquanto for útil à causa, não se devolve a coisa recolhida, até porque, fazendo-o, pode-se não mais obtê-la de volta. Imagine-se a arma do crime, que necessitaria ser exibida aos jurados, num processo que apure crime doloso contra a vida. Não há cabimento na sua devolução, antes do trânsito em julgado da sentença final, pois é elemento indispensável ao feito, ainda que pertença a terceiro de boa-fé e não seja coisa de posse ilícita.

Registremos o disposto no art. 91, II, do Código Penal: "São efeitos da condenação: (...) II – a perda em favor da União, ressalvado o direito do lesado ou de terceiro de boa-fé: a) dos instrumentos do crime, desde que consistam em coisas cujo fabrico, alienação, uso, porte ou detenção constitua fato ilícito; b) do produto do crime ou de qualquer bem ou valor que constitua proveito auferido pelo agente com a prática do fato criminoso".

Assim, instrumentos do crime, cuja utilização é proibida, como ocorre com as armas de uso privativo do Exército, por exemplo, não retornarão jamais ao acusado, mesmo que seja ele absolvido (maiores detalhes estão na nota 6 ao art. 119 do nosso *Código de Processo Penal comentado*). Ocorre o confisco. Ressalva-se a posição do lesado ou terceiro de boa-fé, como pode acontecer com o sujeito que tem a arma proibida retirada de sua coleção autorizada, para utilização em um roubo. Pode pleitear a devolução, pois, no seu caso, a posse é lícita.

Quanto ao produto do crime, o mesmo pode dar-se. Se joias são furtadas, é natural que não mais sejam restituídas ao agente do crime, caso seja ele condenado. Eventualmente, elas podem ser devolvidas ao lesado ou terceiro de boa-fé, desde que a propriedade seja comprovada. Não surgindo ninguém para reclamá-las, serão confiscadas pela União.

Ressalte-se que a expressão *crime*, constante do art. 91, II, do Código Penal, admite interpretação extensiva, abrangendo *contravenção penal*, como tem interpretado majoritariamente a jurisprudência.

Por fim, convém mencionar que, no tocante ao produto do crime, caso seja a própria coisa subtraída ou a conseguida pela prática do delito, pode ser apreendida; porém, tratando-se de bens ou valores auferidos pela transformação do produto direto do crime, devem ser objeto de sequestro. Assim, a quantia em dinheiro retirada da vítima pode ser objeto de apreensão, mas o veículo comprado com esse montante será objeto de sequestro (art. 132, CPP).

Quando as coisas apreendidas forem de fabrico, alienação, uso, porte ou detenção proibidos serão confiscadas pela União, pois não teria cabimento restituir objetos ilícitos a quem quer que seja (ex.: entorpecentes não autorizados ou armas de uso restrito das Forças Armadas), ainda que o juiz nada mencione na decisão de arquivamento do inquérito ou na sentença absolutória.

3.4.1 Procedimento da restituição de coisas apreendidas

O art. 120 do Código de Processo Penal estabelece que a restituição pode ser ordenada pela autoridade policial ou judiciária, mediante termo nos autos, desde que não exista dúvida quanto ao direito do requerente. Caso seja duvidoso, o pedido deve ser autuado em apartado, podendo o interessado apresentar provas em cinco dias. Nessa hipótese, somente ao juiz caberá a decisão. Cuida-se, pois, de um procedimento incidente.

Convém deixar claro que, quando é certa a propriedade da coisa apreendida, não sendo ela mais útil ao processo, deve ser devolvida diretamente a quem de direito, sem necessidade de procedimento incidente em apartado.

Pode ser autor do pedido o próprio réu, a vítima ou terceiro não interessado no deslinde do feito, mas unicamente na devolução do que julga pertencer-lhe.

Haverá igualmente autuação em apartado, somente podendo decidir o magistrado, caso as coisas sejam apreendidas em mãos de terceiro de boa-fé, que será intimado a alegar e provar o seu direito, oferecendo a prova que possui em cinco dias. Ouve-se, em qualquer hipótese, o representante do Ministério Público.

Entretanto, o art. 120 do CPP estabelece uma diferença entre o reclamante e o terceiro de boa-fé, demonstrando, pelo § 1.º, que o requerente da restituição é o indiciado (ou acusado), bem como pode ser o ofendido, pessoa envolvida no feito, enquanto, pelo § 2.º, nota-se que o requerente é terceiro de boa-fé, alheio ao processo criminal.

Deve o reclamante, seja quem for, demonstrar a propriedade, apresentando os documentos que possuir ou requerer a produção de outro tipo de prova em juízo. Assim, o prazo assinalado de 5 dias significa a apresentação da prova ou o requerimento para que seja produzida, mas não quer dizer tenha o magistrado que encerrar o incidente no quinquídio.

Se a dúvida sobre a propriedade não puder ser resolvida pela curta dilação probatória realizada na esfera criminal, transfere-se a discussão para o juízo cível, depositando-se as coisas em mãos de depositário ou do próprio terceiro que já as detinha, desde que idôneo.

Como regra, determina a lei que, num primeiro momento, seja sempre o magistrado condutor do feito criminal a autoridade a liberar ou não a coisa apreendida. Somente havendo dúvida intransponível, pode-se remeter a questão à esfera cível, conforme determina o § 4.º do art. 120 do CPP. Evita-se, com isso, a apresentação de medidas cautelares ao juiz cível, desnecessariamente, desde que se possa, através de um simples incidente no processo-crime, concluir de quem seja a propriedade do que foi apreendido e não possui mais utilidade ao processo.

Sobre a competência do juízo cível, é preciso ressaltar que há duas hipóteses possíveis: a) juízo cível comum: quando o conflito se estabelece entre particulares, ambos pleiteando a coisa e dizendo-se proprietários; b) juízo da Fazenda Pública: quando o conflito se der entre o pretenso proprietário, particular, e a Fazenda, que não reconhece a propriedade, crendo que o bem deva permanecer apreendido para assegurar o confisco, revertendo aos cofres públicos o resultado de sua venda.

As coisas deterioráveis serão avaliadas e levadas a leilão público, depositando-se o dinheiro apurado ou devem ser entregues ao terceiro que as possuía, desde que idôneo, mediante termo de responsabilidade.

Ao final da produção de provas no incidente, as partes têm dois dias para oferecer alegações finais. O Ministério Público, de todo modo, será ouvido.

Sobre a litigiosidade do incidente, pode dar-se o conflito de interesses na devolução de coisas apreendidas, justamente quando envolve o terceiro de boa-fé. Dessa maneira, o reclamante (indiciado/acusado ou ofendido, bem como seus familiares) pode pleitear a restituição, entrando em disputa com o terceiro de boa-fé, adquirente da coisa, de fabrico, alienação, uso, porte ou detenção lícita. É o que se dá, muitas vezes, no caso de coisas furtadas, passadas a terceiros, que não teriam condições de avaliar a origem do bem. A vítima pode pretender a devolução, entrando em litígio com o terceiro de boa-fé.

3.4.2 Apreensão de coisa adquirida com os proventos da infração

Como regra, tudo o que for pelo agente adquirido com o resultado lucrativo da prática criminosa deve ser objeto de sequestro e não de simples apreensão. Exemplificando: se o ladrão, após retirar grande quantia de dinheiro de um banco, por exemplo, compra um automóvel, em loja especializada, em negócio lícito, não pode este veículo ser objeto de apreensão, mas sim de sequestro.

Porém, se o agente utiliza o dinheiro conseguido para comprar algum objeto que seja interessante para a prova do processo criminal, pode a coisa ser apreendida. É o que o art. 240, § 1.º, b, denomina de coisa achada. Outro exemplo: alega o agente não ser traficante, mas com o produto da venda de entorpecentes, pelo que responde, compra um equipamento para refinar droga. Torna-se importante a apreensão, a fim de se demonstrar a sua ligação com o tráfico. Pode-se, depois, aplicar o disposto no art. 133 e seus §§ 1º e 2º, que é a venda pública do bem, entregando-se o montante arrecadado à União, no caso exemplificado.

Porventura, pode-se apreender bens que estejam na residência do agente criminoso, supondo-se pertencerem à vítima, isto é, serem as coisas subtraídas. Verifica-se, depois, que as coisas apreendidas constituíam o proveito do delito e não a res furtiva. Fez-se a apreensão, ao invés do sequestro, pois não se sabia exatamente a quem pertenceriam os objetos. Como a vítima não é obrigada a ficar com o proveito da infração, merecendo receber de volta o dinheiro que lhe foi tomado, pode o Estado determinar a venda, em leilão público, visando à futura satisfação da parte lesada. Nesse prisma está a lição de ESPÍNOLA FILHO (Código de Processo Penal brasileiro anotado, v. 2, p. 370).

A Lei 13.964/2019 acrescentou o art. 133-A ao CPP, prevendo que o juiz poderá autorizar, conforme o interesse público, o uso do bem sequestrado pelos órgãos de segurança pública (agentes policiais).

3.4.3 Prazo máximo para requerer a restituição

Tem a parte interessada na devolução do bem apreendido que agir logo após a apreensão. Transitada em julgado a decisão, as coisas serão alienadas em leilão (art. 122, CPP). Caso ninguém se habilite a tanto, o juiz decreta a perda, em favor da União, do que foi apreendido, seja lícito ou ilícito, determinando seja tudo vendido em leilão, revertendo-se o dinheiro para os cofres públicos (precisamente, de modo correto, para o Fundo Penitenciário Nacional). Logicamente, se feita a venda, surgir o interessado – vítima ou terceiro de boa-fé – o montante lhe será destinado. Algumas coisas ilícitas podem ser vendidas em leilão, como alguns tipos de armas que interessem a colecionadores; outras, como drogas, devem ser incineradas.

Há possibilidade de haver a apreensão de coisas de fabrico, alienação, uso, porte ou detenção permitidos, pertencentes não ao réu, mas a terceiros, que não as reclama. É também viável que os bens pertençam ao acusado, que também não as pede de volta. Nessa hipótese, não havendo possibilidade de confiscar os bens, passando-os à União, deve o juiz determinar a sua venda em leilão, depositando-se o saldo em conta de ausentes, seguindo-se o disposto nos arts. 744 e seguintes do CPC. Para esse procedimento, pouco importa que a sentença seja condenatória ou absolutória, bem como se houver extinção da punibilidade ou arquivamento do inquérito.

3.5 Medidas assecuratórias

São as providências tomadas, no processo criminal, para garantir a futura indenização ou reparação à vítima da infração penal, o pagamento das despesas processuais ou das penas pecuniárias ao Estado ou mesmo para evitar que o acusado obtenha lucro com a prática criminosa.

Dividem-se em sequestro, arresto e especialização de hipoteca legal. Fazem parte dos procedimentos incidentes, merecedores de decisão em separado, na pendência do processo principal, onde se apura a responsabilidade do réu pela infração penal.

3.5.1 Sequestro

É a medida assecuratória consistente em reter os bens imóveis e móveis do indiciado ou acusado, ainda que em poder de terceiros, quando adquiridos com o proveito da infração penal, para que deles não se desfaça, durante o curso da ação penal, a fim de se viabilizar a indenização da vítima ou impossibilitar ao agente que tenha lucro com a atividade criminosa (art. 125, CPP).

Não utiliza o Código de Processo Penal o termo *sequestro* no seu sentido mais técnico, como aponta a doutrina, que seria a retenção de coisa litigiosa, até que se eleja o seu autêntico dono. Vale o sequestro, no processo penal, para recolher os proventos do crime – tudo aquilo que o agente adquiriu, valendo-se do produto do delito (ex.:

carros, joias, apartamentos, terrenos, comprados com o dinheiro subtraído da vítima) –, visando-se indenizar a parte lesada, mas também tendo por finalidade impedir que alguém aufira lucro com a prática de uma infração penal. Logo, se não houver ofendido a requerer a indenização, são os proventos do delito confiscados pela União, como impõe o art. 91, II, *b*, do Código Penal.

Os bens imóveis são, de acordo com o disposto nos arts. 79 e 80 do Código Civil, os seguintes: a) o solo e tudo quanto se lhe incorporar natural ou artificialmente; b) os direitos reais sobre imóveis e as ações que os asseguram; c) o direito à sucessão aberta. Acrescenta o art. 81 que "não perdem o caráter de imóveis: I – as edificações que, separadas do solo, mas conservando a sua unidade, forem removidas para outro local; II – os materiais provisoriamente separados de um prédio, para nele se reempregarem".

Consideramos *proventos da infração* o lucro auferido pelo produto do crime, podendo constituir-se de bens móveis ou imóveis. Destaca SÉRGIO MARCOS DE MORAES PITOMBO que o produto da infração pode ser direto, quando for o "resultado útil imediato da operação delinquencial: bens, ou bem, produzidos pela indústria do infrator" e indireto, quando for o "resultado útil mediato da operação delinquencial: o ganho, o lucro, o benefício que ao delinquente adveio da utilização econômica do produto direto do crime" (*Do sequestro no processo penal brasileiro*, p. 9). E completa que são sequestráveis todos os bens adquiridos pelo indiciado com o produto indireto do crime (op. cit., p. 10). Em síntese, pois, conclui que os bens móveis, quando constituírem o produto do crime, são objeto de apreensão, o que já foi visto nos tópicos referentes à restituição de coisas apreendidas. Quanto aos bens imóveis, quando forem produto do crime, diante do silêncio do Código de Processo Penal, utiliza-se, por analogia, o sequestro (idem, p. 10-11).

A decretação de medidas assecuratórias, como o sequestro, por CPI, é inadmissível. Os parlamentares, em exercício em Comissão Parlamentar de Inquérito, possuem poderes investigatórios típicos do juiz, embora não se possa considerar como parte da investigação a decretação da indisponibilidade de bens de alguém. Esta é medida jurisdicional, não possuindo a CPI competência para fazê-lo, como já decidiu o Supremo Tribunal Federal.

3.5.1.1 Requisito fundamental para o sequestro

Deve estar demonstrada, nos autos, a existência de indícios veementes da procedência ilícita dos bens (art. 126, CPP). Indícios são meios indiretos de prova, através dos quais se chega, por indução, ao conhecimento de um fato (ver art. 239, CPP).

Além de prova indiciária, torna-se indispensável que seja ela *veemente*, ou seja, forte, intensa, cristalina. Não são quaisquer indícios que servem para sustentar o sequestro, privação incidente sobre o direito de propriedade, constitucionalmente assegurado, mas somente aqueles que forem vigorosos. Em outros cenários, a lei exige indícios *suficientes* de autoria, algo, por contraposição, mais leve (arts. 312 e 413, CPP). No caso presente, os indícios *veementes* devem apontar para a origem ilícita dos bens e não para a responsabilidade do autor da infração penal. A norma fala em *indícios veementes* buscando uma quase certeza da proveniência ilícita do bem sequestrável, não se referindo à certeza, pois esta, por óbvio que seja, propicia, ainda mais, a decretação da medida assecuratória.

3.5.1.2 Procedimento do sequestro

Há ampla possibilidade de provocação, uma vez que a lei conferiu a iniciativa ao representante do Ministério Público, ao ofendido, seu representante legal ou seus herdeiros, à autoridade policial condutora das investigações e ao próprio magistrado, agindo de ofício (art. 127, CPP).

Em qualquer hipótese – decretando-se ou negando-se o sequestro – cabe apelação (art. 593, II, CPP).

Decretado o sequestro nos autos do procedimento incidente (art. 128, CPP), é suficiente que determine o juiz a expedição de mandado para a sua inscrição no Registro de Imóveis, nos termos do disposto no art. 239 da Lei 6.015/73 (Registros Públicos): "As penhoras, arrestos e sequestro de imóveis serão registrados depois de pagas as custas do registro pela parte interessada, em cumprimento de mandado ou à vista de certidão do escrivão, de que constem, além dos requisitos exigidos para o registro, os nomes do juiz, do depositário, das partes e a natureza do processo. Parágrafo único. A certidão será lavrada pelo escrivão do feito, com a declaração do fim especial a que se destina, após a entrega, em cartório, do mandado devidamente cumprido".

Assim fazendo, não é possível que o imóvel seja vendido a terceiros de boa-fé, uma vez que qualquer certidão extraída do Registro de Imóveis, o que é essencial para a garantia da boa transação, acusará a indisponibilidade do bem. Caso seja o imóvel objeto de compra e venda, a despeito do sequestro, o terceiro que o detiver, perderá o bem, que será vendido em hasta pública, encaminhando-se o apurado para a vítima ou para a União, ao término do processo criminal.

A autuação em apartado é indispensável, evitando-se tumultuar o feito principal. Logo, ainda que seja o juiz a autoridade provocadora, deve fazê-lo em separado, contendo os motivos que o levam a decretar o sequestro e permitindo a ciência das partes, inclusive das que forem interessadas em contrariar a decisão tomada.

Aponta o art. 129 do Código de Processo Penal caber, contra o sequestro, embargos de terceiro. Trata-se da defesa apresentada pelo terceiro de boa-fé, completamente alheio à prática da infração penal. Vide art. 674 do CPC.

Os embargos devem ser julgados tão logo termine a instrução do procedimento incidente, não havendo necessidade de se aplicar o disposto no art. 130, parágrafo único, do CPP, que prevê a prolação de decisão somente após o trânsito em julgado da sentença condenatória do processo-crime. Na hipótese tratada no art. 129 do CPP, não há razão de se reter o bem imóvel de terceiro inocente, que relação alguma tem com o crime, por tempo excessivo.

A diferença existente entre este terceiro de boa-fé, estranho ao processo criminal, e o terceiro de boa-fé do art. 130, II, do CPP, que se vale de uma impugnação ao pedido de sequestro, é a seguinte: o primeiro não adquiriu o bem imóvel sobre o qual recaiu o sequestro diretamente do indiciado ou acusado, podendo ter havido uma mera confusão a respeito da ordem de constrição judicial. Ilustrando: ordena o juiz o sequestro da casa

1-A do condomínio, mas a medida é lavrada no tocante à casa 1-B. O proprietário deste imóvel interpõe embargos de terceiro, com base no art. 129, merecendo julgamento imediato. Quanto ao terceiro adquirente, a título oneroso, do imóvel, cabe a previsão feita no parágrafo único do art. 130, ou seja, os embargos por ele interpostos serão apreciados somente após o término definitivo do processo criminal.

Em ambas as situações, no entanto, a competência para apreciar os embargos é do juiz criminal.

O art. 130 do CPP faz menção, também, ao termo *embargos,* embora, na essência, cuide-se de mera contestação ou impugnação ao ato de constrição. Nessa hipótese, há, de algum modo, vínculo do embargante com o autor da infração penal ou com a prática do delito. Diversamente, como já se expôs, do terceiro estranho à prática da infração penal e ao seu autor, que se vale dos *embargos de terceiro* (art. 129, supra).

A defesa do réu, no caso dos meros *embargos* (art. 130, I, CPP), limita-se a demonstrar que o bem sequestrado não tem qualquer relação com a infração penal, que lhe é imputada. Não se discute a existência do crime, nem sua autoria. Se for o terceiro a apresentar a impugnação (art. 130, II, CPP), deve provar a sua boa-fé, consistente no fato de não ter sabido, nem lhe ter sido possível saber, que se tratava de bem dessa natureza. A norma é clara ao exigir que a transação tenha sido a título oneroso. Aquele que, sem qualquer ônus recebeu a coisa, deverá perdê-la, caso seja o réu considerado culpado pela prática da infração penal. Haverá confisco.

Não cabe falar em sequestro de bens móveis, quando esses bens forem passíveis de apreensão, nos termos do art. 240 do CPP, seja pelo fato de constituírem coisas interessantes à prova no processo criminal, seja porque foram obtidas por meio criminoso (produto do crime), bem como, ainda, pelo motivo de representarem coisas de fabrico, alienação, posse, uso ou detenção ilícita.

Por outro lado, tratando-se de provento do crime, isto é, de coisas adquiridas pelo rendimento que a prática da infração penal provocou, porque não são objetos de apreensão, aplica-se, aí sim, o sequestro previsto no art. 132 do Código de Processo Penal. A condição essencial é a existência de indícios veementes da proveniência ilícita dos bens. O procedimento utilizado é o mesmo já comentado para os bens imóveis.

São bens móveis, de acordo com os arts. 82 a 84 do Código Civil: a) os bens suscetíveis de movimento próprio, ou de remoção por força alheia, sem alteração da substância ou da destinação econômico-social; b) as energias que tenham valor econômico; c) os direitos reais sobre objetos móveis e as ações correspondentes; d) os direitos pessoais de caráter patrimonial e respectivas ações; e) os materiais destinados a alguma construção, enquanto não forem empregados, bem como aqueles que readquirirem essa qualidade em virtude da demolição de algum prédio.

A finalização da medida assecuratória dá-se, conforme prevê o art. 133 do CPP, após o trânsito em julgado da sentença condenatória, determinando o juiz, de ofício ou a requerimento do interessado ou do Ministério Público, a avaliação e venda dos bens em leilão público, destinando-se o dinheiro à União (Fundo Penitenciário Nacional), no caso de confisco.

Porventura, poderá ser encaminhado o montante apurado à vítima ou ao terceiro de boa-fé. Trata-se de diligência a ser empreendida pelo juiz da condenação, ou seja, aquele que decretou o sequestro, pois é a sequência lógica adotada pela lei processual penal. O juiz da esfera cível nada tem a ver com a constrição, não lhe sendo cabível interferir na disposição dos bens. Note-se, ademais, que quando o Código de Processo Penal quer referir-se ao juízo cível torna isso bem claro, como ocorre com o art. 143. Assim, o produto do crime e os proventos da infração penal irão à venda pública, ao final, caso a medida seja deferida pelo juiz criminal. Somente o que for arrestado – móveis e imóveis – caberá ao juiz cível dispor, quando houver ação civil de reparação do dano.

3.5.1.3   Levantamento do sequestro

Tratando-se de medida constritiva e excepcional, pode ser revista, desde que ocorra uma das três hipóteses enumeradas no art. 131 do Código de Processo Penal, a saber:

a) quando decretado durante a fase investigatória, não for intentada a ação penal no prazo máximo de 60 dias, o que é bastante razoável para apurar a materialidade e indícios suficientes de autoria;

b) quando, decretado em qualquer outra fase, o terceiro de boa-fé oferecer garantia para assegurar eventual indenização à vítima e que o bem não voltará ao acusado. Logo, se este for condenado, não terá lucro algum. Provada a boa-fé, o terceiro levanta a caução;

c) quando for julgada extinta a punibilidade do réu ou for este absolvido, por decisão definitiva, já que a origem ilícita do bem não foi evidenciada, merecendo cessar a constrição.

3.5.2   *Especialização de hipoteca legal*

Conforme preceitua o art. 134 do Código de Processo Penal, incide hipoteca legal sobre os bens imóveis do indiciado ou acusado, devendo ser requerido pelo ofendido, em qualquer fase, o procedimento denominado de *especialização de hipoteca legal*, desde que exista certeza da materialidade e indícios suficientes de autoria. Ressaltemos que há um equívoco na redação do mencionado artigo ao fazer referência a qualquer fase do *processo*, uma vez que cabe a medida também durante o inquérito.

Ensina Pitombo que "hipoteca legal é instrumento protetivo. Emerge como favor legal, outorgado a certas pessoas, em dada situação jurídica, merecedoras do amparo. Na lei, pois, lhes nasce o direito real de garantia" (*Do sequestro no processo penal brasileiro*, p. 42). Destina-se a assegurar a indenização do ofendido pela prática do crime, bem como ao pagamento das custas – quando houver previsão na legislação – e das despesas processuais.

Não é confisco, nem se destina o apurado pela eventual venda do imóvel à União. É uma medida cautelar, prevista em lei, não dependente de requerimento para existir, cujo procedimento para sua utilização baseia-se na especialização, logo, sujeito ao pedido da parte interessada, podendo ser o imóvel *arrestado* ou *tornado indisponível* – seriam termos preferíveis – desde logo, para garantir que a própria especialização tenha sucesso. Preceitua o Código Civil, no art. 1.489, III, que "a lei confere hipoteca: (...) III – ao ofendido, ou aos seus herdeiros, sobre os imóveis do delinquente, para satisfação do dano causado pelo delito e pagamento das despesas judiciais; (...)".

Embora a lei mencione ser parte legítima apenas o ofendido, deve-se incluir o seu representante legal e seus herdeiros. Excepcionalmente, na forma autorizada pelo art. 142 do CPP, poderá provocar o procedimento de especialização da hipoteca legal o Ministério Público, quando a vítima for pobre, ou quando houver interesse da Fazenda Pública (recebimento de multa ou custas).

Quanto aos requisitos – certeza da infração e indícios suficientes de autoria – parece-nos que o termo *certeza* foi infeliz. Levando-se em conta que ainda não existe condenação com trânsito em julgado, razão pela qual o mérito não foi apreciado, não se pode dizer que a infração penal é *certa*. O melhor seria apenas mencionar, como se fez no art. 312 do CPP, que cuida da prisão preventiva, ser suficiente prova da existência do crime, o que é mais genérico e menos taxativo. No tocante à prova de indícios *suficientes* de autoria, cuida-se de dado elementar para se autorizar uma constrição sobre imóveis de origem lícita do acusado.

3.5.2.1 Procedimento para a especialização

A hipoteca sobre os bens imóveis do autor da infração penal decorre de lei, logo, não é caso de ser deferida ou indeferida pelo juiz. Cabe apenas à parte interessada – normalmente o ofendido – requerer a sua especialização, isto é, apontar sobre quais imóveis ela deverá incidir, tornando-os indisponíveis. Trata-se de algo natural, pois não se pode bloquear, ao longo da instrução, todo o patrimônio do acusado, visto que, diante da infração penal em tese cometida, o valor da indenização futura pode não ser elevado o suficiente para uma constrição tão extensa.

O art. 135 do Código de Processo Penal estabelece que, mediante requerimento, a parte estimará o valor da responsabilidade civil, designará e estimará qual é o imóvel (ou quais são eles) que ficará indisponível, aguardando o desfecho da causa criminal. O juiz, então, mandará avaliar o imóvel (ou imóveis) e arbitrará o valor da responsabilidade.

A petição será instruída com documentos ou com a indicação de provas a produzir, de forma a gerar no magistrado a convicção acerca do montante da indenização, além de constar a relação do imóvel (ou imóveis), acompanhadas dos documentos demonstrativos da propriedade.

Diz a lei que o arbitramento do valor da responsabilidade e a avaliação dos imóveis serão feitos por perito judicial. O laudo, nos termos do art. 182 do CPP, não vincula o magistrado, apenas o auxilia a decidir.

Ouvidas as partes, no prazo de dois dias, após a apresentação do laudo, decidirá o juiz, oficiando ao Registro de Imóveis para efetivar a indisponibilidade. A liquidação será feita somente após o trânsito em julgado da sentença condenatória.

Eventualmente, pode o acusado oferecer caução (garantia) suficiente em dinheiro ou em títulos de dívida pública, pelo valor de sua cotação em Bolsa, para livrar os imóveis da constrição.

Registre-se que, ao tratar-se de indenização civil, é natural supor que a vítima possa pleitear, além dos danos materiais sofridos, a reparação pelos danos morais. Ocorre que esta espécie de dano é de fixação extremamente variável, inexistindo lei específica para determinar o seu valor em cada caso, motivo pelo qual, segundo nos parece, deve o juiz ater-se, para a especialização da hipoteca – sob pena de fazer incidir a constrição exageradamente sobre o patrimônio do acusado – à indenização por danos materiais, de mais adequada ponderação.

Por cautela, até que o procedimento de especialização seja concluído, pode ser decretado o arresto do imóvel (art. 136, CPP, com a redação dada pela Lei 11.435/2006). Realizada a constrição, tem o interessado quinze dias para promover a inscrição da hipoteca legal, sob pena de revogação.

Não se tratando de coisa litigiosa, nem tampouco adquirida com os proventos do crime, é incorreto falar-se em sequestro. O patrimônio do acusado, de origem lícita, fica sujeito ao arresto, para que dele não se desfaça, fornecendo garantia ao ofendido ou à Fazenda Pública de que não estará insolvente ao final do processo criminal. A medida cautelar é positiva, uma vez que o procedimento de especialização de hipoteca legal pode demorar, razão pela qual se coloca, de antemão, em situação de indisponibilidade o bem (ou os bens imóveis), até que seja feita a inscrição do que for cabível no Registro de Imóveis.

3.5.3 Arresto de bens móveis para garantia de indenização e despesas

Na falta de bens imóveis para assegurar o pagamento de indenização ao ofendido ou custeio das despesas do processo, menciona o art. 137 do Código de Processo Penal ser viável o arresto (com a nova redação dada pela Lei 11.435/2006) de bens móveis suscetíveis de penhora.

A penhora, no ensinamento de SÉRGIO MARCOS DE MORAES PITOMBO é "ato de constrição judicial, pelo qual se inicia a expropriação de bens do devedor executado, na execução por quantia certa, para satisfação do direito do credor exequente. Bens, portanto, são apartados do patrimônio do executado e seguros. Perde ele, assim, o poder de dispor dos mesmos, com eficácia para o exequente, sem, contudo, se ver privado, ainda da propriedade" (*Do sequestro no processo penal brasileiro*, p. 50).

Lembremos que a medida constritiva, nesta hipótese, só pode ser decretada sobre bens penhoráveis, segundo a lei processual civil. Vide o art. 833 do CPC.

Além desses, outros bens podem ser considerados impenhoráveis, como ocorre, por exemplo, com o disposto na Lei 8.009/90: "art. 1.º O imóvel residencial próprio do casal, ou da entidade familiar, é impenhorável e não responderá por qualquer tipo de dívida civil, comercial, fiscal, previdenciária ou de outra natureza, contraída pelos cônjuges ou pelos pais ou filhos que sejam seus proprietários e nele residam, salvo nas hipóteses previstas nesta Lei. Parágrafo único. A impenhorabilidade compreende o imóvel sobre o qual se assentam a construção, as plantações, as benfeitorias de qualquer natureza e todos os equipamentos, inclusive os de uso profissional, ou móveis que guarnecem a casa, desde que quitados."

3.5.3.1 Procedimento do arresto dos bens móveis

A regra geral imposta a todo processo incidente é que sejam formados autos apartados, ou seja, deve o juiz determinar a formação de autos distintos do processo principal, a fim de que este não se conturbe com o andamento dos atos processuais da especialização da hipoteca ou do arresto (art. 138, CPP).

Nos termos do art. 139 do Código de Processo Penal, o depósito e a administração dos bens móveis arrestados (leia-se: tornados indisponíveis) ficarão sujeitos às regras do processo civil. Vide arts. 159 a 161 do CPC.

3.5.4 Finalização da especialização e do arresto

É incabível manter os bens do réu indisponíveis, caso seja ele absolvido ou julgada extinta a sua punibilidade, por sentença com trânsito em julgado (art. 141, CPP). É verdade que, conforme o motivo da absolvição, pode o ofendido pleitear, no juízo cível, indenização pelo ato ilícito. Nesse caso, entretanto, não permanecem arrestados, nem tampouco sob garantia da hipoteca, os bens do réu. Outras medidas assecuratórias, no entanto, se for o caso, devem ser tomadas na esfera civil.

Findo o processo criminal, transitando em julgado a sentença condenatória, forma-se o título executivo judicial, nos termos do art. 91, I, do Código Penal, razão pela qual pode o ofendido valer-se dele para dar início à ação civil *ex delicto*, discutindo apenas o montante da indenização e não mais a culpa, nos termos do art. 63 do Código de Processo Penal. A essa altura, já não há cabimento de se manter na esfera criminal os autos onde a medida constritiva foi decretada. Tudo passa, então, a concernir ao juízo cível (art. 143, CPP).

Nem sempre será o réu do processo criminal o único responsável pelo pagamento da indenização. É possível que, conforme previsto na legislação civil, outras pessoas sejam solidariamente responsáveis, de modo que as medidas constritivas, ainda durante o processo-crime, podem ser tomadas contra elas.

Estipula o art. 942 do Código Civil que "os bens do responsável pela ofensa ou violação do direito de outrem ficam sujeitos à reparação do dano causado; e, se a ofensa tiver mais de um autor, todos responderão solidariamente pela reparação". E, no parágrafo único: "São solidariamente responsáveis com os autores os coautores e as pessoas designadas no art. 932". Consultando-se este artigo, vê-se: "Art. 932. São também responsáveis pela reparação civil: I – os pais, pelos filhos menores que estiverem sob sua autoridade e em sua companhia; II – o tutor e o curador, pelos pupilos e curatelados, que se acharem nas mesmas condições; III – o empregador ou comitente, por seus empregados, serviçais e prepostos, no exercício do trabalho que lhes competir, ou em razão dele; IV – os donos de hotéis, hospedarias, casas ou estabelecimentos, onde se albergue por dinheiro, mesmo para fins de educação, pelos seus hóspedes, moradores e educandos; V – os que gratuitamente houverem participado nos produtos do crime, até a concorrente quantia". E arrematam os arts. 933, que "as pessoas indicadas nos incisos I e V do artigo antecedente, ainda que não haja culpa de sua parte, responderão pelos atos praticados pelos terceiros ali referidos" (é a consagração da responsabilidade civil objetiva), e 935, que "a responsabilidade civil é independente da criminal, não se podendo questionar mais sobre a existência do fato, ou sobre quem seja o seu autor, quando estas questões se acharem decididas no juízo criminal".

3.5.5 Alienação antecipada de bens

Instituiu-se a possibilidade de alienação antecipada dos bens captados e tornados indisponíveis, em qualquer medida assecuratória, desde que se destine à preservação do seu valor, quando estiverem sujeitos a qualquer grau de deterioração ou depreciação, bem como quando houver dificuldade para a sua manutenção (art. 144-A, CPP).

Os bens serão vendidos em leilão, preferencialmente por meio eletrônico. Faz-se avaliação judicial, para garantir o valor mínimo dos lances e, mesmo no segundo leilão, caso não se alcance o piso no primeiro, o bem somente poderá ser alienado por 80% de seu valor.

Deposita-se o montante obtido no leilão em conta vinculada ao juízo, até a decisão final do processo, convertendo-se em renda para a União, Estado ou Distrito Federal, no caso de condenação, desde que fruto de coisa ilícita. No caso de absolvição, devolve-se ao acusado o valor depositado.

3.6   Incidente de falsidade

Trata-se de um procedimento incidente, voltado à constatação da autenticidade de um documento, inserido nos autos do processo criminal principal, sobre o qual há controvérsia. A importância desse procedimento é nítida, pois visa à garantia da formação legítima das provas produzidas no processo penal, onde prevalece o princípio da verdade real, impedindo, pois, que esta seja obscurecida pela falsidade trazida aos autos por uma das partes.

Além disso, apurando-se o falso e, se possível, o seu autor, pode-se determinar a instauração de investigação criminal para a futura responsabilização do agente da infração penal contra a fé pública, ou, havendo provas suficientes, desde logo enviar as peças ao Ministério Público, para que possa promover diretamente a ação penal, dispensando-se o inquérito.

Espera-se que, instaurado o procedimento incidente de apuração de falsidade documental, uma vez julgado procedente, possa-se afastar do conjunto das provas elemento nocivo, porque não verdadeiro, impedindo-se que gere efeitos negativos, tal como a decretação de medidas drásticas contra o acusado (prisão, indisponibilidade de bens, busca e apreensão etc.).

3.6.1   Procedimento do incidente de falsidade

A parte interessada deverá arguir por escrito a falsidade de determinado documento constante dos autos, determinando o magistrado a autuação em apartado, bem como a oitiva da parte contrária, que terá o prazo de 48 horas, a contar da intimação. Na sequência, abre-se o prazo de três dias, sucessivamente, para cada parte apresentar as provas que possui ou requerer a produção das que não detém. Nota-se que o art. 145, II, do Código de Processo Penal, estipula o prazo de três dias para a "prova de suas alegações", o que seria impossível de se fazer, logo, a melhor interpretação é que haverá o prazo de três dias para o oferecimento do material que já possui o interessado ou o requerimento da produção de outras provas ainda não formadas.

Tratando-se de arguição de falso, que envolve a prática de crime, é salutar que a norma exija a procuração com poderes especiais, para que o requerente fique vinculado exatamente ao que está afirmando (art. 146, CPP). Eventuais delitos contra a honra ou mesmo de denunciação caluniosa podem ser objeto de apuração posterior. Aceita-se, em lugar da procuração com especiais poderes, a petição de impugnação assinada em conjunto pelo procurador e pela parte interessada.

Por outro lado, pode o juiz, de ofício, determinar a verificação da falsidade de qualquer documento (art. 147, CPP), seguindo o mesmo procedimento do art. 145.

Na sequência, os autos seguem ao juiz para julgamento ou, se for o caso, para determinar a realização das provas sugeridas. Reconhecida a falsidade, por decisão irrecorrível, o documento será desentranhado, remetendo-se o incidente ao Ministério Público para as providências criminais cabíveis.

Lembremos que o incidente de falsidade pode ser dispensável como procedimento em apartado, desde que a parte interessada alegue a não autenticidade de um documento nos autos principais, verificando o juiz que se trata de demonstração simples, sem qualquer complexidade. Reconhece-se a falsidade desde logo, portanto, valendo-se do princípio da economia processual.

Contra a decisão que defere ou indefere o incidente de falsidade, cabe recurso em sentido estrito (art. 581, XVIII, CPP). Somente após o trânsito em julgado, caso seja o documento considerado falso, haverá o desentranhamento.

Estabelece o art. 15 da Lei de Introdução ao Código de Processo Penal, que "no caso do art. 145, IV, do Código de Processo Penal, o documento reconhecido como falso será, antes de desentranhado dos autos, rubricado pelo juiz e pelo escrivão em cada uma de suas folhas". A medida tem por fim garantir que o documento retirado do processo principal corresponderá àquele que será enviado ao Ministério Público para as providências cabíveis, impedindo-se – ou dificultando-se – a sua substituição.

3.6.2 Sobre os termos falsidade e documento

A falsidade arguida pode ser tanto a material, que é a ausência de autenticidade quanto à forma do documento, pois alterado por alguém, tornando-se algo diverso do original verdadeiro, bem como a ideológica, que é a alteração de conteúdo, possuindo uma aparência de autenticidade. Enquanto na falsidade material pode-se perceber a alteração produzida no corpo do documento (rasuras, sobrescritos, entrelinhas etc.), na falsidade ideológica a forma é correta, enquanto o conteúdo é mentiroso (o dado constante é incorreto, embora não exista adulteração visível).

Documento é toda base materialmente disposta a concentrar e expressar um pensamento, uma ideia ou qualquer manifestação de vontade do ser humano, que sirva para demonstrar e provar um fato ou acontecimento juridicamente relevante. São documentos, portanto, os escritos, fotos, fitas de vídeo e som, desenhos, esquemas, gravuras, disquetes, CDs, entre outros. Entretanto, não podemos olvidar que, em sentido estrito, documento é apenas o escrito em papel. Para o fim do incidente, cremos que qualquer documento, cuja base material seja expressão de uma ideia ou manifestação de vontade, cujo autor seja passível de identificação, comporte a arguição de falsidade. Embora existam posições em sentido contrário, sustentando que somente o escrito comporta o referido incidente, não vemos como afastar, atualmente, o procedimento especial para apurar a autenticidade de uma fita de áudio ou vídeo, cujo conteúdo pode ser essencial para a busca da verdade real.

3.6.3 Efeitos limitados da decisão do incidente

Corretamente, a norma processual penal estabelece que a decisão tomada nos autos do incidente de falsidade, declarando ser o documento não autêntico, é limitada às estreitas fronteiras do procedimento incidente. A sua existência é justificada apenas para haver a deliberação sobre a legitimidade de uma prova, formadora do convencimento do magistrado, sem envolver ampla dilação probatória, típica de uma instrução de conhecimento (art. 148, CPP).

Assim, reconhecida a falta de autenticidade da prova, desentranha-se esta e determina-se a apuração do falso, em outro processo. É possível que, ao final, seja na esfera criminal, seja na cível, verifique-se a inadequação da primeira decisão, entendendo-se ser verdadeiro o que antes foi acoimado de falso. Se tal ocorrer, nada impede futura revisão criminal, caso tenha havido prejuízo para o réu. Entretanto, se o prejuízo tiver sido da acusação, tendo havido o trânsito em julgado da decisão proferida no processo de onde se extraiu o documento, nada mais se pode fazer, pois não há revisão em favor da sociedade.

Dificilmente, no entanto, tomando-se todas as cautelas na produção das provas no incidente, especialmente, quando possível, a pericial, tal situação acontecerá. Especialmente por isso, é necessário que o juiz tenha particular empenho em verificar se o falso realmente ocorreu, não se contentando com as simples alegações das partes.

3.7 Incidente de insanidade mental

É o procedimento incidente instaurado para apurar a inimputabilidade ou a semi-imputabilidade do acusado, levando-se em conta a sua capacidade de compreensão do ilícito ou de determinação de acordo com esse entendimento à época da infração penal. Tal medida justifica-se, uma vez que não é possível a condenação, com a consequente aplicação de pena, ao inimputável (art. 26, CP). Este, assim reconhecido à época do crime, deve ser absolvido (art. 386, parágrafo único, III, CPP), recebendo medida de segurança, que é uma espécie de sanção penal, embora nitidamente voltada ao tratamento e cura do enfermo.

Quanto ao semi-imputável, apurado o estado de perturbação da saúde mental, que lhe retira parcialmente o entendimento do ilícito ou da determinação de agir, de acordo com esse entendimento, poderá haver condenação, devendo, no entanto, o juiz reduzir a pena, nos termos do art. 26, parágrafo único, do Código Penal. Eventualmente, também ao semi-imputável, pode ser aplicada medida de segurança, se for o melhor caminho para tratá-lo (art. 98, CP).

Não é demais registrar que, segundo entendimento majoritário da doutrina, a culpabilidade é um dos elementos do crime, composto analiticamente de tipicidade, antijuridicidade e culpabilidade. Assim, para que se reconheça a existência de uma infração penal, torna-se indispensável que, além da tipicidade e da ilicitude, verifique-se a culpabilidade, um juízo de reprovação social, incidente sobre o fato e seu autor, pessoa imputável, com conhecimento potencial da ilicitude e possibilidade e exigibilidade de ter atuado conforme o Direito. Para maiores detalhes, consultar o conceito de crime, em nosso *Código Penal comentado*, nota 1 ao Título II, bem como o de medida de segurança, nota 1 ao Título VI.

O inimputável é capaz de cometer um injusto penal, isto é, algo não permitido pelo ordenamento (fato típico e antijurídico), mas não merece ser socialmente reprovado, por ausência de capacidade de entendimento do ilícito ou de determinação de agir conforme esse entendimento. Cabe-lhe, ao invés da pena, típica sanção penal aplicável aos criminosos, a medida de segurança, espécie de sanção voltada à cura e ao tratamento. O semi-imputável, por sua vez, por ter entendimento parcial do injusto cometido, preenche os requisitos para sofrer juízo de culpabilidade, merecendo, pois, ser condenado e receber pena, apesar de reduzida. Excepcionalmente, pode também, como já afirmado, receber medida de segurança, se for melhor para a sua recuperação.

3.7.1 Procedimento do incidente de insanidade mental

A dúvida razoável sobre a integridade mental do acusado à época do fato propicia que o juiz, de ofício, ou a requerimento do Ministério Público, do defensor, do curador, do ascendente, descendente, irmão ou cônjuge do réu, determine a instauração do incidente de insanidade mental para que seja realizado o exame médico-legal (art. 149, CPP).

Não somente durante o processo, mas desde a fase do inquérito, pode ser realizado o referido exame. Se a autoridade policial perceber que investiga pessoa inimputável ou semi-imputável deve, desde logo, representar ao magistrado competente pela realização do incidente.

Em apartado, o juiz formará o incidente, baixando portaria e nomeando curador ao acusado, se já não o tiver, podendo recair a mencionada nomeação na pessoa de seu advogado. Suspende-se o curso do processo principal – sem que haja a suspensão da prescrição –, possibilitando ao Ministério Público e à defesa a apresentação de quesitos, a ser respondidos pelo perito judicial. Logicamente, diligências indispensáveis serão realizadas, desde que apurada a sua urgência.

Vale registrar que somente a dúvida *razoável* sobre a integridade mental do acusado dá margem à realização do incidente. Crimes graves, réus reincidentes ou com antecedentes, ausência de motivo para o cometimento da infração, narrativas genéricas de testemunhas sobre a insanidade do réu, entre outras situações correlatas, não são motivos suficientes para a realização do exame.

Outro ponto a ser destacado é a possibilidade de, realizado o exame de insanidade mental durante o inquérito e apurada a inimputabilidade do indiciado, apresentar o Ministério Público denúncia contendo pedido de absolvição e imposição de medida de segurança. Tal situação se dá, porque o insano tem direito ao devido processo legal, justamente pelo fato de a medida de segurança constituir uma espécie de sanção penal, que restringe direitos. Assim, para que seja aplicada, é preciso demonstrar ter o agente praticado o injusto penal (fato típico e antijurídico), o que se dá após a produção das provas, com a assistência do advogado.

Não se admite a utilização de laudos produzidos em outros processos, embora referentes ao mesmo acusado, pois a apuração da inimputabilidade penal deve dar-se em cada caso concreto.

O prazo para a conclusão do laudo é fixado em 45 dias (art. 150, § 1.º, CPP), mas pode ser dilatado.

Estando o processo suspenso, nada impede sejam os autos entregues aos peritos (art. 150, § 2.º, CPP). Afinal, a apuração e constatação da doença mental ou da perturbação da saúde mental é tarefa árdua, que pode exigir o confronto das alegações do réu com o conteúdo das declarações de outras pessoas, já ouvidas durante o inquérito ou instrução.

Concluída a perícia, podem os experts atestar que o acusado era, ao tempo da infração, imputável. Nesse caso, o processo segue o seu curso normalmente, sem a participação do curador. Podem, ainda, concluir que ele era inimputável à época do cometimento do injusto penal, razão pela qual o processo prossegue com a assistência do curador – normalmente o próprio advogado. Se, no entanto, concluírem que o acusado, à época do fato, era imputável, mas, na época de realização do exame, padece de doença mental, o feito será paralisado, nos termos do art. 152 do CPP.

Não há recurso contra o indeferimento do requerimento de instauração do incidente. Eventualmente, tratando-se de hipótese teratológica (ex.: acusado nitidamente doente), pode ser impetrado *habeas corpus*. Por outro lado, caso o juiz determine a instauração de incidente contra réu mentalmente saudável, cuida-se de tumulto processual, cabendo correição parcial. Por derradeiro, contra a decisão que homologa o laudo apresentado pela perícia, cabe apelação (art. 593, II, CPP).

Finalmente, a ocorrência de doença mental durante o cumprimento da pena provoca duas possibilidades: a) se for doença transitória, aplica-se o art. 41 do Código Penal, ou seja, transfere-se o condenado para o hospital penitenciário, sem a conversão da pena em medida de segurança, por tempo suficiente, desde que breve, para tratamento; b) em caso de doença de caráter duradouro ou permanente, converte-se a pena em medida de segurança, conforme disposto no art. 183 da Lei 7.210/84.

3.7.2 Internação do indiciado ou acusado em estabelecimento apropriado

Utiliza o Código Penal, atualmente, a terminologia "hospital de custódia e tratamento" (art. 96, I), embora saibamos ser o local anteriormente conhecido como manicômio judiciário, referido no art. 150 do Código de Processo Penal. Trata-se de um lugar equivalente ao regime fechado (presídio) das penas privativas de liberdade, onde o internado não tem liberdade para ir e vir e é constantemente vigiado. Ainda assim, é o melhor local para se colocar o sujeito preso, pois há condições para, desde logo, iniciar seu tratamento, além de ter condições para a realização do exame. Aliás, é no hospital de custódia e tratamento que deve permanecer internado o preso, ainda durante a instrução. Trata-se de constrangimento ilegal manter um doente mental, mesmo que detido cautelarmente, em presídio comum, conforme dispõe o art. 99 do Código Penal.

Para tanto, a medida adequada para assegurar que o acusado, doente mental, fique segregado é a decretação da prisão preventiva, quando os requisitos do art. 312 do Código de Processo Penal estiverem presentes.

Não há mais cabimento em se decretar medida de segurança provisória ou preventiva, algo que foi extirpado pela Reforma Penal de 1984, razão pela qual deve o juiz valer-se dos mecanismos atuais para a prisão de qualquer pessoa. No mesmo prisma, estão os magistérios de CARLOS FREDERICO COELHO NOGUEIRA (Efeitos da condenação, reabilitação e medidas de segurança, p. 143), JOSÉ RENATO NALINI e RICARDO DIP (notas feitas na obra *Da competência em matéria penal*, de FREDERICO MARQUES, p. 273).

Em contrário, verifique-se a posição de Antonio Carlos da Ponte, que, fundamentado no ensinamento de Hélio Tornaghi, crê existente, ainda, em nosso sistema processual penal, a medida de segurança provisória: "Se é certo que a expedição de uma guia de internamento só pode ocorrer depois do trânsito em julgado da sentença absolutória imprópria (inimputáveis) ou condenatória (semi-imputáveis), não é menos correto que quem, visivelmente, sofra das faculdades mentais não poderá permanecer nas dependências de uma carceragem, dividindo espaço com presos que apresentam higidez mental completa e que nada contribuirão para sua melhora, muito ao contrário" (*Inimputabilidade e processo penal*, p. 57).

É compreensível a preocupação do autor com a mantença do acusado, doente mental, preso provisoriamente, em cela comum. Necessitando de tratamento urgente, não teria, de fato, cabimento mantê-lo em presídio ou distrito policial, sem a transferência ao hospital de custódia e tratamento. Mas isso não significa dizer que a medida de segurança provisória continua existindo. Para esse réu, decreta-se a prisão preventiva, transferindo-o ao hospital, onde permanecerá até o deslinde do processo.

Ninguém ingressará em nosocômio, para *cumprir medida de segurança, sem a guia* de internação (art. 172 da Lei 7.210/84). Logo, a lei é cristalina, ao afirmar que não há possibilidade de existência de medida de segurança provisória, já que a guia somente é expedida com o trânsito em julgado da decisão que aplica a medida de segurança (art. 171 da Lei 7.210/84). Não há vedação, no entanto, para a internação, por motivo de prisão cautelar, *sem guia de internação*, porque não houve, ainda, aplicação definitiva de medida de segurança. Aliás, o art. 41 do Código Penal prevê a transferência do condenado, padecendo de doença mental, para hospital de custódia e tratamento, ainda que sua pena não seja convertida em medida de segurança, o que somente ocorrerá quando a doença for duradoura. E o disposto no art. 150 do Código de Processo Penal também é demonstrativo de que se pode internar alguém, para examiná-lo, sem que seja aplicada medida de segurança.

O exame médico em réu solto deve ser realizado no local indicado pelos peritos, podendo ser qualquer lugar adequado, inclusive o hospital de custódia e tratamento. Nesse caso, o réu não permanecerá detido.

3.7.3 Suspensão do processo em caso de superveniência de doença mental

A superveniência de doença mental após o cometimento da infração penal constitui motivo de paralisação da instrução, suspendendo-se o processo. Aguarda-se que o réu obtenha melhora para que possa defender-se com eficácia. Trata-se da aplicação do princípio da ampla defesa. Quando as provas forem urgentes, podem ser realizadas, com a presença do curador. Após, suspende-se o andamento processual.

3.8 Incidente de ilicitude de prova

Cuida-se de novo procedimento incidente, cuja finalidade é averiguar e constatar a ilicitude de determinada prova, assim considerada a que foi obtida em violação a normas constitucionais ou legais, nos termos do art. 157 do Código de Processo Penal. O instituto foi introduzido pela Lei 11.690/2008 e está em plena harmonia com a orientação constitucional de vedação da admissibilidade de provas ilícitas no processo (art. 5.º, LVI, CF).

O incidente pode ser instaurado de ofício ou a requerimento das partes. Ao final, se for constatada a ilicitude da prova, deverá haver o seu desentranhamento, com a consequente destruição.

À falta de procedimento específico, previsto em lei, pode-se utilizar, por analogia, o disposto para o incidente de falsidade documental (arts. 145 a 148 do CPP).

A Lei 13.964/2019 acrescentou o § 5º ao art. 157, nos seguintes termos: "o juiz que conhecer do conteúdo da prova declarada inadmissível não poderá proferir a sentença ou acórdão."

SÍNTESE

Incidentes processuais: são as questões e os procedimentos que incidem sobre o procedimento principal, demandando solução antes que o mérito da causa seja apreciado.

Questões prejudiciais: são os pontos fundamentais e controversos, de direito material, relativos a uma matéria qualquer, que prejudique a análise do acolhimento ou da rejeição da imputação, antes de ser devidamente avaliada.

Preliminares: são os pontos controversos, de direito processual, demonstrativos da ocorrência de falhas ao longo da instrução, prejudicando a análise do mérito antes de sua solução.

Procedimentos incidentes: são os procedimentos secundários, que correm em apartado, proporcionando ao juiz a dilação da instrução ou a finalização do processo, antes do julgamento de mérito.

Exceção: é a defesa indireta apresentada pela parte interessada com o objetivo de prolongar o trâmite processual até que uma questão processual relevante seja resolvida ou com o fim de fazer cessar definitivamente o curso do processo. As que buscam estender a instrução denominam-se *dilatórias* (suspeição, incompetência do juízo, ilegitimidade de parte, esta última conforme o caso). As que têm por finalidade o encerramento do feito denominam-se *peremptórias* (litispendência, coisa julgada, ilegitimidade de parte, esta última conforme a situação).

Incompatibilidade: é a afirmação da própria suspeição, sem provocação da parte, feita pelo juiz, pelo representante do Ministério Público, pelo serventuário, pelo perito ou pelo intérprete.

Impedimento: trata-se de obstáculo à atuação no processo, em virtude de vínculo direto ou indireto com a causa em julgamento, com relação ao juiz, ao membro do Ministério Público, ao serventuário da justiça, ao perito e ao intérprete.

Conflito de competência: é a afirmação de competência feita por mais de um juízo para o julgamento da mesma causa (conflito positivo) ou a recusa de competência de todo juízo para o julgamento de uma causa (conflito negativo).

Conflito de atribuição: é o embate existente entre autoridades administrativas, que se consideram aptas a agir simultaneamente em determinado caso, ou entre estas e autoridades judiciárias.

Restituição de coisas apreendidas: é o procedimento instaurado para a devolução a quem de direito de coisa apreendida durante a investigação policial ou em virtude de mandado judicial, quando não mais interesse ao processo. *Apreende-se* tudo o que é produto direto do crime ou é válido para a prova da infração penal, desde que seja móvel. Possibilita-se a restituição da coisa apreendida ao lesado ou ao terceiro de boa--fé, salvo se forem confiscadas pelo Estado, na forma do disposto no art. 91, II, *a* e *b*, primeira parte, do Código Penal. Exceção: pode-se sequestrar (em lugar de apreender) o imóvel que seja produto do crime, por não caber apreensão e porque o Código de Processo Penal nada dispôs a respeito.

Medidas assecuratórias: são as providências tomadas para garantir a futura indenização da vítima ou o pagamento das despesas processuais e de eventual pena pecuniária, bem como destinada a impedir que o réu obtenha algum lucro com a atividade criminosa. Dividem-se em sequestro, especialização de hipoteca legal e arresto.

Sequestro: é a medida utilizada para tornar indisponíveis os bens imóveis ou móveis quando provenientes da prática de um crime. *Sequestra-se* tudo o que for obtido com o lucro auferido pelo crime, seja móvel ou imóvel. A finalidade é garantir a indenização ao lesado, ao terceiro de boa-fé ou não permitir que o condenado tenha ganho com a prática da infração penal. Nesta última hipótese, aplica-se, ainda, o art. 91, II, *b*, segunda parte, do Código Penal. Exceção: pode-se apreender (em lugar de sequestrar) coisa que seja proveito do crime, desde que seja útil para fazer prova no processo criminal.

Especialização de hipoteca legal: é a medida destinada a especificar qual (ou quais) imóvel (ou imóveis) do acusado tornar-se-á indisponível para assegurar a futura indenização da vítima ou o pagamento de despesas ou multa ao Estado. Difere do sequestro porque, neste caso, cuida-se da indisponibilidade de patrimônio de origem lícita.

Arresto: é a medida utilizada para tornar indisponíveis os bens móveis do acusado com o mesmo fim da hipoteca legal. *Arresta-se* tudo aquilo que pertencer ao agente da infração penal, de origem lícita, constituindo seu patrimônio, para o fim de garantir futura indenização à vítima.

Incidente de falsidade: é um procedimento incidente cuja finalidade é avaliar a autenticidade de um documento, permitindo que, demonstrada a falsidade, seja ele retirado dos autos e extraído do conjunto das provas.

Incidente de insanidade mental: é um procedimento incidente voltado à apuração da inimputabilidade ou semi-imputabilidade do acusado à época do fato, possibilitando a aplicação de medida de segurança em lugar da pena.

Incidente de ilicitude de prova: é o procedimento incidente, cuja finalidade é averiguar e constatar a ilicitude de determinada prova, assim considerada a que foi obtida em violação a normas constitucionais ou legais.

Capítulo XI • Incidentes Processuais | 233

MEDIDAS ASSECURATÓRIAS

1. Apreensão: coisas móveis
   - a) produto direto do crime (ex.: veículo furtado)
   - b) bem interessante para a prova da infração penal (ex.: caderno contendo anotações de atividades criminosas)

   Exceção: sequestra-se o imóvel produto do crime porque o CPP nada dispôs a respeito da possibilidade de apreensão

2. Sequestro: coisas móveis ou imóveis → vale para tudo que for adquirido com o lucro do crime (ex.: fazenda comprada com o dinheiro do roubo; joia adquirida com o valor do resgate)

   Exceção: apreende-se coisa que seja proveito do crime, desde que útil para a prova

3. Arresto: coisas lícitas móveis ou imóveis → vale para todo o patrimônio do réu ou indiciado visando a assegurar indenização à vítima, pagamento das despesas processuais ou penas pecuniárias

   Nota: para os imóveis, faz-se a especialização de hipoteca legal

} Medidas Assecuratórias

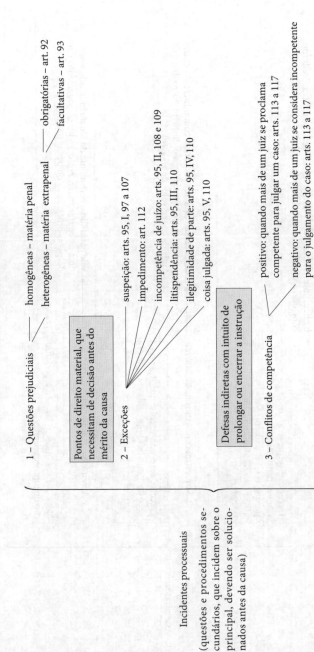

Continuação:

Incidentes processuais
(questões e procedimentos secundários, que incidem sobre o principal, devendo ser solucionados antes da causa)

5 – Medidas assecuratórias

Providências tomadas, no processo criminal, para garantir futura indenização ao ofendido ou o pagamento de custas e despesas ao Estado, bem como evitar que o criminoso lucre com a prática da infração penal

- Sequestro: medida para reter bens imóveis e móveis, quando adquiridos com o produto ou proveito do crime – arts. 125 e seguintes

- Hipoteca legal: instituto de proteção ao ofendido, assegurado em lei, para tornar indisponíveis os bens imóveis do acusado, visando futura indenização – arts. 134 a 137

- Arresto: instituto de proteção ao ofendido, assegurado em lei, para tornar indisponíveis os bens móveis do acusado, tendo por fim garantir futura reparação do dano – art. 137

6 – Incidente de falsidade: arts. 145 a 148

Providência destinada à constatação da autenticidade de um documento inserido nos autos

7 – Incidente de insanidade mental: arts. 149 a 154

Providência destinada a apurar a inimputabilidade ou semi-imputabilidade do réu à data da prática da infração penal

8 – Incidente de ilicitude de prova: art. 157

Providência destinada a averiguar e constatar a ilicitude de determinada prova obtida em violação a normas constitucionais ou legais

Capítulo XII

Provas

1. CONCEITO E SENTIDO DE PROVA

O termo *prova* origina-se do latim – *probatio* –, que significa ensaio, verificação, inspeção, exame, argumento, razão, aprovação ou confirmação. Dele deriva o verbo *provar* – *probare* –, significando ensaiar, verificar, examinar, reconhecer por experiência, aprovar, estar satisfeito com algo, persuadir alguém a alguma coisa ou demonstrar.

É preciso destacar que a descoberta da verdade é sempre relativa, pois o verdadeiro para uns, pode ser falso para outros. A meta da parte, no processo, portanto, é convencer o magistrado, por meio do raciocínio, de que a *sua* noção da realidade é a correta, isto é, de que os fatos se deram no plano real exatamente como está descrito em sua petição. Convencendo-se disso, o magistrado, ainda que possa estar equivocado, alcança a certeza necessária para proferir a decisão. Quando forma sua convicção, ela pode ser verdadeira (correspondente à realidade) ou errônea (não correspondente à realidade), mas jamais *falsa*, que é um "juízo não verdadeiro".

Sustentar que o juiz atingiu uma convicção falsa seria o mesmo que dizer que o julgador atingiu uma "certeza incerta", o que é um contrassenso. Para haver condenação, exige-se que o magistrado tenha chegado ao estado de certeza, não valendo a mera probabilidade (juízo que enumera motivos convergentes e divergentes acerca da ocorrência de um fato, prevalecendo os primeiros).

2. MEIOS DE PROVA

São todos os recursos, diretos ou indiretos, utilizados para alcançar a verdade dos fatos no processo. Os meios de prova podem ser lícitos – que são admitidos pelo ordenamento jurídico – ou ilícitos – contrários ao ordenamento. Somente os primeiros devem ser levados em conta pelo juiz. Em relação aos meios ilícitos, é preciso destacar que eles abrangem não somente os que forem expressamente proibidos por lei, mas também os imorais, antiéticos, atentatórios à dignidade e à liberdade da pessoa humana e aos bons costumes, bem como os contrários aos princípios gerais de direito (cf. ADA PELLEGRINI GRINOVER, *Liberdades públicas e processo penal*, p. 98).

Todas as provas, que não contrariem o ordenamento jurídico, podem ser produzidas no processo penal, salvo as que disserem respeito, por expressa vedação do art. 155, parágrafo único, do Código de Processo Penal, ao estado das pessoas (casamento, menoridade, filiação, cidadania, entre outros). Nesta hipótese, deve-se acatar o disposto na lei civil. Exemplo disso é a prova do estado de casado, que, como regra, se faz pela apresentação da certidão do registro civil, de nada valendo outro meio probatório.

No mais, algumas restrições fixadas na lei civil não valem no processo penal. Ilustrando, pode-se lembrar que a lei processual civil autoriza o juiz a indeferir a produção de prova testemunhal, quando versar sobre fatos "já provados por documento ou confissão da parte" ou quando "só por documento ou por exame pericial puderem ser provados" (art. 443 do CPC/2015). Tal restrição não vige em processo penal, pois, não dizendo respeito ao estado das pessoas – única limitação admitida – pode a parte pretender ouvir testemunhas, ainda que seja para contrariar algo constante em qualquer tipo de documento ou mesmo para confirmar ou afastar a credibilidade da confissão, cujo valor é relativo na esfera criminal. De outra parte, como o magistrado não está atrelado ao laudo pericial (art. 182, CPP), também podem ser ouvidas testemunhas para derrubar a conclusão do perito.

2.1 Prova emprestada

É aquela produzida em outro processo e, através da reprodução documental, juntada no processo criminal pendente de decisão. O juiz pode levá-la em consideração, embora deva ter a especial cautela de verificar como foi formada no outro feito, de onde foi importada, para saber se houve o indispensável devido processo legal. Essa verificação inclui, naturalmente, o direito indeclinável ao contraditório, razão pela qual abrange o fato de ser constatado se as mesmas partes estavam envolvidas no processo em que a prova foi efetivamente produzida. Ex.: o depoimento de uma testemunha pode ser extraído de um feito e juntado a outro, mas é importante saber se as mesmas partes estão envolvidas, pois, do contrário, deve a testemunha ser novamente inquirida, permitindo que a parte ausente promova as suas reperguntas. Solução diversa feriria o devido processo legal.

Nos termos do art. 372 do CPC/2015: "o juiz poderá admitir a utilização de prova produzida em outro processo, atribuindo-lhe o valor que considerar adequado, observado o contraditório".

2.2 Provas ilícitas

A Lei 11.690/2008, modificando o conteúdo do art. 157 do CPP, fixou importantes balizas para o sistema de avaliação das provas ilícitas.

Em primeiro lugar, tomou-se como gênero a expressão *provas ilícitas*, do qual surgem as espécies: as obtidas em violação a normas constitucionais ou legais. Naturalmente, constituem provas ilegais as que afrontam qualquer norma da legislação ordinária, por isso, envolvem tanto as penais quanto as processuais penais. Uma prova conseguida por infração à norma penal (ex.: confissão obtida por tortura) ou alcançada violando-se norma processual penal (ex.: laudo produzido por um só perito não oficial) constitui prova *ilícita* e deve ser desentranhada dos autos.

Adotou-se, claramente, o sistema da prova ilícita por derivação (art. 157, § 1.º, CPP), admitindo-se o critério da prova separada (art. 157, §§ 1.º e 2.º, CPP). Maiores detalhes sobre a prova ilícita por derivação podem ser encontrados no Cap. II, subitem 3.3.3.

Considerando-se que a prova ilícita não pode gerar outra ou outras que se tornem lícitas, ao contrário, todas as que advierem da ilícita são igualmente inadmissíveis, a única exceção concentra-se na prova de fonte independente.

A prova originária de fonte independente não se macula pela ilicitude existente em prova correlata. Imagine-se que, por escuta clandestina, logo ilegal, obtém-se a localização de um documento incriminador em relação ao indiciado. Ocorre que, uma testemunha, depondo regularmente, também indicou à polícia o lugar onde se encontrava o referido documento. Na verdade, se esse documento fosse apreendido unicamente pela informação surgida da escuta, seria prova ilícita por derivação e inadmissível no processo. Porém, tendo em vista que ele teve fonte independente, vale dizer, seria encontrado do mesmo modo, mesmo que a escuta não tivesse sido feita, pode ser acolhido como prova lícita.

Define o art. 157, § 2.º, do CPP, a fonte independente: "aquela que por si só, seguindo os trâmites típicos e de praxe, próprios da investigação ou instrução criminal, seria capaz de conduzir ao fato objeto da prova".

Finalmente, quando o juiz proferir decisão determinando o desentranhamento de prova ilícita, porque considerada inadmissível, passível de impugnação por apelação, preclusa a questão, é facultado às partes acompanhar o incidente para a sua destruição (art. 157, § 3.º, CPP). Ver o tópico relativo ao *incidente de ilicitude de prova* no capítulo anterior.

A Lei 13.964/2019 incluiu o § 5º, nos seguintes termos: "o juiz que conhecer do conteúdo da prova declarada inadmissível não poderá proferir a sentença ou acórdão". Porém, o STF julgou o mérito da ADI 6.298/6.299-DF, considerando-o inconstitucional.

3. FINALIDADE E OBJETO DA PROVA

A finalidade da prova é convencer o juiz a respeito da verdade de um fato litigioso. Busca-se a *verdade processual*, ou seja, a verdade *atingível* ou *possível* (*probable truth*, do direito anglo-americano).

O objeto da prova são, primordialmente, os fatos que as partes pretendem demonstrar. Excepcionalmente, a parte deve fazer prova quanto à existência e ao conteúdo de um preceito legal, desde que se trate de norma internacional, estadual ou municipal (nestes últimos dois casos, caso se trate de unidade da Federação diversa daquela onde está o magistrado), bem como no que toca a estatutos e regras internas de pessoas ou

240 | MANUAL DE PROCESSO PENAL · Nucci

personalidades jurídicas. Provam-se, ainda, regras de experiência, porque, na essência, são fatos reiterados.

Por outro lado, são fatos que independem de prova: a) fatos notórios, que envolvem os evidentes e intuitivos; b) fatos que contêm uma presunção legal absoluta; c) fatos impossíveis; d) fatos irrelevantes ou impertinentes.

Os fatos notórios são os nacionalmente conhecidos, não se podendo considerar os relativos a uma comunidade específica, bem como os atuais, uma vez que o tempo faz com que a notoriedade se esmaeça, levando a parte à produção da prova. Dentre os notórios, situam-se, ainda, os *evidentes* – extraídos das diversas ciências (ex.: lei da gravidade) – e os *intuitivos* – decorrentes da experiência e da lógica (ex.: o fogo queima). Os fatos que contêm presunção legal absoluta são os que não comportam prova em sentido contrário (ex.: o menor de 18 anos é penalmente inimputável). Os fatos impossíveis são aqueles que causam aversão ao espírito de uma pessoa informada (ex.: dizer o réu que estava na Lua no momento do crime). Por derradeiro, os fatos irrelevantes ou impertinentes são os que não dizem respeito à solução da causa (ex.: verificação do passatempo preferido da vítima, se não guarda correspondência com o fato imputado ao réu).

4. ÔNUS DA PROVA

O termo *ônus* provém do latim – *onus* – e significa carga, fardo ou peso. Assim, *ônus da prova* quer dizer encargo de provar. Ônus não é dever, em sentido formal, pois este não se constitui em obrigação, cujo não cumprimento acarreta uma sanção autônoma. Entretanto, não é demais salientar que as partes interessadas em demonstrar ao juiz a veracidade do alegado possuem o *dever processual* de fazê-lo. Do contrário, haveria uma *sanção processual*, consistente em perder a causa.

Quanto ao ônus de provar, trata-se do interesse que a parte que alega o fato possui de produzir prova ao juiz, visando fazê-lo crer na sua argumentação (art. 156, *caput*, CPP).

Como regra, no processo penal, o ônus da prova é da acusação, que apresenta a imputação em juízo através da denúncia ou da queixa-crime. Entretanto, o réu pode chamar a si o interesse de produzir prova, o que ocorre quando alega, em seu benefício, algum fato que propiciará a exclusão da ilicitude ou da culpabilidade, embora nunca o faça de maneira absoluta. Imagine-se que afirme ter matado a vítima, embora o tenha feito em legítima defesa. É preciso provar a ocorrência da excludente, não sendo atribuição da acusação fazê-lo, como regra, até porque o fato e suas circunstâncias concernem diretamente ao acusado, vale dizer, não foram investigados previamente pelo órgão acusatório. Saliente-se, no entanto, que tal ônus de prova da defesa não deve ser levado a extremos, em virtude do princípio constitucional da presunção de inocência e, consequentemente, do *in dubio pro reo*. Com isso, alegada alguma excludente, como a legítima defesa, por exemplo, feita prova razoável pela defesa e existindo dúvida, deve o réu ser absolvido e não condenado. Assim, embora a acusação tenha comprovado o fato principal – materialidade e autoria –, a dúvida gerada pelas provas produzidas pelo acusado, a respeito da existência da justificativa, deve beneficiar a defesa. Lembre-se: constitui dever da acusação provar que o réu cometeu um *crime*, o que envolve, naturalmente, a prova da tipicidade, ilicitude e culpabilidade.

Registremos, desde logo, não ser exigível a autoincriminação no processo penal, significando que o réu não está obrigado a fornecer prova contra si. Assim, qualquer prova que lhe for demandada pelo juiz, implicando prejuízo para sua defesa, pode ser negada. Ex.: não está o réu obrigado a fornecer material de próprio punho para a realização de exame grafotécnico, caso entenda que tal prova lhe é prejudicial. O princípio que protege o réu contra a autoincriminação é consagrado na doutrina e na jurisprudência, especialmente do Supremo Tribunal Federal, advindo, em última análise, do seu estado natural de inocência.

Álibi é a alegação feita pelo réu, como meio de provar a sua inocência, de que estava em local diverso de onde ocorreu o delito, razão pela qual não poderia tê-lo cometido. É, como regra, ônus seu provar o álibi, embora tal mecanismo não possa levar à isenção da acusação de demonstrar o que lhe compete, isto é, ainda que o réu afirme ter estado, na época do crime, em outra cidade, por exemplo, tendo interesse em produzir a prova cabível, tal situação jamais afastará o encargo da parte acusatória de demonstrar ao juiz a materialidade e a autoria da infração penal. Por outro lado, sabe-se ser impossível fazer *prova negativa*, ou seja, demonstrar que nunca se esteve em um determinado local, razão pela qual é preciso cuidado para não levar o acusado a ter o ônus de provar o irrealizável.

4.1 Momentos cabíveis para a produção de provas determinadas pelo juiz

Diz a lei que o magistrado poderá fazê-lo *durante a instrução*, que se encerra, normalmente, na audiência de instrução e julgamento (arts. 402, 534, 411, § 3.º, CPP).

A atuação de ofício do juiz, na colheita da prova, é uma decorrência natural dos princípios da verdade real e do impulso oficial. Em homenagem à *verdade real*, que necessita prevalecer no processo penal, deve o magistrado determinar a produção das provas que entender pertinentes e razoáveis para apurar o fato criminoso. Não deve ter a preocupação de beneficiar, com isso, a acusação ou a defesa, mas única e tão somente atingir a verdade. O *impulso oficial* também é princípio presente no processo, fazendo com que o juiz provoque o andamento do feito, até final decisão, queiram as partes ou não. O procedimento legal deve ser seguido à risca, designando-se as audiências previstas em lei e atingindo o momento culminante do processo, que é a prolação da sentença.

É preciso lembrar que a *inspeção judicial*, advinda do processo civil, é plenamente aplicável no âmbito do processo penal. Utiliza-se, por analogia, o CPC/2015 (art. 481).

A Lei 11.690/2008 introduziu a possibilidade de o juiz ordenar, mesmo antes do início da ação penal, a produção antecipada de provas consideradas urgentes e relevantes, observando a necessidade, a adequação e a proporcionalidade da medida (art. 156, I, CPP), além de poder determinar, de ofício, a realização de diligências para dirimir dúvidas sobre qualquer ponto relevante (art. 156, II, CPP).

Seguiu-se o sistema, há muito existente no processo civil, agora reiterado no novo CPC: "Art. 381. A produção antecipada da prova será admitida nos casos em que: I – haja fundado receio de que venha a tornar-se impossível ou muito difícil a verificação de certos fatos na pendência da ação; II – a prova a ser produzida seja suscetível de viabilizar a autocomposição ou outro meio adequado de solução de conflito; III – o prévio conhecimento dos fatos possa justificar ou evitar o ajuizamento de ação". O inciso I é

242 | MANUAL DE PROCESSO PENAL · Nucci

o mais adequado ao processo penal. O inciso II somente seria viável se já houvesse a Justiça Restaurativa. Finalmente, o inciso III guarda correlação com a própria função do inquérito policial e possui harmonia com o sistema processual penal.

5. SISTEMAS DE AVALIAÇÃO DA PROVA

São basicamente três sistemas: a) *livre convicção*, que é o método concernente à valoração livre ou à íntima convicção do magistrado, significando não haver necessidade de motivação para suas decisões. É o sistema que prevalece no Tribunal do Júri, visto que os jurados não motivam o voto; b) *prova legal*, cujo método é ligado à valoração taxada ou tarifada da prova, significando o preestabelecimento de um determinado valor para cada prova produzida no processo, fazendo com que o juiz fique adstrito ao critério fixado pelo legislador, bem como restringido na sua atividade de julgar. Era a época em que se considerava nula a força probatória de um único testemunho (*unus testis, nullus testis* ou *testis unius, testis nullius*). Há resquícios desse sistema, como ocorre quando a lei exigir determinada forma para a produção de alguma prova, *v.g.*, art. 158, CPP, demandando o exame de corpo de delito para a formação da materialidade da infração penal, que deixar vestígios, vedando a sua produção através da confissão; c) *persuasão racional*, que é o método misto, também chamado de convencimento racional, livre convencimento motivado, apreciação fundamentada ou prova fundamentada. Trata-se do sistema adotado, majoritariamente, pelo processo penal brasileiro, encontrando, inclusive, fundamento na Constituição Federal (art. 93, IX) e significando a permissão dada ao juiz para decidir a causa de acordo com seu livre convencimento, devendo, no entanto, cuidar de fundamentá-lo, nos autos, buscando persuadir as partes e a comunidade em abstrato.

A liberdade de apreciação da prova (art. 155, *caput*, CPP) não significa que o magistrado possa fazer a sua opinião pessoal ou vivência acerca de algo integrar o conjunto probatório, tornando-se, pois, prova. O juiz extrai a sua convicção das provas produzidas legalmente no processo, mas não presta depoimento pessoal, nem expõe suas ideias como se fossem fatos incontroversos. Imagine-se o magistrado que, julgando um delito de trânsito, declare, nos autos, que o local do acidente é, de fato, perigoso, pois ele mesmo já foi vítima de uma colisão naquele sítio, razão pela qual entende estar certa a posição desta ou daquela parte. Trata-se de um depoimento prestado sem o devido contraditório e distante da ampla defesa, uma vez que não contrariado pelas partes.

É natural que possa o julgador extrair da sua vivência a experiência e o discernimento necessários para decidir um caso, embora deva estar fundamentado, exclusivamente, nas provas constantes dos autos. No exemplo supramencionado, se ele sabe que o local é realmente perigoso, deve determinar a produção de prova nesse sentido, valendo-se de outros elementos, diversos da situação fática por ele vivida.

Por outro lado, o julgador que emprega, usualmente, em sua atividade de composição de conflitos, opiniões e conceitos formados de antemão, sem maior preocupação com os fatos alegados pelas partes, nem tampouco atentando para o equívoco de cultivar ideias preconcebidas sobre determinados assuntos, é um juiz preconceituoso e, consequentemente, parcial. Não está preparado a desempenhar sua atividade com isenção, devendo alterar seu comportamento ou se afastar, ao menos, da área criminal.

Conforme o caso, se for extremado o seu modo de agir parcial em qualquer área que escolha judiciar, é caso de se retirar – ou ser afastado – da magistratura.

Não é menos verdade que todo juiz é, antes de tudo, um ser humano comum, carregando consigo suas boas e más tendências, o que, entretanto, deve situar-se na normalidade, vale dizer, precisa ter controle suficiente para não deixar que isso interfira no seu trabalho, bem como deve vincular-se exclusivamente à prova produzida, abstraindo-se de avaliar o caso, segundo sua inclinação pessoal. É o que a sociedade espera do magistrado. Não o fazendo e insistindo em ser nitidamente parcial nas suas decisões, passa a concentrar-se o problema na esfera disciplinar.

Por derradeiro, convém destacar o novo parâmetro inserido pela Lei 11.690/2008, alterando a redação do art. 155, *caput*: "o juiz formará sua convicção pela livre apreciação da prova produzida em contraditório judicial, não podendo fundamentar sua decisão exclusivamente nos elementos informativos colhidos na investigação, ressalvadas as provas cautelares, não repetíveis e antecipadas".

O propósito legislativo foi evitar que o magistrado levasse em conta, como fundamento para sua decisão, a prova colhida na fase investigatória (normalmente, a fase do inquérito policial), pois não há o contraditório, nem a ampla defesa. O correto seria, então, concentrar a análise e avaliação das provas produzidas em contraditório judicial. A única ressalva concentrar-se-ia nas provas cautelares, não repetíveis e antecipadas, como os laudos periciais produzidos de imediato para que o objeto não se perca (ex.: exame cadavérico).

A meta, em nosso entendimento, não foi atingida a contento. Inserindo a relativização da regra, por meio do termo "exclusivamente", tudo vai permanecer como sempre foi. O magistrado não pode levar em conta os elementos informativos colhidos na investigação, exclusivamente. Porém, se o fizer juntamente com as provas colhidas em juízo está autorizado a usar os elementos coletados no inquérito policial. Ora, tal procedimento já era comum. Depoimentos, confissões e outras provas colhidas na fase investigatória deveriam ser confirmadas por provas coletadas em juízo. Ou, pelo menos, confrontadas com as produzidas em juízo. Por isso, nada se altera, na essência, com a modificação introduzida pela reforma da Lei 11.690/2008.

6. EXAME DE CORPO DE DELITO E PERÍCIAS EM GERAL

6.1 Disposições gerais

Corpo de delito é a prova da existência do crime (materialidade do delito). Como ensina ROGÉRIO LAURIA TUCCI, "corresponde ao conjunto de elementos físicos, materiais, contidos, explicitamente, na definição do crime, isto é, no modelo legal" (*Do corpo de delito no direito processual penal brasileiro*, p. 14). O *exame de corpo de delito* é a verificação da prova da existência do crime, feita por peritos, diretamente, ou por intermédio de outras evidências, quando os vestígios, ainda que materiais, desapareceram.

Vestígio é o rastro, a pista ou o indício deixado por algo ou alguém. Conferir o conceito de vestígio no art. 158-A, § 3º, do CPP. Há delitos que deixam sinais aparentes da sua prática, como ocorre com o homicídio, uma vez que se pode visualizar o cadáver. Outros delitos não os deixam, tal como ocorre com o crime de ameaça, quando feita oralmente. Preocupa-se particularmente a lei processual penal com os crimes que deixam rastros passíveis de constatação e registro, obrigando-se, no campo das provas, à realização do exame de corpo de delito (art. 158, CPP). Trata-se de uma prova imposta por lei (prova tarifada), de modo que não obedece à regra da ampla liberdade na produção das provas no processo criminal. Assim, não realizado o exame determinado, pode ocorrer nulidade, nos termos do disposto no art. 564, III, *b*, do Código de Processo Penal.

Os vestígios podem ser materiais ou imateriais. Materiais são os vestígios que os sentidos acusam (ex.: a constatação do aborto pela visualização do feto expulso e morto). Imateriais são aqueles que se perdem tão logo a conduta criminosa finde, pois não mais captáveis, nem passíveis de registro pelos sentidos humanos (ex.: a injúria verbal proferida).

Portanto, em crimes que deixam vestígios materiais deve haver, sempre, exame de corpo de delito. Preferencialmente, os peritos devem analisar o rastro deixado pessoalmente. Em caráter excepcional, no entanto, admite-se que o façam por outros meios de prova em direito admitidos, tais como o exame da ficha clínica do hospital que atendeu a vítima, fotografias, filmes, atestados de outros médicos, entre outros. É o que se chama de *exame de corpo de delito indireto*. Essa situação pode ser necessária quando, por exemplo, o feto desaparece, após o aborto, mas a gestante foi devidamente atendida por um médico, que tudo registrou em fichas próprias. O perito do juiz, então, avalia os dados constantes dessas fichas, produzindo o seu laudo, embora de forma indireta. Registre-se, ainda, o disposto na Lei 11.340/2006 (Violência Doméstica): "Serão admitidos como meios de prova os laudos ou prontuários médicos fornecidos por hospitais e postos de saúde" (art. 12, § 3.º).

Perícia é o exame de algo ou de alguém realizado por técnicos ou especialistas em determinados assuntos, podendo fazer afirmações ou extrair conclusões pertinentes ao processo penal. Trata-se de um *meio de prova*. Quando ocorre uma infração penal que deixa vestígios materiais, deve a autoridade policial, tão logo tenha conhecimento da sua prática, determinar a realização do exame de corpo de delito (art. 6.º, VII, CPP), que é essencialmente prova pericial. Não sendo feito, por qualquer razão, nessa fase, pode ser ordenado pelo juiz (art. 156, II, CPP). Além de meio de prova, a perícia pode constituir-se, também, em meio de valoração da prova. Sobre a possibilidade de formação do corpo de delito, no caso de delito que deixa vestígios, por indícios, consultar o tópico próprio no contexto da prova indiciária.

6.2 Diferença entre corpo de delito e exame de corpo de delito

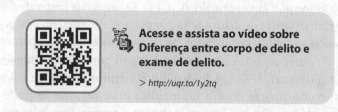

O *corpo de delito*, como já exposto, é a prova da existência do crime, que pode ser feita de modo direto ou indireto. De maneira direta é a verificação de peritos do rastro deixado nitidamente pelo delito, como o exame necroscópico. De modo indireto é a narrativa de testemunhas, que viram o fato. Como ensina ROGÉRIO LAURIA TUCCI, a respeito de exame do corpo de delito, "o vocábulo *exame* parece-nos corretamente empregado, por isso que não há confundir *corpus delicti* – conjunto dos elementos físicos ou materiais, principais ou acessórios, permanentes ou temporários, que corporificam a prática criminosa – com a sua verificação existencial, mediante atividade judicial de natureza probatória e cautelar, numa persecução penal em desenvolvimento. Configura ele, com efeito, uma das espécies de *prova pericial*, consistente na colheita, por pessoa especializada, de elementos instrutórios sobre fato cuja percepção dependa de conhecimento de ordem técnica ou científica (...). É o *exame do corpo de delito*, em nosso processo penal, uma espécie de *prova pericial* constatatória da materialidade do crime investigado, realizada, em regra, por *peritos oficiais*, ou *técnicos*, auxiliares dos agentes estatais da *persecutio criminis*..." (*Do corpo de delito no direito processual penal brasileiro*, p. 180-181).

Exige-se, para a infração que deixa vestígios, a realização do exame de corpo de delito, direto ou indireto, isto é, a emissão de um laudo pericial atestando a materialidade do delito. Esse laudo pode ser produzido de maneira direta – pela verificação pessoal dos peritos – ou de modo indireto – quando os profissionais se servem de outros meios de provas. Note-se que, de regra, a infração que deixa vestígio precisa ter o exame de corpo de delito direto ou indireto (que vai constituir o corpo de delito direto, isto é, a prova da existência do crime atestada por peritos). Somente quando não é possível, aceita-se a prova da existência do crime de maneira indireta, isto é, sem o exame e apenas por testemunhas.

Se o Código de Processo Penal considerasse *exame de corpo de delito* também os depoimentos testemunhais, não teria colocado no art. 167 que, não sendo possível realizá-lo, a *prova testemunhal poderá suprir-lhe a falta*. Na ótica que sustentamos, estão os ensinamentos de HÉLIO TORNAGHI, para quem o "exame indireto não se confunde com o mero depoimento de testemunhas, o qual pode suprir o exame de corpo de delito (art. 167)" (*Curso de processo penal*, v. 1, p. 319) e INOCÊNCIO BORGES DA ROSA, que diz obter-se o corpo de delito indireto, inquirindo-se as testemunhas (*Comentários ao Código de Processo Penal*, p. 283). Anote-se, ainda, a lição de SÉRGIO MARCOS DE MORAES PITOMBO: "O corpo de delito indireto produz-se mediante a prova pessoal, quer dizer, interrogatório ao réu, perguntas ao ofendido e depoimento de testemunhas" (*Do sequestro no processo penal*, p. 77).

6.2.1 Cadeia de custódia

A lei processual penal se aperfeiçoa prevendo a *cadeia de custódia*, no art. 158-A do CPP: "o conjunto de todos os procedimentos utilizados para manter e documentar a história cronológica do vestígio coletado em locais ou em vítimas de crimes, para rastrear sua posse e manuseio a partir de seu reconhecimento até o descarte".

Desde a preservação do local do crime, inicia-se a cadeia de custódia. O agente público que identificar um elemento fundamental para a perícia deve preservá-lo.

No art. 158-B do CPP descreve-se a referida *cadeia de custódia*, de maneira didática e clara: a) "reconhecimento: ato de distinguir um elemento como de potencial interesse para a produção da prova pericial"; b) "isolamento: ato de evitar que se altere o estado das coisas, devendo isolar e preservar o ambiente imediato, mediato e relacionado aos vestígios e local de crime"; c) "fixação: descrição detalhada do vestígio conforme se encontra no local de crime ou no corpo de delito, e a sua posição na área de exames, podendo ser ilustrada por fotografias, filmagens ou croqui, sendo indispensável a sua descrição no laudo pericial produzido pelo perito responsável pelo atendimento"; d) "coleta: ato de recolher o vestígio que será submetido à análise pericial, respeitando suas características e natureza"; e) "acondicionamento: procedimento por meio do qual cada vestígio coletado é embalado de forma individualizada, de acordo com suas características físicas, químicas e biológicas, para posterior análise, com anotação da data, hora e nome de quem realizou a coleta e o acondicionamento"; f) "transporte: ato de transferir o vestígio de um local para o outro, utilizando as condições adequadas (embalagens, veículos, temperatura, entre outras), de modo a garantir a manutenção de suas características originais, bem como o controle de sua posse"; g) "recebimento: ato formal de transferência da posse do vestígio, que deve ser documentado com, no mínimo, informações referentes ao número de procedimento e unidade de polícia judiciária relacionada, local de origem, nome de quem transportou o vestígio, código de rastreamento, natureza do exame, tipo do vestígio, protocolo, assinatura e identificação de quem o recebeu"; h) "processamento: exame pericial em si, manipulação do vestígio de acordo com a metodologia adequada às suas características biológicas, físicas e químicas, a fim de se obter o resultado desejado, que deverá ser formalizado em laudo produzido por perito"; i) "armazenamento: procedimento referente à guarda, em condições adequadas, do material a ser processado, guardado para realização de contraperícia, descartado ou transportado, com vinculação ao número do laudo correspondente"; j) "descarte: procedimento referente à liberação do vestígio, respeitando a legislação vigente e, quando pertinente, mediante autorização judicial".

Preceitua, ainda, a lei que a coleta dos vestígios deve ser realizada preferencialmente por perito oficial – o que não é possível encontrar em muitas Comarcas brasileiras. Então, deve-se valer dos dois peritos não-oficiais, como dispõe o art. 159 do CPP.

O ideal é o armazenamento de todos os vestígios coletados na central de custódia, existente em cada Comarca, o que, mais uma vez, vai demorar um bom tempo para se alcançar esse progresso no Brasil.

Estipula o art. 158-C, § 2º, ser proibida a entrada em lugares onde os vestígios estão guardados, sob pena de se configurar fraude processual. É preciso cautela, pois a simples entrada, embora vedada, não provoca nenhuma consequência. Para responder pelo crime de fraude processual (art. 347, CP), torna-se necessária alguma atitude para alterar a prova.

O art. 158-D do CPP fornece todas as formalidades para o acondicionamento do vestígio. Apregoa-se que todas as Comarcas devem ter o seu Instituto de Criminalística com uma central de custódia, no art. 158-E. É um projeto, mas que não encontra respaldo no presente. Há lugares em que não há Instituto de Criminalística, nem perito oficial. As perícias acabam sendo feitas por peritos não oficiais de maneira rudimentar.

No art. 158-F, determina-se que o material periciado deve retornar à central de custódia, vale dizer, o espaço proporcionado pela Comarca.

De qualquer forma, não seguir a cadeia de custódia, por alguma razão, cuida-se de nulidade relativa, dependente de prova do prejuízo pela parte interessada.

6.3 Confissão e corpo de delito

A lei é clara ao mencionar que a confissão do réu não pode suprir o exame de corpo de delito, direto ou indireto (art. 158, parte final, CPP). A única fórmula legal válida para preencher a sua falta é a colheita de depoimentos de testemunhas, nos termos do art. 167: "Não sendo possível o exame de corpo de delito, por haverem desaparecido os vestígios, a prova testemunhal poderá suprir-lhe a falta".

Andou bem o legislador ao impedir que a confissão possa suprir o exame de corpo de delito, já que se sabe ser frágil meio de prova a admissão da culpa pelo acusado. Afinal, há inúmeras razões que podem conduzir uma pessoa a confessar falsa ou erroneamente, colocando em grave risco a segurança exigida pelo processo penal. Assim, ilustrando, se o cadáver, no caso do homicídio, desapareceu, ainda que o réu confesse ter matado a vítima, não havendo exame de corpo de delito, nem tampouco prova testemunhal, não se pode punir o autor. A confissão isolada não presta para comprovar a existência das infrações que deixam vestígios materiais. Compatíveis com o texto legal estão os magistérios de MALATESTA e CARRARA (*A lógica das provas em matéria criminal*, v. 2, p. 153; *Programa del curso de derecho criminal dictado em la Real Universidad de Pisa*, v. 2, p. 320).

6.4 Formalização do laudo pericial

A regra passa a ser, com o advento da Lei 11.690/2008, que as perícias em geral, onde se insere o exame de corpo de delito, sejam realizadas por um perito oficial, portador de diploma de curso superior (art. 159, *caput*, CPP). Não havendo, é possível a sua realização por duas pessoas idôneas, com diploma de curso superior, preferencialmente na área específica, escolhidas dentre as que tiverem habilitação técnica relacionada à natureza do exame (art. 159, § 1.º, CPP). Quando os peritos não forem oficiais deverão prestar o compromisso de bem desenvolver sua atividade (art. 159, § 2.º, CPP).

Não se tratando de perícia realizada por perito oficial, remunerado pelos cofres públicos, porque exerce um cargo ou função, os peritos não oficiais precisam ser remunerados; a ninguém é dado trabalhar gratuitamente para o Estado. O Código de Processo Penal, diante da falta de reforma, não dispõe a respeito. É preciso servir-se do disposto pelo art. 3.º do CPP, utilizando o método da analogia feito, nesse caso, com o art. 91 do CPC. Se a perícia for requerida pelo Ministério Público ou pela Defensoria Pública aplica-se o disposto referido artigo. Se for determinada de ofício pelo juiz, caberá ao Tribunal de Justiça efetuar o pagamento, conforme sua previsão orçamentária.

Perito é o especialista em determinado assunto. Considera-se *oficial* quando é investido na função por lei e não pela nomeação feita pelo juiz. Normalmente, são pessoas que exercem a atividade por profissão e pertencem a órgão especial do Estado, destinado exclusivamente a produzir perícias. Note-se que a lei exige a realização da perícia por um profissional, que é considerado, para todos os efeitos, *auxiliar da justiça* (art. 275, CPP), submetendo-se às mesmas causas de suspeição dos magistrados (art. 280, CPP). Destaque-se o teor da Súmula 361 do STF, agora não mais aplicável no contexto da perícia oficial, ao menos quanto ao número de peritos para a realização do exame: "No processo penal, é nulo o exame realizado por um só perito, considerando-se impedido o que tiver funcionado, anteriormente, na diligência de apreensão".

A Lei 12.030/2009 busca conferir autonomia aos peritos criminais: "No exercício da atividade de perícia oficial de natureza criminal, é assegurado autonomia técnica, científica e funcional, exigido concurso público, com formação acadêmica específica, para o provimento do cargo de perito oficial" (art. 2.º).

Quando o laudo for elaborado por um só perito não oficial é considerado prova ilícita e deve ser refeito. O indeferimento de pedido nesse sentido dá margem à impetração de mandado de segurança. A urgência é justificada para que a prova não se perca diante do decurso do tempo.

Era inadmissível, no processo penal, a participação de assistentes técnicos indicados pelas partes. A Lei 11.690/2008 alterou essa situação. O Ministério Público, o assistente de acusação, o ofendido, o querelante e o acusado podem formular quesitos e indicar assistentes técnicos (art. 159, § 3.º, CPP).

O assistente técnico deverá atuar a partir da sua admissão pelo magistrado e após a conclusão dos exames e a elaboração do laudo pelo perito oficial. As partes serão intimadas dessa decisão (art. 159, § 4.º, CPP).

Como mencionado, até a reforma processual penal de 2008, o CPP nem mesmo previa a participação no processo de assistentes técnicos. Atualmente, encontra disposta pelo art. 159, mas sem mencionar a sua remuneração. É caso de aplicação analógica, valendo-se do CPC (art. 95).

Outra modificação introduzida deu-se no contexto da busca de esclarecimentos em relação à prova técnica. As partes poderão requerer a oitiva dos peritos em audiência para informarem dados sobre a prova produzida e para responder aos quesitos. Para tanto, devem ser intimados com dez dias de antecedência, recebendo os quesitos ou questões de antemão. Suas respostas podem dar-se por meio de laudo complementar (art. 159, § 5.º, I, CPP).

Os assistentes técnicos podem apresentar laudos ou ser inquiridos em audiência (art. 159, § 5.º, II, CPP).

O material probatório, que serviu de base para a perícia, deve ser disponibilizado no ambiente do órgão oficial, que o manterá sob sua guarda, como regra. O exame dos assistentes se fará com o acompanhamento do perito oficial (art. 159, § 6.º, CPP).

É viável a realização de perícia complexa, envolvendo mais de uma área de conhecimento, motivo pelo qual pode ser designado mais de um perito oficial e a parte, mais de um assistente técnico (art. 159, § 7.º, CPP).

Laudo pericial é a conclusão a que chegaram os peritos, exposta na forma escrita, devidamente fundamentada, constando todas as observações pertinentes ao que foi verificado e contendo as respostas aos quesitos formulados pelas partes.

Quesitos são questões formuladas sobre um assunto específico, que exigem, como respostas, opiniões ou pareceres. Os quesitos podem ser oferecidos pela autoridade e pelas partes até o ato da diligência (art. 176, CPP).

Outro ponto interessante a destacar é que inúmeros laudos são realizados apenas na fase extrajudicial, em virtude de determinação da autoridade policial, razão pela qual não se submetem à participação das partes, oferecendo quesitos e acompanhando a sua feitura. Os exames do cadáver, dos instrumentos do crime, do local, de dosagem alcoólica, toxicológicos, entre outros, são realizados sem nenhuma participação das partes. Isso não impede que, em virtude dos princípios constitucionais do contraditório e da ampla defesa, não possam ser questionados em juízo por qualquer das partes.

O direito à escorreita produção da prova é inafastável, mesmo reconhecendo-se que aguardar seria pior, pois os sinais deixados pelo delito poderiam desaparecer. Para compor os interesses de efetivação do laudo em curto espaço de tempo e de participação dos interessados na discussão do seu conteúdo, pode haver complementação da perícia, sob o crivo do contraditório, respeitando-se o devido processo legal (cf. Antonio Magalhães Gomes Filho, *Direito à prova no processo penal*, p. 161-162).

Atualmente, aberta pela Lei 11.690/2008 a possibilidade de as partes oferecerem quesitos e indicarem assistentes técnicos, torna-se natural poderem fazê-lo, se possível, desde a fase policial. Não há necessidade alguma de se aguardar a chegada dos autos em juízo, já com a ação penal instaurada. Ademais, acompanhar a prova pericial quando é realizada (fase investigatória) é o objetivo maior. Conforme o caso, se for bem-feita, nem mesmo ação penal haverá, pois é possível não se comprovar a materialidade ou mesmo a autoria da infração penal.

O exame de corpo de delito pode ser realizado em qualquer dia e horário (art. 161, CPP), o que é razoável, pois a necessidade da verificação feita pelos peritos é que deve impor os limites para a concretização do exame. É possível que uma necropsia precise ser feita durante um feriado ou na madrugada para que o cadáver possa ser logo liberado para as cerimônias funerais, incomodando o mínimo possível a família da vítima.

6.5 Necropsia

É o exame feito por peritos das partes internas de um cadáver. Tem por finalidade principal constatar a morte e sua causa, mas também serve para verificar outros aspectos, como a trajetória do projétil ou o número de ferimentos, bem como os orifícios de entrada e saída do instrumento utilizado. Excepcionalmente, pode ser dispensável a autópsia, quando a morte for violenta e inexistindo qualquer dúvida quanto à sua causa (ex.: explodir o corpo). Nessa hipótese, faz-se somente o exame externo do cadáver, como determina o parágrafo único do art. 162 do CPP.

Para a realização da necropsia, fixou-se um período de segurança de, no mínimo, seis horas, que é o necessário para o surgimento dos incontroversos sinais tanatológicos, demonstrativos da morte da vítima, evitando-se qualquer engano fatal (exceto, como já mencionado, quando a morte for evidente). Nesse cenário, denomina-se *morte aparente* a situação do indivíduo dado por morto pelo médico e assim tratado por familiares e amigos, mas que, em verdade está vivo. Embora sejam casos raros, os livros registram

250 | MANUAL DE PROCESSO PENAL · Nucci

tais ocorrências, normalmente originárias de inadequada verificação dos sinais tanatológicos. Estados como embriaguez, catalepsia, coma epilético, asfixia, anestesia, comoção cerebral, síncope, entre outros, podem levar a uma simulação da morte.

6.6 Exumação e inumação

Exumar significa desenterrar ou tirar o cadáver da sepultura. É um procedimento que necessita de autorização legal, não podendo ser feito sem causa. Havendo infração aos dispositivos legais que autorizam a exumação ou inumação ocorre contravenção penal (art. 67, LCP). A exumação pode ser necessária para realizar-se a autópsia, quando surge dúvida sobre a ocorrência da *causa mortis*, o que até o momento do sepultamento não havia. Pode servir, ainda, para o refazimento da perícia ou para a complementação dos dados que os expertos já colheram. Aliás, pode ser fruto do inconformismo de qualquer das partes diante de um exame malfeito, determinando o magistrado a reparação pelos peritos das falhas encontradas.

Inumar significa enterrar ou sepultar. Embora o art. 163 do CPP cuide somente da exumação, vale ressaltar que também pode existir infração penal quando um corpo é sepultado sem autorização (art. 67, LCP).

Como regra, cabe à autoridade policial determinar a realização de autópsia (art. 6.º, VII, CPP), logo, é da sua atribuição determinar a exumação, quando for necessário. Nada impede, no entanto, que o juiz a determine, devendo ser conduzida pela autoridade policial de toda forma.

Os cadáveres serão sempre fotografados na posição em que forem encontrados, assim como as eventuais lesões externas e os vestígios deixados no local do crime (art. 164, CPP). Embora não sejam as fotografias uma prova derradeira e suficiente, elas contribuem para a formação da convicção das autoridades que irão analisar o inquérito. Justamente porque as fotos são importantes, incumbe à autoridade policial dirigir-se ao local do crime, providenciando para que nada seja alterado até que os peritos cheguem para fotografar o corpo tal como encontrado (art. 6.º, I, CPP).

Em caso de dúvida quanto à identidade do cadáver, menciona o art. 166 do Código de Processo Penal dever ser realizado o reconhecimento, lavrando-se auto, onde se descreverá o cadáver com todos os seus sinais e indicações. O denominado *auto de reconhecimento e de identidade* é o registro escrito e devidamente autenticado pelos funcionários do órgão encarregado de proceder à identificação a respeito de tudo quanto foi feito para a descoberta da correta identidade do cadáver, narrando-se o procedimento empregado, as provas realizadas, os confrontos feitos, os sinais encontrados e as pessoas que participaram do ato. Havendo dúvida quanto à identidade do cadáver enterrado, tudo o que for com ele encontrado deve ser recolhido e autenticado, isto é, reconhecido como verdadeiro e pertencente, de fato, àquele que morreu. Esses objetos arrecadados na sepultura ou no corpo podem ser extremamente úteis na identificação do corpo por familiares e amigos.

6.7 Exame de corpo de delito em caso de lesões corporais

A particularidade desse caso fica por conta da possibilidade de haver um primeiro exame pericial realizado de modo incompleto, necessitando-se do denominado *exame complementar*, a fim de apurar a gravidade da lesão corporal. Note-se que uma das espécies de lesão grave é aquela que incapacita o ofendido para as ocupações habituais por mais de trinta dias. Ora, como saber se isso ocorreu caso não seja feito um segundo exame, justamente após o decurso do lapso temporal de trinta dias? Aliás, nesse caso, o exame precisa ocorrer tão logo passe esse período. Tempo depois já não é útil, nem se prestando à finalidade de indicar a ocorrência de lesão corporal grave.

Outras hipóteses decorrem da necessidade de saber se o ofendido realmente, após o tratamento, teve membro, sentido ou função debilitado de modo permanente, sofreu incapacitação para o trabalho, perdeu membro, sentido ou função ou padece de enfermidade incurável. Por isso, no caso de lesões corporais o exame complementar pode ser extremamente útil.

A realização do exame complementar pode dar-se por determinação da autoridade policial ou judiciária, por requerimento do Ministério Público, do ofendido ou mesmo do acusado ou de seu defensor (art. 168, CPP).

Na esteira do art. 167 do Código de Processo Penal, torna-se viável que, desaparecido os vestígios, não mais seja possível realizar o exame complementar, motivo pelo qual a prova testemunhal supre a sua falta (art. 168, § 3.º, CPP).

6.8 Exame de local

Trata-se do desdobramento natural do disposto no art. 6.º, I (a autoridade policial deve dirigir-se ao local do crime, providenciando para que não sejam alterados o estado e a conservação das coisas até a chegada dos peritos criminais), revelando-se, em grande número de casos, importante fonte de prova para o processo. Lamentavelmente, sabe-se que nem sempre a autoridade policial cumpre o determinado na lei processual, razão pela qual o lugar do crime é alterado de tal maneira que a perícia se torna inviável.

Por outro lado, se o disposto no art. 6.º não for cumprido, pode a perícia transformar-se em meio de desvirtuamento da verdade real, caso alguém tenha propositadamente alterado o local, induzindo em erro os experts. Tanto é importante o exame do lugar do delito que o Código de Trânsito Brasileiro – Lei 9.503/97 – prevê como figura criminosa a conduta de quem inova artificiosamente, em caso de acidente automobilístico com vítima, o estado do lugar, de coisa ou de pessoa para o fim de induzir a erro o agente policial, o perito ou o juiz (art. 312).

As eventuais modificações do local, que forem perceptíveis pelos peritos, devem constar do relatório, trazendo, como determina a lei, a discussão e as conclusões a que chegaram a respeito da força que essas alterações possam ter no modo de avaliação do desenvolvimento do fato criminoso. Isso significa que os peritos devem levantar hipóteses, demonstrando no laudo as várias situações delas decorrentes, para auxiliar o juiz a julgar a causa, quando colher outras provas (art. 169, parágrafo único, CPP).

6.9 Exame laboratorial

É o realizado em lugares próprios ao estudo experimental e científico. Assim, em muitos crimes, como ocorre com os delitos contra a saúde pública, é imprescindível que se faça o exame de laboratório, para que os peritos, contando com aparelhos adequados e elementos químicos próprios, possam apresentar suas conclusões. Ex.: exame toxicológico para detecção de substâncias entorpecentes proibidas; exame de dosagem alcoólica; exame de substância venenosa; exame de constatação de produto farmacêutico falsificado, dentre outros.

Determina a lei (art. 170, CPP) que os experts, ao findarem o exame, guardem material suficiente do produto analisado, para a realização, se for o caso, da contraprova, que significa uma nova perícia para confirmar a primeira, quando nesta se encontrarem falhas insuperáveis, ou para que alguma das partes possa questionar a conclusão obtida pelos peritos, através de uma segunda verificação. A cautela de guardar o material examinado não possui um prazo certo estabelecido em lei, mas deve respeitar o limite do razoável, ou seja, no mínimo até que o juiz profira a sentença, embora o ideal seja aguardar o trânsito em julgado da decisão.

6.10 Perícia em furto qualificado e crimes afins

Embora o art. 171 do Código de Processo Penal seja aplicável, na maioria das vezes, ao furto qualificado, nada impede que se realize exame pericial para detectar a destruição ou rompimento de obstáculo ou mesmo a efetivação de escalada para outro delito. Como ilustração, poderíamos indicar a realização desse tipo de exame para comprovar que o agente do homicídio se valeu de escalada para ingressar no recinto onde estava a vítima, motivo pelo qual tornou impossível ou dificultosa a sua defesa, qualificando o crime.

É fundamental que, existindo rompimento ou destruição de obstáculo, possam os peritos atestar tal fato, pois facilmente perceptíveis. Diga-se o mesmo do furto cometido mediante escalada, ainda que, nesta hipótese, os rastros do crime possam ter desaparecido ou nem ter existido. Tal ocorrência não afasta, em nosso entender, a realização da perícia, pois o lugar continua sendo propício para a verificação. Ex.: caso o agente ingresse em uma casa pelo telhado, retirando cuidadosamente as telhas, recolocando-as depois do crime; pode ser que a perícia não encontre os vestígios da remoção, mas certamente conseguirá demonstrar que o local por onde ingressou o ladrão é alto e comporta a qualificadora da escalada. Sabe-se, por certo, que tal não se dá quando o agente salta um muro baixo, sem qualquer significância para impedir-lhe a entrada, algo que a perícia tem condições de observar e atestar. Por isso, as testemunhas somente podem ser aceitas para suprir a prova pericial, no caso da escalada, quando for para indicar o percurso utilizado pelo agente para ingressar na residência, mas não para concluir que o lugar é, de fato, sujeito à escalada, salvo se a casa tiver sido, por alguma razão, demolida.

Em síntese, pois, o exame pericial é indispensável nesses dois casos (destruição ou rompimento de obstáculo e escalada), podendo ser suprido pela prova testemunhal somente quando os vestígios tiverem desaparecido por completo e o lugar se tenha tornado impróprio para a constatação dos peritos.

Devem os peritos descrever os vestígios (rastros deixados pela concretização do delito, como, por exemplo, os estilhaços do vidro espalhados pelo chão da casa invadida), indicando os instrumentos utilizados (quando possível, naturalmente), os meios e a época do ingresso. Note-se que a lei (art. 171, parte final, CPP) vale-se de presunção, deixando os peritos à vontade para exercerem um juízo de probabilidades, tecendo conjecturas. Pela experiência que detêm, podem estabelecer, aproximadamente, o momento da destruição ou do rompimento, que pode ser relevante para saber se ocorreu antes ou depois da subtração, o que irá provocar reflexo na aceitação ou não da qualificadora.

6.11 Laudo de avaliação

Em regra, nos crimes patrimoniais, efetua-se a avaliação do bem, determinando-se o seu valor de mercado, para apurar qual foi o montante do prejuízo causado à vítima. A finalidade e a aplicação do laudo são variadas, servindo para constatar se cabe a aplicação do privilégio no furto ou na apropriação ("pequeno valor a coisa furtada", conforme arts. 155, § 2.º, e 170, CP) ou se cabe o estelionato privilegiado ("pequeno valor o prejuízo" para a vítima, conforme art. 171, § 1.º, do mesmo Código), bem como para constatar se foi totalmente reparado o dano, no caso de eventual aplicação do disposto no art. 16 (arrependimento posterior).

Além disso, havendo o laudo de avaliação nos autos, torna-se mais fácil para o juiz, em oportunidade futura, determinar o valor da reparação, que é devida à vítima, como, por exemplo, para a concessão do livramento condicional (art. 83, IV, CP).

Vislumbra-se, no entanto, atualmente, outra situação para o emprego do laudo de avaliação, ao menos para fornecer subsídios ao juiz criminal, que haverá de fixar o montante do prejuízo: diz respeito à multa reparatória, sanção estabelecida na sentença condenatória advinda de crime de trânsito, que fixa o valor da indenização a ser paga pelo réu ao ofendido, levando em consideração o prejuízo causado pelo acidente (art. 297 da Lei 9.503/97). Embora o valor da reparação, nessa hipótese, seja calculado em dias-multa, deve guardar correspondência com o prejuízo sofrido pela vítima, que precisa ter sido apurado ao longo da instrução do processo-crime.

Outra utilidade do laudo de avaliação é permitir ao magistrado, no processo criminal, com a modificação introduzida pela Lei 11.719/2008, fixar, na sentença condenatória, o valor mínimo da indenização civil pela reparação do dano causado pela infração penal (art. 63, parágrafo único, e art. 387, IV, CPP).

A avaliação pode ser direta ou indireta, embora a melhor forma de proceder ao estabelecimento do valor de um bem é checando-o pessoal e diretamente. Entretanto, em grande parte dos casos, a coisa subtraída, danificada ou destruída desaparece das vistas do perito, razão pela qual, como já dissemos, pode haver a elaboração do laudo por simples referência, valendo-se o experto de dados que coletou nos autos – como o estado de conservação da coisa, sua origem, idade etc. – além dos elementos que conseguir amealhar em suas diligências – checagem dos preços no mercado, através de revistas especializadas e consultores de um modo geral.

6.12 Exame de local de incêndio

O delito é previsto no art. 250 do Código Penal, possuindo várias particularidades, que podem tornar a pena mais elevada ou mais leve. Algumas causas de aumento, como colocar fogo em casa habitada, em depósito de explosivo, em lavoura, dentre outras, precisam ser analisadas pelo experto.

Aliás, o modo pelo qual o incêndio teve início, os instrumentos utilizados para causá-lo, bem como suas consequências, podem auxiliar na determinação se houve dolo ou culpa na conduta do agente. E mais: é possível determinar se a intenção do agente era causar um incêndio ou praticar um homicídio, conforme a maneira pela qual foi executado o ato criminoso. Por fim, é possível que se verifique tratar-se somente de um incêndio fortuito, portanto não criminoso.

6.13 Exame de reconhecimento de escritos (grafotécnico)

É o denominado exame caligráfico ou grafotécnico, que busca certificar, admitindo como certo, por comparação, que a letra, inserida em determinado escrito, pertence à pessoa investigada. Tal exame pode ser essencial para apurar um crime de estelionato ou de falsificação, determinando a autoria. Logicamente, da mesma maneira que a prova serve para incriminar alguém, também tem a finalidade de afastar a participação de pessoa cuja letra não for reconhecida. O procedimento acima pode ser utilizado, atualmente, como parâmetro para as perícias de escritos envolvendo datilografia ou impressão por computador.

A intimação da pessoa interessada para o ato tem por finalidade promover o comparecimento do pretenso autor do escrito a ser examinado para que possa reconhecer documentos diversos provenientes do seu punho, que servirão como padrão de comparação, ou para que forneça diretamente à autoridade material emanado de seu punho, conforme lhe for ditado. A autoridade policial, que normalmente conduz tal colheita, aproveitará frases e palavras semelhantes àquelas sobre as quais pende dúvida, mandando que o investigado as escreva várias vezes.

Afirmamos em outras oportunidades que ninguém é obrigado a produzir prova contra si mesmo. Portanto, se o indiciado, conforme orientação de sua defesa, preferir não fornecer o material para o exame ser realizado, tal conduta jamais poderá ser considerada crime de desobediência; do contrário estar-se-ia subvertendo a ordem jurídica, obrigando o indivíduo a produzir prova contra seu próprio interesse.

A lei prevê hipóteses para contornar a falta de colaboração do interessado, propiciando à autoridade que se valha de outros documentos emanados do punho do investigado, cuja autenticidade já tiver sido evidenciada em juízo ou por qualquer outro meio de prova em direito admitido. Além disso, deverá requisitar documentos constantes de arquivos ou estabelecimentos públicos ou privados para proceder à comparação.

Durante a fase extrajudicial, somente se intima o indiciado ou suspeito a acompanhar a diligência se for encontrado; durante a fase judicial, no entanto, em homenagem à ampla defesa e ao contraditório, caso seja revel, intimar-se-á seu defensor para, querendo, acompanhar a produção da prova. Neste último caso, preterindo-se a intimação, ocorrerá cerceamento de defesa, acarretando nulidade na produção da prova.

Procedendo ao exame comparativo, a autoridade pode valer-se de documentos cuja procedência já tenha sido judicialmente atestada como sendo do punho da pessoa investigada. É natural que se trata de prova emprestada, pois não se exige seja feito o reconhecimento de um documento em juízo, em processo específico, para que ele possa ser usado. Extrai-se de outro feito qualquer escrito para ser utilizado. Ex.: o contrato preenchido de próprio punho pelo investigado, juntado numa ação cível qualquer, para a prova de um direito e, nessa demanda, reconhecido como sendo seu.

É viável a realização da diligência diretamente no local onde se encontram os documentos, como se vê, por exemplo, na Lei 6.015/73 (Registros Públicos) ao dispor que "os livros de registro, bem como as fichas que os substituam, somente sairão do respectivo cartório mediante autorização judicial" (art. 22). E, ainda, o previsto no art. 23: "Todas as diligências judiciais e extrajudiciais que exigirem a apresentação de qualquer livro, ficha substitutiva de livro ou documento, efetuar-se-ão no próprio cartório".

Por outro lado, a Lei 8.935/94 (Serviços Notariais) determina que "os livros, fichas, documentos, papéis, microfilmes e sistemas de computação deverão permanecer sempre sob a guarda e responsabilidade do titular de serviço notarial ou de registro, que zelará por sua ordem, segurança e conservação" e também que "se houver necessidade de serem periciados, o exame deverá ocorrer na própria sede do serviço, em dia e hora adrede designados, com ciência do titular e autorização do juízo competente" (art. 46, *caput* e parágrafo único).

Portanto, diante do disposto nesses dois diplomas legais, os livros, fichas, documentos, papéis, microfilmes e sistemas de computação não serão retirados dos cartórios extrajudiciais para serem periciados, por qualquer razão. Devem os expertos ir ao local onde se encontram os objetos do exame, devidamente autorizados pelo Juiz Corregedor Permanente e com ciência do notário. É viável que o magistrado, presidindo o feito, em que se apura um crime relacionado a tais documentos e livros, determine a apresentação deles para a sua direta inspeção na Vara onde se encontra, se considerar imprescindível, *desde* que conte com a autorização do corregedor do cartório, como determina a lei. Do contrário, não sendo autorizada a saída dos objetos, poderá ir pessoalmente ao lugar onde estão para proceder à vistoria.

Caso a pessoa investigada, que deva reconhecer o documento ou fornecer o material necessário para a perícia, resida em outra cidade, fora da área de atribuição da autoridade policial ou da competência do juiz, deverá ser expedida carta precatória (instrumento pelo qual o órgão policial ou judiciário solicita a outro a realização de um ato nos limites de sua área de atribuição ou competência territorial) para que a diligência possa concretizar-se. Entretanto, deve ser lembrado o disposto no art. 22 do Código de Processo Penal, mencionando que, em lugares onde houver mais de uma circunscrição policial, a autoridade pode ordenar diligências em circunscrição de outra, independentemente de precatórias ou requisições.

6.14 Exame dos instrumentos do crime

Instrumentos são os objetos que servem de agente mecânico para a realização do crime. Ex.: revólver, faca, pedaço de madeira, estilete, entre outros. A lei preceitua ser válido estabelecer a natureza e eficiência deles. *Natureza* significa estabelecer a

256 | MANUAL DE PROCESSO PENAL · Nucci

espécie e a qualidade. Ex.: determinar que o revólver é de calibre 38. *Eficiência* quer dizer a verificação de sua força ou eficácia para produzir determinado resultado. Ex.: estabelecer se o revólver está apto a desferir tiros. É importante tal prova, pois a arma utilizada pelo agente pode ser inapta para o fim almejado, sendo tal conclusão capaz até de gerar a hipótese do crime impossível, por absoluta ineficácia do meio (art. 17, CP).

6.15 Quesitos na realização de perícia

Como já abordado anteriormente, o oferecimento de quesitos, por ocasião da realização da prova pericial, pode ser de fundamental importância para o esclarecimento da verdade real e para a garantia do devido processo legal, com seus corolários diretos: a ampla defesa e o contraditório.

Por isso, quando a prova for determinada em juízo, não há dúvida de que as partes e o juiz podem encaminhar perguntas (quesitos) ao perito até o momento em que a diligência se realize. Entretanto, costuma-se defender que, durante o inquérito, por ser este um procedimento inquisitivo, não se pode permitir que o indiciado os apresente. Tal posição não se coaduna com o devido processo legal, nem com a modificação ao art. 159, § 3.º do CPP, onde se prevê, expressamente, a possibilidade de oferta de quesitos pelas partes.

É evidente que durante a investigação policial o indiciado não é considerado parte, nem tem direito à produção de prova, pois o procedimento é inquisitivo. Mas, por outro lado, não se deve perder de vista que muitas provas são pré-constituídas, isto é, não serão novamente realizadas durante a instrução judicial, tornando-se definitivas. Nesse caso, não se poderia evitar que o indiciado participasse da sua produção, sem ferir o direito ao contraditório e à ampla defesa. Defendemos, pois, que o indiciado, por seu defensor, pode apresentar quesitos, na fase extrajudicial, quando se tratar de prova pericial pré-constituída.

6.16 Exame por precatória

Não apenas a colheita de material para o exame grafotécnico pode ser feita por precatória, como expressamente prevê o art. 174, IV, do CPP, mas todo o exame pericial, cujo objeto ou material a ser analisado se encontre em Comarca diversa daquela onde se situa a autoridade policial ou o juiz (art. 177, CPP).

Como regra, o juiz ou a autoridade policial do local da diligência nomeia o perito, sem nenhuma intervenção das partes (art. 276, CPP), portanto, no local deprecado. Tal disposição é correta, uma vez que, sendo o experto órgão auxiliar da justiça, tanto faz que seja nomeado pela autoridade deprecante ou pela deprecada. Ademais, a nomeação no juízo deprecado evita o deslocamento inútil do perito para outra cidade. Entretanto, a norma processual penal abre uma exceção, no caso de ação penal privada, cujos interesses em jogo mais se aproximam das causas cíveis do que das criminais, diante da disputa havida, para que o perito seja nomeado no juízo deprecante, o que facilitaria o acompanhamento da prova e a apresentação de quesitos (art. 177, CPP).

6.17 Divergência entre peritos e vinculação do juiz à prova pericial

A lei passou a exigir a elaboração de exame pericial por um perito oficial, permitindo a existência de dois, quando não oficiais. É possível que, entre estes, em tese, haja divergência. Assim ocorrendo, faculta-se que apresentem, no mesmo laudo, as suas opiniões em seções diferenciadas e com respostas separadas aos quesitos ou, caso prefiram, elabore cada qual o seu laudo.

O magistrado *pode* – não sendo obrigatório – nomear um terceiro, chamado *perito desempatador* (art. 180, CPP). Havendo nova divergência, o juiz *pode* determinar a realização de outra perícia, repetindo a produção da prova.

Cremos haver as seguintes opções: a) os peritos discordam entre si e o juiz, valendo-se do disposto no art. 182 (no sentido de que não está atrelado ao laudo, podendo aceitá-lo no todo ou parcialmente), opta por uma das versões ou rejeita ambas, calcando sua decisão nas demais provas produzidas nos autos; b) os peritos discordam e o juiz nomeia o desempatador. Ainda assim, havendo um resultado de dois contra um, o magistrado decidirá livremente qual corrente seguir (torna-se ao disposto no art. 182, CPP); c) os peritos discordam, o juiz nomeia o experto desempatador, que apresenta uma terceira versão, ficando o juiz livre para produzir nova perícia ou acreditar numa das três. Na prática, como é sabido, a grande maioria dos laudos não contém divergência alguma.

Entretanto, fazemos uma ressalva: o juiz, como regra, pode desprezar o disposto no art. 180, valendo-se do art. 182, quando achar que tem elementos para isso, embora *não possa fazê-lo*, quando a prova pericial depender, estritamente, de conhecimentos técnicos indeclináveis. Em síntese, pois, o art. 180 estabelece o procedimento que o magistrado (ou o delegado) deve seguir para, estando em dúvida, resolver o impasse, no caso de divergência entre os dois peritos que elaboraram o laudo ou quando o juiz (ou delegado) deva fiar-se no exame pericial, necessariamente. Neste último caso, havendo divergência, é preciso seguir literalmente o disposto no art. 180 para saná-la.

Além disso, existindo a possibilidade da intervenção de assistentes técnicos, a divergência pode concentrar-se entre eles ou entre algum deles e o perito oficial. Em suma, em caso de dúvida, pode o magistrado nomear o perito desempatador do mesmo modo.

Prevê a lei (art. 181, CPP) que, havendo ausência de cumprimento às formalidades legais (como a assinatura dos peritos no laudo e em todas as suas folhas), bem como sendo constatada omissão a respeito de esclarecimento imprescindível, obscuridade que transforme o laudo ou qualquer conclusão incompreensível ou mesmo contradição que o torne imprestável para a finalidade para a qual foi produzido, ao invés de se realizar outro exame, mandará o juiz – nesta hipótese, não pode ser determinado pelo delegado – que os peritos supram a falha, corrigindo o laudo.

Naturalmente, como prevê o parágrafo único do artigo mencionado, se entender a autoridade judiciária não ser passível de suprimento a falta encontrada, ordenará a realização de nova perícia, por eles ou por outros peritos, conforme sua conveniência.

Sobre a vinculação do juiz ao laudo pericial, é natural que, pelo sistema do livre convencimento motivado ou da persuasão racional, adotado pelo Código, possa o magistrado decidir a matéria que lhe é apresentada de acordo com sua convicção, analisando e avaliando a prova sem nenhum freio ou método previamente imposto pela lei.

Seu dever é fundamentar a decisão, dando-lhe, pois, respaldo constitucional. Por tal motivo, preceitua o art. 182 do Código de Processo Penal não estar o juiz adstrito ao laudo, podendo acolher totalmente as conclusões dos expertos ou apenas parcialmente, além de poder rejeitar integralmente o laudo ou apenas parte dele. O conjunto probatório é o guia do magistrado e não unicamente o exame pericial. Ex.: é possível que o julgador despreze o laudo de exame do local, porque acreditou na versão oferecida por várias testemunhas ouvidas na instrução de que a posição original do corpo no momento do crime, por exemplo, não era a retratada pelo laudo. Assim, o juiz rejeitará o trabalho pericial e baseará sua decisão nos depoimentos coletados, que mais o convenceram da verdade real.

Atualmente, com a participação de assistentes técnicos, torna-se mais fácil o juiz ter elementos para rejeitar o laudo oficial, acolhendo outro qualquer, que lhe pareça mais convincente.

Ocorre que não se pode dar ao art. 182 uma extensão indevida. Lembremos que o Código de Processo Penal estabelece, em alguns casos, provas tarifadas, como é o caso do exame de corpo de delito para os crimes que deixam vestígios. Ora, em se tratando de um laudo toxicológico, comprovando que o material apreendido não é substância entorpecente, não pode o juiz rejeitá-lo, condenando o réu. Trata-se de prova indispensável para a materialidade da infração penal, de forma que, no máximo, pode o juiz, não concordando com a conclusão da perícia, determinar a realização de outra, mas não deve substituir-se ao experto.

Por outro lado, equívoco comum encontramos naqueles que sustentam ser admissível, em um exame de insanidade mental, que o juiz afaste o laudo decidindo em sentido contrário ao proposto pelo perito. Não pode fazê-lo, pois o Código Penal (art. 26) adota o sistema biopsicológico, exigindo que haja dupla avaliação para a situação de inimputabilidade, isto é, o perito atesta a parte biológica, demonstrando que o réu tem uma doença mental, enquanto o juiz avalia a parte psicológica, analisando se a doença se manifestava à época do crime, o que poderá fazer pela colheita das demais provas. Entretanto, caso o magistrado não concorde com a parte biológica, deve mandar fazer outro exame, mas não pode dizer que é saudável aquele que o perito disse ser doente ou vice-versa. É possível, no entanto, que afaste a conclusão do laudo relativa à manifestação da enfermidade no instante do cometimento do delito, mas sem ingressar no mérito da existência da doença.

6.18 Indeferimento da produção de prova pericial

Trata-se de uma providência natural, no quadro de produção de provas, que a autoridade policial ou judiciária indefira aquelas que forem impertinentes para a solução do caso.

Entretanto, o art. 184 do CPP faz expressa ressalva ao exame de corpo de delito, determinado por lei para a prova da materialidade dos delitos que deixam vestígios materiais, a fim de evitar a sua supressão por autoridades mais afoitas. Não há recurso contra a decisão do delegado ou do juiz que indefira a realização de perícia. Pode a situação, entretanto, conforme o caso, determinar a interposição de recursos alternativos, isto é, não previstos especificamente para a hipótese.

Se a autoridade policial recusar a feitura de um exame pericial considerado importante, resta ao interessado requerer ao representante do Ministério Público ou à autoridade judiciária que a requisite, fazendo com que o delegado a produza. Se o indeferimento provier de juiz, pode ser interposto mandado de segurança ou, eventualmente, ser mais uma vez questionada a produção da prova em grau de recurso, como preliminar de apelação ou recurso em sentido estrito, conforme o caso.

7. INTERROGATÓRIO

7.1 Conceito

Denomina-se interrogatório judicial o ato processual que confere oportunidade ao acusado de se dirigir diretamente ao juiz, apresentando a sua versão defensiva aos fatos que lhe foram imputados pela acusação, podendo inclusive indicar meios de prova, bem como confessar, se entender cabível, ou mesmo permanecer em silêncio, fornecendo apenas dados de qualificação. O interrogatório policial, por seu turno, é o que se realiza durante o inquérito, quando a autoridade policial ouve o indiciado, acerca da imputação indiciária.

7.2 Natureza jurídica do interrogatório

Há quatro posições a respeito:

a) é *meio de prova*, fundamentalmente;

b) é *meio de defesa*;

c) é *meio de prova e de defesa*;

d) é *meio de defesa, primordialmente; em segundo plano, é meio de prova*.

Esta última é a posição que adotamos. Note-se que o interrogatório é, fundamentalmente, um meio de defesa, pois a Constituição assegura ao réu o direito ao silêncio. Logo, a primeira alternativa que se avizinha ao acusado é calar-se, daí não advindo consequência alguma. Defende-se apenas. Entretanto, caso opte por falar, abrindo mão do direito ao silêncio, seja lá o que disser, constitui *meio de prova* inequívoco, pois o magistrado poderá levar em consideração suas declarações para condená-lo ou absolvê-lo.

7.3 Obrigatoriedade do interrogatório

Durante o curso do processo penal, que segue do recebimento da denúncia ou queixa até o trânsito em julgado da decisão condenatória ou absolutória, a autoridade judiciária de 1.º ou 2.º grau, a qualquer momento, fora do instante próprio, pode ouvir o réu.

É possível que o acusado esteja foragido e seja preso, ou se torne ausente e, tomando conhecimento do processo, compareça espontaneamente, bem como que seja encontrado e intimado a tanto. Por isso, é imprescindível que o magistrado ofereça ao réu a oportunidade de ser ouvido, qualificando-o e colhendo dados pessoais (interrogatório de qualificação), bem como lhe oferecendo a oportunidade de apresentar a sua versão sobre a acusação (interrogatório de mérito). Ainda que possua o direito ao silêncio, este não abrange, de regra, o momento da sua qualificação, razão pela qual é sempre indispensável proporcionar ao acusado o instante do interrogatório.

Naturalmente, se o processo já estiver em 2.ª instância, aguardando para ser julgado, pode o tribunal determinar seja o réu ouvido pelo juiz de 1.ª instância ou, se houver preferência, pode ser ouvido pelo relator. A falta do interrogatório, quando o réu se torna presente após o momento próprio, é nulidade relativa, isto é, somente deve ser reconhecida se houver provocação da parte interessada, demonstrando ter sofrido prejuízo.

É viável a determinação judicial de condução coercitiva para o momento do interrogatório, *mas única e tão somente quando o magistrado deseje realizar o interrogatório de qualificação, pois tem dúvida quanto à identidade do réu.* No mais, não tem o menor sentido determinar a condução coercitiva (ato violento por natureza) para que o acusado, conhecido e perfeitamente identificado, invoque o direito ao silêncio. Teria sido conduzido à presença do juiz inutilmente, motivo pelo qual não tem valia a violência da coerção. Por isso, atento ao princípio constitucional de que ninguém é obrigado a produzir prova contra si mesmo e à garantia constitucional de se manter em silêncio, não é viável a aplicação literal do disposto no art. 260 do Código de Processo Penal, que prevê a possibilidade de condução coercitiva para interrogatório simplesmente porque o réu, ciente da data, deixou de comparecer. Essa é a atual posição do STF (ADPF 444-DF, Pleno, rel. Gilmar Mendes, j. 14.6.2018, m.v.).

Cremos ser muito mais adequado que o interrogatório deixe de ser ato processual obrigatório, afinal, o réu tem direito ao silêncio, devendo comparecer se quiser prestar declarações. O ideal, portanto, seria o interrogatório como ato facultativo, a realizar-se a critério exclusivo da defesa, quando o acusado estivesse devidamente identificado e não necessitasse ser qualificado diante do juiz. Nessa hipótese, renunciando ao direito ao silêncio, poderia oferecer os meios de prova e as teses que entendesse cabíveis, contando com o questionamento das partes, embora por intermédio do magistrado. Colocar-se-ia nessa posição porque quer e não por obrigação decorrente de lei.

Atualmente, com a alteração de vários procedimentos, inseriu-se o interrogatório como último ato da instrução, na mesma audiência em que se colhe, em tese, toda a prova (arts. 400, 411 e 531, CPP). Ainda assim, ele é obrigatório, no sentido de que deve o juiz proporcionar esse momento ao réu. Deveria, no entanto, ser facultativo, ou seja, somente se houvesse pedido expresso da defesa ele se realizaria.

7.4 Interrogatório da pessoa jurídica

A partir da edição da Lei 9.605/98, cuidando dos crimes contra o meio ambiente, tornou-se possível considerar a pessoa jurídica autora de infração penal, no Brasil. A referida Lei encontra respaldo constitucional no art. 225, § 3.º, causando, no entanto, imensa polêmica dentre penalistas e processualistas. Não sendo este o lugar apropriado para o debate acerca da conveniência da responsabilidade penal da pessoa jurídica, resta analisar o aspecto ligado à sua posição na relação processual.

Como ré, tem o direito de ser interrogada, visto ser este momento do processo um meio primordialmente de defesa e, secundariamente, de prova. Naturalmente, o Código de Processo Penal não previu, em nenhum de seus dispositivos, a possibilidade de a pessoa jurídica ser interrogada, pois à época de sua edição esta possibilidade era inexistente em direito penal. Assim, é cabível e recomendável que sejam feitas adaptações, por analogia, à inquirição da pessoa jurídica.

Tem sugerido a doutrina que sejam utilizadas, em conjunto, as normas do processo civil e do processo trabalhista, conforme o momento, fazendo com que a pessoa jurídica seja citada na pessoa de seu representante legal, embora seja ouvida, em interrogatório, na pessoa que seu representante indicar, pois este pode não ter conhecimento do fato. A citação, no entanto, será feita na pessoa do representante legal. Vide art. 75, VIII, do CPC/2015.

Para a data do interrogatório, a pessoa jurídica indica, por instrumento de preposição, quem será em seu lugar ouvido, estando sujeito, naturalmente, às mesmas regras que envolvem a pessoa física: pode utilizar o direito ao silêncio, se desejar, pode recusar-se a responder perguntas inconvenientes ou impertinentes, bem como pode confessar e admitir a prática da infração penal ou fatos interessantes para o deslinde da causa, vinculando, no que disser, a ré.

7.5 Presença do defensor

A partir da edição da Lei 10.792/2003, torna-se indispensável que o interrogatório seja acompanhado por defensor, constituído ou dativo. Para que fosse assegurada a ampla defesa e o cumprimento da nova disposição do art. 185, *caput*, do CPP, tornava-se fundamental que, no mandado de citação, determinasse o juiz que o oficial indagasse do réu se ele já possuiria defensor constituído e qual seriam o nome e o endereço. Assim, na certidão do oficial, atestando a citação, constaria o nome do causídico do acusado. Seria ele, então, intimado, pela imprensa, para comparecer ao interrogatório designado – em caso de réu solto, no fórum; em caso de preso, no estabelecimento penal correspondente.

Entretanto, a partir da edição das Leis 11.689/2008 e 11.719/2008, passou-se a observar ritos diversos tanto no procedimento comum, agora subdividido em ordinário, sumário e sumaríssimo, como também no procedimento especial do júri. Em todos eles, o interrogatório será realizado ao final da instrução. Esta, por sua vez, deve concentrar-se em uma só audiência. Logo, colhidos todos os depoimentos necessários, ouve-se o réu, se ele não se utilizar do direito ao silêncio.

A consequência disso é a adaptação do disposto no capítulo do interrogatório em relação às alterações supramencionadas.

O acusado não mais é citado para ser interrogado, mas para responder, em defesa prévia, por escrito, tudo o que lhe interessar, por meio de seu defensor. É indispensável colher essa manifestação, razão pela qual ele terá advogado que patrocine sua causa desde o início do processo. Portanto, ao atingir a fase de interrogatório, certamente, terá defensor que o conhece e com ele já conversou sobre a estratégia a ser adotada.

Tornou-se, basicamente, inútil o disposto no art. 185, § 1.º, do CPP, prevendo a realização do interrogatório dentro do presídio onde se encontre preso o réu. Afinal, ele será o último a ser ouvido e já se encontrará na audiência de instrução, acompanhando os atos processuais.

Quanto à entrevista pessoal entre acusado e seu defensor (art. 185, § 5.º, CPP), trata-se de uma garantia, isto é, não pode ser considerado um momento obrigatório, afinal, como já se frisou, o defensor apresentou defesa prévia, teve contato com o réu e acompanhou toda a instrução. Porém, se for requerido ao juiz, em audiência, assegura-se o contato entre ambos (acusado e defensor) antes do interrogatório ter início. Ademais, tal medida pode ocorrer sempre, em qualquer instante dos trabalhos e não apenas antes do interrogatório.

7.6 Interrogatório de réu preso

Com o advento das Leis 11.689 e 11.719, ambas de 2008, o interrogatório foi transferido para o final da fase de instrução. Em uma só audiência se colhem todas as provas (testemunhas, ofendido, peritos etc.) e interroga-se o réu. Logo, torna-se inviável que o juiz se dirija ao presídio para interrogar o acusado.

Além disso, a edição da Lei 11.900/2009, alterando a redação do art. 185 do CPP, passa a prever, em caráter excepcional, a realização do interrogatório do acusado preso por videoconferência. E, quando a inquirição do réu for o último ato do procedimento, ocorrendo em audiência única, pode ser esta realizada integralmente em videoconferência.

7.6.1 Requisitos para a realização do interrogatório por videoconferência

Há requisitos formais e substanciais a serem observados para a concessão legítima da realização do interrogatório por meio de videoconferência ou outro recurso tecnológico de transmissão de sons e imagens em tempo real, conforme dispõe o art. 185, § 2.º, do CPP.

Os requisitos formais dizem respeito aos elementos indispensáveis à sustentação da decisão judicial: a) excepcionalidade; b) fundamentação; c) necessariedade. O primeiro deles consagra ser o interrogatório presencial a regra, de modo que o realizado por meio da videoconferência, uma exceção. Torna-se inadmissível inverter essa imposição legal, vulgarizando-se a forma de interrogatório ou coleta de depoimentos por meio eletrônico. A facilidade ou a economia de custo para o Estado não está contemplada em lei e não é requisito para contornar a regra. O segundo propicia a consagração de que as decisões do Judiciário são fundamentadas (art. 93, IX, CF) e estabelece a evidência de ser *decisão interlocutória* a que autoriza o uso de videoconferência, não se tratando de despacho de mero expediente. Logo, ao cercear o direito à ampla defesa e o direito de presença do réu, deve a decisão ser bem motivada, tanto quanto uma decisão de decretação de prisão cautelar, por exemplo. A terceira consagra a fórmula da necessidade de o ato processual ser realizado de determinada forma, pois, de outra, não atingiria a sua finalidade. O *necessário* é *indispensável*, equivalendo dizer que, se não for feito de certo modo, não se perfaz.

Os requisitos substanciais dizem respeito ao cerne da situação fática existente, de modo a fazer surgir a necessidade de uso da regra excepcional do emprego de videoconferência para o interrogatório e outros atos processuais. São requisitos alternativos, quando observados os incisos I a IV do § 2.º do art. 185:

a) prevenir risco à segurança pública, quando exista *fundada* suspeita de que o preso integre *organização criminosa* ou de que, por outra razão, *possa fugir* durante o deslocamento. Observe-se que o *risco à segurança pública* deve advir de duas causas expressamente previstas em lei: a.1) a fundada suspeita de integrar organização criminosa; a.2) haver razões fáticas de que possa fugir durante o deslocamento. Não há outras causas para que se possa alegar risco à segurança pública. No mais, é preciso destacar a inserção do termo "fundada", acompanhado de "suspeita", valendo dizer que não se trata de mera presunção ou suposição de que o réu integre organização criminosa. É preciso haver um mínimo de provas a respeito disso, embora não se exija a condenação por integrar associação criminosa. A outra parte volta-se à existência de razões de poder o acusado fugir durante o deslocamento. Portanto, também não se deve ingressar no universo das suposições, devendo existir dado fático de que isso possa ocorrer;

b) viabilizar a participação do réu no referido ato processual, quando haja *relevante dificuldade* para seu comparecimento em juízo, por enfermidade ou outra circunstância pessoal. Esta hipótese volta-se ao próprio acusado, leia-se, tem o intuito de beneficiá-lo, para que possa se dirigir ao magistrado diretamente ou para que possa acompanhar os atos da instrução. Logo, demanda-se uma dificuldade fora do comum, em *virtude* de enfermidade ou outra circunstância pessoal (deficiência física, por exemplo). Desse modo, inexistindo viabilidade para que chegue ao fórum, providencia-se a sua oitiva por meio da videoconferência;

c) impedir a influência do réu no ânimo de testemunha ou da vítima, desde que não seja possível colher o depoimento destas por videoconferência, nos termos do art. 217 do CPP. Esta hipótese não nos parece sensata, nem fácil de se realizar, salvo em situações excepcionais. Cuidando-se de testemunha sob proteção, dentro do programa estatal próprio, justifica-se evitar o seu deslocamento ao fórum, podendo ser ouvida por videoconferência. No mais, quando o problema se concentra na presença do acusado na sala de audiência, torna-se preciso cuidado para não retirar o réu da sala, sob qualquer pretexto simplório e fraco. A fórmula do art. 217 do CPP não nos parece adequada, pois a testemunha saberia que o acusado está na sala ao lado vendo e ouvindo tudo o que ela fala. A questão psicológica para a maior parte das testemunhas é *não depor na presença do réu*, constituindo *presença* estar ele, fisicamente, na sala ao lado. Por tal razão, não nos convence a utilização de videoconferência nos termos do art. 217;

d) responder à *gravíssima* questão de *ordem pública*. Esta é a mais aberta das alternativas para o uso do equipamento de videoconferência. Deveria ter sido mais bem explicitada. A ordem pública é exatamente o requisito da prisão preventiva (art. 312, CPP) de interpretação confusa e complexa. Porém, liga-se, em última análise, à segurança pública. Abalos na rotina de comunidades inteiras em virtude do cometimento de um delito podem justificar a decretação da prisão preventiva do agente do crime, como garantia da ordem pública. Desse modo, considerando-se ser *gravíssima* a situação no local onde a infração penal aconteceu e está sendo apurada, pode levar o juiz, inclusive em nome da segurança do réu, a realizar o interrogatório e outros atos por meio de videoconferência.

MANUAL DE PROCESSO PENAL · **Nucci**

A decisão judicial, em desrespeito aos requisitos para a utilização da videoconferência em atos processuais, não possui recurso específico para ser utilizado. Logo, como afronta garantias fundamentais concernentes ao réu, deve ser usado o *habeas corpus*.

7.6.2 *Procedimento para o uso da videoconferência*

Deve o juiz, ao determinar a realização do interrogatório por meio de videoconferência, em sua decisão fundamentada, mandar intimar as partes com pelo menos 10 dias de antecedência (art. 185, § 3.º, CPP). Normalmente, percebendo tratar-se de situação anormal, poderá designar a audiência de instrução e julgamento e, ao mesmo tempo, determinar o uso da videoconferência. Logo, as partes serão intimadas tanto da audiência, quanto da utilização do equipamento.

Segundo entendimento firmado pelo STF, para todos os procedimentos, inclusive especiais, o interrogatório deslocou-se para o fim da instrução, razão pela qual, após a oitiva das testemunhas, na audiência de instrução e julgamento, o réu será ouvido pelo juiz. Portanto, o uso da videoconferência deverá abranger todo esse universo: todas as inquirições realizadas, finalizado com o interrogatório do acusado (art. 185, § 4.º, CPP).

Certamente, terá o réu o direito de ser acompanhado por advogado, tanto na audiência, quanto no interrogatório, podendo com seu defensor entrevistar-se reservadamente *antes* de ser ouvido pelo juiz. Quando realizado o ato processual do interrogatório, por videoconferência, haverá um defensor no presídio onde se encontra o acusado e outro, na sala de audiências. Além disso, haverá a possibilidade de conversas reservadas entre o acusado e qualquer de seus defensores e entre estes (art. 185, § 5.º, CPP).

Menciona o art. 185, § 6.º, CPP, deva ser a sala reservada no presídio para o uso da videoconferência fiscalizada por corregedores, juiz da causa, Ministério Público e Ordem dos Advogados do Brasil. Cuida-se de manifesto exagero, somente para impressionar aqueles que são contrários à utilização desse sistema. Fiscalizar a sala vazia é uma inutilidade. Aliás, se o preso for pressionado a dar qualquer tipo de declaração, tal coação será exercida antes do interrogatório, em outro ambiente do presídio. E no momento do interrogatório haverá um defensor com ele, logo, a OAB está presente. A referência ao juiz da causa não tem sentido, pois ele estará a quilômetros de distância, aliás, é justamente por isso que se valeu do sistema da videoconferência. Em suma, o § 6.º tem puro aspecto formal.

Não se podendo realizar o interrogatório do réu preso na sala especial do presídio (art. 185, § 1.º, CPP), nem pela videoconferência (art. 185, § 2.º, CPP), deve ele ser *requisitado* à autoridade competente (exige-se, conforme a lei, providencie o diretor do presídio ou outra autoridade administrativa a apresentação do réu ao juiz) para que compareça ao fórum (art. 185, § 7.º, CPP). Inseriu-se tal dispositivo para suprir uma lacuna, vez que, na redação anterior, mencionava-se apenas que o interrogatório seria feito nos moldes do CPP, sem especificação alguma.

7.6.3 *Outros atos processuais e videoconferência*

Autorizou-se o uso da videoconferência para outros atos processuais relevantes, no contexto da produção de provas, como a acareação, o reconhecimento de pessoas e coisas, a inquirição de testemunha ou a tomada de declarações do ofendido (art. 185, § 8.º, CPP).

A inquirição de testemunhas e a tomada das declarações do ofendido fazem parte de atos executados durante a audiência de instrução e julgamento. Logo, já estão abrangidos pelo disposto no § 4.º. A acareação (art. 229, CPP) é instituto desacreditado, pois significa o confronto entre pessoas que deram declarações divergentes, com o intuito de, colocando-os frente a frente, possam voltar atrás e narrar a verdade. Poucas dão resultado. No mais, permitindo-se a acareação à distância, por meio da precatória (art. 230, CPP), maior perda sofre o instituto. Por isso, a videoconferência não parece afetar a acareação.

O reconhecimento de pessoas e coisas é formal e regulado pelo art. 226 do CPP. Não nos parece deva ser feito por videoconferência, pois fere as suas formalidades e requisitos. O chamado reconhecimento *informal* em audiência, quando a vítima aponta o réu como autor dos fatos, de maneira singela e sem qualquer rigor, tem sido aceito pelos tribunais. Porém, não se trata de reconhecimento de pessoa, mas somente o trecho do depoimento de uma testemunha ou da declaração de uma vítima. Estender a possibilidade de, simplesmente, apontar o réu como autor dos fatos, por meio da tela de TV ou de computador é muito mais perigoso e pode dar ensejo a vários erros judiciários, em nome do uso da tecnologia. Soa-nos lesão à ampla defesa, portanto, inconstitucional.

7.7 Efetividade da ampla defesa e a interferência do defensor antes do interrogatório

Se necessário, é imprescindível que o juiz possibilite ao réu, que não possua advogado constituído, avistar-se com o Defensor Público ou dativo nomeado, reservadamente, para que possa ser orientado das consequências de suas declarações, de modo a não prejudicar sua defesa.

O direito de entrevista pessoal e reservada do réu com seu defensor antes do ato do interrogatório pode ser evitado, atualmente, pois o rito foi alterado e somente ao final da audiência única, onde toda a prova é colhida, será ouvido o réu. Portanto, na maioria dos casos, ele já terá assistência de um defensor constituído, público ou dativo.

Nada impede, no entanto, que o defensor deseje orientar seu cliente, antes do interrogatório, justamente em função da prova que foi produzida na audiência. É um direito de ambos e o magistrado deve assegurar esse momento.

7.8 Classificação do interrogatório

Há três partes do interrogatório que merecem destaque: a) interrogatório de qualificação; b) interrogatório de individualização; c) interrogatório de mérito.

Quanto ao interrogatório de qualificação, significa que, perante a autoridade, deve o réu (ou indiciado, conforme o caso) fornecer seus dados identificadores, como o nome, a naturalidade, o estado civil, a idade, a filiação, a residência, a profissão ou o meio de vida, o lugar que a exerce e se sabe ler e escrever. Em relação à qualificação, não cabe direito ao silêncio, nem o fornecimento de dados falsos, sem que haja consequência jurídica, impondo sanção. O direito ao silêncio não é ilimitado, nem pode ser exercido abusivamente. As implicações, nessa situação, podem ser graves, mormente quando o réu fornece, maldosamente, dados de terceiros, podendo responder pelo seu ato. Maiores detalhes são desenvolvidos nas notas 17 e 18 ao art. 307 do nosso *Código Penal comentado*.

Vale salientar que a qualificação é a colheita de dados pessoais do acusado ou indiciado, buscando individualizá-lo (nome, filiação, naturalidade etc.), enquanto a identificação criminal volta-se à colheita das impressões dactiloscópicas e da fotografia do imputado, tornando-o pessoa certa.

A segunda etapa (interrogatório de individualização), que se volta à obtenção de dados sobre a *pessoa* do acusado, cuida do estágio de individualização do ser humano em julgamento, garantindo a colheita de importantes elementos para a fixação da pena, se for o caso, na esteira do preceituado pelo art. 59 do Código Penal. Aliás, o caminho adotado pela Lei 10.792/2003, ao introduzir tal modificação, foi correto, até porque o magistrado precisa valer-se de dados concretos para individualizar a pena, o que raramente possui, justamente por falha sua no interrogatório.

Personalidade, antecedentes e conduta social são pontos cruciais para a aplicação da pena, embora fossem costumeiramente relegados a plano secundário no momento de se ouvir o acusado. Assim, cabe ao interrogante indagar do réu quais as oportunidades sociais que ele tem ou teve, bem como a respeito de sua vida pregressa, notadamente se já foi preso ou processado e, em caso afirmativo, qual foi o juízo do processo – a quem se dirigirá, depois, para obter as certidões devidas –, se houve suspensão condicional do processo ou da pena, qual foi a sanção imposta, se foi cumprida, além de outros dados familiares e sociais. Configura-se um perfil do réu.

Nessa etapa, ele pode valer-se do direito ao silêncio e, se o desejar, mentir, sem qualquer possibilidade de ser por isso punido. Não é crível que, ouvido a respeito de seus dados familiares, sociais e passado criminal, seja ele obrigado a falar, sob pena de ser processado por desobediência, nem tampouco que seja obrigado a narrar a verdade, até porque esta, no caso, seria impossível de ser avaliada. O acusado, ainda que condenado, pode pretender omitir isso do juiz para proteger-se. Ele pode, ainda, mesmo que não seja bom pai e esposo, declarar-se como tal, visando à apresentação de melhor situação pessoal ao magistrado. Enfim, não se pode exigir que fale o que não deseja.

A terceira etapa envolve o interrogatório de mérito, concernente à imputação propriamente dita, obtendo o magistrado dados sobre os fatos e demais detalhes constantes do § 2.º do art. 187 do Código de Processo Penal. Nesse estágio, o réu pode calar-se ou mentir, sem por isso ser sancionado.

7.9 Direito do acusado ou indiciado ao silêncio

Consagrado pela Constituição Federal de 1988, no art. 5.º, LXIII, o direito de permanecer calado, em qualquer fase procedimental (extrajudicial ou judicial), chocava-se com a antiga redação do art. 186 do CPP, em sua parte final, que dizia "o seu silêncio poderá ser interpretado em prejuízo da própria defesa". A doutrina majoritária posicionava-se pela não recepção desse trecho do referido art. 186 pelo texto constitucional de 1988, embora alguns magistrados continuassem a utilizar desse expediente para formar seu convencimento acerca da imputação.

Com a modificação introduzida pela Lei 10.792/2003, torna-se claro o acolhimento, sem nenhuma ressalva, do direito ao silêncio, como manifestação e realização da garantia da ampla defesa. Sempre sustentamos que a necessidade de permanecer calado, muitas vezes, é uma consequência natural para pessoas frágeis, emocionalmente perturbadas ou que não possuem a devida assistência jurídica. Não se nega que no espírito do magistrado o silêncio invocado pelo réu pode gerar a suspeita de ser ele realmente o autor do crime, embora, ainda que tal se dê, é defeso ao magistrado externar o seu pensamento na sentença. Ora, como toda decisão deve ser fundamentada (art. 93, IX, CF), o silêncio jamais deve compor o contexto de argumentos do magistrado para sustentar a condenação do acusado. É preciso abstrair, por completo, o silêncio do réu, caso o exerça, porque o processo penal deve ter instrumentos suficientes para comprovar a culpa do acusado, sem a menor necessidade de se valer do próprio interessado para compor o quadro probatório da acusação.

Se o Estado ainda não atingiu meios determinantes para tanto, tornando imprescindível ouvir o réu para formar sua culpa, é porque se encontra em nítido descompasso, que precisa ser consertado por outras vias, jamais se podendo exigir que a ineficiência dos órgãos acusatórios seja suprida pela defesa.

7.10 Procedimento do interrogante e do interrogado

O interrogante deve ser neutro, absolutamente imparcial, equilibrado e sereno. Não pode o juiz gerar no réu medo, insegurança, nem tampouco revolta e rancor. O momento é de autodefesa, primordialmente. Em segundo plano, forma-se prova, contra o réu ou em seu benefício, caso deseje falar.

7.11 Colaboração das partes no interrogatório

Esta é outra das alterações introduzidas pela Lei 10.792/2003, como se pode verificar da atual redação do art. 188 do Código de Processo Penal. Sempre tivemos receio de que, algum dia, uma modificação legislativa pudesse inserir a possibilidade de reperguntas das partes ao acusado. Se assim ocorresse, a ampla defesa sofreria, sem dúvida, um choque incontestável, pois o acusador iria tentar, ao máximo, com suas indagações, levar o réu à confissão, o que retiraria desta o seu caráter de *ato voluntário* do agente. Por outro lado, até mesmo perguntas malfeitas do defensor poderiam redundar na produção de prova contra o interesse do réu.

A alteração, no entanto, não foi nesse nível, ao menos no procedimento comum. Permite-se às partes que, ao final do interrogatório, possam colaborar com o juiz, lembrando-o de que alguma indagação importante deixou de ser feita, dentre tantas previstas no art. 187. Ou mesmo alguma outra questão, ali não relacionada, mas fundamental para o esclarecimento da verdade. Entretanto, não dispõem elas de direito *absoluto* à obtenção de respostas a tais questões, cabendo ao magistrado, dentro do seu poder discricionário, sem dúvida fundamentado, deliberar se são pertinentes e relevantes. Logo, deve coibir as perguntas tendentes a constranger o réu ou provocá-lo a confessar, bem como as que forem inadequadas ao caso, como as gratuitamente invasoras de sua intimidade.

268 | MANUAL DE PROCESSO PENAL · Nucci

Ainda assim, dado o direito às partes para colaborar com o juiz, não deixa de ser posição arriscada, pois nada impede que o magistrado menos interessado em filtrar tais questões proporcione verdadeira situação de *reperguntas*, como se faz com qualquer testemunha, gerando prejuízo à ampla defesa.

Lamentavelmente, entretanto, no procedimento do júri, a Lei 11.689/2008 introduziu o ilógico direito de reperguntas diretas das partes ao réu, durante o interrogatório (art. 474, § 1.º, CPP). Parece-nos um autêntico retrocesso, em matéria de garantias individuais. Por isso, a única solução viável é o acusado invocar o seu inafastável direito ao silêncio a cada pergunta que lhe for dirigida pelo órgão acusatório ou pelo assistente de acusação. Se desejar, pode responder. Se não se sentir à vontade, deve permanecer calado.

7.12 Interrogatório em separado

É a forma correta de se evitar que haja influência de um corréu sobre outro, levando-os, muitas vezes, a confissões ou acusações falsas (art. 191, CPP).

Entretanto, aqueles que já foram ouvidos podem permanecer na sala, ouvindo as declarações do seguinte, exceto se houver algum tipo de pressão psicológica, quando, então, será retirado da sala de audiência.

Caso compareça apenas um dos corréus, é natural poder o juiz realizar o interrogatório, pois estará ouvindo separadamente o interrogado. O outro, que será ouvido em data posterior, tomando ou não conhecimento do já declarado, muitas vezes por intermédio do seu advogado, o que é perfeitamente natural e configura a publicidade existente no processo, bem como componente da ampla defesa, poderá – o que nem sempre ocorre – até beneficiar-se do fato, buscando suprir deficiências ou contornar eventuais falhas. A providência do art. 191, no entanto, não pode ser vista de modo absoluto, pois, caso contrário, não haverá processo, com muitos réus, que consiga chegar ao fim, visto que, raramente, todos compareçam na mesma data para o interrogatório realizar-se, ao final da audiência de instrução, como regra.

Ademais, fosse de outro modo e o processo haveria de ser sigiloso, sem acesso às partes, como única forma de garantir que um não tomará conhecimento do que o outro disse. O objetivo maior, entretanto, é evitar que, no mesmo instante em que um corréu está sendo ouvido, o outro absorva o que está sendo falado, podendo ser influenciado emocional ou psicologicamente pelas declarações, alterando as suas, por sua conta e risco, o que pode representar, para a sua defesa técnica, a pior opção. Por isso, não se tem por meta fazer com que o interrogatório seja uma peça imparcial e genuinamente idônea, porque não faz parte da sua natureza, mas sim que não existam influências momentâneas, prejudiciais à defesa daquele que altera o que vai dizer, somente porque ouviu o interrogatório precedente do corréu.

7.13 Formas especiais de interrogatório

Fugindo à forma oral, o interrogatório, em casos excepcionais como o apresentado pelo art. 192 do Código de Processo Penal (surdo, mudo ou surdo-mudo), pode ser feito pela modalidade escrita ou através desta, associada à oralidade. Entretanto, as perguntas escritas pelo juiz ao surdo serão consignadas no termo, normalmente, em conjunto com as respostas dadas, sem necessidade de se juntar o papel específico, em que elas foram inicialmente colocadas. Ocorre o mesmo com as respostas escritas dadas pelo mudo e com relação às perguntas e respostas feitas e realizadas, no tocante ao surdo-mudo. Todos assinarão, depois, o termo de interrogatório, que será a peça válida para a formação da prova.

Se o interrogando, nessas situações, for analfabeto, deverá intervir no ato um intérprete, que é, para todos os fins, equiparado ao perito (art. 281, CPP), razão pela qual será nomeado pelo juiz, devidamente compromissado e estará sujeito às regras da suspeição aplicáveis aos juízes. Por isso, segundo cremos, não deve ser nomeado parente do depoente, que dificilmente terá imparcialidade suficiente para proceder à tradução do que lhe for dito.

Quando o surdo, o mudo ou o surdo-mudo for alfabetizado é vedada qualquer forma de utilização de mímica, sob pena de se ofender o método de colheita do depoimento, expressamente previsto em lei. Caso seja ele analfabeto, o interrogatório feito por intermédio do intérprete será, logicamente, realizado através de mímica, entendida esta não como gestos teatrais, para buscar "adivinhar" o que pensa e o que diz o réu, mas sim através de uma linguagem estabelecida na forma de gesticulações precisas e adequadas à expressão de uma ideia ou sentimento. Não se trata de um jogo, mas de uma linguagem concretizada por gestos, que não deixam de ser uma mímica.

Quanto ao réu que não fala a língua nacional, deve ser ouvido por intermédio do intérprete, não podendo o magistrado, ainda que conheça o idioma falado pelo interrogado, dispensar a sua participação (art. 193, CPP).

Há várias razões para isso. A primeira delas é que as partes têm o direito de assistir ao interrogatório e devem obter os dados do réu no vernáculo, fiscalizando a atividade do juiz. Se este mesmo ouvir e fizer a tradução, não se conseguirá controlar o seu grau de imparcialidade. Por outro lado, o juiz não é perito e não pode dar sua avaliação "técnica" sobre qualquer assunto ventilado nos autos. Faz a apreciação jurídica do que lhe for apresentado pelos experts, mas não se imiscui nessa atividade, da mesma forma que, quando for testemunha de algum fato, não será o julgador do caso. Lembremos que traduções também implicam interpretação e valoração do que é dito, podendo resultar numa disputa das partes pela inteligência de uma frase qualquer proferida pelo réu, de modo que caberá ao juiz dirimir a controvérsia. Se tiver sido ele o intérprete, não terá condições de julgar o ponto polêmico.

7.14 Curador ao réu menor de 21 anos e outros incapazes

A Lei 10.792/2003 revogou o art. 194 do Código de Processo Penal ("Se o acusado for menor, proceder-se-á ao interrogatório na presença de curador"). Vínhamos defendendo, assim que a Lei 10.406/2002 (Código Civil) entrou em vigor, a inaplicabilidade desse dispositivo, uma vez que o maior de 18 anos, sendo apto para todos os atos da vida civil, não mais necessitava de assistência de curador. Com essa modificação da lei processual penal, consolida-se essa tendência, faltando, ainda, reparos nos arts. 15, 262 e 564, III, *c*, parte final, do CPP.

Outro fator a ratificar o entendimento de não mais existir a figura do curador ao menor de 21 anos deu-se por meio da Lei 11.689/2008. Renovando os atos ocorridos

270 | MANUAL DE PROCESSO PENAL · Nucci

em plenário, eliminou-se o seguinte dispositivo: "Apregoado o réu e comparecendo, perguntar-lhe-á o juiz o nome, a idade e se tem advogado, *nomeando-lhe curador, se for menor* e não o tiver, e defensor, se for maior (...)" (antigo art. 449, CPP, grifamos).

Outras pessoas, que forem consideradas incapazes para compreender o significado do ato processual que se realiza, devem ser assistidas por curador especial, como é o caso dos índios não completamente integrados à civilização e dos doentes mentais, cuja enfermidade já seja conhecida no momento de realização do interrogatório. Nesta última hipótese, entretanto, quando o magistrado ouve o réu e nota, somente nesse instante, que ele é mentalmente enfermo, deve instaurar incidente de insanidade mental, mas não se anula o ato processual concretizado.

7.15 Renovação do interrogatório

Há variadas razões que podem levar à realização de outro interrogatório ao longo da instrução: a) o juiz sentenciante não é o mesmo que realizou o ato, necessitando ouvi-lo e vê-lo diretamente, para formar o seu convencimento; b) o juiz sentenciante ou o que preside a instrução constata a pobreza do interrogatório realizado, em poucas linhas, sem qualquer conteúdo. Deve determinar o seu refazimento; c) o juiz interrogante entra em confronto com o réu, havendo nítida parcialidade na colheita do depoimento. Outro magistrado deve ser indicado para proceder ao interrogatório, caso o primeiro seja anulado ou haja a intenção de evitar a concretização de uma nulidade insanável; d) o tribunal entende que deve ouvir diretamente o réu, a despeito do interrogatório já ter sido feito pelo juiz (art. 616, CPP); e) o acusado, que confessou no primeiro interrogatório, resolve retratar-se, o que é expressamente admitido (art. 200, CPP); f) surge uma prova nova, como uma testemunha, desejando o réu manifestar-se sobre o seu depoimento, desconhecido até então; g) há corréu envolvido que tenha proferido uma delação, envolvendo outro corréu que já foi interrogado. Este pode pretender dar sua versão sobre o que foi falado a seu respeito.

Enfim, o art. 196 do CPP é expresso ao permitir que o interrogatório seja realizado novamente a qualquer tempo, de ofício ou a requerimento fundamentado de qualquer das partes, facilitando, pois, a sua concretização. Naturalmente, quando se realizar ao final da instrução, podem ocorrer os debates e o julgamento, tornando mais rara a hipótese de seu refazimento.

8. CONFISSÃO

8.1 Conceito de confissão

Confessar, no âmbito do processo penal, é admitir contra si, por quem seja suspeito ou acusado de um crime, tendo pleno discernimento, voluntária, expressa e pessoalmente, diante da autoridade competente, em ato solene e público, reduzido a termo, a prática de algum fato criminoso.

Deve-se considerar confissão apenas o ato voluntário (produzido livremente pelo agente, sem nenhuma coação), expresso (manifestado, sem sombra de dúvida, nos autos) e pessoal (inexiste confissão, no processo penal, feita por preposto ou mandatário, o que atentaria contra a segurança do princípio da presunção de inocência).

Além disso, é incorreto dizer que alguém, não suspeito, nem acusado pelo Estado, ao admitir a prática de um fato considerado criminoso, está *confessando*. Na realidade, nessa hipótese, trata-se da autodenúncia ou autoacusação.

Considera-se, também, como requisito essencial para caracterizá-la o discernimento, que é a faculdade de julgar as coisas com clareza e equilíbrio, visto que um indivíduo insano não pode admitir sua culpa validamente. Exigir-se que seja produzida diante da autoridade competente implica afastar do cenário da confissão os peculiares *depoimentos* feitos a policiais fora da delegacia, como, por exemplo, durante o trajeto do local do crime para o distrito policial. Esta situação deve ser considerada um testemunho e não confissão. O ato precisa ser solene, público e reduzido a termo, justamente porque o interrogatório é o momento ideal para a sua ocorrência, o que se faz respeitadas as formalidades legais.

Finalmente, a confissão pressupõe a admissão de fato criminoso e não de qualquer fato prejudicial ao réu. O afastamento de qualquer desses requisitos pode acarretar a indevida aceitação e valoração de atos inconciliáveis com o devido processo legal. Por isso, posicionamo-nos contra a possibilidade de admitir como meio de prova a confissão colhida sob métodos ilegais, como a tortura, tendo em vista que o lugar e o método utilizado para sua extração são fundamentais para avaliar a sua força probatória.

8.2 Natureza jurídica e objeto da confissão

Trata-se de um meio de prova, isto é, um dos instrumentos disponíveis para que o juiz atinja a verdade dos fatos. Seu objeto são os fatos, inadmitindo-se questões relativas ao direito e às regras de experiência.

8.3 Espécies de confissão

Há, fundamentalmente, duas espécies: a) *quanto ao local*, ela pode ser judicial ou extrajudicial. Se produzida diante da autoridade judicial competente para julgar o caso, trata-se da *confissão judicial própria*. Se for produzida perante qualquer outra autoridade judicial, incompetente para o deslinde do processo criminal, trata-se da *confissão judicial imprópria*. No mais, quando a admissão de culpa é formulada diante de autoridades policiais, parlamentares ou administrativas, competentes para ouvir o depoente em declarações, trata-se da *confissão extrajudicial*; b) *quanto aos efeitos gerados*, a confissão pode ser simples ou qualificada. A primeira ocorre quando o confitente admite a prática do crime sem qualquer outra alegação que possa beneficiá-lo. A segunda liga-se à admissão da culpa, quanto ao fato principal, levantando o réu outras circunstâncias que podem excluir a sua responsabilidade ou atenuar sua pena. Exemplo desta última: quando o réu admite ter furtado o bem, invocando, entretanto, o estado de necessidade.

8.4 A delação premiada e suas fontes legais

No Código Penal, encontramos a delação premiada no art. 159, § 4.º ("Se o crime é cometido em concurso, o concorrente que o denunciar à autoridade, facilitando a libertação do sequestrado, terá sua pena reduzida de um a dois terços").

Porém, de maneira desregrada e assistemática, podemos detectar a sua existência, ainda, nas seguintes normas:

a) Lei 9.807/99 (Lei de Proteção à Vítima e às Testemunhas): art. 13 ("Poderá o juiz, de ofício ou a requerimento das partes, conceder o perdão judicial e a consequente extinção da punibilidade ao acusado que, sendo primário, tenha colaborado efetiva e voluntariamente com a investigação e o processo criminal, desde que dessa colaboração tenha resultado: I – a identificação dos demais coautores ou partícipes da ação criminosa; II – a localização da vítima com a sua integridade física preservada; III – a recuperação total ou parcial do produto do crime. Parágrafo único. A concessão do perdão judicial levará em conta a personalidade do beneficiado e a natureza, circunstâncias, gravidade e repercussão social do fato criminoso") e art. 14 ("O indiciado ou acusado que colaborar voluntariamente com a investigação policial e o processo criminal na identificação dos demais coautores ou partícipes do crime, na localização da vítima com vida e na recuperação total ou parcial do produto do crime, no caso de condenação, terá pena reduzida de um a dois terços");

b) Lei 7.492/86 (Crimes contra o Sistema Financeiro): art. 25, § 2.º ("Nos crimes previstos nesta Lei, cometidos em quadrilha [associação criminosa] ou coautoria, o coautor ou partícipe que através de confissão espontânea revelar à autoridade policial ou judicial toda a trama delituosa terá a sua pena reduzida de um a dois terços");

c) Lei 8.072/90 (Crimes Hediondos): art. 8.º, parágrafo único ("O participante e o associado que denunciar à autoridade o bando ou quadrilha [associação criminosa], possibilitando seu desmantelamento, terá a pena reduzida de um a dois terços");

d) Lei 8.137/90 (Crimes contra a Ordem Tributária, Econômica e Relações de Consumo): art. 16, parágrafo único ("Nos crimes previstos nesta Lei, cometidos em quadrilha [associação criminosa] ou coautoria, o coautor ou partícipe que através de confissão espontânea revelar à autoridade policial ou judicial toda a trama delituosa terá a sua pena reduzida de um a dois terços");

e) Lei 9.613/98 (Crimes de Lavagem de Capitais): art. 1.º, § 5.º ("A pena poderá ser reduzida de um a dois terços e ser cumprida em regime aberto ou semiaberto, facultando-se ao juiz deixar de aplicá-la ou substituí-la, a qualquer tempo, por pena restritiva de direitos, se o autor, coautor ou partícipe colaborar espontaneamente com as autoridades, prestando esclarecimentos que conduzam à apuração das infrações penais, à identificação dos autores, coautores e partícipes, ou à localização dos bens, direitos ou valores objeto do crime");

f) Lei 11.343/2006 (Lei de Drogas): art. 41 ("O indiciado ou acusado que colaborar voluntariamente com a investigação policial e o processo criminal na identificação dos demais coautores ou partícipes do crime e na recuperação total ou parcial do produto do crime, no caso de condenação, terá pena reduzida de um terço a dois terços");

g) Lei 12.850/2013 (Organização criminosa): art. 4.º ("O juiz poderá, a requerimento das partes, conceder o perdão judicial, reduzir em até 2/3 (dois terços) a pena privativa de liberdade ou substituí-la por restritiva de direitos daquele que tenha colaborado efetiva e voluntariamente com a investigação e com o processo criminal, desde que dessa colaboração advenha um ou mais dos seguintes resultados: I – a identificação dos demais coautores e partícipes da organização criminosa e das infrações penais por eles praticadas; II – a revelação da estrutura hierárquica e da divisão de tarefas da organização criminosa; III – a prevenção de infrações penais decorrentes das atividades da organização criminosa; IV – a recuperação total ou parcial do produto ou do proveito das infrações penais praticadas pela organização criminosa; V – a localização de eventual vítima com a sua integridade física preservada".

Não temos o objetivo de analisar todas as normas referentes à delação premiada, ingressando no debate de qual estaria em vigor e qual não seria aplicável, pois não é tema pertinente a este *Manual*, embora devamos apontar a importância da delação, em especial da denominada *premiada*, no contexto dos meios de prova existentes em processo penal. Sugerimos ao leitor, para a obtenção de maiores detalhes sobre a aplicabilidade das várias normas acerca da delação, conforme supracitadas, a consulta às nossas obras *Leis penais e processuais penais comentadas* (particularmente, a nota 35 ao art. 14 da Lei 9.807/99) e *Organização criminosa. Comentários à Lei 12.850, de 02 de agosto de 2013.*

8.5 Critérios de avaliação da confissão e confronto com outras provas

A admissão de culpa, por ser ato contrário à essência do ser humano, deve ser avaliada com equilíbrio e prudência. Não pode mais ser considerada, como no passado, a *rainha das provas*, visto ser inconsistente e impura em muitos casos. O Estado não se deve conformar em mandar para o cárcere a pessoa inocente que, envolvida por uma série de erros e constrangimentos, termina admitindo a prática de algo que não fez.

É meta indispensável do juiz confrontar a confissão com as outras provas existentes nos autos, jamais aceitando que ela, isoladamente, possa significar a condenação do réu. Por isso, consta do art. 197 do Código de Processo Penal, claramente, a advertência para que haja confronto entre a confissão e outras provas, verificando-se a sua *compatibilidade* e *concordância* com o quadro probatório. Sem isso, deve-se desprezar a admissão da culpa produzida nos autos.

8.6 Silêncio como elemento para o convencimento do juiz

A parte final do art. 198 do CPP, que prevê a possibilidade de ser levado em conta o silêncio do réu para a formação do convencimento do magistrado, não foi recepcionada pela Constituição Federal de 1988, que, expressamente, conferiu ao réu a possibilidade de manter-se calado (art. 5.º, LXIII), sem estabelecer qualquer consequência dessa opção, razão pela qual não pode a lei ordinária fixar conteúdo diverso.

8.7 Divisibilidade da confissão

Admite a lei ser permitida a divisibilidade da confissão (art. 200, CPP), isto é, pode o juiz aproveitá-la por partes, crendo num trecho e não tendo a mesma impressão quanto a outro. É muito comum o réu admitir a prática do fato criminoso para levantar, em seu benefício, alguma causa de exclusão de ilicitude ou da culpabilidade. Nesse caso, é permitido ao juiz dividi-la em partes, aceitando a admissão da culpa no tocante à autoria e à materialidade, mas rejeitando-a no que pertine à excludente.

O que é defeso ao magistrado é repartir a confissão em porções estanques, sem sentido e com quebra de contexto. Assim, não se pode dividir frases ou mesmo uma narrativa que possui um contexto único, pois, nesse caso, deturpa-se por completo a ideia exposta pelo interrogado (cf. Manzini, *Istituzioni di diritto processuale penale*, p. 159, e *Trattato di diritto processuale penale italiano*, v. 3, p. 421; Girolamo Bellavista, *Studi sul processo penale*, v. 3, p. 225).

8.8 Retratabilidade da confissão

A lei expressamente admite a possibilidade do réu retratar-se, a qualquer momento, narrando a versão correta dos fatos, na sua visão (art. 200, CPP). Nem poderia ser de outra forma, pois a admissão de culpa envolve direitos fundamentais, onde se inserem o devido processo legal, a ampla defesa e, até mesmo, o direito à liberdade.

Entretanto, admitida a possibilidade de o réu retratar-se, não quer isso dizer seja o magistrado obrigado a crer na sua nova versão. O livre convencimento do juiz deve ser preservado e fundado no exame global das provas colhidas durante a instrução. Portanto, a retratação pode dar-se ainda na fase extrajudicial, como pode ocorrer somente em juízo. Excepcionalmente, pode ocorrer, ainda, em grau de recurso, a contar com o deferimento do relator. A confissão pode ser retratada integral ou parcialmente, significando que o indiciado ou acusado pode renovar, inteiramente, o seu depoimento anterior ou somente parte dele. Como já visto, não é adequado dar o mesmo valor às confissões extrajudicial e judicial. A primeira é somente um indício de culpa, necessitando ser confirmada em juízo por outras provas, enquanto a segunda é meio de prova, também sendo confirmada pelas demais provas, embora seja considerada prova direta.

9. DO OFENDIDO

9.1 Conceito de ofendido

É o sujeito passivo do crime – a vítima –, ou seja, a pessoa que teve *diretamente* o seu interesse ou bem jurídico violado pela prática da infração penal.

O Estado, por seu turno, é considerado o sujeito passivo constante ou formal, sempre presente em todos os delitos, pois detém o direito de punir, com exclusividade. Entretanto, leva-se em conta, para os fins processuais, o sujeito passivo eventual ou material, isto é, a pessoa diretamente lesada. Nas palavras de Scarance Fernandes, ofendido é a *vítima em sentido processual* (*A vítima no processo penal brasileiro*, p. 123).

9.2 Diversidade entre ofendido e testemunha

Por certo que a vítima não pode ser considerada testemunha. As razões são várias: a) a menção à vítima está situada, propositadamente, no Código de Processo Penal, em capítulo destacado daquele que é destinado às testemunhas; b) ela não presta compromisso de dizer a verdade, como se nota pela simples leitura do *caput* do art. 201; c) o texto legal menciona que a vítima é ouvida em "declarações", não prestando, pois, depoimento (testemunho); d) o ofendido é perguntado sobre quem seja o autor do crime ou quem "presuma ser" (uma suposição e não uma certeza), o que é incompatível com um relato objetivo de pessoa que, efetivamente, *sabe* dos fatos e de sua autoria, como ocorre com a testemunha (art. 203, CPP); e) deve-se destacar que a vítima é perguntada sobre *as provas que possa indicar*, isto é, toma a postura de autêntica parte no processo, auxiliando o juiz e a acusação a conseguir mais dados contra o acusado; f) a vítima tem interesse na condenação do réu, na medida em que pode, com isso, obter mais facilmente a reparação do dano na esfera cível (art. 63, CPP). Da testemunha, exige-se, diversamente, fatos dos quais tenha ciência e as *razões do seu conhecimento*, tudo para aferir a sua credibilidade.

Enfim, vítima não é testemunha, de modo que não compõe o rol das testemunhas, nem é computada a sua inclusão no número legal fixado para cada parte. Aliás, já o dizia o direito romano: "Ninguém é considerado testemunha idônea em causa própria" – *nullus idoneus testis in re sua intelligitur*. Além disso, àquela época, como nos mostra HÉLIO TORNAGHI, nem mesmo as testemunhas indicadas pelo ofendido deveriam ser ouvidas pelo juiz, pois seriam suspeitas. Era a vítima considerada parte, cabendo-lhe provar a culpa do réu (*Compêndio de processo penal*, v. 3, p. 854-855). Tal situação evidentemente mudou, o que não significa podermos equiparar a vítima à testemunha.

9.3 Obrigatoriedade da sua inquirição

Em que pese não ser testemunha, é obrigatória a oitiva da vítima, não só porque o art. 201 do CPP, expressamente, menciona que ela será ouvida *sempre que possível*, mas também porque, no processo penal, como se sabe, vige o princípio da verdade real, isto é, deve o juiz buscar todos os meios lícitos e plausíveis para atingir o estado de certeza que lhe permitirá formar o seu veredicto.

Assim, caso as partes não arrolem a parte ofendida, deve o magistrado determinar, de ofício, a sua inquirição, sob pena de se enfraquecer a colheita da prova. É evidente, no entanto, que, deixando de fazê-lo, não se trata de nulidade absoluta, mas relativa, podendo uma das partes apontar o prejuízo sofrido e invocar a anulação do feito. A reforma implantada pelas Leis 11.689/2008 e 11.719/2008 tornou nítida a obrigatoriedade de inquirição do ofendido, em audiência, o que se pode conferir nos arts. 400, 411, 473 e 531 do CPP.

9.4 Valor probatório da palavra da vítima

Trata-se de ponto extremamente controverso e delicado na avaliação da prova. Primeiramente, convém mencionar que as declarações do ofendido constituem *meio de prova*, tanto quanto o é o interrogatório do réu, quando este resolve falar ao juiz. Entretanto, não se pode dar o mesmo valor à palavra da vítima, que se costuma conferir ao depoimento de uma testemunha, esta, presumidamente, imparcial.

Por outro lado, é importante destacar que a prática forense nos mostra haver vítimas muito mais desprendidas e imparciais do que as próprias testemunhas, de forma que suas declarações podem se tornar fontes valorosas de prova. Assim, cumpre apenas destacar alguns pontos de cautela para o juiz analisar a fala do ofendido.

Há aspectos ligados ao sofrimento pelo qual passou a vítima, quando da prática do delito, podendo, então, haver distorções naturais em suas declarações. A pessoa sequestrada, por exemplo, diante da dor e da aflição suportadas, pode elevar sobremaneira o período em que ficou sob poder do sequestrador, justamente porque perde a noção real de tempo, estando com a liberdade privada.

Outro aspecto a ser considerado é que exposições pormenorizadas do fato criminoso nem sempre são fruto da verdade, uma vez que o ofendido tem a capacidade de inventar muitas circunstâncias, até, como já se frisou, para atenuar a sua responsabilidade na ocorrência do delito. O sujeito agressivo, que vive provocando terceiros, em outro exemplo, ao ser fisicamente atacado, poderá construir na sua mente um universo de escusas para a sua atitude inicial, que o leva a omitir tal afronta, criando, em seu lugar, outros dados inexistentes.

Ainda outro elemento curioso da psicologia humana é a tendência natural que pessoas violentadas ou agredidas por entes queridos têm de amenizar ou desculpar, totalmente, o ataque sofrido. A ânsia de permanecer com os seres amados, mormente porque dá como certo e acabado o crime ocorrido, faz com que se voltem ao futuro, querendo, de todo modo, absolver o culpado. É a situação enfrentada, muitas vezes, por mulheres agredidas por seus maridos, por filhos violentados por seus pais e, mesmo, por genitores idosos atacados ou enganados por seus descendentes. Ao magistrado só resta exercitar ao máximo a sua capacidade de observação, a sua sensibilidade para captar verdades e inverdades, a sua particular tendência de ler nas entrelinhas e perceber a realidade na linguagem figurada ou propositadamente distorcida.

Em conclusão, pois, sustentamos que a palavra isolada da vítima, sem testemunhas a confirmá-la, pode dar margem à condenação do réu, desde que resistente e firme, harmônica com as demais circunstâncias colhidas ao longo da instrução. Em sentido contrário, afirmando ser impossível aceitar a palavra isolada da vítima para escorar um decreto condenatório: PAULO HEBER DE MORAES e JOÃO BATISTA LOPES (*Da prova penal*, p. 118).

9.5 Vítima não comete falso testemunho

Embora já abordado anteriormente, parece-nos fundamental deixar bem clara a posição do ofendido nesse contexto. Não sendo ele testemunha, não estando sujeito ao compromisso de dizer a verdade, sendo figura naturalmente parcial na disputa travada no processo, inexiste possibilidade lógico-sistemática de se submeter o ofendido a processo por falso testemunho, o que constitui, hoje, posição majoritária na doutrina e na jurisprudência. Nesse prisma, ver ANTONIO SCARANCE FERNANDES, *A vítima no processo penal brasileiro*, p. 145-146; MARCO ANTONIO DE BARROS, *A busca da verdade no processo penal*, p. 185.

O juiz deve avaliar as suas declarações da mesma forma que o faz com o interrogatório do réu. Eventualmente, pode a vítima responder por denunciação caluniosa (art. 339, CP), caso tenha, deliberadamente, dado causa à instauração de ação penal contra pessoa que sabia inocente. Aliás, do mesmo modo que não está obrigada a falar a verdade, pode também se calar. Muitas vezes, o ofendido quer permanecer em silêncio não por afronta à Justiça, mas por real e fundado temor de sofrer represálias, mormente num País que não consegue assegurar proteção efetiva às testemunhas, nem às autoridades que investigam crimes graves. Deve ser respeitada sua vontade, até porque já sofreu com o crime e não pode novamente ser vitimada pelo próprio Poder Judiciário ou pela polícia. É certo que tanto o magistrado quanto o delegado devem exercer seu poder de influência, buscando saber qual a motivação que leva o ofendido a calar-se, o que também poderá constituir-se em fonte útil de prova.

9.6 Condução coercitiva e processo por desobediência

Sem dúvida, pode a vítima ser conduzida coercitivamente à presença do juiz para dar suas declarações, não somente porque a sua oitiva, como já afirmado, é essencial para a busca da verdade real, como, também, pelo fato de que ninguém se exime de colaborar com o Poder Judiciário (art. 201, § 1.º, CPP).

Entretanto, discordamos daqueles que veem para a vítima a possibilidade de ser processada por desobediência. Esta hipótese só é aceitável quando a lei expressamente admite, como ocorre no caso da testemunha faltosa (art. 219, CPP). Tanto é realidade que, nos processos civis, a testemunha, desatendendo a intimação, somente pode ser conduzida coercitivamente, mas não se lhe cabe a punição por desobediência, tendo em vista que a única sanção, prevista pelo Código de Processo Civil é a condução coercitiva. Ocorre o mesmo com a vítima, no processo penal. Sua sanção é ser conduzida à força ao juízo para prestar suas declarações, embora sem que haja possibilidade de ser processada por desobediência. É o que já sustentamos em nosso *Código Penal comentado*, nota 30 ao art. 330. Em sentido contrário, admitindo a possibilidade da vítima ser processada por desobediência, caso não compareça à audiência para a qual foi intimada: SCARANCE FERNANDES, *A vítima no processo penal brasileiro*, p. 148; MIRABETE, *Código de Processo Penal interpretado*, p. 279; TOURINHO FILHO, *Código de Processo Penal comentado*, v. 1, p. 401.

Se, porventura, a vítima recusar-se a fazer o necessário exame de corpo de delito, pode ser processada por crime de desobediência e, persistindo a sua recusa, ser conduzida coercitivamente para a realização de perícias externas de fácil visualização, embora não possa ser obrigada a proceder a exames invasivos, consistentes na ofensa à sua integridade corporal ou à sua intimidade (cf. ANTONIO SCARANCE FERNANDES, *A vítima no processo penal brasileiro*, p. 126). Nessa hipótese, aceitamos a possibilidade do ofendido ser processado por desobediência, caso se recuse a comparecer para o exame de corpo de delito, visto que a lei não prevê expressamente nenhuma sanção para tanto. Se houvesse previsão legal de sanção (por exemplo: condução coercitiva), não seria necessário o processo-crime por desobediência.

9.7 Comunicação dos atos processuais ao ofendido

Determina o art. 201, § 2.º, do CPP que "o ofendido será comunicado dos atos processuais relativos ao ingresso e à saída do acusado da prisão, à designação de data para audiência e à sentença e respectivos acórdãos que a mantenham ou modifiquem".

O acompanhamento do processo-crime, puro e simples, não produz o efeito desejado. O importante seria a modificação da lei processual penal, permitindo, por exemplo, que o ofendido, por seu advogado (assistente de acusação), cientificado da soltura do acusado, pudesse interpor recurso contra essa decisão. Seria importante, ainda, a criação de mecanismos de proteção à vítima, no processo penal, tais como medidas de afastamento e proibição de aproximação por parte do réu. Além disso, seria indispensável que o ofendido fosse incentivado a participar do processo-crime, ainda que, para tanto, o Estado lhe patrocinasse advogado, a fim de obter a indenização civil para reparar o dano causado pelo crime.

Segundo dispõe o art. 201, § 3.º, do CPP, as comunicações ao ofendido deverão ser realizadas no endereço que ele indicar, admitindo-se, se for opção sua, o uso de meio eletrônico (ex.: *e-mail*).

9.8 Assistência ao ofendido

Prevê-se, ainda, na Lei 11.690/2008, acrescendo os §§ 4.º e 5.º ao art. 201, que, antes e durante o desenvolvimento da audiência, terá o ofendido um espaço separado. Não se explicou em que consiste tal separação: se das testemunhas, se do réu, se das partes. Além do mais, quando estiver prestando suas declarações, é óbvio que não se pode reservar a ele um espaço separado. Todos estarão na sala de audiência e ali deve, também, ficar a vítima. É verdade que há a previsão para o uso de videoconferência em caso grave (art. 217, CPP), mas isso não significa que haja *sempre* um espaço próprio para o ofendido.

O magistrado pode encaminhar a vítima para atendimento multidisciplinar, em particular nas áreas psicossocial, de assistência jurídica e de saúde, a expensas do agressor ou do Estado. É outra medida interessante, em tese, mas de difícil implementação na prática. A maior parte dos ofensores é constituída de pessoas carentes de recursos financeiros. O Estado, por sua vez, mal dá conta de suprir a defesa técnica para os acusados pobres. Em suma, não se vislumbra, a curto prazo, nenhuma eficiência nessa nova disposição do Código de Processo Penal.

9.9 Preservação da intimidade do ofendido

Dispõe o art. 201, § 6.º, do CPP, que "o juiz tomará as providências necessárias à preservação da intimidade, vida privada, honra e imagem do ofendido, podendo, inclusive, determinar o segredo de justiça em relação aos dados, depoimentos e outras informações constantes dos autos a seu respeito para evitar sua exposição aos meios de comunicação".

Esse dispositivo, introduzido pela Lei 11.690/2008, deve ser interpretado em conjunto com as normas constitucionais que cuidam da publicidade dos atos processuais e do sigilo em defesa da intimidade. Do contrário, se contrastar com a Constituição Federal, de nenhuma valia será.

O art. 5.º, LX, da CF, preceitua que "a lei só poderá restringir a publicidade dos atos processuais quando a defesa da intimidade ou o interesse social o exigirem". Nesse ponto, o art. 201, § 6.º, do CPP, não encontra obstáculo para ser aplicado.

O art. 93, IX, da CF, por seu turno, após a redação que lhe deu a Emenda Constitucional 45/2004, dispõe que "todos os julgamentos dos órgãos do Poder Judiciário serão públicos, e fundamentadas todas as decisões, sob pena de nulidade, podendo a lei limitar a presença, em determinados atos, às próprias partes e a seus advogados, ou somente a estes, em casos nos quais a preservação do direito à intimidade do interessado no sigilo não prejudique o interesse público à informação". Nota-se, pois, que já não se pode dar plena vazão ao art. 201, § 6.º, do CPP, quando se tratar de vítima de destaque, seja no âmbito político ou em qualquer setor público, pois a intimidade deve ser preservada, desde que não prejudique o interesse público à informação. É um confronto entre o indivíduo e o direito coletivo à informação, a ser cuidadosamente mensurado, no caso concreto, pelo juiz. Confira-se, ainda, o disposto no art. 220, § 1.º, da CF, cuidando da liberdade da imprensa.

Vale ressaltar, ainda, que a decretação do sigilo, em relação aos autos do processo ou à realização de audiências e julgamentos, já era possível, nos termos do art. 792, § 1.º, do CPP.

Em suma, o § 6.º do art. 201 não pode ser considerado uma norma inédita no sistema processual brasileiro.

10. PROVA TESTEMUNHAL

10.1 Conceito de testemunha

É a pessoa que declara ter tomado conhecimento de algo, podendo, pois, confirmar a veracidade do ocorrido, agindo sob o compromisso de ser imparcial e dizer a verdade.

10.2 Natureza jurídica

No processo penal, é meio de prova, tanto quanto a confissão, os documentos, a perícia e outros elementos.

10.3 Classificação das testemunhas

Entendemos não ser cabível classificar as testemunhas, como sustentam alguns, em diretas (aquelas que viram fatos) e indiretas (aquelas que souberam dos fatos por intermédio de outras pessoas), próprias (as que depõem sobre fatos relativos ao objeto do processo) e impróprias (as que depõem sobre fatos apenas ligados ao objeto do processo), numerárias (que prestam compromisso), informantes (que não prestam o compromisso de dizer a verdade) e referidas (aquelas que são indicadas por outras testemunhas).

Testemunhas são pessoas que depõem sobre fatos, sejam eles quais forem. Se viram ou ouviram dizer, não deixam de ser testemunhas, dando declarações sobre a ocorrência de alguma coisa. A pessoa que presencia um acidente automobilístico, por exemplo, narra ao juiz os fatos, tais como se deram na sua visão. Lembremos, sempre, que qualquer depoimento implica uma dose de interpretação indissociável da avaliação de quem o faz, significando, pois, que, apesar de ter visto, não significa que irá contar, exatamente, *o que* e *como* tudo ocorreu.

280 | MANUAL DE PROCESSO PENAL · Nucci

Por outro lado, quando a testemunha depõe sobre o que ouviu dizer de outra pessoa, continua a declarar um fato, isto é, está narrando aquilo que lhe contou um terceiro, não deixando de ser isso uma ocorrência. O que muda entre uma situação e outra é a avaliação da prova, ou seja, o instrumento para demonstrar ao juiz a veracidade de algo. O depoimento de uma pode ser mais valioso que o de outra, embora a testemunha esteja sempre depondo sobre fatos dos quais *diretamente* tomou conhecimento.

Quanto às denominadas próprias e impróprias, nota-se também que elas depõem sobre fatos dos quais tiveram notícia, sejam tais ocorrências objetos principais do processo, sejam objetos secundários. Logo, não merecem ser chamadas de próprias (adequadas, exatas, convenientes ou autênticas) e impróprias (inadequadas, inexatas, inconvenientes ou não autênticas).

No mais, cremos que informantes não são testemunhas, como veremos em tópico próprio. *Numerária* é somente uma adjetivação indevida para a testemunha, que foi arrolada pela parte. Afinal, dentro da "classificação" proposta, a testemunha, cuja inquirição foi determinada de ofício pelo juiz, é numerária (aquela que presta compromisso) ou informante (a pessoa que não está compromissada)? Se ela prestar compromisso, tornar-se-ia *numerária*, embora não haja nenhum *número* ao qual esteja vinculada, pois o magistrado pode ouvir tantas pessoas quanto achar necessário para o seu convencimento (art. 209, CPP). Quanto à testemunha *referida*, trata-se somente de uma adjetivação, mas não de uma classificação. Por isso, preferimos considerar como testemunha, genericamente, a pessoa que dá o seu depoimento imparcial sobre um fato.

Testemunha instrumentária (ou *fedatária)* é a denominação dada à pessoa que testemunha a leitura do auto de prisão em flagrante na presença do acusado, do condutor e das testemunhas, assinando o referido auto em lugar do indiciado, que não quer, não sabe ou não pode fazê-lo (art. 304, § 3.º, CPP). Dispensa-se a utilização da testemunha instrumentária, quando o réu, em juízo, recusa-se ou não pode assinar o seu interrogatório, consignando-se no termo tal circunstância (art. 195, CPP).

10.4   Informante ou declarante

É a pessoa que informa ou fornece um parecer acerca de algo, sem qualquer vínculo com a imparcialidade e com a obrigação de dizer a verdade. Por isso, o informante não presta compromisso, razão pela qual não deve ser considerado uma testemunha, ainda que a disciplina sobre a sua inquirição esteja sendo tratada no capítulo pertinente às testemunhas. Aliás, se alguém merece a qualificação de *testemunha imprópria* é o informante.

10.5   Pessoa como testemunha e formalidade do depoimento

Trata o art. 202 do Código de Processo Penal da pessoa natural, isto é, o ser humano, homem ou mulher, capaz de direitos e obrigações ("toda pessoa poderá ser testemunha"). Dispensa-se, neste caso, a pessoa jurídica, pois, ao prestar depoimento, compromissa-se a testemunha a dizer a verdade, sob pena de responder pelo crime de falso testemunho (art. 342, CP). Tendo em vista que a responsabilidade penal, salvo expressa disposição em contrário, concerne somente à pessoa humana, não há possibilidade de se considerar a pessoa jurídica testemunha de qualquer coisa. Aliás, o próprio ato de dar uma declaração implica a viabilização através de uma pessoa natural.

As pessoas consideradas de má reputação (prostitutas, drogados, travestis, marginais, entre outras), imaturas (adolescentes maiores de 14 anos), interessadas no deslinde do processo (amigos ou inimigos do réu, policiais que fizeram a prisão em flagrante, autoridades policiais que concluíram o inquérito, indiciando o acusado, entre outras), mitômanas, emotivas ou de qualquer outro modo afetadas, podem ser testemunhas, devidamente compromissadas, embora o juiz tenha plena liberdade para avaliar a prova produzida. Uma prostituta pode não ser a testemunha ideal para um caso de rufianismo, tornando-se suspeita, embora possa narrar, com imparcialidade, um homicídio que tenha presenciado. O mesmo se diga dos policiais que efetuaram a prisão do réu. Enfim, não se pode impedir que qualquer pessoa seja testemunha, salvo quando a própria lei assim o determine.

Especificamente, no tocante ao depoimento de policiais, é necessário destacar que é viável, inclusive sob o compromisso de dizer a verdade, devendo o magistrado avaliá-lo com a cautela merecida. Afinal, pode ocorrer de estar o policial vinculado à investigação e à prisão do réu, motivo pelo qual sua maneira de narrar o acontecido pode sofrer naturais alterações, que são frutos do seu lado emocional.

Sobre a possibilidade de arrolar *somente* policiais para depor, em lugar de outras testemunhas, isto é, daqueles que presenciaram algo diretamente vinculado ao fato, está a crítica arguta de Espínola Filho: "Amanhã, a polícia é chamada ao lugar onde um crime foi ou está sendo cometido. Vão três ou quatro funcionários, encontram pessoas dando notícias detalhadas dos fatos, com minúcias e históricos completos; ouvem-nas, e delas abstraem inteiramente, daí a seguir; pois resolvem constituir-se em testemunhas, reportando à autoridade policial, na delegacia, o que lhes foi contado por toda aquela gente, que não foi incomodada, nem o nome lhe sendo tomado" (*Código de Processo Penal brasileiro anotado*, v. 3, p. 90).

Em suma, a jurisprudência tem admitido o depoimento de policiais sem qualquer limitação.

É preciso destacar a importância, no processo penal, da colheita do depoimento perante o juiz da causa (ou diante de outro juiz, quando por precatória ou rogatória), mas jamais diante de tabelião. O processo civil, acostumado com a verdade formal, permite o registro de fatos por meio da ata notarial, constante do art. 384 do CPC: "a existência e o modo de existir de algum fato podem ser atestados ou documentados, a requerimento do interessado, mediante ata lavrada por tabelião. Parágrafo único. Dados representados por imagem ou som gravados em arquivos eletrônicos poderão constar da ata notarial".

Não se admite esse procedimento no âmbito criminal, há que se preservar a captação do depoimento pelo magistrado, prestigiando-se o princípio da imediatidade.

10.6 Depoimento do menor inimputável comparsa do réu

É admissível o depoimento do inimputável, comparsa do réu, afinal, o menor de 18 anos, penalmente irresponsável (art. 27, CP), pode tomar parte ativa no cometimento de uma infração penal, associando-se ao maior. É o que se chama de concurso impropriamente dito ou pseudoconcurso de agentes.

Nessa hipótese, deve ele ser arrolado, normalmente, como testemunha, porque, na esfera penal não pode ser considerado parte na relação processual estabelecida. Tem, pois, o dever de dizer a verdade. Nem se diga que ele precisa ter o mesmo tratamento do *corréu*, tendo direito ao silêncio e não sendo considerado testemunha, porque estaria respondendo – ou poderia vir a responder – pelo que fez na Vara da Infância e da Juventude. Ora, segundo a legislação brasileira, busca-se, em caso de aplicação de medida socioeducativa, um melhor preparo do menor para a vida adulta, formando-o e reeducando-o apenas. Não se trata de punição, porque ele, segundo a lei, não conseguia compreender o caráter ilícito do que praticou. Assim, exige-se-lhe narração fiel do que houve. Se mentir, caso esteja sob juramento, pode-se tomar providências para outro procedimento no foro competente. O maior de 14 anos será compromissado, enquanto o menor de 14 anos, por força do disposto no art. 208 do CPP, deve ser ouvido como informante.

10.7   Corréu como testemunha

O corréu não pode ser testemunha, pois não presta compromisso, nem tem o dever de dizer a verdade. Entretanto, quando há delação (assume o acusado a sua culpa e imputa também parte dela a outro corréu), sustentamos poder haver reperguntas do defensor do corréu delatado, unicamente para aclarar pontos pertinentes à sua defesa.

Nesse caso, haverá, durante o interrogatório, um momento propício a isso ou, então, marcará o juiz uma audiência para que o corréu seja ouvido em declarações, voltadas, frise-se, a garantir a ampla defesa do delatado e não para incriminar de qualquer modo o delator.

10.8   Testemunho único

Pode dar margem à condenação. Não prevalece mais, em nosso ordenamento, o princípio, segundo o qual um único testemunho é considerado de nenhuma validade (*testis unus testis nullus*). Tudo depende, portanto, da credibilidade que ele transmitir ao juiz, dentro do seu livre convencimento fundamentado.

10.9   A importância do compromisso

A norma processual penal menciona que a testemunha fará a *promessa* de dizer a verdade, sob *palavra de honra*, isto é, comprometer-se-á a narrar, sinceramente, o que sabe sobre os fatos relevantes indagados pelo juiz. Trata-se do *compromisso* de dizer a verdade ou do *juramento*.

O magistrado, antes do depoimento, deve *compromissar* a testemunha, tornando claro o seu dever de dizer somente a verdade, sob pena de ser processada por falso testemunho. Trata-se de formalidade legal, que demonstra à pessoa a ser ouvida, o dever jurídico a ela imposto: dizer a verdade a qualquer custo.

A importância do compromisso é vital para que o depoente possa responder pelo crime previsto no art. 342 do Código Penal. Embora a matéria não seja pacífica, ao contrário, é extremamente polêmica – alguns defendendo que somente com compromisso pode a testemunha responder pelo delito de falso testemunho e outros sustentando que o compromisso é *pro forma*, respondendo sempre pelo crime aquele que faltar com a verdade – cremos que o Código de Processo Penal foi bem claro ao estipular que há pessoas – denominadas testemunhas – que prestam compromisso e têm o dever de narrar tudo o que sabem, ainda que prejudiquem pessoas estimadas. Por outro lado, fixou o entendimento de que há outros indivíduos, ouvidos como meros informantes ou declarantes, sem compromisso, seja porque são parentes ou pessoas intimamente ligadas ao réu (art. 206 c/c art. 208, CPP), seja porque não são naturalmente confiáveis, como os menores de 14 anos, que têm a possibilidade de fantasiar o que viram e sabem (art. 208), seja, ainda, os deficientes e doentes mentais, que não têm o discernimento necessário para a validade exigida pelo compromisso (art. 208).

E não se compromissa a dizer a verdade a vítima, como já analisamos anteriormente, pois é parte interessada no deslinde do feito criminal. Outras pessoas, ainda que suspeitas, serão compromissadas, visto que no processo penal busca-se a verdade real acima de tudo (art. 214, CPP).

Enfim, há testemunhas e informantes. Somente aquelas devem responder por falso *testemunho* (art. 342, CP). É nítida a redação do referido art. 342, ao mencionar que é crime "fazer afirmação falsa, ou negar ou calar a verdade, como *testemunha*, perito, contador, tradutor ou intérprete..." (grifamos). Não há referência à vítima, nem tampouco aos informantes. Defender o contrário significa dizer que a vítima é testemunha e que todos os informantes também o são, algo incompatível com a sistemática do processo penal brasileiro. Em idêntica posição: Tourinho Filho (*Código de Processo Penal comentado*, v. 1, p. 415).

A única hipótese que admitimos como viável para que pessoas não compromissadas respondam pelo delito de falso testemunho é o mero esquecimento do juiz de lhes colher o juramento, tratando-se de irregularidade processual. Assim, a pessoa que é, legalmente, considerada como testemunha tem o dever de dizer a verdade, não sendo o simples fato do magistrado alertá-la para isso que a torna penalmente responsável pelas mentiras narradas. Contra, afirmando ser o compromisso indispensável e componente da essência do ato, sendo que sua falta *invalida o ato*: Espínola Filho (*Código de Processo Penal brasileiro anotado*, v. 3, p. 99).

Em posição contrária, sustentando ser possível processar por falso testemunho quem não presta compromisso: Mirabete, *Código de Processo Penal interpretado*, p. 285; Tornaghi, *Compêndio de processo penal*, t. III, p. 890; Paulo Heber de Morais e João Batista Lopes, *Da prova penal*, p. 111.

10.10 Recusa em depor

É crime de falso testemunho e não desobediência, como sustenta parte da doutrina. O tipo penal do art. 342 do Código Penal é claro ao preceituar que, comete o delito a testemunha ao *calar a verdade*. Assim, sabendo o que houve em relação ao fato delituoso e negando-se a prestar depoimento está, na prática, calando (emudecendo, ficando em silêncio) e deixando de narrar a verdade. Expusemos em detalhes o nosso ponto de vista em nosso *Código Penal comentado*, nota 55 ao art. 342.

Note-se que seria muito fácil à testemunha escapar de uma pena mínima de um ano de reclusão (art. 342, CP), optando por outra de 15 dias de detenção (infração de menor potencial ofensivo), que é a desobediência, se se considerar a recusa em depor inserida no tipo penal do art. 330 do Código Penal. Simples seria a quem quer prejudicar a administração da justiça, calando o que sabe: bastaria que se recusasse a fazê-lo. O despropósito é evidente, pois o que fala e mente, responde por falso e o que permanece em silêncio, trazendo idêntico prejuízo à descoberta da verdade real, responderia por desobediência, levando-se, ainda, em conta que o objeto jurídico protegido, no caso do falso testemunho, é justamente a administração da justiça, lesionada pela mudez da testemunha. E vamos além. Imagine-se dê o juiz voz de prisão à testemunha que se cala, recusando-se a depor, por desobediência, como Mirabete sugere seja feito (*Código de Processo Penal interpretado*, p. 283). O crime estaria consumado, mas, no momento da lavratura do auto de prisão em flagrante, arrependida, a testemunha resolve narrar tudo o que sabe, sendo novamente apresentada ao magistrado. Presta o depoimento, retratando-se, nos termos do art. 342, § 2.º, do Código Penal ("o fato deixa de ser punível se, antes da sentença no processo em que ocorreu o ilícito, o agente se retrata ou *declara a verdade*" – grifamos) e, ainda assim, seria punida por desobediência, que não admite retratação alguma.

Por isso, a testemunha que se cala, em tese, pode ser presa em flagrante por falso testemunho, mas, querendo, há tempo para retratar-se, tornando impunível o fato e não ferindo a administração da justiça, bem maior protegido neste caso.

10.11 Formalidades da colheita do depoimento

A forma padrão é a colheita oral, reduzindo-se a termo o que disse a testemunha, até pelo fato de ser a única forma de avaliar a sinceridade do depoente, apurando se fala a verdade. O depoimento por escrito tem a impessoalidade como marca, impossibilitando ao magistrado averiguar a sua fidelidade aos fatos, bem como impossibilitaria as reperguntas, ferindo o princípio do contraditório, e, do ponto de vista do réu, também a ampla defesa.

Há exceção prevista na própria lei, no entanto: o art. 221, § 1.º, do Código de Processo Penal, autoriza que o Presidente, o Vice-Presidente da República, os presidentes do Senado Federal, da Câmara dos Deputados e do Supremo Tribunal Federal optem por prestar o depoimento, na qualidade de testemunhas, por escrito. Nesse caso, buscar-se-ia preservar o contraditório, enviando-se as perguntas formuladas pelo juiz e pelas partes por ofício. Nada impede que, vindo as respostas, sejam remetidas outras reperguntas, para o esclarecimento da verdade real. São as autoridades mencionadas devidamente compromissadas a dizer a verdade, consistindo o privilégio apenas em fazê-lo por escrito. Entendemos indevida tal prerrogativa, pois o Estado Democrático de Direito deve estruturar-se em termos de plena igualdade, inexistindo razão para que essas autoridades, por mais importantes que sejam na organização do Estado, o que é inegável, não possam dispor de seu tempo, ainda que o magistrado possa ir até elas para ouvi-las, acompanhado das partes, que desejarem segui-lo, para depor oralmente. Outra não pode ser a razão (falta de tempo para se deslocarem até o fórum) para a concessão da regalia, pois é incompreensível supor que haveria desprestígio no ato de colaborar com a Justiça, sendo ouvido por magistrado.

A outra exceção enumerada como depoimento escrito é o prestado por surdo-mudo (art. 192, CPP), que, no entanto, é apenas relativa. O surdo-mudo nada leva por escrito, nem envia ofício ou carta ao juiz. Apresenta-se à sua frente e, recebendo por escrito as perguntas, responde-as, na hora, também por escrito. Terão as partes a oportunidade de presenciar o ocorrido e fazer suas reperguntas. Logo, até mesmo expressões de inverdade, evidenciadas pelo nervosismo e outros gestos específicos, podem ser captadas pelo juiz quando da colheita do depoimento.

Durante a colheita do depoimento é permitida a consulta a notas e outros escritos, vedada a apresentação do depoimento todo por escrito (art. 204, CPP).

10.12 Obrigação de depor e possibilidades legais de recusa

A própria lei impõe à testemunha – pessoa que tomou conhecimento de fato relevante para o processo – o *dever* de testemunhar. Não se trata de um direito, mas de uma obrigação, passível de punição em caso de negativa. Como já analisamos em tópico anterior, a recusa implica calar-se diante do juiz, omitindo a verdade que sabe sobre um fato, configurando, então, o crime de falso testemunho. Aliás, esse é um dos motivos pelos quais não se deve processar a pessoa, que se recusa a depor, por desobediência, visto partir a ordem para depor diretamente da lei e não do juiz. Logo, se algo foi desobedecido, é a lei e não o funcionário público.

Autoriza a lei, no entanto, que escapem determinadas pessoas da obrigação de depor e, consequentemente, de falar a verdade do que sabem a respeito de fatos relevantes do processo. São indivíduos vinculados intimamente ao réu, dos quais não se pode exigir o esforço sobre-humano de ferirem a quem amam.

No máximo, como se verá, podem ser ouvidos como informantes, sem o compromisso. E, nessa hipótese, não estão sujeitos ao crime de falso testemunho. Lembremos que os laços de parentesco e afinidade devem ser constatados no momento do depoimento e não na data do fato criminoso.

É importante que o juiz, antes de iniciada a colheita das declarações das pessoas enumeradas no art. 206 do CPP, advirta o parente ou cônjuge do réu de que não está ele obrigado a depor. Abrindo mão desse direito, poderá favorecer ou prejudicar o acusado. Caso não haja tal alerta, que é mera irregularidade, pode a parte interessada intervir, solicitando que tal advertência seja feita e o direito da pessoa a ser ouvida, respeitado. Se as partes não interferirem, nem o juiz fizer o alerta e as declarações forem colhidas, deve-se considerá-las meras informações, sem o caráter de um depoimento.

Abrigada a união estável entre o homem e a mulher como *entidade familiar* (art. 226, § 3.º, CF), é preciso estender esse direito também ao companheiro ou companheira da pessoa acusada, por uma questão de lógica e justiça. No caso presente, busca-se evitar o constrangimento de uma pessoa, vinculada intimamente ao réu, em especial pelos laços de família, de ser obrigada a prestar depoimento contra quem ama e com quem divide a vida.

Não se trata de norma penal, prevendo uma figura típica incriminadora, nem tampouco escusas, imunidades ou proteções à prática de crimes, quando o termo "cônjuge" ganha relevo especial, não se admitindo qualquer emprego de analogia, sob pena de se colocar em risco a segurança gerada pelo princípio da legalidade. Ao contrário, em processo penal, admite-se a aplicação analógica e a aplicação dos princípios gerais de direito, como garante expressamente o art. 3.º do Código de Processo Penal, inexistindo prejuízo. No mesmo caminho: Mirabete (*Código de Processo Penal interpretado*, p. 285).

Havendo dúvida quanto à existência da união estável, para justificar a recusa de alguém a depor, faz-se prova, pelos meios admissíveis, antes do início do depoimento. Poderá, pois, a parte interessada levar testemunhas para a prova do alegado, que serão ouvidas no termo, somente para apontar a união existente entre a pessoa arrolada e o réu ou ré.

A norma processual faz uma expressa ressalva ao direito de recusa das pessoas intimamente vinculadas ao réu, que é a impossibilidade (situação irrealizável, sem outra opção) de se obter (alcançar ou conseguir) ou de se integrar (completar ou inteirar) a prova do fato (entenda-se este como a imputação principal feita ao acusado – tipo básico) e de suas circunstâncias (tipo derivado e outras circunstâncias, como agravantes e atenuantes) de outro modo, senão ouvindo tais indivíduos.

Nota-se, pois, como sempre afirma a doutrina, inexistir direito absoluto, sendo indispensável a existência de harmonia entre direitos e deveres. Assim, é possível que um crime tenha sido cometido no seio familiar, como ocorre com várias modalidades de delitos passionais, tendo sido presenciado pelo filho do réu, que matou sua esposa. A única pessoa a conhecer detalhes do ocorrido é o descendente, razão pela qual o juiz não lhe permitirá a escusa de ser inquirido. Tal pessoa, no entanto, não será ouvida sob o compromisso de dizer a verdade, mas como mero informante (art. 208). Se insistir em se calar, deve ser processado por desobediência. Não cabe o falso testemunho, pois o filho do réu é informante e não testemunha.

Deve o magistrado cercar-se de cautela nessa avaliação, deixando de exigir de parentes do acusado declarações indevidas, simplesmente porque considerou indispensável o que, efetivamente, não é. Assim, caso o marido mate a mulher no meio da rua, existindo várias outras testemunhas, não é cabível que se exija do filho de ambos (acusado e vítima) as declarações. Para tranquilizar a pessoa, emocionalmente vinculada à causa, mas cuja oitiva é necessária, o juiz deve alertá-la de que a sua inquirição é fundamental para o processo, podendo o declarante falar livremente. Nem o obriga a prestar juramento de dizer a verdade, que é ilegal, nem o alerta de que pode mentir, algo antiético. Deixa-o à vontade para contar o que sabe.

10.13 Proibição de depor

Não se trata, neste caso, de mera faculdade ou direito, mas de imposição legal a determinadas pessoas, que, em razão da sua qualidade, não podem prestar depoimento, nem declarações. O sigilo lhes é exigência, em nome de interesses maiores, igualmente protegidos pela norma processual penal. Nessa circunstância, ressalte-se, trata-se de outra exceção ao princípio da verdade real, pois não se vai extrair qualquer prova de pessoas de quem se espera segredo e jamais divulgação. A obrigação de guardar sigilo advém de normas específicas, regulamentos, costumes, estatutos etc.

O rol das pessoas proibidas de depor está no art. 207 do CPP, resumindo-se naqueles que, em razão de função, ministério, ofício ou profissão, devam guardar segredo, salvo se desobrigadas pela parte interessada e quiserem dar o depoimento.

Quanto ao advogado, estipula o Estatuto da Advocacia (Lei 8.906/94) ser direito seu "recusar-se a depor como testemunha em processo no qual funcionou ou deva funcionar, ou sobre fato relacionado com pessoa de quem seja ou foi advogado, *mesmo quando autorizado ou solicitado pelo constituinte*, bem como sobre fato que constitua sigilo profissional" (art. 7.º, XIX, com grifo nosso). Portanto, o advogado tem o direito de não depor como testemunha, ainda que seu cliente o libere do dever de sigilo e mesmo que seu depoimento produza algum interesse para o constituinte. Trata-se de medida salutar, pois o causídico deve ser o único censor da sua possibilidade de prestar declarações. Afinal, muitas vezes, a liberação do dever de guardar segredo é *pró-forma*, isto é, provocada por alguém – inclusive por autoridade policial ou judiciária – interessado em formar prova contra o cliente que, com temor de parecer culpado pela negativa de desobrigação, termina concordando com o depoimento de seu ex-defensor, por exemplo.

Outro aspecto relevante é a formação da materialidade de um crime por meio de depoimentos ou documentos que seriam, em tese, protegidos por lei. É crime de desobediência o médico recusar-se a enviar o prontuário do paciente que atendeu, vítima de lesões corporais ou mesmo de tentativa de homicídio, a pretexto de estar preservando o sigilo médico.

Ora, este direito concerne à intimidade e, no máximo, pode guardar correlação com fatos da vida particular do cliente, mas não pode servir de obstáculo à investigação de um crime de ação pública. Afinal, as lesões sofridas pela vítima não dizem respeito à intimidade do agente do crime, pois guardam relação com o interesse público. Por isso, para a formação do corpo de delito, deve o médico ou qualquer outra pessoa arrolada no art. 207 do Código de Processo Penal colaborar, sob pena de responder por desobediência.

10.14 Impedimento legal para o compromisso

O juramento de dizer a verdade, que comprova o perfil de testemunha, *não será realizado* no tocante aos doentes e deficientes mentais, aos menores de 14 anos e às pessoas referidas no art. 206 (o ascendente ou descendente, ou afim em linha reta, o cônjuge, mesmo que separado, o irmão e o pai, a mãe, ou o filho adotivo do acusado). Se for indispensável ouvir qualquer um deles, será inquirido como mero informante.

Lembremos que o deferimento do compromisso a essas pessoas é mera irregularidade, não sendo motivo capaz de gerar nulidade. Entretanto, como já visto, é preciso que as partes, estando presentes, impugnem eventual compromisso que o magistrado queira impor a tais pessoas. Não o fazendo, não poderão alegar, mais tarde, que o pai do réu, por exemplo, foi obrigado pelo juiz a depor *sob compromisso* de dizer a verdade, prejudicando seu filho.

10.15 Produção de prova testemunhal pelo juiz e pelo Ministério Público

A determinação para a colheita de prova testemunhal de ofício pelo juiz é uma decorrência do princípio da busca da verdade real, vigente no processo penal, além de ser, ainda, consequência do princípio do impulso oficial (art. 209, CPP).

O que deve ser evitado, no entanto, é a burla ao número legal imposto às partes, produzindo-se, por intermédio do juiz, sem qualquer fundamento ou necessariedade real, a inquirição de maior número de testemunhas do que o fixado em lei. Assim, por vezes, o representante do Ministério Público arrola suas oito testemunhas na denúncia e, na mesma peça, "indica" ao magistrado as testemunhas que deverão ser ouvidas como "do juízo". Sem qualquer análise mais detida, o juiz defere o rol agigantado e inclui na audiência de testemunhas de acusação a inquirição das testemunhas, extrapolando o número legal.

Tomando ciência, a defesa, inconformada, arrola, também, mais testemunhas do que o permitido, quando, então, pode acabar sendo surpreendida por decisão do juiz, indeferindo sua oitiva, a pretexto de que a avaliação da necessidade é exclusivamente sua.

Em síntese: o magistrado somente pode saber se a inquirição de determinadas pessoas, além daquelas arroladas pelas partes, é importante, depois de produzir a prova testemunhal padrão. Ademais, deferir de imediato a oitiva de testemunhas do juízo, somente porque arroladas pela acusação, termina por fornecer razões para a defesa exigir o mesmo tratamento. Assim, o disposto no art. 209 do CPP não se deve tornar instrumento de desigualdade no processo, mas sim de autêntica busca da verdade real. Merece o magistrado avaliar a prova que detém, *após* a sua produção, para decidir quantas pessoas mais vai ouvir e quais são as verdadeiramente relevantes, indicadas pelas partes. Reservar-se para decidir acerca das testemunhas do juízo, após o início da instrução, é a solução mais adequada e prudente.

Sob outro aspecto, a produção de prova testemunhal no gabinete do representante do Ministério Público é inadmissível, pois ofensivo aos princípios do contraditório e da ampla defesa. É certo que o órgão acusatório pode – e deve – buscar demonstrar a veracidade da imputação feita na denúncia, motivo pelo qual é sua atribuição arrolar testemunhas, bem como procurar outras provas, para tanto. Ocorre que, iniciado o processo-crime, cabe ao juiz a colheita da prova, uma vez que se está formatando o *devido processo legal*.

Do mesmo modo que o advogado não pode tomar o depoimento de uma testemunha em seu escritório, juntando-o, depois, aos autos, como se prova testemunhal fosse, não há cabimento algum em admitir-se idêntico procedimento por parte do Ministério Público.

Aliás, até mesmo o magistrado, quando entender cabível colher algum depoimento de ofício, como autoriza o *caput* do art. 209 do CPP, deve fazê-lo em audiência previamente designada, com a ciência e participação da acusação e da defesa. Se, porventura, quiser o representante do Ministério Público demonstrar ao juiz a relevância da inquirição de uma pessoa que anteriormente não foi arrolada, pode ouvi-la em seu gabinete, juntando o termo de declarações nos autos, apenas para requerer ao juiz que ela seja ouvida em audiência.

Se a parte perde o prazo para arrolar testemunha, tal situação pode ser suprida pelo magistrado. Embora o interessado não tenha mais o *direito* de exigir a oitiva de determinada pessoa, não arrolada no momento propício, é importante não olvidar que, no processo penal, vigora a busca da verdade real, passível de realização com eficácia, caso o magistrado participe ativamente da colheita das provas realmente ligadas ao deslinde da causa. Assim, se a testemunha não foi arrolada pela acusação (na denúncia) ou pela defesa (na defesa prévia), pode haver a sugestão ao juiz para ouvi-la, ficando ao seu prudente critério deferir ou não.

A reinquirição de testemunha já ouvida é viável, a critério judicial. O mesmo se diga das testemunhas referidas, cabendo ao magistrado deferir ou não a sua oitiva. Os parâmetros para a decisão, num caso ou no outro, ligam-se à conveniência e oportunidade para a prova, não podendo ser fundada em pura discricionariedade.

10.16 Colheita dos depoimentos em separado

Essa é a regra processual adotada. A imparcialidade do depoimento da testemunha vincula-se, especialmente, ao fato de uma não saber o que outra está dizendo ou já declarou. O interesse maior na formação de depoimentos desapaixonados e justos é do próprio magistrado, que há de buscar a verdade real.

Por isso, os prédios dos fóruns buscam manter salas específicas para as testemunhas ficarem, antes dos seus depoimentos – e, excepcionalmente, depois, quando houver necessidade de uma acareação, por exemplo.

Seguindo a já tradicional separação das testemunhas em salas próprias, situação concreta em muitos fóruns brasileiros, a Lei 11.690/2008 introduziu o parágrafo único ao art. 210, dispondo no mesmo sentido: "Antes do início da audiência e durante a sua realização, serão reservados espaços separados para a garantia da incomunicabilidade das testemunhas".

10.17 Finalização do sistema presidencialista de inquirição

O sistema presidencialista significa que o juiz dirige a instrução e controla, na audiência, todos os atos praticados, pertinentes à colheita da prova. Porém, mais que isso, implicava no trajeto indireto na inquirição das testemunhas, o que não deixava de ser monótono e inadequado para a fluência da audiência.

De acordo com a anterior redação do art. 212 do CPP, devia a parte fazer a repergunta que desejasse ao magistrado e este, avaliando a sua conveniência, iria formulá-la à testemunha. Ocorre que a pessoa já tinha ouvido o que a parte perguntou e, muitas vezes, começava a responder, quando, então, era obstada pelo magistrado, recebendo a advertência de que somente deveria responder a ele, juiz presidente do ato. Entretanto, em seguida, a mesma formulação era dirigida à testemunha, exigindo-lhe a resposta.

Não nos parecia um sistema razoável de inquirição. Se o intuito era o de proteger a testemunha e a própria colheita da prova de questões irrelevantes ou impertinentes, tal finalidade poderia ser garantida pela presença fiscalizadora do juiz e da parte contrária. Havendo indagação inconveniente, seria ela indeferida, antes de a testemunha responder. Se já o fez, não constará do termo a resposta, diante do indeferimento.

A partir da edição da Lei 11.690/2008, a nova redação do art. 212 passa a estipular que "as perguntas serão formuladas pelas partes diretamente à testemunha, não admitindo o juiz aquelas que puderem induzir a resposta, não tiverem relação com a causa ou importarem na repetição de outra já respondida".

O sistema tornar-se-á mais dinâmico e fácil de ser compreendido, inclusive e em especial pela própria testemunha.

Porém, há de se ressaltar o seguinte: foi alterado, apenas, o sistema de inquirição feito pelas partes. Nada mais. O juiz, como presidente da instrução e destinatário da prova, continua a abrir o depoimento, formulando, como sempre fez, as suas perguntas às testemunhas de acusação, de defesa ou do juízo. Somente após esgotar o seu esclarecimento, passa a palavra às partes para que, diretamente, reperguntem. Primeiramente, a acusação repergunta às suas testemunhas, para, na sequência fazer o mesmo a defesa. Em segunda fase, a defesa repergunta diretamente às suas testemunhas para, depois, fazer o mesmo a acusação.

O magistrado pode, ao final da inquirição, como, aliás, sempre pôde, fazer quaisquer outras indagações quanto aos pontos não esclarecidos (art. 212, parágrafo único, CPP).

Entretanto, há posição doutrinária e jurisprudencial apontando para a modificação na sistemática da colheita do depoimento. Para essa visão, deveria o juiz passar a palavra, de pronto, às partes e, somente ao final, se tiver alguma dúvida, poderia fazer alguma pergunta à testemunha. Embora não concordemos com esse entendimento, o mais relevante é que, havendo a *inversão* na colheita do depoimento, vale dizer, primeiro o magistrado pergunta e depois, as partes, essa *falha* consistiria em mera nulidade relativa, passível de demonstração de prejuízo por quem se sentir prejudicado. Afinal, o STF tem posição firmada no sentido de que qualquer nulidade – absoluta ou relativa – somente pode ser proclamada se provado o prejuízo. Cumpre ressaltar que o principal ponto, na colheita da prova, é manter a *imparcialidade* do magistrado. Se ele fizer perguntas à testemunha, antes das partes, ou complementar as perguntas realizadas pela acusação e pela defesa, o mais relevante é que o faça de maneira isenta e imparcial. Este é o perfil do juiz, que será compatível com o princípio constitucional do juiz natural e imparcial.

É certo que o juiz pode indeferir a realização de reperguntas impertinentes ou inadequadas, mas deve usar esse poder com bom senso e de modo fundamentado. Afinal, o magistrado não pode ser o senhor absoluto da inquirição, desejando filtrar tudo aquilo que se passa na mente das partes, envolvendo-se na estratégia da acusação ou da defesa.

Muitas vezes, a parte tem um raciocínio próprio, que visa a envolver a testemunha de modo suficiente a descortinar as inverdades proferidas. Se o juiz quebrar esse método, exigindo saber, passo a passo, a razão do que está sendo reperguntado, a prova será mal colhida. Por isso, somente deve indeferir questões francamente irrelevantes, impertinentes ao processo, resvalando na agressão à testemunha ou na violação de sua intimidade gratuitamente, bem como quando se tratar de matéria já respondida. Não é rara a existência de parte insistente, isto é, inconformada pela resposta anteriormente obtida, desejosa de refazer exatamente a mesma indagação, valendo-se de outra construção, com outras palavras, mas cujo significado e objetivo são idênticos, permitindo, então, ao juiz indeferir o indagado.

Havendo o indeferimento de qualquer repergunta, caso a parte deseje expressar o seu inconformismo, pode protestar, fazendo consignar no termo suas breves razões. O juiz, então, manterá o indeferimento colocando, também no termo, seus motivos. Não se deterá o curso da audiência por conta disso. Posteriormente, por ocasião de eventual recurso, pode a parte questionar o ocorrido, levantando eventual cerceamento de defesa ou de acusação. Logicamente, se indeferida a repergunta, a parte argumentar e o juiz ceder, resolvendo encaminhá-la à testemunha, é possível que a outra parte deseje que fique consignado o seu inconformismo, com suas razões, o que lhe será permitido fazer.

10.18 Apreciação pessoal da testemunha

É vedada, como regra, a emissão de opinião pessoal acerca de um fato. Entretanto, há situações que não prescindem da avaliação subjetiva do depoente e o juiz deverá dar o crédito merecido à opinião emitida.

Difícil saber se alguém está ou não nervoso ou emocionado, complexa é a prova da velocidade excessiva para o local onde ela se desenvolve, intrincada é a avaliação do estado de embriaguez de alguém, sem o exame médico ou de laboratório. Assim, em muitas situações, torna-se essencial ouvir a apreciação pessoal da testemunha. Se houvesse vedação total a esse tipo de depoimento, seria impossível ouvir as chamadas *testemunhas de antecedentes*, que prestam, em grande parte, a sua opinião a respeito do caráter do réu, de sua conduta social e de sua personalidade.

Embora creiamos que, muitas das chamadas testemunhas de antecedentes, de fato, não poderiam nem ter o rótulo de *testemunhas*, porque prestam depoimentos orquestrados e dissociados da realidade, entendemos que nem toda prova testemunhal se volta à avaliação da materialidade e da autoria, pois, para a fixação da pena, exige o art. 59 do Código Penal a avaliação do juiz, em cada caso concreto, da personalidade, da conduta social, dos motivos, do comportamento da vítima, dentre outros fatores subjetivos, dizendo respeito a tais depoimentos. Como saber se o acusado é bom pai ou bom marido, sem ouvir seus familiares e conhecidos? Como atestar ter ou não o réu uma boa conduta social, sem ouvir pessoas do seu bairro ou do seu ambiente de trabalho? Enfim, o que existe é prova malfeita, mas a responsabilidade por tal situação é dos profissionais do direito (juízes, promotores e advogados), que compactuam com tais falaciosos depoimentos, e não da legislação.

Assim, da mesma forma que vários advogados insistem em arrolar *testemunhas* inconsistentes, cuja missão é unicamente elogiar, de qualquer modo, o réu, muitos promotores não se preocupam em arrolar outras, com a tarefa de contrapor-se a tais depoimentos, nem tampouco chegam a participar ativamente da colheita dessas declarações. Já tivemos a oportunidade de presidir audiências em que o Promotor, inconformado com a superficialidade dos depoimentos das testemunhas de antecedentes oferecidas pela defesa, começou a reperguntar com tamanha precisão que abalou a testemunha, resultando, pois, na transformação do conteúdo da sua narrativa, terminando por contar que o réu, de fato, nunca foi boa pessoa e era pessimamente considerado em sua comunidade.

Por outro lado, juízes também têm responsabilidade, por ignorar por completo tais depoimentos em suas decisões, visto que pouco individualizam a pena, como determina o art. 59 mencionado. Afinal, se todos agissem com detalhismo na colheita da prova, não haveria tantas críticas a enfrentar nesse contexto. Pensamos, pois, deverem ser as testemunhas de antecedentes ou de conduta social mantidas com tal designação, embora as finalidades de sua inquirição não seja fazer prova da materialidade ou da autoria, mas sim do grau de reprovação social do fato e do réu, por ocasião de eventual condenação, influindo na quantificação da pena. Por vezes, o que é comprovado por decisões dos tribunais, até mesmo os antecedentes do acusado auxiliam à formação de sua culpa, como se vê nos julgados que precisam extrair a convicção de ser o réu mero usuário da droga que trazia consigo (art. 28 da Lei 11.343/2006) ou um autêntico traficante (art. 33 da mesma Lei).

10.19 Contradita

É a impugnação ou objeção apresentada pela parte, geralmente, em relação à testemunha arrolada pelo adversário. Diz respeito, especificamente, às pessoas que não podem depor (art. 207, CPP) ou às que não devem ser compromissadas (art. 208, CPP).

Nada impede que, excepcionalmente, a parte que arrolou a testemunha apresente contradita ao juiz. Exemplo disso é a atuação do Promotor de Justiça, arrolando, na denúncia, para prestar depoimento, o médico que cuidou do réu, embora outro representante do Ministério Público compareça à audiência. Constatando a irregularidade do depoimento, que está em vias de se realizar, nada obstaculiza a apresentação da contradita ao magistrado para excluir a testemunha, dentro da independência funcional, regente da sua atuação e visando a não produção de prova ilícita, em face do sigilo imposto.

As partes, tendo acesso aos dados de qualificação da testemunha, previamente passados no rol, ou então pelo que colhem quando a pessoa os fornece ao magistrado, podem arguir qualquer impedimento, falsa identidade ou outro motivo, de forma a tornar a testemunha impedida de depor ou de fazê-lo sob compromisso.

Após a qualificação da testemunha, a parte interessada solicitará a palavra, pela ordem, ao juiz para manifestar a sua impugnação, que será devidamente reduzida a termo. Em seguida, o magistrado, em homenagem ao contraditório, ouve a parte contrária. Passa, então, a indagar da testemunha, a respeito dos fundamentos da contradita realizada. Se a pessoa confirmar os dados que impugnam seu depoimento, o juiz a afastará (art. 207, CPP) ou colherá seu depoimento sem o compromisso (art. 208, CPP). Não confirmando, é possível que a parte impugnante deseje provar o alegado. Para tanto, pode apresentar, no ato, documentos a respeito ou levar à presença do juiz testemunhas que possam, em breve depoimento, confirmar o conteúdo da contradita. Sanado o incidente, o depoimento será ou não colhido, com ou sem o compromisso.

A suspeição ou indignidade não deixam de configurar, também, uma contradita, isto é, uma impugnação à testemunha a ser ouvida. Entretanto, os elementos são diversos. Chamou o art. 214 de *arguição de defeitos* a contestação à imparcialidade ou à confiabilidade da testemunha. Assim, circunstâncias (situações específicas ou particularidades) ou defeitos (deficiências ou vícios) podem cercar a testemunha, devendo ser esses aspectos devidamente ressaltados ao juiz. Não para que sejam impedidas de depor ou para que o façam sem o compromisso de dizer a verdade, mas para que o magistrado fique ciente do que cerca a pessoa a ser ouvida, dando ao seu depoimento valoração cuidadosa. Se a testemunha é amiga íntima do réu (circunstância que a envolve, comprometendo sua imparcialidade) ou já foi condenada por falso testemunho (defeito que a torna indigna

Capítulo XII • Provas | **293**

de fé), é natural que a parte deseje que o julgador tome conhecimento de tais situações para não crer, integral e ingenuamente, na narrativa.

Embora pareça, à primeira vista, que a lei foi contraditória, exigindo o compromisso de dizer a verdade de quem pode ser parcial ou não confiável, é preciso destacar que, no processo penal, vigendo a verdade real, deve-se buscá-la a todo custo, razão pela qual até mesmo o amigo íntimo do acusado ou a pessoa já condenada por falso tem o *dever* de dizer a verdade, sujeitando-se às penas do crime previsto no art. 342 do Código Penal se não o fizer. Entretanto, ainda assim, nada impede que o magistrado saiba com quem está lidando para a posterior avaliação da prova.

10.20 Influência do acusado na colheita do depoimento

A testemunha deve ser o mais imparcial possível no seu relato, razão pela qual é natural e lógico que o distúrbio eventualmente causado pela presença do réu – com singelos gestos, olhares ameaçadores, constantes falas ao seu advogado, inquietude na cadeira – pode constranger o depoente a ponto de prejudicar sua narrativa.

Nesse caso, o juiz pode determinar a retirada do acusado da sala de audiências, permanecendo, somente, o seu defensor (art. 217, CPP).

A nova redação do referido artigo 217, *caput*, passa a ser a seguinte: "Se o juiz verificar que a presença do réu poderá causar humilhação, temor, ou sério constrangimento à testemunha ou ao ofendido, de modo que prejudique a verdade do depoimento, fará a inquirição por videoconferência e, somente na impossibilidade dessa forma, determinará a retirada do réu, prosseguindo na inquirição, com a presença do seu defensor". No parágrafo único, estabelece-se que "a adoção de qualquer das medidas previstas no *caput* deste artigo deverá constar do termo, assim como os motivos que a determinaram".

Na maioria das Comarcas e fóruns, inexiste equipamento de videoconferência disponível. E seria, de fato, um custoso modo de sustentar apenas o momento em que alguém vá depor, sentindo-se constrangido. Mais simples e fácil é retirar o réu da sala de audiências, permanecendo seu defensor.

Além disso, se a testemunha estiver com medo, continuará receosa em depor, sabendo que está sendo assistida pelo acusado em outra dependência do fórum, por videoconferência.

Em suma, a mudança proposta não terá repercussão imediata na maioria dos processos em trâmite. Restam as razões para a retirada do réu da sala: causar humilhação (o que pode ser comum em crimes contra a dignidade sexual), temor (associação criminosa e delitos violentos) ou sério constrangimento (motivos variados existem para gerar tal situação).

Entretanto, não se pode, mais uma vez, usar de posições radicalizadas: nem deve o juiz retirar o réu da sala a seu bel-prazer ou porque imagina que a testemunha deporá melhor na sua ausência, nem tampouco se deve aguardar que o acusado aja, claramente, no sentido de conturbar o momento processual, pois isso raramente ocorre com tamanha evidência. A sensibilidade do magistrado, agindo de ofício, associada ao pedido formulado por qualquer das partes – e também diretamente pela testemunha –, pode determinar a saída do réu do recinto. É evidente que algumas ameaças podem ter sido proferidas muito antes da realização da audiência, razão pela qual a testemunha, somente por ver o acusado na sala, constrange-se e começa a titubear, vacilar, gaguejar e dar mostras de nítido incômodo.

Sem nada perguntar à testemunha – o que somente aumenta o seu constrangimento – o juiz pode determinar a retirada do acusado da sala. Por outro lado, é defeso ao juiz ou aos funcionários do Judiciário e às partes, antes mesmo do depoimento ter início, perguntar se a pessoa a ser ouvida prefere fazê-lo com ou sem a presença do réu na sala. Ora, nessa hipótese, longe de se afigurar uma proteção, torna-se uma agressão gratuita contra o direito de acompanhar a instrução, que todo réu possui. A testemunha pode optar pela ausência do réu do recinto por medida de cautela ou por pura ingenuidade, imaginando que, se a pergunta foi feita, é porque pode existir algum perigo. Não deve, pois, o magistrado imiscuir-se na atuação da testemunha, impingindo-lhe um temor inexistente, mas também não deve ignorar sua clara manifestação de inquietude diante da presença do acusado.

A anterior redação da lei mencionava apenas a testemunha, o que foi ampliado, corretamente, para envolver a vítima. Não é raro ser a palavra da pessoa ofendida fundamental para apurar a verdade real, como ocorre em muitos crimes contra a dignidade sexual e contra o patrimônio. Por isso, verificando o juiz o constrangimento da vítima, pode, também, determinar a retirada do acusado do recinto.

Se o réu estiver atuando em causa própria, por ser advogado, pode haver a sua retirada da sala do mesmo modo, desde que o juiz providencie a participação, no ato, de um defensor dativo.

10.21 Regularidade da intimação da testemunha

Deve ela ser intimada pessoalmente, como regra. Funcionários públicos serão também intimados pessoalmente, mas é providência fundamental que sejam, igualmente, requisitados a seus superiores (art. 221, § 3.º, CPP). Os militares devem ser requisitados diretamente à autoridade superior (art. 221, § 2.º, CPP), sendo vedado, como regra, o ingresso de oficial de justiça no quartel.

Assim, caso a testemunha não tenha sido intimada pessoalmente, torna-se irregular o ato para o fim de ser determinada a sua condução coercitiva e demais consequências previstas no art. 219. Por outro lado, o funcionário público, cujo superior não souber da audiência, não está obrigado a comparecer, ainda que tenha sido intimado pessoalmente. Trata-se de irregular intimação. Quanto ao militar, o não comparecimento pode até afigurar o crime de desobediência, mas não autoriza a condução coercitiva, visto não ter sido a testemunha intimada pessoalmente.

Ninguém se exime de colaborar com o Poder Judiciário, razão pela qual, se foi a testemunha intimada a tempo e pessoalmente, não pode deixar de comparecer ao fórum para ser ouvida. Ausente, sem razão plausível – o que pode ser verificado ulteriormente e, em casos excepcionais, no mesmo ato, quando a testemunha faz chegar ao juiz, antes da data da audiência, os motivos da sua ausência –, pode o magistrado requisitar a sua apresentação à autoridade policial ou determinar que o oficial de justiça a conduza coercitivamente à sua presença, ainda que necessite se valer de força policial. Em regra, o juiz utiliza o oficial de justiça de plantão para buscar a testemunha em sua residência ou local de trabalho. Essa providência, no entanto, em cidades grandes, afeta a realização do ato, provocando o adiamento da audiência, pela inviabilidade de se aguardar a realização imediata da diligência. Na próxima vez, contudo, a testemunha será conduzida compulsoriamente à presença do magistrado.

Além da condução coercitiva, que é uma restrição à liberdade e um nítido constrangimento, pode o juiz, a seu critério e conforme o grau de resistência apresentado pela pessoa a ser ouvida, impor uma multa, hoje de valor inexpressivo, bem como determinar a extração de peças do processo, requisitando-se inquérito por crime de desobediência (art. 219, CPP). Além disso, pode determinar o pagamento das diligências do oficial de justiça, o que é lógico e justificado.

Quanto às testemunhas impossibilitadas de deslocamento, devem ser ouvidas pelo juiz, acompanhado das partes, no local onde se encontrarem. A enfermidade e a velhice podem contribuir para tornar uma pessoa incapaz de se locomover ao fórum, local onde se realizam os atos processuais formais. Dessa maneira, previu a lei a possibilidade de o magistrado deslocar-se até o lugar onde está a testemunha, ouvindo-a (art. 220, CPP).

É natural que deva intimar as partes da diligência, pois as presenças do órgão acusatório e da defesa são fundamentais para a validade do ato. Se, porventura, as partes recusarem-se a ir, tal será certificado pelo magistrado e o ato deve ser considerado válido, vez que inexistiu qualquer tipo de cerceamento. Idêntica regra se aplica à vítima, impossibilitada de se locomover.

10.22 Depoimento por carta precatória, de ordem ou rogatória

Quando a testemunha residir em Comarca diversa daquela onde deva ser ouvida, a fim de se evitar seu deslocamento, muitas vezes por longas distâncias e a elevados custos, determina a lei (art. 222, CPP) seja expedida carta precatória (solicitação feita a juiz de igual nível), carta de ordem (determinação feita por magistrado de instância superior a outro, de instância inferior, quando, na espécie, o ato poderia ser realizado diretamente pelo competente) e carta rogatória (pleito feito por um juiz nacional a magistrado estrangeiro, respeitadas as regras atinentes aos acordos internacionais firmados pelo Brasil). Registre-se o disposto na Lei de Informatização do Processo: "As cartas precatórias, rogatórias, de ordem e, de um modo geral, todas as comunicações oficiais que transitem entre órgãos do Poder Judiciário, bem como entre os destes e os dos demais Poderes, serão feitas preferencialmente por meio eletrônico" (art. 7.º, Lei 11.419/2006).

Quanto às cartas rogatórias, a introdução do art. 222-A do CPP, pela Lei 11.900/2009, passa a exigir seja demonstrada *previamente* a *imprescindibilidade* de sua expedição. Além disso, a parte requerente arcará com os custos de envio. Logo, se o juiz reputar frágeis os argumentos expostos pela parte interessada, poderá indeferir a expedição da rogatória.

Quanto às cartas de ordem, deve-se ressaltar, entretanto, que o advento da Lei 12.019/2009, alterando o art. 3.º, III, da Lei 8.038/90, permite que, nos processos de competência originária do Superior Tribunal de Justiça e do Supremo Tribunal Federal, seja possível ao relator delegar poderes instrutórios: "convocar desembargadores de Turmas Criminais dos Tribunais de Justiça ou dos Tribunais Regionais Federais, bem como juízes de varas criminais da Justiça dos Estados e da Justiça Federal, pelo prazo de 6 (seis) meses, prorrogável por igual período, até o máximo de 2 (dois) anos, para a realização do interrogatório e de outros atos de instrução, na sede do tribunal ou no local onde se deva produzir o ato". Assim sendo, não há mais necessidade de expedição de carta de ordem, mas de formalizar a convocação do desembargador ou juiz.

Tendo em vista que a instrução não é interrompida pela expedição da carta precatória, nem tampouco o julgamento será adiado, indefinidamente, pelo não retorno da deprecada, deve o juiz fixar-lhe um prazo para cumprimento. Dependendo da situação e conforme seu prudente critério, o magistrado estabelece algo em torno de 30 a 90 dias para o retorno da carta precatória.

Atualmente, fixar menos de 30 dias inviabiliza a produção da prova, enquanto um período superior a 90 dias pode obstaculizar o célere término da instrução, mormente quando se tratar de réu preso. Por outro lado, o juiz que receber a precatória para o cumprimento deve dar-lhe prioridade na pauta de audiências, pois está lidando com a produção de uma prova destinada a outro colega, razão pela qual o pronto atendimento faz parte da sua colaboração, exigida por lei. A parte interessada na oitiva da testemunha, também, deve contribuir para o cumprimento da carta precatória, solicitando, no juízo deprecado, o seu ligeiro processamento.

Lembremos que a Lei 11.719/2008, alterando o procedimento comum, bem como a Lei 11.689/2008, modificando o procedimento do júri, fixaram a realização de audiência única de instrução e julgamento para colher toda a prova oral. Portanto, assim que possível (logo após a defesa prévia do réu), deve o magistrado expedir precatória para ouvir testemunhas de fora da Comarca, fazendo inserir na carta a data da audiência única designada. Tal medida possibilitará ao juízo deprecado acelerar o cumprimento da carta precatória de modo que possa ser devolvida a tempo para o julgamento.

Quanto à intimação das partes, firmou-se a jurisprudência no sentido de que basta a intimação da expedição da carta precatória, cabendo ao interessado diligenciar no juízo deprecado a data da realização do ato, a fim de que, desejando, possa estar presente. Cremos acertada essa providência, a despeito de ferrenhas posições em sentido contrário (por todos, Tourinho Filho, *Código de Processo Penal comentado*, v. 1, p. 426-429).

A complexidade dos serviços judiciários e a burocracia reinante recomendam que o juiz deprecante comunique formalmente às partes a remessa da precatória e nada mais. Incumbe-lhes, a partir daí, as diligências necessárias para obter os dados da audiência. Não nos parece providência insuperável, nem tampouco dificultosa. O Ministério Público, que possui o seu representante em cada Comarca, pode estabelecer contato com seu colega, passando-lhe dados específicos do caso, a fim de que as devidas reperguntas sejam feitas. O advogado tem ao seu dispor, também, os serviços prestados pela Ordem dos Advogados do Brasil, que poderia diligenciar no juízo deprecado, através da subseção respectiva ou de seção irmanada, a data da audiência, remetendo-a ao colega interessado. No mais, havendo a ausência do advogado interessado, sempre será nomeado um defensor *ad hoc* para acompanhar o ato e fazer as reperguntas cabíveis.

Essas providências são muito mais viáveis e rápidas do que exigir que o juízo deprecado designe uma audiência com celeridade e, ao mesmo tempo, providencie um ofício, comunicando ao deprecante a data da realização do ato. Este, por sua vez, recebendo o ofício semanas ou meses depois – o que vem ocorrendo diante das longas distâncias e lentos serviços cartorários no Brasil – para providenciar a intimação das partes, sai em busca da intimação almejada. Lembre-se que o representante do Ministério Público e o defensor público ou dativo precisam ser intimados pessoalmente. Logo, o caminho será tortuoso e demorado. Não basta uma simples publicação da imprensa, como alguns sustentam, pois nem sempre é eficaz e efetivamente chega ao advogado interessado. Se tal fosse a regra, inúmeros problemas seriam levantados: a) quem faria a publicação: o juiz deprecante ou o deprecado? b) valeria a intimação pela imprensa para o Promotor e para o Defensor público ou dativo? c) chegaria a tempo o ofício do juízo deprecado para que o deprecante fizesse a comunicação, se lhe competisse a providência? Enfim, segundo nos parece, está correto o entendimento majoritário atual. A precatória deve ser acompanhada por quem tenha interesse em fazê-lo, visto não ser obrigatória a presença da parte no juízo deprecado. Ademais, feita a intimação da expedição, o mais é burocracia, que necessita ser evitada. Na era do computador, do fax, do *e-mail*, é preciso exigir-se dos órgãos que, de uma forma ou de outra, participam da administração da justiça, como é o caso da OAB, um pronto serviço de atendimento aos interesses dos seus associados, que, aliás, pagam, por isso, uma anuidade. A propósito, veja-se o conteúdo da Súmula 155 do Supremo Tribunal Federal: "É relativa a nulidade do processo criminal por falta de intimação da expedição de precatória para inquirição de testemunha". Portanto, se até mesmo a intimação da expedição constitui nulidade somente reconhecível após a demonstração de efetivo prejuízo, o que dizer da intimação da data designada para a realização do ato? Cremos ser, de fato, prescindível. A esse respeito, editou-se a Súmula 273 do Superior Tribunal de Justiça: "Intimada a defesa da expedição da carta precatória, torna-se desnecessária intimação da data da audiência no juízo deprecado".

É dispensável a presença do réu no juízo deprecado para a inquirição das testemunhas. Cuida-se hoje de entendimento majoritário, embora exista posição contrária, sustentando o direito de audiência do acusado em qualquer situação. Preferimos, nesse caso, sustentar posição intermediária. Nem sempre a presença do réu no juízo deprecado é indispensável. Devemos observar que o processo penal não pode ficar alheio à realidade do país continental que é o Brasil. Além disso, temos seriíssimas deficiências em nosso sistema judiciário. Atualmente, para haver a simples transferência de um réu, preso, por exemplo, na Região Norte para a Região Sul, demora-se um período impressionante, atingindo vários meses, quiçá anos. Logo, são muitos os casos de instruções paralisadas e acusados detidos provisoriamente sem julgamento, por longos períodos, porque não se realiza a sua transferência para o distrito da culpa.

Nada disso, por certo, justifica massacrar o direito à audiência, nem tampouco o direito à ampla defesa e ao contraditório, embora tenhamos que buscar soluções razoáveis para atender à nossa realidade, deixando de sustentar o inatingível. Por isso, quando o réu está respondendo a um processo em determinada localidade, é de todo conveniente que se providencie a sua transferência para essa Comarca, a fim de que possa acompanhar a instrução. No mínimo, precisa ser apresentado para tal finalidade, mesmo que continue preso em outro lugar.

Entretanto, imagine-se o caso de alguém que esteja respondendo a processo em São Paulo e arrole testemunhas em todo o Brasil, certo de que o Estado jamais conseguirá, a tempo, remeter precatórias para esses lugares, *garantindo* a sua presença para acompanhar a audiência. Plantará, propositadamente, uma nulidade no processo, com o que não se pode aquiescer. Para que estar presente durante o depoimento de testemunhas de antecedentes, por exemplo? Que grande auxílio poderá prestar, no local, ao seu advogado, que não possa ser feito com antecedência?

Cremos que, na maior parte dos casos, é dispensável ser o réu apresentado, no juízo deprecado, para ouvir uma ou outra pessoa, mormente quando não se refira diretamente a um depoimento essencial para o deslinde da causa. Fazemos, no entanto, ressalva a tal postura, quando estivermos diante de um depoimento a envolver o reconhecimento do réu. Se alguém for ouvido em outra Comarca e necessitar-se do reconhecimento, para que a autoria seja provada, parece-nos que o Estado deve garantir a presença do réu para tal finalidade, pois o reconhecimento por fotografia é extremamente claudicante e nem mesmo é previsto em lei.

Em suma, entendemos deva, nesses casos, prevalecer o bom senso, evitando-se que o impossível seja atingido, ou seja, *garantir* a presença do réu em todas as audiências deprecadas, em qualquer ponto do Brasil, bem como não se pode extrair do acusado o direito inexorável de estar face a face com a pessoa que pretende reconhecê-lo como autor de crime grave. A ausência do réu na audiência do juízo deprecado, pois, para nós, pode constituir-se nulidade relativa, que depende da demonstração efetiva do prejuízo e da provocação da parte interessada.

Não é demais ressaltar que a edição da Lei 11.900/2009 passa a autorizar a realização de inquirição de testemunhas residentes fora da Comarca do juiz do feito por meio de videoconferência (art. 222, § 3.º, CPP). Portanto, em tese, quando se encaixar nas hipóteses do art. 185, § 2.º, do CPP, o réu também poderá acompanhar o depoimento do presídio em que se encontra, igualmente por meio da videoconferência, sem necessidade de se deslocar à sala do juiz da causa. Tratando-se de reconhecimento de pessoa, com razoável dúvida sobre a identidade do autor do crime, parece-nos, em função da ampla defesa, deva o Estado providenciar a apresentação do acusado no juízo deprecado para estar face a face com a testemunha. Não sendo este o caso, realizando-se o ato por meio da videoconferência, a apresentação do réu deve ser feita no juízo deprecante e não mais no juízo deprecado (quando não houver hipótese para ele acompanhar diretamente do presídio em que se encontra).

10.23 Obrigatoriedade de participação do intérprete

A testemunha, quando não falar o idioma nacional, necessita expressar-se por meio de um intérprete juramentado, que traduzirá, no ato, as perguntas e respostas (art. 223, CPP). Não basta que o juiz e as partes conheçam o idioma estrangeiro, pois sempre haverá chance para complicações e desvios de interpretação. Evitando-se, pois, que haja dissídio na maneira ou quanto ao sentido da expressão utilizada pela testemunha, o melhor é que um intérprete seja encarregado de fazê-lo, sem nenhum envolvimento com o caso.

10.24 Ausência, enfermidade e velhice da testemunha

Se for considerada peça-chave para a instrução do processo penal, está vinculada ao processo até o seu término. Caso mude de endereço é obrigada a comunicar, sob pena de responder pela sua omissão (art. 224, CPP).

Entretanto, podem ocorrer ausências necessárias para viagens longas ao exterior, por exemplo, razão pela qual de nada adianta comunicar ao juiz, sendo cabível a sua inquirição prévia (lembremos que há países que não cumprem carta rogatória do Brasil). De outra parte, pode estar a testemunha acometida de um mal incurável (câncer em estágio avançado, por exemplo) ou possuir idade muito avançada, levando a crer que não sobreviverá por longo período, aguardando o momento adequado para ser ouvida.

Antecipa-se, assim, a sua inquirição, intimando-se as partes e realizando-se a audiência a qualquer tempo, sem que se possa, com isso, alegar qualquer sublevação à ordem de instrução estabelecida em lei (primeiramente, ouvem-se as testemunhas de acusação, depois as de defesa e, finalmente, as do juízo), pois se trata de exceção (art. 225, CPP). É a produção antecipada de provas em juízo.

Sob outro aspecto, a Lei 11.690/2008, alterando a redação do art. 156 do CPP, passou a reconhecer, também, a possibilidade de o magistrado ordenar, antes mesmo de iniciada a ação penal, a produção antecipada de provas, desde que consideradas urgentes e relevantes. Para tanto, basta atentar para os critérios de necessidade, adequação e proporcionalidade da medida.

11. RECONHECIMENTO DE PESSOAS E COISAS

11.1 Conceito de reconhecimento

É o ato pelo qual uma pessoa admite e afirma como certa a identidade de outra ou a qualidade de uma coisa. No ensinamento de ALTAVILLA, o "reconhecimento é o resultado de um juízo de identidade entre uma percepção presente e uma passada. Reconhece-se uma pessoa ou uma coisa quando, vendo-a, se recorda havê-la visto anteriormente" (*Psicologia judiciária*, v. 1, p. 386).

11.2 Natureza jurídica

Trata-se de meio de prova. Através do processo de reconhecimento, que é formal, como se verá a seguir, a vítima ou a testemunha tem condições de *identificar* (tornar individualizado) uma pessoa ou uma coisa, sendo de valorosa importância para compor o conjunto probatório.

11.3 Reconhecimento fotográfico

Tem sido admitido como prova, embora deva ser analisado com muito critério e cautela, pois a identificação de uma pessoa ou o reconhecimento de uma coisa por intermédio da visualização de uma fotografia pode não espelhar a realidade, dando margem a muitos equívocos e erros.

Entretanto, se for essencial que assim se proceda, é preciso que a autoridade policial ou judicial busque seguir o disposto nos incisos I, II e IV do art. 226 do Código de Processo Penal. Torna-se mais confiável, sem nunca ser absoluta essa forma de reconhecimento.

Em nossa avaliação, o reconhecimento fotográfico não pode ser considerado uma prova direta, mas sim indireta, ou seja, um mero indício. Com a cautela que lhe é natural, diz FREDERICO MARQUES, nesse contexto, que "tudo depende, em cada caso, das circunstâncias que rodearam o reconhecimento e dos dados que forem fornecidos pela vítima ou testemunha para fundamentar suas afirmativas" (*Elementos de direito processual penal*, v. 2, p. 308).

Os Tribunais Superiores têm sido cada vez mais rigorosos quanto ao reconhecimento de pessoa realizado por meio de fotografias, sejam elas em formato de papel ou digital, justamente para evitar erros judiciários.

11.4 Formalidades para o reconhecimento

O art. 226 do Código de Processo Penal prevê as regras para a realização formal do reconhecimento de pessoa ou coisa. Logo, não se trata de um procedimento qualquer, a realizar-se conforme a arbitrária vontade do juiz ou da autoridade policial.

Inicialmente, a pessoa que tiver de fazer o reconhecimento será convidada a descrever a pessoa que deva ser reconhecida (art. 226, I, CPP). Essa providência é importante para que o processo fragmentário da memória se torne conhecido, vale dizer, para que o juiz perceba se o reconhecedor tem a mínima fixidez (guarda o núcleo central da imagem da pessoa que pretende identificar) para proceder ao ato. Se descrever uma pessoa de dois metros de altura, não pode, em seguida, reconhecer como autor do crime um anão. É a lei da lógica aplicada ao processo de reconhecimento, sempre envolto nas naturais falhas de percepção de todo ser humano.

Em seguida, a pessoa, cujo reconhecimento se pretender, deve ser colocada ao lado de outras que com ela tiverem qualquer semelhança, se tal for possível, convidando-se quem tiver de fazer o reconhecimento a apontá-la (art. 226, II, CPP). O reconhecedor precisa se valer do processo de comparação para buscar no fundo da consciência a imagem efetiva daquele que viu cometer algo relevante para o processo. Seja ele testemunha, seja vítima, precisa estabelecer um padrão de confronto para extrair a identificação certa ou, então, colocar-se em profunda dúvida, sendo incapaz de proceder ao reconhecimento. O ideal, pois, é colocar pessoas semelhantes para serem apresentadas em conjunto ao reconhecedor.

Aquiescemos, nesse prisma, com a lição de TOURINHO FILHO, quando menciona que a expressão "se possível", constante do art. 226, II, refere-se "à exigência de serem colocadas pessoas que guardem certa semelhança com a que deve ser reconhecida" (*Comentários ao Código de Processo Penal*, v. 1, p. 432) e não com a obrigatoriedade de colocação de várias pessoas lado a lado. Realmente, o abrandamento da regra deve ser visto com relação ao aspecto visual de colaboradores do processo de reconhecimento, visto ser possível inexistir, no local, quem tenha parecença com o reconhecendo, razão pela qual outros serão eleitos para o ato. Não se deve proceder ao reconhecimento individualizado, ou seja, somente entre reconhecedor e reconhecendo. Se assim for feito, como já mencionado, não se trata de reconhecimento, mas de mero testemunho.

Se a pessoa que tiver de fazer o reconhecimento recear, de algum modo, sofrer algum tipo de intimidação ou influência, deve-se providenciar o isolamento entre quem vai reconhecer e a pessoa a ser reconhecida (art. 226, III, CPP). O crescimento do crime organizado e o fortalecimento do delinquente diante da vítima e da testemunha fazem com que o Estado garanta a fiel aplicação da lei penal, protegendo aqueles que colaboram com a descoberta da verdade real. Assim, havendo fundamento plausível, é preciso que a autoridade policial – trata-se do reconhecimento na fase extrajudicial neste caso – providencie o isolamento do reconhecedor. Cumpre mencionar que tal regra já se tornou habitual nos processos de reconhecimento, o que deflui natural, em nosso entender, pelo aumento da criminalidade e da violência com que agem os delinquentes.

A não aplicabilidade da preservação do reconhecedor frente ao reconhecido na fase judicial, como menciona o art. 226, parágrafo único, do CPP, é inviável.

Somos levados a sustentar a evidente incompatibilidade do disposto neste parágrafo único com a realidade e, sobretudo, com os princípios processuais, entre os quais o da busca da verdade real. E frise-se: sem qualquer arrepio à ampla defesa e ao contraditório, pois não vislumbramos qual pode ser o interesse do réu em constranger a vítima ou a testemunha, ficando frente a frente com ela na fase do reconhecimento.

Há muito se utiliza desse método de proteção, isolando reconhecedor e reconhecendo, nos fóruns brasileiros, até com a construção de salas especiais de reconhecimento nas novas unidades, à semelhança das existentes na polícia. Não há como se exigir de uma testemunha ou vítima ameaçada que fique frente a frente com o algoz, apontando-lhe o dedo a descoberto e procedendo ao reconhecimento como se fosse algo muito natural.

Portanto, cremos que o referido art. 226, parágrafo único, do CPP, deve ser interpretado em sintonia com as demais normas existentes, no processo penal brasileiro, inclusive sob o espírito de proteção trazido pela Lei 9.807/99, permitindo até mesmo a troca de identidade de pessoa ameaçada, para que seu depoimento seja isento e idôneo. Defendemos que a leitura deste dispositivo deve ser no sentido da possibilidade do reconhecimento em juízo ser feito, com ou sem o isolamento do reconhecedor, conforme as condições locais, enquanto, na polícia, o isolamento é obrigatório.

Na fase extrajudicial, não havendo possibilidade de garantia de que o reconhecendo não verá o reconhecedor não se produz a prova. Aguarda-se que o processo chegue a juízo. Assim, estaria incorporado o "*pode* não ter aplicação" – em lugar de "não terá aplicação" – no parágrafo único. Quem dessa forma não entender, ou seja, pretenda aplicar com rigorismo o disposto neste parágrafo, sem qualquer flexibilidade, jamais conseguirá de testemunha ou vítima ameaçada um reconhecimento válido. Portanto, se for para deixar o reconhecedor temeroso frente ao reconhecendo, é melhor não fazer o reconhecimento, isto é, não seguir a formalidade legal.

Opinamos, então, como segunda opção, pelo abandono da forma prevista no parágrafo único para o *reconhecimento de pessoa ou coisa*, mantendo-se o *reconhe-*

cimento informal, mas devidamente cercado das cautelas de proteção. Portanto, se alguém se mostrar constrangido por realizar o reconhecimento face a face, em juízo, deve o magistrado garantir a sua proteção, ocultando-o do reconhecendo e dando a essa prova o valor que ela possa merecer, como se fosse um testemunho. Exigir outra postura é contrariar a realidade e nunca andou bem a lei que o fez, nem o intérprete que com isso compactuou.

Na derradeira etapa, lavra-se auto pormenorizado, que é o registro, por escrito, de tudo quanto ocorrer no processo de reconhecimento (art. 226, IV, CPP). Devem ser anotadas as reações do reconhecedor e todas as suas manifestações, de modo a se poder analisar qual o processo mental utilizado para chegar à conclusão de que o reconhecendo é – ou não – a pessoa procurada.

Há necessidade de duas testemunhas presenciais do reconhecimento, além da autoridade policial e do reconhecedor. Essas pessoas podem ser chamadas a depor em juízo para confirmar e narrar o constatado no momento do reconhecimento, ratificando-o como prova válida ou infirmando-o pela precariedade de elementos com que foi produzido. É fundamental que a autoridade policial não se utilize de subordinados seus para validar tão importante prova.

11.5 Valor do reconhecimento como meio de prova

Quando produzido na polícia, torna-se uma prova longe do crivo do contraditório, embora possa ser confirmada em juízo não só por outro reconhecimento, mas também pela inquirição das testemunhas, que assinaram o auto pormenorizado na fase extrajudicial. Tem, como as demais provas colhidas no inquérito, valor relativo, necessitando de confirmação.

Quanto ao reconhecimento feito em juízo, é prova direta, mas sempre subjetiva e merecedora de análise cautelosa. Se testemunhas podem mentir em seus depoimentos, é natural que reconhecedores também podem fazê-lo, durante o reconhecimento de alguém. Além disso, é preciso contar com o fator de deturpação da memória, favorecendo o esquecimento e proporcionando identificações casuísticas e falsas. O juiz jamais deve condenar uma pessoa única e tão somente com base no reconhecimento feito pela vítima, por exemplo, salvo se essa identificação vier acompanhada de um depoimento seguro e convincente, prestado pelo próprio ofendido, não demovido por outras evidências.

11.6 Reconhecimento informal

A lei impõe, como se observa nos incisos do art. 226, uma forma específica para a prova produzir-se, não se podendo afastar desse contexto. Assim, para que se possa invocar ter havido o reconhecimento de alguém ou de algo, é fundamental a preservação da forma legal.

Não tendo sido possível, o ato não foi perdido por completo, nem deve ser desprezado. Apenas não receberá o cunho de *reconhecimento de pessoa ou coisa*, podendo constituir-se numa prova meramente testemunhal, de avaliação subjetiva, que contribuirá ou não para a formação do convencimento do magistrado. Logicamente, perde sua força, embora não seja desprezível.

11.6.1 Reconhecimento por meio de videoconferência

A Lei 11.900/2009 passa a autorizar essa forma de reconhecimento (art. 185, § 8.º, CPP), justamente para viabilizar a realização da audiência de instrução e julgamento e o interrogatório do réu por igual meio tecnológico. Parece-nos, entretanto, medida inadequada e inconstitucional, por ferir a ampla defesa. Se já não bastava admitirmos o reconhecimento informal, que, pelo menos, era realizado face a face (testemunha e réu), não se pode passar a um reconhecimento totalmente informal, vale dizer, reconhecer o agente do crime por uma tela de computador ou aparelho de TV. Se os erros judiciários avolumam-se com reconhecimentos informais, imagine-se o que pode advir com os integralmente informais? A segurança jurídica demandada pelo devido processo legal não pode ser flexibilizada a tal ponto.

Caso inexistam dúvidas quanto à autoria ou se existam outras provas acerca da autoria, torna-se viável admitir o reconhecimento por vídeo, mas, mesmo assim, é prova indireta, constituindo mero indício.

11.7 Reconhecimento de coisa

Levam-se em conta as regras fixadas pelo art. 226, no que for aplicável (art. 227, CPP). São objetos passíveis de reconhecimento, segundo ESPÍNOLA FILHO: a) coisas que, sob variada forma, relacionem-se com o fato delituoso; b) coisas sobre as quais recaiu a ação do criminoso; c) coisas com as quais se levou a efeito a infração penal, tais como ocorre com os instrumentos do delito; d) coisas que, acidentalmente, foram alteradas, modificadas ou deslocadas pela ação criminosa, direta ou indiretamente; e) coisas que se constituíram no cenário da ocorrência do fato punível (*Código de Processo Penal brasileiro anotado*, v. 3, p. 146).

11.8 Reconhecimento coletivo ou em grupo

É inadmissível, pois não se pode aceitar que várias pessoas, ao mesmo tempo, umas influenciando as outras, o que seria natural diante da situação gerada, possam reconhecer pessoas ou coisas.

O processo é individualizado, cada qual tendo a sua oportunidade de se manifestar livremente a respeito da pessoa ou da coisa a ser reconhecida. Torna-se importante, ainda, que a autoridade providencie a incomunicabilidade daquele que já participou da diligência com o que ainda vai empreendê-la, de modo a livrar a prova de qualquer mácula. A infringência ao disposto neste artigo torna inviável a aceitação da prova como *reconhecimento*, podendo-se dar a ela, no entanto, o valor que o juiz achar conveniente.

11.9 Reconhecimento de imagens e vozes

Não ingressa no contexto do art. 226 do CPP, pois inexiste a previsão de quais seriam as formalidades a observar. Por isso, havendo necessidade de ser realizado o reconhecimento de alguma imagem ou de voz, existirão duas possibilidades: a) prova pericial (o exame será feito por especialista e transformar-se-á em laudo); b) prova testemunhal (a testemunha fornece a sua impressão à autoridade competente).

12. ACAREAÇÃO

12.1 Conceito de acareação

É o ato processual, presidido pelo juiz, que coloca frente a frente os depoentes, confrontando e comparando declarações contraditórias ou divergentes, no processo, visando à busca da verdade real. Registremos que a acareação, tal como prevista no Capítulo VIII do Título VII, pode ser realizada igualmente na fase policial (art. 6.º, VI, CPP).

12.2 Natureza jurídica

Trata-se de meio de prova, porque, por seu intermédio, o magistrado conseguiria eliminar do processo declarações e depoimentos divergentes, que constituem autênticos obstáculos à descoberta da verdade material.

12.3 Valor da acareação

Teoricamente, é um meio de prova dos mais promissores, uma vez que serviria para contornar as mais intrincadas contradições entre testemunhas, entre estas e a vítima, entre réus, entre estes e o ofendido ou testemunhas, entre vítimas, enfim, possibilitaria o reequilíbrio das provas colhidas em autêntica desarmonia, permitindo o correto deslinde da causa. Na prática, no entanto, é inócua e sem utilidade, uma vez que, raramente, as pessoas confrontadas voltam atrás e narram, de fato, a verdade do que sabem.

12.4 Admissibilidade da acareação

Pode dar-se, como prevê o art. 229 do Código de Processo Penal, entre todos os sujeitos envolvidos no processo, a saber:

a) *entre réus* – respeitado, naturalmente o direito ao silêncio e a possibilidade que têm de não se autoacusar;

b) *entre réu e testemunha* – respeitado, também nesse caso, o direito ao silêncio e o privilégio contra a autoacusação;

c) *entre testemunhas* – nesta hipótese, é de se destacar dois pontos fundamentais: a possibilidade de retratação de uma delas, que estiver mentindo, eliminando a tipicidade do delito anteriormente cometido (art. 342, § 2.º, CP), bem como o privilégio contra autoacusação. Assim, as testemunhas podem evitar a retificação do que já disseram, antes, para não se envolverem em hipótese de autoincriminação. Por outro lado, na prática, terminam mantendo exatamente o declarado, para que, na sua visão, não piorem o já realizado. Seria extremamente conveniente que, feita a acareação entre testemunhas, o magistrado explicasse, com detalhes, as duas alternativas referidas (retratação e proteção contra autoincriminação), além de, como é óbvio, tratando-se de testemunhas, repetir o dever de falar somente a verdade;

d) *entre vítima e acusado* – hipótese de remoto sucesso, pois são partes antagônicas no processo e com relação ao fato delituoso, ambos prestando esclarecimentos sem o compromisso de dizer a verdade;

e) *entre vítima e testemunha* – trata-se de alternativa envolvendo a ausência do dever de dizer a verdade, do lado do ofendido, com a possibilidade da testemunha se retratar ou proteger-se contra a autoincriminação;

f) *entre vítimas* – situação que envolve duas partes sem o compromisso de narrar a verdade, logo, de difícil proveito.

12.5 Objeto da acareação

São os fatos e circunstâncias relevantes do crime. Há de ser fato (qualquer acontecimento) ou circunstância (particularidades ou peculiaridades, que acompanham o acontecimento) relevante (importante ou valoroso) para o deslinde da causa.

Logo, não deve o juiz deferir acareação sobre fatos periféricos, irrelevantes para a apuração do crime e de suas circunstâncias, nem tampouco sobre fatos importantes, mas que não revelem contradições fundamentais, visto que pequenas divergências são naturais às narrativas das pessoas. Mereceria, isto sim, uma acareação as testemunhas que oferecessem depoimentos extremamente precisos e detalhados, sem qualquer falha, indicadores de fraude ou inverdades programadas. Nessa linha, anote-se o ensinamento de ALTAVILLA, que considera o testemunho absolutamente exato uma exceção, razão pela qual pode gerar a natural suspeita do juiz (*Psicologia judiciária*, v. 2, p. 325).

12.6 Requerimento das partes ou procedimento de ofício

Pode a acareação ser requerida por qualquer das partes e, também, determinada de ofício pelo magistrado. A sua realização fica ao prudente critério do julgador, visto ser a ele que o conjunto probatório se destina. Portanto, nem sempre o indeferimento da produção da prova configura algum tipo de cerceamento.

12.7 Procedimento do magistrado na condução da acareação

Após a colocação frente a frente, na presença das partes (acusação e defesa), das pessoas que devem aclarar as divergências apresentadas em suas declarações, deve o juiz destacar, ponto por ponto, as contradições existentes.

Paulatinamente, obtém de ambos os esclarecimentos necessários, fazendo *reperguntas* – como diz a lei –, ou seja, reinquirindo exatamente a questão controversa. Conforme as reperguntas forem sendo respondidas pelos envolvidos, o juiz vai ditando as explicações, compondo o termo.

12.8 Acareação à distância

Trata-se de uma providência criada, inovadoramente, pelo Código de Processo Penal de 1941, como bem demonstra a Exposição de Motivos. Torna-se possível promover a acareação entre pessoas que não estão face a face, fazendo com que os pontos divergentes sejam esclarecidos diretamente pela pessoa presente, através das reperguntas feitas pelo juiz.

Segundo cremos, se algum valor pode haver na acareação é justamente a colocação de duas pessoas, cujos depoimentos são contraditórios, frente a frente, para que o magistrado tenha a oportunidade de perceber, inclusive através de pequenos gestos corporais e faciais, frases e estado de espírito, quem está mentindo e quem fala a verdade.

306 | MANUAL DE PROCESSO PENAL · Nucci

Realizado o ato por precatória, a prova é esvaziada em grande parte, restando pouca chance de ter sucesso. Assim, inicialmente, o magistrado colhe as respostas acerca das contradições da pessoa presente, para, depois, expedir precatória à autoridade judiciária de onde se encontra a pessoa ausente, que poderá esclarecer, na sua visão, as divergências existentes. É possível ocorrer duas situações: a) a pessoa presente está na Comarca do juiz do feito e a ausente em outra. Convoca o magistrado a residente na sua esfera de jurisdição, ouvindo-a sobre as contradições existentes. Se tudo ficar esclarecido devidamente, nenhuma outra providência é tomada; b) ouve o juiz a pessoa presente; persistindo as contradições, expede-se precatória para outro magistrado ouvir a pessoa ausente, porque reside em Comarca diversa.

Quanto à testemunha ausente, entende Espínola Filho que a pessoa ausente não necessariamente precisa residir em outra Comarca, mas pode ter falecido ou ter ficado insana. Dessa forma, os pontos de divergência serão confrontados pelo que a ausente tiver declarado com o que a presente puder esclarecer (*Código de Processo Penal brasileiro anotado*, v. 3, p. 154).

Atualmente, a edição da Lei 11.900/2009 viabilizou a realização de acareação por meio da videoconferência, de modo que se torna desnecessária a utilização da precatória (art. 185, § 8.º, CPP). É lógico que as Comarcas envolvidas (onde se encontram os acareados) devem possuir o equipamento para tanto. Enquanto esse material inexistir, permanece o envio da precatória como única forma para a acareação à distância.

13. PROVA DOCUMENTAL

13.1 Conceito de documento

É toda base materialmente disposta a concentrar e expressar um pensamento, uma ideia ou qualquer manifestação de vontade do ser humano, que sirva para demonstrar e provar um fato ou acontecimento juridicamente relevante. São documentos, portanto: escritos, fotos, fitas de vídeo e som, desenhos, esquemas, gravuras, disquetes, CDs, entre outros.

O CPC (Lei 13.105/2015), do mesmo modo que o CPP, não definiu *documento*, cabendo à doutrina fazê-lo. Porém, ao menos, deixou clara a viabilidade de aceitação dos documentos eletrônicos: "Art. 439. A utilização de documentos eletrônicos no processo convencional dependerá de sua conversão à forma impressa e da verificação de sua autenticidade, na forma da lei. Art. 440. O juiz apreciará o valor probante do documento eletrônico não convertido, assegurado às partes o acesso ao seu teor. Art. 441. Serão admitidos documentos eletrônicos produzidos e conservados com a observância da legislação específica".

Trata-se de uma visão amplificada do tradicional conceito de documento – simples escrito em papel – tendo em vista a evolução da tecnologia e, aos poucos, a substituição da estrutura material tradicional por outras inovadoras e que, igualmente, permitem a fixação de uma base de conhecimento.

O *e-mail* deve ser considerado documento, baseado no critério ampliativo do conceito de documento, abrangendo outras bases suficientes para registrar pensamentos ou outras manifestações de vontade, pois está armazenado dentro de um computador, no disco rígido.

Além disso, atualmente, lembremos da informatização do processo: "Os documentos produzidos eletronicamente e juntados aos processos eletrônicos com garantia da origem e de seu signatário, na forma estabelecida nesta Lei, serão considerados originais para todos os efeitos legais" (art. 11, *caput*, Lei 11.419/2006).

13.2 Regra para apresentação de documentos no processo

Em qualquer fase, admite-se a juntada de documentos, desde que providenciada a ciência das partes envolvidas, exceto quando a lei dispuser em sentido diverso. No procedimento do júri, por exemplo, não se admite que a parte apresente, no plenário, um documento não juntado aos autos, com ciência do adversário, pelo menos três dias antes do julgamento (art. 479, CPP).

13.3 Documentos nominativo e anônimo

O documento pode ser, segundo cremos, nominativo – que possui o nome de quem o produziu – ou anônimo – que não possui a indicação de quem o materializou. Há doutrina sustentando que o documento anônimo não pode ser assim considerado, como ocorre com os escritos anônimos (BENTO DE FARIA, *Código de Processo Penal*, v. 1, p. 329), embora não seja essa a melhor opinião. Uma fotografia, por exemplo, retratando determinada situação importante para o desfecho de um processo pode ser juntada aos autos, mesmo que não se saiba quem a produziu. Ainda assim é um documento.

Logicamente, um escrito anônimo terá de ser cuidadosamente avaliado pelo magistrado, visto não ter o mesmo valor do documento nominativo. Entretanto, o fato de não se saber quem o escreveu não o torna inútil, nem lhe retira o aspecto documental de uma ideia reduzida em base material. Imagine-se alguém que tenha presenciado um homicídio e, não desejando ser reconhecido, envia carta anônima à polícia; graças a isso, localiza-se o autor, que ampla e espontaneamente confessa seu ato. Torna-se importante fator de prova aquela carta, pois justifica o fato de o Estado-investigação ter chegado a desvendar a autoria da infração penal, legitimando-a de alguma forma. Não se quer absolutamente dar a esse documento anônimo o mesmo valor que possui o nominativo, passível de confirmação, mas não deixa de ser, no contexto probatório, um elemento a mais para a avaliação judicial. Somente não se deve excluí-lo do conjunto das provas, visto que ilícito não é.

O art. 232, do Código de Processo Penal, menciona constituírem documentos quaisquer escritos (papel ou de outra base material contendo a representação de palavras ou ideias através de sinais), instrumentos (documento pré-constituído para a formação de prova, como recibos, procurações, termos etc.) e papéis (de aplicação residual, vale dizer, excluídos os elementos anteriores – escritos e instrumentos – cuida-se da base constituída de matéria fibrosa, de origem vegetal, tratada e destinada à formação de folhas aptas a receber gráficos, desenhos, ilustrações, entre outros). Podem ser públicos ou particulares, conforme a origem. É público o documento produzido por funcionário público, no exercício das suas funções, possuindo maior credibilidade (certidões, atestados etc.) e privado, quando realizado por particular, sem nenhuma intervenção do Estado.

13.4 Fotografia do documento

É a fotocópia ("xerox"), amplamente utilizada por todos para reproduzir um documento original. Almeja o Código de Processo Penal que ela seja autenticada, isto é, reconhecida como verdadeira por agentes do serviço público, conforme fórmula legalmente estabelecida (art. 232, parágrafo único). Não se veda, no entanto, a consideração de uma fotocópia como documento, embora preceitue a lei que ela não terá o mesmo valor probatório do original. Ao juiz cabe a avaliação da prova, tornando-se a fotocópia livre de controvérsias se, juntada por uma parte, não tiver sido impugnada pela outra.

O documento original é o produzido em formato inicial ou inédito. Um desenho pode ser feito por uma pessoa sobre o papel pela primeira vez, constituindo um documento original. A partir daí, pode-se reproduzi-lo por fotocópias ou outros mecanismos tecnologicamente viáveis (como o *scanner* dos computadores).

13.5 Valoração e licitude do documento

Para que seja considerado efetivo meio de prova, ensina a doutrina dever ser o documento apresentado, no processo, por inteiro – sem fragmentações que possam comprometer o seu sentido –, livre de defeitos ou vícios – sem rasuras, borrões ou emendas, tornando-o insuspeito e inteligível – compreensível por quem o visualiza. Se for obscuro ou apresentado em linguagem codificada, depende do parecer de um técnico, tornando-se prova pericial e não documental. Se porventura for contestada a autenticidade do documento, é viável submetê-lo a prova pericial (art. 235, CPP).

Por outro lado, o art. 233 do Código de Processo Penal, consagrando o princípio da vedação das provas ilícitas, estabelece que cartas particulares, interceptadas ou obtidas por meios criminosos, não serão admitidas em juízo. Mas, abrindo justificável exceção, permite que as referidas cartas poderão ser exibidas no processo pelo destinatário, desde que para a defesa de seu direito, ainda que não haja consentimento do signatário ou do remetente (art. 233, parágrafo único, CPP).

A primeira parte do art. 233 (*caput*) volta-se à produção de prova ilícita, pois a interceptação de carta é crime. A proteção advém tanto da Constituição Federal (art. 5.º, XII), quanto do Código Penal (art. 151) e da Lei 6.538/78, que regula os serviços postais (art. 40). A segunda parte do referido art. 233 (parágrafo único) está voltada à carta guarnecida pelo sigilo, razão pela qual, mesmo que aberta pelo destinatário, por envolver um segredo confidenciado pelo remetente, não poderia ser usada (cf. art. 153, CP, e art. 5.º, X, CF). Ocorre que, para a defesa de um direito, vale a exibição (exercício regular de direito assegurado pela lei processual penal).

Refere-se a lei somente às cartas particulares, pois as *cartas públicas*, normalmente denominadas ofícios, comunicações formais estabelecidas entre funcionários públicos, não são resguardadas pela privacidade.

13.6 Diligência de ofício

O juiz, em busca da verdade real, pode e deve coligir provas indispensáveis ao deslinde do feito (art. 234, CPP). Sendo ele o destinatário da prova, nada mais justo do que colhê-la, diretamente, quando disso tomar conhecimento. Aliás, muitos documentos somente poderão ser conseguidos por intermédio de requisição judicial, como ocorre com a quebra do sigilo fiscal ou bancário, razão pela qual é plausível que o próprio magistrado os busque para a juntada nos autos.

13.7 Documentos em língua estrangeira e a pública-forma

Devem ser traduzidos, quando necessário. É natural que um documento produzido na Espanha seja considerado em língua estrangeira, mas pode ser considerado de entendimento amplo pelas partes, razão pela qual independe de tradução. A decisão ficará a critério do juiz que, entretanto, deve providenciá-la, sempre que qualquer dos envolvidos no processo assim deseje.

Quando for necessária a tradução, deve o magistrado nomear tradutor público, isto é, a pessoa profissionalizada e reconhecida pelo próprio Poder Público, especialmente pelo Judiciário, como perito apto a fazer traduções. Lembremos que o tradutor e o intérprete devem ser equiparados aos experts (art. 281, CPP). Na sua falta, o magistrado nomeará pessoa de confiança e idônea para proceder à tradução, mediante compromisso.

Há outros documentos passíveis de tradução, como nos indica Espínola Filho, por estarem em linguagem cifrada ou estenografada (*Código de Processo Penal brasileiro anotado*, v. 3, p. 173). O juiz indicará pessoa habilitada a realizar a conversão em linguagem conhecida, sob pena de desentranhamento dos autos. Há, ainda, a hipótese dos documentos escritos em péssima letra, tornados ininteligíveis. Nesse caso, o melhor a fazer é convocar a juízo o autor do escrito, para que possa esclarecer o seu conteúdo. Poderá, ainda, o magistrado, tratando-se de funcionário público, determinar a produção de outra cópia do mesmo documento. Finalmente, quando a pessoa que o produziu estiver ausente, por qualquer razão (ex.: falecimento), pode o juiz empregar os conhecimentos de perito para "traduzir" o documento.

Menciona o art. 237 do CPP que a pública-forma somente terá valor quando for conferida com o original, em presença da autoridade. Trata-se da cópia autenticada por oficial público de papel avulso, servindo para substituir-se a este, na grande maioria das vezes. Estaria o artigo em comento referindo-se à certidão e ao traslado também? Cremos que não. Valemo-nos das definições expostas pelo magistrado Francisco Eduardo Loureiro, em parecer aprovado pela Corregedoria-Geral da Justiça de São Paulo (*DOE*, Poder Judiciário, Caderno 1, 14.02.1997, p. 34), definindo *pública-forma* como a cópia autenticada de documento, que difere da certidão (cópia extraída de livro de notas, em formato integral, parcial ou de breve relato, feita por oficial público, dentro das formalidades legais) e do traslado (cópia do original, constituindo a *2.ª via* ou a duplicata, extraída no momento de produção do documento nos livros do notário).

Assim, as certidões e os traslados, para os fins deste artigo não são consideradas *públicas-formas* e sim documentos originais (art. 232, *caput*, CPP). Por outro lado, já que o Código de Processo Penal admite, com o mesmo valor do original, a fotografia do documento, devidamente autenticada (pública-forma), conforme se observa no art. 232, parágrafo único, é desta fotocópia que se trata neste texto. Assim, quando a autoridade judiciária tiver alguma dúvida, quanto à autenticidade da fotocópia autenticada,

310 | MANUAL DE PROCESSO PENAL · **Nucci**

poderá exigir a apresentação do original para sua conferência. Exemplificando: para a decretação da extinção da punibilidade por morte do agente, exige o art. 62 do Código de Processo Penal a apresentação da certidão de óbito. Juntando-se aos autos uma cópia autenticada, que teria o mesmo valor do original, pode o magistrado, considerando útil para sua apreciação, determinar a exibição da certidão original para conferência.

13.8 Finalização do processo e destino dos documentos

Os documentos originais, nos autos do processo findo (com trânsito em julgado da decisão proferida), não havendo motivo relevante para retê-los, podem ser entregues à parte que os produziu, ficando cópia em seu lugar (art. 238, CPP).

Há algumas situações, no entanto, demonstrativas da inconveniência de se proceder a tal devolução, como por exemplo: a) o documento falsificado, que foi objeto de consideração pelo juiz para fundamentar a sentença condenatória, visto constituir a materialidade do delito. Nesse prisma, BENTO DE FARIA, que defende a não liberação de todo documento que compuser o corpo de delito (*Código de Processo Penal*, v. 1, p. 346); b) qualquer documento, que tenha sido essencial para a sentença condenatória, desde que pendente o trâmite de uma revisão criminal; c) o documento, cujo porte ou divulgação seja vedado por lei, como aquele que contém segredo interessante à administração pública; d) a certidão de óbito, que deu causa à decisão de extinção da punibilidade do réu, entre outros. O importante é verificar, concretamente, se a devolução pode prejudicar o interesse público de mantê-lo nos autos.

Por outro lado, como lembra TORNAGHI, se houver controvérsia acerca da propriedade do documento, reclamada por várias pessoas, o melhor é mantê-lo entranhado nos autos do processo criminal, aguardando-se que se decida, na esfera cível, a questão (*Compêndio de processo penal*, t. III, p. 939).

Não se admite que o juiz, de ofício, delibere devolver qualquer documento a quem quer que seja. É preciso existir requerimento da parte interessada, ouvindo-se o representante do Ministério Público a respeito. Por outro lado, o requerente deve demonstrar o seu interesse na devolução do documento. Caso seja deferido pelo juiz, traslado (cópia) deve ficar nos autos. Havendo indeferimento do pedido, não há recurso previsto em lei, sendo cabível, portanto, mandado de segurança.

13.9 Documento e "documentação"

Considerando-se o documento uma prova constituída fora do processo, sem contraditório, mas que se junta aos autos e se submete à avaliação e valoração das partes, interessante observar a possibilidade de utilização do termo *documentação,* conforme bem exposto por Paolo Tonini, (*A prova no processo penal italiano*, p. 193). Destina-se à redução a termo (por escrito) dos atos procedimentais verbais, produzidos em audiência, como os depoimentos das testemunhas, a declaração da vítima, o interrogatório do réu, a acareação, o reconhecimento de pessoa ou coisa etc.

Portanto, trata-se de documento a prova formada em base material, disposta a expressar um pensamento, uma ideia ou uma manifestação de vontade, produzida ex-

Capítulo XII • Provas

tra-autos. Cuida-se de documentação todos os termos inseridos nos autos em virtude da redução por escrito da prova colhida oralmente.

14. PROVA INDICIÁRIA

14.1 Conceito de indício

É um fato secundário, conhecido e provado, que, tendo relação com o fato principal, autorize, por raciocínio indutivo-dedutivo, a conclusão da existência de outro fato secundário ou outra circunstância. O conceito fornecido pela lei encontra-se no art. 239 do CPP, embora esteja incompleto.

É prova indireta, embora não tenha, por causa disso, menor valia. O único fator – e principal – a ser observado é que o indício, solitário nos autos, não tem força suficiente para levar a uma condenação, visto que esta não prescinde de segurança. Assim, valemo-nos, no contexto dos indícios, de um raciocínio indutivo, que é o conhecimento amplificado pela utilização da lógica para justificar a procedência da ação penal. A indução nos permite aumentar o campo do conhecimento, razão pela qual a existência de vários indícios torna possível formar um quadro de segurança compatível com o almejado pela verdade real, fundamentando uma condenação ou mesmo uma absolvição.

14.2 Indução

É o "raciocínio no qual de dados singulares ou parciais suficientemente enumerados se infere uma verdade universal", nas palavras de Jacques Maritain (*A ordem dos conceitos – Lógica menor*, p. 283).

Somos da opinião de que o legislador empregou o termo exato neste artigo, vale dizer, o raciocínio utilizado pelo magistrado, utilizando os indícios para chegar a uma conclusão qualquer no processo, é realmente indutivo. Ressalvamos que há parte da doutrina sustentando ter havido um erro de redação, usando-se a palavra *indução* em lugar do que seria o correto, ou seja, *dedução* (por todos nessa crítica, veja-se Tornaghi, *Compêndio de processo penal*, t. III, p. 945).

A objeção é incorreta, pois a dedução é um raciocínio mais simples, que não permite a ampliação do conhecimento, mas estabelece a conjunção do que já é conhecido, *afirmando*, pois, a noção que se tem de algo. A indução, por sua vez, faz crescer o conhecimento do ser humano, unindo-se dados parciais para formar um quadro mais amplo. Ainda assim, é preciso ressaltar não produzir a indução *verdades absolutas*, mas nenhuma decisão judicial pode chamar a si tal qualidade. O juiz decide, ainda que fundamentado em provas diretas, como a confissão judicial ou a pericial, com uma grande probabilidade de acerto, mas jamais em caráter absoluto, visto que confissões podem ser falsas, assim como o perito pode ter-se equivocado.

Exemplo: no caso de furto, raciocinando o juiz: a) o réu confessou, na polícia, a prática do crime; b) ostenta antecedentes criminais; c) a apreensão da *res furtiva* foi feita em seu poder; d) instrumentos normalmente usados para a prática de furto foram encontrados no seu domicílio; e) o réu tem um nível de vida elevado, incompatível com sua renda declarada; f) foi visto nas imediações do local onde o furto foi cometido no dia do fato. Ninguém o viu furtando, nem ele, em juízo, admitiu essa prática. Mas esses indícios (prova indireta) fazem com que o juiz conclua, em processo indutivo, ter sido ele o autor do furto. Finaliza, então, com a dedução: o tipo penal do art. 155 prevê constituir furto a subtração de coisa alheia móvel para si; o réu foi o autor da subtração; logo, deve ser condenado (dedução).

14.3 Integração entre indução e dedução

Não são compartimentos estanques do raciocínio lógico. Assim, devemos visualizar o fenômeno descrito no art. 239 do Código de Processo Penal como forma de integração entre os dois métodos de conhecimento e do pensamento científico.

Dizemos que alguém, encontrado, por regra de experiência, com o objeto furtado, logo após a subtração, é o autor do crime (premissa maior). Depois, diz-se que o réu foi encontrado com a *res furtiva* em seu poder (premissa menor). Deduz-se, então, que ele é provavelmente o autor do delito. Em verdade, esse processo é uma dedução, mas é insuficiente para a condenação. Usamos, então, a indução, que significa estabelecer várias deduções como esta até chegar a uma conclusão mais ampla, isto é, que o réu é, realmente, o autor da infração penal. O termo *indução*, insistimos, é o cerne do processo, na utilização dos indícios, razão pela qual não se deve substituí-lo por *dedução*.

14.4 Valor probatório dos indícios

Os indícios são perfeitos tanto para sustentar a condenação, quanto para a absolvição. Há autorização legal para a sua utilização e não se pode descurar que há muito preconceito contra essa espécie de prova, embora seja absolutamente imprescindível ao juiz utilizá-la. Nem tudo se prova diretamente, pois há crimes camuflados – a grande maioria – que exigem a captação de indícios para a busca da verdade real. Lucchini, mencionado por ESPÍNOLA FILHO, explica que a "eficácia do indício não é menor que a da prova direta, tal como não é inferior a certeza racional à histórica e física. O indício é somente subordinado à prova, porque não pode subsistir sem uma premissa, que é a circunstância indiciante, ou seja, uma circunstância provada; e o valor crítico do indício está em relação direta com o valor intrínseco da circunstância indiciante. Quando esteja esta bem estabelecida, pode o indício adquirir uma importância predominante e decisiva no juízo" (*Elementi di procedura penale*, n. 131, apud *Código de Processo Penal brasileiro anotado*, v. 3, p. 175). Assim também BENTO DE FARIA, apoiado em Malatesta (*Código de Processo Penal*, v. 1, p. 347).

Realmente, o indício *apoia-se* e *sustenta-se* numa outra prova. No exemplo citado no tópico anterior, quando se afirma que a coisa objeto do furto foi encontrada em poder do réu não se está provando o fato principal, que consiste na subtração, mas tem-se efetiva demonstração de que a circunstância ocorreu, através do auto de apreensão e de testemunhas.

Em síntese, o indício é um fato provado e secundário (circunstância) que somente se torna útil para a construção do conjunto probatório ao ser usado o processo lógico da indução.

14.5 Diferença entre indício e presunção

A presunção não é um meio de prova válido, pois constitui uma mera opinião baseada numa suposição ou numa suspeita. É um simples processo dedutivo. Pode-se utilizar a presunção para fundamentar uma condenação unicamente quando a lei auto-

Capítulo XII • Provas | **313**

rizar, como ocorre com a presunção de violência de quem mantém relação sexual com menor de 14 anos.

Como afirma, com razão, BENTO DE FARIA, os indícios possibilitam atingir o estado de certeza no espírito do julgador, mas as presunções apenas impregnam-no de singelas probabilidades e não podem dar margem à condenação (*Código de Processo Penal*, v. 1, p. 349-350).

14.6 Contraindícios

São as circunstâncias provadas, que servem para justificar ou fundamentar a invalidade dos indícios colhidos contra alguém. Assim, se a coisa furtada foi encontrada em poder do réu, este pode produzir a prova de um fato secundário, demonstrativo de que a adquiriu, através da emissão de nota fiscal e recibo, de uma loja. O indício é derrubado pelo contraindício. O álibi – justificativa apresentada pelo acusado para negar a autoria – é um contraindício ou indício negativo.

15. BUSCA E APREENSÃO

15.1 Conceito de busca e apreensão

Apesar de situados juntos na titulação do Capítulo XI do Título VII (Da Prova) do Livro I, bem como serem utilizados, como regra, dessa maneira no processo, são termos diferenciados.

Busca significa o movimento desencadeado pelos agentes do Estado para a investigação, descoberta e pesquisa de algo interessante para o processo penal, realizando-se em pessoas ou lugares.

Apreensão é medida assecuratória que toma algo de alguém ou de algum lugar, com a finalidade de produzir prova ou preservar direitos.

Para TORNAGHI, no entanto, são medidas que sempre caminham juntas, vale dizer, a finalidade da busca é sempre a apreensão (*Compêndio de processo penal*, t. III, p. 1.006), com o que não aquiescemos, tendo em vista a possibilidade de se determinar uma busca, implicando em colheita (algo diverso de apreensão) ou mesmo de simples libertação da vítima (não significando, também, apreensão, mas recolhê-la do local para a liberdade). Um mandado de busca pode significar, ainda, a mera tomada de fotografias do lugar, havendo utilidade para a prova, o que não quer dizer ter havido apreensão.

O rol de situações que autorizam a busca e a apreensão do art. 240 do Código de Processo Penal é exemplificativo, nada impedindo que outras hipóteses semelhantes às apresentadas sejam vislumbradas, podendo o juiz expedir mandado de busca (e apreensão, se for o caso) para tanto.

Deve-se ter em vista a natureza da busca, que serve para a obtenção de provas, inclusive formação do corpo de delito, bem como para, cautelarmente, apreender coisas. BENTO DE FARIA, cuja lição é aceita por ESPÍNOLA FILHO, também admite que o rol não é taxativo, embora estipule que a sua ampliação deva ser feita por outros preceitos legais e não por analogia (*Código de Processo Penal*, v. 1, p. 355). Defendemos, no entanto, a utilização da analogia, se for preciso, para ampliar o rol mencionado, o que é expressamente autorizado pelo art. 3.º do CPP, salientando, no entanto, que a relação já é extensa o suficiente para prescindir do processo analógico.

15.2 Natureza jurídica

São medidas de natureza mista. Conforme o caso, a busca pode significar um ato preliminar à apreensão de produto de crime, razão pela qual se destina à devolução à vítima. Pode significar, ainda, um meio de prova, quando a autorização é dada pelo juiz para se proceder a uma perícia em determinado domicílio. A apreensão tem os mesmos ângulos. Pode representar a tomada de um bem para acautelar o direito de indenização da parte ofendida, como pode representar a apreensão da arma do delito para fazer prova.

Assim, tanto a busca, quanto a apreensão, podem ser vistos, individualmente, como meios assecuratórios ou como meios de prova, ou ambos.

15.3 Momentos para a sua realização

Podem ocorrer, tanto a busca, quanto a apreensão, em fase preparatória a um procedimento policial ou judicial (como ocorre quando, por fundada suspeita, um policial aborda alguém, encontra uma arma proibida, detendo a pessoa e apreendendo o objeto), durante a investigação policial, com ou sem inquérito (por vezes, após o registro de uma ocorrência e, antes mesmo da instauração do inquérito, a autoridade policial realiza uma busca e apreensão), durante a instrução do processo judicial e ao longo da execução penal (estando o sentenciado em liberdade, nada impede que o juiz determine uma busca em seu domicílio, para constatar se ele se encontra lá recolhido no período estabelecido como condição para o livramento condicional ou para a prisão albergue domiciliar).

15.4 Regras especiais de busca e apreensão

Além do previsto neste Capítulo XI do Título VII do Livro I do Código de Processo Penal, impondo normas gerais para a busca e para a apreensão, há possibilidade de leis especiais fixarem disciplina diferenciada para tais medidas assecuratórias.

Exemplo disso pode ser encontrado na Lei 9.279/96, que cuida de marcas e patentes e dos crimes contra a propriedade imaterial, como se vê no art. 198: "Poderão ser apreendidos, de ofício ou a requerimento do interessado, pelas autoridades alfandegárias, no ato de conferência, os produtos assinalados com marcas falsificadas, alteradas ou imitadas ou que apresentem falsa indicação de procedência". É um permissivo legal, que dispensa a ordem judicial, até porque não há a invasão a domicílio.

15.5 Fundamento e proteção constitucional da busca em domicílio

Preceitua o art. 5.º, XI, da Constituição Federal que "a casa é asilo inviolável do indivíduo, ninguém nela podendo penetrar sem consentimento do morador, salvo em caso de flagrante delito ou desastre, ou para prestar socorro, ou, durante o dia, por determinação judicial", razão pela qual buscas domiciliares, em se tratando de processo penal, somente poderão ser feitas nas seguintes situações: a) durante o dia, com autorização do morador, havendo ou não mandado judicial; b) durante o dia, sem autorização do morador, mas com mandado judicial; c) durante a noite, com ou sem mandado judicial, mas com autorização do morador; d) durante o dia ou a noite, por ocasião de flagrante delito, com ou sem autorização do morador. As outras hipóteses constitucionais não se destinam ao processo penal (desastre e prestação de socorro).

Domicílio deve ser interpretado com a maior amplitude possível e não como se faz, restritivamente, no Código Civil (art. 70, referindo-se à residência com ânimo definitivo). Equipara-se, pois, domicílio à casa ou à habitação, isto é, ao local onde a pessoa vive, ocupando-se de assuntos particulares ou profissionais. Serve, ainda, para os cômodos de um prédio, abrangendo o quintal, bem como envolve o quarto de hotel, regularmente ocupado, o escritório do advogado ou de outro profissional, o consultório do médico, o quarto de pensão, entre outros lugares fechados destinados à morada de alguém.

Eventual busca ilegal no domicílio é punida com base no art. 150 do Código Penal (violação de domicílio) ou com fundamento no art. 22 da Lei 13.869/2019 (abuso de autoridade), conforme o caso concreto.

15.6 Fundamento e proteção constitucional da busca pessoal

A busca pessoal tem como escudo protetor o art. 5.º, X, da Constituição Federal, ao preceituar que "são invioláveis a intimidade, a vida privada, a honra e a imagem das pessoas, assegurado o direito à indenização pelo dano material ou moral decorrente de sua violação". Entretanto, não se vislumbra específica proteção no Código Penal, salvo, genericamente, tratando-se dos crimes de constrangimento ilegal ou de sequestro ou cárcere privado, conforme a situação concreta.

Pessoal é o que se refere ou pertence à pessoa humana. Pode-se falar em busca com contato direto ao corpo humano ou a pertences íntimos ou exclusivos do indivíduo, como a bolsa ou o carro. Aliás, a busca realizada em veículo (automóvel, motocicleta, navio, avião etc.), que é coisa pertencente à pessoa, deve ser equiparada à busca pessoal, sem necessitar de mandado judicial. A única exceção fica por conta do veículo destinado à habitação do indivíduo, como ocorre com os trailers, cabines de caminhão, barcos, entre outros.

A busca pessoal dispensa mandado judicial (art. 244, CPP), em determinadas situações diante da urgência que a situação requer (ver o tópico 15.10 abaixo). Se uma, pessoa suspeita de trazer consigo a arma utilizada para a prática de um crime, está passando diante de um policial, seria impossível que ele conseguisse, a tempo, um mandado para efetivar a diligência e a revista. Logo, dispensa-se o mandado, embora deva o agente da autoridade ter a máxima cautela para não realizar atos invasivos e impróprios, escolhendo aleatoriamente pessoas para a busca, que é sempre ato humilhante e constrangedor.

Esse tipo de busca envolve as roupas, o veículo (como já sustentado acima), os pertences móveis que esteja carregando (bolsas, mochilas, carteiras etc.), bem como o próprio corpo. Esta última hipótese deve ser tratada com especial zelo e cuidado, pois significa ato extremamente invasivo. Pode, no entanto, ser necessária a diligência, como tem ocorrido nos casos de tráfico de entorpecentes, quando os suspeitos carregam, entre as nádegas ou os seios, pequenos pacotes contendo drogas.

316 | MANUAL DE PROCESSO PENAL · **Nucci**

Outro ponto fundamental para legitimar a busca pessoal é haver *fundada suspeita*. *Suspeita* é uma desconfiança ou suposição, algo intuitivo e frágil, por natureza, razão pela qual a norma exige que seja *fundada a suspeita*, o que é mais concreto e seguro. Assim, quando um policial desconfiar de alguém, não poderá valer-se, unicamente, de sua experiência ou pressentimento, necessitando, ainda, de algo mais palpável, como a denúncia feita por terceiro de que a pessoa porta o instrumento usado para o cometimento do delito, bem como pode ele mesmo visualizar uma saliência sob a blusa do sujeito, dando nítida impressão de se tratar de um revólver.

Enfim, torna-se impossível e impróprio enumerar todas as possibilidades autorizadoras de uma busca, mas continua sendo curial destacar que a autoridade encarregada da investigação ou seus agentes podem – e devem – revistar pessoas em busca de armas, instrumentos do crime, objetos necessários à prova do fato delituoso, elementos de convicção, entre outros, agindo escrupulosa e fundamentadamente.

Não agindo como determina a norma processual penal e procedendo à busca pessoal de alguém sem qualquer razão, pode o policial incidir em duas infrações: funcional, quando não houver elemento subjetivo específico (dolo específico, na doutrina tradicional), merecendo punição administrativa, ou penal, quando manifestar, nitidamente, seu intuito de abusar de sua condição de autoridade, merecendo ser processado e condenado por isso.

Os agentes autorizados a realizar busca pessoal são os que possuem a função constitucional de garantir a segurança pública, preservando a ordem e a incolumidade das pessoas e do patrimônio, bem como investigar ou impedir a prática de crimes: polícia federal, polícia rodoviária federal, polícia ferroviária federal, polícias civis, polícias militares e corpos de bombeiros militares, além dos policiais penais (art. 144, CF). Não possuem tal função os agentes das guardas municipais, logo, não estão autorizados a fazer busca pessoal. Naturalmente, se um flagrante ocorrer, podem prender e apreender pessoa e coisa objeto de crime, como seria permitido a qualquer do povo que o fizesse, apresentando o infrator à autoridade policial competente.

Em relação à busca pessoal realizada em mulher (art. 249, CPP), deve ser realizada preferencialmente por outra mulher. Espelha-se, nesse caso, o preconceito existente de que a mulher é sempre objeto de molestamento sexual por parte do homem, até porque não se previu o contrário, isto é, que a busca em homem seja sempre feita por homem. Seria dispensável tal dispositivo, caso o agente da autoridade atuasse sempre com extremo profissionalismo e mantendo-se no absoluto respeito à intimidade alheia.

Entretanto, a referida norma destaca que, se houver impossibilidade de achar uma mulher para revistar a suspeita ou acusada, a diligência pode ser feita por homem, a fim de não haver retardamento ou prejuízo. Daí por que cremos dispensável este artigo, cuidando-se de preservar sempre o abuso, de que parte for: do homem contra o homem, da mulher contra mulher ou de pessoas de sexos diferentes.

15.7 Mandado judicial certo e determinado

Tratando-se de decorrência natural dos princípios constitucionais que protegem tanto o domicílio, quanto a vida privada e a intimidade do indivíduo, torna-se indispensável que o magistrado expeça mandados de busca e apreensão com objetivo certo e contra pessoa determinada (art. 243, CPP).

Não é possível admitir-se ordem judicial genérica, conferindo ao agente da autoridade liberdade de escolha e de opções a respeito dos locais a serem invadidos e vasculhados. Trata-se de abuso de autoridade de quem assim concede a ordem e de quem a executa, indiscriminadamente. Note-se que a lei exige *fundadas* razões para que o domicílio de alguém seja violado e para que a revista pessoal seja feita, não se podendo acolher o mandado genérico, franqueando amplo acesso a qualquer lugar. Nesse sentido, decidiu o STJ, contrário à expedição de mandado de busca genérico: AgRg no HC 435.934-RJ, 6ª. T., rel. Rogério Schietti, j. 05.11.2019, v. u.

 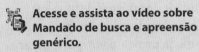

Acesse e assista ao vídeo sobre Mandado de busca e apreensão genérico.
> https://uqr.to/1y2tr

Excepcionalmente, pode-se expedir um mandado de busca indeterminado, mas cujo objeto ou local é determinável. Exemplo disso seria a denúncia, baseada em elementos previamente colhidos, de que provas do crime estão guardadas em uma casa situada na Rua "X", número "Y", desconhecendo-se o morador. A polícia poderia seguir ao lugar, sem conhecer os habitantes, embora tendo por determinado o local. E vice-versa: conhece-se a pessoa, mas não exatamente onde fica o seu domicílio. Voltaremos ao tema no item 15.9 infra.

As hipóteses para a ocorrência de busca e/ou apreensão estão enumeradas no art. 240 do CPP. Em síntese, são as seguintes:

a) *propiciar a prisão de criminosos*: expede-se mandado de busca para que a polícia possa ingressar em determinado domicílio, onde há a suspeita de estar escondida pessoa procurada pela Justiça. Não é o mandado de busca e apreensão o instrumento para a realização da prisão, pois esta não prescinde do mandado específico de prisão. Não se "apreende" criminoso. Assim, a ordem de busca domiciliar autoriza a polícia a invadir recinto sem que responda, em caso de nada encontrar, por abuso de autoridade;

b) *apreender coisas achadas ou obtidas por meios criminosos*: as primeiras dizem respeito ao material que tenha algum interesse para a produção de prova no processo; as segundas referem-se não somente ao material que evidencie a prática da infração penal como também às coisas que serão reservadas para restituição à vítima ou para confisco do Estado (art. 91, II, *b*, CP);

c) *apreender instrumentos de falsificação ou contrafação e objetos falsificados ou contrafeitos*: a apreensão dos instrumentos usados para a falsificação (construção de algo novo) ou para a contrafação (imitação de algo verdadeiro), bem como dos objetos falsificados ou contrafeitos é consequência natural do disposto no art. 91, II, *a*, do Código Penal, que prevê a perda, em favor da União, ressalvado o direito do lesado ou do terceiro de boa-fé, dos instrumentos ilícitos utilizados para a prática do delito;

d) *apreender armas, munições e instrumentos utilizados para a prática de crime ou destinados a fim delituoso*: armas são os engenhos especialmente feitos para ataque ou defesa (armas próprias), não abrangendo, naturalmente, os objetos eventualmente usados para o cometimento de uma infração penal, como ocorre com um machado ou com um martelo (armas impróprias). Ocorre que a alínea *d* do § 1.º do art. 240 do CPP permite que se apreenda, também, o instrumento usado para a prática do crime, ao menos para que se proceda à perícia (meio de prova), razão pela qual poder-se-ia recolher o machado ou o martelo, com o qual o agente matou a vítima, por exemplo. Futuramente, ele pode ser restituído a quem de direito. *Munição* é o material destinado a abastecer armas, como projéteis, pólvoras e outros artefatos explosivos. Logicamente, deve ser apreendida para servir de prova ou como medida assecuratória (imagine-se o furto de grande quantidade de projéteis de uma loja especializada em venda de munição), para futura devolução ao lesado ou ainda para confisco (art. 91, II, *a*, CP). Não sendo arma ou munição, como já mencionado, pode tratar-se de qualquer outro instrumento usado para a prática de infrações penais (como o martelo, para a prática de homicídio);

e) *descobrir objetos necessários à prova da infração ou à defesa do réu*: trata-se de item genérico, somente vindo a comprovar a natureza mista da busca e da apreensão (meio de prova e assecuratório). Qualquer material que possa fornecer ao julgador uma avaliação correta do fato delituoso, abrangendo materialidade e autoria, pode ser apreendido (como roupas com sangue ou esperma, material pornográfico, diários e anotações, com conteúdo vinculado ao fato, entre outros). Observe-se que a busca e apreensão deve voltar-se à descoberta da *verdade real*, podendo ser de interesse tanto da acusação, quanto da defesa;

f) *apreensão de cartas, abertas ou não, destinadas ao acusado ou em seu poder, quando haja a suspeita de que o conhecimento do seu conteúdo possa ser útil à elucidação do fato*: cartas em geral podem ser encontradas em determinado domicílio. Se estiverem abertas, naturalmente, cabe a apreensão e exame da utilidade para a prova de fatos do processo. Entretanto, caso estejam fechadas, dirigidas ao acusado ou a outra pessoa, mas em seu poder, poderiam ser abertas? Essa é uma questão para debate, que analisaremos destacadamente;

g) *apreender pessoas vítimas de crimes*: é medida que não visa, obviamente, à prisão ou ao recolhimento da pessoa ofendida pela prática criminosa, mas trata-se de uma medida de libertação ou salvamento de pessoa vítima de maus-tratos (crianças ou idosos), privada da liberdade (sequestro ou extorsão mediante sequestro), entre outras situações análogas. Narra Pontes de Miranda que será utilizada a busca e apreensão para retirar da ilegal detenção o paciente beneficiado por ordem de *habeas corpus* não cumprida de pronto pelo detentor ou carcereiro, estando ele em casa particular qualquer (*História e prática do* habeas corpus, p. 389-390);

h) *colher qualquer elemento de convicção*: trata-se de autorização genérica e residual, isto é, não se encaixando a hipótese às alíneas anteriores, mas voltando-se à produção de provas, é permitida a colheita de material ou instrumento, que sirva para formar a convicção do juiz. Exemplo disso é a colheita de sangue ou pelos para submissão a exame pericial.

15.8 Exigência do mandado judicial para a polícia

Não mais vige a possibilidade da autoridade policial, pessoalmente e sem mandado, invadir um domicílio, visto que a Constituição Federal garantiu a necessidade de determinação judicial. Logo, não está em vigor parte do disposto no art. 241 do CPP. O juiz, obviamente, quando acompanha a diligência, faz prescindir o mandado, pois não teria cabimento ele autorizar a si mesmo ao procedimento da busca.

É indiscutível que a ocorrência de um delito no interior do domicílio autoriza a sua invasão, a qualquer hora do dia ou da noite, mesmo sem o mandado, o que, aliás, não teria mesmo sentido exigir fosse expedido. Assim, a polícia pode ingressar em casa alheia para intervir num flagrante delito, prendendo o agente e buscando salvar, quando for o caso, a vítima. Em caso de crimes permanentes (aqueles cuja consumação se prolonga no tempo), como é o caso do tráfico de drogas, na modalidade "ter em depósito" ou "trazer consigo" (art. 33, *caput*, Lei 11.343/2006), pode o policial penetrar no domicílio efetuando a prisão cabível.

15.8.1 Invasão domiciliar e delito permanente

Considerando-se a viabilidade de ingresso em domicílio, durante o dia ou à noite, em caso de flagrante delito (art. 5º, XI, CF), bem como o confronto com o crime permanente – aquele cuja consumação se prolonga na linha do tempo –, é preciso analisar essa peculiar situação. Suponha-se que o agente tenha em depósito, em sua casa, droga ilícita ou arma de fogo ilegal; enquanto a droga ou a arma ali estiverem, por se tratar de crime permanente, está em franca consumação; autoriza-se, então, o ingresso da polícia para efetuar a prisão do agente. Entretanto, muitos abusos terminam ocorrendo por causa da invasão em domicílio sem uma prova razoável de que um crime permanente se desenvolve no lugar.

Por isso, o STF delimitou que essa entrada sem mandado judicial, mesmo para delitos permanentes, somente deve acontecer se houver fundada suspeita de que há, realmente, o desenvolvimento de ação criminosa. Exemplos de coleta de dados para demonstrar a fundada suspeita podem ser a prévia investigação da polícia, com organização de campana à frente do imóvel, notando a entrada e a saída regular de pessoas o tempo todo; a filmagem do local, igualmente, evidenciando o comércio em trâmite; o depoimento de usuário que tenha adquirido droga ilícita naquela casa, entre outros. Com isso, a invasão pode se dar, legitimamente, pela polícia, sem mandado judicial.

Todavia, caso ocorra a invasão sem autorização do morador, não podendo a polícia demonstrar ao Judiciário qual foi a fundada suspeita que a levou a esse ingresso, tudo o que for apreendido no interior da casa pode ser considerado prova ilícita, devendo-se eliminá-la dos autos do processo.

15.9 Requisitos do mandado de busca e provocação para a sua expedição, com destaque para a inviolabilidade do escritório do advogado

Pode o juiz determinar a busca e a apreensão de ofício ou a requerimento da parte interessada (art. 242, CPP). Tal providência faz parte da busca da verdade real, princípio que rege a atuação do magistrado no processo penal, bem como ao impulso oficial, que incentiva o procedimento. Não deve, no entanto, o juiz exceder-se na avaliação da prova, antecipando julgamentos e buscando culpados a qualquer custo. Somente se a diligência se mostrar imprescindível à formação do seu convencimento, não tendo havido requerimento das partes, pode o julgador intervir, determinando seja feita a busca, fazendo-o de modo fundamentado.

O mandado de busca deve conter os seguintes requisitos (art. 243, CPP): a) indicar, o mais precisamente possível, a casa em que será realizada a diligência e o nome do respectivo proprietário ou morador; ou, no caso de busca pessoal, o nome da pessoa que terá de sofrê-la ou os sinais que a identifiquem; b) mencionar o motivo e os fins da diligência; c) ser subscrito pelo escrivão e assinado pela autoridade que o fizer expedir. Esse conteúdo é a maior prova de que não há mandado de busca genérico, ou seja, sem especificação do que exatamente deverá a polícia procurar e, eventualmente, apreender.

A Lei 11.767/2008, em relação à inviolabilidade dos escritórios de advocacia, alterando a redação do § 6.º do art. 7.º da Lei 8.906/94 (Estatuto da Advocacia), terminou por introduzir algumas obviedades, muitas das quais já previstas pelo art. 243 do CPP: "Presentes indícios de autoria e materialidade da prática de crime por parte de advogado, a autoridade judiciária competente poderá decretar a quebra da inviolabilidade de que trata o inciso II do *caput* deste artigo, em decisão motivada, expedindo mandado de busca e apreensão, específico e pormenorizado, a ser cumprido na presença de representante da OAB, sendo, em qualquer hipótese, vedada a utilização dos documentos, das mídias e dos objetos pertencentes a clientes do advogado averiguado, bem como dos demais instrumentos de trabalho que contenham informações sobre clientes".

Foram destacados importantes pontos para o exercício livre da advocacia. Em primeiro lugar, para ocorrer a invasão, por agentes do Estado, em escritórios de advocacia ou locais de trabalho do advogado (pode ser em sua própria casa ou em uma empresa), torna-se imprescindível que o causídico esteja envolvido na prática de infração penal. Para tanto, é preciso provas mínimas de autoria e materialidade. Se tal ocorrer, somente a autoridade judiciária poderá expedir o mandado de busca e apreensão, em decisão *fundamentada*, bem como devendo ser o mandado *específico* e *pormenorizado*. Na realidade, nesse ponto, editou-se uma novel lei para fazer valer o conteúdo de leis anteriores, que não vêm sendo aplicadas na prática. Qualquer decisão judicial precisa ser fundamentada (art. 93, IX, CF), em particular, a gravosa expedição de mandado de busca e apreensão, que irá romper a inviolabilidade de algum lugar.

Por outro lado, o art. 243 do CPP já estipula dever o mandado ser específico e detalhado, embora não o faça com tais palavras. Afinal, mencionar o motivo e a finalidade da diligência é torná-lo determinado e pormenorizado. Não se vem cumprindo tal preceito, na prática, e o Judiciário, muitas vezes, silencia a respeito. Por isso, ingressa a Lei 11.767/2008 para reiterar, no âmbito das prerrogativas do advogado, o que deveria valer para todos os cidadãos. Especificando-se e detalhando-se o motivo e a finalidade da diligência, não se fará uma busca genérica, causando dissabor ao profissional que tiver o seu local de trabalho invadido. A polícia deverá dirigir-se exatamente à fonte da sua diligência, permanecendo o menor tempo possível no lugar, sob pena de se configurar abuso de autoridade.

A parte final do § 6.º também é importante. Não se pode utilizar documentos, mídias, objetos e instrumentos variados pertencentes a clientes do advogado averiguado, o que é correto. Está-se buscando prova contra o causídico e não contra seus clientes. Seria, aliás, absurda a ideia de se colher provas contra um réu, procurando-a justamente no escritório do seu defensor. Ninguém é obrigado a produzir prova contra si mesmo, razão pela qual a confiança estabelecida entre réu e advogado faz com que o acusado confie determinados valores seus a quem vai defendê-lo. Por isso, não cabe ao Estado diligenciar nesse sentido em escritórios de advocacia. Se os clientes também forem averiguados, abre-se a possibilidade de busca e apreensão de material, nos termos do § 7.º do art. 7.º.

Finalmente, convém mencionar que todas as coisas guardadas pelos clientes nos escritórios de seus advogados devem ser de posse e uso lícito, ou seja, ilustrando, não teria o menor cabimento o traficante depositar a droga no escritório de seu defensor, o mesmo podendo fazer o receptador, no tocante aos objetos adquiridos criminosamente e, muito menos, por absurdo que possa parecer, ocultar um cadáver nesses lugares. Todo material capaz de formar o corpo de delito da infração penal não pode ser considerado inviolável, sob pena de se impedir o Estado de punir a prática de crime, vez que este nem mesmo seria descoberto. As coisas que não devem ser buscadas e apreendidas são as que digam respeito a clientes, passíveis de evidenciar a autoria de delitos variados. Esta atividade persecutória deve ser realizada pelos agentes estatais em outras fontes e não no escritório do advogado, que cuida da causa.

O advento da Lei 14.365/2022 trouxe regras específicas para o ingresso em local de trabalho do advogado, justamente para enfrentar as situações abusivas quanto à retirada de documentos e outros materiais referentes ao sigilo profissional assegurado entre o causídico e seus clientes.

Além disso, estabelece-se que a medida cautelar de busca e apreensão tenha o caráter de excepcionalidade, bem como seja evitada a invasão quando baseada exclusivamente na palavra de delator. Esta última hipótese advém dos inúmeros excessos cometidos durante a atuação de certos grupos investigativos cuja atuação se concentrava em declarações prestadas por colaboradores, geralmente depoimentos isolados e prestados mediante a contraprestação de não serem detidos. Noutros termos, havia a viabilidade de se tratar de uma prova ilegítima, dando ensejo ao ingresso em lugar de trabalho do advogado de algum suspeito, devassando material ali arquivado e não concernente à materialidade de delito, mas a questões pertinentes à prova da autoria ou do elemento subjetivo – elementos que estão fora da previsão legal para a busca em escritório advocatício.

São os seguintes acréscimos ao art. 7.º do Estatuto da Advocacia: "§ 6.º-A. A medida judicial cautelar que importe na violação do escritório ou do local de trabalho do advogado será determinada em hipótese excepcional, desde que exista fundamento em indício, pelo órgão acusatório. § 6.º-B. É vedada a determinação da medida cautelar prevista no § 6º-A deste artigo se fundada exclusivamente em elementos produzidos em declarações do colaborador sem confirmação por outros meios de prova. § 6.º-C. O representante da OAB referido no § 6.º deste artigo tem o direito a ser respeitado pelos agentes responsáveis pelo cumprimento do mandado de busca e apreensão, sob pena de abuso de autoridade, e o dever de zelar pelo fiel cumprimento do objeto da investigação, bem como de impedir que documentos, mídias e objetos não relacionados à investigação, especialmente de outros processos do mesmo cliente ou de outros clientes que não sejam pertinentes à persecução penal, sejam analisados, fotografados, filmados, retirados ou apreendidos do escritório de advocacia. § 6.º-D. No caso de inviabilidade técnica quanto à segregação da documentação, da mídia ou dos objetos não relacionados à investigação, em razão da sua natureza ou volume, no momento da execução da decisão judicial de apreensão ou de retirada do material, a cadeia de custódia preservará o sigilo do seu conteúdo, assegurada a presença do representante da OAB, nos termos dos §§ 6.º-F e 6.º-G deste artigo. § 6.º-E. Na hipótese de inobservância do § 6.º-D deste artigo pelo agente público responsável pelo cumprimento do mandado de busca e apreensão, o representante da OAB fará o relatório do fato ocorrido, com a inclusão dos nomes dos servidores, dará conhecimento à autoridade judiciária e o encaminhará à OAB para a elaboração de notícia-crime. § 6.º-F. É garantido o direito de acompanhamento por representante da OAB e pelo profissional investigado durante a análise dos documentos e dos dispositivos de armazenamento de informação pertencentes a advogado, apreendidos ou interceptados, em todos os atos, para assegurar o cumprimento do disposto no inciso II do caput deste artigo. § 6.º-G. A autoridade responsável informará, com antecedência mínima de 24 (vinte e quatro) horas, à seccional da OAB a data, o horário e o local em que serão analisados os documentos e os equipamentos apreendidos, garantido o direito de acompanhamento, em todos os atos, pelo representante da OAB e pelo profissional investigado para assegurar o disposto no § 6.º-C deste artigo. § 6.º-H. Em casos de urgência devidamente fundamentada pelo juiz, a análise dos documentos e dos equipamentos apreendidos poderá acontecer em prazo inferior a 24 (vinte e quatro) horas, garantido o direito de acompanhamento, em todos os atos, pelo representante da OAB e pelo profissional investigado para assegurar o disposto no § 6.º-C deste artigo. § 6.º-I. É vedado ao advogado efetuar colaboração premiada contra quem seja ou tenha sido seu cliente, e a inobservância disso importará em processo disciplinar, que poderá culminar com a aplicação do disposto no inciso III do caput do art. 35 desta Lei, sem prejuízo das penas previstas no art. 154 do Decreto-Lei 2.848, de 7 de dezembro de 1940 (Código Penal)".

Não mais se inclui no mandado de busca o texto pertinente ao mandado de prisão, como preceitua o art. 243, § 1.º, do CPP. Em razão de inúmeras formalidades para se recolher alguém ao cárcere, justamente para dar segurança ao ato, exige-se a expedição de documento à parte.

15.10 Dispensa do mandado de busca pessoal

Há três situações que autorizam a dispensa do mandado de busca pessoal (art. 244, CPP):

a) *havendo prisão do revistado*. É natural que a detenção do acusado ou indiciado faça cessar a sua inviolabilidade pessoal, independente de ordem judicial, pois será recolhido ao cárcere e necessita estar livre de armas ou objetos perigosos à segurança do presídio. Além disso, os objetos ou instrumentos, que possua consigo, servirão para a formação do conjunto probatório. Se o bem maior – liberdade – está sendo violado legalmente, não teria sentido exigir-se mandado de busca pessoal, que protege a intimidade;

b) fundada suspeita de estar carregando arma proibida, objetos ou papéis que formem a materialidade do delito. Essa hipótese advém da urgência que já cuidamos em item anterior. Não teria sentido o agente policial, percebendo que alguém carrega consigo uma arma de fogo, por exemplo, deixá-lo livre, sem revista, até que conseguisse um mandado judicial. Ou mesmo se essa pessoa trouxesse documento de identidade falsificado;

c) existência de mandado de busca domiciliar. Se a medida mais grave, que é a violação do domicílio, conta com a ordem judicial, seria ilógico não poder o exequente revistar as pessoas encontradas no local, mormente porque as provas buscadas poderiam ser colocadas nos bolsos ou pertences pessoais, inviabilizando o sucesso da diligência.

15.11 Formalidades para a realização de busca domiciliar

A busca domiciliar durante o dia é a regra estabelecida não somente pelo Código de Processo Penal, mas pela Constituição Federal (art. 5.º, XI). Entretanto, pode o morador admitir que a polícia ingresse em seu domicílio, durante a noite, para realizar qualquer tipo de busca, embora, como já analisado anteriormente, o consentimento deva ser expresso e efetivo. Configura o abuso de autoridade, caso a concordância seja extraída mediante ameaça ou qualquer tipo de logro, como, por exemplo, ocorreria se houvesse a promessa de retornar no dia seguinte com um mandado de busca e outro de prisão por desobediência. Havia controvérsia a respeito do período em relação ao qual se poderia considerar *dia*, autorizando, então, a diligência. A doutrina apresentava sugestões, tanto no sentido de apontar um horário fixo, como no aspecto referente à existência de luz solar. A questão fica mais bem alinhada pela edição da Lei 13.869/2019, considerando abuso de autoridade o cumprimento de mandado de busca e apreensão domiciliar após as 21 horas e antes das 5 horas (art. 22, § 1º, III). Portanto, está estipulado que o período lícito se dá após as 5 da manhã e antes das 21 horas.

Há quem sustente, somente porque a lei fez uso da palavra no plural – executores – dever haver mais de um agente para cumprir o mandado de busca (cf. Tourinho Filho, *Código de Processo Penal comentado*, v. 1, p. 450). Assim não entendemos. Trata-se de um modo particular de expressar uma situação. Tendo em vista que a regra é o cumprimento do mandado de busca por mais de um agente da autoridade, inclusive para resguardar a sua incolumidade física e proporcionar as medidas de força descritas nos parágrafos, utilizou a lei o vocábulo no plural. Nada impede, no entanto, sendo ilógico considerar *ilícita* a busca, quando a atuação for desenvolvida por um só *executor*. Apegar-se desse modo à *letra* da lei poderia levar a crer que a casa somente poderia ter um morador, pois não se fala em *moradores*, no *caput* do art. 245 do CPP, embora mude o termo para *moradores* no § 4.º, estando a demonstrar que a forma singular/plural é indiferente. Além disso, imagine-se a hipótese de somente haver um oficial de justiça disponível para a realização de diligência urgente. Parece-nos óbvio que ele seja designado a cumpri-la, ainda que sozinho.

A polícia militar, em casos excepcionais, até para auxiliar a civil, pode cumprir mandados de busca e apreensão. A exibição e leitura do mandado é outra providência de vital importância no cumprimento do mandado de busca e/ou apreensão e, justamente por isso, ele precisa ser detalhado, com finalidade específica e objeto definido. O morador não fica entregue à própria sorte, nem ao inteiro arbítrio do agente da autoridade, tendo como evitar determinadas invasões abusivas, ou, pelo menos, acautelar-se, produzindo prova de que elas existiram. Se o mandado for expedido de forma genérica, não há ato da autoridade que consiga ser legitimamente barrado.

De posse do mandado, a polícia ordena que a porta seja aberta para a realização da diligência, sob pena de desobediência (art. 330, CP). Autoriza-se o arrombamento da porta e a entrada forçada no interior do domicílio, em caso de recalcitrância do morador. Não se trata de sanção civil ou administrativa, que afasta o crime de desobediência, em nosso entender, razão pela qual, conforme o caso concreto, pode haver a prisão em flagrante daquele que desobedece.

Poder-se-ia argumentar que o morador, quando for o próprio suspeito, indiciado ou acusado, estaria no seu direito de não se autoacusar, como faria ao recusar-se a fornecer material para a realização de exame de sangue ou grafotécnico, ou mesmo calando-se. Ocorre que a situação é diferenciada: justamente porque o Estado não pode obrigar o indiciado/acusado a produzir prova contra si mesmo, tem a obrigação – e o poder para isso – de buscar os elementos de formação da culpa por sua conta. Dessa forma, ainda que o sujeito investigado não queira colaborar, não tem o direito de impedir a entrada no seu domicílio, quando a ordem foi regularmente expedida por juiz de direito. Além disso, a entrada forçada não é sanção ao recalcitrante, mas somente a consequência natural da sua resistência. Por isso, parece-nos possível a prisão por desobediência. Aliás, havendo resistência violenta ou ameaçadora do morador contra os policiais, pode configurar-se ainda o crime previsto no art. 329 do Código Penal.

Na análise da recalcitrância do morador em permitir a diligência, é preciso estabelecer a diferença existente entre a resistência ativa e a passiva. A primeira dá margem à utilização de força por parte dos executores, que cumprem o mandado, mesmo porque, não o fazendo, será impossível cumprir, com sucesso, o determinado pelo juiz. Entretanto, passiva é a rebelião natural da pessoa que se sente invadida em seu domicílio, tendo sua intimidade devassada, o que termina sendo um mal necessário, podendo gritar, esbravejar, mostrar sua contrariedade e ter reações nervosas de toda ordem. Esta atitude não autoriza o emprego de força, nem tampouco a prisão do morador por desobediência, resistência ou desacato. A lei autoriza o emprego de força contra coisas, como o arrombamento de armários, cofres ou mesmo portas no interior do domicílio, quando outra opção não houver. Mas, é natural que a violência contra o morador possa também ser indispensável. Nessa hipótese, no entanto, é preciso que o padecente esteja incontrolável, investindo contra os executores e perturbando a diligência. Dá-se voz de prisão pelo crime cabível e termina-se a busca, já tendo o morador sob domínio.

Se o morador está ausente, autoriza-se o arrombamento de portas e outros tipos de violência contra coisas. Por precaução, determina o Código de Processo Penal que um vizinho qualquer, se possível, seja intimado (trata-se de uma ordem legal) a acompanhar a diligência, justamente para atestar a sua idoneidade e lisura (art. 245, § 4.º). Ressalte-se que, não havendo vizinho por perto, os executores podem agir sozinhos.

Se no domicílio somente estiverem menores ou pessoas incapazes de entender ou consentir, utiliza-se o mesmo critério da ausência de morador, isto é, convoca-se um vizinho e testemunhas idôneas para acompanhar o ato.

A regra é que o mandado deve conter, como já mencionado anteriormente, o que se procura e qual a motivação. Evita-se, com isso, abusos porventura praticados pela polícia ou outros agentes. Logo, é ilícita a atitude dos executores do mandado vasculhando, tomando conhecimento, fazendo troça ou divulgando objetos e pertences do morador, totalmente incompatíveis com a finalidade da diligência. Quem busca documentos falsificados não deve devassar o guarda-roupa do padecente, expondo ou apreendendo peças íntimas, por exemplo.

Finda a diligência, os executores devem lavrar auto circunstanciado, assinando-o com duas testemunhas presenciais (art. 245, § 7.º, CPP). *Auto* é o registro escrito e solene de uma ocorrência. No caso da busca, haverá um registro detalhado de tudo o que se passou ao longo da diligência, bem como de tudo o que foi efetivamente apreendido, para assegurar a sua licitude e idoneidade, evitando-se futura alegação de abuso de autoridade ou questionamentos sobre a origem da prova. É uma garantia tanto para o executor, quanto para o morador.

Exige-se a presença de duas testemunhas que tenham acompanhado a diligência como regra. Entretanto, se o domicílio estiver em lugar ermo e não puderem ser localizadas pessoas para testemunhar o ato, deve-se dispensar a sua participação. Aliás, é o que ressalva a parte final do § 7.º, referindo-se ao anterior § 4.º ("se houver e estiver presente") do art. 245 do CPP. Nessa hipótese, assinam o auto apenas os executores, que tomaram parte na busca, não tendo cabimento que os agentes da autoridade assinem como testemunhas.

15.12 Locais equiparados a domicílio

Segue-se o parâmetro já estabelecido pelo Código Penal (art. 150, § 4.º) que considera *casa* o compartimento habitado (lugar sujeito à ocupação do ser humano, normalmente sujeito à divisão, como, *v.g.*, o barraco da favela), o aposento ocupado de habitação coletiva (são os compartimentos públicos, tais como quartos de hotéis, motéis, pensões, entre outros) e compartimento fechado ao público, onde se exerce profissão ou atividade (é o lugar onde uma pessoa exerce suas atividades profissionais, como o escritório de advocacia, o consultório médico, entre outros).

Quanto à repartição pública, o mais indicado é requisitar à autoridade que a controla a entrega do objeto procurado. Essa é a posição partilhada igualmente, segundo menção feita por CLEUNICE A. VALENTIM BASTOS PITOMBO, por ESPÍNOLA FILHO, TOURINHO FILHO e ROGÉRIO LAURIA TUCCI, embora, para a autora, deva-se dividir o lugar público aberto a todos, daqueles resguardados.

A procura em local aberto ao público, de uso comum (ruas, praças, estradas, entre outros), dispensa autorização do juiz. Em locais públicos resguardados ou restritos ao público exige-se a autorização judicial. Preferimos crer que a requisição continua necessária. Caso não seja cumprida, procede-se, então, à busca. Deve-se, inclusive, respeitar as relações existentes entre os vários órgãos do Estado. Pode o juiz requisitar do delegado que lhe entregue determinado bem; não o fazendo, justifica-se a busca e apreensão na delegacia. Entretanto, se o juiz precisar autorizar uma busca em uma Vara ou ofício judicial, cujo controle é de outro magistrado, deve este solicitar que se busque e entregue o necessário. Havendo recusa, cremos que o mandado de busca deve ser expedido por órgão superior, como a Corregedoria-Geral da Justiça.

15.13 Busca em território alheio

Nenhum impedimento vemos para que a norma processual penal, editada pela União, preveja e estabeleça autorização para que a autoridade judiciária ou os agentes por ela designados, de uma unidade federativa ou de determinada Comarca, possa penetrar no território de outra para proceder à apreensão de pessoa ou coisa (art. 250, CPP). A cautela, no entanto, é exigir que os executores do mandado se apresentem à autoridade local, antes ou depois da diligência, dando ciência do que houve. Se houver urgência no ato, a apresentação se faz posteriormente. Não havendo, devem os executores apresentar-se antes. Respeita-se, ainda, o disposto no § 1.º do art. 250, que estabelece um rol de situações autorizadoras desse avanço.

Lembremos que a autorização de *invasão territorial* é exclusiva para a apreensão de coisas e pessoas, mas não para a busca.

Outro ponto para legitimar a invasão do território é o seguimento de pessoa ou coisa. Os critérios são fixados em lei (art. 250, § 1.º, CPP): a) há o conhecimento direto de sua remoção ou transporte (coisa ou pessoa), a seguirem sem interrupção, ainda que depois a percam de vista; b) se não a avistaram, mas com informações confiáveis ou indícios razoáveis que está sendo removida ou transportada em determinada direção, forem ao seu encalço.

SÍNTESE

Prova: é a verificação de algo, com a finalidade de demonstrar a exatidão ou a verdade da alegação feita pela parte ao juiz. Pode ser um termo utilizado com três sentidos: a) ação de provar; b) meio ou instrumento para a demonstração da verdade; c) resultado da ação.

Meios de prova: todos os instrumentos lícitos previstos em lei.

Objeto da prova: são os fatos, mas excepcionalmente o direito, desde que se trate de normas internacionais, estaduais e municipais, quando não sejam do conhecimento do juiz.

Finalidade da prova: convencer o magistrado a respeito da verdade de um fato alegado e litigioso.

Ônus da prova: é o encargo de demonstrar ao juiz que o alegado corresponde à realidade.

Avaliação da prova: rege-se pelo princípio da persuasão racional, isto é, pelo livre convencimento do juiz, desde que fundamentado. Qualquer prova lícita pode ser avaliada livremente pelo magistrado ao decidir a demanda.

Corpo de delito: é a prova da existência do crime, também denominada *materialidade*.

Exame de corpo de delito: é prova pericial, cuja finalidade principal é a demonstração da materialidade do crime.

Interrogatório: é o ato procedimental, em juízo ou perante a autoridade policial, cuja finalidade é permitir ao réu ou indiciado apresentar a sua versão da imputação que lhe é feita. Pode permanecer em silêncio e nada dizer, mas, resolvendo falar, constitui prova.

Confissão: é a admissão de culpa da prática de um crime, feita por quem é acusado formalmente, diante da autoridade competente para ouvi-lo, fazendo-o de maneira voluntária, expressa e pessoal, em ato solene e público, reduzido a termo.

Testemunha: é a pessoa compromissada a dizer a verdade, que tem conhecimento de um fato juridicamente relevante, devendo declarar o que sabe à autoridade competente para ouvi-la.

Informante: é a pessoa que, ciente de algo juridicamente relevante, presta declarações à autoridade competente, sem o dever de dizer a verdade.

Acareação: é o ato procedimental, conduzido pela autoridade competente, por meio do qual se confronta, face a face, duas pessoas cujo conteúdo de sua declaração é contraditório, objetivando aclarar a verdade.

Documento: é a base material apta a registrar uma manifestação de vontade, servindo para constituir prova de fato juridicamente relevante.

Indício: constitui um fato secundário, conhecido e provado, que se relaciona com o fato principal, autorizando, por raciocínio indutivo-dedutivo, o conhecimento de outro fato secundário relevante.

Busca: é o movimento desenvolvido por agentes estatais para investigar, descobrir e pesquisar algo útil à investigação ou ao processo criminal.

Apreensão: é a medida assecuratória cuja finalidade é tomar algo de alguém ou de algum lugar, visando à produção de prova ou preservação do bem ou de alguém.

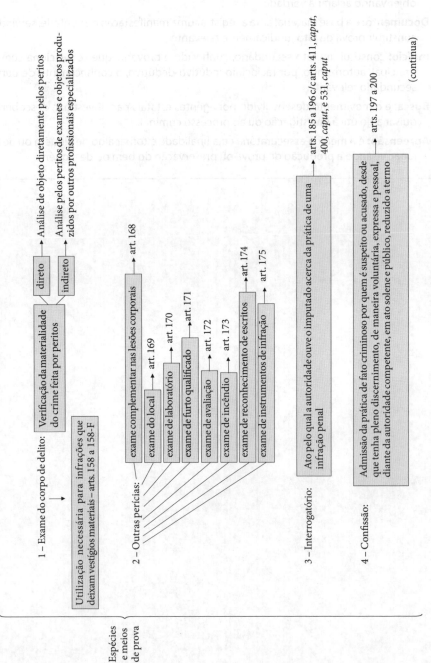

Capítulo XII • Provas | **329**

Continuação:

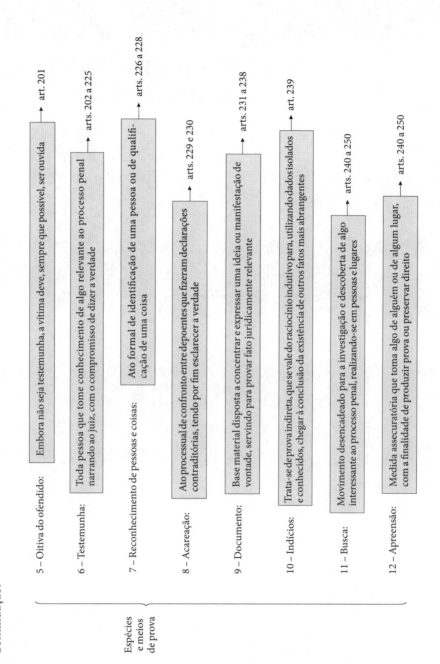

Capítulo XIII
As Partes no Processo Penal

1. JUIZ

1.1 O juiz como sujeito da relação processual

Desempenha o magistrado a função de aplicar o direito ao caso concreto, provido que é do poder jurisdicional, razão pela qual, na relação processual, é sujeito, mas não parte. Atua como órgão imparcial, acima das partes, fazendo atuar a lei e compondo os interesses do acusador e do acusado. É esta a visão predominante atualmente na doutrina: Frederico Marques (*Elementos de direito processual penal*, v. 1, p. 358); Tourinho Filho (*Código de Processo Penal comentado*, v. 1, p. 455); Mirabete (*Código de Processo Penal interpretado*, p. 323); Paulo Lúcio Nogueira (*Curso completo de processo penal*, p. 232); Magalhães Noronha (*Curso de direito processual penal*, p. 136).

1.2 Sujeitos e partes secundárias na relação processual e terceiros

Acentua FREDERICO MARQUES (*Elementos de direito processual penal*, v. 1, p. 361), com propriedade, que, na relação processual, atuam outros sujeitos e partes secundárias ou acessórias, que podem intervir no feito e deduzir pretensões. São os seguintes casos:

a) *do ofendido*, quando ingressa como assistente da acusação (art. 268, CPP);

b) do *terceiro prejudicado*, que pode ingressar com pedido de restituição de coisas apreendidas (art. 120, § 2.º, CPP), bem como embargar o sequestro (art. 130, II, CPP);

c) do *fiador do réu*, nos incidentes relativos à fiança (arts. 329, parágrafo único, 335, 347, CPP).

Terceiros, no processo penal, por sua vez, "são todas as pessoas que nele intervêm e cooperam para o desenvolvimento da relação jurídico-processual sem se converterem em sujeitos ou partes, ou em órgãos auxiliares dos mesmos. Não lhes interessa a relação processual, que se desenvolve independentemente de seu concurso, tanto principal como acessório. De algum modo podem estar interessados na relação de direito material ou não serem estranhos a ela. Em regra, trazem ao processo elementos probatórios" (Frederico Marques, op. cit., p. 362). São terceiros os órgãos auxiliares dos sujeitos do processo, como peritos, tradutores, intérpretes, funcionários da justiça, bem como o ofendido, quando não ingressa como assistente, seus parentes, a pessoa que efetuou a notícia da ocorrência do crime, dentre outras.

Os advogados ocupam posição especial, tanto quando representam o querelante, como quando atuam em nome do réu, visto serem representantes de interesse de outrem, por deterem capacidade postulatória exclusiva perante o Poder Judiciário (art. 133, CF). Não são, pessoalmente, sujeitos da relação processual, nem tampouco parte.

1.3 Regularidade do processo e princípio do impulso oficial

Deve o magistrado, uma vez iniciada a ação penal, conduzir o desenvolvimento dos atos processuais, conforme o procedimento previsto em lei, até o final da instrução, quando, então, será proferida sentença. Não se admite, no processo penal, a extinção do feito, sem julgamento de mérito, por inépcia de qualquer das partes, cabendo ao juiz prover a regularidade do processo. Até mesmo nos crimes de ação privada, quando há desídia na condução da causa, o juiz julga perempta a ação penal, extinguindo a punibilidade do querelado, o que não deixa de ser um julgamento final e de mérito, em sentido amplo (art. 60, CPP).

Possui o magistrado *poder de polícia* na condução do processo, mantendo a ordem e a regularidade dos atos processuais, utilizando, quando for o caso, do emprego de força pública, que, nas dependências do Poder Judiciário, lhe é subordinada. Não se concebe, durante o transcurso de uma audiência, por exemplo, existam mais pessoas a quem a polícia ou a segurança local deva prestar obediência, uma vez que a lei atribuiu ao juiz a presidência dos trabalhos. Se exagerar, abusando da sua autoridade, responderá pelo mal causado.

1.4 Jurisdição como atributo fundamental da função do juiz e impedimentos

A possibilidade constitucional e legal de compor conflitos, aplicando a lei ao caso concreto, é denominada jurisdição. Adquiri-la significa a presença de investidura, capacidade e imparcialidade. Como ensina GRECO FILHO, essas são as qualidades exigidas pela lei para o magistrado atuar: um procedimento prévio, através de concurso público, que atribui a alguém o cargo de juiz, seguido de capacidade técnica, física e mental, para julgar, o que é presumido pela investidura, além de agir com imparcialidade, sem chamar a si o interesse de qualquer das partes (*Manual de processo penal*, p. 214-215).

Considera-se *impedido* de atuar o juiz que é parcial, situação presumida pela lei, em casos específicos. Logo, as hipóteses previstas no art. 252 do CPP, de caráter objetivo, indicam a impossibilidade de exercício jurisdicional em determinado processo. A sua infração implica inexistência dos atos praticados.

O rol do referido art. 252 é, como regra, taxativo, não podendo ser ampliado. Outras situações, no entanto, a nosso ver, demonstrativas da parcialidade do juiz na apreciação da causa, devem ser incluídas no contexto da suspeição.

São situações que acarretam o impedimento:

a) *participação, na causa, de cônjuge ou parente*: faz nascer a vinculação e a indevida relação de interesse entre o juiz e o objeto do litígio, tornando-o parcial, o que ofende o princípio constitucional do juiz imparcial, razão pela qual lhe falece jurisdição para atuar. Atualmente, diante da consistência constitucional da união estável (art. 226, § 3.º, CF), parece-nos aplicável esta hipótese de impedimento, quando tomar parte no processo a companheira do juiz (ou companheiro da juíza), atuando como defensor, promotor, autoridade policial, auxiliar da justiça ou perito;

b) *juiz atuante em função diversa da jurisdicional*: se o magistrado, por alguma razão, tiver atuado, anteriormente à investidura, como advogado, promotor, delegado, auxiliar da justiça ou perito, bem como tiver servido como testemunha, no processo, deve dar-se por impedido. Aliás, essa é uma das hipóteses mais flagrantes de parcialidade, pois é ilógico exigir-se de alguém que atue diferentemente de posição anterior assumida. Estas situações não servem para ofender apenas o princípio do juiz natural e imparcial, mas também os do contraditório e da ampla defesa. Afinal, se o juiz foi testemunha, como contraditá-la, questioná-la e impugná-la, já que se transformou em órgão julgador? Se foi perito e deu seu parecer, como tornar controversas suas conclusões, se o experto será também órgão decisório? Enfim, não se pode admitir tal situação, em respeito ao devido processo legal;

c) *atuação como juiz de instância diversa*: qualquer participação do magistrado em instância diversa, no processo ao qual é chamado a julgar, faz nascer o impedimento. Assim, se tiver decidido qualquer tipo de questão – excetuando-se despachos de mero expediente, pois a lei fala em matéria de *fato* ou *direito* – em primeiro grau, não poderá integrar colegiado de grau superior, para julgar recurso contra decisão proferida no feito. Caso tenha sido convocado a integrar colegiado, sendo ainda juiz de primeira instância, tornando à Vara, deve abster-se de decidir questão envolvendo o processo do qual participou, enquanto estava em segundo grau. Ressalte-se que a lei processual penal veda o exercício da jurisdição quando o magistrado tenha atuado, *no mesmo processo*, contra o réu, devendo julgar novamente o caso (ex.: era juiz de primeiro grau quando julgou o caso; promovido ao tribunal, tornou a receber, como relator, o mesmo processo: há impedimento). Entretanto, o fato de já ter o juiz conhecido e julgado feito contra um determinado réu, tornando a deparar-se com ele em outro processo não é causa de impedimento;

d) *juiz, cônjuge ou parente como parte*: é mais do que natural não possa o magistrado atuar no processo onde é parte ou pessoa interessada no deslinde da causa (ex.: julgar um roubo, cuja vítima é ele mesmo), abrangendo, ainda, o interesse de seu cônjuge (companheiro/a) ou parente próximo, nos termos deste dispositivo;

e) *nos juízos coletivos (tribunais), os parentes, consanguíneos ou afins, em linha reta ou colateral até o terceiro grau*: o exercício jurisdicional, em instância superior,

334 | MANUAL DE PROCESSO PENAL · Nucci

dá-se regularmente por colegiados, compostos por turmas, câmaras ou grupos (art. 253, CPP). Havendo parentes na magistratura, há presunção absoluta de parcialidade, caso integrem o mesmo órgão encarregado de julgar um processo. Por interpretação analógica, usando como base o disposto no artigo anterior, deve-se incluir também o cônjuge (companheiro/a).

1.5 Suspeição do juiz

A suspeição é causa de parcialidade do juiz, viciando o processo, caso haja sua atuação. Ofende, primordialmente, o princípio constitucional do juiz natural e imparcial. Pode dar-se a suspeição pelo vínculo estabelecido entre o juiz e a parte ou entre o juiz e a questão discutida no feito. Note-se que não se trata de vínculo entre o magistrado e o objeto do litígio – o que é causa de impedimento – mas de mero interesse entre o julgador e a matéria em debate.

O rol estabelecido no art. 254 do Código de Processo Penal, embora muitos sustentem ser taxativo, é, em verdade, exemplificativo. Afinal, este rol não cuida dos motivos de impedimento, que vedam o exercício jurisdicional, como ocorre com o disposto no art. 252, mas, sim, da enumeração de hipóteses que tornam o juiz não isento.

Note-se a abertura da situação de suspeição, conforme disposto pelo CPC: "Art. 145. Há suspeição do juiz: (...) IV – interessado no julgamento do processo em favor de qualquer das partes". Essa cláusula aberta pode envolver qualquer situação fática importante e é desejável, pois a Constituição Federal exige o juiz natural e imparcial.

Várias situações não previstas expressamente em lei podem surgir que retirem do julgador o que ele tem de mais caro às partes: sua imparcialidade. Assim, é de se admitir que possa haver outra razão qualquer, não expressamente enumerada neste artigo, fundamentando causa de suspeição. Imagine-se o juiz que tenha sido vítima recente de um crime de extorsão mediante sequestro. Pode não se apresentar em condições psicológicas adequadas para o julgamento naquela fase de recuperação, motivo pelo qual é caso de se afastar do feito onde tenha que julgar algum caso similar. Se não o fizer, cabe à parte ingressar com exceção de suspeição. Note-se que o afirmado nesta nota não significa agir o magistrado com preconceito, mas, ao contrário, quer dizer estar ele enfrentando uma fase específica de sua vida, quando não consegue manter sua imparcialidade. Não olvidemos, ainda, o fato de que a garantia do juiz imparcial, expressamente afirmada pelo art. 8.º, 1, da Convenção Americana sobre Direitos Humanos, está em pleno vigor no Brasil.

São situações geradoras de suspeição:

a) *amizade íntima ou inimizade capital:* a amizade íntima é o forte e seguro vínculo de fidelidade e afeição nascido entre pessoas, implicando convívio amiúde. Logo, não se consideram laços superficiais, coleguismo profissional ou escolar, contatos sociais em clubes, associações ou outros lugares típicos de convívio, cordialidade no trato, nem tampouco pura afeição, simpatia ou ternura. Fosse assim e os motivos de suspeição cresceriam em medidas desproporcionais à intenção da lei, que é a de evitar a atuação de magistrados efetivamente parciais na apreciação do caso. Inimizade capital é a aversão contundente e inequívoca entre duas pessoas, implicando conhecimento geral ou, ao menos, notoriedade parcial, que transcenda a terceiros.

Não se concebe que dois indivíduos sejam inimigos capitais sem que ninguém saiba disso. Por outro prisma, não se incluem nessas situações meras rusgas, discussões calorosas, desentendimentos no ambiente profissional ou escolar, disputas ou competições esportivas ou em outros setores, nem tampouco antipatia gratuita. É fundamental a existência de uma base solidificada de atritos e mútuas agressões, físicas ou verbais, para que a aversão seja considerada profunda, logo, capital. As decisões jurisdicionais que o magistrado tome contra o interesse das partes – decretando a prisão cautelar do réu ou indeferindo pedido nesse sentido feito pelo promotor, por exemplo, ainda que com fundamentação entusiasmada – não dá margem à inimizade, mormente capital. Relata Espínola Filho a decisão do Min. Mário Guimarães sobre o tema: "O procedimento acaso enérgico do juiz não justifica seja averbado de suspeito" (*Código de Processo Penal brasileiro anotado*, v. 2, p. 259).

E mais: a amizade íntima e a inimizade capital são sentimentos recíprocos, ou seja, é ilógico supor que alguém se torne *amigo íntimo* de outra pessoa, que não a considera como tal, nem sequer *inimigo capital* pode ser unilateral e platônico. Costuma-se sustentar que esses especiais vínculos devem ser mantidos com a parte e não com seu representante. Não abrangeria, pois, o representante do Ministério Público, nem o advogado, mas unicamente o réu e a vítima. Discordamos, com a devida vênia. Em primeiro lugar, porque, no processo penal, a parte que ocupa o polo ativo é, como regra, o Ministério Público, agindo em nome da sociedade. Contra esta é que o juiz não nutrirá particular vínculo de afeição ou ódio – e se o fizer, é caso patológico. Voltar-se-á, se for o caso, contra o seu representante. Por outro lado, o ofendido, quando não integra a relação processual, através do assistente de acusação, não pode ser considerado parte. Restaria apenas o réu, sabendo-se, ainda, que inúmeros casos de perda da parcialidade decorrem da aversão existente, ou extrema afeição, entre juiz e defensor.

Por isso, se o objetivo maior é garantir a imparcialidade do magistrado, conforme preceito constitucional, é de ser aceita a possibilidade de arguição de exceção de suspeição, em caso de amizade íntima ou inimizade capital, entre juiz e promotor, bem como entre juiz e advogado. É o que resta sobejamente concretizado nas relações processuais existentes, não sendo possível ignorar o fato de o magistrado ser falível como todos, não conseguindo manter a sua neutralidade caso, *v.g.*, estimar por demasia o promotor ou o odiar com todas as forças. Dá-se o mesmo no caso do defensor. Dessa forma, se o juiz iniciou sua atuação em primeiro lugar, não cabe a alegação de que o réu contratou para sua defesa um inimigo capital do magistrado para que este seja afastado. Se o fez, sendo alertado para o fato, assume o risco da perda da parcialidade do julgador, até porque a exceção de suspeição não é obrigatória. Entretanto, se o advogado já atuava no feito, trocando-se o juiz, é preciso que este se afaste ou poderá ser interposta a devida exceção.

Insistimos, no entanto, em nossa posição, afirmando que não se pode deixar a credibilidade da Justiça nas mãos da "elevação de caráter" do julgador, que, realmente, segundo cremos, a maioria possui, mas não todos. Não é correto permitir-se que uma das partes assista, inerte e vencida de antemão, o juiz amicíssimo do representante da parte contrária conduzir a causa ou, em caso de inimizade capital, veja-se obrigada a lançar mão de toda a sorte de recursos para combater os atos decisórios do magistrado, eivados, no seu entender, de parcialidade. Garantir um juiz isento é dever do Estado e, nessa linha, a exceção de suspeição é o mecanismo mais abalizado a ser utilizado. A interpretação extensiva do conceito de parte, pois, é o remédio mais palatável, envolvendo a de seu representante. Isso não significa, como já dissemos, estar o juiz entregue ao inescrupuloso réu, que contrata o inimigo capital do magistrado somente para afastá-lo. Arca com sua má-fé, mantendo-se o julgador no feito. O bom senso e o caso concreto devem ditar a melhor solução à situação;

b) *interesse na matéria em debate:* como já afirmado, quando o juiz tem interesse direto no objeto do litígio (é vítima do crime a ser julgado, por exemplo), está impedido de exercer jurisdição no processo. Esta hipótese, no entanto, contempla a ligação do magistrado com a matéria em discussão, na medida em que possui interesse em outro feito, onde ele mesmo, seu cônjuge (companheiro/a), ascendente ou descendente esteja respondendo por fato semelhante. É possível que, ao julgar um caso de sonegação fiscal, por exemplo, sendo seu filho réu em processo análogo, resolva decidir pelo reconhecimento do princípio da insignificância, considerando atípica a conduta do acusado, visando à formação de jurisprudência positiva ao seu interesse, influenciando o feito de seu descendente;

c) *parentesco consanguíneo e por afinidade:* estabelece o Código Civil serem parentes, em linha reta, "as pessoas que estão umas para com as outras na relação de ascendentes e descendentes" (pai e filho, mãe e filho, avô e neta, bisavó e bisneta etc.), conforme art. 1.591. "São parentes em linha colateral ou transversal, até o quarto grau, as pessoas provenientes de um só tronco, sem descenderem uma da outra" (primos, tio e sobrinho etc.), conforme art. 1.592. Consideram-se afins os parentes de um cônjuge em relação ao outro, em linha reta (sogro e nora, sogra e genro etc.) ou colateral (cunhados, marido da tia etc.), conforme art. 1.595, *caput.* O Código de Processo Penal fixa o grau de parentesco, para efeito de suspeição, até o terceiro grau. Por outro lado, deixa de mencionar o parentesco civil, decorrente de adoção, embora, para o fim preconizado neste dispositivo, seja correto incluí-lo, através de interpretação extensiva. Ressalte-se o disposto no art. 41, *caput,* da Lei 8.069/90 – Estatuto da Criança e do Adolescente: "A adoção atribui a condição de filho ao adotado, com os mesmos direitos e deveres, inclusive sucessórios, desligando-o de qualquer vínculo com pais e parentes, salvo os impedimentos matrimoniais";

d) *interesse em causa diversa:* o juiz não deve ser considerado imparcial, caso possua ele mesmo, seu cônjuge (companheiro/a) ou parente demanda, na condição de autor ou réu, que será julgada por outro juiz, também interessado em causa diversa, esta a ser decidida por aquele magistrado. Imagine-se que a vítima de um estelionato, igualmente magistrado, seja o juiz do processo de separação judicial do filho do julgador do caso criminal. Não haverá isenção suficiente para absolver, se for preciso, o réu, sabendo que, posteriormente, seu descendente terá importante questão da vida decidida por aquele que ficou inconformado com a sentença proferida;

e) *aconselhamento:* caso o juiz tenha, anteriormente, dado conselhos referentes a determinado caso criminal a réu ou vítima, tão logo tomasse conhecimento do ocorrido, é considerado suspeito para decidir o feito, quando lhe chegue às mãos. Ex.: após uma prisão em flagrante, o indiciado, conhecido de certo magistrado, aconselha-se com o mesmo, buscando livrar-se, de algum modo, da imputação. Posteriormente, o processo é distribuído justamente ao conselheiro, que forneceu importantes subsídios para o acusado. Não deve permanecer no caso;

f) *interesse movido pelos laços existentes:* embora não conectados aos aspectos sentimentais, como amizade íntima ou inimizade capital, é natural que o magistrado, credor ou devedor de uma das partes, não está isento na apreciação do caso. Sua decisão pode influenciar seu próprio futuro, o que lhe retira a isenção de ânimo aguardada. O mesmo ocorre se agir como tutor ou curador dos envolvidos no feito criminal;

g) *interesse financeiro:* o vínculo de associação mantido entre o magistrado e qualquer sociedade interessada no processo é motivo bastante para fazer nascer a suspeição. Ex.: o juiz é sócio da empresa acusada da prática de crime ambiental. Torna-se bastante provável a hipótese de buscar absolvê-la, até para não onerar seus próprios ganhos, caso seja a pessoa jurídica condenada criminalmente, envolvendo o pagamento de multa ou outra prestação alternativa.

1.6 Cessação e manutenção do impedimento ou suspeição

A hipótese de impedimento ou suspeição cessa entre afins, quando o casamento é dissolvido (nas situações de divórcio, anulação ou morte, não se incluindo a separação judicial, pois, neste caso, o vínculo não se extingue, continuando a haver os laços de parentesco), salvo se da relação houver descendentes (ex.: o marido e o sobrinho da sua esposa – seu sobrinho por afinidade – se o casal tiver filhos).

Não havendo descendência, permanece, com a dissolução do casamento, somente o obstáculo do impedimento ou da suspeição nas hipóteses expressamente indicadas na lei processual penal, ou seja, sogro/sogra em relação ao genro/nora e vice-versa, padrasto/madrasta em relação ao enteado/enteada e vice-versa e cunhados entre si. Exemplo dessa última situação: o juiz é cunhado da parte, em relação de afinidade, mantendo-se o vínculo para efeito de impedimento ou suspeição, ainda que o seu casamento com a irmã da parte dissolva-se.

1.7 Criação proposital de animosidade por má-fé

Não dá margem à posterior arguição de suspeição do juiz. É absolutamente correto o dispositivo (art. 256, CPP), pois não se pode privilegiar a malícia ou a má-fé, como causas de afastamento do juiz natural. Se a parte ofende o magistrado, nos autos ou fora dele, somente para, em seguida, acoimá-lo de inimigo capital, deve arcar com sua viperina atitude. Não fosse assim e seria muito fácil afastar de determinado processo, ainda que sofra consequências – como um processo-crime por injúria –, um juiz considerado extremamente rigoroso, na visão do réu, ou muito liberal, na ótica do ofendido.

2. MINISTÉRIO PÚBLICO

2.1 O Ministério Público como sujeito e parte na relação processual

Preceitua a Constituição Federal, no Capítulo IV (Das Funções Essenciais à Justiça), do Título IV (Da Organização dos Poderes), ser o Ministério Público uma "instituição permanente, essencial à função jurisdicional do Estado, incumbindo-lhe a defesa da ordem jurídica, do regime democrático e dos interesses sociais e individuais indisponíveis" (art. 127, *caput*), regendo-se pelos princípios da unidade (podem os seus representantes substituir-se uns aos outros na prática de determinado ato), da indivisibilidade (atuam seus representantes em nome da instituição) e da independência funcional (cada um dos seus representantes possui convicção própria, que deve ser respeitada).

No art. 129, I, está prevista, como função institucional, a promoção, em caráter privativo, da ação penal pública, na forma legal. Por isso, ocupa, no processo penal, o Ministério Público a posição de sujeito da relação processual, ao lado do juiz e do acusado, além de ser também parte, pois defende interesse do Estado, que é a efetivação de seu direito de punir o criminoso.

Embora, atualmente, não lhe seja mais possível negar o caráter de parte *imparcial*, visto não estar obrigado a pleitear a condenação de quem julga inocente, nem mesmo de propor ação penal contra quem não existam provas suficientes, não deixa de estar vinculado ao polo ativo da demanda, possuindo pretensões contrapostas, na maior parte das vezes, ao interesse da parte contrária, que é o réu, figurando no polo passivo. Negando a denominação de *parte imparcial* ao representante do Ministério Público, GUSTAVO BADARÓ esclarece que, não tivesse o Ministério Público um interesse pessoal e antagônico ao do acusado, não teria sentido afirmar que ele tem o ônus da prova, pois este é decorrência do próprio interesse. Parte desinteressada não deveria ter ônus algum. Assim, ontologicamente, é o Ministério Público parte parcial. Sua caracterização como *imparcial* não tem outra finalidade senão "agregar uma maior credibilidade à tese acusatória – porque a acusação, de forma imparcial e desinteressada, concluiu pela culpa do acusado – em relação à posição defensiva – que postula a absolvição, porque sempre deverá defender o acusado, bradando por sua inocência, ainda que ele seja culpado" (*Ônus da prova no processo penal*, p. 207-221).

Ainda que em muitas situações haja a utilização desse discurso no processo, especialmente no Tribunal do Júri, quando as partes se dirigem a juízes leigos, não é irrazoável destacar que, pelas regras processuais penais, o Ministério Público pode, na realidade, pedir não somente a absolvição do réu como outros benefícios que julgue cabíveis, o que, efetivamente, a defesa não pode, em sentido contrário, propor. Vincula-se esta à defesa parcial do réu, ainda que seja culpado – e não há dúvida disso.

Por tal motivo, não nos parece inadequada a denominação feita ao membro do Ministério Público como parte *imparcial*. Nas ações penais privadas, o Ministério Público atua como fiscal da lei, sendo considerado, de qualquer modo, parte, pois continua a encarnar a pretensão punitiva do Estado – lembremos que o monopólio de aplicação da lei penal é sempre estatal e nunca é transferido ao particular. Tanto isso é certo que, procedente a ação penal privada, o órgão principal encarregado de provocar a execução da sanção penal aplicada é o Ministério Público e não o particular. Assim, quando o ofendido promove a ação penal, porque a lei lhe conferiu essa iniciativa, age como substituto processual do Estado, no sentido formal, mas, materialmente, quem acompanha a ação, para zelar pela pretensão punitiva, é o Ministério Público. Na excepcional situação de ação pública movida pelo ofendido – ação penal privada subsidiária da pública –, o querelante atua como substituto processual do Estado, havendo, do mesmo modo, a participação do Ministério Público, único órgão verdadeiramente legitimado a representar o Estado na sua função punitiva.

Dispõe o art. 128 da Constituição Federal que a instituição envolve o Ministério Público da União (Ministério Público Federal, Ministério Público do Trabalho, Ministério Público Militar, Ministério Público do Distrito Federal) e o Ministério Público dos Estados. O primeiro é chefiado pelo Procurador-Geral da República, nomeado pelo Presidente da República, dentre integrantes da carreira, maiores de trinta e cinco anos, após aprovação do nome pelo Senado Federal, por maioria absoluta, com mandato de dois anos, permitida a recondução (art. 128, § 1.º, CF). O segundo (incluído neste o Ministério Público do Distrito Federal) é chefiado pelo Procurador-Geral de Justiça, cujo nome emergirá de lista tríplice, dentre integrantes da carreira, escolhido pelo Governador, para mandato de dois anos, permitida uma recondução (art. 128, § 3.º, CF).

Por outro lado, compete ao Ministério Público Federal exercer as funções do Ministério Público junto à Justiça Eleitoral. O Procurador-Geral da República é o Procurador-Geral Eleitoral, oficiando junto ao Tribunal Superior Eleitoral. Cabe-lhe, ainda, designar o Procurador Regional Eleitoral em cada Estado e no Distrito Federal, que exercerá suas funções junto ao Tribunal Regional Eleitoral. Prevê, ainda, a Lei Complementar 75/93 (Lei Orgânica do Ministério Público) que "as funções eleitorais do Ministério Público Federal perante os Juízes e Juntas Eleitorais serão exercidas pelo Promotor Eleitoral" (art. 78). Este, por sua vez, será o "membro do Ministério Público local que oficie junto ao Juízo incumbido do serviço eleitoral de cada Zona" (art. 79). Trata-se da aplicação do princípio da delegação, como ensina Joel José Cândido (*Direito eleitoral brasileiro*, p. 58).

Finalize-se, lembrando que cabe exceção de impedimento ou suspeição contra membro do Ministério Público, o que não é possível no tocante à defesa, esta, sim, pela sua própria natureza, parte *parcial*. Exige-se, portanto, uma acusação *imparcial*, ainda que, processualmente, possa o representante do Ministério Público atuar em nome dos interesses da sociedade.

2.2 Impedimento do representante do Ministério Público

É a hipótese semelhante ao disposto no art. 252, I, do CPP, que regula o impedimento do juiz. É verdade que naquele dispositivo já se impede a atuação do magistrado, quando o órgão do Ministério Público tiver funcionado, anteriormente, sendo ele seu cônjuge ou parente. Neste dispositivo, inverte-se: o promotor não deve atuar quando já tiver funcionado – ou esteja presidindo a instrução – juiz que seja seu cônjuge ou parente. Acrescenta-se, ainda: não atuará, quando seu cônjuge ou parente for parte (acusado ou ofendido).

Além disso, finaliza o art. 258 do CPP, as demais hipóteses previstas para o juiz, em relação às causas de impedimento e suspeição, também se aplicam ao representante do Ministério Público. Não se menciona a incompatibilidade, porque se trata unicamente da suspeição afirmada de ofício. É o que mais ressalta a sua posição de parte imparcial.

Lembremos que o promotor que participa da investigação policial não se torna impedido, nem suspeito para oferecer denúncia. Nesse sentido, ver Súmula 234 do Superior Tribunal de Justiça: "A participação de membro do Ministério Público na fase investigatória criminal não acarreta o seu impedimento ou suspeição para o oferecimento da denúncia".

2.3 Funções principais no processo penal

Preceitua o art. 257 do CPP, com a redação dada pela Lei 11.719/2008, caber ao Ministério Público o seguinte: a) promover, privativamente, a ação penal pública, na forma estabelecida no Código de Processo Penal; b) fiscalizar a execução da lei.

Como titular primeiro da ação penal pública, conforme previsão advinda do art. 129, I, da Constituição Federal, cabe-lhe a promoção privativa da demanda, na esfera criminal. Somente em casos de retardamento, pode o ofendido tomar a frente, propondo a ação privada subsidiária da pública (art. 29, CPP). Vale destacar que a parte final do inciso I do art. 257 recomenda a propositura da ação *na forma estabelecida neste Código*, ou seja, conforme o mecanismo fixado pelo Código de Processo Penal e não por outra lei ordinária qualquer.

3. ACUSADO

3.1 O acusado como parte na relação processual

É o sujeito passivo da relação processual. Enquanto transcorre a investigação, deve-se denominá-lo de indiciado, se, formalmente, apontado como suspeito pelo Estado. No momento do oferecimento da denúncia, o correto é chamá-lo de denunciado ou imputado. Após o recebimento da denúncia, torna-se acusado ou réu. Tratando-se de queixa, denomina-se querelado. Pode ser tanto a pessoa física, desde que maior de dezoito anos, quanto a pessoa jurídica. Neste último caso, atualmente, há a previsão expressa no art. 3.º da Lei 9.605/98, permitindo que figure como autora de crimes contra o meio ambiente a pessoa jurídica, o que é expressamente autorizado pela Constituição Federal (art. 225, § 3.º).

Em face do princípio da intranscendência, a acusação não deve voltar-se senão contra o imputado – aquele a quem se atribui a prática da infração penal –, deixando de abranger qualquer outra pessoa, por mais próxima que lhe seja, como o cônjuge ou parente. Jamais figuram, no polo passivo da ação penal, os animais e as coisas – algo que, no direito penal antigo, já foi permitido.

Vale salientar que a ação penal somente pode ser promovida contra pessoa individualizada e devidamente identificada, conforme preceituado no art. 41 do Código de Processo Penal. Entretanto, o que se permite é o ajuizamento de ação penal contra determinado sujeito, cujos dados qualificativos são desconhecidos, mas sua identidade, como pessoa, é inequívoca. É o que ocorre com o indiciado, que não possui documentos, nem fornece elementos à autoridade policial para obter seu verdadeiro nome, filiação, profissão, entre outros (o que acontece com mendigos, sem endereço ou família, por exemplo), mas é suficiente que a identificação seja feita pelo método dactiloscópico. Não haverá, pois, equívoco no tocante ao autor da infração penal, ainda que se tenha dúvida quanto à sua qualificação.

Se a ação penal é sempre movida contra pessoa certa, ainda que duvidosos os seus dados de qualificação (nome, filiação, profissão, endereço etc.), pode-se retificar ou incluir tais elementos, em qualquer momento processual, inclusive se já tiver havido condenação e estiver o feito em plena execução da pena (art. 259, CPP). Por outro lado, é possível que o réu apresente documentos de outra pessoa, passando-se por quem efe-

Capítulo XIII • As Partes no Processo Penal | **341**

tivamente não é. Tal conduta não é suficiente para anular a instrução ou a condenação, bastando que o juiz, descoberta a verdadeira qualificação, determine a correção nos autos e no distribuidor, comunicando-se ao Instituto de Identificação.

3.2 Indisponibilidade do direito de defesa

A indisponibilidade do direito de defesa é uma decorrência da indisponibilidade do direito à liberdade, razão pela qual o réu, ainda que não queira, terá nomeado um defensor, habilitado para a função, para o patrocínio de sua defesa (art. 261, CPP). E tal medida ainda não é o bastante. Torna-se fundamental que o magistrado zele pela qualidade da defesa técnica, declarando, se for preciso, indefeso o acusado e nomeando outro advogado para desempenhar a função. Note-se que nem mesmo o defensor constituído pelo réu escapa a esse controle de eficiência. Não correspondendo ao mínimo aguardado para uma efetiva ampla defesa, pode o juiz desconstitui-lo, nomeando um substituto dativo, embora deva dar prazo ao acusado para a indicação de outro profissional de sua confiança.

Anota a doutrina, por fim, que a ausência de profissional habilitado ao patrocínio da causa, na Comarca – o que é situação rara nos dias de hoje –, não é empecilho para que o juiz nomeie um leigo, com mínima capacitação (como, por exemplo, tendo curso superior) a fim de ser garantida a ampla defesa.

3.3 Inviabilidade de se exigir a colaboração do réu na produção de prova

O art. 260 do Código de Processo Penal, se interpretado literalmente, fornece a impressão de que o acusado *deve* contribuir para a produção de prova contra si mesmo, o que não é realidade ("Art. 260. Se o acusado não atender à intimação para o interrogatório, reconhecimento ou qualquer outro ato que, sem ele, não possa ser realizado, a autoridade poderá mandar conduzi-lo à sua presença"). O STF deliberou que não se pode conduzir o acusado coercitivamente em juízo se for para interrogá-lo, pois tem o direito ao silêncio.

4. DEFENSOR

4.1 Critérios para nomeação, situação no processo e autodefesa

Deve ser sempre advogado o defensor do réu, já que, segundo o disposto no art. 133 da Constituição Federal, o advogado é "indispensável à administração da justiça" e, conforme estabelecido na Lei 8.906/94 (Estatuto da Advocacia), é atividade privativa da advocacia "a postulação a qualquer órgão do Poder Judiciário e aos juizados especiais" (art. 1.º, I – neste último caso, pendia de julgamento a ADIn 1.127-8 no STF, a respeito da constitucionalidade da inclusão dos "juizados especiais". Havia liminar deferida para não os incluir na atividade privativa da advocacia, além de dispor que "no seu ministério privado, o advogado presta serviço público e exerce função social" (art. 2.º, § 1.º). Chegou o Plenário à conclusão seguinte: por unanimidade, em relação ao inciso I do art. 1.º da Lei 8.906/94, julgou prejudicada a alegação de inconstitucionalidade relativamente à expressão "juizados especiais", e, por maioria, quanto à expressão "qualquer", julgou procedente a ação direta, vencidos os Ministros Relator e Carlos Britto. Assim, é possível postular em alguns juízos, sem a participação do advogado, como ocorre nos Juizados Especiais Cíveis).

Deve, sempre, como representante que é do acusado – este sim, parte passiva na relação processual –, buscar decisão favorável ao seu constituinte (Lei 8.906/94, art. 2.º, § 2.º). Note-se que o defensor não é parte, nem consorte necessário com o réu (cf. RO-GÉRIO LAURIA TUCCI, Habeas corpus, *ação e processo penal*, p. 180). Para o fiel exercício de seu mandato, fazendo-o com liberdade, "é inviolável por seus atos e manifestações, nos limites desta lei" (art. 2.º, § 3.º).

Excepcionalmente, mas em homenagem à ampla defesa, o réu pode produzir, em seu interrogatório, a autodefesa – que precisa ser levada em conta pelo juiz – bem como pode recorrer de decisões contrárias ao seu interesse, além de impetrar *habeas corpus*, sem auxílio do advogado.

O defensor não deve agir com a mesma imparcialidade exigida do representante do Ministério Público, pois está vinculado ao interesse do acusado, que não é órgão público e tem legítimo interesse em manter o seu direito indisponível à liberdade. Deve pleitear, invariavelmente, em seu benefício, embora possa até pedir a condenação, quando alternativa viável e técnica não lhe restar (em caso de réu confesso, por exemplo), mas visando à atenuação de sua pena ou algum benefício legal para o cumprimento da sanção penal (como penas alternativas ou *sursis*). Isso não significa que deva requerer ou agir contra a lei, burlando normas e agindo sem ética, durante o processo penal. Seus desvios, na atuação defensiva, podem tornar-se infrações penais ou funcionais.

Preocupou-se o legislador, ao editar a Lei 10.792/2003, acrescentando o parágrafo único ao art. 261 do CPP, com a efetividade da defesa, especialmente no que concerne ao Defensor Público ou dativo. E agiu corretamente. Passou-se a exigir a manifestação fundamentada do defensor público ou dativo, mas não envolveu o constituído pela simples razão de ser esse profissional da confiança do acusado, motivo pelo qual o juiz deve exercitar controle menos rígido sobre sua atuação.

Embora existente a fiscalização, com possibilidade de considerar o réu indefeso, em casos teratológicos de defesas contraditórias e absolutamente ineficientes, no geral, deve ser respeitada a vontade do réu ao eleger seu defensor e, com isso, cabe a este profissional optar pelos melhores caminhos e estratégias a seguir. Dessa maneira, manifestações suas, consideradas sintéticas, ainda que possam parecer desmotivadas, como ocorre, por exemplo – e não raro –, nas alegações finais do procedimento do júri pedindo a pronúncia, mas destacando que a efetiva defesa será desenvolvida em plenário, diante dos jurados, necessita ser respeitada. Afinal, faz parte de uma estratégia de defesa, buscando evitar, por exemplo, que o magistrado, na decisão de pronúncia, buscando refutar as teses defensivas, termine por ingressar no exame aprofundado das provas, influenciando, no futuro, a decisão dos jurados.

Trata-se de estratégia de duplo efeito: em primeiro lugar, quando assim agem, os defensores constituídos experimentados não desejam que o magistrado, ao pronunciar o réu – o que sabem ser inexorável pela prova produzida e uma vez que se cuida de mero juízo de admissibilidade da acusação –, ingresse em considerações mais aprofundadas sobre a prova, o que poderia enfraquecer a tese defensiva em plenário.

Em segundo lugar, muitos deles não pretendem adiantar ao órgão acusatório – e não precisam, de fato, fazê-lo – qual será a linha defensiva, reservada para o momento crucial e decisivo do julgamento, diante do juiz natural da causa, que é o Conselho de Sentença. Assim, com essa ilustração, verifica-se que o defensor constituído está fora da exigência feita pelo parágrafo único do art. 261, não significando que toda e qualquer de suas manifestações possa ser desmotivada e sem fundamentação, dependendo, pois, do caso concreto.

Por outro lado, o defensor público e o dativo são profissionais patrocinados pelo Estado para a defesa do acusado hipossuficiente. Não podendo pagar advogado, vale-se o réu do disposto no art. 5.º, LXXIV, da Constituição Federal: "O Estado prestará assistência jurídica integral e gratuita aos que comprovarem insuficiência de recursos". Ora, para tanto, o mínimo que se espera é um desempenho positivo e confiável, já que não foi o profissional eleito pelo réu. Para que sua eficiência possa ser mais bem analisada e fiscalizada nada mais indicado do que exigir que todas as suas manifestações nos autos sejam fundamentadas.

Logo, o defensor público e o dativo não podem, pretendendo desenvolver "estratégias", ter a mesma liberdade do constituído, devendo expor suas ideias, concordando com pedidos ou rejeitando requerimentos da parte contrária, ou ainda respondendo a despachos do juiz, através de esclarecimentos motivados. Nada mais justo, por se tratar de profissional nomeado pelo magistrado para atuar em defesa de pessoa que não o escolheu diretamente. A manifestação de defensor público ou dativo sem a devida fundamentação, como passa a exigir este artigo, é causa de nulidade relativa, isto é, depende da prova de haver prejuízo para o réu. Lembremos que a falta de defesa gera nulidade absoluta, enquanto a deficiência, nulidade relativa.

Quando necessária, pois o réu pode não possuir defensor constituído, a nomeação de defensor dativo é ato exclusivo do magistrado. O processo penal é regido pelo princípio da prevalência do interesse do réu, bem como pelo devido processo legal, que envolve a ampla defesa como seu corolário obrigatório (art. 263, CPP).

Por isso, o juiz deve zelar pelo fiel exercício da ampla e eficaz defesa, cuidando de garantir ao acusado todos os meios possíveis e legítimos para tanto. Não tem o menor cabimento que outros órgãos interfiram na nomeação, obrigando o juiz a acolher um defensor qualquer ao réu. A submissão a tal proposta poderia levar à anulação do feito, a partir do instante em que o magistrado detectasse ser o advogado indicado pela OAB, pela Procuradoria do Estado ou pela Defensoria Pública inábil para a função, declarando o réu indefeso e nomeando-lhe outro defensor, o que é incompatível com a economia processual.

Assim, caso confie nos critérios de indicação de profissional habilitado à defesa dos réus de sua Vara, pode o juiz oficiar ao órgão de classe pertinente solicitando a indicação de um advogado, que será, então, nomeado. Mas, verificando que as indicações não têm atendido ao interesse público, que é garantir uma defesa eficiente, pode escolher qualquer profissional da lista que possuir em mãos. A única consequência que pode haver, caso não cumpra a ordem da listagem remetida pela OAB, pela Procuradoria do Estado ou pela Defensoria Pública é a não percepção imediata de remuneração pelo profissional, por ter havido infringência aos critérios do convênio de prestação de assistência judiciária. Pode, então, o defensor nomeado acionar o Estado para receber o que lhe é devido.

A despeito da nomeação feita pelo magistrado, a qualquer tempo pode o acusado, o que é consequência lógica da sua situação e dos direitos constitucionais que possui, nomear outro profissional de sua confiança, ou mesmo defender-se sozinho, caso seja advogado (art. 263, CPP). Entretanto, nem mesmo o réu interfere diretamente na nomeação do dativo pelo magistrado.

Quanto à possibilidade de se autodefender, caso possua habilitação técnica, não julgamos recomendável que tal se dê no plenário do Tribunal do Júri. Diante dos jurados, onde impera a *plenitude de defesa*, princípio mais forte do que a ampla defesa – feita perante o juiz togado –, é preciso que haja uma dissociação entre a figura do acusado e a de seu defensor. Afinal, no Tribunal Popular, os mínimos gestos de um e de outro são observados atentamente pelos jurados, além de se privilegiar o princípio da oralidade, com seus corolários – imediatidade, identidade física do juiz e concentração – exigindo que todo o julgamento se dê sem interrupção, a não ser para descanso dos envolvidos na sessão. Imagine-se a situação vexatória e impossível de ser conciliada com a plenitude de defesa, caso o réu, preso, sendo advogado, deseje defender-se e falar aos jurados, mormente quando o juiz presidente não autorize, por absoluta necessidade, a retirada das algemas.

E não somente isso, mas o momento dos debates entre acusação e defesa não prescinde do lado emocional e vibrante, algo que se tornaria inviável, não gerando credibilidade, caso o defensor faça referência a si mesmo, ressaltando suas qualidades aos jurados, enquanto o promotor, promovendo a acusação, critica o acusado com veemência, na verdade também o defensor. Enfim, deve ser coibida essa hipótese, em seguimento à plenitude de defesa e para a proteção do próprio réu. O juiz togado pode até dissociar, em seu julgamento, a figura do réu dos argumentos tecidos pela sua defesa, no caso do acusado atuar em sua causa própria, mas os juízes leigos, no Tribunal do Júri, dificilmente conseguirão evitar a identificação entre um e outro, o que poderá ferir, seriamente, a plenitude de defesa.

No tocante ao custeio da defesa, dispõe a Constituição Federal que "o Estado prestará assistência jurídica integral e gratuita aos que comprovarem insuficiência de recursos" (art. 5.º, LXXIV), significando que o encargo não é geral, mas específico. Réus pobres têm o direito fundamental de obter defesa técnica gratuita nos processos criminais, mas aqueles que, favorecidos economicamente, não desejando contratar advogado, por razões variadas, obrigarem o juiz a nomear um defensor dativo ou mesmo um membro da defensoria pública, devem ser responsabilizados pelos honorários do profissional. Pode o Estado antecipar o pagamento do dativo, mas o ressarcimento há de ser exigido diretamente do acusado, em ação à parte. Quanto aos defensores públicos, do mesmo modo, estão eles obrigados a atuar em defesa daquele que não quer ser defendido, pois o direito é indisponível, mas o Estado cobrará os honorários devidos, igualmente (art. 263, parágrafo único, CPP).

Dispõe o Estatuto da Advocacia (Lei 8.906/94, art. 34) que constitui infração disciplinar: "XII – recusar-se a prestar, sem justo motivo, assistência jurídica, quando nomeado em virtude de impossibilidade da Defensoria Pública". E preceitua, ainda, que "o advogado, quando indicado para patrocinar causa de juridicamente necessitado, no caso de impossibilidade da Defensoria Pública no local da prestação de serviço, tem direito aos honorários fixados pelo juiz, segundo tabela organizada pelo Conselho Seccional da OAB, e pagos pelo Estado" (art. 22, § 1.º).

Logo, em primeiro lugar, deve-se observar que a nomeação do defensor, para o patrocínio de qualquer causa, somente ocorrerá quando, na Comarca, não houver órgão da Defensoria Pública (ou Procuradoria do Estado, com serviço de assistência judiciária). Nesse caso, deve o advogado aceitar a incumbência, a menos que demonstre a total impossibilidade, aduzindo motivos plausíveis (art. 264, CPP). E, se atuar, deve ser remunerado pelos seus serviços, seja pelo próprio réu – quando tiver condições econômicas – seja pelo Estado, conforme tabela organizada pela OAB. Na prática, os juízes evitam nomear advogados conceituados, que possuem grande clientela, pois isso iria sobrecarregá-los ainda mais, dando preferência para os que estão disponíveis, por livre iniciativa, a atender aos réus carentes. Por outro lado, em alguns lugares, há um convênio entre a OAB e a Procuradoria de Assistência Judiciária, estabelecendo uma lista de profissionais dispostos a aceitar a nomeação, conforme a área de atuação, bem como existe uma tabela que serve de baliza para a fixação dos honorários a ser feita pelo magistrado.

Ressalte-se ser inviável a nomeação de estagiários para patrocinar causas criminais, pois tal providência é vedada pelo Estatuto da Advocacia, mormente se estiver desacompanhado de advogado (art. 3.º, § 2.º).

4.2 Desligamento da causa, ausência momentânea e defesa *ad hoc*

Eventual desligamento do defensor da causa somente pode dar-se por justo, havendo comunicação prévia ao juiz (art. 265, *caput*, do CPP). Se o motivo não for considerado relevante ou não se fizer a comunicação exigida, deverá ser expedido ofício, comunicando à Ordem dos Advogados do Brasil, para a apuração do ocorrido e eventual aplicação de sanção.

É preciso destacar o direito de o profissional deixar de patrocinar a defesa do réu, por motivos variados, inclusive de foro íntimo, desde que cumpra, também, o disposto na Lei 8.906/94 (Estatuto da Advocacia): "O advogado que renunciar ao mandato continuará, durante os dez dias seguintes à notificação da renúncia, a representar o mandante, salvo se for substituído antes do término desse prazo" (art. 5.º, § 3.º). Embora a menção seja feita à renúncia ao mandato, é natural que possa também o dativo se recusar a continuar na causa, desde que comunique tal fato ao juiz e aguarde a nomeação de outro defensor.

A nomeação de defensor substituto ou *ad hoc* (para o ato) ocorrerá quando houver ausência injustificada do defensor, constituído ou dativo, regularmente intimado para determinado ato processual, especialmente audiências de instrução, de forma a não impedir a sua realização (art. 265, § 2.º, CPP).

O § 1.º do art. 265 preceitua: "a audiência poderá ser adiada se, por motivo justificado, o defensor não puder comparecer". É relevante o adiamento, quando o fundamento do não comparecimento estiver presente para não prejudicar a ampla defesa.

Por outro lado, quando se tratar de atos fundamentais do processo, como audiência de debates e julgamento ou plenário do júri, não há possibilidade de se nomear defensor *ad hoc*, pois haveria evidente prejuízo para a defesa do réu. Deve-se adiar a audiência, comunicando-se a falta injustificada à OAB ou à Defensoria Pública, para as medidas disciplinares cabíveis. Persistindo a falta em julgamento posterior, pode o magistrado declarar o acusado indefeso, nomeando-lhe substituto, após dar-lhe prazo para escolher outro profissional para defendê-lo (§ 3º do art. 265). Acrescente-se, ainda, que, se a falta imotivada for de defensor dativo, pode o magistrado substituí-lo definitivamente.

Atualmente, foram instituídas as denominadas *audiências únicas* para o procedimento comum e também para a fase de formação da culpa, no procedimento especial do júri. Significa, portanto, que toda a prova será colhida num único dia e, na sequência, dar-se-ão os debates e julgamento. A ausência do defensor do réu nessa data, especialmente se for constituído, mesmo que *imotivada*, deve provocar apenas a colheita da prova. Não se deve admitir a realização dos debates e julgamento, uma vez que o defensor substituto (ou *ad hoc*) pode não ter preparo suficiente, nem contato razoável com o acusado, para conduzir os debates e invocar teses defensivas seguras em nome do réu. Acrescente-se, ainda, que, conforme o grau de complexidade da causa, nem mesmo a coleta da prova deverá ser feita, pois a ampla defesa pode ser seriamente prejudicada. Nessa hipótese, declara-se indefeso o réu, nomeando-se outro defensor ou indicando-lhe um defensor público, porém, deve-se adiar a audiência para outra data.

4.3 Nomeação no termo e impedimento

É possível que o réu indique seu defensor por meio do instrumento de mandato ou prefira fazê-lo no termo da audiência. A nomeação diretamente no termo chama-se *apud acta*.

Na esteira do que já se viu, quanto ao parentesco entre juiz e defensor (art. 252, I, CPP), não pode funcionar no processo, como advogado do réu, o familiar do magistrado (art. 267, CPP). A diferença daquele artigo (252, I) para este (267), é que, naquela hipótese, o juiz torna-se impedido, pois o seu parente já atuou ou está atuando como defensor. Neste caso, é o advogado que não pode ingressar, uma vez que o magistrado já se encontra, anteriormente, atuando no processo.

5. CURADOR

Dispõe o art. 262 do Código de Processo Penal que "ao acusado menor dar-se-á curador". Essa norma não tem mais aplicação, não somente pelo preceituado no art. 5.º do Código Civil (Lei 10.406/2002), que considera maior, para todos os fins, a pessoa que atinja 18 anos, mas sobretudo pela modificação introduzida pela Lei 10.792/2003, que revogou expressamente o art. 194 do CPP, justamente a norma que previa a mesma situação por ocasião do interrogatório. Ora, se o juiz não está mais obrigado a nomear curador para a realização do interrogatório, é natural que o art. 262 tenha perdido a eficácia.

Ademais, o acusado, maior de 18 anos, é plenamente capaz para todos os atos da vida civil, não possuindo mais representante legal, nem sendo, obviamente, necessária a nomeação de curador para acompanhá-lo em qualquer ato do processo.

6. ASSISTÊNCIA

6.1 Assistente de acusação

É a posição ocupada pelo ofendido, quando ingressa no feito, atuando, ao lado do Ministério Público, no polo ativo. Trata-se de sujeito e parte secundária na relação processual. Não intervém obrigatoriamente, mas, fazendo-o, exerce nitidamente o direito de agir, manifestando pretensão contraposta à do acusado.

A posição da vítima, no processo penal, atuando como assistente de acusação, não mais pode ser analisada como o mero intuito de conseguir a sentença condenatória, para que sirva de título executivo judicial a ser deduzido no cível, em ação civil *ex delicto*, tendo por objetivo a reparação do dano.

Confira-se a lição de ADA PELLEGRINI GRINOVER, ANTONIO MAGALHÃES GOMES FILHO e ANTONIO SCARANCE FERNANDES: "Pensamos, porém, que o assistente também intervém no processo com a finalidade de cooperar com a justiça, figurando como assistente do MP *ad coadjuvandum*. Assim, com relação à condenação, o ofendido tem o mesmo interesse-utilidade da parte principal na justa aplicação da pena. Já com relação à revogação de benefícios penais, como o *sursis*, a atividade de colaboração do ofendido com a justiça esgota-se, no nosso sistema processual, com a condenação (art. 598, CPP), não se podendo vislumbrar seu interesse na modificação de benefícios inerentes à execução da pena" (*Recursos no processo penal*, p. 88).

6.2 Intervenção do ofendido

É ele o principal interessado a pleitear sua inclusão como assistente de acusação, embora o art. 268 do Código de Processo Penal preveja, ainda, como legitimados, os seus sucessores, em caso de morte: cônjuge (incluindo-se companheiro/a), ascendente, descendente e irmão.

Assim, embora o direito de punir seja unicamente do Estado e legitimado, para a ação penal, seja o Ministério Público, como seu representante, nos casos de ação pública, é cabível a formação de litisconsórcio ativo, integrando o polo ativo a vítima do crime. A omissão do Código de Processo Penal em relação à definição de litisconsórcio bem espelha a sua defasagem, podendo-se utilizar o conceito esposado pelo CPC a respeito: "Art. 113. Duas ou mais pessoas podem litigar, no mesmo processo, em conjunto, ativa ou passivamente, quando: (...) III – ocorrer afinidade de questões por ponto comum de fato ou de direito". É exatamente a posição assumida pelo assistente de acusação (vítima do crime) em relação ao Ministério Público, nas ações públicas.

348 | MANUAL DE PROCESSO PENAL · Nucci

Quando se trata de ação penal privada exclusiva ou subsidiária da pública, estando o ofendido no polo ativo, exercendo o direito de ação, o Ministério Público ingressa, obrigatoriamente, no feito como fiscal da lei, atuando, também, como parte, embora não seja assistente do querelante.

Na ação penal privada exclusiva, é incabível a intervenção de assistente, pois o ofendido já ocupa a posição de *dominus litis*, ou seja, é a parte legitimada a ajuizar a ação penal, não tendo cabimento ser assistido por si mesmo.

Anote-se a desnecessidade de se mencionar a figura do representante legal do ofendido, pois este somente ingressa, nos autos, como assistente, em nome da vítima incapacitada de defender seu direito sozinha. Logo, não agindo em nome próprio, basta a menção à pessoa do ofendido.

Quando houver interesse na assistência por parte de mais de um sucessor habilitado, ingressam todos, desde que respeitada a ordem prevista no art. 31 do Código de Processo Penal. Imagine-se um casal separado, cujo filho tenha sido assassinado. Não acordando a respeito de quem ingressará no polo ativo, como assistente de acusação, nada impede que o juiz admita tanto o pai, quanto a mãe, cada qual representado por um advogado diferente.

6.3 Intervenção de outras pessoas como assistente de acusação

Cremos admissível o ingresso de pessoas jurídicas, de direito público ou privado, como assistentes de acusação, diante do interesse público presente. Afinal, utiliza-se a aplicação analógica ao disposto no art. 2.º, § 1.º, do Decreto-lei 201/67, que prevê: "Os órgãos federais, estaduais ou municipais, interessados na apuração da responsabilidade do Prefeito, podem requerer a abertura de inquérito policial ou a instauração da ação penal pelo Ministério Público, bem como intervir, em qualquer fase do processo, como assistente da acusação".

Logo, outras hipóteses podem surgir, dando ensejo a que algum órgão federal, estadual ou municipal tenha interesse em acompanhar o feito, contra determinado réu, como assistente de acusação. Pouco importa seja o Ministério Público também um órgão do Estado, já que é considerado uma instituição permanente essencial à Justiça, mas que não integra os quadros de nenhum dos Poderes de Estado. Ademais, dispõe o art. 81, *caput*, do Código de Proteção e Defesa do Consumidor (Lei 8.078/90), que "a defesa dos interesses e direitos dos consumidores e das vítimas poderá ser exercida em juízo individualmente, ou a título coletivo". E, no art. 82, que "para os fins do art. 81, parágrafo único, são legitimados concorrentemente: I – o Ministério Público; II – a União, os Estados, os Municípios e o Distrito Federal; III – as entidades e órgãos da Administração Pública, direta ou indireta, ainda que sem personalidade jurídica, especificamente destinados à defesa dos interesses e direitos protegidos por este Código; IV – as associações legalmente constituídas há pelo menos um ano e que incluam entre seus fins institucionais a defesa dos interesses e direitos protegidos por este Código, dispensada a autorização assemblear". Estão legitimados outros entes, que não o Ministério Público, para a proteção do consumidor em juízo, inclusive na esfera criminal.

É a menção feita, nos termos do art. 119, do CPC, que se pode usar por analogia: "pendendo causa entre 2 (duas) ou mais pessoas, o terceiro juridicamente interes-

Capítulo XIII • As Partes no Processo Penal | **349**

sado em que a sentença seja favorável a uma delas poderá intervir no processo para assisti-la".

Outras situações podem surgir, como já mencionamos, ainda que por aplicação da analogia. Contrariamente à intervenção de órgãos do Poder Público como assistentes de acusação: TOURINHO Filho (*Código de Processo Penal comentado*, v. 1, p. 486); MIRABETE (*Código de Processo Penal interpretado*, p. 352). Adotando a possibilidade do ingresso: PAULO LÚCIO NOGUEIRA (*Curso completo de processo penal*, p. 261-262), VICENTE GRECO FILHO (*Manual de processo penal*, p. 223).

6.4 Intervenção da Ordem dos Advogados do Brasil em processos criminais nos polos ativo e passivo

Trata-se de hipótese atualmente prevista no Estatuto da Advocacia (Lei 8.906/94), no art. 49: "Os Presidentes dos Conselhos e das Subseções da OAB têm legitimidade para agir, judicial e extrajudicialmente, contra qualquer pessoa que infringir as disposições ou os fins desta Lei. Parágrafo único. As autoridades mencionadas no *caput* deste artigo têm, ainda, legitimidade para intervir, inclusive como assistentes, nos inquéritos e processos em que sejam indiciados, acusados ou ofendidos os inscritos na OAB".

O dispositivo deve ser adaptado ao contexto do processo penal, tornando possível que a OAB deseje atuar como assistente de acusação em caso envolvendo advogado como réu, cuja demanda desperte o interesse de toda a classe dos advogados. Entretanto, é preciso salientar que a Lei 8.906/94 autoriza, expressamente, a assistência, também, do advogado que seja réu ou querelado, pois refere-se à intervenção em inquéritos e processos em que sejam indiciados (nítida hipótese criminal), acusados ou ofendidos (em igual prisma) os inscritos na Ordem dos Advogados do Brasil.

6.4.1 A figura do amicus curiae no processo penal

É perfeitamente viável em certos e específicos casos, tratando de questão de interesse geral, embora na área penal. Ilustrando, houve o caso do julgamento, no STF, a respeito do feto anencéfalo; se constitui vida ou não, a ponto de permitir ou vedar o aborto. Admite-se, nessa situação, o *amicus curiae*, como a Confederação Nacional dos Bispos do Brasil para defender a vedação, assim como a Associação Nacional pela Legalidade do Aborto.

Note-se o disposto pelo art. 138 do CPC: "o juiz ou o relator, considerando a relevância da matéria, a especificidade do tema objeto da demanda ou a repercussão social da controvérsia, poderá, por decisão irrecorrível, de ofício ou a requerimento das partes ou de quem pretenda manifestar-se, solicitar ou admitir a participação de pessoa natural ou jurídica, órgão ou entidade especializada, com representatividade adequada, no prazo de 15 (quinze) dias de sua intimação".

6.5 Recebimento da causa no estado em que estiver

É a regra do ingresso do assistente de acusação, evitando-se tumultos indevidos e a propositura de novas provas ou outras diligências, que somente fariam o procedimento inverter o seu curso, o que é inadmissível. Assim, a partir do recebimento da denúncia, até o trânsito em julgado da decisão, pode haver o ingresso do assistente, mas sem qualquer tipo de regressão no desenvolvimento regular da instrução (art. 269, CPP).

Durante o curso do inquérito policial, não se admite o ingresso de assistente de acusação, pois não há interesse algum do ofendido em participar das investigações preliminares ao eventual processo. Afinal, o inquérito é inquisitivo e dele nem mesmo toma parte ativa o indiciado, como regra, devendo aguardar o início da ação penal para manifestar o seu interesse em dela participar.

6.6 Corréu como assistente

Trata-se de hipótese inviável e, por isso, vetada pela lei (art. 270, CPP). Não tem o menor cabimento o corréu pretender a condenação de quem agiu juntamente com ele para a prática da infração penal. O espírito poderia ser de pura emulação ou vingança. Imagine-se, no caso de separação dos processos, que um corréu já tenha sido julgado e condenado. Para buscar a condenação de comparsa seu, que inclusive delatou, pleiteia a intervenção como assistente de acusação. Nota-se, pois, flagrante abuso, visto que seu interesse não é justificado, como ocorre com o ofendido pela prática da infração penal.

Ocorre a mesma situação nos casos em que os corréus ocupam as posições de autores e vítimas da infração penal, como nas lesões recíprocas. Andou bem o legislador ao vedar-lhe tal possibilidade.

Entretanto, é admissível a interposição de recurso de corréu contra a absolvição de outro, desde que o Ministério Público não tenha recorrido. Pensemos na hipótese de um corréu ser condenado e o outro absolvido. Se tiver o promotor apresentado apelação contra a absolvição, nada tem o corréu condenado a fazer (nem mesmo vai arrazoar o recurso, pois isso seria o equivalente a admiti-lo como assistente, o que é legalmente vedado), mas nada o impede de interpor recurso, pleiteando a condenação do outro, que foi absolvido, se o representante do Ministério Público deixou de fazê-lo. Concordamos com a lição de Tourinho Filho, que menciona, ainda, as posições de Frederico Marques e Espínola Filho: "Uma vez que o Juiz proferiu sentença e o Promotor com ela concordou, qual a razão que poderá impedir o corréu condenado de se insurgir contra a absolvição do outro? Nenhuma. (...) E vamos mais longe: se ambos forem absolvidos sem recurso do Ministério Público, nada impede possam interpor apelo, porquanto já não subsistem as razões que os impediam de intervir como assistentes de acusação" (*Código de Processo Penal comentado*, v. 1, p. 490).

6.7 Atribuições do assistente

Segundo o disposto no art. 271 do Código de Processo Penal, são atribuições do assistente: a) propor meios de prova; b) requerer perguntas às testemunhas; c) aditar o libelo-crime acusatório e os articulados; d) participar do debate oral; e) arrazoar os recursos interpostos pelo Ministério Público, ou por ele próprio, conforme o caso. Lembremos que o libelo foi suprimido pela Lei 11.689/2008.

Quanto ao direito de reperguntar, tem o assistente o direito de propor perguntas não somente às testemunhas, mas também às pessoas que forem ouvidas como simples declarantes.

No caso de *aditamento ao libelo*, peça não mais existente, pouco lhe resta a fazer, a não ser, por exemplo, apresentar outras testemunhas para serem ouvidas em plenário, caso o Ministério Público não tenha esgotado o número legal, que é de cinco (art. 422, CPP). O chamado aditamento de *articulado* não tem aplicação, pois esta forma processual, na realidade, é a peça denominada *alegações finais*, que o assistente de acusação apresenta individualmente e não em complementação à do Ministério Público.

O direito de debater oralmente ocorre nos procedimentos ordinário, sumário e sumaríssimo. No Tribunal do Júri, deve dividir o tempo com o promotor. Caso haja divergência quanto a isso, quem deve decidir é o juiz presidente, mas sem retirar a possibilidade de o assistente manifestar-se.

Além do direito de arrazoar os recursos interpostos pelo Ministério Público, pode o assistente de acusação apresentar os seus diretamente, nas seguintes hipóteses: a) decisão de impronúncia (art. 584, § 1.º, atualmente, impugnada por apelação); b) julgamento de extinção da punibilidade (art. 584, § 1.º); c) sentença absolutória (art. 598); d) sentença condenatória visando ao aumento de pena (esta última situação é controversa e será mais bem analisada no capítulo referente aos recursos). Como decorrência lógica da possibilidade de interpor alguns recursos, é possível, ainda, conferir-se ao assistente legitimidade para ingressar com carta testemunhável, embargos de declaração e recursos especial e extraordinário.

Sobre o tema, confira-se o disposto nas seguintes Súmulas do Supremo Tribunal Federal: 208 – "O assistente do Ministério Público não pode recorrer, extraordinariamente, de decisão concessiva de *habeas corpus*"; 210 – "O assistente do Ministério Público pode recorrer, inclusive extraordinariamente, na ação penal, nos casos dos arts. 584, § 1.º, e 598 do Código de Processo Penal".

O direito de propor meios de provas decorre da sua ativa participação no polo ativo da demanda. Não se pode verdadeiramente assistir alguém, sem que haja instrumentos a tanto. Ouve-se o Ministério Público, antes da decisão, a fim de se evitar tumulto causado pelo assistente, ao propor provas, por exemplo, indevidas ou prejudiciais à posição acusatória (art. 271, § 1.º, CPP).

Uma vez admitido no processo, deve o assistente, através do seu advogado, ser intimado para todos os atos que devam se realizar no feito, como é o caso das audiências de instrução. Entretanto, se deixar de comparecer a qualquer deles, para os quais tenha sido regularmente cientificado, sem fornecer a devida justificativa, não mais será intimado. Sua função de auxiliar da acusação não é indispensável, sendo razoável que ele zele pela sua participação, não abandonando a causa sem justa razão. Se o fizer, não é desabilitado, mas não será mais intimado (art. 271, § 2.º, CPP).

6.8 Oposição do Ministério Público à admissão do assistente

Somente deve dar-se em caso de falta de legitimação. Assim, quando o promotor se insurgir contra a intervenção do assistente, por outras causas, deve o juiz admiti-lo. Não nos parece correto o entendimento daqueles que sustentam ser um juízo discricionário do representante do Ministério Público o ingresso, no feito, do assistente de acusação, baseado na conveniência e oportunidade do acompanhamento.

Note-se que foi conferida legitimidade para o ofendido ingressar com a ação penal, ainda que seja ela pública, quando o Ministério Público não o faz no prazo legal (art. 29, CPP), pouco interessando a idoneidade moral da vítima ou qualquer outro fator que não seja o seu interesse em ser aplicada justiça ao criminoso, razão pela qual, se foi o promotor o autor da ação, é justo que possa o ofendido auxiliá-lo nesse objetivo, aprecie ou não o *dominus litis*. No mesmo sentido defende MIRABETE, afirmando, ainda, que, se no curso do processo o assistente trair o "sentido teleológico da assistência, que é o de reforçar a acusação", pode o Ministério Público solicitar a sua exclusão (*Código de Processo Penal interpretado*, p. 361).

O indeferimento do ingresso do assistente não comporta recurso específico (art. 273, CPP), mas tem a jurisprudência, com acerto, acolhido o uso do mandado de segurança. Afinal, é direito líquido e certo do ofendido, quando demonstre a sua condição documentalmente – ou de seus sucessores – ingressar no polo ativo, auxiliando a acusação. Não se compreende seja o juiz o árbitro único e último do exercício desse direito, podendo dar margem a abusos de toda ordem. Logo, o caminho possível a contornar esse dispositivo, que, aliás, é remédio constitucional, é o mandado de segurança (cf. VICENTE GRECO FILHO, *Manual de processo penal*, p. 224).

7. FUNCIONÁRIOS DA JUSTIÇA

7.1 Denominação

Serventuários e funcionários da justiça são termos correlatos, que designam os funcionários públicos, ocupando cargos criados por lei, percebendo vencimentos pagos pelo Estado, a serviço do Poder Judiciário. São os escrivães-diretores, escreventes, oficiais de justiça, auxiliares judiciários, dentre outros.

7.2 Suspeição

Segundo entendemos, não há sentido no disposto pelo art. 274 do Código de Processo Penal (regras de suspeição do juiz estendem-se aos funcionários), tendo em vista que os funcionários da justiça não exercem qualquer ato decisório, de repercussão para a parte, no processo.

Limitam-se a cumprir as ordens do juiz, sem qualquer poder de deliberação próprio. Embora possam lançar, nos autos, certidões que gozam de fé pública, é preciso ressaltar que estão sujeitos à corregedoria permanente do magistrado titular da Vara, razão pela qual qualquer desvio nessa função representará a instauração de processo administrativo. Logo, inexiste razão para o escrevente, que trabalha na sala de audiências, por exemplo, não poder atuar somente porque é amigo ou inimigo do réu. O ditado dos depoimentos será feito pelo magistrado, não havendo nada mais a fazer a não ser reduzir a termo.

Atualmente, a fiscalização que as partes exercem sobre o juiz e seus auxiliares é tão intensa que nem mesmo as afirmações feitas pelo magistrado, nos autos, escapa de uma impugnação ou de um questionamento. Não há presunção absoluta para os atos e certidões insertos no processo, todos passíveis de prova em contrário. Aliás, se o funcionário pode responder por corrupção ou prevaricação, quando colocar seus interesses particulares acima dos interesses públicos, no exercício da sua atividade, além de poder ser demitido por isso, não vemos razão para sujeitá-los às mesmas proibições feitas para o magistrado, pessoa encarregada de decidir a lide, que goza de vitaliciedade e, realmente, necessita atuar com imparcialidade absoluta.

8. PERITOS E INTÉRPRETES

8.1 Perito

É o especialista em determinada matéria, encarregado de servir como auxiliar da justiça, esclarecendo pontos específicos distantes do conhecimento jurídico do magistrado. O perito pode ser oficial – quando funcionário do Estado –, sendo-lhe dispensado o compromisso, pois investido na função por lei, ou nomeado pelo juiz, quando deverá ser compromissado a bem desempenhar a sua função.

8.2 Intérprete

É a pessoa conhecedora de determinados idiomas estrangeiros ou linguagens específicas, que serve de intermediário entre pessoa a ser ouvida em juízo e o magistrado e as partes. Atua como perito, devidamente compromissado a bem desempenhar a sua função.

8.3 Juiz atuando como perito ou intérprete

Não há possibilidade legal de tal situação ocorrer. O magistrado não pode perder a sua imparcialidade, participando ativamente da produção da prova, razão pela qual, ainda que conheça o idioma estrangeiro, deve nomear intérprete; mesmo que conheça determinado assunto profundamente, jamais poderá emitir sua opinião como técnico.

8.4 Disciplina judiciária do perito

Refere-se o art. 275 do Código de Processo Penal à obrigação que possui o perito, seja ele oficial (funcionário público) ou não oficial (de livre escolha do magistrado, porém nos termos disciplinados no art. 159, §§ 1.º e 2.º, do CPP), de cumprir fielmente seu encargo, servindo de auxiliar do juiz na verificação e análise de fatos para os quais se exige conhecimento específico.

A disciplina judiciária o coloca em pé de igualdade com os demais funcionários públicos, ainda que se trate de perito não oficial, podendo responder pelos crimes previstos no Capítulo I do Título XI da Parte Especial do Código Penal (ver a nota 210 ao art. 327 do nosso *Código Penal comentado*).

Confira-se, ainda, o art. 158 do CPC, bem como o art. 466 do CPC.

354 | MANUAL DE PROCESSO PENAL · Nucci

8.5 Não intervenção das partes na nomeação do perito e sua atuação obrigatória

Trata-se do princípio regente em processo penal, desvestindo as partes do direito de sugerir nomes para a função de perito, até mesmo porque, atualmente, a grande maioria dos experts é oficial, independendo de qualquer tipo de nomeação ou compromisso. São funcionários do Estado, embora considerados auxiliares da justiça, quando atuam no processo.

Passou a existir a possibilidade de indicação de assistentes técnicos, bem como o oferecimento de quesitos pelas partes (art. 159, § 3.º, CPP).

Deve-se utilizar o preceituado no art. 277 do CPP (obrigatoriedade do perito de aceitar a nomeação feita pelo juiz) com a máxima prudência, pois o juiz não deve exigir de determinados profissionais encargos, que lhes poderão retirar tempo útil, sem a devida remuneração, o que raramente acontece no processo criminal – diversamente do cível, quando as partes podem suportar os salários periciais.

Por outro lado, a multa prevista no mencionado art. 277, por não ter sido atualizado, é inaplicável. E mais uma vez, frise-se: a maioria das perícias feitas, nos dias de hoje, é oficial, de modo que seria impossível a recusa do funcionário público de cumprir com o seu dever, sob pena de responsabilização funcional.

A lei prevê a possibilidade de condução coercitiva de peritos para a realização de seu trabalho (art. 278, CPP). Ora, tal situação somente teria, em tese, aplicabilidade se falarmos dos peritos não oficiais, uma vez que os oficiais devem cumprir com zelo os seus deveres, sob pena de responderem funcionalmente, sujeitos que estão às mais diversas penalidades administrativas.

Aliás, parece-nos um dispositivo de pouca valia, pois de que adianta obrigar um profissional qualquer a realizar um laudo a contragosto, se é ele justamente o encarregado de auxiliar o juiz no seu esclarecimento sobre matéria que lhe é desconhecida? Mais eficaz é nomear outro profissional, menos renitente, para o desempenho da função, em nome do interesse da justiça e das partes.

8.6 Impedimento dos peritos

Não podem exercer a função de perito aqueles que estiverem cumprindo pena restritiva de direitos (art. 47, I e II, CP), impeditiva do exercício de cargo, função ou atividade pública, bem como de profissão, atividade ou ofício que dependa de habilitação especial, de licença ou autorização do poder público.

Dá-se o mesmo caso o perito já tenha participado do processo como testemunha ou tenha dado sua opinião sobre o caso em oportunidade anterior (art. 112 c/c art. 252, II e III, e art. 254, IV, CPP).

São inviabilizados para atuar como peritos os analfabetos e os menores de 21 anos (art. 279, III, CPP). A disposição, atualmente, é praticamente vazia de conteúdo e aplicabilidade. Os peritos oficiais são concursados e, como regra, preenchem os requisitos legais para o exercício de sua função. Os não oficiais devem, no mínimo, possuir curso superior (art. 159, § 1.º, CPP), condição que analfabetos não preenchem e, raramente, os menores de 21 anos. Aliás, com a edição do novo Código Civil, considerando o maior de 18 anos plenamente capaz para todos os atos da vida civil, não teria sentido proibir alguém de exercer a função de perito somente porque contaria, por exemplo, com 20 anos de idade.

8.7 Suspeição dos peritos

Estão os técnicos habilitados a auxiliar o juiz na compreensão e conhecimento de determinadas matérias específicas e sujeitos às mesmas regras de suspeição dos juízes (art. 254, CPP), o que é razoável. Eles detêm enorme influência no poder decisório do magistrado, na esfera criminal, influindo consideravelmente na solução da causa, razão pela qual devem agir com total imparcialidade, o que poderia não ocorrer, estando presente alguma das causas de suspeição previstas em lei.

E toda a disciplina dos peritos é aplicável aos intérpretes, também auxiliares do juiz, na compreensão de idiomas e linguagens estranhas, merecendo, pois, atuar com imparcialidade e ter conhecimento suficiente a tanto.

 SÍNTESE

Juiz: é sujeito na relação processual, mas não parte. Atua suprapartes, com visão totalmente imparcial, fazendo valer a lei ao caso concreto.

Ministério Público: é parte, figurando ora no polo ativo, conduzindo a demanda, ora como fiscal da lei, nas ações penais privadas. Pode-se denominá-lo de parte imparcial, uma vez que não está vinculado necessariamente à defesa de propostas prejudiciais ao réu.

Acusado: é parte na relação processual, figurando no polo passivo.

Defensor: não é parte, mas representante do acusado. Excepcionalmente, quando o réu for advogado e quiser promover a sua própria defesa, torna-se parte. Está sempre vinculado à defesa dos interesses do réu, constituindo parte parcial.

Curador: não há mais no processo penal para o acusado menor de 21 anos. Pode existir apenas para o réu considerado incapaz por outras causas, como enfermidade mental.

Assistente de acusação: é a posição ocupada pelo ofendido, que atua no polo ativo, ao lado do Ministério Público. Pode ser atuação desenvolvida pelos sucessores do ofendido (cônjuge, companheiro ou companheira, ascendente, descendente ou irmão). Excepcionalmente, a posição pode ser ocupada por pessoas jurídicas de direito público ou privado interessadas na defesa de determinados interesses, como órgãos de defesa do consumidor.

Funcionário da justiça: são os funcionários públicos que ocupam cargos criados por lei, percebendo vencimentos do Estado, a serviço do Poder Judiciário.

Perito: é o especialista em determinada matéria, encarregado de servir como auxiliar da justiça, esclarecendo temas de interesse ao processo penal, sempre da confiança do juiz.

Intérprete: é o especialista em idiomas estrangeiros ou determinada forma de linguagem, que serve de intermediário entre pessoa a ser ouvida e o magistrado e as partes, devendo igualmente ser da confiança do magistrado.

Capítulo XIV
Prisão e Liberdade Provisória

1. CONCEITO DE PRISÃO

É a privação da liberdade, tolhendo-se o direito de ir e vir, através do recolhimento da pessoa humana ao cárcere. Não se distingue, nesse conceito, a prisão provisória, enquanto se aguarda o deslinde da instrução criminal, daquela que resulta de cumprimento de pena. Enquanto o Código Penal regula a prisão proveniente de condenação, estabelecendo as suas espécies, formas de cumprimento e regimes de abrigo do condenado, o Código de Processo Penal cuida da prisão cautelar e provisória, destinada unicamente a vigorar, quando necessário, até o trânsito em julgado da decisão condenatória.

2. FUNDAMENTO CONSTITUCIONAL DA PRISÃO

Preceitua o art. 5.º, LXI, que "ninguém será preso senão em flagrante delito ou por ordem escrita e fundamentada de autoridade judiciária competente, salvo nos casos de transgressão militar ou crime propriamente militar, definidos em lei". A regra, pois, é que a prisão, no Brasil, deve basear-se em decisão de magistrado competente, devidamente motivada e reduzida a escrito, ou necessita decorrer de flagrante delito, neste caso cabendo a qualquer do povo a sua concretização. Os incisos LXII, LXIII, LXIV e LXV, do mesmo artigo, regulam a maneira pela qual a prisão deve ser formalizada.

3. ESPÉCIES DE PRISÃO PROCESSUAL CAUTELAR

São seis, a saber: a) prisão temporária; b) prisão em flagrante; c) prisão preventiva; d) prisão em decorrência de pronúncia; e) prisão em decorrência de sentença condenatória recorrível; f) condução coercitiva de réu, vítima, testemunha, perito ou de outra pessoa que se recuse, injustificadamente, a comparecer em juízo ou na polícia.

Neste último caso, por se tratar de modalidade de prisão (quem é conduzido *coercitivamente* pode ser algemado e colocado em cela até que seja ouvido pela autoridade competente), defendemos que somente o juiz pode decretá-la. Aliás, nessa ótica, cumpre ressaltar o disposto no art. 3.º da Lei 1.579/52 (modificada pela Lei 10.679/2003): "Indiciados e testemunhas serão intimados de acordo com as prescrições estabelecidas na legislação penal. § 1.º Em caso de não comparecimento da testemunha sem motivo justificado, a sua intimação será solicitada ao juiz criminal da localidade em que resida ou se encontre, nos termos dos arts. 218 e 219 do Decreto-Lei nº 3.689, de 3 de outubro de 1941 - Código de Processo Penal.". Demonstra-se, pois, que as Comissões Parlamentares de Inquérito, cujo poder investigatório, segundo a Constituição Federal (art. 58, § 3.º), é próprio das autoridades judiciais, não devem ter outro procedimento senão o de requerer ao magistrado a intimação e condução coercitiva da testemunha para prestar depoimento. Logo, nenhuma outra autoridade pode *prender* a testemunha para conduzi-la à sua presença sem expressa, escrita e fundamentada ordem da autoridade judiciária competente (art. 5.º, LXI, CF).

Observe-se, ainda, como o legislador tratou da condução coercitiva na Lei 13.869/2019 (Abuso de Autoridade) nesse caso: "Art. 10. Decretar a condução coercitiva de testemunha ou investigado manifestamente descabida ou sem prévia intimação de comparecimento ao juízo: Pena – detenção, de 1 (um) a 4 (quatro) anos, e multa". Em nosso entendimento, a condução coercitiva é um visível modo de se prender alguém, embora por algumas horas, devendo ser realizada sob os *estritos* limites legais.

No cenário da prisão cautelar, deve-se computar a prisão para extradição. O STF não se reúne para decidir a sorte do extraditando, caso este não esteja preventivamente detido. Por outro lado, é possível que o Estado requerente, antes mesmo de ingressar oficialmente com o pedido de extradição, pleiteie a prisão cautelar do extraditando.

Há, portanto, duas possibilidades de decretação da prisão preventiva para extradição: a) antes do ingresso do pedido de extradição no STF e como medida de cautela para que o extraditando não fuja; b) assim que ingressar o pedido extradicional no STF, para que o extraditando seja colocado à disposição da Corte.

4. CONTROLE DA LEGALIDADE DA PRISÃO

Acesse e escute o podcast sobre Controle da legalidade da prisão.
> https://uqr.to/1y2ts

É impositivo constitucional que toda prisão seja fielmente fiscalizada por Juiz de Direito. Estipula o art. 5.º, LXV, que "a prisão ilegal será imediatamente relaxada pela autoridade judiciária". No mesmo sentido, dispõe o art. 310, I, do CPP. Além disso, não se pode olvidar que, mesmo a prisão decretada por magistrado, fica sob o crivo de autoridade judiciária superior, através da utilização dos instrumentos cabíveis, entre eles o *habeas corpus*: "conceder-se-á *habeas corpus* sempre que alguém sofrer ou se achar ameaçado de sofrer violência ou coação em sua liberdade de locomoção, por ilegalidade ou abuso de poder" (art. 5.º, LXVIII, CF).

Constitui abuso de autoridade efetuar prisão ilegal, deixar de relaxar – nesse caso válido apenas para o juiz – prisão ilegalmente realizada, bem como deixar de comunicar ao magistrado a prisão efetivada, ainda que legal. Quando a prisão for indevidamente concretizada, por pessoa não considerada autoridade, trata-se de crime comum (constrangimento ilegal e/ou sequestro ou cárcere privado).

5. CONCEITO DE LIBERDADE PROVISÓRIA

É a liberdade concedida, em caráter provisório, ao indiciado ou réu, preso em decorrência prisão em flagrante, que, por não necessitar ficar segregado, em homenagem ao princípio da presunção de inocência, deve ser liberado, sob determinadas condições.

A liberdade provisória, com ou sem fiança, é um instituto compatível com a prisão em flagrante, mas não com a prisão preventiva ou temporária. Nessas duas últimas hipóteses, vislumbrando não mais estarem presentes os requisitos que as determinaram, o melhor a fazer é revogar a custódia cautelar, mas não colocar o réu em liberdade provisória, que implica sempre o respeito a determinadas condições.

Desenvolveremos melhor o tema após tratarmos das formalidades e das espécies de prisão cautelar.

6. FUNDAMENTO CONSTITUCIONAL DA LIBERDADE PROVISÓRIA

Estabelece o art. 5.º, LXVI, que "ninguém será levado à prisão ou nela mantido, quando a lei admitir a liberdade provisória, com ou sem fiança". Quer o preceito indicar que a prisão, no Brasil, é a exceção e a liberdade, enquanto o processo não atinge o seu ápice com a condenação com trânsito em julgado, a regra.

Essa ideia foi reforçada após a edição da Lei 12.403/2011, que criou novas medidas cautelares, mais brandas, alternativas à prisão provisória, bem como deixando claro ser a prisão preventiva a *ultima ratio* (última opção).

Confira-se: "§ 6º A prisão preventiva somente será determinada quando não for cabível a sua substituição por outra medida cautelar, observado o art. 319 deste Código, e o não cabimento da substituição por outra medida cautelar deverá ser justificado de forma fundamentada nos elementos presentes do caso concreto, de forma individualizada" (art. 282, 6º, CPP).

7. FORMALIDADES DA PRISÃO

Existem regras gerais para a realização da prisão de alguém. A primeira e mais importante, como já frisado, é a indispensabilidade de mandado de prisão, expedido por autoridade judiciária, que proferiu decisão escrita e fundamentada nos autos do inquérito ou do processo (art. 283, *caput*, CPP). Excepcionalmente, admite-se a formalização da prisão por ato administrativo, como ocorre no caso do flagrante e será visto no tópico próprio, embora sempre submetida a constrição à avaliação judicial.

Inexiste fixação de dia e hora para prender alguém, quando há ordem judicial para tanto. Se a prisão é cautelar e indispensável, não teria cabimento determinar momentos especiais para a sua realização. Assim, onde quer que seja encontrado o procurado, deve ser regularmente preso. A exceção fica por conta de preceito constitucional cuidando da inviolabilidade de domicílio (art. 283, § 2.º, CPP).

Estabelece o art. 5.º, XI, da Constituição Federal, que "a casa é asilo inviolável do indivíduo, ninguém nela podendo penetrar sem consentimento do morador, salvo em caso de flagrante delito ou desastre, ou para prestar socorro, ou, durante o dia, por determinação judicial". Assim, havendo a situação de flagrância, pode qualquer um invadir o domicílio, de dia ou de noite, para efetuar uma prisão. O termo *delito,* utilizado no referido artigo da Constituição Federal, comporta interpretação extensiva, para abranger, igualmente, contravenção penal. A posição está em harmonia com o mesmo sentido empregado quanto ao princípio da legalidade ou da reserva legal, onde se preceitua não existir *crime* (e também contravenção penal), sem prévia definição legal (art. 5.º, XXXIX).

Cuida-se, no entanto, da hipótese do denominado flagrante próprio (art. 302, I e II, CPP) e não do chamado flagrante impróprio (inciso III) ou presumido (inciso IV). No tópico próprio, faremos a diferença entre essas modalidades de flagrante.

Acesse e assista ao vídeo sobre Espécies de flagrante.

> https://uqr.to/1y2tt

Desde logo, vale registrar que a proteção ao domicílio, sendo garantia constitucional, não merece ser alargada indevidamente. Muito fácil seria a invasão de um domicílio pela polícia, a pretexto de que iria verificar se o procurado, que lá se encontraria, não estaria com a arma do crime, situação que faria presumir ser ele o autor do delito (inciso IV do art. 302). Aliás, ressalve-se que o flagrante verdadeiro (próprio), uma vez ocorrendo, possibilita, ainda, que a vítima seja socorrida, o que se adapta, com perfeição à autorização constitucional para ingressar no domicílio, durante a noite ("para prestar socorro"). Na ótica que sustentamos: TALES CASTELO BRANCO (*Da prisão em flagrante,* p. 148), DEMERCIAN e MALULY (*Curso de processo penal,* p. 155).

No mais, ainda que a polícia possua mandado de prisão, expedido por autoridade judiciária, deve invadir o domicílio do morador recalcitrante apenas durante o dia. Entretanto, caso alguém, procurado, esconda-se na residência de pessoa que permita a entrada da autoridade policial, durante a noite, a prisão pode ser regularmente efetivada.

Caso contrário, mesmo que a casa seja do próprio procurado, se este não concordar em permitir a entrada dos policiais para a efetivação da prisão, resta cercar o local, impedindo a fuga, para, quando houver o alvorecer, cumprir-se a ordem.

Quanto ao conceito de *dia*, entendemos ser do alvorecer ao anoitecer, sem a especificação de um horário, devendo variar conforme a situação natural.

O impedimento à entrada da polícia à noite, em domicílio, não é crime de favorecimento pessoal (art. 348, CP), nem de desobediência (art. 330, CP). O fato de alguém não permitir o ingresso, durante a noite, em seu domicílio, para cumprir um mandado de prisão, ainda que o procurado esteja no seu interior, é exercício regular de direito, logo, fato lícito, porque garantido pela Constituição Federal. O estipulado no art. 293, parágrafo único, do CPP ("O morador que se recusar a entregar o réu oculto em sua casa será levado à presença da autoridade, para que se proceda contra ele como for de direito") tem aplicação para o dono da casa que impedir a entrada da polícia durante o dia ou logo que amanhecer. Nesse caso, ele pode ser detido e autuado por favorecimento pessoal ou por desobediência, conforme a situação concreta.

Nesse contexto, ainda vale destacar o disposto no art. 293, *caput*, do Código de Processo Penal: "se o executor do mandado verificar, com segurança, que o réu entrou ou se encontra em alguma casa, o morador será intimado a entregá-lo, à vista da ordem de prisão. Se não for obedecido imediatamente, o executor convocará duas testemunhas e, sendo dia, entrará à força na casa, arrombando as portas, se preciso; sendo noite, o executor, depois da intimação ao morador, se não for atendido, fará guardar todas as saídas, tornando a casa incomunicável, e, logo que amanheça, arrombará as portas e efetuará a prisão".

A intimação do morador que acolhe o procurado é fundamental, em virtude da inviolabilidade de domicílio, que é regra constitucional. Logo, não deve o executor, assim que constate o ingresso da pessoa buscada em morada alheia, invadi-la, sem qualquer vacilo. Necessita intimar o morador a entregar o procurado, mostrando-lhe o mandado de prisão. Não havendo obediência, poderá ocorrer a invasão, desde que seja à luz do dia e acompanhado o ato por duas testemunhas. Se inexistirem testemunhas, o ingresso forçado poderá ocorrer do mesmo modo, embora, nesse caso, possa haver maior problema para o executor da ordem, em caso de acusação de abuso, por parte do morador.

Não há necessidade de autorização judicial específica para o arrombamento das portas e ingresso forçado no ambiente, que guarda o procurado, pois o mandado de prisão e a própria lei dão legitimidade a tal atitude.

O emprego de força, para a realização da prisão, é exceção e jamais regra (art. 284, CPP). Utiliza-se a violência indispensável para conter eventual resistência ou tentativa de fuga. Note-se que se trata de causa garantidora de um dever legal, com reflexos no contexto penal, significando a possibilidade de, havendo lesões ou outro tipo de dano ao preso, alegue a autoridade policial o estrito cumprimento do dever legal. Não se autoriza, em hipótese alguma, a violência extrema, consistente na morte do procurado. Logo, se esta ocorrer, não há viabilidade em alegar o estrito cumprimento do dever legal. Eventualmente, resistindo ativamente o preso e investindo contra os policiais, podem estes alegar legítima defesa e, nessa hipótese, se houver necessidade, até matar o agressor.

Quanto ao emprego de algemas, tratando-se de instrumento de implementação da violência indispensável para conter a fuga ou a resistência, deve ser utilizado em situações excepcionais – e não como regra. O art. 199 da Lei 7.210/84 menciona que o emprego de algemas será disciplinado por decreto federal. Cuida-se do Decreto 8.858/2016.

Por outro lado, diante do crescente número de casos em que a polícia terminou valendo-se das algemas para prender pessoas de nenhuma periculosidade, que não resistiram à detenção, terminou o STF por intervir na questão, aprovando a edição de Súmula Vinculante, nos seguintes termos: "Súmula 11: Só é lícito o uso de algemas em casos de resistência e de fundado receio de fuga ou de perigo à integridade física própria ou alheia, por parte do preso ou de terceiros, justificada a excepcionalidade por escrito, sob pena de responsabilidade disciplinar, civil e penal do agente ou da autoridade e de nulidade da prisão ou do ato processual a que se refere, sem prejuízo da responsabilidade civil do Estado." Lembre-se de que a efetivação da prisão é um ato eminentemente policial, não cabendo a juízes e membros do Ministério Público realizá-la. Logo, cabe aos agentes de polícia avaliar, no caso concreto, a necessidade de fazer uso das algemas. E, se utilizarem, devem lavrar um auto, por escrito, justificando a medida. Em salas de audiência ou no recinto do fórum, pode o juiz controlar o emprego de algemas, porém, sempre, valendo-se dos informes prestados pela escolta policial. Esta é que deve assumir a responsabilidade de garantir – ou não – a segurança de todos no recinto. Portanto, somente os agentes da escolta poderão avaliar se é indispensável o emprego de algemas.

O mandado de prisão será expedido em duas vias, ambas assinadas pelo juiz, pois uma delas ficará com o preso, contendo dia, hora e lugar do cumprimento. O preso deve passar recibo no outro exemplar; recusando-se ou quando não souber assinar ou estiver impossibilitado a fazê-lo, tal situação será mencionada à parte, contendo a assinatura de duas testemunhas (art. 286, CPP).

Excepcionalmente, autoriza-se a prisão de alguém sem a exibição imediata do mandado de prisão. É o caso de infração inafiançável – considerada mais grave –, mas o preso deve ser imediatamente apresentado ao juiz que tiver expedido o mandado, em audiência de custódia (art. 287, CPP). Pode-se igualmente fazê-lo ao juiz plantonista, pois nem sempre aquele que decretou a prisão está no fórum, em horário de expediente.

Importante cautela consta do art. 288 do Código de Processo Penal: "Ninguém será recolhido à prisão, sem que seja exibido o mandado ao respectivo diretor ou carcereiro, a quem será entregue cópia assinada pelo executor ou apresentada a guia expedida pela autoridade competente, devendo ser passado recibo da entrega do preso, com declaração de dia e hora". Evita-se, com isso, o encarceramento sem causa e, o que seria ainda pior, o *desaparecimento* do preso, restando à família ou aos amigos procurar seu paradeiro por inúmeros locais, até para poder tomar as medidas cabíveis para viabilizar sua soltura.

A prisão por precatória é alternativa expressamente prevista em lei (art. 289, *caput*, CPP), pois o procurado pode estar em Comarca estranha à competência do juiz expedidor da ordem de captura. Recebida a precatória (expedida no original e fazendo constar o inteiro teor do mandado de prisão, com todos os seus requisitos, inclusive com duas cópias, para possibilitar o cumprimento do disposto no art. 286 do CPP), o juiz do local coloca o "cumpra-se", tornando legal a prisão.

A urgência pode impor a remessa da ordem de prisão por qualquer meio de comunicação, do qual deverá constar o motivo da prisão e o valor da fiança, se arbitrada (art. 289, § 1.º, CPP). A modernidade impele ao uso de instrumentos ágeis, tais como *e-mail* ou fax, bastando que a autoridade a quem se fizer a requisição tome as precauções necessárias para checar a autenticidade da comunicação (art. 289, § 2.º, CPP). Ao recebê-lo (*e-mail* ou fax), o magistrado do local deve providenciar a reprodução do mesmo em duas vias, para que uma seja entregue ao detido, colocando o seu "cumpra-se". Aliás, acrescente-se que pode a autoridade policial telefonar a outra, de diferente circunscrição, solicitando a prisão de alguém, desde que tenha em mãos o mandado de prisão emitido por juiz de direito. A autoridade que se incumbir de cumprir a ordem deve certificar-se da sua origem (art. 299, CPP).

Dispõe o art. 289-A que o "juiz competente providenciará o imediato registro do mandado de prisão em banco de dados mantido pelo Conselho Nacional de Justiça para essa finalidade". Com isso, viabiliza-se a prisão do procurado, em todo o Brasil, por qualquer policial.

A perseguição é outro fator que impõe determinadas cautelas à polícia, uma vez que o fugitivo pode passar ao território de outra Comarca, onde não mais teria atribuição para atuar o agente policial. Assim ocorrendo, faz-se a prisão no lugar onde for alcançado o procurado, mas ele será imediatamente apresentado à autoridade local para que esta possa certificar-se da regularidade do mandado de prisão ou mesmo para que lavre o auto de prisão em flagrante, conforme o caso (art. 290, CPP). Nesta última hipótese, a regularidade da prisão será avaliada pelo juiz local. Posteriormente, seguem os autos ao lugar onde se situa o juízo competente para a instauração do processo.

Legitima-se a perseguição em duas hipóteses: a) quando a autoridade policial avista o procurado e vai ao seu encalço sem interrupção, ainda que possa perdê-lo de vista; b) quando fica sabendo, por indícios ou informações confiáveis que o procurado passou, há pouco tempo, em determinada direção (art. 290, § 1.º, CPP).

Eventual dúvida quanto à identidade do executor da prisão ou quanto à legalidade do mandado deve ser imediatamente resolvida pela autoridade do lugar onde a detenção se realizou. Somente após é que se libera o preso para a transferência (art. 290, § 2.º, CPP). Registre-se que a lei, nessa situação, vale-se do termo *custódia*, ou seja, até que se verifique a regularidade da prisão, a pessoa detida fica *sob custódia*, querendo dizer sob proteção.

Outra formalidade da prisão, advinda da Constituição Federal, é que o preso tem direito a conhecer a identidade de quem é responsável pela sua captura, como se vê do art. 5.º, LXIV ("o preso tem direito à identificação dos responsáveis por sua prisão ou por seu interrogatório policial"). Naturalmente, tal medida é salutar para que, havendo abuso, a vítima saiba contra quem deve agir.

Mencionamos que a prisão deve ser realizada, se possível, sem o emprego de força. Mas, pode ocorrer resistência do procurado ou de terceiros, implicando em danos à pessoa ou a coisas. Assim ocorrendo, a autoridade policial deve providenciar a lavratura de um auto circunstanciado, assinado por duas testemunhas, narrando tudo o que houve (art. 292, CPP).

364 | MANUAL DE PROCESSO PENAL · Nucci

Acrescentou-se o parágrafo único ao art. 292, prevendo: "é vedado o uso de algemas em mulheres grávidas durante os atos médico-hospitalares preparatórios para a realização do parto e durante o trabalho de parto, bem como em mulheres durante o período de puerpério imediato."

A resistência à prisão pode dar-se de forma ativa ou passiva. No primeiro caso, o preso investe contra o executor da ordem de prisão, autorizando que este, não somente use a força necessária para vencer a resistência, como também reaja. Há, nessa situação, autêntica legítima defesa. Se a agressão do sujeito a ser detido ameaçar a vida do executor, pode este, se indispensável, tirar a vida do primeiro. Por outro lado, a resistência pode ser passiva, com o preso debatendo-se, para não colocar algemas, não ingressar na viatura ou não ir ao distrito policial. Nessa hipótese, a violência necessária para dobrar sua resistência caracteriza, por parte do executor, o estrito cumprimento do dever legal. Qualquer abuso no emprego da legítima defesa ou do estrito cumprimento do dever legal caracteriza o excesso, pelo qual é responsável o executor da prisão. Note-se, por derradeiro, que o delito previsto no art. 329 do Código Penal (resistência) somente se perfaz na modalidade de resistência ativa.

7.1 Prisão especial

Dispõe o art. 295 do Código de Processo Penal que "serão recolhidos a quartéis ou a prisão especial", antes de a condenação transitar em julgado as seguintes pessoas: a) ministros de Estado; b) governadores, prefeitos, secretários de Estado, vereadores, chefes de polícia; c) membros dos parlamentos federal e estadual; d) cidadãos inscritos no Livro do Mérito; e) oficiais das Forças Armadas e militares dos Estados e do Distrito Federal; f) magistrados; g) diplomados por qualquer faculdade superior; h) ministros religiosos; i) ministros do Tribunal de Contas; j) cidadãos que já tiverem exercido a função de jurado; l) delegados de polícia e agentes policiais. Além disso, existem várias outras categorias que, por leis especiais, conseguiram o mesmo benefício (ex.: sindicalistas – Lei 2.860/56).

A denominada prisão especial é afrontosa ao princípio da igualdade previsto na Constituição Federal. Criou-se uma categoria diferenciada de brasileiros, aqueles que, presos, devem dispor de um tratamento especial, ao menos até o trânsito em julgado da sentença condenatória. Nas palavras de EUGÊNIO PACELLI, "a distinção e a desigualdade revelam, de modo subliminar, uma confissão estatal expressa no sentido de que os nossos estabelecimentos prisionais (delegacias, cadeias públicas etc.) devem mesmo ser reservados para as classes sociais menos favorecidas (econômica, financeira etc.), o que, aliás, iria exatamente na direção de outra realidade, ainda mais sombria, qual seja a da seletividade do sistema penal" (*Curso de processo penal*, p. 584).

Menciona parte da doutrina, para justificar essa distinção, que a lei leva em consideração não a pessoa, mas o cargo ou a função que ela exerce. Não vemos sentido nisso. Quem vai preso é o indivíduo e não seu cargo ou sua função. Quem sofre os males do cárcere antecipado e cautelar é o ser humano e não o seu título.

Em matéria de liberdade individual, devemos voltar os olhos à pessoa e não aos seus padrões sociais ou econômicos, que a transformem em alguém diferenciado.

O correto seria garantir prisão especial – leia-se, um lugar separado dos condenados – a todo e qualquer brasileiro que, sem ter experimentado a condenação definitiva, não deve misturar-se aos criminosos, mormente os perigosos. Entretanto, faz a lei uma discriminação injusta e elitista. Por mais que se argumente que determinadas pessoas, por deterem diploma de curso superior ou qualquer outra titulação, muitas vezes não acessíveis ao brasileiro médio, merecem um tratamento condigno destacado, porque a detenção lhes é particularmente dolorosa, é fato que qualquer pessoa primária, sem antecedentes, encontra na prisão provisória igual trauma e idêntico sofrimento. Bastaria bom senso e boa vontade ao legislador e ao administrador dos estabelecimentos penitenciários para executar uma política humanizada de detenção, reservando-se celas e até mesmo pavilhões para os presos provisórios, separando-se, dentre esses, aqueles que são primários, sem qualquer antecedente, dos que já têm condenações e, consequentemente, maior vivência no cárcere.

Deve-se assegurar a todos, indiscriminadamente, condições decentes de vida, sem equiparar seres humanos a animais, como se vivessem em jaulas, sem qualquer salubridade. Nenhum mal – além daquele que a prisão em si causa – pode haver para um engenheiro (com diploma universitário) em dividir o espaço com um marceneiro (sem diploma universitário), por exemplo, se ambos são pessoas acusadas da prática de um delito pela primeira vez. Por que haveria o portador de diploma de curso superior merecer melhor tratamento do que o outro? Somos da opinião que toda e qualquer forma de discriminação deveria ser abolida, inclusive a prisão especial.

Estabelece a Lei 5.256/67 que "nas localidades em que não houver estabelecimento adequado ao recolhimento dos que tenham direito a prisão especial, o juiz, considerando a gravidade e as circunstâncias do crime, ouvido o representante do Ministério Público, poderá autorizar a prisão do réu ou indiciado na própria residência, de onde o mesmo não poderá afastar-se sem prévio consentimento judicial" (art. 1.º).

Como regra, não é necessária a utilização da prisão domiciliar, pois, na maioria das cidades e regiões, há possibilidade de se garantir a existência da prisão especial, mormente, agora, após a edição da Lei 10.258/2001, que permitiu a inserção desse tipo de preso em cela separada dos demais, embora em presídio comum. Excepcionalmente, defere-se o benefício. Violando-se a condição de permanecer recolhido em seu domicílio e comparecer ao fórum ou à polícia, quando chamado a fazê-lo, perde o réu ou indiciado o direito e pode ser colocado em estabelecimento penal comum, desde que separado dos demais presos – o que, atualmente, como já mencionado, foi previsto pela referida Lei 10.258/2001.

Na realidade, a prisão especial deve ser garantida até o trânsito em julgado da sentença condenatória, após o que será o condenado encaminhado para presídio comum, em convívio com outros sentenciados. Há exceções, estabelecidas em leis especiais, como é o caso dos policiais, que jamais serão misturados aos demais presos, mesmo após o trânsito em julgado da sentença condenatória, para que não sejam vítimas de vingança (cf. art. 84, § 2.º, da LEP – Lei 7.210/84).

Lembre-se, ainda, que há possibilidade de progressão de regime durante o período de prisão especial, conforme estabelecido pela Súmula 717 do STF: "Não impede a progressão de regime de execução da pena, fixada em sentença não transitada em julgado, o fato de o réu se encontrar em prisão especial".

O Supremo Tribunal Federal proferiu importante decisão, dando o primeiro passo relevante para promover a igualdade de todos perante a lei, ao julgar inconstitucional a prisão especial no tocante aos que possuem diploma de nível superior: "1. Todos os cidadãos têm o direito a tratamento idêntico pela lei, exceto quando presente uma correlação lógica entre a distinção que a norma opera e o fator de discrímen, em consonância com os critérios albergados pela Constituição Federal. 2. O princípio constitucional da igualdade opera em dois planos distintos. De uma parte, frente ao legislador ou ao Executivo, na edição de leis e atos normativos, impedindo que possam criar tratamentos abusivamente diferenciados a pessoas que se encontram em situações idênticas. Em outro plano, na obrigação direcionada ao intérprete de aplicar a lei e atos normativos de maneira igualitária, sem estabelecimento de diferenciações em razão de sexo, religião, convicções filosóficas ou políticas, de raça ou classe social. 3. A prisão especial constitui o recolhimento provisório em local distinto, cuja concessão se admite, à luz da Constituição, quando a segregação do ambiente prisional comum visa a atender a determinadas circunstâncias pessoais que colocam seus beneficiários em situação de maior e mais gravosa exposição ao convívio geral no cárcere. Expô-los ao contato com a população carcerária frustraria a tutela desses interesses constitucionalmente protegidos. 4. Não há amparo constitucional, contudo, para a segregação de presos provisórios com apoio no grau de instrução acadêmica, tratando-se de mera qualificação de ordem estritamente pessoal que contribui para a perpetuação de uma inaceitável seletividade socioeconômica do sistema de justiça criminal, incompatível com o princípio da igualdade e com o Estado democrático de Direito. 5. Ausente qualquer justificativa que empregue sentido válido ao fator de discrímen indicado na norma impugnada, a conclusão é a de que a prisão especial, em relação aos portadores de diploma de nível superior, é inconciliável com o preceito fundamental da isonomia (art. 3º, IV, e art. 5º, *caput*, CF). 6. Arguição de descumprimento de preceito fundamental conhecida e julgada procedente" (ADPF 334, Pleno, rel. Alexandre de Moraes, 3.4.2023, v.u.). Restam, ainda, outras hipóteses de prisão especial no art. 295 do CPP e em leis especiais, algumas justificáveis (ex.: inserir um promotor ou um delegado em presídio comum pode ser uma situação a determinar lesão ou morte) e outras não. O relevante é atender questões peculiares para a segurança pessoal do preso e não baseadas em critérios elitistas.

8. ANÁLISE DAS MODALIDADES DE PRISÃO CAUTELAR

 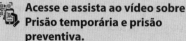

Acesse e assista ao vídeo sobre Prisão temporária e prisão preventiva.

> https://uqr.to/1y2tu

8.1 Prisão temporária

É uma modalidade de prisão cautelar, cuja finalidade é assegurar uma eficaz investigação policial, quando se tratar de apuração de infração penal de natureza grave. Está prevista na Lei 7.960/89 e foi idealizada para substituir, legalmente, a antiga prisão para averiguação (ver destaque abaixo), que a polícia judiciária estava habituada a realizar, justamente para auxiliar nas suas investigações. A partir da edição da Constituição de 1988, quando se mencionou, expressamente, que somente a autoridade judiciária, por ordem escrita e fundamentada, está autorizada a expedir decreto de prisão contra alguém, não mais se viu livre para fazê-lo a autoridade policial, devendo solicitar a segregação de um suspeito ao juiz.

Tendo por fim não banalizar a decretação da prisão temporária, torna-se necessário interpretar, em conjunto, o disposto no art. 1.º, I e II com o III, da Lei 7.960/89. Assim, o correto é associar os incisos I e II ao inciso III, viabilizando as hipóteses razoáveis para a custódia cautelar de alguém.

Portanto, há duas situações que autorizam a temporária:

1.ª) "quando imprescindível para as investigações do inquérito policial" (inciso I), associando-se ao fato de haver "fundadas razões, de acordo com qualquer prova admitida na legislação penal, de autoria ou participação do indiciado nos seguintes crimes: *a)* homicídio doloso (art. 121, *caput*, e seu § 2.º) [criou-se, de maneira autônoma, o crime de feminicídio, previsto pelo art. 121-A do Código Penal; é natural que seja viável a prisão temporária para esse delito, que era uma qualificadora do homicídio, transformando-se em tipo independente, com uma pena ainda mais elevada, reclusão de 20 a 30 anos]; *b)* sequestro ou cárcere privado (art. 148, *caput*, e seus §§ 1.º e 2.º); *c)* roubo (art. 157, *caput*, e seus §§ 1.º, 2.º, 2º-A, 2º-B, e 3.º) [acrescentou-se os §§ 2º.A e 2º. B ao art. 157, mas não houve alteração na Lei 7.960/89; parece-nos possível, entretanto, decretar a temporária nessa situação, por se tratar de lei processual, que admite interpretação extensiva ou analogia]; *d)* extorsão (art. 158, *caput*, e seus §§ 1.º e 2.º) [acrescentou-se o § 3.º ao art. 158, cuidando do sequestro relâmpago, mas não houve alteração na Lei 7.960/89; parece-nos possível, entretanto, decretar a temporária nessa situação, por se tratar de lei processual, que admite interpretação extensiva ou analogia]; *e)* extorsão mediante sequestro (art. 159, *caput*, e seus §§ 1.º, 2.º, e 3.º); *f)* estupro (art. 213, *caput*, e sua combinação com o art. 223, *caput*, e parágrafo único) [o mencionado art. 223 foi revogado pela Lei 12.015/2009]; *g)* atentado violento ao pudor (art. 214, *caput*, e sua combinação com o art. 223, *caput*, e parágrafo único) [os mencionados arts. 214 e 223 foram revogados pela Lei 12.015/2009]; ingressa, neste ponto, o estupro de vulnerável do art. 217-A [já era previsto na lei anterior e só houve troca de artigos]; *h)* rapto violento (art. 219, e sua combinação com o art. 223, *caput*, e parágrafo único) [esse tipo penal foi revogado pela Lei 11.106/2005. Logo, atualmente, se o agente sequestrar pessoa, com fins libidinosos, incide na figura do art. 148, § 1.º, V, do Código Penal, continuando a autorizar a prisão temporária]; *i)* epidemia com resultado morte (art. 267, § 1.º); *j)* envenenamento de água potável ou substância alimentícia ou medicinal qualificado pela morte (art. 270, *caput*, combinado com o art. 285); *l)* quadrilha ou bando [associação criminosa] (art. 288), todos do Código Penal; *m)* genocídio (arts. 1.º, 2.º e 3.º da Lei 2.889, de 01.10.1956), em qualquer de suas formas típicas; *n)* tráfico de drogas (art. 12 da Lei 6.368, de 21.10.1976 [substituído pelo art. 33 da Lei 11.343/2006]); *o)* crimes contra o sistema financeiro (Lei 7.492, de 16.06.1986); *p)* crimes previstos na Lei de Terrorismo" (inciso III);

2.ª) "quando o indiciado não tiver residência fixa ou não fornecer elementos necessários ao esclarecimento de sua identidade" (inciso II) em combinação com os crimes descritos no referido inciso III.

Acrescente-se, ainda, que o art. 2.º, § 4.º, da Lei 8.072/90, possibilitou a decretação da temporária a todos os delitos hediondos e equiparados, logo, os previstos nos arts. 1.º e 2.º da referida lei. Por isso, aos já mencionados acima, adicione-se a tortura.

Enfim, não se pode decretar a temporária somente porque o inciso I foi preenchido, pois isso implicaria viabilizar a prisão para qualquer delito, inclusive os de menor potencial ofensivo, desde que fosse imprescindível para a investigação policial, o que soa despropositado. Não parece lógico, ainda, decretar a temporária unicamente porque o agente não tem residência fixa ou não é corretamente identificado, em qualquer delito. Logo, o mais acertado é combinar essas duas situações com os crimes enumerados no inciso III, e outras leis especiais, de natureza grave, o que justifica a segregação cautelar do indiciado. No mesmo sentido, MAURÍCIO ZANOIDE DE MORAES, *Leis penais especiais e sua interpretação jurisprudencial*, 7. ed., p. 2.869; ANTONIO MAGALHÃES GOMES FILHO, *A motivação das decisões penais*, p. 230.

O prazo da prisão temporária será, como regra, de cinco dias, podendo ser prorrogado por outros cinco, em caso de *extrema e comprovada necessidade* (art. 2.º, *caput*, da Lei 7.960/89). Quando se tratar de crimes hediondos e equiparados, o prazo sobe para 30 dias, prorrogáveis por outros 30 (art. 2.º, § 4.º, da Lei 8.072/90). Não há decretação de ofício pela autoridade judiciária, devendo haver requerimento do Ministério Público ou representação da autoridade policial.

Terminando o prazo estipulado pelo juiz (com ou sem prorrogação), deve o indiciado ser imediatamente libertado, pela própria autoridade policial, independentemente da expedição de alvará de soltura pelo juiz. Note-se que a lei concede autorização para a libertação do indiciado, sendo dispensável a ordem judicial. Deixar de soltar o sujeito implica abuso de autoridade.

A única ressalva para manter a prisão fica por conta da decretação de prisão preventiva, que passaria a viger após o término da temporária. Tem-se admitido que, durante o prazo de prisão temporária, a autoridade policial, constatando que prendeu a pessoa errada ou não havendo mais necessidade da custódia cautelar, liberte o suspeito ou indiciado, sem autorização judicial. Nesse ponto, cremos equivocada tal atuação, pois somente quem prende é que pode determinar a soltura, no caso o juiz, salvo se a própria lei contiver a autorização. Não é o caso. Preceitua o art. 2.º, § 7.º, da Lei 7.960/89, que "*decorrido o prazo de cinco dias* de detenção, o preso deverá ser posto imediatamente em liberdade, salvo se já tiver sido decretada sua prisão preventiva" (grifamos). Logo, a libertação é decorrência do término do prazo e não deveria ocorrer, sem ordem judicial, em pleno decurso do período de prisão.

A prisão somente pode ser realizada diante de flagrante delito ou porque um juiz expediu ordem nesse sentido. No mais, deve a polícia cumprir seu mister, abordando, se preciso for, pessoas na via pública, solicitando identificação e procedendo à verificação necessária no mesmo lugar onde houve a abordagem, sem delongas e exageros, que possam configurar atentado à liberdade de locomoção. Constitui crime de abuso de autoridade (art. 9º da Lei 13.869/2019): "Decretar medida de privação da liberdade em manifesta desconformidade com as hipóteses legais: Pena – detenção, de 1 (um) a 4 (quatro) anos, e multa".

8.2 Prisão em flagrante

Acesse e escute o podcast sobre Prisão em flagrante – partes 1 e 2.
> https://uqr.to/1y2tv

Flagrante significa tanto o que é manifesto ou evidente, quanto o ato que se pode observar no exato momento em que ocorre. Neste sentido, pois, prisão em flagrante é a modalidade de prisão cautelar, de natureza administrativa, realizada no instante em que se desenvolve ou termina de se concluir a infração penal (crime ou contravenção penal).

Autoriza-se essa modalidade de prisão na Constituição Federal (art. 5.º, LXI), sem a expedição de mandado de prisão pela autoridade judiciária, daí por que o seu caráter administrativo, já que seria incompreensível e ilógico que qualquer pessoa – autoridade policial ou não – visse um crime desenvolvendo-se à sua frente e não pudesse deter o autor de imediato.

O fundamento da prisão em flagrante é justamente poder ser constatada a ocorrência do delito de maneira manifesta e evidente, sendo desnecessária, para a finalidade cautelar e provisória da prisão, a análise de um Juiz de Direito. Por outro lado, assegura-se, prontamente, a colheita de provas da materialidade e da autoria, o que também é salutar para a verdade real, almejada pelo processo penal. Certamente, o realizador da prisão fica por ela responsável, podendo responder pelo abuso em que houver incidido. De outra parte, essa prisão, realizada sem mandado, está sujeita à avaliação imediata do magistrado, que poderá relaxá-la, quando vislumbrar ilegalidade (art. 5.º, LXV, CF). Ressalte-se, no entanto, que, analisada e mantida pelo juiz, passa a ter conteúdo jurisdicional, tanto que a autoridade coatora é o magistrado que a sustentou, tão logo dela teve conhecimento.

A natureza jurídica da prisão em flagrante é de medida cautelar de segregação provisória do autor da infração penal. Assim, exige-se apenas a aparência da tipicidade, não se exigindo nenhuma valoração sobre a ilicitude e a culpabilidade, outros dois requisitos para a configuração do crime. É a tipicidade o *fumus boni juris* (fumaça do bom direito).

Tem essa modalidade de prisão, inicialmente, o caráter administrativo, pois o auto de prisão em flagrante, formalizador da detenção, é realizado pela Polícia Judiciária, mas torna-se jurisdicional, quando o juiz, tomando conhecimento dela, ao invés de relaxá-la, prefere mantê-la, pois considerada legal. Tanto assim que, havendo a prisão em flagrante, sem a formalização do auto pela polícia, que recebe o preso em suas dependências, cabe a impetração de *habeas corpus* contra autoridade policial, perante o Juiz de Direito.

Entretanto, se o magistrado a confirmar, sendo ela ilegal, torna-se coatora a autoridade judiciária e o *habeas corpus* deve ser impetrado no tribunal.

Quanto ao *periculum in mora* (perigo na demora), típico das medidas cautelares, é ele presumido quando se tratar de infração penal em pleno desenvolvimento, pois lesadas estão sendo a ordem pública e as leis. Cabe ao juiz, no entanto, após a consolidação do auto de prisão em flagrante, decidir, efetivamente, se o *periculum* existe, permitindo, ou não, que o indiciado fique em liberdade.

A reforma implementada pela Lei 12.403/2011 tornou obrigatório, para o magistrado, ao receber o auto de prisão em flagrante, as seguintes medidas (art. 310, CPP): a) relaxar a prisão ilegal; b) converter a prisão em flagrante em preventiva, desde que presentes os requisitos do art. 312 do CPP e se forem inadequadas ou insuficientes as medidas cautelares previstas no art. 319 do CPP; c) conceder liberdade provisória, com ou sem fiança.

Portanto, não há mais espaço para que o juiz simplesmente mantenha a prisão em flagrante, considerando-a "em ordem". Ele deve convertê-la em preventiva ou determinar a soltura do indiciado, por meio da liberdade provisória.

É preciso registrar que, após a edição da Lei 13.964/2019, recebendo o auto de prisão em flagrante, deve o magistrado promover a realização da audiência de custódia, onde estarão presentes o acusado, seu defensor e o membro do Ministério Público. Nesse momento, cabe ao MP manifestar-se quanto à conversão do flagrante em preventiva, a concessão de medidas cautelares alternativas ou opinar pela liberdade provisória. Se propuser a prisão cautelar, o juiz poderá transformar o flagrante em preventiva. Não cabe a conversão do flagrante em preventiva, atualmente, sem requerimento do MP ou representação da autoridade policial. Esta é a novel redação do art. 310 do CPP. Nesse sentido, conferir a Súmula 676 do STJ: Em razão da Lei 13.964/2019, não é mais possível ao juiz, de ofício, decretar ou converter prisão em flagrante em prisão preventiva.

A única hipótese de se manter alguém no cárcere, com base na prisão em flagrante, decorre da revogação da liberdade provisória, pelo não cumprimento de suas condições. Mesmo assim, parece-nos ideal que o magistrado, quando revogar o benefício, promova a conversão da prisão em flagrante em preventiva; afinal, motivos existem, tendo em vista o desprezo do indiciado/réu em relação aos requisitos estabelecidos para a liberdade provisória.

Há casos em que, apesar da prisão ser realizada, o auto não precisa ser formalizado, como ocorre nas infrações de menor potencial ofensivo, desde que o detido se comprometa a comparecer ao Juizado Especial Criminal, conforme preceitua a Lei 9.099/95 (art. 69, parágrafo único). Embora a referida lei mencione que não se imporá "prisão em flagrante", deve-se entender que esta não será apenas *formalizada* através do auto, pois qualquer do povo pode prender e encaminhar à delegacia o autor de uma infração de menor potencial ofensivo, até pelo fato de que tipicidade existe e o leigo não é obrigado a conhecer qual infração é sujeita às medidas despenalizadoras da Lei 9.099/95, e qual não é. Por outro lado, convém mencionar a inviabilidade total de se prender em flagrante o usuário de drogas, conforme prevê o art. 48, § 2.º, da Lei 11.343/2006 (Lei de Drogas).

8.2.1 Flagrante facultativo e flagrante obrigatório

Conferiu a lei a possibilidade de qualquer pessoa do povo – inclusive a vítima do crime – prender aquele que for encontrado em flagrante delito, num autêntico exercício de cidadania, em nome do cumprimento das leis do país (art. 301, CPP). É o flagrante facultativo.

Quanto às autoridades policiais e seus agentes (Polícia Militar ou Civil), impôs o dever de efetivá-la, sob pena de responder criminal e funcionalmente pelo seu descaso. E deve fazê-lo durante as 24 horas do dia, quando possível. Cuida-se do flagrante obrigatório.

Quando qualquer pessoa do povo prende alguém em flagrante, está agindo sob a excludente de ilicitude denominada *exercício regular de direito* (art. 23, III, CP); quando a prisão for realizada por policial, trata-se de *estrito cumprimento de dever legal* (art. 23, III, CP).

Existem algumas exceções constitucionais ou legais à realização da prisão em flagrante, pois há pessoas que, em razão do cargo ou da função exercida, não podem ser presas dessa forma ou somente dentro de limitadas opções.

É o que ocorre nos seguintes casos: a) diplomatas, que não são submetidos à prisão em flagrante, por força de convenção internacional, assegurando-lhes imunidade; b) parlamentares federais e estaduais, que somente podem ser detidos em flagrante de crime inafiançável e, ainda assim, devem, logo após a lavratura do auto, ser imediatamente encaminhados à sua respectiva Casa Legislativa; c) magistrados e membros do Ministério Público, que somente podem ser presos em flagrante de crime inafiançável, sendo que, após a lavratura do auto, devem ser apresentados, respectivamente, ao Presidente do Tribunal ou ao Procurador-Geral de Justiça ou da República, conforme o caso; d) Presidente da República, cumprindo-se o estabelecido no art. 86, § 3.º, da Constituição Federal ("enquanto não sobrevier sentença condenatória, nas infrações comuns, o Presidente da República não estará sujeito a prisão").

8.2.2 Flagrante próprio ou perfeito

É constituído das hipóteses descritas nos incisos I e II do art. 302 do Código de Processo Penal. Ocorre, pois, quando o agente está em pleno desenvolvimento dos atos executórios da infração penal (inciso I). Nessa situação, havendo a intervenção de alguém, impede-se o prosseguimento da execução, redundando, muitas vezes, em tentativa. Mas, não é raro que, no caso de crime permanente, cuja consumação se prolonga no tempo, a efetivação da prisão ocorra para impedir, apenas, o prosseguimento do delito já consumado.

Pode ainda dar-se quando o agente terminou de concluir a prática da infração penal, ficando evidente a materialidade do crime e da autoria (inciso II). Embora consumado o delito, não se desligou o agente da cena, podendo, por isso, ser preso. A esta hipótese não se subsume o autor que consegue afastar-se da vítima e do lugar do delito, sem que tenha sido detido.

8.2.3 Flagrante impróprio ou imperfeito

Ocorre quando o agente conclui a infração penal – ou é interrompido pela chegada de terceiros – mas sem ser preso no local do delito, pois consegue fugir, fazendo com que haja perseguição por parte da polícia, da vítima ou de qualquer pessoa do povo.

Note-se que a lei faz uso da expressão "em situação que faça presumir ser autor da infração" (inciso III do art. 302), demonstrando, com isso, a impropriedade do flagrante, já que não foi surpreendido em plena cena do crime. Mas, é razoável a autorização legal para a realização da prisão, pois a evidência da autoria e da materialidade mantém-se, fazendo com que não se tenha dúvida a seu respeito. Exemplo disso é o do agente que, dando vários tiros na vítima, sai da casa desta com a arma na mão, sendo perseguido por vizinhos do ofendido. Não foi detido no exato instante em que terminou de dar os disparos, mas a situação é tão clara, que autoriza a perseguição e prisão do autor. A hipótese é denominada pela doutrina de *quase flagrante*.

Evitando-se conferir larga extensão à situação imprópria de flagrante, para que não se autorize a perseguição de pessoas simplesmente suspeitas, mas contra as quais não há certeza alguma da autoria, utilizou a lei a expressão *logo após*, querendo demonstrar que a perseguição deve iniciar-se em ato contínuo à execução do delito, sem intervalos longos, demonstrativos da falta de pistas. Nas palavras de ROBERTO DELMANTO JUNIOR, "a perseguição há que ser *imediata* e *ininterrupta*, não restando ao indigitado autor do delito qualquer momento de tranquilidade" (*As modalidades de prisão provisória e seu prazo de duração*, p. 101). Eis por que é ilegal a prisão de alguém que consegue ficar escondido, sem que sua identidade seja conhecida, por horas seguidas, até que a polícia, investigando, consiga chegar a ele. Utiliza-se, como norma de apoio, para a interpretação desta, o disposto no art. 290, § 1.º, *a* e *b*, do Código de Processo Penal (ser o agente avistado e perseguido em seguida à prática do delito, sem interrupção, ainda que se possa perdê-lo de vista por momentos, bem como se ficar sabendo, por indícios ou informações confiáveis, que o autor passou, há pouco tempo, em determinado local, dirigindo-se a outro, sendo, então, perseguido). No mais, cabe ao bom senso de cada magistrado, ao tomar conhecimento da prisão em flagrante impróprio, no caso concreto, avaliar se realmente seguiu-se o contido na expressão "logo após".

A perseguição, por sua vez, pode demorar horas ou dias, desde que tenha tido início *logo após* a prática do crime.

8.2.4 Flagrante presumido

Não deixa essa hipótese de ser igualmente uma modalidade de flagrante impróprio ou imperfeito. Constitui-se na situação do agente que, logo depois da prática do crime, embora não tenha sido perseguido, é encontrado portando instrumentos, armas, objetos ou papéis que demonstrem, por presunção, ser ele o autor da infração penal (inciso IV do art. 302 do CPP). É o que comumente ocorre nos crimes patrimoniais, quando a vítima comunica à polícia a ocorrência de um roubo e a viatura sai pelas ruas do bairro à procura do carro subtraído, por exemplo. Visualiza o autor do crime algumas horas depois, em poder do veículo, dando-lhe voz de prisão.

Capítulo XIV • Prisão e Liberdade Provisória | **373**

Também neste contexto não se pode conferir à expressão "logo depois" uma larga extensão, sob pena de se frustrar o conteúdo da prisão *em flagrante*. Trata-se de uma situação de imediatidade, que não comporta mais do que algumas horas para findar-se. O bom senso da autoridade – policial e judiciária –, em suma, terminará por determinar se é caso de prisão em flagrante.

As diligências eventuais e casuais feitas pela polícia não podem ser consideradas para efeito de consolidar a prisão em flagrante. Muitas vezes, sem ter havido perseguição alguma, após a ocorrência de um delito, a polícia começa uma investigação e, por acaso, chega à residência de alguém que, de fato, tomou parte no crime. Não cabe, nessa hipótese, a prisão em flagrante, ainda que se argumente ser o caso do flagrante presumido, pois encontrada a pessoa com instrumentos ou armas usadas no cometimento da infração penal.

O bloqueio feito em via pública ou estrada por policiais em atuação fiscalizatória (poder de polícia do Estado) pode validar uma hipótese de flagrante presumido, caso seja encontrado alguém em procedimento de fuga ou trazendo consigo objeto ou instrumento do crime, recém-praticado, cabendo, então, a prisão em flagrante. Logo, poderá ser preso em flagrante tanto na hipótese do inciso III como na do inciso IV do art. 302, respeitada a relação de imediatidade entre a ocorrência da infração e a prisão efetivada.

8.2.5 Flagrante preparado ou provocado

Trata-se de um arremedo de flagrante, ocorrendo quando um agente provocador induz ou instiga alguém a cometer uma infração penal, somente para assim poder prendê-lo. Trata-se de crime impossível (art. 17, CP), pois inviável a sua consumação. Ao mesmo tempo em que o provocador leva o provocado ao cometimento do delito, age em sentido oposto para evitar o resultado. Estando totalmente na mão do provocador, não há viabilidade para a constituição do crime.

Disciplina o tema a Súmula 145 do Supremo Tribunal Federal: "Não há crime quando a preparação do flagrante pela polícia torna impossível a sua consumação". É certo que esse preceito menciona apenas a polícia, mas nada impede que o particular também provoque a ocorrência de um flagrante somente para prender alguém. A armadilha é a mesma, de modo que o delito não tem possibilidade de se consumar. Ex.: policial disfarçado, com inúmeros outros igualmente camuflados, exibe relógio de alto valor na via pública, aguardando que alguém tente assaltá-lo. Apontada a arma para a pessoa que serve de isca, os demais policiais prendem o agente. Inexiste crime, pois impossível sua consumação.

Há certos casos em que a polícia se vale do agente provocador, induzindo ou instigando o autor a praticar determinada ação, mas somente para descobrir a real autoria e materialidade de um crime. Assim sendo, não se dá voz de prisão por conta do eventual delito preparado e, sim, pelo outro, descoberto em razão deste.

8.2.6 Flagrante forjado

Trata-se de um flagrante totalmente artificial, pois integralmente composto por terceiros. É fato atípico, tendo em vista que a pessoa presa jamais pensou ou agiu para compor qualquer trecho da infração penal. Imagine-se a hipótese de alguém colocar no

374 | MANUAL DE PROCESSO PENAL · Nucci

veículo de outrem certa porção de entorpecente, para, abordando-o depois, conseguir dar voz de prisão em flagrante por transportar ou trazer consigo a droga. A mantença do entorpecente no automóvel decorreu de ato involuntário do motorista, motivo pelo qual não pode ser considerada conduta penalmente relevante.

8.2.7   Flagrante esperado

Essa é uma hipótese viável para autorizar a prisão em flagrante e a constituição válida do crime. Não há agente provocador, mas simplesmente chega à polícia a notícia de que um crime será, em breve, cometido. Deslocando agentes para o local, aguarda-se a sua ocorrência, que pode ou não se dar da forma como a notícia foi transmitida. Logo, é viável a sua consumação, pois a polícia não detém certeza absoluta quanto ao local, nem tampouco controla a ação do agente criminoso. Poderá haver delito consumado ou tentado, conforme o caso, sendo válida a prisão em flagrante, se efetivamente o fato ocorrer.

Eventualmente, é possível que uma hipótese de flagrante esperado se transforme em crime impossível. Ilustrando: caso a polícia obtenha a notícia de que um delito vai ser cometido em algum lugar e consiga armar um esquema tático infalível de proteção ao bem jurídico, de modo a não permitir a consumação da infração de modo nenhum, trata-se de tentativa inútil e não punível, tal como prevista no art. 17 do Código Penal.

8.2.8   Flagrante diferido ou retardado

É a possibilidade que a polícia possui de retardar a realização da prisão em flagrante, para obter maiores dados e informações a respeito do funcionamento, dos componentes e da atuação de uma organização criminosa. Veja-se o disposto nos arts. 3.º e 8.º da Lei 12.850/2013: "Art. 3.º Em qualquer fase da persecução penal, serão permitidos, sem prejuízo de outros já previstos em lei, os seguintes meios de obtenção da prova: (...) III – ação controlada (...). Art. 8.º Consiste a ação controlada em retardar a intervenção policial ou administrativa relativa à ação praticada por organização criminosa ou a ela vinculada, desde que mantida sob observação e acompanhamento para que a medida legal se concretize no momento mais eficaz à formação de provas e obtenção de informações. (...)".

Outro exemplo encontra-se no art. 53, II, da Lei 11.343/2006: "a não atuação policial sobre os portadores de drogas, seus precursores químicos ou outros produtos utilizados em sua produção, que se encontrem no território brasileiro, com a finalidade de identificar e responsabilizar maior número de integrantes de operações de tráfico e distribuição, sem prejuízo da ação penal cabível".

8.2.9   Flagrante nos crimes permanentes e habituais

Crimes permanentes são aqueles que se consumam com uma única ação, mas o resultado tem a potencialidade de se arrastar por largo período, continuando o processo de consumação da infração penal. Portanto, aquele que sequestra determinada pessoa, enquanto a deter em seu poder, cerceando sua liberdade, está em franca execução do crime. O delito consumou-se no momento da privação da liberdade, arrastando esse estado na linha do tempo, pois continua a ferir o bem jurídico protegido.

Logicamente, por uma questão de bom senso, cabe prisão em flagrante a qualquer momento (art. 303, CPP).

Entretanto, tem havido rigor por parte dos Tribunais Superiores para admitir a invasão de domicílio – ou revista pessoal – sob a alegação de haver crime permanente. Isto tem ocorrido para evitar invasões ou revistas abusivas, sem nenhuma fundada suspeita; noutros termos, embora haja, por exemplo, o depósito de drogas ilícitas em determinada residência – significando um crime permanente – a invasão por policiais deve ser precedida de algum lastro investigatório, sob pena de gerar prova ilícita, caso a droga seja apreendida em face de um ingresso forçado *sem nenhuma suspeita fundada*.

Crimes habituais são aqueles cuja consumação se dá através da prática de várias condutas, em sequência, de modo a evidenciar um comportamento, um estilo de vida do agente, que é indesejável pela sociedade, motivo pelo qual foi objeto de previsão legal. Uma única ação é irrelevante para o Direito Penal e somente o conjunto se torna figura típica, o que é fruto da avaliação subjetiva do juiz, dependente das provas colhidas, para haver condenação.

Logo, inexiste precisão para determinar ou justificar o momento do flagrante, tornando inviável a prisão. Diversamente, o crime permanente, com o qual é frequentemente confundido – a ponto de alguns sustentarem que existe crime habitual permanente –, consuma-se em uma única conduta, capaz de determinar o resultado, sendo que este se arrasta sozinho, sem a interferência do agente, que se omite.

Note-se o que ocorre com a pessoa que possui em depósito substância entorpecente: primeiramente, o agente coloca a droga em sua casa (ação). A partir daí, o resultado (ter em depósito) arrasta-se por si mesmo, sem novas ações do autor (omissão). Essa situação fática é completamente distinta daquela configuradora do delito habitual. Este, diferentemente do permanente, não é capaz de gerar estado de flagrância, até porque a reiteração de atos é justamente a construtora da sua tipicidade, não se tratando de prolongamento da consumação.

Tratamos do tema, minuciosamente, em nosso *Código Penal comentado*, no contexto da classificação dos crimes (nota 5, *i*, ao Título II da Parte Geral) e cuidando, especificamente, do delito previsto no art. 229 (nota 37). Embora seja matéria controvertida na doutrina e na jurisprudência, preferimos acompanhar os magistérios de Frederico Marques (*Elementos de direito processual penal*, v. 4, p. 89), Tourinho Filho (*Código de Processo Penal comentado*, v. 1, p. 530) e Tales Castelo Branco (*Da prisão em flagrante*, p. 71), não admitindo a hipótese de prisão em flagrante, sob pena de aceitarmos a ocorrência de detenções injustificadas e indevidas.

8.2.10 *Formalidades para a lavratura do auto de prisão em flagrante*

Preceitua o art. 304 do Código de Processo Penal que, apresentado o preso à autoridade competente (como regra, é a autoridade policial) ouvirá esta o condutor e as testemunhas que o acompanharem, bem como interrogará o indiciado a respeito da imputação, lavrando-se auto por todos assinado. Há possibilidade legal de ser o auto lavrado pela autoridade judiciária ou mesmo por um parlamentar, como demonstra a Súmula 397 do Supremo Tribunal Federal ("O poder de polícia da Câmara dos Deputados e do Senado Federal, em caso de crime cometido nas suas dependências, compreende, consoante o regimento, a prisão em flagrante do acusado e a realização do inquérito").

Inseriu-se o § 4º: "da lavratura do auto de prisão em flagrante deverá constar a informação sobre a existência de filhos, respectivas idades e se possuem alguma deficiência e o nome e o contato de eventual responsável pelos cuidados dos filhos, indicado pela pessoa presa".

A Lei 11.113/2005 introduziu uma modificação na redação do *caput* e do § 3.º do art. 304 do CPP, permitindo que o condutor, após ser ouvido e ter assinado o auto, recebendo cópia do recibo de entrega do preso, possa deixar o local. Na sequência, serão ouvidas as testemunhas e o indiciado, dispensando-se cada um que já tiver prestado seu depoimento. O objetivo da lei é prático: voltou-se à liberação dos policiais que tiverem dado voz de prisão ao autor do crime (o que é comum), na medida em que finalizarem suas declarações. Antes, os policiais e outras testemunhas precisavam assinar o auto de prisão em flagrante somente ao final da sua lavratura, que pode levar muitas horas; atualmente, conforme forem ouvidos, podem deixar o recinto, não necessitando aguardar o término de todas as inquirições para seguir nos seus afazeres.

O condutor é a pessoa (autoridade ou não) que deu voz de prisão ao agente do fato criminoso. Quanto às testemunhas, utiliza a lei o termo no plural, dando indicação de ser preciso mais que uma para a formalização do flagrante. Entretanto, atualmente, admite-se que o condutor – tendo ele também acompanhado o fato – possa ser admitido no contexto como testemunha. Assim, é preciso haver, pelo menos, o condutor e mais uma testemunha. Por outro lado, convém frisar ser o ideal que as testemunhas se refiram ao fato criminoso relacionado à prisão, porém é possível a admissão de pessoas que tenham apenas presenciado o momento da detenção. Um crime ocorrido no interior de uma residência, por exemplo, onde estavam somente agente e vítima, sem testemunhas, pode comportar flagrante. Nessa hipótese, as testemunhas a ouvir referem-se somente ao momento da prisão.

O interrogatório do indiciado não é obrigatório, uma vez que a Constituição Federal assegura o direito ao silêncio (art. 5.º, LXIII). Entretanto, querendo prestar declarações, elas serão colhidas nos termos preceituados pelos arts. 185 a 196 do Código de Processo Penal, com as adaptações necessárias (por exemplo: tratando-se de flagrante, fase do inquérito policial, que é inquisitivo, não há sentido em seguir o disposto no art. 188 do CPP, que permite perguntas às partes – promotor e defensor).

A prisão de qualquer pessoa e o local onde se encontre serão comunicados imediatamente ao juiz competente, ao Ministério Público e à família do preso ou a pessoa por ele indicada. Nas 24 horas seguintes à prisão, o auto de prisão em flagrante será encaminhado ao juiz competente acompanhado de todas as oitivas colhidas e, caso o autuado não informe o nome de seu advogado, será encaminhada cópia integral para a Defensoria Pública. O preso receberá, no mesmo prazo, mediante recibo, a nota de culpa, assinada pela autoridade, com o motivo da prisão, o nome do condutor e o das testemunhas.

Por vezes, não é só a invocação do direito ao silêncio que obstaculiza a realização do interrogatório, uma vez que outras situações impeditivas podem ocorrer. Ilustrando:

o indiciado pode estar hospitalizado, porque trocou tiros com a polícia e não está em condições de depor.

O indiciado menor de 21 anos não mais precisa ser ouvido com a presença de um curador. O Código Civil estipula que o maior de 18 anos é plenamente capaz para todos os atos da vida civil, razão pela qual pode ser considerado apto a prestar depoimento sem a assistência de qualquer pessoa. Ademais, a Lei 10.792/2003 revogou expressamente o art. 194 do CPP, que exigia a presença de curador para o interrogatório judicial de réu menor de 21 anos.

Registre-se ser a prisão em flagrante uma exceção à regra da necessidade de existência de ordem escrita e fundamentada de autoridade judiciária para a detenção de alguém. Por isso, é preciso respeitar, fielmente, os requisitos formais para a lavratura do auto, que está substituindo o mandado de prisão expedido pelo juiz. Assim, a ordem de inquirição deve ser exatamente a exposta no art. 304 do CPP: o condutor, em primeiro lugar; as testemunhas, em seguida, e, por último, o indiciado. A inversão dessa ordem deve acarretar o relaxamento da prisão, apurando-se a responsabilidade da autoridade.

Evidencia-se, pela menção feita no art. 304, § 1.º, do CPP ("e prosseguirá nos atos do inquérito ou processo"), de que o auto de prisão em flagrante é peça hábil a dar início ao inquérito policial, substituindo a portaria do delegado. Destarte, terminada a sua lavratura, continuam as investigações. Se o indiciado for mantido preso pelo juiz, ao tomar conhecimento do auto, deve ser o inquérito concluído em 10 dias; do contrário, sendo colocado em liberdade, o prazo aumenta para 30 dias, podendo ser prorrogado (art. 10, CPP). A referência feita a *processo* não está mais em vigor, pois representava a época em que a autoridade policial – nas contravenções penais, por exemplo – podia iniciar o processo diretamente na delegacia.

A referência à remessa dos autos à autoridade competente (art. 304, § 1.º, CPP), quando for o caso, é a mostra de que o auto de prisão em flagrante pode ser lavrado por autoridade distante do lugar onde o crime foi praticado. É ato administrativo, não se submetendo, rigidamente, aos princípios que regem a competência. Pode, por exemplo, ter havido longa perseguição e o indiciado ter sido preso em Estado diverso de onde se originou o crime. A autoridade do lugar da prisão lavrará o auto, remetendo-o para a outra, competente para a investigação e apuração do fato.

8.2.11 Controle jurisdicional da prisão em flagrante

Dentro de 24 horas, a contar da efetivação da prisão, deve-se dar nota de culpa ao preso e enviar os autos da prisão em flagrante ao juiz competente (arts. 306 e 307, CPP).

Esse prazo é improrrogável, pois a prisão, ato constritivo de cerceamento da liberdade, configura um natural constrangimento, motivo pelo qual não se devem admitir concessões. Não se contam as 24 horas a partir do término da lavratura do auto, pois isso ampliaria muito o tempo para que o indiciado ficasse sabendo, formalmente, qual o teor da acusação que o mantém preso. O prazo se inicia quando a prisão se concretiza, ainda fora da delegacia de polícia.

A nota de culpa é o documento informativo oficial, dirigido ao indiciado, comunicando-lhe o motivo de sua prisão, bem como o nome da autoridade que lavrou o auto, da pessoa que o prendeu (condutor) e o das testemunhas do fato. Aliás, é direito constitucional tomar conhecimento dos responsáveis por sua prisão e por seu interrogatório (art. 5.º, LXIV, CF).

Se a nota de culpa não for expedida (ou for expedida fora do prazo), entendemos configurar-se ato abusivo do Estado, proporcionando o relaxamento da prisão em flagrante, bem como medidas penais – abuso de autoridade, se for o caso, havendo dolo – e administrativas contra a autoridade policial. Há quem sustente que a não expedição da nota de culpa pode implicar responsabilidade da autoridade, mas não afetaria a prisão em flagrante realizada. Com isso não podemos aquiescer, já que essa modalidade de prisão, sem o prévio aval do juiz, prescinde do mandado, mas tem uma série de formalidades fundamentais a seguir. Não respeitadas estas, a solução é considerar ilegal a detenção e não simplesmente tomar providência contra o agente do Estado.

É preciso juntar o comprovante de entrega da nota de culpa ao indiciado aos autos do inquérito.

Quando o crime é cometido na presença da autoridade competente para a lavratura do auto de prisão em flagrante – ou mesmo contra esta –, estando ela no exercício das suas funções, não há cabimento em se falar em *condutor*, ou seja, aquele que leva o preso até a autoridade encarregada da formalização da prisão. Por isso, dada a voz de prisão, o auto se faz com menção a essa circunstância, ouvindo-se as testemunhas e o indiciado (é preciso manter essa ordem, ainda que, da leitura do art. 307 do CPP, possa-se crer deva o indiciado falar antes das testemunhas). Em seguida, segue-se o procedimento normal, enviando-se o auto ao juiz. Se quem lavrou o auto foi o próprio magistrado – o que não é aconselhável fazer – logicamente ele mesmo já conferiu legalidade à prisão. Se houver algum questionamento, deve ser feito por *habeas corpus*, diretamente ao tribunal.

Registremos ser a remessa dos autos da prisão em flagrante à autoridade judiciária competente, antes de tudo, uma imposição constitucional, pois somente o juiz pode averiguar a legalidade da prisão, tendo o dever de relaxá-la, se for considerada ilegal (art. 5.º, LXV, CF).

Ao avaliar a prisão em flagrante, é preciso que o magistrado fundamente a decisão de sua manutenção e, igualmente, o faça se resolver colocar o indiciado em liberdade provisória, com ou sem fiança. Nessa ótica, está a lição de ANTONIO MAGALHÃES GOMES FILHO: "Daí a indispensável exigência de que essa decisão seja integralmente justificada: quanto à *legalidade*, devem ser explicitadas as razões pelas quais se entende válido o flagrante; quanto à *necessidade*, nos mesmos moldes em que tal dever é imposto em relação ao provimento em que se decreta uma prisão preventiva" (*A motivação das decisões penais*, p. 227).

Se não houver autoridade policial no lugar onde a prisão efetivou-se, o preso deve ser apresentado à do local mais próximo (art. 308, CPP).

8.3 Prisão preventiva

Trata-se de uma medida cautelar de constrição à liberdade do indiciado ou réu, por razões de necessidade, respeitados os requisitos estabelecidos em lei. No ensinamento de FREDERICO MARQUES, possui quatro pressupostos: a) natureza da infração (alguns delitos não a admitem, como ocorre com os delitos culposos); b) probabilidade de condenação (*fumus boni juris*, ou seja, "fumaça do bom direito"); c) perigo na demora (*periculum in mora*); e d) controle jurisdicional prévio (*Elementos de direito processual penal*, v. 4, p. 58).

8.3.1 Momento da decretação e período de duração

Conforme dispõe o art. 311 do Código de Processo Penal, ela pode ser decretada em qualquer fase da investigação policial ou do processo penal, em razão de requerimento do Ministério Público, do querelante ou do assistente, ou mediante representação da autoridade policial. Conferir a Súmula 676 do STJ: Em razão da Lei 13.964/2019, não é mais possível ao juiz, de ofício, decretar ou converter prisão em flagrante em prisão preventiva.

A Lei 12.403/2011 trouxe relevante novidade para a legitimidade ativa do requerimento da prisão preventiva, permitindo que a vítima do crime, por meio do assistente de acusação, o faça. Cuida-se da ampliação da participação do ofendido no processo penal, não somente para assegurar eventual indenização civil, mas também para promover o andamento e o deslinde da causa, conforme seus anseios de justiça.

É rara a decretação da prisão preventiva durante a fase da investigação policial, sendo por vezes incompreensível que o juiz o faça, pois atualmente existe, como medida cautelar mais adequada, a prisão temporária, indicada justamente para os crimes mais graves, que estariam a demandar a segregação cautelar do investigado.

Se não cabe, por exemplo, prisão temporária para o caso de incêndio, porque a Lei 7.960/89 não o arrola dentre os delitos que comportam a medida (art. 1.º, III), teria sentido decretar a prisão preventiva? Somente em caráter excepcional, como poderia ocorrer se estivéssemos cuidando de indiciado com inúmeros antecedentes e imputação da prática de vários crimes contra a incolumidade pública, não merecedor da liberdade, pois coloca em risco a ordem pública. Mas, essa situação, repita-se, é incomum, de modo que a preventiva se tornou escassa durante a fase do inquérito.

A instrução criminal, período que, como regra, comporta a decretação da prisão preventiva, segue do ajuizamento da ação penal, com o recebimento da denúncia ou da queixa, até o término da coleta das provas (arts. 402, 411, § 2.º, e 533, CPP), no procedimento comum e no procedimento do júri. Em qualquer fase posterior, a hipótese é excepcional (ex.: enquanto se aguarda o julgamento a ser realizado em plenário do Tribunal do Júri).

Inexiste, em lei, um prazo determinado para sua duração, como ocorre, ao contrário, com a prisão temporária. A regra é que perdure, até quando seja necessário, durante a instrução, não podendo, é lógico, ultrapassar eventual decisão absolutória – que faz cessar os motivos determinantes de sua decretação – bem como o trânsito em julgado de decisão condenatória, pois, a partir desse ponto, está-se diante de prisão-pena.

Torna-se muito importante, entretanto, respeitar a razoabilidade de sua duração, não podendo transpor os limites do bom senso e da necessidade efetiva para a instrução do feito. Passamos a defender a existência do princípio constitucional implícito, inerente à atuação do Estado, consistente na *duração razoável da prisão cautelar* (consultar o subitem 3.3.4 do Capítulo II).

A prisão preventiva tem a finalidade de assegurar o bom andamento da instrução criminal, não podendo esta se prolongar indefinidamente, por culpa do juiz ou por atos procrastinatórios do órgão acusatório. Se assim acontecer, configura constrangimento ilegal. Por outro lado, dentro da razoabilidade, havendo necessidade, não se deve estipular um prazo fixo para o término da instrução, como ocorria no passado, mencionando-se como parâmetro o cômputo de 81 dias, que era a simples somatória dos prazos previstos no Código de Processo Penal para que a colheita da prova se encerrasse. Atualmente, outros prazos passaram a ser estabelecidos pelas Leis 11.689/2008 e 11.719/2008, consistentes em 90 dias, para a conclusão da formação da culpa no júri (art. 412, CPP) ou 60 dias, para a designação da audiência de instrução e julgamento no procedimento ordinário (art. 400, *caput*, CPP), ou ainda de 30 dias, para a designação de audiência de instrução e julgamento no procedimento sumário (art. 531, CPP).

A Lei 12.850/2013, em seu art. 22, parágrafo único, mencionou que "a instrução criminal deverá ser encerrada em prazo razoável, o qual não poderá exceder a 120 (cento e vinte) dias quando o réu estiver preso, prorrogáveis em até igual período, por decisão fundamentada, devidamente motivada pela complexidade da causa ou por fato procrastinatório atribuível ao réu".

A despeito de todos esses prazos para a conclusão da instrução, defendemos uma interpretação lógico-sistemática. Por isso, deve-se seguir o princípio geral da razoabilidade, hoje adotado pela maioria dos tribunais brasileiros, vale dizer, sem prazo fixo para o término da instrução.

Na realidade, os prazos estabelecidos para a conclusão dos atos de instrução são impróprios, vale dizer, não há sanção alguma se forem descumpridos. Porém, isso não significa que ultrapassá-los, sem motivo razoável, possa manter o acusado preso indefinidamente.

Em outros termos, deve-se terminar, em nível ideal, a instrução nos prazos fixados em lei. Porém, havendo fundamento para que tal não se dê, admite-se a prorrogação e, existindo prisão cautelar, adota-se o princípio da razoabilidade. Além disso, deve-se respeitar a proporcionalidade, critério correlato, para que o tempo de segregação provisória não se torne o indevido cumprimento antecipado da pena.

Cada caso concreto deve ser, isoladamente, analisado. Não se pode ter uma padronização.

A decretação da prisão permite ao indiciado ou réu a impetração de *habeas corpus*. A negativa em decretá-la, quando requerida pelo Ministério Público ou pelo querelante autoriza o ingresso de recurso em sentido estrito (art. 581, V, CPP). Quando requerida pelo assistente, em caso de indeferimento, não há recurso cabível. Esta é uma falha ainda existente no Código de Processo Penal.

Se houver representação da autoridade policial, negada a preventiva, nada há a fazer, exceto se o Ministério Público concordou com o pleito e, portanto, passou a uma posição de interessado. Se tal se der, cabe-lhe interpor recurso em sentido estrito, como já mencionamos.

8.3.2 Requisitos para a decretação da prisão preventiva

São sempre, no mínimo três: prova da existência do crime (materialidade) + indício suficiente de autoria + uma das situações descritas no art. 312 do CPP, a saber: a) garantia da ordem pública; b) garantia da ordem econômica; c) conveniência da instrução criminal; d) garantia de aplicação da lei penal.

A *prova da existência do crime* é a certeza de que ocorreu uma infração penal, não se podendo determinar o recolhimento cautelar de uma pessoa, presumidamente inocente, quando há séria dúvida quanto à própria existência de evento típico.

Essa prova, no entanto, não precisa ser feita, mormente na fase probatória, de modo definitivo e fundada em laudos periciais. Admite-se que haja a certeza da morte de alguém (no caso do homicídio, por exemplo), porque as testemunhas ouvidas no inquérito assim afirmaram, bem como houve a juntada da certidão de óbito nos autos. O laudo necroscópico posteriormente pode ser apresentado.

O *indício suficiente de autoria* é a suspeita fundada de que o indiciado ou réu é o autor da infração penal. Não é exigida prova plena da culpa, pois isso é inviável num juízo meramente cautelar, feito, como regra, muito antes do julgamento de mérito.

Cuida-se de assegurar que a pessoa mandada ao cárcere, prematuramente, sem a condenação definitiva, apresente boas razões para ser considerada como agente do delito. Lembremos ser o *indício* uma prova indireta, como se pode ver do disposto no art. 239 do CPP, permitindo que, através do conhecimento de um fato, o juiz atinja, por indução, o conhecimento de outro de maior amplitude. Portanto, quando surge uma prova de que o suspeito foi encontrado com a arma do crime, sem apresentar versão razoável para isso, trata-se de um indício – não de uma prova plena – de ser o autor da infração penal. A lei utiliza a qualificação *suficiente* para demonstrar não ser qualquer indício o demonstrador da autoria, mas aquele que se apresente convincente, sólido. Sobre o tema, pronuncia-se Antonio Magalhães Gomes Filho, afirmando que o indício *suficiente* é aquele que autoriza "um *prognóstico* de um julgamento positivo sobre a autoria ou a participação" (*A motivação das decisões penais*, p. 223).

A *garantia da ordem pública* é a hipótese de interpretação mais ampla e flexível na avaliação da necessidade da prisão preventiva. Entende-se pela expressão a indispensabilidade de se manter a ordem na sociedade, que, como regra, é abalada pela prática de um delito. Se este for grave, de particular repercussão, com reflexos negativos e traumáticos na vida de muitos, propiciando àqueles que tomam conhecimento da sua realização um forte sentimento de impunidade e de insegurança, cabe ao Judiciário determinar o recolhimento do agente.

A garantia da ordem pública pode ser visualizada por vários fatores, dentre os quais: *gravidade concreta da infração* + *repercussão social* + *periculosidade do agente*. Um simples estelionato, por exemplo, cometido por pessoa primária, sem antecedentes, não justifica histeria, nem abalo à ordem, mas um latrocínio repercute negativamente no seio social, demonstrando que as pessoas honestas podem ser atingidas, a qualquer tempo, pela perda da vida, diante de um agente interessado no seu patrimônio, elementos geradores, por certo, de intranquilidade.

Acesse e escute o podcast sobre Garantia da ordem pública.
> http://uqr.to/1y2tw

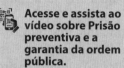

Acesse e assista ao vídeo sobre Prisão preventiva e a garantia da ordem pública.
> http://uqr.to/1y2tx

Note-se, ainda, que a afetação da ordem pública constitui importante ponto para a própria credibilidade do Judiciário, como vêm decidindo os tribunais pátrios. Apura-se o abalo à ordem pública também, mas não somente, pela divulgação que o delito alcança nos meios de comunicação – escrito ou falado. Não se trata de dar crédito único ao sensacionalismo de certos órgãos da imprensa, interessados em vender jornais, revistas ou chamar audiência para seus programas, mas não é menos correto afirmar que o juiz, como outra pessoa qualquer, toma conhecimento dos fatos do dia a dia acompanhando as notícias veiculadas pelos órgãos de comunicação. Por isso, é preciso apenas bom senso para distinguir quando há estardalhaço indevido sobre um determinado crime, inexistindo abalo real à ordem pública, da situação de divulgação real da intranquilidade da população, após o cometimento de grave infração penal.

Outro fator responsável pela repercussão social que a prática de um crime adquire é a periculosidade (probabilidade de tornar a cometer delitos) demonstrada pelo indiciado ou réu e apurada pela análise de seus antecedentes e pela maneira de execução do crime. Assim, é indiscutível que pode ser decretada a prisão preventiva daquele que ostenta, por exemplo, péssimos antecedentes, associando a isso a crueldade particular com que executou o crime.

Em suma, um delito grave – normalmente são todos os que envolvem violência ou grave ameaça à pessoa – associado à repercussão causada em sociedade, gerando intranquilidade, além de se estar diante de pessoa reincidente ou com péssimos antecedentes, provoca um quadro legitimador da prisão preventiva.

Mas não se pode pensar nessa medida exclusivamente com a união necessária do trinômio aventado. Por vezes, pessoa primária, sem qualquer antecedente, pode ter sua preventiva decretada porque cometeu delito muito grave, chocando a opinião pública (ex.: planejar meticulosamente e executar o assassinato dos pais). Logo, a despeito de não apresentar periculosidade (nunca cometeu crime e, com grande probabilidade, não tornará a praticar outras infrações penais), gerou enorme sentimento de repulsa por ferir as regras éticas mínimas de convivência, atentando contra os próprios genitores. A não decretação da prisão pode representar a malfadada sensação de impunidade, incentivadora da violência e da prática de crimes em geral, razão pela qual a medida cautelar pode tornar-se indispensável.

Fator que desautoriza a decretação da preventiva é o argumento de que o agente estará melhor sob a custódia do Estado do que solto nas ruas, onde pode ser objeto da vingança de terceiros, inclusive de parentes da vítima. Cabe ao indiciado ou réu procurar a melhor maneira de se proteger, se for o caso, mas não se pode utilizar a custódia cautelar para esse mister.

Os crimes hediondos e equiparados não devem provocar a automática decretação de prisão preventiva, uma vez que, embora graves, podem ser cometidos por agentes sem periculosidade e não gerar repercussão social.

Outros dois elementos, que vêm sendo considerados pela jurisprudência, atualmente, dizem respeito à particular execução do crime (ex.: premeditados meticulosamente, com percurso criminoso complexo; utilização de extrema crueldade etc.) e ao envolvimento com organização criminosa.

Portanto, cabe ao juiz verificar todos os pontos de afetação da ordem pública, buscando encontrar, pelo menos, um binômio para a sua decretação (ex.: gravidade concreta do crime + péssimos antecedentes do réu; envolvimento com organização criminosa + repercussão social; particular execução do delito + gravidade concreta da infração penal etc.).

A *garantia de ordem econômica* é uma espécie do gênero anterior (garantia da ordem pública). Nesse caso, visa-se, com a decretação da prisão preventiva, impedir que o agente, causador de seriíssimo abalo à situação econômico-financeira de uma instituição financeira ou mesmo de órgão do Estado, permaneça em liberdade, demonstrando à sociedade a impunidade reinante nessa área.

Equipara-se o criminoso do colarinho branco aos demais delinquentes comuns, na medida em que o desfalque em uma instituição financeira pode gerar maior repercussão na vida das pessoas, do que um simples roubo contra um indivíduo qualquer. Assim, continua-se contando com os elementos já descritos: *gravidade do delito; repercussão social; periculosidade do agente; particular modo de execução; envolvimento com organização criminosa*, de maneira a garantir que a sociedade fique tranquila pela atuação do Judiciário no combate à criminalidade invisível de muitos empresários e administradores de valores, especialmente os do setor público.

Não é possível permitir a liberdade de quem retirou e desviou enorme quantia dos cofres públicos, para a satisfação de suas necessidades pessoais, em detrimento de muitos, pois o abalo à credibilidade da Justiça é evidente. Se a sociedade teme o assaltante ou o estuprador, igualmente tem apresentado temor em relação ao criminoso do colarinho branco. Note-se o disposto no art. 30 da Lei 7.492/86: "Sem prejuízo do disposto no art. 312 do Código de Processo Penal, aprovado pelo Decreto-lei 3.689, de 3 de outubro de 1941, a prisão preventiva do acusado da prática de crime previsto nesta Lei poderá ser decretada em razão da *magnitude da lesão causada* (...)" (grifamos), o que demonstra que, em delitos contra a ordem econômico-financeira, torna-se relevante o dano provocado pelo criminoso, que, efetivamente, causa repugnância ao resto da população.

A *conveniência da instrução criminal* é o motivo resultante da garantia de existência do devido processo legal, no seu aspecto procedimental. A conveniência de todo processo é que a instrução criminal seja realizada de maneira escorreita, equilibrada e imparcial, na busca da verdade real, interesse maior não somente da acusação, mas, sobretudo, do réu. Diante disso, abalos provocados pela atuação do acusado, visando à perturbação do desenvolvimento da instrução criminal, que compreende a colheita de provas de um modo geral, é motivo a ensejar a prisão preventiva. Configuram condutas inaceitáveis a ameaça a testemunhas, a investida contra as provas buscando desaparecer com evidências, ameaças dirigidas ao órgão acusatório, à vítima ou ao juiz do feito, dentre outras.

Com a edição da Lei 12.403/2011, criaram-se medidas cautelares, alternativas à prisão preventiva, prevendo-se, como um dos requisitos para a decretação dessas cautelares, a necessidade da investigação ou da instrução criminal. Pode-se pretender a equiparação desse elemento com a *conveniência da instrução criminal*, própria da preventiva; entretanto, o ideal é considerá-los em diferentes gradações. Conforme o grau e a intensidade da perturbação gerada para a instrução criminal, pode-se escolher entre a medida cautelar (situações mais leves) e a prisão preventiva (casos mais graves). No tocante à investigação criminal, conforme o grau da necessidade, fica o magistrado entre a medida cautelar e prisão temporária, como regra. Se não for cabível a temporária, pode-se decretar a preventiva.

A *garantia de aplicação da lei penal* significa assegurar a finalidade útil do processo penal, que é proporcionar ao Estado o exercício do seu direito de punir, aplicando a sanção devida a quem é considerado autor de infração penal. Não tem sentido o ajuizamento da ação penal, respeitando-se o devido processo legal para a aplicação da lei penal ao caso concreto, se o réu age contra esse propósito, tendo, nitidamente, a intenção de frustrar o respeito ao ordenamento jurídico.

Não bastasse já ter ele cometido o delito, que abala a sociedade, volta-se, agora, contra o processo, tendo por finalidade evitar que o direito de punir se consolide. Exemplo maior disso é a fuga deliberada da cidade ou do País, demonstrando que não está nem um pouco interessado em colaborar com a justa aplicação da lei.

No mesmo prisma, já exposto, deve-se captar o grau e a intensidade do caso concreto, voltado à garantia da aplicação da lei penal, para optar entre a decretação de medida cautelar alternativa ou da prisão preventiva. Afinal, consta como requisito para a medida cautelar a *necessidade para aplicação da lei penal* (art. 282, I, CPP), do mesmo modo que está presente no art. 312 do CPP.

A Lei 13.964/2019 acrescentou ao final do art. 312 o seguinte: "perigo gerado pelo estado de liberdade do imputado". Este requisito é muito vago; na essência, não diz nada. Afinal, quando a liberdade de alguém significa perigo à sociedade, segundo pensamos, trata-se da garantia da ordem pública. Ou pode envolver os outros requisitos da preventiva. Sozinho, o estado de liberdade de alguém não pode representar perigo.

8.3.3   *Fundamentação da prisão preventiva*

Exige a Constituição Federal que toda decisão judicial seja fundamentada (art. 93, IX), razão por que, para a decretação da prisão preventiva, é indispensável que o magistrado apresente as suas razões para privar alguém de sua liberdade. É o previsto igualmente no art. 315 do Código de Processo Penal. Essa fundamentação pode ser concisa, sem implicar nulidade ou constrangimento ilegal. *In verbis*: "(...) § 1º Na motivação da decretação da prisão preventiva ou de qualquer outra cautelar, o juiz deverá indicar concretamente a existência de fatos novos ou contemporâneos que justifiquem a aplicação da medida adotada. § 2º Não se considera fundamentada qualquer decisão judicial, seja ela interlocutória, sentença ou acórdão, que: I – limitar-se à indicação, à reprodução ou à paráfrase de ato normativo, sem explicar sua relação com a causa ou a questão decidida; II – empregar conceitos jurídicos indeterminados, sem explicar o motivo concreto de sua incidência no caso; III – invocar motivos que se prestariam a justificar qualquer outra decisão; IV – não enfrentar todos os argumentos deduzidos no processo capazes de, em tese, infirmar a conclusão adotada pelo julgador; V – limitar-se a invocar precedente ou enunciado de súmula, sem identificar seus fundamentos determinantes nem demonstrar que o caso sob julgamento se ajusta àqueles fundamentos; VI – deixar de seguir enunciado de súmula, jurisprudência ou precedente invocado pela parte, sem demonstrar a existência de distinção no caso em julgamento ou a superação do entendimento."

A mera repetição dos termos legais, entretanto, é inadmissível, dizendo o juiz, por exemplo, que decreta a prisão preventiva, tendo em vista que há "prova da materialidade", "indício suficiente de ser o réu o autor" e para "garantir a ordem pública", sem especificar em quais fatos se baseia para extrair tal conclusão.

A fundamentação do magistrado concentrando-se no parecer do Ministério Público pode ser admitida em certos casos. Se o referido parecer do membro do Ministério Público estiver bem estruturado, apontando e esgotando toda a análise das provas, que estão a demonstrar a necessidade da prisão preventiva, nada impede que o juiz o acolha integralmente. Seria inútil exigir do magistrado a mera reprodução, em suas próprias palavras, novamente daquilo que já foi exposto.

Havendo coautoria ou participação, deve o magistrado analisar, individualmente, os requisitos para a decretação da prisão preventiva. Pode ocorrer de um corréu ameaçar uma testemunha sem a ciência dos demais, sendo injusta a decretação da custódia cautelar de todos. Diga-se o mesmo quanto à revogação. Se o motivo deixou de existir quanto a um corréu, deve ele – e somente ele – ser beneficiado pela liberdade.

8.3.4   *Circunstâncias legitimadoras e circunstâncias impeditivas da prisão preventiva*

O art. 313 do Código de Processo Penal especifica que a prisão preventiva será admissível nos casos de crimes dolosos, punidos com pena privativa de liberdade máxima superior a quatro anos (inciso I), se o acusado tiver sido condenado por outro delito doloso, em sentença transitada em julgado, ressalvado o prazo depurador do art. 64, I, do Código Penal (inciso II), bem como se o crime envolver violência doméstica e familiar contra a mulher, criança, adolescente, idoso, enfermo ou pessoa com deficiência, para garantir a execução das medidas protetivas de urgência (inciso III).

Pode-se, ainda, decretar a preventiva quando houver dúvida quanto à identidade civil da pessoa suspeita ou quando esta não fornecer elementos suficientes para esclarecê-la. Nessa hipótese, o preso deve ser colocado imediatamente em liberdade após a identificação, salvo se outra causa justificar a manutenção da prisão cautelar.

Além disso, prevê o § 2º que "não será admitida a decretação da prisão preventiva com a finalidade de antecipação de cumprimento de pena ou como decorrência imediata de investigação criminal ou da apresentação ou recebimento de denúncia."

A primeira delas – admissão somente para crimes dolosos – descarta a preventiva para crimes culposos ou contravenções penais. A previsão é correta, pois não tem cabimento recolher, cautelarmente, o agente de delito não intencional, cuja periculosidade é mínima para a sociedade e cujas sanções penais são também de menor proporção, a grande maioria comportando a aplicação de penas alternativas à privativa de liberdade. Além disso, estabelece-se outro patamar: os crimes dolosos, que comportam preventiva, devem ter pena máxima abstrata superior a quatro anos. Portanto, ilustrando, crimes como o furto simples já não comportam prisão cautelar, diretamente decretada, como regra.

A segunda especifica caber a prisão preventiva aos réus reincidentes em crimes dolosos, com sentença transitada em julgado. Noutros termos, é preciso que o crime anterior seja doloso e já exista condenação definitiva; sob outro aspecto, o novo crime também precisa ser doloso. Dentre a anterior condenação e a atual não pode ter decorrido o período de cinco anos, conforme previsto no art. 64, I, do Código Penal. Se assim ocorrer, a possibilidade de gerar reincidência esvai-se. Deixa-se de lado o reincidente em crime culposo ou aquele que já foi condenado por delito doloso, mas torna a praticar crime culposo – ou vice-versa –, pois, apesar de reincidente, não se leva em consideração para fins de custódia cautelar.

Essa menção à reincidência em crime doloso, em nosso entendimento, é inócua. Não se deve decretar a prisão preventiva somente por conta da reincidência, mas, sim, porque os fatores do art. 312 do CPP estão presentes. E, caso estejam, ainda que primário o agente, decreta-se a preventiva.

A terceira hipótese autoriza a prisão preventiva em casos de violência doméstica e familiar contra vítimas consideradas frágeis (mulher, criança, adolescente, idoso, enfermo e deficiente). O objetivo da preventiva é assegurar a execução das medidas protetivas de urgência, não se destinando a vigorar por toda a instrução criminal. Exemplo: decreta-se a prisão cautelar do marido, que agrediu a esposa, para que esta possa sair em paz do lar, consolidando-se a separação do casal. Não mais que isso. Afinal, o delito de lesão corporal, com violência doméstica prevê pena mínima de três meses de detenção (art. 129, § 9.º, CP), razão pela qual, em função da existência da detração, se o réu ficar detido durante toda a instrução, é possível que cumpra mais tempo detido em cautela do que todo o período de pena, que lhe foi fixado.

Por outro lado, cuidando-se de delito de ameaça, cuja pena de detenção varia entre três e seis meses (ou multa), com maior justificativa, deve-se controlar a decretação da prisão preventiva, pois o período de pena definitiva é muito curto. Qualquer exagero na duração da medida cautelar restritiva da liberdade pode gerar nítida teratologia.

Quanto às circunstâncias que limitam a preventiva, enumera o art. 314 do CPP as hipóteses de exclusão da ilicitude do art. 23 do Código Penal (estado de necessidade, legítima defesa, exercício regular de direito e estrito cumprimento do dever legal). Logo, se o juiz verificar pelas provas constantes dos autos ter o agente praticado o fato por conta de uma delas, não decretará em caso algum a prisão cautelar.

Logicamente, não se exige, nesse caso, a perfeita constatação de que a excludente estava presente, mas indícios fortes da sua existência. A decisão final somente será proferida ao término da instrução, devendo o réu ser mantido fora do cárcere nesse período. Logo, ainda que ele conturbe a instrução, tendo em vista a taxatividade da norma processual penal, fica livre da prisão preventiva.

Cremos, ainda, que podem ser incluídas as excludentes de culpabilidade, por analogia, uma vez que também são causas de exclusão do crime, não se justificando a decretação da prisão preventiva contra quem agiu, por exemplo, sob coação moral irresistível ou em erro de proibição.

8.3.5 Modificações fáticas da situação determinante da prisão ou da soltura do réu

É possível que o juiz tenha indeferido o pedido do Ministério Público de decretação da prisão preventiva do réu, por não ter constatado causa válida para isso, espelhando-se nas provas que dispunha no processo, naquele momento. Entretanto, surgindo nova prova, é natural que a situação fática tenha apresentado alteração, justificando outro pedido e, consequentemente, a decretação da medida cautelar.

O mesmo raciocínio deve ser aplicado em via inversa. Se o acusado foi preso, logo no início, porque se dizia que ele ameaçava testemunhas, é possível que, em seguida aos depoimentos destas, que negam ao juiz as pretensas ameaças, caiba a revisão da medida, colocando-se o acusado em liberdade (art. 316, CPP).

A reforma da Lei 13.964/2019 acrescentou o parágrafo único ao art. 316: "decretada a prisão preventiva, deverá o órgão emissor da decisão revisar a necessidade de sua manutenção a cada 90 (noventa) dias, mediante decisão fundamentada, de ofício, sob pena de tornar a prisão ilegal."

8.3.6 A apresentação espontânea do acusado

Do mesmo modo que anteriormente sustentamos, no tocante à possibilidade de ser efetivada a prisão em flagrante de quem, logo após o crime, apresenta-se à autoridade policial, espontaneamente, pois neste ato pode estar camuflado o nítido desejo de burlar a aplicação da lei, fazemos o mesmo neste contexto.

Ao autor de infração penal grave, que provocou sério abalo à ordem pública, por exemplo, cabe a decretação de prisão preventiva e o simples comparecimento espontâneo do acusado diante da autoridade policial ou judiciária não pode servir de impedimento a tal medida. Se assim ocorresse, seria muito fácil aos sujeitos realmente perigosos subtraírem-se à aplicação da lei penal, continuando, inclusive, a conturbar a tranquilidade social.

Portanto, se a apresentação espontânea for capaz de elidir a causa da prisão preventiva – como a demonstração de que não pretende fugir – pode o magistrado deixar de decretá-la, sem dúvida. Mas, se for apenas um subterfúgio para escapar da indispensável custódia cautelar, deve o juiz decretá-la sem titubear.

É preciso registrar o disposto pelo art. 317: "a prisão domiciliar consiste no recolhimento do indiciado ou acusado em sua residência, só podendo dela ausentar-se com autorização judicial."

8.4 Prisão decorrente de pronúncia

Ao decidir a respeito da admissibilidade da acusação, optando por remeter o caso a julgamento pelo Tribunal do Júri, deve o magistrado manifestar-se acerca da possibilidade de o réu aguardar solto o seu julgamento. Observa-se, pela nova redação do § 3.º do art. 413 ("O juiz decidirá, motivadamente, no caso de manutenção, revogação ou substituição da prisão ou medida restritiva de liberdade anteriormente decretada e, tratando-se de acusado solto, sobre a necessidade da decretação da prisão ou imposição de quaisquer das medidas previstas no Título IX do Livro I deste Código"), que a lei passa a considerar a prisão por pronúncia uma exceção, lastreada, quando decretada, nos requisitos da prisão preventiva.

Por isso, o juiz deve, sempre, decidir a respeito da prisão, mantendo-a e recomendando o réu no presídio em que se encontra, ou determinando a sua captura, caso a prisão seja decretada e ele esteja solto. Naturalmente, para elaborar essa análise, o juiz deve agir com prudência e bom senso, do mesmo modo que atua quando decide a respeito da possibilidade de o acusado aguardar solto o processamento de seu recurso, em caso de condenação.

Na verdade, não mais interessam, como pontos isolados, a reincidência e os antecedentes criminais do réu. Somente quando estiver presente o requisito da garantia da ordem pública (art. 312, CPP), que pode abranger, também, a avaliação da reincidência e dos maus antecedentes, terá o juiz condições de decretar a prisão cautelar. Por outro lado, caso ocorra a pronúncia por delito apenado com detenção (como ocorre com o infanticídio ou com o autoaborto), cujo início do cumprimento se dará nos regimes semiaberto ou aberto (conforme art. 33, *caput*, do Código Penal) ou mesmo quando se tratar de crime apenado com reclusão, mas na forma tentada e cuja pena a ser aplicada seja, possivelmente, suscetível de receber algum benefício, que mantenha o sentenciado fora do cárcere, deve o magistrado manter a sua liberdade, deixando de decretar a prisão.

Convém registrar que, após a pronúncia, estando o réu preso, torna-se ultrapassada qualquer alegação de excesso de prazo na formação da culpa, conforme dispõe a Súmula 21 do STJ: "Pronunciado o réu, fica superada a alegação do constrangimento ilegal da prisão por excesso de prazo na instrução".

Outra das razões que podia levar o magistrado a não permitir a permanência do acusado em liberdade, aguardando o julgamento pelo Tribunal Popular, era a sua situação de ausente. Com a edição da Lei 11.689/2008, não mais se admite a decretação da prisão cautelar porque o réu não foi intimado pessoalmente da pronúncia ou não compareceu para o julgamento em plenário.

Outro ponto pacífico na jurisprudência é que, se o acusado teve a prisão preventiva decretada, permanecendo recolhido ao longo da instrução, não há, como regra, motivo para ser solto justamente quando a pronúncia é proferida. Eventualmente, havendo motivo para revogar a preventiva, pode o juiz reavaliar o caso, colocando o acusado em liberdade. E mais, se o réu foi preso cautelarmente, assim aguardando até a pronúncia, nesta decisão basta que o magistrado mencione que continuará preso pelos mesmos motivos já expostos anteriormente, sendo desnecessário fundamentar mais uma vez.

Pode, ainda, o julgador decretar – ou manter – outra medida cautelar alternativa (art. 319, CPP), se presentes os seus requisitos (art. 282, I e II, CPP). É viável que o magistrado converta uma medida cautelar alternativa em preventiva, se encontrar os requisitos do art. 312 do CPP, ou faça o oposto, convertendo a preventiva em cautelar alternativa, constatando não mais ser necessária a privação da liberdade.

8.5 Prisão decorrente de sentença condenatória recorrível

Dispunha o art. 594 do Código de Processo Penal: "o réu não poderá apelar sem recolher-se à prisão, ou prestar fiança, salvo se for primário e de bons antecedentes, assim reconhecido na sentença condenatória, ou condenado por crime de que se livre solto". Esse dispositivo foi revogado pela Lei 11.719/2008.

Passa-se a considerar, para a decretação da prisão cautelar, em razão de sentença condenatória, o disposto pelo art. 387, § 1.º, do CPP: "O juiz decidirá, fundamenta-damente, sobre a manutenção ou, se for o caso, a imposição de prisão preventiva ou de outra medida cautelar, sem prejuízo do conhecimento de apelação que vier a ser interposta."

O réu que aguardou preso o decorrer da instrução deve continuar detido, como regra, após a prolação da sentença condenatória, mormente se foi aplicado o regime fechado. Se antes do julgamento de mérito, que o considerou culpado, estava cautelarmente recolhido, com mais lógica assim deve permanecer após a condenação. Excepcionam-se desse raciocínio os casos em que os motivos que levaram à prisão cautelar, durante a instrução, findaram.

Sob outro aspecto, caso o juiz imponha ao acusado o regime aberto, não importan-do em que situação ele se encontra, não há cabimento em mantê-lo no cárcere, pois, se confirmada a decisão, o cumprimento de sua pena se dará, praticamente, em liberdade. Por outro lado, caso a pena fixada pelo magistrado seja branda, levando-se em conta o tempo de prisão cautelar (sobre o qual incidirá a detração, conforme dispõe o art. 42 do Código Penal) e, também, o período que deverá aguardar para que seu recurso seja julgado, pode ser de flagrante injustiça mantê-lo preso. Afinal, a pena total aplicada pode ser inferior ao tempo de detenção cautelar, o que não é razoável.

Em suma, torna-se imperiosa a utilização da proibição de recorrer em liberdade com cautela e prudência, conforme o caso concreto que cada réu apresente.

No caso de apelação em decorrência de condenação por crime hediondo ou equi-parado, tem sido comum que os réus recorram presos, levando-se em consideração serem as penas normalmente elevadas para tais delitos, haver a imposição do regime fechado inicial, bem como estar presente a necessidade de se garantir a ordem pública.

Vale salientar, entretanto, que os tribunais pátrios, em especial o STF, têm concedido diversas ordens de habeas corpus para garantir a liberdade provisória de réus, cuja imputação é de delito hediondo ou assemelhado, desde que os requisitos do art. 312 do CPP inexistam, o que nos parece correto.

Apesar disso, não se deve olvidar ser indispensável que o juiz fundamente as razões que o levam a decretar a prisão ou mesmo quando deixe de fazê-lo, não sendo viável uma imposição de segregação cautelar imotivada, ou baseando-se em citação singela de texto legal. Saliente-se, ainda, preceituar a Lei 8.072/90 poder o juiz, se fundamentar convenientemente, permitir o recurso em liberdade (art. 2.º, § 3.º).

Pode ocorrer, ainda, a desnecessidade da prisão cautelar para recorrer, a despeito de condenação por crime hediondo, uma vez que a pena aplicada e o benefício concedido tornem inviável o recolhimento ao cárcere. Exemplificando: em uma tentativa de estupro, cuja pena seja de dois anos, permitida inclusive a concessão de sursis, é desnecessária a prisão cautelar. Quanto à tortura e ao terrorismo (delitos equiparados aos hediondos), aplica-se a mesma regra.

Em relação ao tráfico ilícito de entorpecentes, havia preceito especial, na revogada Lei 6.368/76 (Lei de Tóxicos, art. 35), que impunha, sempre, o recolhimento do réu para apelar. Está em vigor, atualmente, o art. 59 da Lei 11.343/2006: "Nos crimes previstos nos arts. 33, *caput* e § 1.º, e 34 a 37 desta Lei, o réu não poderá apelar sem recolher-se à prisão, salvo se for primário e de bons antecedentes, assim reconhecido na sentença condenatória". Adotou-se, portanto, a mesma regra do revogado art. 594 do Código de Processo Penal. Tratando-se de lei especial, não se aplica a nova regra do CPP.

Dessa forma, em muitos casos, o traficante deve ser segregado cautelarmente para poder recorrer, salvo se o juiz, com bons fundamentos, permitir que ele permaneça em liberdade. Afinal, as penas aplicadas (previstas na nova Lei de Drogas) são elevadas e, dificilmente, permitem qualquer benefício penal para permanecer em liberdade. O bom senso indicará ao magistrado o melhor caminho a seguir, pois há traficantes considerados de menor periculosidade, tanto que até mesmo gozam de causa de diminuição de pena (art. 33, § 4.º, Lei 11.343/2006). Podem, pois, permanecer em liberdade, porque praticamente inofensivos. Exemplo: seria o caso da idosa mãe de um preso que, atendendo ao clamor do filho, leva-lhe pequena quantidade de droga no presídio. Embora possa ser condenada por tráfico ilícito de drogas, tem condições de permanecer em liberdade, aguardando o resultado do seu recurso.

Pode, ainda, o julgador decretar – ou manter – outra medida cautelar alternativa (art. 319, CPP), se presentes os seus requisitos (art. 282, I e II, CPP). É viável que o magistrado converta uma medida cautelar alternativa em preventiva, se encontrar os requisitos do art. 312 do CPP, ou faça o oposto, convertendo a preventiva em cautelar alternativa, constatando não mais ser necessária a privação da liberdade.

É preciso considerar que, em 7 de novembro de 2019, o STF, em Plenário, considerou inviável a prisão, para cumprir a pena, após o julgamento em 2ª instância. Logo, somente pode ficar preso, quem tiver prisão cautelar decretada.

8.6 Medidas cautelares alternativas à prisão

8.6.1 Espécies de medidas cautelares

A Lei 12.403/2011 inseriu no cenário processual penal medidas cautelares, restritivas da liberdade, porém diversas da prisão. São previstas no art. 319 do CPP: a) comparecimento periódico em juízo, conforme as condições e prazo estabelecidos pelo magistrado, para justificar e esclarecer suas atividades; b) proibição de acesso e frequência a certos lugares quando, por relação com o fato, deva o indiciado ou acusado permanecer distante deles para evitar o risco de novos crimes; c) vedação de manter contato com certa pessoa, quando, por circunstâncias relacionadas ao fato, deva o indiciado ou réu dela permanecer distante; d) vedação de se ausentar da Comarca, quando a permanência seja necessária ou conveniente ao processo ou à investigação; e) recolhimento domiciliar, no período noturno e nos dias de folga, quando o investigado ou réu tenha residência e trabalho fixos; f) suspensão da função pública ou de atividade de natureza econômica ou financeira se houver justo receio de sua utilização para a prática de infrações penais; g) internação provisória do réu, em hipóteses de crimes cometidos com violência ou grave ameaça, se os peritos concluírem ser inimputável ou semi-imputável, havendo o risco de reiteração; h) fiança, quando a infração admitir, para garantir o comparecimento a atos do processo, evitar a obstrução do seu andamento e em caso de resistência injustificada à ordem judicial; i) monitoração eletrônica.

As novas medidas em matéria processual já são conhecidas em outros institutos, seja como condição para o cumprimento da pena no regime aberto, gozo de suspensão condicional do processo ou livramento condicional, seja como pena alternativa ao cárcere. De toda forma, pretende-se aplicar, agora, as mesmas medidas restritivas à liberdade como forma de contornar a decretação da prisão preventiva. Assim, em lugar da prisão cautelar, pode-se determinar o recolhimento domiciliar do acusado, desde que compatível com o caso concreto.

A fiança pode ser cumulada com outras medidas cautelares (art. 319, § 4.º, CPP), bem como pode o magistrado fixar medidas isoladas ou cumulativas (art. 282, § 1.º, CPP). Tais medidas podem ser requeridas pelas partes (Ministério Público, querelante e assistente de acusação – este pode solicitar a prisão preventiva, logo, pode também pleitear qualquer outra cautelar) ou decretadas de ofício pelo juiz, durante a instrução; na fase investigatória, dependem de representação da autoridade policial ou requerimento do Ministério Público.

Note-se uma ilogicidade: o querelante e o assistente de acusação podem requerer a prisão preventiva, durante a investigação (art. 311, CPP), mas, pelo rigor do art. 282, § 2.º, do CPP, somente podem pleitear a decretação de cautelares, diversas da prisão, em juízo. Ora, quem pode o mais (requerer a prisão), pode o menos (outras medidas alternativas). Parece-nos, pois, cabível que o querelante e o assistente possam requerer a decretação de qualquer das medidas previstas no art. 319 do CPP também durante a fase investigatória.

Em compatibilidade com a medida de proibição de se ausentar da Comarca (art. 319, IV), pode-se vedar o indiciado ou réu de sair do País. Para tanto, serão comunicadas as autoridades encarregadas da fiscalização das fronteiras, intimando-se o indiciado ou acusado a entregar o passaporte, em 24 horas (art. 320, CPP). Se houver recusa ou omissão dolosa, pode o intimado responder pelo crime de desobediência.

Havendo prisão em flagrante, se não for caso de conversão em prisão preventiva, desde que presentes os requisitos do art. 312 do CPP, deve o juiz conceder liberdade provisória, com ou sem fiança. Nesse ato, pode impor medidas cautelares compatíveis com a situação do indiciado ou réu (art. 321, CPP).

8.6.2 Requisitos para a decretação das medidas cautelares

As medidas cautelares alternativas à prisão não podem ser impostas pelo juiz sem necessidade e adequação. Não são medidas automáticas, bastando que haja investigação ou processo. Elas restringem a liberdade individual, motivo pelo qual precisam ser fundamentadas.

Há dois requisitos genéricos: a) necessariedade; b) adequabilidade. Estes são cumulativos, ou seja, ambos precisam estar presentes para autorizar a imposição de medidas cautelares (art. 319, CPP).

O primeiro requisito genérico divide-se em três: a.1) para aplicação da lei penal; a.2) para a investigação ou instrução criminal; a.3) para evitar a prática de infrações penais, nos casos previstos em lei. Esses três são alternativos, ou seja, basta a presença de um deles para configurar a necessariedade.

A aplicação da lei penal associa-se, em menor grau, ao requisito da prisão preventiva – para assegurar a aplicação da lei penal – previsto, também, no art. 312 do CPP. Esse elemento é ligado, como regra, à possibilidade de fuga do agente do crime. Para comportar diversos graus, deve-se avaliar a hipótese concreta. Ilustrando: se o indiciado ou réu não tem residência e emprego fixos, pode-se pressupor a possibilidade de fuga; inexiste razão para a preventiva, mas é viável a decretação de medida cautelar alternativa, como o comparecimento em juízo, mensalmente, para informar e justificar atividades. Caso a hipótese de fuga seja evidente, pois o indiciado ou acusado está vendendo tudo o que tem e se desligou do emprego, pode-se partir para a preventiva.

A investigação ou instrução criminal vincula-se, em menor grau, ao elemento da preventiva – por conveniência da instrução criminal – conforme art. 312 do CPP. Normalmente, visualiza-se esse requisito quando o indiciado ou réu perturba a colheita da prova de alguma forma (destruindo documentos, ameaçando testemunhas etc.). Havendo a suspeita de que poderá ameaçar qualquer testemunha, ou mesmo a vítima, pode-se decretar a medida cautelar de distanciamento dessa pessoa. Quando houver maior concretude em relação à ameaça, por exemplo, decreta-se a preventiva.

Tudo depende, ainda, do crime, pois há infrações que não comportam preventiva, diretamente decretada, mas somente medidas alternativas (vide art. 313, I, CPP).

A questão ligada a evitar a prática de infrações penais espelha a hipótese do inimputável ou semi-imputável, autor de fato grave (violento ou com ameaça à pessoa), que deve ter a internação provisória decretada (art. 319, VII, CPP).

O segundo requisito genérico divide-se em três: b.1) gravidade do crime; b.2) circunstâncias do fato; b.3) condições pessoais do indiciado ou acusado.

A gravidade do crime deve ser visualizada de modo concreto. Não importa o conceito abstrato de gravidade, mas exatamente o que o fato representa. Ilustrando, o homicídio é crime grave por natureza, bastando checar a elevada pena a ele cominada. No entanto, concretamente, há que se perquirir qual homicídio realmente foi praticado com singularidade, de forma a despertar particular atenção da comunidade. Eis a gravidade concreta. Não fosse assim, todo autor de homicídio deveria ser preso cautelarmente, de maneira padronizada, o que não ocorre, nem deve dar-se.

Aliás, há súmulas do STF (718) e do STJ (440) especificando que a gravidade abstrata do crime não serve de baliza para a fixação do regime inicial de cumprimento da pena. É um bom sinal de que a gravidade abstrata não serve de orientação ao magistrado para a tomada de decisões concretas no processo.

As circunstâncias do fato ligam-se à tipicidade derivada (qualificadoras/privilégios e causas de aumento/diminuição), basicamente. Um crime, na figura simples, como o roubo (art. 157, *caput*, CP), é menos grave do que um roubo com causa de aumento (art. 157, § 2.º, CP). Por isso, deve o magistrado levar em conta a concretude do fato delituoso para optar entre aplicar ou não medidas cautelares.

As condições pessoais do indiciado ou acusado são muito importantes para vários institutos penais, inclusive para a individualização da pena (art. 59, CP). Não menos relevantes devem ser para o contexto da cautelaridade processual penal. Há diferença entre o primário e o reincidente, entre o agente que possui antecedentes criminais e o que não os possui, dentre outros fatores pessoais. Lembremos, inclusive, ser importante analisar tais condições até mesmo para a decretação da preventiva, no cenário da garantia da ordem pública.

Passa-se a demandar do juiz, para fins processuais, a individualização da medida cautelar. Em perfeita harmonia com os fins do princípio constitucional da individualização da pena, que abomina a padronização da sanção penal, quer-se individualizar a restrição à liberdade na fase processual.

Qualquer medida cautelar (prisão ou alternativa) deve ser fixada de acordo com o caso concreto, levando em consideração a pessoa do indiciado ou réu, sem nenhum padrão estabelecido de antemão.

8.6.3 *Aplicação do contraditório e da ampla defesa*

Como regra, antes de decretar qualquer medida cautelar alternativa à prisão (art. 319, CPP), deve o juiz ouvir a parte contrária, que, no caso, é o indiciado ou réu, como prevê o art. 282, § 3.º, do Código de Processo Penal.

Cuida-se de consagração dos princípios constitucionais do contraditório e da ampla defesa. Por vezes, o pedido formulado pelo interessado (Ministério Público, querelante ou assistente) não apresenta consistência, algo que poderá ser apontado pelo maior interessado no indeferimento.

Em casos de urgência ou de perigo de ineficácia da medida, não se ouve o indiciado ou réu antes da decretação, nada impedindo que se promova a sua oitiva depois. Seria um autêntico contraditório diferido.

8.6.4 Descumprimento da medida cautelar alternativa

Em caso de descumprimento injustificado das obrigações impostas, ouvido antes o indiciado ou réu, em homenagem à ampla defesa, pode o juiz, a requerimento do Ministério Público, seu assistente ou do querelante, "impor outra em cumulação, ou, em último caso, decretar a prisão preventiva, nos termos do § 1º do art. 312 deste Código". Seguem os §§ 5º e 6º: "o juiz poderá, de ofício ou a pedido das partes, revogar a medida cautelar ou substituí-la quando verificar a falta de motivo para que subsista, bem como voltar a decretá-la, se sobrevierem razões que a justifiquem"; "a prisão preventiva somente será determinada quando não for cabível a sua substituição por outra medida cautelar, observado o art. 319 deste Código, e o não cabimento da substituição por outra medida cautelar deverá ser justificado de forma fundamentada nos elementos presentes do caso concreto, de forma individualizada."

8.6.5 A detração no contexto das medidas cautelares alternativas

A detração é um benefício ao sentenciado, a ser implementado em execução penal, consistente no cômputo na pena privativa de liberdade e na medida de segurança do prazo de prisão provisória, no Brasil ou no estrangeiro (art. 42, CP). O sentido do mencionado benefício é provocar uma compensação, sob o ponto de vista prático, entre o período em que o réu permaneceu detido, considerado inocente, em situação de prisão cautelar, e a prisão-pena, a ser cumprida em virtude da condenação.

Tratando-se de benefício, torna-se fundamental estar previsto expressa e detalhadamente em lei. Surgem, com a Lei 12.403/2011, novas medidas cautelares, diversas da prisão, cuja finalidade é justamente impedir a decretação da segregação provisória. Entretanto, tais medidas não deixam de representar uma restrição à liberdade do acusado, motivo pelo qual se pode debater a viabilidade da detração no seu contexto.

A hipótese não se encontra expressamente prevista em lei, motivo pelo qual, em tese, não poderia ser aplicada. Assim sendo, decretada uma medida cautelar não se poderia compensar, posteriormente, diante da fixação de pena privativa de liberdade ou outra qualquer.

Entretanto, em Direito Penal, permite-se, quando possível, para evitar distorções e injustiças, o instituto da analogia *in bonam partem* (em benefício do acusado). São situações análogas as seguintes: a) prisão provisória antes da condenação, seguida de imposição de pena privativa de liberdade = desconta-se nesta o período daquela, pois de mesma natureza; b) medida cautelar de proibição de frequentar lugares, seguida do estabelecimento de pena restritiva de direitos de proibição de frequentar lugares = por analogia, desconta-se nesta o período daquela, visto serem de mesma natureza.

Não acarreta situações análogas outras hipóteses, tais como: a) medida cautelar de manter-se afastado da vítima, seguida de condenação ao cumprimento de pena em regime semiaberto = aquele período não afeta o tempo de prisão, pois ambos são de natureza diversa.

8.7 Prisão domiciliar

A Lei 12.403/2011 criou a prisão domiciliar, para a fase processual, prevendo hipóteses de cumprimento da prisão preventiva em residência, fora do cárcere fechado.

Os casos são os seguintes, conforme prevê o art. 318 do CPP: a) maior de 80 anos; b) pessoa extremamente debilitada por motivo de doença grave; c) agente imprescindível aos cuidados especiais de pessoa menor de seis anos ou com deficiência; d) gestante; e) mulher com filho de até 12 (doze) anos de idade incompletos; f) homem, caso seja o único responsável pelos cuidados do filho de até 12 (doze) anos de idade incompletos.

Exige-se prova idônea de qualquer dessas situações (art. 318, parágrafo único, CPP).

Lembre-se que a prisão domiciliar não é nova medida cautelar restritiva da liberdade; cuida-se, apenas, do cumprimento da prisão preventiva em residência, de onde somente pode o sujeito sair com autorização judicial.

O juiz somente deve autorizar a transferência ou o recolhimento do agente, quando decretada a prisão preventiva, para sua residência nesses casos extremos. Nenhuma outra hipótese pode ser admitida.

O magistrado pode autorizar o recolhimento em prisão domiciliar; logo, depende do caso concreto (ex.: o chefe do crime organizado, extremamente perigoso, embora com 80 anos, não pode ser recolhido em casa).

Outro ponto relevante: não se deve vulgarizar a prisão domiciliar como já se fez com a prisão albergue domiciliar. Esta somente seria possível às pessoas enumeradas no art. 117 da Lei de Execução Penal (situações similares ao art. 318 do CPP), mas foi estendida a todos os condenados ao regime aberto, onde não houvesse Casa do Albergado. Exterminou-se o regime aberto em determinados lugares, por falta de fiscalização.

Tratando-se de prisão cautelar, voltada a um réu presumidamente inocente, torna-se fundamental que seja ela essencial ao processo. Se o juiz resolver esticar o benefício a todo e qualquer réu, somente porque, na Comarca, há falta de vagas na cadeia, melhor será a revogação da preventiva. Mais adequado ter um réu solto do que um ficticiamente preso em casa.

A prisão cautelar é para ser cumprida em cárcere fechado ou não atingirá os objetivos fixados em lei. Como assegurar a ordem pública com um réu entrando e saindo de sua residência quando bem quiser? Se a pena, no regime aberto, já se desvirtuou, é fundamental que não se estenda tal situação para o contexto cautelar.

9. LIBERDADE PROVISÓRIA

A Constituição Federal estabelece que "ninguém será levado à prisão ou nela mantido, quando a lei admitir a liberdade provisória, com ou sem fiança" (art. 5.º, LXVI), significando, nitidamente, que a prisão é exceção e a liberdade, regra. Aliás, não poderia ser diferente em face do princípio constitucional da presunção de inocência (art. 5.º, LVII).

A ideia central da liberdade provisória é a seguinte: presa em flagrante – excepcionalmente em decorrência de outras situações, como será visto – a pessoa terá o direito de aguardar solta o seu julgamento, pagando fiança ou, sem que o faça, conforme o caso, afinal, é presumidamente inocente.

9.1 Liberdade provisória com fiança

Fiança é uma garantia real, consistente no pagamento em dinheiro ou na entrega de valores ao Estado, para assegurar o direito de permanecer em liberdade, no transcurso de um processo criminal.

Considera-se a fiança uma espécie do gênero caução, que significa garantia ou segurança. Diz-se ser a caução fidejussória, quando a garantia dada é pessoal, isto é, assegurada pelo empenho da palavra de pessoa idônea de que o réu vai acompanhar a instrução e apresentar-se, em caso de condenação. Esta seria a autêntica fiança.

Com o passar dos anos, foi substituída pela denominada caução real, que implica o depósito ou a entrega de valores, desfigurando a fiança. Ainda assim, é a caução real a feição da atual fiança, conforme se vê no Código de Processo Penal (cf. Luiz Otavio de Oliveira Rocha e Marco Antonio Garcia Baz, Fiança criminal e liberdade provisória, p. 109; Espínola Filho, Código de Processo Penal brasileiro anotado, v. 3, p. 487; Tourinho Filho, Código de Processo Penal comentado, v. 1, p. 557; Mirabete, Código de Processo Penal interpretado, p. 431).

A finalidade da fiança é assegurar a liberdade provisória do indiciado ou réu, enquanto decorre o inquérito policial ou o processo criminal, desde que preenchidas determinadas condições. Entregando valores seus ao Estado, estaria vinculado ao acompanhamento da instrução e interessado em apresentar-se, em caso de condenação, para obter, de volta, o que pagou.

Além disso, a fiança teria a finalidade de garantir o pagamento das custas (quando houver), da indenização do dano causado pelo crime (se existente), da prestação pecuniária (se couber) e, também, da multa (se for aplicada).

O instituto da fiança encontrava-se desmoralizado e quase não tinha aplicação prática. Justificava-se a afirmação pela introdução, no Código de Processo Penal, do § 1.º do art. 310 que autorizou a liberdade provisória, sem fiança, aceitando-se o compromisso do réu de comparecimento a todos os atos do processo, para qualquer delito. Ora, tal situação foi capaz de abranger delitos como o homicídio simples, cuja pena mínima é de seis anos de reclusão era considerado inafiançável (art. 323, I, CPP, na anterior redação). Se o juiz podia conceder liberdade provisória para réus de crimes mais graves (hoje, até mesmo para delitos hediondos e equiparados), por que não poderia fazer o mesmo quando o indivíduo cometesse um furto simples? Não teria cabimento, nem justiça, estabelecer a fiança para o crime menos grave, deixando em liberdade provisória, sem qualquer ônus, o autor de delito mais grave.

Comungamos do entendimento exposto por Scarance Fernandes: "Perdeu, assim, a fiança muito da sua importância. De regra, aquele que tem direito à liberdade provisória com fiança terá também direito à liberdade provisória sem fiança, e obviamente essa solução, por ser mais benéfica, é a que deve ser acolhida pelo juiz" (Processo penal constitucional, p. 310). É certo, lembra o mesmo autor, que a fiança ainda pode ter algumas vantagens, como o procedimento mais simplificado para a sua concessão, não se exigindo nem mesmo a oitiva prévia do Ministério Público, além de ser autorizada a fixação da fiança, em alguns delitos, pela própria autoridade policial.

Sempre defendemos que, para aperfeiçoar o instituto da fiança no Brasil, todos os delitos deveriam ser afiançáveis. Os mais leves, como já ocorre atualmente, comportariam a fixação da fiança pela própria autoridade policial, enquanto os mais graves, somente pelo juiz. Mas, desde o homicídio até um mero furto, como mencionamos anteriormente, seriam objeto de fixação de fiança. Ela retornaria a ter um papel relevante, abrangendo sempre o réu com melhor poder aquisitivo, vinculando-o ao acompanhamento da instrução, desde que os valores também fossem, convenientemente, atualizados e realmente exigidos pelo magistrado.

A Lei 12.403/2011 teve por fim corrigir várias das distorções supramencionadas, autorizando a fiança para quase todos os delitos, exceto para os que a própria Constituição Federal veda.

Desse modo, somente não cabe fiança, nos termos do art. 323, para os seguintes delitos: a) racismo; b) tortura, tráfico de drogas, terrorismo e hediondos; c) cometidos por grupos armados, civis ou militares, contra a ordem constitucional e o Estado Democrático.

Igualmente, veda-se a fiança, conforme art. 324: a) aos que tiverem quebrado fiança, no mesmo processo, anteriormente ou infringido, sem justo motivo, qualquer das obrigações constantes dos arts. 327 e 328 do CPP; b) em caso de prisão civil ou militar; c) quando presentes os motivos da preventiva.

O sistema torna-se mais racional, pois, para o homicídio simples (exemplo supracitado) passa a caber fiança, assim como para o furto simples. Equiparam-se as situações.

Entretanto, por efeito constitucional, os delitos enumerados no art. 323 do CPP continuam não comportando fiança, mas toleram liberdade provisória sem fiança. Não deixa de continuar a representar uma contradição poder soltar um acusado de estupro, sem fiança, mas estabelecer a mesma medida para o acusado de receptação simples.

Note-se, no entanto, não ser culpa do legislador ordinário. A demagogia foi realizada em 1988, quando da feitura da Constituição Federal, impedindo-se fiança para os delitos considerados graves, mas não vendando a liberdade provisória, sem a fixação de fiança. Está feito o mal. Resta remediar.

398 MANUAL DE PROCESSO PENAL · Nucci

Os valores da fiança foram atualizados e a possibilidade de fixação da garantia real, aumentada. Parece-nos justo que se use a fiança, pois é uma das mais eficientes medidas para segurar o réu/indiciado no distrito da culpa. Se ele fugir, perde os bens que deu em garantia, algo que muitos não querem que ocorra.

Pela nova disposição legal, a autoridade policial pode fixar fiança para os crimes cuja pena máxima não seja superior a quatro anos (art. 322, CPP). Nos demais casos, cabe ao juiz (art. 322, parágrafo único, CPP).

9.1.1   Hipóteses que vedam a concessão de fiança

Estão previstas nos arts. 323 e 324 do Código de Processo Penal, razão pela qual os crimes que não se encaixam nesses dispositivos são afiançáveis.

Segundo os mencionados artigos, não se concede fiança:

a) nos crimes de racismo;

b) nos crimes de tortura, tráfico ilícito de entorpecentes e drogas afins, terrorismo e nos definidos como crimes hediondos;

c) nos crimes cometidos por grupos armados, civis ou militares, contra a ordem constitucional e o Estado Democrático;

d) aos que, no mesmo processo, tiverem quebrado fiança anteriormente concedida ou infringido, sem motivo justo, qualquer das obrigações a que se referem os arts. 327 e 328 do CPP;

e) em caso de prisão civil ou militar;

f) quando presentes os motivos que autorizam a decretação da prisão preventiva.

Analisando as referidas hipóteses temos o seguinte:

a) o crime de racismo (figuras previstas na Lei 7.716/89) é, constitucionalmente, considerado inafiançável (art. 5.º, XLII), embora assim não devesse ser. Afinal, as penas previstas para tais infrações são relativamente baixas, comportando variados benefícios, que implicam liberdade para o seu cumprimento (*sursis*, regime aberto, pena alternativa etc.). Por outro lado, no sistema processual penal, considerando-se o delito inafiançável, admite-se a concessão de liberdade provisória sem fiança;

b) os crimes de tortura, tráfico de drogas, terrorismo e hediondos também são considerados inafiançáveis em virtude de norma constitucional (art. 5.º, XLIII). Embora muitos deles comportem penas elevadas, cremos despropositado proibir a fiança. Pensamos ser mais adequado recolher uma quantia aos cofres públicos para auferir a liberdade, vinculando-se ao distrito da culpa, do que ser libertado sem fiança.

c) os crimes cometidos por grupos armados, civis ou militares, contra a ordem constitucional e o Estado Democrático são inafiançáveis por determinação constitucional (art. 5.º, XLIV). São os previstos pelos arts. 359-I a 359-R, do Código Penal.

d) os réus que tiverem infringido seus deveres, impostos pela anterior concessão de fiança por certo, no mesmo feito, não devem tornar a receber o benefício.

Estabelecem os arts. 327 e 328 do CPP o seguinte: "A fiança tomada por termo obrigará o afiançado a comparecer perante a autoridade, todas as vezes que for intimado para atos do inquérito e da instrução criminal e para o julgamento. Quando o réu não comparecer, a fiança será havida como quebrada" (327); "O réu afiançado não poderá, sob pena de quebramento da fiança, mudar de residência, sem prévia permissão da autoridade processante, ou ausentar-se por mais de 8 (oito) dias de sua residência, sem comunicar àquela autoridade o lugar onde será encontrado" (328).

e) as prisões civil e militar não comportam fiança, pois têm natureza jurídica completamente diversa da prisão processual. A primeira destina-se ao devedor de alimentos, como forma de obrigá-lo a satisfazer sua dívida. A segunda volta-se à disciplina da caserna, não dizendo respeito à órbita civil.

f) a previsão de que não cabe fiança, quando presentes os requisitos da prisão preventiva, é óbvia. Nenhum tipo de liberdade é compatível com a prisão cautelar.

Atualmente, entretanto, deve-se destacar o disposto no art. 301 do Código de Trânsito Brasileiro (Lei 9.503/97): "Ao condutor do veículo, nos casos de acidente de trânsito de que resulte vítima, não se imporá a prisão em flagrante, nem se exigirá fiança, se prestar pronto e integral socorro àquela". A medida é correta e veio em boa hora, pois não teria o menor sentido exigir-se que o motorista socorra a vítima de um acidente automobilístico, somente para ser preso em flagrante, assim que chegar ao hospital.

Em determinadas leis especiais, encontramos também a proibição da fiança, como ocorre no caso do art. 31 da Lei 7.492/86, que cuida dos crimes contra o sistema financeiro, desde que punidos com reclusão, vedando a concessão de fiança. Nada fala quanto à liberdade provisória, sem fiança, autorizando-a, pois.

9.1.2 Valor da fiança

Os valores da fiança estão fixados no art. 325 do Código de Processo Penal, em valores atualizados.

São as seguintes faixas: a) de um a cem salários mínimos, quando se cuidar de infração cuja pena privativa de liberdade, no patamar máximo, não for superior a quatro anos; b) de dez a duzentos salários mínimos, quando o máximo da pena privativa de liberdade prevista for superior a quatro anos.

É viável, conforme a situação econômica do preso: a) dispensar a fiança, na forma do art. 350 ("nos casos em que couber fiança, o juiz, verificando a situação econômica do preso, poderá conceder-lhe liberdade provisória, sujeitando-o às obrigações constantes dos arts. 327 e 328 deste Código e a outras medidas cautelares, se for o caso. Parágrafo único. Se o beneficiado descumprir, sem motivo justo, qualquer das obrigações ou medidas impostas, aplicar-se-á o disposto no § 4.º do art. 282 deste Código"); b) reduzir o valor da fiança até o máximo de dois terços; c) aumentar a fiança em até mil vezes.

O principal critério para o estabelecimento do montante específico da fiança é a situação econômica do réu, dentre outros previstos no art. 326 do CPP.

Portanto, além de levar em consideração a gravidade da infração penal (as duas faixas estão expostas nos incisos I e II do art. 325, ou seja, máximo da pena privativa de liberdade, até quatro e superior a quatro), precisa-se ponderar se o acusado é incapaz de pagar aqueles valores, mesmo que fixados no mínimo. Assim sendo, pode-se reduzir

400 | MANUAL DE PROCESSO PENAL · Nucci

ainda mais, atingindo o corte máximo de dois terços – atribuição tanto da autoridade policial, quanto do juiz.

Se persistir a impossibilidade de pagamento, pode-se considerar o réu pobre, concedendo-lhe a liberdade provisória, sem fiança, o que somente o magistrado poderá fazer. Por outro lado, acusados, financeiramente abonados, devem ter a fiança aumentada. Toma-se o valor máximo estabelecido para o crime, conforme os incisos I e II do art. 325, elevando-se até mil vezes mais. Tal medida deve ser tomada apenas pelo juiz.

Os outros cinco critérios para a determinação do valor da fiança, além das três faixas supramencionadas, são os seguintes (art. 326, CPP):

a) *natureza da infração:* o art. 325 encarregou-se, nos incisos I e II, de prever faixas de fixação da fiança, conforme a gravidade da infração penal, razão pela qual é desnecessário voltar a esse critério. Deve-se levar em consideração, para a subsunção da infração penal ao valor da fiança cabível, todas as circunstâncias legais de aumento ou diminuição da pena. No caso das causas de diminuição, aplica-se o mínimo, sobre o máximo em abstrato previsto para o delito. No caso das causas de aumento, coloca-se o máximo, sobre o máximo em abstrato previsto para a infração penal;

b) *condições pessoais de fortuna:* trata-se do principal elemento, sob pena de tornar a fiança inútil ou despropositada. Deve-se analisar a situação econômica do beneficiário, para, então, estabelecer o valor justo para ser pago ou entregue;

c) *vida pregressa do acusado:* são os seus antecedentes criminais. Destarte, aquele que for reincidente ou tiver maus antecedentes deve ter um valor mais elevado de fiança a pagar, diante da reiteração na vida criminosa;

d) *periculosidade:* trata-se de um elemento imponderável por si mesmo, constituindo a união da vida pregressa com a gravidade do crime, associado à personalidade do agente. Se for considerado perigoso, o valor da fiança deve ser mais elevado, dificultando-se a sua soltura;

e) *provável importância das custas:* como a lei mencionou somente custas, não se pode pensar na indenização pelo crime, nem na multa.

9.1.3 Condições da fiança

São as seguintes:

a) obrigação de comparecimento diante do juiz ou do delegado todas as vezes que for intimado para atos do inquérito ou da instrução criminal, bem como para o julgamento (art. 327, CPP);

b) obrigação de não mudar de residência sem prévia permissão da autoridade processante (art. 328, CPP);

c) obrigação de não se ausentar por mais de oito dias de sua residência, sem comunicar à autoridade o lugar onde pode ser encontrado (art. 328, CPP).

O afiançado deve manter-se em lugar de pronta e rápida localização pela autoridade. Assim, para que determinado ato processual ou procedimental se realize torna-se imperiosa a sua intimação, que contará com a necessidade de uma eficaz localização. Se ele alterar sua residência, sem comunicar onde será encontrado, não haverá condições de se proceder à intimação, podendo prejudicar o andamento pro-

Capítulo XIV • Prisão e Liberdade Provisória | **401**

cessual ou do inquérito. A ausência prolongada pode sinalizar uma possibilidade de fuga, o que é incompatível com o benefício auferido. Entretanto, cremos exageradas as condições deste artigo. O importante é saber onde encontrá-lo, sem necessidade de que obtenha permissão *prévia* para mudar de endereço ou, então, não poder ausentar-se para uma viagem qualquer, por mais de 8 dias, se nem procurado foi nesse período;

d) obrigação de não tornar a cometer infração penal dolosa durante a vigência da fiança (art. 341, V, CPP);

e) obrigação de não obstruir ao andamento do processo (art. 341, II, CPP);

f) obrigação de cumprir medida cautelar imposta cumulativamente com a fiança (art. 341, III, CPP);

g) obrigação de cumprir ordem judicial (art. 341, IV, CPP).

9.1.4 Fiança definitiva

Significa que, quando prestada, para assegurar a liberdade provisória do indiciado ou do réu, não está mais sujeita ao procedimento verificatório, que se instaurava no passado (art. 330, CPP).

Houve época em que a fiança era provisória, isto é, para apressar o procedimento de soltura, depositava o interessado determinado valor, que poderia ser metal precioso, por exemplo, estando sujeito à verificação posterior sobre o seu real preço de mercado, além de se passar à análise das condições pessoais do beneficiário.

Atualmente, a fiança é considerada definitiva, porque tudo isso é checado antecipadamente, concedendo-se a liberdade provisória sem verificação posterior. Mas, em determinados casos, o legislador permitiu que houvesse um reforço de fiança, conforme se vê no art. 340 do CPP.

Uma das formas de prestar fiança é pelo depósito em dinheiro. Se for apresentada moeda estrangeira, faz-se a conversão, conforme o câmbio do dia, depositando-se o valor devido. Em contrário, sustentando que a lei quer referir-se à moeda nacional, razão pela qual, se for apresentada a estrangeira, deve ser equiparada a metal precioso, estão as posições de LUIZ OTAVIO DE OLIVEIRA ROCHA e MARCO ANTONIO GARCIA BAZ (Fiança criminal e liberdade provisória, p. 110).

Outra possibilidade é o depósito de pedras, objetos e metais preciosos, que dependem de um exame mais acurado, pois, diferentemente do dinheiro, cujo valor é nítido, podem apresentar distorções. Apresentar ouro, como garantia, pode significar ser um metal de 14 quilates, cujo valor de mercado é bem diferente daquele que possui 18 quilates, por exemplo. Essa é a razão de se impor, nesse caso, a avaliação do perito, que pode ser um único, nomeado pela autoridade policial ou judiciária, conforme a situação.

Existe, também, a possibilidade de apresentação de bens sujeitos à hipoteca, que, conforme dispõe o art. 1.473 do Código Civil, podem ser os seguintes: "I – os imóveis e os acessórios dos imóveis conjuntamente com eles; II – o domínio direto; III – o domínio útil; IV – as estradas de ferro; V – os recursos naturais a que se refere o art. 1.230, independentemente do solo onde se acham; VI – os navios; VII – as aeronaves;

VIII – o direito de uso especial para fins de moradia; IX – o direito real de uso; X – a propriedade superficiária".

A execução da hipoteca, caso necessário, não se faz no juízo criminal. Se a fiança for perdida ou quebrada, caso tenha sido a garantia oferecida na forma de hipoteca, cabe ao Ministério Público requerer a venda, em hasta pública, do bem ofertado, para garantir o ressarcimento das custas, da indenização da vítima ou da multa, bem como dos valores que serão destinados ao Fundo Penitenciário Nacional (art. 348, CPP).

O valor correspondente à fiança deve ser recolhido ao fundo penitenciário, estadual, se houver, ou federal, computando-se correção monetária.

Os valores devem ser depositados em agência de banco estadual, existente no prédio do fórum, mas, em se tratando de crime da competência federal, normalmente segue para o Banco do Brasil S/A ou para a Caixa Econômica Federal. Se arbitrada pelo juiz, o cartório expede guia própria de recolhimento. Uma das vias será anexada aos autos, comprovando o pagamento, enquanto outra segue para a instituição financeira. Lança-se, imediatamente, o valor recolhido no Livro de Fiança, cuja existência no cartório e na delegacia é obrigatória (art. 329, CPP), anotando-se o número da conta judicial ao qual está vinculado, para efeito de futuro levantamento.

Se houver impossibilidade de pronto depósito, o que pode ocorrer nos finais de semana ou feriados, não se deve prolongar a prisão do beneficiário da fiança por conta disso. Entrega-se, então, o valor ao escrivão da polícia ou do fórum para que o depósito, em conta judicial, seja feito posteriormente.

No caso de prisão em flagrante, a autoridade que presidiu a lavratura do auto é a responsável pela concessão da fiança, desde que seja legalmente possível. A autoridade policial somente não pode fazê-lo, quando se tratar de crime apenado com pena máxima, em abstrato, superior a quatro anos. Entretanto, se quem presidir o auto for o juiz, certamente poderá ele cuidar disso, sempre que julgar apropriada a fixação de fiança.

Por outro lado, quando a prisão se der em função de mandado, competente para decidir sobre a fiança é a autoridade judiciária que a determinou ou aquela a quem foi requisitada (art. 332, CPP). Determina o art. 285, parágrafo único, d, do Código de Processo Penal, que a autoridade judiciária, ao expedir o mandado de prisão, deve fazer inserir o "valor da fiança arbitrada, quando afiançável a infração". Tal providência se deve para facilitar a soltura do indiciado ou réu. Assim, tão logo seja detido, pode providenciar o recolhimento da fiança, a fim de ser colocado em liberdade provisória. Entretanto, se houve omissão, sendo afiançável a infração, cabe estabelecer o seu valor o juiz ou a autoridade policial – esta, quando não se tratar de crimes apenados com pena máxima superior a quatro anos – que houver de cumprir a ordem.

Para a concessão da fiança, não há necessidade de ouvir previamente o Ministério Público (art. 333, CPP). Em seguida, abre-se vista para sua ciência, requerendo o membro da instituição o que julgar devido, como o reforço da garantia (art. 340), ou mesmo recorrendo contra a sua concessão (art. 581, V). Aceitando que a vista seja posterior à concessão: Mirabete (Código de Processo Penal interpretado, p. 443); Frederico Marques, citando Basileu Garcia (Elementos de direito processual penal, v. 4, p. 159); Tourinho Filho (Comentários ao Código de Processo Penal, v.

1, p. 575). Defendendo que o Ministério Público deve ser sempre ouvido antes: Luiz Otavio de Oliveira Rocha e Marco Antonio Garcia Baz (Fiança criminal e liberdade provisória, p. 107-108).

Registremos, ainda, que a qualquer tempo, desde a prisão em flagrante até o trânsito em julgado de decisão condenatória, pode ser a fiança concedida (art. 334, CPP).

A recusa ou demora da autoridade policial para estabelecer o valor da fiança abre caminho para apresentar uma petição ao juiz, com o fim de requerê-la. O magistrado, ouvindo os motivos da autoridade que se recusou ou se omitiu em fixá-la, poderá conceder o benefício.

A redação do art. 335 do CPP, no sentido de que o preso "pode prestá-la, mediante simples petição", ou seja, independentemente da decisão judicial, não corresponde à realidade. Quer-se dizer que o preso não precisa aguardar, indefinidamente, a autoridade policial decidir a respeito, encaminhando seu desejo de prestar fiança e obter a liberdade provisória, diretamente ao juiz. Não é preciso impetrar *habeas corpus* contra o delegado, bastando singelo pedido ao magistrado. Se este negar, agora sim, cabe a impetração de *habeas corpus* junto ao tribunal. A autoridade judiciária competente é a prevista na organização judiciária local. Havendo mais de uma, o correto é efetuar-se a distribuição imediata do inquérito, fruto do flagrante, justificador do pedido de fiança, para selecionar o magistrado competente.

Os valores dados como fiança ficam sujeitos ao pagamento das custas, da indenização do dano, da prestação pecuniária e da multa, em caso de condenação (art. 336, CPP).

9.1.5 Consequências possíveis da fiança

São as seguintes:

a) *fiança sem efeito:* é o resultado da negativa ou omissão do indiciado ou réu em complementar o valor da fiança, reforçando-a, quando necessário. Torna-se a concessão sem efeito e o sujeito deve retornar ao cárcere. O valor que ele recolheu, no entanto, será integralmente restituído (art. 337, CPP). A restituição igualmente ocorre se o acusado for absolvido ou tiver extinta a sua punibilidade. Caso se trate da extinção da punibilidade, envolvendo apenas a pretensão executória, as custas e a indenização podem ser retidas (art. 336, parágrafo único);

b) *fiança inidônea:* é a denominação da fiança que não poderia ter sido concedida, seja porque a lei proíbe, seja porque os requisitos legais não foram corretamente preenchidos (art. 338, CPP);

c) *cassação da fiança:* ocorre quando a autoridade judiciária percebe ter sido incabível a sua fixação, seja porque o crime não comporta, porque a lei expressamente veda (como ocorre nos crimes hediondos), porque o réu é reincidente em crime doloso (certidão comprobatória que chegou atrasada, por exemplo) ou qualquer outro motivo a demonstrar que a concessão foi indevida (art. 338, CPP). Pode haver a cassação de ofício ou a requerimento do Ministério Público, não podendo a autoridade policial fazê-lo sozinha. Nessa hipótese, devolve-se o valor recolhido a quem a prestou, expedindo-se a ordem de prisão. A cassação pode ser feita, inclusive, em segundo grau, quando houver recurso do Ministério Público contra a sua irregular concessão.

Dá-se o mesmo, se houver inovação na classificação do delito (art. 339, CPP). Acreditava-se (na polícia ou em juízo) que a infração era afiançável, porém, depois de oferecida a denúncia ou mesmo de um aditamento, nota-se não ser o caso. Exemplo: a autoridade policial, crendo tratar-se do delito previsto no art. 38 da Lei 11.343/2006 (um médico ministra, culposamente, droga em excesso ao paciente) fixa fiança para quem foi preso em flagrante. Entretanto, o promotor o denuncia por tráfico ilícito de entorpecentes (art. 33 da mesma Lei), convencendo-se ter havido dolo na conduta. Cabe a cassação da fiança, que foi indevidamente concedida, mesmo porque é vedada para esse tipo de delito. O valor será restituído a quem o recolheu;

d) *reforço da fiança*: significa que o valor recolhido foi insuficiente, algo que somente se constatou em verificação posterior à obtenção, pelo preso, da liberdade provisória.

São as seguintes situações, descritas no art. 340 do CPP:

d.1) quando o valor tomado for insuficiente, por ter havido engano da autoridade policial ou judiciária. Ex.: oferece-se um metal precioso, cujo valor de mercado está distante daquele apontado pela primeira avaliação. Outro exemplo: quando se enganar na faixa de fixação dos valores da fiança, cobrando a menos do que deveria (art. 325, I e II, CPP);

d.2) depreciação material ou perecimento dos bens. Essa situação pode ocorrer de diversas formas. Se o preso forneceu metal precioso, mas seu valor, no mercado, despencou, por conta da existência de uma mutação econômico-financeira qualquer, deve haver o reforço. Pode existir, ainda, o perecimento de uma aeronave, que fora dada em hipoteca, devendo o réu repor a garantia;

d.3) inovação da classificação do delito. É a situação em que, embora alterada a classificação do crime, continua a ser permitida a fiança, só que em valor mais elevado (art. 325, I e II, CPP). Deve, então, o réu cuidar de repor o seu valor. Não o fazendo, será ela tornada sem efeito, restituindo-se o valor e expedindo-se o mandado de prisão;

e) *quebra da fiança*: considera-se quebrada a fiança, quando o beneficiário não cumpre as condições que lhe foram impostas para gozar da liberdade provisória (art. 341, CPP).

Assim ocorre se, intimado regularmente, deixar de comparecer a importante ato do processo ou do inquérito, sem motivo justo, comprovado de pronto. Outra situação advém quando o acusado cometer nova infração penal dolosa, sem necessidade de julgamento final, pois isto iria ferir o espírito da garantia, que é colocar na rua o sujeito comprometido a não tornar a perturbar a ordem. Logicamente, caberá ao bom senso do juiz verificar o tipo de infração cometida e sua repercussão, pois pode tratar-se de algo sem relevância. Somem-se a estas, as condições fixadas no art. 328 (mudança de endereço sem prévia autorização, ausência por mais de oito dias da residência, sem comunicação do paradeiro). Além disso, provoca a quebra da fiança qualquer ato deliberado de obstrução ao andamento processual e o descumprimento de medida cautelar imposta cumulativamente à fiança.

A prática de ato deliberado de obstrução ao andamento do feito pode gerar causa para a decretação da prisão preventiva, com base na conveniência da instrução (art. 312, CPP). Além disso, o descumprimento de medida cautelar também pode dar margem à preventiva, dependendo do critério judicial (art. 312, parágrafo único, CPP).

O quebramento da fiança é, sempre, determinado pelo juiz, nunca pela autoridade policial.

A quebra da fiança provocará a perda de metade do valor apresentado como garantia, cabendo ao magistrado decidir se aplica outra medida cautelar ou decreta a prisão preventiva (art. 343, CPP);

f) *restauração da fiança:* uma vez cassada, autoriza-se o recurso em sentido estrito (art. 581, V, CPP), podendo, naturalmente, o tribunal dar-lhe provimento, restaurando-se, então, exatamente a fiança que fora suprimida.

Pode o magistrado, no juízo de retratação desse recurso, rever a decisão e restaurar a fiança. Lembre-se que não há efeito suspensivo ao recurso em sentido estrito, de modo que, tendo sido a cassação um nítido constrangimento ilegal, cabe a impetração de *habeas corpus*;

g) *perda da fiança:* ocorre a perda total do valor recolhido, a título de fiança, caso o réu seja condenado, definitivamente, e não se apresentar para cumprir a pena (art. 344, CPP). É a sanção por não ter respeitado o compromisso de se mostrar toda vez que for regularmente intimado. Ora, quando é condenado à pena privativa de liberdade, o oficial ou a autoridade encarregada de prendê-lo dirige-se ao local onde disse que estaria, não devendo haver frustração. Se lá não se encontrar é porque rompeu tal compromisso, sendo por isso sancionado com a perda total desse valor. O mesmo pode ocorrer se o sentenciado for intimado a cumprir pena restritiva de direitos e não o fizer.

Nessa situação, abate-se do valor da fiança as custas (se houver), a indenização do dano (quando existente), a prestação pecuniária (se estabelecida) e a multa (se foi fixada). O restante segue para o Fundo Penitenciário Nacional, em conta própria, hoje no Banco do Brasil S/A, ou ao Fundo Penitenciário Estadual, quando existente no Estado;

h) *restituição da fiança:* realiza-se quando o réu não infringir as condições – inexistindo quebra da fiança –, caso seja condenado e apresente-se para cumprimento da pena, podendo levantar o valor recolhido, com a única ressalva de serem pagas as custas, a indenização à vítima e a multa, da forma como já expusemos em notas anteriores (art. 347, CPP).

10. LIBERDADE PROVISÓRIA SEM FIANÇA

Há previsão legal para a concessão de liberdade provisória sem fiança, a saber:

a) quando o juiz verificar, lendo o auto de prisão em flagrante, que o agente praticou o fato escudado por qualquer das excludentes de ilicitude previstas no art. 23 do Código Penal (estado de necessidade, legítima defesa, exercício regular de direito e estrito cumprimento do dever legal), conforme dispõe o art. 310, § 1º, do CPP. Falta, nesse caso, para a sustentação da medida cautelar, o *fumus boni juris*. A

406 | MANUAL DE PROCESSO PENAL · Nucci

única possibilidade de segurar o indiciado preso é não acreditar na versão de qualquer excludente de ilicitude.

Entretanto, havendo fortes indícios de que alguma delas está presente, melhor colocar a pessoa em liberdade do que segurá-la detida. O ideal é que o magistrado faça isso o mais breve possível, justamente para impedir que pessoas, sob o manto protetor das excludentes – algo que pode ser ampliado também para as excludentes de culpabilidade –, permaneça encarcerada. Não tendo sido concedida de início, pode o juiz rever sua anterior decisão a qualquer tempo, inclusive durante o andamento da instrução processual;

b) quando o magistrado verificar, pelo auto de prisão em flagrante, a inocorrência de qualquer das hipóteses que autorizem a prisão preventiva (art. 310, III, CPP) e não for cabível a fiança. Não há, nesse caso, *periculum in mora*. A medida cautelar, que foi a lavratura do flagrante, não mais se justifica, uma vez que seu contraponto, a preventiva, não preenche seus requisitos;

c) quando o réu for pobre e não puder arcar com o valor da fiança (art. 350, CPP). Não seria mesmo justo que o rico fosse beneficiado pela liberdade provisória e o pobre ficasse preso, unicamente por não dispor de recursos para custear a fiança. Estarão, nesse caso, sempre presentes as condições fixadas nos arts. 327 (comparecimento a todos os atos e termos do processo ou inquérito) e 328 (mudança de residência, sem prévia autorização ou ausência da residência por mais de oito dias, sem fornecer o paradeiro).

10.1 Inviabilidade de concessão da liberdade provisória e contradição do sistema

De tempos em tempos, o Legislativo edita leis ordinárias, buscando combater a criminalidade organizada ou violenta. Nesses *pacotes improvisados*, costuma-se inserir norma destinada a vedar a liberdade provisória, como se isso fosse a chave para a segurança pública. Exemplos: a) Lei 9.034/95 (antiga Lei do Crime Organizado), conforme art. 7.º; b) Lei 9.613/98 (Lavagem de Dinheiro), conforme estipulado no art. 3.º (hoje, revogado pelo advento da Lei 12.683/2012).

Vale registrar que, com a edição da Lei 11.343/2006, cuidando das drogas ilícitas, buscou-se renovar a proibição de concessão de liberdade provisória, com ou sem fiança, às hipóteses de tráfico de entorpecentes (art. 44). No entanto, nem bem entrou em vigor, alguns meses após, surgiu a Lei 11.464/2007 retirando a proibição de concessão de liberdade provisória a todos os crimes hediondos e assemelhados, dentre estes o tráfico ilícito de drogas. Logo, por óbvio, cabe liberdade provisória a tais infrações penais.

Outra menção fundamental é a proclamação da inconstitucionalidade do art. 21 e dos parágrafos únicos dos arts. 14 e 15 da Lei 10.826/2003, que vedavam a liberdade provisória (art. 21) e a fiança (parágrafos únicos dos arts. 14 e 15), pelo Supremo Tribunal Federal, em maio de 2007.

Há determinadas incoerências legislativas que merecem reparo. É certo que o art. 5.º, LXVI, estipula que "ninguém será levado à prisão ou nela mantido, quando a lei admitir a liberdade provisória, com ou sem fiança" (grifo nosso), demonstrando que é o legislador o primeiro a decidir quais indiciados ou acusados merecem e quais não merecem o benefício da liberdade provisória, um instituto típico dos casos de prisão em flagrante.

Afinal, quando não houver flagrante, descabe falar em liberdade provisória. O juiz está autorizado a decretar a prisão temporária (durante a investigação policial) ou a preventiva (durante a instrução processual, como regra), que são medidas cautelares, cujos efeitos, quando cessam, não comportam liberdade provisória, mas simples revogação da medida constritiva. Por isso, resta certa ilogicidade no sistema.

Se o indivíduo é preso em flagrante, quando a lei veda a liberdade provisória, não poderá receber o benefício da liberdade provisória, mesmo sendo primário, de bons antecedentes e não oferecendo maiores riscos à sociedade. Mas se conseguir fugir do local do crime, apresentando-se depois à polícia, sem a lavratura do flagrante, poderá ficar em liberdade durante todo o processo, pelo mesmo crime, pois o juiz não está obrigado a decretar a prisão preventiva.

Parece-nos incompreensível essa desigualdade de tratamento. Assim, o correto é exigir uniformidade de raciocínio e de aplicação da lei processual penal a todos os indiciados e acusados, não sendo cabível vedar a liberdade provisória, única e tão somente porque o agente foi preso em flagrante, pela prática de determinados delitos.

As leis que proíbem a concessão de liberdade provisória não afastam a possibilidade de relaxamento da prisão ilegal. Assim, se o flagrante lavrado não preenche os requisitos legais ou se a prisão perdura por mais tempo do que o permitido em lei, é possível haver o relaxamento. Nesse sentido, confira-se a Súmula 697 do STF: "A proibição de liberdade provisória nos processos por crimes hediondos não veda o relaxamento da prisão processual por excesso de prazo". Anote-se que a referida Súmula foi editada antes do advento da Lei 11.464/2007, que passou a permitir liberdade provisória para os delitos hediondos e equiparados.

Por outro lado, o art. 310 do CPP prevê o seguinte: "§ 2º Se o juiz verificar que o agente é reincidente ou que integra organização criminosa armada ou milícia, ou que porta arma de fogo de uso restrito, deverá denegar a liberdade provisória, com ou sem medidas cautelares; § 3º A autoridade que deu causa, sem motivação idônea, à não realização da audiência de custódia no prazo estabelecido no *caput* deste artigo responderá administrativa, civil e penalmente pela omissão; § 4º Transcorridas 24 (vinte e quatro) horas após o decurso do prazo estabelecido no *caput* deste artigo, a não realização de audiência de custódia sem motivação idônea ensejará também a ilegalidade da prisão, a ser relaxada pela autoridade competente, sem prejuízo da possibilidade de imediata decretação de prisão preventiva". Quanto a esse parágrafo, o STF considerou a viabilidade de ultrapassar as 24 horas, em caso excepcional, além de ser admissível o uso de videoconferência para a audiência de custódia, em situação de urgência, valendo-se de meio idôneo. De qualquer modo, mesmo que o prazo seja superado, sem haver excepcionalidade, é possível relaxar a prisão, mas decretar a preventiva na sequência.

Há a fixação de regras mais severas para a concessão de liberdade provisória, mas também se visualiza a obrigação legal de realizar a audiência de custódia, podendo atingir a própria legalidade da prisão.

10.2 Definição jurídica do fato e liberdade provisória

Embora o juiz, por ocasião do recebimento da denúncia ou queixa, não deva alterar a definição jurídica do fato – o que só está autorizado a fazer na fase do art. 383 do Código de Processo Penal –, pode e deve analisar o tema, sob o prisma exclusivo da possibilidade de concessão de liberdade provisória ao acusado.

Como vimos, somente para ilustrar, havia delitos, qualificados como hediondos pela lei, que não admitiam a concessão de liberdade provisória, com ou sem fiança. Assim, apresentando denúncia contra réu preso em flagrante por homicídio qualificado, impossibilitada estaria a concessão de liberdade provisória. Entretanto, era possível que o juiz vislumbrasse, desde logo, a possível desclassificação do delito para a forma simples ou até mesmo para a espécie culposa. Se tal ocorresse, não sendo o caso de rejeitar a denúncia, pois a qualificadora imputada encontrava respaldo nas provas do inquérito, sendo polêmica, no caso, a definição jurídica do fato, podia o magistrado, fundamentando, conceder a liberdade provisória.

Exemplo disso seria uma denúncia acoimando de fútil um homicídio praticado por ciúme. Sendo hipótese polêmica a aceitação dessa motivação do crime como fútil, embora o fato esteja constando no inquérito – o delito foi mesmo causado pelo ciúme do réu – a definição jurídica é que se poderia alterar. Não teria sentido manter o acusado preso durante toda a longa instrução do processo do júri para depois ser desclassificada a infração penal. Teria ele direito a aguardar em liberdade o seu julgamento definitivo. Era o que devia corrigir o juiz, na ocasião de deliberar sobre o direito à liberdade provisória, nas situações de hediondez. E deve continuar a desse modo agir o magistrado, em outras hipóteses similares, quando a liberdade provisória, por alguma razão, for vedada. Assim já se manifestava Frederico Marques, ao comentar a extinta hipótese da prisão preventiva obrigatória: "A qualificação do fato delituoso, na denúncia, só por si não basta para autorizar a prisão obrigatória. Se o juiz entender que esse fato se enquadra em norma penal que não autoriza a prisão preventiva compulsória, só será decretada a custódia cautelar se presente também algum dos pressupostos do art. 312" (Elementos de direito processual penal, v. 4, p. 64). Em igual sentido: Tourinho Filho (Comentários ao Código de Processo Penal, v. 1, p. 630).

📑 **SÍNTESE**

Prisão: é a privação da liberdade de ir e vir, recolhendo-se a pessoa humana ao cárcere.

Prisão temporária: trata-se de uma modalidade de prisão cautelar, cuja finalidade é garantir a investigação policial, desde que voltada a crimes de particular gravidade, devidamente descritos em lei.

Prisão preventiva: é uma espécie de prisão cautelar, com o objetivo de assegurar a aplicação da lei penal, a conveniência da instrução criminal ou garantir a ordem pública ou econômica, desde que provada a materialidade do crime e indícios suficientes de autoria.

Prisão em flagrante: cuida-se de prisão iniciada administrativamente, por força de voz de prisão dada por qualquer pessoa, independentemente de mandado judicial, formalizada pela lavratura do auto pela autoridade policial, submetida à confirmação do juiz. A partir dessa decisão, torna-se prisão cautelar, submetida aos mesmos critérios da prisão preventiva.

Prisão para recorrer: é uma espécie de prisão cautelar imposta a quem é condenado a pena privativa de liberdade, em regime fechado ou semiaberto, desde que estejam presentes os requisitos da prisão preventiva.

Prisão em decorrência de pronúncia: trata-se de prisão cautelar, aplicável a quem é pronunciado para ser submetido a julgamento pelo Tribunal do Júri, como incurso em crime sujeito a pena privativa de liberdade, em regime fechado ou semiaberto, desde que estejam presentes os requisitos da prisão preventiva.

Liberdade provisória: é a concessão de liberdade sob condições a quem foi preso em flagrante (excepcionalmente, para o preso por condenação ou pronúncia), para que possa aguardar a finalização do processo criminal sem necessidade de ficar recolhido ao cárcere.

Fiança: é a garantia real, consistente no pagamento de quantia em dinheiro ou na entrega de valores ao Estado, com o fim de assegurar o direito de permanecer em liberdade durante o transcurso de processo criminal.

Medida cautelar: trata-se de providência acautelatória, cuja finalidade é evitar a causação de dano ou lesão a algum direito ou interesse. No âmbito processual penal, cuida-se de instrumento restritivo de direito individual em nome do interesse coletivo, com vistas à garantia da segurança pública. A medida cautelar, diversa da prisão, consiste em qualquer instrumentalização visando ao estreitamento da liberdade de ir, vir e ficar, sem a sua completa privação.

Capítulo XV
Citação e Intimação

 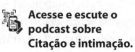

Acesse e escute o podcast sobre Citação e intimação.
> https://uqr.to/1y2u0

Acesse e assista ao vídeo sobre Citação e intimação.
> http://uqr.to/1y2u1

1. CONCEITO DE CITAÇÃO

É o chamamento do réu a juízo, dando-lhe ciência do ajuizamento da ação, imputando-lhe a prática de uma infração penal, bem como lhe oferecendo a oportunidade de se defender pessoalmente e através de defesa técnica.

Ausente neste Código, o art. 238 do CPC define a *citação*: "é o ato pelo qual são convocados o réu, o executado ou o interessado para integrar a relação processual". A diferença, no âmbito processual penal, é a desnecessidade de citação para o executado; havendo condenação, o interesse público somente se realiza quando é viabilizada a execução, pressuposto natural do processo de conhecimento. Sob outro aspecto, não há citação de nenhum interessado, além do próprio réu.

2. FORMAS DE CITAÇÃO

2.1 Citação por mandado

É a forma usual de citação, valendo-se o juiz do oficial de justiça, que busca o acusado, dando-lhe ciência, pessoalmente, do conteúdo da acusação, bem como colhendo o seu *ciente* (art. 351, CPP). Chama-se, ainda, citação pessoal.

Não se admite a citação através de procurador, mas se aceita uma exceção quando o réu é inimputável, circunstância já conhecida, o que leva a citação à pessoa do seu curador.

Nem mesmo o advento da Lei de Informatização do processo permite a citação, no campo criminal, por meio eletrônico (art. 6.º, Lei 11.419/2006).

Quando o acusado estiver em território sujeito à competência de outro magistrado, é preciso expedir carta precatória (se estiver em outra Comarca ou Estado da Federação), como preceitua o art. 353 do CPP, ou carta rogatória (se estiver em outro país ou em sede de embaixada ou consulado), conforme dispõem os arts. 368 e 369 do CPP, viabilizando-se a citação.

Adotava-se um procedimento mais amplo, que consistia na citação e no pedido para que a autoridade judiciária deprecada procedesse ao interrogatório do réu. O Supremo Tribunal Federal já havia validado esse entendimento, de modo que se tornou a prática comum das citações e interrogatórios de réus localizados em lugares estranhos à competência do juiz. Em São Paulo, para ilustrar, o Conselho Superior da Magistratura autorizou a realização de interrogatórios por precatórias. Estabelecia-se que, na expedição da precatória, além da realização da citação, deveria ser inserido o pedido para que fosse o réu interrogado no juízo deprecado, com cópias do processo: denúncia, interrogatório extrajudicial, se houvesse, principais depoimentos e outras peças relevantes do inquérito policial. Ainda na precatória, deveria constar pedido expresso para que o juízo deprecado providenciasse a intimação do réu para a apresentação da defesa prévia, no prazo legal, com o esclarecimento de que este somente fluiria, no juízo deprecante, após a juntada, aos autos, da precatória. Finalmente, previa-se que haveria solicitação para a intimação do defensor constituído do acusado para oferecimento da defesa prévia, caso houvesse o seu comparecimento ao ato.

Com a edição das Leis 11.689/2008 e 11.719/2008, passou-se, após o recebimento da denúncia, no procedimento comum e, também, no procedimento especial do júri, a determinar a citação do réu para que ofereça resposta, por escrito, em dez dias (arts. 396 e 406). O interrogatório será realizado ao final da instrução, em audiência própria. Logo, se houver a expedição de precatória, terá esta o objetivo de citar o acusado, cientificando-o da existência de ação penal e instando-o a responder no prazo supramencionado.

A carta precatória deve conter os seguintes requisitos: a) indicação dos juízes deprecante e deprecado; b) lugar onde cada um se situa; c) finalidade da citação, fazendo-se acompanhar de cópia da denúncia ou da queixa (atualmente, deve constar o prazo para apresentar defesa prévia por escrito em dez dias); d) dia, hora e lugar onde o réu deve comparecer (quando se tratar de intimação para a audiência de instrução e julgamento).

A carta de ordem, enviada de um tribunal superior a um inferior ou a um juízo de 1.º grau, conterá os mesmos requisitos formais supramencionados. Tem a finalidade de citar o acusado, intimar e ouvir alguma testemunha, produzir prova pericial, dentre outras diligências.

Deve-se ressaltar, entretanto, que o advento da Lei 12.019/2009, alterando o art. 3.º, III, da Lei 8.038/90, permite que, nos processos de competência originária do Superior Tribunal de Justiça e do Supremo Tribunal Federal, seja possível ao relator delegar poderes instrutórios: "compete ao relator (...) convocar desembargadores de Turmas Criminais dos Tribunais de Justiça ou dos Tribunais Regionais Federais, bem como juízes de varas criminais da Justiça dos Estados e da Justiça Federal, pelo prazo de 6 (seis) meses, prorrogável por igual período, até o máximo de 2 (dois) anos, para a realização do interrogatório e de outros atos de instrução, na sede do tribunal ou no local onde se deva produzir o ato".

Ao receber a carta precatória, o juiz deprecado coloca o despacho "cumpra-se", a ordem para que a citação seja realizada na sua Comarca. Após a realização do ato processual, feita pelo oficial de justiça, lançada a certidão deste, retorna a precatória à origem, sem maior formalidade (art. 355, CPP).

Precatória itinerante é o nome que se dá à precatória enviada pelo juízo deprecado diretamente a outro juízo, onde provavelmente se encontra o réu (art. 355, § 1.º, CPP). Assim, quando o juiz deprecante, crendo estar o acusado na Comarca X, envia-lhe a precatória, para a citação, pode ocorrer do juiz desta última Comarca verificar estar o acusado, de fato, na Comarca Y, para onde enviará, diretamente, os autos da precatória, sem haver necessidade desta voltar à origem para nova emissão.

Verificando-se que o réu se oculta no juízo deprecado, certificada tal circunstância pelo oficial de justiça, a precatória não deverá ser devolvida, embora assim esteja previsto no art. 355, § 2.º, do CPP. Afinal, em caso de ocultação, não mais se aplica a citação por edital e, sim, a citação por hora certa (art. 362, CPP). Deve-se compatibilizar o sistema de citação, não podendo existir duas formas aplicáveis à mesma situação. Esse foi outro equívoco do legislador: modificou o art. 362, esquecendo-se do conteúdo do art. 355, § 2.º, do CPP.

Se houver urgência na expedição da precatória, pode-se valer o juízo deprecante do meio telegráfico, embora, atualmente, seja mais fácil expedi-la por fax, desde que o juízo deprecado se encarregue de certificar a sua origem, ou por qualquer outro meio idôneo, inclusive por telefone ou qualquer meio eletrônico (art. 7.º, Lei 11.419/2006). Vide art. 265 do CPC/2015. Nada impede se utilize, por analogia, o mesmo método no processo penal.

Anote-se, por derradeiro, ser possível o uso da videoconferência para ouvir testemunhas em outra Comarca, conforme autorizado pelo art. 222, § 3.º, do CPP. Logo, a precatória seria expedida para a intimação da pessoa a ser ouvida no fórum do local da sua residência. O juiz deprecante, dispondo da videoconferência, faria diretamente a inquirição, não sendo necessário que a testemunha seja ouvida pelo juízo deprecado. O mesmo se diga no tocante ao réu preso em outra localidade (art. 185, § 2.º, CPP).

414 | MANUAL DE PROCESSO PENAL · Nucci

2.1.1   Conteúdo do mandado de citação e demais formalidades

Deve conter todos os elementos descritos nos incisos do art. 352 do CPP, dentre os quais: a) o nome do juiz; b) o nome do querelante (quando se tratar de queixa); c) o nome do acusado (conforme o caso, seus sinais identificadores); d) a sua residência; e) a finalidade da citação (resumo da acusação, embora, normalmente, faça-se o mandado ser acompanhado da cópia da denúncia ou queixa); f) o prazo e a forma de apresentação da defesa prévia; g) as assinaturas do juiz e do escrivão. São os requisitos intrínsecos do mandado de citação.

Além desses requisitos, existem outros, voltados à concretização do ato, previstos no art. 357 do CPP: a) o oficial deve fazer a leitura do mandado ao citando, entregando-lhe a contrafé, onde será mencionado o dia e a hora da diligência; b) o oficial necessita lançar a certidão, onde consta a sua declaração de que o réu foi citado, bem como houve a entrega da contrafé, ou mesmo recusa de seu recebimento. São os requisitos extrínsecos do mandado de citação.

Qualquer dia e hora são admissíveis no processo penal para a citação. Obviamente, não se realiza durante a noite, se o réu estiver em seu domicílio, por conta, inclusive, da inacessibilidade garantida, constitucionalmente, ao local (art. 5.º, XI, CF). Fora daí, pouco importa ser noite ou dia. A nosso ver, a citação criminal é sempre urgente, motivo pelo qual não previu o Código de Processo Penal obstáculos à sua efetivação. Vide art. 244 do CPC/2015.

Lembremos que a citação feita por oficial de justiça goza de presunção de regularidade, pois o funcionário que a realizou tem fé pública, especialmente naquilo que certifica.

2.2   Citação do militar

Trata-se de providência que tem em vista resguardar a intangibilidade do quartel, bem como a hierarquia e a disciplina, características inerentes à conduta militar. Assim, evitando-se que o oficial de justiça ingresse em dependências militares, à procura do réu, encaminha-se a requisição do juiz, por ofício, ao superior, que a fará chegar ao destinatário, no momento propício (art. 358, CPP).

O referido ofício deve estar instruído com os mesmos requisitos do mandado (art. 352), para que não haja prejuízo à defesa. O militar, como regra, oficia de volta ao juiz, comunicando-lhe que o subordinado ficou ciente. Quando a permanência do acusado for definitiva, em outra Comarca, faz-se a expedição do ofício por precatória.

2.3   Citação do funcionário público

Partia-se, nesse caso, do pressuposto de que a ausência do funcionário público de seu posto, ainda que para comparecer a interrogatório criminal, poderia trazer graves prejuízos ao serviço público e, portanto, ao interesse geral da sociedade.

Dessa forma, quando se fazia a sua citação, expedia-se, concomitantemente, um ofício de requisição ao seu superior, para que tivesse ciência da ausência e providenciasse substituto (art. 359, CPP). Excepcionalmente, não sendo possível a substituição, nem tampouco a vacância do cargo, poderia oficiar ao juiz, solicitando outra data para o interrogatório.

Após a reforma, alterando os procedimentos, prevê-se a citação para responder aos termos da demanda e o interrogatório será realizado somente ao final da instrução.

A partir de agora, ao menos para a citação, prescinde-se da requisição. Somente quando houver a intimação para a audiência deve-se expedir tanto o mandado como o ofício requisitório. Faltando um dos dois, não está o funcionário obrigado a comparecer, nem pode padecer das consequências de sua ausência.

Quando for necessário, vale-se o juiz da precatória, no caso de pessoa citada fora de sua Comarca.

2.4 Citação do réu preso

Nos moldes da citação do acusado solto, deve ser feita pessoalmente, por mandado, recebendo cópia da denúncia e podendo preparar-se, a tempo, para a defesa escrita, no prazo de dez dias.

O mínimo que se espera para a consagração da ampla defesa e do contraditório, garantias constitucionais, é que a citação seja feita com tempo antecedente suficiente para o preparo da defesa e, sem dúvida, pessoalmente.

2.5 Citação por edital e por hora certa

É a modalidade de citação denominada ficta, porque não é realizada pessoalmente, presumindo-se que o réu dela tomou conhecimento. Publica-se em jornal de grande circulação, na imprensa oficial ou afixa-se o edital no átrio do fórum, com o prazo de quinze dias, admitindo-se a possibilidade de que o acusado, ou pessoa a ele ligada, leia, permitindo a ciência da existência da ação penal (art. 361, CPP).

A nosso ver, é forma vetusta e inútil de se proceder à citação de alguém. Merece ser abolida, pois trabalhar com esse tipo de ficção em nada contribui para o aprimoramento do processo. Se o acusado forneceu um endereço, quando foi investigado e ouvido pela polícia, deve ser cientificado de que eventual mudança precisa ser comunicada. Não o fazendo, deve arcar com o ônus da alteração sem aviso à Justiça. Por outro lado, não sendo encontrado na fase policial, logo, não tendo endereço nos autos, deve ser procurado por todos os meios possíveis. A não localização faz com que o juiz determine a paralisação do feito, até que seja encontrado.

O edital, enfim, é inútil. Evidenciando outra razão, Roberto Delmanto Junior diz que a citação por edital merece ser abolida "por ensejar a circunstância de o acusado, uma vez suspensa a persecução penal, nunca mais ser procurado por nenhum agente ou órgão estatal, a não ser que se envolva em outra persecução penal, comunicando-se o seu paradeiro ao juízo do processo suspenso, por exemplo" (*Inatividade no processo penal brasileiro*, p. 155).

É providência indispensável para validar a fictícia citação por edital procurar o acusado em todos os endereços que houver nos autos, incluindo os constantes no inquérito. Caso exista alguma referência, feita por vizinho ou parente, de onde se encontra, também deve aí ser procurado. Se possível, ofícios de localização devem ser expedidos, quando pertinentes (ex.: o réu é médico, podendo-se obter seu endereço no Conselho Regional de Medicina ou em algum hospital onde tenha trabalhado). No mais, esgotadas as vias de procura, cabe a citação por edital.

Se o réu estiver preso no mesmo Estado, embora em Comarca diversa, não pode haver citação por edital. Cabe ao juiz procurar, ao menos no seu Estado, pelos meios de controle que possui, se o acusado está preso em algum estabelecimento penitenciário. Negativa a resposta, pode-se fazer a citação editalícia. O ideal seria possuir um cadastro nacional de prisões, evitando-se a procura desenfreada por réus, quando detidos em outra Unidade da Federação. É o teor da Súmula 351 do STF: "É nula a citação por edital de réu preso na mesma Unidade da Federação em que o juiz exerce a sua jurisdição".

Se o réu se ocultar para fugir à citação, determina o art. 362 do Código de Processo Penal, com nova redação, que se faça a citação por hora certa. Vide art. 254 do CPC/2015.

Providencia-se a citação por edital, no geral, quando o réu não for localizado, por qualquer razão (art. 363, § 1.º, CPP).

2.5.1 Conteúdo do edital

Segundo o disposto no art. 365 do CPP, o edital conterá o nome do juiz que a determinar, o nome do réu, ou, se não for conhecido, os seus sinais característicos, bem como sua residência e profissão, se constarem do processo, o fim para o qual é feita a citação, o juízo e o dia, a hora e o lugar em que o réu deverá comparecer (ou o prazo de dez dias para apresentar defesa prévia, dependendo do procedimento), o prazo, que será contado do dia da publicação do edital na imprensa, se houver, ou da sua fixação.

Afixa-se o edital no átrio do fórum, publicando-se pela imprensa oficial, onde houver. É o que basta, não sendo necessário, conforme orientação já firmada pelo Supremo Tribunal Federal, que seja publicado na imprensa comum. Aliás, nem verba para isso haveria.

Quanto à finalidade da citação, basta a menção do dispositivo da lei penal em que se encontra incurso o réu. Nesse sentido, conferir a Súmula 366 do Supremo Tribunal Federal: "Não é nula a citação por edital que indica o dispositivo da lei penal, embora não transcreva a denúncia ou queixa, ou não resuma os fatos em que se baseia".

3. SUSPENSÃO DO PROCESSO E DA PRESCRIÇÃO

O réu, citado por edital, se não comparecer, nem constituir advogado, não será processado enquanto durar sua ausência. Suspende-se o curso do processo e igualmente da prescrição. Pode-se determinar a produção de provas urgentes e, conforme o caso, decretar-se a prisão preventiva (art. 366, CPP).

Trata-se de antiga reivindicação da doutrina – atendida pela Lei 9.271/96, modificando o art. 366 – para que o réu não fosse processado até o final, quando citado fictamente, sendo julgado e condenado, possibilitando o trânsito em julgado da decisão.

Quando assim ocorria, muitos erros judiciários eram concretizados, pois não havia defesa efetiva, podendo uma pessoa ser processada em lugar de outra (no caso de ter havido furto de documentos, por exemplo). Nessa hipótese, a decisão já estaria consolidada, quando o sujeito inocente (vítima do furto de seus documentos pessoais, usados pelo verdadeiro agente) fosse localizado e preso. O caminho seria a revisão criminal, o que não deixava de ser processo demorado para quem tinha sua liberdade cerceada.

Além disso, não haveria possibilidade de se consagrar, com efetividade, a ampla defesa e o contraditório, já que um defensor, desconhecido do réu, seria incumbido da sua defesa. Por tudo isso, determina-se que o réu, citado por edital, não seja processado sem se ter a certeza de sua ciência da existência da ação penal. Suspende-se o curso do processo, até ser encontrado. A prescrição poderia dar-se, mas o próprio artigo prevê a suspensão do lapso prescricional. Em tese, pois, inexiste prejuízo. Para evitar que o processo fique paralisado indefinidamente, normas administrativas vêm sendo editadas, obrigando a busca do paradeiro do réu dentro de determinado período (seis meses ou a cada ano, por exemplo). Para isso, requisita-se a sua folha de antecedentes atualizada – que pode conter outro processo, em Comarca diversa –, além de se manter os autos do processo em lugar próprio, no ofício judicial, mas não arquivado.

Lembremos que, para a suspensão do processo, deve haver a citação por edital, associada ao fato do réu não apresentar defesa prévia, nem contratar advogado para isso. Não é só a citação ficta que acarreta a suspensão, sendo indispensável, portanto, a ausência do réu.

Se for citado pessoalmente, deixando de contratar advogado ou apresentar defesa, não se aplica a suspensão, nomeando-se defensor dativo e o processo segue normalmente o seu curso.

A prescrição não pode ser suspensa indefinidamente, pois isso equivaleria a tornar o delito imprescritível, o que somente ocorre, por força de preceito constitucional, com o racismo e o terrorismo ("ações de grupos armados, civis ou militares, contra a ordem constitucional e o Estado Democrático" – art. 5.º, XLIV). Assim, por ausência de previsão legal, tem prevalecido o entendimento de que a prescrição fica suspensa pelo prazo máximo em abstrato previsto para o delito. Depois, começa a correr normalmente. Ilustrando: no caso de furto simples, cuja pena máxima é de quatro anos, a prescrição em abstrato dá-se em oito anos. Por isso, o processo fica paralisado por oito anos sem correr prescrição. Depois, esta retoma seu curso, finalizando com outros oito anos, ocasião em que o juiz deve julgar extinta a punibilidade do réu. Esse é o teor da Súmula 415 do STJ: "O período de suspensão do prazo prescricional é regulado pelo máximo da pena cominada".

A modificação ocorrida no art. 366 teve a finalidade de garantir a ampla defesa e o contraditório efetivos do acusado no processo penal. Citado por edital, de maneira fictícia, a grande probabilidade é que não tenha a menor ciência de que é réu, razão pela qual não se defenderá. Suspende-se, então, o andamento do processo, não afetando seu direito de defesa.

Por outro lado, mesmo com a suspensão do processo, pode haver provas urgentes a produzir, cujo atraso implicaria a sua perda, fundamento pelo qual abriu-se a exceção de, sem a certeza de ter sido o acusado cientificado da existência do processo-crime, determinar o juiz a realização de provas consideradas imprescindíveis e imediatas.

Não se deve banalizar a possibilidade de produção antecipada de provas, crendo ser regra o que vem a ser exceção. Somente as provas realmente perecíveis precisam ser efetivadas na ausência do réu, ainda que lhe seja nomeado defensor dativo. Dentre as que demandam maior controvérsia, está, inequivocamente, a prova testemunhal.

Alguns defendem que a testemunha deve ser ouvida, porque pode esquecer o que viu ou sabe com o passar do tempo – por isso, é sempre urgente. Outros, preservando a excepcionalidade estabelecida em lei, preferem crer que somente o prudente critério do juiz poderá decidir e discernir acerca da prova testemunhal urgente, de outra, que irrelevante se apresenta. Ouvir uma criança, que tenha visto um crime, é urgente, pois o próprio desenvolvimento físico e psicológico do informante pode alterar-se, comprometendo relevantes dados armazenados em sua memória. Entretanto, ouvir uma pessoa que, na fase policial, já declarou que apenas ouviu dizer a respeito de quem seria o autor do crime, sem fornecer nenhum outro dado relevante, é indevido. Assim, sustentamos que cabe ao prudente critério do magistrado decidir a respeito da urgência da prova, sem haver qualquer tipo de generalização. Hoje, vigora o disposto pelo Súmula 455 do STJ: "A decisão que determina a produção antecipada de provas com base no art. 366 do CPP deve ser concretamente fundamentada, não a justificando unicamente o mero decurso do tempo".

A prisão preventiva não deve ser decretada automaticamente, sem a constatação dos requisitos previstos no art. 312 do CPP. Mas, notando o magistrado que a citação por edital ocorreu justamente porque o acusado fugiu do distrito da culpa, é natural que possa ser decretada a prisão cautelar. Por outro lado, deveria a lei conter um dispositivo específico para a decretação de uma prisão para busca, isto é, um *mandado de procura*, que pudesse constar no cadastro nacional da polícia. Assim, se o réu estiver em outra Comarca e for tirar documentos, será localizado, cientificando-se que está sendo procurado para citação. A polícia, na realidade, é o órgão estatal mais apto e adequado para localizar o acusado.

É cabível a aplicação da suspensão do processo, em face da citação por edital do réu e consequente ausência, a todos os procedimentos previstos em legislação especial, tal como ocorre, por exemplo, com os delitos previstos na Lei de Drogas, salvo quando houver expressa disposição em contrário, como acontece com o art. 2.º, § 2.º, da Lei de Lavagem de Dinheiro (Lei 9.613/98). Registremos que parte da doutrina considera inconstitucional o referido art. 2.º, § 2.º, da Lei 9.613/98, preferindo manter a aplicação do disposto no art. 366 do CPP (para maiores detalhes, consultar a nota 48 ao art. 2.º, § 2.º, da Lei 9.613/98 do nosso *Leis penais e processuais penais comentadas – vol. 2*).

Se por alguma razão o juiz determinar a suspensão do feito ou deixar de fazê-lo, quando for o caso, cabe, em nosso entendimento, a interposição de correição parcial, pois haverá tumulto ao deslinde do processo. Em contrário, há quem sustente ser aplicável, por interpretação extensiva, o recurso em sentido estrito, conforme art. 581, XVI (suspensão do processo em virtude de questão prejudicial).

Sobre o prosseguimento do processo sem a presença do acusado, estabelece o art. 367 que, citado ou intimado pessoalmente para qualquer ato, se deixar de comparecer sem motivo justificado, ou em caso de mudança de endereço sem comunicação, o processo segue normalmente seu curso.

São hipóteses mais que razoáveis para o curso do processo, ainda que o réu dele não participe ativamente. A primeira delas diz respeito à citação (dando-lhe conhecimento da ação e chamando-o para se defender) ou à intimação pessoal (comunicando-lhe e chamando-o para audiência ou outro ato), quando não houver comparecimento, sem apresentação de motivo justificado. Demonstra o seu desinteresse de acompanhar a instrução, não havendo razão para o juiz continuar insistindo para que compareça, afinal, é seu direito de audiência e não obrigação de estar presente – salvo motivo imperioso, como ocorre, por exemplo, quando há necessidade de reconhecimento ou para qualificação. Declara-se o seu estado de *ausente*.

4. CONCEITO DE INTIMAÇÃO

É o ato processual pelo qual se dá ciência à parte da prática de algum outro ato processual já realizado ou a realizar-se, importando ou não na obrigação de fazer ou não fazer alguma coisa. Nos termos o art. 269 do CPC, o conceito de intimação "é o ato pelo qual se dá ciência a alguém dos atos e dos termos do processo".

Não vemos diferença alguma entre os termos *intimação* e *notificação*, por vezes usado na lei processual penal. Aliás, se fôssemos adotar uma posição que os distinguisse, terminaríamos contrapondo normas do próprio Código de Processo Penal, que não respeitou um padrão único. Há quem aprecie dizer ser a intimação apenas a ciência de algo e a notificação a convocação a fazer algo, mas nota-se, em várias passagens, que o Código usa, indiscriminadamente, os termos. Logo, cremos correto unificá-los, considerando-os sinônimos.

O anacrônico CPP não possui nenhuma previsão a respeito de atos processuais produzidos por meio eletrônico, razão pela qual se deve utilizar a analogia para chegar à modernidade. Nesse sentido, dispõe o art. 196 do CPC: "compete ao Conselho Nacional de Justiça e, supletivamente, aos tribunais, regulamentar a prática e a comunicação oficial de atos processuais por meio eletrônico e velar pela compatibilidade dos sistemas, disciplinando a incorporação progressiva de novos avanços tecnológicos e editando, para esse fim, os atos que forem necessários, respeitadas as normas fundamentais deste Código".

5. PROCEDIMENTO PARA AS INTIMAÇÕES

Segue-se o mesmo modelo usado para a citação, conforme dispõe o art. 370, *caput*, do CPP. A lei destaca, no entanto, que a incidência das normas da citação se fará "no que for aplicável", pois não teria mesmo cabimento intimar por edital uma testemunha ou um perito, para que compareça em juízo ou apresente o laudo.

Quando o advogado é contratado pela parte interessada, seja esta o acusado, o querelante ou a vítima, funcionando como assistente, é natural que tenha a estrutura necessária para acompanhar as intimações pelo *Diário Oficial*, como, aliás, ocorre em qualquer processo na área cível. Por isso, a lei autoriza a intimação por essa forma. Há a ressalva, no entanto, de que o nome do acusado deve *necessariamente* constar da publicação, sob pena de nulidade, o que se nos parece óbvio (art. 370, § 1.º, CPP).

Se não houver circulação de Diário Oficial na Comarca, é preciso valer-se o escrivão dos mecanismos tradicionais: o mandado ou a intimação pessoal no balcão do ofício judicial, quando o advogado lá comparece. Admite-se, ainda, a intimação por via postal, com aviso de recebimento, bem como por *outro meio idôneo* (art. 370, § 2.º, CPP). Esta última hipótese abre um amplo leque de possibilidades, como pode ocorrer no caso da utilização do telefone ou mesmo do *e-mail*.

Atualmente, existente em vários Estados da Federação, já se concretizou o *Diário da Justiça eletrônico*, vale dizer, não há mais *papel*. Disponibiliza-se a intimação da parte pela Internet. "Considerar-se-á realizada a intimação no dia em que o intimando efetivar a consulta eletrônica ao teor da intimação, certificando-se nos autos a sua realização" (art. 5.º, § 1.º, Lei 11.419/2006). No Estado de São Paulo, ilustrando, a intimação feita por meio eletrônico ocorre da seguinte forma: a publicação sai no *Diário da Justiça* eletrônico no dia 10; considera-se de conhecimento da parte no dia 11; o prazo começa a correr no dia 12 (ou no primeiro dia útil seguinte).

A intimação das testemunhas por via postal é viável, desde que exista lei regendo o assunto. A intimação do representante do Ministério Público faz-se pessoalmente, como prevê a lei orgânica que rege a carreira e o art. 370, § 4.º, do CPP. Não se tem aceitado que a intimação se transfira para funcionário da instituição, pois isso seria contornar a clara disposição legal.

O defensor dativo é o nomeado para patrocinar os interesses do acusado. Equipara-se ao defensor público, que, também por lei, deve ser intimado pessoalmente dos atos processuais.

Há possibilidade de intimação diretamente na petição do advogado ou do promotor, se, ao despachar com o juiz, obtém desde logo a decisão – como, por exemplo, a designação ou adiamento para outra data de uma audiência –, razão pela qual se torna desnecessária a intimação formal (art. 371, CPP). Se ele mesmo tomou conhecimento da decisão, vale a sua petição como ciência do ato praticado. Por cautela, deve o magistrado ou o escrivão, como for mais conveniente, colher o "ciente" da parte, tão logo finde o despacho, ou seja, a petição apresentada ao cartório.

O adiamento de audiência é a hipótese retratada no art. 372 do CPP. Se os interessados comparecem para a realização de determinada audiência, caso deva o ato ser adiado, no termo aberto delibera o magistrado, anotando os requerimentos formulados pelas partes, bem como decidindo a seguir. Pode, pois, o promotor pedir a condução coercitiva daquelas que foram intimadas, deixando de atender à convocação, bem como a expedição de algum ofício para a localização das que não foram, decidindo o juiz no ato, saindo todos intimados da nova data marcada.

SÍNTESE

Citação: é o ato processual de chamamento do réu a juízo, para defender-se pessoalmente e por intermédio de advogado, cientificando-o da imputação criminal que lhe é feita.

Citação por mandado ou pessoal: é a forma usual de citação, realizada por oficial de justiça, que dá ciência diretamente à pessoa do acusado.

Citação por hora certa: é a forma de citação utilizada aos réus que se ocultam, devendo haver certidão do oficial de justiça nesse sentido e a intimação de familiar ou vizinho dando ciência de que haverá retorno do meirinho para encontrar o acusado em dia e hora previamente designados. Se o réu não estiver presente, lavra-se certidão, deixa-se a contrafé e depois se envia uma correspondência ao interessado, dando-o por citado.

Citação por edital: é a forma ficta de citação, voltada ao acusado não localizado, por qualquer razão, que se faz publicando na imprensa ou no átrio do fórum de peça contendo todos os dados da ação penal, presumindo-se que o réu leia, tomando ciência da acusação.

Citação por precatória: é forma de citação pessoal, embora seja dirigida de um juiz a outro, justamente pelo fato de estar o réu em Comarca diversa daquela onde tramita o processo criminal. Portanto, o juiz do feito deprega a outro a realização do ato de chamamento.

Citação por rogatória: é forma de citação pessoal, envolvendo pedido de juiz brasileiro a juiz estrangeiro, cujo trâmite se dá por intermédio dos Ministérios da Justiça e das Relações Exteriores, que encaminham o pedido ao outro país.

Intimação: é o ato processual que dá ciência da realização de um outro ato processual, precedente ou a ocorrer, com a finalidade de materializar o direito ao contraditório ou buscando o comparecimento de alguém em juízo.

Capítulo XVI
Sentença

1. CONCEITO DE SENTENÇA

É a decisão terminativa do processo e definitiva quanto ao mérito, abordando a questão relativa à pretensão punitiva do Estado, para julgar procedente ou improcedente a imputação. Esta é considerada a autêntica sentença, tal como consta do art. 381 do Código de Processo Penal, vale dizer, cuida-se do conceito estrito de sentença. Pode ser condenatória, quando julga procedente a acusação, impondo pena, ou absolutória, quando a considera improcedente. Dentre as absolutórias, existem as denominadas impróprias, que, apesar de não considerarem o réu um criminoso, porque inimputável, impõem a ele medida de segurança, uma sanção penal constritiva à liberdade, mas no interesse da sua recuperação e cura.

No Código de Processo Penal, no entanto, usa-se o termo *sentença*, em sentido amplo, para abranger, também, as decisões interlocutórias mistas e as definitivas, que não avaliam a imputação propriamente dita.

2. OUTROS ATOS JURISDICIONAIS

Além da sentença, ápice da atividade jurisdicional, há outros atos que merecem destaque:

a) *despachos*: decisões do magistrado, sem abordar questão controvertida, com a finalidade de dar andamento ao processo (ex.: designação de audiência, determinação da intimação das partes, determinação da juntada de documentos, entre outras);

b) *decisões interlocutórias*: soluções dadas pelo juiz, acerca de qualquer questão controversa, envolvendo a contraposição de interesses das partes, podendo ou não colocar fim ao processo. São chamadas *interlocutórias simples* as decisões que dirimem uma controvérsia, sem colocar fim ao processo ou a um estágio do procedimento (ex.: decretação da preventiva, quebra do sigilo telefônico ou fiscal, determinação de busca e apreensão, recebimento de denúncia ou queixa, entre outras). São denominadas *interlocutórias mistas* (ou decisões com força de definitiva) as decisões que resolvem uma controvérsia, colocando fim ao processo ou a uma fase dele (ex.: pronúncia, impronúncia, acolhimento de exceção de coisa julgada etc.);

c) *decisões definitivas*: são as tomadas pelo juiz, colocando fim ao processo, julgando o mérito em sentido lato, ou seja, decidindo acerca da pretensão punitiva do Estado, mas sem avaliar a procedência ou improcedência da imputação. Nessas hipóteses, somente chegam a afastar a pretensão punitiva estatal, por reconhecerem presente alguma causa extintiva da punibilidade (ex.: decisão que reconhece a existência da prescrição). Diferem das interlocutórias mistas, pois estas, embora coloquem fim ao processo ou a uma fase dele, não avaliam a pretensão punitiva do Estado.

3. NATUREZA JURÍDICA DA SENTENÇA

Pode ser *condenatória*, quando julga procedente a pretensão punitiva do Estado, fixando exatamente a sanção penal devida, até então abstratamente prevista, a ser exigida do acusado.

Pode, ainda, ser *declaratória*, quando absolver ou julgar extinta a punibilidade. No caso da absolvição, consagra o estado de inocência, inerente a todo ser humano, desde o nascimento. Portanto, nada constitui, nenhum direito gera ou cria, mas apenas declara o natural, ainda que fundamentado em diversas razões.

Há, também, as sentenças *constitutivas*, mais raras no processo penal, mas possíveis, como ocorre com a concessão de reabilitação, quando o Estado revê a situação do condenado, restituindo-lhe direitos perdidos, pela força da condenação definitiva.

Registremos, por fim, as sentenças *mandamentais*, que contêm uma ordem judicial, a ser imediatamente cumprida, sob pena de desobediência, encontradas no cenário do *habeas corpus* e do mandado de segurança. Julgamos possível haver sentenças de natureza mista, como ocorre com a concessiva de perdão judicial. Através de um raciocínio condenatório, considerando o réu culpado por determinado delito, chega o magistrado a proferir uma decisão declaratória da extinção da punibilidade. Isto significa que o direito de punir nasceu, porque crime existiu e o autor é conhecido, mas cessou, tendo em vista razões de política criminal, inspiradoras das causas de perdão judicial. Logo, declara que não há direito de punir e não confere ao Estado direito algum. Em contrário, considerando ser a sentença concessiva do perdão meramente declaratória, em qualquer hipótese, está a posição de Tourinho Filho (*Código de Processo Penal comentado*, v. 1, p. 624).

Além disso, analisando a sentença sob o prisma e efeito do recurso, seguimos orientação exposta por Ada Pellegrini Grinover, Antonio Magalhães Gomes Filho e Antonio Scarance Fernandes, no sentido de que "a sentença nasce com todos os requisitos necessários à sua existência, mas, de ordinário, privada de sua eficácia. A não superveniência de outro pronunciamento, na instância recursal, permite à decisão recorrida irradiar os efeitos próprios. Mas se o órgão *ad quem* emite nova decisão (confirmatória ou de reforma), a condição vem a faltar e a decisão da jurisdição superior substitui a de grau inferior" (*Recursos no processo penal*, p. 50).

4. OUTRAS CLASSIFICAÇÕES

Encontramos na doutrina outros modos de visualizar a sentença, que, para o estudo, podem ser úteis: a) sentenças materiais, aquelas que decidem o mérito da causa (ex.: condenação ou absolvição); sentenças formais, aquelas que decidem questões meramente processuais, podendo colocar fim ao processo ou à instância (ex.: impronúncia); b) sentenças simples, as proferidas por juízo singular; sentenças subjetivamente complexas, as que são proferidas por órgãos colegiados, como o júri ou tribunais.

5. CONTEÚDO DA SENTENÇA

Conforme dispõe o art. 381 do Código de Processo Penal, a sentença deve conter os nomes das partes (quando não for possível, as indicações necessárias para identificá-las), a exposição sucinta da acusação e da defesa, a indicação dos motivos de fato e de direito em que se fundar a decisão, a indicação dos artigos de lei aplicados, o dispositivo e a data e assinatura do juiz.

São os requisitos intrínsecos da sentença, aplicando-se o mesmo aos acórdãos, que são decisões tomadas por órgãos colegiados de instância superior, sem os quais se pode considerar o julgado viciado, passível de anulação. Aplica-se o disposto no art. 564, V, do Código de Processo Penal (nulidade por falta de fundamentação).

Em suma, exige-se que conste na sentença três partes: relatório (descrição sucinta do alegado pela acusação, abrangendo desde a imputação inicial, até o exposto nas alegações finais, com identificação das partes envolvidas); fundamentação (motivação do juiz para aplicar o direito ao caso concreto da maneira como fez, acolhendo ou rejeitando a pretensão de punir do Estado; abrange os motivos de fato, advindos da prova colhida, e os motivos de direito, advindos da lei, interpretada pelo juiz); dispositivo (conclusão, onde consta a aplicação da pena, devidamente fundamentada, ou a absolvição).

É a consagração, no processo penal, do princípio da persuasão racional ou livre convicção motivada.

Lembre-se que a fundamentação da sentença com base em argumentos de terceiros provoca a sua nulidade. Com propriedade, assinala BENTO DE FARIA que "a sentença deve expressar a opinião própria do Juiz e não a de outrem, ainda quando se trate de autoridade consagrada nas letras jurídicas. (...) Assim, não é tido por fundamentada a decisão que se reporte unicamente às razões das partes ou a pareceres ou opiniões doutrinárias" (*Código de Processo Penal*, v. 2, p. 111). Não se quer com isso dizer não poder o magistrado referir-se a tais opiniões e pareceres, mas, sim, fazer dos mesmos as suas palavras, evitando o raciocínio e a exposição de suas razões pessoais de convicção. Por outro lado, nada impede que se baseie em jurisprudência, desde que demonstre a

MANUAL DE PROCESSO PENAL · Nucci

sua aderência expressa ao entendimento adotado nos tribunais, além de demonstrar a subsunção do caso em exame a referidos julgados.

No Tribunal do Júri, não há necessidade de relatório ou fundamentação, pois se trata de ato jurisdicional vinculado ao veredicto dado pelos jurados. Estes, por sua vez, em exceção constitucionalmente assimilada pelo princípio do sigilo das votações, decidem por livre convicção plena, sem fornecer qualquer motivação. Assim, descabe ao magistrado tecer comentários sobre a culpa ou inocência do acusado, bastando-lhe fixar a pena, que é justamente o dispositivo. Neste, entretanto, deve dar a fundamentação para a sanção penal escolhida e concretizada. Aliás, o relatório é despiciendo, visto que já foi feito na pronúncia. Por outro lado, a ata do julgamento espelha fielmente todas as ocorrências e alegações das partes no plenário.

6. MODIFICAÇÃO DA DEFINIÇÃO JURÍDICA DO FATO

Preceitua o art. 383 do Código de Processo Penal poder o juiz dar ao fato definição jurídica diversa da que constar da peça acusatória, ainda que, em consequência, tenha de aplicar pena mais grave, sem modificar a descrição do fato contida na denúncia ou queixa, com a redação dada pela Lei 11.719/2008. É a denominada *emendatio libelli*.

Dar a definição jurídica do fato é promover o juízo de tipicidade, isto é, adequar o fato ocorrido ao modelo legal de conduta. Exemplo: quando A agride B, visando a matá-lo, sem conseguir o seu intento, dá-se a definição jurídica de "tentativa de homicídio". A partir disso, surge a classificação do crime, que é o resultado desse processo mental. No exemplo apresentado, temos o réu como incurso no art. 121, *caput*, c/c o art. 14, II, do Código Penal.

O Código de Processo Penal, no entanto, utiliza os termos "definição jurídica do fato" e "classificação" como sinônimos, sem maior precisão. Aliás, na prática, o resultado é o mesmo. Portanto, neste artigo, o que o juiz pode fazer, na fase da sentença, é levar em consideração o fato narrado pela acusação na peça inicial (denúncia ou queixa), sem se preocupar com a definição jurídica dada, pois o réu se defendeu, ao longo da instrução, dos fatos a ele imputados e não da classificação feita.

O juiz pode alterá-la, sem qualquer cerceamento de defesa, pois o que está em jogo é a sua visão de tipicidade, que pode variar conforme o seu livre convencimento. Se o promotor descreveu, por exemplo, um furto com fraude (pena de dois a oito anos de reclusão), mas terminou classificando como estelionato (pena de um a cinco anos de reclusão), nada impede que o magistrado corrija essa classificação, condenando o réu por furto qualificado – convenientemente descrito na denúncia – embora tenha que aplicar pena mais grave.

Soa-nos inviável conceder a suspensão condicional do processo, por ocasião da sentença, porque houve desclassificação para infração que comportaria o benefício. Afinal, cuida-se de suspensão *do processo*. Se este já tramitou, alcançando-se a fase da sentença, parece-nos incabível tornar ao início, como se nada tivesse ocorrido. A suspensão condicional do processo é uma medida de política criminal para evitar o *curso* processual. Ora, não tendo sido possível, profere-se a decisão e o julgador fixa os benefícios que forem cabíveis para o cumprimento da pena. Não vemos sentido em retornar à fase primeira, fazendo-se "desaparecer" tanto a sentença quanto a instrução. Entretanto, conferir a Súmula

337 do Superior Tribunal de Justiça: "É cabível a suspensão condicional do processo na desclassificação do crime e na procedência parcial da pretensão punitiva".

Com o advento da Lei 11.719/2008, introduziu-se o § 1.º ao art. 383, consolidando essa possibilidade: "Se, em consequência de definição jurídica diversa, houver possibilidade de proposta de suspensão condicional do processo, o juiz procederá de acordo com o disposto na lei".

Por outro lado, a modificação da classificação do delito pode acarretar a alteração de competência. Se assim ocorrer, os autos serão encaminhados a outro juízo (art. 383, § 2.º, CPP).

7. CORRELAÇÃO ENTRE ACUSAÇÃO E SENTENÇA

É a regra segundo a qual o fato imputado ao réu, na peça inicial acusatória, deve guardar perfeita correspondência com o fato reconhecido pelo juiz, na sentença, sob pena de grave violação aos princípios do contraditório e da ampla defesa, consequentemente, ao devido processo legal.

Gustavo Henrique Badaró descreve, com precisão, tal princípio, fazendo diferença entre o fato processual – que é o concreto acontecimento na história – e o fato penal – um modelo abstrato de conduta, ou seja, o tipo penal. A violação incide justamente no campo do fato processual, que é o utilizado pelo réu para a sua defesa. E não se pode discorrer, abstratamente, sobre o tema. Torna-se impossível, segundo demonstra, debater o assunto em torno de exemplos irreais: "Inútil, portanto, discutir, por exemplo, se de uma imputação por receptação é possível passar a outra por furto, mas examinar, caso a caso, se o fato imputado, qualificado erroneamente como receptação, contém todos os elementos de fato para ser qualificado como furto. Pensar de outra forma é admitir que um mesmo fato concreto pode ser adequado, simultaneamente, ao tipo penal da receptação e do furto, o que é um verdadeiro absurdo (...) O tema da correlação entre acusação e sentença é pertinente ao fato processual, isto é, ao acontecimento histórico imputado ao réu. A importância está na relevância *processual* do fato. Por isso, concretamente, o que pode ser indiferente em relação a uma imputação pode ser relevante em relação à outra, ainda que se trate do mesmo tipo penal. Assim, o que é acidental em relação ao tipo penal – por exemplo, uma agravante – pode modificar o fato processual, isto é, o objeto do processo. Já a alteração do fato que se mostre relevante penalmente sempre o será para o processo penal, visto não ser possível condenar alguém sem que o fato concreto imputado apresente todos os elementos que abstratamente integram o tipo penal" (*Correlação entre acusação e sentença*, p. 129-130).

São ofensivas à regra da correlação entre acusação e sentença as alterações pertinentes ao elemento subjetivo (transformação do crime de doloso para culposo ou vice-versa), as que disserem respeito ao momento consumativo (transformação de crime consumado para tentado ou vice-versa), bem como as que fizerem incluir fatos não conhecidos da defesa, ainda que possam parecer irrelevantes, como a mudança do endereço onde o delito ocorreu.

Da mesma forma, pode o tribunal, ao julgar um recurso do réu, aplicar pena mais grave, desde que o fato esteja devidamente descrito na denúncia.

A violação da regra da correlação entre a acusação e a sentença é causa de nulidade absoluta, pois ofende os princípios do contraditório e da ampla defesa, consequentemente, o devido processo legal. Aliás, essa regra passou a ser expressa no *caput* do art. 383, vale dizer, o juiz não pode modificar a descrição do fato contida na peça acusatória.

8. DESCOBERTA DE ELEMENTAR QUE PROVOQUE A ALTERAÇÃO DA DEFINIÇÃO JURÍDICA DO FATO

O art. 384 do Código de Processo Penal acolhe a possibilidade de o juiz reconhecer nova definição jurídica ao fato, em consequência de prova existente nos autos de elemento ou circunstância da infração penal, não contida expressa ou implicitamente na denúncia ou queixa. Para tanto, deve abrir vista ao Ministério Público para que promova o aditamento da peça acusatória, no prazo de cinco dias, nos casos de ação pública. Outra alternativa, quando o aditamento for realizado oralmente, é a redução a termo. É a hipótese denominada de *mutatio libelli*.

Recusando-se o órgão do Ministério Público a fazer o aditamento, o juiz aplica o disposto no art. 28 do CPP, isto é, remete os autos ao Procurador-Geral de Justiça (no âmbito estadual), ou à Câmara Criminal (no âmbito federal), para que se delibere a respeito. O 2.º grau da Instituição pode insistir na mantença da peça acusatória, tal como se encontra, sem o aditamento, o que obriga o magistrado a acatar, julgando como bem lhe aprouver a causa. Pode, ainda, indicar outro membro do Ministério Público para promover o aditamento, agindo em nome da Chefia da Instituição.[1]

Por outro lado, se houver inércia do Ministério Público para promover o aditamento, nada impediria que, valendo-se do disposto no art. 29, pudesse o ofendido fazê-lo.

Após, oferecido o aditamento, ouve-se a defesa, no prazo de cinco dias. Admitindo-se o aditamento, o juiz, a requerimento de qualquer das partes, designará dia e hora para continuar a audiência, inquirindo-se testemunhas e promovendo-se novo interrogatório do acusado. Após, realizam-se os debates e julgamento (art. 384, § 2.º).

Lembremos que, em face do aditamento proposto, as partes podem arrolar até três testemunhas, no prazo de cinco dias, para serem ouvidas (art. 384, § 4.º). Espera-se, por óbvio, que sejam testemunhas inéditas, pois ouvir exatamente o que já foi narrado por pessoas ouvidas não tem sentido. Excepcionalmente, pode-se arrolar quem já foi inquirido, para que forneça nova versão diante do aditamento da acusação.

Obviedades foram inseridas no art. 384, tais como *se houver aditamento, o juiz ficará adstrito, na sentença, aos termos do referido aditamento* ou *não recebido o aditamento, o processo prosseguirá* (art. 384, §§ 4.º e 5.º, CPP). Não havia necessidade de se expor a consequência natural dos atos processuais antecedentes.

---

[1] A reforma introduzida pela Lei 13.964/2019 modificou o art. 28, permitindo que o MP ordenasse o arquivamento e sua decisão fosse revista pela instância superior da própria instituição. Porém, o STF manteve a situação anterior, permitindo que o promotor se manifeste pelo arquivamento, e que o juiz, discordando, envie o caso para avaliação pela superior instância do MP. Permite, ainda, que o próprio promotor envie o caso para homologação desse pedido de arquivamento e, finalmente, admite que a vítima provoque a superior instância do MP, caso não concorde com o arquivamento.

No caso da *mutatio libelli* (art. 384), também é possível aplicar os benefícios da suspensão condicional do processo, nos termos do art. 383, § 1.º, do CPP. E se houver alteração de competência, os autos seguem ao juízo natural da causa (art. 383, § 2.º, CPP).

Elementares são os componentes objetivos e subjetivos do tipo básico ou fundamental. Ex.: "subtrair", "para si ou para outrem", "coisa", "alheia", "móvel" são elementares do crime de furto (art. 155, *caput*, CP).

Circunstâncias são os componentes objetivos e subjetivos do tipo derivado. Ex.: "com destruição ou rompimento de obstáculo à subtração da coisa" é uma circunstância qualificadora (art. 155, § 4.º, I, CP).

O que o art. 384 quer evidenciar é a possibilidade de nova definição jurídica do fato, porque a prova colhida ao longo da instrução demonstra estar presente alguma elementar (componente do tipo básico) ou circunstância do crime (componente do tipo derivado) não descrita, explícita ou implicitamente, na denúncia ou queixa. Assim, já que o réu não teve oportunidade de se defender do fato novo, emergente das provas, é preciso proporcionar-lhe essa opção.

Ao deparar-se com a possibilidade de aditamento da peça acusatória, o magistrado deve baixar o processo em despacho prolatado em termos sóbrios, sem qualquer tipo de prejulgamento ou frases taxativas, indicando que irá julgar de determinada forma. Ex.: ao vislumbrar a possibilidade de definir o fato narrado na denúncia não como roubo, mas como extorsão, segundo a prova produzida, abre vista ao MP para que analise a hipótese de aditamento. O ideal é que se valha de termos neutros, como os seguintes: "vislumbrando, em tese, a possibilidade de dar nova definição jurídica ao fato, consistente em..."; "caso, hipoteticamente, leve-se em consideração determinada circunstância para dar nova definição jurídica ao fato, abra-se vista ao Ministério Público para manifestar-se e, querendo, promova o aditamento da peça acusatória".

Veda a lei que o juiz tome qualquer iniciativa para o aditamento de queixa, em ação exclusivamente privada, pois o interesse é sempre da parte ofendida, além de não viger, nesse caso, o princípio da obrigatoriedade da ação penal, cujo controle deve ser feito tanto pelo promotor, quanto pelo magistrado.

Ao contrário, regendo a ação privada exclusiva o princípio da oportunidade, não cabe qualquer iniciativa nesse sentido pelo órgão julgador. Aliás, se o querelante, por sua própria ação, desejar aditar a queixa, em ação privada exclusiva, deve levar em conta o prazo decadencial de seis meses. Haveria tal possibilidade, em nosso entender, caso surgisse prova nova, durante a instrução, desconhecida das partes e que apontasse para o querelado, demonstrando haver infração diversa daquela, objeto da ação penal. Nessa hipótese, os seis meses deveriam ser computados a partir dessa ciência.

Vale destacar que não se aplica a hipótese de *mutatio libelli* em segundo grau, conforme dispõe a Súmula 453 do Supremo Tribunal Federal: "não se aplicam à segunda instância o art. 384 e parágrafo único [atualmente, art. 384, §§ 1.º a 5.º] do Código de Processo Penal, que possibilitam dar nova definição jurídica ao fato delituoso, em virtude de circunstância elementar não contida explícita ou implicitamente, na denúncia ou queixa". A razão é não conturbar o feito, já encerrado com decisão de mérito, tendo em vista que as partes não requereram, nem o juiz manifestou-se no sentido de haver qualquer tipo de mudança na definição jurídica do fato, alterando-a por conta de prova surgida no decorrer da instrução.

MANUAL DE PROCESSO PENAL · NUCCI

Logo, descabe ao tribunal tomar essa iniciativa, salvo se houver recurso da acusação, reclamando contra a decisão do juiz, que deixou de levar em conta a hipótese da *mutatio libelli*.

Do contrário, sem recurso do órgão acusatório ou havendo somente recurso da defesa, resta à instância superior decidir o caso de acordo com as provas existentes em consonância com a imputação feita. Se preciso for, o melhor caminho é a absolvição, em lugar de se alterar, em segundo grau, o teor da acusação. O disposto na Súmula referida não se aplica ao previsto no art. 383, que significa mera redefinição de fato já constante da imputação.

9. INDEPENDÊNCIA DO JUIZ PARA JULGAR

Do mesmo modo que está o promotor livre para pedir a absolvição, demonstrando o seu convencimento, fruto da sua independência funcional, outra não poderia ser a postura do magistrado. Afinal, no processo penal, cuidamos da ação penal pública nos prismas da obrigatoriedade e da indisponibilidade, não podendo o órgão acusatório dela abrir mão, de modo que também não está fadado o juiz a absolver o réu, se as provas apontam em sentido diverso (art. 385, CPP).

Ademais, pelo princípio do impulso oficial, desde o recebimento da peça inicial acusatória, está o magistrado obrigado a conduzir o feito ao seu deslinde, proferindo-se decisão de mérito. E tudo isso a comprovar que o direito de punir do Estado não é regido pela oportunidade, mas pela necessidade de se produzir a acusação e, consequentemente, a condenação, desde que haja provas a sustentá-la. Noutro prisma, confira-se o disposto no art. 60, III, do CPP, cuidando da perempção, com consequente extinção da punibilidade do réu, caso o querelante não requeira, nas alegações finais, a sua condenação. Neste caso, regida que é a ação penal privada pelo princípio da oportunidade, outra não é a conclusão a ser extraída diante do desinteresse do ofendido na condenação do agressor.

Há possibilidade legal do reconhecimento de agravantes pelo juiz, ainda que atue de ofício, uma vez que elas são causas legais e genéricas de aumento da pena, não pertencentes ao tipo penal, razão pela qual não necessitam fazer parte da imputação. São de conhecimento das partes, que, desejando, podem, de antemão, sustentar a existência de alguma delas ou rechaçá-las todas. O fato é que o magistrado não está vinculado a um pedido da acusação para reconhecê-las.

Não há, muitas vezes, contraditório e ampla defesa acerca das agravantes e atenuantes, tanto quanto não se dá em relação às circunstâncias judiciais do art. 59 do Código Penal, em face da carência de provas produzidas pelas partes e pelo desinteresse destas e do próprio magistrado, no geral, pelo processo de aplicação da pena. Lembremos que vige, no Brasil, a política da pena mínima, motivo pelo qual as circunstâncias legais e judiciais tornam-se esquecidas durante a instrução. Luta-se pela condenação (Ministério Público) ou pela absolvição (defesa), mas não pela pena justa. Maiores detalhes expomos em nosso livro *Individualização da pena*.

10. ABSOLVIÇÃO VINCULADA

Em processo penal, quando for caso de absolvição, é preciso que o juiz vincule a improcedência da ação a um dos motivos enumerados no art. 386 do Código de Processo Penal. As causas são as seguintes: a) está provada a inexistência do fato (inciso I); b) não há prova da existência do fato (inciso II); c) não constitui o fato infração penal (inciso III); d) está provado que o réu não concorreu para a infração penal (inciso IV); e) não existe prova de ter o réu concorrido para a infração penal (inciso V); f) há excludente de ilicitude ou de culpabilidade ou fundada dúvida sobre sua existência (inciso VI); g) não há provas suficientes para a condenação (inciso VII).

A inexistência do fato (inciso I) é uma das hipóteses mais seguras para a absolvição, pois a prova colhida está a demonstrar não ter ocorrido o fato sobre o qual se baseia a imputação feita pela acusação. Assim, desfaz-se o juízo de tipicidade, uma vez que o fato utilizado para a subsunção ao modelo legal de conduta proibida não existiu. Se a acusação é no sentido de ter havido, por exemplo, um constrangimento violento de mulher à conjunção carnal (estupro), provado não ter havido nem mesmo a relação sexual, está excluído o fato sobre o qual se construiu a tipicidade, promovendo-se a absolvição do réu. Exclui-se, nesse caso, igualmente, a responsabilidade civil.

A inexistência de prova da ocorrência do fato (inciso II) não tem a mesma intensidade e determinação do primeiro caso (provada a inexistência do fato), pois, neste caso, falecem provas suficientes e seguras de que o fato tenha, efetivamente, ocorrido. Segue o rumo do princípio da prevalência do interesse do réu – *in dubio pro reo*, permitindo o ajuizamento de ação civil para, com novas provas, demonstrar a ocorrência do ilícito.

A prova da inexistência de infração penal (inciso III) quer dizer que o fato efetivamente ocorreu, mas não é típico. Assim, o juiz profere decisão no sentido de que há impossibilidade de condenação por ausência de uma das elementares do crime. Permite-se o ajuizamento de ação civil para debater-se o ilícito em outra esfera do direito.

A firme prova de que o réu não concorreu para a infração penal (inciso IV), nem como autor, nem como partícipe, elimina qualquer possibilidade de demanda no cível, posteriormente, pleiteando indenização do acusado. É uma absolvição tão segura quando a prova da inexistência do fato, prevista no inciso I.

A inexistência de prova da concorrência do réu (inciso V) evidencia a existência de um fato criminoso, embora não se tenha conseguido demonstrar que o réu dele tomou parte ativa. Pode haver coautores responsabilizados ou não. A realidade das provas colhidas no processo demonstra merecer o acusado a absolvição, por não se ter construído um universo sólido de provas contra sua pessoa. Pode-se ajuizar ação civil, para, depois, provar a participação do réu no ilícito civil.

O reconhecimento de excludentes de ilicitude ou de culpabilidade (inciso VI) demonstra a inexistência de crime. Enquanto os incisos I, II e III do art. 386 dizem respeito à tipicidade, este cuida dos outros elementos do crime. Em algumas hipóteses é possível discutir a responsabilidade civil, na outra esfera, como ocorre com o estado de necessidade, mas com o reconhecimento da legítima defesa fecha-se a porta para o pleito de indenização cível.

A prova insuficiente para a condenação (inciso VII) é outra consagração do princípio da prevalência do interesse do réu – *in dubio pro reo*. Se o juiz não possui provas sólidas para a formação do seu convencimento, podendo indicá-las na fundamentação da sua sentença, o melhor caminho é a absolvição. Logicamente, neste caso, há possibilidade de se propor ação indenizatória na esfera cível, por parte da vítima.

Sempre que houver sentença absolutória, estando o réu preso, deve ser colocado em liberdade de imediato, em decorrência da presunção de inocência e da cessação dos motivos legitimadores da prisão cautelar. Não mais vige qualquer hipótese para se manter no cárcere o réu considerado inocente por sentença absolutória. Outras medidas cautelares (ex.: sequestro de bens, restrições descritas no art. 319 do CPP), igualmente, devem cessar (art. 386, parágrafo único, II, CPP).

Quando for cabível, aplica-se, na sentença absolutória, medida de segurança, destinada ao inimputável. É a chamada sentença absolutória *imprópria*, quando o juiz reconhece não ter havido crime, por ausência de culpabilidade, mas, por ter o acusado praticado um injusto penal (fato típico e antijurídico), no estado de inimputabilidade, merece ser sancionado, com a finalidade de não tornar a perturbar a sociedade. Daí por que se sustenta que a medida de segurança é uma espécie de sanção penal, cuja finalidade não é castigar ou simplesmente reeducar o acusado, mas curá-lo, pois se trata de um doente mental. Por ser medida constritiva da liberdade, não deve ser aplicada senão após o devido processo legal. Justamente em virtude disso considera-se a sentença que a aplica como absolutória imprópria.

11. ELEMENTOS DA SENTENÇA CONDENATÓRIA

Além do relatório, fundamentação e dispositivo, partes inerentes a toda e qualquer sentença, quando houver condenação, deve o juiz, nos termos do art. 387 do CPP, deixar claro as circunstâncias agravantes ou atenuantes, bem como todas as demais circunstâncias existentes para a aplicação da pena (circunstâncias judiciais dos arts. 59 e 60 do CP). A aplicação da pena deverá decorrer da análise conjunta de todas as circunstâncias do delito. É possível inserir valor mínimo referente à indenização civil pelo dano causado pela infração penal (consultar o Capítulo XI, onde mais detalhadamente tratamos da ação civil *ex delicto*).

11.1 Detração e regime inicial de cumprimento da pena

A Lei 12.736/2012 inseriu o § 2.º ao art. 387, nos seguintes termos: "o tempo de prisão provisória, de prisão administrativa ou de internação, no Brasil ou no estrangeiro, será computado para fins de determinação do regime inicial de pena privativa de liberdade".

A detração é instituto penal, a ser considerado na fase da execução penal, consistente no desconto na pena final do tempo de prisão cautelar (art. 42, CP), como forma de compensação pelo tempo de detenção provisória, enquanto o processo tem o seu curso.

Por isso, como regra, a detração não representa nenhum interesse para o juiz no momento da sentença condenatória. Eis porque, até o advento da lei supramencionada, devia o julgador estabelecer o *quantum* da pena e, após, escolher o regime inicial cabível. Exemplo: fixada a pena de 8 anos e seis meses de reclusão, obrigatoriamente, o regime inicial seria o fechado (art. 33, § 2.º, *a*, CP). A inserção do § 2.º ao art. 387 do CPP permite a consideração da detração para o fim de escolha do regime. Ilustrando: se o réu é condenado a 8 anos e seis meses de reclusão e já estiver preso cautelarmente há um ano, para a eleição do regime inicial, deve o magistrado descontar, de pronto, o período de um ano, o que resulta 7 anos e seis meses. Portanto, torna-se cabível o semiaberto (art. 33, § 2.º, *b*, CP).

Essa modificação tem por finalidade atender a expectativa de contornar os graves entraves ocorridos pelo lento trâmite processual, porém, não *obriga* o julgador a fixar, sempre, o regime mais favorável. Note-se que o juiz *deve* proceder o desconto da detração; após, escolher o regime compatível com a situação concreta do acusado. No exemplo supracitado, quando a pena cai para 7 anos e seis meses, torna-se *possível* escolher entre os regimes fechado e semiaberto, dependendo das condições concretas do art. 59 do Código Penal, conforme recomendação feita pelo art. 33, § 3.º, do mesmo Código.

Inexiste obrigatoriedade para o julgador, efetuada a detração, aplicar *sempre* o regime mais favorável ao réu; fosse assim, haveria nítida afronta ao princípio constitucional da individualização da pena. Afinal, o regime inicialmente fixado depende das circunstâncias judiciais.

12. PUBLICAÇÃO E INTIMAÇÃO DA SENTENÇA

A publicação da sentença em mão do escrivão (art. 389, CPP) é a transformação do ato individual do juiz, sem valor jurídico, em ato processual, pois passa a ser do conhecimento geral o veredicto dado. Nos autos, será lavrado um termo, bem como há, em todo ofício, um livro específico para seu registro. Normalmente, é composto pelas cópias das decisões proferidas pelos juízes em exercício na Vara, com termo de abertura e encerramento feito pelo magistrado encarregado da corregedoria do cartório.

É viável que o juiz profira a decisão em audiência, conforme o rito processual, bem como que o juiz presidente, ao término da sessão do júri, leia a decisão para conhecimento geral. Nesse caso, dispensa-se a certidão específica nos autos, pois ficará constando do termo da audiência ou na ata do plenário ter sido a sentença lida e publicada naquela data. Cópias delas, no entanto, serão colocadas no livro de registro do mesmo modo.

Somente há duas formas admissíveis para que a sentença, uma vez publicada, seja modificada pelo próprio juiz prolator: a) embargos de declaração acolhidos, nos termos do art. 382 do CPP; b) para a correção de erros materiais, sem qualquer alteração de mérito. Ex.: se o juiz errou o nome do réu ou o artigo no qual está incurso, pode corrigir a sentença, de ofício.

Existindo a determinação para a expedição de mandado de prisão, em decorrência da sentença condenatória ou mesmo de pronúncia, por não ter sido reconhecido o direito do réu de permanecer em liberdade, aguardando o trânsito em julgado, deve o escrivão, em primeiro lugar, ao invés de publicá-la, expedir o mandado, comunicando o fato à polícia, mesmo que por telefone. Após, certificará a expedição realizada, quando, então, ocorrerá a publicação da sentença. Não há autorização para que o escrivão dê conhecimento da sentença a terceiros ou mesmo às partes, antes da expedição da ordem de prisão.

O escrivão deve dar ciência da sentença ao Ministério Público em três dias (art. 390, CPP).

434 | MANUAL DE PROCESSO PENAL · Nucci

Quanto à intimação do querelante e do assistente de acusação, se o advogado é constituído, a sua intimação pode dar-se pela imprensa oficial (art. 370, § 1.º, CPP). Nada impede, ainda, que o próprio querelante ou o ofendido, consultando os autos, tome ciência e seja intimado pelo escrivão pessoalmente. O mesmo ocorre com seu advogado, quando comparecer em cartório. Logo, inexiste razão para a expedição de edital. Saliente-se que pode ocorrer a hipótese de ter o querelante hipossuficiente um advogado indicado pelo Estado, razão pela qual cabe a regra da intimação pessoal (art. 391, c.c. 370, § 4.º, CPP).

Se o réu estiver preso, deve ser pessoalmente intimado, bem como seu defensor, como consequência natural do direito à ampla defesa (autodefesa e defesa técnica). Embora o art. 392 do CPP fixe várias regras para a intimação do réu e seu defensor, podendo haver a intimação somente de um deles, em alguns casos, o ideal é que, sempre, ambos sejam intimados da decisão condenatória, em homenagem ao princípio constitucional da ampla defesa.

Quando o acusado tiver contra si mandado de prisão expedido e não tiver sido encontrado para o devido cumprimento, intima-se da sentença somente o seu defensor. Permite-se que tal ocorra, somente no caso de defensor constituído, portanto da confiança do réu e, provavelmente, em contato com ele. A intimação dá-se pela imprensa oficial. Quando se tratar de dativo, aplica-se o disposto no inciso VI do art. 392 (por edital).

13. EFEITOS DA SENTENÇA CONDENATÓRIA

A prisão do réu em caso de condenação não é necessária. Pode ser um dos efeitos da condenação sujeita a recurso, no caso do juiz negar ao acusado o direito de permanecer em liberdade, para recorrer, como no caso de se vislumbrar presentes os requisitos da prisão preventiva, nos termos do art. 387, § 1.º, do CPP.

O lançamento do nome do réu no rol dos culpados nada mais é do que o registro no livro específico, existente nos ofícios criminais, denominado "Registro do Rol dos Culpados", que se constitui de uma das vias da guia de recolhimento – enviada para a Vara das Execuções Criminais – contendo todos os dados relativos à condenação e ao processo. Deve-se frisar que este dispositivo deveria ter sido alterado há muito tempo, pelo menos desde a entrada em vigor da Constituição Federal de 1988, que consagra, expressamente, o princípio da presunção de inocência. Assim, não se lança o nome do réu nesse rol antes do trânsito em julgado.

Quando a sentença condenatória transita em julgado produz os seguintes efeitos: a) penais (pode gerar reincidência, impedir ou revogar o *sursis*, impedir, ampliar o prazo ou revogar o livramento condicional, impedir a concessão de penas restritivas de direitos e multa ou causar a reconversão das restritivas de direito em privativa de liberdade, entre outros); b) extrapenais (torna certa a obrigação de reparar o dano, gerando título executivo judicial, provoca a perda dos instrumentos do crime, se ilícitos, do produto ou proveito do crime, além de poder gerar efeitos específicos para determinados crimes, como, por exemplo, a perda do pátrio poder (ou poder familiar, segundo a denominação adotada pelo Código Civil), em crimes apenados com reclusão, cometidos por pais contra filhos).

 SÍNTESE

Sentença: é a decisão definitiva e terminativa do processo, acolhendo ou rejeitando a imputação formulada pela acusação. Cuida-se da sentença em sentido estrito. Entretanto, toda a decisão que afasta a pretensão punitiva do Estado é, igualmente, sentença, embora em sentido lato (como a que julga extinta a punibilidade do réu).

Despacho: é a decisão do magistrado que dá andamento ao processo, sem decidir qualquer controvérsia.

Decisão interlocutória: é a decisão do juiz solucionando controvérsia entre as partes, mas sem julgar o mérito (pretensão de punir do Estado). Divide-se em *interlocutória simples* (decide a controvérsia e o processo continua) e *interlocutória mista* (decidida a controvérsia, cessa o trâmite do processo ou encerra-se uma fase).

***Emendatio libelli*:** é a possibilidade de o juiz dar nova definição jurídica ao fato, devidamente descrito na denúncia ou queixa, ainda que importe em aplicação de pena mais grave (art. 383, CPP).

***Mutatio libelli*:** é a possibilidade de o magistrado dar nova definição jurídica ao fato, não descrito na denúncia ou queixa, devendo haver prévio aditamento da peça acusatória e, em qualquer situação, ouvindo-se a defesa (art. 384, CPP).

Capítulo XVII

Procedimentos

1. PROCESSO E PROCEDIMENTO

Enquanto o processo é uma sequência de atos, vinculados entre si, tendentes a alcançar a finalidade de propiciar ao juiz a aplicação da lei ao caso concreto, o procedimento é o modo pelo qual se desenvolve o processo, no seu aspecto interno. Segundo GRECO FILHO, "não há processo sem procedimento e não há procedimento que não se refira a um processo. Mesmo nos casos de processo nulo ou procedimentos incidentais o procedimento não existe em si mesmo, mas para revelar um processo, ainda que falho" (*Manual de processo penal*, p. 345).

De acordo com a diferença estabelecida, o correto seria intitular esta parte do Código como "Dos procedimentos em espécie", além de se fazer referência ao "procedimento comum", no Título I, bem como, em outras seções, referir-se a "procedimentos incidentes" ou "procedimentos especiais".

2. PROCEDIMENTO E DEVIDO PROCESSO LEGAL

Quando a lei fixa um determinado procedimento para a instrução criminal, torna-se imprescindível que o magistrado o respeite, como regra, ainda que haja concordância das partes para sua inversão ou para sua supressão. Ensina SCARANCE FERNANDES haver duas garantias vinculadas ao devido processo legal, nele realizando-se plenamente: a garantia ao procedimento integral e a garantia ao procedimento tipificado. "Estabelecidos esses procedimentos há para a parte a garantia de que o juiz irá observá-los integralmente e, ainda, de que levará em conta a coordenação e vinculação estabelecidas entre os atos

MANUAL DE PROCESSO PENAL · Nucci

da cadeia procedimental. (...) Em virtude da garantia ao procedimento tipificado, não se admite a inversão da ordem processual ou a adoção de um procedimento por outro. Resultando prejuízo, deve ser declarada a nulidade" (*Processo penal constitucional*, p. 104-105). O mesmo autor, complementando a importância do *procedimento* no processo penal, menciona que "o procedimento deixou de ser considerado instituto de menor relevância no direito processual e passou a ser visto como elemento essencial da noção de processo, sendo a expressão de sua unidade. Mais do que isso, o direito ao procedimento foi alçado a garantia fundamental, estabelecendo-se uma conexão entre direitos fundamentais, organização e procedimento, sendo estes apontados como meios essenciais para a eficácia das normas que asseguram os direitos fundamentais" (*Teoria geral do procedimento e o procedimento no processo penal*, p. 303).

Entretanto, outros princípios devem ser considerados nesse âmbito, em particular o da economia processual. Por vezes, a inversão de algum ato processual ou da ordem de inquirição de testemunhas, contando com a concordância das partes, pode ter efeito positivo, permitindo a rápida solução do processo, sem prejuízo a qualquer direito fundamental dos envolvidos. Afinal, o procedimento não tem *vida própria*, não vale por si mesmo e não tem um fim útil independente. Em verdade, ele serve ao correto e previsível desenvolvimento do processo, até que se possa aplicar o direito ao caso concreto, ultimando-se tal providência na sentença.

3. PROCEDIMENTO COMUM E PROCEDIMENTO ESPECIAL

Seleciona o Código de Processo Penal uma forma padrão de procedimento, à qual denominou de *comum* e outras, especiais, que fogem à regra. O procedimento comum encontra-se dividido em ordinário, sumário e sumaríssimo. O ordinário deve ter por objeto crime cuja sanção máxima cominada seja igual ou superior a quatro anos de pena privativa de liberdade. O sumário volta-se ao crime cuja sanção máxima cominada seja inferior a quatro anos de pena privativa de liberdade. O sumaríssimo destina-se às infrações de menor potencial ofensivo, na forma da lei (art. 394, § 1º, III, CPP).

A alteração provocada pela Lei 11.719/2008 encontra-se em sintonia com as mais recentes sugestões dos penalistas: abolir a divisão, hoje inútil, entre reclusão, detenção e prisão simples, padronizando-se a pena como privativa de liberdade.

O procedimento do júri é especial, encontrando-se previsto nos arts. 406 a 497 do CPP.

O procedimento padrão é o comum, salvo exceções previstas em leis especiais ou no próprio Código de Processo Penal.

Depois, seguem-se os procedimentos especiais. São eles: procedimento dos crimes falimentares (arts. 503 a 512, ver o item 5.4 infra), procedimento dos crimes de responsabilidade dos funcionários públicos (arts. 513 a 518), procedimento dos crimes contra a honra (arts. 519 a 523), procedimento dos crimes contra a propriedade imaterial (arts. 524 a 530-I) e procedimento de restauração de autos (arts. 541 a 548). Com a aprovação da atual lei de falências (Lei 11.101/2005), estão revogados os arts. 503 a 512 do Código de Processo Penal, razão pela qual este procedimento especial deixa de subsistir. Passam os crimes falimentares a ser regulados pelo procedimento específico da referida Lei, portanto, transferem-se para o contexto da legislação especial.

Não mais, estão em vigor o procedimento para a aplicação provisória de medida de segurança (arts. 549 a 555) e os procedimentos referentes a instâncias superiores substituídos por outras leis, já comentadas no capítulo referente aos recursos. Não se olvide haver outros procedimentos especiais, previstos em leis identicamente especiais, como é o caso da Lei de Drogas (11.343/2006), dentre outras.

4. PROCEDIMENTO COMUM

4.1 Procedimento ordinário

O ajuizamento da ação penal ocorre com o recebimento da denúncia ou da queixa, completando-se a formação do processo e inaugurando-se a instrução. Deve o magistrado, na mesma decisão de recebimento da peça acusatória, que conterá o rol de testemunhas, até o máximo de oito, ordenar a citação do acusado para responder à acusação, por escrito, no prazo de dez dias (art. 396, CPP). Se houver citação por edital, o prazo da defesa somente começará a correr a partir do comparecimento pessoal do acusado ou do defensor constituído (art. 396, parágrafo único, CPP).

A resposta equivale à defesa prévia e deve conter toda a matéria interessante à defesa, tais como preliminares (levantamento de falhas e vícios a serem sanados), justificações (alegações de excludentes de ilicitude, em particular), oferecimento de novos documentos, propositura de provas a serem realizadas e apresentação do rol de testemunhas, até o máximo de oito.

Eventuais exceções (ex.: exceção de incompetência, exceção de suspeição) devem ser apresentadas seguindo-se o disposto nos arts. 95 a 112 do CPP.

É imprescindível o oferecimento da defesa prévia, tanto que, uma vez citado, se deixar o réu de apresentá-la, deve o magistrado nomear defensor para tanto, concedendo-lhe vista dos autos por dez dias. Parece-nos, igualmente, imprescindível que o defensor constituído ofereça a defesa prévia. Se não o fizer, pode-se considerar o réu indefeso, nomeando-se defensor dativo ou indicando-se defensor público para oferecer a peça exigida.

Torna-se importante o oferecimento de alegações defensivas logo após a citação, tendo em vista a nova possibilidade que tem o juiz de promover a absolvição sumária, antes mesmo de dar início à instrução.

São hipóteses para a absolvição sumária: a) existência manifesta de causa excludente da ilicitude do fato; b) existência manifesta de causa excludente da culpabilidade do agente, salvo inimputabilidade; c) quando o fato narrado evidentemente não constituir crime; d) quando estiver extinta a punibilidade do agente (art. 397, CPP).

Essa situação equivale ao *julgamento antecipado da lide*, que ocorre na esfera cível. Em verdade, está-se possibilitando que o juiz, já tendo recebido a denúncia ou queixa, mas tomando conhecimento de alegações do réu, até então inéditas, com o oferecimento de documentos ou outras provas, possa terminar a demanda, absolvendo o acusado desde logo. Contra essa decisão, caberá apelação.

Não nos parece seja situação comum, pois o magistrado, antes de receber a denúncia ou queixa, tomou ciência das provas pré-constituídas, constantes do inquérito policial. Assim, dificilmente, conseguiria o réu demonstrar, em singela defesa prévia, o desacerto da continuidade da instrução. Porém, não é impossível.

Dentre as hipóteses de absolvição sumária, não nos parece adequada a inserção da *extinção de punibilidade*. Trata-se, na realidade, de decisão meramente declaratória, sem qualquer exame de mérito para redundar em absolvição.

Na sequência, não tendo ocorrido a absolvição sumária, e já tendo sido recebida a denúncia ou queixa, designará o juiz dia e hora para a audiência de instrução e julgamento, providenciando a intimação do acusado, de seu defensor, do Ministério Público e, se for o caso, do querelante e do assistente.

A redação do art. 399 do CPP é defeituosa e merece reparo. Onde se lê "recebida a denúncia ou queixa", leia-se "tendo sido recebida a denúncia ou queixa". Logo, não há *dois recebimentos da peça acusatória*, o que configuraria nítido e autêntico contrassenso. A denúncia ou queixa já foi recebida, tanto que se determinou a citação do réu para responder aos termos da demanda, oferecendo defesa prévia, por escrito, em dez dias. Após, não sendo o caso de absolvição sumária, inicia-se a instrução.

Inexiste, no processo penal, como regra, o recebimento provisório de denúncia ou queixa, a decretação provisória de prisão, a sentença provisória até que outra melhor sobrevenha etc. Atos decisórios tomados pelo magistrado repercutem imediatamente na esfera da liberdade do réu. O recebimento da denúncia ou queixa é anotado em sua folha de antecedentes, servindo para interromper a prescrição, a decretação de sua prisão implica em imediata privação da liberdade, a sentença prolatada acarreta a soltura (absolvição) ou pode redundar em prisão cautelar (condenação), conforme o caso concreto.

Se existirem testemunhas residindo fora da Comarca, o magistrado designa audiência para aquelas que residem na sua área de competência e determina a expedição de precatória, fixando um prazo razoável para o seu cumprimento, a fim de serem ouvidas as demais.

A audiência de instrução e julgamento deverá ser única. Nessa data, ouvem-se o ofendido, sempre que possível, as testemunhas de acusação e de defesa, nessa ordem (não se computando a referida ordem para as que forem ouvidas por precatória), os eventuais esclarecimentos dos peritos, realizam-se acareações, se necessário, e o reconhecimento de pessoas e coisas. Finalmente, interroga-se o acusado (art. 400, *caput*, CPP).

O acusado, por ser o último a ser ouvido, já terá advogado presente e com ele, como regra, conversou.

Encontra-se expresso em lei o interesse do legislador na realização de audiência única, como maneira de incentivar a celeridade processual: "as provas serão produzidas numa só audiência, podendo o juiz indeferir as consideradas irrelevantes, impertinentes ou protelatórias" (art. 400, § 1.º, CPP).

Se as partes desejarem ouvir esclarecimentos dos peritos, devem requerer com antecedência (art. 400, § 2.º, CPP).

A Lei 14.245/2021 incluiu o art. 400-A, no CPP, nos seguintes termos: "na audiência de instrução e julgamento, e, em especial, nas que apurem crimes contra a dignidade

Capítulo XVII • Procedimentos | **441**

sexual, todas as partes e demais sujeitos processuais presentes no ato deverão zelar pela integridade física e psicológica da vítima, sob pena de responsabilização civil, penal e administrativa, cabendo ao juiz garantir o cumprimento do disposto neste artigo, vedadas: I – a manifestação sobre circunstâncias ou elementos alheios aos fatos objeto de apuração nos autos; II – a utilização de linguagem, de informações ou de material que ofendam a dignidade da vítima ou de testemunhas". O objetivo primordial é promover o respeito à vítima e à testemunha, quando forem ouvidas em juízo, em particular no contexto dos crimes contra a dignidade sexual. Por óbvio, quem é inquirido durante a instrução precisa ser tratado com a máxima consideração, afinal, está contribuindo para a correta aplicação da justiça. Essa nova lei advém do caso de uma vítima de estupro que, ao ser ouvida em juízo, foi desrespeitada pelo defensor do acusado, sem que houvesse a devida proteção por parte do magistrado condutor dos trabalhos. É sabido que as pessoas ofendidas, nos delitos sexuais, terminam passando por duplo sofrimento: o prejuízo advindo do crime e a lesão à sua dignidade, quando ouvida com desdém na fase judicial. Por isso, a lei veda qualquer manifestação em relação a circunstâncias ou pontos alheios aos fatos apurados, como, por exemplo, questões relativas à vida privada da vítima ou seu comportamento anterior ao delito. Além disso, proíbe-se o uso de linguagem chula, deselegante e desrespeitosa, no tocante à vítima ou quanto à testemunha. O não cumprimento do dispositivo pode acarretar sanções no âmbito administrativo (organismos de controle da atividade funcional de autoridades), penal (crimes contra a honra) e civil (reparação por dano moral).

Acrescente-se a relevante decisão do STF sobre a vedação de invocação, pelas partes ou seus procuradores, de fatores vinculados à vivência sexual anterior da vítima ou ao seu modo de vida, sob pena de nulidade, evitando-se que a pessoa ofendida terminasse mais analisada que o próprio agente acusado pelo crime. Conferir: "1. Ofende os princípios da igualdade e da dignidade da pessoa humana a perquirição da vítima, em processos apuratórios e julgamentos de crimes contra a dignidade sexual, quanto ao seu modo de vida e histórico de experiências sexuais. 2. A despeito da atuação dos Poderes da República, pela análise dos argumentos postos na presente arguição de descumprimento de preceito fundamental, é de se concluir necessário que este Supremo Tribunal, no exercício de sua competência constitucional, interprete os dispositivos impugnados pelo arguente conforme a Constituição da República, para conferir máxima efetividade aos direitos constitucionalmente postos e coibir a perpetuação de práticas que impliquem na revitimização de mulheres agredidas sexualmente. 3. Arguição julgada procedente para i) conferir interpretação conforme à Constituição à expressão 'elementos alheios aos fatos objeto de apuração' posta no art. 400-A do Código de Processo Penal, para excluir a possibilidade de invocação, pelas partes ou procuradores, de elementos referentes à vivência sexual pregressa da vítima ou ao seu modo de vida em audiência de instrução e julgamento de crimes contra a dignidade sexual e de violência contra a mulher, sob pena de nulidade do ato ou do julgamento, nos termos dos arts. 563 a 573 do Código de Processo Penal; ii) fica vedado o reconhecimento da nulidade referida no item anterior na hipótese de a defesa invocar o modo de vida da vítima ou a questionar quanto a vivência sexual pregressa com essa finalidade, considerando a impossibilidade do acusado se beneficiar da própria torpeza; iii) conferir interpretação conforme ao art. 59 do Código Penal, para assentar ser vedado ao magistrado, na fixação da pena em crimes sexuais, valorar a vida sexual pregressa da vítima ou seu modo de vida e iv) assentar ser dever do magistrado julgador atuar no sentido de impedir essa prática inconstitucional, sob pena de responsabilização civil, administrativa e penal" (ADPF 1107, Tribunal Pleno, rel. Cármen Lúcia, j. 23.05.2024, v.u.).

A parte que arrolou a testemunha pode desistir do seu depoimento, dispensando-a, sem consulta à parte contrária. Entretanto, ressalva-se a possibilidade de o juiz pretender ouvi-la (art. 401, § 2.º, CPP).

Terminada a instrução, oralmente, as partes podem requerer diligências, cuja necessidade surja das circunstâncias ou fatos apurados até então (art. 402, CPP).

Determinada a realização das diligências, não haverá debates nem julgamento. Concluídas aquelas, as partes devem apresentar alegações finais, por memorial, em cinco dias. O juiz terá dez dias para sentenciar (art. 404, parágrafo único, CPP).

Inexistindo requerimento de realização de diligências, ou sendo indeferido qualquer pedido nesse sentido, haverá os debates orais. Cada parte terá 20 minutos, prorrogáveis por mais 10. Havendo mais de um acusado, cada qual terá o seu tempo individual para se manifestar. Se houver assistente de acusação, terá ele 10 minutos. Nessa hipótese, concede-se mais 10 minutos para a defesa (art. 403, CPP).

A busca pela celeridade deve contar com a firme direção do magistrado para que os debates se façam, realmente, na forma oral, evitando-se a apresentação de alegações por escrito e o ditado das alegações para constar do termo de audiência. Por isso, o método para registro da audiência deve ser, preferencialmente, o de gravação ou método similar (art. 405, § 1.º, CPP). Não sendo possível, tudo será reduzido a termo em forma resumida (art. 405, *caput*, CPP). Quanto às alegações finais, devem constar apenas os pedidos finais no termo de audiência.

Eventualmente, considerada a complexidade do caso ou o número de acusados, o juiz pode deferir a apresentação de alegações finais, por memorial, em cinco dias, sucessivamente, proferindo sentença, depois, em dez dias (art. 403, § 3.º, CPP).

De qualquer forma, a apresentação das alegações finais continua a ser obrigatória para as partes. Se o representante do Ministério Público não o fizer, caberá ao juiz oficiar ao Procurador-Geral solicitando a sua intervenção. Diga-se o mesmo em relação ao defensor público, oficiando-se ao Defensor-Geral. Quanto ao assistente de acusação, não se demanda obrigatoriedade. Tratando-se de querelante, em ação privada exclusiva, a falta de alegações finais implica em peremção (art. 60, III, CPP). Se a ação for privada subsidiária da pública, devolve-se a titularidade ao Ministério Público.

E, finalmente, em relação à defesa, segue-se a ampla defesa. É preciso o pronunciamento da defesa técnica sobre a prova produzida, algo que o réu não pode fazer. Há posição, na jurisprudência, no entanto, deixando de reconhecer a nulidade, quando há falta de alegações finais. Na doutrina, entendendo indispensável o seu oferecimento: Tourinho Filho (*Código de Processo Penal comentado*, v. 2, p. 136-137); Tornaghi (*Curso de processo penal*, v. 2, p. 245); Noronha (*Curso de direito processual penal*, p. 284-285). Em posição intermediária, diz Mirabete que, para a acusação é indispensável o seu oferecimento, mas para a defesa cuida-se de faculdade, sendo que o importante é a abertura de oportunidade para tanto (*Processo penal*, p. 546-547). Pronunciando-se, especificamente, com relação à defesa e considerando fruto natural da ampla defesa constitucional a apresentação obrigatória das alegações finais está a posição de Scarance Fernandes (*Processo penal constitucional*, p. 255).

A inversão da ordem de inquirição das testemunhas, como regra, não deve ocorrer, mas, eventualmente, em homenagem ao princípio da economia processual (hoje, constitucionalmente previsto no art. 5.º, LXXVIII, CF) e não havendo insurgência das partes, é possível. Imagine-se terem sido ouvidas todas as testemunhas de acusação, exceto uma. A última faltante, intimada, não compareceu. Será conduzida coercitivamente. Pode, pois, o juiz, com a concordância das partes, marcar audiência para ouvir a prova final da acusação e já dar início à colheita da prova de defesa. E mais: caso a mencionada testemunha não seja encontrada para a condução coercitiva realizar-se, estando todas as testemunhas de defesa presentes, podem as partes aquiescer sejam ouvidas as que compareceram ao fórum, designando-se uma data para nova tentativa de condução da recalcitrante testemunha de acusação. É uma inversão da ordem excepcional e justificada pela economia processual, sem ferir direito de qualquer das partes.

Se o réu não comparecer à audiência de instrução e julgamento, onde também seria interrogado, deve-se entender ter optado pelo direito ao silêncio, abrindo mão, inclusive, do seu direito de audiência. Entretanto, se a sua presença for indispensável – para um reconhecimento, por exemplo –, pode ser conduzido coercitivamente a juízo, caso tenha sido intimado e não tenha comparecido.

A requisição de réu preso para acompanhar a instrução é indispensável, pois constitui parte de seu direito à autodefesa, acompanhando, pessoalmente, a formação da prova. Entretanto, não havendo a requisição ou, requisitado, não ocorrendo a apresentação, ainda que realizado o ato, não se trata de nulidade absoluta, mas, sim, relativa, dependente de prova do prejuízo sofrido. Inexiste sentido, por exemplo, em se determinar a nulidade de uma audiência, onde somente se ouviram pessoas que nada sabiam dos fatos, ainda que o réu preso estivesse ausente, porque não foi requisitado.

Por outro lado, pensamos ser aplicável o disposto no art. 457, § 2.º, parte final, do CPP, dispondo ser viável o pedido de dispensa da presença do réu em audiência, desde que a solicitação seja subscrita por ele e por seu defensor.

Após o momento propício para que sejam arroladas testemunhas – na denúncia ou queixa, para a acusação, e na defesa prévia, para a defesa – somente pode haver substituição de alguma delas, quando não for localizada para intimação, por razões variadas (morte, mudança sem deixar paradeiro, doença grave etc.).

Quanto ao número máximo de testemunhas, as partes têm o direito de arrolar até oito testemunhas, cada uma (art. 401, *caput*, CPP). Lembremos que o Ministério Público é uma das partes e cada réu, havendo mais de um, ainda que com o mesmo defensor, é individualmente parte, razão pela qual pode ser arrolado o número máximo mencionado para cada uma.

Excepcionalmente, caso haja necessidade, deve ser pleiteado ao juiz a oitiva de mais pessoas, além do número legalmente previsto. Serão, nessa hipótese, testemunhas do juízo e não da acusação ou da defesa, de forma que o magistrado pode dispensá-las, a qualquer momento, quando já estiver convencido de que o fato principal está provado, bem como quando alguma delas não for localizada.

444 | MANUAL DE PROCESSO PENAL · Nucci

As pessoas ouvidas sem o compromisso de dizer a verdade, que são consideradas declarantes ou informantes, não são computadas no número legal de oito (art. 401, § 1.º, CPP). Assim, quando o órgão acusatório souber tratar-se de informante, deve anotar, desde logo, na denúncia, para que o juiz saiba não estar o rol sendo ultrapassado. Quanto às testemunhas referidas, somente na audiência de instrução é que se poderá tomar conhecimento de ser a testemunha de referência. Portanto, nesse caso, não cabe a sua inserção no rol.

Embora existam prazos estabelecidos em lei, regendo o procedimento, não há sanção específica para o seu descumprimento. É natural que, cuidando-se de réu preso, pode gerar constrangimento ilegal o excesso de prazo na conclusão da instrução. Tem-se adotado, entretanto, o princípio da razoabilidade. Depende de cada Vara e de cada Comarca, conforme o volume de processos em andamento, o critério para verificar o abuso na lentidão do trâmite processual.

4.2 Procedimento sumário

Sumário é qualidade do que é resumido, feito de maneira simplificada, sem formalidades. O objetivo do procedimento sumário é simplificar a finalização do procedimento ordinário.

Atualmente, é aplicável aos casos de crimes cuja sanção máxima cominada seja inferior a quatro anos de pena privativa de liberdade.

Inicia-se da mesma forma que o procedimento ordinário, comentado no item anterior, para o qual remetemos o leitor.

Recebida a denúncia ou queixa, contendo rol de até cinco testemunhas (art. 532, CPP), ordena-se a citação do réu para responder à acusação, por escrito, no prazo de dez dias. Deve fazê-lo por intermédio de seu defensor (constituído, dativo ou público).

A defesa prévia deve conter toda a matéria de interesse do acusado, inclusive preliminares, justificações, oferecimento de documentos, especificação de provas e rol de testemunhas, até o máximo de cinco. Exceções serão processadas na forma prevista nos arts. 95 a 112 do CPP.

Apresentada a defesa prévia, pode o juiz absolver sumariamente o réu, com base no art. 397 do CPP. Caso não o faça, designa audiência de instrução e julgamento, que deverá ser única.

Nessa audiência, a ser realizada no prazo máximo de 30 dias, tomam-se as declarações do ofendido, se possível, os depoimentos das testemunhas de acusação e de defesa, nessa ordem, além dos eventuais esclarecimentos dos peritos. Podem ser realizadas acareações e o reconhecimento de pessoas e coisas. Ao final, interroga-se o réu (art. 531, CPP).

Se houver testemunhas a ouvir por precatória, deve o magistrado expedir a carta logo após a apresentação da defesa prévia e não há necessidade de se respeitar a ordem de inquirição (primeiramente, as de acusação, depois, as de defesa). Lembremos que, atualmente, há a possibilidade de se ouvir as testemunhas, residentes em outra Comarca, por meio da videoconferência (art. 222, § 3.º, CPP).

Outro lembrete diz respeito ao prazo *máximo* de trinta dias para realizar a audiência de instrução e julgamento. Cuida-se de prazo impróprio, logo, se não for cumprido, inexiste

Capítulo XVII • Procedimentos | **445**

sanção para tanto. Eventualmente (o que é muito raro pela espécie de crime que envolve o procedimento sumário, com penas máximas inferiores a quatro anos), tratando-se de acusado preso, pode-se argumentar ter havido excesso de prazo. Porém, para se apurar o constrangimento ilegal, deve-se valer o juiz do princípio da razoabilidade. Nem todos os excessos são injustificáveis. Há Comarcas e Varas com excesso de processos, sem estrutura, fazendo-se o possível para atender, no menor prazo possível, o término da instrução.

Finda a colheita da prova, realizam-se os debates orais. As partes (acusação e defesa) têm 20 minutos cada uma para apresentar ao juiz as suas considerações derradeiras. Pode haver a prorrogação de 10 minutos para cada uma. Se houver assistente de acusação, terá 10 minutos para se manifestar, acrescendo-se igual período à defesa. A seguir, o juiz deve proferir a sentença no termo de audiência (art. 534, CPP).

É muito importante que os magistrados e as partes se acostumem à oralidade, a única maneira de se conferir ao processo uma real celeridade, eliminando-se o lento procedimento de reduzir tudo por escrito. Por isso, a autorizada gravação dos depoimentos e dos debates pode e deve ser realizada. E não se deve admitir a *substituição* do debate oral pela juntada de peças escritas. A *cultura* da petição e da palavra escrita precisa cessar. Aliás, no procedimento sumário, não se prevê a juntada de memoriais, logo, as alegações finais devem ser orais.

Merece registro o disposto no art. 185 da atual Lei de Falência (Lei 11.101/2005), que passa a disciplinar o procedimento especial de apuração prévia dos crimes falimentares, determinando que, após o recebimento da denúncia ou queixa, observar-se-á o rito sumário.

4.3 Procedimento sumaríssimo

A Lei 9.099/95, inspirada pela celeridade e simplificação do procedimento, previu e regulou a possibilidade de transação para as infrações consideradas de menor potencial ofensivo, contexto no qual estão inseridas as contravenções penais e todos os crimes sancionados com pena máxima não superior a dois anos, cumulada ou não com multa (art. 61). Porém, não havendo possibilidade de ocorrer a referida transação, o procedimento segue rito especificado naquele diploma legal, deixando de ser aplicado o Código de Processo Penal.

A denúncia ou queixa pode ser oferecida oralmente, com rol de até cinco testemunhas. Reduz-se a termo a peça acusatória, entregando-se cópia ao acusado que, com isto, dá-se por citado e cientificado da audiência de instrução e julgamento. Nesta, poderá ser, novamente, buscada a conciliação e a transação. Não sendo viável, o defensor poderá responder à acusação. Na sequência, o magistrado recebe ou rejeita a denúncia ou queixa. Refutando-a, cabe apelação. Recebendo-a, serão ouvidas a vítima, as testemunhas de acusação e as de defesa. Ao final, interroga-se o réu.

Os debates serão orais. Por analogia ao critério do CPP, cada parte pode manifestar-se em 20 minutos, prorrogáveis por mais 10. A sentença será dada no termo, dispensado o relatório.

Cumpre destacar, por derradeiro, que a Lei 9.099/95 não será aplicada, para contravenções penais ou crimes, cuja pena máxima não ultrapasse dois anos, reservando-se o procedimento sumário (art. 538, CPP), feitas as devidas adaptações, para os casos

446 | MANUAL DE PROCESSO PENAL · Nucci

previstos no art. 66, parágrafo único (não se encontrar o acusado para ser citado), e no art. 77, §§ 2.º e 3.º (hipóteses de constatação de complexidade ou circunstância especial incompatível com o procedimento sumaríssimo, merecendo maior análise e instrução probatória) daquela Lei.

5. PROCEDIMENTOS ESPECIAIS

5.1 Aplicação da Lei 9.099/95 aos procedimentos especiais

Após a edição da Lei 11.313/2006, que alterou a redação do art. 61 da Lei 9.099/95, passou a ser aplicável a possibilidade de transação aos crimes de menor potencial ofensivo, descritos em leis que possuam procedimento especial. Salientamos, ainda, serem infrações de menor potencial ofensivo as contravenções penais e os crimes a que a lei comine pena máxima não superior a dois anos, cumulada ou não com multa.

Portanto, todos os procedimentos especiais do Código de Processo Penal devem adaptar-se à hipótese de concretização da transação e do rito da Lei 9.099/95. Mas, se não houver possibilidade, segue-se, para cada situação, o procedimento especial previsto no Livro II, Título II, do CPP, conforme o caso concreto, para, depois, passar-se ao rito comum.

Registremos que a adaptação para a aplicação da Lei 9.099/95 (possibilidade de transação) aos ritos especiais do CPP deve ser feita com cuidado, a fim de não se suprimir qualquer particularidade benéfica ao imputado. Assim, quando se cuidar de procedimento de falência, iniciada esta antes da vigência da Lei 11.101/2005, segundo nos parece, pela peculiaridade do caso, segue-se o disposto nos arts. 503 a 512 [revogados pela Lei 11.101/2005], para, então, antes do recebimento da denúncia ou queixa, havendo a possibilidade de transação, se o crime comportar (como ocorre com o art. 190, Dec.-lei 7.661/45 [Dec.-lei revogado pela Lei 11.101/2005]), promover-se a sua aplicação. Não sendo viabilizada a transação, recebida a denúncia ou queixa, segue-se o rito da Lei 9.099/95. Os demais crimes, que não são de menor potencial ofensivo (arts. 186 a 189 do mesmo decreto-lei [Dec.-lei revogado pela Lei 11.101/2005]) continuam com o procedimento especial inicial, seguido do ordinário.

No caso de crimes de responsabilidade de funcionário público, deve-se igualmente separar aqueles que são de menor potencial ofensivo (ex.: violação de sigilo funcional – art. 325, CP; abandono de função – art. 323, CP) dos demais, que são comuns (ex.: peculato – art. 312, CP; corrupção passiva – art. 317, CP). No caso dos delitos de menor potencial ofensivo, primeiramente colhe o juiz a defesa preliminar, pois, se esta proceder, nada se faz contra o funcionário. Mas, se for o caso de não aceitação, antes do recebimento da denúncia, busca-se a transação. Conseguida, encerra-se com a homologação e aguarda-se o cumprimento. Não atingida, segue-se o rito da Lei 9.099/95, após o recebimento da denúncia ou queixa. No caso de outros delitos, continua-se, após o procedimento especial dos arts. 513 a 517, com o rito comum do Código de Processo Penal.

Tratando-se de delitos contra a honra (calúnia, difamação e injúria – arts. 138, 139 e 140, excetuando a injúria discriminatória do art. 140, § 3.º, CP), cabe a possibilidade de transação, mas depois de tentada a conciliação, prevista nos arts. 520 a 522 do CPP, pois esta é, sem dúvida, mais benéfica ao querelado. Não conseguido o acordo para encerrar o feito, busca-se a transação. Pode-se, então, findar o caso se houver a referida transação ou pode-se continuar, com o recebimento da queixa, seguindo-se o rito da Lei 9.099/95, adaptado à possibilidade de oferecimento de exceção da verdade ou de notoriedade do fato (art. 523, CPP). Na hipótese de impossibilidade jurídica da oferta de transação, segue-se o rito comum do Código de Processo Penal após a fase da conciliação.

No caso de crimes contra a propriedade imaterial, alguns são de menor potencial ofensivo (ex.: art. 184, *caput*, CP), outros não (ex.: art. 184, §§ 1.º, 2.º e 3.º, CP). Dessa forma, quando de ação privada, para buscar-se a possibilidade de transação, é preciso, previamente, a formação da materialidade, seguindo-se o disposto nos arts. 525 a 529. Após, tenta-se a transação. Atingida, encerra-se com a homologação, aguardando-se o cumprimento. Não concretizada, com o recebimento da queixa, segue-se o rito da Lei 9.099/95. Nos casos de ação pública, o procedimento preliminar de formação da materialidade vem previsto nos arts. 530-B a 530-E. Somente após, trabalha-se a hipótese da transação. Positivada, encerra-se. Caso não ocorra, segue-se o rito da Lei 9.099/95. Quando o caso não for de crime de menor potencial ofensivo, seja de ação pública, seja de ação privada, naturalmente o procedimento é o previsto, conforme o caso no Capítulo IV do Título II do Livro II (arts. 524 a 530 para ação privada e 530-B a 530-H para ação pública).

5.2 Modificações introduzidas pela Lei 10.259/2001 e confusão legislativa: um bom exemplo

A legislação penal e processual penal vem sendo alterada, no Brasil, nos últimos anos, de maneira atabalhoada e assistemática, provocando perplexidade nos aplicadores do Direito e exigindo-lhes incessante trabalho de exegese contorcionista. É o que se deu com a edição da Lei 10.259, de 12.07.2001, que entrou em vigor em 13.01.2002, instituindo os Juizados Especiais Cíveis e Criminais da Justiça Federal. No contexto penal, o art. 2.º, parágrafo único, houve por bem redefinir o conceito de *infrações de menor potencial ofensivo*, estipulando que "consideram-se infrações de menor potencial ofensivo, para os efeitos desta Lei, os crimes a que a lei comine pena máxima não superior a dois anos, ou multa" (com a redação dada pela Lei 11.313/2006).

É verdade que a questão perdeu o sentido em face da edição da Lei 11.313/2006, que modificou os arts. 61 da Lei 9.099/95 e 2.º, parágrafo único, da Lei 10.259/2002. Padronizou-se o conceito de infração de menor potencial ofensivo, como já mencionamos no item 5.1 supra. Mantemos os comentários feitos, nos próximos parágrafos, a respeito da busca pela conciliação entre a antiga redação dos arts. 61 da Lei 9.099/95 e 2.º, parágrafo único, da Lei 10.259/2002, com o objetivo de fornecer ao leitor a clara visão de como se legisla atabalhoadamente no Brasil.

Lembremos, inicialmente, ter fixado a Constituição Federal que a União, os Estados e o Distrito Federal criarão "juizados especiais, providos por juízes togados, ou togados e leigos, competentes para a conciliação, o julgamento e a execução de causas cíveis de menor complexidade e *infrações de menor potencial ofensivo*, mediante os procedimentos oral e sumaríssimo, permitidos, *nas hipóteses previstas em lei*, a transação e o julgamento dos recursos por turmas de juízes de primeiro grau" (art. 98, I, com grifo nosso). Logo, à lei ordinária ficou delegada a atribuição de estabelecer o conceito de *infração de menor potencial ofensivo*, para o fim de, afastado o princípio da obrigatoriedade da ação penal, ser submetido o caso à transação, colocando-se um arremate ao delito praticado, independentemente da apuração da culpa do agente.

A Lei 9.099/95 deu início ao preceituado constitucionalmente definindo infração de menor potencial ofensivo como sendo "as contravenções penais e os crimes a que a lei comine pena máxima não superior a um ano, excetuados os casos em que a lei preveja procedimento especial". Note-se que nem mesmo se mencionou as infrações punidas com multa somente (abrangidas, naturalmente, pela referência feita às contravenções penais), nem aqueles delitos que possuem a aplicação de multa cumulativa ou alternativamente à pena privativa de liberdade. O legislador entendeu despiciendo fazê-lo, porque a multa não é a pena principal, capaz de determinar a feição da infração penal. Logo, o fator determinante para isso sempre foi a pena privativa de liberdade aplicada: não superior a um ano.

Quanto às contravenções, citadas expressamente, nem se preocupou a Lei 9.099/95 em mencionar a sanção penal aplicável em abstrato: seja ela qual for, privativa de liberdade ou multa, não mudaria a essência da pouca potencialidade ofensiva da infração penal.

Enfim, o único entrave, discutido pela doutrina e pela jurisprudência, seria a exceção feita aos crimes que possuíssem, para a sua apuração, procedimento especial. Alguns, seguindo fielmente o disposto na parte final do art. 61, deixavam de aplicá-la a tais delitos (como, por exemplo, os crimes contra a honra); outros, no entanto, não viam qualquer obstáculo a estender-se a aplicação a esses delitos, já sustentando o princípio constitucional da igualdade.

A Lei 10.259/2001, por sua vez, estipulou outro conceito para as infrações de menor potencial ofensivo e, em nítido descompasso com sua antecessora, fez previsão específica para os delitos punidos com multa. Ora, o critério para se apurar a diminuta potencialidade ofensiva é, sempre foi e deverá continuar sendo o máximo em abstrato cominado para a pena privativa de liberdade. A sanção pecuniária não deve ser – como nunca foi – o fator determinante desse critério. Logo, como a Justiça Federal não mais julga contravenções penais – única infração penal que comportaria, com exclusividade, a fixação de multa no preceito secundário do tipo incriminador, como dispõe o art. 1.º da Lei de Introdução ao Código Penal –, a partir da Constituição de 1988 (art. 109, IV), resta a análise da razão que levou o legislador a incluir a menção à pena de multa – o que, repita-se, não foi feito na Lei 9.099/95.

Parece-nos, como já aconteceu inúmeras vezes no País, uma inclusão puramente acidental, não deixando de ser ilógica. Com a devida vênia, entender o contrário seria cercear por completo a aplicação da nova Lei. Imagine-se quais são os crimes possuidores de sanção, abstratamente fixada, em pena privativa de liberdade *ou* multa. São pouquíssimos e não justificadores da edição da tão aguardada lei criadora dos Juizados Especiais Criminais Federais. Poder-se-ia indicar o desacato, cuja pena é de detenção, de seis meses a dois anos, ou multa (art. 331, CP), mas não se poderia aplicar a novel lei federal à desobediência, cuja pena é de detenção, de quinze dias a seis meses *e* multa (art. 330, CP). Ora, o desacato ao juiz federal daria margem à transação, mas a desobediência ao agente da polícia federal, não. Diante disso, não se pode concluir ter a lei exigido, para o conceito de infração de menor potencial ofensivo, a alternatividade na sanção penal abstrata – pena de até dois anos *ou* multa. O melhor a fazer é, simplesmente, ignorar a colocação da sanção pecuniária. Trata-se de infração de menor potencial ofensivo o crime cuja pena máxima não ultrapassar dois anos, havendo ou não multa, sendo esta alternativa ou cumulativamente cominada.

É bem verdade que o legislador aumentou consideravelmente o número de infrações penais sujeitas à mera transação. Entretanto, tal modificação faz parte, como afirmado no início destas linhas, do descompasso legislativo reinante no Brasil, há algum tempo, sem grandes reações do Judiciário.

Além disso, como nada mencionou acerca do procedimento especial, sempre nos pareceu que a vedação prevista na parte final do art. 61 ("excetuados os casos em que a lei preveja procedimento especial") também foi afastada. Possível não deixa de ser a interpretação de que a Lei 10.259/2001 é especial em relação à Lei 9.099/95, aplicando-se, pois, somente ao contexto dos crimes de competência da Justiça Federal, como, aliás, menciona o art. 2.º, parágrafo único ("para os efeitos desta Lei"). Mas, assim pensando, criaríamos situações mais graves e profundamente desiguais, conturbando, ainda mais, a credibilidade da Justiça.

Do exposto, concluímos que a Lei 10.259/2001 alterou o conceito de infração de menor potencial ofensivo para garantir a aplicação dos benefícios previstos na Lei 9.099/95, inclusive e especialmente a transação, para todos os delitos cuja pena máxima não ultrapasse dois anos, havendo ou não multa, cumulativa ou alternativamente cominada. Deve ser aplicada a qualquer infração, seja da competência da Justiça Federal, seja da Justiça Estadual – e, ressaltemos, ambas consideradas Justiça *comum* – além de dever cessar a vedação de aplicação aos crimes em que a lei preveja procedimento especial. E, assim sendo, evita-se a prisão em flagrante, dando-se fiel seguimento ao disposto no art. 69, parágrafo único, da Lei 9.099/95 às novas infrações de menor potencial ofensivo.

Essas considerações doutrinárias formuladas tinham a finalidade de garantir o princípio da igualdade de todos perante a lei, o que os tribunais pátrios terminaram por reconhecer. Por isso, adveio a modificação legislativa, solucionando, definitivamente, o dilema.

5.3 Adoção do procedimento previsto na Lei 9.099/95 para os crimes contra idosos

Preceitua o art. 94 da Lei 10.741/2003 (Estatuto do Idoso) que "aos crimes previstos nesta Lei, cuja pena máxima privativa de liberdade não ultrapasse 4 (quatro) anos, aplica-se o procedimento previsto na Lei 9.099, de 26 de setembro de 1995, e, subsidiariamente, no que couber, as disposições do Código Penal e do Código de Processo Penal".

Há duas interpretações possíveis para esse dispositivo:

a) aos crimes previstos no Estatuto do Idoso pode-se aplicar, integralmente, o disposto na Lei 9.099/95, ou seja, cabe transação penal e suspensão condicional do processo, bem como, na impossibilidade destes benefícios, o procedimento célere lá previsto;

b) aos crimes previstos no Estatuto do Idoso aplica-se o procedimento célere da Lei 9.099/95, mas não a transação ou a suspensão condicional do processo. Esses benefícios seriam válidos somente se as infrações não ultrapassassem os limites legais (dois anos de

450 | MANUAL DE PROCESSO PENAL · **Nucci**

pena máxima para a transação; um ano de pena mínima para a suspensão condicional do processo).

Adotar a primeira interpretação seria exterminar a principal meta da Lei 10.741/2003, que é a consagração da maior proteção ao idoso. Assim, ao invés disso, estar-se-ia permitindo transação a infrações cujas penas atingissem até quatro anos de reclusão. E, se assim fosse, logo surgiriam as interpretações tendentes a considerar, genericamente, por uma questão de isonomia, todas as infrações punidas com pena de até quatro anos como de menor potencial ofensivo, o que representaria absurdo maior.

Cremos, no entanto, que a intenção do legislador não foi essa. Pretendeu ele, para dar maior e mais efetiva proteção ao idoso, que o procedimento célere da Lei 9.099/95 fosse utilizado para toda infração cuja vítima fosse idosa, desde que a infração tenha pena máxima não superior a quatro anos. Ainda assim, segundo cremos, há inconstitucionalidade. O procedimento célere da referida Lei é reservado às infrações de *menor potencial ofensivo*, o que, definitivamente, não é o caso dos crimes cuja pena máxima atinge *quatro anos*. Se assim não acontece, o que levaria um crime comum a ser apurado através de um procedimento encurtado e especial? Maior proteção ao idoso? E o direito à ampla defesa? Não se pode subtrair a garantia constitucional da ampla defesa, implementando procedimento célere para crime comum sob a ótica de ser a vítima pessoa idosa. Ademais, não haverá maior ou menor proteção a quem tenha mais de 60 anos se for adotado o procedimento da Lei 9.099/95, mas somente um estreitamento da amplitude de defesa, o que é inconstitucional. Em nosso prisma, é inaplicável, de toda forma, o art. 94 da Lei 10.741/2003.

5.4   Procedimento dos crimes falimentares

Para os delitos disciplinados nos arts. 186 a 199 do Decreto-lei 7.661/45 (antiga Lei de Falências), aplica-se o procedimento previsto nos arts. 503 a 512 do Código de Processo Penal. A Lei 11.101/2005 revogou o disposto nos arts. 503 a 512, de modo que o procedimento para apurar crimes falimentares (arts. 168 a 178, Lei 11.101/2005) passa para o contexto da legislação especial, como já afirmamos. Ocorre que, em face do disposto no art. 192, *caput* ("Esta Lei não se aplica aos processos de falência ou de concordata ajuizados anteriormente ao início de sua vigência, que serão concluídos nos termos do Decreto-lei 7.661, de 21 de junho de 1945"), continua aplicável o procedimento do Código de Processo Penal aos delitos falimentares ocorridos antes da vigência da Lei 11.101/2005, até pelo fato de ser esta mais rigorosa, razão pela qual não pode prejudicar o réu (leis penais somente retroagem para beneficiar o acusado, conforme prevê o art. 5.º, XL, CF). Quando da ocorrência de infrações penais falimentares após a vigência da Lei, não mais se aplicará o disposto nos arts. 503 a 512 do CPP.

Seguindo-se o disposto na Lei 11.101/2005, o procedimento para apurar os crimes falimentares (arts. 168 a 178) será o sumário (arts. 531 a 536, CPP).

Não há mais a distinção entre crimes de falência fraudulenta e culposa, pois todos os delitos falimentares são dolosos. O Decreto-lei 7.661/45 já trazia em seu bojo apenas os tipos em suas modalidades dolosas. Nessa ótica, conferir a lição de Luiz Carlos Betanho: "Não existe crime falimentar culposo. A antiga lei de falências (Lei 2.024, de 1908) é que dividia os crimes falimentares em dolosos e culposos (e a falência em fraudulenta, culposa ou casual). A lei atual [à época do comentário do autor citado] (Decreto-lei 7.661, de 1945) [hoje, revogado pela Lei 11.101/2005] só prevê modalidades dolosas. O sistema da legislação penal é de que todos os crimes são dolosos, salvo quando estiver expressa a forma culposa. Como a Lei de Falência não descreve nenhum crime culposo, segue-se que só há crimes falimentares dolosos. O mínimo exigível, para fins punitivos, é o dolo eventual" (*Crimes falimentares*, p. 1.128). Contra, admitindo a figura culposa, conforme o caso, a posição de Magalhães Noronha: "Verifica-se que, ao reverso da lei anterior, ele não separou os crimes dolosos e culposos, mas os definiu apenas, competindo, então, ao juiz, no caso concreto, averiguar se o fato foi praticado com vontade livre e consciente, havendo ciência da antijuridicidade (dolo) ou se o foi por negligência, imprudência ou imperícia (culpa em sentido estrito)" (*Curso de direito processual penal*, p. 288). Com a edição da Lei 11.101/2005, confirmou-se a linha já adotada de que todos os delitos falimentares existem apenas na forma dolosa.

É posição predominante na doutrina e na jurisprudência que não importa o número de figuras típicas incriminadoras preenchidas pelo falido, pois todas constituem a unicidade do crime falimentar, vale dizer, será o agente punido pelo crime mais grave cometido. Afinal, a ideia é que todos os fatos típicos praticados contribuíram para a quebra, logo, deve haver uma só punição.

A ação penal é pública incondicionada, razão pela qual o Ministério Público é o titular do direito de agir. Em seu lugar, somente podem atuar o síndico e o credor, quando houver inércia, invocando-se o art. 29 do Código de Processo Penal (ação penal privada subsidiária da pública).

O termo *liquidatário*, usado na lei processual penal, é o síndico. No seu caso, somente pode intentar ação penal, caso haja omissão do representante do Ministério Público, titular exclusivo da ação penal pública, agindo nos termos do disposto no art. 29 do Código de Processo Penal.

É inaplicável, atualmente, diante do texto da Constituição Federal de 1988, que atribuiu exclusividade ao Ministério Público para a propositura de ação penal pública, o art. 108, parágrafo único, da Lei de Falências de 1945: "Se o representante do Ministério Público não oferecer denúncia, os autos permanecerão em cartório pelo prazo de três dias, durante os quais o síndico ou qualquer credor poderão oferecer queixa". Note-se que, no *caput* do art. 108, estão previstas duas possibilidades ao curador das massas falidas, quando finalizado o inquérito judicial: oferecer denúncia, caso existam provas suficientes, ou requerer o apensamento (leia-se, arquivamento), entendendo não haver justa causa para a ação penal. Por isso, seguindo orientação majoritária atual de que o arquivamento solicitado pelo promotor e deferido pelo juiz não autoriza o ingresso da ação penal pelo ofendido, tendo em vista que o Ministério Público atuou efetivamente, embora preferisse não denunciar, o mesmo se aplica ao caso do apensamento.

Para exercer o direito de queixa (sempre subsidiário ao Ministério Público), não há necessidade de ser credor habilitado por sentença passada em julgado. Basta ser credor (art. 82 da Lei de Falências de 1945).

No contexto dos crimes falimentares, o inquérito judicial é uma exceção à regra, segundo a qual o inquérito é procedimento administrativo inquisitivo puro. Nesse caso, o Decreto-lei 7.661/45 prevê o inquérito tramitando em juízo e com a *possibilidade* de haver contraditório, com a participação efetiva do falido, defendendo-se, caso queira.

Note-se que sua impugnação não é obrigatória. Não o fazendo, o juiz determina o prosseguimento do feito, sem qualquer nulidade. Aliás, o seu prazo para contestar corre em cartório, independentemente de intimação (art. 204 da Lei de Falências antiga). Preceitua o art. 103, *caput*, da referida Lei de Falências, que "nas vinte e quatro horas seguintes ao vencimento do dobro do prazo marcado pelo juiz para os credores declararem os seus créditos (art. 14, parágrafo único, V), o síndico apresentará em cartório, em duas vias, exposição circunstanciada, na qual, considerando as causas da falência, o procedimento do devedor, antes e depois da sentença declaratória, e outros elementos ponderáveis, especificará, se houver, os atos que constituem crime falimentar, indicando os responsáveis e, em relação a cada um, os dispositivos penais aplicáveis".

Logo, o primeiro indicativo da prática de crimes falimentares surge no relatório elaborado pelo síndico, acompanhado do "laudo do perito encarregado do exame da escrituração do falido (art. 63, V), e quaisquer documentos", que "concluirá, se for o caso, pelo requerimento de inquérito, exames e diligências, destinados à apuração de fatos ou circunstâncias que possam servir de fundamento à ação penal (Código de Processo Penal, art. 509)" (art. 103, § 1.º). E segue o § 2.º: "As primeiras vias da exposição e do laudo e os documentos formarão os autos do inquérito judicial e as segundas vias serão juntas aos autos da falência".

Podem os credores, no prazo de cinco dias, após a exposição feita pelo síndico, requerer a instauração do inquérito, caso tal providência não tenha sido realizada, bem como solicitar outras diligências complementares (art. 104). Após, os autos seguem ao curador de massas falidas para que aprecie o relatado pelo síndico e por outros credores, bem como para se pronunciar a respeito dos pedidos formulados (art. 105). Pode, inclusive, requerer a abertura do inquérito, se já não tiver sido feito. Lembremos que o representante do Ministério Público não está atrelado ao relatório feito pelo síndico, nem tampouco às alegações dos credores, sendo livre para apreciar o contido nos autos. Ao falido, então, propicia-se a oportunidade de contestar as alegações contidas no inquérito judicial, requerendo diligências pertinentes (art. 106).

Os autos irão, em seguida, à conclusão, para que o juiz defira as provas solicitadas, designando audiência, quando for o caso (art. 107). Não havendo provas a realizar, ou já efetivadas, o inquérito segue ao Ministério Público para que ofereça denúncia ou requeira o apensamento (arquivamento), no prazo de cinco dias (art. 108). Por exceção, o prazo cai para três dias, quando ocorrer a hipótese do art. 200, ou seja, falência com passivo inferior a cem vezes o salário mínimo.

Quando o juiz discordar do pedido de apensamento, formulado pelo representante do Ministério Público, pode remeter os autos ao Procurador-Geral de Justiça para que decida a respeito. O chefe da instituição pode designar outro curador para oferecer a denúncia ou insistir no pedido de arquivamento, o que obrigará o magistrado a acolher.

Tratando-se de ação penal pública, não há que se falar em decadência. Assim, como estipula o art. 194 da Lei de Falências antiga, "a inobservância dos prazos estabelecidos no art. 108 e seu parágrafo único não acarreta decadência do direito de denúncia ou de queixa. O representante do Ministério Público, o síndico ou qualquer credor podem, após o despacho de que tratam o art. 109 e seu parágrafo 2.º, e na conformidade do que dispõem os arts. 24 e 62 do Código de Processo Penal, intentar ação penal por crime falimentar perante o juiz criminal da jurisdição onde tenha sido declarada a falência".

Registremos que todos os crimes vinculados aos delitos falimentares devem ser julgados no juízo da falência, quando houver concurso formal (continência). No caso de concurso material entre crime falimentar e delito comum, ligados pela conexão, o melhor é separar o processo, pois o rito do crime falimentar é especial e mais restrito. No mesmo prisma, está o ensinamento de José Frederico Marques (*Elementos de direito processual penal*, v. 3, p. 303-304). Sem estabelecer qualquer diferença entre conexão e continência, nessa situação, acentua Tourinho Filho que "a ação penal somente poderá ser intentada no local onde for declarada a falência. Mesmo haja algumas infrações cometidas em outro, se interligadas por conexão ou continência, o *simultaneus processus* se dará no juízo universal da falência. Esta regra é pacífica" (*Código de Processo Penal comentado*, v. 2, p. 154).

No Estado de São Paulo, está em vigor a Lei Estadual 3.947/83, prevendo que a competência para processar e julgar o crime falimentar é do juízo cível, onde foi decretada a falência, diversamente do disposto no art. 504 do CPP [revogado pela Lei 11.101/2005]. Defendíamos a ideia de que, embora o Supremo Tribunal Federal tenha considerado constitucional a mencionada lei, não se trataria de simples matéria de organização judiciária, mas de autêntico foco de competência (matéria processual), cuja previsão haveria de ser de lei federal, conforme dispõe o art. 22, I, da Constituição Federal. Melhor meditando sobre o tema, podemos constatar que o art. 74, *caput*, do Código de Processo Penal, autoriza que a competência *pela natureza da infração* seja regulada pelas leis de organização judiciária. Por isso, é possível a previsão do julgamento dos crimes falimentares pela Vara Cível.

Mantemos, no entanto, nossa avaliação da inconveniência dessa opção, pois, com raras exceções, muitas são as decisões condenatórias proferidas no juízo cível, ao cuidar dos delitos falimentares, extremamente sucintas, sem apego ao devido processo legal e olvidando princípios fundamentais de direito penal. Logo, o mais indicado seria o processo falimentar transcorrer no juízo criminal, que é especializado.

Registremos que, no Estado de São Paulo, mantém o Tribunal de Justiça o entendimento de que cabe à Vara Cível (ou especializada em Falências e Recuperações Judiciais e Extrajudiciais) o julgamento dos crimes falimentares, a despeito da edição da Lei 11.101/2005.

No procedimento especial dos delitos falimentares, a denúncia ou queixa será sempre instruída com cópia do relatório do síndico e da ata da assembleia de credores, quando houver, segundo o disposto no art. 505 do CPP [revogado pela Lei 11.101/2005]. O número máximo de testemunhas para constar no rol é de oito.

Entretanto, acompanhando a denúncia ou queixa deve estar, na realidade, o inquérito judicial, peça que irá conferir justa causa à ação penal. Logo, não são a cópia do relatório do síndico, nem a ata da assembleia de credores, os documentos únicos a instruir a peça acusatória.

Segundo o art. 89 da Lei 9.099/95, é cabível a proposta de suspensão condicional do processo, formulada pelo representante do Ministério Público, nos crimes cuja pena mínima não ultrapasse um ano, havendo ou não procedimento especial previsto para a apuração do delito, o que permite a aplicação aos crimes falimentares. Oferecida a denúncia, deve o curador de massas falidas fazer a proposta. Se for aceita pelo acusado, o juiz recebe a peça acusatória e suspende o processo, conforme o prazo e as condições aventadas.

Pode o síndico ou qualquer credor intervir no processo como assistente de acusação, seguindo-se o preceituado no art. 271 do Código de Processo Penal. Cabe a assistência mesmo que a ação seja intentada pelo credor (privada subsidiária da pública) e o assistente, por exemplo, seja o síndico (art. 506, CPP) [revogado pela Lei 11.101/2005].

A sentença de falência é, como regra, condição objetiva de punibilidade. Assim, ainda que preenchidos os tipos penais incriminadores da Lei de Falências, torna-se imprescindível, para que tenham relevância penal, o advento da condição objetiva de punibilidade, isto é, a sentença de quebra (art. 507, CPP) (revogado pela Lei 11.101/2005). É a posição majoritária da doutrina. Como exemplos: Noronha (*Curso de direito processual penal*, p. 287), Luiz Carlos Betanho (*Crimes falimentares*, p. 1.120-1.121), Manoel Pedro Pimentel, Nélson Hungria e Heleno Fragoso, em citação feita por Mirabete, que, por sua vez, considera a sentença de falência como condição objetiva de punibilidade, quando disser respeito a delitos antefalimentares, mas é pressuposto dos crimes pós-falimentares (*Processo penal*, p. 550). Nessa linha, concorda Tourinho Filho (*Código de Processo Penal comentado*, v. 2, p. 158). A propósito, nada impede que consideremos a condição objetiva de punibilidade, no caso a sentença de quebra, também como condição de procedibilidade.

Em contrário, Greco Filho, salientando tratar-se de "elemento do tipo penal, ainda que implícito ou genérico", feito o reconhecimento de que, alheia à vontade do agente, pode ser considerada como um "resquício de responsabilidade objetiva" (*Manual de processo penal*, p. 381). No mesmo sentido: Frederico Marques (*Elementos de direito processual penal*, v. 3, p. 300).

Prevê o art. 507 do CPP [revogado pela Lei 11.101/2005] que, uma vez reformada a sentença de falência, deve-se extinguir a punibilidade do réu, afetando a pretensão punitiva do Estado, o que está correto, já que a condição objetiva para punir desapareceu.

O prazo para o oferecimento de denúncia ou queixa é de cinco dias, exceto no caso de falências de pequena monta, cujo prazo cai para três dias, contados do recebimento do inquérito judicial (art. 508, CPP) [revogado pela Lei 11.101/2005].

Vale ressaltar, novamente, que a antiga Lei de Falências de 1945 utiliza o termo *apensamento* do inquérito em lugar de arquivamento, o que significa a mesma coisa. Cuida-se, pois, de apensamento do inquérito judicial, no caso de não oferecimento de denúncia, por ausência de elementos convincentes.

Consagrada a tese de que, em determinadas matérias, não há possibilidade do juiz criminal analisar aspectos concernentes ao juízo cível (art. 511, CPP) [revogado pela Lei 11.101/2005], questionamentos referentes à sentença de falência devem ser feitos na esfera cível. Se o processo criminal estiver tramitando no cível, como ocorre no Estado de São Paulo, ainda assim a proibição persiste. No seu transcurso, atua com competência criminal o magistrado que responde pela Vara Cível, não lhe sendo cabível questionar a sentença de quebra. Se for necessário, tal deve ser requerido em ação à parte.

Quanto ao recebimento da denúncia ou queixa, diferentemente da posição predominante para as demais ações penais, a decisão do juiz, nesse caso, necessita ser fundamentada, conforme art. 109, § 2.º, da Lei de Falências de 1945: "Se receber a denúncia ou queixa, o juiz, *em despacho fundamentado*, determinará a remessa imediata dos autos ao juízo criminal competente para prosseguimento da ação nos termos da lei processual penal" (grifamos). A respeito, ver, ainda, a Súmula 564, do STF: "A ausência de fundamentação do despacho de recebimento de denúncia por crime falimentar enseja nulidade processual, salvo se já houver sentença condenatória". A despeito disso, inúmeros magistrados continuam insistindo em receber a denúncia ou queixa com termos vagos e genéricos, valendo-se de expressões como "tendo em vista o constante no relatório do síndico e no parecer do Ministério Público, recebo a denúncia" ou "levando-se em consideração as provas constantes do inquérito judicial, recebo a denúncia", entre outras. Trata-se de decisão nula, pois infringe expressa disposição legal. Entretanto, conforme afirmado pelo próprio Supremo Tribunal Federal, cuida-se de nulidade relativa, dependendo de arguição até a sentença condenatória.

Após o recebimento da denúncia ou queixa, segue-se o rito comum.

5.5 Procedimento dos crimes de responsabilidade dos funcionários públicos

Crimes de responsabilidade é uma denominação inexata, não correspondente ao que o Código de Processo Penal tem por fim regular. Os crimes de responsabilidade de funcionários públicos, quando autênticos, são infrações político-administrativas, normalmente julgadas por órgãos políticos, como o Senado Federal, a Assembleia do Estado ou mesmo a Câmara Municipal, determinando, como penalidade, a perda do cargo ou função pública, inabilitando o réu ao seu exercício por certo período. Não é o caso aqui previsto. Cuida-se apenas dos delitos cometidos por funcionários públicos, no exercício da sua função, logo, são crimes funcionais. Estão previstos nos arts. 312 a 326 do Código Penal. Essa é a posição majoritária.

Há crimes funcionais próprios e impróprios. Próprios são os delitos que somente o funcionário público pode praticar e impróprios os que outras pessoas podem cometer, respondendo como incursas em outro tipo penal. Exemplos: Somente o funcionário pode cometer concussão (funcional próprio), mas, na segunda hipótese, um particular pode cometer peculato-furto, que passa a ser considerado simples furto (funcional impróprio). Obviamente, se há concurso de pessoas, aplica-se a regra prevista no art. 30 do Código Penal, estendendo-se a condição de funcionário público ao sujeito que não a detém, por se tratar de elementar. Assim, caso duas pessoas subtraiam bens de determinada repartição pública, uma delas sendo funcionário público, com o conhecimento da outra, responderão por peculato-furto.

Nesses casos, dispensando-se o inquérito policial, podendo a denúncia ser oferecida, fazendo-se acompanhar apenas por documentos ou qualquer outro elemento que torne justificável a ação penal, é preciso garantir que, antes do recebimento da denúncia, possa o funcionário oferecer sua impugnação (art. 514, CPP). Isso não significa, entretanto, que a prova pré-constituída, para dar justa causa à ação penal, seja afastada. Necessita-se interpretar com a devida cautela a dispensabilidade do inquérito policial nesse contexto. Aliás, o mais indicado é sempre promover a investigação policial antes de se ingressar com ação penal contra quem quer que seja, pois se consegue evitar grave situação de constrangimento ilegal, que seria a admissibilidade da ação sem prova preexistente.

O procedimento especial é voltado apenas aos crimes funcionais afiançáveis, isto é, os arts. 312 a 326 do Código Penal.

Na hipótese de, juntamente com o delito funcional, estar o funcionário respondendo por outras infrações penais comuns, afasta-se o seu direito à notificação para manifestação prévia ao recebimento da denúncia. Explica-se essa posição pelo fato de que o crime comum não prescinde do inquérito, de modo que, se todos estão unidos na mesma denúncia, é de se pressupor tenham sido investigados e apurados da mesma forma. Excepcionalmente, se instrui a denúncia o inquérito para o crime comum e documentos outros para o funcional, é preciso providenciar a defesa preliminar. Assim também a posição de Greco Filho (*Manual de processo penal*, p. 383).

A notificação do acusado para, previamente ao recebimento da denúncia, manifestar-se sobre o tema, apresentando sua defesa e evitando que seja a inicial recebida, é privativa do funcionário público, não se estendendo ao particular que seja coautor ou partícipe.

A justificativa para haver a defesa preliminar, adotando-se procedimento especial, é a ausência de inquérito policial, dando sustentação à denúncia, razão pela qual, quando o inquérito for feito, inexiste razão para seguir esse rito. Atualmente, pacificou-se o entendimento, editando-se a Súmula 330 do STJ: "É desnecessária a resposta preliminar de que trata o artigo 514 do Código de Processo Penal, na ação penal instruída por inquérito policial". No mesmo prisma, a jurisprudência do STF, conforme mencionado linhas acima. Em contrário, exigindo sempre a defesa preliminar: Tourinho Filho (*Código de Processo Penal comentado*, v. 2, p. 164).

A não concessão de prazo para o oferecimento de defesa preliminar gera nulidade relativa, dependente da prova do prejuízo e da alegação da parte interessada. Há quem sustente tratar-se de nulidade absoluta, pois não se respeitou o procedimento legal.

Dado o prazo para apresentação da defesa preliminar, não o fazendo o funcionário, é irrelevante. Afinal, ele não é obrigado a contestar o contido na denúncia, sendo apenas faculdade fazê-lo.

Se não se conhecer o paradeiro do réu, a fim de viabilizar a notificação para a defesa preliminar, nomeia-se um defensor dativo para tanto. Porém, se o acusado residir em outra Comarca, o ideal é a expedição de precatória para essa finalidade. Não tem sentido notificá-lo por edital ou nomear diretamente um dativo. No mesmo prisma: Tourinho Filho (*Código de Processo Penal comentado*, v. 2, p. 165); Greco Filho (*Manual de processo penal*, p. 383). Ainda assim, há forte tendência dos tribunais em aceitar o disposto no parágrafo único do art. 514 do CPP (se morar fora da Comarca, nomeia-se um dativo), o mesmo ocorrendo na doutrina: Mirabete (*Processo penal*, p. 560); Noronha (*Curso de direito processual penal*, p. 294).

Depois da fase da defesa preliminar, recebida a denúncia, por meio de decisão fundamentada do magistrado, se, eventualmente, for citado por edital e não contestar, o processo ficará suspenso (art. 366, CPP). Entretanto, é rara essa situação, pois o funcionário público deve ter posto certo de trabalho, com relativa facilidade para ser encontrado. Aliás, se for demitido, não mais se aplica o procedimento especial. Ainda que se invoque a proteção à imagem da Administração Pública, para que a defesa preliminar seja realizada, não vemos sentido nisso. Nessa linha: Greco Filho (*Manual de processo penal*, p. 383). Em contrário, exigindo sempre a defesa, por conta da moralidade

Capítulo XVII • Procedimentos | **457**

da Administração Pública: Tourinho Filho (*Código de Processo Penal comentado*, v. 2, p. 166); Mirabete (*Processo penal*, p. 559).

Estipula o art. 516 do CPP que o magistrado deve fundamentar a decisão de rejeição da denúncia ou da queixa, o que é, na verdade, irrelevante dizer, uma vez que toda decisão de rejeição, em qualquer caso, deve ser convenientemente motivada. Assim, não se aplica a fundamentação unicamente neste procedimento.

A notificação feita, preliminarmente, não supre a obrigatoriedade da citação, pois a primeira ciência feita ao funcionário volta-se a fase anterior ao ajuizamento da ação penal. Dessa forma, caso seja recebida a denúncia ou queixa, a despeito da impugnação formulada pelo funcionário, é indispensável que ele tome ciência disso, podendo, agora, defender-se nos autos do processo-crime.

Após o ajuizamento da demanda, segue-se o rito comum.

5.6 Procedimento dos crimes contra a honra

Este procedimento especial abrange todos os delitos contra a honra, inclusive a difamação, não citada no art. 519 do CPP, porque, antes do Código Penal de 1940, não era considerada tipo penal autônomo. Excluem-se os crimes contra a honra previstos em leis especiais, como é o caso do Código Eleitoral.

Ultrapassada a fase especial preliminar, segue-se o rito comum. Por outro lado, o procedimento especial não se volta para as ações penais públicas, considerando-se que os interesses, nesses casos, são indisponíveis (quando funcionário público é vítima, havendo injúria real ou injúria discriminatória). Assim, a aplicação da audiência de conciliação volta-se aos delitos de ação exclusivamente privada.

Antes de receber a queixa, o juiz deve oferecer às partes a oportunidade para se reconciliarem, fazendo-as comparecer à sua presença, ouvindo-as separadamente, sem os advogados presentes, não se lavrando termo (art. 520, CPP).

A designação de audiência de conciliação é obrigatória, implicando nulidade caso não ocorra. Saliente-se, no entanto, que, uma vez marcada, mas não efetivada porque uma das partes faltou, parece-nos preenchido o requisito fixado pelo procedimento especial deste Capítulo, subentendendo-se que a parte faltante não deseja a conciliação.

Há posição que exige a presença do querelante, sob pena de perempção, com o que não aquiescemos. Inexiste razão para impor ao ofendido uma sanção tão severa, simplesmente porque deixou de comparecer a um ato conciliatório, anterior ao ajuizamento da ação penal. E mais: há quem sustente a possibilidade de condução coercitiva do querelado, a fim de que ouça os argumentos do juiz, com o que também não concordamos. Não há motivo em tomar medida tão drástica, quando o objetivo da lei processual penal é *conciliar* as partes e não acirrar os ânimos. É certo que, sem a imposição de sanção – ao querelante, a perempção; ao querelado, a condução coercitiva – a audiência de conciliação pode perder totalmente o seu sentido, embora creiamos que ela, de fato, é uma superfetação, buscando compor pessoas que não tiveram possibilidade ou bom senso de, anteriormente ao oferecimento de queixa, resolver amigavelmente suas rusgas. Ocorre que, segundo pensamos, não cabe ao juiz a tarefa de conciliador de infrações penais, razão pela qual é demasiada a preocupação nesse sentido.

458 | MANUAL DE PROCESSO PENAL · Nucci

Salientamos, no entanto, que tem prevalecido, na doutrina, a ideia de que a audiência é essencial, implicando perempção (querelante) ou condução coercitiva (querelado): Noronha (*Curso de direito processual penal*, p. 302); Tourinho Filho (*Código de Processo Penal comentado*, v. 2, p. 173-174); Frederico Marques (*Elementos de direito processual penal*, v. 3, p. 292); Mirabete (*Processo penal*, p. 564-565).

Caso o juiz sinta que há possibilidade efetiva de reconciliação, deve promovê-la na presença dos advogados, estando as partes envolvidas frente a frente (art. 521, CPP). É uma verdadeira hipótese de extinção da punibilidade não prevista no art. 107 do Código Penal. Aliás, como ressalta Frederico Marques, "a reconciliação situa-se entre a renúncia e o perdão e, desse modo, extingue a punibilidade. Certo que o Código Penal não a prevê no art. 107, nem lhe dá efeito de fato extintivo do *jus puniendi* o art. 522 do Código de Processo Penal. Mas se a renúncia faz desaparecer a punibilidade, *a fortiori* a desistência do direito de queixa. Desse modo, parece-nos que o arquivamento ordenado pelo art. 522 do Código de Processo Penal será consequência e efeito da decretação da extinção da punibilidade" (*Elementos de direito processual penal*, v. 3, p. 292).

Se a reconciliação for positiva, a queixa será arquivada (art. 522, CPP), julgando-se extinta a punibilidade do querelado.

Se for oferecida a exceção da verdade ou da notoriedade do fato imputado, o querelante pode contestar a exceção no prazo de dois dias, sendo viável inquirir testemunhas (art. 523, CPP).

A exceção é uma questão prejudicial homogênea, isto é, aquela que, referindo-se ao direito material posto em discussão, necessita ser decidida antes do mérito da ação principal, fazendo com que seja sustado o andamento do processo, a fim de ser decidido o incidente gerado.

A exceção da verdade diz respeito ao crime de calúnia (imputar a alguém, falsamente, fato definido como crime), enquanto a exceção da notoriedade do fato refere-se ao delito de difamação de funcionário público, no exercício das suas funções (imputar a alguém fato ofensivo à sua reputação). Logo, se há ação penal em andamento, versando sobre calúnia ou difamação, é possível que o querelado/réu apresente, logo de início, a chamada exceção, que é meio de defesa indireto, visando a provar que o querelante (no caso de ação privada) ou o ofendido (no caso de ação pública) realmente praticou o delito que lhe foi imputado (quando se tratar de calúnia) ou que o fato difundido (quando se referir a difamação) realmente ocorreu e é do conhecimento geral.

Provada a exceção, falece direito ao órgão acusatório de alcançar a condenação, pois não há sentido em se tratar de calúnia quando há verdade na prática do crime, nem tampouco falar em difamação de funcionário público, quando o fato é evidente e interessa à Administração Pública a punição de quem assim se conduziu.

Ressalte-se que, em ambas as hipóteses, a exceção tem finalidade prática e interesse social. Provando-se a prática do crime, deve o Estado agir para punir o agente; provando-se o fato desabonador cometido por funcionário público, no exercício da função, o mesmo será providenciado na esfera administrativa. Veda-se a exceção, nos casos previstos no art. 138, § 3.º, do Código Penal: "I – se, constituindo o fato imputado crime de ação privada, o ofendido não foi condenado por sentença irrecorrível", "II – se o fato é imputado a qualquer das pessoas indicadas no n. I do art. 141" (Presidente da República ou chefe de governo estrangeiro) e "III – se do crime imputado, embora de ação pública, o ofendido foi absolvido por sentença irrecorrível". Não se admite, ainda, a exceção da verdade ou da notoriedade no caso de injúria, uma vez que este delito atinge a honra subjetiva, que é o amor-próprio ou a autoestima do ofendido – e não a honra objetiva, que é sua imagem perante a sociedade – tornando incabível qualquer prova da verdade.

A exceção deve ser apresentada no prazo previsto para a defesa prévia, que é a primeira oportunidade de manifestação, através da defesa técnica, do querelado. Há quem sustente poder a exceção ser apresentada em qualquer momento processual, tendo em vista que a lei não o especifica (cf. MIRABETE, *Processo penal*, p. 566).

Se outro processo já tiver sido instaurado para verificar a ocorrência do crime objeto da exceção da verdade, concretiza-se a hipótese de conexão instrumental (art. 76, III, CPP), devendo haver a junção dos feitos para julgamento único, conforme lição de JOSÉ FREDERICO MARQUES (*Elementos de direito processual penal*, v. 3, p. 294).

Embora o art. 523 do CPP tenha feito referência somente ao querelante (autor da ação penal privada), é possível que o titular da demanda seja o Ministério Público, quando se tratar de ação pública condicionada à representação da vítima – o que ocorre nos casos de funcionários públicos caluniados ou difamados (art. 145, parágrafo único, CP) – valendo também a oposição de exceção da verdade ou notoriedade.

Oferecida a exceção, o juiz, sendo ela admissível, nos termos da lei, suspende o curso do processo principal, intimando o querelante ou o Ministério Público a apresentar a contestação, no prazo de dois dias. Nessa oportunidade, o rol das testemunhas oferecido na queixa ou na denúncia pode ser mantido, para o momento da inquirição, ou alterado, respeitado o número máximo legal (oito), conforme as circunstâncias. Justifica-se a concessão de novo prazo para a modificação do rol das testemunhas, tendo em vista que, havendo exceção, o objeto das provas pode mudar, permitindo-se ao querelante ou ao Ministério Público melhor amplitude na defesa de seus argumentos.

Após a contestação à exceção, o juiz determina o prosseguimento do feito, pelo rito comum, ouvindo-se as testemunhas de acusação e, depois, as de defesa, abrangendo, na formação da prova, tanto os fatos constantes da queixa ou da denúncia quanto os alegados na exceção, tendo em vista que a apreciação será feita em conjunto, ao final.

A decisão acerca da exceção dar-se-á por ocasião da sentença final, após as alegações finais das partes. Se considerar que a exceção procede, o juiz absolverá o querelado, determinando providências para que o querelante (ação privada) ou o funcionário público (ação pública) seja processado penal ou administrativamente, conforme o caso.

Quando o querelante (ação privada) ou o funcionário público (ação pública) for beneficiário de foro privilegiado, a exceção contra ele oposta deve ser julgada pela instância superior competente. Exemplo: Se o querelante é juiz de direito, oposta a exceção, cabe ao Tribunal de Justiça deliberar a respeito. Note-se, no entanto, que é feito o juízo de admissibilidade da exceção em primeiro grau, para, em seguida ao oferecimento da contestação, ser o feito remetido ao tribunal.

Sorteado um relator, conforme o Regimento Interno, delibera-se sobre o processamento da exceção. Admitido, contra essa decisão cabe agravo regimental. Realiza-se a instrução, podendo o relator delegar competência a juiz local ou de outra Comarca

460 | MANUAL DE PROCESSO PENAL · Nucci

para ouvir as testemunhas. Tornam os autos ao tribunal, já com alegações finais, para o fim exclusivo de julgar a exceção. Caso esta seja considerada improcedente, tornam os autos à Primeira Instância para a decisão sobre o crime contra a honra. Se julgada procedente, os autos permanecerão no tribunal para a tomada de medidas cabíveis contra o querelante ou ofendido, possuidor do foro privilegiado, julgando-se improcedente a ação penal contra o querelado.

5.7   Procedimento dos crimes contra a propriedade imaterial

Crimes contra a propriedade imaterial são os crimes que protegem a atividade criadora das pessoas, fruto do seu intelecto, o que, indiscutivelmente, possui reflexo patrimonial. A proteção constitucional encontra-se prevista no art. 216. Na legislação ordinária, situam-se tanto no Código Penal (violação de direito autoral – arts. 184 e 186) quanto na Lei 9.279/96 (crimes contra as patentes – arts. 183 a 186; crimes contra os desenhos industriais – arts. 187 e 188; crimes contra as marcas – arts. 189 e 190; crimes cometidos por meio de marca, título de estabelecimento e sinal de propaganda – art. 191; crimes contra indicações geográficas e demais indicações – arts. 192 a 194; crimes de concorrência desleal – art. 195).

A quase totalidade dos crimes contra a propriedade imaterial é de ação exclusivamente privada, devendo ser movida pela parte ofendida. Excetuam-se os delitos cometidos em prejuízo de entidades de direito público, autarquias, empresas públicas, sociedades de economia mista ou fundações instituídas pelo poder público e em alguns delitos de violação de direito autoral (art. 184, §§ 1.º, 2.º e 3.º, CP), conforme disposto no art. 186 do Código Penal. Na Lei 9.279/96, há apenas o delito previsto no art. 191 (crime cometido por meio de marca, título de estabelecimento e sinal de propaganda).

Nesses casos, havendo o crime deixado vestígio material, isto é, rastro visível da sua prática, a denúncia ou queixa somente será recebida se for instruída com o exame pericial dos objetos que constituam o corpo de delito (art. 525, CPP). Trata-se da imposição de maior segurança para a constatação do cometimento do delito, uma vez que, se estivermos diante de situação atentatória à criatividade do autor, nada melhor que um exame pericial para atestar, por exemplo, se houve ou não a falsificação de um produto ou a cópia da uma invenção, algo que, para testemunhas, seria difícil constatar.

Antes do advento da Lei 10.695/2003, seguia-se o procedimento uniforme previsto nos arts. 524 a 530 do CPP para ações privadas (iniciadas por queixa) ou públicas (iniciadas por denúncia), passando-se a partir daí, no caso das ações públicas, incondicionadas ou condicionadas, ao procedimento previsto nos arts. 530-B a 530-H, com a ressalva de que o exame de corpo de delito continua a ser imperioso, ainda que realizado de maneira diversa (art. 530-D, CPP).

Vale ressaltar que o exame de corpo de delito (exame pericial constatando a existência do crime) é condição de procedibilidade para o exercício da ação penal. Sem ele, nem mesmo o recebimento da denúncia ou queixa ocorrerá. Se a infração deixou vestígios materiais que, no entanto, desapareceram, inclusive pela atuação do próprio agente do crime, é possível a realização do exame de corpo de delito indireto, que é efetivado por peritos, embora fundados em elementos fornecidos por outras fontes, que não o seu contato direto com o resquício deixado pela infração penal. Em nosso entender, não consideramos como *exame* de corpo de delito *indireto* a produção de prova testemunhal (art. 167, CPP). Esta compõe o *corpo de delito indireto*, que não é admissível neste caso, por se tratar de regra especial.

No caso de ação privada, a diligência será requerida pelo ofendido diretamente ao juiz, que determinará a sua realização por oficial de justiça, acompanhado de dois peritos (art. 527, CPP). O pedido deve ser fundamentado, acompanhado dos documentos que demonstrem sua legitimidade e interesse, contando com a participação do Ministério Público – salvo no caso de ação pública, quando o pedido será por ele formulado –, mas não implicará o acompanhamento prévio do apontado agente da infração penal.

Somente após a diligência de busca, havendo ou não apreensão, é que ele tomará ciência da investigação e poderá dela tomar parte. Note-se que, num primeiro momento, cabe aos expertos deliberar a respeito da necessidade de se apreender o material encontrado. Se decidirem que não é preciso, o requerente pode impugnar o laudo – onde tal conclusão será apresentada – solicitando uma revisão por parte do juiz.

Acolhendo as razões do requerente, determinará o juiz a apreensão. Nesse caso, caberá a interposição de mandado de segurança por parte do lesado, se considerar abusiva a medida. Não acolhendo, mantém-se o material onde se encontra e contra tal decisão não cabe recurso.

Encerrada a diligência, apresentado o laudo pericial, cabe ao magistrado homologá-lo (art. 528, CPP). Não se trata de um julgamento definitivo sobre a materialidade do delito, podendo ser revisto em juízo, sob o crivo do contraditório, o conteúdo do laudo apresentado. Contra a homologação, no entanto, cabe apelação.

Estabelece o art. 529 do Código de Processo Penal um prazo suplementar de decadência, consistente em 30 dias, a contar da homologação do laudo, para que o ofendido ingresse com a queixa.

Os autos, com a homologação do laudo, ficam em cartório à sua disposição para tanto. O prazo não se interrompe de modo algum e, caso vença em feriado, fim de semana ou outra data sem expediente forense, não se prorroga. Cremos, no entanto, deva ser o ofendido intimado da homologação do laudo, ainda que através de seu defensor constituído, pela imprensa.

Salientemos, ainda, a existência de dois prazos decadenciais sucessivos. A ciência do ofendido da autoria de crime contra a propriedade imaterial faz desencadear o prazo decadencial de seis meses para a propositura da ação penal. Ocorre que, se tomar providências nesse prazo de seis meses, solicitando as diligências preliminares e o laudo for concluído, tem, a partir daí, 30 dias para agir. Neste prisma: GRECO FILHO (*Manual de processo penal*, p. 389); TOURINHO FILHO (*Código de Processo Penal comentado*, v. 2, p. 186); ESPÍNOLA FILHO (*Código de Processo Penal brasileiro anotado*, v. 5, p. 218). É a adaptação da regra geral prevista no art. 38 com o disciplinado neste artigo. Em sentido contrário, está a posição de MIRABETE, reproduzindo textos de outros autores, sustentando que o prazo de 30 dias é um "instituto inominado, de direito processual, em que, decorrido o prazo fixado na lei, deixa de existir uma condição para o exercício da queixa;

462 | MANUAL DE PROCESSO PENAL · Nucci

a medida preparatória (busca e apreensão) perde sua eficácia quanto à propositura da ação penal" (*Processo penal*, p. 573).

Antes da modificação introduzida pela Lei 10.695/2003, a ação penal era, na maioria dos casos, privada, razão pela qual o ofendido, quando desejasse, deveria solicitar a atuação do juiz para a formação da materialidade do crime (arts. 525 a 528, CPP). Aliás, o mesmo procedimento adotava o Ministério Público, nos casos de ação pública. Entretanto, atualmente, quando se trata de delito de ação pública basta seguir o disposto no art. 530-B e seguintes, vislumbrando-se que a autoridade policial ficou encarregada de proceder à apreensão, providenciando a feitura do laudo pericial. Por isso, quando o ofendido, cuidando-se de crime de ação pública, desejar a atuação do Estado, basta acionar a autoridade policial, que fica obrigada a agir.

Havendo prisão em flagrante, sem que seja o indiciado colocado em liberdade, deve a parte interessada – Ministério Público (ação pública) ou ofendido (ação privada) – propor a ação em oito dias. Se não o fizer, o detido será colocado em liberdade. Para o Ministério Público continua o direito de propor a ação penal, pois não se sujeita a prazo decadencial, mas, para o ofendido, considera-se ocorrida a decadência. Note-se, portanto, que o prazo de 30 dias é *reduzido* a oito, quando houver prisão (art. 530, CPP).

Para os crimes de ação pública, passa a valer o disposto nos arts. 530-B a 530-H, como determina o art. 530-I do CPP.

O primeiro passo, portanto, é acionar a autoridade policial, que procederá à apreensão dos bens ilicitamente produzidos ou reproduzidos, na sua totalidade, juntamente com os equipamentos, suportes e materiais, que possibilitaram a sua existência, desde que, neste último caso, destinem-se à prática do ilícito em primeiro plano (art. 530-B, CPP).

Bens *produzidos* são os bens criados ou gerados a partir de um modelo protegido pelo direito autoral (ex.: fabricação de calças imitando modelo de grife); *reproduzidos* são os bens multiplicados ou copiados a partir de uma fonte original, sem autorização do autor (ex.: CDs e DVDs "pirateados", ou seja, tomando-se um original, busca-se multiplicá-lo em várias peças para a venda sem pagamento do direito autoral). Os equipamentos, suportes e materiais constituem o aparato necessário para a produção ou reprodução de peças ou objetos, violando a propriedade imaterial.

Realizada a apreensão, lavra-se termo, assinado por duas ou mais testemunhas, com a descrição de tudo o que foi apreendido e informações sobre a origem, o qual deverá integrar o inquérito ou o processo (art. 530-C, CPP).

A perícia será realizada por um perito oficial (normalmente, a lei exige que perícias sejam feitas por dois peritos, conforme dispõe o art. 159 do CPP). Na falta deste, será feita por pessoa tecnicamente habilitada (art. 530-D, CPP).

Tratando-se de ação pública, cujo titular é o Ministério Público, poderiam os bens ficar depositados, como ocorre em qualquer outro tipo de procedimento, em mãos do Estado. Entretanto, possivelmente pelo fato de que, nesta hipótese, a fim de garantir futura indenização do ofendido, os bens possam destinar-se ao lesado para reparação do dano, previu-se o depósito em mãos do titular do direito de autor e os conexos (art. 530-E, CPP). Registre-se o disposto no art. 91, II, do Código Penal: "São efeitos da condenação: a perda em favor da União, *ressalvado o direito do lesado ou de terceiro de boa-fé*" (grifamos) dos instrumentos do crime e dos produtos ou do proveito do delito.

Preservado o corpo de delito, isto é, a prova da existência do crime, devendo haver material suficiente em mãos do perito oficial para a produção do laudo, o restante dos bens apreendidos, já que a vítima tornar-se-á depositária, poderá não ser interessante para a reparação do dano, ao contrário, pode representar um estorvo. Assim, cabe ao ofendido pleitear ao juiz autorização para que seja destruído (é o que ocorre, a título de ilustração, com CDs "piratas", inúteis à vítima, porque produzidos ou reproduzidos sem a qualidade desejada, logo, sem valor de mercado lícito).

A ressalva feita no art. 530-F do CPP, para evitar a destruição ("quando não houver impugnação quanto à sua ilicitude ou quando a ação penal não puder ser iniciada por falta de determinação de quem seja o autor do ilícito") tem por fim evitar que bens, cuja restituição seja pedida por alguém, podendo ser, inclusive, terceiro de boa-fé, sejam eliminados precocemente. Dessa forma, encaminha-se à eliminação o material não impugnado quanto à sua ilicitude ou quando houver arquivamento de inquérito por falta de prova da autoria.

Preceitua o art. 530-G do CPP que o juiz *poderá* determinar, ao prolatar a sentença, a destruição dos bens ilicitamente produzidos ou reproduzidos e o perdimento dos equipamentos apreendidos em favor da Fazenda Nacional, embora, nesta última hipótese (equipamentos), a União pode optar entre destruí-los ou doá-los aos Estados, Municípios e Distrito Federal ou instituições públicas de ensino e pesquisa ou assistência social, bem como incorporá-los ao seu patrimônio.

É lógico que não se pode pretender aplicar a mesma destinação dos bens ilicitamente produzidos ou reproduzidos ao que se faz com os equipamentos. Estes constituem, como regra, bens de natureza lícita, embora tenham sido confiscados porque foram usados precipuamente na prática de infração penal, ao passo que aqueles são de natureza ilícita. Logo, ou ficam com a vítima, para aproveitamento, se útil, garantindo a reparação do dano – e caso não esteja preenchido o disposto no art. 91, II, *a*, do Código Penal – ou *devem* ser destruídos. A facultatividade não tem sentido. Bens de origem ilícita *devem* ser destruídos, pois não podem ser doados a entidades públicas ou assistenciais, o que não teria sentido (ex.: seria, no mínimo, imoral que o Estado se apropriasse de milhares de CDs de música *piratas* para uso em entidades públicas de todo o país, o que afronta o direito de autor; pode, entretanto, usar licitamente o equipamento que permitiu a sua gravação, nada tendo a ver com o direito de autor).

Os equipamentos que os produziram podem ser úteis, com finalidades lícitas, a essas entidades. Por isso, o juiz deve determinar a destruição dos bens produzidos ou reproduzidos de maneira ilícita, salvo quando o depositário (vítima) pleiteie a sua manutenção como reparação. A separação das duas situações é clara: menciona-se que o magistrado poderá determinar a *destruição* dos bens ilicitamente produzidos ou reproduzidos e, em segunda opção, quando existente, poderá determinar o perdimento dos equipamentos, conferindo neste caso as alternativas "destruição", "doação" ou "incorporação ao patrimônio". Na primeira, a única possibilidade viável é a destruição, quando não puder ser aproveitado pela parte ofendida; na segunda, além da destruição (quando desinteressante para a União), podem ser doados ou incorporados ao patrimônio do Estado.

Fugindo à regra do art. 268 do CPP, que permite a assistência somente ao ofendido, seu representante legal ou seus sucessores, o art. 530-H amplia essa possibilidade às associações de defesa dos direitos de autor, certamente muito mais aparelhadas para exercer o controle sobre a *pirataria*. É norma positiva, que amplia ainda mais a participação da assistência de acusação, evidenciando, como vimos defendendo, o interesse em realização de justiça e não meramente patrimonial da vítima, cooperando com a repressão ao crime.

Após o recebimento da denúncia (ou da queixa, quando se tratar de ação privada subsidiária da pública – art. 29, CPP), segue-se o rito comum. As modificações introduzidas pelos arts. 530-B a 530-H não afetaram o rito ordinário para o desenvolvimento do processo, mas tão somente trouxeram algumas peculiaridades a observar. Com a vigência da atual Lei de Falência (Lei 11.101/2005), resta aplicável aos crimes falimentares cometidos a partir de então o procedimento previsto nos arts. 183 a 188 da referida Lei, passando-se a adotar, após o recebimento da denúncia, o procedimento sumário do Código de Processo Penal (arts. 531 a 536).

5.8 Procedimento de restauração de autos extraviados ou destruídos

Na realidade, o Livro II, do Código de Processo Penal, cuida dos procedimentos em espécie, tratando do procedimento comum no Título I e dos procedimentos especiais no Título II. São todas as situações de desenvolvimento regular do processo, tendo por finalidade a prolação de uma decisão de mérito, aplicando-se a lei penal ao caso concreto. Portanto, o procedimento de restauração dos autos extraviados ou destruídos, que não tem tal finalidade, está deslocado desse contexto. Deveria ter sido colocado nas Disposições Gerais (Livro VI) ou, como recomenda Tourinho Filho, no cenário dos procedimentos incidentes (*Código de Processo Penal comentado*, v. 2, p. 207).

Autos do processo são os documentos e demais escritos (petições) que formam o(s) volume(s) a ser compulsado pelo juiz e pelas partes. Registrados, nos autos, estão os atos processuais. Logo, o que se restaura são os autos e não o processo.

Extravio é a perda ou o desaparecimento, enquanto *destruição* é a ruína ou extinção. Portanto, para que sejam restaurados podem os autos simplesmente perder-se, sem que se saiba onde estão, embora ainda existam, como também podem extinguir-se de vez. Como bem salienta Espínola Filho, a restauração será determinada "quer provenha de má-fé, isto é, seja intencional, deliberada, quer de caso fortuito, sendo acidental, a perda dos autos originais, que se processam em juízo de primeira ou de segunda instância" (*Código de Processo Penal Brasileiro anotado*, v. 5, p. 343). Independentemente da punição dos responsáveis pelo sumiço, é preciso que ocorra a restauração para o prosseguimento do processo, ou para que determinada sentença, solucionando a lide, tenha documentada a sua origem.

Lembremos que, após o oferecimento da denúncia ou da queixa, o inquérito passa a integrar os autos do processo, razão pela qual também passa pelo procedimento de restauração, caso haja perda do feito. Nas delegacias, no entanto, haverá sempre cópia dos autos do inquérito, devidamente registrada no Livro Registro de Inquéritos Policiais, de manutenção obrigatória. Mais fácil, pois, a sua recuperação.

Se houver cópias autenticadas ou certidões do processo, que têm a força do original, não há necessidade de procedimento complexo para a restauração (art. 541, § 1.º, CPP).

A ausência de cópias autenticadas faz nascer um procedimento mais complexo, a ser determinado de ofício ou a pedido das partes, envolvendo a reprodução dos principais atos processuais, conforme a previsão feita no art. 541, § 2.º, do CPP.

Primeiramente, o escrivão deve certificar o estado do processo, segundo sua lembrança, reproduzindo o que houver a respeito dos seus protocolos e registros (art. 541, § 2.º, *a*). Trata-se, pois, de um procedimento cuja segurança não é absoluta, pois depende da memória do escrivão – nada impedindo seja feito pelo escrevente responsável pelo processo, tendo em vista que os ofícios dividem o serviço, conforme o final numérico do feito entre os vários servidores, além de se valer dos registros que possuir (ex.: termo de fiança, inserido em Livro próprio, bem como da sentença, também colocada no Livro de Registro de Sentença, de manutenção obrigatória).

Em seguida, devem ser requisitadas cópias do que constar a respeito nos órgãos públicos (Instituto Médico Legal e Instituto de Criminalística, dentre outros), bem como em cadeias e presídios (art. 541, § 2.º, *b*).

Embora o Código faça referência à citação das partes (art. 541, § 2.º, *c*), o ideal é falar em intimação, pois se trata de um chamamento para participar de um procedimento incidental e não para a formação de uma nova relação processual, visando à condenação de alguém. A intimação por edital é possível unicamente para o réu e para o ofendido, quando este for parte, pois o Ministério Público é sempre localizado pessoalmente.

A restauração é feita sempre no juízo de competência originária. Assim, caso desapareçam os autos, quando o processo está em grau de recurso, a restauração ocorrerá no juízo de primeira instância (art. 541, § 3.º, CPP). Porém, em se tratando de crime de competência originária do tribunal, não tendo os autos tramitado em instância inferior, não teria sentido determinar-se que o juiz de primeiro grau conduzisse a restauração. Logo, faz-se o procedimento de recuperação em segundo grau.

Designa o juiz uma audiência para ouvir as partes, que, da mesma forma que fez o escrivão, poderão fornecer importantes elementos provenientes da lembrança dos atos processuais (art. 542, CPP). Nas partes em que houver concordância, dá-se como certo o evento, de tudo lavrando-se um termo, que passará a integrar os autos restaurados. Além disso, cabe aos interessados, consultando os escritos já fornecidos pelo escrivão e por outros órgãos públicos, manifestar sua concordância ou discordância deles. Os documentos em poder das partes serão apresentados nessa audiência (como as cópias do processo que possam ter).

Deve o magistrado providenciar, se ainda não houver sentença, a reinquirição das testemunhas, inclusive substituindo-se as que já faleceram ou não forem mais encontradas (art. 543, I, CPP). Além disso, com ou sem sentença proferida, determina-se a realização dos exames periciais novamente, preferencialmente pelos mesmos peritos (art. 543, II, CPP). Nesta hipótese, no entanto, é preciso considerar que, possuindo o Instituto Médico Legal ou o Instituto de Criminalística, cópia do que já foi feito, é dispensável refazer a perícia.

Podem ser ouvidos (art. 543, IV, CPP), ainda, todos os funcionários da justiça e de outros órgãos que lidaram com o processo (ex.: oficial de justiça que fez a citação e outras intimações, autoridade policial que efetuou alguma diligência complementar, não constante do inquérito, como busca e apreensão, entre outros).

Apesar de todas essas providências, é possível ter havido discordância das partes numa série de pontos, quando realizado o processo de lembrança, previsto no art. 542, sendo-lhes facultada a juntada de rol de testemunhas, especialmente para provar o que no processo constava (art. 543, V, CPP). Exemplo disso pode ser arrolar os estagiários, atuantes no processo, para que reproduzam o que lembram do caso. Note-se que a prova deve ser conduzida para reproduzir os autos perdidos e não para refazer a instrução sob outros enfoques.

O prazo para a restauração é de vinte dias, mas cuida-se de prazo impróprio, ou seja, pode ser prorrogado sem que haja qualquer sanção processual (art. 544, CPP). Se o atraso for injustificável, o magistrado, responsável pelo andamento, pode responder funcionalmente.

Depois de todo o processado, ainda permite a lei que, conclusos os autos para a sentença de restauração, possa o juiz requisitar maiores esclarecimentos, demonstrando a particular cautela que deve haver para recuperar aquilo que foi perdido (art. 544, parágrafo único, CPP). Aliás, tal providência poderia ser determinada pelo magistrado de qualquer modo, independentemente da previsão feita neste artigo, pois faz parte do poder geral de produção de provas, para a formação do seu convencimento.

Pode ocorrer que, durante o procedimento de restauração, fique demonstrada a responsabilidade pela perda dos autos. Nessa hipótese, tendo havido desleixo ou má-fé, responderá a parte causadora pelas custas em dobro, quando houver, além de ser providenciada a apuração da responsabilidade criminal e, também, funcional, no caso de advogados, promotores e outros funcionários (art. 546, CPP).

Proferida a decisão considerando restaurados os autos, passam os novos autos formados a valer como se fossem os originais perdidos (art. 547, CPP). Dessa decisão, cabe apelação.

Embora o art. 547, parágrafo único, do CPP diga que os autos originais, se encontrados, devem ser apensados aos autos da restauração, prosseguindo-se nestes, é preciso cautela para interpretar esse dispositivo. Se os originais surgirem no início da restauração, completamente íntegros, não há motivo para o prosseguimento do procedimento de restauração, pois há perda de objeto. Apresentando sinais de deterioração ou de falha de conteúdo, o procedimento prosseguirá.

Enquanto se faz a restauração dos autos extraviados ou destruídos, é possível que já exista condenação e o réu esteja por isso preso. Não se coloca o mesmo em liberdade, desde que haja prova da condenação e dos seus efeitos, o que, como regra, é facilmente conseguido, pois os presídios mantêm prontuários dos detentos, onde se encontram as principais peças do processo (art. 548, CPP).

Além disso, o cartório arquiva a chamada guia de recolhimento – que pode ser provisória ou definitiva – trazendo o conteúdo resumido de todo o processado. Portanto, havendo certeza de que houve uma condenação, embora se necessite restaurar os autos, é natural que o acusado não seja colocado em liberdade, hipótese reservada, por exceção, à situação de não haver condições de provar que houve uma sentença condenatória.

Devemos entender, para os fins do previsto no art. 548 do CPP, como *sentença condenatória em execução*, também a decisão condenatória não permitindo ao réu recorrer em liberdade, acarretando a sua prisão cautelar. Assim, se os autos sumirem no tribunal, antes do recurso de defesa ser julgado, embora não se possa dizer que o réu já está cumprindo sua pena, deve-se interpretar que há uma sentença condenatória, dando margem à sua prisão, motivo pelo qual ele deve continuar detido, até que haja a sentença de restauração.

SÍNTESE

Procedimento comum: é a sucessão dos atos processuais, voltando-se à apuração de crimes apenados com penas privativas de liberdade, bem como às infrações de menor potencial ofensivo, impondo-se um procedimento padrão, como regra.

Procedimento especial: é a sucessão dos atos processuais feita de maneira particularizada, atendendo a uma situação diferenciada do rito reservado a determinadas espécies de crimes.

Aplicação dos benefícios da Lei 9.099/95 (transação e suspensão condicional do processo): é viável a qualquer infração penal que preencha os requisitos legais, vale dizer, seja considerada de menor potencial ofensivo, com ou sem procedimento especial previsto no Código de Processo Penal.

Infrações de menor potencial ofensivo: após a Lei 11.313/2006, que alterou a redação do art. 61 da Lei 9.099/95, são as contravenções penais e os crimes cuja pena máxima em abstrato não ultrapasse dois anos, cumulada ou não com multa.

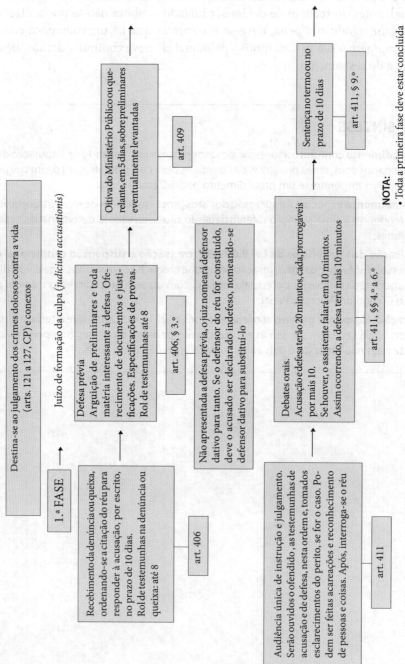

Capítulo XVII • Procedimentos | **469**

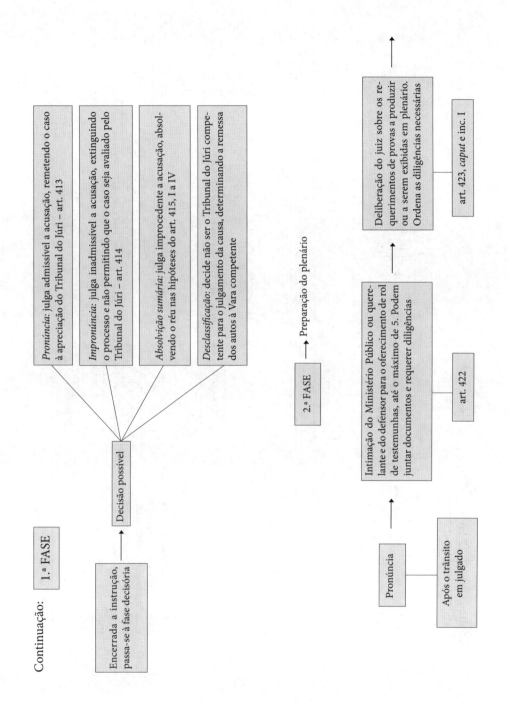

Continuação:

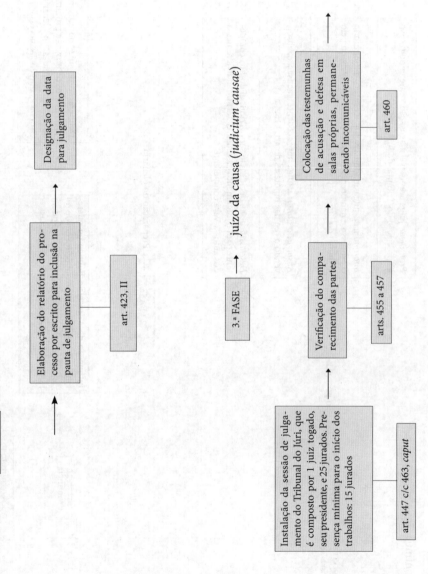

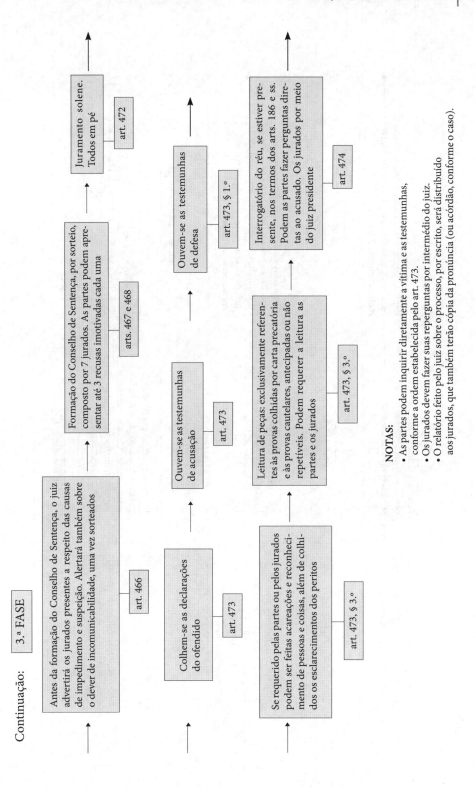

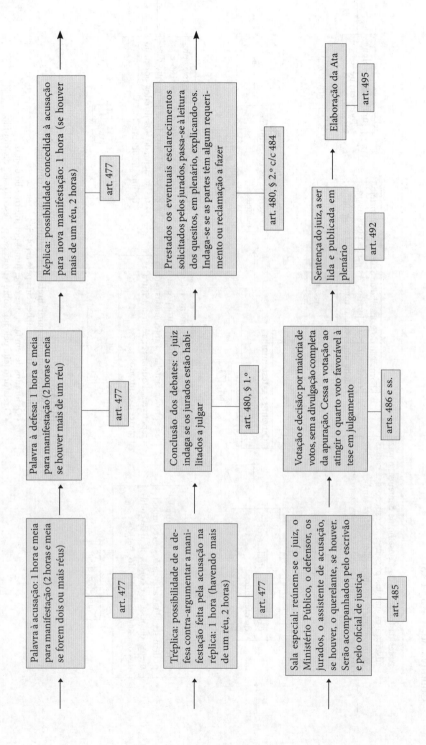

OBSERVAÇÕES ESPECIAIS

1) O réu não está mais obrigado a comparecer em plenário. Basta que seja intimado da sessão de julgamento. Se o acusado estiver preso, podem ele e seu defensor assinar pedido de dispensa de comparecimento – art. 457.

2) Empréstimo de jurados de um plenário a outro: questão controversa, art. 463.

3) Jurados e testemunhas ausentes, sem justificativa razoável: podem ser multados (um a dez salários mínimos).

4) Separação de julgamento de corréus: procedimento dificultado e complexo, art. 469.

5) Relatório do processo e cópia da pronúncia em mãos dos jurados – art. 472, parágrafo único.

6) Conteúdo do relatório feito pelo juiz: art. 423, II.

7) Partes podem fazer perguntas diretamente ao ofendido e às testemunhas. Os jurados, por meio do juiz – art. 473, § 2.º.

8) O réu será interrogado ao final da instrução em plenário. As partes podem fazer perguntas diretas a ele, o que nos parece situação delicada, art. 474. Os jurados, por meio do juiz, art. 474, § 2.º.

9) Não se permitirá, como regra, o uso de algemas no réu em plenário – art. 474, § 3.º.

10) É vedada, sob pena de nulidade, a referência à decisão de pronúncia (e outras posteriores) e ao uso de algemas, como argumento de autoridade, beneficiando ou prejudicando o acusado, nem ao silêncio do réu ou à ausência de interrogatório em seu prejuízo – art. 478.

11) Poder de polícia do juiz e regulamentação dos apartes: art. 497.

12) Regras para a elaboração dos quesitos – art. 483.

2. Procedimento comum ordinário

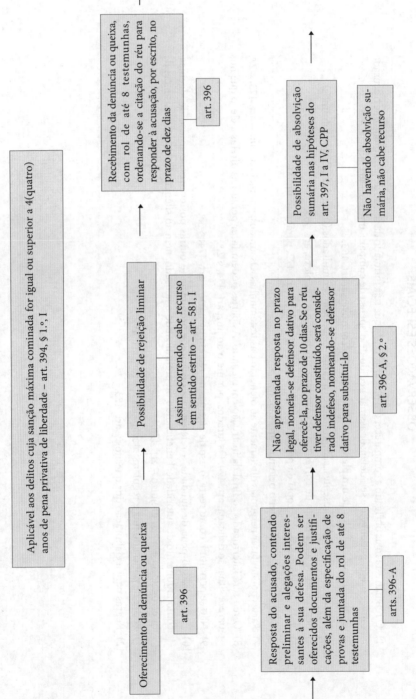

Capítulo XVII • Procedimentos | **475**

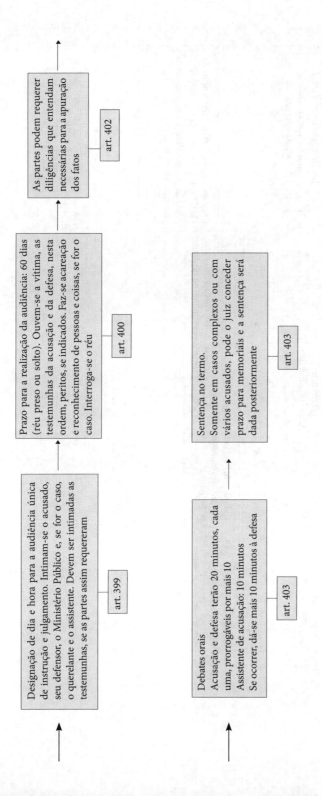

NOTAS:
a) o registro dos depoimentos deve ser feito pelos meios ou recursos de gravação magnética, estenotipia, digital ou técnica similar, inclusive audiovisual (art. 405, § 1.º). Parece-nos, também, devam os debates orais ser registrados dessa forma.
b) se o juiz deferir qualquer diligência solicitada pela parte a audiência será finalizada sem os debates. Outra data será designada para tanto (art. 404).

3. Procedimentos especiais (Dec.-lei 7.661/45)

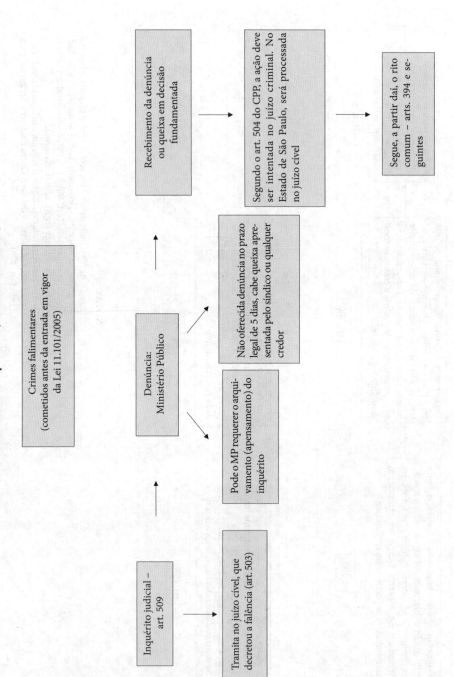

4. Procedimentos especiais

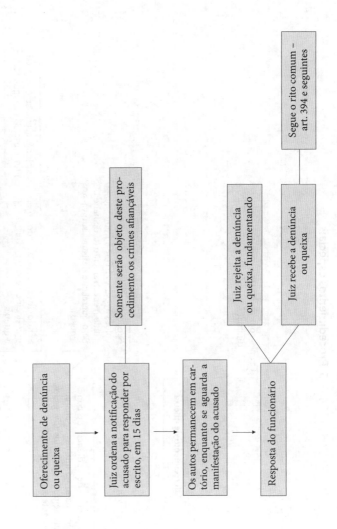

5. Procedimentos especiais

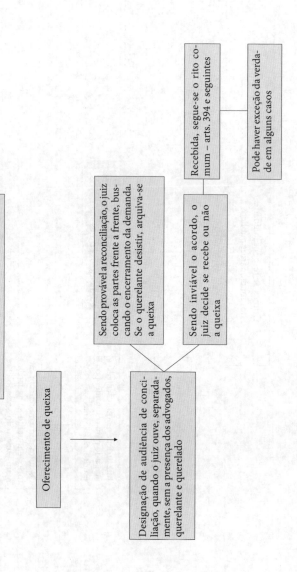

6. Crimes contra a propriedade imaterial
(procedimento válido para os crimes de ação privada)

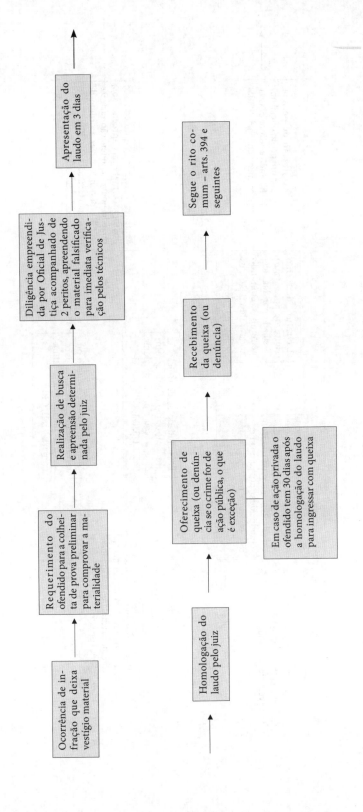

7. Crimes contra a propriedade imaterial
(procedimento válido para os crimes de ação pública)

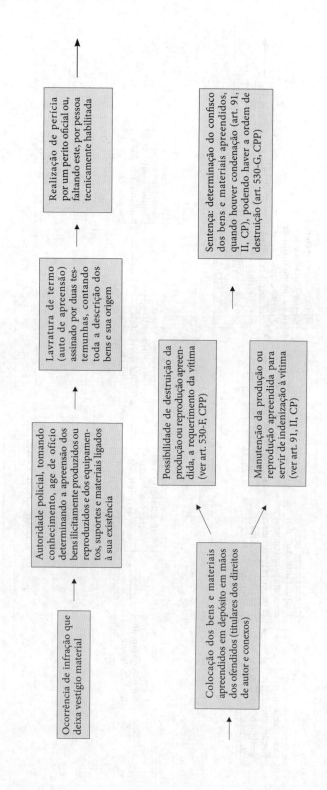

8. Procedimento sumário

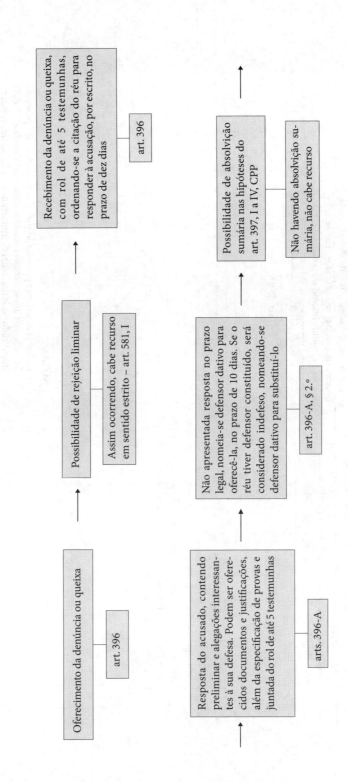

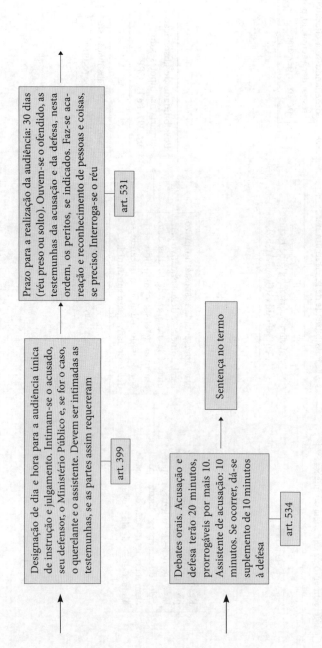

9. Procedimento sumaríssimo

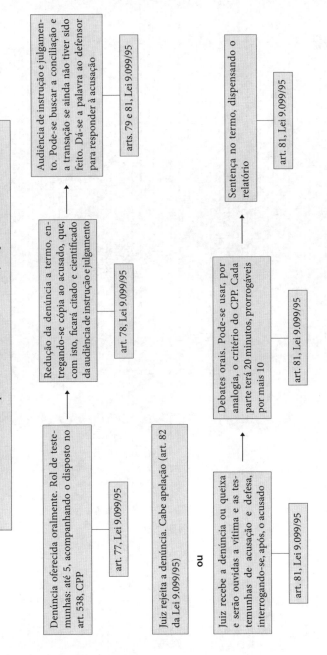

NOTA:
- Se o réu não estiver presente será citado na forma dos arts. 66 e 68 da Lei 9.099/95.

Capítulo XVIII
Tribunal do Júri

1. O JÚRI NA CONSTITUIÇÃO FEDERAL

Dentre os princípios que regem a instituição estão os seguintes: a) plenitude de defesa, b) sigilo das votações, c) soberania dos veredictos, d) competência para o julgamento dos crimes dolosos contra a vida (art. 5.º, XXXVIII, *a* a *d*, CF).

Acesse e assista ao vídeo sobre Soberania dos vereditos no Tribunal do Júri.
> https://uqr.to/1y2u2

Entendemos ser o Tribunal do Júri, primordialmente, uma garantia individual. Mas, pergunta-se: garantia a quê? Muitos têm sustentado, a nosso ver equivocadamente, ser uma garantia ao direito de liberdade. Fosse assim, teríamos que admitir ser o júri um escudo protetor do criminoso, que atenta contra a vida humana, o que não pode ser admissível. Além disso, é preciso destacar ser o direito à vida igualmente protegido na Constituição – tanto quanto o direito à liberdade –, de forma que o júri não poderia proteger um, em prejuízo do outro. A vida da vítima foi eliminada pelo réu e o Tribunal Popular não tem por fim proteger ou garantir fique o acusado em liberdade.

Trata-se de uma garantia ao devido processo legal, este sim, uma garantia ao direito de liberdade. Assim, temos a instituição do júri, no Brasil, para constituir o meio adequado de, em sendo o caso, retirar a liberdade do homicida. Nada impede a existência de *garantia* da *garantia*, o que é perfeitamente admissível, bastando ver, a título de exemplo, que o contraditório é também garantia do devido processo legal. Insista-se: não é garantia direta da liberdade do indivíduo acusado de crime doloso contra a vida, mas sim do devido processo legal. Logo, se o júri condenar ou absolver está cumprindo, igualmente, sua função. E mesmo assim, cuida-se de garantia formal, mas não material. O júri não é considerado nos documentos internacionais de direitos humanos um *direito autenticamente fundamental*, como se fizesse parte dos chamados direitos *supraestatais*, na expressão de PONTES DE MIRANDA (*Comentários à Constituição de 1946*, p. 9).

As pessoas humanas têm direito a um julgamento justo feito por um tribunal imparcial, assegurada a ampla defesa, mas nada determina que esse julgamento seja realizado pelo povo. É o Tribunal Popular garantia fundamental formal, simplesmente por ter sido previsto na Constituição como tal, mas não o é no seu sentido material (a respeito, ver JORGE MIRANDA, *Manual de direito constitucional*, t. IV, p. 7).

Por outro lado, não deixamos de visualizar no júri, em segundo plano, mas não menos importante, um direito individual, consistente na possibilidade que o cidadão de bem possui de participar, diretamente, dos julgamentos do Poder Judiciário. Em síntese: O júri é uma garantia individual, precipuamente, mas também um direito individual. Constitui cláusula pétrea na Constituição Federal (cf. art. 60, § 4.º, IV).

2. O TRIBUNAL DO JÚRI COMO ÓRGÃO DO PODER JUDICIÁRIO

Encontrando-se previsto dentre os direitos e garantias individuais (art. 5.º, XXXVIII, CF), gerou alguma controvérsia o fato de ser o Tribunal do Júri considerado órgão do Poder Judiciário. Alguns sustentam ser ele um órgão político, desligado do Judiciário, onde os jurados exercem o seu direito ao sufrágio, como cidadãos no exercício da cidadania (cf. JAMES TUBENCHLAK, *Tribunal do Júri* – Contradições e soluções, p. 9). Essa não é a melhor posição.

Majoritariamente, entende-se ser o júri órgão do Judiciário, embora lhe seja reconhecida a especialidade. Não consta do rol do art. 92 da Constituição Federal, embora o sistema judiciário o acolha em outros dispositivos, tornando-o parte integrante do Poder Judiciário. São fundamentos disso:

a) o Tribunal do Júri é composto de um Juiz Presidente (togado) e de vinte e cinco jurados, dos quais sete tomam assento no Conselho de Sentença. O magistrado togado não poderia tomar parte em um órgão meramente político, sem qualquer vínculo com o Judiciário, o que é vedado não somente pela Constituição, mas também pela Lei Orgânica da Magistratura Nacional;

b) o art. 78, I, do CPP determina que "no concurso entre a competência do júri e a de *outro* órgão da jurisdição comum, prevalecerá a competência do júri" (grifamos), vindo a demonstrar que se trata de órgão do Judiciário;

c) o art. 593, III, *d*, do CPP, prevê a possibilidade de recurso contra as decisões proferidas pelo júri ao Tribunal de Justiça, não tendo qualquer cabimento considerar que um "órgão político" pudesse ter suas decisões revistas, em grau de apelação, por um órgão judiciário;

d) a inserção do júri no capítulo dos direitos e garantias individuais atende muito mais à vontade política do constituinte de considerá-lo cláusula pétrea do que a finalidade de o excluir do Poder Judiciário;

e) a Constituição Estadual de São Paulo, como a de outros Estados da Federação, prevê, taxativamente, ser ele órgão do Judiciário (art. 54, III).

3. COMPETÊNCIA CONSTITUCIONAL PARA O JULGAMENTO DOS CRIMES DOLOSOS CONTRA A VIDA

Assegura o art. 5.º, XXXVIII, *d*, a competência do júri para o julgamento dos delitos dolosos contra a vida. É bem verdade que algumas posições existem sustentando ser essa competência fixa, não podendo ser ampliada, embora não haja nenhuma razão plausível para tal interpretação. Note-se que o texto constitucional menciona ser *assegurada* a competência para os delitos dolosos contra a vida e não *somente* para eles.

O intuito do constituinte foi bastante claro, visto que, sem a fixação da competência mínima e deixando-se à lei ordinária a tarefa de estabelecê-la, seria bem provável que a instituição, na prática, desaparecesse do Brasil. Foi o que houve em outros países ao não cuidarem de fixar, na Constituição, a competência do Tribunal Popular (ver Portugal, art. 210.º, e Espanha, art. 125).

A cláusula pétrea no direito brasileiro, impossível de ser mudada pelo Poder Constituinte Reformador, não sofre nenhum abalo, caso a competência do júri seja ampliada, pois sua missão é impedir justamente o seu esvaziamento.

Vale analisar ainda qual é a amplitude da expressão *delitos dolosos contra a vida*. Houve época em que se debateu o alcance da competência do Tribunal do Júri, visando-se a incluir na sua pauta todos os crimes que envolvessem a vida humana, como, por exemplo, o latrocínio, onde há roubo (doloso) seguido de morte (que pode igualmente ser fruto do dolo). Não vingou tal entendimento, pois o conceito adotado pelo texto constitucional foi técnico, isto é, são os crimes previstos no Capítulo I (Crimes contra a vida), do Título I (Dos crimes contra a pessoa), da Parte Especial do Código Penal.

Incluem-se na competência do Tribunal Popular, originariamente, os seguintes delitos: homicídio simples (art. 121, *caput*); privilegiado (art. 121, § 1.º), qualificado (art. 121, § 2.º), induzimento, instigação ou auxílio a suicídio ou a automutilação (art. 122), infanticídio (art. 123) e as várias formas de aborto (arts. 124, 125, 126 e 127). E as formas tentadas. Além deles, naturalmente, vinculam-se os delitos conexos, aqueles que, por força da atração exercida pelo júri (arts. 76, 77 e 78, I, CPP), devem ser julgados, também, pelo Tribunal Popular.

Por fim, acresça-se o genocídio, cujas maneiras de execução equivalem a delitos dolosos contra a vida (art. 1.º, *a*, *c* e *d*, da Lei 2.889/56). Entretanto, no caso denominado "massacre de Haximu", em que vários índios ianomâmis foram assassinados por garimpeiros, os agentes foram processados e julgados pelo juízo monocrático federal. O STF validou esse entendimento. Somente seria o caso encaminhado ao Tribunal do Júri se houvesse conexão com delitos dolosos contra a vida desconectados do genocídio (RE 351.487-RR, Pleno, rel. Cezar Peluso, 03.08.2006. m. v., *Informativo* 434, embora antigo, o julgado é relevante para o tema). Mantemos, no entanto, a nossa posição de que, conforme a forma de execução do crime de genocídio, é um autêntico delito doloso contra a vida. Logo, deveria ser remetida a sua apreciação ao júri.

Consulte-se o disposto na Súmula 603 do STF: "A competência para o processo e julgamento de latrocínio é do juiz singular e não do Tribunal do Júri".

4. A FORMAÇÃO DA CULPA NO PROCEDIMENTO DO JÚRI

Como qualquer infração penal, os delitos dolosos contra a vida, quando ocorrem, são investigados pela polícia, no procedimento pré-processual, denominado *inquérito policial*. Encontradas provas suficientes da materialidade e da autoria, cabe ao Ministério Público oferecer denúncia (ou queixa, ao querelante, no caso de ação privada), inaugurando-se a fase da formação da culpa. Portanto, diante de um juiz togado, colhem-se provas sob o crivo do contraditório e da ampla defesa, garantias do devido processo legal (situação que inexistiu na fase do inquérito).

Finda essa instrução, que se assemelha ao procedimento comum, o juiz poderá avaliar a admissibilidade da acusação, ou seja, se é viável ou não enviar o caso à apreciação dos jurados, no Tribunal do Júri. A cautela é salutar, uma vez que o povo, quando chamado a julgar, não dará voto fundamentado, decidindo em sigilo o destino do réu, motivo pelo qual pode condenar, assim querendo, qualquer um. Por isso, antes que um processo seja oferecido à avaliação dos juízes leigos, há o crivo do magistrado togado. Este, por sua vez, tem a importante missão de filtrar os casos em que existem provas mínimas para que o Júri se reúna decidindo a sorte do acusado, separando os outros, em que fica evidente a carência de provas, devendo ser encerrada a instrução, até que novas provas surjam, se for o caso.

No procedimento do júri, a instrução criminal segue o rito estabelecido nos arts. 406 a 412 do Código de Processo Penal, até que atinge a fase peculiar prevista nos arts. 413 a 419. Depois disso, esgotados os recursos cabíveis, havendo pronúncia, inicia-se a fase de preparação do plenário, até que o magistrado designa julgamento no Tribunal do Júri, quando o mérito da imputação será avaliado.

5. O PROCEDIMENTO ESPECIAL DO JÚRI E A FASE DE AVALIAÇÃO DA ADMISSIBILIDADE DA ACUSAÇÃO

O Código de Processo Penal, após a reforma introduzida pela Lei 11.689/2008, deixou claro ser especial o procedimento do júri. Anteriormente, havia o equívoco de quem o considerava um procedimento comum.

Recebida a denúncia ou queixa, que deve conter o rol de testemunhas, até o número de oito, o juiz determina a citação do réu para responder aos termos da acusação. A resposta, consubstanciada na denominada *defesa prévia*, deve ser oferecida por escrito, no prazo de dez dias (art. 406, *caput*). Computa-se esse prazo a partir da data da citação ou do comparecimento do acusado ou de seu defensor em juízo, neste último caso quando se tratar de citação inválida ou feita por edital (art. 406, § 1.º).

Na defesa prévia, pode o acusado alegar tudo o que interesse à sua defesa, incluindo a arguição de preliminares (levantamento de eventuais vícios ou falhas até então ocorridas), o oferecimento de documentos e justificações, bem como pode especificar provas e arrolar testemunhas, até o número de oito, qualificando-as e requerendo a sua intimação, se for preciso (art. 406, § 3.º).

Note-se que o termo *justificações* deve envolver apenas as eventuais *justificativas* (excludentes de ilicitude) para o cometimento da infração penal. Não se pode confundi-lo com o procedimento incidental denominado *justificação*, pois este se destina à produção de provas. Ora, se a fase de colheita das provas inicia-se após a defesa prévia, é natural que não tenha qualquer sentido propor uma medida cautelar no mesmo prisma.

Se houver, o réu poderá arguir as exceções que entenda cabíveis (ex.: exceção de coisa julgada), nos termos dos artigos 95 a 112 do CPP.

Em função do princípio constitucional da ampla defesa, caso não seja apresentada a defesa prévia, no prazo legal de dez dias, o juiz deve nomear defensor para oferecê-la, reabrindo-se o prazo de dez dias e concedendo-lhe vista dos autos (art. 408). Cuidando-se de defensor constituído, que tenha deixado de apresentar a referida defesa, deve o magistrado considerar o réu indefeso, nomeando-lhe defensor dativo ou encaminhando o caso à Defensoria Pública, conforme a situação possível na Comarca. Tratando-se de defensor dativo, basta que considere o réu indefeso, nomeando outro dativo em seu lugar, oficiando-se à OAB para as eventuais medidas administrativas cabíveis. Se a defesa for patrocinada por defensor público, deve o juiz oficiar à Defensoria, para que a Instituição indique outro defensor e tome as providências administrativas contra aquele, que não cumpriu o seu dever.

Lembre-se, ainda, que o acusado não pode ficar privado da defesa prévia, em hipótese alguma. Cuidando-se de pessoa economicamente abonada, o patrocínio da causa pode ser feito pela Defensoria Pública do mesmo modo, em razão da imposição legal de que ninguém será processado sem defesa técnica. No entanto, ao final do processo, poder-se-á cobrar, pela via própria, os honorários devidos ao Estado.

Apresentada a defesa prévia, ouve-se o Ministério Público ou o querelante, se houver preliminares ou a juntada de documentos, em cinco dias (art. 409).

Na sequência, o magistrado, em dez dias, analisa os requerimentos formulados e os documentos eventualmente juntados, designa audiência de instrução e julgamento e determina a realização das diligências cabíveis (art. 410).

Instituiu-se, com o advento da Lei 11.689/2008, a audiência única. Quer-se produzir toda a prova, ao menos a oral, em uma só data. Por isso, nessa audiência, serão ouvidos o ofendido, quando possível, as testemunhas arroladas pela acusação e pela defesa, nessa ordem, e os esclarecimentos eventualmente existentes dos peritos. Serão realizadas acareações e o reconhecimento de pessoas e coisas, bem como será interrogado o réu. Na sequência, dar-se-ão os debates e o juiz pode proferir a sua decisão (art. 411).

A meta do legislador, ao privilegiar o princípio da concentração e, consequentemente, da oralidade, foi encurtar o período de instrução, acelerando a produção de provas. Entretanto, parece-nos ter exagerado na dose. Em especial, no procedimento do júri, onde normalmente há muitas testemunhas a ouvir, concentrar todos os depoimentos para uma única data pode representar uma potencial perda de tempo. Imagine-se que tanto a acusação quanto a defesa arrolem o máximo permitido: são dezesseis testemunhas, no total. Além delas, serão ouvidos o ofendido e o acusado. Eventualmente, os peritos. Mais de dezoito pessoas podem ser inquiridas num só dia. Para tanto, torna-se previsível que o magistrado reserve a pauta integral daquela data para a realização de uma só audiência. Ora, faltando uma testemunha de acusação e não concordando a defesa com a inversão da ordem de inquirição, será preciso designar outra audiência e, novamente, enfrentar a possibilidade de mais alguém se ausentar. Não se pode contar com a condução coercitiva das testemunhas, em particular nas cidades grandes, pois quase impossível que se dê no mesmo dia, a tempo.

Em suma, o juiz reserva o dia todo para uma audiência, que não se realiza por completo. Quando redesignar essa audiência para outra data, terminará provocando o choque com outra audiência única, também extensa, já marcada. O controle da pauta tornar-se-á uma autêntica *caixa de surpresas*. Por isso, o estabelecimento da audiência única não garante a economia processual almejada, podendo representar, ao contrário, um tormento para os juízes e para as partes.

Se, na prática, tornar-se inviável estabelecer ordem e previsibilidade na pauta das Varas do Júri, deve-se encontrar algum modo para contornar o problema, valendo-se dos princípios processuais, que estão, naturalmente, acima do disposto em lei. A autêntica economia processual, significando realizar os atos processuais no menor tempo possível, da forma menos custosa para as partes, e a busca da verdade real não podem ser prejudicadas pela tentativa de se *criar* um procedimento irreal, quando a Comarca ou a Vara, repleta de processos, não comporta. Nos casos concretos, portanto, quando se mostre ineficiente o sistema da audiência única, justificadamente, pode o magistrado separar a instrução, conferindo-lhe maior efetividade e propiciando o desejado controle da pauta de audiências.

Inseriu-se, no contexto da instrução, de maneira expressa, que o ofendido deve ser ouvido, sempre que possível, ou seja, se estiver vivo e for localizado. Cabe ao magistrado zelar para que tal ocorra, determinando, de ofício, a sua intimação para comparecimento em audiência.

Quanto à ordem de inquirição das testemunhas – primeiro as de acusação, depois, as de defesa – vale destacar tratar-se de uma regra geral, a comportar exceção, desde que as partes concordem. Portanto, acusação e defesa podem aquiescer com a inversão da ordem, por qualquer motivo relevante (ex.: a ausência de uma testemunha de acusação e a presença de todas as de defesa. A situação pode ensejar a inversão para que as pessoas não percam tempo de modo desnecessário. Em lugar de redesignar a audiência, o juiz ouve as testemunhas de defesa e marca uma data somente para a inquirição da testemunha de acusação faltante. Inexiste nulidade, pois não houve prejuízo.

Entretanto, se as partes não concordarem, deve-se seguir o rito proposto em lei, sob pena de nulidade do ato. Ainda assim, pensamos cuidar-se de nulidade relativa, dependente da prova do prejuízo por parte de quem a alegar.

Encerrada a instrução, pode dar-se a hipótese prevista no art. 384 (*mutatio libelli*). Não sendo o caso, as partes devem debater oralmente (art. 411). Não há necessidade alguma de se reduzir por escrito o que expuserem ao juiz. Há um prazo de vinte minutos para cada parte, prorrogável por mais dez. Se houver mais de um acusado, cada um contará individualmente o tempo para debate. Existindo assistente de acusação, utilizará o tempo de dez minutos. Nesse caso, dar-se-á mais dez minutos à defesa.

Preceitua a lei que a formação da culpa deve ser concluída no prazo máximo de 90 dias (art. 412). Trata-se de prazo impróprio, ou seja, se for ultrapassado, inexiste qualquer sanção. Logo, em Varas ou Comarcas com excesso de serviço, tal período dificilmente será cumprido. Cuidando-se de réu preso, entretanto, haverá discussão sobre eventual constrangimento ilegal. Pensamos que, não havendo justificativa razoável para o retardamento, deve ser o acusado colocado em liberdade.

Após os debates, o juiz pode proferir a sua decisão no termo da audiência ou no prazo de dez dias, ordenando que os autos lhe sejam conclusos.

Posteriormente, cabe ao magistrado tomar uma de quatro providências: a) pronunciar o réu (art. 413, CPP); b) impronunciá-lo (art. 414, CPP); c) desclassificar a infração penal (art. 419, CPP); d) absolver sumariamente o acusado (art. 415, CPP).

6. PRONÚNCIA

É a decisão interlocutória mista, que julga admissível a acusação, remetendo o caso à apreciação do Tribunal do Júri. Trata-se de decisão de natureza mista, pois encerra a fase de formação da culpa, inaugurando a fase de preparação do plenário, que levará ao julgamento de mérito.

Embora seja uma decisão interlocutória, mantém a estrutura formal de uma sentença na sua composição, ou seja, deve possuir relatório, fundamentação e dispositivo.

6.1 Requisitos para a pronúncia

Demanda-se a prova da existência do fato descrito como crime e indícios suficientes de autoria ou participação. A existência do fato criminoso é a materialidade, ou seja, a certeza de que ocorreu uma infração penal, em tese. Atinge-se essa certeza, no contexto dos delitos contra a vida, como regra, através do laudo pericial, demonstrando a ocorrência de morte (homicídio, aborto, infanticídio, participação em suicídio). Entretanto, é possível formar a materialidade também com o auxílio de outras provas, especialmente a testemunhal (art. 167, CPP).

Não se deve admitir, no cenário da pronúncia, que o juiz se limite a um convencimento íntimo a respeito da existência do fato criminoso, como, aparentemente, dá a entender a redação do art. 413: "O juiz (...) *se convencido* da materialidade do fato...". O mínimo que se espera é a prova certa de que o fato aconteceu, devendo o magistrado indicar a fonte de seu convencimento nos elementos colhidos na instrução e presentes nos autos.

Quanto ao segundo requisito, é preciso relembrar que *indícios* são elementos indiretos que, através de um raciocínio lógico, auxiliam a formação do convencimento do juiz, constituindo *prova indireta*. A sua utilização como sustentação à pronúncia, bem como para outros fins (decretação de prisão preventiva; autorização para empreender uma busca e apreensão; base de uma condenação), é perfeitamente viável, desde que se tome a cautela de tê-los em número *suficiente*, para garantir a segurança mínima que o devido processo legal exige.

A atual redação do art. 413, substituindo o anterior art. 408, cuidou de reparar uma lacuna e mencionou, expressamente, a necessidade de que os indícios sejam *suficientes* para comprovar a autoria.

Portanto, fixado tal ponto, é preciso destacar que o controle judiciário sobre a admissibilidade da acusação necessita ser firme e *fundamentado* (o que também se tornou expresso na nova redação trazida pelo art. 413), tornando-se inadequado remeter a julgamento pelo Tribunal do Júri um processo sem qualquer viabilidade de produzir uma condenação legítima e justa do acusado. A dúvida razoável, que leva o caso ao júri, é aquela que permite tanto a absolvição quanto a condenação. Assim, não é trabalho do juiz togado "lavar as mãos" no momento de efetuar a pronúncia, declarando, sem qualquer base efetiva em provas, haver dúvida e esta deva ser resolvida em favor da sociedade, remetendo o processo a julgamento pelo Tribunal Popular. Cabe-lhe, isto sim, filtrar o que pode e o que não pode ser avaliado pelos jurados, zelando pelo respeito ao devido processo legal e somente permitindo que siga a julgamento a questão realmente controversa e duvidosa. Esta, afinal, é a função do *judicium accusationis* – fase de instrução – pela qual passaram as partes, produzindo provas sob o crivo do contraditório e da ampla defesa.

Exemplo: não é cabível a pronúncia do réu, se houver única e tão somente nos autos, como prova a sustentá-la, a confissão extrajudicial. Se a confissão produzida na polícia, isoladamente, não presta para a condenação, também não pode servir para a pronúncia, uma vez que os jurados não poderão utilizá-la para a procedência da ação. Por que, então, remeter o caso a júri? Não somente é opção inadequada, como arriscada, pois a soberania do júri poderá comprometer, em caso de condenação, a plenitude de defesa. Se os jurados resolverem condenar o réu com base exclusiva nessa confissão, somente poderá o tribunal togado remeter o caso a novo julgamento, que, no entanto, pode ser novamente confirmado.

Por tais motivos, cabe ao magistrado togado impedir que o júri se reúna para julgar um caso nitidamente falho, de onde não poderia advir outra decisão senão a absolutória. A impronúncia, nessa hipótese, é o caminho adequado. Se posteriormente outras provas forem coletadas, ainda será possível produzir a pronúncia. Na mesma linha, encontra-se o magistério de Vicente Greco Filho, dizendo que "o raciocínio do juiz da pronúncia, então, deve ser o seguinte: Segundo minha convicção, se este réu for condenado haverá uma injustiça? Se sim, a decisão deverá ser de impronúncia ou de absolvição sumária" (Questões polêmicas sobre a pronúncia, p. 119).

6.2 Conteúdo da decisão de pronúncia e sua influência sobre os jurados

Acesse e assista ao vídeo sobre Fundamentação da pronúncia.
> https://uqr.to/1y2u3

Como visto, a natureza jurídica da pronúncia é decisão interlocutória mista, que julga apenas a admissibilidade da acusação, sem qualquer avaliação de mérito. Assim, é indispensável que seja prolatada em termos sóbrios, sem colocações incisivas, evitando-se considerações pessoais no tocante ao réu e constituindo a síntese da racionalidade e do equilíbrio prudente do juiz.

Caso contenha termos injuriosos ao acusado (ex.: marginal perigoso, facínora cruel, despudorado mentiroso, entre outros), frases de efeito contra a defesa ou acusação (ex.: "é evidente" que o réu matou; "parece-nos que é inocente", mas cabe ao júri decidir), ingressos inoportunos no contexto probatório (ex.: a prova indica "com clareza" ter havido um crime bárbaro) ou qualquer outro ponto que seja contundente na inserção do mérito, deve provocar, como consequência, a sua anulação.

Não se pode conceber que a decisão, nesses termos proferida, seja lida pelos jurados, de modo a influir na formação do seu convencimento. É preciso destacar que os membros do Conselho de Sentença levam em grande conta as palavras proferidas pelo juiz presidente, a pessoa que lhes parece mais imparcial no Tribunal do Júri, razão pela qual a moderação na pronúncia é inafastável, sob pena de se colocar em risco a própria *soberania dos veredictos*. Soberano não pode ser o jurado nitidamente influenciado pelo juiz togado.

O mesmo que se disse a respeito da decisão de pronúncia deve valer para o acórdão que, dando provimento a recurso da Justiça Pública, contra decisão de impronúncia ou de absolvição sumária, resolver pronunciar o acusado. Não é pelo fato de a decisão ser prolatada em 2.º grau de jurisdição que está autorizada a extravasar os limites da fundamentação, pois, igualmente, poderá exercer influência no Conselho de Sentença, que a terá em mãos, durante o julgamento (art. 472, parágrafo único, CPP). Qualquer exagero pode ser questionado através de *habeas corpus*, ajuizado em Tribunal Superior. Por outro lado, é preciso que, igualmente à decisão de pronúncia, fundamento o tribunal a decisão proferida, sem receio de invadir seara alheia – a dos jurados –, pois toda decisão do Poder Judiciário deve ser fundamentada.

6.3 Os crimes conexos na pronúncia

Não cabe ao magistrado, ao elaborar o juízo de admissibilidade da acusação, em relação aos crimes dolosos contra a vida, analisar se é procedente ou não a imputação feita pelo órgão acusatório no tocante aos delitos conexos.

Havendo infração penal conexa, incluída na denúncia ou queixa, devidamente recebida, pronunciando o réu pelo delito doloso contra a vida, deve o juiz remeter a julgamento pelo Tribunal Popular os conexos, sem proceder a qualquer análise de mérito ou de admissibilidade quanto a eles. Aliás, se eram grotescas, atípicas ou inadmissíveis as caracterizações dos delitos conexos, tão logo foi oferecida a denúncia ou queixa, cabia ao magistrado rejeitá-la. Se acolheu a acusação, deve repassar ao juiz natural da causa o seu julgamento. Caberá, assim, aos jurados checar a materialidade e a prova da autoria para haver condenação.

Não tem sentido o magistrado pronunciar pelo crime de sua competência e impronunciar pela infração penal conexa, cuja avaliação não lhe pertence. Exemplo: o réu responde por homicídio seguido de furto; havendo pronúncia pelo crime contra a vida, remete-se, automaticamente, o furto para análise dos jurados, exista ou não prova suficiente da materialidade, haja ou não provas suficientes acerca da autoria. É competente, na integralidade, o Conselho de Sentença para apreciar o crime patrimonial. O mesmo se diga quanto à vedação de absolver sumariamente o réu pelo crime conexo.

Conferir, ainda, a lição de BADARÓ: "Havendo *crime conexo*, a pronúncia deverá incluir tanto o crime doloso contra a vida quanto o delito conexo. Mesmo que haja prova de eventuais excludentes de ilicitude ou culpabilidade quanto ao crime conexo, o acusado deverá ser pronunciado por ambos, não podendo ser absolvido sumariamente ou impronunciado apenas quanto ao delito conexo" (*Direito processual penal*, t. II, p. 29).

6.4 Alteração da classificação do crime

Descreve o art. 418, do CPP, a hipótese prevista no art. 383, *caput*, do mesmo Código, ou seja, a *emendatio libelli*. Não está o magistrado, realmente, adstrito à classificação feita pelo órgão acusatório, até mesmo porque o réu se defende dos fatos e não da definição jurídica dada na denúncia ou queixa.

Assim, caso o promotor tenha descrito um homicídio, mas, ao classificar, tenha pedido a pronúncia por infanticídio, tal situação é irrelevante. O juiz simplesmente altera a classificação e pronuncia o acusado pelo crime correto, determinante de pena mais grave. Entretanto, é preciso considerar que, embora este artigo nada fale a respeito, o reconhecimento de nova definição jurídica do fato necessita estar ligado a circunstâncias devidamente descritas na denúncia. Caso haja elementares não contidas na peça acusatória, o prejuízo para o réu torna-se evidente, uma vez que não se defendeu correta e amplamente, como lhe assegura a Constituição Federal. Nessa hipótese, é curial que o juiz abra vista à acusação para aditar a denúncia ou queixa e, em seguida, à defesa, para manifestar-se a respeito, aplicando o disposto no art. 384 do Código de Processo Penal.

Outra solução implicaria desprezo ao devido processo legal. Nem se diga que a decisão de pronúncia é de mera admissibilidade da acusação, podendo ser alterada no plenário pelos jurados, pois acarreta inúmeras consequências ao réu – inclusive a possibilidade de ser preso –, o que não pode ser ignorado.

6.5 Possibilidade de correção da pronúncia

O art. 421, § 1.º, do Código de Processo Penal, prevê a possibilidade de alteração da pronúncia, mesmo depois de ocorrer a preclusão, desde que seja verificada circunstância superveniente modificadora da classificação do delito.

Quando ocorre a pronúncia, o juiz indica o tipo penal no qual está incurso o réu (ex.: tentativa de homicídio, homicídio simples, homicídio qualificado). Há, no entanto, a possibilidade de correção da classificação original, diante de circunstância superveniente à pronúncia, capaz de impelir à modificação da tipicidade.

É o que acontece, muitas vezes, com a chegada, aos autos, de prova da morte da vítima, estando o réu pronunciado por tentativa de homicídio. Necessita-se fazer uma alteração na pronúncia, para transformar a acusação para homicídio consumado, na forma simples ou qualificada, conforme o caso.

Quanto ao procedimento para a modificação da pronúncia, parece-nos essencial que, havendo a inserção de prova nova nos autos, justificando a correção, deve o juiz abrir vista ao Ministério Público para aditar a denúncia e, em seguida, à defesa para manifestar-se. A reforma trazida pela Lei 11.689/2008 inseriu apenas a oitiva do Ministério Público, mas, lamentavelmente, olvidou a defesa. É fundamental que esta seja, igualmente, ouvida, não somente pelo princípio do contraditório, mas também pela plenitude de defesa.

Querendo, pode o réu suscitar a produção de prova, demonstrado o interesse em contrariar o que foi introduzido nos autos. Assim, caso tenha sido juntada a certidão de óbito da vítima, adita o promotor a denúncia para fazer constar tratar-se de um homicídio consumado – se assim entender, uma vez que nem sempre a convicção do Ministério Público desenvolver-se-á nesse sentido. Lembremos, aliás, que o nexo causal é fundamental para ligar o resultado morte à conduta do réu. É justamente isso que pode a defesa pretender fazer, ou seja, demonstrar ter a vítima falecido em virtude de outras causas, não originárias da conduta lesiva do acusado.

Finda eventual produção de provas, o juiz poderá proferir nova pronúncia, fazendo incluir a imputação de homicídio consumado, ao invés de tentativa de homicídio.

7. IMPRONÚNCIA

Acesse e escute o podcast sobre Impronúncia.
> https://uqr.to/1y2u4

É a decisão interlocutória mista de conteúdo terminativo, visto encerrar a primeira fase do processo (*judicium accusationis*), deixando de inaugurar a segunda, sem haver juízo de mérito (art. 414, CPP). Assim, inexistindo prova da materialidade do crime ou não havendo indícios suficientes de autoria, deve o magistrado impronunciar o réu, significando julgar improcedente a denúncia ou queixa e não a pretensão punitiva do Estado. Desse modo, se, porventura, novas provas advierem, outro processo pode instalar-se.

Por vezes, valem-se a doutrina e a jurisprudência do termo *despronúncia*, significando a decisão proferida pelo tribunal ao reformular a anterior sentença de pronúncia, transformando-a em impronúncia. Pode-se, ainda, considerar *despronúncia* a retratação do magistrado, que, em face de recurso em sentido estrito interposto contra a decisão de

496 | MANUAL DE PROCESSO PENAL · **Nucci**

pronúncia, reconsidera sua decisão, despronunciando o acusado. Discordando do uso do termo "despronúncia" está a posição de Tucci, que diz ser inconsistente a diferença entre despronúncia e impronúncia, sendo preferível referir-se sempre a este último (Habeas corpus, *ação e processo penal*, p. 203-204).

Havendo impronúncia, é possível a instauração de novo processo, desde que a punibilidade do réu não esteja extinta (se houver, por exemplo, prescrição) e surgindo provas substancialmente novas, isto é, provas não conhecidas anteriormente, nem passíveis de descobrimento pelo Estado-investigação, porque ocultas ou ainda inexistentes. Ex.: surge a arma do crime, até então desaparecida, contendo a impressão digital do acusado ou a automutilação.

8. DESCLASSIFICAÇÃO DA INFRAÇÃO PENAL

É a decisão interlocutória simples, modificadora da competência do juízo, não adentrando o mérito, nem tampouco fazendo cessar o processo. Ensina Tornaghi que *desclassificar* a infração é "dar-lhe nova enquadração legal, se ocorrer mudança de fato, novos elementos de convicção ou melhor apreciação dos mesmos fatos e elementos de prova" (*Compêndio de processo penal*, t. I, p. 323).

O juiz somente desclassificará a infração penal, cuja denúncia ou queixa foi recebida como delito doloso contra a vida, em caso de cristalina certeza quanto à ocorrência de crime diverso daqueles previstos no art. 74, § 1.º, do Código de Processo Penal (homicídio doloso, simples ou qualificado; induzimento, instigação ou auxílio a suicídio ou automutilação; infanticídio ou aborto).

Outra solução não pode haver, sob pena de se ferir dois princípios constitucionais: a soberania dos veredictos e a competência do júri para apreciar os delitos dolosos contra a vida. A partir do momento em que o juiz togado invade seara alheia, ingressando no mérito do elemento subjetivo do agente, para afirmar ter ele agido com *animus necandi* (vontade de matar) ou não, necessitará ter lastro suficiente para não subtrair, indevidamente, do Tribunal Popular competência constitucional que lhe foi assegurada. É soberano, nessa matéria, o povo para julgar seu semelhante, razão pela qual o juízo de desclassificação merece sucumbir a qualquer sinal de dolo, direto ou eventual, voltado à extirpação da vida humana.

É preciso cautela ao aplicar o disposto no art. 419 do CPP, pois nem sempre a hipótese de desclassificação obrigará o juiz a remeter o processo a outra Vara. Ilustre-se com a acusação fundada em dois homicídios dolosos. Desclassificando um deles para a forma culposa, por exemplo, não cabe a separação dos processos, enviando-se o que foi desclassificado para o juízo competente e pronunciando o outro, que permaneceria na Vara do Júri. Afinal, tratando-se de infrações conexas e havendo entre elas um crime de homicídio doloso, é natural que o delito culposo deva também ser julgado pelo Tribunal Popular.

Havendo desclassificação, com remessa dos autos ao juiz competente, deixa de haver previsão, como anteriormente existia no antigo art. 410, no sentido de ser aberta vista à defesa para, querendo, indicar novas testemunhas, prosseguindo-se, a partir daí, para a sentença final.

Segundo cremos, o caminho eleito não é o mais indicado para assegurar a ampla defesa. Afinal, se houver um caso de desclassificação, porque o juiz constata a existência de circunstância que possibilita a aplicação de pena mais grave, não contida na denúncia ou queixa, deve-se seguir o disposto no art. 384 do Código de Processo Penal. Sustentamos ser recomendável a abertura de vista ao representante da acusação para aditamento da denúncia ou queixa, abrindo-se vista à defesa para manifestação e, desejando, produção de provas. O interrogatório seria indispensável, querendo a defesa. Ilustre-se com o seguinte caso: o juiz verifica que a acusação cuidava de um homicídio simples. No curso do processo, surgem provas de que, no fundo, a vítima foi morta pelo réu, porque, estando em cativeiro, não foi pago o resgate exigido. De homicídio simples passa-se a extorsão mediante sequestro com resultado morte, cuja pena mínima é de 24 anos. Deve o Ministério Público aditar a denúncia, pois nenhuma das circunstâncias que envolvem o crime previsto no art. 159 do Código Penal foi descrita.

Após, o réu se defende, pode produzir prova testemunhal e ser interrogado. Essa é a melhor forma de se atender ao princípio da ampla defesa, deixando de haver dois tipos de réus: aqueles que se submetem ao disposto no art. 384 (*mutatio libelli*), com as garantias daí decorrentes, e outros, que, a despeito de se alterar a classificação do crime, para algo mais grave, não constante da denúncia, ficam privados desse procedimento.

Como regra, baseado no princípio da economia processual, não se deve permitir a reinquirição, nos mesmos termos, de quem já foi ouvido no processo. Entretanto, essa não pode ser uma norma imutável. Em determinados casos, surgindo, ao longo da instrução, elementos que demonstrem ter o réu cometido um crime muito mais grave, pode haver expresso interesse da defesa de ouvir novamente alguém, com dados fundamentais para esclarecer a nova figura típica emergente. Anteriormente, nada lhe fora indagado a respeito, por ignorância das partes e do próprio juiz. A partir da existência de nova acusação, é imperiosa a reinquirição de quem já foi ouvido, o que deve ser deferido pelo magistrado, pois a norma processual penal não tem o condão de afastar a aplicação do princípio constitucional da ampla defesa.

Por derradeiro, salientamos que, em caso de réu preso, a alteração de competência não tem força, por si só, de possibilitar a sua imediata soltura, possivelmente pela alegação de excesso de prazo para a conclusão da instrução. A consequência prevista em lei (art. 419, parágrafo único, CPP) indica que o melhor caminho é colocar o réu à disposição do juiz competente, que poderá rever ou não a prisão cautelar. Uma pessoa acusada de homicídio qualificado – presa preventivamente ou em flagrante – que passe a ser acusada de latrocínio, por exemplo, deve continuar presa, salvo se o magistrado competente decidir de modo diverso.

9. ABSOLVIÇÃO SUMÁRIA

É a decisão de mérito, que coloca fim ao processo, julgando improcedente a pretensão punitiva do Estado. A Lei 11.689/2008 ampliou o rol das hipóteses em que se admite essa espécie de decisão. O art. 415 do CPP prevê as seguintes: a) estar provada a inexistência do fato; b) estar provado não ter sido o réu o autor ou partícipe do fato; c) estar demonstrado que o fato não constitui infração penal; d) estar demonstrada causa de isenção de pena (excludentes de culpabilidade) ou de exclusão do crime (excludentes de ilicitude).

Lembremos que a absolvição sumária exige certeza, diante da prova colhida. Havendo dúvida razoável, torna-se mais indicada a pronúncia, pois o júri é o juízo constitucionalmente competente para deliberar sobre o tema.

A constatação de semi-imputabilidade não comporta absolvição sumária, nem tampouco impronúncia. Se o réu é considerado mentalmente perturbado (art. 26, parágrafo único, CP), deve ser pronunciado normalmente, havendo prova da materialidade e indícios suficientes de autoria. Tal se dá, uma vez que o acusado é culpável, em tese, merecendo, apenas, se for condenado, uma diminuição da pena.

Quanto à constatação de inimputabilidade, estabelece o art. 415, parágrafo único, do CPP, não dever o juiz absolver sumariamente o acusado, impondo medida de segurança, se a defesa aventou outras teses. Em outros termos, ilustrando, a defesa pode ter alegado a hipótese de legítima defesa. Mesmo que inimputável o réu, há viabilidade de ser absolvido com base na excludente de ilicitude. E, se tal ocorrer, porque sua conduta foi considerada lícita, não se pode impor medida de segurança. Em face disso, é possível que se queira demonstrar a ocorrência da legítima defesa aos jurados. O magistrado, então, embora constatada a inimputabilidade, deve pronunciar o réu para ser julgado pelo Tribunal do Júri (se não houver condições de absolvê-lo sumariamente, desde logo, com base no art. 415, IV).

Por outro lado, se a tese defensiva se lastrear, unicamente, na inimputabilidade do réu, o juiz pode absolvê-lo sumariamente, impondo a medida de segurança adequada.

Estabelecia o antigo art. 411 do CPP a obrigatoriedade de submissão da decisão de absolvição sumária ao duplo grau de jurisdição (o denominado *recurso de ofício*). Tal medida era fruto do cuidado que se buscava ter na preservação da competência constitucional do Tribunal do Júri para deliberar sobre os crimes dolosos contra a vida. Assim, quando o magistrado singular absolvia o réu, evitando que seu caso fosse analisado pelo Tribunal Popular, cabia ao Tribunal de Justiça reexaminar a decisão, certificando o seu acerto, bem como podendo reformá-la, determinando que o processo fosse apreciado pelo Júri.

A atual redação do art. 415 suprimiu por completo qualquer menção ao recurso de ofício. Restou, ainda, o conteúdo do art. 574, II, do CPP, fazendo referência a essa modalidade de recurso. Pensamos estar ele implicitamente revogado. Em primeiro lugar, o art. 574, II, faz remissão expressa ao art. 411 ("nos termos do art. 411"), que deixou de existir com tal conteúdo. Em segundo lugar, prevê a possibilidade de recurso de ofício apenas em casos de excludentes de ilicitude ou culpabilidade. Ora, não há o menor sentido em se utilizar do recurso de ofício unicamente quando a absolvição sumária tiver lastro no art. 415, IV.

Nos demais casos (incisos I a III), depender-se-ia da interposição de apelação pela parte interessada. Logo, cremos afastado o recurso de ofício do cenário da absolvição sumária.

10. INTIMAÇÃO DA PRONÚNCIA

A Lei 11.689/2008 alterou, para melhor, a forma de intimação da pronúncia, simplificando-a. Dispõe o art. 420 que será feita das seguintes formas: a) pessoalmente, ao réu, ao defensor nomeado (ou ao defensor público) e ao Ministério Público; b) ao defensor constituído, ao querelante e ao assistente do Ministério Público, na forma do disposto no art. 370, § 1.º, do CPP (publicação pela imprensa). O acusado solto, que não for encontrado, será intimado por edital.

Respeita-se a ampla defesa em relação ao réu (intimação pessoal), bem como se homenageia a tradição de intimação pessoal dos operadores do Direito que atuam por interesse público (Defensor Dativo, Defensor Público, MP).

Confere-se celeridade, intimando-se pela imprensa, quando o defensor é constituído, logo, tem melhor estrutura para tomar ciência das publicações que lhe interessam. É o mesmo caso do querelante e do assistente de acusação.

Se o réu solto não for localizado para intimação, será esta realizada por edital. Não mais se decretará a sua prisão cautelar, o que é correto, pois nem sempre a sua ausência significa fuga. Aliás, a partir da edição da Lei 11.689/2008, pode haver julgamento em plenário do Tribunal do Júri sem a presença do acusado.

11. LIBELO CRIME-ACUSATÓRIO

11.1 Conceito

Tratava-se da peça acusatória, cujo conteúdo era fixado pela decisão de pronúncia, expondo, na forma de artigos, a matéria que seria submetida a julgamento pelo Tribunal do Júri. No procedimento do júri, enquanto a denúncia tinha por fim expor o fato delituoso para provocar um juízo de admissibilidade da acusação (pronúncia), sem invasão do mérito da causa, o libelo crime-acusatório era justamente a peça formal da acusação, que visava à exposição do fato criminoso (filtrado pela pronúncia) ao Tribunal Popular, deduzindo a pretensão punitiva do Estado e pretendendo um julgamento de mérito. Foi suprimido pela Lei 11.689/2008.

12. FASE DE PREPARAÇÃO DO PLENÁRIO

A Lei 11.689/2008 deixou clara a existência, posição que já defendíamos anteriormente, da segunda fase, denominada *preparação do processo para julgamento em plenário*.

Assim, preclusa (não cabe mais recurso) a decisão de pronúncia, os autos serão encaminhados ao juiz presidente do Tribunal do Júri (art. 421, *caput*, CPP).

Inicia-se, então, a segunda fase. O magistrado determina a intimação do Ministério Público ou do querelante, conforme o caso, bem como do defensor para que, em cinco dias, apresentem o rol das testemunhas que irão depor em plenário, até o máximo de cinco para cada parte. Poderão juntar documentos e requerer qualquer diligência pertinente (art. 422, CPP).

MANUAL DE PROCESSO PENAL · Nucci

Na sequência, após as manifestações, o juiz delibera acerca de quais provas serão produzidas de imediato e quais ficarão para o plenário. Promoverá as diligências necessárias para sanar qualquer falha ou vício até então ocorrido. Buscará esclarecer fato interessante à busca da verdade real.

Em inovação trazida pela reforma, deve o magistrado elaborar, por escrito, o relatório do processo, que será entregue, por cópia, a cada um dos jurados componentes do Conselho de Sentença (art. 423, II, CPP).

Sem manifestar qualquer opinião sobre o processo, o relatório deve conter, dentre outros pontos, conforme o prudente critério do juiz, o seguinte: a) resumo do conteúdo da denúncia ou queixa; b) resumo do conteúdo da defesa prévia do réu, com suas alegações preliminares e/ou exceções; c) elenco das provas (basta enumerar e não detalhar uma por uma) colhidas ao longo do inquérito, em especial as periciais, que não são refeitas; d) elenco das provas (basta enumerar e não detalhar uma por uma) colhidas na fase de formação da culpa; e) resumo do conteúdo do interrogatório do réu, em especial, se levantou e qual foi a sua tese de autodefesa (se preferiu valer-se do direito ao silêncio, basta mencionar o fato, sem valoração alguma); f) resumo do conteúdo das alegações finais das partes; g) resumo do conteúdo da pronúncia, acolhendo e/ou rejeitando as teses das partes (se houve impronúncia, desclassificação ou absolvição sumária, expor o resumo do seu conteúdo, fazendo menção à reforma pelo Tribunal); h) exposição de pontos excepcionais, como, por exemplo, se houve decretação da prisão preventiva ou prisão em flagrante, concessão ou negativa de liberdade provisória, recurso contra a pronúncia e resultado do acórdão; i) se houve aditamento à denúncia e alteração da pronúncia, após a preclusão; j) quais as provas requeridas e, eventualmente, realizadas na fase de preparação do plenário.

É possível que a lei de organização judiciária não atribua ao juiz presidente do Tribunal do Júri o preparo do processo para o plenário. Se tal ocorrer, o juiz competente remeterá ao presidente do júri os autos preparados até cinco dias antes do sorteio dos vinte e cinco jurados da sessão (art. 424, CPP).

12.1 Produção antecipada de provas

É uma medida de natureza cautelar, cuja finalidade é a prova de algum fato ou de qualquer relação jurídica, relevante para o julgamento em plenário no Tribunal do Júri. Denominava-se *justificação*. De qualquer modo, não está disciplinada pelo Código de Processo Penal, embora este a mencione (art. 513). Segue-se, então, o previsto no Código de Processo Civil para regular a sua utilização (arts. 381 a 383 do CPC). A justificação transforma-se em produção antecipada de provas, com os mesmos objetivos (art. 156, CPP).

Atualmente, constituída a fase de preparação do plenário (arts. 422 e 423, CPP), prevendo-se a possibilidade de produção de provas, a *justificação* quase perdeu o sentido. Entretanto, devemos lembrar que, finda a etapa probatória da segunda fase do procedimento do júri, o processo pode já estar aguardando a sessão plenária, quando surge o interesse para a busca ou a constituição de qualquer prova relevante.

Nesse caso, o correto é a parte ingressar com a cautelar incidental, denominada, hoje, produção antecipada de provas, o que é situação rara, sem dúvida.

Quem desejar promovê-la apresenta a petição inicial (ex.: ouvir uma testemunha--chave ainda não inquirida), havendo a interferência do Ministério Público (caso não seja este o requerente). Procede-se à juntada de documentos e oitiva de testemunhas. Não se contesta o pedido, nem há recurso contra a simples homologação, proferida pelo juiz ao final, sem qualquer apreciação de mérito. Normalmente, desenvolve-se em apenso ao processo principal. Deve contar com a audiência da parte contrária, sendo dispensável a presença do réu, pois é procedimento meramente incidental e inexiste disposição legal a respeito.

Em algumas situações, se houver necessidade de reconhecimento, deve-se buscar ter o acusado presente. Nos feitos do júri, faz-se perante o juiz preparador do plenário. Quando for para efeito de revisão criminal, cabe ao juiz da condenação.

Indeferida a justificação, de plano, cabe apelação (art. 593, II, CPP). Mas o correto é que não seja indeferida, salvo quando o pedido envolver a produção de prova ilícita ou quando envolver questão inútil para a solução do feito, o que evidencia a ausência de interesse de agir.

Muito embora constitua hipótese invulgar nesta fase do processo, pode-se realizar prova pericial. É natural que fica ao prudente critério do juiz deferir ou não a sua realização e necessita o magistrado basear-se, justamente, no ineditismo da alegação formulada e na importância da prova para o julgamento. Se a parte requerente da nova perícia já teve oportunidade de fazê-lo antes e não a solicitou, bem como quer ressuscitar argumentos antigos, não há que se acolher o pleito.

12.2 Desaforamento

Trata-se da decisão jurisdicional que altera a competência inicialmente fixada pelos critérios constantes do art. 69 do Código de Processo Penal, com aplicação estrita no procedimento do Tribunal do Júri. A competência para avaliar a conveniência do desaforamento é sempre da instância superior e nunca do juiz que conduz o feito. Entretanto, a provocação pode originar-se tanto do magistrado de primeiro grau quanto das partes, como regra.

Não há ofensa ao princípio do juiz natural, porque é medida excepcional, prevista em lei, e válida, portanto, para todos os réus. Aliás, sendo o referido princípio uma garantia à existência do juiz imparcial, o desaforamento se presta justamente a sustentar essa imparcialidade, bem como a garantir outros importantes direitos constitucionais (integridade física do réu e celeridade no julgamento).

Dá-se o desaforamento, nos termos dos arts. 427 e 428 do CPP, em quatro situações: a) se o interesse da ordem pública o reclamar; b) se houver dúvida sobre a imparcialidade do júri; c) se houver dúvida quanto à segurança do réu; d) se o julgamento não se realizar no período de seis meses, contado do trânsito em julgado da decisão de pronúncia, desde que para a demora não tenha contribuído a defesa.

Quanto ao interesse da ordem pública, é preciso destacar que *ordem pública* é a segurança existente na Comarca onde o júri deverá realizar-se. Portanto, havendo motivos razoáveis e comprovados de que a ocorrência do julgamento provocará distúrbios, gerando intranquilidade no local, constituído está o fundamento para desaforar o caso.

502 | MANUAL DE PROCESSO PENAL · **Nucci**

Não basta, para essa apuração, o sensacionalismo da imprensa do lugar, muitas vezes artificial e que não reflete o exato sentimento das pessoas. O juiz pode apurar tal fato ouvindo as autoridades locais (polícia civil, polícia militar, Ministério Público, entre outros).

A dúvida quanto à imparcialidade do júri é questão delicada, pois nem sempre são fáceis ou nítidas as provas nesse sentido. Entretanto, dentre todos os motivos do art. 427, em nosso entender, é o principal, na medida em que compromete, diretamente, o princípio constitucional do juiz natural e imparcial.

Não há possibilidade de haver um julgamento justo com um corpo de jurados pendendo para um dos lados. Tal situação pode dar-se quando a cidade for muito pequena e o crime tenha sido gravíssimo, levando à comoção geral, de modo que o caso vem sendo discutido em todos os setores da sociedade muito antes do julgamento ocorrer. Dificilmente, nessa hipótese, haveria um Conselho de Sentença imparcial, seja para condenar, seja para absolver, visto que a tendência a uma postura ou outra já estará consolidada há muito tempo. Meras suposições de parcialidade não devem dar margem ao desaforamento.

A notoriedade da vítima ou do agressor não é, por si só, motivo suficiente para o desaforamento. Em muitos casos, homicídios ganham notoriedade porque a vítima ou o agressor – ou ambos – são pessoas conhecidas no local da infração, certamente provocando o debate prévio na comunidade a respeito do fato. Tal situação deve ser considerada normal, pois é impossível evitar que pessoas famosas ou muito conhecidas, quando sofrem ou praticam crimes, deixem de despertar a curiosidade geral em relação ao julgamento. Somente em casos excepcionais, conforme exposto no parágrafo anterior, cabe o deslocamento da competência.

A situação concernente à segurança pessoal do réu não nos parece ideal, uma vez que é dever do Estado zelar pela segurança de qualquer pessoa, especialmente do acusado. Havendo condenação e prisão, continuará ele à disposição do Estado e sob sua proteção. Caso seja colocado em liberdade, porque absolvido, cabe a ele detectar se convém a sua permanência no local do julgamento. Enfim, em casos anormais e excepcionais, geralmente em pequenas cidades, onde o efetivo da polícia é diminuto e não há possibilidade de reforço, por qualquer motivo, é razoável o desaforamento.

A demora para a realização do julgamento constitui igualmente razão para o desaforamento, caso o julgamento não se dê após seis meses, contado do trânsito em julgado da pronúncia e desde que o defensor não tenha contribuído para a lentidão, com pedidos de adiamento, diligências ou incidentes. Passou-se a exigir que o pedido de desaforamento com base nesse motivo demonstre o excesso de serviço na Vara (art. 428, *caput*, CPP).

O art. 428, § 1.º, especifica que ao atraso não pode ter dado causa a defesa, excluindo o órgão acusatório. Essa discriminação é injusta, uma vez que o promotor, em tese, também pode provocar o retardamento do feito, até mesmo para gerar, depois, o desaforamento. Merecia revisão o texto legal, porém, a reforma da Lei 11.689/2008 nada fez a respeito.

Embora a lei não seja expressa, cremos indispensável que essa hipótese somente seja deferida nos casos de réus presos, pois os soltos podem perfeitamente aguardar a ocorrência do julgamento por mais tempo. Entretanto, em situações excepcionais, como em caso de prescrição avizinhando-se ou réu necessitando livrar-se logo da pendência do julgamento, é possível que o promotor ou a defesa requeira o desaforamento.

Outra questão a ser ponderada é o excesso de serviço e o número desmedido de processos em trâmite por várias Comarcas brasileiras. Há casos em que a designação de um julgamento com prazo superior a seis meses, após o trânsito em julgado da pronúncia, é a regra. Portanto, de nada adianta ocorrer o desaforamento, já que se estaria transmitindo o problema para a Comarca vizinha, onde também pode atrasar a decisão.

Apresentado o pedido ao presidente do Tribunal de Justiça (ou Regional Federal), a requerimento de qualquer das partes ou por representação do juiz (salvo, neste último caso, no caso de atraso por mais de seis meses), ouve-se o procurador-geral, distribuindo-se depois a uma das câmaras, mas não há efeito suspensivo. Em casos excepcionais, apresentados motivos relevantes, no entanto, pode o relator determinar a suspensão do julgamento pelo júri (art. 427, § 2.º, CPP). Não teria cabimento, surgido um fato novo e grave, às vésperas do julgamento, que este ocorresse somente porque o desaforamento ainda não teve chance de ser apreciado. Aliás, o ideal é que o juiz do feito interrompa o curso processual e adie a sessão, aguardando o deslinde do pedido formulado ao tribunal.

Lembremos que a decisão de desaforamento tem caráter jurisdicional e não administrativo, razão pela qual precisa ser proferida por uma das Câmaras ou Turmas Criminais do Tribunal de Justiça (ou Regional Federal) e não pelo Conselho Superior da Magistratura ou pela Presidência do Tribunal.

Não está prevista, no art. 271 do CPP, a possibilidade de o assistente requerer o desaforamento. Entretanto, a sua legitimação para tanto foi introduzida no art. 427, *caput*, do CPP, pela Lei 11.689/2008. Tal medida foi correta, pois a vítima, no processo penal, deve ser considerada autêntica litisconsorte do Ministério Público, não havendo cabimento algum em cercear a sua atuação. Ao contrário, para melhor atender aos seus anseios de realização de justiça, sem abrir mão do monopólio estatal para a aplicação da lei ao caso concreto e da iniciativa da ação penal pelo Ministério Público, na maioria dos delitos, torna-se necessário garantir ao ofendido a participação ativa na condução da causa.

Quando o desaforamento for sugerido pelo juiz ou proposto pelo promotor, deve-se ouvir a defesa, em cumprimento ao contraditório e à ampla defesa. Confira-se a edição da Súmula 712 do STF: "É nula a decisão que determina o desaforamento de processo da competência do Júri sem audiência da defesa". Essa nulidade, no entanto, deve ser considerada relativa, dependente, pois, da prova do prejuízo. Pode ser que, determinado o desaforamento sem a oitiva da defesa, esta concorde plenamente com o ocorrido. Não há motivo para a anulação, o que somente implicaria desatendimento ao princípio da economia processual.

Deferida a alteração de competência, o processo será encaminhado para a Comarca mais próxima. A eleição de foro distante é inconstitucional, por ferir o princípio do juiz natural (é a exigência do art. 427 do CPP). Porém, eleita uma Comarca vizinha, padecendo dos mesmos males da anterior, é lógico que se pode pleitear novo desaforamento.

A colheita de informação do magistrado que preside o feito é fundamental (não sendo ele o proponente), a fim de se saber da conveniência e da veracidade da proposta formulada (art. 427, § 3.º, CPP). Ninguém melhor que a autoridade judiciária encarregada de presidir o julgamento para informar a realidade da situação ao tribunal, pois tanto a ordem pública, como a segurança do réu e até mesmo a imparcialidade dos jurados são do seu conhecimento direto.

Se novos fatos surgirem, pode haver a reiteração do pedido de desaforamento, ainda que tenha sido indeferido o primeiro.

Vale ressaltar não ser admitido o *reaforamento*, hipótese em que, cessado o motivo legitimador do desaforamento, tornaria o processo à Comarca original, de onde foi removido pelo tribunal. Se o processo for encaminhado para julgamento em Comarca diversa, não mais retornará à origem, visto não ter sido essa situação prevista pelo Código de Processo Penal. Aliás, se ocorrer novamente algum dos requisitos dos arts. 427 e 428, na Comarca para onde foi enviado o feito, poderá haver novo desaforamento, mas para lugar diverso e não para a Comarca original.

Não se admitirá o pedido de desaforamento na pendência de recurso contra a decisão de pronúncia ou quando já efetivado o julgamento. Neste último caso, pode-se admiti-lo quanto a fato ocorrido durante ou após a realização do julgamento que tenha sido anulado (art. 427, § 4.º, CPP).

Se na Comarca ou Vara do Júri não houver excesso de serviço, nem processos aguardando julgamento em quantidade superior à capacidade de apreciação do Tribunal do Júri, o acusado poderá requerer ao Tribunal de Justiça (ou Regional Federal, conforme o caso) que determine a imediata realização do julgamento (art. 428, § 2.º, CPP). Cuida-se de norma introduzida pela Lei 11.689/2008. Não se compreende, entretanto, a razão de não ter sido legitimado o órgão acusatório para pleitear no mesmo sentido. Afinal, a ocorrência do julgamento célere é de interesse de todos.

12.3 Supressão de nulidade

Cabe ao juiz sanar qualquer nulidade antes da ocorrência do julgamento em plenário, justamente na fase de preparação da sessão do Tribunal do Júri (art. 423, I, CPP).

Evitando o prolongamento inútil do processo, que poderá chegar ao julgamento de mérito em plenário do júri, contendo falhas e vícios insanáveis, torna-se mais adequado eliminar o problema desde logo. Se preciso for, cuidando-se de nulidade absoluta, melhor será retornar à fase de formação da culpa, refazendo-se todos os atos processuais falhos.

12.4 Providências para o julgamento

Regularizado o feito, o juiz designa julgamento e determina a intimação do representante do Ministério Público, do querelante, se houver, do assistente da acusação, se existir, do réu e seu defensor. Lembrar, ainda, que a inquirição do ofendido, se viável, deve ser providenciada, assim como dos peritos, se solicitado (art. 431, CPP).

Todas as testemunhas arroladas pelas partes devem ser intimadas, desde que assim requerido, ainda que residam em outra Comarca, expedindo-se, para tanto, carta precatória. Deve ser consignado no texto da precatória não estar a testemunha obrigada a comparecer, para que não haja um constrangimento desautorizado em lei. Afinal, quem reside em Comarca diversa do foro onde o processo tramita deve ser ouvido por precatória, motivo pelo qual a intimação da testemunha para *comparecer* à sessão do Tribunal do Júri não pode ganhar o caráter de compulsória.

Por outro lado, impedir a expedição da precatória, visando à intimação de quem reside fora do local onde o júri vai realizar-se, pode constituir cerceamento de acusação ou de defesa, uma vez que a testemunha, ciente da data do julgamento, tem o direito de comparecer espontaneamente, aprimorando a produção da prova.

O funcionamento do Tribunal do Júri obedece à lei de organização judiciária de cada Estado (art. 453, CPP).

Da lista geral de jurados, serão sorteados 25, que deverão servir na sessão (art. 433, *caput*, CPP). Deve-se providenciar a intimação do Ministério Público, da Ordem dos Advogados do Brasil e da Defensoria Pública para acompanharem o sorteio, em dia e hora designados pelo magistrado (art. 432, *caput*, CPP).

Expede-se edital convocatório, onde constará a data em que o júri se reunirá, bem como o nome dos jurados sorteados, afixando-se à porta do fórum (art. 435, CPP). Após, serão os jurados devidamente intimados para o comparecimento à sessão de julgamento pelo correio ou por qualquer outro meio hábil (por exemplo, por telefone), conforme dispõe o art. 434.

A atividade do juiz leigo no Tribunal do Júri é considerado um serviço público relevante, razão pela qual nenhum desconto poderá ser feito em seus vencimentos ou salário, quando for obrigado a comparecer à sessão de julgamento (art. 441, CPP). Não há pagamento pelo exercício da função, embora devesse haver. É preciso que o Estado remunere a atividade exercida, uma vez que sempre há perda considerável de tempo, gastos com transporte (público ou particular), além de representar, para muitos autônomos e profissionais liberais, a perda do dia e dos rendimentos.

A preferência na ordem de julgamento dos processos do júri é fixada pelo art. 429 do Código de Processo Penal, a saber: 1.º) réus presos; 2.º) dentre os presos, os mais antigos na prisão; 3.º) em igualdade de condições, os que tiverem sido pronunciados há mais tempo.

Deve-se ressaltar, entretanto, que a regra do art. 429 não pode ser considerada absoluta, além do que o próprio *caput* excepciona o mandamento em caso de *motivo relevante*. Réus soltos também devem ser julgados rapidamente e ter a sua situação definida. Portanto, embora os magistrados devam reservar, em suas pautas, vagas suficientes para os réus presos, atendendo ao disposto neste artigo, não podem evitar marcar julgamentos de acusados soltos, sob pena de se levar muitos casos à prescrição e, além disso, gerar impunidade somente por conta da liberdade auferida.

De outra sorte, há réus que desejam livrar-se o mais cedo possível da acusação que lhes é feita, não sendo razoável que, estando com o julgamento designado, um réu preso, pronunciado recentemente, passe à sua frente. Há Varas do Júri sobrecarregadas

MANUAL DE PROCESSO PENAL · Nucci

de serviço, com pautas lotadas, de modo que, designando julgamentos somente de acusados presos, é possível que os soltos jamais consigam o veredicto do Tribunal Popular. Logicamente, tal situação ocorre, principalmente, nos grandes centros urbanos, onde a violência é intensa e a deficiência do Judiciário se mostra mais visível.

É motivo relevante, por exemplo, que não ocorra prescrição e que réus soltos, contra os quais pesa imputação tão grave quanto a que é dirigida aos presos, sejam julgados com igual celeridade. O controle da pauta pelo juiz é fundamental, para que balanceie os julgamentos de presos e soltos, assegurando vagas para os primeiros, mas sem perder de vista os demais.

13. ORGANIZAÇÃO E COMPOSIÇÃO DO TRIBUNAL DO JÚRI E FUNÇÃO DO JURADO

13.1 Organização do júri

O juiz deve determinar o alistamento anual de várias pessoas aptas a servir como jurados no Tribunal do Júri, o que se faz até outubro do ano anterior àquele onde se darão os julgamentos (art. 426, *caput*, CPP). Essa lista é publicada e está sujeita a receber reclamação de qualquer do povo até o dia 10 de novembro (art. 426, § 1.º, CPP). Após, resolvidas as eventuais pendências pelo magistrado, publica-se a lista definitiva, sujeita a recurso em sentido estrito dirigido ao Presidente do Tribunal de Justiça, sem efeito suspensivo (art. 581, XIV, CPP) contra a inclusão ou exclusão de algum jurado.

Menciona a lei que, anualmente, *serão* alistados vários jurados – variando o número conforme o porte da Comarca – para servirem durante o período de sessões do ano seguinte. Em tese, o corpo de jurados deveria ser renovado todo ano, pois, do contrário, não haveria sentido em existir o disposto no art. 425, *caput*, do CPP, bastando que o magistrado fizesse a seleção uma única vez, prorrogando-a indefinidamente.

Entretanto, na prática, muitos juízes preferem reeditar a lista dos jurados, ano após ano, terminando por estabelecer a figura do *jurado profissional*. Como já referido, não é o ideal manter alguém muito tempo atuando no júri, sem renovação, uma vez que os vícios e prejulgamentos podem terminar prejudicando a ideal imparcialidade exigida do jurado. Por outro lado, a constante renovação também pode apresentar-se prejudicial, na medida em que os jurados, leigos que são, demoram a se acostumar com as teses e o funcionamento do Tribunal Popular. Com o passar do tempo, melhor ajustados ao julgamento, são substituídos. Enfim, o ideal seria mesclar, sempre, o Tribunal do Júri, renovando parcialmente o corpo de jurados anualmente. Para sanar esse ponto, a Lei 11.689/2008 previu que o jurado, após ter integrado o Conselho de Sentença nos doze meses que antecederam à publicação da lista geral deve ser dela excluído (art. 426, § 4.º, CPP). Logo, anualmente, a lista será completada (art. 426, § 5.º, CPP). Pensamos, no entanto, que a exclusão deveria ser temporária e não definitiva, embora a lei indique não haver retorno.

A autoridade responsável pelo alistamento dos jurados é o juiz presidente. A acusação e a defesa podem acompanhar o processo e possuem meios de solicitar a exclusão de pessoas não recomendáveis a servir no Tribunal do Júri, mas não podem influir, decisivamente, na escolha. Incluindo-se pessoa inapta, cabe recurso em sentido estrito, interposto por qualquer pessoa, embora, como regra, seja ato do órgão de acusação ou defesa. Excluindo-se alguém da lista, pode o jurado afastado, igualmente, recorrer.

O juiz deveria pautar-se pela eleição de pessoas de seu conhecimento pessoal ou que pudessem ser indicadas por indivíduos da sua confiança, desde que preenchessem os requisitos legais. Ocorre que, atualmente, pelo crescimento das cidades, especialmente das Capitais, não há mais condições do magistrado alistar jurados por conhecimento pessoal ou informação de terceiros, mesmo que oficie, como sugerido pelo art. 425, § 2.º, a associações de classe e de bairro, entidades associativas e culturais, instituições de ensino em geral, universidades, sindicatos, repartições públicas e outros núcleos comunitários.

Faz-se, em verdade, uma seleção aleatória, conseguindo os nomes nos cartórios eleitorais da região do Tribunal do Júri, bem como se verificando os antecedentes de cada um deles. No mais – se o jurado tem condições e aptidão para sê-lo – somente se apura no caso concreto, isto é, quando inicia sua atividade.

O número de jurados estabelecido pelo art. 425, *caput*, do CPP, pode ser insuficiente em algumas comarcas de grandes proporções. No entanto, o § 1.º desse artigo permite o aumento desse montante, se necessário.

A lista geral dos jurados, com as profissões dos jurados, é publicada pela imprensa, bem como afixada à porta do fórum, conferindo-se publicidade ao ato de escolha dos juízes leigos (art. 426, *caput*, CPP).

Há possibilidade de escolha de jurados suplentes (art. 464, CPP), mas somente no momento da sessão, constatando-se não estar presente o número mínimo de quinze para o início dos trabalhos. Sorteiam-se tantos suplentes quantos forem necessários para atingir o número máximo de 25, designando-se nova data para a sessão de julgamento.

13.2 Composição do júri

O Tribunal Popular é composto pelo juiz togado, que o preside, e por 25 jurados sorteados para a sessão, e não unicamente pelo magistrado e pelo Conselho de Sentença (7 jurados escolhidos dentre os 25). Há, na realidade, 26 pessoas envolvidas no julgamento (um juiz de direito e 25 juízes leigos), dos quais, em uma segunda etapa, atinge-se o número de oito (um juiz presidente e sete jurados). Por outro lado, para validamente começar seus trabalhos, devem reunir-se, pelo menos, 16 pessoas (um juiz togado e 15 jurados). Portanto, pode-se dizer que há o Tribunal do Júri pleno (26 pessoas), o Tribunal do Júri mínimo (16 pessoas) e o Tribunal do Júri constituído para o julgamento (8 pessoas).

13.3 Função do jurado

Considerado serviço público relevante (art. 439, CPP), além de essencial para a formação do devido processo legal daqueles que são acusados da prática de crimes dolosos contra a vida (art. 5.º, XXXVIII, *d*, CF), é natural que seja obrigatória a participação de qualquer brasileiro, respeitados alguns requisitos.

Podem ser jurados os cidadãos maiores de 18 anos e estão isentos, embora possam participar, os maiores de 70 (art. 437, IX, CPP).

A Lei 11.689/2008 reduziu a idade mínima para ser jurado de 21 para 18 anos, ingressando na contramão das mais recentes alterações constitucionais. Sabe-se que a pessoa pode ser considerada civil e penalmente capaz para vários atos aos dezoito anos, porém, é preciso maior maturidade para atingir a posição de magistrado. Após a edição da Emenda Constitucional 45/2004, passou-se a demandar dos candidatos à carreira da magistratura o mínimo de três anos de atividade jurídica, depois de se sagrar bacharel em direito (art. 93, I, CF). Significa, pois, que o juiz necessitaria ter, como regra, em torno de 25 anos para assumir o cargo. Da mesma forma, um Ministro do Supremo Tribunal Federal necessita ter, pelo menos, 35 anos de idade (art. 101, *caput*, CF).

Quer-se crer que o legislador tenha tido bons propósitos, com o fim de buscar integrar os jovens, muitos deles iniciando sua atividade universitária, nos trabalhos do Tribunal do Júri. Olvidou-se, no entanto, que o julgamento, sem fundamentação e por meio de voto secreto, é uma responsabilidade ímpar, demandando preparo e razoável experiência de vida. Por certo, muitas pessoas, com 18 anos, já possuem a necessária experiência, mas outros tantos, em número incalculável, não têm a estrutura suficiente para compreender as teses expostas e o grau de responsabilidade que se lhes é apresentado. Tanto é realidade que ainda perdura a atenuante obrigatória para o agente que comete delitos com menos de 21 anos (art. 65, I, CP), devendo-se tal preceito ao grau de imaturidade ainda persistente na formação do jovem adulto.

Entretanto, segundo o disposto no art. 436, § 1.º, do CPP, nenhum cidadão poderá ser excluído dos trabalhos em razão de vários fatores, mas não se mencionou o elemento *idade*. Por isso, o juiz presidente, captando, na sua Comarca, a inviabilidade de alistar pessoas com mais de 18, porém menores de 21 anos, poderá excluir o jurado que demonstre imaturidade. Não haverá a incidência da proibição do art. 436, § 1.º, do CPP.

Em contrário, acolhendo como positiva a alteração da idade mínima para ser jurado, confira-se a lição de Badaró: "a redução é adequada. Aos 18 anos o cidadão já pode votar, responde criminalmente pelos seus atos e, mais recentemente, tornou-se absolutamente capaz com o CC de 2002 (art. 5.º, *caput*)" (*As reformas no processo penal*, Moura, Maria Thereza (coord.), p. 128).

A isenção, prevista no art. 437, IX, do Código de Processo Penal, elevando a idade para 70 anos, parece-nos incompreensível. A pessoa é considerada idosa *a partir dos 60 anos*, conforme dispõe a Lei 10.741/2003, motivo pelo qual deveria ter sido mantida essa idade-limite. Isso não significaria uma proibição para atuar no Tribunal do Júri, porém uma mera isenção. Se, porventura, o maior de 60 anos quisesse atuar como jurado poderia fazê-lo, o que, aliás, está de acordo com os princípios do Estado Democrático de Direito, norteando a proteção e a integração do idoso. Preceitua o art. 230 da Constituição Federal que a "família, a sociedade e o Estado têm o dever de amparar as pessoas idosas, assegurando sua *participação na comunidade*, defendendo sua *dignidade* e bem-estar e garantindo-lhes o direito à vida" (grifamos). No mesmo prisma, o Estatuto do Idoso (Lei 10.741/2003) preceitua ser "obrigação do Estado e da sociedade, assegurar à pessoa idosa a liberdade, o respeito e a dignidade, como pessoa humana e sujeito de direitos civis, políticos, individuais e sociais, garantidos na Constituição e nas leis" (art. 10). E, no § 1.º, VI, do mesmo artigo, estipula que o idoso tem direito à "participação na vida política, na forma da lei". Logo, permitir que o maior de 60 anos continue ligado aos interesses da sua comunidade, valendo-se da sua experiência de vida para julgar o semelhante, que não deixa de ser participação política na esfera do Poder Judiciário, é conduta positiva e desejável.

Entretanto, segundo o disposto pela atual redação do Código de Processo Penal, isentos do serviço do júri são somente as pessoas com mais de 70 anos.

Jurado virtual é a denominação que se confere a todo aquele que, preenchendo os requisitos legais, tem capacidade para o alistamento, servindo como jurado. Um menor de 18 anos, por exemplo, não é jurado virtual, pois não pode ser selecionado.

Além do fator *idade* já exposto, é fundamental que o jurado seja pessoa de notória idoneidade, alfabetizado, possuidor de saúde mental e física compatível com a função, bem como deve estar no gozo dos seus direitos políticos e ser brasileiro.

A notória idoneidade termina sendo apurada, na prática, pela ausência de antecedentes criminais, embora, em comunidades menores, o juiz tenha ciência de outros elementos, componentes da conduta social do indivíduo.

A alfabetização é elemento indispensável, para que o jurado possa ler os autos, sem quebrar a incomunicabilidade durante o julgamento. Gozar de saúde mental é parte natural do discernimento exigido do cidadão para julgar o semelhante, além de necessitar o jurado de saúde física compatível com a função, como audição, visão e voz, para ter liberdade de perceber, nos mínimos detalhes, o que se passa na sessão.

Lembremos que o Tribunal do Júri é regido, primordialmente, pelo princípio da oralidade, além de estar inserido num contexto de percepção subjetiva e pessoal particularizado. Logo, o jurado precisa ver o réu, as testemunhas e as partes, para melhor analisar suas expressões, captando veracidade ou mendacidade; necessita ouvir o que se diz, não havendo estrutura para que um intérprete acompanhe todo o julgamento traduzindo o ocorrido; necessita falar para fazer perguntas livremente, de modo célere e sem o auxílio compulsório da escrita.

Estar no gozo dos direitos políticos é fundamental, pois o jurado participa dos julgamentos do Poder Judiciário, exercendo função pública e relevante direito inerente à cidadania. Ser brasileiro é consequência natural da atividade jurisdicional, pois não se admite que estrangeiros tomem parte ativa no exercício de função pública e, especialmente, no Poder Judiciário.

A recusa a servir no Tribunal do Júri, se motivada por convicção religiosa, filosófica ou política, pode levar à perda dos direitos políticos (art. 438, CPP). Preceitua a atual Constituição, no art. 5.º, VIII, que "ninguém será privado de direitos por motivo de crença religiosa ou de convicção filosófica ou política, salvo se as invocar para eximir-se de obrigação legal a todos imposta e recusar-se a cumprir prestação alternativa, fixada em lei". Por outro lado, no art. 15, IV, também da Constituição, consta que "é vedada a cassação de direitos políticos, cuja perda ou suspensão só se dará nos casos de: (...) IV – recusa de cumprir obrigação a todos imposta ou prestação alternativa, nos termos do art. 5.º, VIII".

Dessa forma, quando alguém se recusar a exercer a função de jurado, invocando motivos de ordem religiosa (ex.: proibição imposta pela religião de julgar o semelhante), de ordem filosófica (ex.: considerar que a instituição do júri não é o melhor mecanismo de apurar a verdade dos fatos) ou de ordem política (ex.: não desejar colaborar com qualquer órgão do Estado), poderá perder seus direitos políticos.

A Constituição ressalva a possibilidade de se prestar serviço alternativo, *fixado em lei*. A reforma no Código de Processo Penal propiciou essa opção. "Entende-se por serviço alternativo o exercício de atividades de caráter administrativo, assistencial, filantrópico ou mesmo produtivo, no Poder Judiciário, na Defensoria Pública, no Ministério Público ou em entidade conveniada para esses fins" (art. 438, § 1.º, CPP). Porém, ingressando em cenário inadequado, o legislador não estabeleceu qual o tempo de prestação do serviço alternativo. Deixou ao critério do juiz, "atendendo aos princípios da proporcionalidade e da razoabilidade" (art. 438, § 2.º, CPP). Contudo, ninguém pode ser obrigado a realizar qualquer espécie de serviço a órgãos estatais por período indeterminado e sem qualquer parâmetro concreto. Inviável se torna deixar a cada juiz fixar o que acha conveniente, de acordo com a *proporcionalidade* e a *razoabilidade*. Essa lacuna deverá ser sanada pelos casos concretos, a formar jurisprudência sobre o tema, embora seja rara a alegação de objeção de consciência.

Recusando-se a prestar o serviço alternativo, o juiz deve instaurar procedimento para ouvir o jurado e colher as razões referentes à recusa, enviando ao Presidente do Tribunal de Justiça, que o encaminhará ao Ministério da Justiça, para as providências cabíveis.

Por outro lado, criou-se outra forma de recusa ao serviço do júri, denominada de *injustificada*, que acarreta multa de um a dez salários mínimos, a critério do juiz, conforme a condição econômica do jurado (art. 436, § 2.º, CPP). É uma forma aberta, servindo para qualquer tipo de *desculpa* da pessoa convocada, desde que o motivo alegado seja despropositado.

Os casos de isenção do serviço do júri estão expostos no art. 437 do Código de Processo Penal: a) o Presidente de República e os Ministros de Estado; b) os Governadores de Estado e seus Secretários; c) os membros do Congresso Nacional, das Assembleias Legislativas e Distrital e das Câmaras Municipais; d) os Prefeitos Municipais; e) os Magistrados e membros do Ministério Público e da Defensoria Pública; f) os servidores do Poder Judiciário, do Ministério Público e da Defensoria Pública; g) as autoridades e servidores da polícia e da segurança pública; h) os militares em serviço ativo; i) os cidadãos maiores de 70 anos que requeiram sua dispensa; j) aqueles que o requererem, demonstrando justo impedimento.

O efetivo exercício (participar pelo menos uma vez do Conselho de Sentença) como jurado constitui serviço público relevante e assegurará prisão especial, em caso de crime comum, até o julgamento definitivo, bem como preferência em licitações públicas, em situação de igualdade. Acrescentou-se, com a reforma, a preferência no provimento, mediante concurso, de cargo ou função pública, além de servir para os casos de promoção funcional ou remoção voluntária (arts. 295, X, e 440, CPP). Para o cidadão comum, entretanto, nenhuma dessas *vantagens* realmente importa. Faltou criatividade para o legislador incentivar a participação no Tribunal do Júri.

Finalmente, cumpre ressaltar que os jurados responderão criminalmente, nos mesmos termos em que os juízes (art. 445, CPP).

14. JULGAMENTO EM PLENÁRIO

14.1 Formalidades iniciais

Ingressando no plenário, juntamente com o representante do Ministério Público, onde já se encontram o réu e seu defensor, o juiz deve, como primeira providência, recolher de dentro da urna as cédulas, contendo os nomes dos jurados que compareceram. Em tese, devem ser achadas vinte e cinco cédulas, embora o número mínimo, para o início dos trabalhos, seja quinze. Aliás, quando o escrivão, antes mesmo do ingresso do magistrado no plenário, nota que, dentre os jurados titulares, inexiste número suficiente, avisa o juiz presidente, que deverá proceder ao sorteio dos suplentes, redesignando a sessão.

Contadas as cédulas e feita a chamada para atestar, publicamente, estarem os jurados no local, torna-se a colocá-las na urna, que é fechada. O juiz, então, anuncia que está instalada a sessão, determinando ao oficial que faça o pregão – anúncio do processo a ser julgado, nome do réu e artigo em que está incurso. Embora o art. 463, *caput*, do CPP mencione ser o magistrado (presidente do Tribunal do Júri) quem anuncia o processo a ser julgado, ordenando ao oficial a realização do pregão das partes e das testemunhas, na prática tal não se dá. As testemunhas, a essa altura, já estão em sala especial, incomunicáveis. As partes, em seus respectivos lugares. Dessa forma, cabe ao juiz anunciar, ele mesmo, querendo, o processo que será submetido a julgamento ou pedir ao oficial de justiça que o faça.

Os jurados que não comparecem (ou deixarem o recinto antes da dispensa oficial), sem causa legítima, estando devidamente intimados, ficam sujeitos a uma multa, variável de um a dez salários mínimos, a critério do magistrado, conforme a situação econômica do jurado faltoso (art. 442, CPP).

Qualquer escusa, devidamente fundamentada, para o não comparecimento deve chegar ao conhecimento do juiz até o momento da chamada (art. 443, CPP).

O não comparecimento do membro do Ministério Público impossibilita a realização do julgamento. Entretanto, é preciso que o motivo da ausência seja justificado e não simplesmente porque o promotor deseja adiar a sessão, por interesses pessoais. Havendo falta sem razão plausível, o fato deve ser comunicado ao Procurador-Geral, nos termos do parágrafo único do art. 455 do CPP, para as providências disciplinares cabíveis.

Naturalmente, não havendo mais a figura do promotor *ad hoc*, tendo em vista não poder a função do Ministério Público ser exercida por pessoa estranha à carreira, a sessão, faltando o promotor, será adiada. Assim, o máximo que pode ocorrer é haver um substituto legal, ou seja, uma escala elaborada pelo próprio Ministério Público para o fim de indicar qual promotor pode substituir seu colega, em caso de impossibilidade de comparecimento. Não havendo substituto legal ou estando este igualmente impossibilitado, deve o juiz adiar o julgamento e, sendo o caso, como já frisado, comunicar o fato à Procuradoria-Geral de Justiça.

A ausência imotivada do defensor do réu provoca o adiamento da sessão necessariamente, mas comunica-se à OAB, para as providências cabíveis, do mesmo modo que se oficia ao Procurador-Geral da Justiça quando a falta é do promotor.

MANUAL DE PROCESSO PENAL · Nucci

Não comparecendo o defensor constituído, sem motivo fundamentado, o magistrado, sendo obrigado a adiar o julgamento, deve nomear outro profissional para patrocinar os interesses do réu, declarado indefeso. Logicamente, caso o advogado da confiança do réu, embora afastado do processo, compareça à sessão, assumirá o patrocínio da causa. Caso o Defensor Dativo se ausente, será afastado incontinenti do patrocínio, nomeando-se outro para a causa. Eventualmente, pode tratar-se de defensor público. Nessa hipótese, o juiz deve agir exatamente como faz com o promotor, oficiando à chefia da instituição e solicitando a indicação de outro profissional. Há, ainda, a possibilidade de se nomear um Defensor Dativo para o réu, pois a assistência judiciária não é privativa da Defensoria Pública.

Lembremos, ainda, que a falta imotivada do defensor constituído do réu permitirá um único adiamento da sessão. Para a próxima data, será intimada a Defensoria Pública para assumir a causa, observado o prazo mínimo de dez dias (art. 456, §§ 1.º e 2.º, CPP). Aliás, se o acusado tiver condições econômicas de satisfazer os honorários do advogado, mas tiver sido defendido pela Defensoria Pública, em função da ampla defesa obrigatória, é possível que, ao término do processo, o Estado lhe cobre os honorários em ação própria.

O não comparecimento do réu, justificado ou não, deixa de provocar o adiamento da sessão e a decretação da sua prisão cautelar. O réu solto pode estar presente ou não em seu julgamento em plenário (art. 457, CPP).

Naturalmente, se desejar acompanhar o julgamento e por motivo de força maior, devidamente demonstrado, não puder comparecer, deve o juiz adiar a sessão, para garantir a possibilidade de autodefesa.

Quanto ao réu preso, trata-se de obrigação do Estado conduzi-lo até o recinto do fórum. Se tal medida não for tomada, o julgamento deve ser adiado para o primeiro dia desimpedido da mesma reunião (art. 457, § 2.º, CPP). É viável que tanto o acusado quanto seu defensor faça requerimento expresso solicitando a dispensa de comparecimento em plenário, o que deve ser atendido.

Em caráter excepcional, mas possível, se o Estado não apresentar o réu preso, vislumbrando o juiz excesso de prazo quanto à prisão cautelar, pode revogá-la, colocando o acusado em liberdade. Depende, pois, de cada caso concreto.

Quando o acusador particular, cuidando-se de ação privada subsidiária da pública, deixa de comparecer por motivo justificável, adia-se a sessão para outra data. Se a ausência for imotivada, devolve-se a acusação ao Ministério Público.

A ausência da assistência da acusação é irrelevante e não permite o adiamento (art. 457, CPP). Deve-se, no entanto, permitir a demonstração de justo motivo, justificando o adiamento do julgamento, quando faltar o assistente de acusação, o que fortalece a posição da vítima no processo (art. 457, § 1.º, CPP).

O não comparecimento de testemunha sem justa causa acarreta a sua condução coercitiva (art. 461, § 1.º, CPP). Se não for possível, adia-se o julgamento para a primeira data desimpedida, ordenando-se a sua condução. Porém, certificado o oficial que a testemunha não pode ser encontrada, inexiste motivo para o adiamento (art. 461, § 2.º, CPP). Pode, ainda, levá-la a responder a processo por desobediência, bem como ao pagamento de multa variável de um a dez salários mínimos, a critério do juiz, conforme a condição econômica da pessoa (art. 458, CPP).

Lembre-se da importância de manter, desde o início da sessão, a incomunicabilidade das testemunhas (art. 460, CPP). Assim, quando o julgamento tiver início, determina o juiz sejam as testemunhas colocadas em salas especiais, como de praxe, uma para as de acusação e outra para as de defesa – partindo-se do pressuposto que, estando em polos antagônicos, não devem permanecer juntas –, com o fito de evitar que ouçam os debates e a colheita da prova em plenário.

A garantia de isenção do depoimento é fundamental para a busca da verdade real. É lógico que a testemunha pode ser preparada por alguém a mentir, antes da sessão, como pode também tomar conhecimento do que outra falou durante a fase de formação da culpa, antes da pronúncia, e, com isso, alterar a sua versão dos fatos. O propósito da lei, no entanto, é não permitir que, no desenvolvimento dos trabalhos, exatamente quando as teses começam a despontar e, diante dos jurados, os depoimentos principiam, alguma testemunha se deixe levar pelo que está acompanhando, alterando o conteúdo do que tinha para narrar.

A imparcialidade das suas declarações pode ficar comprometida, caso ela note a mudança da narrativa anteriormente prestada, por qualquer outra testemunha. Enfim, uma não deve imiscuir-se no depoimento de outra, motivo pelo qual a separação é salutar. O ideal é que, desde o princípio do julgamento, permaneçam separadas.

A quebra da incomunicabilidade das testemunhas constitui nulidade relativa, que somente se reconhece caso fique provado o prejuízo para alguma das partes.

Como regra, faltando uma testemunha que não tenha sido arrolada pela parte com o caráter de imprescindibilidade, promove-se o julgamento do mesmo modo (art. 461, CPP). No caso de não ser encontrada a testemunha, é preciso que a parte interessada indique o seu paradeiro com antecedência para que se faça valer a intimação.

14.2 Formação do Conselho de Sentença

O Conselho de Sentença é o órgão deliberativo do Tribunal do Júri. Este, como já analisado, é composto por um juiz presidente e 25 jurados, mas, dentre os convocados para a sessão, extraem-se sete para julgar o caso. Assim, ao deliberar, o júri é um colegiado formado por sete magistrados leigos e um togado.

Antes do sorteio, o juiz advertirá os jurados presentes dos impedimentos e das suspeições (art. 466, CPP), para que, se for o caso, quando chamado, o sorteado decline afirmando a sua situação de incompatibilidade. Note-se que a lei menciona, ainda, o termo *incompatibilidade*, sem necessidade. A incompatibilidade nada mais é que a suspeição ou impedimento afirmado de ofício pelo magistrado.

São jurados impedidos, não podendo servir no mesmo Conselho: a) marido e mulher – valendo incluir, nessa hipótese, companheiro ou companheira (art. 448, § 1.º); b) ascendentes e descendentes; c) sogro ou sogra com genro ou nora; d) irmãos; e) cunhados, durante o cunhadio; f) tio e sobrinho; g) padrasto ou madrasta e enteado (art. 448, CPP). Caso seja escolhido o marido, por exemplo, para compor o Conselho de

Sentença, ao sortear-se a esposa, deve esta declinar. Não o fazendo, pode ser apontada e recusada por qualquer das partes. É hipótese de recusa motivada.

Além dessas hipóteses, acresceram-se os seguintes impedimentos: a) ter o jurado funcionado em julgamento anterior do mesmo processo, independentemente da causa determinante do julgamento posterior; b) no caso de concurso de pessoas, ter integrado o Conselho de Sentença que julgou o outro acusado; c) ter manifestado prévia disposição para condenar ou absolver o acusado (art. 449, CPP).

São jurados suspeitos, igualmente não podendo servir no mesmo Conselho: a) ascendente, descendente, sogro, genro, nora, irmão, cunhado, durante o cunhadio, sobrinho, primo do juiz, do promotor, do advogado de defesa, do assistente de acusação, da autoridade policial, de auxiliar da justiça, de perito, do réu ou da vítima (art. 252, I, CPP); b) pessoa que tiver desempenhado qualquer função ou servido como testemunha no processo (art. 252, II, CPP); c) quem tiver tomado parte, como jurado, em anterior julgamento do mesmo feito (art. 252, III, inclusive de corréu); d) quem tiver interesse no deslinde da causa ou possuir cônjuge ou parente, consanguíneo ou afim em linha reta ou colateral até o 3.º grau, que o tenha (art. 252, IV, CPP); e) quem for amigo íntimo ou inimigo capital do réu ou da vítima (art. 254, I, CPP); f) quem estiver respondendo a processo por fato análogo ou possua cônjuge, ascendente ou descendente que esteja (art. 254, II, CPP); g) quem, por si ou por seu cônjuge, ou parente consanguíneo, ou afim, até o 3.º grau, inclusive, sustentar demanda com o réu ou a vítima ou que responder a processo que será julgado por qualquer das partes (art. 254, III, CPP); h) quem tiver aconselhado réu ou vítima (art. 254, IV, CPP); i) quem for credor ou devedor, tutor ou curador, do réu ou da vítima (art. 254, V, CPP); j) quem for sócio, acionista ou administrador de sociedade interessada no processo (art. 254, VI, CPP).

É dever do juiz presidente alertar os jurados sorteados a respeito da incomunicabilidade, ou seja, que não podem conversar entre si, durante os trabalhos, nem nos intervalos, a respeito de qualquer aspecto da causa posta em julgamento, especialmente deixando transparecer a sua opinião (art. 466, § 1.º, CPP). Logicamente, sobre fatos desvinculados do feito podem os jurados conversar, desde que não seja durante a sessão – e sim nos intervalos –, pois não se quer a mudez dos juízes leigos e sim a preservação da sua íntima convicção. A troca de ideias sobre os fatos relacionados ao processo poderia influenciar o julgamento, fazendo com que o jurado pendesse para um ou outro lado.

Cabe ao juiz presidente, com muito tato e prudência, controlar o que o jurado expressa, durante a sessão de julgamento. Não deve coibir os integrantes do Conselho de Sentença de buscar esclarecimentos, através de perguntas feitas a testemunhas, pedidos de exibição de documentos ou leituras de peças, bem como acesso aos autos, ou indagações formuladas diretamente ao magistrado, a respeito de qualquer assunto ligado ao processo (valor e legalidade de prova, procedimento etc.), mas necessita estar atento para que eles não manifestem, por intermédio de suas dúvidas, a opinião em formação quanto ao deslinde do processo. Vale explicar aos jurados, logo no início dos trabalhos, que eles podem agir com ampla liberdade para formar o seu convencimento, devendo, no entanto, evitar a todo custo a exposição do seu pensamento.

Se a incomunicabilidade for rompida, a penalidade é a dissolução do Conselho e a exclusão do corpo de jurados do tribunal. Se houver má-fé, pode implicar a configuração do crime de prevaricação. Aplica-se, ainda, a multa de um a dez salários mínimos, a critério do juiz, conforme a condição econômica do jurado (art. 466, § 1.º, CPP).

Enquanto a sessão não terminar, ficam os jurados incomunicáveis, significando que não podem voltar para casa, nem falar ao telefone ou mesmo ler mensagens em *pagers,* celulares ou aparelhos semelhantes. Qualquer contato com o mundo exterior, estranho às partes, aos funcionários da Vara e aos outros jurados, serve para quebrar a incomunicabilidade, uma vez que ninguém poderá garantir não ter havido qualquer tipo de pressão ou sugestão para o voto. Recados urgentes podem ser transmitidos por intermédio do oficial de justiça, que os receberá, passando ao jurado, bem como deste será transmitido ao destinatário. Quando recolhidos à sala secreta, haverá, sempre, com eles um Oficial de Justiça para garantir a incomunicabilidade. Podem conversar entre si, com as partes (promotor e defensor), com funcionários e com o juiz, desde que a respeito de fatos alheios ao processo.

Sabe-se que o *quorum* mínimo para a instalação da sessão é de quinze jurados, podendo-se computar aqueles que forem considerados impedidos ou suspeitos. Mas, durante o sorteio, se as causas de impedimento ou suspeição, bem como as recusas imotivadas, forem em número tal que não permita a formação do Conselho de Sentença, composto por sete jurados, deve o juiz adiar a sessão para outra data. É o que se chama de "estouro de urna".

Para a formação do Conselho de Sentença, são duas as possibilidades de recusa do jurado, formuladas por qualquer das partes: motivada e imotivada (art. 468, CPP). A recusa motivada baseia-se em circunstâncias legais de impedimento ou suspeição (arts. 448, 449, 252 e 254, do CPP). Logo, não pode ser jurado, por exemplo, aquele que for filho do réu, nem tampouco o seu inimigo capital. A recusa imotivada – também chamada *peremptória* – fundamenta-se em sentimentos de ordem pessoal do réu, de seu defensor ou do órgão da acusação.

Na constituição do Conselho de Sentença, cada parte pode recusar até três jurados sem dar qualquer razão para o ato. Como regra, assim se procede por acreditar que determinado jurado pode julgar de forma equivocada, permitindo emergir seus preconceitos e sua visão pessoal a respeito dos fatos. Nada existe de científico ou concreto comprovando que este ou aquele jurado, por sua profissão, qualidade de vida ou formação intelectual ou moral, possa dar veredicto incorreto, em desacordo com a prova dos autos. Entretanto, sustentamos ser viável a manutenção da recusa imotivada, porque, no Brasil, ao contrário de outros países, onde há a instituição do júri, não pode a parte dirigir qualquer tipo de pergunta ao jurado, *antes* da formação do Conselho Julgador, justamente para tentar saber se há ou não preconceito ou inclinação ao prejulgamento no caso apresentado.

Poder-se-ia aperfeiçoar a instituição, permitindo que acusador e defensor fizessem algumas perguntas não relacionadas ao processo aos jurados presentes, antes do sorteio. Exemplo disso poderia ser, num julgamento de aborto, a pergunta dirigida a extrair do jurado a sua posição a respeito do assunto, em tese. Se ele for contundentemente contra o aborto, poderá ser levado a condenar a ré que o praticou, independentemente das provas apresentadas. Por outro lado, se for francamente a favor, terá a inclinação de votar pela absolvição. Haverá sempre aquele que ficará no meio-termo, dizendo que prefere cumprir a lei ou que não tem posição firme sobre o assunto. É o jurado mais indicado para esse julgamento.

Não existindo possibilidade de se questionar os membros do Tribunal do Júri antes do sorteio, melhor que se dê às partes a possibilidade da recusa imotivada, um mal menor, que permite o juízo de valor a respeito de pessoa leiga, sem as garantias e deveres do magistrado togado, por isso mesmo livre para tomar qualquer posição. Por vezes, a parte rejeita o jurado porque percebeu que, em outro julgamento, ele não teve comportamento adequado, *v.g.*, fazendo perguntas impertinentes ou deixando de prestar a devida atenção aos debates. Enfim, torna-se um instrumento de proteção dos interesses tanto da acusação, quanto da defesa.

Quanto ao momento para arguir a suspeição, deve-se levar em conta que, contra o juiz, promotor ou servidor da justiça, assim que instalados os trabalhos invoca-se os motivos para tanto. Aceita a suspeição, o julgamento será adiado para o primeiro dia desimpedido. Rejeitada, realiza-se o julgamento, embora todo o ocorrido – inclusive a eventual inquirição das testemunhas – deva constar da ata (art. 470, CPP). Futuramente, caberá ao tribunal analisar se houve ou não a suspeição. Caso seja arguida contra o jurado, deve ser levantada tão logo seja ele sorteado, procedendo-se da mesma forma, isto é, com a apresentação imediata das provas. Por vezes, quando a suspeição é arguida, o próprio juiz, promotor, funcionário ou jurado pode reconhecê-la de pronto.

Se houver mais de um réu a ser submetido a julgamento, tornou-se mais dificultosa a possibilidade de separação dos julgamentos. A partir da edição da Lei 11.689/2008, quando o jurado for recusado por qualquer das partes presentes, estará excluído do Conselho de Sentença. Logo, ainda que as partes esgotem as suas recusas (três para cada parte, imaginando-se o órgão acusatório e dois réus), acarretando a exclusão de nove jurados, torna-se viável haver, ainda, jurados disponíveis para compor a Turma Julgadora, sem haver a cisão do julgamento.

Por outro lado, se, em face das várias recusas, não for atingido o número mínimo de sete para formar o Conselho, pode-se separar os julgamentos. Assim ocorrendo, determina a lei dever ser julgado o autor, em primeiro lugar, depois o partícipe (art. 469, §§ 1.º e 2.º, CPP). Se houver somente autores, respeita-se a ordem fixada pelo art. 429 do CPP.

Convém destacar que a novel norma acerca da escolha do primeiro réu a ser julgado cuidou de termos extraídos do Direito Penal, sem qualquer especificação. Sabe-se que autor e partícipe são conceitos basicamente doutrinários, que não encontram definição no Código Penal. Por isso, adotar a teoria objetivo-formal ou a teoria objetivo-normativa pode implicar em grande alteração para a proposta da reforma processual penal. Exemplificando: pela teoria do domínio do fato, o mandante de um crime pode ser considerado autor, tanto quanto o executor. Assim sendo, quem será julgado em primeiro lugar? Se ambos são coautores, aplica-se a regra do art. 429. Entretanto, levando-se em consideração a teoria formal, o mandante é partícipe e o executor, autor. Seria este o

Capítulo XVIII • Tribunal do Júri | **517**

primeiro a ser julgado. São soluções diversas, cada qual extraída em uma Vara diferente do júri, o que não nos parece adequado.

Quando houver mais de um réu, porém todos com um só defensor, não deve haver prejuízo para eles. É direito de cada acusado aceitar ou recusar, por si só, o jurado sorteado, ou, se preferir, incumbir que as recusas sejam feitas em conjunto com o outro. Desse modo, caso a defesa deseje manter o julgamento unido, sendo um só advogado, dirá ao juiz que fará as aceitações e recusas dos jurados por todos os réus de uma só vez. Nessa ótica, a lição de ADRIANO MARREY (*Teoria e prática do júri*, p. 286).

Autoriza a lei que o mesmo conselho poderá julgar mais de um processo na mesma sessão, desde que as partes aceitem, prestando novo compromisso (art. 452, CPP).

Após o sorteio dos sete jurados componentes da Turma Julgadora, passa-se à fase do juramento solene. Todos em pé no Tribunal do Júri ouvirão a exortação feita pelo juiz: "Em nome da lei, concito-vos a examinar esta causa com imparcialidade e a proferir a vossa decisão, de acordo com a vossa consciência e os ditames da justiça". E cada jurado responderá: "Assim o prometo" (art. 472, CPP).

Note-se que o jurado deve examinar *com imparcialidade* a causa e decidir de acordo com a *consciência* e os ditames da *justiça*. Não se fala em decidir de acordo com os ditames legais, justamente porque os jurados são leigos e não têm qualquer obrigação de conhecer o ordenamento jurídico. Assim, o objetivo do Tribunal Popular é promover uma forma particular de justiça, aquela que brota da sensibilidade e da razão do homem comum, não letrado em Direito, disposto a respeitar o que sua consciência lhe dita, com imparcialidade. Por isso, mais uma vez deve-se ressaltar, não há cabimento para anular-se o julgamento, quando os jurados tomam decisões de bom senso, embora discordantes da jurisprudência predominante. Não tendo que basear seus veredictos na lei, descabe ingressar no mérito de seus julgados, mormente quando não coincidem com a posição dominante da magistratura togada.

14.3 Interrogatório do réu

Será realizado nos mesmos termos do interrogatório feito na instrução comum, conforme dispõem os arts. 185 a 196 do Código de Processo Penal, com as alterações constantes da Seção XI, trazidas pela Lei 11.689/2008.

A modificação mais importante consistiu na transferência do interrogatório para o final da instrução em plenário (art. 474, *caput*, CPP).

Se houver mais de um réu submetido a julgamento na mesma sessão, devem ser interrogados na sequência. O ideal é que o primeiro seja interrogado sozinho, sem a presença dos demais. Em seguida, interrogando-se o segundo, pode o que já foi ouvido permanecer em plenário e assim sucessivamente. Se tal procedimento não for respeitado, trata-se de nulidade relativa, dependente, pois, de prova de prejuízo para a parte.

Os jurados, juízes que são, têm direito de fazer perguntas ao réu. O art. 474, § 2.º, do CPP, expressamente autoriza, embora tenha fixado que as indagações serão realizadas por intermédio do juiz presidente. Possivelmente, o objetivo foi tentar evitar que

518 MANUAL DE PROCESSO PENAL · Nucci

os jurados, por inexperiência, formulassem perguntas impertinentes ou irrelevantes, algumas delas até demonstrativas do seu modo de agir ou pensar. Cremos, no entanto, que a pergunta deveria ser feita diretamente pelo jurado ao réu, alertado aquele, pelo juiz presidente, de que não deve manifestar o seu convencimento, nem deve contrariar ou comentar a resposta dada pelo acusado. O sistema presidencialista de inquirição mereceria ser abolido, por completo, do processo penal, em homenagem à oralidade e à economia processual, pois não se justifica que o juiz atue como se fosse um tradutor de perguntas feitas por jurados ao réu. Indagações impertinentes podem ser indeferidas pelo juiz, sem necessidade de que este as faça em lugar do interessado.

Trata-se de ato processual inafastável. Além de formalidade legal expressa, há de se destacar que o interrogatório do réu, na presença dos jurados, enaltece o princípio da oralidade e, via de consequência, os princípios da imediatidade e da identidade física do juiz, vigentes nesta fase do julgamento pelo Tribunal do Júri. A sua ausência constitui nulidade absoluta.

Vale destacar, no entanto, que a reforma introduzida pela Lei 11.689/2008, em nosso entendimento, falhou no seguinte aspecto: autorizou o Ministério Público, o assistente, o querelante e o defensor, nessa ordem, a formular, *diretamente*, perguntas ao acusado (art. 474, § 1.º, CPP). A medida é inadequada e pode afrontar vários princípios e garantias constitucionais, dentre os quais o direito de não produzir prova contra si mesmo, o direito de permanecer em silêncio e, sobretudo, a plenitude de defesa. Não vemos sentido algum em permitir que o órgão acusatório se dirija diretamente ao réu, fazendo-lhe reperguntas. Certamente, não serão poucos os casos em que o objetivo constituirá na provocação da confissão ou, no mínimo, da exteriorização de contradições, em franco prejuízo à defesa. Qualquer hostilidade contra o réu, expressada pelo representante do Ministério Público, pelo querelante ou pelo assistente, também poderá contribuir para prejudicar a imagem do acusado diante dos jurados.

Pensamos, portanto, ter o réu o direito de invocar o silêncio em função das reperguntas que julgar inadequadas feitas pela acusação. Ou, ainda, recusar-se a responder qualquer indagação feita pelo Ministério Público, querelante ou assistente. É a plenitude do seu direito de defesa.

14.4 Relatório do processo e leitura de peças

O relatório passa a ser elaborado pelo juiz presidente na fase de preparação do plenário (art. 423, II, CPP), por escrito, com o fim de ser distribuído aos jurados, como já abordamos no item 12 supra.

Anteriormente, o relatório era feito na forma oral, em plenário, tornando mais difícil o processo de memorização do seu conteúdo pelos integrantes do Conselho de Sentença. Passa-se, entretanto, a distribuir cópia impressa do relatório do processo, que será mantida com os jurados durante todo o julgamento.

A leitura de peças constituía momento extremamente desgastante para os envolvidos no julgamento, pois a lei admitia que pudesse ser lida qualquer peça juntada aos autos. Não eram incomuns os pedidos de leitura de quase todas as folhas existentes. A nova redação do art. 473, § 3.º, permite a leitura apenas das peças que se refiram,

Capítulo XVIII • Tribunal do Júri | **519**

exclusivamente, às provas colhidas por carta precatória e às provas cautelares, antecipadas ou não repetíveis (estas, por exemplo, são os laudos periciais produzidos na fase policial).

A medida foi correta, de modo a privilegiar, cada vez mais, o sistema da oralidade em que as partes expõem argumentos, mas não ficam limitadas a peças escritas. A leitura de um escrito não deixa de ser algo moroso e nem sempre produtivo.

14.5 Produção da prova testemunhal, incluída a vítima

Serão inquiridas primeiramente a vítima, quando possível, bem como as testemunhas da acusação; depois, as da defesa. Deve ser garantida às partes e aos jurados a oportunidade de realizarem as reperguntas desejadas diretamente à vítima, quando houver, e à testemunha.

O art. 473, *caput*, do CPP é claro ao dispor que as partes e os jurados *tomarão, sucessiva e diretamente*, as declarações do ofendido e *inquirirão* as testemunhas, dispensando-se, pois, a participação do juiz presidente. Este, por sua vez, fiscalizará as perguntas realizadas, indeferindo as que forem impertinentes, irrelevantes ou abusivas.

Se houver abuso da parte, em relação à inquirição direta, formulando reperguntas agressivas, invasoras da intimidade, impertinentes, enfim, agindo com hostilidade, evitando-se a nulidade do julgamento, caso o juiz presidente indeferisse todas as intervenções, pensamos ser viável possa o magistrado exigir que as perguntas sejam feitas por seu intermédio. Inexiste prejuízo algum. Ao contrário, para viabilizar o andamento dos trabalhos, é a forma encontrada para contornar o problema da inquirição direta. Se a parte não concordar, o juiz presidente deve indeferir, por falta de opção, sistematicamente todas as indagações consideradas inadequadas, dirigidas ao ofendido ou à testemunha.

É importante destacar que, antes da sessão ter início, pode a parte que arrolou a testemunha desistir livremente da sua inquirição. Depois de iniciados os trabalhos, a testemunha passa a ser do Tribunal do Júri, necessitando, pois, da concordância de todos para que seja dispensada, inclusive do juiz presidente – que pode ouvi-la como testemunha do juízo. Assim, caso o promotor queira desistir da inquirição de alguém, pouco antes de iniciar a fase de colheita dos depoimentos, deve o juiz consultar a defesa e os jurados. Somente após obter o aval de todos, acolherá a desistência, dispensando a testemunha.

O mesmo procedimento será adotado para a testemunha arrolada pela defesa e mesmo para aquela que foi convocada pelo juízo. Entretanto, a não adoção desse procedimento de consulta prévia à parte contrária e aos jurados constitui nulidade relativa, sujeitando-se à avaliação do prejuízo sofrido, e, no caso do júri, precisa contar, ainda, com o protesto na ata, da parte inconformada com a dispensa sem a sua consulta ou sem a sua concordância.

Quando ouvidas testemunhas de acusação, após as perguntas formuladas pelo juiz presidente, abre-se oportunidade para reperguntas do órgão acusatório, do assistente de acusação (se houver), da defesa e dos jurados. Tratando-se das testemunhas de defesa, após a inquirição do juiz, abrem-se reperguntas para a defesa, seguida da acusação, do assistente, se houver, e dos jurados.

Os depoimentos e o interrogatório serão registrados pelos meios ou recursos de gravação magnética, eletrônica, estenotipia ou técnica similar, com o objetivo de garantir fidelidade e celeridade (art. 475, CPP). Não há sentido algum em se fazer a degravação, colocando por escrito horas e horas de captação magnética (art. 475, parágrafo único, CPP). Se assim for feito, funcionários da justiça serão mobilizados e a celeridade deixa de existir. Somente no caso da estenotipia, que lida com códigos, é preciso decifrá-los no papel. Logo, a proposta de aumento da eficiência e da rapidez no trâmite processual, prevista no *caput* do art. 475 choca-se com o disposto no parágrafo único. Parece-nos deva prevalecer o princípio geral norteador da reforma, que é o incentivo à economia processual, vale dizer, as transcrições serão feitas em casos de absoluta necessidade.

Prevê o art. 473, § 3.º, do CPP a possibilidade de haver acareação entre as testemunhas ouvidas, quando divergirem sobre pontos essenciais da causa. No plenário do Tribunal do Júri, muitas vezes surte algum efeito esse confronto, pois os jurados podem observar as expressões e as reações das duas pessoas colocadas face a face, porque seus depoimentos são contraditórios.

Levando-se em conta que os jurados não decidem fundamentadamente, podem considerar o depoimento de uma, em detrimento do prestado por outra testemunha, justamente porque notaram que uma delas mentia.

A Lei 14.245/2021 incluiu o art. 474-A, no CPP, nos seguintes termos: "durante a instrução em plenário, todas as partes e demais sujeitos processuais presentes no ato deverão respeitar a dignidade da vítima, sob pena de responsabilização civil, penal e administrativa, cabendo ao juiz presidente garantir o cumprimento do disposto neste artigo, vedadas: I – a manifestação sobre circunstâncias ou elementos alheios aos fatos objeto de apuração nos autos; II – a utilização de linguagem, de informações ou de material que ofendam a dignidade da vítima ou de testemunhas". A inclusão deste artigo origina-se de uma situação concreta, quando uma vítima de estupro foi desrespeitada pelo defensor do acusado, durante a instrução, sem a devida interferência do juiz condutor dos trabalhos. Aproveitando a oportunidade, o legislador houve por bem estender para o contexto do procedimento do júri o resguardo à dignidade de quem é ouvido em juízo, seja a vítima, seja uma testemunha. Eventualmente, por conexão a um crime doloso contra a vida, é viável até mesmo a colheita de prova para o contexto do delito de estupro e é justamente nesse cenário onde mais se pode ferir a dignidade da pessoa ofendida. Por isso, são vedadas as referências a circunstâncias ou pontos irrelevantes para o deslinde da causa, concernentes à vida privada da pessoa ofendida ou da testemunha. Idêntico procedimento será adotado para evitar o uso de linguagem rude ou hostil para inquirir quem é ouvido durante a instrução. A parte ou o juiz que deixar de vedar esse procedimento indevido pode responder administrativa, penal e civilmente.

14.6 Debates

Finda a inquirição das testemunhas, o juiz presidente passará a palavra ao órgão acusatório, que terá uma hora e meia para sustentar a acusação (arts. 476 c/c 477, CPP).

Os limites da acusação eram determinados pelo libelo, peça que foi extinta. Passa a ser delimitada, então, pela decisão de pronúncia (ou decisões posteriores, como o acórdão confirmatório da pronúncia, por exemplo).

Respeitada a fiel exposição das provas, para preservar a soberania dos jurados, pode o representante do Ministério Público pedir a absolvição do réu, enquanto o defensor fica livre, também, em certos casos, para solicitar a condenação. Tais posturas, no entanto, não estão imunes a críticas. FREDERICO MARQUES e BORGES DA ROSA não admitem, por exemplo, que o promotor possa pedir a absolvição do réu no plenário, tendo em vista que a norma processual penal preceitua que o acusador *lerá o libelo* [hoje, peça extinta] e *produzirá a acusação*, implicando um comando legal, não passível de afastamento. De outra parte, se, após a instrução, pediu a acusação a pronúncia, não pode o promotor *desistir* da palavra, pedindo a absolvição (JOSÉ FREDERICO MARQUES, *A instituição do júri*, p. 186). Tal posição foi contraposta por ROBERTO LYRA, afirmando que seria pura má-fé, perseguição e arbítrio pretender a condenação de alguém contra a verdade e contra as provas. Ao defender a sociedade, busca o acusador realizar justiça (*Teoria e prática da promotoria pública*, p. 97).

Por outro lado, quanto ao defensor, tendo em vista que se assegura, no júri, a plenitude de defesa, sustentam alguns ser impossível a efetivação de um pedido de condenação, prejudicando o réu. Entretanto, deve-se destacar que há pedidos de absolvição tão frágeis e dissociados da prova colhida, que terminam por levar os jurados a desacreditar, completamente, da argumentação defensiva.

Conforme o caso, pedir pura e simplesmente a absolvição pode favorecer a acusação, pois o Conselho de Sentença não mais dá crédito à palavra do defensor. Imagine-se o réu confesso em todas as fases, inclusive no plenário, diante dos jurados. De que adianta ao defensor negar a autoria? Faria um papel distanciado da realidade, salvo se tiver bons motivos para acreditar que se trata de uma confissão falsa. Não sendo assim, o melhor é partir para outras teses, visando à absolvição pelo reconhecimento de alguma excludente de ilicitude ou culpabilidade, ou mesmo tendo por finalidade o reconhecimento de algum privilégio ou, ainda, o afastamento de qualificadoras.

Não deixa de ser plena defesa aquela que busca o melhor para o réu, dentro do possível e do razoável. Ocorre o mesmo quanto ao promotor, que não é um órgão vinculado absolutamente à condenação do réu, podendo expressar sua posição pessoal em prol da absolvição. Frise-se, no entanto, que as partes devem respeitar os jurados, expondo-lhes, com lealdade, as provas existentes para, somente depois, manifestar o seu pensamento próprio a respeito. Caso o magistrado perceba estar a acusação deixando de sustentar o conteúdo fixado pela pronúncia por motivos escusos, ferindo a soberania dos veredictos e tornando fraca a posição da sociedade, ou sinta que o defensor está almejando a condenação em processo impróprio a isso, deixando o acusado indefeso, deve dissolver o Conselho de Sentença, colocando na ata as razões que o levaram a tanto. Designando nova data para o julgamento, oficiará, conforme o caso, à Procuradoria-Geral da Justiça para que possa tomar as medidas cabíveis contra o representante do Ministério Público e, se entender adequado, designando outro promotor para o júri, bem como intimando o réu a constituir outro defensor, afastado que foi o primeiro, ou nomeando-lhe um, caso não consiga o acusado indicar um substituto.

A manifestação do assistente de acusação, se houver, deve ser garantida pelo juiz presidente, caso não haja acordo com o Ministério Público. Não se trata de mera concessão do promotor, mas de direito da vítima de, através de seu procurador, falar. Assim, o ideal é entrarem em acordo – promotor e assistente –, comunicando ao juiz como dividirão o tempo. Não sendo assim, o juiz presidente, conforme seu prudente critério, promove a divisão do tempo destinado a cada um, normalmente em iguais partes.

Quando a ação for conduzida pela parte ofendida – seja ela *privada subsidiária da pública*, seja *exclusivamente privada* – cabe ao Estado-acusação, que detém o direito de punir com exclusividade, falar em seguida. Não está obrigado, naturalmente, a sustentar a acusação, como fez o acusador particular, podendo dele discordar, apresentando o seu ponto de vista, com inteira liberdade.

Terminada a acusação, terá a defesa o prazo regulamentar de uma hora e meia para sua manifestação (art. 477, *caput*, CPP).

Quando a defesa termina sua manifestação, o juiz presidente consulta o órgão acusatório se deseja replicar. Se a resposta for positiva, passa-lhe a palavra por uma hora (art. 477, *caput*, CPP). Se não desejar, cessam os debates.

Após a réplica, cabe ao defensor manifestar-se em tréplica, por uma hora. Admite-se a reinquirição de qualquer das testemunhas já ouvidas em plenário (art. 476, § 4.º, CPP). Para isso, no entanto, é fundamental que elas estejam aguardando e não tenham sido dispensadas. Aliás, é esse o motivo pelo qual, quando cada testemunha termina seu depoimento, o juiz consulta as partes e os jurados se dispensam a pessoa, para que possa ir embora do fórum.

Essa nova inquirição deve ser feita dentro do tempo da parte que assim deseje. Do contrário, o interessado poderia abusar, aumentando consideravelmente o seu tempo de manifestação. Além da uma hora para a réplica, poderia o promotor, por exemplo, ouvir de novo a principal testemunha de acusação, o que iria relembrar aos jurados fatos relevantes. O mesmo faria a defesa, no tocante a testemunha sua, e o julgamento seria estendido indevidamente. Assim, se a parte desejar reinquirir alguém, deve fazê-lo dentro do seu tempo para a réplica ou tréplica.

Quanto ao limite de tempo estabelecido em lei, pode ser eventual e excepcionalmente prorrogado. Uma primeira hipótese a ser levantada é a ocorrência de vigorosos debates, com constantes invasões e discursos paralelos feitos por uma parte em relação à manifestação da outra. Assim, pode o juiz descontar o tempo perdido por quem tinha o direito de falar, concedendo-lhe maior prazo para finalizar suas alegações. Outra hipótese é a referente ao respeito exigido pelo princípio da plenitude de defesa. Necessitando de maior tempo para terminar a exposição de suas ideias e teses, em processo complexo, pode o defensor solicitar uma dilação razoável, a ser concedida conforme o critério do juiz, mas que implica a consagração de uma defesa plena e inatacável, algo que necessita ser assegurado no Tribunal do Júri, formado por jurados leigos, que decidem sem fundamentação e em votação sigilosa.

Se houver mais de um acusado, o tempo para a acusação e para a defesa será, em relação a todos, acrescido de uma hora e elevado ao dobro o da réplica e da tréplica (art. 477, § 2.º, CPP).

Para não ocorrer inovação na produção de prova, surpreendendo qualquer das partes, preceitua o art. 479 do CPP que não será permitida a leitura de documento ou a exibição de objeto que não tiver sido juntado aos autos, com ciência à parte contrária, com antecedência de, no mínimo, três dias, incluída na proibição a leitura de jornais ou escritos, além de vídeos, gravações, fotografias, laudos, quadros, croqui ou outro meio, cujo conteúdo verse sobre matéria ligada ao fato constante do processo.

É admissível que algum gráfico, croqui, desenho feito pela própria parte ou outras peças não reprodutoras de laudos constantes dos autos, nem relativas à cena do crime ou ao corpo da vítima, possam ser exibidas sem ciência prévia. Assim, desejando a defesa, por exemplo, demonstrar aos jurados que a casa do réu é distante da casa da vítima, pode apresentar um croqui do local, aliás, de fácil obtenção em qualquer mapa da cidade, para sustentar o argumento.

No prazo de três dias computa-se o dia do julgamento. Por isso, se este estiver designado para o dia 20, pode o documento ser apresentado, para ciência, à parte contrária até o dia 17. Logo, não são três dias inteiros (17, 18 e 19, devendo ser apresentado até o dia 16), mas sim a contagem normal de processo penal, partindo-se do dia do julgamento para trás, não se incluindo o primeiro, mas incluindo-se o último. Há posição reduzindo a contagem e determinando a inclusão do dia do julgamento como primeiro dia, ou seja, se o julgamento ocorrerá no dia 20, pode-se cientificar a parte contrária até o dia 18. Parece-nos, no entanto, indevido cerceamento.

Jornais, revistas e fitas gravadas contendo reportagens sobre o caso em julgamento podem ser exibidas em plenários, desde que respeitado o disposto no art. 479 do CPP (prazo e ciência da parte contrária). Em que pese haver emotividade e parcialidade nessas reportagens, não há como impedir a sua exibição aos jurados, merecendo, no entanto, que o juiz presidente advirta o Conselho de Sentença da sua característica peculiar.

14.7 Procedimento para o julgamento

Encerrados os debates, o juiz presidente consulta os jurados se estão habilitados a julgar ou desejam mais algum esclarecimento (art. 480, § 1.º, CPP). Se algum jurado desejar obter informações sobre questão de fato, o juiz poderá dá-las à vista dos autos (ex.: algum jurado esqueceu-se do local do crime, que consta das provas dos autos, bastando uma leitura do trecho da denúncia ou de um depoimento qualquer). Dúvidas quanto às questões de direito poderão ocorrer, cabendo igualmente ao magistrado togado solucioná-las.

A intervenção das partes nos esclarecimentos pode ocorrer, desde que o juiz presidente mantenha a ordem dos trabalhos, não permitindo a reabertura dos debates. Nada impede que o jurado deseje relembrar, por exemplo, qual foi a tese sustentada pela acusação ou pela defesa, bem como qual foi o sentido de determinada frase pronunciada pelo acusador ou pelo defensor. Nessa situação, o juiz convidará a parte a esclarecer, diretamente, ao jurado, o que pretendeu dizer ou sustentar. Sendo um informe breve, mormente quando feito com a expressa concordância da parte contrária, enriquece os dados coletados pelo Conselho de Sentença para formar o seu convencimento.

Porventura, havendo dúvida intransponível, o juiz deve dissolver o Conselho de Sentença, marcar outra data para o julgamento, providenciando a produção da prova almejada (art. 481, CPP). Exemplo: um jurado deseja ouvir, para formar seu convencimento, uma testemunha referida, ou seja, alguém que não foi inquirido em plenário, mas simplesmente mencionado em depoimento de outra pessoa.

Se os jurados estiverem habilitados a julgar, após a leitura e explicação dos quesitos em plenário, serão convidados a acompanhar o juiz e as partes (exceto o réu) à Sala Especial (denominada também de "Sala Secreta"), longe do público, para que, respeitado o sigilo do processo de votação, possam decidir tranquilamente sobre a imputação. Não havendo sala especial, o público deverá se retirar do plenário.

Na sala privativa, os jurados têm acesso aos autos e podem rever os instrumentos do crime, sempre mantendo-se a incomunicabilidade. Embora o art. 480, § 3.º, do CPP, mencione que o acesso aos autos e aos instrumentos do crime se darão na fase de conclusão dos debates, é óbvio não se poder impedir o juiz natural da causa de ter acesso, a qualquer instante, aos elementos desejados, para auxiliar na formação do seu convencimento.

A leitura e explicação dos quesitos, segundo o art. 484 do CPP, devem ser feitos em plenário, na presença do público. Não gera nulidade (mas mera irregularidade), no entanto, o juiz presidente convidar os jurados e as partes para o recolhimento à sala secreta, onde serão os quesitos explicados com maiores detalhes. Inexiste qualquer tipo de prejuízo nesse procedimento. Cremos, no entanto, que o magistrado deve fazer a leitura dos quesitos em plenário, à vista do público, que ficará esclarecido sobre o método de julgamento, bem como porque alguma das partes pode ter reclamações a fazer, resolvidas, então, de plano, de modo que tudo seria acompanhado pelos presentes, prestigiando-se o princípio da publicidade. A explicação, quanto à significação jurídica de cada um, pode ser feita na sala secreta, em virtude da maior liberdade dos jurados para fazer indagações. À vista do público, pode haver indevida inibição de algum juiz leigo, o que prejudica a formação de seu convencimento e da própria decisão a ser tomada, quando cada quesito for votado.

O momento para questionar a forma, a ordem, o modo e o conteúdo das indagações (quesitos) redigidas pelo juiz presidente é logo após a sua leitura e explicação em plenário (art. 484, *caput*, CPP). Do contrário, silenciando, haverá preclusão, não mais podendo alegar qualquer nulidade a parte que deixou transcorrer sem protesto esse instante. É evidente que a nulidade absoluta, uma vez instalada, poderá ser questionada a qualquer momento, mesmo sem ter havido protesto por ocasião da leitura. Saliente-se, no entanto, que a grande maioria dos problemas envolvendo a redação dos quesitos abrange nulidade relativa, dependente da prova do prejuízo. Logo, sujeita à preclusão, caso não alegada no momento correto.

Por isso, se a parte não concordar com alguma falha do magistrado deve insurgir-se tão logo seja indagada se concorda com o questionário. Esse também é o instante para aventar a não inclusão de alguma tese levantada durante os debates em plenário.

Não está o magistrado obrigado a atender ao requerimento formulado pela parte inconformada, pois pode considerá-lo, dentro do seu prudente arbítrio, incorreto ou impertinente. Ainda assim, deve fazer constar a ocorrência da ata do julgamento, para que, havendo recurso, possa o tribunal analisar a adequação do protesto tempestivamente realizado. Torna-se fundamental a promoção do requerimento pela parte de modo fundamentado e, dando as razões do seu convencimento, faça o magistrado constar a alteração ou o indeferimento do pedido.

É preciso cautela do juiz presidente, no entanto, ao explicar aos jurados que eles têm o direito de consultar os autos a qualquer momento, ainda que seja durante a votação, bem como de pedir esclarecimento sobre alguma questão relevante, devendo, no entanto, fazê-lo com a maior atenção possível, para não deixar transparecer o seu convencimento sobre o caso em julgamento. Portanto, antes de votar, desejando, o jurado pode solicitar o esclarecimento ou pedir os autos para consulta, mas sem proferir qualquer juízo ou opinião.

Deve o juiz presidente exercer com firmeza, embora sem abusos, a condução do processo de votação. Nesse sentido, manifestações das partes, demonstrando aos jurados aquiescência ou discordância, conforme os votos forem proferidos, devem ser coibidas (art. 485, § 2.º, CPP). Se, exortados a não mais interferir, seja com palavras, seja com gestos, o comando não for obedecido, pode o magistrado determinar que a parte seja retirada da sala para o prosseguimento do julgamento. Tudo será devidamente registrado em ata.

Eventualmente, pode a parte pedir a palavra, pela ordem, para expressar algum protesto ou formular algum requerimento pertinente, o que não pode ser considerado, sempre, um ato de perturbação. O juiz deve ouvir e registrar o protesto, como, por exemplo, que o magistrado está dando explicações tendenciosas aos jurados, do mesmo modo que, havendo uma solicitação, deve apreciar e decidir de pronto.

14.8 Quesitos e questionário

Os quesitos são as perguntas ou indagações, que demandam, como resposta, a emissão de uma opinião ou um juízo. O legislador brasileiro seguiu o modelo francês de júri, embora a origem moderna da instituição tenha ocorrido na Inglaterra, como já visto, razão pela qual não se indaga dos jurados simplesmente se o réu é *culpado* ou *inocente*. Ao contrário, atribui-se ao Conselho de Sentença a tarefa de apreciar fatos e não matéria pura de direito. Anote-se o disposto no art. 482, *caput*, do CPP: "O Conselho de Sentença será questionado sobre *matéria de fato* e se o acusado deve ser absolvido" (grifamos). Por isso, considera-se o jurado um *juiz do fato*, enquanto o presidente da sessão de julgamento é o *juiz do direito*.

É bem verdade que existem críticas razoáveis a essa posição, demonstrando José Frederico Marques que todo juízo realizado pelos jurados não se desvincula jamais do direito, pois ao afirmar, por exemplo, ter o réu, em determinado dia, local e hora, desferido tiros na vítima, causando-lhe lesões corporais (normalmente o que consta no primeiro quesito dos questionários de homicídio), está o Conselho de Sentença, em última análise, procedendo a uma verificação de tipicidade (*A instituição do júri*, p. 11 e 33).

Embora seja aceitável esse entendimento, a realidade é que os jurados não são indagados sobre teses e sim sobre fatos, terminando por espelhar, de modo indireto, consequências jurídicas.

Ambos os sistemas têm suas vantagens e desvantagens. Enquanto o sistema anglo--americano preceitua ser dever dos jurados, reunidos em sala secreta, deliberar se o réu é culpado ou inocente, deixando a aplicação da pena, quando for o caso, inteiramente ao critério do magistrado, o sistema brasileiro, originário do francês, torna o questionário, que é o conjunto dos quesitos, uma peregrinação em busca da solução jurídica para o caso oferecido a julgamento. O Conselho de Sentença pode chegar a votar vários quesitos até chegar a uma solução.

A vantagem do sistema anglo-americano é facilitar – e muito – o trabalho dos jurados para a busca do veredicto, tendo em vista não terem eles que responder a um questionário extenso, contendo perguntas, muitas vezes, ininteligíveis. Se as decisões são tomadas em absoluto sigilo e sem qualquer fundamentação, desnecessário seria transformar a aceitação ou recusa das teses das partes em questões destacadas e minuciosas.

Por outro lado, a vantagem do sistema adotado no Brasil é permitir às partes envolvidas uma visão mais apurada do modo e das razões pelas quais o Conselho de Sentença resolveu condenar ou absolver o réu. Logicamente, torna-se mais fácil recorrer contra um veredicto que, em detalhes, demonstra qual foi exatamente o ponto não aceito pelo júri, do que contra uma decisão que se limita a dizer unicamente ser o réu culpado ou inocente.

A reforma introduzida pela Lei 11.689/2008 abrandou o sistema francês e aproximou-se do anglo-americano. Simplificou-se o questionário. Assim fazendo, permanecerá a segurança mínima para as partes buscarem qual foi o critério do Tribunal Popular para condenar ou absolver o réu, não se complicando em demasia o processo de votação, o que, por vezes, pode inviabilizar a solução adequada e justa ao caso.

Há perguntas voltadas à materialidade do fato, à autoria ou participação, às causas de diminuição e aumento da pena, às qualificadoras e privilégios, mas não se detalha mais as teses de defesa. Passa-se a indagar, em bloco, se o jurado absolve o acusado. Por qualquer razão, portanto, pode o Conselho de Sentença absolver ou condenar.

Lembre-se, ainda, que deixar de inserir quesito obrigatório gera nulidade absoluta, conforme Súmula 156 do Supremo Tribunal Federal ("É absoluta a nulidade do julgamento, pelo júri, por falta de quesito obrigatório").

14.8.1 Regras para a redação do questionário

O art. 483 do Código de Processo Penal fixa as regras para a redação dos quesitos, que são, em linhas gerais, as seguintes:

1.º) O primeiro deve versar sobre a materialidade do fato principal. Trata-se do quesito pertinente à prova da existência de fato típico. Tornou-se padrão a questão única, indagando, por exemplo, se a vítima X, em certo local e hora, sofreu disparos de arma de fogo, causando-lhe as lesões descritas no laudo de fls., que causaram a sua morte. Ou, ainda, se a vítima foi alvejada por disparos de arma de fogo que causaram a sua morte.

Atualmente, exige-se a fiel correspondência entre a pronúncia e o questionário, razão pela qual não é somente o primeiro quesito que deve guardar correspondência com essa decisão judicial, mas todos eles, ao menos no que concerne à acusação (as teses de defesa podem ser expostas diretamente em plenário).

Dessa forma, o juiz, encarregado de fixar o conteúdo da acusação ao prolatar a decisão de pronúncia, necessita ser claro e detalhado o suficiente para determinar as fronteiras da imputação pretendida pelo órgão acusatório em plenário.

2.º) A partir do segundo ou do terceiro quesito, conforme o caso, ingressa a verificação da autoria ou participação. Exemplo: "o réu Fulano concorreu para o crime desferindo os tiros de arma de fogo contra a vítima Beltrana?" (autoria); "o réu Fulano concorreu para o crime emprestando a arma de fogo, usada pelo executor, ao desferir os tiros contra a vítima Beltrana?" (participação).

3.º) Surge, então, o quesito relativo à possibilidade de condenação ou absolvição do acusado, novidade introduzida pela Lei 11.689/2008: "o jurado absolve o acusado?". A resposta afirmativa conduz à absolvição; a negativa leva à condenação. O motivo do Conselho de Sentença para absolver ou para condenar não se torna explícito. Pode fundar-se em qualquer argumento exposto pelas partes em plenário, como pode centrar-se na convicção íntima de que o réu simplesmente *não merece* ser condenado ou *merece* a condenação. Essa proposição aproxima o júri brasileiro do anglo-americano.

Naturalmente, a tese principal da defesa pode ser a negativa de existência do fato (quesito 1) ou a negativa de autoria ou participação (quesito 2). Ainda assim, deve ter e expor aos jurados alguma tese subsidiária para oferecer em relação ao quesito aberto e obrigatório, previsto no art. 483, III, CPP ("o jurado absolve o acusado?"). Um dos pontos essenciais é solicitar aos jurados, conforme o caso, a clemência ao réu, pois o quesito aberto propicia essa via para a absolvição, situação admitida pelo STF.

A plenitude de defesa demanda deva a defesa técnica oferecer aos jurados algum substrato para que possam absolver o réu, quando indagados a respeito.

Outro ponto relevante é a sustentação da autodefesa e da defesa técnica concomitantemente no questionário. Aliás, após a edição da Lei 11.689/2008, tal medida torna-se automática. Haverá sempre a possibilidade de o réu, por exemplo, negar a autoria ("o réu Fulano concorreu para o crime desferindo tiros de arma de fogo na vítima Beltrana?") e a defesa técnica invocar legítima defesa, abrangida pelo quesito genérico ("o jurado absolve o acusado?"). Os quesitos estarão sempre presentes para oferecimento aos jurados. É natural que assim seja, afinal, o réu tem direito – dentro da plenitude de defesa que a Constituição lhe assegura – tanto à autodefesa, quanto à defesa técnica. A primeira é a exposta no seu interrogatório, diante dos jurados, em grande parte das vezes fruto das anteriores narrativas feitas ao delegado (fase policial) e ao juiz (fase de instrução). A segunda diz respeito às teses levantadas por seu advogado, transformando em linguagem técnica aquilo que representa os fatos alegados pelo acusado. Ou indo além e levantando outras linhas de defesa não previstas, nem previsíveis pelo cliente, que é, como regra, leigo.

Não é demais observar poder haver discrepância entre o aventado pelo réu e por seu defensor técnico. Este não é obrigado a sustentar uma tese que julgue incoerente, somente porque o réu a levantou em seu interrogatório. Fazendo as necessárias retificações, explanará aos jurados o que entende cabível para proporcionar ao seu cliente a *plena* defesa. Entretanto, por outro lado, o alegado pelo acusado não pode ser deixado de lado, sem a menor atenção. Ele também tem direito de ser ouvido pelo juiz presidente e suas alegações precisam transformar-se em quesitos para os jurados apreciarem (ex.: se alegar ter agido sob o domínio de violenta emoção após injusta provocação da vítima). Não é pelo fato de, à primeira vista, a sua narrativa ser incoerente com a prova, que merece ser desprezada. O defensor, jamais desacreditando ou ofendendo seu próprio patrocinado, pode explicar aos jurados a diferença entre autodefesa e defesa técnica, permitindo diga o réu o que bem entender, na sua ótica, em sua defesa.

O magistrado, por seu turno, deverá elaborar quesitos tanto em relação ao aventado pelo defensor quanto pelo réu. Se não o fizer, constitui nulidade relativa. No momento do julgamento, na sala secreta, pode até orientar o Conselho de Sentença de que o quesito em votação é tese do réu e não do defensor, bem como que outro quesito qualquer é o alegado, especificamente, pela defesa técnica. Caso esta encampe, no entanto, a tese do réu, poderá oferecer alternativas, todas submetidas à idêntica apreciação dos jurados. Enfim, não se vê razão plausível para excluir a tese do réu do questionário, a pretexto de que somente o defensor tem condições de eleger a melhor linha defensiva. Lembremos que os jurados são leigos e, também, o é, na maioria dos casos, o réu, motivo pelo qual o afirmado pelo acusado pode convencer o Conselho de Sentença que vai julgá-lo, independentemente da técnica do alegado.

Não se admite, no entanto, possa o juiz presidente, por sua conta, sem que as partes ou o réu requeiram, incluir tese de defesa no questionário. A plenitude de defesa não comporta a parcialidade do magistrado, pois o princípio do juiz natural envolve, com perfeição, a sua conduta imparcial.

4.º) Após, ingressam os quesitos relativos às circunstâncias do delito, que são as componentes do tipo derivado (causas de diminuição de pena, qualificadoras e causas de aumento de pena). As qualificadoras e causas de aumento de pena necessariamente devem ter sido incluídas na pronúncia (art. 483, V, CPP).

Por serem mais benéficas ao réu, primeiramente, inclui-se o quesito pertinente à causa de diminuição afirmada pela defesa (art. 483, IV, CPP). Outra tese defensiva, a ser incluída neste ponto, diz respeito à desclassificação do delito, como regra, alterando-o para lesão corporal seguida de morte ou homicídio culposo. Em seguida, incluem-se os quesitos relativos a eventuais qualificadoras e causas de aumento, conforme já exposto.

Havendo desclassificação da infração penal de competência do Tribunal do Júri, desloca-se a competência para julgamento ao juiz presidente. Ilustrando, caso os jurados provoquem a desclassificação de homicídio doloso para culposo, é natural que, em face da pena a este reservada (detenção de 1 a 3 anos), tenha o réu o direito de obter os benefícios da suspensão condicional do processo (art. 89 da Lei 9.099/95).

Pode ocorrer, ainda, a desclassificação do delito doloso contra a vida (tentativa de homicídio) para uma infração atualmente considerada de menor potencial ofensivo (lesão corporal simples – art. 129, *caput*, CP). Assim ocorrendo, o juiz presidente cuida de promover, sendo viável, a transação penal, havendo proposta do Ministério Público, em vez de remeter o caso ao Juizado Especial Criminal. É o que prevê, atualmente, o art. 60 da Lei 9.099/95, mas, também, o art. 492, § 1.º, do CPP. No caso de desclassificação para lesão simples, parece-nos essencial intimar a vítima para manifestar o seu desejo de representar (uma vez que se trata de um crime de ação pública condicionada), a menos que haja nos autos declaração do ofendido deixando clara a sua intenção de ver o réu punido pelo que fez.

Relembre-se que *elementares* são as componentes essenciais do tipo básico (ex.: no homicídio, as elementares são "matar" e "alguém"). *Circunstâncias* são especiais situações ou condições que volteiam o fato principal (elementares), permitindo aumentar ou diminuir a pena, compondo o tipo derivado (ex.: no homicídio, as circunstâncias qualificadoras podem ser "motivo fútil", "motivo torpe", "meio cruel" etc.). As circunstâncias devem ser divididas em tantos quesitos quantos forem o seu número.

Para a redação dos quesitos, vale destacar que há compatibilidade entre as qualificadoras objetivas (incisos III e IV, do § 2.º, do art. 121 do CP) e as causas de diminuição do § 1.º, do mesmo artigo (todas subjetivas). Nada impede, em tese, que alguém, por relevante valor moral, use meio cruel para matar outrem. O juiz, então, reconhecidas ambas as circunstâncias, deve utilizar a faixa de fixação da pena prevista para o homicídio qualificado (12 a 30 anos) e proceder à diminuição da pena (1/6 a 1/3).

Mas, tendo em vista serem as teses de defesa sempre votadas em primeiro lugar, havendo alegação de ter o réu cometido o delito movido por qualquer das circunstâncias previstas no art. 121, § 1.º, do Código Penal (relevante valor moral ou social e domínio de violenta emoção, em seguida à injusta provocação da vítima), uma vez votado e reconhecido o *privilégio*, torna-se prejudicada a votação de qualquer qualificadora subjetiva que venha a seguir, como, por exemplo, o motivo fútil.

Quanto ao homicídio simples hediondo, entendemos ser incabível essa situação, pois a hipótese prevista no art. 1.º, I, da Lei 8.072/90 (matar em atividade típica de grupo de extermínio), na realidade, representa nítida motivação torpe (homicídio qualificado, portanto), como vem sendo reconhecido há anos pela jurisprudência pátria. Para quem assim não entenda, deve ser formulado quesito específico aos jurados, pois a hipótese não está prevista no art. 121 do Código Penal, e quem a criou foi a Lei dos Crimes Hediondos, isto é, o homicídio simples não tem motivação especial. Assim, a fonte idealizadora de tal finalidade foi o art. 1.º, I, da Lei 8.072/90, devendo ser objeto de indagação aos jurados, sob pena de infringir o princípio da legalidade e a própria disposição deste artigo;

5.º) Uma falha precisa ser corrigida. O art. 483 do CPP não faz referência à inclusão de quesito sobre o excesso no contexto das excludentes de ilicitude. É verdade que elas estão todas abrangidas pelo quesito genérico "o jurado absolve o acusado?". No entanto, afirmada a ocorrência de legítima defesa, ilustrando, pode ser que o Conselho de Sentença entenda não deva o réu ser absolvido porque agiu sem moderação. Ora, o art. 23, parágrafo único, do Código Penal estabelece poder haver excesso doloso ou culposo nesse contexto. De tal forma, se, durante os debates, for alegada qualquer excludente, é preciso que o magistrado insira, após o genérico ("o jurado absolve o acusado?"), ao menos o quesito relativo ao excesso culposo ("o réu excedeu-se culposamente?").

Se o excesso for acidental ou exculpante, não há necessidade de quesito específico, devendo o Conselho de Sentença responder afirmativamente o genérico ("o jurado absolve o acusado?"). Porém, se as partes debaterem sobre o excesso doloso ou culposo, cabe indagar dos jurados quanto ao excesso culposo, mais benéfico ao réu. Se afirmarem tal quesito, impõe-se o reconhecimento de crime culposo, logo, em nosso entendimento, opera-se a desclassificação. Cabe ao juiz julgar o caso. Se negarem o quesito, significa ser doloso o excesso, afastando-se a absolvição e continuando o Conselho a votar os eventuais quesitos restantes.

O excesso na legítima defesa concentra-se no uso de meios desnecessários ou na reação imoderada. Outros exemplos de excesso: no caso do estado de necessidade, concentra-se na possibilidade que o agente teria para contornar o perigo atual; quanto ao exercício regular de direito, centra-se no contexto da *regularidade* no exercício do direito; quanto ao estrito cumprimento do dever legal, ingressa quando não tiver sido o *dever legal* cumprido tal como previsto.

Por isso, alegada nos debates tais teses, o magistrado precisa inserir o quesito relativo ao excesso culposo, ao menos.

6.º) Quando houver mais de um réu em julgamento ou um único, porém acusado da prática de mais de um delito, o juiz não deve unificar os quesitos em um só corpo. Dessa maneira, se dois ou mais acusados forem julgados na mesma sessão, deve o juiz elaborar séries diversas, embora num mesmo questionário, para cada um deles. Dividindo os quesitos em séries, colocará o fato principal e todas as demais circunstâncias, para cada réu, em sua respectiva série. Ex.: Havendo três réus, o juiz fará três séries completas. Destaque-se que a absolvição de um corréu, por qualquer causa, não implica prejuízo para a votação do questionário, na parte referente aos demais. Aliás, tal consequência é decorrência natural da soberania dos veredictos. Os jurados podem perfeitamente absolver um corréu, reconhecendo uma excludente de ilicitude qualquer, por sentir haver prova suficiente para tanto, condenando outros, embora a situação pareça idêntica.

Por outro lado, justifica-se, também, a elaboração de mais de uma série de quesitos, quando houver mais de um delito imputado ao réu. Assim, exemplificando, quando acusado da prática de um homicídio, um roubo e uma resistência, deverá o juiz elaborar uma série para cada um dos delitos. Note-se que será votada sempre, em primeiro lugar, a série concernente ao crime contra a vida, que atraiu a competência para julgar os demais para o Tribunal do Júri. Dessa forma, desclassificada a infração dolosa contra a vida, os demais delitos serão julgados pelo juiz presidente e não mais pelo Conselho de Sentença;

Capítulo XVIII • Tribunal do Júri | **531**

7.º) Deve haver a elaboração de quesitos claros e objetivos, em proposições simples e bem distintas, de modo que cada um deles possa ser respondido com suficiente clareza. Não há cabimento em fazer quesitos complexos, estendendo-se na narrativa e levando o jurado a não guardar, ao final da leitura, nem mesmo o início da pergunta. Deve-se, ainda, evitar qualquer tipo de indagação na forma negativa.

8.º) Não há regras para a elaboração dos quesitos referentes às agravantes (arts. 61 e 62, CP) e atenuantes (arts. 65 e 66, CP). A Lei 11.689/2008 eliminou os quesitos quanto a tais circunstâncias, transferindo a sua análise ao juiz presidente, desde que alguma delas seja alegada nos debates (art. 492, I, *b*, CPP).

Vale lembrar, também, que, se determinada agravante for requerida em plenário, como o motivo fútil, por exemplo, já constando como qualificadora, é natural não deva o juiz presidente levá-la em consideração. Seria nítida burla ao princípio do *non bis in idem*. Afinal, os jurados julgam uma só vez se houve futilidade. Acolhendo, o homicídio é qualificado, não havendo razão para tomar a mesma circunstância como agravante.

Por outro lado, se determinada qualificadora, como o motivo fútil, tiver sido afastada na pronúncia ou no recurso contra a pronúncia, é indevida a sua valoração pelo juiz da sentença. É vedado ao órgão acusatório invocar tal circunstância em plenário, porque já rejeitada pelo Judiciário. Diga-se o mesmo a respeito das agravantes que correspondem com perfeição às qualificadoras do homicídio (exemplo: motivo fútil) e não tenham sido nem mesmo ventiladas na denúncia ou na pronúncia. É defeso ao órgão acusatório sustentar a sua existência em plenário, não podendo o magistrado utilizá-la na sentença.

Tal situação, se ocorresse, seria nítida tergiversação aos princípios constitucionais da legalidade, da ampla defesa e do contraditório. Afinal, as circunstâncias constantes da tipicidade derivada (como ocorre com as qualificadoras) fazem parte do crime como um todo, motivo pelo qual necessita ser objeto de contraditório e de ampla oportunidade de defesa. Diversamente ocorre com as agravantes genéricas, que não têm correspondência com a tipicidade (exemplo: reincidência): estas podem ser requeridas pelo órgão acusatório em plenário, ainda que não tenham sido objeto de debate prévio.

9.º) Finalmente, ainda quanto ao questionário, é indispensável a formulação de um quesito específico, autêntica condição de procedibilidade para a eventual ação penal futura, quando houver afirmativa, arguida em plenário por qualquer das partes, de falso testemunho ou falsa perícia.

14.8.2 O quesito defensivo e a tese da legítima defesa da honra

Considerando que o Conselho de Sentença é soberano em seus veredictos, é possível haver a absolvição do acusado por qualquer motivo, independentemente de estar vinculada a uma tese levantada pela defesa. Isto porque o jurado responde ao quesito ("o jurado absolve o acusado?"), sem necessidade de fundamentar, afinal, o voto é sigiloso e assim deve permanecer. Por causa disso, o Supremo Tribunal Federal chegou a debater se caberia recurso por parte do órgão acusatório em hipótese de absolvição, visto inexistir fundamentação para a decisão. Todavia, o Pretório Excelso deliberou caber o recurso da acusação, havendo absolvição, desde que conste na ata a tese levantada pela defesa e observe-se ter o Conselho de Sentença decidido noutro sentido. Pode-se alegar que a

532 | MANUAL DE PROCESSO PENAL · Nucci

foi decisão manifestamente contrária à prova dos autos. No entanto, se a defesa pleitear a clemência e os jurados absolverem o réu, inexiste sustento para o recurso acusatório.

Por outro lado, porque a jurisprudência acolhe a possibilidade de absolvição por qualquer razão, respeitando-se a soberania do júri, surge a questão relativa à tese da legítima defesa da honra, no cenário das traições e rompimentos de relações amorosas, em que o homem, como regra, mata a mulher, alegando ter feito em defesa de sua honra.

Por isso, o STF vedou a arguição da tese da legítima defesa da honra, em plenário do Tribunal Popular, considerando-a inconstitucional. Eis a ementa do julgado: "referendo de medida cautelar. Arguição de descumprimento de preceito fundamental. Interpretação conforme à Constituição. Artigos 23, inciso II, e 25, *caput* e parágrafo único, do Código Penal e art. 65 do Código de Processo Penal. 'Legítima defesa da honra'. Não incidência de causa excludente de ilicitude. Recurso argumentativo dissonante da dignidade da pessoa humana (art. 1.º, III, da CF), da proteção à vida e da igualdade de gênero (art. 5.º, *caput*, da CF). Medida cautelar parcialmente deferida referendada. 1. 'Legítima defesa da honra' não é, tecnicamente, legítima defesa. A traição se encontra inserida no contexto das relações amorosas. Seu desvalor reside no âmbito ético e moral, não havendo direito subjetivo de contra ela agir com violência. Quem pratica feminicídio ou usa de violência com a justificativa de reprimir um adultério não está a se defender, mas a atacar uma mulher de forma desproporcional, covarde e criminosa. O adultério não configura uma agressão injusta apta a excluir a antijuridicidade de um fato típico, pelo que qualquer ato violento perpetrado nesse contexto deve estar sujeito à repressão do direito penal. 2. A 'legítima defesa da honra' é recurso argumentativo/retórico odioso, desumano e cruel utilizado pelas defesas de acusados de feminicídio ou agressões contra a mulher para imputar às vítimas a causa de suas próprias mortes ou lesões. Constitui-se em ranço, na retórica de alguns operadores do direito, de institucionalização da desigualdade entre homens e mulheres e de tolerância e naturalização da violência doméstica, as quais não têm guarida na Constituição de 1988. 3. Tese violadora da dignidade da pessoa humana, dos direitos à vida e à igualdade entre homens e mulheres (art. 1.º, inciso III, e art. 5.º, *caput* e inciso I, da CF/88), pilares da ordem constitucional brasileira. A ofensa a esses direitos concretiza-se, sobretudo, no estímulo à perpetuação da violência contra a mulher e do feminicídio. O acolhimento da tese tem a potencialidade de estimular práticas violentas contra as mulheres ao exonerar seus perpetradores da devida sanção. 4. A 'legítima defesa da honra' não pode ser invocada como argumento inerente à plenitude de defesa própria do tribunal do júri, a qual não pode constituir instrumento de salvaguarda de práticas ilícitas. Assim, devem prevalecer a dignidade da pessoa humana, a vedação a todas as formas de discriminação, o direito à igualdade e o direito à vida, tendo em vista os riscos elevados e sistêmicos decorrentes da naturalização, da tolerância e do incentivo à cultura da violência doméstica e do feminicídio. 5. Na hipótese de a defesa lançar mão, direta ou indiretamente, da tese da 'legítima defesa da honra' (ou de qualquer argumento que a ela induza), seja na fase pré-processual, na fase processual ou no julgamento perante o tribunal do júri, caracterizada estará a nulidade da prova, do ato processual ou, caso não obstada pelo presidente do júri, dos debates por ocasião da sessão do júri, facultando-se ao titular da acusação recorrer de apelação na forma do art. 593, III, *a*, do Código de Processo Penal. 6. Medida cautelar parcialmente concedida para (i) firmar o entendimento de que a tese da legítima defesa da honra é inconstitucional, por contrariar os princípios constitucionais da dignidade da pessoa humana (art. 1.º, III, da CF), da proteção à vida e da igualdade de gênero (art. 5.º, *caput*, da CF); (ii) conferir interpretação conforme à Constituição aos arts. 23, inciso II, e 25, *caput* e parágrafo único, do Código Penal e ao art. 65 do Código de Processo Penal, de modo a excluir a legítima defesa da honra do âmbito do instituto da legítima defesa; e (iii) obstar à defesa, à acusação, à autoridade policial e ao juízo que utilizem, direta ou indiretamente, a tese de legítima defesa da honra (ou qualquer argumento que induza à tese) nas fases pré-processual ou processual penais, bem como durante o julgamento perante o tribunal do júri, sob pena de nulidade do ato e do julgamento. 7. Medida cautelar referendada" (ADPF 779 MC-REF/DF, Plenário, rel. Dias Toffoli, 15.03.2021, v.u. Essa decisão foi confirmada, em definitivo, pelo STF em 2023).

Na realidade, temos defendido que a legítima defesa da honra é admissível, visto ser a honra um direito constitucionalmente assegurado (art. 5.º, X, CF), como vários outros. O ponto fulcral e problemático é a pretensa situação de defender a honra à custa da vida alheia, o que torna o cenário extremamente desproporcional, vale dizer, há um nítido excesso, apto a desfigurar a legítima defesa. A posição tomada pelo Pretório Excelso tem bons propósitos, indicando contornar a absolvição de um feminicida, cuja justificativa para matar é *lavar a sua honra com sangue*, algo ofensivo à dignidade da pessoa humana. No entanto, arranha a plenitude defesa, um dos princípios constitucionais a nortear a instituição do júri. Além disso, é preciso que o juiz presidente, cumprindo a decisão do STF, obste a argumentação da defesa, em plenário, se levantar a tese vedada da legítima defesa da honra. Se o defensor insistir, cabe a dissolução do Conselho de Sentença, proclamando-se o réu indefeso, devendo ser por outro advogado defendido numa sessão futura. Entretanto, nada impede que o defensor, camufladamente, invoque a tese vedada de variadas outras maneiras, como, por exemplo, enaltecendo o bom comportamento do acusado e a péssima conduta da vítima. Não se sustenta a tese da legítima defesa da honra, mas permite que os jurados julguem o caráter do réu e a personalidade da vítima, resolvendo absolver o acusado. Enfim, será preciso aguardar os casos vindouros para verificar o alcance dessa vedação estabelecida pelo STF.

14.9 Votação em sala secreta

Antes da votação ter início, recebem os jurados pequenas cédulas, feitas de papel opaco e facilmente dobráveis, contendo umas a palavra *sim* e outras a palavra *não*, para que, secretamente, sejam colhidos os votos (art. 486, CPP).

Deve o juiz verificar e pedir aos jurados que também o façam se a distribuição das cédulas foi feita corretamente, pois, por vezes, pode um jurado receber dois votos "sim" ou dois votos "não". Cabe, ainda, a recomendação feita pelo magistrado de que os jurados mantenham sempre as cédulas escondidas, deixando para fechá-las abaixo da mesa de julgamento, onde ao redor estarão sentados, pois se o fizerem à vista de todos, é bem possível que se possa devassar o voto. O jurado desavisado abre as cédulas, vislumbra o "sim" (normalmente inscrito em vermelho) e o "não" (normalmente inscrito em preto), fecha-as e aguarda para colocar uma delas na urna. Se o fizer acima da mesa, pode deixar que outras pessoas vejam o voto dado.

O juiz dá por iniciados os trabalhos, colocando em votação o primeiro quesito, cabendo-lhe sempre, com tranquilidade, aguardar que todos estejam prontos para depositar o voto. Assim, faz a leitura do quesito em voz alta e indaga se estão preparados a votar, concedendo tempo suficiente aos jurados para escolherem a cédula correta, correspondente ao voto desejado, a fim de colocar na urna.

A primeira urna que passa, no sentido anti-horário, conduzida pelo oficial de justiça, começa a recolher os votos válidos, a partir do primeiro jurado (levando-se em conta o que foi sorteado e aceito em primeiro lugar e assim sucessivamente), passando, após, ao segundo, terceiro, quarto, quinto, sexto e sétimo. Quando termina e entrega a urna de carga ao juiz, determina este que o outro oficial, no sentido horário, começando do sétimo jurado, até o primeiro, recolha os votos de descarga (art. 487, CPP).

A contagem dos votos é feita quesito por quesito, justamente para não haver confusão e dar correto encaminhamento ao julgamento. A partir da Lei 11.689/2008, preservando-se o sigilo da votação, outro princípio constitucional regente do júri, não mais se deve divulgar o resultado final. O juiz presidente prossegue na apuração até atingir o quarto voto (pelo "sim" ou pelo "não"), dando por encerrada a contagem. Toda a deliberação será extraída por maioria de votos e assim constará do termo.

É curial aguardar o juiz o recolhimento de todos os votos válidos e dos votos de descarga antes de começar a apuração, evitando-se, com isso, qualquer deslize. Se, porventura, um jurado se confunde e deposita o voto correto na segunda urna que passa, reclamando disso, caso o magistrado já esteja apurando os votos válidos, não há mais como recolhê-los. Entretanto, se ainda os tiver sob sigilo, pode fazer com que todos sejam misturados numa única urna, para serem redistribuídos aos jurados, renovando-se a votação.

Haverá um termo especial, onde serão incluídas somente as respostas dadas, não sendo necessário reproduzir os quesitos. Assim, coloca-se: quesito 1: sim, por maioria; quesito 2: não, por maioria (art. 483, §§ 1.º e 2.º, CPP).

Estipula o art. 490 do Código de Processo Penal que, se a resposta a qualquer dos quesitos estiver em contradição com outra ou outras já proferidas, o juiz deve explicar aos jurados em que consiste a contradição, submetendo novamente à votação os quesitos a que se referiram tais respostas.

Somos da opinião, no entanto, que o preceito é de rara aplicação, uma vez que, se houver contradição nas respostas, quase sempre a responsabilidade é do juiz presidente. Há duas razões para isso:

a) cabe ao juiz presidente controlar as incompatibilidades na ordem de votação dos quesitos, impedindo que o Conselho de Sentença vote teses ilógicas. Exemplo: se os jurados reconheceram ter o réu cometido o crime por relevante valor moral, não permitirá o magistrado seja votado o quesito referente à qualificadora da futilidade, porque são teses inconciliáveis. A afirmação de uma, exclui, naturalmente, a outra. Deve considerar prejudicado o quesito da futilidade e assim ficará constando no termo. Se o juiz presidente permitir a votação de quesitos inconciliáveis, a contradição terá sido por ele mesmo gerada, não sendo da responsabilidade do Conselho de Sentença, logo, inaplicável o preceituado no art. 490;

b) em fiel seguimento ao princípio da soberania dos veredictos, considerando-se que os jurados são leigos e não estão, como já expusemos anteriormente, vinculados a decisões legais, valendo-se do seu senso de justiça e da sua consciência para decidir o caso, não vemos como obrigá-los a votar, novamente, determinadas proposições, somente porque *aparentam* ser contraditórias.

Cuida o art. 490, parágrafo único, do Código de Processo Penal das hipóteses de prejudicialidade, isto é, conforme a resposta dada a qualquer dos quesitos, pode o juiz verificar que ficam prejudicados os seguintes, o que será proclamado, dando por finda a votação.

Há duas espécies de prejudicialidade: absoluta e relativa. A primeira (absoluta) significa que, em face da resposta dada pelos jurados a um quesito ou ao final de uma série deles, fica impossível continuar a votação, dando-a o juiz por encerrada. É o caso de negativa ao primeiro quesito (materialidade) ou quando o Conselho reconhece deva o réu ser absolvido. A segunda (relativa) permite a continuidade da votação. É o que ocorre se o Conselho de Sentença reconhecer o relevante valor moral e, em seguida, o juiz der por prejudicado o quesito pertinente à qualificadora da futilidade. Continuará a votação para analisar outras qualificadoras, se porventura forem objetivas e existentes.

14.10 Sentença do Juiz Presidente

Encerrada a votação dos jurados, passará o magistrado a lavrar a sentença, observando o disposto no art. 492 do Código de Processo Penal, bem como as demais regras relativas à fundamentação da pena.

Primeiramente, deve-se atentar para o fato de que o juiz, no Tribunal do Júri, não deve fundamentar a decisão condenatória, pois isso coube aos jurados, que, votando em sigilo, estão desatrelados do dever de motivar o veredicto. Cabe-se, apenas, fixar a sanção. Para tanto, respeitará o sistema trifásico (art. 68, CP): a) estabelece a pena-base (art. 59, CP); b) insere as agravantes e atenuantes; c) considera os aumentos e diminuições da pena.

Ocorrendo a absolvição, o réu será posto em liberdade imediatamente, salvo se por outro motivo estiver preso (art. 492, II, *a*, CPP).

Como regra, deve o magistrado decidir o que fazer em relação à prisão ou liberdade do acusado. Em princípio, o critério consiste em avaliar os requisitos da prisão preventiva (art. 312, CPP) para determinar o recolhimento do acusado, caso o regime imposto seja o fechado ou semiaberto.

A atual redação do art. 492 do CPP, dada pela Lei 13.964/2019, estabelece que, em caso de fixação de pena privativa de liberdade igual ou superior a 15 anos de reclusão, deve o juiz mandar prender de imediato o réu; noutros casos, a decisão dependerá da presença dos requisitos previstos no art. 312 do CPP. Decidindo acerca da constitucionalidade desse dispositivo, o STF terminou por ampliar o seu alcance e fixar o entendimento de que, em nome da soberania dos veredictos, todas as decisões condenatórias impostas pelo júri devem ser imediatamente cumpridas. Portanto, exemplificando, aplicando-se a pena de reclusão de 15 anos, iniciando em regime fechado, a pena de reclusão de 9 anos, igualmente iniciando-se em regime fechado, ou mesmo a pena de 6 anos em regime semiaberto inicial, devem ser prontamente executadas.

Porém, o art. 492, § 3.º, do CPP, estipula que o juiz poderá, em caráter excepcional, deixar de autorizar a execução provisória da pena, se houver alguma questão substancial (juridicamente relevante) cuja resolução pelo tribunal ao qual competir julgar o recurso possa levar à revisão da decisão. No § 4.º do mesmo artigo, prevê-se que a apelação contra a decisão de pena igual ou superior a 15 anos não terá efeito suspensivo (na realidade, segundo o STF, nenhuma decisão condenatória terá esse efeito).

O § 5.º do art. 492 do CPP permite que, excepcionalmente, o tribunal atribua efeito suspensivo à apelação de que trata o § 4.º deste artigo, quando verificado cumulativamente que o recurso não possui um objetivo meramente protelatório e levanta uma questão substancial (juridicamente relevante) que pode redundar em absolvição, anulação da sentença, novo julgamento ou redução da pena. Nesse último caso – redução da pena –, não há aplicação prática, porque o STF determina o cumprimento de qualquer condenação.

A regra (art. 492, § 6.º, CPP) é que o pedido de concessão de efeito suspensivo poderá ser feito incidentemente na apelação (como uma preliminar) ou por meio de petição em separado dirigida diretamente ao relator, instruída com cópias da sentença condenatória, das razões da apelação e de prova da tempestividade, das contrarrazões e das demais peças necessárias à compreensão da controvérsia. Por óbvio, pela rapidez, o ideal é a apresentação de petição ao relator.

O juiz presidente deve, também, deliberar sobre os efeitos da condenação (arts. 91 e 92, do Código Penal). Lembre-se da modificação ao art. 92 do Código Penal, por meio da Lei 14.994/2024, que impôs efeitos automáticos quando praticado o feminicídio (ou outro crime violento contra a mulher), como a perda de cargo, função ou mandato eletivo, bem como do poder familiar, tutela ou curatela. Durante o cumprimento da pena, é possível a suspensão de nomeação, designação ou diplomação de cargo, função ou mandato eletivo.

Se houver absolvição imprópria, ou seja, o reconhecimento da inimputabilidade, impõe-se, neste caso, medida de segurança, conforme dispõe o art. 26, *caput*, do Código Penal (art. 492, II, *c*, CPP). Pode ser internação, para crimes apenados com reclusão, ou a opção entre internação e tratamento ambulatorial, para crimes apenados com detenção.

Lavrada a sentença, com todos os presentes em pé, solenemente, o juiz presidente procede à sua leitura em plenário. Acompanharão o ato as partes e o réu. Este, no entanto, pode ser retirado de plenário caso se manifeste agressivamente ou resolva interromper o juiz para protestar. Por outro lado, se alguma das partes, chamada para o ato, não comparecer, lê o magistrado a sentença para os que estiverem em plenário, sem qualquer irregularidade. É direito da acusação ou da defesa estar presente, mas não uma obrigação.

Não há publicação formal da sentença, justamente porque o art. 493 do CPP determina que ela seja lida em plenário, à vista do público. Considera-se, pois, publicada neste momento.

14.11 Ata do julgamento

É o espelho fiel do desenvolvimento da sessão, contendo todas as principais ocorrências e protestos feitos pelas partes. Não deixa de ser motivo de grande polêmica a lavratura desse termo, uma vez que o art. 494 do CPP determina seja o escrivão o responsável pelo empreendimento, embora se saiba que quem controla a ata, na prática, é o juiz presidente.

Em uma Vara do Júri, contando com vários plenários e julgamentos ocorrendo ao mesmo tempo, um só escrivão não tem condições de acompanhar todos eles. Por outro lado, ainda que se diga que um escrevente ficaria responsável por isso, é possível que nem mesmo o funcionário tenha condições de entender as teses expostas, para reduzi-las a termo ou os protestos realizados.

A lei deveria ter previsto expressamente que a confecção da ata é da responsabilidade do juiz presidente, como é a lavratura do termo de audiência e tudo o que nele consta.

Quanto à assinatura das partes, demanda-se a participação do juiz e das partes (Ministério Público, assistente de acusação, se existente, querelante, se for o caso, defensor).

A ata é apresentada dias depois, razão pela qual, se tiver que ser modificada, há tempo para isso. Na realidade, a assinatura das partes não vai modificar em nada o conteúdo da ata, que o juiz mandou lavrar. Se o promotor não quiser assiná-la, por exemplo, nem por isso o que consta no termo deixa de ter acontecido. Cabe ao magistrado ser fiel às ocorrências, pedidos e protestos sucedidos ao longo da sessão. Se não for, a parte que se sentir prejudicada pode peticionar, demonstrando as incorreções. Havendo nítida má-fé, é caso de solução disciplinar, pois o juiz fez inserir informações falsas em termo do processo. Conferir o disposto no art. 495 do CPP.

A falta da ata sujeitará o responsável (pela lei, o escrivão) a sanções administrativa e penal (art. 496, CPP).

14.12 Atribuições do Juiz Presidente do Tribunal do Júri

Dispõe o art. 497 do Código de Processo Penal sobre as atribuições do juiz togado, que preside o Tribunal do Júri, destacando, dentre outras, as seguintes: a) regular a polícia das sessões e prender os desobedientes; b) requisitar o auxílio da força policial, que ficará sob sua exclusiva autoridade; c) dirigir os debates, intervindo em caso de abuso, excesso de linguagem ou mediante requerimento de uma das partes (inclusive controlando os apartes e impedindo agressões verbais excessivas de uma parte contra a outra); d) resolver as questões incidentes, que não dependam de pronunciamento do júri (toda questão de direito deve ser sanada pelo juiz togado, não concernindo ao Conselho de Sentença. Ex.: a inclusão de tese levantada por qualquer das partes no questionário); e) nomear defensor ao réu, quando o considerar indefeso, podendo, nesta situação, dissolver o conselho, marcando novo dia para o julgamento, que se realizará com outro defensor (é a consequência natural do princípio constitucional da plenitude de defesa; não estando o réu bem defendido, não pode ser julgado pelos jurados); f) mandar retirar da sala o réu que dificultar a realização do julgamento, prosseguindo-se sem a sua presença; g) suspender a sessão pelo tempo indispensável para a execução das diligências requeridas ou entendidas necessárias, mantida a incomunicabilidade dos jurados; h) interromper a sessão por tempo razoável para proferir sentença e para repouso ou refeição dos jurados; i) decidir de ofício, ouvidos o Ministério Público e a defesa, ou a requerimento de qualquer destes, a arguição de extinção da punibilidade; j) resolver as questões de direito suscitadas no curso do julgamento (é o que já comentamos na alínea *d* supra); l) determinar de ofício, a requerimento das partes ou de qualquer jurado, as diligências necessárias a sanar qualquer nulidade, ou a suprir falta que prejudique o esclarecimento da verdade; m) regulamentar, durante os debates, a intervenção de uma das partes, quando a outra estiver com a palavra, podendo conceder até 3 (três) minutos para cada aparte requerido, que serão acrescidos ao tempo desta última.

 SÍNTESE

Tribunal do Júri como direito e garantia humana fundamental: inserido como tal no art. 5.º, XXXVIII, da Constituição Federal, deve ser compreendido como o direito do povo de participar diretamente das decisões do Poder Judiciário e a garantia ao devido processo legal para que os acusados da prática de crimes dolosos contra a vida sejam julgados pelo juízo natural, constitucionalmente estabelecido.

Tribunal do Júri como órgão do Poder Judiciário: embora com caráter e constituição especiais, é parte integrante do Poder Judiciário, pois somente assim se explica a participação do juiz togado, bem como a aplicação das regras processuais penais no trâmite dos seus julgamentos.

Princípios constitucionais que regem, especificamente, o Júri: plenitude de defesa, sigilo das votações, soberania dos veredictos e competência para o julgamento dos crimes dolosos contra a vida.

Sistema trifásico até o julgamento: após o recebimento da denúncia, inicia-se a fase de formação da culpa (*judicium accusationis*); finda esta, o juiz pode pronunciar o réu, julgando admissível a acusação; passa-se à fase de preparação do plenário, onde as partes ainda podem propor diligências e arrolar testemunhas para serem ouvidas em plenário, bem como o juiz tem possibilidade de determinar a produção de provas de imediato; finaliza-se com a fase de julgamento do mérito (*judicium causae*), quando os jurados dirão se o réu é culpado ou inocente da imputação que lhe é feita.

Pronúncia: é a decisão interlocutória mista, que julga admissível a acusação, determinando que o réu seja submetido a julgamento pelo Tribunal do Júri, se reconhecida a materialidade do crime e indícios suficientes de autoria.

Impronúncia: é a decisão interlocutória mista, de caráter terminativo, que põe fim ao processo, rejeitando a denúncia, por não haver prova da materialidade ou de indícios suficientes de autoria. É possível o oferecimento de outra denúncia, desde que acompanhada de provas substancialmente novas.

Desclassificação: é a decisão interlocutória simples, que altera a definição jurídica do crime (tipicidade), provocando como consequência a modificação da competência com a remessa do processo ao juiz singular competente.

Absolvição sumária: é a decisão terminativa de mérito, que acolhe a tese da inexistência do fato, de não ter sido o réu o autor ou partícipe do fato, de o fato não ser considerado

Capítulo XVIII • Tribunal do Júri | **539**

infração penal ou de ter sido demonstrada excludente de ilicitude ou de culpabilidade, desde que claramente demonstrada na fase da formação da culpa. Evita-se o julgamento pelo Tribunal do Júri e não pode mais ser revista a decisão. Passa a ser impugnada por apelação e não mais fica sujeita ao duplo grau de jurisdição obrigatório (recurso de ofício).

Composição do Tribunal do Júri: um juiz togado, que é o seu presidente, e vinte e cinco jurados sorteados previamente para a sessão.

Conselho de Sentença: é a turma julgadora do Tribunal do Júri, composta por sete jurados, extraídos, por sorteio, dos vinte e cinco convocados para a sessão.

Libelo: hoje extinto, era a peça acusatória, apresentada nos termos fixados pela pronúncia, que expunha de forma articulada a imputação, contendo o fato principal e suas circunstâncias, bem como o rol das testemunhas, até o máximo de cinco, e o pedido de condenação.

Contrariedade ao libelo: também extinta, tratava-se de peça apresentada pela defesa, onde oferecia o seu rol de testemunhas, para a inquirição em plenário, no máximo de cinco, sem que houvesse a obrigação de adiantar a tese defensiva.

Jurado virtual: é a pessoa apta a servir como jurado no Tribunal do Júri, devendo ser brasileiro, no gozo dos direitos políticos, idôneo, alfabetizado, mental e fisicamente capaz para o ato, bem como maior de 18 anos.

Quesito: é a pergunta formulada pelo juiz presidente, de acordo com as teses sustentadas pelas partes em plenário, ao Conselho de Sentença, exigindo, como resposta, *sim* ou *não*.

Questionário: é o conjunto dos quesitos, que serve para configurar o veredicto do Conselho de Sentença, sempre tomado por maioria de votos.

Capítulo XIX
Nulidades

1. CONCEITO

São os vícios que contaminam determinados atos processuais, praticados sem a observância da forma prevista em lei, podendo levar à sua inutilidade e consequente renovação.

Dividem-se em:

a) *nulidades absolutas*, aquelas que devem ser proclamadas pelo magistrado, de ofício ou a requerimento de qualquer das partes, porque produtoras de nítidas infrações ao interesse público na produção do devido processo legal. Ex.: não conceder o juiz ao réu a ampla defesa, cerceando a atividade do seu advogado;

b) *nulidades relativas*, aquelas que somente serão reconhecidas caso arguidas pela parte interessada, demonstrando o prejuízo sofrido pela inobservância da formalidade legal prevista para o ato realizado. Ex.: o defensor não foi intimado da expedição de carta precatória para a inquirição de testemunha de defesa, cujos esclarecimentos referiam-se apenas a alguns parcos aspectos da conduta social do réu, tendo havido a nomeação de defensor *ad hoc* para acompanhar o ato. Nessa hipótese, inexistindo demonstração de prejuízo, mantém-se a validade do ato, incapaz de gerar a sua renovação, vale dizer, embora irregular a colheita do depoimento, sem a presença do defensor constituído, nenhum mal resultou ao acusado, até pelo fato da testemunha quase nada ter esclarecido.

Vale ressaltar, desde logo, que o contexto das nulidades não apresenta integral harmonia entre o preceituado em lei e o pensamento doutrinário e jurisprudencial. Por vezes, nulidade que o CPP considera absoluta (qualquer forma de incompetência, por exemplo), ressalva a doutrina, com o aval dos tribunais, ser relativa (como a incompetência territorial). Noutros casos, o CPP estipula ser nulidade relativa (a falta de intervenção do MP em ação pública por ele intentada, como exemplo), enquanto a doutrina afirma ser nulidade absoluta. É preciso que nos acostumemos a analisar o capítulo das nulidades de acordo com o pensamento predominante tanto da doutrina quanto da jurisprudência.

2. ATOS INEXISTENTES E IRREGULARES

À margem das nulidades, existem atos processuais que, por violarem tão grotescamente a lei, são considerados inexistentes. Nem mesmo de nulidade se trata, uma vez que estão distantes do mínimo aceitável para o preenchimento das formalidades legais. Não podem ser convalidados, nem necessitam de decisão judicial para invalidá-los. Ex.: audiência presidida por Promotor de Justiça ou por advogado. Como partes que são no processo, não possuindo poder jurisdicional, é ato considerado inexistente. Deve, logicamente, ser integralmente renovado.

Atos irregulares, por sua vez, são *infrações superficiais*, não chegando a contaminar a forma legal, a ponto de merecer renovação. São convalidados pelo simples prosseguimento do processo, embora devam ser evitados. Ex.: ausência de entrega de cópia da pronúncia aos jurados. Embora seja ato imposto pelo art. 472, parágrafo único, do CPP, é natural que se trate de uma situação não comprometedora da regular instrução, uma vez que os jurados podem ser cientificados da acusação durante a manifestação do promotor e ter noção do alcance da pronúncia durante o julgamento. Enfim, atinge-se o objetivo previsto na norma por outros meios.

3. PRINCÍPIOS QUE REGEM AS NULIDADES

3.1 Não há nulidade sem prejuízo

Por várias razões, dentre as quais o princípio da economia processual, não se proclama a existência de uma nulidade, buscando-se refazer o ato – com perda de tempo e gastos materiais para as partes – caso não advenha qualquer prejuízo concreto. É o conteúdo do art. 563 do Código de Processo Penal.

Há que se ter cautela para a decretação de nulidades, pois, de tanto assim agir o Judiciário, calcado em meras formalidades, surgiu a conhecida expressão "mais vale um mau acordo do que uma boa demanda". E ensina Borges da Rosa: "quando ditos litigantes conseguiam, afinal, ver vitoriosas as suas pretensões e reconhecidos os seus direitos, a vitória lhes tinha custado tão cara que as despesas, as delongas e os incômodos do processo anulavam as vantagens do ganho da causa. Em geral, tais despesas excessivas, delongas e incômodos provinham, principalmente, de frequentes decretações de nulidade de parte ou de todo o processo. Estas, mais do que outras causas de origem diversa, deram nascença ao conselho da sabedoria prática: 'mais vale um mau acordo do que uma boa demanda'. As frequentes decretações de nulidade, em consequência de não terem sido seguidas, ao pé da letra da lei, as formalidades, quer substanciais, quer secundárias, por elas prescritas, para a regularidade dos atos forenses, tornavam os processos morosos, complicados e caros. Compreendendo a extensão destes malefícios, surgiu já em 1667, com a ordenação de Tolosa, um primeiro protesto contra a decretação de nulidades (...) expresso na máxima: '*pas de nulitté sans grief*', não há nulidade quando não há *prejuízo*' (*Nulidades do processo*, p. 128-129).

Registremos que a forma prevista em lei para a concretização de um ato processual não é um fim em si mesmo, motivo pelo qual se a finalidade para a qual se pratica o ato foi atingida, inexiste razão para anular o que foi produzido. Logicamente, tal princípio deve ser aplicado com maior eficiência e amplitude no tocante às nulidades relativas, uma vez que o prejuízo, para o caso das nulidades absolutas, é presumido pela lei, não se admitindo prova em contrário.

Assim, quando houver uma nulidade absoluta, deve ela ser reconhecida tão logo seja cabível, pois atenta diretamente contra o devido processo legal. Entretanto, havendo uma nulidade relativa, somente será ela proclamada, caso requerida pela parte prejudicada, tendo esta o ônus de evidenciar o mal sofrido pelo não atendimento à formalidade legal.

Contrário ao entendimento de que, nas nulidades absolutas, há um prejuízo *presumido*, mas tão somente *evidente*, porque a presunção inverte o ônus da prova, o que não ocorre nessas situações, está o magistério de Ada, Scarance e Magalhães (*As nulidades no processo penal*, p. 24).

Na verdade, o que se vem alterando com o passar do tempo é a consideração de determinadas falhas processuais como sendo absolutas ou relativas. A tendência, hoje, é estreitar o campo das absolutas e alargar o das relativas. Embora na situação geradora de uma nulidade absoluta continue a ser presumido o prejuízo, sem admitir prova em contrário, o que se vem fazendo é transferir determinadas situações processuais, antes tidas como de prejuízo nítido, para o campo dos atos processuais, cujo prejuízo fica sujeito à comprovação. Dessa forma, o conceito de nulidade absoluta fica inalterado. Muda-se, no entanto, a classificação do ato processual, transformando-o de absolutamente viciado em relativamente falho.

A versão processual civil do princípio é visível na disposição do art. 277 do CPC: "quando a lei prescrever determinada forma, o juiz considerará válido o ato se, realizado de outro modo, lhe alcançar a finalidade". A ótica processual penal preceitua: "nenhum ato será declarado nulo, se da nulidade não resultar prejuízo para a acusação ou para a defesa".

3.2 Não há nulidade provocada pela parte

Preceitua o art. 565 do Código de Processo Penal que a parte não poderá arguir nulidade a que haja dado causa ou para que tenha concorrido, demonstrando, com razão, dever prevalecer a ética na produção da prova, afastando-se a má-fé.

Aliás, do mesmo modo que é exigido interesse para a prática de vários atos processuais, inclusive para o início da ação penal e para a interposição de recurso, exige-se tenha a parte prejudicada pela nulidade interesse no seu reconhecimento. Logo, não pode ser ela a geradora do defeito, plantado unicamente para servir a objetivos escusos.

Espera-se que tal regra seja fielmente observada na avaliação do disposto no art. 478 do CPP, introduzido pela Lei 11.689/2008: "Durante os debates as partes não poderão, sob pena de nulidade, fazer referências: I – à decisão de pronúncia, às decisões posteriores que julgaram admissível a acusação ou à determinação do uso de algemas como argumento de autoridade que beneficiem ou prejudiquem o acusado; II – ao silêncio do acusado ou à ausência de interrogatório por falta de requerimento, em seu prejuízo".

Nesse cenário, é possível que qualquer das partes, por razões variadas, deseje *plantar* uma nulidade, durante os debates em plenário do Tribunal do Júri. Para tanto, bastaria fazer menção a qualquer dos assuntos proibidos. Detectada a má-fé ou a estratégia antiética, parece-nos natural que o feito não seja anulado, permanecendo na íntegra o julgamento realizado.

3.3 Não há nulidade por omissão de formalidade que só interesse à parte contrária

Por outro lado, ainda que não seja a causadora do vício processual, não cabe a uma parte invocar nulidade, que somente beneficiaria a outra, mormente quando esta não se interessa em sua decretação (ex.: argui nulidade o promotor por não ter sido a defesa intimada da expedição de carta precatória para ouvir testemunhas em outra Comarca, embora afirme o defensor que nenhum prejuízo sofreu a defesa do réu. Ainda que possa representar um ponto de cerceamento de defesa, somente a esta interessa requerer o seu reconhecimento). Nas palavras de BORGES DA ROSA: "As nulidades, por terem um caráter odioso, por constituírem uma sanção ou pena, devem ser alegadas e aplicadas *restritivamente*, só quando se destinem a reparar um *prejuízo* decorrente da violação da lei. Só pode, portanto, alegar nulidade quem sofreu esse *prejuízo*" (*Nulidades do processo*, p. 176).

Está correta a previsão legal, uma vez que dar causa à nulidade, pretendendo o seu reconhecimento, ou pedir que o juiz considere nulo determinado ato, quando não há interesse algum, seria a utilização dos mecanismos legais para conturbar o processo e não para garantir o devido processo legal. Logicamente, esse é o contexto das nulidades relativas, pois as absolutas devem ser reconhecidas a qualquer tempo, inclusive de ofício.

3.4 Não há nulidade de ato irrelevante para o deslinde da causa

De acordo com o art. 566 do Código de Processo Penal, não se proclama nulidade de ato processual que não houver influído na apuração da verdade real ou na decisão da causa.

Baseado no princípio geral de que, sem prejuízo, não há que se falar em nulidade, é possível haver um ato processual praticado sem as formalidades legais, que, no entanto, foi irrelevante para chegar-se à verdade real no caso julgado. Assim, preserva-se o praticado e mantém-se a regularidade do processo. Exemplo: A testemunha que se pronunciar em idioma estrangeiro deve ter intérprete (art. 223). É a formalidade do ato. Se ela for ouvida sem o intérprete, mas seu depoimento foi considerado irrelevante pelo juiz e pelas partes, não se proclama a nulidade.

3.5 A nulidade de ato processual relevante pode desencadear a dos consequentes

O princípio da causalidade significa que a nulidade de um ato pode ocasionar a nulidade de outros que dele decorram, constituindo mostra da natural conexão dos atos realizados no processo, objetivando a sentença. É o que se denomina, também, de *nulidade originária* e *nulidade derivada*.

O art. 573, § 1.º, do CPP, utiliza o termo "causará", demonstrando que a nulidade de um ato *deve* provocar a de outros, quando estes dele *dependam* diretamente ou sejam *consequência* natural do anulado. Assim, é preciso verificar, na cadeia de realização dos vários atos processuais, se o eivado de nulidade trouxe, como decorrência outros, ou não.

O interrogatório do réu é feito com base na denúncia. Se esta é anulada, naturalmente o interrogatório também precisa ser refeito. Entretanto, se uma testemunha é ouvida sem a presença do réu, não intimado, provocando a impossibilidade do reconhecimento, por exemplo, anula-se o ato, o que não prejudica outra audiência que se tenha seguido àquela, cujas partes compareceram regularmente. ADA, SCARANCE e MAGALHÃES afirmam, com razão, que a nulidade de atos postulatórios (como a denúncia) propaga-se para os atos subsequentes, enquanto a nulidade dos atos instrutórios (como a produção de provas) nem sempre infecta os demais (*As nulidades no processo penal*, p. 26).

Cabe ao magistrado ou tribunal que reconhecer a nulidade ocorrida mencionar, expressamente, todos os atos que serão renovados ou retificados, ou seja, cabe-lhe proclamar a extensão da nulidade.

4. DESATENDIMENTO DE NORMAS CONSTITUCIONAIS

Provoca, como regra, nulidade absoluta, justamente porque o sistema processual ordinário não tem possibilidade de convalidar uma infração à Constituição Federal. Entretanto, em algumas hipóteses, outros princípios igualmente constitucionais podem ser utilizados para contrapor a inobservância de regra estabelecida na Constituição, havendo a harmonização das normas e dos princípios, sem que um seja considerado superior ao outro. Ex.: um tratamento privilegiado dado ao réu, no plenário do Tribunal do Júri, em cumprimento ao princípio da plenitude de defesa, pode contrapor-se ao princípio geral da igualdade das partes no processo. Trata-se da harmonização dos princípios, razão pela qual não se pode considerar nulo o ato processual.

Na lição de ADA PELLEGRINI GRINOVER, ANTONIO SCARANCE FERNANDES e ANTONIO MAGALHÃES GOMES FILHO, a inobservância do tipo imposto pela Constituição chama-se "atipicidade constitucional" e sua invalidade deve ser buscada na própria Constituição ou no ordenamento infraconstitucional, constituindo sempre nulidade absoluta ou até mesmo demonstrando a inexistência do ato.

5. NULIDADE EM INQUÉRITO POLICIAL

Tratando-se de mero procedimento administrativo, destinado, primordialmente, a formar a opinião do Ministério Público, a fim de saber se haverá ou não acusação contra alguém, não apresenta cenário para a proclamação de nulidade de ato produzido durante o seu desenvolvimento.

Se algum elemento de prova for produzido em desacordo com o preceituado em lei, cabe ao magistrado, durante a instrução – e mesmo antes, se for preciso –, determinar que seja refeito (ex.: um laudo juntado aos autos do inquérito foi produzido por um só perito. Deve ser novamente realizado, embora permaneça válido o inquérito).

546 | MANUAL DE PROCESSO PENAL · **Nucci**

6. DIVISÃO LEGAL ENTRE NULIDADES ABSOLUTAS E RELATIVAS

O art. 564 em combinação com o art. 572, ambos do Código de Processo Penal, considera nulidades *absolutas* as seguintes: a) por incompetência, suspeição ou suborno do juiz (art. 564, I); b) por ilegitimidade de parte (art. 564, II); c) por falta de denúncia ou queixa e representação (art. 564, III, *a*); d) por ausência do exame de corpo de delito nos crimes que deixam vestígios (art. 564, III, *b*); e) por falta de nomeação de defensor ao réu presente, quando não o tiver, ou ao ausente (art. 564, III, *c*). Ressalve-se que a parte referente ao curador foi eliminada, pois não há mais necessidade de sua presença, já que o maior de 18 anos é plenamente capaz, conforme preceituado pelo Código Civil; f) por ausência de citação do réu para ver-se processar, o seu interrogatório, quando presente (art. 564, III, *e*); g) falta da sentença de pronúncia, o libelo [hoje não mais existe essa peça] e a entrega da respectiva cópia, com o rol de testemunhas [não há mais tal procedimento], nos processos do Júri (art. 564, III, *f*); h) ausência de pelo menos quinze jurados para a instalação da sessão de julgamento no Tribunal do Júri (art. 564, III, *i*); i) falta do número legal de jurados do conselho de sentença e sua incomunicabilidade (art. 564, III, *j*); j) ausência dos quesitos e as respectivas respostas (art. 564, III, *k*); l) falta de acusação ou defesa na sessão de julgamento do Júri (art. 564, III, *l*); m) ausência da sentença (art. 564, III, *m*); n) falta de recurso de ofício, nos casos estabelecidos em lei (art. 564, III, *n*); o) ausência de intimação para ciência de sentenças e decisões de que caiba recurso, na forma da lei (art. 564, III, *o*); p) falta de *quorum* para a instalação da sessão nos tribunais (art. 564, III, *p*); q) deficiência dos quesitos ou suas respostas, e contradição entre estas (art. 564, parágrafo único).

A Lei 13.964/2019 acrescentou mais uma nulidade absoluta: "V – em decorrência de decisão carente de fundamentação". Nesta hipótese, reitera-se o disposto pelo art. 93, IX, da Constituição Federal.

Relativas são as seguintes: a) falta de intervenção do Ministério Público em todos os termos da ação por ele intentada e nos da intentada pela parte ofendida, quando se tratar de crime de ação pública (inciso III, *d*, deste artigo); b) não concessão dos prazos legais à acusação e à defesa, para manifestação ou produção de algum ato (inciso III, *e*, 2.ª parte, deste artigo); c) falta de intimação do réu para a sessão de julgamento, pelo Tribunal do Júri, quando a lei não permitir o julgamento à revelia [a falta de intimação do réu pode gerar nulidade, porém a lei não mais exige o comparecimento pessoal] (inciso III, *g*, deste artigo); d) ausência de intimação das testemunhas arroladas no libelo e na contrariedade, conforme estabelecido em lei [atualmente, passa-se a considerar a ausência de intimação das testemunhas arroladas pelas partes na fase do art. 422 do CPP, pois foram suprimidos o libelo e a contrariedade] (inciso III, *h*, deste artigo); e) omissão de formalidade que constitua elemento essencial do ato (inciso IV, deste artigo).

Outras nulidades podem ser reconhecidas, advindas de princípios constitucionais e processuais, embora não expressamente constantes no rol do art. 564.

7. ESPÉCIES DE NULIDADE ABSOLUTA

7.1 Incompetência

Em cumprimento ao princípio do juiz natural, garantido constitucionalmente, ninguém será processado ou julgado senão pelo juiz indicado previamente pela lei ou pela própria Constituição. Por isso, é fundamental que as regras de competência sejam observadas, sob pena de nulidade.

Ocorre que parte da doutrina sustenta o seguinte: tratando-se de competência constitucional, a sua violação importa a inexistência do ato, e não simplesmente a sua anulação (ex.: processar criminalmente um promotor de justiça em uma Vara comum de primeira instância, em vez de fazê-lo no Tribunal de Justiça).

No mais, não sendo competência prevista diretamente na Constituição, deve-se dividir a competência em absoluta (em razão da matéria e de foro privilegiado), que não admite prorrogação, logo, se infringida é de ser reconhecido o vício como nulidade absoluta, e relativa, aquela que admite prorrogação, pois referente apenas ao território. Não aventada pelas partes, nem proclamada pelo juiz, é incabível a anulação dos atos praticados, uma vez que se considera prorrogada.

A justificativa para essa postura é dada por José Frederico Marques, ao mencionar que "na distribuição dos poderes jurisdicionais, *ratione loci*, as atribuições judiciárias se diversificam em virtude de fatores acidentais e de valor relativo. Tanto o juiz da comarca 'B', como o da comarca 'A' estão investidos de poderes jurisdicionais para conhecer e julgar o delito, sendo iguais as esferas de atribuições de ambos. Circunstâncias decorrentes de melhor divisão do trabalho, e de natureza toda relativa, é que lhes discriminam a capacidade para conhecer dos casos concretos submetidos a processo e julgamento". Mas, faz uma advertência, ainda com relação à incompetência territorial, tida como relativa: "É claro que, em se tratando de erro grosseiro, a incompetência é insanável. Suponha-se, por exemplo, que o crime tenha ocorrido na comarca 'A' e que, sem nenhum motivo, por mínimo que fosse, o processo corresse na comarca 'B', muito distante daquela. Nessa hipótese, nem o silêncio e a aquiescência do réu sanariam a nulidade" (*Da competência em matéria penal*, p. 218-219). E assim deve mesmo ser, sob pena de se ferir, irreparavelmente, o princípio constitucional do juiz natural, que envolve, com certeza, além da competência em razão da matéria e da prerrogativa de foro, a competência territorial. Afinal, como regra, estabeleceu o legislador o foro do lugar da infração não por acaso, mas para que o criminoso seja julgado no local onde seu ato atingiu a maior repercussão, servindo, inclusive, em caso de condenação, a efetivar o caráter preventivo geral da pena.

7.1.1 Coisa julgada e incompetência

Normalmente, a coisa julgada convalida as eventuais nulidades do processo. E somente o réu, através da revisão criminal e do *habeas corpus,* pode rever o julgado, sob a alegação de ter havido nulidade absoluta (não ocorre o mesmo, quando se trata de nulidade relativa, pois, não alegada no prazo, consolida-se). Entretanto, a incompetência constitucional, que considera o praticado pelo juiz como atos inexistentes, em tese, não poderia ser sanada pela coisa julgada, justamente porque a sentença que colocou fim ao processo não existiu juridicamente. Assim ocorrendo, quando em favor do acusado, não há dúvida de que o processo deve ser renovado.

Mas, e se a incompetência constitucional, se reconhecida, prejudicar o réu? Respondem Ada Pellegrini Grinover, Antonio Scarance Fernandes e Antonio Magalhães Gomes Filho que, nessa hipótese, há de se convalidar a sentença absolutória, sem haver a renovação dos atos processuais, embora inexistentes, em nome dos princípios maiores do *favor rei* e do *favor libertatis* (*As nulidades no processo penal*, p. 46). De fato, como os princípios constitucionais devem harmonizar-se, o fato de haver, na Constituição, a garantia do juiz natural, não significa que seja um princípio absoluto e imperativo. Em sintonia com os demais, não pode o réu ser prejudicado porque foi processado em Vara incompetente, o que não foi alegado a tempo pela acusação. A coisa julgada, que confere segurança às relações jurídicas, especialmente quando houver absolvição, deve ser respeitada.

7.1.2 Anulação dos atos decisórios em caso de incompetência territorial

Se a incompetência territorial gera nulidade relativa, sendo possível haver prorrogação, caso não alegada pelas partes, é natural que os atos instrutórios, proferidos por magistrado incompetente, possam ser aproveitados no juízo competente, por economia processual. Os decisórios, no entanto, precisam ser necessariamente refeitos (art. 567, CPP).

Ensinam Grinover, Magalhães e Scarance que "agora, em face do texto expresso da Constituição de 1988, que erige em garantia do juiz natural a competência para *processar e julgar* (art. 5.º, LIII, CF), não há como aplicar-se a regra do art. 567 do Código de Processo Penal aos casos de incompetência constitucional: não poderá haver aproveitamento dos atos não decisórios, quando se tratar de competência de jurisdição, como também de competência funcional (hierárquica e recursal), ou de qualquer outra, estabelecida pela Lei Maior" (*As nulidades no processo penal*, p. 45-46). E, por conta disso, defende Scarance que "se um processo correu pela Justiça Militar castrense, sendo os autos remetidos à Justiça Comum, perante esta o processo deve ser reiniciado, não sendo possível o aproveitamento dos atos instrutórios" (*Processo penal constitucional*, p. 118).

Parece-nos correta a visão adotada. Assim, somente em casos de competência relativa (territorial), pode-se aproveitar os atos instrutórios, anulando-se os decisórios. Noutras situações, tratando-se de incompetência absoluta, em razão da matéria ou da prerrogativa de foro, é fundamental renovar toda a instrução.

7.2 Suspeição e impedimento

Quando houver impedimento, por estar o magistrado proibido de exercer, no processo, a sua jurisdição (art. 252, CPP), trata-se de ato inexistente qualquer ato ou decisão sua. Em sentido contrário, crendo ser causa de nulidade absoluta, está a posição de Vicente Greco Filho: "É costume repetir-se que o impedimento retira do juiz a jurisdição. Essa assertiva, contudo, não é verdadeira. Jurisdição ele continua tendo, porque não está desinvestido. Ele somente está proibido de exercê-la naquele processo com o qual tem um dos vínculos relacionados no art. 252. A distinção é importante porque se o juiz não tivesse jurisdição (aliás, então, ele não seria juiz) seus atos seriam inexistentes, ao passo que, na realidade, o que ocorre é que seus atos são nulos, absolutamente nulos" (*Manual de processo penal*, p. 215). Entendemos, no entanto, que a lei veda o exercício jurisdicional ao magistrado em determinado processo, o que torna inexistente o ato por ele praticado justamente nesse feito. Não se trata de um mero vício, mas de uma grave infração à lei, equivalente ao magistrado de Vara Cível resolver despachar processos na Vara Criminal. Seus atos não são nulos, mas inexistentes naquele processo. Ainda que produza algum efeito, será fruto do erro de outras pessoas, envolvidas no processo, em cumpri-los. No sentido de serem inexistentes, como sustentamos: MIRABETE (*Código de Processo Penal interpretado*, p. 699).

Entretanto, tratando-se de suspeição, é motivo de nulidade, desde que a parte interessada assim reclame, através da exceção cabível. Se o juiz suspeito for aceito, deixa de existir razão para anulação dos atos por ele praticados.

7.3 Suborno do juiz

Subornar é dar dinheiro ou alguma vantagem para obter favores indevidos. Insere-se, pois, no contexto da corrupção, razão pela qual não deixa de ser um motivo especial de suspeição. Assim, conhecido pela parte, a qualquer momento, pode ser invocado para anular o que foi praticado pelo magistrado subornado. Se o réu, no entanto, foi absolvido, com trânsito em julgado, inexistindo revisão em favor da sociedade, nada se pode fazer para reabrir o processo. Responde, apenas, o juiz nos âmbitos criminal e administrativo.

7.4 Ilegitimidade de parte

Não distingue a lei se a ilegitimidade é para a causa (*ad causam*) ou para o processo (*ad processum*), razão pela qual ambas podem gerar nulidade. Entretanto, quando a ilegitimidade se referir à ação penal – como dar início à ação penal pública incondicionada não sendo membro do Ministério Público, nem a vítima, em caráter subsidiário, por exemplo –, não há como convalidar, motivo pelo qual é nulidade absoluta. Quando se cuidar de ilegitimidade para a relação processual – como uma representação irregular, por exemplo –, é possível corrigi-la, tratando-se de nulidade relativa.

Aliás, quanto a esta última situação, preceitua o art. 568 do Código de Processo Penal que a nulidade por ilegitimidade do representante da parte poderá ser corrigida a todo tempo, mediante ratificação dos atos processuais. Exemplo: Se a procuração outorgada ao advogado contiver defeitos ou falhas, é viável a sua regularização e, na sequência, colhe-se a ratificação.

7.5 Ausência de denúncia ou queixa e representação

A falta de denúncia ou queixa impossibilita o início da ação penal, razão pela qual o art. 564, III, *a*, na realidade, refere-se à ausência das fórmulas legais previstas para essas peças processuais. Uma denúncia ou queixa formulada sem os requisitos indispensáveis (art. 41, CPP), certamente é nula. Entretanto, a nulidade pode ser absoluta – quando a peça é insuficiente para garantir a defesa do réu – devendo ser refeita, ou relativa – quando a peça proporciona a defesa, embora precise de ajustes – podendo ser convalidada. Neste último caso, todas as correções devem ser feitas antes da sentença (art. 569, CPP).

A ausência de representação pode gerar nulidade, pois termina provocando impossibilidade jurídica para o órgão acusatório agir. Entretanto, é possível convalidá-la, se dentro do prazo decadencial. Quanto às fórmulas para sua elaboração, tem-se entendido que não se exige formalidades especiais, bastando ficar clara a vontade de agir da vítima.

A menção a portarias e flagrantes, no art. 564, III, *a*, do CPP, não mais tem relevo, pois a portaria, em relação às contravenções penais, que dava início ao processo, não mais é admitida, uma vez que a titularidade da ação penal é exclusiva do Ministério Público, atualmente. O auto de prisão em flagrante já não proporciona início à ação penal e, se falha houver nesse instrumento, a única consequência que pode provocar é o relaxamento da prisão, mas não a decretação da nulidade. Por isso, não se precisa corrigir eventuais omissões neles constantes.

7.6 Ausência do exame de corpo de delito

Quando o crime deixa vestígios, é indispensável a realização do exame de corpo de delito, direto ou indireto, conforme preceitua o art. 158 do CPP. Assim, havendo um caso de homicídio, por exemplo, sem laudo necroscópico, nem outra forma válida de produzir a prova de existência da infração penal, deve ser decretada a nulidade do processo, que é absoluta.

O inciso III, *b*, do art. 564, entretanto, ajustado ao disposto nos arts. 158 e 167 do Código de Processo Penal, estabelece a possibilidade de se formar o corpo de delito de modo indireto, ou seja, através de testemunhas. De um modo ou de outro, não pode faltar o corpo de delito. Outra possibilidade é a realização do exame sem o respeito às fórmulas legais, como a participação de dois peritos não oficiais.

7.7 Ausência de defesa ao réu e de nomeação de curador

Preceitua a Constituição Federal que "aos litigantes, em processo judicial ou administrativo, e aos acusados em geral são assegurados o contraditório e ampla defesa, com os meios e recursos a ela inerentes" (art. 5.º, LV). Nessa esteira, o Código de Processo Penal prevê que "nenhum acusado, ainda que ausente ou foragido, será processado ou julgado sem defensor" (art. 261, *caput*). Assim, a falta de defesa é motivo de nulidade absoluta.

Há natural distinção entre ausência e deficiência de defesa. No primeiro caso, não tendo sido nomeado defensor ao réu, caso este não possua advogado constituído, gera-se nulidade absoluta, mesmo porque presumido é o prejuízo (vide art. 263, CPP, além do princípio constitucional da ampla defesa). Na segunda situação, a deficiência de defesa não é causa obrigatória de nulidade, relativa neste caso, devendo ser evidenciado o prejuízo sofrido pelo acusado. É o conteúdo da Súmula 523 do STF: "No processo penal, a falta da defesa constitui nulidade absoluta, mas a sua deficiência só o anulará se houver prova de prejuízo para o réu".

Deve-se salientar, no entanto, que há casos de deficiência tão grosseira que podem equivaler à ausência de defesa, razão por que deve o juiz zelar pela amplitude de defesa, no processo penal, considerando o réu indefeso e nomeando-lhe outro defensor. Caso não o faça, constituída está uma nulidade absoluta, inclusive pelo fato de ter infringido

Capítulo XIX • Nulidades | **551**

preceito constitucional, natural consequência do devido processo legal (no aspecto da ampla defesa).

A ausência do acusado durante a instrução é, como regra, um direito seu. Não se trata de uma obrigação ou dever, até mesmo pelo fato de ter ele o direito ao silêncio, logo, de se manter calado e distante da colheita probatória (ao menos pessoalmente).

Entretanto, deve o acusado ser intimado para as audiências. Caso, entretanto, deixe de ser intimado, mas seu defensor compareça normalmente, cuida-se de nulidade relativa, dependente de alegação e demonstração de prejuízo, passível de preclusão caso nada se fale até as alegações finais.

Por outro lado, não é viável que dois ou mais acusados possuam o mesmo defensor, se as linhas de defesa de cada um forem antagônicas, pois o prejuízo à ampla defesa torna-se evidente. Deve o juiz zelar por isso, impedindo que a escolha se mantenha e dando prazo para que os réus constituam defensores diversos. Não o fazendo, a deficiência provoca a nulidade do feito.

Quanto à hipótese de nomeação de curador ao réu menor de 21 anos, cumpre destacar que não há mais sentido nessa nomeação, diante da edição da Lei 10.406/2002 (atual Código Civil), que passou a considerar plenamente capaz, para todos os atos da vida civil, o maior de 18 anos. Logo, a proteção almejada a quem era considerado relativamente incapaz e imaturo desapareceu. No mesmo sentido, conferir a lição de BADARÓ (*Direito processual penal*, t. 1, p. 158).

7.8   Falta de citação, ampla defesa e contraditório

Essa causa de nulidade – ausência de citação – é corolário natural dos princípios constitucionais da ampla defesa e do contraditório. Naturalmente, sem ser citado ou se a citação for feita em desacordo com as normas processuais, prejudicando ou cerceando o réu, é motivo para anulação do feito a partir da ocorrência do vício. Trata-se de nulidade absoluta.

A falta de oportunidade para interrogatório é causa de nulidade relativa (embora o CPP a insira como absoluta) se o magistrado, estando o réu presente, deixar de lhe propiciar a oportunidade para ser interrogado, o que não significa que ele deva comparecer ou mesmo responder às perguntas formuladas. Tem o acusado o direito ao silêncio, razão pela qual pode não querer ser interrogado. Apesar disso, deixar de lhe conceder a oportunidade para o interrogatório é causa de nulidade. Entretanto, segundo cremos e já afirmamos, é uma nulidade relativa.

Lembremos que a falta ou nulidade da citação ou da intimação pode ser sanada, desde que o interessado compareça em juízo com o fim de argui-la, antes de o ato consumar-se (art. 570, CPP). Se necessário for, o juiz determinará a suspensão ou adiamento do ato para não prejudicar a parte. Exemplo: o réu deixa de ser devidamente citado. Entretanto, comparece ao fórum para dizer ao juiz justamente que não teve tempo de constituir advogado para sua defesa, pois somente ficou sabendo da existência da ação penal naquele dia, por intermédio de terceiros. Supre-se a falta de citação, dá-se o réu por ciente, devendo o magistrado conceder-lhe dez dias para apresentar a defesa escrita (art. 396, CPP).

552 | MANUAL DE PROCESSO PENAL · Nucci

Se a parte não foi intimada da sentença condenatória, em outro exemplo, mas, ainda na fluência do prazo recursal, apresenta o apelo, está sanada a falha. Caso o prazo já tenha decorrido, o juiz deve reabri-lo, anulando o que foi praticado depois disso.

7.9 Falta da sentença de pronúncia, do libelo e da entrega da sua cópia

A pronúncia é o juízo de admissibilidade da acusação, que remete o caso para a apreciação do Tribunal do Júri. Sua existência no processo é fundamental, assim como é essencial que respeite a forma legal. Trata-se de nulidade absoluta o encaminhamento de um réu ao júri sem que tenha havido sentença de pronúncia ou quando esta estiver incompleta.

O libelo era a exposição da acusação em formato articulado, baseado na pronúncia. O órgão acusatório valia-se do libelo para enumerar os pontos nos quais se basearia, em plenário, para acusar o réu, pedindo sua condenação. Para a defesa era a peça que delimitava a acusação e da qual extrairia seus argumentos em favor do acusado. Foi eliminado pela Lei 11.689/2008. Com isso, renova-se a importância da pronúncia, como peça processual delimitadora da atividade acusatória em plenário.

A entrega da cópia do libelo ao réu era cogente, como dispunha o art. 421 do Código de Processo Penal. Não há mais previsão para essa entrega, uma vez que o libelo foi suprimido.

7.10 Ausência do réu e realização da sessão

Essa causa de nulidade perdeu a razão de ser, pois os julgamentos, em plenário do júri, passam a admitir a ausência do acusado. Deve-se, no entanto, intimá-lo da data da sessão. Mas, se o acusado, ainda que não intimado, comparecer ao julgamento, supera-se a falta de intimação, pois a finalidade da norma processual foi atingida, que é garantir sua presença diante do júri. Por isso, o CPP considerou a falta de intimação como nulidade relativa (art. 564, III, *g*), como veremos em item próprio.

7.11 *Quorum* para a instalação da sessão do júri

Trata-se de norma cogente, implicando nulidade absoluta a instalação dos trabalhos, no Tribunal do Júri, com menos de quinze jurados. Não se trata de mera formalidade, mas de uma margem de segurança para que possam haver as recusas imotivadas das partes – três para cada uma – permitindo, ainda, restar um número mínimo de jurados para configurar um sorteio.

Imagine-se instalar a sessão com treze jurados e as partes recusarem seis. Não haverá sorteio e o Conselho de Sentença seria formado com todos os restantes, maculando a ideia de existir um processo aleatório para sua constituição. Poder-se-ia argumentar que, não havendo recusas, teria havido sorteio, dentre os treze que compareceram, porém o precedente permitiria a instalação em desrespeito à lei e deixaria ao acaso a nulidade ou não do julgamento, o que é incompatível com as formalidades exigidas em lei para o regular e seguro funcionamento do Tribunal Popular.

7.12 Sorteio do Conselho de Sentença em número legal e incomunicabilidade dos jurados

Mais uma vez, demonstra o Código a preocupação com as formalidades existentes no Tribunal do Júri, para não haver qualquer tipo de burla ao espírito que norteia a instituição. Logo, não pode haver, em hipótese alguma, pois o prejuízo é presumido, um Conselho de Sentença formado com menos de sete jurados. Se houver, é nulidade absoluta.

É causa de nulidade absoluta a comunicação dos jurados, entre si, sobre os fatos relacionados ao processo, ou com o mundo exterior – pessoas estranhas ao julgamento –, sobre qualquer assunto. O jurado pode, é certo, conversar com os outros sobre temas variados, quando recolhido na sala secreta ou outro local qualquer, mas jamais sobre fatos envolvendo o processo. Aliás, esse é o motivo fundamental para a proibição de atuação do jurado no Conselho de Sentença caso já tenha funcionado em julgamento anterior: não haveria incomunicabilidade, pois as provas foram apresentadas e ele pôde comentá-las com outras pessoas. É o teor da Súmula 206 do STF: "É nulo o julgamento ulterior pelo júri com a participação de jurado que funcionou em julgamento anterior do mesmo processo".

7.13 Inexistência dos quesitos e suas respostas

Caso o juiz presidente não elabore os quesitos obrigatórios para conduzir o julgamento na sala secreta, uma vez que os jurados decidem fatos e não matéria de direito, haverá nulidade absoluta. Conferir: Súmula 156 do STF: "É absoluta a nulidade do julgamento, pelo júri, por falta de quesito obrigatório". As formalidades para chegar-se ao veredicto do Conselho de Sentença devem ser fielmente observadas, a fim de não se desvirtuar o funcionamento do Tribunal do Júri, imposto por lei.

Entretanto, a realização do questionário e a obtenção das respostas, embora não sejam juntados nos autos, cremos ser motivo de nulidade relativa – ao contrário do que diz o Código –, isto é, se houver prejuízo para alguma das partes, na apresentação de razões de apelo ou de outro recurso qualquer. Porém, se a não juntada do termo não tiver representado prejuízo, visto que as partes aceitam o veredicto proferido e não o questionam, é superável a ocorrência.

7.14 Ausência de acusação e defesa no julgamento pelo Tribunal do Júri

É fundamental que acusação e defesa estejam presentes e participando ativamente da sessão de julgamento, visto que os jurados são leigos e necessitam de todos os esclarecimentos possíveis para bem julgar. Lembremos, ainda, que são soberanos nas suas decisões e somente se assegura soberania, quando há informação. Logo, se faltar acusação ou for esta deficiente o suficiente para prejudicar seriamente o entendimento das provas pelos jurados, é motivo de dissolução do Conselho, antes que a nulidade se instaure de modo irreparável. O mesmo se diga com relação à ausência ou grave deficiência da defesa. Havendo, no entanto, ausência ou deficiência grave, é nulidade absoluta. Outras deficiências configuram nulidade relativa.

7.15 Ausência da sentença

Não se concebe exista um processo findo, sem sentença. Logo, é um feito nulo. E mais: se a sentença não contiver os termos legais – relatório, fundamentação e dispositivo – também pode ser considerada nula. Trata-se de nulidade absoluta.

A falta das fórmulas legais que devem estar presentes na sentença é causa de nulidade absoluta (arts. 381 e 387, CPP). Assim sendo, não há dúvida de que a insuficiente fundamentação, especialmente da decisão condenatória, bem como a incorreta individualização da pena, inclusive quando se vale de termos genéricos e vagos, sem apego à prova e demonstração concreta dos elementos previstos no art. 68 do Código Penal, ou a não utilização do sistema trifásico, servem para provocar esse efeito.

A não apreciação das teses apresentadas pela defesa constitui causa de nulidade absoluta, por prejuízo presumido. A motivação das decisões judiciais é preceito constitucional (art. 93, IX, CF), além do que analisar, ainda que seja para refutar, as teses defensivas caracterizam corolário natural do princípio da ampla defesa.

7.16 Ausência de processamento ao recurso de ofício

Na verdade, cuida-se do duplo grau de jurisdição necessário. Em determinadas hipóteses, impôs a lei que a questão, julgada em primeiro grau, seja obrigatoriamente revista por órgão de segundo grau. A importância do tema faz com que haja dupla decisão a respeito. Exemplo: a concessão de *habeas corpus* pelo juiz de primeiro grau (art. 574, I, CPP).

O desrespeito a esse dispositivo faz com que a sentença não transite em julgado, implicando nulidade absoluta dos atos que vierem a ser praticados após a decisão ter sido proferida. Caso a parte interessada apresente recurso voluntário, supre-se a falta do recurso de ofício. A respeito, ver Súmula 423 do STF: "Não transita em julgado a sentença por haver omitido o recurso *ex officio*, que se considera interposto *ex lege*".

7.17 Ausência de intimação para recurso

As partes têm o direito a recorrer de sentenças e despachos, quando a lei prevê a possibilidade, motivo pelo qual devem ter ciência do que foi decidido. Omitindo-se a intimação, o que ocorrer, a partir daí, é nulo, por evidente cerceamento de acusação ou de defesa, conforme o caso. Cuida-se de nulidade relativa, dependente da mostra de prejuízo, embora o CPP a catalogue como absoluta.

7.18 Falta do *quorum* legal para a decisão

Conforme o Regimento Interno de cada tribunal, há sempre um número mínimo de Ministros, Desembargadores ou Juízes para que a sessão de julgamento possa instalar-se validamente. Como na organização do Tribunal do Júri, onde se exige o mínimo de quinze jurados para ter início a sessão, bem como sete para a formação do Conselho de Sentença, nos Tribunais o mesmo se dá. Infringir o *quorum* é nulidade absoluta.

7.19 Quesitos ou respostas deficientes e contradição entre elas

Se o magistrado elabora quesitos de difícil compreensão ou que não contêm a tese exata esposada pela parte interessada, poderá gerar respostas absurdas dos jurados, possivelmente fruto da incompreensão do que lhes foi indagado. Há nulidade absoluta nesse caso.

Não vemos, no entanto, como um quesito eficientemente redigido possa provocar respostas deficientes, como o parágrafo único do art. 564 do CPP dá a entender que ocorra. Seria invadir o mérito das decisões dos jurados checar a eficiência ou deficiência das respostas, o que não é plausível. O mesmo se diga em relação às contradições. Se o juiz está conduzindo bem o julgamento e elaborou quesitos completos e claros, não há razão para haver contradição entre respostas. Havendo, a responsabilidade é do próprio juiz presidente e o que gera nulidade não é a contradição entre respostas, mas a indevida condução da votação.

7.20 Decisão carente de fundamentação

Esta é outra situação de nulidade absoluta, introduzida pela reforma da Lei 13.964/2019. Enquanto no CPP menciona-se apenas a "ausência de sentença", agora se amplia a abrangência para atingir toda e qualquer decisão judicial. Nem precisaria existir o dispositivo introduzido no inciso V do art. 564 do CPP, caso fosse cumprido à risca o art. 93, IX, da Constituição Federal, que preceitua o mesmo. Enfim, deve o magistrado emitir decisão justificada (demonstrando o seu raciocínio lógico para chegar àquela conclusão, seja qual for) e fundamentada (baseada em elementos concretos existentes nos autos). Não o fazendo, espera-se que o tribunal a anule, pois absolutamente falha.

8. ESPÉCIES DE NULIDADE RELATIVA

8.1 Infringência à regra da prevenção

Trata-se de nulidade relativa, pois a prevenção é vinculada à competência territorial que, como expusemos anteriormente, provoca, quando violada, vício sanável. Nesses termos, conferir a Súmula 706 do STF: "É relativa a nulidade decorrente da inobservância da competência penal por prevenção".

É natural que assim seja, pois a prevenção é somente o conhecimento antecipado de determinada questão jurisdicional por juiz que poderia apreciar o feito caso houvesse regular distribuição. Exemplo: em uma Comarca, há três Varas Criminais com igual competência para os diversos feitos da área penal. Para a eleição do juiz natural, o caminho natural é a distribuição (art. 69, IV, CPP), embora possa ocorrer uma situação de urgência, como a necessidade de se obter uma prisão preventiva em plena investigação policial. Dessa forma, estando presente na Comarca no final de semana o juiz da 1.ª Vara, a autoridade policial com ele despacha o pedido de prisão cautelar e obtém a medida constritiva. Está a 1.ª Vara preventa para o conhecimento de eventual ação penal a ser ajuizada. Pode ocorrer, no entanto, que não se obedeça a esse critério, distribuindo-se livremente o feito, quando o inquérito for concluído, razão pela qual cai nas mãos do juiz da 2.ª Vara. Caso ninguém questione, nem provoque a exceção de incompetência, não é motivo de anulação do processo futuramente, a pretexto de ter havido nulidade absoluta. Repita-se: nesse caso, tratando-se de competência relativa, a violação causa, igualmente, nulidade relativa.

556 | MANUAL DE PROCESSO PENAL · Nucci

8.2 Falta de intervenção do Ministério Público

Menciona o art. 564, III, *d*, c.c. art. 572, do CPP, ser causa de nulidade relativa se o representante do Ministério Público não interferir nos feitos por ele intentados (ação pública), bem como naqueles que foram propostos pela vítima, em atividade substitutiva do Estado-acusação (ação privada subsidiária da pública).

Entendemos, no entanto, que a intervenção do Ministério Público também é obrigatória, nos casos de ação exclusivamente privada, uma vez que a pretensão punitiva é somente do Estado (sujeito passivo formal de todas as infrações penais). Por isso, nas hipóteses em que é o titular da ação penal, a sua não intervenção causa nulidade absoluta (embora o CPP preceitue ser nulidade relativa, conforme art. 572), mas, naqueles feitos conduzidos pelo ofendido, trata-se de relativa, necessitando-se da prova do prejuízo.

Em suma, a norma processual penal estabelece que a não intervenção do Ministério Público em ação pública por ele intentada ou em ação privada subsidiária da pública é nulidade relativa, que pode ser sanada, com o que não se pode aquiescer, uma vez que o interesse público e o princípio da obrigatoriedade da propositura e acompanhamento da ação penal determinam de modo diverso. Um processo sem participação do órgão acusatório é nulo, sem que se possa sanar essa falha. Por outro lado, o Código de Processo Penal nada fala sobre a não intervenção do Ministério Público na ação penal privada exclusiva, embora saibamos dever ele atuar como fiscal da lei. Pode-se, pois, concluir que a não interferência gera vício. Nessa situação, no entanto, sanável.

8.3 Falta de concessão de prazos à acusação e à defesa

Ao longo da instrução, vários prazos para manifestações e produção de provas são concedidos às partes. Deixar de fazê-lo pode implicar um cerceamento de acusação ou de defesa, resultando em nulidade relativa, ou seja, reconhece-se o vício, refazendo o ato somente se houver prejuízo demonstrado.

Como decorrência natural da aplicação da garantia constitucional da ampla defesa, sempre que o defensor constituído do acusado renunciar é obrigatória a sua intimação para eleger outro de sua confiança, antes que o juiz possa nomear-lhe um dativo. Portanto, o mesmo deve ocorrer em grau de recurso, ou seja, caso a renúncia ocorra quando o processo está no tribunal, aguardando julgamento de apelação ou outro recurso, é fundamental que o relator providencie a intimação do acusado para constituir outro defensor assim que tomar conhecimento da renúncia do anterior. Não o fazendo – e havendo prejuízo – é nulo o julgamento da apelação. É o teor da Súmula 708 do STF: "É nulo o julgamento da apelação se, após a manifestação nos autos da renúncia do único defensor, o réu não foi previamente intimado para constituir outro". Parece-nos que a nulidade deve ser considerada relativa, até porque, embora a apelação seja julgada, pode levar a uma decisão de interesse do acusado, não merecendo, pois, ser desconsiderada.

8.4 Falta de intimação do réu para a sessão de julgamento do júri, quando a lei não permitir que se faça com sua ausência

Após a edição da Lei 11.689/2008, não mais se exige a presença do réu em julgamentos realizados pelo júri. Ele tem direito ao comparecimento, mas não a obrigação.

Capítulo XIX • Nulidades | **557**

Portanto, nulidade absoluta haveria se a sessão transcorresse, sem que tivesse havido a intimação do réu, comunicando-o da data e hora do julgamento.

Ainda assim, não tendo havido intimação, porém, se ele comparecer, sana-se a falha.

8.5 A não intimação das testemunhas arroladas no libelo e na contrariedade

Não mais se arrolam testemunhas no libelo e na contrariedade, peças suprimidas pela Lei 11.689/2008. Porém, continua havendo a possibilidade de se indicar testemunhas para serem ouvidas em plenário (art. 422, CPP).

Não tendo havido a intimação solicitada pelas partes, o julgamento pelo júri está prejudicado. Nova sessão deve ser agendada, caso alguma das testemunhas falte. Entretanto, se todas comparecerem, mesmo que não intimadas, o julgamento pode realizar-se. Por outro lado, se, a despeito de não intimadas e sem terem comparecido, a sessão ocorrer, configura-se nulidade relativa, ou seja, anula-se desde que as partes reclamem, demonstrando prejuízo.

Lembremos que testemunhas residentes fora da Comarca onde se dará o julgamento pelo Tribunal do Júri devem ser intimadas, para não configurar qualquer tipo de cerceamento – à acusação ou à defesa –, mas não estão obrigadas a comparecer. Aliás, por serem leigas, na maior parte das vezes, deve o juiz colocar esse alerta – não obrigatoriedade do comparecimento – na precatória que expedir para que sejam intimadas na outra Comarca.

8.6 Ausência da forma legal dos atos processuais

Os atos processuais são realizados conforme a forma prevista em lei. Se algum ato for praticado, desrespeitada a forma legal, desde que se trate de formalidade essencial à sua existência e validade, a nulidade deve ser reconhecida. Entretanto, trata-se de nulidade relativa, que somente se reconhece havendo prejuízo para alguma das partes.

Exemplo: o mandado de citação deve ser expedido contendo o nome do juiz, o nome do querelante, nas ações iniciadas por queixa, o nome do réu, a sua residência, o fim da citação, o prazo para a apresentação da defesa escrita, a subscrição do escrivão e a rubrica do juiz (art. 352, CPP, com a adaptação provocada pelas Leis 11.689/2008 e 11.719/2008). Faltando no mandado o prazo da apresentação da defesa (dez dias), pode provocar a ausência da peça defensiva, gerando nulidade. Entretanto, caso o réu ofereça a defesa no prazo legal, porque se informou com outras pessoas ou com seu defensor a respeito, sana-se o defeito.

9. MOMENTO PARA ARGUIÇÃO DAS NULIDADES RELATIVAS

As nulidades absolutas podem ser apontadas a qualquer tempo e em qualquer instância, mesmo depois do trânsito em julgado. Não há prazo em lei.

As relativas, no entanto, porque podem ser sanadas, inclusive pela preclusão, têm prazo para sua arguição. Fixa o art. 571 do CPP as seguintes regras: a) as da instrução criminal dos processos da competência do júri, até as alegações finais (art. 411, § 4.º,

CPP); b) as da instrução criminal dos procedimentos comuns, até as alegações finais (arts. 403 e 534, CPP); c) as ocorridas após a pronúncia, logo depois de anunciado o julgamento em plenário e apregoadas as partes (art. 463, CPP); d) as da instrução criminal de processo de competência originária dos tribunais, até as alegações finais; e) as verificadas após a decisão de primeira instância, nas razões de recurso (usa-se a preliminar para isso) ou logo após de anunciado o julgamento do recurso e apregoadas as partes (faz-se oralmente à câmara ou turma julgadora); f) as do julgamento em plenário do Júri, em audiência ou em sessão do tribunal, logo depois de ocorrerem (cuida-se de preclusão instantânea, caso não alegada de pronto).

Não há mais o prazo previsto no art. 571, IV, pois não mais se utiliza o disposto no capítulo das medidas de segurança, inaplicáveis aos imputáveis atualmente.

Ressalte-se que, ao fazer o questionamento das nulidades em memoriais, deve a parte valer-se da preliminar, isto é, um destaque na petição, anterior à discussão do mérito da causa. Dessa forma, se o juiz a acolher, nem avalia o mérito, determinando o refazimento dos atos falhos.

Outro ponto fundamental diz respeito à necessidade de haver recurso do Ministério Público para que o tribunal reconheça nulidade contra interesse do réu, ainda que absoluta. Do contrário, em favor do acusado, pode-se invocar a Súmula 160 do Supremo Tribunal Federal: "É nula a decisão do Tribunal que acolhe, contra o réu, nulidade não arguida no recurso da acusação, ressalvados os casos de recurso de ofício".

10. CONVALIDAÇÃO DAS NULIDADES

Convalidar significa restabelecer a validade. Assim, quando houver algum vício – nulidade relativa – que possa ser sanado ou superado pela falta de pedido da parte interessada para o seu reconhecimento, dá-se por convalidada a nulidade.

A preclusão – que é a falta de alegação no tempo oportuno – é motivo de validação do defeito contido em determinado ato processual. Estabelece o art. 571 do CPP, como já analisamos, os momentos para a alegação das nulidades, após os quais, quando relativas, serão consideradas sanadas.

O trânsito em julgado da sentença pode levar, ainda, à impossibilidade de reconhecimento das nulidades. Quando condenatória a decisão, não havendo revisão em favor da sociedade, o princípio é absoluto. Entretanto, no caso da defesa, há a possibilidade de ajuizamento de revisão criminal ou de *habeas corpus*, desde que se trate de nulidade absoluta. Além da preclusão, há possibilidade de se convalidar a nulidade, quando o ato processual viciado atingir a sua finalidade, como se pode ver no art. 570 do CPP.

As regras básicas para sanar os defeitos das nulidades relativas são as seguintes: a) se não forem levantadas em tempo oportuno, conforme prazos estipulados no art. 571 do CPP; b) se o ato processual for praticado de outra forma e, ainda assim, atingir o seu fim; c) se a parte, ainda que tacitamente, aceitar seus efeitos (art. 572, CPP).

A renovação ou retificação do ato anulado, caso não possa ser corrigido ou superada a sua falha, é consequência natural da decretação da nulidade. Se o vício não foi consertado na forma prevista no Código de Processo Penal, é preciso que o juiz considere nulo o realizado e determine a sua renovação (quando se pratica novamente o ato) ou a sua retificação (quando se conserta o que estava errado), nos termos do art. 573.

 SÍNTESE

Nulidade: é um vício que contamina o ato processual, provocando a sua retificação ou ratificação, conforme o caso, com o objetivo de respeitar a forma expressamente prevista em lei.

Nulidade absoluta: trata-se de vício grave, que não pode ser sanado, suprido ou olvidado, devendo o ato ser renovado necessariamente. Presume-se o prejuízo para a parte interessada.

Nulidade relativa: cuida-se de vício médio, que pode ser reparado, ratificado ou simplesmente esquecido pelas partes, não implicando a necessária renovação do ato. Deve ser provado o prejuízo para a parte interessada.

Inexistência: significa que o vício atinge determinado ato de forma tão grave, a ponto de não se poder considerá-lo ato processual. Deve ser necessariamente refeito, independentemente de alegação das partes e do reconhecimento do juiz.

Irregularidade: quer dizer que o vício é leve, podendo ser esquecido, continuando-se a instrução regularmente, sem necessidade de refazimento.

Regras gerais: não se reconhece nulidade sem prejuízo; não se admite nulidade gerada por má-fé ou que somente interesse à parte que não a alegou; não se acolhe nulidade de ato irrelevante para a causa; a nulidade de um ato pode levar à de outro que dele dependa.

NULIDADES

Falhas e vícios nos atos processuais

1 – Atos inexistentes: são violações gravíssimas à lei, que não podem nem mesmo ser considerados processualmente existentes. Ex.: ofensas às normas constitucionais que fixam prerrogativa de foro, como processar criminalmente um deputado federal em juízo de 1.º grau

2 – Atos absolutamente nulos: são vícios graves que podem ser reconhecidos de ofício pelo juiz, a qualquer tempo, sem possibilidade de validação, devendo haver renovação. Ex.: ausência de defesa técnica ao réu

3 – Atos relativamente nulos: são os que possuem falhas evidentes, mas que admitem validação, somente podendo ser apontados pelas partes interessadas, no prazo legal, sob pena de preclusão, mediante demonstração de prejuízo. Ex.: ausência de concessão de prazo para a parte manifestar-se nos autos

4 – Atos irregulares: são vícios superficiais que não chegam a invalidar o ato. Ex.: o juramento do Conselho de Sentença, no Tribunal do Júri, é colhido informalmente, ou seja, sem que todos os presentes e o juiz presidente se levantem

Nulidades absolutas (art. 564)

1 – incompetência, suspeição ou suborno do juiz (inciso I)

2 – ilegitimidade de parte (inciso II)

3 – ausência de denúncia ou queixa e representação nos crimes de ação pública condicionada (inciso III, *a*)

4 – ausência de exame de corpo de delito nos crimes que deixam vestígios materiais (inciso III, *b*)

5 – falta de nomeação de defensor ao réu presente, que não o possuir, ou ao ausente, bem como de curador ao menor de 21 anos (inciso III, *c*)

6 – falta de citação do réu para ver-se processar, do seu interrogatório, quando presente (inciso III, *e*, 1.ª parte)

7 – falta de decisão de pronúncia, no processo do Tribunal do Júri (inciso III, *f*)

8 – instalação da sessão do Júri sem a presença de pelo menos 15 jurados (inciso III, *i*)

9 – não realização do sorteio dos jurados do Conselho de Sentença em número legal e sua incomunicabilidade (inciso III , *j*)

10 – ausência dos quesitos e das respectivas respostas (inciso III, *k*)

11 – ausência da acusação e da defesa na sessão de julgamento (inciso III, *l*)

12 – falta da sentença (inciso III, *m*)

13 – não processamento do recurso de ofício, quando a lei o tenha estabelecido (inciso III, *n*)

14 – falta de intimação, nas condições legais, para ciência de sentenças e despachos de que caiba recurso (inciso III, *o*)

15 – falta de *quorum* legal para julgamentos nos tribunais (inciso III, *p*)

16 – em decorrência de decisão carente de fundamentação (inciso V)

Continuação:

Nulidades relativas (art. 564)

1 – falta de intervenção do Ministério Público em todos os termos da ação por ele intentada e nos da intentada pela parte ofendida, quando se tratar de crime de ação pública (inciso III, *d*)

2 – não concessão dos prazos legais à acusação e defesa para manifestação ou produção de algum ato (inciso III, *e*, 2.ª parte)

3 – falta de intimação do réu para a sessão de julgamento, pelo Tribunal do Júri (inciso III, *g*)

4 – ausência de intimação das testemunhas arroladas pelas partes na fase de preparação do plenário (inciso III, *h*)

5 – omissão de formalidade que constitua elemento essencial do ato (inciso IV)

Capítulo XX

Recursos

1. CONCEITO DE RECURSO

É o direito que possui a parte, na relação processual, de se insurgir contra as decisões judiciais, requerendo a sua revisão, total ou parcial, em instância superior. Segundo BORGES DA ROSA, o "recurso tem seu fundamento na contingência humana, na falibilidade da cultura, da inteligência, da razão e da memória do homem, por mais culto, perspicaz e experiente que seja". Destina-se, pois, a sanar "os defeitos graves ou substanciais da decisão", "a injustiça da decisão", "a má apreciação da prova", "a errônea interpretação e aplicação da Lei, ou da norma jurídica", "a errônea interpretação das pretensões das partes" e "a errônea apreciação dos fatos e das suas circunstâncias" (*Comentários ao Código de Processo Penal*, p. 693).

Não nos parece adequado, pois, classificar como recurso o instrumento processual voltado ao mesmo órgão prolator da decisão, para que a reveja ou emende. Excepcionalmente, no entanto, surgem instrumentos com essa conformação, considerados por alguns processualistas como recursos, mas que, em verdade, são autênticos pedidos de reconsideração ou revisão dirigidos ao mesmo órgão prolator, como ocorre com os embargos de declaração. Entende-se que ganhem a denominação de recurso uma vez que possibilitam ao magistrado rever a decisão proferida, mesmo que seja somente para sanar algum erro (obscuridade, omissão, entre outros), podendo, ao fazê-lo, alterar o rumo do que havia sido decidido. Dessa maneira, se o juiz, reconhecendo que deixou de apreciar uma alegação ou um pedido feito por uma das partes, fazendo-o então nos embargos de declaração, pode alterar o decidido, transmudando o dispositivo condenatório para absolutório ou o contrário.

2. NATUREZA JURÍDICA DO RECURSO

O direito de peticionar ao Poder Judiciário para a obtenção de uma decisão aplicando a norma ao caso concreto, disciplinando conflitos de interesses e fazendo valer o poder punitivo do Estado, denomina-se *direito de ação*. Nessa medida, é preciso considerar o recurso como um mero desdobramento desse direito primário. Seria o segundo estágio para que o interessado obtenha o provimento jurisdicional almejado. Para ADA, MAGALHÃES e SCARANCE, trata-se de "aspecto, elemento ou modalidade do próprio direito de ação e de defesa" (*Recursos no processo penal*, p. 32), acrescentando FREDERICO MARQUES que não se trata de uma espécie autônoma de ação, mas apenas o poder de rever decisões proferidas dentro do mesmo processo (*Elementos de direito processual penal*, v. 4, p. 181).

3. CARACTERÍSTICAS FUNDAMENTAIS DOS RECURSOS

Se recurso é manifestação natural de inconformismo da parte com a decisão proferida pelo juiz, consequência disso é que os recursos em geral devem ser:

a) *voluntários*, ou seja, a sua interposição depende, exclusivamente, do desejo da parte de contrariar a decisão proferida (art. 574, CPP). Exceções existem, no contexto do processo penal, diante dos chamados *recursos de ofício*, como veremos adiante, e da possibilidade de extensão dos efeitos do recurso de um apelante ao corréu, desde que o beneficie, como prevê o art. 580, CPP. Adotada, no Brasil, a teoria unitária ou monística, em relação ao concurso de pessoas, cabe observar que não importa o número de agentes colaborando para a prática da infração penal, pois haverá o reconhecimento de somente um delito. Assim, "quem, de qualquer modo, concorre para o crime incide nas penas a este cominadas, na medida de sua culpabilidade" (art. 29, CP). Logicamente, se assim é, caso um dos coautores recorra e o tribunal reconheça a atipicidade da conduta, por exemplo, não tem sentido manter a condenação dos demais – ou mesmo a prisão – somente porque eles não teriam interposto apelo. Nesse caso, está-se alterando elemento constitutivo e essencial da configuração do crime, relativo ao fato e não ao autor, razão pela qual deve aproveitar a todos o julgamento proferido. Trata-se da extensão subjetiva do efeito devolutivo do recurso. Por outro lado, excepciona o art. 580 do CPP a hipótese de benefícios de caráter pessoal. Assim, como exemplo, se um dos coautores é menor de 21 anos, a prescrição lhe será computada pela metade. Pode ocorrer, portanto, que sua punibilidade seja julgada extinta, enquanto a dos demais coautores permaneça íntegra;

b) *tempestivos* (também constitui um pressuposto de admissibilidade), vale dizer, não é viável a existência de um período indefinido para que o interessado demonstre formalmente seu inconformismo. Por isso, a lei fixa prazos para que tal se dê. Aliás, essa é uma das principais razões pelas quais não se deve considerar recursos as ações autônomas – como o *habeas corpus*, o mandado de segurança e a revisão criminal –, que têm por finalidade apresentar inconformismo contra certas decisões e, como tal, de regra, sem sujeição a prazos exíguos. Acrescente-se que as ações impugnativas podem voltar-se tanto contra decisões com trânsito em julgado – ou simplesmente preclusas a outro recurso –, como em relação a decisões em face das quais ainda é possível interpor recurso específico;

c) taxativos, significando que o recurso deve estar expressamente previsto em lei, para que a parte interessada dele lance mão. Não fosse assim e inexistiria segurança jurídica, visto que toda e qualquer decisão, sob qualquer circunstância, desagradando uma das partes, permitiria ser questionada em instância superior. A ampla possibilidade recursal certamente terminaria por fomentar atitudes protelatórias, impedindo o equilibrado andamento do processo.

4. EFEITOS DOS RECURSOS

O efeito *devolutivo* é regra geral, permitindo que o tribunal superior reveja integralmente a matéria controversa, sobre a qual houve o inconformismo. Naturalmente, cabe à instância superior avaliar, ainda, matéria que lhe permite conhecimento de ofício, sem a impugnação expressa de qualquer das partes (ex.: nulidade absoluta, mormente quando há prejuízo para o réu).

O efeito *suspensivo* é excepcional, impedindo que a decisão produza consequências desde logo. Há situação a comportar imediata eficácia, como a sentença absolutória, provocando a imediata soltura do réu; outras, no entanto, submetem-se à eficácia contida, como a sentença condenatória, impondo pena privativa de liberdade, que não se executa, senão após o trânsito em julgado (existem hipóteses, também, excepcionais de recolhimento provisório ao cárcere, embora sejam frutos de medidas cautelares e não da sentença propriamente dita).

Aliás, como bem lembram ADA, MAGALHÃES e SCARANCE, não é o recurso que possui efeito suspensivo, pois a decisão sujeita a recurso não tem eficácia, até que a instância superior se manifeste. Ele é o instrumento para prorrogar a condição de ineficácia da decisão (*Recursos no processo penal*, p. 51).

Pode-se mencionar, ainda, o efeito *regressivo*, que significa devolver ao mesmo órgão prolator da decisão a possibilidade de seu reexame, o que acontece com os embargos declaratórios e outros recursos, como o recurso em sentido estrito e o agravo em execução.

5. RECURSO DE OFÍCIO

Trata-se de terminologia equivocada do Código de Processo Penal, uma vez que recurso é demonstração de inconformismo, visando à reforma do julgado, motivo pelo qual não tem cabimento sustentar que o juiz, ao decidir qualquer questão, "recorre" de ofício de seu próprio julgado. Dessa forma, o correto é visualizar na hipótese do art. 574, I, do Código de Processo Penal o *duplo grau de jurisdição obrigatório* ou *reexame necessário*.

Diante da relevância da matéria, impõe a lei que a decisão seja submetida à dupla análise. Havendo somente uma decisão, não se produz a coisa julgada, como preceitua a Súmula 423 do STF: "Não transita em julgado a sentença por haver omitido o recurso *ex officio*, que se considera interposto *ex lege*".

Há posição minoritária na doutrina, considerando que o *recurso de ofício* está revogado pela Constituição Federal de 1988, particularmente pelo disposto no art. 129, I, que atribui, exclusivamente, ao Ministério Público a titularidade da ação penal. Assim, caso o juiz considerasse interposto um recurso, sem haver qualquer requerimento das partes, estaria agindo de ofício e movimentando a ação penal, valendo-se de ilegítima iniciativa. Não nos parece seja assim, pois o que o magistrado faz, ao determinar o processamento de um recurso de ofício, nada mais é do que submeter a questão, cuidada de modo particular pelo legislador, ao duplo grau de jurisdição obrigatório. Não está questionando sua própria decisão, mas apenas cumprindo a lei. Esta, em última análise, considera interposto o recurso. O juiz nada mais faz do que providenciar que os autos subam à instância superior.

Exige-se, ainda, o duplo grau de jurisdição obrigatório, quando houver absolvição de acusados em processo por crime contra a economia popular ou contra a saúde pública – exceto envolvendo entorpecentes, que é caso regido por lei específica, como a Lei de Drogas –, bem como quando houver o arquivamento dos autos do inquérito policial (Lei 1.521/51, art. 7.º).

No Código de Processo Penal, antes do advento da Lei 11.689/2008, eram hipóteses de duplo grau de jurisdição obrigatório, conforme o art. 574: sentença concessiva de *habeas corpus* e decisão de absolvição sumária pelo juiz togado no procedimento do júri.

A primeira é justificada pelo fato de que, à época de edição do Código de Processo Penal, entendia-se não caber recurso do Ministério Público, caso houvesse concessão de *habeas corpus* pelo magistrado de primeiro grau. Assim, visando ao controle dessas decisões, em nome do interesse social, determinou a lei que houvesse o duplo grau de jurisdição obrigatório (ADA, MAGALHÃES e SCARANCE, *Recursos no processo penal*, p. 381; BENTO DE FARIA, *Código de Processo Penal*, v. 2, p. 313). Atualmente, há recurso possível para o Ministério Público (art. 581, X, CPP), razão pela qual desnecessário seria o recurso de ofício.

Quanto à segunda situação, buscando resguardar a soberania dos veredictos e a competência do Tribunal Popular, impunha a lei que a decisão do juiz, absolvendo sumariamente o réu, nos processos do júri, fosse revista pelo órgão jurisdicional superior.

Entretanto, a Lei 11.689/2008 provocou a eliminação do recurso de ofício nos casos de absolvição sumária. Há duas razões principais para essa conclusão: a) o art. 574, II, do CPP, mencionava a hipótese de recurso de ofício no caso de absolvição sumária, nos termos do art. 411. Esse artigo transferiu seu conteúdo para o atual art. 415, que deixa de fazer qualquer referência ao duplo grau de jurisdição obrigatório; b) o contexto do art. 574, II, do CPP, faz referência somente às absolvições com base em excludentes de ilicitude ou de culpabilidade. Olvidou as demais hipóteses incluídas pelo atual art. 415, o que tornaria ilógica a sua aplicação. Algumas decisões de absolvição sumária ficariam, em tese, sujeitas ao recurso de ofício; outras, no mesmo contexto do júri, não. Por isso, reputamos eliminado o recurso de ofício nos casos de absolvição sumária no procedimento do júri.

Registre-se, ainda, a existência de recurso de ofício quando o relator indefere liminarmente a revisão criminal e quando o presidente do tribunal indefere liminarmente *habeas corpus*. Mais adiante, tornaremos ao tema nesses dois casos.

6. PARTICULARIDADES GERAIS E ASPECTOS FORMAIS DOS RECURSOS

6.1 Desvio da administração pública no processamento do recurso

Se, porventura, deixar algum recurso de ser apresentado ou processado no prazo legal, em decorrência de ato faltoso de servidor público – não apenas do Judiciário –,

Capítulo XX • Recursos | **567**

é preciso garantir o seu seguimento à instância superior (art. 575, CPP). Exemplo disso pode ser extraído da conduta do funcionário do protocolo, que deixa de enviar ao cartório, a tempo, recurso regularmente apresentado pela parte. Descoberta a falha, é natural que o recurso deva ser recebido e processado, verificando-se, administrativamente, a responsabilidade do servidor. Conferir a Súmula 320 do STF: "A apelação despachada pelo juiz no prazo legal não fica prejudicada pela demora da juntada, por culpa do cartório".

6.2   Impossibilidade de desistência do recurso do Ministério Público

Sabemos que há obrigatoriedade para o ajuizamento da ação penal, mormente nos casos de crimes de ação pública incondicionada, motivo pelo qual, uma vez interposto o recurso, que é um desdobramento do direito de ação, não pode o representante do Ministério Público dele desistir (art. 576, CPP).

Logicamente, não é obrigatório o oferecimento do recurso, porque depende do convencimento pessoal do representante do Ministério Público acerca do acerto ou erro da decisão judicial, análise que se situa na órbita da sua independência funcional. Entretanto, feita a opção, desistência não pode ocorrer.

É possível, no entanto, que um promotor apresente a petição de interposição do apelo, abrindo-se, depois, vista a outro representante do Ministério Público para oferecer as razões. Este último, não concordando com o recurso em andamento, dele não pode desistir, mas suas razões podem espelhar entendimento diverso do que seria compatível com o desejo de recorrer. Trata-se, como já se disse, da independência funcional do membro do Ministério Público. Ilustrando: o réu foi absolvido porque o magistrado reconheceu que atuou em situação de inexigibilidade de conduta diversa (excludente supralegal de culpabilidade). O promotor, tomando ciência da sentença, apresenta apelação, sem as razões, uma vez que não aceita a existência das excludentes supralegais em Direito Penal. Posteriormente, quando outro representante do Ministério Público recebe os autos para oferecer os fundamentos do apelo, acolhe os argumentos do magistrado, crendo viável a tese; não podendo desistir, apresenta razões concordantes com os fundamentos da sentença.

6.3   Múltipla legitimidade recursal

Admite o processo penal que o recurso seja interposto pelo Ministério Público, pelo querelante, pelo réu pessoalmente, por seu procurador ou por seu defensor (art. 577, *caput*, CPP).

Como hipótese de legitimação excepcional, há, ainda, a possibilidade do ofendido e das pessoas que o sucederem na ação penal (cônjuge, ascendente, descendente ou irmão) oferecerem recurso, ainda que não estejam habilitados nos autos como assistentes de acusação, quando o juiz julgar extinta a punibilidade do réu, impronunciá-lo ou absolvê-lo, respeitadas as regras estabelecidas nos arts. 584, § 1.º, e 598 do Código de Processo Penal. Outras pessoas ou entes, previamente admitidos como assistentes de acusação, também podem apresentar recurso. Não se olvide, também, a excepcional participação do terceiro de boa-fé, cujo bem foi apreendido ou sequestrado, e que, apesar

568 | MANUAL DE PROCESSO PENAL · Nucci

de apresentados os embargos, teve sua pretensão rejeitada pelo juiz (art. 130, II, CPP). Pode ele apresentar apelação.

6.4 Interesse recursal

Trata-se de um dos pressupostos subjetivos (voltaremos ao tema mais adiante) para a admissibilidade dos recursos. É natural que a parte somente poderá provocar o reexame da matéria já decidida por determinado órgão, remetendo o feito à instância superior, quando eventual modificação da decisão lhe trouxer algum tipo de benefício. Recorrer por recorrer é algo inútil, constitutivo de obstáculo à economia processual, além do que o Judiciário é voltado à solução de conflitos e não simplesmente a proferir consultas ou esclarecer questões puramente acadêmicas.

Vale recordar o disposto no art. 577, parágrafo único, do Código de Processo Penal: "Não se admitirá, entretanto, recurso da parte que não tiver interesse na reforma ou modificação da decisão". Como regra, não se reconhece interesse para a parte que deseje, apenas, alterar os fundamentos tomados pelo julgador para proferir determinada decisão. Nesse caso, seria completamente inútil reavaliar-se a questão, se o dispositivo da sentença permanecer inalterado. Entretanto, caso a fundamentação produza efeito consequencial concreto no direito da parte, é possível o recurso. É o que ocorre com a sentença absolutória por reconhecimento de legítima defesa, bem diversa de outra, também absolutória, que se sustenta na insuficiência de provas. Esta última não encerra a discussão, que pode estender-se à esfera cível, em ação autônoma de indenização. A outra, por sua vez, não permite mais que se debata a responsabilidade do réu. Além disso, se houver consulta, no futuro, da folha de antecedentes do acusado, é bem melhor conter um registro de absolvição por não ter cometido crime algum (legítima defesa) do que uma absolvição por falta de provas, isto é, calcada no princípio do *in dubio pro reo*.

Portanto, é viável a interposição de recurso pelo réu, ainda que tenha sido absolvido, apenas para modificar o fundamento utilizado pelo juiz, desde que influa no dispositivo da sentença, alterando, para melhor, a hipótese do art. 386 do CPP. Algumas dessas situações previstas nos incisos do referido art. 386 fecham a questão completamente, inclusive na órbita cível; outras, não.

Quanto ao Ministério Público, deve ser garantido, tanto no caso de parte acusatória, interessada na condenação, quanto na situação de *custos legis*, interessada no fiel cumprimento da lei, a possibilidade de recorrer de sentença absolutória ou condenatória.

Assim, o promotor, ainda que tenha pedido a condenação e funcione no processo como órgão acusatório, pode apresentar recurso contra a decisão condenatória, caso entenda ter sido, por exemplo, exagerada a pena imposta ao acusado. Existindo recurso da defesa, tem ele prioridade, naturalmente.

Note-se, entretanto, que, no caso de ação privada, havendo absolvição e não tendo recorrido o querelante, não cabe recurso do Ministério Público para buscar a condenação, da qual abriu mão o maior interessado. Seria subverter o princípio da oportunidade, que rege a ação penal privada. Pode recorrer, como *custos legis*, tendo havido condenação, havendo ou não recurso do querelante, para contrariar a pena aplicada, por exemplo.

6.5 Pressupostos de admissibilidade dos recursos

Conforme disposto no art. 578, *caput*, do Código de Processo Penal, o recurso deve ser interposto por petição ou por termo nos autos (o que implica forma escrita), assinado pelo recorrente ou por seu representante legal. Caso o réu o faça por termo e não puder assiná-lo por qualquer motivo, será subscrito por alguém a seu pedido, na presença de duas testemunhas (art. 578, § 1.º, CPP). A petição de interposição de recurso, despachada pelo juiz, será entregue ao escrivão até o dia seguinte ao último do prazo, certificando-se a data da entrega (art. 578, § 2.º, CPP).

Embora existam tais formalidades, não se pode dar apego desmesurado a elas. É possível que um réu manifeste seu desejo de recorrer, verbalmente, assim que toma conhecimento, na audiência ou no plenário do júri, da sentença condenatória, merecendo seu apelo ser devidamente processado, corrigindo-se, a seu tempo, a não formalização desse intento pela redução a termo.

Outra situação comum é tomar ciência da decisão – seja o acusado, seu defensor e até mesmo o promotor – colocando a expressão "recorro", o que possibilita considerar interposto o apelo, aguardando-se a formalização.

Admite-se a interposição do recurso por fax, desde que, na sequência, apresente o recorrente o original, em cartório. Não é necessário que o referido original seja entregue ainda dentro do prazo, pois isso retiraria a utilidade do fax para a interposição.

A petição de interposição do recurso pode estar ou não acompanhada das razões, isto é, da fundamentação. Depende do caso. Por outro lado, como lembram ADA, MAGALHÃES e SCARANCE, existem os recursos de "fundamentação livre e de fundamentação vinculada". Os primeiros comportam qualquer tipo de alegação, demonstrando o inconformismo da parte com a decisão proferida, tal como ocorre com a apelação, na maioria dos casos. Os segundos devem ser apresentados contendo a descrição dos erros ou equívocos previamente descritos em lei, como ocorre com o recurso extraordinário (*Recursos no processo penal*, p. 33).

Lembre-se que a verificação dos requisitos processuais de interposição do recurso, para que ele tenha seguimento e seja encaminhado à instância superior, deve ser feita, de regra, pelo órgão que proferiu a decisão. Excepcionalmente, a avaliação da recorribilidade é feita pelo mesmo órgão ao qual será destinado o recurso. Tal ocorre, basicamente, em duas situações: a) quando o órgão *a quo* deixa, indevidamente, de dar seguimento ao recurso e a parte reclama, pelos instrumentos próprios (também recursos) diretamente ao tribunal superior; b) por ocasião do julgamento de mérito do recurso.

Diante do exposto, da mesma forma que o magistrado de primeiro grau pode *negar seguimento* ao recurso, o tribunal *ad quem* pode *não conhecer* do recurso interposto. Ambas as decisões são juízos de admissibilidade, cuidando de questões processuais. Anote-se que, determinado o processamento do recurso, não mais cabe ao juízo *a quo* obstar-lhe o seguimento, salvo quando expressamente autorizado em lei.

Para melhor compreender os pressupostos de admissibilidade dos recursos, convém dividi-los em dois contextos, os objetivos e os subjetivos.

570 | MANUAL DE PROCESSO PENAL · Nucci

São objetivos:

a) *cabimento*, ou seja, deve haver previsão legal para a sua interposição; afinal, há decisões do juiz que não estão sujeitas a recurso no processo penal (ex.: o indeferimento da produção de uma prova testemunhal – cabendo, certamente, por ocasião da apelação a apresentação de inconformismo ao tribunal, alegando-se cerceamento);

b) *adequação*, significando que a parte necessita respeitar o recurso exato indicado na lei para cada tipo de decisão impugnada, não lhe sendo cabível eleger o recurso que bem entenda;

c) *tempestividade*, que, conforme já abordamos, é o respeito ao prazo estabelecido em lei para que o inconformismo da parte contrariada seja formalmente apresentado e dirigido ao tribunal para reexame. Vale registrar que qualquer dúvida em relação à tempestividade deve ser resolvida em prol do processamento do recurso. Não há sentido em cercear o desenvolvimento do duplo grau de jurisdição, ao contrário, deve-se buscar sempre que possível respeitá-lo.

São pressupostos subjetivos:

a) *interesse da parte*. Abordamos no item 6.4 supra a necessidade de existência de interesse da parte para apresentação do recurso, pois, caso seja vencedora em todos os pontos sustentados, não havendo qualquer tipo de sucumbência, inexiste motivo para provocar outra instância a reavaliar a matéria;

b) *legitimidade*, vale dizer, o recurso precisa ser oferecido por quem é parte na relação processual, estando capacitado a fazê-lo, ou quando a lei expressamente autorize a interposição por terceiros, conforme preceituado no art. 598, *caput*, do CPP, que menciona as pessoas enumeradas no art. 31.

Não incluímos a *competência* para julgar o recurso como pressuposto de admissibilidade, na esteira da lição de Ada, Magalhães e Scarance, que sustentam ser a competência "mero requisito de conhecimento por parte de determinado juiz ou tribunal" (*Recursos no processo penal*, p. 91).

Ultrapassada a admissibilidade, o órgão competente para reavaliar a matéria julgada e impugnada pela via recursal deve analisar o mérito do recurso. Significa dar-lhe ou não provimento, isto é, considerar equivocada a decisão impugnada, reformando-a (ou anulando-a), ou crer acertada a decisão recorrida, negando provimento ao recurso.

Sustenta a doutrina que o acórdão, dando ou negando provimento ao recurso, sempre substitui a decisão recorrida, passando a ser a decisão a ser cumprida, motivo pelo qual se vê, nos processos, após a prolação da decisão do tribunal, a expressão "Cumpra-se o Venerando Acórdão". Embora seja correto esse entendimento, não vemos óbice na utilização da expressão "manutenção da decisão recorrida" pelo órgão *ad quem*, uma vez que se trata, unicamente, do aspecto de fundo do recurso. Quer-se dizer que a decisão está correta. A negativa de provimento, embora provoque o efeito substitutivo da decisão recorrida, na esfera processual, demonstra que, na parte atinente ao direito material, o acórdão nada alterou quanto à matéria submetida a julgamento.

6.6 Impedimentos ao processamento ou conhecimento dos recursos

Podem ocorrer fatos alheios aos pressupostos de admissibilidade, que terminam impedindo o processamento ou conhecimento dos recursos. São eles:

a) *desistência*: quando o réu, acompanhado de seu defensor, não mais deseja persistir no inconformismo, solicitando que o recurso cesse seu trâmite. Tal situação não é autorizada ao representante do Ministério Público;

b) *renúncia*: antes mesmo de ser apresentado, pode a parte sucumbida manifestar seu desejo de não recorrer da decisão. Também nesse caso não se ajusta a hipótese ao Ministério Público;

c) *deserção*: quando o réu deixa de pagar as custas devidas (art. 806, § 2.º, parte final, CPP) ou de promover o traslado de peças dos autos (art. 601, § 1.º, CPP, embora não expressamente prevista a deserção neste dispositivo legal). Não mais se acolhe a ideia de que a fuga do réu implica deserção, pois o art. 595 do CPP foi revogado pela Lei 12.403/2011.

6.7 Princípio da fungibilidade dos recursos

Significa que a interposição de um recurso por outro, inexistindo má-fé ou erro grosseiro, não impedirá que seja ele processado e conhecido. Assim, caso a parte esteja em dúvida, por exemplo, se é caso de interposição de recurso em sentido estrito ou apelação, mesmo porque a matéria é inédita ou controversa na doutrina ou na jurisprudência, é plausível que a opção feita seja devidamente encaminhada para a instância superior, merecendo ser devidamente avaliada.

Erro grosseiro é aquele que evidencia completa e injustificável ignorância da parte, isto é, havendo nítida indicação na lei quanto ao recurso cabível e nenhuma divergência doutrinária e jurisprudencial, torna-se absurdo o equívoco, justificando-se a sua rejeição. A má-fé surge em variados aspectos, embora o mais saliente seja a utilização de um determinado recurso unicamente para contornar a perda do prazo do realmente cabível. Exemplo de aceitação da fungibilidade: pode-se conhecer a carta testemunhável como recurso em sentido estrito, quando for denegado seguimento à apelação. Outro exemplo pode-se encontrar no conhecimento do agravo em execução como correição parcial, no caso da parte que se insurge contra a expedição de guia de recolhimento provisória.

7. RECURSO EM SENTIDO ESTRITO

7.1 Conceito

É o recurso cabível para impugnar as decisões interlocutórias do magistrado, expressamente previstas em lei. Embora essa seja a regra, o Código de Processo Penal terminou por criar exceções. Exemplos: a) decisão que concede ou nega *habeas corpus*, considerando-se este uma autêntica ação constitucional; b) decisão que julga extinta a punibilidade do agente, pertinente ao mérito, uma vez que afasta o direito de punir do Estado e faz terminar o processo.

O ideal seria considerar o recurso em sentido estrito como agravo, valendo para todas as decisões interlocutórias, na forma da lei, aplicando-se, ainda, a apelação para as decisões definitivas, especialmente as que envolverem o mérito.

7.2 Cabimento

O Código de Processo Penal enumera expressamente as hipóteses para o cabimento de recurso em sentido estrito, não se admitindo ampliação por analogia, mas unicamente interpretação extensiva. Nas palavras de GRECO FILHO, "o rol legal é taxativo, não comportando ampliação por analogia, porque é exceptivo da regra da irrecorribilidade das interlocutórias. Todavia, como qualquer norma jurídica, podem as hipóteses receber a chamada interpretação extensiva. Esta não amplia o rol legal; apenas admite que determinada situação se enquadra no dispositivo interpretado, a despeito de sua linguagem mais restrita. A interpretação extensiva não amplia o conteúdo da norma; somente reconhece que determinada hipótese é por ela regida, anda que a sua expressão verbal não seja perfeita" (*Manual de processo penal*, p. 320). Exemplo disso pode observar-se na rejeição do aditamento à denúncia, que equivale à decisão de não recebimento da denúncia, prevista no art. 581, I. Dá-se à rejeição do aditamento uma interpretação extensiva, pois não deixa de ser um afastamento do direito de agir do Estado-acusação, manifestado pela ação penal. Cabe, então, recurso em sentido estrito. Há, no entanto, corrente jurisprudencial que não admite qualquer modalidade de ampliação do rol previsto no art. 581.

Justamente porque não se admite a ampliação do rol previsto no referido art. 581, é inadmissível a interposição de recurso em sentido estrito durante a fase de investigação criminal, como ocorre no inquérito policial. Eventuais decisões equivocadas, tomadas pelo juiz que fiscaliza o andamento da investigação, devem ser impugnadas por meio de correição parcial. Dependendo do caso, cuidando-se de direito líquido e certo, por meio de ação de impugnação: mandado de segurança (pelo MP ou pelo indiciado, conforme o caso) ou *habeas corpus* (pelo indiciado, tratando-se da liberdade de locomoção).

Outro registro que merece ser feito diz respeito à inoperância de determinados incisos do art. 581 do CPP, tendo em vista que, pelo advento da Lei de Execução Penal, passam a comportar a interposição de agravo em execução. Assim, continua sendo viável o recurso em sentido estrito para os seguintes casos:

a) *decisão que não receber a denúncia ou a queixa* (art. 581, inciso I, do CPP). Essa hipótese deveria comportar apelação, uma vez que é típica decisão terminativa do processo. Nesse sentido, previa o § 2.º do art. 44 da Lei 5.250/67 (Lei de Imprensa) que "contra a decisão que rejeitar a denúncia ou queixa cabe recurso de apelação e, contra a que recebê-la, recurso em sentido estrito sem suspensão do curso do processo" (hoje, considerada não recepcionada pelo STF). Entretanto, o Código de Processo Penal usa fórmula diversa, prevendo recurso em sentido estrito, quando o magistrado rejeita a denúncia ou queixa, e deixando de prever recurso para o recebimento.

Por outro lado, contra a decisão que recebe a denúncia ou queixa não há, como regra, recurso algum. Pode-se usar, como alternativa, o *habeas corpus* para fazer cessar o constrangimento ilegal gerado pelo recebimento de denúncia ou queixa, sem haver a correspondente justa causa para a ação penal.

Lembre-se que a razão de ser do inquérito, além de formar a *opinio delicti* do promotor, é também instruir a denúncia, possibilitando que o magistrado faça uma avaliação preliminar da admissibilidade da acusação. Não existindo motivo suficiente para o Estado-acusação ingressar com a ação penal, pode o Judiciário trancá-la, caso tenha havido o recebimento da peça acusatória.

Havendo a rejeição da denúncia ou queixa e interposição de recurso em sentido estrito, pelo Ministério Público ou pelo querelante, conforme o caso, é preciso intimar o denunciado para que apresente contrarrazões. É certo que ainda não existe ação penal *ajuizada* (houve somente o início da ação penal com o oferecimento da denúncia ou queixa), motivo pelo qual o eventual acusado não foi chamado a integrar a relação processual. Não deveria, em tese, portanto, responder ao recurso, pois nem faz parte do processo. Ocorre que, em homenagem à ampla defesa – aliás, o recebimento ou a rejeição da peça acusatória é de seu legítimo interesse –, sempre se possibilitou que tal situação fosse viabilizada.

Antes da modificação havida no processo civil, por meio da Lei 8.952/94, alterando a redação do art. 296 do CPC/73 (vide art. 331, CPC/2015), que previa a intimação do réu para apresentar contrarrazões ao recurso da parte contra o indeferimento da inicial (atualmente, não há mais necessidade de se intimar a parte contrária para contra-arrazoar), usava-se o referido art. 296 como referência e, por analogia, para fazer o mesmo em processo penal. Ocorre que, posteriormente, surgiu o mesmo efeito na Lei 9.099/95 (art. 82, § 2.º), mantendo-se intacta a posição de intimar o eventual acusado para manifestar-se quanto ao recurso em sentido estrito oposto contra a decisão de rejeição da denúncia ou queixa.

Aliás, ainda que não houvesse o disposto no mencionado art. 82, § 2.º, da Lei 9.099/95, para servir de referência, outra não poderia ser a solução, a fim de dar cumprimento fiel à garantia constitucional da ampla defesa. Nessa ótica, conferir a lição de TOURINHO FILHO, *Código de Processo Penal comentado*, v. 2, p. 287. Recentemente, editou o Supremo Tribunal Federal a Súmula 707, nos seguintes termos: "Constitui nulidade a falta de intimação do denunciado para oferecer contrarrazões ao recurso interposto da rejeição da denúncia, não a suprindo a nomeação de defensor dativo". Vale ressaltar que a mesma regra ocorre no tocante à queixa-crime. Quanto à nulidade, segundo nos parece, é relativa, dependente, pois, da mostra de prejuízo. Pode ocorrer, por exemplo, de, não havendo a intimação, o tribunal confirmar a rejeição. Logo, não se fala em nulidade, pois nenhum mal adveio ao denunciado.

Quando houver o recebimento parcial da denúncia ou da queixa, o que sustentamos ser viável e já expusemos no capítulo referente à ação penal, cabe recurso em sentido estrito da parte acusatória.

Se o recurso for provido, o acórdão do tribunal implica o recebimento da denúncia ou queixa, sendo desnecessário que o juiz de primeiro grau o faça, bastando a este que designe data para interrogatório, determinando a citação do acusado. Atualmente, está em vigor a Súmula 709 do STF: "Salvo quando nula a decisão de primeiro grau, o acórdão que provê o recurso contra a rejeição da denúncia vale, desde logo, pelo recebimento dela";

b) *decisão que concluir pela incompetência do juízo* (art. 581, inciso II, do CPP), configurando autêntica decisão interlocutória, pois apenas altera o juízo competente para julgar a causa, sem colocar fim ao processo. O reconhecimento da incompetência, neste caso, é feito de ofício pelo magistrado. Quando houver a interposição de exceção de incompetência aplica-se a hipótese prevista no inciso III do art. 581 (decisão que julgar procedente a exceção). No caso do juiz concluir pela competência do juízo, não há recurso, salvo se a decisão for de flagrante ilegalidade, podendo-se ingressar com *habeas corpus*, pois o réu não deve ser processado senão pelo juiz natural.

Lembremos que uma das hipóteses do juiz da Vara do Júri, quando termina a fase da formação da culpa, é a desclassificação da infração penal para outra, de competência de outro juízo que não o Tribunal do Júri (art. 419, CPP). Exemplo: verificando que não se tratou de homicídio seguido de furto, mas de autêntico latrocínio. Cuida-se de alteração de competência, impugnável por recurso em sentido estrito, com base também no inciso II do art. 581;

c) *decisão que julgar procedentes as exceções, salvo a de suspeição* (art. 581, inciso III, do CPP), que deveria comportar, na realidade, para algumas situações, apelação, pois é terminativa do procedimento incidente autuado em apartado, como ocorre nos casos de exceção de coisa julgada, litispendência e ilegitimidade de parte. Rejeitando a exceção relativa a qualquer dessas matérias, não há recurso cabível, podendo a parte prejudicada valer-se de *habeas corpus*, em caso de flagrante ilegalidade, ou aguardar futura e eventual apelação, para reiterar a impugnação.

Por outro lado, a procedência da exceção de incompetência não é terminativa, logo, é autenticamente interlocutória, cabendo recurso em sentido estrito. Entretanto, se o magistrado rejeita a exceção, não cabe recurso, exceto em casos de situações teratológicas, evidenciando juízo nitidamente incompetente (ofensivo ao princípio do juiz natural), cabendo *habeas corpus* por parte do réu.

Quanto à ressalva feita no tocante à exceção de suspeição, não há necessidade de interposição de recurso em sentido estrito, pois, se for aceita a causa de suspeição levantada, segundo dispõe o art. 99 do CPP, deverá o magistrado suspender o curso do processo e enviar os autos ao substituto. Há controle do Tribunal de Justiça, pois a designação de magistrado para substituir o suspeito é feita pela Presidência. Logo, o juiz não deve acolher exceção quando a suspeição não for autêntica, sob pena de responsabilidade funcional. Por outro lado, caso não reconheça a suspeição aventada, segue-se o disposto no art. 100, *caput*, do CPP, determinando-se a remessa dos autos apartados, necessariamente, à Instância Superior;

d) *decisão que pronunciar o réu* (art. 581, inciso IV, do CPP), nítida decisão interlocutória. A decisão de pronúncia é interlocutória mista, mesmo porque julga apenas a admissibilidade da acusação, encaminhando o feito à apreciação do Tribunal do Júri. Não ingressa no mérito, embora profira um julgamento mais apurado do que ocorre com o simples recebimento da denúncia ou queixa.

No caso da impronúncia, entretanto, ocorre típica decisão terminativa, colocando fim ao processo. Logo, com a edição da Lei 11.689/2008, passa a ser impugnada, corretamente, por apelação (art. 416, CPP);

e) *decisão que conceder, negar, arbitrar, cassar ou julgar inidônea a fiança, indeferir requerimento de prisão preventiva ou revogá-la, conceder liberdade provisória ou relaxar a prisão em flagrante* (art. 581, inciso V, do CPP), constituindo, todas elas, decisões interlocutórias.

Pode o juiz decidir acerca da fiança, concedendo-a, negando-a, arbitrando valor muito baixo ou excessivo, cassando-a ou mesmo julgando-a não idônea. Nessa parte, a lei prevê tanto situação favorável ao réu quanto desfavorável. Assim, concedida a fiança ou fixado um valor muito baixo, pode o Ministério Público recorrer. Negada, cassada ou considerada inidônea, cabe ao acusado apresentar seu inconformismo. Embora quando a decisão seja desfavorável ao réu possa este impetrar *habeas corpus*, pois se está diante de norma que envolve a liberdade de locomoção, previu o legislador a possibilidade de utilização do recurso em sentido estrito, o que não aconteceu nas hipóteses que se seguem. Em se tratando de prisão preventiva, pode o juiz indeferir o pedido formulado pelo promotor, não acolher a representação feita pelo delegado ou revogá-la, propiciando recurso por parte do Ministério Público. Não se tratou das situações envolvendo a decretação da preventiva ou indeferimento de sua revogação, o que provoca, como alternativa única para o interessado, a impetração de *habeas corpus*.

Aliás, no caso de negativa de fiança, cassação ou consideração de sua inidoneidade, via de regra, o réu vale-se da ação constitucional, que é muito mais célere. Por outro lado, quando o juiz conceder liberdade provisória, pode o Ministério Público recorrer, mas não cabe recurso em sentido estrito para o réu, se tiver o seu pedido de liberdade provisória negado, valendo-se ele do *habeas corpus*.

Finalmente, quando a prisão, por ser ilegal, merecer ser relaxada, caso o juiz o faça, proporciona ao Ministério Público a interposição de recurso em sentido estrito. Quando houver negativa ao relaxamento, somente por *habeas corpus* o interessado pode questionar a decisão.

Vale destacar que alguns julgados têm permitido a interposição, pelo Ministério Público, de mandado de segurança para dar "efeito suspensivo ao recurso em sentido estrito", que, como regra, não o tem, evitando-se a libertação de pessoa considerada perigosa. Era o que se dava, por exemplo, quando o juiz, em afronta à Lei 8.072/90 (Crimes Hediondos), concedia liberdade provisória a quem havia sido preso em flagrante pela prática de crime hediondo ou equiparado. Atualmente, em face da edição da Lei 11.464/2007, permite-se a liberdade provisória, sem fiança, aos acusados por tais delitos. O exemplo permanece válido para ilustrar o ponto em debate. Por isso, não nos parece deva o tribunal conceder a ordem para dar efeito suspensivo ao recurso em sentido estrito, pois este não o possui; logo, não se trata de garantir direito líquido e certo. O correto seria conceder a segurança para evitar a soltura, uma vez que a decisão do magistrado teria afrontado diretamente disposição legal, sendo justificável considerar direito líquido e certo da sociedade, representada pelo Ministério Público, a manutenção da prisão (isso antes do novo tratamento dado à liberdade provisória para delitos hediondos e equiparados – Lei 11.464/2007). O mandado de segurança, ao contrário do *habeas corpus*, pode ser usado tanto pelo indivíduo, quanto pelo Ministério Público, uma vez que se destina à proteção de direito líquido e certo (qualquer um) e não exclusivamente ao direito de ir e vir, que é o caso do *habeas corpus*. Lembremos que a Lei 12.016/2009 consolida o entendimento de que cabe mandado de segurança, quando interposto contra decisão judicial da qual não caiba recurso com efeito suspensivo (art. 5.º, II).

Tem-se entendido, ainda, que o assistente de acusação é parte ilegítima para interpor recurso em sentido estrito nas hipóteses em que o juiz concede liberdade ao acusado. Trata-se de interesse da sociedade – e não do ofendido – manter o acusado no cárcere, provisoriamente, ou permitir que aguarde seu julgamento definitivo em liberdade.

576 | MANUAL DE PROCESSO PENAL · Nucci

Pensamos, no entanto, em sentido contrário, ou seja, o ideal seria suprimir as várias delimitações que o processo penal ainda coloca para a atuação do ofendido, como assistente de acusação, sob o fundamento de que a vítima que persiga o réu pode transformar o feito num campo propício para o exercício da vindita, o que seria indevido. A participação da vítima seria vista, pois, somente como uma alternativa viável a garantir a condenação, a fim de ser conseguido um título executivo judicial, para dar início, na esfera cível, à ação civil *ex delicto*. Ocorre que o ofendido por um crime pode ter nítido interesse em buscar justiça e a correta aplicação da lei penal e processual penal, não se cingindo a sua atuação à procura de um título executivo, que o habilite à indenização civil. Embora o interesse primordial, em crimes de ação pública, seja da sociedade, representada pelo Ministério Público, deve-se garantir que o ofendido, querendo, tenha papel relevante na instrução, podendo recorrer de todas as decisões contrárias ao que considera legítimo e justo.

Ademais, com a edição da Lei 11.690/2008, passa-se a dar ciência à vítima toda vez que o réu ingressar ou sair da prisão (art. 201, § 2.º, CPP). Qual o sentido disso se não se abriu a oportunidade de oferecer o ofendido recurso contra a soltura do acusado? Por isso, a alteração nesse prisma precisa ocorrer, sob pena de ficar sem sentido prático o crescimento da figura da vítima no processo penal.

Quando a ação penal for privada (exclusiva ou subsidiária da pública), é natural que o querelante possa recorrer das decisões concernentes à liberdade do réu, pois é a parte principal no polo ativo;

f) *decisão que absolver sumariamente o réu* (art. 581, inciso VI, do CPP): o dispositivo foi revogado, uma vez que a absolvição sumária, sentença terminativa de mérito que é, passa a ser impugnada, corretamente, por apelação (art. 416, CPP);

g) *decisão que julgar quebrada a fiança ou perdido o seu valor* (art. 581, inciso VII, do CPP), constituindo decisão interlocutória, sendo ambas as hipóteses desfavoráveis ao acusado. Quando houver o quebramento, implicando a obrigação de se recolher à prisão, pode dar ensejo à impetração de *habeas corpus*. Caso o juiz negue o quebramento ou a perda, o Ministério Público somente pode insurgir-se contra a decisão em preliminar de futura apelação, se houver;

h) *decisão que decretar a prescrição ou julgar, por outro modo, extinta a punibilidade* (art. 581, inciso VIII, do CPP), que mereceria ser impugnada por apelação, uma vez que afasta a pretensão punitiva do Estado, não deixando, pois, de ser uma decisão terminativa de mérito. Pode-se até discutir que não é verdadeiramente o mérito da imputação (fato típico, antijurídico e culpável), mas, ainda assim, o ideal seria a apelação. Além do mais, é incompreensível, como vem apontando a doutrina, a redação do inciso em questão. Fala-se da decisão que decretar a prescrição *ou* julgar extinta a punibilidade, por outra causa, sendo certo que a prescrição não deixa de ser uma das causas de extinção da punibilidade. Logo, há nítida redundância.

Ao julgar extinta a punibilidade, o magistrado não apreciou o mérito da imputação, razão pela qual, se provido o recurso da acusação, o processo retornará à origem para a continuidade da instrução ou para que seja proferida sentença condenatória ou absolutória.

Nessa hipótese, o assistente de acusação, habilitado ou não, pode apresentar recurso em sentido estrito (art. 584, § 1.º, CPP);

i) *decisão que indeferir o pedido de reconhecimento da prescrição ou de outra causa extintiva da punibilidade* (art. 581, inciso IX, do CPP), esta, sim, autêntica decisão interlocutória, uma vez que o processo continua normalmente. Aliás, é a contraposição do inciso anterior, que autoriza o recurso em sentido estrito contra a decisão que julga extinta a punibilidade. Bastaria, no entanto, ter feito menção ao indeferimento de causa extintiva da punibilidade, deixando de lado a prescrição, que já está inserida no contexto dos motivos de extinção da punibilidade do réu;

j) *decisão que concede ou nega a ordem de* habeas corpus (art. 581, inciso X, do CPP), que, em nosso entendimento, é decisão de mérito da ação de impugnação, logo, deveria ser impugnada por apelação. Lembremos, ainda, que, na hipótese de decisão concessiva do *habeas corpus*, ainda que haja recurso voluntário, cabe o denominado recurso de ofício, obrigando o reexame da decisão por instância superior, conforme o art. 574, I, do CPP;

k) *decisão que anular o processo da instrução criminal, no todo ou em parte* (art. 581, inciso XIII, do CPP), pois típica decisão interlocutória. É preciso ressaltar, no entanto, que dificilmente o recurso será julgado antes da reprodução dos atos processuais, perdendo o sentido prático a sua interposição. Negando o magistrado a anulação do processo, requerida por qualquer das partes, não cabe recurso, salvo, em casos teratológicos, a impugnação por *habeas corpus* – por parte do réu, como regra – ou mesmo a reiteração da questão em preliminar de futura apelação, pela parte prejudicada;

l) *decisão que incluir jurado na lista geral ou desta o excluir* (art. 581, inciso XIV, do CPP), outra autêntica decisão interlocutória. Tendo em vista a imparcial formação da lista de jurados, o procedimento deve ser de conhecimento geral, publicando-se o resultado final na imprensa e afixando-se no fórum. Logo, é possível que qualquer pessoa questione a idoneidade de um jurado, incluído na lista (ver art. 426, § 1.º, CPP). Nesse caso, pode o juiz, acolhendo petição da parte interessada, excluí-lo da lista, o que dá margem ao inconformismo daquele que foi extirpado. Por outro lado, a inclusão de alguém, impugnada e mantida pelo magistrado, dá lugar, também, à interposição de recurso em sentido estrito. Nesse caso, em caráter excepcional, segue o recurso ao Presidente do Tribunal de Justiça. O prazo para sua interposição é, excepcionalmente, de vinte dias, contado da data da publicação da lista definitiva dos jurados (art. 586, parágrafo único);

m) *decisão que denegar a apelação ou a julgar deserta* (art. 581, inciso XV, do CPP), também decisão interlocutória, justificando-se o recurso em sentido estrito. Caso o juiz receba, indevidamente, apelação (apresentada fora do prazo, por exemplo), cabe à parte contrária levantar em preliminar das contrarrazões a impossibilidade de conhecimento, mas não se interpõe recurso à parte.

Esta situação propicia recurso ao assistente de acusação, embora não haja expressa menção no art. 584, § 1.º, nem no art. 598. É consequência natural do seu direito de apelar. Sendo denegado, é preciso que a lei lhe garanta o socorro devido;

n) *decisão que ordenar a suspensão do processo, em virtude de questão prejudicial* (art. 581, inciso XVI, do CPP), cuidando-se de autêntica decisão interlocutória. Sobre a incidência de questão prejudicial, ver os arts. 92 e 93 do CPP. Decidindo o juiz que a questão a ser apreciada no juízo cível constitui matéria importante para o deslinde da causa criminal, devendo ser decidida previamente, determinará a suspensão do trâmite do processo criminal. Sem dúvida, essa decisão implica quase sempre prejuízo, direto ou indireto, para alguma das partes, interessada no rápido desfecho do processo, por variadas razões (testemunhas que se esquecem do que viram ou ouviram, provas periciais que podem ficar prejudicadas etc.). Assim, a decisão pode ser impugnada pela via do recurso em sentido estrito.

Se o magistrado negar a suspensão do processo não cabe recurso, afinal, é faculdade sua apreciar o seu cabimento, em razão de questão prejudicial, porque deve buscar certificar-se, antecipadamente, da relevância da decisão do juiz civil. Evita-se com isso o sobrestamento inconsistente da ação penal;

o) *decisão que decidir o incidente de falsidade* (art. 581, inciso XVIII, do CPP), que é, de fato, decisão interlocutória, pela qual o juiz verifica ser ou não falso determinado documento – material ou ideologicamente –, produzindo, como efeito, a manutenção do referido documento nos autos, caso o incidente seja improcedente, ou o seu desentranhamento, não mais sendo utilizado como prova, quando o incidente for procedente. Logicamente, a despeito da impugnação da decisão ser feita por recurso em sentido estrito, a qualquer momento, pode a questão ser reapreciada, dando-se ao documento o seu devido valor, caso ele ainda esteja entranhado nos autos. Assim sendo, somente na sentença é que o magistrado irá, realmente, verificar a validade do documento para a apuração da verdade real, sendo natural que torne a tratar do tema;

p) *decisão que recusar homologação à proposta de acordo de não persecução penal, previsto no art. 28-A do CPP.* Cuida-se da possibilidade de recurso, atrelado até mesmo à ampla defesa, quando o juiz não aceita a proposta de não persecução penal.

Embora constando do rol do art. 581 do CPP, não mais comportam recurso em sentido estrito as seguintes situações:

a) *decisão que conceder, negar ou revogar a suspensão condicional da pena* (inciso XI), pois outros dois recursos estão disponíveis para tanto (agravo em execução e apelação).

A regra para a concessão da suspensão condicional da pena é que seja feita na sentença condenatória, conforme expressamente prevê o art. 157 da Lei de Execução Penal. Logo, é caso de apelação, caso seja indevidamente concedida ou mesmo se for negada. Excepcionalmente, quando o juiz da execução criminal alterar as condições do *sursis* (art. 158, § 2.º, LEP), considerá-lo sem efeito (art. 161, LEP), revogá-lo ou prorrogá-lo (art. 162, LEP), provocará a possibilidade de interposição de agravo (art. 197, LEP) e não de recurso em sentido estrito.

Aparentemente, poderia haver uma hipótese remanescente para a utilização do recurso em sentido estrito: se o réu não comparecer à audiência admonitória e o *sursis* ficar sem efeito, devendo ser a pena imediatamente executada (art. 161, LEP). Mas não é realidade. Destarte, caso, injustificadamente, tenha sido a suspensão condicional da pena tornada sem efeito (por exemplo, se o réu não foi devidamente intimado para a referida audiência), não cabe recurso algum contra a decisão do juiz da condenação, que expedirá guia de recolhimento. O caminho correto para o condenado é reiterar ao juiz da execução a restauração do benefício, demonstrando-lhe a falha ocorrida. Assim

Capítulo XX • Recursos | **579**

sendo, se o juiz negar, caberá agravo. Caso acolha o pedido, restaurará o *sursis*. E mais, se a decisão do juiz da condenação implicar a prisão indevida do sentenciado, melhor resolver pela via do *habeas corpus*, mais rápida e eficaz;

b) *decisão que conceder, negar ou revogar livramento condicional* (inciso XII), cuidando-se de decisão interlocutória, mas da alçada da Lei de Execução Penal, impugnada pelo agravo (art. 197, Lei 7.210/84);

c) *decisão a respeito da unificação de penas* (inciso XVII), que é decisão interlocutória proferida durante a execução das penas, logo, impugnável pelo agravo. A unificação é um autêntico incidente na execução da pena, valendo para transformar vários títulos (sentenças condenatórias diversas) em um único, seja para produzir a soma de penas (quando há várias condenações em concurso material, conforme o art. 69, CP), seja para transformar várias penas em uma só, com uma causa de aumento (quando não foi anteriormente reconhecido o crime continuado – art. 71, CP – ou o concurso formal – art. 70, CP) ou, ainda, para fixar o teto de cumprimento da pena (quando a pena ultrapassar o montante de 40 anos, seguindo-se o disposto no art. 75, CP);

d) *decisão que decretar medida de segurança, depois de transitar a sentença em julgado* (inciso XIX), cuidando-se de decisão interlocutória do processo de execução da pena, impugnável pelo agravo. Dispõe o art. 183 da Lei de Execução Penal (Lei 7.210/84) o seguinte: "Quando, no curso da execução da pena privativa de liberdade, sobrevier doença mental ou perturbação da saúde mental, o juiz, de ofício, a requerimento do Ministério Público, da Defensoria Pública ou da autoridade administrativa, poderá determinar a substituição da pena por medida de segurança". Significa, portanto, que o acusado foi condenado no processo de conhecimento e encontra-se cumprindo pena privativa de liberdade. Porém, adoece mentalmente, não mais podendo ficar em presídio comum, razão pela qual o magistrado converte sua pena em medida de segurança, transferindo-o para hospital de custódia e tratamento;

e) *decisão que impuser medida de segurança por transgressão de outra* (inciso XX), outra decisão interlocutória do processo de execução, passível de impugnação pelo agravo. Decorre do art. 184, *caput*, da Lei de Execução Penal (Lei 7.210/84): "O tratamento ambulatorial poderá ser convertido em internação se o agente revelar incompatibilidade com a medida". Há duas medidas de segurança: internação (para casos mais graves) e tratamento ambulatorial (para outras situações). Esta última é cumprida em liberdade, com a obrigação de comparecer ao médico regularmente para acompanhamento. Portanto, se não forem cumpridas suas condições, pode o juiz determinar a sua conversão em internação;

f) *decisão que mantiver ou substituir a medida de segurança, nos casos do art. 774* (inciso XXI), que não mais subsiste, pois foi revogado, tacitamente, pela Lei 7.210/84, o mencionado art. 774 do CPP;

g) *decisão que revogar a medida de segurança* (inciso XXII), que é decisão interlocutória, provocando a libertação do agente ou sua liberação do tratamento ambulatorial (art. 179, LEP), sujeita à impugnação pela via do agravo. É a única hipótese de agravo em execução com efeito suspensivo;

580 | MANUAL DE PROCESSO PENAL · Nucci

h) *decisão que deixar de revogar a medida de segurança, nos casos em que a lei admita a revogação* (inciso XXIII), outra decisão interlocutória, impugnável pelo agravo em execução. Trata-se do previsto nos arts. 175 a 179 da Lei de Execução Penal (Lei 7.210/84), referindo-se à cessação da periculosidade como causa para a libertação ou desoneração do agente. Se, preenchidos os requisitos legais, o juiz não determinar a cessação do cumprimento da medida de segurança, cabe agravo;

i) *decisão que converter a multa em detenção ou em prisão simples* (inciso XXIV), que não mais encontra aplicação, tendo em vista a modificação do art. 51 do Código Penal, vedando a possibilidade de conversão de multa em prisão.

7.3 Processamento do recurso em sentido estrito

O prazo para interposição é de cinco dias, exceto na hipótese de inclusão ou exclusão de jurado da lista geral, cujo prazo é de vinte dias, contados da data da publicação definitiva da referida lista (art. 586, *caput* e parágrafo único, CPP, respectivamente).

Pode haver a formação de instrumento à parte, que será remetido ao tribunal, a fim de não prejudicar o andamento da instrução, como também se prevê a possibilidade de subida do recurso nos próprios autos do processo (art. 583, CPP).

São hipóteses em que o recurso sobe com os autos:

a) recursos de ofício, como ocorre na concessão de *habeas corpus*;

b) não recebimento da denúncia ou queixa;

c) procedência das exceções (salvo a de suspeição);

d) pronúncia. Neste caso, é incompreensível que o recurso contra a pronúncia suba nos próprios autos, o que prejudica o prosseguimento da instrução, ao mesmo tempo em que o art. 584, § 2.º, do CPP, preceitua que "o recurso da pronúncia suspenderá tão somente o julgamento". Não se pode instruir o feito, deixando-o pronto para o plenário, sem os autos principais. Ademais, o dispositivo entra em conflito com a exigência de preclusão da pronúncia para que se possa inaugurar a segunda fase do procedimento do júri (fase de preparação do plenário), conforme preveem os arts. 421 e 422 do CPP. Em suma, o correto é que o recurso contra a pronúncia suba nos próprios autos e que se aguarde o seu retorno para dar continuidade às demais fases do processo;

e) decretação da extinção da punibilidade;

f) julgamento de *habeas corpus*;

g) toda vez que não houver prejuízo para o prosseguimento da instrução.

A maioria das situações descritas provoca a paralisação do andamento do processo principal, motivo pelo qual não há empecilho para o recurso em sentido estrito ser processado nos autos, sem a formação do instrumento. Exemplos de recursos que não prejudicam o andamento do processo: a) contra decisão que indefere o seguimento da apelação, já que o recurso em sentido estrito tem efeito suspensivo nesta hipótese (art. 584), não existindo razão para formar-se um instrumento à parte; b) contra decisão que ordena a suspensão do processo, em virtude de questão prejudicial, pois o trâmite processual cessa de toda maneira.

São hipóteses em que se forma o instrumento para subida à parte:

a) decisão que conclui pela incompetência do juízo;

b) toda decisão concernente à liberdade do réu;

c) indeferimento do reconhecimento da extinção da punibilidade;

d) anulação da instrução no todo ou em parte;

e) inclusão ou exclusão do jurado da lista geral;

f) julgamento do incidente de falsidade.

Para a subida por instrumento, incumbe à parte interessada indicar as peças que pretende ver encartadas nos autos do recurso em sentido estrito (art. 587, *caput*, CPP). O mesmo procedimento pode ser adotado pelo recorrido que, ao se manifestar (art. 588, CPP), também pode indicar peças para compor o instrumento.

São peças obrigatórias para que o tribunal possa averiguar os requisitos de admissibilidade do recurso, tais como a tempestividade, o interesse, a adequação e a legitimidade: a) decisão recorrida; b) certidão de sua intimação; c) termo de interposição do recurso.

Todas as hipóteses mencionadas no tópico anterior, referentes ao agravo em execução, comportam a formação do instrumento para não prejudicar o andamento da execução da pena. Por vezes, sobem os autos do incidente gerado na execução, pois já está destacado do principal. Exemplo: quando o condenado pleiteia livramento condicional, forma-se uma autuação em apenso aos autos da execução principal. Se o juiz conceder ou negar o livramento, havendo agravo, sobem os autos desse incidente, apenas.

Outra situação destacada pelo art. 583, parágrafo único, do CPP, recomendando a formação de instrumento à parte, é a pluralidade de réus em caso de pronúncia. Logo, havendo mais de um pronunciado, é possível que alguns não recorram, transitando em julgado a decisão, valendo, para eles, o encaminhamento do caso à apreciação do Tribunal Popular. Para aquele que recorrer, impõe-se a formação de um traslado, isto é, autos apartados, a fim de que suba o recurso, sem prejuízo do andamento do processo principal. Por outro lado, estipula o artigo em comento que a falta de intimação de um deles faz com que o recurso interposto por outro provoque a formação do mencionado traslado.

O recurso em sentido estrito tem, como regra, o efeito meramente devolutivo, isto é, devolve ao tribunal o conhecimento da matéria nele aventada, mas não provoca a suspensão do andamento do feito. Excepcionalmente, têm efeito suspensivo os seguintes casos (art. 584, CPP):

a) contra decisão que considera perdida a fiança (art. 581, VII, segunda parte);

b) contra decisão que denega seguimento à apelação ou a considera deserta (art. 581, XV);

c) contra decisão que considera quebrada a fiança, somente na parte referente à perda de metade de seu valor (art. 581, VII, primeira parte). Lembremos que a declaração de quebra da fiança provoca dois efeitos: perda de metade de seu valor (o que a interposição do recurso permite não seja aplicado de imediato) e recolhimento ao cárcere (para tanto, não há efeito suspensivo, mas pode comportar *habeas corpus* para evitar a prisão).

582 | MANUAL DE PROCESSO PENAL · Nucci

Não mais tem aplicação o disposto no art. 584 quanto à concessão do livramento condicional, unificação de penas e conversão de multa em prisão. Os dois primeiros passaram a ser disciplinados pela Lei de Execução Penal, passíveis de impugnação pela via do agravo, sem efeito suspensivo. O último caso foi extirpado pela modificação do art. 51 do Código Penal, inexistindo conversão de multa em prisão.

Após a interposição do recurso, dentro de 2 (dois) dias, contados da sua apresentação ou do dia em que o escrivão, providenciado o traslado (quando for o caso), o fizer com vista ao recorrente, deverá este oferecer as razões. Em seguida, por igual prazo, abre-se vista ao recorrido. Quando este for o acusado, será intimado na pessoa de seu defensor (art. 588, CPP). A redação do referido art. 588 dá a entender que o prazo de dois dias corre da data da interposição do recurso, sem qualquer intimação, o que não corresponde à realidade, aplicando-se a regra geral do art. 798, § 5.º, *a*, do Código de Processo Penal. Justifica-se esse entendimento, pois o recorrente, ao apresentar seu recurso, deve aguardar o recebimento pelo juiz e seu regular processamento, para, então, poder apresentar suas razões.

Na sequência, com a resposta do recorrido ou sem ela, o recurso é concluso ao juiz, que terá dois dias para reformar ou manter sua decisão, mandando instruir o recurso com os traslados que julgar necessários (art. 589, *caput*). É o denominado *juízo de retratação*, propiciando ao magistrado, tomando conhecimento das razões do recorrente, convencer-se de que se equivocou na decisão, reformando-a. Nesta hipótese, a parte contrária, por simples petição, poderá recorrer da nova decisão, se comportar recurso, não sendo mais lícito ao magistrado modificá-la. Independentemente de novos arrazoados, pois as partes já se manifestaram sobre a questão em debate, determinará a subida do recurso ao tribunal (art. 589, parágrafo único, CPP).

Vale exemplificar que, por vezes, quando o magistrado, no juízo de retratação, reformar a decisão, pode não caber recurso da parte contrária, que foi prejudicada pelo novo entendimento adotado. Assim, quando o juiz reconhece uma exceção (de ilegitimidade de parte, por exemplo), cabe recurso. Se houver retratação, voltando atrás o magistrado, não cabe recurso, de modo que a outra parte deve conformar-se ou reiterar a questão em preliminar de apelação.

O indeferimento do seguimento do recurso em sentido estrito comporta a interposição de carta testemunhável.

8. CORREIÇÃO PARCIAL

8.1 Conceito

Trata-se de recurso, à disposição das partes, voltado à correção dos erros de procedimento adotados pelo juiz de primeira instância, na condução do processo, quando provocam inversão tumultuária dos atos e fórmulas legais. É um recurso de natureza residual, somente sendo cabível utilizá-lo se não houver outro recurso especificamente previsto em lei (art. 6.º, I, Lei 5.010/66).

8.2 Natureza jurídica da correição

Entendemos tratar-se de autêntico recurso, embora muitos sustentem seu caráter administrativo ou disciplinar. Fosse assim e não seria julgado pelas câmaras criminais, como ocorre regularmente, ao menos no Estado de São Paulo, mas pelo Conselho Superior da Magistratura (na esfera estadual) ou outro órgão disciplinar similar. E poderia, inclusive, ser apresentado diretamente na Corregedoria-Geral da Justiça, para que fosse devidamente instruído (como se faz com qualquer representação contra magistrado), apresentando o Corregedor-Geral o seu relatório e voto no Conselho Superior, do qual é membro. Não deve ser o caso, pois a Corregedoria tem função eminentemente administrativa fiscalizatória, não lhe competindo proferir decisões jurisdicionais, que possuam reflexos no processo.

Entretanto, ressalvamos que, na Justiça Federal, há entendimento diverso. O Regimento Interno do Conselho da Justiça Federal da 3.ª Região, no art. 1.º, explicita que "O Conselho da Justiça Federal da 3.ª Região é o órgão do Tribunal Regional Federal incumbido de presidir, nos territórios dos Estados de São Paulo e Mato Grosso do Sul, a *administração* da Justiça Federal de Primeira Instância" (grifamos). No art. 4.º, I, prevê ser da sua competência "decidir correição parcial, requerida pela parte ou pela Procuradoria da República, no prazo de cinco dias, contra ato ou despacho de juiz de que não caiba recurso, ou omissão que importe erro de ofício ou abuso de poder (Lei 5.010/66, art. 6.º, I). Mais adiante (art. 8.º, *caput*, III), o Regimento estipula ser da competência do Corregedor-Geral da Justiça Federal "relatar os processos de correição parcial (RI, art. 23, I), bem como os de representação e justificação da conduta de Magistrados".

Parece-nos, no entanto, que a função administrativa do Conselho não poderia ampliar-se para abranger atos e decisões proferidas pelo magistrado no processo, de caráter nitidamente jurisdicional. Uma coisa é investigar e punir o juiz que comete abusos; outra, diversa, é consertar equívocos cometidos no trâmite processual. Esta última deveria sempre ser analisada por câmaras ou turmas comuns do tribunal, mas não por órgão disciplinar.

8.3 Processamento

Parece-nos cabível o rito do agravo, conforme previsto no Código de Processo Civil de 1973. A justificativa baseia-se no fato de a previsão feita para a existência da correição parcial contar com singelas menções na Lei 1.533/51 (hoje, substituída pela Lei 12.016/2009) e na Lei 5.010/66, sem qualquer especificação de rito a seguir. Dessa maneira, cabe ao Estado, autorizado pela Constituição Federal (art. 24, XI), legislar concorrentemente sobre procedimento em matéria processual. Ora, criado o recurso por lei federal, mas não disciplinado o seu processamento, coube à lei estadual fazê-lo.

No Estado de São Paulo, o art. 94 do Decreto-lei complementar 3/69 é explícito: "Observar-se-á, no processo de correição parcial, o rito do agravo de instrumento, ouvido o Ministério Público". Saliente-se que, a essa época, já existia o Código de Processo Penal, com a previsão do recurso em sentido estrito, razão pela qual a intenção da lei foi estabelecer o rito do agravo cível, sem qualquer ligação com o recurso similar do processo penal.

Atualmente, modificado que foi o rito do agravo de instrumento no Código de Processo Civil, deveria a correição parcial obedecer ao mesmo trâmite, dirigindo-se a petição diretamente ao tribunal competente e podendo ser pedido ao relator o efeito suspensivo ativo à correição. Requisitar-se-ia informação ao juiz da causa, intimando-se a parte contrária para responder ao recurso, ouvindo-se o Ministério Público. Seria possível haver a retratação do magistrado e o relator também estaria autorizado a indeferir a correição liminarmente. Não é porque o rito do agravo foi alterado que, por conveniência, o rito da correição deveria transfigurar-se para o do recurso em sentido estrito.

Reconhecemos, no entanto, que tem prevalecido o entendimento de dever a correição parcial seguir o rito do recurso em sentido estrito. Dentre os vários argumentos utilizados, estão os seguintes: a) há maior facilidade para o réu fazer valer a autodefesa, ingressando com a correição parcial diretamente ao juiz, que, naturalmente, o acusado já conhece, pois foi citado e interrogado. Haveria maior dificuldade de acesso ao tribunal; b) essa mesma facilidade seria estendida à defesa técnica, mormente do interior dos Estados, que ingressaria com o recurso na própria Comarca, sem necessidade de se dirigir à Capital, onde se encontra o tribunal; c) poderia haver uma sobrecarga de recursos no tribunal, na área criminal, já assoberbado pelo número expressivo de *habeas corpus*; d) o recurso em sentido estrito, na essência, é a figura correlata, em processo penal, ao agravo de instrumento, em processo civil. Logo, é natural que a correição parcial siga o rito do recurso em sentido estrito.

9. RECLAMAÇÃO

9.1 Conceito de reclamação

Trata-se de ação de impugnação, com caráter instrumental, sem perder a utilidade de recurso, à disposição das partes, interposto contra decisões que deixem de cumprir os julgados dos tribunais, ofendendo a sua autoridade ou usurpando-lhes competência.

Além disso, destaca o art. 103-A, § 3.º, da CF (Emenda Constitucional 45/2004) que "do ato administrativo ou decisão judicial que contrariar a súmula aplicável ou que indevidamente a aplicar, caberá reclamação ao Supremo Tribunal Federal que, julgando-a procedente, anulará o ato administrativo ou cassará a decisão judicial reclamada, e determinará que outra seja proferida com ou sem a aplicação da súmula, conforme o caso". É o resultado da adoção da súmula vinculante (art. 103-A, *caput*, CF), que passa a ter a mesma força de um julgado do STF em relação a caso particular.

Os Regimentos Internos dos Tribunais também a preveem e disciplinam a sua utilização. Embora tenha forte conotação disciplinar, assim como a correição, pois medidas administrativas podem ser tomadas contra o magistrado, após o seu julgamento, é um autêntico recurso. Afinal, nem sempre está a Corte obrigada a oficiar ao órgão competente para solicitar a punição do magistrado. Por vezes, o equívoco não representa intenção de desatender o julgado superior, sendo inútil tomar providências disciplinares. Além disso, representações contra juízes não comportam pareceres das partes interessadas, vez que sigiloso e de interesse da Administração, e não da parte no processo.

9.2 Fundamento constitucional

Encontra-se prevista no art. 102, I, *l*, e 103-A, § 3.º, no tocante ao Supremo Tribunal Federal, e no art. 105, I, *f*, no que se refere ao Superior Tribunal de Justiça. Destaquemos o conteúdo da Súmula 734 do STF: "Não cabe reclamação quando já houver transitado em julgado o ato judicial que se alega tenha desrespeitado decisão do Supremo Tribunal Federal".

9.3 Processamento da reclamação

Como regra, apresentado o pedido ao Presidente do Tribunal, será encaminhado, preferencialmente, ao relator da causa principal, que requisitará informações do juiz a quem foi imputada a prática do ato. Poderá o relator, caso necessário, suspender o curso do processo ou do ato. As informações devem seguir em dez dias. O Ministério Público, quando não for o autor do pedido, será sempre ouvido.

Se julgada procedente, a decisão do magistrado será cassada, determinando-se que se tome a medida correta para preservar a autoridade do julgado do tribunal. Competente para apreciá-la é o Órgão Especial (se houver) ou o Tribunal Pleno sendo o relator, se já não o integrar, aquele que participou do julgamento principal. Embora julgada pelo Plenário, trata-se, como se disse, de um recurso, ainda que tenha forte conotação disciplinar, mas o fato é que diz respeito à autoridade do tribunal, como um todo, motivando o interesse do Colegiado em apreciá-la.

Vale, também, o disposto no CPC: "Art. 988. Caberá reclamação da parte interessada ou do Ministério Público para: I – preservar a competência do tribunal; II – garantir a autoridade das decisões do tribunal; III – garantir a observância de enunciado de súmula vinculante e de decisão do Supremo Tribunal Federal em controle concentrado de constitucionalidade; IV – garantir a observância de acórdão proferido em julgamento de incidente de resolução de demandas repetitivas ou de incidente de assunção de competência. § 1.º A reclamação pode ser proposta perante qualquer tribunal, e seu julgamento compete ao órgão jurisdicional cuja competência se busca preservar ou cuja autoridade se pretenda garantir. § 2.º A reclamação deverá ser instruída com prova documental e dirigida ao presidente do tribunal. § 3.º Assim que recebida, a reclamação será autuada e distribuída ao relator do processo principal, sempre que possível. § 4.º As hipóteses dos incisos III e IV compreendem a aplicação indevida da tese jurídica e sua não aplicação aos casos que a ela correspondam. § 5.º É inadmissível a reclamação: I – proposta após o trânsito em julgado da decisão reclamada; II – proposta para garantir a observância de acórdão de recurso extraordinário com repercussão geral reconhecida ou de acórdão proferido em julgamento de recursos extraordinário ou especial repetitivos, quando não esgotadas as instâncias ordinárias. § 6.º A inadmissibilidade ou o julgamento do recurso interposto contra a decisão proferida pelo órgão reclamado não prejudica a reclamação".

10. AGRAVO EM EXECUÇÃO CRIMINAL

10.1 Conceito de agravo em execução criminal

É o recurso utilizado para impugnar toda decisão proferida pelo juiz da execução criminal, que prejudique direito das partes principais envolvidas no processo. Encontra previsão legal no art. 197 da Lei 7.210/84 (Lei de Execução Penal): "Das decisões proferidas pelo juiz caberá recurso de agravo, sem efeito suspensivo".

10.2 Rito do agravo

Explicam ADA, MAGALHÃES E SCARANCE a origem da denominação *agravo* para esse recurso: "É que, à época em que estava sendo objeto de exame o projeto da Lei de Execução Penal, estava também sendo discutido projeto de Código de Processo Penal, no qual estava previsto o agravo de instrumento. A exigência de uniformidade entre os futuros diplomas, que deveriam passar a vigorar juntos ou em datas próximas, fez com que o legislador incluísse o agravo no projeto da Lei de Execução Penal, não o recurso em sentido estrito do vigente Código. Corresponderia ao agravo de instrumento previsto no projeto do CPP. Não houve qualquer preocupação quanto ao rito, pois seria seguido o do agravo do Código em discussão" (*Recursos no processo penal*, p. 196).

Ocorre que o Código de Processo Penal não foi modificado e, logo que a Lei de Execução Penal foi editada, iniciou-se a discussão a respeito de qual rito seria seguido para o agravo em execução criminal. Muitos, àquela época, posicionaram-se pela adoção do rito do agravo de instrumento, do Código de Processo Civil de 1973, somente porque a denominação do recurso era similar. Outros, por parecença com o recurso em sentido estrito, ficaram com o rito para este previsto, até porque se trata de matéria criminal, bem como inúmeros pontos do art. 581 – antes da esfera de impugnação do recurso em sentido estrito – passaram a ser objeto de contestação por intermédio do agravo.

A questão não era tão relevante, pois ambos – agravo de instrumento e recurso em sentido estrito – tinham ritos praticamente idênticos. Utilizou-se, é verdade, no passado, majoritariamente, o rito do agravo de instrumento do Código de Processo Civil de 1973. Entretanto, com as alterações produzidas pela Lei 9.139/95, atingindo o agravo no processo civil, a jurisprudência imediatamente recuou no seu entendimento anterior, passando a adotar – o que predomina hoje – o rito do recurso em sentido estrito para regular o agravo em execução criminal.

Não há dúvida de que foi a decisão acertada. Ressalte-se, em primeiro lugar, que a intenção do agravo era acompanhar o rito do recurso que iria substituir, no processo penal, o recurso em sentido estrito, ou seja, o agravo de instrumento. Não tendo ocorrido a mudança esperada, mais certo que o agravo fique circunscrito ao procedimento do recurso em sentido estrito. A matéria é criminal e, realmente, o agravo substituiu o que antes era decidido no âmbito do recurso previsto no art. 581.

Além disso, para o réu e para o membro do Ministério Público, é mais simplificado o procedimento do recurso em sentido estrito. Tanto é realidade que ADA, MAGALHÃES e SCARANCE, embora sustentem que o rito deve ser o do novo agravo do processo civil, sugerem várias adaptações para facilitar o seu emprego (op. cit., p. 200-203). A nós, parece mais adequado utilizar o rito do recurso em sentido estrito, sem necessidade de se fazer qualquer adaptação. Acrescente-se, ainda, que a lei federal, instituidora do agravo em execução, não deu a menor pista sobre o rito, apenas chamando de agravo o recurso. Logo, nada impede que se adote o processo da analogia com o recurso em sentido estrito para o seu trâmite. Deve-se utilizar, ainda, para sustentar essa posição, o constante no art. 2.º, *caput*, da Lei de Execução Penal: "A jurisdição penal dos Juízes ou Tribunais da Justiça ordinária, em todo o território nacional, será exercida, no processo de execução, na conformidade desta Lei *e do Código de Processo Penal*" (grifamos). Assim é a posição maciça dos tribunais pátrios.

O prazo para a interposição do agravo em execução é de 5 (cinco) dias, a contar da ciência da decisão, conforme Súmula 700 do STF: "É de cinco dias o prazo para interposição de agravo contra decisão do juiz da execução penal".

Admite-se que o réu o faça diretamente, por termo, desde que, em seguida, o juiz determine a abertura de vista ao advogado, para a apresentação de razões, garantindo-se a ampla defesa. A legitimidade estende-se ao defensor e ao Ministério Público, primordialmente.

Não é demais acrescer o representante legal do condenado, seu cônjuge, parente ou descendente, conforme legitimidade conferida, para dar início aos procedimentos da Lei de Execução Penal, a essas pessoas, pelo art. 195. Além disso, não se pode subtrair o interesse que tenham, ao atuar em defesa do condenado. Mas, deve haver bom senso na aplicação do dispositivo (art. 195). Não se incluem como legitimados a recorrer nem o Conselho Penitenciário, nem a autoridade administrativa (embora possam dar início ao procedimento, o que lhes foi outorgado apenas para agilizar a instauração dos incidentes e concessão de benefícios). Aliás, até mesmo o cônjuge, parente ou descendente do sentenciado só pode fazê-lo se for em seu favor. Imagine-se o cônjuge que, não desejando o retorno do condenado para casa, interpõe agravo contra decisão que lhe concedeu regime mais favorável ou livramento condicional. Naturalmente, não tendo sido esse o espírito da norma ao legitimar tais pessoas, deve o juiz recusar o processamento do recurso. Aceitá-lo seria ofender a ampla defesa e, mais, o princípio de que o interesse para recorrer é, primordialmente, da parte principal, que, na execução penal, são duas: o Ministério Público e o condenado. Terceiros somente poderiam ingressar se atuarem em benefício deles, o que se dá no caso dos parentes do sentenciado.

O efeito do recurso é meramente devolutivo. Inexiste o efeito suspensivo, salvo em um caso: quando o juiz expedir ordem para desinternar ou liberar o indivíduo sujeito a medida de segurança (art. 179, LEP). No mais, em casos de soltura equivocada, pode o Ministério Público valer-se do mandado de segurança – como já sustentamos em outras situações semelhantes. Para o condenado, a via de solução mais rápida é a utilização do *habeas corpus*.

11. APELAÇÃO

588 | MANUAL DE PROCESSO PENAL · Nucci

11.1 Conceito de apelação

Cuida-se de recurso contra decisões definitivas, que julgam extinto o processo, apreciando ou não o mérito, devolvendo ao tribunal amplo conhecimento da matéria. Essa seria, a nosso ver, a melhor maneira de conceituar a apelação, embora o Código de Processo Penal tenha preferido considerá-la como o recurso contra as sentenças definitivas, de condenação ou absolvição, *e contra as decisões definitivas ou com força de definitivas, não abrangidas pelo recurso em sentido estrito*.

Trata-se de um recurso de aplicação ambígua, justamente porque, conforme o caso, dá margem à confusão com o recurso em sentido estrito, permitindo-se a interposição de apelação até mesmo contra decisões interlocutórias. O ideal seria reservar o agravo para as decisões interlocutórias, não terminativas, e a apelação para as decisões terminativas, com ou sem julgamento de mérito. O disposto nos arts. 581 e 593 do CPP demonstra a falta de uniformidade na previsão de uso dos dois recursos. Tanto o recurso em sentido estrito é usado para contrariar decisões extintivas do processo (ex.: extinção da punibilidade), como a apelação acaba sendo utilizada para impugnar decisões interlocutórias (ex.: homologatórias de laudo de insanidade mental ou que autorizam o levantamento do sequestro).

11.2 Hipóteses de cabimento da apelação

O art. 593 do Código de Processo Penal fornece o rol das situações que admitem a interposição de apelação, sempre no prazo de cinco dias, a saber:

a) *das sentenças definitivas de condenação ou absolvição proferidas por juiz singular* (inciso I), que constituem as típicas decisões terminativas de mérito, acolhendo a imputação feita na denúncia ou queixa (condenação) ou rejeitando a imputação (absolvição). Pode-se falar, é verdade, em sentido lato, que a decisão de extinção da punibilidade do réu também decide o mérito, pois nega a pretensão punitiva do Estado, embora, nesse caso, não se refira diretamente à correção ou incorreção da imputação. Em sentido estrito, portanto, somente as sentenças que condenam ou absolvem o réu são decisões de mérito.

Nesse contexto, é válido salientar que o réu pode apresentar apelação contra decisão absolutória, desde que busque a alteração do dispositivo da sentença. Ilustrando, se o juiz absolve o acusado, por insuficiência de provas, nada impede que a vítima ingresse com ação civil, pleiteando indenização pelo cometimento do pretenso crime e reinaugurando a fase probatória. Entretanto, se o juiz absolve o acusado por ter agido em legítima defesa, a vítima nada mais pode requerer na esfera civil. Ou seja, a troca de inciso do art. 386, relacionada à absolvição, tem repercussão direta na ação civil para reparar o dano causado pela conduta penal.

Por outro lado, para constar da sua folha de antecedentes – e lembremos que muitos juízes consideram como antecedentes decisões absolutórias, por falta de provas, ainda que não seja o ideal –, é efetivamente mais favorável que figure uma absolvição por exclusão da ilicitude do que uma absolvição por insuficiência probatória. A primeira afirma ser o réu autor de conduta lícita e correta, enquanto a segunda deixa em aberto a questão, não considerando o acusado culpado, mas também não aprovando, expressamente, o que fez. O reflexo social da decisão é diverso, o que torna justificável a pretensão daquele que deseja alterar o seu fundamento;

b) *das decisões definitivas, ou com força de definitivas, proferidas por juiz singular nos casos não abrangidos pelo recurso em sentido estrito* (inciso II), hipóteses que não julgam o mérito (pretensão punitiva do Estado), mas terminam colocando fim a uma controvérsia surgida no processo principal ou em processo incidental, podendo ou não o extinguir. São também chamadas de decisões interlocutórias mistas.

Exemplos:

b.1) decisão definitiva, que coloca fim ao processo: quando o juiz extingue, de ofício, o feito, por reconhecer a exceção da coisa julgada. Cabe apelação. Se reconhecer exceção interposta pela parte, o Código elegeu o recurso em sentido estrito;

b.2) decisão definitiva, que coloca fim ao procedimento incidente: procedência ou improcedência da restituição de coisa apreendida (art. 120, § 1.º, CPP). Cabe apelação;

b.3) decisão com força de definitiva, que põe fim a procedimento incidente: improcedência do sequestro (art. 127, CPP). Se ordenar o sequestro, cabem embargos por parte do interessado (art. 130, CPP);

b.4) decisão com força de definitiva, colocando fim a procedimento incidente: homologação do laudo, no incidente de insanidade mental (art. 153);

b.5) em procedimento advindo de legislação especial, a decisão que determina a inutilização do material coletado em interceptação telefônica, proferida no incidente próprio (art. 9.º, Lei 9.296/96). Nesse caso, no entanto, em face da urgência, é possível que a parte prefira utilizar o mandado de segurança, para, em juízo liminar, vedar a destruição do material.

Outros exemplos que poderiam ser impugnados por apelação, mas a lei escolheu o recurso em sentido estrito:

a) decisão com força de definitiva pondo fim a uma controvérsia, extinguindo o processo: procedência da exceção de ilegitimidade de parte;

b) decisão que rejeita a denúncia, por algum vício de forma, provocando o fim do processo, o que lhe dá força de definitiva.

Registre-se que os termos "definitiva" e "com força de definitiva" são correlatos para o fim de interposição de apelação e torna-se, na prática, inútil buscar diferenciá-los. Aliás, com particular concisão, expõe Borges da Rosa que a verdadeira decisão definitiva é a sentença condenatória ou absolutória, portanto, hipótese prevista no inciso I do art. 593 do CPP. É inadequada sua repetição no inciso II, com o que concordamos (*Comentários ao Código de Processo Penal*, p. 718).

Em suma, valeu-se o legislador da apelação como recurso residual, ou seja, quando não se tratar de despachos de mero expediente, que não admitem recurso algum, nem for o caso de interposição de recurso em sentido estrito, resta a aplicação da apelação, desde que importe em alguma decisão com força de definitiva, encerrando algum tipo de controvérsia;

c) *das decisões do Tribunal do Júri*, quando: c.1) ocorrer nulidade posterior à pronúncia; c.2) for a sentença do juiz presidente contrária à lei expressa ou à decisão dos jurados; c.3) houver erro ou injustiça no tocante à aplicação da pena ou da medida de segurança; c.4) for a decisão dos jurados manifestamente contrária à prova dos autos (inciso III).

As decisões proferidas no Tribunal do Júri, como regra, encaixam-se na hipótese prevista no inciso I do art. 593 (condenação ou absolvição), embora a norma processual penal tenha optado por excepcionar o caso do júri, justamente para fazer com que a apelação, nessa hipótese, ficasse vinculada a uma motivação. Não se ataca, pois, decisão do Tribunal do Júri por qualquer razão ou inconformismo, mas somente nos casos enumerados nas alíneas do inciso III do art. 593. Garante-se o duplo grau de jurisdição, ao mesmo tempo em que se busca preservar a soberania dos veredictos.

Quando a parte pretender recorrer de decisão proferida no Tribunal do Júri deve apresentar, logo na petição de interposição, qual o motivo que o leva a apelar, deixando expressa a alínea eleita do inciso III do art. 593 do Código de Processo Penal. Posteriormente, no momento de apresentação das razões, fica vinculado ao motivo declinado. A única possibilidade de alterar o fundamento da apelação ou ampliar o seu inconformismo, abrangendo outras hipóteses do inciso III, é fazê-lo ainda no prazo para apresentar a apelação, oferecendo outra petição nesse sentido. Assim sendo, o tribunal somente pode julgar nos limites da interposição. Conferir: Súmula 713 do STF: "O efeito devolutivo da apelação contra decisões do júri é adstrito aos fundamentos da sua interposição".

A primeira hipótese (alínea *a* do inciso III do art. 593) diz respeito à ocorrência de nulidade posterior à pronúncia (se surgir em momento anterior, é natural que seja conhecida por ocasião do julgamento da admissibilidade da acusação, isto é, na própria decisão de pronúncia), razão pela qual não há recurso cabível e específico para questioná-la diretamente ao tribunal, a não ser quando houver a interposição de apelação, por conta da decisão de mérito proferida pelo Tribunal Popular.

O ideal, no entanto, quando a nulidade é absoluta, é que seja reconhecida pelo juiz antes mesmo da instalação da sessão plenária, garantindo-se a formação do devido processo legal e evitando-se a realização do julgamento, que, no futuro, não irá subsistir em virtude do vício existente. Não o fazendo, permite que a parte alegue, na apelação, esse motivo. Esta hipótese faz com que o Tribunal de Justiça anule o feito, a partir da implantação do vício, determinando a sua renovação.

A segunda hipótese (alínea *b* do inciso III do art. 593) refere-se à contrariedade da sentença do juiz presidente com texto expresso de lei ou em face da decisão dos jurados. Trata-se de um erro do juiz togado, que pode – e deve – ser corrigido diretamente pelo tribunal. Assim, equívocos na aplicação da pena são passíveis de reforma, sem necessidade de se proceder a novo julgamento. Ex.: o juiz deixa de aplicar a causa de diminuição de pena prevista no § 1.º do art. 121 do Código Penal, embora tenha o Conselho de Sentença reconhecido a ocorrência do domínio de violenta emoção, logo após injusta provocação da vítima. O tribunal, nesse caso, aplica diretamente a diminuição.

A terceira hipótese (alínea *c* do inciso III do art. 593) diz respeito à existência de erro ou injustiça no tocante à aplicação da pena ou da medida de segurança. Trata-se de outra hipótese que diz respeito, exclusivamente, à atuação do juiz presidente, não importando em ofensa à soberania do veredicto popular. Logo, o tribunal pode corrigir a distorção diretamente. Penas elevadas demais para réus primários ou excessivamente brandas para reincidentes, por exemplo, sem ter havido fundamento razoável, ou medidas de segurança incompatíveis com a doença mental apresentada pelo réu podem ser alteradas pela interposição do recurso.

Registremos, no entanto, que a exclusão ou a inclusão de qualificadoras, privilégios, causas de aumento ou de diminuição da pena não podem ser alteradas pelo tribunal, uma vez que fazem parte da tipicidade derivada, integrante do crime doloso contra a vida, cuja competência para julgar pertence, com exclusividade, ao Tribunal do Júri.

Se houver decisão equivocada do Conselho de Sentença, reconhecendo, por exemplo, qualificadora manifestamente improcedente e dissociada das provas, é preciso determinar a realização de novo julgamento, o que se faz com base na alínea *d* do inciso III do art. 593 e não com fundamento na alínea *c*, não cabendo ao tribunal *ad quem* simplesmente afastá-la, diminuindo a pena.

Quanto às agravantes e atenuantes, embora não pertençam à tipicidade derivada, constituindo meras circunstâncias genéricas, recomendando ao juiz o agravamento ou a atenuação da pena, cabe exclusivamente aos jurados o seu acolhimento ou afastamento. Elas preenchem o cenário da matéria de fato, à qual está vinculada o Conselho de Sentença. Porém, a reforma trazida pela Lei 11.689/2008 buscou retirar a sua análise dos jurados, transmitindo-a ao juiz presidente. Ver os comentários próprios no Capítulo do Júri.

A quarta hipótese (alínea *d* do inciso III do art. 593) é a mais problemática, pois busca questionar diretamente o mérito do veredicto dos jurados, desde que se considere seja ele *manifestamente contrário à prova dos autos*. Não se trata de análise fácil distinguir entre a decisão que valorou a prova e proferiu o veredicto de acordo com a convicção íntima do Conselho de Sentença e aquela que se dissociou da prova, provocando o surgimento de veredicto totalmente estranho ao evidenciado nos autos. Por vezes, o tribunal termina invadindo o âmbito exclusivo da apreciação do Tribunal Popular, reformando decisão que está em consonância com a prova, mas não com a orientação da corte togada. Cuida-se, nesse caso, de grave erro, que atenta contra o preceito constitucional da soberania dos veredictos. Exemplificando: se o Conselho de Sentença, valorando a prova, entende que houve recurso que dificultou a defesa da vítima, não pode o tribunal togado desacolher essa interpretação, a pretexto de que a Câmara tem posição firmada no sentido de que, naquela situação fática, não se deve acolher a qualificadora.

Por outro lado, a simples existência do recurso de apelação voltando ao questionamento da decisão dos jurados não constitui, por si só, ofensa ao princípio constitucional da soberania dos veredictos; ao contrário, harmonizam-se os princípios, consagrando-se na hipótese o duplo grau de jurisdição. Além do mais, a Constituição menciona haver soberania *dos* veredictos, não querendo dizer que exista um só. A isso, devemos acrescentar que os jurados, como seres humanos que são, podem errar e nada impede que o tribunal reveja a decisão, impondo a necessidade de se fazer um novo julgamento. Isto não significa que o juiz togado substituirá o jurado na tarefa de dar a última palavra quanto ao crime doloso contra a vida que lhe for apresentado para julgamento. Por isso, dando provimento ao recurso, por ter o júri decidido contra a prova dos autos, cabe ao Tribunal

Popular proferir uma outra decisão. Esta, sim, torna-se soberana, porque essa hipótese de apelação só pode ser utilizada pela defesa uma única vez (art. 593, § 3.º *in fine*).

Lembre-se que o princípio constitucional da soberania dos veredictos não se aplica à esfera da Justiça Militar. Esta é considerada Justiça Especial, enquanto o Tribunal do Júri é órgão da Justiça comum. Portanto, quando o Conselho Militar Federal de 1.º grau se reúne para julgar um homicídio, considerado crime militar (ex.: cometido por militar contra militar, no quartel), sua decisão está sujeita ao duplo grau de jurisdição, cabendo recurso ao Superior Tribunal Militar. Este, por sua vez, pode ingressar no mérito da decisão, reformando-a para condenar ou absolver o réu. A soberania dos veredictos está reservada ao Tribunal do Júri, isto é, o colegiado composto pelos jurados, pessoas leigas, em crimes comuns dolosos contra a vida.

Quando o tribunal dá provimento ao apelo contra decisão absolutória do Júri para que novo julgamento se realize, atendendo a pedido do Ministério Público, não pode restaurar os efeitos de eventual prisão preventiva que fora decretada pelo juiz de 1.º grau, sem que existam novos fundamentos. Na realidade, uma vez absolvido, o acusado foi colocado em liberdade, não tendo sentido o tribunal, revendo a decisão do Júri, determinar a sua prisão, somente porque aguardara preso o seu julgamento anterior pelo Tribunal Popular.

Utilizada a apelação com base na alínea *d* do inciso III do art. 593, não é admissível um segundo apelo pelo mesmo motivo, evitando-se a prorrogação infindável dos julgamentos (art. 593, § 3.º, CPP). Ademais, se na primeira apelação, considerou o tribunal que a decisão foi manifestamente contrária à prova dos autos, quando o júri condenou o réu sem prova suficiente, por exemplo, determinando novo julgamento, não tem o menor cabimento, quando o Conselho de Sentença, na segunda sessão, absolver o acusado, tornar a haver questionamento sobre o mérito. Afinal, se foi contrária à prova a condenação, não pode também ser contrária à prova a absolvição. Seria interminável a possibilidade de renovação dos veredictos. Por isso, o correto é permitir que uma única vez seja apresentada a apelação, com base nessa alínea, ainda que as teses se alterem nos dois julgamentos proferidos.

Por derradeiro, convém destacar a consagração do princípio da unirrecorribilidade das decisões, significando que, como regra, para cada decisão existe um único recurso cabível, não sendo viável combater um julgado por variados mecanismos. Além de se poder gerar decisões contraditórias, haveria insegurança e ausência de economia processual. Excepciona essa regra o fato da decisão comportar mais de um fundamento, motivador de mais de um recurso. É possível que a parte interponha recursos extraordinário e especial, concomitantemente, contra acórdão, desde que a decisão contrarie, por um lado, a Constituição e, por outro, der à lei federal interpretação diversa da que lhe tenha dado outro tribunal.

Justamente em função da unirrecorribilidade das decisões, havendo previsão expressa para a interposição de apelação, não pode a parte optar pelo recurso em sentido estrito, a pretexto de também estar prevista a matéria no contexto do art. 581. É o que ocorre, por exemplo, com a não concessão do *sursis*. Prevê o art. 581, XI, do Código de Processo Penal, ser cabível recurso em sentido estrito contra decisão que nega o benefício (hoje, durante a execução, cabe agravo). Entretanto, se o juiz da condenação

Capítulo XX • Recursos | 593

for o responsável pela negativa, cabe apelação, pois está sendo questionada parte da sentença de mérito.

O recurso de apelação, com base no art. 593, III, *d*, do CPP, continua vigendo, normalmente, mesmo após a edição da Lei 11.689/2008, que instituiu novo procedimento ao Tribunal do Júri. É realidade que passa a existir somente um quesito, envolvendo todas as teses absolutórias de defesa ("o jurado absolve o acusado?"). Entretanto, ainda que a defesa ofereça teses variadas, alternativas, elas ficarão consignadas em ata e, caso os jurados realmente absolvam o réu, pode haver o contraste de tais teses com as provas constantes dos autos. Logo, se nenhuma tese absolutória for compatível com o acervo probatório, o Tribunal pode dar provimento ao recurso da acusação para que o réu seja submetido a novo julgamento pelo Tribunal do Júri. Porém, se alguma delas guardar sintonia com a prova colhida, nega-se provimento à apelação do órgão acusatório.

11.3 Legitimidade recursal do Ministério Público e de terceiros

Pode o representante do Ministério Público interpor recurso em favor do réu, pois o promotor não está vinculado estreitamente à acusação, podendo, respeitada a sua independência funcional, acreditar na inocência do acusado ou mesmo que a pena aplicada foi exagerada. Imagine-se a hipótese do representante do Ministério Público ter pedido a absolvição em plenário, mas o júri, em face da sua soberania, ter condenado o réu. Pode o promotor recorrer da decisão.

O Ministério Público não é obrigado a fazê-lo, nem quando o juiz julga improcedente a ação, nem tampouco quando a julga procedente, mas distante da pena almejada pelo acusador. Trata-se de uma faculdade, vinculada ao convencimento do representante da sociedade. Entretanto, se apresentar recurso, não mais poderá desistir, como consequência razoável da obrigatoriedade da ação penal e indisponibilidade do processo.

Ao recorrer, mesmo contra o réu, considerando-se a sua posição de fiscal da lei, o Ministério Público proporciona a devolução ampla da matéria debatida ao Tribunal, que poderá agravar a situação do acusado, mas, igualmente, pode absolvê-lo ou reduzir a pena. Ora, se o *Parquet* pode recorrer para absolver o acusado, por óbvio, pode apresentar apelação para condená-lo, mas o efeito desse recurso é abrir todas as possibilidades de análise pela Corte.

Porém, não tem legitimidade para recorrer de sentença absolutória em ação penal privada, uma vez que é consequência lógica da titularidade da ação penal ter sido conferida ao particular e não ao Estado. Este detém o direito de punir, mas não a iniciativa da ação, por isso atua no processo apenas como *custos legis*. Havendo absolvição, o representante do Ministério Público, caso pudesse substituir o querelante, que não apelou, oferecendo recurso visando à condenação, estaria assumindo o polo ativo da demanda, o que seria injustificável. Naturalmente, pode apresentar recurso de apelação contra a decisão condenatória, que não aplicou corretamente a pena ou que, injustamente, sem provas suficientes, condenou o querelado.

No caso de ação penal privada subsidiária da pública, há legitimidade recursal do Ministério Público em qualquer situação, pois a titularidade da ação penal é do Estado e somente foi transferida ao ofendido, diante da inércia inicial do órgão acusatório.

Assim, se o particular não desejar recorrer de decisão absolutória, nada impede que o promotor o faça, retomando o polo ativo, que, originariamente, é seu.

Dispõe o art. 598 do Código de Processo Penal que, nos crimes da competência do Júri ou do juiz singular, não interposta apelação pelo Ministério Público contra a sentença, podem fazê-lo o ofendido ou qualquer das pessoas enumeradas no art. 31 (cônjuge, ascendente, descendente ou irmão), ainda que não se tenha habilitado como assistente. O prazo para a interposição desse recurso é de 15 (quinze) dias, contados do dia em que terminar o do Ministério Público.

É viável, inclusive, haver apelação de corréu em lugar do Ministério Público, desde que o outro acusado já tenha sido julgado e absolvido definitivamente ou excluído da ação penal por qualquer razão. Se tal não ocorrer, continua como parte, motivo pelo qual não tem legitimidade para o recurso contra o corréu. Quanto ao interesse para apelar, parece-nos que, em certas situações, está presente. Exemplo: nas lesões corporais recíprocas – em que dois indivíduos figuram, ao mesmo tempo, na ação penal como réus e vítimas –, a absolvição de um pode fazer nascer o interesse no outro de recorrer contra a decisão.

A amplitude da apelação apresentada pelo ofendido deve ser a maior possível, não se circunscrevendo apenas à condenação ou à absolvição. Costuma-se dizer que a vítima somente ingressa no processo penal, como assistente do Ministério Público, para buscar a condenação, que lhe servirá de título executivo na esfera cível, pouco importando qual será o montante da condenação.

Não se deve mais enfocar a questão desse modo, pelo crescente desejo – e legítimo – da pessoa ofendida de buscar justiça. Assim, cabe o recurso contra a aplicação da pena, por exemplo, embora não tenha qualquer relação com a questão a ser decidida no cível, em relação à indenização. Convém citar os argumentos de Maurício Zanoide de Moraes, em defesa dessa postura: a) inexiste dispositivo processual penal expresso vedando a atuação do ofendido para fins penais; b) se a intenção do legislador fosse restringir a participação da vítima no campo civil, deveria dar-lhe todos os instrumentos possíveis para provar tal direito, o que não fez; c) seria irracional conceder ao ofendido uma atuação marcante, quando propuser a ação privada subsidiária da pública, não permitindo o mesmo no caso da assistência; d) a restrita possibilidade de interpor recursos apenas demonstra que o assistente é auxiliar do Ministério Público e não órgão principal; e) se fosse unicamente por finalidades civis, caso já tivesse ele recebido a indenização, não poderia habilitar-se como assistente, o que não acontece (*Interesse e legitimação para recorrer no processo penal brasileiro*, p. 335). Com tal raciocínio, concordamos plenamente. Reconhecemos, no entanto, que há duas correntes, uma admitindo a apelação por qualquer motivo, enquanto outra somente a aceita se for para questionar a absolvição, mas não a pena aplicada em caso de condenação. Tem havido predomínio da primeira posição. Adotando esta (interesse recursal amplo): Mirabete (*Código de processo penal interpretado*, p. 765); Ada, Magalhães e Scarance (*Recursos no processo penal*, p. 88 e 132), dentre outros. Firmando a segunda (interesse recursal somente para garantir a condenação): Greco Filho (*Manual de processo penal*, p. 226); Tourinho Filho (*Código de Processo Penal comentado*, v. 2, p. 326), dentre outros.

Quanto ao prazo legal para o oferecimento do recurso de apelação pelo ofendido, caso esteja habilitado nos autos, como assistente da acusação, uma vez intimado, deve respeitar o prazo regular de cinco dias. Inexiste razão para o prazo de quinze dias (art. 598, parágrafo único, CPP), pois a vítima já é parte no processo, tomando ciência mais facilmente das decisões nele proferidas. Sobre o tema, há a Súmula 448 do Supremo Tribunal Federal: "O prazo para o assistente recorrer, supletivamente, começa a correr imediatamente após o transcurso do prazo do Ministério Público".

É preciso ressaltar, no entanto, que o entendimento atual do Pretório Excelso é no sentido de que o prazo corre, quando o assistente está habilitado nos autos, da data da intimação e tem ele o prazo de cinco dias para interpor o recurso. Vige a súmula na parte referente à consideração de ser o recurso do assistente sempre supletivo em relação ao do Ministério Público. Na linha que sustentamos, está a visão de GRECO FILHO (*Manual de processo penal*, p. 226); MIRABETE (*Código de Processo penal interpretado*, p. 766-767). Entretanto, caso não esteja habilitado, tem o ofendido o prazo de quinze dias para apelar.

Há posição em sentido contrário, sustentando que o prazo para o ofendido recorrer é sempre de quinze dias, estando habilitando ou não. Nessa ótica: ADA, MAGALHÃES e SCARANCE (*Recursos no processo penal*, p. 134, embora mencionando que o assunto é extremamente polêmico e o STF adotou, mais recentemente, o prazo de cinco dias, para o ofendido habilitado, enquanto o STJ preferiu os quinze dias).

A ressalva feita no art. 598, *caput*, parte final, de que não será admitido o recurso do ofendido ou de seus sucessores com efeito suspensivo, pressupõe tenha ele sido oferecido contra decisão absolutória. Ocorre que, atualmente, tem-se admitido apelação do ofendido ou seus sucessores para requerer, por exemplo, o aumento de pena. Se assim for, a vítima se insurgirá contra sentença condenatória, que pode ter, sim, efeito suspensivo, não sendo aplicável a parte final deste artigo, harmonizando-se com o disposto na primeira parte do art. 597.

11.4 Processamento da apelação

Deve ser interposta em 5 (cinco) dias a contar a intimação da decisão. Quanto à necessidade de recolhimento à prisão, ou prestação de fiança, para poder recorrer, conforme era previsto no revogado art. 594 do Código de Processo Penal, remetemos o leitor ao capítulo referente às modalidades de prisão cautelar, onde o assunto foi exposto.

Há possibilidade de deserção, quando não houver o pagamento das custas (ver art. 806, § 2.º) e as despesas de traslado (ver art. 601, § 2.º). Essas hipóteses continuam viáveis, após a revogação do art. 595 do CPP, pois não tem vinculação alguma com a prisão cautelar e a fuga do réu.

Ao contrário da absolutória, cujo efeito é meramente devolutivo, a sentença condenatória deve ter efeito devolutivo e suspensivo, não sendo executada, até que haja o trânsito em julgado, a fim de não se ofender o princípio da presunção de inocência (art. 597, CPP).

A segunda parte do art. 597 está revogada: não existe mais a aplicação provisória de interdições de direitos ou medida de segurança; também não se fala mais na aplicação imediata da suspensão condicional da pena, uma vez que a Lei de Execução Penal impõe a realização da audiência de advertência somente após o trânsito em julgado da sentença (art. 160).

Merece comentário especial o confronto entre o efeito suspensivo da sentença condenatória e a possibilidade de execução provisória da pena.

Embora a sentença condenatória tenha efeito suspensivo, justamente para não ferir o princípio da presunção de inocência, executando-se a pena prematuramente, antes da condenação tornar-se definitiva, é posição dominante – e correta – da jurisprudência pátria ter o sentenciado direito à execução provisória da pena. Esta medida é um benefício e uma necessidade, imposta pela excessiva lentidão no trâmite dos recursos, que podem levar anos para ser apreciados, razão pela qual o réu terminaria sua pena no regime fechado, sem qualquer vantagem. Dessa forma, admite-se possa ele pleitear ao juiz das execuções criminais a progressão de regime, embora ainda esteja recorrendo da decisão condenatória. Para esse fim, a sentença abrandaria o seu efeito suspensivo.

Os Tribunais Superiores têm admitido esse entendimento, sistematicamente, havendo apenas uma controvérsia: alguns julgados exigem o trânsito em julgado da decisão condenatória para o Ministério Público (ou pelo menos que este não tenha interposto recurso contra a pena, pleiteando o seu aumento), o que consideramos correto; outros, no entanto, permitem a execução provisória de qualquer modo, ainda que o Ministério Público tenha recorrido contra a pena. Tem sido majoritária a posição de somente permitir a execução provisória quando o Estado-acusação conforma-se com a pena.

Cumpre, ainda, ressaltar a edição das Súmulas 716 e 717 do STF, cuidando do tema: 716: "Admite-se a progressão de regime de cumprimento da pena ou a aplicação imediata de regime menos severo nela determinada, antes do trânsito em julgado da sentença condenatória"; 717: "Não impede a progressão de regime de execução da pena, fixada em sentença não transitada em julgado, o fato de o réu se encontrar em prisão especial".

No mesmo prisma, o Conselho Nacional de Justiça editou a Resolução 113/2010, fixando normas para o aprimoramento da execução provisória da pena.

O art. 599 do Código de Processo Penal oferece a possibilidade de ser a apelação interposta quer em relação a todo o julgado, quer em relação a parte dele, o que é consequência natural da voluntariedade dos recursos, permitindo à parte a livre apreciação da decisão judicial.

O inconformismo pode ser total, discordando o réu, por exemplo, da condenação, da pena aplicada, do regime escolhido etc., como pode ser parcial, questionando somente a pena aplicada ou o regime eleito para o cumprimento. O mesmo se dá no tocante ao Ministério Público. Aliás, este artigo está em harmonia com o art. 593, § 4.º, que diz ser cabível apelação, ainda que somente de parte da decisão se recorra, evitando-se o recurso em sentido estrito.

Assinado o termo de apelação – quando o réu o faz diretamente, ao ser intimado da sentença –, ou apresentada petição pelo defensor, haverá um prazo de oito dias para cada parte oferecer as razões e contrarrazões respectivamente. Nos processos de contravenção, tal prazo reduz-se a três dias (art. 600, CPP). Cumpre salientar que o prazo de cinco dias para a interposição do recurso é fatal, mas o de oito dias, para as razões, não, podendo ser ultrapassado, até porque o recurso pode subir sem razões. A petição ou termo de apelação é dirigida ao juiz prolator da decisão impugnada, para que haja o recebimento do recurso. Em seguida, apresentam-se as razões, estas, sim, dirigidas ao tribunal.

O assistente de acusação apresentará seu arrazoado no prazo de três dias, contados do término do prazo do Ministério Público (art. 600, § 1.º, CPP). Caso este atue como fiscal da lei – em ação privada –, terá vista dos autos após o querelante, por três dias (art. 600, § 2.º, CPP).

Havendo dois ou mais apelantes ou apelados, os prazos serão comuns (art. 600, § 3.º, CPP). Embora seja um corolário do princípio da economia processual exigir que todos os apelantes e apelados manifestem-se no mesmo prazo, agilizando o trâmite do processo, poderia ser inviabilizada a ampla defesa ou mesmo restringido o duplo grau de jurisdição. Em processos complexos, as partes necessitam ter os autos em mãos para estudar o seu conteúdo, confrontar as provas e apresentar as razões, o que se torna impossível quando o prazo é comum e não se concede carga dos autos fora de cartório. Assim, torna-se viável o exercício do bom senso, permitindo o magistrado que os prazos sejam sucessivos, assim como o direito das partes de ter os autos em mãos, salvo se houver motivo de força maior.

Existe a possibilidade de apresentar as razões do apelo diretamente no tribunal, conforme dispõe o art. 600, § 4.º, do CPP. Trata-se de faculdade concedida somente à defesa, pois o promotor responsável pelo processo deve apresentar as razões em primeiro grau. Não haveria sentido que os autos do processo subissem ao tribunal para que, então, fosse aberta vista à acusação, saindo o representante do Ministério Público de sua Comarca e dirigindo-se à corte somente para protocolar as razões.

Por outro lado, não seria viável que um Procurador de Justiça o fizesse, em seu lugar, uma vez que sua função não é arrazoar recursos do Ministério Público, mas sim oferecer um parecer (imparcial) sobre o tema. E, por fim, se o promotor da Comarca de origem invocasse o dispositivo e não ficasse responsável pela apresentação das razões, haveria o Procurador-Geral de Justiça de designar um outro promotor para essa tarefa, o que somente conturbaria a carreira.

A defesa, por seu turno, pode pleitear nesse sentido, pois nada impede que se exerça a advocacia em qualquer Comarca, motivo pelo qual torna-se até mais fácil, caso o escritório do defensor seja na Capital, onde está situado o tribunal, que o oferecimento das razões seja feito na superior instância e não na Comarca do interior, onde foi prolatada a sentença.

Lembremos que, tendo havido interesse em oferecer as razões em segundo grau, é indispensável que esse direito seja assegurado, intimando-se as partes a fazê-lo, sob pena de nulidade.

A ausência de razões não acarreta nulidade, embora jamais possa deixar o juiz de intimar e assegurar às partes o direito de apresentá-las. A disposição do art. 601 do CPP

598 | MANUAL DE PROCESSO PENAL · Nucci

possibilita esse entendimento, além do que nenhum prejuízo advém ao réu, uma vez que o tribunal retomará o conhecimento pleno da questão da mesma forma.

Ainda assim, deve o juiz buscar que o recurso seja convenientemente arrazoado pela defesa técnica, especialmente quando é interposto pelo acusado diretamente. Não pode, no entanto, obrigar que o advogado o faça, se ele declina da oportunidade concedida.

Quando um réu deseja apelar, havendo outros ainda não julgados ou que não tiverem recorrido, deve haver o desmembramento do feito, providenciando o apelante o traslado das cópias necessárias para a formação do volume que será remetido ao tribunal. Se não o fizer, importa em deserção, com a ressalva feita no § 2.º do art. 601, do CPP, isto é, no caso de réu pobre ou do Ministério Público.

11.5 Trâmite no tribunal

Estabelece o art. 610 do Código de Processo Penal que, nos recursos em sentido estrito (exceto no tocante a *habeas corpus*) e nas apelações contra sentenças em processo de contravenção ou crime a que a lei comine pena de detenção, os autos devem seguir imediatamente ao Ministério Público, pelo prazo de cinco dias, passando, por igual prazo, ao relator, que pedirá data para julgamento. Nesse dia, apregoadas as partes, com ou sem sua presença, o relator expõe o feito e concede, por dez minutos cada um, a palavra aos advogados que desejem fazer sustentação oral e ao membro do Ministério Público. Os recursos relativos a *habeas corpus* tem preferência de julgamento (art. 612, CPP).

Trata-se de um rito abreviado no processamento do apelo, em consonância ao procedimento mais célere adotado pelo magistrado de primeiro grau, quando conduziu o processo para apurar contravenção penal ou crime apenado com detenção. O ideal seria um só processamento, para qualquer situação, embora sempre célere.

Lembremos que os prazos para parecer do Ministério Público e para o voto do relator são impróprios, isto é, não são considerados fatais, podendo haver atraso, até por conta do excessivo volume de feitos em trâmite nos tribunais atualmente. Aliás, segundo o art. 614 do CPP, deve haver justificação nos autos, que, na maior parte das vezes, é genérica, referindo-se ao "excesso de serviço".

Em julgamento de recurso em sentido estrito e de apelação especial, não seguem os autos ao revisor, após terem passado pelo relator. Este encaminha, diretamente, à mesa para julgamento, tão logo tenha recebido o feito com parecer da Procuradoria-Geral da Justiça.

Nas apelações contra sentenças proferidas em processos por crime apenado com reclusão, devem ser processadas como acima exposto, acrescendo-se que, exarado o relatório nos autos pelo relator, passarão os autos ao revisor, que terá igual prazo para exame e, depois, pedirá data para julgamento (art. 613, CPP). Os prazos serão computados em dobro e a sustentação oral pode atingir quinze minutos para cada parte.

Os julgamentos do tribunal serão feitos por maioria de votos (art. 615, CPP). Se, porventura, houver empate, prevalecerá a decisão mais favorável ao réu (art. 615, § 1.º, CPP).

Preceitua o art. 616 do Código de Processo Penal que, no julgamento das apelações, o tribunal, câmara ou turma poderá proceder a novo interrogatório do acusado, reinquirir testemunhas ou determinar outras diligências.

A execução desses atos pode ser feita diretamente pelo tribunal, normalmente pelo relator, mas também pode ser expedida carta de ordem para que o juiz de primeiro grau, do local onde estão réu e testemunhas, proceda à inquirição desejada.

Registremos que a natureza dessas diligências é meramente suplementar, voltadas que são ao esclarecimento de dúvidas dos julgadores de segunda instância, não podendo extrapolar o âmbito das provas já produzidas, alargando o campo da matéria em debate, pois isso configuraria nítida supressão de instância e causa de nulidade. É inadmissível o procedimento do tribunal de produzir novas provas, das quais não tem ciência – e não teve por ocasião da sentença – o juiz de primeiro grau, julgando o recurso com base nelas. Assim fazendo, não haverá duplo grau de jurisdição, mas uma única – e inédita – decisão, da qual não poderão as partes recorrer.

É viável a aplicação do art. 383 do CPP (*emendatio libelli*) em segundo grau, isto é, trata-se da hipótese de dar nova definição jurídica do fato, desde que a imputação formulada na denúncia comporte, bem como se encontre respaldo na prova dos autos (art. 617, CPP). Ilustrando: pode o tribunal considerar determinado motivo, explicitamente constante da peça inicial e sobre o qual pôde manifestar-se o réu convenientemente, torpe em lugar de fútil. Não pode, no entanto, o tribunal aplicar pena mais grave, se somente o réu recorreu, nem tampouco pode fazer uso do art. 384 do CPP (*mutatio libelli*), que seria o caminho viável para, aditando a denúncia, agravar a pena. Nessa linha, confira-se a Súmula 453 do STF: "Não se aplicam à segunda instância o art. 384, parágrafo único [hoje, §§ 1º a 5º], do Código de Processo Penal, que possibilitam dar nova definição jurídica ao fato delituoso, em virtude de circunstância elementar não contida, explícita ou implicitamente, na denúncia ou queixa".

Deve, ainda, o tribunal, nos termos do art. 617 do CPP, valer-se do disposto no art. 386 do CPP, em caso de absolvição, explicitando no acórdão as razões da decisão: a) estar provada a inexistência do fato; b) não haver prova da existência do fato; c) não constituir o fato infração penal; d) estar provado que o réu não concorreu para a infração penal; e) não existir prova de ter o réu concorrido para a infração penal; f) existir circunstância excludente de ilicitude ou de culpabilidade; g) não existir prova suficiente para a condenação.

Em caso de condenação, deve o tribunal, se resolver condenar o réu, no caso de recurso apresentado pelo Ministério Público, fixar a pena de acordo com o preceituado no art. 387 do CPP, ou seja, com os mesmos parâmetros do juiz de primeiro grau. Necessita mencionar as circunstâncias agravantes e atenuantes existentes, as demais circunstâncias levadas em conta para a aplicação da pena, como estabelecido nos arts. 59 e 60 do Código Penal, bem como as causas de aumento e diminuição. Fixará os benefícios cabíveis – como a suspensão condicional da pena ou a substituição da pena privativa de liberdade por restritivas de direitos ou multa – bem como determinará a publicação (art. 617, CPP).

Não há possibilidade da parte recorrer contra uma decisão e, em lugar de conseguir a modificação do julgado, segundo sua visão, terminar obtendo uma alteração ainda mais prejudicial do que se não tivesse recorrido. Veda o sistema recursal que a instância superior, não tendo a parte requerido, empreenda uma *reformatio in pejus*, ou seja, modifique o julgado piorando a situação de quem recorreu.

É verdade que o art. 617 do CPP trata apenas da situação do réu, mas o mesmo vem sendo aplicado no tocante à acusação por grande parte da jurisprudência, o que nos parece correto. Assim, quando somente o promotor recorre, por exemplo, não pode o tribunal absolver o réu ou diminuir-lhe a pena. Admitir o princípio da reforma em prejuízo da parte retiraria a voluntariedade dos recursos, provocando no espírito do recorrente enorme dúvida, quanto à possibilidade de apresentar recurso ou não, visto que não teria garantia de que a situação não ficaria ainda pior. Seria maniatar a livre disposição da parte na avaliação de uma decisão.

Quanto à possibilidade de *reformatio in pejus* para a acusação, ou seja, melhorar a situação do réu, quando houver recurso exclusivo da acusação, configurando autêntica *reformatio in mellius* para a defesa, há quem a sustente, sob o prisma de que, no processo penal, enaltece-se o princípio da prevalência do interesse do réu. Parece-nos, no entanto, que a prevalência desse interesse deve contar, no mínimo, com a provocação da defesa. Caso tenha havido conformismo com a decisão, não vemos razão para aplicar o princípio. Tem sido a posição dos Tribunais Superiores. Em contrário, no entanto, afirma TOURINHO FILHO que "a maior e mais expressiva corrente da doutrina brasileira admite poder o Tribunal, ante apelo exclusivo do Ministério Público visando à exasperação da pena, agravá-la, abrandá-la, mantê-la ou, até mesmo, absolver o réu, em face do papel que o Ministério Público representa nas instituições políticas. (...) Assim, por que motivo estaria impossibilitado, ante exclusiva apelação do Ministério Público, de abrandar mais ainda a situação processual do réu, e até mesmo absolvê--lo? Se o Tribunal, em sede de revisão, pode fazê-lo, que razão o impediria de agir da mesma maneira ao julgar uma apelação ministerial visando ao agravamento da pena?" (*Código de Processo Penal comentado*, v. 2, p. 364).

Merece registro o seguinte aspecto: ainda que haja nulidade absoluta, sem recurso da acusação e existindo somente recurso do réu, não se admite o seu reconhecimento. Nesse sentido, está em vigor a Súmula 160 do Supremo Tribunal Federal: "É nula a decisão do Tribunal que acolhe, contra o réu, nulidade não arguida no recurso da acusação, ressalvados os casos de recurso de ofício".

Outra hipótese que precisa ser analisada concerne à vedação da *reformatio in pejus* indireta, que é a anulação da sentença, por recurso exclusivo do réu, vindo outra a ser proferida, devendo respeitar os limites da primeira, sem poder agravar a situação do acusado. Exemplificando: caso o réu seja condenado a 5 anos de reclusão, mas obtenha a defesa a anulação dessa decisão, quando então o magistrado – ainda que seja outro –, ao proferir outra sentença, está adstrito a uma condenação máxima de 5 anos. Se pudesse elevar a pena, ao proferir nova decisão, estaria havendo uma autêntica reforma em prejuízo da parte que recorreu, embora de maneira indireta. Em tese, seria melhor ter mantido a sentença, ainda que padecendo de nulidade, pois a pena seria menor. Parece-nos justa, portanto, essa posição, que é dominante na jurisprudência atual.

Ainda no contexto da vedação da *reformatio in pejus*, deve-se analisar a possibilidade de fixação de medida de segurança ao réu, realizada pelo tribunal. Defendemos em nosso *Código Penal comentado* (nota 21 ao art. 98) que a Súmula 525 do STF ("A medida de segurança não será aplicada em segunda instância, quando só o réu tenha recorrido") não teria mais sentido, pois foi elaborada na época em que vigia o sistema do duplo binário, isto é, a possibilidade de aplicação de pena e medida de segurança, concomitantemente. Dessa forma, caso o juiz tivesse aplicado ao réu somente pena, não poderia o tribunal, em recurso exclusivo da defesa, acrescentar a medida de segurança. Seria autêntica *reformatio in pejus*.

Ocorre que, estando em vigor hoje o sistema vicariante – aplicação de pena *ou* medida de segurança –, bem como, entendendo-se que a medida de segurança é mais benéfica do que a pena, seria viável que o tribunal substituísse a pena pela aplicação da medida de segurança, que pretende ser curativa, ainda que somente o réu tenha recorrido.

Outro aspecto da *reformatio in pejus* diz respeito à alteração do regime de cumprimento da pena feito pelo tribunal. Não pode haver modificação, em prejuízo do acusado, caso inexista recurso expresso do Ministério Público a esse respeito, ainda que se refira a regime imposto por lei. Ilustrando: para uma pena de dez anos de reclusão, é obrigatório o regime inicial fechado (art. 33, § 2.º, *a*, CP). Entretanto, se o magistrado impuser o regime semiaberto, não pode o tribunal modificá-lo em recurso exclusivo do réu.

12. AGRAVO NOS TRIBUNAIS

12.1 Conceitos

O agravo é o recurso utilizado para impugnar decisão lesiva ao interesse da parte, tomada por membro de tribunal, quando proferida individualmente, dirigindo-se ao órgão colegiado. Encontra previsão na lei e também nos regimentos dos tribunais. Quando se trata da primeira hipótese, chama-se simplesmente *agravo*; no caso da segunda espécie, *agravo regimental*.

12.2 Processamento

A Lei 8.038/90 (art. 39), cuidando dos processos de competência originária em trâmite no Supremo Tribunal Federal e no Superior Tribunal de Justiça, prevê a possibilidade de hostilizar a decisão do Presidente do Tribunal, de Seção, de Turma ou de Relator, quando prejudicar a parte. Conforme o caso, será o recurso encaminhado para o Plenário, para a Seção ou para a Turma.

O prazo de interposição é de cinco dias. E, a despeito das alterações havidas no Código de Processo Civil (art. 522 – art. 1.015 do CPC/2015), continua a prevalecer o prazo de cinco dias previsto na lei especial, que é a Lei 8.038/90. Assim está a Súmula 699 do STF: "O prazo para interposição de agravo, em processo penal, é de cinco dias, de acordo com a Lei 8.038/90, não se aplicando o disposto a respeito nas alterações da Lei 8.950/94 ao Código de Processo Civil".

Ampliando a aplicação da Lei 8.038/90 para os processos de competência originária em trâmite nos tribunais estaduais e regionais, a Lei 8.658/93 deixou de prever, no seu texto, a mesma possibilidade de uso do agravo. Aplica-se, assim, por analogia o disposto no art. 39 da Lei 8.038/90, contra as decisões de Presidente do Tribunal, de Seção, de Turma ou Relator dos Tribunais Estaduais e Regionais.

Além disso, há previsão nos Regimentos Internos dessas Cortes do agravo regimental para todas as hipóteses já mencionadas. Em suma, quando a decisão for tomada pelo Presidente do Tribunal, de Seção, de Turma ou de Relator, a lei já regulou a matéria, denominando o recurso de agravo – embora nos tribunais continue sendo denominado de *agravo regimental*.

Por outro lado, quando a decisão for tomada por outro membro da Corte, como pode ocorrer com o Vice-Presidente (embora estes possam ser considerados, em alguns Estados, presidentes de Seção) ou do Corregedor-Geral da Justiça, na falta de previsão legal, cabe agravo regimental. O seu trâmite deve obedecer ao disposto no Regimento Interno de cada tribunal.

13. EMBARGOS DE DECLARAÇÃO

13.1 Conceito e extensão

É uma espécie peculiar de recurso posto à disposição de qualquer das partes, voltado ao esclarecimento de dúvidas surgidas no acórdão, quando configurada ambiguidade, obscuridade, contradição ou omissão, permitindo, então, o efetivo conhecimento do teor do julgado, facilitando a sua aplicação e proporcionando, quando for o caso, a interposição de recurso especial ou extraordinário.

O Código de Processo Penal somente prevê expressamente o recurso de embargos de declaração contra acórdão, mas é de se considerar existente o mesmo instrumento de esclarecimento de ambiguidade, contradição, obscuridade ou omissão voltado à sentença de primeiro grau. Afinal, é o que vem previsto no art. 382 do CPP. Segundo nos parece, trata-se de autêntico recurso de embargos de declaração, a despeito da lei não lhe ter dado denominação própria.

Não se admite a extensão dos embargos de declaração a outras decisões, fora do âmbito da sentença ou do acórdão, pois inexiste expressa previsão legal. Decisões interlocutórias, de qualquer espécie, não comportam embargos. Se na sua aplicação houver dúvida, prejudicial ao réu, gerando algum tipo de constrangimento, o caminho é impugná-la por *habeas corpus*.

No mais, se a dúvida atingir a acusação, dependendo do caso concreto, pode caber correição parcial – se tumulto processual advier – ou mesmo recurso em sentido estrito – caso a decisão comporte. Não sendo assim, eventual prejuízo pode ser destacado em preliminar de eventual apelação. Em contrário, a posição de Ada, Magalhães e Scarance: "Apesar de o Código referir-se apenas aos acórdãos proferidos pelos tribunais de apelação (art. 619, CPP) e às sentenças de primeiro grau (art. 382, CPP), o certo é que os embargos de declaração podem ser interpostos contra *qualquer* decisão judicial.

Capítulo XX • Recursos | 603

É inconcebível que fique sem remédio a obscuridade, a ambiguidade, a contradição ou a omissão existente no pronunciamento, que podem chegar até a comprometer a possibilidade prática de cumpri-lo" (*Recursos no processo penal*, p. 229).

13.2 Processamento dos embargos de declaração

Devem ser interpostos no prazo de dois dias, a contar da ciência da sentença ou do acórdão. Servem para esclarecer os seguintes aspectos: a) *ambiguidade* (estado daquilo que possui duplo sentido, gerando equivocidade e incerteza, capaz de comprometer a segurança do afirmado); b) *obscuridade* (estado daquilo que é difícil de entender, gerando confusão e ininteligência, no receptor da mensagem); c) *contradição* (trata-se de uma incoerência entre uma afirmação anterior e outra posterior, referentes ao mesmo tema e no mesmo contexto, gerando a impossibilidade de compreensão do julgado); d) *omissão* (é a lacuna ou o esquecimento, isto é, o juiz ou tribunal esquece-se de abordar algum tema levantado pela parte nas alegações finais ou no recurso).

Vale mencionar que não se caracteriza a omissão quando o juiz deixar de comentar argumento por argumento levantado pela parte, pois, no contexto geral do julgado, pode estar nítida a sua intenção de rechaçar todos eles.

Outro ponto importante é que os embargos de declaração não se prestam à reavaliação das provas e dos fatos. Trata-se de recurso exclusivo para situações excepcionais, quando há ambiguidade, obscuridade, contradição ou omissão. O inconformismo da parte que perdeu deve ser deduzido no recurso apropriado (apelação, recurso especial ou extraordinário e até mesmo por *habeas corpus*).

Para a simples correção de erros materiais, não há necessidade da interposição dos embargos. Pode o relator determinar a modificação de meros equívocos materiais que podem ter constado no acórdão, por engano de datilografia ou de redação, sem a necessidade de procedimento recursal. Faz o mesmo o juiz de primeiro grau, com relação à sentença.

Entretanto, tem-se admitido que a parte apresente embargos de declaração com a finalidade exclusiva de prequestionar alguma matéria, não abordada pelo julgado, embora tenha sido levantada pelo interessado durante a instrução ou na peça recursal, obrigando o tribunal a decidir expressamente sobre o assunto e, em consequência, possibilitar a interposição de recurso especial ou extraordinário. A respeito, confira-se a Súmula 356 do STF: "O ponto omisso da decisão, sobre o qual não foram opostos embargos declaratórios, não pode ser objeto de recurso extraordinário, por faltar o requisito do prequestionamento". Ver também a Súmula 211 do STJ: "Inadmissível recurso especial quanto à questão que, a despeito da oposição de embargos declaratórios, não foi apreciada pelo tribunal *a quo*".

Qualquer das partes que possua legitimidade para recorrer está autorizada a ingressar com embargos de declaração, desde que o esclarecimento pleiteado do julgado possa trazer-lhe algum benefício. A manifestação da parte contrária é dispensável, já que o propósito dos embargos de declaração é aclarar a matéria decidida e não inovar, modificando o julgado. Ressalva a doutrina a possibilidade do relator, verificando a viabilidade de modificação do conteúdo do decidido, quando a questão obscura, ambígua,

604 | MANUAL DE PROCESSO PENAL · Nucci

contraditória ou omissa for sanada, determinar a intimação da parte contrária. Nesse caso, diz-se terem os embargos o caráter infringente, ou seja, com capacidade para violar o anteriormente julgado.

Aliás, quanto ao mencionado *efeito infringente*, que é a modificação substancial do julgado, somente deve-se aceitá-lo quando se cuidar de omissão ou contradição, pois os magistrados haverão de decidir sobre ponto que ainda não tinham abordado ou deverão sanar uma incoerência, situações capazes de alterar o rumo do decidido. Entretanto, a ambiguidade e a obscuridade representam a simples possibilidade de aclarar o que está implícito.

Há viabilidade no indeferimento liminar dos embargos pelo próprio relator (art. 620, § 2.º, CPP), quando for manifesta a improcedência do alegado pela parte.

A interposição dos embargos interrompe o prazo para outros recursos, o que é decorrência natural, afinal, se a busca é pelo esclarecimento do que é confuso ou lacunoso, inexiste razão para apresentar outro recurso qualquer, antes de ser consertado o equívoco gerado. Se for oferecido outro recurso, deve ser sobrestado o seu prosseguimento. Note-se, por fim, que não se trata de mera suspensão do prazo que já vinha correndo para a interposição de outro recurso, mas da sua interrupção, possibilitando à parte interessada, após a prolação da decisão dos embargos, retomá-lo por inteiro.

Existe, ainda, a possibilidade de apresentação de *embargos dos embargos*, pois nada impede que o acórdão proferido no julgamento dos embargos de declaração propostos também padeça de algum vício autorizador de novo pedido de esclarecimento. A doutrina chega a admitir, ainda, que os segundos embargos possam questionar vícios decorrentes da decisão que originou os primeiros, desde que o assunto não tenha, ainda, sido ventilado.

14. CARTA TESTEMUNHÁVEL

14.1 Conceito e natureza jurídica

É o recurso destinado a provocar o conhecimento ou o processamento de outro para tribunal de instância superior, cujo trâmite foi indevidamente obstado pelo juiz. Utiliza-se a carta testemunhável quando não houver outro recurso para impugnar a decisão judicial, que impede o trâmite de algum recurso. Logo, como exemplo de desnecessidade de uso da carta testemunhável, pode-se citar o não recebimento de apelação, decisão contra a qual cabe recurso em sentido estrito (art. 581, XV, CPP).

Como já afirmamos, trata-se de autêntico recurso, pois é dirigido ao tribunal *ad quem* para contestar decisão do juiz *a quo*, que indeferiu o processamento de recurso legalmente previsto. Há um juízo de reavaliação de decisão tomada, conforme provocação da parte interessada, por órgão jurisdicional superior, o que é típica característica do recurso.

Como ensina Noronha, "é inegável que ela tem o fim de reparar um dano ou gravame sofrido pela parte, com a denegação do recurso interposto. Há, por certo, lesão de caráter *especial*, consistente na denegação de um recurso que ela objetiva remediar e, consequentemente, é um *recurso*. O ter caráter subsidiário não lhe tira essa qualidade, pois é exato que tem lugar quando não é cabível outro recurso. Tal fato somente lhe dá natureza especial ou particular, se com isso infirmar que seja recurso" (*Curso de direito processual penal*, p. 402).

14.2 Cabimento e processamento da carta testemunhável

Duas são as hipóteses: a) contra decisão que denegar o recurso; b) contra decisão que, embora admita o recurso, obsta o seu seguimento (art. 639, CPP).

Será apresentada diretamente ao escrivão do cartório ou secretário do tribunal, nas 48 horas (tem-se admitido a interpretação extensiva de dois dias) seguintes à ciência do despacho que denegou o recurso, indicando as peças do processo que devem ser trasladadas para a formação do instrumento (art. 640, CPP). Embora a lei mencione a indicação das peças somente pela parte testemunhante, é natural que a testemunhada também possa fazê-lo, até porque o art. 644 do CPP prevê a possibilidade do tribunal *ad quem* julgar o mérito do recurso que foi obstado, diretamente, caso o instrumento esteja bem instruído.

Justifica-se a interposição ao servidor da justiça, pois é um recurso anômalo, visando ao combate da decisão que não permite o recebimento ou o seguimento de outro recurso de uma das partes. Seria, pois, inócuo apresentar a carta diretamente à autoridade que negou a interposição do primeiro recurso. Poderia fazê-lo de novo, denegando-lhe seguimento, o que iria provocar uma interposição após outra, sem solução. Encaminha-se, então, ao escrivão ou secretário do tribunal, conforme o caso, para que este envie a carta ao tribunal competente a analisá-la, sob pena de responsabilidade funcional.

O serventuário, ao receber a carta, dará recibo da petição à parte, e, no prazo de cinco dias, fará a sua entrega, devidamente conferida e concertada (art. 641, CPP). A menção feita no referido art. 641 quanto ao recurso extraordinário não mais se aplica, já que existe o agravo, dirigido diretamente ao Supremo Tribunal Federal, que tem a mesma finalidade. O mesmo se diga do recurso especial denegado, quando se pode dirigir agravo ao Superior Tribunal de Justiça.

Como já mencionamos, tendo em vista que a carta testemunhável é encaminhada, anomalamente, ao funcionário do cartório ou do tribunal, é natural que deva o escrivão ou secretário encaminhar o recurso ao tribunal de qualquer modo. Não o fazendo, será administrativamente apenado. Essa sanção, embora pela letra da lei (art. 642, CPP) possa parecer ser aplicável de plano, sem o devido processo legal, não é mais assim. Após a Constituição de 1988, é preciso considerar que toda sanção, mesmo de ordem administrativa, precisa respeitar o direito ao contraditório e à ampla defesa. Por isso, o escrivão ou secretário do tribunal deve ser processado administrativamente pelo seu superior hierárquico, sofrendo a sanção, caso não demonstre ter havido justo motivo para impedir a subida da carta ou a entrega do recibo.

Se todas as providências forem tomadas, mas, ainda assim, a carta não for encaminhada ao tribunal, cabe ao seu presidente avocar (chamar a si) os autos, para que a carta testemunhável possa ser julgada, apurando-se as responsabilidades funcionais em processos administrativos à parte, com relação a quem obstou o prosseguimento.

606 | MANUAL DE PROCESSO PENAL · Nucci

Após a formação do instrumento, intima-se o testemunhante a apresentar suas razões, em dois dias. Na sequência, por igual prazo, intima-se o testemunhado a oferecer as contrarrazões. Com as razões e contrarrazões, deve o escrivão abrir conclusão ao juiz, que poderá manter ou reformar a decisão que obstou o seguimento ou a admissão do recurso. Se houver retratação, não há recurso da parte contrária, pois o recurso inicialmente embaraçado terá seu prosseguimento normal, o que não significa que será conhecido e provido pela Superior Instância. Caso mantenha sua decisão anterior, os autos da carta testemunhável serão encaminhados ao tribunal *ad quem*.

O tribunal, ao julgar a carta testemunhável, tem as seguintes opções (art. 644, CPP):

a) não conhecer a carta testemunhável, por não ser cabível, em face da intempestividade na sua interposição ou por ilegitimidade de parte;

b) conhecê-la e dar-lhe provimento, determinando que o recurso obstado suba para seu conhecimento;

c) conhecê-la e, em lugar de simplesmente dar-lhe provimento, julgar, desde logo, o mérito do recurso obstado, caso existam peças e argumentos suficientes, no instrumento, para essa avaliação;

d) conhecer a carta testemunhável e negar-lhe provimento. Tal situação pode ocorrer caso o juiz tenha, corretamente, negado seguimento ao recurso contra o qual se interpôs a carta.

O trâmite da carta no tribunal é o mesmo do recurso cujo processamento foi obstado pelo juiz.

A carta testemunhável terá efeito meramente devolutivo, mas não impedirá o prosseguimento do processo principal (art. 646, CPP).

15. EMBARGOS INFRINGENTES E DE NULIDADE

15.1 Conceito

Trata-se de recurso privativo da defesa, voltado a garantir uma segunda análise da matéria decidida pela turma julgadora, por ter havido maioria de votos e não unanimidade, ampliando-se o *quorum* do julgamento.

Assim, o recurso obriga que a câmara seja chamada a decidir por completo e não apenas com os votos dos magistrados que compuseram a turma julgadora. No Tribunal de Justiça, por exemplo, a câmara é composta por cinco desembargadores, participando da turma julgadora apenas três deles. Dessa forma, caso a decisão proferida contra os interesses do réu constituir-se de maioria (dois a um) de votos, cabe a interposição de embargos infringentes, chamando-se o restante da câmara ao julgamento. Pode ocorrer a manutenção da decisão, embora seja possível inverter o *quorum*, passando de "dois a um" para "três a dois". A segunda chance conferida ao acusado é salutar, uma vez que se trata de interesse individual, ligado à ampla defesa, com todos os recursos a ela inerentes.

Embora exista a aparência de se tratar de dois recursos – embargos *infringentes* e *de nulidade* – trata-se somente de um. A matéria em discussão pode ligar-se ao mérito propriamente dito, isto é, questão de direito material (infringentes), como pode estar vinculada a tema exclusivamente processual (de nulidade).

15.2 Processamento

Para a apresentação desses embargos, não se exige a intimação pessoal do réu e de seu defensor, salvo, no caso deste último, quando se tratar de Defensoria Pública. A intimação do Ministério Público também é pessoal. Por ocasião da interposição, deve o recurso ser devidamente instruído com as razões, pois não será aberta vista para essa finalidade. Admitindo-se que o recurso é voltado, exclusivamente, ao interesse da defesa, pode ser interposto pelo réu, diretamente, pelo seu defensor e também pela Procuradoria da Justiça, desde que atuando em favor do acusado.

Lembremos estar a aplicabilidade dos embargos restrita ao contexto da apelação, do recurso em sentido estrito e do agravo em execução (este último, porque foi o recurso instituído pela Lei de Execução Penal em substituição ao recurso em sentido estrito, para as mesmas situações, sendo processado de idêntica maneira). Admite-se para impugnar acórdãos proferidos pelo tribunal e jamais por turma recursal (órgão de segundo grau do Juizado Especial Criminal).

Observe-se, no entanto, que é controversa a possibilidade de utilização dos embargos infringentes no agravo em execução, existindo posição que os limita ao contexto da apelação e do recurso em sentido estrito.

Outro registro importante é que, para o processamento dos embargos infringentes ou de nulidade, é preciso haver ao menos um voto favorável ao réu, sendo que a análise cinge-se à sua conclusão e não à fundamentação. Por outro lado, ainda que exista condenação unânime, por parte da turma julgadora, mas um dos votos demonstra que, fosse ele acatado, a pena seria menor ou os benefícios penais mais extensos, cabe a interposição dos embargos. O voto vencido, inspirador da decisão não unânime, pode ter divergido frontal e integralmente dos demais, propiciando amplo conhecimento pela câmara ou turma ampliada a respeito da matéria julgada, bem como pode divergir somente em alguns aspectos, limitando, então, o recurso do réu ao tema objeto da controvérsia.

Segue-se o processamento previsto no art. 613 do CPP, já comentado no contexto da apelação, não estando prevista em lei a manifestação do embargado, embora certos Regimentos Internos de Tribunais contenham tal possibilidade, voltando-se particularmente ao assistente de acusação e ao querelante, pois o Ministério Público estaria representado pelo parecer da Procuradoria-Geral da Justiça.

Quando se tratar de ação penal de competência originária, em caso de recebimento de denúncia, por exemplo, ainda que por maioria de votos, não cabem embargos infringentes, pois é hipótese não prevista pelo Código de Processo Penal.

16. RECURSOS EXTRAORDINÁRIO E ESPECIAL

16.1 Conceito de recurso extraordinário

É o recurso excepcional, voltado a garantir a harmonia da aplicação da legislação infraconstitucional em face da Constituição Federal, evitando-se que as normas constitucionais sejam desautorizadas por decisões proferidas nos casos concretos pelos tribunais do País. Tem cabimento o recurso extraordinário nas seguintes hipóteses: a) decisão que contraria dispositivo constitucional; b) decisão que declara a inconstitucionalidade de tratado ou de lei federal; c) decisão que julga válida lei ou ato de governo local contestado em face da Constituição; d) decisão que julga válida lei local contestada em face de lei federal (art. 102, III, CF). Não é preciso que a decisão proferida por tribunal estadual ou regional seja relativa ao mérito, pois qualquer delas pode ferir a Constituição Federal.

Para que o STF possa admitir o processamento do recurso extraordinário, deve o recorrente demonstrar a relevância e a repercussão das questões constitucionais debatidas no caso concreto; do contrário, pelo voto de dois terços de seus membros, o recurso pode ser rejeitado (art. 102, § 3.º, CF).

Atualmente, há necessidade de se levantar, em preliminar, para a análise da admissibilidade do recurso extraordinário pelos tribunais de origem, a repercussão geral da questão constitucional discutida no caso, seja de natureza cível, criminal, trabalhista ou eleitoral. Sem tal requisito formal, não se admitirá o processamento.

Caberá ao Presidente ou Vice-Presidente da Corte de origem (estadual ou federal), em decisão fundamentada, avaliar a referida admissibilidade, com expressa manifestação de haver ou não repercussão geral da questão constitucional. Porém, o tribunal de segundo grau não invadirá o mérito da arguição de repercussão geral, pois é prerrogativa exclusiva do STF. Não admitido o processamento, por ausência de questão de repercussão geral, caberá agravo de instrumento dirigido ao Pretório Excelso.

Segundo o disposto no art. 322, parágrafo único, do Regimento Interno do STF, "Para efeito da repercussão geral, será considerada a existência, ou não, de questões que, relevantes do ponto de vista econômico, político, social ou jurídico, ultrapassem os interesses subjetivos das partes." (conforme alteração promovida pela Emenda Regimental nº 21, de 30 de abril de 2007).

Parece-nos correta essa nova sistemática, pois não há sentido em se pretender que o Supremo Tribunal Federal conheça e julgue toda e qualquer matéria de direito, simplesmente pelo fato de arranhar algum preceito constitucional. Por vezes, cuida-se de tema de menor importância, já julgado em outras instâncias, de modo plenamente satisfatório. A reavaliação do caso pelo STF somente teria sentido se afetasse interesses de inúmeras pessoas, extravasando os limites daquele processo. Somente para ilustrar, um caso de questão de repercussão geral da questão constitucional ocorreu quando o Plenário do Supremo Tribunal Federal decidiu que a proibição de progressão de regime, para os condenados por delitos hediondos e equiparados, era inconstitucional. Tratava-se do caso de um condenado que, no entanto, afetou toda a ordem jurídico-penal nacional, levando, inclusive, o Poder Legislativo a rever a Lei 8.072/90, permitindo a progressão.

Na visão de Luiz Guilherme Marinoni e Daniel Mitidiero, a repercussão geral é formada por um binômio, consistente em "relevância + transcendência". A questão debatida "tem que contribuir, em outras palavras, para persecução da unidade do Direito no Estado Constitucional brasileiro, compatibilizando e/ou desenvolvendo soluções de problemas de ordem constitucional. Presente o binômio, caracterizada está a repercussão geral da controvérsia". E mais, "o fato de estarmos diante de um conceito jurídico indeterminado, que carece de valoração objetiva no seu preenchimento, e não de

Capítulo XX • Recursos | **609**

um conceito que implique poder discricionário para aquele que se encontra encarregado de julgar, pode permitir, ademais, um controle social, pelas partes e demais interessados, da atividade do Supremo Tribunal Federal mediante um cotejo de casos já decididos pela própria Corte. Com efeito, a partir de uma paulatina e natural formação de catálogo de casos pelos julgamentos do Supremo Tribunal Federal permite-se o controle em face da própria atividade jurisdicional da Corte, objetivando-se cada vez mais o manejo dos conceitos de relevância e transcendência ínsitos à ideia de repercussão geral" (*Repercussão geral no recurso extraordinário*, p. 33 e 35).

16.2 Conceito de recurso especial

É o recurso excepcional, voltado a garantir a harmonia da aplicação da legislação infraconstitucional, tendo por foco comparativo o disposto em leis federais, evitando--se que estas sejam desautorizadas por decisões proferidas nos casos concretos pelos tribunais do País, além de se buscar evitar que interpretações divergentes, acerca de legislação federal, coloquem em risco a unidade e a credibilidade do sistema federativo.

Logo, é possível que atos estaduais ou municipais conflitem com normas federais, ou estas apresentem colisões entre si. Torna-se possível, ainda, que o juiz ou tribunal simplesmente contrarie lei federal. De toda sorte, quer-se garantir a uniformidade de interpretação da legislação federal, cujo âmbito de aplicação é nacional.

Tem cabimento o recurso especial nas seguintes situações: a) decisão que contrariar tratado ou lei federal, ou negar-lhes vigência; b) decisão que julgar válido ato de governo local contestado em face de lei federal; c) decisão que der a lei federal interpretação divergente da que lhe haja atribuído outro tribunal (art. 105, III, CF). Não é preciso que a decisão proferida por tribunal estadual ou regional seja relativa ao mérito, pois qualquer delas pode ferir lei federal ou dar interpretação diversa de outra Corte.

16.3 Distinção peculiar na aplicação do recurso especial e do extraordinário

Ressaltam ADA, MAGALHÃES e SCARANCE que o "constituinte estabeleceu uma distinção, nesse ponto, entre o recurso extraordinário e o especial: para o primeiro, não é necessário que tenha sido a decisão proferida por um *tribunal*, ao passo que para o acesso ao STJ isso é indispensável" (*Recursos no processo penal*, p. 274). Essa é a razão pela qual das decisões do Juizado Especial Criminal cabe recurso extraordinário para o STF e também, quando se trata de *habeas corpus*, deve ele ser impetrado no Pretório Excelso e não no STJ, uma vez que este somente decide *habeas corpus* de tribunal estadual ou regional.

16.4 Reexame de matéria de fato

É inadmissível tanto no recurso extraordinário, quanto no recurso especial. Ambos devem cuidar de questões puramente de direito, a fim de não vulgarizar a sua utilização, tornando os tribunais superiores órgãos de reavaliação da prova, como já fazem os tribunais estaduais ou regionais. A propósito, confira-se o disposto nas seguintes Súmulas: a)

610 | MANUAL DE PROCESSO PENAL · Nucci

Súmula 279, STF: "Para simples reexame de prova não cabe recurso extraordinário"; b) Súmula 7, STJ: "A pretensão de simples reexame de prova não enseja recurso especial".

16.5 Prazo e forma para a interposição dos recursos especial e extraordinário

É de quinze dias, contado da data da intimação do acórdão, devendo ser interpostos perante o presidente do tribunal estadual ou regional recorrido. Cada um deles deve estar em petição separada, contendo a exposição do fato e do direito, a demonstração do cabimento e as razões do pedido de reforma da decisão recorrida. O mesmo prazo de quinze dias será concedido à parte contrária para contrarrazões.

Exige-se que a matéria objeto do recurso especial ou extraordinário tenha sido apreciada, de algum modo, na decisão recorrida. É o denominado *prequestionamento*. Não fosse assim e estaria sendo transferido o conhecimento do tema diretamente ao Tribunal Superior, o que é incompatível com a natureza excepcional dos recursos. Afinal, não se olvide, cuida-se de recurso, isto é, inconformismo com o conteúdo da decisão recorrida. Se esta nada decidiu a respeito de certa matéria, é natural que não possa a parte insurgir-se contra isso, apresentando "recurso" ao Supremo Tribunal Federal ou ao Superior Tribunal de Justiça, conforme o caso. Quanto à ação de *habeas corpus* e o prequestionamento, consultar o item 3.7.3.1 do Capítulo XXI.

É o conteúdo da Súmula 282 do STF: "É inadmissível o recurso extraordinário, quando não ventilada, na decisão recorrida, a questão federal suscitada". E, ainda, da Súmula 356, também do STF: "O ponto omisso da decisão, sobre o qual não foram opostos embargos declaratórios, não pode ser objeto de recurso extraordinário, por faltar o requisito do prequestionamento". Observe-se, pela leitura da última Súmula, que os embargos de declaração podem ser utilizados justamente para provocar o prequestionamento, caso a matéria não tenha sido expressamente analisada pelo acórdão recorrido. Faça-se, no entanto, uma ressalva: se a omissão da decisão recorrida foi, em verdade, fruto da omissão da parte em solicitar a análise do tema, torna-se incabível a interposição dos embargos de declaração, uma vez que o tribunal não pode decidir acerca do que não foi solicitado a fazer. Logo, não se omitiu, sendo incabíveis os embargos de declaração.

Acrescente-se, por derradeiro, que o prequestionamento deve ser sempre explícito, não nos parecendo ter cabimento argui-lo de modo implícito. Entretanto, há decisões dos tribunais superiores nos dois sentidos, ora admitindo o prequestionamento implícito, ora rejeitando-o.

Admitido o processamento de ambos, primeiramente o processo segue ao Superior Tribunal de Justiça, para julgamento do recurso especial, e, em seguida, persistindo as razões que levaram à interposição do extraordinário, será remetido ao Supremo Tribunal Federal para apreciação.

Negado o processamento de recurso especial ou extraordinário, cabe agravo de instrumento, contados da intimação da decisão denegatória da admissibilidade do recurso especial ou extraordinário, instruído com as peças indicadas pelas partes e com as peças obrigatórias, exceto quando a decisão de indeferimento for fundada na aplicação de entendimento firmado em regime de repercussão geral ou em julgamento de recursos repetitivos.

Será dirigido ao STJ, quando se tratar de processamento indeferido de recurso especial, e para o STF, quando o indeferimento atingir recurso extraordinário. O relator sorteado deve decidir em primeiro plano. Dando provimento, havendo os elementos necessários para apreciar, desde logo, o mérito do recurso especial, pode determinar a sua inclusão em pauta. Não estando presentes os referidos elementos para julgamento imediato, deve determinar a subida do recurso especial.

Da mesma forma quando o recurso se fundar em dissídio entre tribunais a respeito de interpretação de lei federal. Trata-se da hipótese de recurso especial, dirigido ao Superior Tribunal de Justiça, conforme previsto no art. 105, III, *c*, da Constituição.

Confrontando-se o recurso ordinário com o especial ou extraordinário, deve-se entender por *ordinário* o recurso que não está sujeito a regras especiais de admissibilidade, avaliando-se somente os requisitos gerais, como interesse, tempestividade, entre outros. Assim, o juiz deve, como regra, receber o recurso, determinando o seu encaminhamento à instância superior.

Entende-se por especial e por extraordinário os recursos que, além dos requisitos gerais, possuem alguns específicos, sujeitando a sua admissibilidade a um exame mais aprofundado, além de se dirigir ao Superior Tribunal de Justiça, o primeiro, e ao Supremo Tribunal Federal, o segundo.

Portanto, desejando o réu recorrer de uma sentença condenatória de primeiro grau, basta que apresente seu inconformismo no prazo legal e o juiz determinará a subida do feito para reavaliação. Entretanto, caso o tribunal, em 2.º grau, negue provimento ao recurso, somente poder-se-á interpor recurso especial – quando dirigido ao Superior Tribunal de Justiça – ou extraordinário – quando voltado ao Supremo Tribunal Federal. Nessas situações excepcionais, serão analisados requisitos específicos, constitucional-mente apontados (arts. 102, III, e 105, III, CF).

Em caso de denegação de *habeas corpus* por tribunal estadual ou regional, cabe a interposição de recurso *ordinário*, dirigido ao Superior Tribunal de Justiça, devendo ser apresentado no prazo de cinco dias, contendo as razões do pedido de reforma, contan-do-se a partir da intimação do acórdão (art. 30, Lei 8.038/90).

Subindo o recurso especial ou extraordinário, o indeferimento de plano pode ocor-rer, cabendo, primordialmente, ao relator, tanto no Supremo Tribunal Federal, quanto no Superior Tribunal de Justiça.

O efeito desses recursos seria meramente devolutivo, razão pela qual, quando fosse o caso, poderia acarretar a prisão do réu. A Súmula 267 do Superior Tribunal de Justiça dispõe que "a interposição de recurso, sem efeito suspensivo, contra decisão condenatória não obsta a expedição de mandado de prisão". Ocorre que o STF deliberou, em 2019, não ser viável a execução da pena antes do trânsito em julgado da condenação. Portanto, na prática, há efeito suspensivo aos recursos especial e extraordinário.

16.6 Súmulas do STF e do STJ regulando a matéria

Merecem conhecimento as seguintes:

STF: *210* – O assistente do Ministério Público pode recorrer, inclusive extraor-dinariamente, na ação penal, nos casos dos arts. 584, § 1.º, e 598 do CPP; *279* – Para

612 | MANUAL DE PROCESSO PENAL · **Nucci**

simples reexame de prova não cabe recurso extraordinário; *280* – Por ofensa a direito local não cabe recurso extraordinário; *281* – É inadmissível o recurso extraordinário, quando couber, na Justiça de origem, recurso ordinário da decisão impugnada; *282* – É inadmissível o recurso extraordinário, quando não ventilada, na decisão recorrida, a questão federal suscitada; *283* – É inadmissível o recurso extraordinário, quando a decisão recorrida assenta em mais de um fundamento suficiente e o recurso não abrange todos eles; *284* – É inadmissível o recurso extraordinário, quando a deficiência na sua fundamentação não permitir a exata compreensão da controvérsia; *285* – Não sendo razoável a arguição de inconstitucionalidade, não se conhece do recurso extraordinário fundado na letra *c* do art. 101, III, da Constituição Federal [atual art. 102, III, *c*]; *286* – Não se conhece do recurso extraordinário fundado em divergência jurisprudencial, quando a orientação do Plenário do Supremo Tribunal Federal já se firmou no mesmo sentido da decisão recorrida; *287* – Nega-se provimento ao agravo, quando a deficiência na sua fundamentação, ou na do recurso extraordinário, não permitir a exata compreensão da controvérsia; *288* – Nega-se provimento a agravo para subida de recurso extraordinário, quando faltar no traslado o despacho agravado, a decisão recorrida, a petição de recurso extraordinário ou qualquer peça essencial à compreensão da controvérsia; *400* – Decisão que deu razoável interpretação à lei, ainda que não seja a melhor, não autoriza recurso extraordinário pela letra *a* do art. 101, III, da Constituição Federal [atual art. 102, III, *a*]; *456* – O Supremo Tribunal Federal, conhecendo do recurso extraordinário, julgará a causa, aplicando o direito à espécie; *528* – Se a decisão contiver partes autônomas, a admissão parcial, pelo Presidente do Tribunal *a quo*, de recurso extraordinário que, sobre qualquer delas se manifestar, não limitará a apreciação de todas pelo Supremo Tribunal Federal, independentemente de interposição de agravo de instrumento; *634* – Não compete ao Supremo Tribunal Federal conceder medida cautelar para dar efeito suspensivo a recurso extraordinário que ainda não foi objeto de juízo de admissibilidade na origem; *635* – Cabe ao Presidente do Tribunal de origem decidir o pedido de medida cautelar em recurso extraordinário ainda pendente do seu juízo de admissibilidade; *636* – Não cabe recurso extraordinário por contrariedade ao princípio constitucional da legalidade, quando a sua verificação pressuponha rever a interpretação dada a normas infraconstitucionais pela decisão recorrida; *639* – Aplica-se a Súmula 288 quando não constarem do traslado do agravo de instrumento as cópias das peças necessárias à verificação da tempestividade do recurso extraordinário não admitido pela decisão agravada; *640* – É cabível recurso extraordinário contra decisão proferida por juiz de primeiro grau nas causas de alçada, ou por turma recursal de Juizado Especial Cível e Criminal; *699* – O prazo para interposição de agravo, em processo penal, é de cinco dias, de acordo com a Lei 8.038/1990, não se aplicando o disposto a respeito nas alterações da Lei 8.950/1994 ao Código de Processo Civil; *727* – Não pode o magistrado deixar de encaminhar ao Supremo Tribunal Federal o agravo de instrumento interposto da decisão que não admite recurso extraordinário, ainda que referente a causa instaurada no âmbito dos Juizados Especiais; *735* – Não cabe recurso extraordinário contra acórdão que defere medida liminar.

STJ: *7* – A pretensão de simples reexame de prova não enseja recurso especial; *13* – A divergência entre julgados do mesmo Tribunal não enseja recurso especial; *83* –

Não se conhece do recurso especial pela divergência, quando a orientação do Tribunal se firmou no mesmo sentido da decisão recorrida; *123* – A decisão que admite, ou não, o recurso especial dever ser fundamentada, com o exame dos seus pressupostos gerais e constitucionais; *126* – É inadmissível recurso especial, quando o acórdão recorrido assenta em fundamentos constitucional e infraconstitucional, qualquer deles suficiente, por si só, para mantê-lo, e a parte vencida não manifesta recurso extraordinário; *203* – Não cabe recurso especial contra decisão proferida por órgão de segundo grau dos Juizados Especiais; *207* – É inadmissível recurso especial quando cabíveis embargos infringentes contra o acórdão proferido no tribunal de origem; *211* – Inadmissível recurso especial quanto à questão que, a despeito da oposição de embargos declaratórios, não foi apreciada pelo tribunal *a quo*.

17. RECURSO ORDINÁRIO CONSTITUCIONAL

Há hipóteses, constitucionalmente previstas, em que o processamento de recurso para o Superior Tribunal de Justiça e para o Supremo Tribunal Federal, contra determinadas decisões, dá-se automaticamente, isto é, sem o juízo específico de admissibilidade e conveniência, como ocorre nos casos de recursos especial e extraordinário. Funcionaria como se fosse uma "apelação". Manifestado o inconformismo no prazo legal, processa-se o recurso, encaminhando-o ao tribunal competente para julgá-lo.

Para o Supremo Tribunal Federal, cabe recurso ordinário constitucional, na esfera criminal, nas seguintes hipóteses (art. 102, II, CF): a) contra decisões denegatórias de *habeas corpus* decididas por Tribunais Superiores (Superior Tribunal de Justiça, Tribunal Superior Eleitoral e Superior Tribunal Militar); b) contra decisões denegatórias de mandado de segurança decididas por Tribunais Superiores (Superior Tribunal de Justiça, Tribunal Superior Eleitoral e Superior Tribunal Militar); c) contra decisão condenatória ou absolutória proferida por juiz federal de primeira instância em caso de crime político.

Para o Superior Tribunal de Justiça, cabe recurso ordinário constitucional, na esfera criminal, nas seguintes hipóteses (art. 105, II, CF): a) contra decisões denegatórias de *habeas corpus* decididas por Tribunais de Justiça e Tribunais Regionais Federais; b) contra decisões denegatórias de mandado de segurança decididas por Tribunais de Justiça e Tribunais Regionais Federais.

Publicada a decisão, tem a parte interessada o prazo de cinco dias para apresentar a petição de interposição do recurso ordinário constitucional, já acompanhado das razões, no caso de *habeas corpus* (art. 30, Lei 8.038/90). Cuidando-se de mandado de segurança, o prazo é de quinze dias (art. 33, Lei 8.038/90). Após o recebimento, abre-se vista ao Ministério Público, que, em dois dias, oferecerá contrarrazões (*habeas corpus*), ou cinco dias (mandado de segurança), conforme arts. 31 e 35 da Lei 8.038/90, respectivamente. Na sequência, o recurso é encaminhado ao STF ou STJ, conforme o caso, para julgamento.

614 | MANUAL DE PROCESSO PENAL · Nucci

18. EMBARGOS DE DIVERGÊNCIA

Trata-se do recurso interposto contra a decisão de Turma do STF (em casos de recurso extraordinário ou agravo de instrumento) ou do STJ (em casos de recurso especial), que divergir do julgamento de outra, da seção ou do plenário, com a finalidade de uniformizar a jurisprudência. Exemplo: a 5.ª Turma do STJ concede determinado benefício ao réu; a 6.ª Turma o nega, cada qual adotando fundamento jurídico diverso. Cabem embargos de divergência, a serem dirimidos, neste caso, pela Seção.

Pode ocorrer, também, no STJ, divergência entre a Seção e o Pleno, cabendo a este dirimir a divergência, bem como entre Turma e Seção, cabendo ao Pleno o conhecimento do recurso. No STF, as divergências entre as Turmas serão sempre da competência do Plenário. Consultar os arts. 330 a 332, 334 a 336 do Regimento Interno do STF e os arts. 266 a 267, e 255, § 1.º do Regimento Interno do STJ. O prazo é de quinze dias para a interposição.

19. NORMAS DISCIPLINADORAS DA COMPETÊNCIA RECURSAL

Na realidade, apurar, com precisão, a competência dos tribunais demanda a análise da Constituição Federal, em primeiro plano, passando-se, em seguida, à Constituição Estadual, para, em terceiro plano, consultar-se a lei de organização judiciária estadual e os regimentos internos das Cortes.

Em matéria criminal, a Constituição Federal estabelece, com maior minúcia, a competência dos tribunais superiores e dos tribunais estaduais ou regionais, quando cuida da prerrogativa de foro.

No mais, preceitua o art. 108, II, da CF, que cabe ao Tribunal Regional Federal julgar, em grau de recurso, as causas decididas pelos juízes federais. Cabe a estes (art. 109, CF) julgar os crimes políticos, as infrações penais praticadas em detrimento de bens, serviços ou interesse da União ou de suas entidades autárquicas ou empresas públicas – exceto contravenções penais e ressalvada a competência da Justiça Militar e da Justiça Eleitoral –, bem como os crimes previstos em tratados ou convenções internacionais, quando tiverem início no Brasil e resultado no exterior, ou reciprocamente, os crimes contra a organização do trabalho – havendo interesse coletivo do trabalho –, os crimes contra o sistema financeiro e a ordem econômico-financeira – quando em detrimento da União ou de suas entidades autárquicas ou empresas públicas –, os *habeas corpus* e mandados de segurança em matéria criminal de sua competência ou quando o ato provier de autoridade sujeita à sua jurisdição, os crimes cometidos a bordo de navios – entendidos esses como os de grande porte, apenas – e de aeronaves, os delitos de ingresso e permanência irregular de estrangeiro, as infrações penais contra comunidades indígenas e os crimes que atentem contra os direitos humanos. Neste último caso, se houver autorização do Superior Tribunal de Justiça, após requerimento do Procurador-Geral da República (art. 109, § 5.º, CF).

Logo, cabe ao Tribunal Regional Federal julgar os recursos referentes a todas essas situações, salvo no caso dos crimes políticos, cujo órgão de 2.º grau, por imposição da própria Constituição Federal, é o Supremo Tribunal Federal (art. 102, II, *b*, CF).

Quanto ao Tribunal Regional Eleitoral, cabe-lhe o julgamento de recursos contra decisões proferidas nos processos por crimes eleitorais.

Em relação aos Tribunais Estaduais, a sua competência será definida na Constituição Estadual e na Lei de Organização Judiciária Estadual (art. 125, § 1.º, CF).

Dispõe o CPC: "Art. 948. Arguida, em controle difuso, a inconstitucionalidade de lei ou de ato normativo do poder público, o relator, após ouvir o Ministério Público e as partes, submeterá a questão à Turma ou à Câmara à qual competir o conhecimento do processo. Art. 949. Se a arguição for: I – rejeitada, prosseguirá o julgamento; II – acolhida, a questão será submetida ao plenário do tribunal ou ao seu órgão especial, onde houver. Parágrafo único. Os órgãos fracionários dos tribunais não submeterão ao plenário ou ao órgão especial a arguição de inconstitucionalidade quando já houver pronunciamento destes ou do plenário do Supremo Tribunal Federal sobre a questão. Art. 950. Remetida cópia do acórdão a todos os juízes, o presidente do tribunal designará a sessão de julgamento. § 1.º As pessoas jurídicas de direito público responsáveis pela edição do ato questionado poderão manifestar-se no incidente de inconstitucionalidade se assim o requererem, observados os prazos e as condições previstos no regimento interno do tribunal. § 2.º A parte legitimada à propositura das ações previstas no art. 103 da Constituição Federal poderá manifestar-se, por escrito, sobre a questão constitucional objeto de apreciação, no prazo previsto pelo regimento interno, sendo-lhe assegurado o direito de apresentar memoriais ou de requerer a juntada de documentos. § 3.º Considerando a relevância da matéria e a representatividade dos postulantes, o relator poderá admitir, por despacho irrecorrível, a manifestação de outros órgãos ou entidades".

 SÍNTESE

Recurso: é o direito da parte de, na relação processual, questionar determinada decisão judicial proferida contra seu interesse, levando-a à apreciação de instância jurisdicional superior.

Fundamento do recurso: é garantia humana fundamental, consistente no duplo grau de jurisdição, cuja finalidade é proporcionar que decisões consideradas lesivas ao interesse da parte possam ser reavaliadas por órgão jurisdicional superior.

Características dos recursos: são voluntários (sua interposição depende do desejo da parte, salvo no tocante ao denominado *recurso de ofício*, cujo seguimento à instância superior é determinado pelo juiz em cumprimento à lei); tempestivos (dependentes de interposição no prazo legal); taxativos (expressamente previstos em lei).

Efeitos dos recursos: possuem o efeito devolutivo (permite-se à esfera jurisdicional superior reavaliar a questão já decidida de forma ampla, emitindo novo juízo sobre mesmo assunto); por vezes, o efeito suspensivo (impede que a decisão recorrida produza consequências até que a instância superior a confirme); por vezes, o efeito regressivo (permite que o próprio juízo prolator da decisão a reveja, podendo mudar de ideia e decidir em sentido contrário).

Pressupostos de admissibilidade dos recursos: a) *objetivos:* a.1) cabimento (deve-se verificar se está previsto em lei); a.2) adequação (deve-se checar se foi eleito o recurso próprio para contrariar a decisão); a.3) tempestividade (deve-se verificar se a interposição foi feita dentro do prazo legal); b) *subjetivos*: b.1) interesse (é preciso analisar se quem recorre poderá ter alguma vantagem, vale dizer, verifica-se se houve sucumbência); b.2) legitimidade (avalia-se se quem recorre é parte na relação processual e está apto legalmente a fazê-lo).

Recurso em sentido estrito: é o recurso cabível para impugnar decisões interlocutórias, desde que expressamente previstas as hipóteses em lei. Excepcionalmente, serve para atacar decisões de mérito, mas igualmente previstas especificamente em lei.

Correição parcial: é o recurso voltado a contrariar decisões do magistrado que configurem erros na condução do processo, provocando inversão tumultuária dos atos e fórmulas legais.

Reclamação: é a ação de natureza constitucional, de caráter instrumental, com utilidade de recurso, interposta contra decisões que deixem de cumprir os julgados dos tribunais, ofendendo a sua autoridade ou usurpando-lhes competência.

Agravo em execução: é o recurso utilizado para impugnar as decisões tomadas pelo juiz durante a execução da pena do condenado.

Apelação: é o recurso voltado às decisões definitivas, que finalizam o processo, apreciando ou não o mérito, devolvendo ao tribunal amplo conhecimento da matéria. Excepcionalmente, no processo penal, servem para impugnar decisões com força de definitiva, que equivalem às decisões interlocutórias, muito embora não exista, para elas, a possibilidade de interposição de recurso em sentido estrito.

Agravo regimental: é o recurso utilizado nos tribunais para atacar decisão tomada por um integrante da corte, devendo ser julgado pelo colegiado.

Embargos de declaração: é o peculiar recurso voltado ao mesmo órgão prolator da decisão, para que a emende, esclareça ou retifique, de modo a torná-la clara o suficiente para que seja cumprida ou objeto de impugnação por outro recurso.

Carta testemunhável: é o recurso destinado a permitir que outro recurso, cujo processamento foi indevidamente obstado, tenha seguimento no tribunal.

Embargos infringentes e de nulidade: é recurso privativo da defesa, cuja finalidade é garantir uma reavaliação do caso por toda a turma julgadora no tribunal, permitindo, pois, que haja a inversão do *quorum* de julgamento.

Recurso extraordinário: é o recurso excepcional, dirigido ao Supremo Tribunal Federal, com a finalidade de evitar que a legislação infraconstitucional, aplicada por instância inferior, possa contrariar a Constituição Federal.

Recurso especial: é o recurso excepcional, dirigido ao Superior Tribunal de Justiça, com o objetivo de fazer valer o disposto em lei federal, descumprida por tribunal inferior ou ato de governo local, bem como para evitar interpretações divergentes de cortes estaduais ou regionais a respeito de legislação federal.

Recurso ordinário constitucional: é o recurso dirigido ao Supremo Tribunal Federal ou ao Superior Tribunal de Justiça, conforme o caso, em hipóteses previstas expressamente na Constituição, cujo processamento se dá sem o juízo específico de admissibilidade e conveniência. Basta que a parte interessada manifeste o seu inconformismo, no prazo legal, para que haja o processamento do recurso.

Embargos de divergência: é o recurso interposto contra a decisão de Turma do STF (em casos de recurso extraordinário ou agravo de instrumento) ou do STJ (em casos de recurso especial), que divergir do julgamento de outra Turma, da Seção ou do Plenário, com a finalidade de uniformizar a jurisprudência.

Recursos e ações de impugnação no processo penal

Recursos

1 – Recurso em sentido estrito: arts. 581 a 592
2 – Apelação: arts. 593 a 603
3 – Embargos de declaração: arts. 619 e 620
4 – Embargos infringentes e de nulidade: art. 609, parágrafo único
5 – Carta testemunhável: arts. 639 a 646
6 – Correição parcial: art. 6.º, I, Lei 5.010/66; arts. 93 a 96 do Dec.-lei complementar estadual de São Paulo 3/69
7 – Reclamação: art. 988, I, do CPC
8 – Agravo em execução: art. 197, Lei de Execução Penal
9 – Agravo regimental: art. 39, Lei 8.038/90 e Regimentos Internos dos Tribunais
10 – Recurso extraordinário: art. 102, III, CF
11 – Recurso especial: art. 105, III, CF
12 – Recurso ordinário constitucional – ver arts. 102, II e 105, II, CF
13 – Embargos de divergência – ver arts. 330 a 332, RISTF; arts. 266 e 267, RISTJ

Ações de impugnação

1 – Revisão criminal: arts. 621 a 631
2 – *Habeas corpus*: arts. 647 a 667 e art. 5.º, LXVIII, CF
3 – Mandado de segurança: Lei 12.016/2009 e art. 5.º, LXIX, CF
4 – Unificação de penas: art. 66, III, *a*, Lei de Execução Penal

Capítulo XXI
Ações de Impugnação

1. INTRODUÇÃO

O Código de Processo Penal cuidou, no Livro III, Título II, dos recursos em geral e destinou capítulos específicos para a revisão criminal (capítulo VII) e para o *habeas corpus* (capítulo X), ignorando o mandado de segurança. Ocorre que nem a revisão criminal, nem o *habeas corpus* são recursos propriamente ditos. Constituem ações autônomas de impugnação, com respaldo constitucional, verdadeiros instrumentos para assegurar direitos e garantias fundamentais, como a liberdade e a realização de justiça. Demonstraremos no capítulo pertinente a cada um desses temas a sua autonomia em relação aos recursos, embora, desde logo, possamos dizer que, muitas vezes, funcionam como recursos, pois permitem a reforma de decisões judiciais por órgãos de jurisdição superior.

Quanto ao mandado de segurança, regido por lei própria (Lei 12.016/2009), constitui igualmente ação de impugnação, verdadeiro instrumento autônomo para a proteção de direitos e garantias fundamentais, cabendo-lhe residualmente amparar todo direito líquido e certo que não diga respeito à liberdade de ir e vir, parcela atribuída ao campo do *habeas corpus*.

2. REVISÃO CRIMINAL

2.1 Conceito de revisão criminal e natureza jurídica

É uma ação penal de natureza constitutiva e *sui generis*, de competência originária dos tribunais, destinada a rever, como regra, decisão condenatória, com trânsito em

620 | MANUAL DE PROCESSO PENAL · Nucci

julgado, quando ocorreu erro judiciário (sobre o conceito de erro judiciário, consultar o subitem 2.7 infra). Trata-se de autêntica ação rescisória na esfera criminal, indevidamente colocada como recurso no Código de Processo Penal. É ação *sui generis*, pois não possui polo passivo, mas somente o autor, questionando um erro judiciário que o vitimou.

Tem alcance maior do que o previsto na legislação ordinária, adquirindo, igualmente, o contorno de garantia fundamental do indivíduo, na forma de remédio constitucional contra injustas condenações. Extrai-se tal conclusão porque a Constituição Federal (art. 5.º, LXXV) preceitua que "o Estado indenizará o condenado por erro judiciário", além do que no § 2.º do mesmo art. 5.º, menciona-se que outros direitos e garantias podem ser admitidos, ainda que não estejam expressamente previstos no texto constitucional, desde que sejam compatíveis com os princípios nele adotados. É justamente essa a função da revisão criminal: sanar o erro judiciário, que é indesejado e expressamente repudiado pela Constituição Federal.

Esse entendimento, elevando a revisão à categoria de garantia fundamental, é prestigiado por FREDERICO MARQUES, que argumenta estar previsto expressamente o direito a essa ação na Constituição, no contexto da competência do Supremo Tribunal Federal (art. 102, I, *j*). Assim, se os condenados pela Suprema Corte têm direito constitucional à utilização desse instrumento, é natural que os demais, sentenciados por instâncias inferiores, também o possuam, o que lhes garante a isonomia contra o erro judiciário (*Elementos de direito processual penal*, p. 308). Contrário, sustentando tratar-se de um recurso, embora de caráter misto e *sui generis,* está a posição de MAGALHÃES NORONHA (*Curso de direito processual penal*, p. 382). Entendendo cuidar-se de ação penal e não de mero recurso está a posição da maioria da doutrina e da jurisprudência.

Vale mencionar que não há prazo para o ingresso da revisão criminal, podendo ser ajuizada até mesmo após o cumprimento da pena (art. 622, CPP).

2.2 Polos ativo e passivo na revisão criminal

Como demonstra o art. 623 do Código de Processo Penal, trata-se de ação privativa do réu condenado, podendo ele ser substituído por seu representante legal ou seus sucessores, em rol taxativo – cônjuge, ascendente, descendente ou irmão. Atualmente, parece-nos viável também ser incluído no contexto do *cônjuge*, para a finalidade de ingresso de revisão criminal, o companheiro(a), cuja união estável fique claramente demonstrada.

Não nos afigura razoável, como entendem alguns (MÉDICI, *Revisão criminal*, p. 155; ADA, MAGALHÃES e SCARANCE, *Recursos no processo penal*, p. 311), que o Ministério Público possa constituir parte ativa nessa modalidade de ação. A lei não o autoriza a agir, diferentemente do que ocorre no processo, quando atua como parte, podendo recorrer, inclusive, em favor do acusado. Finda a relação processual, transitada em julgado a sentença, não há mais cabimento em se admitir ação proposta por representante do Ministério Público. Perdeu o interesse, visto inexistir *direito de punir* do Estado nessa ação. Pudesse ele "recorrer" (como sustentam alguns, somente porque a revisão está prevista no contexto dos recursos no Código de Processo Penal), então deveria também ser ouvido, quando a revisão criminal fosse proposta pelo condenado, o que não ocorre.

Colhe-se o parecer da Procuradoria-Geral de Justiça, mas não se busca a contestação ao pedido, feita pelo promotor. Logo, inexiste razão para que este ingresse com ação desse porte.

Em casos extremados, quando o condenado não quiser ingressar com a ação revisional, mas houver flagrante demonstração de erro judiciário, entendemos cabível a nomeação de defensor, pelo juiz, para tutelar os interesses do sentenciado, a quem caberá, então, a propositura da ação. Afinal, do mesmo modo que, durante o processo, é inócua a recusa do réu em receber defensor técnico, quando houver erro judiciário, cabe ao Estado providenciar o patrocínio de seus interesses, ainda que a contragosto. Saliente-se ser rara a hipótese de o Ministério Público buscar ingressar com revisão criminal em favor do condenado, até pelo fato de existir Defensoria Pública constituída na maioria dos Estados).

Levando-se em consideração que a revisão criminal é uma ação especial, a ser devidamente instruída com documentos e provas pré-constituídas, sob pena de não ser acolhida, têm entendido os tribunais, com absoluta pertinência, merecer o condenado o patrocínio de um defensor habilitado – Advogado Dativo ou Defensor Público. Embora o art. 623 autorize o ingresso da ação revisional diretamente pelo réu, seu representante legal ou sucessor, é curial, para a garantia da ampla defesa, que o Estado, caso ele não tenha condições, nomeie defensor técnico para promover o pedido.

É desnecessário o recolhimento prévio ao cárcere para valer-se o condenado da revisão criminal, como já deixou claro o disposto na Súmula 393 do Supremo Tribunal Federal.

Por derradeiro, é preciso ressaltar que, falecendo o autor da ação de revisão, durante o seu trâmite, o presidente do tribunal deve nomear curador para a defesa do seu interesse (art. 631, CPP). Havendo sucessores (cônjuge, ascendente, descendente ou irmão), no entanto, que assumam o polo ativo, torna-se desnecessária a nomeação de curador. Porém, se o condenado não deixar sucessores capazes de assumir a condução da ação, o curador se incumbirá de fazê-lo.

Como já mencionamos, não há polo passivo na revisão criminal, o que lhe confere o caráter de ação *sui generis*. A revisão criminal tem por fim sanar um erro judiciário, razão pela qual, ao menos em tese, não teria o Ministério Público de 2.º grau interesse em contrariar o pedido, como se fosse autêntica parte passiva.

Há intensa divergência na análise da natureza jurídica da revisão criminal, motivo pelo qual as opiniões não coincidem. Defendem ADA, MAGALHÃES e SCARANCE que "legitimado passivo na ação é o Estado, representado pelo Ministério Público, sendo certo que, no sistema brasileiro, não se prevê, na revisão, a assistência do ofendido" (*Recursos no processo penal*, p. 311). E criticam, inclusive, a exclusão da parte ofendida do polo passivo, pois a decisão na revisão pode afetar seus interesses. Preferimos, nesse campo, o entendimento sustentado por SÉRGIO DE OLIVEIRA MÉDICI: "O Ministério Público, chamado a opinar na revisão criminal, não representa o Estado ou a União. Manifesta-se livremente, a favor ou contra o pedido, não intervindo na revisão como *parte contrária* ao condenado. Conforme dispõe o art. 625, § 5.º, do Código de Processo Penal, se o requerimento não for indeferido *in limine*, abrir-se-á vista dos autos ao

622 | MANUAL DE PROCESSO PENAL · Nucci

procurador-geral, que dará *parecer* no prazo de dez dias. Esta regra indica, claramente, que a função ministerial será de *custos legis*, propiciando ao oficiante opinar a respeito do cabimento do pedido e, no mérito, pronunciar-se favorável ou contrariamente à rescisão do julgado. O substantivo *parecer* tem significado de 'opinião acerca de algum problema, juízo, modo de apreciar jurídico'; 'opinião que o advogado, consultor jurídico, Procurador de órgão da Administração Pública, ou qualquer funcionário competente, dá sobre determinada matéria, de acordo com os seus conhecimentos profissionais ou funcionais sobre a mesma. Modo de ver expresso por órgão do Ministério Público, ou de qualquer pessoa com função judicial, sobre questão a respeito da qual deve ser ouvida. Opinião técnica sobre determinado assunto'; 'a opinião escrita, ou mesmo verbal, dada por uma pessoa acerca de determinado negócio, mostrando as razões justas ou injustas, que possam determinar sua realização, ou não. E, nesta acepção, o parecer, na maioria dos casos, culmina em ser tomado como um voto dado a favor ou contra o mesmo negócio. Parecer, pois, é a manifestação de uma opinião, ou modo de pensar, acerca de um fato ou negócio. E, segundo as circunstâncias, pode ser favorável ou contrário a ele'. Quisesse a lei situar o Ministério Público como *parte*, na revisão criminal, teria empregado a palavra adequada para expressar tal posicionamento, como *resposta, contrarrazões, oposição*. Jamais *parecer*, que, como ficou claro, significa opinião ou manifestação favorável ou contrária ao requerimento do condenado. Em suma, o Procurador de Justiça não advoga, não representa a parte, não busca o triunfo. Fala pelo atendimento da lei, ao opinar em revisão criminal" (*Revisão criminal*, p. 236-237).

Além disso, acrescentamos, se parte fosse, deveria ser chamado a integrar o polo passivo o representante do Ministério Público de primeiro grau, aquele que lutou e conseguiu a condenação com trânsito em julgado. Muitas vezes, enquanto o promotor se debate pela condenação, está o procurador de justiça oficiando no sentido de ser o réu absolvido. Logo, o real interessado na condenação é quem a sustentou desde o início da relação processual. Se este não é chamado a compor a nova demanda, não se tem que *adaptar* o procurador de justiça – que nunca, até então, atuou como tal – como parte passiva na ação penal.

2.3 Revisão criminal em confronto com outros princípios constitucionais

Há dois pontos que merecem destaque: como compatibilizar a revisão criminal com o respeito à coisa julgada (art. 5.º, XXXVI, CF) e com a soberania das decisões proferidas no Tribunal do Júri (art. 5.º, XXXVIII, *c*, CF)?

Quanto ao primeiro, é certo que o respeito à coisa julgada constitui garantia individual do ser humano, inserta, expressamente, no art. 5.º, XXXVI, da Constituição Federal. Mas a revisão criminal também é uma garantia humana fundamental, como já analisamos anteriormente. Logo, o ideal é buscar a harmonização entre ambas as situações, concluindo que, regra geral, deve-se respeitar a coisa julgada, embora, em casos excepcionais, como os que envolvem erro judiciário, seja indispensável que a coisa julgada ceda à reavaliação da decisão proferida. Compõem-se, assim, dois institutos, sem que haja o predomínio, puro e simples, de um sobre o outro.

A outra polêmica, mais complexa, merece destaque.

2.4 Hipóteses para o cabimento da revisão criminal

Enumera o art. 621 do Código de Processo Penal as seguintes: a) quando a sentença condenatória for contrária ao texto expresso da lei penal; b) quando a sentença condenatória for contrária à evidência dos autos (ambas no inciso I); c) quando a sentença condenatória se fundar em depoimentos, exames ou documentos comprovadamente falsos (inciso II); d) quando, após a sentença, forem descobertas provas de inocência do condenado; e) quando, após a sentença, for descoberta alguma circunstância que determine ou autorize diminuição especial da pena (ambas no inciso III).

Lembremos que a concretização do trânsito em julgado da sentença condenatória é requisito indispensável e fundamental para o ajuizamento de revisão criminal. Pendendo qualquer recurso contra a decisão condenatória, não cabe a admissão de revisão. Esse é o único sentido lógico que se deve dar à expressão "processo findo", constante do *caput* do art. 621 do CPP, não sendo possível considerar a decisão que julga extinto o processo, sem julgamento de mérito.

Embora seja pressuposto essencial para a revisão criminal a existência de uma sentença condenatória definitiva, deve-se incluir nesse contexto a sentença absolutória imprópria, isto é, aquela que impõe ao inimputável, autor de um injusto penal, uma medida de segurança (art. 386, parágrafo único, III, CPP).

A primeira hipótese – sentença condenatória contrariando texto expresso da lei penal – precisa ser compreendida no seu alcance mais amplo, ou seja, não somente as referentes ao direito penal (incriminadoras, permissivas ou de qualquer outro tipo), mas também ao direito processual penal. Portanto, a sentença proferida com infringência grave e frontal a norma prevista no Código de Processo Penal também pode dar ensejo à revisão criminal.

Trata-se de situação facilmente detectável, pois basta comparar a decisão condenatória com o texto legal, vislumbrando-se se o magistrado utilizou ou não argumentos opostos ao preceituado em lei penal ou processual penal. Exemplo disso seria a aplicação de analogia *in malam partem*, criando-se figura típica, onde inexiste, ferindo frontalmente o disposto no art. 1.º do Código Penal (não há crime sem prévia definição legal). Outro exemplo seria a decisão do magistrado levando em conta a confissão do réu para formar a materialidade do crime que deixa vestígio, em oposição direta ao disposto no art. 158 do Código de Processo Penal.

Quando se tratar de interpretação controversa do texto de lei, não cabe revisão criminal, para se buscar outra análise do mesmo preceito. A hipótese do inciso I é clara: afronta ao texto expresso de lei – e não do sentido que esta possa ter para uns e outros. É certo que, havendo a jurisprudência firmado entendimento de que a lei deve ser interpretada num determinado prisma – até porque sua redação é confusa, o que não é raro – cabe revisão criminal, com base na afronta à lei, quando o magistrado adotar posicionamento oposto ao majoritário. Nesse contexto, pois, é preciso cautela para receber e processar a revisão criminal, sob pena de haver choque com a Súmula 343 do Supremo Tribunal Federal: "Não cabe ação rescisória por ofensa a literal disposição de lei, quando a decisão rescindenda se tiver baseado em texto legal de interpretação controvertida nos tribunais".

624 | MANUAL DE PROCESSO PENAL · NUCCI

Quanto à segunda hipótese – sentença contrária à evidência dos autos – deve ser entendida a expressão *evidência dos autos* como o conjunto das provas colhidas. Para ser admissível a revisão criminal, torna-se indispensável que a decisão condenatória proferida ofenda *frontalmente* as provas constantes dos autos. Como ensina BENTO DE FARIA, a "evidência significa a clareza exclusiva de qualquer dúvida, por forma a demonstrar de modo incontestável a certeza do que emerge dos autos em favor do condenado" (*Código de Processo Penal*, v. 2, p. 345). Seria o equivalente a dizer que todas as testemunhas idôneas e imparciais ouvidas afirmaram não ter sido o réu o autor do crime, mas o juiz, somente porque o acusado confessou na fase policial, resolveu condená-lo. Não tendo havido recurso, transitou em julgado a decisão. É caso de revisão criminal. Mas, a hipótese é rara. Afinal, no mais das vezes, o réu não se contenta com a condenação proferida em primeiro grau, que, quando absurda, acaba sendo reformada em segunda instância. Torna-se muito difícil a hipótese de duas decisões, proferidas por magistrados diversos, afrontarem a evidência dos autos.

Por outro lado, convém salientar os abusos que muitas vezes ocorrem no contexto da revisão criminal, quando o pedido é fundado nesse elemento. Há julgados que aceitam a revisão criminal para o fim de "reavaliar" toda a prova, embora a decisão condenatória com trânsito em julgado tenha analisado a matéria dentro de razoável interpretação da prova. O objetivo da revisão não é permitir uma "terceira instância" de julgamento, garantindo ao acusado mais uma oportunidade de ser absolvido ou ter reduzida sua pena, mas, sim, assegurar-lhe a correção de um erro judiciário. Ora, este não ocorre quando um juiz dá a uma prova uma interpretação aceitável e ponderada. Pode não ser a melhor tese ou não estar de acordo com a turma julgadora da revisão, mas daí a aceitar a ação rescisória somente para que prevaleça peculiar interpretação é desvirtuar a natureza do instituto.

A terceira hipótese – sentença fundada em depoimentos, exames ou documentos falsos – deixa claro que essas peças constitutivas do processo necessitam ser *comprovadamente* não autênticas e tenham sido determinantes para a condenação. Portanto, não é qualquer suspeita de fraude, vício ou falsidade que levará à reavaliação da condenação com trânsito em julgado. É nítida a exigência de uma falsidade induvidosa.

Embora o ideal fosse apurar o falso testemunho, a falsa perícia ou a falsidade documental em processo à parte, trazendo para os autos da revisão a decisão formal e final, nada impede que, na ação revisional, seja apurado o falso. Tal se dá porque a reavaliação do erro judiciário necessita ser célere, implicando, na maior parte dos casos, constrangimento à liberdade individual do sentenciado, motivo pelo qual é possível verificá-la nos autos da revisão.

Se assim desejar, pode determinar a produção de prova o relator, valendo-se, inclusive, de carta de ordem para que o juiz de 1.º grau colha os elementos necessários. Se procedente a revisão criminal, determina-se a apuração criminal da falsidade. Por outro lado, a própria parte interessada na revisão pode requerer ao juízo da condenação a realização de justificação (art. 381, § 5.º, do CPC), como procedimento prévio e preparatório da ação revisional.

A quarta hipótese – surgimento de novas provas de inocência do condenado – deve ser interpretada como provas *substancialmente* novas, ou seja, inéditas no processo, demonstrativas da inocência do réu, abrangendo tanto autoria, quanto materialidade do crime.

Os tribunais vêm decidindo, com acerto, não ser motivo para a procedência da revisão criminal apresentada por um corréu a existência de absolvição de outro coacusado em processo diverso. Por vezes, é possível que tenha havido desmembramento do feito em que se apura delito cometido por mais de um agente – exemplo disso seria um réu estar preso e o outro, solto e revel, demandando celeridade no primeiro julgamento – fazendo com que ocorram decisões separadas.

Se um deles for condenado, não significa, necessariamente, que a absolvição do segundo seja motivo suficiente para a revisão criminal da primeira decisão. Sem dúvida, haverá decisão conflituosa ou contraditória, justamente o que se busca evitar através da utilização da junção dos processos pela ocorrência de conexão e continência, mas nem sempre é possível manter-se essa união. Diante disso, somente seria viável a procedência de uma revisão criminal, caso tenha sido introduzida uma prova nova no processo que resultou em absolvição de corréu. Nessa hipótese, o que justificaria a revisão criminal da condenação do primeiro seria a prova nova e não simplesmente a decisão absolutória.

A quinta hipótese – surgimento de circunstância que determine ou autorize diminuição de pena – leva em consideração, também no contexto das provas, o descobrimento de qualquer fato inédito a ensejar, não a absolvição, mas a modificação, para melhor, da pena. Exemplo: após a sentença condenatória, surgem evidências de que o réu ressarciu completamente a vítima, em crime de furto, antes da denúncia, configurando a hipótese do arrependimento posterior (art. 16, CP). Merece, então, a revisão da sua pena, que fora firmada com base em furto simples ou qualificado, mas sem qualquer diminuição.

Entendemos ser prática excepcional a utilização da revisão criminal para reavaliar o *quantum* da pena aplicada, somente sendo justificável quando o órgão prolator da decisão contrariou o texto expresso da lei penal (ex.: reconhece reincidência, aumentando a pena, para quem não se encaixa na figura prevista no art. 63 do Código Penal) ou a evidência dos autos (ex.: reconhece péssima conduta social, aumentando a pena-base, fundado em presunções, não comprovadas pela prova colhida).

Entretanto, simplesmente alterar o *quantum*, porque a turma julgadora a considerou exagerada, segundo entendimento particular e subjetivo, é irregular. A revisão a isso não se presta. Quando o juiz decidir, fazendo valer sua atividade discricionária, justamente o processo que envolve a escolha da pena concreta ao réu, transitando em julgado a sentença – ou o acórdão – não há que se autorizar alteração, pois é uma ofensa à coisa julgada.

2.5 Ônus da prova, oportunidade e reiteração do pedido

O encargo de demonstrar a sua inocência, buscando desconstituir decisão condenatória com trânsito em julgado é do sentenciado, pois já não vige o princípio geral do *in dubio pro reo*, devendo o autor da ação revisional apresentar novos fatos e provas substancialmente novas, para que seu pedido possa ser acolhido. É a consagração, para a hipótese, da regra do *in dubio pro societate*. Lembremos que a revisão criminal é uma exceção ao princípio do respeito à coisa julgada, não podendo ser banalizada, motivo pelo qual, tendo havido o devido processo legal para fundamentar a condenação do réu, cabe-lhe agora demonstrar a inexatidão do que foi realizado, apresentando as provas que possuir a respeito.

Secundando a posição de que o ônus da prova é do condenado, porque ele é o autor da ação, estão as vozes de ADA, MAGALHÃES e SCARANCE (*Recursos no processo penal*, p. 326-327), embora salientem que isso não significa dizer que vigora o princípio do *in dubio pro societate*, substituindo o *in dubio pro reo*. Quando houver extinção da punibilidade no tocante à pretensão punitiva do Estado, ou seja, causas de extinção ocorrentes antes do trânsito em julgado da sentença condenatória, descabe o ajuizamento de revisão criminal. Isto se dá porque o Estado não tem o direito de punir, assim declarado em decisão judicial. Logo, não há motivo algum para o julgamento de uma revisão criminal, incidente sobre decisão que declara exatamente aquilo que o réu pretende obter: a ausência do *jus puniendi* estatal.

Entretanto, quando a extinção da punibilidade atinge somente a pretensão executória do Estado, porque a causa de extinção da punibilidade ocorre depois do trânsito em julgado da sentença condenatória, cabe revisão criminal. Tal ocorre porque a decisão do juiz atinge somente os efeitos principais da decisão condenatória, afastando o cumprimento da pena, mas não elide a inscrição da condenação como mau antecedente, nem afeta a sua constituição como título executivo judicial, para a ação civil *ex delicto*, permitindo, ainda, a inscrição do nome do acusado no rol dos culpados. Há, assim, interesse para o ajuizamento da ação revisional.

A revisão criminal pode ser ajuizada após o cumprimento da pena (art. 622, CPP), pois há evidente interesse do condenado em obter um decreto absolutório, que pode livrá-lo de incômodo antecedente criminal. Ainda que tenha sido o sentenciado indultado ou beneficiário de graça, pode ingressar com ação revisional. Embora grande parte da doutrina afirme que cabe a revisão, a despeito de ter sido extinta a punibilidade pela anistia, somos levados a discordar. Tendo em vista que a anistia é a clemência ou o esquecimento do Estado de *fatos* delituosos e não se volta a pessoas, funciona como se fosse autêntica *abolitio criminis*, sem deixar qualquer rastro. Desse modo, apagando-se qualquer antecedente do condenado, não teria ele interesse para obter pronunciamento favorável em ação de revisão. Entendendo-se cabível a revisão no caso de anistia, deveríamos admiti-la, também, quando houvesse *abolitio criminis*, o que não nos parece lógico.

Quanto à possibilidade de revisão criminal contra sentença concessiva de perdão judicial, levando-se em conta a natureza condenatória dessa decisão, em nosso ponto de vista, é viável. Afinal, o raciocínio do magistrado é vislumbrar a culpa do réu para poder perdoá-lo. Não se concede clemência ao inocente, mas, sim, ao culpado, que não merece cumprir pena, por razões de política criminal. É o que nos parece mais óbvio. Porém, há outros que sustentam ser a decisão de natureza meramente declaratória da extinção da punibilidade, sem qualquer outro efeito. Nesse prisma, atualmente, encontra-se a jurisprudência majoritária, redundando na Súmula 18 do STJ. Adotando-se a primeira posição, é natural que caiba a revisão criminal, pois há efeitos secundários da decisão condenatória, merecedores de ser revistos (inclusão do nome do réu no rol dos culpados, antecedentes e obrigação de reparar o dano). Acolhendo-se a segunda, não há necessidade de haver a revisão, pois inexistem efeitos da decisão proferida.

Por outro lado, é juridicamente admissível a revisão criminal contra decisão condenatória proferida no âmbito do Juizado Especial Criminal, pois todo acusado tem direito à revisão do julgado que, erroneamente, considerou-o culpado. SÉRGIO DE OLIVEIRA MÉDICI sustenta, ainda, o cabimento da revisão no caso de transação, pois afirma que não deixa de haver, nessa hipótese, a aplicação de uma sanção penal (*Revisão criminal*, p. 176), o que nos parece cabível.

No cenário da reiteração do pedido, é válido destacar que, quando uma ação é julgada, decidido o mérito e ocorrendo o trânsito em julgado, a regra é que o pedido não possa ser reiterado. Entretanto, como nesta hipótese cuida-se de ação revisional, fundada na ocorrência de erro judiciário, a qualquer tempo pode ser renovado o pleito, desde que baseado em *novas provas* (art. 622, parágrafo único, CPP). Entendam-se como tais as *substancialmente* novas e não as *formalmente* novas. As primeiras são as provas inéditas, desconhecidas até então do condenado e do Estado (ex.: o surgimento de um documento ao qual ninguém teve acesso anteriormente). As segundas são aquelas que ganham nova roupagem, nova versão, mas já eram conhecidas das partes (ex.: uma testemunha que altera seu depoimento, dizendo ter-se lembrado de algo mais, que não havia relatado antes).

2.6 Órgão competente para o julgamento da revisão criminal e processamento

É da competência originária dos tribunais, jamais sendo apreciada por juiz de primeira instância. Se a decisão condenatória definitiva provier de magistrado de primeiro grau, julgará a revisão criminal o tribunal que seria competente para conhecer do recurso ordinário. Caso a decisão provenha de câmara ou turma de tribunal de segundo grau, cabe ao próprio tribunal o julgamento da revisão, embora, nessa hipótese, não pela mesma câmara, mas pelo grupo reunido de câmaras criminais. Tratando-se de decisão proferida pelo Órgão Especial ou Pleno do tribunal, cabe ao mesmo colegiado o julgamento da revisão. Quanto aos tribunais superiores, dá-se o mesmo. Ao Supremo Tribunal Federal compete o julgamento de revisão criminal de seus julgados e ao Superior Tribunal de Justiça, o julgamento dos seus.

Conforme dispõe o art. 625 do Código de Processo Penal, a revisão será distribuída a um relator e a um revisor, devendo funcionar como relator um desembargador (ou Ministro) que não tenha participado do processo.

O requerimento deve ser instruído com a certidão do trânsito em julgado da sentença condenatória e com as peças necessárias à comprovação do alegado (art. 625, § 1.º, CPP). Pode o relator determinar o apensamento dos autos originais, desde que não prejudique o andamento da execução (art. 625, § 2.º, CPP), o que atualmente não se dá, pois a execução corre em juízo específico, com as peças enviadas pelo juiz da condenação.

Se o pedido estiver insuficientemente instruído, pode o relator indeferi-lo de pronto, recorrendo *de ofício* para as câmaras reunidas ou para o plenário, conforme o caso (art.

628 | MANUAL DE PROCESSO PENAL · **Nucci**

625, § 3.º, CPP). Naturalmente, pode a parte interessada, por agravo regimental, apresentar recurso contra essa decisão, levando suas razões ao conhecimento do colegiado.

O artigo, nessa parte, não apresenta boa redação, dando a entender que o relator pode indeferir a revisão criminal liminarmente, tanto no caso de não estar o pedido suficientemente instruído, quanto no caso de não ser conveniente para o interesse da justiça que ocorra o apensamento. Ora, na verdade, são duas situações distintas: a) pode o relator, certamente, indeferir em decisão liminar a revisão criminal, quando esta for apresentada sem qualquer prova do alegado, nem tiver sido pedida a realização de justificação. Se o condenado, no entanto, apresentar motivos verossímeis para ter o seu pedido conhecido, indicando onde buscar as provas, deve o relator determinar que isto se dê. Rejeitando, desde logo, o pedido ou a produção de provas indicadas pelo sentenciado, cabe agravo regimental ao grupo de câmaras (ou ao Órgão Especial, conforme o caso). Aliás, havendo indeferimento liminar, deve o relator recorrer de ofício para o órgão colegiado competente, ainda que a parte não apresente agravo regimental; b) pode o relator indeferir o pedido de apensamento dos autos originais, eventualmente feito pelo condenado, quando considerar inconveniente para o interesse da justiça, o que não significa indeferimento liminar da ação revisional. Dessa decisão, não cabe recurso.

Caso o relator determine o processamento do pedido, abre-se vista ao Ministério Público, dando parecer o Procurador de Justiça, no prazo de dez dias. Após, por igual prazo, examinam os autos o relator e o revisor, passando-se à sessão de julgamento (art. 625, § 5.º, CPP). O relator pode, ainda, nomear advogado ao condenado peticionário, se for necessário, solicitar informações ao juiz da execução e determinar a juntada de qualquer elemento probatório que entenda conveniente.

Registremos que pode haver a justificação prévia para fundamentar o pedido de revisão criminal, podendo-se inquirir testemunhas, realizar perícias, colher documentos, dentre outras diligências. O procedimento de justificação é o descrito no Código de Processo Civil (art. 381 e ss.). Aliás, nessa hipótese, cabe ao juiz da condenação nomear defensor para patrocinar os interesses do sentenciado que não possua defesa técnica.

Como preceitua o art. 626 do Código de Processo Penal, julgada procedente a revisão, o tribunal pode alterar a classificação da infração penal (significa dar nova definição jurídica ao fato, revisando, pois, a tipicidade), absolver o réu, modificar a pena ou mesmo anular o processo.

Veda-se, expressamente, a *reformatio in pejus*, ou seja, o agravamento da pena (art. 626, parágrafo único, CPP). Vale lembrar que é igualmente vedada a *reformatio in pejus* indireta, que ficaria configurada no caso do tribunal anular a decisão condenatória com trânsito em julgado, permitindo ao juiz proferir outra, que seria, então, mais severa do que a primeira. Normalmente, tal situação ocorre (anulação), quando o tribunal percebe que a sentença condenatória padece de vícios processuais insanáveis. Mas, ainda que a decisão tenha sido anulada, chamando-se o juiz a proferir outra, não é cabível a fixação de pena mais grave ao condenado.

Acesse e escute o podcast sobre *Reformatio in pejus*.
> https://uqr.to/1y2u7

Há dois juízos envolvidos na revisão criminal: o rescindente e o rescisório. O primeiro é o juízo de desconstituição da decisão condenatória, enquanto o segundo cuida da sua substituição por outra decisão. Parece-nos que, quando o tribunal altera a classificação da infração ou absolve o réu está proferindo um juízo rescindente, sempre constitutivo, seguido de um juízo rescisório meramente declaratório.

Entretanto, quando modifica a pena, está proferindo um juízo rescindente e um juízo rescisório constitutivos. A importância da alteração da pena, no sistema de individualização previsto no Código Penal e legitimado pela Constituição Federal, faz crer que outra sanção, ao ser aplicada, leva o tribunal a proceder a uma minuciosa revisão do procedimento de aplicação da pena, o que não pode ser considerado simplesmente declaratório. Declara-se a inocência do réu (absolvição), bem como a mudança da classificação penal, mas, fixando-se nova pena, está-se alterando completamente a sanção cabível ao réu.

E, por fim, quando o tribunal anula a decisão, limita-se a proferir um juízo rescindente constitutivo, sem qualquer juízo rescisório.

Contra a decisão proferida na revisão criminal não há recurso ordinário, pois a ação é sempre de competência originária. Logo, cabe apenas embargos de declaração, recurso especial ou recurso extraordinário, conforme o caso. Quando se tratar de decisão isolada do relator, cabe o agravo regimental.

Quando procedente a revisão criminal, restabelecem-se os direitos perdidos em face da condenação (art. 627, CPP). Esta, além do efeito principal, que é a aplicação da pena, acarreta ao réu vários efeitos secundários: o registro de antecedente, a possibilidade de gerar reincidência, o lançamento do nome do sentenciado no rol dos culpados, a obrigação de indenizar o dano, gerando título executivo no cível, o confisco de instrumentos, produto ou proveito do crime, a perda de cargo, função ou mandato, conforme o caso, a incapacidade para o exercício do pátrio poder (atualmente, denominado *poder familiar* pelo Código Civil), tutela ou curatela, em certas situações, a inabilitação para dirigir veículo e a suspensão dos direitos políticos, enquanto cumprir pena.

Enfim, havendo procedência à ação revisional, todas as consequências dos efeitos da condenação são recuperadas pelo condenado, desde que se tenham concretizado. Quanto à formação do título executivo, é de se entender que, procedente a revisão criminal, desconstitui-se o mesmo, impedindo o prosseguimento da ação no cível, salvo se for transformada em processo de conhecimento. Se a indenização já tiver sido paga, tem o interessado o direito de solicitar o ressarcimento pela via cabível.

A possibilidade de imposição de medida de segurança pelo tribunal, como mencionado no art. 627, parte final, somente tem pertinência se o juiz, por alguma razão, condenou a cumprir pena pessoa inimputável à época dos fatos, quando deveria tê-la absolvido. Corrigindo-se o equívoco, pode o tribunal julgar procedente a ação revisional, absolvendo o condenado, mas impondo-lhe, como determina a lei, a medida de segurança cabível – internação ou tratamento ambulatorial.

2.7 Indenização pelo erro judiciário

Inicialmente, cabe conceituar *erro judiciário*, podendo-se analisá-lo sob dois aspectos: o formal e o material. Formalmente, ocorre erro judiciário em todas as situações recursais, nas quais o Tribunal revê e corrige (retificando ou anulando) a decisão de grau inferior. Pode tratar-se de acórdão do Tribunal de Justiça em relação ao juiz de primeiro grau, bem como de acórdão de Tribunal Superior no tocante a Tribunal Estadual ou Regional Federal. Mesmo no nível de Tribunais Superiores, pode-se considerar ter havido erro judiciário formal, quando o STF revisa decisão tomada por outro Tribunal (STJ, STM etc.).

Entretanto, no campo formal, o erro judiciário não dá ensejo a qualquer espécie de indenização, concebendo-se o equívoco como natural, decorrente da falibilidade humana ou mesmo em virtude de simples interpretação, que é variável de um juízo para outro. Aliás, justamente para isso, existe o princípio do duplo grau de jurisdição, dando oportunidade à parte perdedora de recorrer ao tribunal, pretendendo a modificação do julgado.

Materialmente, o erro judiciário consiste em falha evidente na análise das provas constantes dos autos ou na aplicação da lei, desde que gere coisa julgada e, como consequência, o cumprimento da decisão, impondo gravame concreto ao indivíduo. Há duplo sentido para a percepção material do erro: a) a impossibilidade de haver recurso, pois esgotados os prazos legais; b) a nitidez com que exsurge a contrariedade entre a decisão e o cenário probatório-legal.

O autêntico erro judiciário, segundo Hernández Martín, Azpeitia Gamazo, Villalvilla Muñoz e Gonzalez Leon é o erro decorrente de equívoco insanável, cujo remédio único é o ajuizamento de demanda específica para obter o seu reconhecimento e o estabelecimento de um valor indenizatório por parte do Estado (*El error judicial*, p. 78).

Se o interessado pleitear, pode o tribunal, julgando procedente a revisão criminal, reconhecer o direito a uma justa indenização pelos prejuízos sofridos (art. 630, *caput*, CPP).

A decisão impositiva de indenização tem natureza condenatória, não se tratando de mero efeito da procedência da ação revisional. Justamente por isso, precisa haver requerimento do autor para que seja reconhecido esse direito. Não existindo, o tribunal deixa de declarar o direito à justa indenização, mas não há impedimento para o ingresso, no juízo especial da Fazenda Pública, quando houver, ou outro juízo cível, de ação contra o Estado para a reparação do dano. Neste caso, porém, deve haver processo de conhecimento para a demonstração do erro judiciário e para o estabelecimento do montante da indenização. Logicamente, juntando o autor cópia do acórdão que deferiu a revisão criminal, mas sem reconhecer o direito à indenização, pois não pleiteado, a produção de provas fica facilitada.

Por outro lado, quando reconhecida a responsabilidade do Estado pela indenização, não havendo parte passiva na ação revisional – nem a Fazenda Pública, nem o Ministério Público –, é natural que tenha a lei estabelecido uma responsabilidade objetiva do Estado frente ao erro judiciário. Trata-se, a nosso ver, de algo lógico e consequência natural do erro cometido, após o desenvolvimento do devido processo legal. Discute-se, na órbita cível, apenas o valor da indenização material e/ou moral (art. 630, § 1.º, CPP).

Convém mencionar o disposto no art. 5.º, LXXV, da Constituição Federal, impondo ao Estado o dever de indenizar o dano causado por erro judiciário, bem como o prejuízo advindo de prisão excessiva, gerando tempo além do fixado na sentença. Merece especial atenção a norma constitucional, nítida garantia humana fundamental, pois abrange não apenas os erros judiciários reconhecidos em ações de revisão criminal, como se poderia, apressadamente, supor.

O conceito de erro judiciário deve transcender as barreiras limitativas da sentença condenatória impositiva de pena privativa de liberdade, para envolver toda e qualquer decisão judicial errônea, que tenha provocado evidente prejuízo à liberdade individual ou mesmo à imagem e à honra do acusado. Assim, prisões cautelares indevidas, com posterior absolvição, reconhecendo-se a negativa de ocorrência do fato ou proclamando-se a certeza de que o réu não foi o autor, ou mesmo admitindo excludente de ilicitude ou culpabilidade, podem dar ensejo à reparação.

Aliás, não se trata, nesse caso, somente de um *erro* judiciário, mas também de manter preso, por mais tempo que o devido (embora a Constituição refira-se somente a *sentença*) alguém que é considerado inocente, porém enfrentou longo período de custódia cautelar.

É certo que as prisões cautelares podem ter origem unicamente nas atitudes agressivas do réu, que se volta contra as testemunhas ou busca destruir provas, por exemplo. Ora, nesse contexto, verifica-se que a prisão foi justa, pois o motivo que a originou não foi outro senão o comportamento indevido do acusado durante a instrução. Inexiste reparação do dano, uma vez que o Estado agiu com acerto. No entanto, outra causa determinativa da prisão cautelar, como, ilustrando, para garantia da ordem pública, uma vez que o juiz considerou o crime grave, havendo absolvição, faz nascer o direito à reparação, desde que se tenha reconhecido a plena inocência do réu.

Impôs o Código de Processo Penal algumas hipóteses em que a indenização não será devida: a) quando o erro ou a injustiça da condenação teve origem em ato ou falta imputável ao próprio condenado, citando como exemplos a confissão ou a ocultação

632 | MANUAL DE PROCESSO PENAL · NUCCI

de prova em seu poder (art. 630, § 2.º, *a*); b) quando a acusação tiver sido meramente privada (art. 630, § 2.º, *b*).

Quanto à primeira hipótese, deve-se lembrar que toda e qualquer falta atribuível ao condenado pode impedir-lhe o reconhecimento do direito à indenização. As citações feitas no texto legal (confissão e ocultação de provas) são apenas exemplos.

No tocante à confissão, não se admite que ela constitua, no processo penal, prova plena da culpa do réu. Fosse assim e, uma vez que admitisse, no interrogatório, serem verdadeiros os fatos alegados na denúncia, estaria encerrada a instrução, passando o juiz, diretamente, à fase da sentença. Não seria preciso nomear defensor ao acusado, nem se proceder à instrução. Logicamente, a confissão constitui uma prova direta, mas não se pode olvidar que não é absoluta. Foi-se o tempo em que era considerada a *rainha das provas*. Atualmente, deve-se provar, devidamente, o alegado na denúncia ou queixa. Portanto, se o erro judiciário se fundou em decisão que desprezou tais postulados e aceitou somente a confissão para a condenação, cremos que houve equívoco e o Estado é responsável. Caso a confissão judicial tenha sido *uma* das provas relevantes para a condenação, pode-se aceitar o argumento de que o réu contribuiu, sobremaneira, para o seu próprio prejuízo, de modo que não lhe cabe indenização.

Em relação à ocultação de prova em seu poder, a situação torna-se mais grave, pois terminou condenado em virtude de sua própria conduta. Não houve responsabilidade do Estado, nem mesmo objetiva, pois o juiz foi ludibriado, tendo prejudicado a própria pessoa que gerou o engano. Mas, se as provas poderiam ser conseguidas por inúmeras outras formas, tendo havido inépcia do Estado em buscá-las, certamente houve culpa concorrente e cabe a indenização.

A hipótese concernente à acusação ter sido meramente privada é inconstitucional e inaceitável. Embora o autor da ação tenha sido o ofendido, é preciso lembrar que o direito de punir é exclusivo do Estado, motivo pelo qual o Ministério Público atua nas ações penais privadas como fiscal da lei. Portanto, torna-se inadmissível excluir a responsabilidade do Estado pelo erro judiciário, como se este fosse então debitado ao querelante. Quem errou, inclusive na ação privada, foi o Estado-juiz, motivo pelo qual fica obrigado a reparar o dano.

3. *HABEAS CORPUS*

3.1 Conceito de *habeas corpus*

Trata-se de ação de natureza constitucional, destinada a coibir qualquer ilegalidade ou abuso de poder contra a liberdade de locomoção. Encontra-se previsto no art. 5.º, LXVIII, da Constituição Federal. Não se trata de recurso, como faz crer a sua inserção na lei processual penal, mas, sim, de autêntico instrumento para assegurar direitos fundamentais, cuja utilização se dá através de ação autônoma, podendo, inclusive, ser proposto contra decisão que já transitou em julgado.

O termo *habeas corpus*, etimologicamente, significa "toma o corpo", isto é, faz-se a apresentação de alguém, que esteja preso, em juízo, para que a ordem de constrição à liberdade seja justificada, podendo o magistrado mantê-la ou revogá-la. Embora atualmente não mais se tenha que fazer a apresentação do preso ao juiz, como regra, continua este analisando a legalidade do ato ameaçador ou constringente à liberdade de ir e vir do indivíduo. Acrescentemos a lição de ANTONIO MAGALHÃES GOMES FILHO, demonstrando que *habeas corpus* vem do latim (*habeo, habere* = ter, exibir, tomar, trazer; *corpus, corporis* = corpo), significando simplesmente um meio de se obter o comparecimento físico de alguém perante uma Corte. Dentre as espécies históricas, destacam-se os seguintes tipos: a) *habeas corpus ad respondendum*: destinava-se a assegurar a transferência do preso de um lugar a outro para responder a uma ação penal; b) *habeas corpus ad testificandum*: destinava-se a trazer uma pessoa sob custódia para prestar um testemunho; c) *habeas corpus ad satisfaciendum*: destinava-se à transferência de um preso já condenado a um tribunal superior, a fim de se executar a sentença; d) *habeas corpus ad subjiciendum*: voltado a assegurar plenamente a legalidade de qualquer restrição ao direito de liberdade, apresentando-se o preso à Corte e os motivos do encarceramento, para apreciação judicial (*O habeas corpus como instrumento de proteção do direito à liberdade de locomoção*, p. 60). Em igual prisma, PONTES DE MIRANDA, *História e prática do* habeas corpus, p. 43-44; GALDINO SIQUEIRA, *Curso de processo criminal*, p. 375.

Prevê o art. 5.º, LXXVII, da Constituição Federal, que "são gratuitas as ações de *habeas corpus* e *habeas data*, e, na forma da lei, os atos necessários ao exercício da cidadania".

3.2 Origem no Brasil

A Constituição do Império não o consagrou. Somente em 1832, o *habeas corpus* foi previsto no Código de Processo Criminal. Entretanto, no texto constitucional do Império, consignou-se que "ninguém poderá ser preso sem culpa formada, exceto nos casos declarados na lei; e nestes dentro de 24 horas contadas da entrada na prisão, sendo em cidades, vilas ou outras povoações próximas aos lugares da residência do juiz; e nos lugares remotos dentro de um prazo razoável, que a lei marcará, atenta a extensão do território, o juiz por uma nota por ele assinada, fará constar ao réu o motivo da prisão, os nomes do seu acusador, e os das testemunhas, havendo-as" (art. 179, VIII). O direito de evitar a prisão ilegal já se encontrava previsto, mas o remédio foi instituído em 1832. Foi estendido aos estrangeiros pela Lei 2.033, de 1871.

Constou na Constituição Republicana de 1891 e em todas as demais a partir daí editadas. Está previsto, igualmente, em documentos internacionais de proteção aos direitos humanos, como, por exemplo, Declaração Universal dos Direitos Humanos (1948), art. 8.º; Convenção Europeia (1950), art. 5.º, inciso 4; Convenção Americana sobre Direitos Humanos, art. 7.º (Cf. ANTONIO MAGALHÃES GOMES FILHO, *O habeas corpus como instrumento de proteção do direito à liberdade de locomoção*, p. 62; PONTES DE MIRANDA, *História e prática do* habeas corpus *(Direito constitucional e processual comparado)*, p. 126-127; GALDINO SIQUEIRA, *Curso de processo criminal*, p. 381).

3.3 Ampliação do seu alcance

Se, originalmente, o *habeas corpus* era utilizado para fazer cessar a prisão considerada ilegal – e mesmo no Brasil essa concepção perdurou por um largo período – atualmente seu alcance tem sido estendido para abranger qualquer ato constritivo direta ou indiretamente à liberdade, ainda que se refira a decisões jurisdicionais não vinculadas à decretação da prisão.

Note-se o que ocorre com a utilização do *habeas corpus* para trancar o inquérito policial ou a ação penal, quando inexista justa causa para o seu trâmite, bem como quando se utiliza esse instrumento constitucional para impedir o indiciamento injustificado, entre outras medidas. Nada mais lógico, pois são atos ou medidas proferidas em processos (ou procedimentos) criminais, que possuem clara repercussão na liberdade do indivíduo, mesmo que de modo indireto. Afinal, o ajuizamento de ação penal contra alguém provoca constrangimento natural, havendo registro em sua folha de antecedentes, bem como servindo de base para, a qualquer momento, o juiz decretar medida restritiva da liberdade, em caráter cautelar. Explica FLORÊNCIO DE ABREU que a ampliação do alcance do *habeas corpus* deveu-se à "ausência, no nosso mecanismo processual, de outros remédios igualmente enérgicos e expeditos para o amparo de outros direitos primários do indivíduo" (*Comentários ao Código de Processo Penal*, v. 5, p. 558).

3.4 Natureza jurídica

Trata-se de ação de conhecimento. Aliás, note-se o disposto no art. 5.º, LXXVII, da Constituição Federal, que a ela se refere expressamente como *ação* e não como recurso. Como bem esclarecem ADA, MAGALHÃES e SCARANCE, pode objetivar um provimento meramente declaratório (extinção de punibilidade), constitutivo (anulação de ato jurisdicional) ou condenatório (condenação nas custas da autoridade que agiu de má-fé). Para nós, entretanto, inexiste o *habeas corpus* com finalidade condenatória, pois o art. 5.º, LXXVII, da Constituição Federal, prevê a gratuidade desse tipo de ação. Logo, jamais há custas a pagar. Destacam os autores supramencionados, ainda, que possui o caráter mandamental, envolvendo a ordem dada pelo juiz para que a autoridade coatora cesse imediatamente a constrição, sob pena de responder por desobediência (*Recursos no processo penal*, p. 346).

Considerando-o como autêntica ação e não recurso, igualmente: PONTES DE MIRANDA, *História e prática do* habeas corpus *(Direito constitucional e processual comparado)*, p. 126-127; ANTONIO MAGALHÃES GOMES FILHO, *O* habeas corpus *como instrumento de proteção do direito à liberdade de locomoção*, p. 68; ROGÉRIO LAURIA TUCCI, Habeas corpus, *ação e processo penal*, p. 4-6; MARCO ANTONIO DE BARROS, *Ministério Público e o* habeas corpus: tendências atuais, p. 119); DANTE BUSANA, *Habeas corpus*, p. 106; DANTE BUSANA e LAERTE SAMPAIO, *O Ministério Público no processo de* habeas corpus, p. 316. Em sentido contrário, sustentando tratar-se de um *recurso especial*: GALDINO SIQUEIRA, *Curso de processo criminal*, p. 384.

3.5 Espécies de *habeas corpus* e restrições à sua utilização

Pode ser *liberatório*, quando a ordem dada tem por finalidade a cessação de determinada ilegalidade já praticada, ou *preventivo*, quando a ordem concedida visa a assegurar que a ilegalidade ameaçada não chegue a se consumar.

Expressamente, prevê o art. 142, § 2.º, da Constituição Federal, que "não caberá *habeas corpus* em relação a punições disciplinares militares" (Forças Armadas e Polícia Militar). Além disso, é preciso anotar que, durante o estado de defesa (art. 136, CF) e ao longo do estado de sítio (art. 137, CF), muitos direitos e garantias individuais são suspensos, razão pela qual várias ordens e medidas podem resultar em constrições à liberdade, que terminam por afastar, na prática, a utilização do *habeas corpus*, por serem consideradas, durante a vigência da época excepcional, legítimas.

Alguns aspectos merecem destaque quanto às punições na esfera militar:

a) a punição disciplinar militar que não envolve a liberdade de ir e vir não comporta jamais *habeas corpus*, devendo ser esgotada a instância administrativa. Caso o militar punido não esteja satisfeito com a finalização dos seus recursos, deve socorrer-se do Poder Judiciário na órbita comum (Justiça Federal – Forças Armadas; Justiça Estadual – Polícia Militar). Nessa ótica, editou-se a Súmula 694 do STF: "Não cabe *habeas corpus* contra a imposição da pena de exclusão de militar ou de perda de patente ou de função pública";

b) a punição que envolva prisão disciplinar contra militar é uma das modalidades de exclusão da esfera do *habeas corpus*. Entretanto, é de ser admitido o *habeas corpus*, em situações excepcionais. Sobre o tema, expressa-se Antonio Magalhães Gomes Filho: "Esse único caso de *impossibilidade* do pedido de *habeas corpus* é justificado pelos princípios de hierarquia e disciplina inseparáveis das organizações militares, evitando que as punições aplicadas pelos superiores possam ser objeto de impugnação e discussão pelos subordinados". Mas ressalta que a proibição não é absoluta, devendo ser admitido *habeas corpus* nos seguintes casos: incompetência da autoridade, falta de previsão legal para a punição, inobservância das formalidades legais ou excesso de prazo de duração da medida restritiva da liberdade. E argumenta ainda que não poderia haver proibição no capítulo reservado às Forças Armadas, pois seria uma limitação à proteção de um *direito fundamental* (liberdade de locomoção). Os direitos e garantias fundamentais têm hierarquia diferenciada, até porque tem a garantia da *eternidade* (art. 60, § 4.º, IV, CF) (*O habeas corpus como instrumento de proteção do direito à liberdade de locomoção*, p. 66-67). Parece-nos correta essa visão, com a ressalva de que a utilização do *habeas corpus* contra a prisão disciplinar militar somente pode dar-se em casos teratológicos, como os apontados antes, jamais se questionando a conveniência e oportunidade da medida constritiva à liberdade.

3.6 Direito líquido e certo e hipóteses de cabimento

Acesse e escute o podcast sobre Razoabilidade e proporcionalidade no *habeas corpus*.
> http://uqr.to/1y2u9

Acesse e assista ao vídeo sobre *Habeas corpus* e a amplitude do seu uso.
> http://uqr.to/1y2ua

Embora nem a lei nem a Constituição Federal prevejam expressamente que a utilização do *habeas corpus* demande a existência de direito líquido e certo, tal postura restou consagrada pela doutrina e pela jurisprudência, não admitida, como regra, qualquer dilação probatória. Conferir em Pontes de Miranda: "Direito líquido e certo é aquele que não desperta dúvidas, que está isento de obscuridades, que não precisa ser aclarado com o exame de provas em dilações, que é de si mesmo concludente e inconcusso" (*História e prática do* habeas corpus [*Direito constitucional e processual comparado*], p. 327).

Estabelece o art. 648 do Código de Processo Penal as situações de coação ilegal que comportam a impetração de *habeas corpus*. Naturalmente, cuida-se de um rol exemplificativo, até porque não poderia a lei ordinária limitar a sua aplicação, já que a Constituição não o faz.

Considera-se ilegal a coação:

a) quando *não houver justa causa* (inciso I), desdobrando-se a questão em dois aspectos: a.1) justa causa para a ordem proferida, que resultou em coação contra alguém; a.2) justa causa para a existência de processo ou investigação contra alguém, sem que haja lastro probatório suficiente.

Na primeira situação, a falta de justa causa baseia-se na inexistência de provas ou de requisitos legais para que alguém seja detido ou submetido a constrangimento (ex.: decreta-se a preventiva sem que os motivos do art. 312 do CPP estejam nitidamente demonstrados nos autos). Na segunda hipótese, a ausência de justa causa concentra-se na carência de provas a sustentar a existência e manutenção da investigação policial ou do processo criminal. Se a falta de justa causa envolver apenas uma decisão, contra esta será concedida a ordem de *habeas corpus*. Caso diga respeito à ação ou investigação em si, concede-se a ordem para o trancamento do processo ou procedimento;

b) quando *alguém estiver preso por mais tempo do que determina a lei* (inciso II), significando que o procedimento deve ser acelerado, de modo que não fique o investigado ou réu detido por mais tempo do que o razoável, segundo a lei. Há de se verificar tais hipóteses no caso concreto. Ilustrando: na fase policial, se uma prisão temporária é decretada por cinco dias, é esse o prazo para a conclusão da detenção, haja ou não a colheita das provas suficientes. O máximo que se admite é a prorrogação da temporária por outros cinco dias, ao final dos quais deve cessar a constrição. Não ocorrendo, configura-se o constrangimento ilegal.

Quanto à instrução dos processos criminais, criou-se um período – obtido pela soma dos prazos antes previstos no Código de Processo Penal – que era de 81 dias, tempo considerado suficiente para o término da colheita das provas. Ocorre que, a jurisprudência já vinha amenizando essa disposição, alegando que somente o caso concreto ditaria se haveria ou não excesso de prazo para a conclusão da instrução. Logo, já não se falava em 81 dias, mas num prazo razoável, sem culpa do juiz, para a conclusão da instrução (consultar o subitem 3.3.4 do Capítulo II, tratando da duração razoável da prisão cautelar). Com a edição das Leis 11.689/2008 e 11.719/2008, novos prazos foram estabelecidos para o término da instrução. Isso não significa que se deva abandonar o critério da razoabilidade para analisar se houve ou não excesso de prazo, logo, constrangimento ilegal;

c) quando *quem ordenar a coação não tiver competência para fazê-lo* (inciso III), pois o mínimo que se espera daquele que constrange direito alheio é ter possibilidade legal para tanto. Exemplo: não pode magistrado em exercício em Vara Cível decretar a prisão preventiva de um réu, cujo processo tramita em Vara Criminal;

d) quando *houver cessado o motivo que autorizou a coação* (inciso IV), o que se justifica pelo fato de ser a prisão uma exceção e a liberdade, uma regra. Logo, findo o motivo

Capítulo XXI • Ações de Impugnação | **637**

legitimador da constrição, deve esta ser afastada. Exemplo disso seria a decretação da prisão preventiva por conveniência da instrução criminal, sob a alegação de estar o réu ameaçando determinada testemunha. Ouvida esta, pode não haver mais razão de manter a custódia cautelar. Tudo depende, naturalmente, do tipo de ameaça que foi feita e do réu que está em julgamento (ilustrando: se o acusado pertencente a associação criminosa, a ameaça feita a uma testemunha pode representar uma situação de permanente perigo, ainda que esta já tenha prestado depoimento, pois ele possui contatos externos e, uma vez solto, pode valer-se disso para perseguir a pessoa que depôs, sem necessidade de contato direto com a mesma);

e) quando *não for alguém admitido a prestar fiança, nos casos em que a lei a autoriza* (inciso V), pois a Constituição Federal estabelece que ninguém ficará preso, quando a lei admitir liberdade provisória, com ou sem fiança (art. 5.º, LXVI). Logo, se a lei possibilitar ao acusado obter a liberdade por esse mecanismo, representa constrangimento ilegal mantê-lo no cárcere;

f) quando *o processo for manifestamente nulo* (inciso VI), já que nesse estado não deve ser considerado apto a produzir qualquer efeito negativo ao réu ou condenado. Logicamente, somente se utiliza o *habeas corpus*, em lugar da revisão criminal, no caso de processo findo, quando houver prisão ou quando a situação for teratológica, passível de verificação nítida pelas provas apresentadas com a impetração. No caso do processo em andamento, somente se usa o *habeas corpus*, em lugar do recurso regularmente cabível, quando o prejuízo para o réu for irreparável. Tal pode dar-se pela lentidão no processamento do recurso interposto em se tratando de acusado preso;

g) quando *extinta a punibilidade* (inciso VII), porque não mais existe para o Estado o direito de punir, tornando incabível a manutenção do acusado detido. Aliás, quando a punibilidade é declarada extinta, como regra, inexiste possibilidade de haver constrangimento ilegal, já que a pena foi cumprida ou existiu causa de impedimento da pretensão punitiva ou executória do Estado. Assim está a Súmula 695 do STF: "Não cabe *habeas corpus* quando já extinta a pena privativa de liberdade".

Entretanto, é possível haver constrangimento ilegal, ainda que essa hipótese tenha ocorrido, como poderia acontecer com a anistia ou *abolitio criminis*, mantendo-se na folha de antecedentes o registro da condenação não excluída como seria de se esperar.

Assim, poderia o interessado impetrar *habeas corpus* para o fim de apagar o registro constante na folha de antecedentes, que não deixa de ser um constrangimento ilegal. Pode-se ainda imaginar a impetração de *habeas corpus* para liberar pessoa que, embora com a punibilidade extinta, não tenha sido efetivamente solta pelo Estado, continuando no cárcere. Enfim, a simples extinção da pena privativa de liberdade não afasta completamente a possibilidade de interposição de *habeas corpus*.

3.7 Competência para conhecer do *habeas corpus*

3.7.1 Regras gerais

O primeiro critério a ser verificado é o territorial, buscando-se o lugar onde se dá a coação. Em seguida, analisa-se a qualidade da autoridade coatora, checando-se se possui foro privilegiado.

638 | MANUAL DE PROCESSO PENAL · Nucci

Como exemplos: a) se alguém é detido para averiguação por delegado da Comarca X, deve ser impetrado *habeas corpus* ao magistrado da Vara Criminal competente da Comarca X. Havendo mais de um, distribui-se o pedido. Se já houver investigação ou processo em andamento, cabe a distribuição por prevenção ao juiz que fiscaliza o feito, competente para analisar o abuso ocorrido – até porque ele poderia conceder a ordem de ofício; b) se um indivíduo é detido por ordem de juiz da Comarca X, conforme o crime imputado ao paciente, elege-se o tribunal competente.

Quanto às cortes estaduais e regionais, suas decisões podem constituir, igualmente, constrangimento ilegal para o réu, impetrando-se a ordem de *habeas corpus* em Tribunal Superior. Vale destacar que o tribunal se transforma em órgão coator, desde que julgue recurso do réu, negando provimento, quando deveria ter acolhido a pretensão, bem como quando julga recurso da acusação, concedendo ou negando provimento, mas deixando de apreciar matéria fundamental, que comportaria a concessão de *habeas corpus* de ofício, em favor do acusado, nos termos do art. 654, § 2.º, do CPP. O não conhecimento de apelação ou outro recurso do réu ou da acusação não torna o tribunal autoridade coatora, salvo se a matéria comportasse a concessão, de ofício, de *habeas corpus*.

3.7.2 Competência constitucional do Supremo Tribunal Federal

Cabe ao STF julgar, originariamente, o *habeas corpus*, sendo paciente o Presidente da República, o Vice-Presidente, os membros do Congresso Nacional, seus próprios Ministros, o Procurador-Geral da República, os Ministros de Estado, os Comandantes da Marinha, do Exército e da Aeronáutica, os membros de Tribunais Superiores, os do Tribunal de Contas da União e os chefes de missão diplomática de caráter permanente (art. 102, I, *d*, CF), bem como o *habeas corpus*, quando o coator for Tribunal Superior ou quando o coator ou o paciente for autoridade ou funcionário cujos atos estejam sujeitos diretamente à jurisdição do Supremo Tribunal Federal (neste contexto, inserem-se os membros do Conselho Nacional da Justiça e do Conselho Nacional do Ministério Público), ou se tratando de crime sujeito à mesma jurisdição em uma única instância (art. 102, I, *i*, CF).

Incluía-se, ainda, por força de interpretação dada pelo próprio Supremo Tribunal Federal, o *habeas corpus*, quando o coator fosse Turma Recursal do Juizado Especial Criminal dos Estados, tendo em vista que não teria sido prevista tal hipótese no campo da competência do Superior Tribunal de Justiça. Logo, residualmente, restaria ao Supremo Tribunal Federal empreender o julgamento. A matéria foi registrada na Súmula 690 do STF: "Compete originariamente ao Supremo Tribunal Federal o julgamento de *habeas corpus* contra decisão de turma recursal de juizados especiais criminais". Entretanto, esse entendimento foi alterado, por ocasião de julgamento, proferido pelo Pleno, em 23.08.2006 (HC 86.834-SP, rel. Marco Aurélio, m. v., *DJ* 09.03.2007). A Súmula 690 não mais se aplica. Entendeu o Pretório Excelso caber ao Tribunal de Justiça (Justiça Estadual) ou ao Tribunal Regional Federal (Justiça Federal) apreciar os casos de *habeas corpus* impetrados contra Turma Recursal. O principal argumento utilizado consistiu em não haver previsão taxativa para isso no campo da competência do STF (art. 102, II, *a*, CF). Com a devida vênia, parece-nos que a decisão anterior, contida na Súmula 690, era a correta. A Turma Recursal é órgão colegiado de segundo grau, no âmbito dos Juizados Especiais Criminais. Não há sentido para o Tribunal de Justiça (ou Regional Federal), igualmente órgão de segundo grau, reavaliar as decisões proferidas pela Turma Recursal. O argumento de que não há tal competência para o STF apreciar o *habeas corpus* contra Turma Recursal, no art. 102 da Constituição Federal, não nos convence, pois também inexiste *expressa* previsão no mencionado artigo para o julgamento de conflitos de atribuições entre membros do Ministério Público Federal e Estadual e, no entanto, o STF chamou a si essa competência (consultar o Capítulo XI, subitem 3.3.2).

Cabe-lhe, ainda, julgar em recurso ordinário, o *habeas corpus* decidido em única instância pelos tribunais superiores, se denegatória a decisão. Cremos razoável incluir também o *habeas corpus* decidido em *última* instância pelos tribunais superiores, embora a Constituição não mencione expressamente esse termo. Afinal, se caberia interpor diretamente *habeas corpus* no STF, quando o coator fosse Tribunal Superior, logicamente, cabe a interpretação extensiva do termo "única" instância. E mais: tal possibilidade vem prevista na competência do STJ, ao falar em "única ou última instância" (art. 105, II, *a*, CF). Cabe-lhe julgar, em recurso ordinário, o *habeas corpus* decidido em única ou última instância pelos Tribunais Regionais Federais ou pelos Tribunais dos Estados, do Distrito Federal e Territórios, quando a decisão for denegatória.

A competência constitucional do STF destina-se ao julgamento de *habeas corpus* "quando o coator for Tribunal Superior" (art. 102, I, *i*, primeira parte), não incluindo, portanto, decisão monocrática de relator. Entretanto, é costume, quando o interessado impetra *habeas corpus* em Tribunal Superior (por exemplo, STJ), solicitar ao relator o deferimento de medida liminar. Negada esta, ao invés de aguardar o julgamento a ser feito pela Turma (órgão colegiado que representa o tribunal), impetra diretamente *habeas corpus* no STF, apontando como autoridade coatora o relator. Ora, este não figura no referido art. 102, I, *i*, da Constituição Federal, logo, há incompetência. É o teor da Súmula 691: "Não compete ao Supremo Tribunal Federal conhecer de *habeas corpus* impetrado contra decisão do relator que, em *habeas corpus* requerido a tribunal superior, indefere a liminar".

Deve-se salientar, entretanto, que o próprio Supremo Tribunal Federal, em julgamentos recentes, vem atenuando o conteúdo da referida Súmula 691. Em situações consideradas graves, o STF tem deferido liminar em *habeas corpus* impetrado contra decisão de Ministro Relator do STJ (exemplo disso é o fato de, negada a liminar, o *habeas corpus* demorar muito tempo para entrar em pauta para apreciação da Turma).

Sobre o prequestionamento em *habeas corpus*, consultar o item 3.7.3.1 infra.

3.7.3 *Competência constitucional do Superior Tribunal de Justiça*

Cabe ao STJ julgar, originariamente, o *habeas corpus*, quando o coator ou paciente for o Governador de Estado ou do Distrito Federal, os desembargadores dos Tribunais de Justiça dos Estados e do Distrito Federal, os membros dos Tribunais de

Contas dos Estados e do Distrito Federal, os dos Tribunais Regionais Federais, dos Tribunais Regionais Eleitorais e do Trabalho, os membros dos Conselhos ou Tribunais de Contas dos Municípios e os do Ministério Público da União, que oficiem perante tribunais, bem como quando o coator for tribunal sujeito à sua jurisdição, Ministro de Estado ou Comandante da Marinha, do Exército ou da Aeronáutica, ressalvada a competência da Justiça Eleitoral (art. 105, I, *c*, CF).

Não pode o Tribunal Superior tomar conhecimento de um *habeas corpus* impetrado por réu ou condenado, tratando de questão não ventilada, nem decidida no recurso julgado pelo Tribunal do Estado. Em consequência, o Superior Tribunal de Justiça não aprecia matéria não levantada pelo paciente anteriormente. Se o fizesse, estaria suprimindo uma instância. É o denominado *prequestionamento* (ver item 3.7.3.1 infra).

Pode, no entanto, em caso de urgência e relevância, conceder, de ofício, ordem de *habeas corpus* para fazer cessar o constrangimento ilegal, bem como determinando que o Tribunal Estadual analise o ponto suscitado.

3.7.3.1   Prequestionamento em *habeas corpus*

O prequestionamento pode ser dispensável no cenário do *habeas corpus*, pois se trata de autêntica ação de impugnação e não de um mero recurso. Por isso, se uma determinada questão não foi *expressamente* ventilada pelo réu, por exemplo, em *habeas corpus* impetrado ao Tribunal Estadual, o fato de se poder tornar a ela em recurso de *habeas corpus* interposto junto ao Superior Tribunal de Justiça, merecendo conhecimento por parte desta Corte, não faz com que haja supressão de instância. Em outras palavras, ainda que se ingresse com *recurso ordinário constitucional* em caso de *habeas corpus*, apontando uma ilegalidade patente, não apreciada de ofício pelo Tribunal Estadual, é preciso que o Superior Tribunal de Justiça conheça e analise o ocorrido, até porque pode conceder *habeas corpus* de ofício, ao tomar ciência de ilegalidade ou coação abusiva. O mesmo se dá no contexto do Supremo Tribunal Federal.

3.7.4   *Competência constitucional do Tribunal Regional Federal e dos juízes federais*

Cabe-lhe julgar, originariamente, o *habeas corpus* quando a autoridade coatora for juiz federal (art. 108, I, *d*, CF). Aos juízes federais compete julgar o *habeas corpus* em matéria criminal de sua competência ou quando o constrangimento tiver origem em ato de autoridade não sujeita diretamente a outra jurisdição (art. 109, VII, CF).

3.7.5   *Competência constitucional do Tribunal do Estado*

Estipula o art. 125, § 1.º, da Constituição Federal que "a competência dos tribunais será definida na Constituição do Estado, sendo a lei de organização judiciária de iniciativa do Tribunal de Justiça".

Por sua vez, fixa a Constituição Estadual de São Paulo que cabe ao Tribunal de Justiça julgar, originariamente, o *habeas corpus*, nos processos cujos recursos forem de sua competência ou quando o coator ou paciente for autoridade diretamente sujeita a sua jurisdição, ressalvada a competência da Justiça Militar (art. 74, IV). Assim, cabe-lhe

Capítulo XXI • Ações de Impugnação | **641**

julgar *habeas corpus* cujo coator ou paciente for o Vice-Governador, os Secretários de Estado, os Deputados Estaduais, o Procurador-Geral de Justiça, o Procurador-Geral do Estado, o Defensor Público Geral e os Prefeitos Municipais.

3.7.5.1 Promotor de justiça como autoridade coatora

A competência é originária do Tribunal de Justiça. A matéria foi objeto de intensa polêmica, mas hoje esta é a posição dominante. E está correta.

Afinal, estabelece a Constituição Federal e a lei processual penal que determinados indivíduos, em função do cargo exercido, possuem prerrogativa de foro, devendo ser julgados em tribunais específicos. Note-se que o *habeas corpus* sempre envolve a alegação de uma coação ilegal, passível de punição, conforme o caso, na esfera criminal, em relação ao abuso de autoridade. É o que ocorre com o juiz, cujo foro originário é sempre o tribunal ao qual está vinculado. Ou com o desembargador, cujo foro competente é o Superior Tribunal de Justiça. Ocorre o mesmo com o membro do Ministério Público que atua em primeira instância, cujo foro competente para julgá-lo nas infrações penais comuns é o Tribunal de Justiça (promotor estadual) ou o Tribunal Regional Federal (procurador da República).

Lembremos, ainda, que, quando juiz ou promotor requisitar a instauração de inquérito policial, torna-se autoridade coatora, tendo em vista que a autoridade policial deve, como regra, acolher o pedido. O *habeas corpus* será impetrado no tribunal.

3.8 Legitimidade ativa e passiva

Qualquer pessoa, física ou jurídica, nacional ou estrangeira, pode impetrar *habeas corpus*, seja em seu próprio benefício, seja em favor de outrem, independentemente de possuir habilitação técnica para tanto (art. 654, CPP). Denomina-se *impetrante* aquele que ajuíza a ação de *habeas corpus* e *paciente*, a pessoa em favor de quem a ordem é solicitada, nada impedindo que ambos se concentrem no mesmo indivíduo.

Para impetrar *habeas corpus* não é necessário o patrocínio da causa por advogado. Aliás, o próprio Estatuto da Advocacia (Lei 8.906/94), reconhecendo a importância desse remédio constitucional, estabelece que "não se inclui na atividade privativa de advocacia a impetração de *habeas corpus* em qualquer instância ou Tribunal" (art. 1.º, § 1.º).

Entretanto, sendo o *habeas corpus* um instrumento constitucional de defesa de direitos individuais fundamentais, em especial o direito à liberdade, indisponível por natureza, o ideal é que, como impetrante, atue sempre um advogado. Obviamente que a sua falta não prejudica o conhecimento do pedido, mas pode enfraquecê-lo, tornando mais débeis os argumentos. Justamente por isso é que os Regimentos Internos do Supremo Tribunal Federal (art. 191, I) e do Superior Tribunal de Justiça (art. 201, I) conferem ao relator a faculdade de nomear advogado para acompanhar e defender oralmente o *habeas corpus* impetrado por pessoa que não seja bacharel em Direito.

O membro do Ministério Público, atuando em primeiro grau e acompanhando o desenrolar da investigação criminal ou do processo, tem legitimidade para impetrar *habeas corpus* em favor do indiciado ou acusado. É preciso, no entanto, que ele demonstre efetivo interesse em *beneficiar* o réu e não simplesmente em prejudicá-lo por via indireta. Naturalmente, na qualidade de qualquer do povo, pode impetrar *habeas corpus* em favor de quem queira sem qualquer limitação territorial. No mesmo sentido, CELSO DELMANTO, *Da impetração de* habeas corpus *por juízes, promotores e delegados*, p. 287.

Não pode o magistrado que fiscaliza o inquérito ou que preside a instrução impetrar *habeas corpus* em favor do indiciado ou réu. Seria esdrúxula tal opção, uma vez que ele tem poder para fazer cessar qualquer tipo de constrangimento ocorrido contra o indivíduo, processado ou investigado. Não agindo assim, torna-se a autoridade coatora. Certamente, o juiz, como cidadão, em procedimento alheio à sua jurisdição, pode impetrar *habeas corpus* em favor de terceiro. No mesmo sentido, CELSO DELMANTO, *Da impetração de* habeas corpus *por juízes, promotores e delegados*, p. 287.

Não há, igualmente, sentido algum em se permitir ao delegado, quando estiver atuando como condutor de investigação criminal, impetrar *habeas corpus* em favor da pessoa que ele mesmo indiciou ou mesmo em favor do réu, cujo inquérito por ele presidido deu margem à instauração da ação penal. Mas, como cidadão, desvinculado do caso, é natural que possa exercer seu direito constitucional de impetrar *habeas corpus*. Nessa ótica: "A legitimidade ativa no *habeas corpus* vai além dos advogados, vai além da cidadania, vai além de qualquer do povo, porque é direito das gentes, pelo que não pode ser negado ao Delegado de Polícia, como gente" (MAURÍCIO HENRIQUE GUIMARÃES PEREIRA, Habeas corpus *e polícia judiciária*, p. 242). No mesmo sentido, CELSO DELMANTO, *Da impetração de* habeas corpus *por juízes, promotores e delegados*, p. 287.

A pessoa jurídica não pode ser paciente, pois o *habeas corpus* protege, direta ou indiretamente, a liberdade de locomoção, o que não lhe diz respeito (cf. PONTES DE MIRANDA, *História e prática do* habeas corpus *[Direito constitucional e processual comparado]*, p. 371). É bem verdade que, após a edição da Lei 9.605/98, prevendo a possibilidade de ser a pessoa jurídica autora de crime ambiental no Brasil, pode surgir situação de constrangimento ilegal que a atinja, como ocorreria com o ajuizamento de ação penal sem justa causa. Pensamos, no entanto, que, à falta de recurso próprio contra o recebimento da denúncia nesse caso, pode a pessoa jurídica valer-se do mandado de segurança, que é instrumento constitucional para coibir ilegalidade ou abuso de poder não amparado por *habeas corpus* (art. 5.º, LXIX, CF). Assim, pode impetrar mandado de segurança visando ao trancamento da ação penal, caso fique evidente o direito líquido e certo de não ser processada.

Não há possibilidade de utilização do *habeas corpus* contra paciente indeterminado. Salienta BENTO DE FARIA que "não tem cabimento quando se tratar de pessoas indeterminadas, *v.g.*, os sócios de certa agremiação, os empregados de determinado estabelecimento, os moradores de alguma casa, os membros de indicada corporação, os componentes de uma classe etc., ainda quando referida uma das pessoas com o acréscimo de – *e outros*. Somente em relação a essa será conhecido o pedido" (*Código de Processo Penal*, v. 2, p. 381). No mesmo prisma: ESPÍNOLA FILHO (*Código de Processo Penal brasileiro anotado*, v. 7, p. 216).

No polo passivo da ação de *habeas corpus* está a pessoa – autoridade ou não – apontada como coatora, que deve defender a legalidade do seu ato, quando prestar as informações. Pode, ainda, ser o corpo estatal, como ocorre com tribunais, Comissões Parlamentares de Inquérito e outros colegiados.

Para Frederico Marques, no entanto, quando se tratar de autoridade, o verdadeiro sujeito passivo é o Estado (*Elementos de direito processual penal*, v. 4, p. 376). Parece-nos, no entanto, que no polo passivo, está mesmo a pessoa, ainda que seja autoridade, pois esta será condenada em custas, segundo o espírito do Código de Processo Penal, e responderá por abuso. Atualmente, ressalte-se, não há mais custas em *habeas corpus* (art. 5.º, LXXVII, CF), perdendo o efeito o disposto no art. 653 do CPP.

As informações gozam de presunção de veracidade, devendo ser acompanhadas das cópias pertinentes do processo ou inquérito, conforme o caso. Ressalte-se que, em muitos casos, tratando-se de autoridade, esta se limita a fazer um mero relatório do feito, deixando de sustentar a medida coercitiva empregada, o que nos soa irregular. Entretanto, se enviar cópia de decisão devidamente fundamentada, demonstrativa da legalidade da decisão tomada, supre-se a falha. Note-se que, deixando de evidenciar a correção do seu ato, pode ser condenada nas custas e processada por abuso de poder (art. 653, CPP), conforme o caso, tornando saliente o seu interesse de que seja considerada legal a medida determinada.

Cumpre destacar, a título de exemplo, que o Regimento Interno do Tribunal de Justiça de São Paulo, na hipótese de detectar insuficiência das informações ou ausência delas, prevê a comunicação do fato ao Conselho Superior da Magistratura, para as providências disciplinares cabíveis. Sobre o tema, professa Pontes de Miranda que "se a autoridade coatora se esquiva a prestar esclarecimentos que lhe foram reiteradamente exigidos, deve ser interpretada tal omissão como tácita confirmação das alegações do impetrante. (...) A informação oficial é crida, salvo prova em contrário; e a autoridade informante responde pela sua veracidade, sob pena de responsabilidade" (*História e prática do* habeas corpus, p. 390). Comungando do mesmo entendimento, confira-se em Dante Busana: "Infelizmente, alguns magistrados consideram tarefa menor prestar informações em *habeas corpus* e a confiam ao escrivão, limitando-se a assinar peça por aquele redigida. Esquecem-se de que a impetração lhes imputa ilegalidade ou abuso de poder e não tem sentido o juiz, cuja missão é cumprir e fazer cumprir a lei, transferir a terceiros a tarefa de dar contas dessa missão aos tribunais superiores" (*Habeas corpus*, p. 119).

Na realidade, a Constituição Federal não distingue, no polo passivo, entre a autoridade e o particular, de modo que é possível impetrar *habeas corpus* contra qualquer pessoa que constranja a liberdade de locomoção de outrem.

É o meio indiscutivelmente mais seguro e rápido de solucionar o impasse. Imagine-se a prostituta presa em algum lugar pelo rufião. Mais célere pode ser a impetração do *habeas corpus* do que ser a polícia acionada para agir, libertando a vítima. Diz-se o mesmo dos inúmeros casos de internação irregular em hospitais psiquiátricos ou mesmo da vedação de saída a determinados pacientes que não liquidam seus débitos no nosocômio.

E não é demais lembrar a lição de Dante Busana nesse contexto: "A polícia pode não querer (ou não julgar prudente) intervir, como, por exemplo, nas hipóteses de internação indevida em manicômio ou outro estabelecimento destinado ao tratamento de moléstias mentais e razão não há para negar à pessoa internada sem motivo legal a proteção do remédio constitucional" (*Habeas corpus*, p. 110). Nessa ótica: ADA, MAGALHÃES e SCARANCE (*Recursos no processo penal*, p. 357); TOURINHO FILHO (*Código de Processo Penal comentado*, v. 2, p. 465-466); MIRABETE (*Código de Processo Penal interpretado*, p. 856-857); MAGALHÃES NORONHA (*Curso de processo penal*, p. 412); GRECO FILHO (*Manual de processo penal*, p. 392), questionando tecnicamente esse entendimento, mas acatando em nome da celeridade; FREDERICO MARQUES (*Elementos de direito processual penal*, v. 4, p. 376); MARCO ANTONIO DE BARROS (*Ministério Público e o* habeas corpus: tendências atuais, p. 119); DANTE BUSANA e LAERTE SAMPAIO (*O Ministério Público no processo de* habeas corpus, p. 320).

Em contrário: HÉLIO TORNAGHI, sustentando que "a coação exercida por um particular configurará o crime de cárcere privado (CP, art. 148), ou de constrangimento ilegal (CP, art. 146), ou o de ameaça (CP, art. 147), e as providências contra o coator devem ser pedidas à Polícia" (*Curso de processo penal*, v. 2, p. 408). E também: BENTO DE FARIA (*Código de Processo Penal*, v. 2, p. 381); PONTES DE MIRANDA (*História e prática do* habeas corpus, p. 444); FLORÊNCIO DE ABREU (*Comentários ao Código de Processo Penal*, v. 5, p. 561).

3.8.1 Habeas corpus *coletivo*

Sustentávamos o não cabimento dessa espécie de ação constitucional, prevista no art. 5º, LXVIII da Constituição Federal ("conceder-se-á *habeas corpus* sempre que alguém sofrer ou se achar ameaçado de sofrer violência ou coação em sua liberdade de locomoção, por ilegalidade ou abuso de poder"), pois o seu principal fundamento é evitar qualquer constrangimento à liberdade de locomoção de uma pessoa, com origem em ilegalidade praticada por autoridade; por isso, demandaria condições específicas, apontando exatamente qual seria o prejuízo sofrido e qual o autor da coação. Seria muito complexo avaliar *coletivamente* uma situação de constrangimento ilegal à liberdade de locomoção.

Por outro lado, não haveria expressa disposição legal a respeito, tal como existe para o mandado de segurança, neste caso, inclusive, diretamente na Constituição Federal (art. 5º, LXIX e LXX, este último inciso cuida do mandado de segurança coletivo). Por derradeiro, cuidando-se de remédio para a correção de abusos, o seu caráter de celeridade exige a prova pré-constituída, a ser apresentada na inicial do pedido. Todos esses pontos dificultariam o entendimento de ser viável um *habeas corpus* coletivo. Porém, o STF, em 20 de fevereiro de 2018, mesmo reconhecendo esses obstáculos, em decisão inédita, houve por bem conceder a ordem coletiva para determinar a substituição da prisão preventiva pela domiciliar – em verdade, fazer com que a segregação cautelar fosse cumprida em domicílio, em lugar de um presídio – das mulheres presas, quando gestantes, puérperas ou mães de crianças e deficientes, abrangendo adolescentes sujeitas a medidas socioeducativas em idêntica situação. Foram excetuados os casos de crimes cometidos por elas mediante violência ou grave ameaça, bem como contra seus descendentes e, ainda, em *situações excepcionalíssimas*, sempre com a devida fundamentação feita pelos juízes ao negarem o benefício da prisão domiciliar.

Possibilitou-se, também, a cumulação desta modalidade de prisão com as medidas cautelares previstas pelo art. 319 do CPP. Para cumprir a ordem coletiva, determinou-se a sua comunicação aos Presidentes dos Tribunais Estaduais e Federais, incluindo a Justiça Militar Estadual e Federal. Apontou-se que o objetivo da decisão era justamente alcançar todas as pessoas presas com dificuldade de acesso à justiça, o que não impediria, por certo, a provocação por meio de advogado. Indicou-se que o descumprimento da ordem coletiva deveria ser impugnado por meio de recurso e não de reclamação. Vislumbra-se o interesse dos Tribunais Superiores em resguardar a liberdade de locomoção dos mais vulneráveis, visto que muitos deles, quando estão presos, embora formalmente tenham acesso a advogado, ainda que dativo, ou mesmo à Defensoria, há nítida insuficiência de operadores do direito para atender o volume de pessoas detidas. Por outro lado, observa-se, concretamente, o excessivo montante de processos em andamento diante de um número limitado de magistrados para apreciar, por via célere, todos os benefícios cabíveis aos presos.

Portanto, guardar o *habeas corpus* para uso individual é desconhecer, hoje, a realidade brasileira, razão pela qual foi preciso inovar para permitir mais eficiência da Justiça como um todo. Após essa decisão da 2ª. Turma do Supremo Tribunal Federal, outras foram proferidas. A 6ª. Turma do Superior Tribunal de Justiça, em 8 de setembro de 2020, concedeu *habeas corpus* coletivo para o fim de fixar o regime aberto a todos os presos condenados por tráfico privilegiado à pena de 1 ano e 8 meses em regime fechado, no Estado de São Paulo. Além disso, que a situação dos presos condenados por tráfico privilegiado a penas menores do que 4 anos sejam revistas pelos juízes das execuções penais, verificando a possibilidade de progressão ao regime aberto em face de eventual detração penal, advinda do período em que tiverem permanecido presos. Acrescentou-se medida preventiva aos que vierem a ser condenados por tráfico privilegiado, em situação idêntica – penas inferiores a 4 anos – que não recebam regime fechado (HC 596.603-SP, rel. Rogério Schietti Cruz, v. u.).

A 3.ª Seção do Superior Tribunal de Justiça concedeu *habeas corpus* coletivo, em 14 de outubro de 2020, para o fim de determinar a soltura, independentemente do pagamento de fiança, em favor dos que estiverem presos porque não pagaram a fiança estabelecida, ao ser deferida liberdade provisória condicionada ao referido pagamento, no Estado do Espírito Santo, estendida a outros casos similares em todo território nacional (HC 568.693-ES, rel. Sebastião Reis Júnior, v. u.).

A 2.ª Turma do Supremo Tribunal Federal, em 21 de outubro de 2020, concedeu ordem de *habeas corpus* coletivo para determinar a substituição da prisão preventiva de pais e responsáveis por crianças e pessoas deficientes por prisão domiciliar, quando ficar demonstrado que o preso é o único responsável pelos cuidados do menor de 12 anos ou pessoa com deficiência; pode-se conceder a outros presos, que não sejam a mãe ou o pai, desde que se demonstre ser imprescindível aos cuidados de pessoas menor de 6 anos ou com deficiência. Vedou-se a substituição nos casos de delitos praticados mediante violência ou grave ameaça ou contra os próprios filhos ou dependentes (HC 165.704-DF, 2.ª T., rel. Gilmar Mendes, v. u.). Diante desses quatro casos, tem início uma nova era na interpretação do *habeas corpus*, admitindo-se o coletivo. Parece-nos correta a postura adotada pelos Tribunais Superiores, em decorrência da realidade apresentada

646 | MANUAL DE PROCESSO PENAL · Nucci

pelo caótico sistema carcerário existente no Brasil, sendo impossível a vários presos, considerados vulneráveis ou em situação de vulnerabilidade, acessarem, de maneira célere, o juízo da condenação ou da execução da pena. Sob outro prisma, certas decisões tomadas pelo STF ou pelo STJ, consolidando jurisprudência favorável ao acusado, não vêm sendo aplicadas por tribunais estaduais; desse modo, vários presos terminam não se beneficiando desse cenário porque não conseguem atingir os Tribunais Superiores, por carência de defensores aptos a isso. O quadro desses desvios somados terminou levando as cortes a adotar o instrumento do *habeas corpus* coletivo, valendo-se de analogia a outros institutos, tais como o mandado de segurança e o mandado de injunção coletivos.

3.9 Formalidades e condições da impetração

Como ação que é, para que seja conhecido e julgado quanto ao mérito do constrangimento alegado, deve o *habeas corpus* preencher os requisitos da possibilidade jurídica do pedido, do interesse de agir e da legitimidade de parte.

Extrai-se a possibilidade jurídica do pedido na referência à existência de um constrangimento qualquer à liberdade de locomoção, direta ou indiretamente, pois o pleito formulado há de ser a concessão de ordem para fazer cessar a coação ou a violência, ou para que ela não se consume.

Quando ao interesse de agir, deve o impetrante demonstrar o benefício que a impetração pode gerar ao paciente – que pode ser o próprio impetrante ou terceira pessoa. Portanto, caso um processo já tenha sido anulado pelo juiz, ao reconhecer a ocorrência de uma nulidade absoluta, estando em pleno refazimento da instrução, não cabe o julgamento de *habeas corpus* que tenha por finalidade justamente isso. Não há, na hipótese, interesse de agir.

Lembremos, ainda, que a existência de recurso legal para impugnar a decisão considerada abusiva não impede a utilização do *habeas corpus*, tendo em vista que este é, seguramente, meio mais ágil para fazer cessar qualquer constrição à liberdade de ir e vir. Não se admite, no entanto, o *habeas corpus*, quando envolver exame aprofundado das provas, como ocorre no caso de progressão de regime de réu condenado, por exigir a análise de laudos e colheita de vários pareceres. Nesta última hipótese, somente cabe a impetração e conhecimento do *writ*, quando a decisão de indeferimento do juiz é considerada teratológica, pois todos os exames foram feitos e todos os pareceres favoráveis já constam dos autos.

Pode haver a impetração de *habeas corpus* em favor de determinado paciente, por pessoa estranha, inspirado por variados interesses, até o de se fazer notar pela imprensa. Assim, no caso de réu famoso, cuja prisão seja decretada ou tenha contra si qualquer outro tipo de constrangimento – como o ajuizamento de ação penal – é possível que alguém resolva ingressar com *habeas corpus* para tornar-se conhecido.

Nesse caso, possuindo o paciente defensor constituído, é preciso que tenha conhecimento da impetração, manifestando-se a respeito, podendo optar pelo não conhecimento da ordem, porque o julgamento do *habeas corpus* lhe pode ser desinteressante. Pensemos na ação penal instaurada contra certa personalidade, contra a qual ingresse o *habeas corpus* visando ao seu trancamento. Se o paciente, que não deseja um pronunciamento precoce do tribunal, não puder ser consultado, é possível que seus interesses terminem sendo prejudicados por um terceiro estranho, que pode até não pretender o seu benefício, mas justamente provocar a decisão de órgão jurisdicional superior, determinando o prosseguimento da demanda. Os Regimentos Internos do Supremo Tribunal Federal (art. 192, § 3.º) e do Superior Tribunal de Justiça (art. 202, § 1.º) dispõem no sentido de não ser conhecido o pedido, quando houver oposição do paciente.

Caso não mais subsista a violência ou coação, é natural que uma das condições da ação tenha desaparecido, dando ensejo ao não conhecimento do *habeas corpus*. Ex.: reclama o impetrante contra a prisão ilegal de um paciente, por excesso de prazo na conclusão da instrução. Enviando as informações, o magistrado demonstra que não somente findou a colheita da prova, como também já foi proferida decisão condenatória, contra a qual o réu interpôs apelação. Logo, inexiste interesse para o julgamento do *writ* (art. 659, CPP). Deve o tribunal avaliar se, a despeito de cessada a coação, houve ilegalidade ou abuso de poder, determinando que sejam tomadas as providências cabíveis. Tal medida encontra-se prevista nos Regimentos Internos do Supremo Tribunal Federal (art. 199) e do Superior Tribunal de Justiça (art. 209).

O conteúdo mínimo da petição está previsto no art. 654, § 1.º, do CPP, a saber:

a) o nome da pessoa que sofre ou está ameaçada de sofrer violência ou coação e o de quem exerce a violência, coação ou ameaça;

b) a declaração da espécie de constrangimento ou, se houver simples ameaça de coação, as razões em que se funda o seu temor;

c) a assinatura do impetrante, ou de alguém a seu rogo, se não puder ou não souber assinar, bem como a designação das residências.

Além disso, outros dados mais minuciosos podem ser acrescentados, como a qualificação completa do impetrante, do paciente e da autoridade coatora, além de fundamentos detalhados, acompanhados de base doutrinária e jurisprudencial (nesse caso, quando a impetração se fizer por advogado). A peça deve ser feita em português, embora o *habeas corpus* possa ser impetrado por estrangeiro.

Lembremos que não se aceita impetração anônima, devendo ser indeferida *in limine*. Nada impede, no entanto, conforme a gravidade do relato que a petição contiver, que o magistrado ou tribunal verifique de ofício se o constrangimento, realmente, está ocorrendo. Afinal, não se pode olvidar que o órgão jurisdicional pode conceder *habeas corpus* de ofício (conforme estabelecido pelo § 2.º do art. 654 do CPP).

Aliás, sobre esta hipótese, é perfeitamente viável que, tomando conhecimento da existência de uma coação à liberdade de ir e vir de alguém, o juiz ou o tribunal determine a expedição de ordem de *habeas corpus* em favor do coato. Trata-se de providência harmoniosa com o princípio da indisponibilidade da liberdade, sendo dever do magistrado zelar pela sua manutenção. Ex.: pode chegar ao conhecimento do magistrado que uma testemunha de processo seu foi irregularmente detida pela autoridade policial, para complementar suas declarações a respeito do caso. Ele poderá expedir, de ofício, ordem de *habeas corpus* para liberar o sujeito. Dessa decisão, recorrerá de ofício (art. 574, I, CPP). Quanto ao tribunal, pode, também, conceder a ordem sem qualquer provocação, não havendo necessidade, por ausência de previsão legal, de recorrer a órgão jurisdicional superior.

3.10 Concorrência do *habeas corpus* com outra ação ou investigação

A interposição do *habeas corpus* e a concessão da ordem para fazer cessar o constrangimento ilegal detectado não impede, naturalmente, o prosseguimento da ação penal. Pode-se conceder a ordem, por exemplo, para provocar a soltura de réu preso além do prazo razoável para a instrução findar, o que não afeta em nada o andamento processual.

Porém, se o *habeas corpus* volta-se diretamente à falta de justa causa para a ação penal, uma vez concedida a ordem, tranca-se o processo, justamente porque há conflito entre um e outro. Aliás, sobre o disposto no art. 651 do CPP, manifesta-se PONTES DE MIRANDA, tachando-o de tautológico, uma vez que toda sentença somente tem como eficácia a sua própria (*História e prática do* habeas corpus, p. 469).

É possível, caso concedida a ordem de *habeas corpus* para colocar fim a algum tipo de constrangimento, cometido durante a investigação policial, que esta possa prosseguir. Exemplo: *habeas corpus* concedido exclusivamente para evitar o indiciamento de alguém; nada impede o prosseguimento do inquérito.

Quando houver, por intermédio do *habeas corpus*, o reconhecimento de nulidade do processo (hipótese prevista no art. 648, VI, CPP), renova-se este (art. 652, CPP), o que é natural, salvo se houver algum obstáculo legal, como a ocorrência de prescrição ou decadência.

3.11 A medida liminar em *habeas corpus* e outras providências cautelares

É admissível que o juiz ou tribunal – no caso deste, incumbe a análise à autoridade indicada no Regimento Interno – conceda, se entender necessário, liminar para fazer cessar de imediato a coação.

Não se trata de hipótese expressamente prevista em lei, mas admitida com tranquilidade pela jurisprudência. A primeira liminar ocorreu no *Habeas Corpus* 27.200, impetrado no Superior Tribunal Militar por Arnoldo Wald em favor de Evandro Moniz Corrêa de Menezes, dada pelo Ministro Almirante de Esquadra José Espíndola, em 31 de agosto de 1964, logo em pleno regime militar. Seus termos foram os seguintes: "Como preliminar, determino que o Sr. Encarregado do Inquérito se abstenha de praticar qualquer ato contra o paciente, até definitivo pronunciamento deste E. Tribunal, telegrafando-se ao mesmo, com urgência, para o referido fim". Tratava-se de *habeas corpus* voltado a impedir que o paciente fosse investigado por fato ocorrido em repartição sem qualquer relação com a administração militar. Posteriormente, no Supremo Tribunal Federal, no HC 41.296, impetrado por Sobral Pinto em favor do Governador de Goiás Mauro Borges, foi concedida liminar pelo Ministro Gonçalves de Oliveira, em 14 de novembro de 1964, para que não fosse processado o paciente sem autorização prévia da Assembleia Legislativa do Estado. Argumentou o prolator da decisão: "O *habeas corpus*, do ponto de vista da sua eficácia, é irmão gêmeo do mandado de segurança. (...) Se o processo é o mesmo, e se no mandado de segurança *pode o relator conceder a liminar* até em casos de interesses patrimoniais, não se compreenderia que, em casos em que está em jogo a liberdade individual ou as liberdades públicas, a liminar, no *habeas corpus preventivo não pudesse ser concedida, principalmente, quando o fato ocorre* em dia de sábado, feriado forense, em que o Tribunal, nem no dia seguinte, abre as suas portas" (ARNOLDO WALD, As origens da liminar em *habeas corpus* no direito brasileiro, p. 804).

E mais, acresce ALBERTO SILVA FRANCO poder o juiz ou tribunal conceder a tutela cautelar de ofício: "A tutela cautelar mostra-se, nesse caso, de cogente incidência, sendo aplicável, até mesmo de ofício. Não se argumente no sentido de que o exercício dessa tutela possa redundar num abuso judicial. As atitudes abusivas, se ocorrentes, serão sempre extraordinárias e não poderão, por isso, representar a contenção do uso normal e regular do poder de cautela" (*Medida liminar em* habeas corpus, p. 72).

A apresentação imediata do paciente ao juiz, embora possível, é inviável e está em desuso. Quando a coação ilegal for evidente, basta ao magistrado, de qualquer grau de jurisdição, conceder medida liminar para a cessação do constrangimento. No caso de ser incabível a liminar, requisita-se as informações. Determinar a apresentação do preso acarreta enorme movimentação da máquina judiciária e traz pouquíssimos benefícios.

Mas, na hipótese de o magistrado determinar a sua apresentação, não o fazendo o encarregado dessa tarefa, desde que haja dolo, é possível a sua prisão em flagrante pelo delito de desobediência, providenciando-se outros meios de fazer o paciente chegar ao lugar designado pela autoridade judiciária. Vale ressaltar a impropriedade da expressão *mandado de prisão*, constante do art. 656, parágrafo único, do CPP. Na verdade, o juiz expedirá *mandado de apresentação* (ordem, portanto) em favor do paciente. Se o detentor desobedecer a esta ordem, deverá ser, como já exposto, preso em flagrante de desobediência e processado na forma da lei. Não tem o menor sentido expedir mandado de apresentação e, caso não cumprido, expedir mandado de prisão. Seria um anômalo "mandado de prisão em flagrante". Nessa ótica: PONTES DE MIRANDA (*História e prática do* habeas corpus, p. 457).

Ademais, prevê o art. 655 do Código de Processo Penal que o carcereiro ou o diretor do presídio (pessoas diretamente vinculadas à prisão do paciente), o escrivão, o oficial de justiça ou a autoridade judiciária (pessoas vinculadas ao processo-crime em andamento) ou a autoridade policial (pessoa ligada, também, à prisão do paciente ou à investigação em desenvolvimento) devem cuidar do célere andamento do *habeas corpus*, cada qual fazendo a sua parte.

Assim, deixando de apresentar o paciente, quando requisitado ou de soltá-lo – no caso do carcereiro ou diretor da prisão, deixando de providenciar, imediatamente, as informações – em se tratando do juiz, omitindo-se ou retardando no encaminhamento dessas informações – nos casos do escrivão e do oficial de justiça, bem como agindo de uma dessas formas a autoridade policial, caberia a aplicação da multa prevista no art. 655 do CPP. Não sendo esta viável, pois seu valor não foi atualizado, somente as providências criminais pertinentes serão aplicáveis.

A escusa para a apresentação do paciente, quando assim determinada, pode fundar-se nas razões enumeradas no art. 657 do CPP: a) grave enfermidade do paciente; b) não estar ele sob guarda da pessoa a quem se atribui a detenção; c) se o comparecimento não tiver sido determinado pelo juiz ou pelo tribunal. Em caso de doença, o magistrado pode ir ao local onde se encontra o paciente (art. 657, parágrafo único, CPP).

Registremos que o detentor é a pessoa que mantiver preso, sob sua custódia, o paciente. Assim, o coator pode ser o juiz, que determinou a prisão, enquanto o detentor será o delegado que estiver com o preso no distrito, ou mesmo o diretor do presídio, onde está o paciente recolhido.

Eventualmente, o coator é também o detentor. Tal pode se dar quando o delegado, sem mandado judicial, prende alguém para averiguação, mantendo-o no distrito policial. Nas palavras de PONTES DE MIRANDA, "pode ser qualquer indivíduo, brasileiro ou estrangeiro, autoridade ou simples particular, recrutador ou comandante de fortaleza, agente de força pública, ou quem quer que seja, uma vez que detenha outrem em cárcere público ou privado; ou que esteja de vigia do paciente; ou lhe impeça o caminho; ou o proíba de andar, de mover-se, ou de qualquer modo contrarie a alguém, pessoa física, o direito de ir, ficar e vir. Algumas vezes acórdãos sugerem que só a autoridade possa ser detentor; mas esse não é o conceito histórico e vigente, a respeito de *habeas corpus*" (*História e prática do* habeas corpus, p. 374).

3.12 Processamento do *habeas corpus*

Em primeiro grau, se porventura optou o juiz pela apresentação do paciente, e interrogado este, deverá decidir, fundamentadamente, no prazo de 24 horas. Se favorável a conclusão do magistrado, será posto em liberdade de imediato, salvo se por outra razão estiver detido, constituindo o alvará de soltura clausulado (art. 660, § 1.º, CPP).

Caso não haja a apresentação, o juiz pode decidir pela soltura do paciente – ou cessação do constrangimento – liminarmente. Não o fazendo, colherá informações da autoridade apontada como coatora. Em primeiro grau, não se ouve o Ministério Público. Caso o *habeas corpus* seja impetrado no tribunal, colhe-se o parecer do Procurador de Justiça (ou da República), conforme determina o Decreto-lei 552/69.

Na realidade, em grande parte dos casos, a prova constante do *habeas corpus* é exclusivamente documental, razão pela qual o procedimento é célere (cf. art. 660, § 2.º, CPP).

Eventualmente, se a ilegalidade advier do fato de não ter sido o paciente admitido a prestar fiança, nos casos em que esta é admissível, o juiz arbitrará o seu valor, podendo ser prestada perante ele. Remete-se, então, os autos do *habeas corpus* à autoridade policial para ser apensado ao inquérito (art. 660, § 3.º, CPP).

O paciente preso será libertado por força de alvará de soltura; o paciente ameaçado de prisão receberá a ordem de salvo-conduto assinada pelo magistrado (art. 660, § 4.º, CPP).

O assistente de acusação não toma parte no *habeas corpus*, pois nenhum interesse pode ter a vítima nessa ação constitucional, voltada a fustigar ato abusivo e constritivo à liberdade de outrem.

O querelante, quando se tratar de ação penal privada, não deve ser ouvido, como regra, no *habeas corpus* impetrado pelo querelado, mas é preciso dar-lhe ciência da decisão, concessiva ou denegatória. Conforme o pedido formulado, no entanto, deve ser chamado a intervir, antes do julgamento do *writ*, pois a decisão pode influir, diretamente, no seu direito de ação – como aconteceria no caso de pedido de trancamento da ação penal feito pelo querelado-paciente.

Tratando-se de ação de impugnação, com previsão constitucional, ajuizada sempre em favor do indivíduo, que sofre constrangimento ilegal na sua liberdade de ir, vir e ficar, possui, como autor, o impetrante, atuando em favor do paciente (que também pode ser o próprio impetrante), bem como, no polo passivo, a autoridade coatora. Não é demais indagar a quem cabe o ônus probatório da matéria alegada na inicial. E a questão, igualmente, não é de fácil conclusão. Em tese, cuidando-se de ação promovida pelo impetrante, a este caberia o ônus da prova, como, em geral, ocorre em qualquer modalidade de demanda (a quem alega o fato cabe produzir a prova de sua existência). Porém, o *habeas corpus* é uma ação específica, que tutela a liberdade individual, direito humano fundamental, de modo que não pode submeter-se ao *lugar comum* das outras demandas. Em verdade, aponta-se ao Judiciário, quando se impetra o *habeas corpus*, a ocorrência de uma ilegalidade, cuja apuração é de interesse do Estado-juiz. Em razão disso, não se pode atribuir ao autor (impetrante) o ônus exclusivo da prova; divide-se tal ônus entre impetrante e autoridade coatora, valendo, ainda, o poder persecutório da autoridade judiciária competente para julgar o caso.

Assim, ajuizado o *habeas corpus*, deve a inicial conter toda a descrição fática necessária, bem como fazer-se acompanhar da documentação indispensável à compreensão da hipótese. Esse é o ideal, nem sempre alcançado pelo impetrante, que pode, inclusive, ser o próprio paciente, vítima do constrangimento ilegal e impossibilitado de coletar documentos para instruir a demanda. Por isso, colhe-se a informação da autoridade coatora, que poderá apresentar a prova documental suficiente para a apreciação do órgão julgador. Sopesa-se a prova oferecida tanto pelo impetrante quanto pelo impetrado. Em caso de dúvida, deve-se decidir em favor da liberdade individual, entendendo-se presente o constrangimento ilegal.

Nessa ótica, convém mencionar a posição de Gustavo Badaró: "tanto no *habeas corpus* liberatório, quanto no *habeas corpus* preventivo, no caso de ameaça iminente, por se tratar de meios de defesa da liberdade de locomoção, a regra de ônus da prova deve ser *in dubio pro libertate*. Havendo dúvida razoável sobre os pressupostos fáticos da prisão, a ordem deve ser concedida, com a reafirmação do direito de liberdade, que somente pode ser restringido nas hipóteses estritas previstas em lei, e com a verificação judicial da ocorrência concreta de tal situação" (O ônus da prova no *habeas corpus*: *in dubio pro libertate*, *Processo penal e democracia*, PRADO, Geraldo, p. 248).

Em suma, o órgão julgador do *habeas corpus* deve buscar as provas de eventual constrangimento ilegal tanto quanto o fazem as partes envolvidas (impetrante e impetrado). Na ausência de suficiência probatória, gera-se dúvida e esta merece ser avaliada em favor do direito individual à liberdade de locomoção, valor constitucional essencial.

No tribunal, uma das opções do relator (ou de outro membro do colegiado que tiver competência, conforme o Regimento Interno, para apreciar de pronto o *habeas corpus*) é indeferi-lo liminarmente. Ao fazê-lo, apresentará o caso à apreciação do colegiado (recurso de ofício), conforme preceitua o art. 663 do Código de Processo Penal.

O indeferimento liminar é cabível, desde que não estejam preenchidas as condições da ação: possibilidade jurídica do pedido, interesse de agir ou legitimidade de parte. Pode haver, ainda, equívocos formais na petição inicial, tornando incompreensível o pedido.

Se for caso de processamento, colhidas as informações (ou dispensadas), ouvido o Ministério Público, deverá o *habeas corpus* ser incluído na primeira sessão possível (art. 664, *caput*, CPP). A decisão do colegiado será tomada por maioria de votos. Se houver empate, o presidente, caso não tenha participado, vota. Do contrário, prevalecerá a decisão favorável ao paciente (art. 664, parágrafo único, CPP). Imediatamente, se concedida a ordem, deve ser comunicada à autoridade impetrada para que tome as providências cabíveis à cessação do constrangimento (art. 665, CPP).

Outras normas para o processamento do *habeas corpus* nos tribunais serão estabelecidas pelos respectivos Regimentos Internos (art. 666, CPP).

No STF, os dispositivos que cuidam, especificamente, do *habeas corpus* são os seguintes: 6.º, I, *a*, 9.º, I, *a*, 21, XI, 52, VIII, 61, § 1.º, I, 68, 77, parágrafo único, 83, § 1.º, III, 145, I, 146, parágrafo único, 149, I, 150, § 3.º, 188 a 199, 310 a 312. No STJ, são os seguintes: 11, II, 12, I, 13, I e II, *a*, 64, III, 83, § 1.º, 91, I, 177, II, 180, II, 181, § 4.º, 201 a 210, 215, 244 a 246.

4. MANDADO DE SEGURANÇA

4.1 Conceito

Cuida-se de ação de impugnação, valendo como instrumento para coibir ilegalidade ou abuso de poder que atinja direito líquido e certo, não amparado por *habeas corpus* ou *habeas data*, desde que se trate de ato proveniente de autoridade pública ou agente de pessoa jurídica no exercício de atribuições do Poder Público (art. 5.º, LXIX, CF). É autêntica garantia humana fundamental, voltada a sustentar os direitos individuais contra abusos do Estado.

Não se encontra previsto no Código de Processo Penal, mas na Lei 12.016/2009, que regula sua impetração.

4.2 Admissibilidade do mandado de segurança em matéria criminal

Tem sido posição dominante nos tribunais pátrios admitir-se o emprego do mandado de segurança para assegurar direito líquido e certo da acusação ou da defesa, quando não é caso de impetração de *habeas corpus*.

Exemplos de utilização de mandado de segurança pelo acusado ou seu defensor, em lugar do *habeas corpus*: a) para impedir a injustificada quebra do sigilo fiscal, bancário ou de outros dados (impetração contra o magistrado que deu a ordem); b) para permitir o acesso do advogado aos autos, ainda que o inquérito ou processo tramite em segredo de justiça (impetração contra o juiz, se este deu a ordem, ou contra o delegado, se partiu deste a medida de exclusão do advogado); c) para garantir a presença do advogado durante a produção de alguma prova na fase policial (não significando que o defensor possa manifestar-se, mas somente estar presente), pois se discute prerrogativa do advogado.

Quanto ao ofendido, pode este ingressar com mandado de segurança se o assistente de acusação for impedido de ingressar nos autos pelo juiz, sem qualquer motivo justificado.

Cuidando-se de direito do órgão acusatório, que se manifesta em nome da sociedade, se tiver a finalidade de obter algo contrário ao interesse do réu, não haveria mesmo como ingressar com *habeas corpus*, cuja missão é proteger o indivíduo contra violência ou coação ilegal na sua liberdade de ir e vir ou situação correlata. Assim, exemplificando, quando um juiz toma alguma atitude, ao longo da instrução, contrária a texto expresso de lei, cabe mandado de segurança, impetrado pela acusação. Ilustrando, o réu permaneceu preso preventivamente desde o início do processo e, na sentença condenatória, recebendo elevada pena, a ser cumprida em regime fechado, bem como permanecendo evidentes os motivos da prisão cautelar (art. 312, CPP), o magistrado determina a sua soltura, para recorrer, sem qualquer fundamentação.

Variam as decisões, no entanto, em dois aspectos: alguns admitem que o mandado de segurança seja diretamente concedido para segurar preso o réu que mereça, entendendo que a acusação possui direito líquido e certo de mantê-lo segregado; outros pretendem que o mandado de segurança seja utilizado unicamente para dar efeito suspensivo a recursos que não o possuam, logo, é preciso que a parte interponha o recurso cabível – quando existente, é lógico.

Parece-nos mais adequada a primeira posição, pois vislumbramos cabível falar em direito líquido e certo à manutenção da prisão cautelar, em certos casos, mas não visualizamos o direito líquido e certo em conseguir efeito suspensivo onde a lei expressamente o nega. Deve ser ressaltada, também, a posição adotada por ADA, MAGALHÃES e SCARANCE, em idêntica ótica: "Daí a conclusão de que não parece correta – embora amplamente majoritária, pelo menos em São Paulo – a corrente que subordina a impetração à tempestiva interposição do recurso cabível, nem a quem limita a concessão apenas no sentido de atribuir efeito suspensivo ao recurso interposto. Até o princípio da economia processual justifica a impetração direta da segurança, sem a interposição deste, possibilitando o julgamento da questão no próprio *writ*" (*Recursos no processo penal*, p. 397).

Lembremos, de toda forma, que somente é cabível mandado de segurança contra ato jurisdicional do qual não caiba recurso com efeito suspensivo. Se assim ocorrer, há nítida falta de interesse de agir para a propositura da ação de impugnação.

4.2.1 Competência constitucional do Supremo Tribunal Federal

Cabe ao STF julgar, originariamente, o mandado de segurança contra ato do Presidente da República, das Mesas da Câmara dos Deputados e do Senado Federal, do Tribunal de Contas da União, do Procurador-Geral da República e do próprio Supremo Tribunal Federal (art. 102, I, *d*, CF). Embora não esteja expresso, entendemos caber ao STF, igualmente, julgar mandados de segurança quando o ato se originar do Conselho Nacional de Justiça e do Conselho Nacional do Ministério Público, órgãos subordinados à jurisdição do Pretório Excelso.

654 | MANUAL DE PROCESSO PENAL · Nucci

4.2.2 Competência constitucional do Superior Tribunal de Justiça

Cabe ao STJ julgar, originariamente, o mandado de segurança contra ato de Ministro de Estado, dos Comandantes da Marinha, do Exército e da Aeronáutica ou do próprio Tribunal (art. 105, I, *b*, CF).

4.2.3 Competência constitucional do Tribunal Regional Federal e dos juízes federais

Cabe ao TRF julgar, originariamente, o mandado de segurança contra ato do próprio Tribunal ou de juiz federal (art. 108, I, *c*, CF). Aos juízes federais compete julgar o mandado de segurança contra ato de autoridade federal, excetuados os casos de competência dos tribunais federais (art. 109, VIII, CF).

4.2.4 Competência constitucional do Tribunal do Estado

Preceitua o art. 125, § 1.º, da Constituição Federal que "a competência dos tribunais será definida na Constituição do Estado, sendo a lei de organização judiciária de iniciativa do Tribunal de Justiça".

4.3 Alguns aspectos do processamento

4.3.1 Medida liminar

Assim como no *habeas corpus*, também no mandado de segurança, como medida cautelar indispensável para certos casos, é cabível a concessão de liminar. Exige-se, para tanto, a constatação do *periculum in mora* (perigo na demora) e do *fumus boni juris* (fumaça do bom direito). Na realidade, para que o juiz ou tribunal conceda, liminarmente, uma ordem para coibir o ato impugnado pelo mandado de segurança, torna-se fundamental analisar se a espera pelo julgamento do mérito poderá ser fatal, isto é, não decidida a questão com a urgência merecida e vislumbrando-se, desde logo, a viabilidade jurídica do pedido, seria inútil o prosseguimento da demanda ou traria prejuízos irreparáveis (art. 7.º, III, Lei 12.016/2009). Se o Ministério Público ingressa com mandado de segurança, buscando evitar que perigoso traficante seja colocado em liberdade, requer, liminarmente, a suspensão da decisão judicial, afinal, se cumprida, poderá tornar inútil o propósito da ação.

4.3.2 Sujeitos ativo e passivo

O sujeito ativo é a pessoa, podendo ser física ou jurídica, que sofre o constrangimento ilegal, não referente à liberdade de locomoção. Deve estar representada por advogado, diversamente do que ocorre com o *habeas corpus*. Se o impetrante for o próprio advogado, em defesa de prerrogativa profissional, por exemplo, pode fazê-lo em causa própria.

O sujeito passivo é o Estado, representado pela autoridade pública, não se admitindo seja impetrado contra particulares em geral, salvo se este agir por delegação do Poder Público, diante do expresso texto constitucional: "Conceder-se-á mandado de segurança para proteger direito líquido e certo, não amparado por *habeas corpus* ou *habeas data*, quando o responsável pela ilegalidade ou abuso de poder for *autoridade pública* ou *agente de pessoa jurídica* no exercício de *atribuições do Poder Público*" (art. 5.º, LXIX, CF, grifamos).

Portanto, o polo passivo, no mandado de segurança, é ocupado, em regra, por uma pessoa jurídica de direito público. No caso, se o ato abusivo partir de um juiz, o sujeito passivo é, na realidade, o juízo.

4.3.3 Petição inicial

Recebida a inicial, acompanhada dos documentos necessários, sempre em duas vias (art. 6.º, *caput*, Lei 12.016/2009), decidido o pedido de concessão de liminar (se existente), determina-se a colheita de informações da autoridade apontada como coatora (para quem se destina uma das vias da inicial e dos documentos) (art. 7.º, I, Lei 12.016/2009). Esta, como representante da pessoa jurídica, prestará os informes necessários, justificando a medida que tomou. Ressalte-se que a notificação feita para a obtenção das informações vale como citação da pessoa jurídica de direito público. Em matéria penal, não há valor da causa preciso.

4.3.4 Litisconsórcio necessário

Deve haver, sempre, a citação da parte interessada, quando se trata de *writ* contra ato jurisdicional, para contrariar, querendo, o mandado de segurança impetrado, já que pode haver prejuízo a interesse seu, formando-se um litisconsórcio passivo entre o Estado e a parte. Nesse sentido, confira-se a Súmula 701 do STF: "No mandado de segurança impetrado pelo Ministério Público contra decisão proferida em processo penal, é obrigatória a citação do réu como litisconsorte passivo".

4.3.5 Direito líquido e certo

Impetra-se mandado de segurança para assegurar o respeito a direito líquido e certo, aquele que pode ser comprovado, de plano, pela apresentação de documentos, não comportando valoração subjetiva de provas. Aliás, é inadmissível a dilação probatória, ouvindo-se, por exemplo, testemunhas.

Nada impede, no entanto, a requisição de algum documento importante (art. 6.º, § 1.º, Lei 12.016/2009) ou a juntada, pelo próprio impetrante, após o oferecimento da inicial.

4.3.6 Prazo para ajuizamento

O prazo decadencial para a impetração, contado da data da ciência em que o ato abusivo é proferido, é de 120 dias (art. 23, Lei 12.016/2009). Em matéria penal, dada a urgência que o caso sempre requer, dificilmente a parte aguardaria tanto tempo para a propositura.

4.3.7 Custas, despesas e honorários

Prevalece, ainda, o entendimento de que não há condenação em honorários advocatícios (Súmula 512, STF; Súmula 105, STJ), como consagrado pela Lei 12.016/2009 (art. 25). Arcará com as custas e despesas processuais a parte perdedora.

4.3.8 Efeitos da sentença sobre a liminar

Ao final, concedida a ordem, se anteriormente foi deferida a liminar, fica esta absorvida pela decisão de mérito. Caso seja denegada, por óbvio, a liminar perde o efeito (Súmula 405, STF).

4.3.9 Participação do Ministério Público

Na esfera cível, o Ministério Público deve ser ouvido sempre, como *custos legis* (fiscal da lei), conforme dispõe o art. 9.º da Lei 12.016/2009. Na área criminal, depende.

Se o réu impetrar mandado de segurança contra ato do delegado, por exemplo, caberá o julgamento ao juiz e será ouvido, como litisconsorte necessário, o órgão acusatório. Sendo este o Ministério Público, não tem sentido ser ele ouvido, novamente, como *custos legis*. Se a acusação for promovida pelo ofendido, no entanto, ouve-se este, como litisconsorte necessário, e o representante do Ministério Público, como *custos legis*.

Quando o réu ajuizar mandado de segurança no Tribunal, contra ato do juiz, será ouvida a Procuradoria-Geral de Justiça (ou Procuradoria-Geral da República, se na área federal), que atuará como *custos legis*. Não há necessidade de ser litisconsorte o representante do Ministério Público de primeiro grau. Se o autor do mandado de segurança for o promotor ou procurador da República, contra ato do juiz, dá-se o mesmo: será ouvida a Procuradoria, como *custos legis*.

4.3.10 Recursos cabíveis

Denegado ou concedido o mandado de segurança pelo juiz (quando impetrado, por exemplo, contra delegado), cabe apelação da parte interessada (art. 14, *caput*, Lei 12.016/2009). Denegado o mandado de segurança pelo Tribunal de Justiça ou pelo Tribunal Regional Federal, cabe o recurso ordinário constitucional para o STJ (art. 105, II, *b*, CF). Se a denegação couber ao Superior Tribunal de Justiça, ingressa-se com recurso ordinário constitucional dirigido ao Supremo Tribunal Federal (art. 102, II, *a*, CF). Concedida a ordem pelo Tribunal, não cabe recurso, exceto as hipóteses excepcionais do recurso especial ou extraordinário.

 SÍNTESE

Ações de impugnação: são as que, com respaldo na Constituição Federal, têm por finalidade fazer valer direitos e garantias humanas fundamentais, por vezes funcionando como autênticos recursos, pois têm o condão de reformar as decisões judiciais, embora com eles não devam ser confundidas.

Revisão criminal: é a ação rescisória no campo penal, de utilização exclusivamente voltada ao interesse do condenado, com a finalidade de reparar erro judiciário, como regra, revisando decisão condenatória com trânsito em julgado, seja para absolver ou para, de algum modo, beneficiar o sentenciado.

Habeas corpus: é a ação de impugnação voltada a coibir ameaça, coação ou violência à liberdade de locomoção da pessoa humana, fruto de ilegalidade ou abuso de poder.

Mandado de segurança: é a ação de impugnação cuja finalidade é proteger direito líquido e certo não amparado por *habeas corpus*, desde que exista ilegalidade ou abuso de poder de autoridade pública ou de agente de pessoa jurídica no exercício de atividades do Poder Público.

Capítulo XXII

Reabilitação

1. CONCEITO DE REABILITAÇÃO

É a declaração judicial de reinserção do sentenciado ao gozo de determinados direitos, que foram atingidos pela condenação. Cuidava-se, antes da Reforma Penal de 1984, de causa extintiva da punibilidade. Hoje, é instituto autônomo, regulado pelos arts. 93 a 95 do Código Penal.

A utilidade do instituto é mínima, pois o único efeito da condenação passível de recuperação, através da reabilitação, é o previsto no art. 92, III, do Código Penal (inabilitação para dirigir veículo, quando for utilizado como meio para a prática de crime doloso). Não há outro.

2. PROCEDIMENTO

O juiz competente para processar o pedido de reabilitação é o da condenação e não o da execução penal, tendo em vista que não se cuida de matéria de cumprimento de pena.

O prazo para requerê-la foi revisto pela Reforma Penal de 1984, prevalecendo, agora, o estipulado no Código Penal. Assim, para qualquer caso, o prazo é de dois anos, contados do dia em que for extinta, de qualquer modo, a pena ou findar a sua execução, computando-se, nesse prazo, o período de prova do *sursis* e do livramento condicional, não revogados (art. 94, CP).

Para instruir o seu pedido de reabilitação, deve o interessado indicar os locais de sua residência, quando mais de um. O art. 744 do CPP indica os documentos que devem acompanhar o requerimento: a) certidões comprobatórias de não ter o requerente respondido, nem estar respondendo a processo penal, em qualquer das comarcas em que houver residido durante o prazo a que se refere o artigo anterior; b) atestados de autoridades policiais ou outros documentos que comprovem ter residido nas comarcas indicadas e mantido, efetivamente, bom comportamento; c) atestados de bom comportamento fornecidos por pessoas a cujo serviço tenha estado; d) quaisquer outros documentos que sirvam como prova de sua regeneração; e) prova de haver ressarcido o dano causado pelo crime ou persistir a impossibilidade de fazê-lo.

Embora o art. 94 do Código Penal faça referências a outros requisitos (ter domicílio no País, durante os dois anos após a extinção da pena; ter dado, nesse prazo, mostra de bom comportamento público e privado; ter ressarcido o dano causado pelo crime ou demonstrado não ter condições de fazê-lo) aparentemente diferentes dos constantes no referido art. 744, continua em vigor o exigido pela lei processual penal, que confirmam o disposto no Código Penal.

Pode o magistrado colher todos os elementos indispensáveis para a formação do seu convencimento, no sentido de constatar o bom comportamento do interessado na reabilitação (art. 745, CPP). Fixa a lei dever fazê-lo de modo sigiloso, o que é lógico, pois a finalidade do condenado é justamente conseguir a reinserção social, após ter cumprido pena, o que recomenda seja o procedimento reservado. Se houver publicidade, ainda que concedida a reabilitação, de nada adiantaria, pois todo o círculo de relacionamento do condenado já terá tido conhecimento do fato que se procura ocultar.

Não tendo o Código Penal disciplinado prazo mínimo para reingressar com o pedido (art. 94, parágrafo único), estabelecendo somente dever o prazo de dois anos ser respeitado para a apresentação do pedido de reabilitação, segundo nos parece, está revogado, tacitamente, o art. 749 do CPP. O condenado pode reapresentar o seu pedido assim que entender conveniente.

3. RECURSO DE OFÍCIO

Não tendo sido tratado no Código Penal – até porque é matéria atinente ao processo penal – continua em vigor o art. 746, do CPP, que prevê o recurso de ofício. Assim, proferida a decisão concessiva da reabilitação, deve o magistrado submetê-la ao duplo grau de jurisdição obrigatório. Além do recurso oficial, pode a parte interessada interpor apelação (o Ministério Público, se for concedida, por exemplo; negada, cabe a irresignação por parte do requerente).

4. COMUNICAÇÃO AO INSTITUTO DE IDENTIFICAÇÃO

O órgão que congrega os dados referentes à vida pregressa criminal das pessoas deve ser cientificado das decisões tomadas pelo Poder Judiciário, justamente para inserir na folha de antecedentes (art. 747, CPP). Assim, toda vez que a pena é cumprida e julgada extinta, o cartório das execuções criminais faz a comunicação. Da mesma forma, se houver reabilitação, é preciso constar da folha de antecedentes, especialmente para que fique demonstrado, quando dela se tiver notícia, ter o condenado conseguido uma decisão jurisdicional, declarando-o reinserido à sociedade, por bom comportamento.

Garante-se o sigilo ao público em geral e fornece-se aos juízes e outros órgãos que a requisitarem nova informação, positiva, a respeito do sujeito.

Não há razão para ingressar com pedido de reabilitação se a finalidade for garantir o sigilo da folha de antecedentes para fins civis, pois o art. 202 da Lei 7.210/84 (Lei de Execução Penal) cuida disso: "cumprida ou extinta a pena, não constarão da folha corrida, atestados ou certidões fornecidas por autoridade policial ou por auxiliares da Justiça, qualquer notícia ou referência à condenação, salvo para instruir processo pela prática de nova infração penal ou outros casos expressos em lei".

Trata-se de medida automática assim que julgada extinta a pena, pelo cumprimento ou outra causa qualquer, prescindindo inclusive de requerimento do condenado. Por outro lado, comunica-se, também, ao Instituto de Identificação, quando há absolvição ou extinção da punibilidade.

5. REVOGAÇÃO DA REABILITAÇÃO

Pode ser feita de ofício pelo juiz, ouvindo certamente as partes, ou a requerimento do Ministério Público, ouvindo-se o condenado reabilitado. Dispõe o art. 95 do CP que somente ocorrerá a revogação, caso o reabilitado seja novamente condenado, como reincidente, por decisão definitiva, a pena que não seja de multa. A consequência, a nosso ver, somente pode ser a restauração da proibição de dirigir veículo, quando este tenha sido usado para a prática de crime doloso.

 SÍNTESE

Reabilitação: é a declaração judicial de reinserção social do condenado, considerando-o regenerado.

Efeitos da reabilitação: praticamente não há consequência útil, pois o único efeito da condenação que pode ser recuperado é o direito de obter ou recuperar a habilitação para dirigir veículo, quando este foi utilizado para o cometimento de delito doloso.

Capítulo XXIII

Relações Jurisdicionais com Autoridades Estrangeiras

1. FUNDAMENTO CONSTITUCIONAL

Estabelece a Constituição Federal, a partir da edição da Emenda Constitucional 45/2004, competir ao Superior Tribunal de Justiça processar e julgar originariamente "a homologação de sentenças estrangeiras e a concessão de *exequatur* às cartas rogatórias" (art. 105, I, *i*). Quando a competência pertencia ao Supremo Tribunal Federal, seu Regimento Interno estipulava que a homologação de sentença estrangeira (art. 215) e o *exequatur* para a carta rogatória (art. 225) eram da competência do Presidente do Pretório Excelso, cabendo sempre, da decisão que concedesse ou negasse a homologação ou o *exequatur*, agravo regimental (arts. 223 e 227, parágrafo único). A sistemática foi mantida no STJ, vale dizer, a homologação fica a cargo do Presidente, ressalvado o disposto no art. 216-K: "contestado o pedido, o processo será distribuído para julgamento pela Corte Especial, cabendo ao relator os demais atos relativos ao andamento e à instrução do processo" (Emenda Regimental 18, de 17/12/2014).

Após a decisão do STJ, a competência para o cumprimento é da Justiça Federal de primeiro grau do lugar onde a diligência deva efetuar-se (arts. 784, § 1.º, e 789, § 7.º, CPP), conforme determina o art. 109, X, da Constituição.

2. REGRAS ESPECIAIS

Em regra, quando se aplica a lei brasileira a crimes ocorridos no exterior ou a infrações ocorridas no território nacional, mas que dependam da cooperação de autoridades estrangeiras (art. 1.º, I, CPP; art. 5.º, *caput*, CP), devem prevalecer as convenções e tratados assinados pelo Brasil. Eles são, nesse aspecto, considerados normas especiais em relação à lei penal ou processual penal.

Anteriormente, eventual mudança da lei federal, disciplinando exatamente a mesma matéria prevista no tratado ou na convenção, fazia cessar a sua eficácia no território nacional, isto é, a lei federal mais recente prevalecia sobre o tratado ou convenção, caso regulasse exatamente o mesmo assunto. Conforme entendimento atual do Supremo Tribunal Federal, tal situação alterou-se, devendo prevalecer o tratado ou convenção sobre a lei interna, porém, respeitado o disposto na Constituição Federal. Normalmente, o disposto nos tratados e convenções assinados pelo Brasil com outros países tem por fim apenas disciplinar lacunas e regular situações específicas não previstas pela lei penal ou processual penal, razão pela qual convivem, harmoniosamente, o tratado ou convenção com o determinado pela lei interna.

Outro aspecto importante a ressaltar é que a tradição do direito brasileiro conduz a evitar o cumprimento de atos jurisdicionais estrangeiros provocadores de alguma mácula à ordem pública ou aos bons costumes (art. 781, CPP).

Até mesmo na interpretação das leis internas deve o magistrado observar sempre o fiel respeito à ordem e aos bons costumes, devendo seguir o mesmo parâmetro o legislador ao elaborar o ordenamento jurídico. A Lei de Introdução às Normas do Direito Brasileiro (Decreto-lei 4.657/42) é clara ao preceituar: "As leis, atos e sentenças de outro país, bem como quaisquer declarações de vontade, não terão eficácia no Brasil, quando ofenderem a soberania nacional, a ordem pública e os bons costumes" (art. 17).

O disposto no art. 782 do Código de Processo Penal, por outro lado, tem por fim eliminar entraves burocráticos inúteis, como a exigência de documentação autenticada por órgão diverso do diplomático. De nada adiantaria que um documento brasileiro fosse autenticado por notário no Brasil, uma vez ser esse efeito previsto, especificamente, pela lei interna.

Logo, a melhor forma de autenticação é a realizada pela via diplomática, através dos órgãos governamentais que podem constatar a fidelidade da documentação apresentada, inclusive a tradução ou versão realizada, sendo plausível que o país requerido confie nos diplomatas, representando reciprocamente as nações envolvidas.

Alguns Estados estrangeiros exigem que a documentação seja autenticada pelo seu consulado no País rogante, enquanto outros dispensam até mesmo esse procedimento, como é o caso dos Estados Unidos. O importante é que os documentos ofertados podem ser considerados autênticos pelos funcionários do corpo diplomático envolvidos na remessa e no recebimento.

É bem verdade que o Ministério da Justiça fez publicar portaria (26/90), disciplinando a forma e o número de documentos a ser apresentados para a expedição de cartas rogatórias. Exige-se, por exemplo, que a autoridade rogante envie original e cópia, em português, da Carta Rogatória e dos documentos julgados indispensáveis pelo Juízo Rogante, bem como original e uma cópia da denúncia, em português, além do mesmo no vernáculo do País destinatário. Observa-se, pois, ficar a conferência do original e sua autenticidade a cargo do órgão diplomático brasileiro, que o remeterá ao país solicitado. O mesmo se dará quando o Brasil receber documentação vinda de fora.

3. HOMOLOGAÇÃO DE SENTENÇA ESTRANGEIRA PARA EFEITOS PENAIS

Admite-se a homologação de sentença estrangeira para os seguintes fins: a) obrigar o condenado a reparar o dano causado à vítima (art. 9.º, I, CP); b) sujeitar o inimputável a medida de segurança (art. 9.º, II, CP); c) propiciar a divisão dos bens sequestrados no território nacional entre o Brasil e o Estado requerente (art. 8.º, § 2.º, Lei 9.613/98).

Atualmente, homologa-se a sentença estrangeira para o fim de cumprimento de pena imposta a brasileiro ou estrangeiro no exterior, que venha a residir em território nacional. Cabe relembrar ser inviável a extradição de brasileiro a requerimento de juízo estrangeiro para que ele possa ser processado ou cumpra pena por delito cometido no exterior. Diante disso, em princípio, caso um brasileiro cometa infração penal em território estrangeiro, deve ser processado no Brasil (as autoridades estrangeiras enviam as provas colhidas ao juízo brasileiro). Entretanto, pode haver o caso de ser um nacional processado e condenado por juízo alienígena, vindo a se refugiar em território brasileiro. A partir da edição da Lei 13.445/2017 (Lei da Migração), o Superior Tribunal de Justiça tem entendido ser possível a homologação de sentença estrangeira para essa finalidade, com fundamento no art. 100 da mencionada lei. Para consulta de julgados do STJ homologando sentença estrangeira para a pessoa cumprir pena no Brasil: Carta Rogatória 15.889-EX (2020/0300292-2), rel. Humberto Martins, j. 19.04.2021; HDE 7.986/EX, Corte Especial, rel. Francisco Falcão, j. 20.03.2024, m.v. Destaque-se ter sido questionada no STF esta última decisão, mas o Pretório Excelso a manteve e o condenado se encontra cumprindo pena no Brasil.

A razão da necessidade de homologação consiste no fato de que as sentenças estrangeiras são fundadas em leis criadas pelo povo alienígena, motivo pelo qual integra a soberania da nação. Se, eventualmente, cumprisse o juiz nacional a sentença estrangeira, estaria, em última análise, seguindo a legislação igualmente estrangeira, o que não se afigura razoável, nem compatível com a sua própria soberania. Entretanto, em caráter excepcional, nos casos expressamente indicados em lei, pode-se homologar a sentença estrangeira, o que equivale a dizer ser ela *nacionalizada*, a partir de decisão do Superior Tribunal de Justiça (art. 105, I, *i*, CF). Assim fazendo, quando o magistrado cumprir a sentença estrangeira, na realidade, estará seguindo a decisão homologatória de tribunal brasileiro, que a substituiu.

Quando a sentença penal condenatória não for executada no Brasil, inexiste necessidade de homologação pelo Superior Tribunal de Justiça. Há situações em que se considera a sentença estrangeira como fato jurídico, reconhecendo a sua existência, mas sem que juiz brasileiro seja levado a seguir os comandos nela inseridos. Assim ocorre para o reconhecimento da reincidência do réu (art. 63, CP) ou de maus antecedentes e, consequentemente, para negar o *sursis* ao condenado, bem como para o efeito de dilatar o prazo do livramento condicional.

3.1 Formalidades para a homologação

Deve a sentença penal estrangeira preencher os seguintes requisitos, expostos no art. 788 do Código de Processo Penal: a) estar revestida das formalidades extrínsecas necessárias, conforme o país de origem; b) ter sido proferida por juiz competente, mediante regular citação; c) ter transitado em julgado; d) estar autenticada por cônsul brasileiro; e) estar acompanhada de tradução, feita por tradutor público.

Quanto à legitimidade para requerer a homologação de sentença estrangeira, em caso de medida de segurança, cabe ao Procurador-Geral da República, desde que exista tratado de extradição vigente entre o Brasil e o país de onde emanou a sentença. Se não houver tratado, requer-se ao Ministro da Justiça que faça a requisição. Feita esta, o Ministério Público pode requerer a homologação, na conformidade com o disposto no art. 9.º, parágrafo único, *b*, do Código Penal. Não existe mais a possibilidade de homologação de decisão estrangeira para a imposição de pena acessória, extirpada do direito brasileiro. Note-se que as "providências para a obtenção de elementos que o habilitem a requerer a homologação", previstas na parte final do *caput* deste artigo só diz respeito à requisição para o fim de suprir a falta de tratado. Saliente-se, ainda, que o Ministério Público não tem legitimidade de propor a homologação de sentença estrangeira, quando a finalidade disser respeito à reparação do dano. Para esta situação, somente a vítima é parte legítima (art. 9.º, parágrafo único, *a*, do Código Penal).

Segundo dispunha o Regimento Interno do Supremo Tribunal Federal, conduzia o procedimento de homologação de sentença estrangeira o Presidente da Corte, que, inclusive, fazia o juízo de admissibilidade, checando se estavam devidamente preenchidos os requisitos da petição inicial, bem como os documentos que deviam acompanhá-la. Caso não estivessem presentes, o Presidente mandava que o requerente a emendasse ou completasse, no prazo de dez dias, sob pena de indeferimento liminar. Do mesmo modo se faz, atualmente, no Superior Tribunal de Justiça. A homologação fica a cargo do Presidente, ressalvado o disposto no art. 216-K, quando há impugnação feita pelo interessado. Nesse caso, "contestado o pedido, o processo será distribuído para julgamento pela Corte Especial, cabendo ao relator os demais atos relativos ao andamento e à instrução do processo" (Emenda Regimental 18, de 17.12.2014).

O art. 789, § 2.º, do CPP estabelece o prazo de 10 (dez) dias, se residir no Distrito Federal, e 30 (trinta) dias, no caso contrário, para apresentação de embargos (na verdade, impugnação) por parte do interessado.

Quanto à nomeação de curador ao réu revel ou ao incapaz, o Regimento Interno do STF previa a sua nomeação e notificação pessoal. Após a apresentação da defesa, tinha o requerente o direito de replicar. De qualquer forma, será sempre ouvido o Ministério Público, quando não for ele o autor do pedido.

São estreitas as fronteiras para a impugnação, cingindo-se à autenticidade dos documentos apresentados, a inteligência da sentença e as demais formalidades já mencionadas (respeito ao devido processo legal).

Em lugar de contestação aos embargos, deve-se considerar réplica da Procuradoria-Geral da República. Afinal, este órgão ingressou com o pedido de homologação. Devidamente cientificado, o interessado ingressa com embargos (impugnação). Então, a Procuradoria pode produzir a sua réplica. Se o pedido de homologação foi feito pela vítima interessada na reparação de danos, o interessado pode embargar e a réplica será feita pelo requerente, embora o Ministério Público também se manifeste nos autos.

4. CARTA ROGATÓRIA

4.1 Conceito de carta rogatória

Trata-se de solicitação feita de um juízo nacional a um juízo estrangeiro, ou vice-versa, para que seja realizada alguma diligência imprescindível para a instrução do processo, podendo cuidar-se de citação, intimação, inquirição de alguma testemunha, entre outros atos, desde que seja compatível com a legislação do juízo rogado.

Esclareça-se que o Brasil é signatário da Convenção Interamericana sobre Cartas Rogatórias, assinada no Panamá, em 30 de janeiro de 1975, promulgada pelo Decreto 1.899, de 9 de maio de 1996. Portanto, os países membros da Organização dos Estados Americanos, subscritores da mencionada Convenção, devem cumprir cartas rogatórias uns dos outros da forma prevista no Tratado. É certo que o art. 2.º estipula que "esta convenção aplicar-se-á às cartas rogatórias expedidas em processos relativos a matéria civil ou comercial pelas autoridades judiciárias de um dos estados partes nesta convenção", mas há a previsão feita no art. 16 de que "os Estados Partes nesta convenção poderão declarar que estendem as normas da mesma à tramitação de cartas rogatórias que se refiram a matéria criminal, trabalhista, contencioso-administrativa, juízos arbitrais ou outras matérias objeto de jurisdição especial. Tais declarações serão comunicadas à Secretaria-Geral da Organização dos Estados Americanos". O Brasil não fez, oficialmente, referida comunicação, mas, na prática, tem remetido cartas rogatórias de natureza criminal e recebido outras de países membros da OEA para cumprimento.

O Ministério da Justiça é o órgão receptor dos pedidos de cartas rogatórias, embora seja o Ministério das Relações Exteriores o responsável pelo encaminhamento da carta rogatória ao exterior. Na maioria dos casos, o pedido deve ser encaminhado diretamente ao Ministério da Justiça, que fará uma triagem do que será efetivamente remetido ao órgão diplomático. O procedimento está previsto, inclusive, na Portaria 26, de 14 de agosto de 1990, do Ministério da Justiça. É possível que esse Ministério, através da sua Divisão de Justiça, encaminhe a carta rogatória, quando preencha os requisitos legais, diretamente à Autoridade Central do juízo rogado, desde que exista tratado internacional permitindo tal procedimento. Do contrário, inexistindo essa permissão, segue pela via diplomática. No retorno, a rogatória chega ao Brasil pelo Ministério das Relações Exteriores, que, então, encaminha-a ao Ministério da Justiça para remessa ao juízo rogante.

Tratando-se de inquirições de testemunhas e vítimas, deve ser especificado exatamente o alcance e a forma da inquirição, pois isso varia de um país para outro. Os Estados Unidos, por exemplo, somente aceitam cumprir rogatórias para a inquirição de pessoas, caso o juiz brasileiro especifique nitidamente a finalidade do depoimento, enviando todas as perguntas que desejar. Afinal, pelas normas americanas, é possível fazer a testemunha responder por escrito a perguntas escritas, é cabível tomar-se uma

668 | MANUAL DE PROCESSO PENAL · NUCCI

declaração informal (*non-verbatim*), assinada ou não, é plausível resumir o depoimento da testemunha, enfim, há várias formas de ouvi-la, de modo que a autoridade rogante deve especificar o que pretende.

4.2 Outras diligências

Além da citação e da inquirição, admite-se a existência de outras diligências a praticar no país rogado, tais como a intimação para o comparecimento em audiência designada no Brasil ou para a obtenção de algum documento.

É preciso ressaltar que muitas medidas coercitivas não são cumpridas, por haver o entendimento de que ferem a soberania nacional, *v.g.*, busca e apreensão, prisão cautelar, apreensão de documentos resguardados pelo sigilo, entre outros. A alternativa é sempre consultar as regras do tratado existente entre o Brasil e o País requerido. Do contrário, para fazer valer, no exterior, uma prisão – ou outra medida de coerção – decretada por juiz brasileiro, somente pela via da extradição ou então da homologação de sentença brasileira no estrangeiro, caso o direito do País solicitado assim permita.

4.3 Carta rogatória vinda do exterior

Segue para o Ministério das Relações Exteriores, que a encaminhará diretamente ao Presidente do Superior Tribunal de Justiça, a fim de obter a concessão do *exequatur*. Não passa, pois, pelo Ministério da Justiça.

A competência da autoridade estrangeira para solicitar diligências deve ser analisada segundo a lei do país rogante e não do país requerido. Valemo-nos, para tanto, da mesma interpretação utilizada pelo Supremo Tribunal Federal para autorizar a extradição de pessoa, cuja prisão foi decretada no exterior por outra autoridade que não a judiciária, desde que a lei estrangeira assim permita. Assim, embora no Brasil somente juízes possam decretar a prisão de alguém (art. 5.º, LXI, CF), deve-se respeitar o sistema judiciário de outros lugares. Há países, no entanto, que, respeitando a sua lei interna, somente cumprem rogatória brasileira se for expedida por órgão do Poder Judiciário. Exemplo disso é o que ocorre com os Estados Unidos.

A Constituição Federal veda a extradição fundada em crimes políticos e de opinião (art. 5.º, LII). Além disso, a Lei de Migração (Lei 13.445/2017) exclui a possibilidade de haver extradição com relação a contravenções penais e, também, por crimes cuja pena máxima não ultrapasse um ano. Logo, para todas essas hipóteses, não se cumpre carta rogatória proveniente do estrangeiro.

Exequatur é palavra latina, significando uma ordem de execução ou cumprimento. Seria o equivalente ao "cumpra-se" aposto pelo magistrado em algum ato da sua competência.

O interessado, residente no país, será intimado e poderá impugnar o pedido feito na carta rogatória. Deve manifestar-se o Ministério Público. As razões para a contrariedade no seu cumprimento devem cingir-se a ofensa à soberania nacional ou à ordem pública, bem como quando lhe faltar autenticidade.

A competência para o cumprimento das cartas rogatórias, como já mencionado, é da Justiça Federal de primeiro grau, do lugar onde deva ser efetuada a diligência.

 SÍNTESE

Homologação de sentença estrangeira: trata-se do procedimento de "nacionalização" da sentença proferida no exterior realizado por decisão do Superior Tribunal de Justiça, fazendo com que a sentença estrangeira possa ser cumprida no Brasil, produzindo efeitos, sem afetar a nossa soberania.

Carta rogatória: é o pedido de juiz brasileiro voltado a juiz estrangeiro para que empreenda determinada diligência, como a citação ou intimação, inquirição de testemunhas, dentre outros.

Capítulo XXIV

Disposições Gerais do Processo Penal

1. AUDIÊNCIAS DOS JUÍZOS (OU VARAS) E SESSÕES DOS TRIBUNAIS

Não se fala mais em audiências ordinárias e extraordinárias, como previsto no art. 791 do CPP, porque todas elas, como momentos processuais componentes da instrução do processo, para a colheita de provas, basicamente, obedecem a uma ordem fixada pelo procedimento comum ou especial, que o caso demanda. Logo, todas as audiências marcadas pelo juiz, durante o trâmite processual, são previamente comunicadas às partes, não necessitando a nomenclatura de *ordinárias* ou *extraordinárias*.

Entretanto, podemos considerar *ordinárias* as audiências previstas no procedimento legal, bem como *extraordinárias* as que o juiz designar, fora da previsão normal, para a produção de alguma prova complementar (ex.: audiência especialmente designada para promover uma acareação ou para submeter o réu a novo interrogatório).

Quanto às sessões do tribunal, igualmente, são elas, como regra, previamente designadas – estas, sim, são as ordinárias. Excepcionalmente, havendo necessidade, a câmara, turma ou plenário pode designar sessão extraordinária, fora da periodicidade normal do tribunal.

2. PUBLICIDADE DOS ATOS PROCESSUAIS EM GERAL

Estabelece a Constituição Federal, como regra, o princípio da publicidade: "a lei só poderá restringir a publicidade dos atos processuais quando a defesa da intimidade ou o interesse social o exigirem" (art. 5.º, LX) e "todos os julgamentos dos órgãos do Poder Judiciário serão públicos (...), podendo a lei limitar a presença, em determinados atos, às próprias partes e a seus advogados, ou somente a estes, em casos nos quais a preservação do direito à intimidade do interessado no sigilo não prejudique o interesse público à informação" (art. 93, IX).

A publicidade geral – acompanhamento das audiências, sessões e atos processuais por qualquer do povo – pode ser limitada, caso haja interesse público – nele compreendidos a intimidade e o interesse social, o mesmo não ocorrendo com a denominada publicidade específica – acompanhamento das audiências, sessões e atos processuais pelo Ministério Público ou pelos advogados das partes. Assim, é plenamente legítimo o disposto no art. 792, § 1.º, do Código de Processo Penal.

Não somente as audiências e sessões dos tribunais – incluídas nesse contexto as sessões plenárias do Tribunal do Júri – podem realizar-se a portas fechadas, para evitar escândalo (preservação do direito à intimidade dos envolvidos), grave inconveniente (qualquer outra situação prejudicial à colheita da prova) ou perigo de perturbação da ordem (distúrbios que coloquem em risco o juiz, os funcionários ou as partes), mas também pode o juiz ou tribunal decretar o sigilo no processo, restringindo o seu acesso somente às partes. Aliás, não teria cabimento realizar a audiência a portas fechadas, para preservar, por exemplo, a intimidade da vítima de um crime, para, depois, liberar-se o acesso indiscriminado aos autos, onde constam todos os depoimentos produzidos. Nesse prisma, vale destacar a nova redação do art. 201, § 6.º, do CPP: "O juiz tomará as providências necessárias à preservação da intimidade, vida privada, honra e imagem do ofendido, podendo, inclusive, determinar o segredo de justiça em relação aos dados, depoimentos e outras informações constantes dos autos a seu respeito para evitar sua exposição aos meios de comunicação".

As audiências do juízo e as sessões do tribunal devem realizar-se nas dependências forenses, não somente para garantir o fácil acesso do público – que conhece a localização dos fóruns e tribunais –, podendo acompanhar os atos, mas também porque nesses lugares estão as autoridades envolvidas no processo.

Entretanto, o art. 792, § 2.º, do Código de Processo Penal, autoriza a realização das audiências, das sessões e dos diversos atos processuais em outros lugares – sendo fora de propósito imaginar-se a residência do juiz como local adequado, hoje em dia –, tornando-se particularmente importante a designação de lugares variados, como a casa da vítima – impossibilitada de sair, por qualquer motivo grave –, o presídio ou a cadeia – de onde não pode sair o preso, por qualquer motivo excepcional – o auditório de um teatro ou da Prefeitura, para a realização da sessão plenária do júri – quando o salão do fórum não esteja em condições de abrigar o evento, bem como outros pontos particularmente importantes.

3. COMPORTAMENTO EM AUDIÊNCIAS

O disposto no art. 793 do Código de Processo Penal perdeu, em grande parte, a sua finalidade útil, porque os costumes forenses foram alterados com o passar do tempo. Não há mais necessidade de se disciplinar, portanto, como ficam os espectadores nas audiências e sessões (se sentados ou em pé), nem tem sentido obrigar que todos se levantem quando fizerem algum requerimento ao juiz, ou quando este se levantar para qualquer finalidade.

No Tribunal do Júri, no entanto, permanecem as formalidades, até para manter a sobriedade do ambiente, onde o juiz e as partes ainda usam traje especial (toga e becas). Por isso, para o compromisso dos jurados, todos ficam em pé, inclusive o juiz presidente (art. 472, *caput*, CPP), fazendo-se o mesmo por ocasião da leitura da sentença, por tradição.

O poder de polícia nas audiências ou sessões do tribunal é atribuição exclusiva do juiz (audiência) ou do presidente da Câmara, Turma ou Plenário na sessão de julgamento do tribunal, visando à garantia da ordem e da regularidade das atividades. Sem tranquilidade, não há condições de se promover a concretização dos atos processuais devidamente. Assim, os policiais e demais agentes de segurança designados para guardar o local ficam à disposição exclusiva do magistrado, não devendo receber ordens de outras pessoas ou autoridades (art. 794, CPP).

O princípio da publicidade tem por escopo garantir a escorreita produção da prova ou a imparcial realização do ato processual, permitindo ao público em geral acompanhar o que se passa na sala de audiências ou no recinto do tribunal, mas não a sua manifestação durante o decorrer dos trabalhos (art. 795, CPP). Eventuais abusos não devem ser admitidos, podendo o juiz ou o presidente da sessão determinar a retirada da pessoa inconveniente que, se resistir, será presa por desobediência.

A retirada do réu da sala de audiência ou da sessão do tribunal (inclusive do plenário do Júri) é admissível, desde que se comporte de maneira inconveniente (ex.: manifeste-se em altos brados, apresente-se vestido de modo irreverente, promova ameaças, inclusive por gestos etc.). Aliás, também poderá não permanecer no local, caso sua atitude influencie no ânimo de alguma testemunha e a oitiva não possa ser feita por videoconferência (art. 217, CPP). Permanece seu representante legal (advogado), que jamais será retirado da sala, sob pena de nulidade do ato. Caso o defensor se conduza de modo inconveniente, o ato deve ser adiado e as medidas legais e administrativas contra ele tomadas.

4. REALIZAÇÃO DOS ATOS PROCESSUAIS

A regra é que ocorram nos dias úteis, não somente porque pode haver melhor acompanhamento do público, mas também porque os funcionários da justiça necessitam de repouso. Excepcionalmente, o juiz pode determinar uma audiência para o fim de semana ou para o feriado (ex.: uma testemunha à beira da morte pode ser ouvida no domingo, diretamente no hospital, intimando-se, certamente, as partes de antemão). Ocorre tal situação, ainda, nos julgamentos do Tribunal do Júri, que são contínuos e não se suspendem, salvo para repouso dos jurados e das partes (art. 797, CPP).

No mais, podemos entender como atos processuais as citações e intimações, passíveis de realização em qualquer dia da semana. Aliás, o interesse público é maior do que qualquer tipo de descanso gozado nos feriados e domingos.

5. CONCEITO DE PRAZO E CONTAGEM

Prazo é um espaço de tempo determinado, durante o qual deve realizar-se algum ato processual. São estabelecidos em lei para que o juiz, através do impulso oficial, conduza o processo ao seu termo, que é a prolação da sentença, decidindo o mérito.

Dividem-se em contínuos e peremptórios. Os primeiros correm sem qualquer interrupção; os segundos não possuem a possibilidade de dilatação. Atualmente, no entanto, somente alguns prazos mantêm-se fiéis a essa previsão (ex.: prazo para apresentar recurso; prazo para o oferecimento de queixa-crime). Muitos outros, embora expressamente fixados em lei, têm sido dilatados ou, se ultrapassados, não acarretam sanção a quem deixou de cumpri-los (ex.: prazo para o juiz sentenciar; prazo para apresentar as alegações finais; prazo para o oferecimento da denúncia). Lembremos, ainda, que os prazos previstos para o Defensor Público ou dativo são computados em dobro (art. 5.º, § 5.º, da Lei 1.060/50), devendo haver intimação pessoal para o início do seu transcurso.

Quanto à interrupção dos prazos nas férias forenses, tem-se que a questão foi superada pela edição da Emenda Constitucional 45/2004 (Reforma do Judiciário) que acrescentou o inciso XII ao art. 93 da Constituição: "a atividade jurisdicional será ininterrupta, sendo vedado férias coletivas nos juízos e tribunais de segundo grau, funcionando, nos dias em que não houver expediente forense normal, juízes em plantão permanente".

Para disciplinar o recesso, na órbita criminal, a Lei 14.365/2022 incluiu o art. 798-A no CPP, nos seguintes termos: "suspende-se o curso do prazo processual nos dias compreendidos entre 20 de dezembro e 20 de janeiro, inclusive, salvo nos seguintes casos: I – que envolvam réus presos, nos processos vinculados a essas prisões; II – nos procedimentos regidos pela Lei 11.340, de 7 de agosto de 2006 (Lei Maria da Penha); III – nas medidas consideradas urgentes, mediante despacho fundamentado do juízo competente. Parágrafo único. Durante o período a que se refere o *caput* deste artigo, fica vedada a realização de audiências e de sessões de julgamento, salvo nas hipóteses dos incisos I, II e III do *caput* deste artigo".

Diversamente do prazo penal (art. 10, CP), o prazo processual é contado com maior elasticidade, pela sua própria natureza, que é garantir às partes possibilidade de manifestação e exercício do contraditório e da ampla defesa, componentes indispensáveis do devido processo legal. Assim, não se inclui o dia do começo, computando-se, no entanto, o dia do vencimento (art. 798, § 1.º, CPP). Na prática, isto quer dizer que a parte, intimada no dia 10, uma segunda-feira, para a prática de algum ato processual, dentro de três dias, terá até o dia 13 para fazê-lo, acompanhando o final do expediente forense. O dia da intimação (10) não é considerado, começando-se a contagem no dia 11. Fosse um prazo penal e o primeiro dia (10), já seria computado, fenecendo o prazo no dia 12 e não no dia 13. Como o prazo é processual, a maior elasticidade possível é concedida.

Aliás, na mesma trilha, a Lei 11.419/2006 (Informatização do processo), no art. 4.º, § 3.º, estabelece outra forma de contagem: "Considera-se como data da publicação o primeiro dia útil seguinte ao da disponibilização da informação no *Diário da Justiça* eletrônico". Portanto, publicado um despacho no dia 20 (sexta-feira), considera-se como data da publicação o dia 23 (segunda). Assim, o prazo tem início no dia 24 (terça).

Capítulo XXIV • Disposições Gerais do Processo Penal | 675

E, da mesma forma que o prazo não vence em um dia sem expediente forense (vide § 3.º do art. 798), também não se inicia nessa situação. Portanto, aquele que for intimado no dia 14, sexta-feira, para cumprir um ato processual em três dias, terá até o dia 19 (quarta-feira) para tanto. Não se inicia o prazo no sábado, quando não há expediente e sim na segunda-feira. É mais uma mostra da flexibilidade do prazo processual.

Denominam-se próprios os prazos sujeitos à preclusão, isto é, uma vez decorrido o tempo para a sua prática, não mais se autoriza a realização do ato processual; impróprios são os fixados, como regra, ao juiz, ao promotor e aos funcionários da justiça, e, uma vez não cumprido, fixam sanções de caráter administrativo, embora possa ser o ato processual realizado a destempo.

Outras denominações são as seguintes: a) prazos legais (estabelecidos em lei) e prazos judiciais (fixados pelo juiz, dentro do seu prudente critério); b) prazos comuns (correm, ao mesmo tempo, para as partes envolvidas no processo) e individuais ou particulares (correm para uma parte, especificamente). O prazo pode, ainda, ser individual e sucessivo, ou seja, corre para uma parte e, em seguida, para a outra.

O controle dos prazos cabe ao escrivão (art. 798, § 2.º, CPP), o que normalmente faz com o auxílio dos demais funcionários do cartório. Embora seja da sua atribuição certificar que o prazo findou, não é este ato o determinante para a verificação do seu devido cumprimento. Assim, o trânsito em julgado de uma sentença condenatória não depende dessa certidão para ocorrer, bastando que seja calculado o dia em que as partes foram intimadas para, computando-se o prazo para recorrer de cada uma, concluir-se pelo vencimento ou não dos prazos.

Quanto à prorrogação, o art. 798, § 3.º, do CPP, prevê a possibilidade de dilação do prazo vencido em domingo ou feriado, nada falando a respeito do sábado, nem tampouco do seu início. Utiliza-se, pois, a Lei 1.408/51, para complementar o disposto neste artigo, ampliando a dilação do prazo, quando ele terminar ou começar no sábado (art. 3.º). À época, os fóruns podiam funcionar até o meio-dia, por isso não se previu, no Código de Processo Penal, a prorrogação do prazo que vencesse no sábado. Aliás, o referido art. 3.º também cuida do início da contagem, mencionando que, se houver de iniciar no sábado, o prazo será prorrogado para o primeiro dia útil seguinte. Aplica-se, analogamente, ao prazo que se inicie nos feriados.

Dispõe a Lei 1.408/51 (art. 1.º) que "sempre que, por motivo de ordem pública, se fizer necessário o fechamento do Foro, de edifícios anexos ou de quaisquer dependências do serviço judiciário ou o respectivo expediente tiver de ser encerrado antes da hora legal, observar-se-á o seguinte: a) os prazos serão restituídos aos interessados na medida em que houverem sido atingidos pela providência tomada; b) as audiências, que ficarem prejudicadas, serão realizadas em outro dia mediante designação da autoridade competente". Por isso, em caso de greve do funcionalismo, dedetização do prédio do fórum, acidentes de um modo geral, enfim, ocorrência de algum motivo de força maior, deve-se restituir às partes os prazos porventura perdidos ou quando prejudicada a sua contagem (art. 798, § 4.º, CPP).

Para início da contagem, a regra geral é que os prazos tenham início a partir da intimação feita à parte (art. 798, § 5.º, *a*, CPP). Nada impede que principiem a partir da audiência ou sessão do tribunal onde foi proferida a decisão, estando presente, no ato, a parte interessada (art. 798, § 5.º, *b*, CPP). Logo, quando o juiz prolata a sentença no termo da audiência ou no plenário do Tribunal do Júri, cientes as partes desde logo, seria uma indevida superfetação determinar a intimação delas para apresentar recurso. Por outro lado, é possível que o defensor, por exemplo, consulte os autos e tome ciência da sentença, antes mesmo de sair o mandado de intimação, tornando válido o início do prazo para recorrer de imediato (art. 798, § 5.º, *c*, CPP).

Quanto à precatória, o correto seria que o prazo somente começasse a fluir da data da juntada da precatória aos autos principais. As dificuldades de conhecimento do ocorrido, justamente porque o ato processual foi realizado em outra Comarca, permitem esse posicionamento.

Quanto à intimação feita por mandado, embora não exista o mesmo argumento da carta precatória, há duas posições:

a) aplica-se estritamente o disposto no § 5.º, alínea *a*, do art. 798 do CPP, ou seja, computa-se o prazo a partir da intimação e não da juntada do mandado;

b) utiliza-se, por analogia, o disposto no Código de Processo Civil de 2015, contando-se o prazo a partir da juntada do mandado.

Para evitar posições contrapostas, parece-nos acertado equiparar os casos de intimação por mandado e por precatória, considerando-se o início do prazo a partir da juntada aos autos. Há maior segurança de ciência da parte, o que somente enaltece os princípios constitucionais da publicidade dos atos processuais, do contraditório e da ampla defesa.

A posição do Supremo Tribunal Federal é diversa do nosso entendimento, consolidada na edição da Súmula 710: "No processo penal, contam-se os prazos da data da intimação, e não da juntada aos autos do mandado ou da carta precatória ou de ordem".

As situações retratadas no art. 800 do CPP configuram hipóteses de prazos impróprios: têm os juízes os prazos de dez dias para proferir sentenças ou decisões interlocutórias mistas, de cinco dias para as interlocutórias simples, bem como de um dia para os despachos de mero expediente. São impróprios, porque, mesmo que forem ultrapassados, autorizam a prática do ato processual, embora possa o magistrado responder, funcionalmente, pelos seus atrasos injustificados. É dever do juiz cumprir rigorosamente os prazos, salvo motivo fundamentado (art. 35, II, da Lei Complementar 35/79).

Menciona o art. 800, § 1.º, do CPP, ter o prazo para o juiz início a partir do termo de conclusão, aberto pelo cartório. Entretanto, deve-se harmonizar o disposto neste artigo à realidade do cotidiano forense. Pode ocorrer do termo de conclusão ser aberto em determinado dia e, posteriormente, porque houve atraso, o juiz substituí-lo por outro, com data mais recente. Logo, para apurar se o magistrado, verdadeiramente, atrasou o seu expediente, deve-se conferir no livro carga, que é de uso obrigatório no cartório, sob pena de responsabilidade funcional do escrivão, em qual data ele recebeu o processo para a decisão ser proferida. O termo de conclusão não é determinante, mas sim o dia em que a carga foi feita ao juiz.

Quando o cartório abre vista ao representante do Ministério Público, como regra, está concedendo a ele a oportunidade de se manifestar em um prazo impróprio, ou seja, aquele que, ultrapassado, não acarreta a impossibilidade de realização do ato processual, mas pode resultar em sanções funcionais (art. 800, § 2.º, CPP). Quando o prazo é fatal – próprio, portanto –, como é o caso da interposição de recursos, não se fala em contar o

Capítulo XXIV • Disposições Gerais do Processo Penal | **677**

prazo a partir do termo de vista e sim da data em que houve efetiva ciência da decisão, como estipula o art. 798, § 5.º, *c*, do CPP. Não fosse assim, estar-se-ia dando tratamento diverso às partes – maior prazo para o Ministério Público e menor, à defesa. Quando houver dúvida, no entanto, para a contagem do prazo aberto para o promotor, leva-se, também, em conta a data do livro carga, pois é mais precisa do que o termo de vista.

A sanção prevista para o descumprimento dos prazos, estipulada no art. 801 do CPP, é uma forma severa de sancionar o juiz e o representante do Ministério Público, quando atuarem de maneira relapsa na condução do processo e de seus deveres funcionais. Redundará na redução dos vencimentos ou no prejuízo para a promoção ou aposentadoria, consistente na perda, para a contagem do tempo, do dobro dos dias excedidos.

Entretanto, na prática, tal dispositivo não tem sido aplicado. Em primeiro lugar, porque a Constituição assegura ao magistrado e ao promotor irredutibilidade de vencimentos, o que tornou este artigo, sob esse prisma, inconstitucional. Por outro lado, quanto às regras de promoção e aposentadoria, as Leis Orgânicas regentes de ambas as carreiras preveem outros tipos de sanções para a desídia dos profissionais, de modo que também não se deve aplicar o art. 801 do CPP. E, finalmente, porque, na maioria dos casos, os prazos não são cumpridos pelo excesso de serviço, ao qual não deram causa.

Deve-se, entretanto, ressaltar que a Emenda Constitucional 45/2004 (Reforma do Judiciário) introduziu a alínea *e* ao art. 93, II, CF, preceituando que "não será promovido o juiz que, injustificadamente, retiver autos em seu poder além do prazo legal, não podendo devolvê-los ao cartório sem o devido despacho ou decisão". Tal medida fortalece a possibilidade de punição do magistrado desidioso, embora se mantenha imune aquele que, por excesso de serviço, a que não deu causa, tenha processos em seu poder além do prazo legal.

Além disso, é preciso considerar o disposto pelo art. 143 do CPC, aplicável por analogia: "o juiz responderá, civil e regressivamente, por perdas e danos quando: I – no exercício de suas funções, proceder com dolo ou fraude; II – recusar, omitir ou retardar, sem justo motivo, providência que deva ordenar de ofício ou a requerimento da parte. Parágrafo único. As hipóteses previstas no inciso II somente serão verificadas depois que a parte requerer ao juiz que determine a providência e o requerimento não for apreciado no prazo de 10 (dez) dias". Lembre-se do número expressivo de processos criminais, relativos a réus presos, que descansam nas prateleiras do cartório, sem providência judicial para acelerá-lo. Essa omissão, sem justo motivo, pode dar margem ao direito à indenização pelo prejudicado.

6. RETIRADA DOS AUTOS DE CARTÓRIO

A regra é que a retirada seja oportuna e controlada, valendo dizer, é preciso possuir a parte interessada em levar os autos vista aberta para manifestar-se ou estar correndo prazo para que tal se dê, bem como seja registrada a carga no livro próprio, para controle do cartório (art. 803, CPP).

Não há autorização legal para a retirada dos autos por mera confiança, deixando carteira funcional em garantia ou qualquer outro documento. E mais: durante o trâmite processual o direito de retirada dos autos deve obedecer sempre ao direito da parte contrária de ter acesso ao processo, além de dever ser feito por quem representa a parte na relação processual. A cautela é voltada ao interesse público de preservação dos autos, evitando-se o seu desaparecimento ou a supressão de documentos neles contidos. Entretanto, pode-se aplicar ao processo penal, por analogia, o disposto no art. 107 do CPC, denominada "carga rápida": "Art. 107. O advogado tem direito a: (...) § 2.º Sendo o prazo comum às partes, os procuradores poderão retirar os autos somente em conjunto ou mediante prévio ajuste, por petição nos autos. § 3.º Na hipótese do § 2.º, é lícito ao procurador retirar os autos para obtenção de cópias, pelo prazo de 2 (duas) a 6 (seis) horas, independentemente de ajuste e sem prejuízo da continuidade do prazo. § 4.º O procurador perderá no mesmo processo o direito a que se refere o § 3.º se não devolver os autos tempestivamente, salvo se o prazo for prorrogado pelo juiz. § 5º O disposto no inciso I do *caput* deste artigo aplica-se integralmente a processos eletrônicos".

7. CUSTAS NOS PROCESSOS CRIMINAIS

Não existem em relação ao Ministério Público, ainda que seja ele vencido, pois a acusação é promovida por órgão do Estado e não teria sentido cobrar custas de quem tem o dever de prover à regularidade de formação e conclusão do processo, que é o próprio Estado.

Os peritos oficiais recebem a sua remuneração mensal, pelo cargo ou função ocupada, diretamente do Estado. Porém, quando o juiz nomeia dois peritos não oficiais, nos termos do art. 159 deste Código, é preciso que o Estado arque com seus honorários. De qualquer forma, também os assistentes técnicos, quando intervierem a pedido de uma ou das duas partes, devem ser remunerados. No processo penal, como a execução é da competência de juízo distinto do julgador, desloca-se para esta fase a cobrança das despesas, como os honorários periciais. Tratando-se do acusado, é o momento de se requerer os benefícios da justiça gratuita. Sobre a duração dos referidos benefícios, dispõe o art. 98, § 3.º, do CPC: "vencido o beneficiário, as obrigações decorrentes de sua sucumbência ficarão sob condição suspensiva de exigibilidade e somente poderão ser executadas se, nos 5 (cinco) anos subsequentes ao trânsito em julgado da decisão que as certificou, o credor demonstrar que deixou de existir a situação de insuficiência de recursos que justificou a concessão de gratuidade, extinguindo-se, passado esse prazo, tais obrigações do beneficiário".

Quando, no entanto, vencido for o réu, a regra é serem devidas custas. Não se incluem na taxa judiciária as despesas com peritos – salvo o oficial, remunerado pelo Estado –, indenização de testemunhas, despesas de oficiais de justiça – salvo quando expedidos por ordem do juiz ou a pedido do promotor ou de parte beneficiária da assistência judiciária, entre outros atos.

Nas ações penais privadas, o que não disser respeito à taxa judiciária, como despesas com oficiais de justiça, deve ser recolhido pelas partes – querelante ou querelado, conforme o caso, salvo se forem beneficiários da assistência judiciária.

Sobre a sucumbência e sua regulação no processo quanto à verba honorário, há duas posições a respeito: a) é cabível, na ação penal privada; b) não é cabível em hipótese alguma.

Cremos mais acertada a segunda posição, não sendo o caso de analogia, uma vez que a ausência de previsão de pagamento de verba honorária, no Código de Processo Penal, é compatível com a finalidade e o interesse público do processo penal. Não se lida

Capítulo XXIV • Disposições Gerais do Processo Penal | **679**

com questões privadas, de fundo patrimonial, razão pela qual nem mesmo existe um valor dado à causa. A parte deve arcar com os honorários de seu advogado e, quando não puder fazê-lo, o Estado assume o dever de prestar assistência a quem dela necessitar. No mesmo sentido: Mirabete (*Processo penal*, p. 757).

O pagamento de custas na ação penal privada deve ser realizado (art. 806, CPP), excetuando-se com relação à parte que for pobre (havendo referência ao art. 32 do CPP), mas, como regra, as diligências empreendidas durante o processo-crime, dependentes do recolhimento de algum montante, somente se realizarão após feito o depósito pela parte responsável. Pode haver a obrigação da parte, na ação penal privada, de recolher despesas do oficial de justiça e do perito, quando nomeado pelo juiz para a solução de alguma controvérsia levantada pelos interessados.

Quanto à ação privada subsidiária da pública, já que está o particular atuando em lugar do Ministério Público, que foi desidioso, não está submetido ao pagamento de custas ou despesas processuais, uma vez que o interesse por ele defendido é público. No mesmo prisma: TOURINHO FILHO (*Código de Processo Penal comentado*, v. 2, p. 540).

Há entendimentos de que o disposto no art. 806 do CPP somente poderia ser aplicado ao querelante, pois o querelado seria beneficiário da regra constitucional da ampla defesa. Nada lhe poderia obstar a realização de diligência para provar sua inocência ou mesmo para garantir o seu direito ao recurso. Entretanto, assim não pensamos. Se o querelado é pessoa bem aquinhoada financeiramente, não há sentido em poupá-lo das despesas processuais, até porque ele mesmo está custeando o seu defensor. Quando pobre, naturalmente deve o Estado patrocinar-lhe não somente a defesa, mas também isentá-lo do pagamento de qualquer tipo de despesa durante a instrução. Fora disso, a regra deve ser o recolhimento do devido, sob pena de privar-se da diligência almejada ou mesmo do recurso.

E como já deixamos consignado em inúmeras outras passagens, o magistrado, no processo penal, busca as provas, para a formação do seu convencimento e descoberta da verdade real, tanto quanto as partes interessadas. Logo, nos termos do art. 807 do CPP, não seria a fixação do dever da parte de recolher as custas ou despesas para a realização de determinada diligência que iria obstar esse seu poder-dever. Acima do recolhimento de despesas aos cofres públicos está a aplicação correta da lei e a distribuição de justiça, o que será mais adequadamente garantido se o magistrado formar, com a amplitude necessária, a sua convicção.

8. ESTATÍSTICAS CRIMINAIS

Dispõe o art. 809 do CPP que deverá ser realizada estatística judiciária criminal, tendo por base o boletim individual, a cargo do Instituto de Identificação e Estatística.

Para ilustrar o tema, no Estado de São Paulo, a concentração dos dados estatísticos criminais cabe à Fundação Sistema Estadual de Análise de Dados – SEADE, que descende da antiga Repartição de Estatística e Arquivo do Estado, criada em março de 1892. Originariamente, esse órgão era responsável por manter os originais da documentação administrativa e de interesse público do Estado de São Paulo, bem como pelos serviços de estatística e cartografia oficiais e recebidos de particulares.

Após, em 1938, a repartição converteu-se no Departamento de Estatística do Estado de São Paulo, absorvido, em 1976, pela Coordenadoria de Análise de Dados. Finalmente, surgiu a Fundação SEADE, concentrando todo o acervo de informações pertinentes aos boletins individuais.

O Decreto-lei 3.992/41 criou o modelo de boletim individual, que deveria ser remetido pela polícia e pelos cartórios judiciais ao Instituto de Identificação e Estatística. Entretanto, referido instituto nunca foi oficialmente criado, de modo que o banco de dados contendo estatística criminal, em São Paulo, terminou dividindo-se em vários órgãos, que compõem o Sistema Integrado de Informações Criminais, gerenciado atualmente pela Prodesp – empresa de processamento de dados – envolvendo os dados alimentados pelo Instituto de Identificação Ricardo Gumbleton Daunt (IIRGD), Divisão de Capturas (DVC), Coordenadoria dos Estabelecimentos Penitenciários do Estado (Coespe) e Departamento de Apoio ao Serviço das Execuções Criminais (Decrim).

Ilustrando, a Corregedoria-Geral da Justiça do Estado de São Paulo, a pedido da Fundação SEADE, que contava, em seu acervo, com mais de 2.500.000 boletins individuais sem a devida organização, por falta de estrutura e pessoal, determinou a cessação da remessa dos boletins à mencionada Fundação, substituindo-os pelo acesso direto e informatizado ao banco de dados que compõe o Sistema Integrado de Informações Criminais (Provimento 35/2000, *DOE* de 16.11.2000, p. 3).

Dessa forma, atende-se à exigência legal de formação da estatística judiciária criminal, fazendo-o, no entanto, por intermédio da informatização, que é meio mais completo e seguro de composição de dados, contendo todas as informações pertinentes aos boletins individuais. Essa é a tendência observada igualmente em outros Estados da Federação, pois somente por meio do computador pode-se colher facilmente dados e transmiti-los a quem deles tire proveito.

 SÍNTESE

Publicidade dos atos processuais: é a regra imposta pelo art. 792 do Código de Processo Penal, de acordo com o princípio constitucional da publicidade (art. 5.º, LX, e art. 93, IX), mas comporta exceções ligadas ao interesse público (preservação da intimidade e interesse social). Se for decretado pelo juiz o sigilo, jamais se afastará dos atos processuais (audiências ou autos do processo) as partes, pois seria ofensivo ao contraditório e à ampla defesa.

Prazos: são os períodos previstos em lei para que a parte realize algum ato. Podem ser próprios (há sanção para o descumprimento como a impossibilidade de realização do ato) ou impróprios (pode ser realizado o ato ainda que a destempo); legais (impostos por lei) ou judiciais (fixados pelo magistrado); comuns (correm igualmente para as partes) ou individuais (envolvem somente uma das partes).

Bibliografia

ABRAHAM, Henry J. *The judicial process*. 6. ed. New York: Oxford University Press, 1993.

ABREU, Florêncio de. *Comentários ao Código de Processo Penal*.

ADORNO, Sérgio. Sistema penitenciário no Brasil. Problemas e desafios. *Revista do Conselho Nacional de Política Criminal e Penitenciária*, v. 1, n. 2, Brasília, Ministério da Justiça, 1993.

AGESTA, Luis Sanchez. *Curso de derecho constitucional comparado*. 2. ed. Madrid: Nacional, 1965.

ALDERSON, John. Human rights and criminal procedure: a police view. In: ANDREWS, J. A. *Human rights in criminal procedure* – A comparative study. The Hague, Boston, London: Martinus Nijhoff Publishers, 1982.

ALENCAR, Rosmar Rodrigues; TÁVORA, Nestor. *Curso de direito processual penal*. 9. ed. Salvador: Juspodivm, 2014.

ALMEIDA, Dario Martins de. *O livro do jurado*. Coimbra: Almedina, 1977.

ALMEIDA, Joaquim Canuto Mendes de. *Princípios fundamentais do processo penal*. São Paulo: Ed. RT, 1973.

ALMEIDA, Joaquim Canuto Mendes de. *Processo penal, ação e jurisdição*. São Paulo: Ed. RT, 1975.

ALMEIDA, José Raul Gavião de; MORAES, Maurício Zanoide de; FERNANDES, Antonio Scarance (coord.). *Sigilo no processo penal* – eficiência e garantismo. São Paulo: Ed. RT, 2008.

ALMEIDA, Ricardo R.; ARAÚJO, Nádia de. O Tribunal do Júri nos Estados Unidos – Sua evolução histórica e algumas reflexões sobre seu estado atual. *Revista Brasileira de Ciências Criminais*, v. 15, 1996.

ALMEIDA JÚNIOR, A.; COSTA JÚNIOR, J. B. *Lições de medicina legal*. 9. ed. São Paulo: Companhia Editora Nacional, 1971.

ALMEIDA JÚNIOR, João Mendes. *Noções ontológicas de Estado, soberania, autonomia, federação, fundação.* São Paulo: Saraiva, 1960.

ALMEIDA JÚNIOR, João Mendes. *O processo criminal brasileiro.* 4. ed. Rio-São Paulo: Freitas Bastos, 1959. v. 1 e 2.

ALTAVILLA, Enrico. *Psicologia judiciária.* 3. ed. Trad. Fernando de Miranda. Coimbra: Arménio Amado, 1981. v. 1 e 2.

ALVES, Roque de Brito. *Crimes contra a vida e o questionário do júri.* Recife: Luci Artes Gráficas, 2006.

ALVIM, Rui Carlos Machado. O direito de audiência na execução penal – Uma tentativa de sua apreensão. *RT* 636/257, out. 1988.

ALVIM, Rui Carlos Machado. Execução penal: o direito à remição da pena. *RT* 606/286, abr. 1986.

ANDRADE, Manuel da Costa. *Sobre as proibições de prova em processo penal.* Coimbra: Coimbra Ed., 1992.

ANDREWS, J. A. (org.). *Human rights in criminal procedure* – A comparative study. The Hague, Boston, London: Martinus Nijhoff Publishers, 1982.

ANDREUCCI, Ricardo Antunes; REALE JÚNIOR, Miguel; DOTTI, René Ariel; PITOMBO, Sergio Marcos de Moraes. *Penas e medidas de segurança no novo Código.* Rio de Janeiro: Forense, 1987.

APPIO, Eduardo. *Mandado de segurança criminal.* Porto Alegre: Livraria do Advogado, 1995.

AQUINO, José Carlos G. Xavier de. O cárcere e o juiz criminal. *Execução penal* – Visão do TACRIM-SP. Coord. Caetano Lagrasta Neto, José Renato Nalini e Ricardo Henry Marques Dip. São Paulo: Oliveira Mendes, 1998.

AQUINO, José Carlos G. *A prova testemunhal no processo penal.* 2. ed. São Paulo: Saraiva, 1994.

AQUINO, José Carlos G.; NALINI, José Renato. *Manual de processo penal.* São Paulo: Saraiva, 1997.

ARANHA, Adalberto José Queiroz Teles de Camargo. *Da prova no processo penal.* 3. ed. São Paulo: Saraiva, 1994.

ARAÚJO, Luiz Alberto David. *A proteção constitucional da própria imagem (pessoa física, pessoa jurídica e produto).* Belo Horizonte: Del Rey, 1996.

ARAÚJO, Luiz Alberto David; NUNES JÚNIOR, Vidal Serrano. *Curso de direito constitucional.* 3. ed. São Paulo: Saraiva, 1999.

ARAÚJO, Nádia de; ALMEIDA, Ricardo R. O Tribunal do Júri nos Estados Unidos – Sua evolução histórica e algumas reflexões sobre seu estado atual. *Revista Brasileira de Ciências Criminais,* v. 15, 1996.

ARRUDA, Élcio. *Revisão criminal pro societate.* 2.ª ed. Leme: BH Editora, 2009.

ARRUDA ALVIM. Correição parcial, *RT* 452/11-20.

AZAMBUJA, Darcy. *Teoria geral do Estado.* 4. ed. Porto Alegre: Globo, 1955.

AZEVEDO, David Teixeira de. *Atualidades no direito e processo penal.* São Paulo: Método, 2001.

AZEVEDO, David Teixeira de. O interrogatório do réu e o direito ao silêncio. *RT* 682/285.

AZEVEDO, Vicente de Paula Vicente de. *Curso de direito judiciário penal.* São Paulo: Saraiva, 1985. v. 1 e 2.

AZPEITIA GAMAZO, Fernando; HERNANDEZ MARTÍN, Valeriano; VILLALVILLA MUÑOZ, José Maria; GONZÁLE LEÓN, Carmen. *El error judicial. Procedimiento para su declaracion e indemnizacion.* Madrid: Civitas, 1994.

BADARÓ, Gustavo Henrique. *Correlação entre acusação e sentença.* São Paulo: Ed. RT, 2000 (Coleção de Estudos de Processo Penal Prof. Joaquim Canuto Mendes de Almeida, v. 3).

BADARÓ, Gustavo Henrique. Limites aos poderes investigatórios das Comissões Parlamentares de Inquérito. *Boletim do IBCCRIM,* n. 83, out.1999.

BADARÓ, Gustavo Henrique. *Ônus da prova no processo penal.* São Paulo: Ed. RT, 2003.

BADARÓ, Gustavo Henrique; LOPES JR., Aury. *Direito ao processo penal no prazo razoável.* Rio: Lumen Juris, 2006.

BADARÓ, Gustavo Henrique. *Direito processual penal.* Rio: Elsevier, 2008. t. I e II.

BARBIERO, Louri Geraldo. Execução penal provisória: necessidade de sua implantação imediata. *RT* 764/471, jun. 1999.

BARBOSA, Marcelo Fortes. A acusação no plenário do júri. *Tribunal do júri* – Estudo sobre a mais democrática instituição jurídica brasileira. São Paulo: Ed. RT, 1999.

BARBOSA, Rui. *Comentários à Constituição Federal brasileira.* Org. Homero Pires. São Paulo: Saraiva, 1934. v. 6.

BARBOSA, Rui. *O júri sob todos os aspectos.* Org. Roberto Lyra Filho e Mário César da Silva. Rio de Janeiro: Editora Nacional de Direito, 1950.

BARROS, Carmen Silvia de Moraes. *A individualização da pena na execução penal.* São Paulo: Ed. RT, 2001.

BARROS, Hamilton Moraes. Notas sobre o júri. *Revista de Jurisprudência do Tribunal de Justiça do Estado da Guanabara,* n. 25, 1971.

BARROS, Luiz Carlos Galvão de. O limite máximo de 30 anos estabelecido no artigo 75 do Código Penal, tal como no regime anterior à reforma penal de 1985, diz respeito tão somente ao tempo de cumprimento da pena, não se estendendo para regular outros benefícios prisionais (parecer). *Justitia,* v. 136, p. 140, out.-dez. 1986.

BARROS, Marco Antonio de. *A busca da verdade no processo penal.* São Paulo: Ed. RT, 2002.

BARROS, Marco Antonio de. Ministério Público e o *habeas corpus*: tendências atuais. *Tortura, crime militar,* habeas corpus. *Justiça penal – Críticas e sugestões, v. 5.* Coord. Jaques de Camargo Penteado. São Paulo: Ed. RT, 1997.

BARROSO, Luís Roberto. Comissões Parlamentares de Inquérito e suas competências: política, direito e devido processo legal. *Revista Forense,* v. 350, abr.-jun. 2000.

BARROSO, Luís Roberto. Comissões Parlamentares de Inquérito – Limite de sua competência – Sentido da expressão constitucional "poderes de investigação próprios das autoridades judiciais" – Inadmissibilidade de busca e apreensão sem mandado judicial. *Revista Forense,* v. 335, jul.-set. 1996.

BARROSO, Luís Roberto. *Interpretação e aplicação da Constituição.* São Paulo: Saraiva, 1996.

BASTOS, Celso Ribeiro. *Curso de direito constitucional.* 18. ed. São Paulo: Saraiva, 1997.

BASTOS, Celso Ribeiro; MARTINS, Ives Gandra. *Comentários à Constituição do Brasil.* São Paulo: Saraiva, 1989. v. 2.

BASTOS, José Tavares. *O júri na República.* Rio de Janeiro-Paris: Garnier Livreiro, 1909. t. I.

BASTOS, Márcio Thomaz. Júri e mídia. *Tribunal do júri* – Estudo sobre a mais democrática instituição jurídica brasileira. São Paulo: Ed. RT, 1999.

BAZ, Marco Antonio Garcia; ROCHA, Luiz Otavio de Oliveira. *Fiança criminal e liberdade provisória*. São Paulo: Ed. RT, 1999.

BELING, Ernst. *Derecho procesal penal*. Trad. Roberto Goldschmidt e Ricardo C. Nuñez. Córdoba: Impr. Universidade Nacional de Córdoba, 1943.

BELLAVISTA, Girolamo. *Studi sul processo penale*. Milão: Giuffrè, 1966. v. 3.

BENETI, Sidnei Agostinho. *Execução penal*. São Paulo: Saraiva, 1996.

BERISTAIN, Antonio. *Victimología* – Nueve palabras clave. Valencia: Tirant lo Blanch, 2000.

BERLINS, Marcel; DYER, Clare. *The law machine*. 4. ed. London: Penguin Books, 1994.

BERMÚDEZ. Víctor Hugo. La participación del damnificado (víctima) en el proceso penal uruguayo. *La víctima en el proceso penal* – Su régimen legal en Argentina, Bolivia, Brasil, Chile, Paraguay, Uruguay. Buenos Aires: Depalma, 1997.

BERTOLINO, Pedro J. La situación de la víctima del delito en el proceso penal de la Argentina. *La víctima en el proceso penal* – Su régimen legal en Argentina, Bolivia, Brasil, Chile, Paraguay, Uruguay. Buenos Aires: Depalma, 1997.

BETANHO, Luiz Carlos. Crimes falimentares. *Leis penais especiais e sua interpretação jurisprudencial*. 7. ed. Coords. Alberto Silva Franco e Rui Stoco. São Paulo: Ed. RT, 2001.

BETTIOL, Giuseppe; BETTIOL, Rodolfo. *Istituzioni di diritto e procedura penale*. 5. ed. Padova: Cedam, 1993.

BETTIOL, Rodolfo; BETTIOL Giuseppe. *Istituzioni di diritto e procedura penale*. 5. ed. Padova: Cedam, 1993.

BIASOTTI, Carlos. Do excesso ou desvio de execução. *Execução penal* – Visão do TACRIM-SP (coords. Caetano Lagrasta Neto, José Renato Nalini e Ricardo Henry Marques Dip). São Paulo: Oliveira Mendes, 1998.

BICA, António. O poder de julgar em Portugal, Estado de Direito Democrático. *Cadernos Vega Universidade, Direito e Ciência Jurídica*.

BITENCOURT, Cezar Roberto. Competência para execução da pena de multa à luz da Lei 9.268. *Boletim IBCCRIM*, n. 69, ago. 1998, p. 17.

BITENCOURT, Cezar Roberto. Limitação de fim de semana: uma alternativa inviável no Brasil. *RT* 693/297, jul. 1993.

BITENCOURT, Cezar Roberto. Penas pecuniárias. *RT* 619/414, maio 1987.

BITENCOURT, Cezar Roberto. Regimes penais e exame criminológico. *RT* 638/260, dez. 1988.

BITENCOURT, Cezar Roberto. A suspensão condicional da pena. *Revista da Associação dos Juízes do Rio Grande do Sul*, v. 52, jul. 1991, p. 118.

BITTENCOURT, Edgard de Moura. *A instituição do júri*. São Paulo: Saraiva, 1939.

BLACKBURN, Robert. *A written Constitution for the United Kingdom*. London: Mansell, 1995.

BONAVIDES, Paulo. *Ciência política*. 4. ed. Rio de Janeiro: Forense, 1978.

BONAVIDES, Paulo. *Curso de direito constitucional*. 7. ed. São Paulo: Malheiros, 1997.

BOSCHI, José Antonio Paganella. *Ação penal* – Denúncia, queixa e aditamento. Rio de Janeiro: Aide, 1993.

BOSON, Gerson de Britto Mello. Conceituação jurídica da soberania do Estado. *Revista de Direito Público*, v. 21, 1972.

Boson, Gerson de Britto Mello. *Direito internacional público* – O Estado em direito das gentes. Belo Horizonte: Del Rey, 1994.

Boyle, Kevin. Human rights and the Northern Ireland emergency. In: Andrews, J. A. *Human rights in criminal procedure* – A comparative study. The Hague, Boston, London: Martinus Nijhoff Publishers, 1982.

Branco, Fernando Castelo. *A pessoa jurídica no processo penal*. São Paulo: Saraiva, 2001.

Branco, Tales Castelo. *Da prisão em flagrante*. 5. ed. São Paulo: Saraiva, 2001.

Brasted, Rt Hon Lord Nolan of; Sedley, Sir Stephen. *The making and remaking of the british Constitution*. London: Blackstone, 1997.

Brewer, Albert P. et al. *Alabama constitucional law*. Birmingham: Samford University, 1992.

Brown, David; Farrier, David; Weisbrot, David. *Criminal laws*. 2. ed. Sidney: The Federation Press, 1996. v. 1 e 2.

Bueno, José Antônio Pimenta. *Apontamentos sobre o processo criminal brasileiro* (com anotações de José Frederico Marques). São Paulo: Saraiva, 1959.

Buono, Carlos Eduardo de Athayde et al. *A reforma processual penal italiana* – Reflexos no Brasil. São Paulo: Ed. RT, 1991.

Busana, Dante. O Ministério Público no processo de *habeas corpus*. RT 438/315, abr. 1972.

Buzzelli, Silvia. Il contributo dell'imputato alla ricostruzione del fatto. In: Ubertis, Giulio (org.). *La conoscenza del fatto nel processo penale*. Milão: Giuffrè, 1992.

Cabral Netto, Joaquim. *Instituições de processo penal*. Belo Horizonte: Del Rey, 1997.

Caetano, Marcelo. *Direito constitucional*. Rio de Janeiro: Forense, 1977. v. 1; 1978. v. 2.

Caetano, Marcelo. *Manual de ciência política e direito constitucional*. 6. ed. rev. e ampl. por Miguel Galvão Teles. Coimbra: Almedina, 1996. t. I.

Caldas Neto, Pedro Rodrigues. Sampaio Júnior, José Herval. *Manual de prisão e soltura sob a ótica constitucional*. São Paulo: Método, 2007.

Calmon, Pedro. *Curso de direito constitucional brasileiro*. 4. ed. Rio de Janeiro-São Paulo: Freitas Bastos, 1956.

Camargo, Ruy Junqueira de Freitas. A execução das penas criminais e a atuação dos juízes corregedores. *Justitia*, v. 84, 1.º trim. 1974, p. 33.

Cândido, Joel José. *Direito eleitoral brasileiro*. 4. ed. Bauru: Edipro, 1994.

Canotilho, José Joaquim Gomes. *Direito constitucional*. 6. ed. Coimbra: Almedina, 1995.

Card, Richard. Human rights and substantive criminal law. In: Andrews, J. A. *Human rights in criminal procedure* – A comparative study. The Hague, Boston, London: Martinus Nijhoff Publishers, 1982.

Carneiro, Athos Gusmão. *Jurisdição e competência*. 2. ed. São Paulo: Saraiva, 1983.

Carnelutti, Francesco. *Lecciones sobre el proceso penal*. Trad. Santiago Sentís Melendo. Buenos Aires: Bosch, 1950. v. 1 e 2.

Carr, A. P. *Criminal procedure in magistrates courts*. London: Butterworths, 1983.

Carrara, Francesco. *Programa del curso de derecho criminal dictado en la Real Universidad de Pisa*. Trad. Sebastian Soler. Buenos Aires: Depalma, 1944. v. 2.

CARVALHO, França. Do livramento condicional. *Execução penal* – Visão do TACRIM-SP (coords. Caetano Lagrasta Neto, José Renato Nalini e Ricardo Henry Marques Dip). São Paulo: Oliveira Mendes, 1998.

CARVALHO, Jefferson Moreira de. *Curso básico de processo penal.* São Paulo: Juarez de Oliveira, 1999. v. 1.

CARVALHO, Luís Gustavo Grandinetti Castanho de. *O processo penal em face da Constituição.* Rio de Janeiro: Forense, 1992.

CARVALHO, Márcia Dometila Lima de. *Fundamentação constitucional do direito penal.* Porto Alegre: Fabris, 1992.

CARVALHO, Roldão Oliveira de; CARVALHO NETO, Algomiro. *Comentários à Lei n. 9.099, de 26 de setembro de 1995.* Leme: LED, 1997.

CARVALHO, Virgílio J. Miranda de. *Constituição da República portuguesa, direitos humanos, Estatuto do Tribunal Constitucional, 3.ª revisão constitucional.* 2. ed. Coimbra: Ediliber.

CARVALHO NETO, Algomiro; CARVALHO, Roldão Oliveira de. *Comentários à Lei n. 9.099, de 26 de setembro de 1995.* Leme: LED, 1997.

CASTILLO, Niceto Alcalá-Zamora Y. et al. *Derecho procesal penal* (com Ricardo Levene, Hijo). Buenos Aires: Guillermo Kraft, 1945. t. I, II e III.

CASTRO, Araujo. *A nova Constituição brasileira.* 2. ed. Rio de Janeiro-São Paulo: Freitas Bastos, 1936.

CATÃO, Yolanda; FRAGOSO, Heleno; SUSSEKIND, Elisabeth. *Direitos dos presos.* Rio de Janeiro: Forense, 1980.

CAVALCANTI, Themistocles Brandão. *A Constituição Federal comentada.* 3. ed. Rio de Janeiro: José Konfino, 1958. v. 3.

CAVALLO, Vincenzo. *La sentenza penale.* Napoli: Eugenio Jovene, 1936.

CERVINI, Raúl; GOMES, Luiz Flávio. *Interceptação telefônica.* São Paulo: Ed. RT, 1997.

CESÁRIO, Ana Cleide Chiarotti. Hobbes e Rousseau: o problema da soberania. *Cadernos de Direito Constitucional e Ciência Política,* v. 6, São Paulo, Ed. RT, 1994.

CHÂTEL, Marc. Human rights and Belgian criminal procedure at pre-trial and trial level. In: ANDREWS, J. A. *Human rights in criminal procedure* – A comparative study. The Hague, Boston, London: Martinus Nijhoff Publishers, 1982.

CHIOVENDA, Giuseppe. *Instituições de direito processual civil.* 2. ed. Trad. J. Guimarães Menegale. São Paulo: Saraiva, 1965. t. I, II e III.

CINTRA, Antonio Carlos de Araújo. GRINOVER, Ada Pellegrini. DINAMARCO, Cândido Rangel. *Teoria geral do processo.* 25. ed. São Paulo: Malheiros, 2009.

COELHO, Fábio Ulhoa. *Lógica jurídica* – Uma introdução. São Paulo: Educ, 1995.

COELHO, Luís Carlos Valois. Competência em execução provisória. *Boletim do IBCCRIM,* n. 81, ago. 1999, p. 8.

COLLIER, Christopher; COLLIER, James Lincoln. *Decision in Philadelphia* – The constitutional convention of 1787. 4. ed. New York: Ballantine Books, 1993.

COLLIER, James Lincoln; COLLIER, Christopher. *Decision in Philadelphia* – The constitutional convention of 1787. 4. ed. New York: Ballantine Books, 1993.

COMPARATO, Fábio Konder. Por que não a soberania dos pobres? *Constituinte e democracia no Brasil hoje*. 4. ed. São Paulo: Brasiliense, 1986.

CORDERO, Franco. La confessione nel quadro decisório. In: NEUBURGER, Luisella de Cataldo (org.). *La giustizia penale e la fluidità del sapere: ragionamento sul método*. Padova: Cedam, 1988.

CORWIN, Edward S. *A Constituição norte-americana e seu significado atual*. Trad. Lêda Boechat Rodrigues. Rio de Janeiro: Zahar, 1986.

COSSIO, Carlos. *Teoria de la verdad jurídica*. Buenos Aires: Losada, 1954.

COSTA, Hélio. Júri – Controle da magistratura togada. *Revista Forense*, v. 208, 1964.

COSTA JÚNIOR, J. B.; ALMEIDA JÚNIOR, A. *Lições de medicina legal*. 9. ed. São Paulo: Companhia Editora Nacional, 1971.

COSTELLO, Declan. Rights of accused persons and the Irish Constitution of 1937. In: ANDREWS, J. A. *Human rights in criminal procedure* – A comparative study. The Hague, Boston, London: Martinus Nijhoff Publishers, 1982.

COUCEIRO, João Claudio. *A garantia constitucional do direito ao silêncio*. São Paulo: Ed. RT, 2004.

COUTURE, Eduardo J. *Fundamentos do direito processual civil*. Trad. Rubens Gomes de Sousa. São Paulo: Saraiva, 1946.

CRACKNELL, D. G. *Evidence*. Kent: Old Bailey, 1994.

CRAWFORD, James. *Australian courts of law*. 3. ed. Melbourne: Oxford University Press.

CRISTIANI, Antonio. Aspetti problematici del contraddittorio nel riesame dei provvedimenti restrittivi della libertà personale. *Studi in memoria di Giacomo Delitala*. Milão: Giuffrè, 1984. v. 1.

CROALL, Hazel; DAVIES, Malcolm; TYRER, Jane. *Criminal Justice:* an introduction to the criminal justice system in England and Wales. London & New York: Longman, 1995.

CURZON, L. B. *Dictionary of law*. 4. ed. London: Pitman, 1995.

DALLARI, Dalmo de Abreu. *Constituição e constituinte*. 3. ed. São Paulo: Saraiva, 1986.

DALLARI, Dalmo de Abreu. Constituição para o Brasil novo. *Constituinte e democracia no Brasil hoje*. 4. ed. São Paulo: Brasiliense, 1986.

DALLARI, Dalmo de Abreu. *Elementos de teoria geral do Estado*. 6. ed. São Paulo: Saraiva, 1979.

DALLARI, Pedro B. A. *Constituição e tratados internacionais*. São Paulo: Saraiva, 2003.

DARBYSHIRE, Penny. *Eddey on the English legal system*. 6. ed. London: Sweet & Maxwell, 1996.

DAVID, Marcel. Jury populaire et souveraineté. *Revue internationale de theorie du droit et de sociologie juridique*, v. 36-37, Paris, LGDJ, 1997.

DAVIES, Malcolm; CROALL, Hazel; TYRER, Jane. *Criminal Justice:* an introduction to the criminal justice system in England and Wales. London-New York: Longman, 1995.

DAVIS, Francis Selwyn. Contradição entre as respostas e soberania do júri. *Revista Brasileira de Ciências Criminais*, n. 10, abr.-jun. 1995.

DÉLBIS, Tibúrcio. *Homicídio sem cadáver* – O caso Denise Lafetá. Belo Horizonte: Inédita, 1999.

DELMANTO JÚNIOR, Roberto. *Inatividade no processo penal brasileiro*. São Paulo: Ed. RT, 2004 (Coleção Estudos de Processo Penal Prof. Joaquim Canuto Mendes de Almeida, v. 7).

DELMANTO JÚNIOR, Roberto. *As modalidades de prisão provisória e seu prazo de duração*. 2. ed. Rio de Janeiro-São Paulo: Renovar, 2001.

DEL RE, Michele C. Modellamento psichico e diritto penale: la tutela penale dell'integrità psichica. *Studi in memoria di Giacomo Delitala*. Milão: Giuffrè, 1984. v. 1.

DEL VECCHIO, Giorgio. *Teoria do Estado*. Trad. António Pinto de Carvalho. São Paulo: Saraiva, 1957.

DEMERCIAN, Pedro Henrique. *A oralidade no processo penal brasileiro*. São Paulo: Atlas, 1999.

DEMERCIAN, Pedro Henrique; MALULY, Jorge Assaf. *Curso de processo penal*. São Paulo: Atlas, 1999.

DEMERCIAN, Pedro Henrique. *Regime jurídico do Ministério Público no processo penal*. São Paulo: Verbatim, 2009.

DESQUIRON, G. C. *Trattato della prova testimoniale in materia criminale*. Palermo: Eredi Abbate, 1824.

DIEKMAN, Chris; ELLIS, Elizabeth; GOLDRING, John. *Society, law and justice*. 2. ed. Melbourne: Oxford University Press, 1996. v. 1.

DINAMARCO, Cândido Rangel. CINTRA, Antonio Carlos de Araújo. GRINOVER, Ada Pellegrini. *Teoria geral do processo*. 25. ed. São Paulo: Malheiros, 2009.

DINIZ, Maria Helena. *Norma constitucional e seus efeitos*. 3. ed. São Paulo: Saraiva, 1997.

DIP, Ricardo Henry Marques. Competência para a execução da multa do art. 51, Código Penal: julgados do Tribunal de Alçada Criminal de São Paulo. *Execução penal* – Visão do TACRIM--SP (coords. Caetano Lagrasta Neto, José Renato Nalini e Ricardo Henry Marques Dip). São Paulo, Oliveira Mendes, 1998.

DIP, Ricardo Henry Marques. Execução jurídico-penal ou ético-penal. *Execução penal* – Visão do TACRIM-SP (coords. Caetano Lagrasta Neto, José Renato Nalini e Ricardo Henry Marques Dip). São Paulo: Oliveira Mendes, 1998.

DÓRIA, Sampaio. *Comentários à Constituição de 1946*. São Paulo: Max Limonad, 1960. v. 4.

DÓRIA, Sampaio. *Direito constitucional (curso e comentário à Constituição)*. 3. ed. São Paulo: Editora Nacional, 1953. t. I e II.

DOTTI, René Ariel. Anteprojeto do Júri. *Revista Forense*, v. 326.

DOTTI, René Ariel. *Bases e alternativas para o sistema de penas*. São Paulo: Ed. RT, 1998.

DOTTI, René Ariel. A crise da execução penal e o papel do Ministério Público. *Justitia*, v. 129, abr.-jun. 1985.

DOTTI, René Ariel. Esboço para a reforma do júri. *Revista Forense*, v. 322, 1993.

DOTTI, René Ariel. A lei de execução penal – Perspectivas fundamentais. *RT* 598/275, ago. 1985.

DOTTI, René Ariel. As novas linhas do livramento condicional e da reabilitação. *RT* 593/295, mar. 1985.

DOTTI, René Ariel. Problemas atuais da execução penal. *RT* 563/279, set. 1982.

DOTTI, René Ariel. Processo penal executório. *RT* 576/309, out. 1983.

DOTTI, René Ariel. A publicidade dos julgamentos e a "sala secreta" do júri. *Revista Jurídica*, n. 186, 1993.

DOTTI, René Ariel. Reforma do procedimento do júri. *Revista Forense*, v. 334, 1995.

Dotti, René Ariel; Andreucci, Ricardo Antunes; Reale Júnior, Miguel; Pitombo, Sergio Marcos de Moraes. *Penas e medidas de segurança no novo Código.* Rio de Janeiro: Forense, 1987.

Dressler, Joshua. *Cases and materials on criminal law.* St. Paul: West Publishing Co., 1994.

Duarte, José. *A Constituição brasileira de 1946.* Rio de Janeiro: Imprensa Nacional, 1947. v. 3.

Dutra, Mário Hoeppner. A evolução do direito penal e o júri. *Revista Forense*, v. 249, 1975.

Dyer, Clare; Berlins, Marcel. *The law machine.* 4. ed. London: Penguin Books, 1994.

Edwards, Carlos Enrique. *Garantías constitucionales en materia penal.* Buenos Aires: Astrea, 1996.

Elliott, Catherine; Quinn, Frances. *English legal system.* London-New York: Longman, 1996.

Ellis, Elizabeth; Diekman, Chris; Goldring, John. *Society, law and justice.* 2. ed. Melbourne: Oxford University Press, 1996. v. 1.

Escamilla, Margarita Martinez. *La suspensión e intervención de las comunicaciones del preso.* Madrid: Tecnos, 2000.

Eskridge JR., William N.; Farber. Daniel A.; Frickey, Philip. *Cases and materials on constitutional law* – Themes for the Constitution's Third Century. St. Paul: West Publishing, 1993.

Espínola Filho, Eduardo. *Código de Processo Penal brasileiro anotado.* 3. ed. Rio de Janeiro: Borsoi, 1955. v. 1 a 8.

Eymerich, Nicolau. *Manual dos inquisidores.* Brasília: Rosa dos Tempos, 1993.

Farber. Daniel A.; Eskridge JR., William N.; Frickey, Philip. *Cases and materials on constitutional law* – Themes for the Constitution's third century. St. Paul: West Publishing Co., 1993.

Faria, Bento de. *Código de Processo Penal.* 2. ed. Rio de Janeiro: Record, 1960. v. 1 a 3.

Faria, José Eduardo. Um poder à beira de um ataque de nervos. *O Estado de S. Paulo*, Caderno Espaço Aberto, 4 set. 1997.

Faria, José Eduardo. *Poder e legitimidade.* São Paulo: Perspectiva, 1978.

Farrier, David; Brown, David; Weisbrot, David. *Criminal laws.* 2. ed. Sidney: The Federation Press, 1996. v. 1 e 2.

Fawcett, J. E. S. *Criminal procedure and the European Convention on Human Rights.* In: Andrews, J. A. *Human rights in criminal procedure* – A comparative study. The Hague, Boston, London: Martinus Nijhoff Publishers, 1982.

Fedeli, Mario. *Temperamento, caráter, personalidade* – Ponto de vista médico e psicológico. Trad. José Maria de Almeida. São Paulo: Paulus, 1997.

Feitoza, Denilson. *Direito Processual Penal* – teoria, critica e práxis. 5. ed. Niterói: Impetus, 2008.

Fernandes, António José. *Os sistemas político-constitucionais português e espanhol (análise comparativa).* Lisboa: Europa Ed.

Fernandes, Antonio Scarance. Execução penal – Questões diversas. *Justitia*, v. 143, jul.-set. 1988.

Fernandes, Antonio Scarance. O Ministério Público na execução penal. *Execução penal.* Coords. Ada Pellegrini Grinover e Dante Busana. São Paulo: Max Limonad, 1987.

Fernandes, Antonio Scarance. *Processo penal constitucional.* São Paulo: Saraiva, 1999.

FERNANDES, Antonio Scarance. "Resposta à acusação – algumas reflexões". In: *Estudos de processo penal* (ASF – Instituto de Estudos Avançados de Processo Penal). São Paulo: Scortecci Editora, 2011.

FERNANDES, Antonio Scarance. *Teoria geral do procedimento e o procedimento no processo penal*. São Paulo: Ed. RT, 2005.

FERNANDES, Antonio Scarance. A vítima no processo penal brasileiro. *La víctima en el proceso penal* – Su régimen legal en Argentina, Bolivia, Brasil, Chile, Paraguay, Uruguay. Buenos Aires: Depalma, 1997.

FERNANDES, Antonio Scarance; GRINOVER, Ada Pellegrini; GOMES FILHO, Antonio Magalhães. *Recursos no processo penal*. São Paulo: Ed. RT, 1996.

FERNANDES, Antonio Scarance; GRINOVER, Ada Pellegrini; GOMES FILHO, Antonio Magalhães. *As nulidades no processo penal*. 3. ed., 2. tir. São Paulo: Malheiros, 1994.

FERNANDES, Antonio Scarance; GRINOVER, Ada Pellegrini; GOMES FILHO, Antonio Magalhães. *Juizados Especiais Criminais:* comentários à Lei n. 9.099, de 26.09.1995. 3. ed., 2. tir. São Paulo: Ed. RT, 1999.

FERNANDES, Antonio Scarance; ALMEIDA, José Raul Gavião de; MORAES, Maurício Zanoide de (coord). *Sigilo no processo penal* – eficiência e garantismo. São Paulo: Ed. RT, 2008.

FERRAJOLI, Luigi. *Direito e razão. Teoria do garantismo penal*. Trad. Ana Paula Zomer, Fauzi Hassan Choukr, Juarez Tavares, Luiz Flávio Gomes. São Paulo: Ed. RT, 2002.

FERRARI, Eduardo Reale. *Código de Processo Penal* – Comentários aos projetos de reforma legislativa. Campinas: Millenium, 2003.

FERRAZ, Devienne. Da pena de multa e sua execução. *Execução penal* – Visão do TACRIM-SP. Coords. Caetano Lagrasta Neto, José Renato Nalini e Ricardo Henry Marques Dip. São Paulo: Oliveira Mendes, 1998.

FERRAZ, Esther de Figueiredo. *Os delitos qualificados pelo resultado no regime do Código Penal de 1940*. Dissertação de livre docência. São Paulo: Universidade de São Paulo, 1948. p. 139.

FERREIRA, Álvaro Érix. Penas restritivas de direito – Jurisprudência. *Execução penal* – Visão do TACRIM-SP. Coords. Caetano Lagrasta Neto, José Renato Nalini e Ricardo Henry Marques Dip. São Paulo: Oliveira Mendes, 1998.

FERREIRA, Aurélio Buarque de Holanda. *Novo Dicionário Aurélio da Língua Portuguesa*. Curitiba: Positivo, 2004 (versão 5.0).

FERREIRA, Manuel Cavaleiro de. *A pronúncia*. Lisboa: Cruz-Braga, 1984.

FERREIRA FILHO, Manoel Gonçalves. *Comentários à Constituição brasileira de 1988*. 2. ed. São Paulo: Saraiva, 1997.

FERREIRA FILHO, Manoel Gonçalves. *Curso de direito constitucional*. 11. ed. São Paulo: Saraiva, 1982.

FERREIRA FILHO, Manoel Gonçalves. *O poder constituinte*. 2. ed. São Paulo: Saraiva, 1985.

FIORAVANTI, Maurizio. *Los derechos fundamentales*. Madrid: Trotta, 1996.

FIUZA, Ricardo Arnaldo Malheiros. *Direito constitucional comparado*. 3. ed. Belo Horizonte: Del Rey, 1997.

FLORIAN, Eugenio. *Delle prove penali*. Milão: Dottor Francesco Vallardi, 1924. v. 1.

Foucault, Michel. *Vigiar e punir.* Nascimento da prisão. 25. ed. Trad. Raquel Ramalhete. Petrópolis: Vozes, 2002.

Fragoso, Heleno Cláudio. A questão do júri. *Revista Forense,* v. 193, 1961.

Fragoso, Heleno Cláudio; Catão, Yolanda; Sussekind, Elisabeth. *Direitos dos presos.* Rio de Janeiro: Forense, 1980.

França, San Juan. Da revogação obrigatória. *Execução penal* – Visão do TACRIM-SP. Coords. Caetano Lagrasta Neto, José Renato Nalini e Ricardo Henry Marques Dip. São Paulo: Oliveira Mendes, 1998.

Franceschini, José Luiz Vicente de Azevedo. Da atuação dos juízes penais, de ambas as instâncias, na pesquisa da verdade real. *RT* 409/23.

Franco, Afonso Arinos de Melo. *Estudos de direito constitucional.* Rio de Janeiro: Forense, 1957.

Franco, Alberto Silva. Medida liminar em *habeas corpus. Revista Brasileira de Ciências Criminais,* número especial de lançamento, São Paulo, Ed. RT, p. 70-74.

Franco, Alberto Silva; Stoco, Rui (coord.). *Código de Processo Penal e sua interpretação jurisprudencial.* São Paulo: Ed. RT, 1999. v. 1 e 2.

Franco, Alberto Silva; Stoco, Rui; Marrey, Adriano. *Teoria e prática do júri.* 6. ed. São Paulo: Ed. RT, 1997.

Franco, Ary Azevedo. *O júri e a Constituição Federal de 1946.* 2. ed. Rio de Janeiro: Forense, 1956.

Freitas, Gilberto Passos de; Freitas, Vladimir Passos de. *Abuso de autoridade.* 5. ed. São Paulo: Ed. RT, 1993.

Freitas, Vladimir Passos de; Freitas, Gilberto Passos de. *Abuso de autoridade.* 5. ed. São Paulo: Ed. RT, 1993.

Frickey, Philip; Eskridge Jr., William N.; Farber, Daniel A. *Cases and materials on constitutional law* – Themes for the Constitution's third century. St. Paul: West Publishing Co., 1993.

Gagliardi, Pedro. Dos incidentes da execução: a reclamação. *Execução penal* – Visão do TACRIM-SP. Coords. Caetano Lagrasta Neto, José Renato Nalini e Ricardo Henry Marques Dip. São Paulo: Oliveira Mendes, 1998.

Gall, Gerald L. *The canadian legal system.* 4. ed. Toronto: Carswell, 1995.

Garcia, Maria. *Desobediência civil (direito fundamental).* São Paulo: Ed. RT, 1994.

Gemignani, Daniel; Nucci, Guilherme de Souza; Marques, Ivan Luís; Monteiro, André Vinícius; Silva, Raphael Zanon da. Ação civil *ex delicto*: problemática e procedimento após a Lei 11.719/2008. *Revista dos Tribunais,* vol. 888, p. 395, São Paulo, Ed. RT, out. 2009.

Genofre, Roberto Maurício. O papel do juiz criminal na investigação criminal. *Boletim da Associação dos Juízes para a Democracia,* n. 23, jan.-mar. 2001.

Gersão, Eliana. Jurados nos tribunais – Alguns dados da experiência portuguesa. *Cadernos da Revista do Ministério Público,* n. 5, Lisboa, 1991.

Gersão, Eliana. Júri e participação dos cidadãos na justiça. *Cadernos da Revista do Ministério Público,* n. 41.

GOITÍA, Carlos Alberto. La situación de la víctima del delito en el proceso penal boliviano. *La víctima en el proceso penal* – Su régimen legal en Argentina, Bolivia, Brasil, Chile, Paraguay, Uruguay. Buenos Aires: Depalma, 1997.

GOLDRING, John; DIEKMAN, Chris; ELLIS, Elizabeth. *Society, law and justice*. 2. ed. Melbourne: Oxford University Press, 1996. v. 1.

GOMES, Luiz Flávio; PINTO, Ronaldo Batista; CUNHA, Rogério Sanches. *Comentários às reformas do Código de Processo Penal e da Lei de Trânsito*. São Paulo: Ed. RT, 2008.

GOMES, Luiz Flávio. Da inexequibilidade da Lei de Execução Penal. *Julgados do Tribunal de Alçada Criminal de São Paulo*, v. 80, out.-dez. 1984, p. 15.

GOMES, Luiz Flávio; CERVINI, Raúl. *Interceptação telefônica*. São Paulo: Ed. RT, 1997.

GOMES, Luiz Flávio; GOMES FILHO, Antonio Magalhães; GRINOVER, Ada Pellegrini; FERNANDES, Antonio Scarance. *Juizados Especiais Criminais*: comentários à Lei n. 9.099, de 26.09.1995. 3. ed., 2. tir. São Paulo: Ed. RT, 1999.

GOMES, Suzana de Camargo. *Crimes eleitorais*. São Paulo: Ed. RT, 2000.

GOMES FILHO, Antonio Magalhães. A defesa do condenado na execução penal. *Execução penal*. Coords. Ada Pellegrini Grinover e Dante Busana. São Paulo: Max Limonad, 1987.

GOMES FILHO, Antonio Magalhães. *Direito à prova no processo penal*. São Paulo: Ed. RT, 1997.

GOMES FILHO, Antonio Magalhães. *O habeas corpus como instrumento de proteção do direito à liberdade de locomoção. Tortura, crime militar, habeas corpus. Justiça penal* – Críticas e sugestões, v. 5. Coord. Jaques de Camargo Penteado. São Paulo: Ed. RT, 1997.

GOMES FILHO, Antonio Magalhães. *A motivação das decisões penais*. São Paulo: Ed. RT, 2001.

GOMES FILHO, Antonio Magalhães. *Presunção de inocência e prisão cautelar*. São Paulo: Saraiva, 1991.

GOMES FILHO, Antonio Magalhães; GRINOVER, Ada Pellegrini; FERNANDES, Antonio Scarance. *As nulidades no processo penal*. 3. ed. rev. ampl., 2. tir. São Paulo: Malheiros, 1994.

GOMES FILHO, Antonio Magalhães; GRINOVER, Ada Pellegrini; FERNANDES, Antonio Scarance. *Recursos no processo penal*. São Paulo: Ed. RT, 1996.

GOMES FILHO, Antonio Magalhães; GRINOVER, Ada Pellegrini; FERNANDES, Antonio Scarance; GOMES, Luiz Flávio. *Juizados Especiais Criminais*: comentários à Lei n. 9.099, de 26.09.1995. 3. ed., 2. tir. São Paulo: Ed. RT, 1999.

GONÇALVES, Luiz Carlos dos Santos. *O Estatuto do Idoso e os Juizados Especiais Criminais*. Disponível em: [http://www.cpc.adv.br/doutrina].

GONÇALVES, Manuel Lopes Maia. *Código de Processo Penal anotado*. 8. ed. rev. e atual. Coimbra: Almedina, 1997.

GONZÁLE LEÓN, Carmen; VILLALVILLA MUÑOZ, José Maria; AZPEITIA GAMAZO, Fernando; HERNANDEZ MARTÍN, Valeriano. *El error judicial. Procedimiento para su declaracion e indemnizacion*. Madrid: Civitas, 1994.

GONZALEZ, Fernando Gomez de Liaño. *El processo penal*. Oviedo, 1987.

GORPHE, François. *LLappréciation des preuves en justice*. Paris: Recueil Sirey, 1947.

GOULART, José Eduardo; PIRES NETO, Antônio Luiz. O direito da execução penal. *Execução penal* – Visão do TACRIM-SP. Coords. Caetano Lagrasta Neto, José Renato Nalini e Ricardo Henry Marques Dip. São Paulo: Oliveira Mendes, 1998.

GRAVEN, Jean. Évolution, déclin et transformation du jury. *Le jury face au droit pénal moderne.* Journée d'études juridiques Jean Dabin. Bruxelles: Émile Bruylant, 1967.

GRECO FILHO, Vicente. *Manual de processo penal.* São Paulo: Saraiva, 1991.

GRECO FILHO, Vicente. Questões polêmicas sobre a pronúncia. *Tribunal do júri* – Estudo sobre a mais democrática instituição jurídica brasileira. São Paulo: Ed. RT, 1999.

GRECO FILHO, Vicente. *Tutela constitucional das liberdades.* São Paulo: Saraiva, 1989.

GREEN, Eric C.; NESSON, Charles R. *Federal rules of evidence.* Boston-New York-Toronto-London: Little, Brown & Company, 1994.

GRINOVER, Ada Pellegrini. Anotações sobre os aspectos processuais da Lei de Execução Penal. *Execução penal.* Coords. Ada Pellegrini Grinover e Dante Busana. São Paulo: Max Limonad, 1987.

GRINOVER, Ada Pellegrini. A democratização dos tribunais penais: participação popular. *Revista de Processo,* n. 52, 1988.

GRINOVER, Ada Pellegrini. *Liberdades públicas e processo penal.* 2. ed. São Paulo: Ed. RT, 1982.

GRINOVER, Ada Pellegrini. Mandado de segurança contra ato jurisdicional penal. *Mandado de segurança.* Coord. Aroldo Plínio Gonçalves. Belo Horizonte: Del Rey, 1996.

GRINOVER, Ada Pellegrini. Natureza jurídica da execução penal. *Execução penal.* Coords. Ada Pellegrini Grinover e Dante Busana. São Paulo: Max Limonad, 1987.

GRINOVER, Ada Pellegrini; GOMES FILHO, Antonio Magalhães; FERNANDES, Antonio Scarance; GOMES, Luiz Flávio. *Juizados Especiais Criminais:* comentários à Lei n. 9.099, de 26.09.1995. 3. ed., 2. tir. São Paulo: Ed. RT, 1999.

GRINOVER, Ada Pellegrini; GOMES FILHO, Antonio Magalhães; FERNANDES, Antonio Scarance. *As nulidades no processo penal.* 3. ed. rev. ampl., 2. tir. São Paulo: Malheiros, 1994.

GRINOVER, Ada Pellegrini; GOMES FILHO, Antonio Magalhães; FERNANDES, Antonio Scarance. *Recursos no processo penal.* São Paulo: Ed. RT, 1996.

GRINOVER, Ada Pellegrini; DINAMARCO, Cândido Rangel; CINTRA, Antonio Carlos de Araújo. *Teoria geral do processo.* 25. ed. São Paulo: Malheiros, 2009.

GUDJONSSON, Gisli. *False confessions, psychological effects of interrogation.*

HADDAD, Carlos Henrique Borlido. *O interrogatório no processo penal.* Belo Horizonte: Del Rey, 2000.

HERNANDEZ MARTÍN, Valeriano; AZPEITIA GAMAZO, Fernando; VILLALVILLA MUÑOZ, José Maria; GONZÁLE LEÓN, Carmen. *El error judicial. Procedimiento para su declaracion e indemnizacion.* Madrid: Civitas, 1994.

INGMAN, Terence. *The english legal process.* 6. ed. London: Blackstone, 1996.

ISRAEL, Jerold H.; LAFAVE, Wayne R. *Criminal procedure.* 2. ed. St. Paul: West Publishing Co., 1992.

JACKSON, John; DORAN, Sean. *Judge without jury.* Oxford: Clarendon Press, 1995.

JACQUES, Paulino. *Curso de direito constitucional.* 3. ed. Rio de Janeiro: Forense, 1962.

694 | MANUAL DE PROCESSO PENAL · Nucci

JARDIM, Afrânio Silva. *Ação penal pública* – Princípio da obrigatoriedade. 2. ed. Rio de Janeiro: Forense, 1994.

JELLINEK, Georg. *Teoría general del Estado*. 2. ed. Trad. Fernando de Los Ríos Urruti. México: Continental, 1956.

JENKS, C. Wilfred; LARSON, Arthur. *Sovereignty within the law*. New York-London: Oceana, Stevens & Sons, 1965.

JESUS, Damásio E. *Código de Processo Penal anotado*. 16. ed. São Paulo: Saraiva, 1999.

JIMÉNEZ, Hernando Londoño. *Derecho procesal penal*. Bogotá: Temis, 1982.

JOBSON, Keith B. *Human rights in criminal procedure in Canada*. In: ANDREWS, J. A. *Human rights in criminal procedure* – A comparative study. The Hague, Boston, London: Martinus Nijhoff Publishers, 1982.

JUNQUEIRA, Roberto de Rezende. Do livre convencimento do juiz e de seus poderes na instrução criminal e na aplicação das penas. *Justitia*, v. 88.

KARAM, Maria Lúcia. *Competência no processo penal*. 3. ed. São Paulo: Ed. RT, 2002.

KELSEN, Hans. *Teoria pura do direito*. 4. ed. Trad. João Baptista Machado. Coimbra: Arménio Amado, 1979.

KNITTEL & SEILER. The merits of trial by jury. *Cambridge Law Journal*, v. 30, 1972.

KRONAWETTER, Alfredo Enrique. La emergência de un "nuevo" sujeto: la víctima y el imperativo constitucional de su participación en el proceso penal paraguayo. *La víctima en el proceso penal* – Su régimen legal en Argentina, Bolivia, Brasil, Chile, Paraguay, Uruguay. Buenos Aires: Depalma, 1997.

KUNALEN, S.; MCKENZIE, Susan. *English legal system*. London: Blackstone, 1996.

LAFAVE, Wayne R.; ISRAEL, Jerold H. *Criminal procedure*. 2. ed. St. Paul: West Publishing Co., 1992.

LAGOS, Daniel Ribeiro; MIGUEL, Alexandre. A execução penal: instrumentalização e competência. *RT* 690/398, abr. 1993.

LARSON, Arthur; JENKS, C. Wilfred. *Sovereignty within the law*. New York-London: Oceana, Stevens & Sons, 1965.

LEAL, Victor Nunes. *Coronelismo, enxada e voto*. 3. ed., 1. reimp. Rio de Janeiro: Nova Fronteira, 1997.

LEIGH, Leonard H. The protection of the rights of the accused in pre-trial procedure: England and Wales. In: ANDREWS, J. A. *Human rights in criminal procedure* – A comparative study. The Hague, Boston, London: Martinus Nijhoff Publishers, 1982.

LIGERTWOOD, Andrew. *Australian evidence*. 2. ed. Sidney: Butterworths, 1994.

LILLY, Graham C. *An introduction to the law of evidence*. 2. ed. St. Paul: West Publishing Co., 1992.

LIMA, Alcides de Mendonça. Júri – Instituição nociva e arcaica. *Revista Forense*, v. 196, 1961.

LIMA, Arnaldo Siqueira de; TAQUARY, Eneida Orbage de Britto. *Temas de direito penal e direito processual penal*. 3. ed. Brasília: Brasília Jurídica, 2005.

LIMA, Carolina Alves de Souza. *O princípio constitucional do duplo grau de jurisdição*. São Paulo: Manole, 2003.

LLOYD, Dennis. *A ideia de lei*. Trad. Álvaro Cabral. São Paulo: Martins Fontes, 1985.

LOEWENSTEIN, Karl. *Teoría de la Constitución*. Trad. Alfredo Gallego Anabitarte. Barcelona: Ariel, 1965.

LOURENÇO, Messias José. Os princípios do processo penal aplicáveis ao direito administrativo disciplinar. *Estudos de processo penal* (ASF – Instituto de Estudos Avançados de Processo Penal). São Paulo: Scortecci Editora, 2011.

LOPES JR. Aury. *Direito processual penal*, 9. ed. São Paulo: Saraiva, 2012.

LOPES JR. Aury; BADARÓ, Gustavo Henrique. *Direito ao processo penal no prazo razoável*. Rio de Janeiro: Lumen Juris, 2006.

LOPES, João Batista; MORAIS, Paulo Heber de. *Da prova penal*. 2. ed. São Paulo: Copola, 1994.

LUZ, Nelson Ferreira. Os critérios da soberania. *RT*, v. 315, 1962.

LYRA, Roberto. *Teoria e prática da promotoria pública*. 2. ed. Porto Alegre: Fabris e Escola Superior do Ministério Público do Rio Grande do Sul, 1989.

LYRA FILHO, Roberto. *A classificação das infrações penais pela autoridade policial*.

MACIEIRA, António. *Do júri criminal*. Lisboa: Imprensa Nacional, 1914.

MACIEL, Adhemar Ferreira. O devido processo legal e a Constituição brasileira de 1988 – Doutrina e jurisprudência. *Revista da Associação dos Magistrados Brasileiros*, v. 2, 1997.

MADLENER, Kurt. The protection of human rights in the criminal procedure of the Federal Republic of Germany. In: ANDREWS, J. A. *Human rights in criminal procedure* – A comparative study. The Hague, Boston, London: Martinus Nijhoff Publishers, 1982.

MALAN, Diogo; PRADO, Geraldo (coord.). *Processo penal e democracia – estudos em homenagem aos 20 anos da Constituição da República de 1988*. Rio de Janeiro: Lumen Juris, 2009.

MALATESTA, Nicola Framarino dei. *A lógica das provas em matéria criminal*. Trad. Alexandre Augusto Correia. São Paulo: Saraiva, 1960. v. 1 e 2.

MALULY, Jorge Assaf; DEMERCIAN, Pedro Henrique. *Curso de processo penal*. São Paulo: Atlas, 1999.

MANSCHRECK, C. L. *A history of christianity: from persecution to uncertainty*. New Jersey: Englewood Cliffs, 1974.

MANZINI, Vincenzo. *Trattato di diritto processuale penale italiano*. 4. ed. Torino: Unione Tipografico-Editrice Torinese, 1952. v. 1, 2 e 3.

MANZINI, Vincenzo. *Istituzioni di diritto processuale penale*. 10. ed. Padova: Cedam, 1950.

MARCÃO, Renato. *Curso de execução penal*. 12. ed. São Paulo: Saraiva, 2014.

MARCÃO, Renato. *Curso de processo penal*. São Paulo: Saraiva, 2014.

MARCATO, Antonio Carlos. *Procedimentos especiais*. 6. ed. São Paulo: Malheiros, 1994.

MARINONI, Luiz Guilherme; MITIDIERO, Daniel. *Repercussão geral no recurso extraordinário*. São Paulo: Ed. RT, 2007.

MARITAIN, Jacques. A ordem dos conceitos – Lógica menor. *Elementos de Filosofia 2*. 13. ed. Rio de Janeiro: Agir.

MARQUES, Ivan Luís. *Reforma processual penal de 2008*. São Paulo: Ed. RT, 2008.

MARQUES, Ivan Luís; MONTEIRO, André Vinícius; GEMIGNANI, Daniel; NUCCI, Guilherme de Souza; SILVA, Raphael Zanon da. Ação civil *ex delicto*: problemática e procedimento após a Lei 11.719/2008. *Revista dos Tribunais*, vol. 888, p. 395, São Paulo, Ed. RT, out. 2009.

MARQUES, José Frederico. *Da competência em matéria penal.* Revista, atualizada e complementada por José Renato Nalini e Ricardo Dip. Campinas: Millenium, 2000.

MARQUES, José Frederico. *Elementos de direito processual penal.* Atual. Victor Hugo Machado da Silveira. Campinas: Bookseller, 1997. v. 1, 2, 3, 4.

MARQUES, José Frederico. Encerramento da formação da culpa no processo penal do júri. *Estudos de direito e processo penal em homenagem a Nélson Hungria.* Rio de Janeiro-São Paulo: Forense, 1962.

MARQUES, José Frederico. *A instituição do júri.* Atual. Hermínio Alberto Marques Porto, José Gonçalves Canosa Neto e Marco Antonio Marques da Silva. Campinas: Bookseller, 1997.

MARQUES, José Frederico. *O júri e sua nova regulamentação legal.* São Paulo: Saraiva, 1948.

MARQUES, José Frederico. *O júri no direito brasileiro.* 2. ed. São Paulo: Saraiva, 1955.

MARQUES, José Frederico. Notas e apontamentos sobre o júri. *RJTJSP*, v. 9, 1969.

MARQUES, José Frederico. *Tratado de direito processual penal.* São Paulo: Saraiva, 1980. v. 1.

MARQUES, Paulo Edson. O promotor e a reforma da instituição do júri. *Justitia*, v. 43, 1981.

MARQUES, Teresa Cristina Motta Ramos. *Habeas corpus* e mandado de segurança na execução penal. *Execução penal.* Coords. Ada Pellegrini Grinover e Dante Busana. São Paulo: Max Limonad, 1987.

MARREY, Adriano. A publicidade dos julgamentos e a "sala secreta" no júri. *Revista Jurídica*, v. 188, jun. 1993.

MARREY, Adriano; FRANCO, Alberto Silva; STOCO, Rui. *Teoria e prática do júri.* 6. ed. São Paulo: Ed. RT, 1997.

MARTINAGE, Renée. L'évolution du jury en France et en Europe depuis la Révolution de 1789. *Revue internationale de droit penal* – La phase décisoire du procès pénal en droit comparé. Paris: Erès, 1986.

MARTINS, Ives Gandra; BASTOS, Celso. Comentários à Constituição do Brasil. São Paulo: Saraiva, 1989. v. 2.

MAUET, Thomas A. *Pretrial.* 3. ed. Boston: Little, Brown and Company, 1995.

MAXIMILIANO, Carlos. *Comentários à Constituição brasileira.* 5. ed. Rio de Janeiro-São Paulo: Freitas Bastos, 1954. v. 1 a 3.

MAXIMILIANO, Carlos. *Hermenêutica e aplicação do direito.* 22. ed. Rio de Janeiro: Forense, 2020.

MAZZILLI, Hugo Nigro. *O foro por prerrogativa de função e a Lei 10.628/2002.* São Paulo: Complexo Jurídico Damásio de Jesus, jan. 2003. Disponível em: [www.damasio.com.br/novo/html/frame_artigos.htm].

MAZZILLI, Hugo Nigro. O Ministério Público e o *habeas corpus.* RT 618/412, abr. 1987.

MAZZILLI, Hugo Nigro. *Regime jurídico do Ministério Público.* 2. ed. São Paulo: Saraiva, 1995.

MCKENZIE, Susan; KUNALEN, S. *English legal system.* London: Blackstone, 1996.

MEDEIROS, Maria Lúcia. Anotações sobre a correição parcial. *Revista de Processo*, n. 68. p. 132, out.-dez. 1992.

MÉDICI, Sérgio de Oliveira. Processo de execução penal. *Revista Brasileira de Ciências Criminais*, n. 2, abr.-jun. 1993, p. 98.

MÉDICI, Sérgio de Oliveira. *Revisão criminal.* São Paulo: Ed. RT, 1998 (Coleção de Estudos de Processo Penal Prof. Joaquim Canuto Mendes de Almeida, v. 1).

MELLO, Celso D. de Albuquerque. *Curso de direito internacional público*. 7. ed. Rio de Janeiro: Freitas Bastos, 1982. v. 1.

MELLO, Dirceu de. Ação penal privada subsidiária: origem, evolução e efeitos de sua extinção, em perspectiva, no campo da desídia funcional do Ministério Público no direito brasileiro. *Revista de Processo* n. 2, p. 207-213.

MELLO, Dirceu de. Revisão criminal – Prova [parecer]. *Justitia*, v. 98, 1977.

MELLO FILHO, José Celso. *Constituição Federal anotada*. 2. ed. ampl. São Paulo: Saraiva, 1986.

MELLO, Marco Aurélio de. O *habeas corpus* e a competência originária do STF. *Revista Brasileira de Ciências Criminais*, n. 9, jan.-mar. 1995, p. 140.

MÉNDEZ, Francisco Ramos. *El processo penal* – Tercera lectura constitucional. Barcelona: Bosch, 1993.

MIGUEL, Alexandre; LAGOS, Daniel Ribeiro. A execução penal: instrumentalização e competência. *RT* 690/398, abr. 1993.

MILTON, Aristides A. *A Constituição do Brazil* – Notícia historica, texto e commentario. 2. ed. Rio de Janeiro: Imprensa Nacional, 1898.

MIRABETE, Julio Fabbrini. *Código de Processo Penal interpretado*. 5. ed. São Paulo: Atlas, 1997.

MIRABETE, Julio Fabbrini. *Código Penal interpretado*. São Paulo: Atlas, 1999.

MIRABETE, Julio Fabbrini. A competência dos Juizados Especiais Criminais. *RJ* 222/144, abr. 1996.

MIRABETE, Julio Fabbrini. *Execução penal*. 9. ed. São Paulo: Atlas, 2000.

MIRABETE, Julio Fabbrini. *Processo penal*. 8. ed. rev. e atual. São Paulo: Atlas, 1998.

MIRANDA, Gilson Delgado. *Procedimento sumário*. São Paulo: Ed. RT, 2000.

MIRANDA, Jorge. *Constituições de diversos países*. 3. ed. Lisboa: Imprensa Nacional Casa da Moeda, 1986. v. 1.

MIRANDA, Jorge. *Constituições de diversos países*. 3. ed. Lisboa: Imprensa Nacional Casa da Moeda, 1987. v. 2.

MIRANDA, Jorge. *Manual de direito constitucional*. 3. ed. Coimbra: Coimbra Ed., 1987. t. I; 1988. t. II; 1987. t. III; 1988. t. IV.

MITIDIERO, Daniel; MARINONI, Luiz Guilherme. *Repercussão geral no recurso extraordinário*. São Paulo: Ed. RT, 2007.

MITTERMAIER, C. J. A. *Tratado da prova em matéria criminal*. 2. ed. Rio de Janeiro: Eduardo & Henrique Laemmert, 1879.

MOMMSEN, Teodoro. *Derecho penal romano*. Bogotá: Temis, 1991.

MONTEIRO, André Vinícius; GEMIGNANI, Daniel; NUCCI, Guilherme de Souza; MARQUES, Ivan Luís; SILVA, Raphael Zanon da. Ação civil *ex delicto*: problemática e procedimento após a Lei 11.719/2008. *Revista dos Tribunais*, vol. 888, p. 395, São Paulo, Ed. RT, out. 2009.

MONTEIRO, Marisa Marcondes. A competência para a aplicação da lei nova mais benéfica. *Execução penal*. Coords. Ada Pellegrini Grinover e Dante Busana. São Paulo: Max Limonad, 1987.

MONTESQUIEU. *O espírito das leis*. Trad. Pedro Vieira Mota. 4. ed. São Paulo: Saraiva, 1996.

MORAES, Alexandre de. *Direito constitucional*. 7. ed. São Paulo: Atlas, 2000.

MORAES, Alexandre de. *Direitos humanos fundamentais* – Teoria geral, comentários aos arts. 1.º a 5.º da Constituição da República Federativa do Brasil – Doutrina e jurisprudência. 2. ed. São Paulo: Atlas, 1998 (Coleção Temas Jurídicos, v. 3).

MORAES, Alexandre de. Provas ilícitas e proteção aos direitos humanos fundamentais. *Boletim IBCCRIM*, n. 63, fev. 1998, p. 13.

MORAES, Alexandre de; PAZZAGLINI FILHO, Marino; SMANIO, Gianpaolo Poggio; VAGGIONE, Luiz Fernando. *Juizado Especial Criminal* – Aspectos práticos da Lei 9.099/95, com jurisprudência atualizada. 2. ed. São Paulo: Atlas, 1997.

MORAES, Maurício Zanoide. *Interesse e legitimação para recorrer no processo penal brasileiro*. São Paulo: Ed. RT, 2000 (Coleção de Estudos de Processo Penal Prof. Joaquim Canuto Mendes de Almeida, v. 4).

MORAES, Maurício Zanoide. *Leis penais especiais e sua interpretação jurisprudencial*. 7. ed. Coord. Alberto Silva Franco e Rui Stoco. São Paulo: Ed. RT, 2001.

MORAES, Maurício Zanoide; ALMEIDA, José Raul Gavião de; FERNANDES, Antonio Scarance (coord). *Sigilo no processo penal* – eficiência e garantismo. São Paulo: Ed. RT, 2008.

MORAIS, Paulo Heber de; LOPES, João Batista. *Da prova penal*. 2. ed. São Paulo: Copola, 1994.

MORGAN, David et al. *Suspicion & silence* – The right to silence in criminal investigations. Londres: Blackstone Press Limited, 1994.

MOURA, Maria Thereza Rocha de Assis; PITOMBO, Cleunice A. Valentim Bastos. *Habeas corpus* e advocacia criminal: ordem liminar e âmbito de cognição. *Tortura, crime militar,* habeas corpus. *Justiça penal* – Críticas e sugestões, v. 5. Coord. Jaques de Camargo Penteado. São Paulo: Ed. RT, 1997.

MOURA, Maria Thereza Rocha de Assis. *Justa causa para a ação penal* – Doutrina e jurisprudência. São Paulo: Ed. RT, 2001 (Coleção de Estudos de Processo Penal Prof. Joaquim Canuto Mendes de Almeida, v. 5).

MOURA, Maria Thereza Rocha de Assis. *As reformas no processo penal. As novas leis de 2008 e os projetos de reforma* (coord.). São Paulo: Ed. RT, 2009.

MOURA, Mario de Assis. *Reforma da instituição do Jury (no Estado de São Paulo)*. São Paulo: Saraiva, 1930.

MUCCIO, Hidejalma. *Curso de processo penal*. São Paulo: Edipro, 2000. v. 1.

MURPHY, Peter. *Evidence & advocacy*. 4. ed. Londres: Blackstone Press Limited, 1990.

NALINI, José Renato. Pode o juiz melhorar a execução penal? *Execução penal* – Visão do TACRIM--SP. Coords. Caetano Lagrasta Neto, José Renato Nalini e Ricardo Henry Marques Dip. São Paulo: Oliveira Mendes, 1998.

NALINI, José Renato; AQUINO, José Carlos G. Xavier de. *Manual de processo penal*. São Paulo: Saraiva, 1997.

NASSIF, Aramis. *Júri* – Instrumento da soberania popular. Porto Alegre: Livraria do Advogado, 1996.

NESSON, Charles R; GREEN, Eric C. *Federal rules of evidence*. Boston-New York-Toronto-London: Little, Brown & Company, 1994.

NERY JUNIOR, Nelson. *Princípios do processo civil na Constituição Federal*. São Paulo: Ed. RT, 1992.

NICOLITT, André. *Manual de processo penal*. 5. ed. São Paulo: Ed. RT, 2014.

NOGUEIRA, Carlos Frederico Coelho. *Comentários ao Código de Processo Penal*. São Paulo: Edipro, 2002. v. 1.

NOGUEIRA, Carlos Frederico Coelho. Efeitos da condenação, reabilitação e medidas de segurança. *Curso sobre a reforma penal*. Coord. Damásio E. de Jesus. São Paulo: Saraiva, 1985.

NOGUEIRA, Carlos Frederico Coelho. Mandado de segurança contra decisão judicial que assegura à testemunha a ser ouvida em inquérito policial fazer-se acompanhar de advogado (parecer). *Justitia*, v. 134, p. 147, 1986.

NOGUEIRA, Paulo Lúcio. *Curso completo de processo penal*. 10. ed. São Paulo: Saraiva, 1996.

NONAKA, Gilberto. *Habeas corpus* e Justiça Militar Estadual. *Tortura, crime militar,* habeas corpus. *Justiça Penal* – Críticas e sugestões, v. 5. Coord. Jaques de Camargo Penteado. São Paulo: Ed. RT, 1997.

NORONHA, E. Magalhães. *Curso de direito processual penal*. 17. ed. São Paulo: Saraiva, 1986.

NUCCI, Guilherme de Souza. *Código de Processo Penal comentado*. 23. ed. Rio de Janeiro: Forense, 2024.

NUCCI, Guilherme de Souza. *Código Penal comentado*. 24. ed. Rio de Janeiro: Forense, 2024.

NUCCI, Guilherme de Souza. *Leis penais e processuais penais comentadas*. 15. ed. Rio de Janeiro: Forense, 2023. vol. 1.

NUCCI, Guilherme de Souza. *Leis penais e processuais penais comentadas*. 15. ed. Rio de Janeiro: Forense, 2023. vol. 2.

NUCCI, Guilherme de Souza. *Manual de direito penal*. 20. ed. Rio de Janeiro: Forense, 2024.

NUCCI, Guilherme de Souza. *Prática forense penal*. 15. ed. Rio de Janeiro: Forense, 2024.

NUCCI, Guilherme de Souza. *Provas no Processo Penal*. 5. ed. Rio de Janeiro: Forense, 2022.

NUCCI, Guilherme de Souza. *Prisão, Medidas Cautelares e Liberdade*. 7. ed. Rio de Janeiro: Forense, 2022.

NUCCI, Guilherme de Souza. *Tribunal do Júri*. 10. ed. Rio de Janeiro: Forense, 2024.

NUCCI, Guilherme de Souza. *Princípios constitucionais penais e processuais penais*. 4. ed. Rio de Janeiro: Forense, 2015.

NUCCI, Guilherme de Souza. *Prisão e Liberdade*. 3. ed. Rio de Janeiro: Forense, 2014.

NUCCI, Guilherme de Souza. A indução generalizadora nos trabalhos jurídicos. *Revista de Processo,* n. 84, p. 314-323.

NUNES JÚNIOR, Vidal Serrano; Araújo, Luiz Alberto David. *Curso de direito constitucional*. 3. ed. São Paulo: Saraiva, 1999.

O'CONNELL, Michael. *Truth, the first casualty*. Eire: Riverstone, 1993.

OLIVEIRA, Abreu. Incidentes da execução penal. *Execução penal* – Visão do TACRIM-SP. Coords. Caetano Lagrasta Neto, José Renato Nalini e Ricardo Henry Marques Dip. São Paulo: Oliveira Mendes, 1998.

OLIVEIRA, Eugênio Pacelli de. *Processo e hermenêutica na tutela penal dos direitos fundamentais*. Belo Horizonte: Del Rey, 2004.

OLIVEIRA, Eugênio Pacelli de. *Regimes constitucionais da liberdade provisória*. Rio de Janeiro: Lumen Juris, 2007.

OLIVEIRA, Eugênio Pacelli de. *Curso de processo penal*. 10. ed. Rio de Janeiro: Lumen Juris, 2008.

700 | MANUAL DE PROCESSO PENAL · Nucci

OLIVEROS, Raúl. Tavolari. La situación de la víctima del delito en el proceso penal chileno. *La víctima en el proceso penal* – Su régimen legal en Argentina, Bolivia, Brasil, Chile, Paraguay, Uruguay. Buenos Aires: Depalma, 1997.

OLMEDO, Jorge A. Clariá. *Tratado de derecho procesal penal*. Buenos Aires: Ediar, 1960. v. 1 e 2.

OSAKWE, Christopher. The Bill of Rights for the criminal defendant in american law. In: ANDREWS, J. A. *Human rights in criminal procedure* – A comparative study. The Hague, Boston, London: Martinus Nijhoff Publishers, 1982.

PALAZZO, Francesco. *Valores constitucionais e direito penal*. Trad. Gérson Pereira dos Santos. Porto Alegre: Fabris, 1989.

PALMIERI, Germano. *Dizionario dei termini giuridici*. Milão: Biblioteca Universale Rizzoli, 1993.

PARADA NETO, José. A defesa no plenário do júri. *Tribunal do júri* – Estudo sobre a mais democrática instituição jurídica brasileira. São Paulo: Ed. RT, 1999.

PAUPÉRIO, Artur Machado. *Teoria geral do Estado (direito político)*. 8. ed. Rio de Janeiro: Forense, 1983.

PAUPÉRIO, Artur Machado. *O conceito polêmico de soberania*. 2. ed. Rio de Janeiro: Forense, 1958.

PAZZAGLINI FILHO, Marino; MORAES, Alexandre; SMANIO, Gianpaolo Poggio; VAGGIONE, Luiz Fernando. *Juizado Especial Criminal* – Aspectos práticos da Lei 9.099/95, com jurisprudência atualizada. 2. ed. São Paulo: Atlas, 1997.

PEDROSO, Fernando de Almeida. Detração penal: compensação na pena do tempo de prisão relativo a outro processo. Quanto é possível. *RT* 698/294, dez. 1993.

PEDROSO, Fernando de Almeida. *Processo penal, o direito de defesa: repercussão, amplitude e limites*. 2. ed. São Paulo: Ed. RT, 1994.

PEÑA, Manuel S. *Practical criminal investigation*. 3. ed. Placerville: Copperhouse Publishing, 1993.

PENALVA, Ernesto Pedraz. *Derecho procesal penal* – Princípios de derecho procesal penal. Madrid: Colex, 2000. t. I.

PENTEADO, Jaques de Camargo. *Acusação, defesa e julgamento*. Campinas: Millennium, 2001.

PENTEADO, Jaques de Camargo. *Duplo grau de jurisdição no processo penal* – Garantismo e efetividade. São Paulo: Ed. RT, 2006.

PENTEADO, Jaques de Camargo. Revisão Criminal. *RT*, v. 720, 1995.

PEREIRA, Maurício Henrique Guimarães. *Habeas corpus* e polícia judiciária. *Tortura, crime militar*, habeas corpus. *Justiça penal* – Críticas e sugestões, v. 5. Coord. Jaques de Camargo Penteado. São Paulo: Ed. RT, 1997.

PIERANGELI, José Henrique. *Processo penal (Evolução histórica e fontes legislativas)*. Bauru: Jalovi, 1983.

PIERANGELI, José Henrique. *Códigos penais do Brasil (Evolução histórica)*. Bauru: Jalovi, 1980.

PIMENTEL, Fabiano. *Tutela antecipada em revisão criminal*. Brasília: Consulex, 2012.

PIMENTEL, Manoel Pedro. A defesa dos direitos do encarcerado. *RT* 568/243, fev. 1983.

PIMENTEL, Manoel Pedro. A oratória perante o júri. *RT*, v. 628, 1988.

PIMENTEL, Manoel Pedro. Vida e morte do Tribunal do Júri de economia popular. *RT*, v. 434, 1971.

PINTO FERREIRA. *Comentários à Constituição brasileira*. São Paulo: Saraiva, 1989. v. 1.

PINTO FERREIRA. *Princípios gerais do direito constitucional moderno*. 6. ed. São Paulo: Saraiva, 1983. v. 1 e 2.

PINTO FERREIRA. *Teoria geral do Estado*. 3. ed. São Paulo: Saraiva, 1975. v. 1 e 2.

PIOVESAN, Flávia. *Direitos humanos e direito constitucional internacional*. São Paulo: Max Limonad, 1996.

PIRES NETO, Antônio Luiz; GOULART, José Eduardo. O direito da execução penal. *Execução penal* – Visão do TACRIM-SP. Coords. Caetano Lagrasta Neto, José Renato Nalini e Ricardo Henry Marques Dip. São Paulo: Oliveira Mendes, 1998.

PISANI, Mario. *La tutela penale delle prove formate nel processo*. Milão: Giuffrè, 1959.

PITOMBO, Cleunice A. Valentim Bastos. *Da busca e apreensão no processo penal*. São Paulo: Ed. RT, 1999 (Coleção de Estudos de Processo Penal Prof. Joaquim Canuto Mendes de Almeida, v. 2).

PITOMBO, Cleunice A. Valentim Bastos. Comissão Parlamentar de Inquérito e os institutos da busca e da apreensão. *Justiça penal* – Críticas e sugestões. Coord. Jaques de Camargo Penteado. São Paulo: Ed. RT, 2000. v. 7.

PITOMBO, Cleunice A. Valentim Bastos; MOURA, Maria Thereza Rocha de Assis. *Habeas corpus* e advocacia criminal: ordem liminar e âmbito de cognição. *Tortura, crime militar,* habeas corpus. *Justiça penal* – Críticas e sugestões, v. 5. Coord. Jaques de Camargo Penteado. São Paulo: Ed. RT, 1997.

PITOMBO, Sérgio Marcos de Moraes. Breves notas sobre a novíssima execução penal. *Reforma penal*. São Paulo: Saraiva, 1985.

PITOMBO, Sérgio Marcos de Moraes. Emprego de algemas – Notas em prol de sua regulamentação. *RT* 592/275, fev. 1985.

PITOMBO, Sérgio Marcos de Moraes. A identificação processual penal e a Constituição de 1988. *RT*, v. 635, 1988.

PITOMBO, Sérgio Marcos de Moraes. O juiz penal e a pesquisa da verdade material. *Processo penal e Constituição Federal*. Org. Hermínio Alberto Marques Porto. São Paulo: Acadêmica, 1993.

PITOMBO, Sérgio Marcos de Moraes. Procedimento administrativo criminal, realizado pelo Ministério Público. *Boletim do Instituto Manoel Pedro Pimentel*, n. 22, jun.-ago. 2003.

PITOMBO, Sérgio Marcos de Moraes. Pronúncia e o *in dubio pro societate*. *Boletim do Instituto Manoel Pedro Pimentel*, n. 17, jul.-set. 2001.

PITOMBO, Sérgio Marcos de Moraes. Os regimes de cumprimento de pena e o exame criminológico. *RT* 583/312, maio 1984.

PITOMBO, Sérgio Marcos de Moraes. *Do sequestro no processo penal brasileiro*. São Paulo: Bushatsky, 1978.

PITOMBO, Sérgio Marcos de Moraes. Supressão do libelo. *Tribunal do júri* – Estudo sobre a mais democrática instituição jurídica brasileira. São Paulo: Ed. RT, 1999.

PITOMBO, Sérgio Marcos de Moraes; DOTTI, René Ariel; ANDREUCCI, Ricardo Antunes; REALE JÚNIOR, Miguel. *Penas e medidas de segurança no novo Código*. Rio de Janeiro: Forense, 1987.

PITOMBO, Sérgio Marcos de Moraes; TUCCI, Rogério Lauria. *Princípios e regras orientadoras do novo processo penal brasileiro*. Rio de Janeiro: Forense, 1986.

702 | MANUAL DE PROCESSO PENAL · Nucci

PONTE, Antonio Carlos da. *Inimputabilidade e processo penal*. São Paulo: Atlas, 2002.

PONTES DE MIRANDA, Francisco Cavalcanti. *Comentários à Constituição de 1946*. 3. ed. rev. e aum. Rio de Janeiro: Borsoi, 1960. t. V e VI.

PONTES DE MIRANDA, Francisco Cavalcanti. *Comentários à Constituição de 1967*. São Paulo: Ed. RT. t. V.

PONTES DE MIRANDA, Francisco Cavalcanti. *História e prática do* habeas corpus *(Direito constitucional e processual comparado)*. 3. ed. Rio de Janeiro: José Konfino, 1955.

PORTO, Hermínio Alberto Marques. Julgamento pelo Tribunal do Júri: questionário. *Tribunal do júri* – Estudo sobre a mais democrática instituição jurídica brasileira. São Paulo: Ed. RT, 1999.

PORTO, Hermínio Alberto Marques. Júri – Excepcionalidade da reforma da decisão dos jurados. *Justitia*, v. 96, 1977.

PORTO, Hermínio Alberto Marques. *Júri* (Procedimento e aspectos do julgamento – Questionários). 7. ed. São Paulo: Malheiros, 1993; 10. ed. São Paulo: Saraiva, 2001.

PORTO, Hermínio Alberto Marques. Júri – Segunda apelação pelo mérito. *Justitia*, v. 90, 1975.

PORTO, Hermínio Alberto Marques. *Procedimento do júri e* habeas corpus. *Tortura, crime militar,* habeas corpus. *Justiça penal* – Críticas e sugestões, v. 5. Coord. Jaques de Camargo Penteado. São Paulo: Ed. RT, 1997.

POZZER, Benedito Roberto Garcia. *Correlação entre acusação e sentença no processo penal brasileiro*. São Paulo: IBCCRIM, 2001.

PRADO, Geraldo. *Sistema acusatório. A conformidade constitucional das leis processuais penas*. 3. ed. Rio de Janeiro: Lumen Juris, 2005.

PRADO, Geraldo; MALAN, Diogo (coord.). *Processo penal e democracia* – estudos em homenagem aos 20 anos da Constituição da República de 1988. Rio de Janeiro: Lumen Juris, 2009.

QUEIJO, Maria Elizabeth. *O direito de não produzir prova contra si mesmo. O princípio nemo tenetur se detegere e suas decorrências no processo penal*, 2. ed. São Paulo: Saraiva, 2012.

QUINN, Frances; ELLIOTT, Catherine. *English legal system*. London-New York: Longman, 1996.

RAMOS, João Gualberto Garcez. O júri como instrumento de efetividade da reforma penal. *RT*, v. 699, 1994.

RAMOS, Saulo. Inquérito policial sem polícia. *Folha de S. Paulo*, 09.07.2004, Tendências e Debates, p. A 3.

RANGEL, Paulo. *Direito processual penal*. 12. ed. Rio de Janeiro: Lumen Juris, 2007.

RASCOVSKI, Luiz. A (in)eficiência da delação premiada. *Estudos de processo penal* (ASF – Instituto de Estudos Avançados de Processo Penal). São Paulo: Scortecci Editora, 2011.

REALE, Miguel. *Filosofia do direito*. São Paulo: Saraiva, 1983.

REALE, Miguel. *Liberdade e democracia*. São Paulo: Saraiva, 1987.

REALE JÚNIOR; Miguel; DOTTI, René Ariel; ANDREUCCI, Ricardo Antunes; PITOMBO, Sergio Marcos de Moraes. *Penas e medidas de segurança no novo Código*. Rio de Janeiro: Forense, 1987.

REZEK, J. F. *Direito internacional público* – Curso elementar. 6. ed. São Paulo: Saraiva, 1996.

RIBEIRO, Antônio de Pádua. Salvem o Judiciário. *Folha de S. Paulo*, Caderno Tendências e Debates, 05 out. 1997.

RIBEIRO, Benedito Silvério. Penas alternativas. *Execução penal* – Visão do TACRIM-SP. Coords. Caetano Lagrasta Neto, José Renato Nalini e Ricardo Henry Marques Dip. São Paulo: Oliveira Mendes, 1998.

RIBEIRO, Zilma Aparecida da Silva. O recurso de agravo na Lei de Execução Penal. *Execução penal*. Coords. Ada Pellegrini Grinover e Dante Busana. São Paulo: Max Limonad, 1987.

RICUPERO, René. Livramento condicional. *Execução penal* – Visão do TACRIM-SP. Coords. Caetano Lagrasta Neto, José Renato Nalini e Ricardo Henry Marques Dip. São Paulo: Oliveira Mendes, 1998.

ROBERTSHAW, Paul. *Jury and judge* – The Crown Court in action. Aldershot, Brookfield, Singapore & Sidney: Dartmouth, 1995.

ROCHA, Francisco de Assis do Rêgo Monteiro. *Curso de direito processual penal*. Rio de Janeiro: Forense, 1999.

ROCHA, Luiz Otavio de Oliveira; BAZ, Marco Antonio Garcia. *Fiança criminal e liberdade provisória*. São Paulo: Ed. RT, 1999.

ROGEIRO, Nuno. *Constituição dos EUA* – Estudo sobre o sistema constitucional dos Estados Unidos. Lisboa: Gradiva, 1993.

ROGEIRO, Nuno. *A lei fundamental da República Federal da Alemanha*. Coimbra: Coimbra, 1996.

ROMANO, Santi. *Princípios de direito constitucional geral*. Trad. Maria Helena Diniz. São Paulo: Ed. RT, 1977.

ROMEIRO, Jorge Alberto. *Curso de direito penal militar*. São Paulo: Saraiva.

ROMEIRO, Jorge Alberto. *Elementos de direito penal e processo penal*. São Paulo: Saraiva, 1978.

ROSA, Antonio José Miguel Feu. *Execução penal*. São Paulo: Ed. RT, 1995.

ROSA, Inocêncio Borges da. *Comentários ao Código de Processo Penal*. 3. ed. Atual. Angelito A. Aiquel. São Paulo: Ed. RT, 1982.

ROSA, Inocêncio Borges da. *Nulidades do processo*. Porto Alegre: Globo, 1935.

ROXIN, Claus. *La evolución de la política criminal, el derecho penal y el proceso penal*. Valencia: Tirant lo Blanch, 2000.

RULLI JÚNIOR, Antonio. Penas alternativas. *Execução penal* – Visão do TACRIM-SP. Coords. Caetano Lagrasta Neto, José Renato Nalini e Ricardo Henry Marques Dip. São Paulo: Oliveira Mendes, 1998.

SABATINI, Guglielmo. *Istituzioni di diritto processuale penale*. Nápoles: Alberto Morano, 1933.

SALES, José Luis. O júri na Constituição Federal. *Revista Forense*, v. 114, 1947.

SAMPAIO, Laerte J. Castro; BUSANA, Dante. O Ministério Público no processo de *habeas corpus*. *RT* 438/315, abr. 1972.

SAMPAIO, Rogério Marrone de Castro. *Responsabilidade civil*. São Paulo: Atlas, 2000.

SAMPAIO JÚNIOR, José Herval. CALDAS NETO, Pedro Rodrigues. *Manual de prisão e soltura sob a ótica constitucional*. São Paulo: Método, 2007.

SAMUEL JÚNIOR; SANTOS, Evaristo dos. Remição – Perda dos dias decorrente de falta grave – Uma outra posição. *Execução penal* – Visão do TACRIM-SP. Coords. Caetano Lagrasta Neto, José Renato Nalini e Ricardo Henry Marques Dip. São Paulo: Oliveira Mendes, 1998.

704 | MANUAL DE PROCESSO PENAL · **Nucci**

SAMUELS, Alec. The argument for a Bill of Rights in the United Kingdom. In: ANDREWS, J. A. *Human rights in criminal procedure* – A comparative study. The Hague, Boston, London: Martinus Nijhoff Publishers, 1982.

SANTORO FILHO, Antonio Carlos. Os poderes investigatórios do juiz corregedor da Polícia Judiciária. *Cadernos jurídicos*, n. 27. São Paulo, Escola Paulista da Magistratura, maio-ago. 2006.

SANTOS, Cleopas Isaías; ZANOTTI, Bruno Taufner. *Delegados de polícia em ação.* Teoria e prática no Estado Democrático de Direito. 2. ed. Salvador: Juspodivm, 2014.

SANTOS, Marcus Renan Palácio de M. C. dos. *Da denúncia à sentença no procedimento ordinário – Doutrina e jurisprudência.* 3. ed. Rio de Janeiro: Freitas Bastos, 2005.

SANTOS, Evaristo dos; SAMUEL JÚNIOR. Remição – Perda dos dias decorrente de falta grave – Uma outra posição. *Execução penal* – Visão do TACRIM-SP. Coords. Caetano Lagrasta Neto, José Renato Nalini e Ricardo Henry Marques Dip. São Paulo: Oliveira Mendes, 1998.

SANTOS, José Carlos Daumas. *Princípio da legalidade na execução penal.* São Paulo: Manole--EPM, 2005.

SANTOS, Moacyr Amaral. *Primeiras linhas de direito processual civil.* 17. ed. São Paulo: Saraiva, 1995. v. II.

SANTOS, Moacyr Amaral. *Prova judiciária no cível e comercial.* 5. ed. São Paulo: Saraiva, 1983. v. 1 e 2.

SANTOS JÚNIOR, Carlos Rafael dos. A extinção da sala secreta nos tribunais do júri. *Revista da Associação dos Juízes do Rio Grande do Sul*, v. 58, 1993.

SCHMIDT, Eberhard. *Los fundamentos teoricos y constitucionales del derecho procesal penal.* Trad. Jose Manuel Núñez. Buenos Aires: Editorial Bibliográfica Argentina, 1957.

SEABROOKE, Stephen et al. *Criminal evidence and procedure:* the statutory framework. Londres: Blackstone Press Limited, 1996.

SEDLEY, Sir Stephen; BRASTED, Rt Hon Lord Nolan of. *The making and remaking of the british Constitution.* London: Blackstone, 1997.

SEMER, Marcelo. A síndrome dos desiguais. *Boletim da Associação dos Juízes para a Democracia*, ano 6, n. 29, jul.-set. 2002.

SÉRGIO SOBRINHO, Mário. *A identificação criminal.* São Paulo: Ed. RT, 2003.

SIEYÈS, Emmanuel Joseph. *Qu'est-ce que le Tiers État? (A Constituinte Burguesa).* Org. Aurélio Wander Bastos. Rio de Janeiro: Liber Juris, 1986.

SILVA, Aluísio J. T. Gavazzoni. *Revisão criminal* – Teoria e prática. Rio de Janeiro-São Paulo: Freitas Bastos.

SILVA, César Dario Mariano da. *Das provas obtidas por meios ilícitos e seus reflexos no âmbito do direito processual penal.* São Paulo: Leud, 1999.

SILVA, José Afonso da. *Curso de direito constitucional positivo.* 9. ed. São Paulo: Malheiros, 1992.

SILVA, Raphael Zanon da; MONTEIRO, André Vinícius; GEMIGNANI, Daniel; NUCCI, Guilherme de Souza; MARQUES, Ivan Luís; Ação civil *ex delicto*: problemática e procedimento após a Lei 11.719/2008. *Revista dos Tribunais*, vol. 888, p. 395, São Paulo, Ed. RT, out. 2009.

Silva, Valentim Alves da. A intervenção do juiz na execução da pena. *RT* 444/257, out. 1972.

Silva Júnior, Euclides Ferreira da. *Curso de direito processual penal em linguagem prática*. São Paulo: Juarez de Oliveira, 1997.

Siqueira, Galdino. *Curso de processo criminal*. 2. ed. São Paulo: Livraria e Officinas Magalhães, 1917.

Sirino, Sérgio Inácio; Taggesell, Hildegard. *Inquérito policial federal*. Curitiba: Juruá, 2001.

Smanio, Gianpaolo Poggio; Pazzaglini Filho, Marino; Moraes, Alexandre; Vaggione, Luiz Fernando. *Juizado Especial Criminal* – Aspectos práticos da Lei 9.099/95, com jurisprudência atualizada. 2. ed. São Paulo: Atlas, 1997.

Smith, John. *Criminal evidence*. Londres: Sweet & Maxwell, 1995.

Solon, Ari Marcelo. *Teoria da soberania como problema da norma jurídica e da decisão*. Porto Alegre: Fabris, 1997.

Sotelo, Jose Luis Vazquez. *Presuncion de inocencia del imputado e intima conviccion del tribunal*. Barcelona: Bosch.

Souza, Luiz Sérgio Fernandes de. O problema sexual nos presídios – Uma análise sistêmico--funcionalista. *RT* 617/416, mar. 1987.

Souza, Osni de. Da remição – A perda dos dias remidos por falta grave. *Execução penal* – Visão do TACRIM-SP. Coords. Caetano Lagrasta Neto, José Renato Nalini e Ricardo Henry Marques Dip. São Paulo: Oliveira Mendes, 1998.

Spielmann, Alphonse. De l'abolition du jury a la suppression de la Cour d'Assises (au Grand--Duché de Luxembourg). *Revue de droit penal et de criminologie*, n. 8-9-10. Bruxelles: Ministère de la Justice, 1987.

Sprack, John. *Criminal procedure*. 5. ed. London: Blackstone, 1992.

Steiner, Sylvia Helena de Figueiredo. *A Convenção Americana sobre Direitos Humanos e sua integração ao processo penal brasileiro*. São Paulo: Ed. RT, 2000.

Stoco, Rui. Crise existencial do júri no direito brasileiro. *RT*, v. 664, 1991.

Stoco, Rui. *Procedimento administrativo disciplinar no Poder Judiciário*. São Paulo: Ed. RT, 1995.

Stoco, Rui; Franco, Alberto Silva; Marrey, Adriano. *Teoria e prática do júri*. 6. ed. São Paulo: Ed. RT, 1997.

Stoddart, Charles N. Human rights in criminal procedure: the Scottish experience. In: Andrews, J. A. *Human rights in criminal procedure* – A comparative study. The Hague, Boston, London: Martinus Nijhoff Publishers, 1982.

Streck, Lenio Luiz. *Tribunal do júri* – Símbolos & rituais. 2. ed. Porto Alegre: Livraria do Advogado, 1994.

Strong, John W. (org.). *McCormick on Evidence*. 4. ed. St. Paul: West Publishing Co., 1992.

Suannes, Adauto et al. *Escritos em homenagem a Alberto Silva Franco*. São Paulo: Ed. RT, 2003.

Sussekind, Elisabeth; Catão, Yolanda; Fragoso, Heleno. *Direitos dos presos*. Rio de Janeiro: Forense, 1980.

706 | MANUAL DE PROCESSO PENAL · **Nucci**

Swensson, Walter. A competência do juízo da execução. *Execução penal* – Visão do TACRIM--SP. Coords. Caetano Lagrasta Neto, José Renato Nalini e Ricardo Henry Marques Dip. São Paulo: Oliveira Mendes, 1998.

Taggesell, Hildegard; Sirino, Sérgio Inácio. *Inquérito policial federal*. Curitiba: Juruá, 2001.

Tapper, Colin. *Cross and tapper on evidence*. 8. ed. Londres: Butterworths, 1995.

Taquary, Eneida Orbage de Britto; Lima, Arnaldo Siqueira de. *Temas de direito penal e direito processual penal*. 3. ed. Brasília: Brasília Jurídica, 2005.

Tasse, Adel El. *Tribunal do Júri*. Fundamentos – Procedimento – Interpretação em acordo aos princípios constitucionais – Propostas para sua modernização. 1. ed., 3. tir. Curitiba: Juruá, 2006.

Tavares, Juarez. *O Ministério Público e a tutela da intimidade na investigação criminal*.

Távora, Nestor; Alencar, Rosmar Rodrigues. *Curso de direito processual penal*. 9. ed. Salvador: Juspodivm, 2014.

Teixeira, Meirelles. *Curso de direito constitucional*. Org. Maria Garcia. Rio de Janeiro: Forense Universitária, 1991.

Telles Júnior, Goffredo. Preleção sobre o justo. *Justitia*, v. 50.

Thornton, Peter et al. Justice on trial. *Report of the Independent Civil Liberty Panel on Criminal Justice*. Londres: Edward Bear Associates & Crowes of Norwich, 1993.

Tjader, Ricardo Luiz da Costa. O júri segundo as normas da Constituição Federal de 1988. *Revista da Associação dos Juízes do Rio Grande do Sul*, v. 58, 1993.

Tocqueville, Alexis de. *Democracy in America*. Edited by Richard D. Heffner. New York: Penguin Books, 1984.

Tonini, Paolo. *A prova no processo penal italiano*. Trad. Alexandra Martins e Daniela Mróz. São Paulo: Ed. RT, 2002.

Tornaghi, Hélio. *Compêndio de processo penal*. Rio de Janeiro: José Konfino, 1967. t. I, II, III e IV.

Tornaghi, Hélio. *Curso de processo penal*. 4. ed. São Paulo: Saraiva, 1987. v. 1 e 2.

Tornaghi, Hélio. *Instituições de processo penal*. Rio de Janeiro: Forense, 1959. v. 2.

Tornaghi, Hélio. *A relação processual penal*. 2. ed. São Paulo: Saraiva, 1987.

Torres, José Henrique Rodrigues. Quesitação: a importância da narrativa do fato na imputação inicial, na pronúncia, no libelo e nos quesitos. *Tribunal do júri – Estudo sobre a mais democrática instituição jurídica brasileira*. São Paulo: Ed. RT, 1999.

Tourinho Filho, Fernando da Costa. *Código de Processo Penal comentado*. 4. ed. São Paulo: Saraiva, 1999. v. 1 e 2.

Tourinho Filho, Fernando da Costa. *Processo penal*. 18. ed. São Paulo: Saraiva, 1997. v. 1, 2, 3; 17. ed., 1995. v. 4.

Tsoureli, Lefki. Human rights in pretrial and trial procedures in Greece. In: Andrews, J. A. *Human rights in criminal procedure* – A comparative study. The Hague, Boston, London: Martinus Nijhoff Publishers, 1982.

Tubenchlak, James. *Tribunal do júri* – Contradições e soluções. 4. ed. São Paulo: Saraiva, 1994.

Tucci, Rogério Lauria. *Do corpo de delito no direito processual penal brasileiro*. São Paulo: Saraiva, 1978.

Tucci, Rogério Lauria. *Direitos e garantias individuais no processo penal brasileiro*. 3. ed. São Paulo: Ed. RT, 2009.

Tucci, Rogério Lauria. *Direitos e garantias individuais no processo penal brasileiro*. São Paulo: Saraiva, 1993.

Tucci, Rogério Lauria. Habeas corpus, *ação e processo penal*. São Paulo: Saraiva, 1978.

Tucci, Rogério Lauria. Progressão na execução das penas privativas de liberdade. *RT* 630/269, abr. 1998.

Tucci, Rogério Lauria. Suspensão condicional da pena. *RT* 541/309, nov. 1980.

Tucci, Rogério Lauria. *Teoria do direito processual penal*. São Paulo: Ed. RT, 2002.

Tucci, Rogério Lauria. Tribunal do Júri: origem, evolução, características e perspectivas. *Tribunal do júri* – Estudo sobre a mais democrática instituição jurídica brasileira (coord.). São Paulo: Ed. RT, 1999.

Tucci, Rogério Lauria; Pitombo, Sérgio Marcos de Moraes. *Princípios e regras orientadoras do novo processo penal brasileiro*. Rio de Janeiro: Forense, 1986.

Tyrer, Jane; Croall, Hazel; Davies, Malcolm. *Criminal Justice:* an introduction to the criminal justice system in England and Wales. London-New York: Longman, 1995.

Vaggione, Luiz Fernando; Pazzaglini Filho, Marino; Moraes, Alexandre; Smanio, Gianpaolo Poggio. *Juizado Especial Criminal* – Aspectos práticos da Lei 9.099/95, com jurisprudência atualizada. 2. ed. São Paulo: Atlas, 1997.

Vainsencher, Semira Adler; Farias, Ângela Simões. *Condenar ou absolver:* a tendência do júri popular. Rio de Janeiro: Forense, 1997.

Vannini, Ottorino. *Manuale di diritto processuale penale italiano*. 5. ed. Milão: Giuffrè, 1965.

Vasconcelos, José Barros. O júri em face da nova Constituição Federal. *Revista Forense*, v. 113, 1947.

Vidal, Hélvio Simões. *Curso avançado de processo penal*. Belo Horizonte: Arraes, 2011.

Villalvilla Muñoz, José Maria. Azpeitia Gamazo, Fernando. Hernandez Martín, Valeriano. Gonzále León, Carmen. *El error judicial. Procedimiento para su declaracion e indemnizacion*. Madrid: Civitas, 1994.

Visconti, Antônio. Júri – Defesa deficiente. *Justitia*, v. 154, 1991.

Wald, Arnoldo. As origens da liminar em *habeas corpus* no direito brasileiro. *RT* 747/803-807, jan. 1998.

Weisbrot, David; Brown, David; Farrier, David. *Criminal laws*. 2. ed. Sidney: The Federation Press, 1996. v. 1 e 2.

Whitaker, Firmino. *Jury (Estado de S. Paulo)*. 6. ed. São Paulo: Saraiva, 1930.

Wilson, Stephen R. *English legal system*. 3. ed. London: Blackstone, 1996.

WOHLERS, Geraldo Luís. Revisão Criminal e Soberania. *Revista do I Congresso Nacional dos Promotores do Júri*. São Paulo: APMP, 1997.

YANT, Martin. *Presumed guilty* – When innocent people are wrongly convicted. New York: Prometheus Books, 1991.

ZAFFARONI, Eugenio Raúl. *Poder Judiciário* – Crise, acertos e desacertos. Trad. Juarez Tavares. São Paulo: Ed. RT, 1995.

ZANDER, Michael. *A Bill of Rights?* 4. ed. London: Sweet & Maxwell, 1997.

ZANOTTI, Bruno Taufner; SANTOS, Cleopas Isaías. *Delegados de polícia em ação*. Teoria e prática no Estado Democrático de Direito. 2. ed. Salvador: Juspodivm, 2014.

ZAPPALA, Amália Gomes. O direito constitucional ao julgamento pelo júri e a influência da mídia no ânimo dos jurados. *Estudos de processo penal* (ASF – Instituto de Estudos Avançados de Processo Penal). São Paulo: Scortecci Editora, 2011.

ZELLICK, Graham. Human rights and the treatment of offenders. In: ANDREWS, J. A. *Human rights in criminal procedure* – A comparative study. The Hague, Boston, London: Martinus Nijhoff Publishers, 1982.

ZILLI, Marcos Alexandre Coelho. *A iniciativa instrutória do juiz no processo penal*. São Paulo: Ed. RT, 2003.

REVISTAS, PERIÓDICOS E JORNAIS

Amnesty International. Report 1997. London: Amnesty International Publications, 1997.

Bench Book for United States District Court Judges. 3. ed. Federal Judicial Center, 1986.

Cartas rogatórias: manual de instruções para cumprimento. Brasília: Ministério da Justiça. Secretaria da Justiça, 1995.

Revista Brasileira de Ciências Criminais

Revista da Associação dos Juízes do Rio Grande do Sul

Revista da Associação dos Magistrados Brasileiros

Revista de Direito Público

Revista de Jurisprudência do Tribunal de Justiça do Estado da Guanabara

Revista de Processo

Revista do I Congresso Nacional dos Promotores do Júri de São Paulo

Revista do Ministério Público do Rio de Janeiro

RT

Revista Forense

Revista Jurídica

Jornal *O Estado de S. Paulo*

Jornal *Folha de S. Paulo*

Apêndice

Casos Práticos

1. ESPECIALIZAÇÃO DE HIPOTECA LEGAL

Caso: os apelantes, herdeiros da vítima, ingressaram com apelação contra a decisão do juízo de primeiro grau, que indeferiu o pedido de especialização de hipoteca legal sobre fração ideal de imóveis de propriedade do apelado. Este último está sendo processado porque, no dia 13 de março de 2021, por volta de 19h30, na Av. Dr. GDV, n. 3333, cidade de São Paulo, influenciado pelo álcool, sem permissão para dirigir, teria cometido homicídio culposo contra a vítima RVH, na direção de veículo automotor. Por isso, os herdeiros da vítima pleitearam a especialização de hipoteca legal, como forma de garantir futura indenização.

Avaliação preliminar: os herdeiros da vítima requereram a especialização de hipoteca legal em relação a bem imóvel do acusado. Avaliar se o pleito é cabível apenas indicando o intuito de auferir reparação do dano posteriormente.

Fonte legal principal: CPP. Art. 134. A hipoteca legal sobre os imóveis do indiciado poderá ser requerida pelo ofendido em qualquer fase do processo, desde que haja certeza da infração e indícios suficientes da autoria. Art. 135. Pedida a especialização mediante requerimento, em que a parte estimará o valor da responsabilidade civil, e designará e estimará o imóvel ou imóveis que terão de ficar especialmente hipotecados, o juiz mandará logo proceder ao arbitramento do valor da responsabilidade e à avaliação do imóvel ou imóveis.

Decisão de 1ª. instância: o juízo de primeira instância, com fundamento na falta de *periculum in mora*, indeferiu o pedido formulado. O requerimento foi formulado nos termos do art. 134 do CPP: "poderá ser requerida pelo ofendido em qualquer fase do processo, desde que haja certeza da infração e indícios suficientes da autoria". No entanto, cuidando-se de medida cautelar, há de se apurar o perigo na demora.

Situação jurídica: analisar se basta a materialidade e indícios de autoria para a medida cautelar de especialização de hipoteca legal ser deferida ou deve haver demonstração de que a demora na indisponibilidade dos bens do acusado pode comprometer a reparação do dano futura.

Decisão do Tribunal: negou provimento à apelação, tendo em vista que a medida cautelar de especialização de hipoteca legal restringe o direito fundamental à propriedade do acusado (art. 5º, XXII, CF), devendo haver prova suficiente da urgência que o caso requer, sem aguardar o término da ação penal. Não houve evidência demonstrando a insolvência do recorrido ou o fato de ele estar dilapidando o seu patrimônio. Assim sendo, não é cabível a constrição pleiteada.

Fundamento do acórdão: a especialização de hipoteca legal é uma medida cautelar, cuja finalidade é impedir que o acusado venda seus bens ou os transfira a terceiros, com o objetivo de evitar a reparação do dano por ele causado em decorrência do cometimento do delito. Se deferida, torna os bens do réu indisponíveis. Ocorre que, cuida-se de restrição ao direito de propriedade, razão pela qual é preciso, além da materialidade e de indícios suficientes de autoria, a prova do *periculum in mora*. Não se verificou que tenha havido dilapidação patrimonial, além de que não se apontou, em bases concretas, qual o valor pretendido de indenização. Além disso, os herdeiros da vítima podem ingressar com o pedido de reparação de dano no mesmo processo penal que apura a culpa do acusado (TJSP, Apelação n. 0007914-62.2023.8.26.0050, 16ª. C., rel. Guilherme de Souza Nucci, 29.7.2023, v. u.).

Trecho relevante do acórdão (do voto do relator): "Nesse prisma, insta observar as seguintes Justiça, perfeitamente amoldáveis ao caso *sub judice*: 'Medida Cautelar requerida pela assistente da acusação. Atribuição de efeito ativo ao recurso de apelação interposto contra decisão denegatória de arresto prévio de bens Inexistência de indícios de que o réu esteja dilapidando seu patrimônio. Ação penal de origem em fase de alegações finais. Eventual dano moral que sequer foi fixado Perigo da demora não demonstrado. Medida Cautelar Inominada indeferida.' (Apelação nº. 2043251-34.2023.8.26.0000, rel. Cesar Augusto Andrade de Castro, 9ª Câmara de Direito Criminal, j. 27/04/2023). '(...) Apelação. Arresto prévio. Especialização de hipoteca legal e arresto subsidiário. Presença dos requisitos legais. Ré condenada em primeiro grau por apropriação indébita qualificada (advogada), com prescrição decretada quanto ao corréu. Presença do *fumus boni iuris* e do *periculum in mora* em razão da avançada idade da vítima e profissão da apelada - Recurso provido, com determinação' (Apelação nº. 0034247-22.2021.8.26.0050, rel. Edison Brandão, 4ª Câmara de Direito Criminal, j. 19/04/2022). De outro turno, os herdeiros do ofendido, ora recorrente, em sua exordial, estimam que o pleito indenizatório correspondente à prática delitiva residiria no montante de R$ 500.000,00, razão pela qual indicaram como objeto de hipoteca legal os imóveis acima mencionadas. Contudo, afigura-se notadamente genérica e imprecisa a mensuração de tal valor, na medida em que não foi embasada por quaisquer dados concretos indicando os prejuízos patrimoniais decorrentes do crime, em tese, perpetrado pelo recorrido. Vale destacar que, conquanto rejeitada a proposta da referida medida assecuratória, os recorrentes ainda poderão obter a pretendida indenização por outras vias, caso efetivamente demonstrada a responsabilidade criminal do recorrido, inclusive através da respectiva ação penal, nos termos do art. 387, inciso IV, do Código de Processo Penal".

2. FALSA IDENTIDADE E DIREITO DE NÃO SE AUTOINCRIMINAR

Caso: o réu foi condenado porque, em 15 de novembro de 2018, por volta das 09h25, na Rua L, esquina com a Rua M, na cidade de Campinas, subtraiu, para si, um telefone celular, marca Meizu, avaliado em R$ 700,00, pertencente a A. Além disso, foi condenado porque, nas mesmas circunstâncias de tempo e local, por ocasião de sua prisão em flagrante, atribuiu-se falsa identidade para obter vantagem, em proveito próprio, consistente em evitar responsabilidade criminal.

Avaliação preliminar: o recurso da defesa pediu o reconhecimento da atipicidade da conduta, levando-se em consideração o princípio da não autoincriminação.

Fonte legal principal: Falsa identidade. CP: Art. 307 - Atribuir-se ou atribuir a terceiro falsa identidade para obter vantagem, em proveito próprio ou alheio, ou para causar dano a outrem: Pena - detenção, de três meses a um ano, ou multa, se o fato não constitui elemento de crime mais grave.

Decisão de 1ª. instância: condenou o réu à pena de 01 ano, 03 meses e 16 dias de reclusão, em regime inicial fechado, 03 meses e 26 dias de detenção, em regime inicial semiaberto, e pagamento de 11 dias-multa, no valor mínimo legal, pela prática dos crimes previstos no artigo 155, *caput*, e artigo 307, na forma do artigo 69, todos do Código Penal.

Situação jurídica: avaliar se a decisão (1º e 2º graus) não são conflitantes com o princípio maior da Constituição Federal de que ninguém é obrigado a produzir prova contra si mesmo ou se autoacusar. Analisar qual seria a diferença entre dar à autoridade policial uma identidade falsa, para escapar à prisão, e manter-se em silêncio para não produzir prova contra si mesmo.

Decisão do Tribunal: manteve a condenação de 1º grau, não aceitando o argumento de que o delito de falsa identidade seria incompatível com a ampla defesa.

Fundamento do acórdão: considerou-se não ser aplicável o princípio da autodefesa, que não alcança o delito de falsa identidade para ocultar maus antecedentes ou a condição de foragido, nos termos da Súmula 522 do Superior Tribunal de Justiça ("A conduta de atribuir-se falsa identidade perante autoridade policial é típica, ainda que em situação de alegada autodefesa"). Manteve-se a condenação imposta pelo juízo de primeiro grau (Apelação Criminal n. 1501636-05.2018.8.26.0548, 16ª C., rel. Leme Garcia, 18.09.2023, v. u.).

Trecho relevante do acórdão (do voto do relator): "Diante da inequívoca autoria delitiva, sustenta a Defesa, em relação ao crime de falsa identidade, a atipicidade da conduta do acusado, em razão do princípio da não autoincriminação. Sem razão, contudo. A propósito, o Plenário do Supremo Tribunal Federal, no julgamento do RE 640.139, Rel. Min. Dias Toffoli, decidiu que o princípio constitucional da autodefesa não resguarda quem se atribui falsa identidade perante autoridade policial com o fito de ocultar maus antecedentes: 'Ementa constitucional. Penal. Crime de falsa identidade. Artigo 307 do Código Penal. Atribuição de falsa identidade perante autoridade policial. Alegação de autodefesa. Artigo 5º, inciso LXIII, da Constituição. Matéria com repercussão geral. Confirmação da jurisprudência da Corte no sentido da impossibilidade. Tipicidade da conduta configurada. O princípio constitucional da autodefesa (art. 5º, inciso LXIII, da CF/88) não alcança aquele que atribui falsa identidade perante autoridade policial com o intento de ocultar maus antecedentes, sendo, portanto, típica a conduta praticada pelo agente (art. 307 do CP). O tema possui densidade constitucional e extrapola os limites subjetivos das partes'".

3. FLAGRANTE PREPARADO

Caso: a apelante foi condenada porque, no dia 29 de junho de 2016, por volta das 16h00, na Avenida Pereira Barreto, nº 1650, Centro, em São Bernardo do Campo, mediante meio fraudulento, tentou obter, para si, vantagem ilícita no importe de R$ 4.000,00, em prejuízo de Dorilda Souza Soares, induzindo-a e mantendo-a em erro, somente não se consumando o delito por circunstâncias alheias à sua vontade. A acusada foi indicada à ofendida, porque queria trabalhar com transporte escolar na época. A ré surgiu como representante de uma empresa de transportes e buscava vans escolares para transporte de crianças portadoras de deficiência física. Durante a negociação, a acusava afirmou que conhecia pessoa interessada em vender a sua vaga no sistema de transporte pelo valor de R$ 4.000,00, o que proporcionou o encontro de ambas. A vítima desconfiou da proposta e levou o fato ao conhecimento da autoridade policial, ensejando a prisão em flagrante da ré.

Avaliação preliminar: o recurso da defesa pediu o reconhecimento do crime impossível com absolvição da acusada, nos termos do art. 386, III ou VII. Se não aceita a tese principal, requereu a redução da pena e aplicação da diminuição da tentativa em grau máximo.

Fonte legal principal: Crime impossível. CP: Art. 17 - Não se pune a tentativa quando, por ineficácia absoluta do meio ou por absoluta impropriedade do objeto, é impossível consumar-se o crime.

Decisão de 1ª. instância: o juízo condenou a acusada, como incursa no art. 171, *caput*, c. c. art. 14, inciso II, do Código Penal, impondo a pena de 9 meses e 10 dias de reclusão, em regime inicial aberto, e pagamento de 7 dias-multa, no valor unitário legal, substituída por uma restritiva de direitos, consistente em prestação pecuniária, no valor de 2 salários mínimos.

Situação jurídica: avaliar se a absolvição pedida de modo alternativo pelo art. 386, III ou VII, está correta e se, de fato, há a figura do art. 17 do Código Penal, levando à absolvição. Verificar a conveniência de se arguir tese subsidiária para o caso de não ser atendida a principal (diminuição de pena ou aplicação do redutor máximo da tentativa).

Decisão do Tribunal: foi absolvida com base no art. 386, III, do CP, porque houve crime impossível (art. 17, CP) em decorrência do flagrante preparado. Logo, o fato é atípico.

Fundamento do acórdão: considerou-se que a acusada foi atraída ao local da prisão, pois quem iniciou a negociação não tinha o objetivo de encontrá-la pessoalmente, pois estava desconfiada do negócio e não tinha recurso para aquisição da vaga. Instigada pela autoridade policial, marcou o encontro com a ré, por mensagem enviada quando estava na delegacia de polícia, afirmando ter R$ 4.000,00 em espécie. Seguiu o local combinado, acompanhada de um policial. Chegando, foi presa em flagrante. Por isso, houve flagrante preparado, aplicando-se a Súmula 145 do STF, constituindo hipótese de crime impossível. (Apelação criminal n, 0000799-28.2016.8.26.0537, 16ª C., rel. Leme Garcia, 08.5.2023, v. u.).

Trecho relevante do acórdão (do voto do relator): "no presente caso, embora o policial C. tenha relatado de modo genérico a diligência que culminou na prisão da ré, ficou claro, especialmente pelo relato da ofendida, que, após ela ter, supostamente, sido instigada pela autoridade policial a marcar o encontro com a ré, sob o pretexto de confirmar a versão por ela apresentada, ele foi designado para acompanhá-la na reunião e presenciou toda a negociação, aguardando o momento em que a acusada entregou um recibo à vítima para, só então, identificar-se e prendê-la em flagrante por tentativa de estelionato. Logo, fica demonstrado que a vítima - mesmo após seu marido e sua irmã terem, supostamente, caído em golpe similar ao que aqui se atribui à acusada, com expressivos prejuízos, nos montantes de R$ 15.000,00 e R$ 80.000,00, respectivamente - entrou em contato com a ré, por meio de mensagens de texto, para tratar da compra de uma vaga e, ao que tudo indica, não se deixou induzir nem permaneceu em erro em razão do negócio entabulado com a ré, tanto assim ela procurou a autoridade policial antes de contatar pessoalmente a acusada ou desembolsar qualquer quantia. (...) Em suma, diante da prática de crime putativo por obra do agente provocador, de rigor o reconhecimento, a teor do que dispõe o artigo 17, do Código Penal, de que o fato narrado na denúncia é penalmente atípico. Destarte, revela-se necessária a absolvição da apelante por atipicidade de sua conduta, com fundamento no artigo 386, inciso III, do Código de Processo Penal".

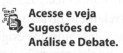

Acesse e veja Sugestões de Análise e Debate.
> https://uqr.to/1og8t

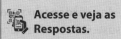

Acesse e veja as Respostas.
> https://uqr.to/1og8u

714 | MANUAL DE PROCESSO PENAL · Nucci

4. ILICITUDE DE PROVA E BUSCA PESSOAL – DROGAS

Caso: no dia 27 de setembro de 2021, por volta de 21h30, na Rua L, altura do número 89, cidade de S. Paulo, o réu trazia consigo e mantinha sob guarda e depósito, para fins de entrega a consumo de terceiros, três tabletes de maconha, com peso líquido de 1.455,3 g, sem autorização legal. Policiais militares, em patrulhamento, viram o acusado caminhando pela via pública e, percebendo que ficou nervoso, resolveram persegui-lo e detê-lo quando estava prestes a ingressar em sua casa. Foi submetido a revista pessoal, encontrando-se um tablete de maconha em seu poder. Na residência, cujo ingresso teria sido autorizado pela avó do réu, foram localizados mais dois tabletes de maconha, máquinas de cartão de crédito e nove aparelhos celulares.

Avaliação preliminar: o recurso da defesa sustenta, em preliminar, a ilicitude da prova, pois obtida por meio de busca pessoal abusiva e violação de domicílio, além de não observar a cadeia de custódia. No mérito, requer a absolvição por insuficiência de provas. Subsidiariamente, a aplicação da causa de diminuição de pena prevista no art. 33, § 4º, da Lei 11.343/2006.

Fontes legais principais: CPP, Art. 157. São inadmissíveis, devendo ser desentranhadas do processo, as provas ilícitas, assim entendidas as obtidas em violação a normas constitucionais ou legais. Art. 244. A busca pessoal independerá de mandado, no caso de prisão ou quando houver fundada suspeita de que a pessoa esteja na posse de arma proibida ou de objetos ou papéis que constituam corpo de delito, ou quando a medida for determinada no curso de busca domiciliar.

Decisão de 1ª. instância: o juízo julgou procedente a ação para condenar o réu ao cumprimento de 4 anos de reclusão, em regime inicial aberto, substituindo a pena privativa de liberdade por duas restritivas de direitos (prestação de serviços à comunidade e prestação pecuniária de 1 salário mínimo) e pagamento de 400 dias-multa, como incurso no art. 33, *caput*, da Lei 11.343/2006.

Situação jurídica: avaliar se a prova produzida é lícita ou ilícita. Caso ilícita, invalida o conjunto probatório e a solução deve ser a absolvição.

Decisão do Tribunal: deu-se provimento ao apelo da defesa, acolhendo a preliminar e, em face disso, julgar improcedente a ação para absolver o réu, com base no art. 386, VII, do CPP.

Fundamento do acórdão: a abordagem policial baseou-se em parâmetros subjetivos dos policiais militares, porque o acusado teria ficado nervoso ao avistar a polícia, buscando entrar em casa. Esse fato não serve de alicerce para a busca pessoal e, também, para a invasão domiciliar, sem mandado judicial. Não se viu atos de mercancia, ocultação de drogas e similares. Inexistia hipótese clara de flagrante. Por isso, a busca foi ilícita e as provas são insuficientes para a condenação (Apelação Criminal n. 1523548-43.2021.8.26.0228, 16ª. C., rel. Camargo Aranha Filho, 06.6.2023, v. u.).

Trecho relevante do acórdão (do voto do relator): "no caso em exame, como visto, a busca pessoal não se sustentou em fundada suspeita, conforme exigido pelo artigo 244, do Código de Processo Penal, o que invalida o ato de apreensão e os dele decorrentes. De se concluir, portanto, que a descoberta e apreensão dos entorpecentes decorreu de atuação ilegítima dos policiais militares, caracterizando prova ilícita, inadmissível nos termos do artigo 157, do Código de Processo Penal. Destaque-se que a hipótese não é de anulação do julgado, já que a ilicitude se restringiu aos elementos de convicção colhidos, inexistindo outros que fundamentem a acusação, razão pela qual não resta alternativa que não a absolvição do apelado por insuficiência de provas".

5. NULIDADE DA SENTENÇA POR CARÊNCIA DE FUNDAMENTAÇÃO

Caso: no dia 26 de junho de 2022, por volta de 14h30, na Rodovia Raposo Tavares, entre os quilômetros 19 e 20, na cidade de São Paulo, os réus, agindo em concurso, subtraíram, em proveito comum, mediante grave ameaça exercida com o emprego de arma de fogo, uma motocicleta BMW, placa EWB1J34, uma carteira contendo documentos e cartões bancários, um capacete e um aparelho celular, pertencentes à vítima C.A.I.S. Consta, ainda, que, no dia seguinte, 27 de junho de 2022, os réus, agindo em concurso entre si, subtraíram, em proveito comum e em continuidade delitiva por 27 vezes, o montante total de R$ 7.000,00 da conta bancária do Banco Santander, de titularidade da vítima C.A.I.S.

Avaliação preliminar: a defesa dos réus requereu a absolvição por insuficiência de provas. Subsidiariamente, pleiteou a aplicação da atenuante da menoridade relativa, para um dos acusados, além de abrandamento da pena.

Fonte legal principal: CPP. Art. 564. A nulidade ocorrerá nos seguintes casos: (...) V – em decorrência de decisão carente de fundamentação.

Decisão de 1ª. instância: o juízo de primeira instância condenou o acusado às penas de 8 anos, 10 meses e 20 dias de reclusão, além de 21 dias-multa, em regime inicial fechado, por infração ao artigo 157, § 2º inciso II, e § 2º-A, inciso I, do Código Penal.

Situação jurídica: analisar se a falta de abordagem judicial a uma das questões constantes da imputação invalida a sentença. Verificar o que se exige, em matéria de fundamentação, para validar a decisão condenatória. A defesa não pleiteou a nulidade, razão pela qual avaliar se o tribunal pode reconhecê-la assim mesmo.

Decisão do Tribunal: reconhece-se, de ofício, a nulidade da sentença, determinando a remessa ao juízo de primeiro grau para que outra seja proferida, apreciando, expressamente, todas as imputações constantes da denúncia.

Fundamento do acórdão: quanto à segunda conduta delitiva imputada pelo Ministério Público, que se amoldaria, em tese, à previsão contida no art. 155, § 4º, inciso IV, por 27 vezes, na forma do art. 71, ambos do Código Penal, o magistrado, sem motivo aparente, não se manifestou quanto à referida prática. A autoridade sentenciante, por sua vez, limitou-se a mencionar a referida imputação de furto no relatório da sentença, quando faz referência aos termos da denúncia ministerial e, em uma segunda e última vez, quando discorre sobre os fatos criminosos praticados pelos réus. No entanto, o julgador absteve-se de dar enquadramento legal à suposta conduta criminosa dos réus de utilizarem cartões roubados em seu proveito, tampouco de declará-los absolvidos, limitando-se a dosimetria de pena à fixação da reprimenda concernente ao crime de roubo. Não houve a interposição de embargos de declaração. Desse modo, em face da omissão, inviabiliza-se o duplo grau de jurisdição no tocante à totalidade da imputação. A falta de fundamentação, na sentença impugnada, no tocante a uma das condutas delitivas imputadas aos réus na denúncia, torna a decisão nula, nos moldes delineados pelo art. 564, inciso V, do Código de Processo Penal. (Apelação Criminal n. 1522034-70.2022.8.26.0050, 16ª. C, rel. Guilherme de Souza Nucci, 15.9.2023, v.u.).

Trecho relevante do acórdão (do voto do relator): "O ordenamento jurídico pátrio consagra o direito dos acusados ao duplo grau de jurisdição, ficando a cargo dos tribunais hierarquicamente superiores a revisão de decisões prolatadas pelos magistrados de primeiro grau, observando-se, ainda, o efeito devolutivo amplo dos recursos defensivos na seara penal. (...) Ora, partindo-se da premissa de que o duplo grau de jurisdição garante o reexame da matéria decidida em primeira instância, resta notadamente incabível, a este E. Tribunal, pronunciar-se acerca do eventual delito de furto, seja para condenar ou para absolver. Decerto que a consequência da referida prática seria evidente afronta ao princípio do duplo grau de jurisdição corolário natural da ampla defesa, evidenciada pela supressão de instância, impedindo que os acusados submetessem a matéria fático-probatória a um tribunal superior a este, em grau revisional, haja vista a impossibilidade de revolvimento de provas perante os Tribunais Superiores, em observância à Súmula 7 do Superior Tribunal de Justiça, in litteris: "A pretensão de simples reexame de prova não enseja recurso especial". Se não bastasse, é possível conceituar a sentença em discussão como carente de fundamentação e, portanto, nula, na medida em que trouxe, em seu relatório, duas condutas criminosas (roubo e furto), pronunciando-se, entretanto, apenas no tocante ao suposto roubo, omissa em relação ao outro delito patrimonial trazido na inicial acusatória e objeto de instrução probatória ao longo da persecução penal, restando ausente qualquer fundamentação seja para condenar os réus, seja para absolvê-los".

6. PRAZO PARA JULGAR *HABEAS CORPUS* E TEMPO DE PRISÃO PREVENTIVA

Caso: o acusado ACM impetrou *habeas corpus* contra ato omissivo do Tribunal de Justiça do Estado do Paraná, em função da demora em julgar o seu caso. Ele teve a sua prisão preventiva decretada em 11 de julho de 2023, por ter cometido estupro de vulnerável, na condição de tio-avô da vítima, aproveitando-se de momento em que estavam sozinhos para expor o seu pênis ereto e pedindo que o ofendido o tocasse, quando foi flagrado pela mãe do menor. A defesa interpôs HC em 30 de agosto de 2023, o magistrado prestou informações em 4 de setembro de 2023 e o Ministério Público deu parecer favorável em 12 de setembro de 2023. A desembargadora relatora estava com os autos, mas os devolveu à câmara criminal por despacho de 9 de outubro de 2023. Em decorrência disso, a defesa alegou excesso de prazo.

Avaliação preliminar: o acusado, preso preventivamente, em julho de 2023, não teve o seu *habeas corpus* julgado até 9 de outubro de 2023. Por isso, afirmou excesso de prazo para a decisão ser proferida, indicando constrangimento ilegal.

Fonte legal principal: CPP. Art. 648. A coação considerar-se-á ilegal: (...) II - quando alguém estiver preso por mais tempo do que determina a lei.

Decisão de 2ª. instância: ato omissivo do Tribunal de Justiça, consistente em permanecer com os autos por tempo excessivo sem proferir a decisão no *habeas corpus* impetrado.

Situação jurídica: analisar se há prazo para julgar o HC e, a partir disso, se existe prazo para a prisão preventiva.

Decisão do Tribunal: concedeu a ordem de *habeas corpus* para relaxar a prisão preventiva, facultando ao juízo de primeiro grau fixar medidas cautelares alternativas.

Fundamento da decisão: embora o Superior Tribunal de Justiça reconheça a indispensabilidade do esgotamento da jurisdição ordinária (julgamento pelo tribunal de 2º. Grau), para que se possa avaliar o caso, há situações excepcionais que precisam ser analisados de pronto. O caso apresentado é uma dessas situações porque há flagrante ilegalidade. Desde a decretação da prisão preventiva (julho de 2023) até a devolução dos autos de *habeas corpus* pela relatora, sem decisão, passaram três meses. Considerou-se que o crime não foi tão grave, porque nem mesmo contato físico houve, além de que o próprio Ministério Público opinou pela revogação da prisão cautelar. Invocou-se os princípios da razoabilidade e proporcionalidade para fundamentar a decisão. Por isso, concedeu a ordem para revogar a prisão preventiva (STJ, HC, n. 863.973-PR, rel. Reynaldo Soares da Fonseca, 24.10.2023, decisão monocrática).

Trecho relevante do acórdão (do voto do relator): "Convém ponderar que a sua apontada não localização não mais prevalece, na medida em se trata de réu preso há 103 dias, conforme anotação do andamento processual dos autos n. 0001386-79.2023.8.16.0053, disponível no site do TJPR. Efetivamente, a descrita conduta, identificada pelo magistrado processante como tentativa de estupro de vulnerável, não envolveu qualquer espécie de contato físico entre agressor e ofendido, o que impede reconhecer que a gravidade concreta do delito tenha sido excepcional, senão que estivessem demonstrados os indícios mínimos do tipo. Ademais, e apesar da imensa gravidade em tese do crime de estupro de vulnerável (majorado pela autoridade sobre a vitima), mesmo na sua forma tentada, o aparente cometimento do delito, por si só, não evidencia 'periculosidade' exacerbada do agente ou 'abalo da ordem pública', a demandar a sua segregação antes de qualquer condenação definitiva, especialmente em se tratando de réu primário, sem maus antecedentes. (...) Não se perca de vista, outrossim, que o parecer ministerial oferecido à instância de origem opinava pela concessão da ordem, salientando a inidoneidade da motivação empregada quanto ao risco à ordem pública, o fato de se tratar de crime tentado e a suficiência de medidas cautelares menos gravosas, em se tratando de réu sem predicados negativos e com possível distúrbio mental, conforme relatado pela própria mãe da vitima (e-STJ fls. 23/24). Ante o exposto, concedo a ordem de habeas corpus para relaxar a prisão preventiva do ora paciente, ressalvando-se a possibilidade de o Juízo processante aplicar as medidas cautelares diversas da prisão que considerar imprescindíveis".

7. PRAZO RECURSAL E CARTA TESTEMUNHÁVEL

Caso: o sentenciado interpôs agravo em execução porque o juiz converteu a pena restritiva de direitos em privativa de liberdade, pois aquela não estava sendo cumprida. Alegou o recorrente não ter sido intimado para cumprir a pena e, por isso, a decisão tomada pelo magistrado é nula. Requereu por três vezes a reconsideração e o magistrado as indeferiu. Após, ingressou com agravo em execução, mas o juiz indeferiu o processamento porque o considerou intempestivo. Por conta desta última decisão, o sentenciado apresentou carta testemunhável, que subiu ao Tribunal.

Avaliação preliminar: o sentenciado ficou inconformado e pretendia manter a pena restritiva de direitos, embora a privativa de liberdade fosse cumprida em regime aberto, situação até mesmo mais favorável.

Fonte legal principal: CPP. Art. 639. Dar-se-á carta testemunhável: I - da decisão que denegar o recurso; II - da que, admitindo embora o recurso, obstar à sua expedição e seguimento para o juízo *ad quem*.

Decisão de 1ª. instância: o juízo de primeira instância indeferiu o processamento do agravo em execução, que questionava a conversão da pena restritiva de direitos em privativa de liberdade, porque considerou a sua interposição fora o prazo legal.

Situação jurídica: analisar se o sentenciado apresentou seu agravo no prazo e, portanto, o indeferimento do processamento foi injustificado. Desse modo, verificar se a carta testemunhável deveria ter sido provida.

Decisão do Tribunal: não dá provimento à carta testemunhável porque o agravo foi ofertado intempestivamente, na medida em que qualquer pedido de reconsideração de decisão judicial não suspende o curso do prazo fixado em lei para interpor o recurso cabível.

Fundamento do acórdão: o julgado se baseou em jurisprudência consolidada nos Tribunais Superiores, em especial a tese fixada pelo STF: "Os pedidos de reconsideração carecem de qualquer respaldo no regramento processual vigente. Eles não constituem recursos, em sentido estrito, nem mesmo meios de impugnação atípicos. Por isso, não suspendem prazos e tampouco impedem a preclusão" (STF. 2a Turma. Rcl nº 43007 AgR/DF, Rel. Min. Ricardo Lewandowski, julgado em 09/02/2021) (TJSP, Carta Testemunhável n. 0005646-48.2022.8.26.0348, 16a C., rel. Camargo Aranha Filho, 15.03.2023, v.u.).

Trecho relevante do acórdão (do voto do relator): "Em 10 de junho de 2022 o MM. Juízo das Execuções converteu a pena restritivas de direitos em privativa de liberdade do testemunhante, o que contou com anuência da defesa, por ser menos gravosa do que a pena alternativa (fls. 36). Em 15/07/2022 o testemunhante tomou ciência das condições. Em 8 de agosto de 2022 o testemunhante postulou, em causa própria, o restabelecimento das medidas restritivas de direitos. Na ocasião, alegou laborar 01- (escritório advocacia das 10 horas ate 14 horas), 02 (comércio em loja nesta cidade 14 horas às 18 horas), 03 (escritório advocacia das 18 horas às 20 horas), 04 (atividade hoteleira das 20 horas ate 02 horas) e, 05 (descanço das 03 horas ate as 09 horas), ainda no sei 06 (tempo livre e finais de semana se dedique a elaboração de peças e, cumprimentos processuais) (sic). Em 10 de agosto de 2022 o MM. Juízo manteve a conversão da pena restritiva de direitos em privativa de liberdade em regime aberto, mais uma vez consignando ser mais vantajoso ao apenado (fls. 50). Em 30 de agosto formulou pedido de reconsideração, salientando que a tentativa de intimação se deu em endereços errôneos. Na mesma data, o MM. Juiz indeferiu o pedido de reconsideração (fls. 66/67). Em 12 de setembro de 2022 o testemunhante formulou novo pedido de reconsideração (fls. 68/73); que foi indeferido em 15 de setembro de 2022 (fls. 75). Em 19 de setembro de 2022 foi interposto recurso de agravo em execução (fls. 76/84). Em 20 de setembro o MM. Juízo a quo não conheceu do recurso, pois intempestivo. Na decisão, o Magistrado mencionou que a decisão objeto da insurgência foi prolatada em 30 de agosto de 2022 e publicada em 2 de setembro de 2022. O agravo foi interposto apenas em 19 de setembro, mais de quinze dias depois de efetivada a intimação. A decisão não merece reforma. Com efeito, o testemunhante, que atua em causa própria, tinha ciência da decisão e tempo hábil para interposição do recurso, mas optou por requerer reconsideração ao Juízo *a quo*".

Acesse e veja Sugestões de Análise e Debate.
> https://uqr.to/1og92

Acesse e veja as Respostas.
> https://uqr.to/1og93

8. PRONÚNCIA E LEGÍTIMA DEFESA

Caso: no dia 25/04/2017, por volta de meia-noite, o acusado matou a vítima, com golpes de faca. Ambos eram guardadores de carros e desentenderam-se, entrando em luta corporal; ambos saíram feridos. Nessa madrugada, a vítima pulou o muro da residência do réu, com a intenção de agredi-lo. Novamente, os dois entraram em luta corporal, quando o acusado tentou dar facadas no ofendido e não o atingiu. Na quarta tentativa, acertou uma facada no tórax na vítima, causando-lhe lesões corporais. Mesmo socorrido, o ofendido faleceu.

Avaliação preliminar: o recurso da defesa questiona a decisão de pronúncia, em preliminar, afirmando nulidade porque houve fundamentação excessiva, em razão as afirmações categóricas feitas pelo juiz, como, por exemplo, o réu agiu com "manifesto 'animus necandi'" (vontade de matar). No mérito, sustenta que a prova coletada na fase de instrução demonstraria a legítima defesa, o que demandaria a absolvição sumária. Em tese subsidiária, alegou não estar provado o intuito de matar o ofendido. Além disso, afirma a desclassificação para homicídio culposo.

Fonte legal principal: art. 413, CPP: "O juiz, fundamentadamente, pronunciará o acusado, se convencido da materialidade do fato e da existência de indícios suficientes de autoria ou de participação. § 1º A fundamentação da pronúncia limitar-se-á à indicação da materialidade do fato e da existência de indícios suficientes de autoria ou de participação, devendo o juiz declarar o dispositivo legal em que julgar incurso o acusado e especificar as circunstâncias qualificadoras e as causas de aumento de pena".

Decisão de 1ª. instância: houve a pronúncia do acusado para ser submetido a julgamento pelo Tribunal do Júri, como incurso no art. 121, "caput", do Código Penal, por entender provadas a materialidade do delito e os indícios suficientes de autoria, sem que se pudesse reconhecer, desde logo, a excludente da legítima defesa.

Situação jurídica: checar se é viável acolher a alegação de legítima defesa e garantir a absolvição sumária ou se é situação jurídica para enviar o caso a julgamento pelo Tribunal Popular.

Decisão do Tribunal: afastou a preliminar, acerca do excesso de fundamentação, apontando que o juiz afirmou ter o réu agido com "manifesto 'animus necandi'" apenas para ressaltar o relato da acusação, mas não como sua motivação para a pronúncia. No mérito, confirmou a pronúncia, por entender provada a materialidade e indícios suficientes de autoria. Indicou-se que a alegação de legítima defesa não estava claramente comprovada.

Fundamento do acórdão: sustenta que a pronúncia, tratando-se de decisão interlocutória mista, julga somente a admissibilidade da acusação, sem analisar questões de mérito, transferindo o caso para apreciação do Tribunal do Júri. Há prova da materialidade e do nexo causal, ou seja, os golpes de faca causaram ferimentos, que levaram à morte da vítima. O acusado sustentou que agiu em legítima defesa, pois o ofendido invadiu a sua casa, com o propósito de agredi-lo. A companheira do réu disse que o viu, sangrando, em luta com a vítima, que empunhava uma faca. Por isso, o acusado pegou outra faca e agrediu o ofendido. Não há outras testemunhas. O quadro é nebuloso e, por isso, a dúvida, nesta fase, impulsiona o caso para ser julgado pelo Tribunal do Júri. Afirma que a presunção de inocência não tem aplicação nesta fase, mas somente quando os jurados apreciarem o mérito. Seria a aplicação do "in dubio pro societate" (Recurso em Sentido Estrito n. 0000442-37.2017.8.26.0594, 16ª. C., rel. Newton Neves, 04.9.2023, v. u.).

Trecho relevante do acórdão (do voto do relator): "Extrai-se dos julgados do Supremo Tribunal Federal que incompatível é com a ordem constitucional vigente a aplicação geral, irrestrita e infundada do 'in dubio pro societate'. Além disso, nota-se ter o STF ressaltado que a pronúncia demanda embasamento em prova suficiente da materialidade e de indícios suficientes de autoria, o que deve ser extraído a partir de valoração racional feita pelo magistrado que presidiu o sumário da culpa, afastando-se, portanto, a ideia de que toda e qualquer dúvida quanto à autoria, inclusive aquelas que porventura componham o juízo quanto à admissibilidade, ou não, da pronúncia, conduzam à decisão de pronúncia. Portanto, e nos termos firmados pelo Tribunal Guardião da Constituição, a decisão de pronúncia exige a prova da materialidade e da autoria do delito imputado, o que se dá a partir do livre convencimento motivado da prova pelo juiz togado, inadmitida a submissão de réu a julgamento pelo Tribunal do Júri em hipótese de dúvida quanto à autoria. No caso dos autos, como já apontado, há indícios de que o recorrente perpetrou o delito doloso contra a vida e, também, indícios de que agiu acobertado pela legítima defesa (laudos de fls. 78/79, 76 e 126/136), impondo-se, neste panorama, que se relegue a apreciação dos fatos, da acusação feita e das teses defensivas, pelos senhores jurados. Vale dizer, e sob a ótica do art. 413, do CPP, que o acervo probatório colhido durante o sumário da culpa apresenta indícios de que tivesse o recorrente agido com vontade de matar a vítima e desacobertado da referida excludente, devendo ser o réu submetido a julgamento perante os Senhores Jurados, constitucionalmente competentes para o julgamento dos crimes dolosos contra a vida, para que decidam a respeito da pluralidade de versões sobre os fatos constantes dos autos. Finalmente, presentes a materialidade e indícios de autoria da prática de delito doloso contra a vida, por consequência lógica inviável é a acolhida do pedido subsidiário de desclassificação. Diante deste panorama, impõe-se a manutenção da r. decisão de pronúncia".

9. PROVA DO CRIME DE EMBRIAGUEZ AO VOLANTE

Caso: o réu foi denunciado porque, no dia 30 de novembro de 2021, por volta da 23h08min, na Avenida SP, 917, Centro, na cidade de M, conduziu veículo automotor, em via pública, com capacidade psicomotora alterada em razão da influência de álcool. Em semelhantes circunstâncias de tempo e local, o acusado desacatou funcionários públicos, quais sejam, os policiais militares que o detiveram no exercício de suas funções.

Avaliação preliminar: o recurso da defesa pediu a absolvição por falta de provas e, subsidiariamente, a redução da pena.

Fonte legal principal: Lei 9.503/97: Art. 306. Conduzir veículo automotor com capacidade psicomotora alterada em razão da influência de álcool ou de outra substância psicoativa que determine dependência: Penas - detenção, de seis meses a três anos, multa e suspensão ou proibição de se obter a permissão ou a habilitação para dirigir veículo automotor. § 1º As condutas previstas no *caput* serão constatadas por: I - concentração igual ou superior a 6 decigramas de álcool por litro de sangue ou igual ou superior a 0,3 miligrama de álcool por litro de ar alveolar; ou II - sinais que indiquem, na forma disciplinada pelo Contran, alteração da capacidade psicomotora. § 2º A verificação do disposto neste artigo poderá ser obtida mediante teste de alcoolemia ou toxicológico, exame clínico, perícia, vídeo, prova testemunhal ou outros meios de prova em direito admitidos, observado o direito à contraprova. § 3º O Contran disporá sobre a equivalência entre os distintos testes de alcoolemia ou toxicológicos para efeito de caracterização do crime tipificado neste artigo. § 4º Poderá ser empregado qualquer aparelho homologado pelo Instituto Nacional de Metrologia, Qualidade e Tecnologia - INMETRO - para se determinar o previsto no *caput*.

Decisão de 1ª. instância: foi condenado por embriaguez ao volante (art. 306, Lei 9.503/97) e desacato (art. 331, CP), na forma do art. 69 do Código Penal, à pena de 1 ano, 10 meses e 5 dias de detenção, em regime inicial aberto, e 12 dias-multa, além da suspensão de dirigir veículo automotor pelo mesmo período da detentiva.

Situação jurídica: avaliar por quais meios se pode comprovar a embriaguez para a condenação com base no art. 306 do Código de Trânsito Brasileiro. Analisar se a embriaguez afastaria a punição pelo delito de desacato.

Decisão do Tribunal: confirmou a condenação de primeira instância, mas reduziu a pena referente ao crime de embriaguez ao volante para 10 meses e 15 dias de detenção, e 17 dias-multa, e do desacato para 6 meses de detenção, bem como para reduzir a suspensão do direito de dirigir para 3 meses e 15 dias.

Fundamento do acórdão: considerou-se provada a embriaguez pelo exame clínico e depoimentos dos policiais, além de aceitar a configuração do crime de desacato pelos xingamentos relatados e confessado pelo agente (Apelação criminal n. 1500388-38.2021.8.26.0341, 16ª. C., rel. Otávio de Almeida Toledo, 10.08.2023, v. u.).

Trecho relevante do acórdão (do voto do relator): "Os policiais militares R.C. e R.S., nas duas oportunidades em que foram ouvidos, declararam que, ao chegarem ao bar, o recorrente adentrou em seu veículo estando embriagado e, ao arrancar na contramão de direção, quase o colidiu contra a viatura. Seguiram o apelante e notaram que ele passou a conduzir o veículo em alta velocidade e com risco aos demais condutores e pedestres. Após ser acompanhado pela viatura com sinais sonoros e luminosos, o recorrente desceu do veículo nervoso. Nesta ocasião, verificaram que ele apresentava forte odor etílico, fala pastosa e olhos avermelhados. Durante a abordagem ele reagiu com violência e os xingou de "filhos da puta", "seus policiais de merda", "porcos", e "cornos" (fls. 03, 04 e e-saj). Além de a médica que atendeu o sentenciado ter apontado a embriaguez (fl. 18), os depoimentos dos policiais militares corroboraram que o réu apresentava visíveis sinais de que se encontrava alcoolizado. Diante desse quadro, considero comprovados os crimes de embriaguez ao volante e desacato".

 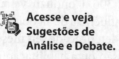
Acesse e veja Sugestões de Análise e Debate.
> https://uqr.to/1og96

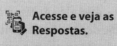
Acesse e veja as Respostas.
> https://uqr.to/1og97

Obras do Autor

Código de Processo Penal comentado. 24. ed. Rio de Janeiro: Forense, 2025.

Código Penal comentado. 25. ed. Rio de Janeiro: Forense, 2025.

Curso de Direito Penal. Parte geral. 9. ed. Rio de Janeiro: Forense, 2025. vol. 1.

Curso de Direito Penal. Parte especial. 9. ed. Rio de Janeiro: Forense, 2025. vol. 2.

Curso de Direito Penal. Parte especial. 9. ed. Rio de Janeiro: Forense, 2025. vol. 3.

Curso de Direito Processual Penal. 22. ed. Rio de Janeiro: Forense, 2025.

Drogas – De acordo com a Lei 11.343/2006. Rio de Janeiro: Forense, 2025.

Estatuto da Criança e do Adolescente Comentado. 6. ed. Rio de Janeiro: Forense, 2025.

Manual de Direito Penal. Volume Único. 21. ed. Rio de Janeiro: Forense, 2025.

Manual de Processo Penal. Volume Único. 6. ed. Rio de Janeiro: Forense, 2025.

Código Penal Militar Comentado. 5. ed. Rio de Janeiro: Forense, 2024.

Curso de Execução Penal. 7. ed. Rio de Janeiro: Forense, 2024.

Direito Penal. Partes geral e especial. 9. ed. São Paulo: Método, 2024. (Esquemas & Sistemas).

Prática Forense Penal. 15. ed. Rio de Janeiro: Forense, 2024.

Processo Penal e Execução Penal. 8. ed. São Paulo: Método, 2024. (Esquemas & Sistemas).

Tribunal do Júri. 10. ed. Rio de Janeiro: Forense, 2024.

Leis Penais e Processuais Penais Comentadas. 15. ed. Rio de Janeiro: Forense, 2023. vol. 1 e 2.

Habeas Corpus. 4. ed. Rio de Janeiro: Forense, 2022.

Individualização da pena. 8. ed. Rio de Janeiro: Forense, 2022.

Provas no Processo Penal. 5. ed. Rio de Janeiro: Forense, 2022.

Prisão, medidas cautelares e liberdade. 7. ed. Rio de Janeiro: Forense, 2022.

Tratado de Crimes Sexuais. Rio de Janeiro: Forense, 2022.

Código de Processo Penal Militar comentado. 4. ed. Rio de Janeiro: Forense, 2021.

Criminologia. Rio de Janeiro: Forense, 2021.

Organização Criminosa. 5. ed. Rio de Janeiro: Forense, 2021.

Pacote Anticrime Comentado. 2. ed. Rio de Janeiro: Forense, 2021.

Execução Penal no Brasil – Estudos e Reflexões. Rio de Janeiro: Forense, 2019 (coordenação e autoria).

Instituições de Direito Público e Privado. Rio de Janeiro: Forense, 2019.

Manual de Processo Penal e Execução Penal. 14. ed. Rio de Janeiro: Forense, 2017.

Direitos Humanos versus *Segurança Pública.* Rio de Janeiro: Forense, 2016.

Corrupção e Anticorrupção. Rio de Janeiro: Forense, 2015.

Prostituição, Lenocínio e Tráfico de Pessoas. 2. ed. Rio de Janeiro: Forense, 2015.

Princípios Constitucionais Penais e Processuais Penais. 4. ed. Rio de Janeiro: Forense, 2015.

Crimes contra a Dignidade Sexual. 5. ed. Rio de Janeiro: Forense, 2015.

Dicionário Jurídico. São Paulo: Ed. RT, 2013.

Código Penal Comentado – versão compacta. 2. ed. São Paulo: Ed. RT, 2013.

Tratado Jurisprudencial e Doutrinário. Direito Penal. 2. ed. São Paulo: Ed. RT, 2012. vol. I e II.

Tratado Jurisprudencial e Doutrinário. Direito Processual Penal. São Paulo: Ed. RT, 2012. vol. I e II.

Doutrinas Essenciais. Direito Processual Penal. Organizador, em conjunto com Maria Thereza Rocha de Assis Moura. São Paulo: Ed. RT, 2012. vol. I a VI.

Doutrinas Essenciais. Direito Penal. Organizador, em conjunto com Alberto Silva Franco. São Paulo: Ed. RT, 2011. vol. I a IX.

Crimes de Trânsito. São Paulo: Juarez de Oliveira, 1999.

Júri – Princípios Constitucionais. São Paulo: Juarez de Oliveira, 1999.

O Valor da Confissão como Meio de Prova no Processo Penal. Com comentários à Lei da Tortura. 2. ed. São Paulo: Ed. RT, 1999.

Tratado de Direito Penal. Frederico Marques. Atualizador, em conjunto com outros autores. Campinas: Millenium, 1999. vol. 3.

Tratado de Direito Penal. Frederico Marques. Atualizador, em conjunto com outros autores. Campinas: Millenium, 1999. vol. 4.

Tratado de Direito Penal. Frederico Marques. Atualizador, em conjunto com outros autores. Campinas: Bookseller, 1997. vol. 1. ·

Tratado de Direito Penal. Frederico Marques. Atualizador, em conjunto com outros autores. Campinas: Bookseller, 1997. vol. 2.

Roteiro Prático do Júri. São Paulo: Oliveira Mendes e Del Rey, 1997.